Apprentissage artificiel

Vincent Barra - Antoine Cornuéjols
Laurent Miclet

Apprentissage artificiel

Concepts et algorithmes
De Bayes et Hume
au Deep Learning

4e édition

Éditions EYROLLES

ÉDITIONS EYROLLES
61, bd Saint-Germain
75240 Paris Cedex 05
www.editions-eyrolles.com

Préface

On pourrait penser qu'il est inutile de souligner l'importance de l'apprentissage artificiel en tant que sujet d'étude — après tout, les journaux regorgent de descriptions passionnantes des dernières avancées en matière d'apprentissage machine ; les investisseurs se bousculent pour verser de l'argent dans les entreprises qui s'intéressent à ce domaine ; et les entreprises technologiques, qui sont désormais les plus grandes entreprises du monde, aspirent les chercheurs de ce domaine aussi vite que les universités peuvent les produire.

Ces raisons sont importantes, mais il en est une qui l'est plus encore : l'apprentissage artificiel devient rapidement un outil essentiel dans presque toutes les branches des sciences et de l'ingénierie, tout comme les mathématiques l'étaient dans les siècles précédents. À bien des égards, l'apprentissage machine est complémentaire de l'analyse mathématique, car il permet de résoudre des problèmes, tels que la reconnaissance vocale, qui ne peuvent être traités de manière analytique, et de trouver de nouveaux modèles dans grandes masses de données que produisent les instruments scientifiques modernes.

Ce dernier point laisse entrevoir ce qui est certainement la raison la plus importante d'étudier l'apprentissage automatique : c'est une question fondamentalement importante en soi. L'étudier, c'est se demander comment une entité peut apprendre à comprendre et à prédire le comportement d'un univers bien plus vaste et plus complexe qu'elle-même. L'entité en question pourrait être un bébé apprenant à voir, à marcher et à parler ; elle pourrait être la combinaison des intellects des scientifiques humains au cours des millénaires qui ont construit l'édifice de la science moderne ; ou elle pourrait être une machine faisant toutes ces choses.

L'apprentissage artificiel n'est pas une méthode unique, mais une vaste famille de techniques unies par la propriété qu'elles permettent d'améliorer les performances d'un système par l'expérience. Les techniques varient en fonction de la composante du système à améliorer, de la manière dont cette composante est représentée dans le système, du type de données disponibles à partir desquelles on peut apprendre et des connaissances préalables dont dispose le système. Dans les années 1950, au tout début de cette discipline, les données étaient difficiles à obtenir et l'accent était mis sur l'apprentissage rapide à partir de très peu d'exemples, souvent à l'aide de connaissances préalables fournies par l'homme. Au cours des dix ou vingt dernières années, les données sont devenues beaucoup plus abondantes et la variété des applications s'est considérablement élargie. L'apprentissage profond, qui consiste à régler les poids des connexions de très grands circuits non linéaires comportant des millions ou des milliards de connexions, a montré des performances impressionnantes pour des tâches telles que la reconnaissance d'objets, la reconnaissance vocale et la traduction automatique.

Pourtant, quelle que soit la taille des données, elle peut ne pas être suffisante. Comme le fait remarquer François Chollet, « de nombreuses autres applications sont totalement hors de portée des techniques actuelles d'apprentissage profond – même si elles sont basées sur de grandes quantités de données annotées par l'homme ». Peut-être le pendule revient-il en arrière, s'éloignant des méthodes purement axées sur les données pour se tourner vers des systèmes qui apprennent en accumulant des connaissances et en les utilisant pour en apprendre davantage.

Étant donné l'importance de l'apprentissage artificiel, le lecteur francophone a donc la chance d'avoir accès à un livre d'une telle ampleur, d'une telle profondeur et d'une telle qualité. Il constitue une excellente base pour une étude théorique plus approfondie et pour le développement des applications de l'apprentissage artificiel. Les auteurs expliquent en détail les dernières techniques tout en montrant une profonde compréhension des racines intellectuelles de l'apprentissage sous toutes ses formes.

Stuart Russell
Professor of Computer Science and Engineering,
University of California, Berkeley
Auteur de *Artificial Intelligence : A Modern Approach*
(Fourth edition, 2020) Pearson

Table des matières

Notations

$\#\dots$	Nombre de $\dots$
$\mathbf{P}$	Une probabilité
$\mathbf{p}$	Une densité de probabilités
$\mathbb{E}[x]$	L'espérance de la variable x
$\mathbb{N}$	L'ensemble des entiers naturels
$\mathbb{R}^d$	L'espace euclidien de dimension d
$\mathbb{B}^d = \{0,1\}^d$	L'espace booléen de dimension d
$\mathcal{O}(\cdot)$	L'ordre de grandeur maximal de complexité d'un algorithme
$\mathbf{x} = \begin{pmatrix} x_1 \\ \vdots \\ x_d \end{pmatrix}$	Un vecteur
$\mathbf{x}^\top = (x_1,\dots,x_d)$	Un vecteur transposé
$\mathbf{x} = (x_1,\dots,x_d)^\top$	Un vecteur
$\langle \mathbf{x}\mathbf{y} \rangle = \mathbf{x}^\top\mathbf{y}$	Le produit scalaire des vecteurs $\mathbf{x}$ et $\mathbf{y}$
$\lVert \mathbf{x} \rVert$	La norme du vecteur $\mathbf{x}$
$\mathbf{M}^{-1}$	La matrice inverse d'une matrice carrée M
$\mathbf{M}^\top$	La matrice transposée d'une matrice M
$\mathbf{M}^+$	La matrice pseudo-inverse d'une matrice M.
	Par définition, $\mathbf{M}^+ = \mathbf{M}^\top(\mathbf{M}\mathbf{M}^\top)^{-1}$
$\Delta(\mathbf{x},\mathbf{y})$	La distance euclidienne entre deux vecteurs $\mathbf{x}$ et $\boldsymbol{y}$ de $\mathbb{R}^d$
$\frac{\partial}{\partial x}f(x,y)$	La dérivée partielle par rapport à x
	de la fonction f des deux variables x et y
$\nabla_{\mathbf{A}}J(\mathbf{A},\ \mathbf{B})$	Le vecteur dérivé par rapport au vecteur $\mathbf{A}$
	de la fonctionnelle J des deux vecteurs $\mathbf{A}$ et $\mathbf{B}$
$\delta(x,y)$	Symbole de Kronecker. Vaut 1 si $x = y$ et 0 sinon.

Les éléments en jeu dans l'apprentissage

$\mathcal{X}$	L'espace de représentation des objets (des formes)
$\mathcal{Y}$	L'espace de sortie
$\mathcal{A}$	Un algorithme d'apprentissage
$\mathcal{S}$	L'échantillon d'apprentissage (un ensemble ou une suite d'exemples)
$\mathcal{S}_+$	Les exemples positifs
$\mathcal{S}_-$	Les exemples négatifs
m	La taille d'un échantillon d'apprentissage (le nombre d'exemples)
$\mathbf{z}_i = (\mathbf{x}_i, y_i)$	Un exemple (élément d'un échantillon d'apprentissage)
$\mathbf{x}_i$	La description d'un objet dans un espace de représentation

Les principes de l'apprentissage inductif

$y_i \in \mathcal{Y}$	La supervision, ou sortie désirée, d'un exemple
$f : \mathcal{X} \to \mathcal{Y}$	La fonction cible (celle que l'on cherche à apprendre)
$\mathcal{H}$	L'espace des hypothèses d'apprentissage
$h \in \mathcal{H}$	Une hypothèse produite par un apprenant (un algorithme d'apprentissage)
$y = h(\mathbf{x}) \in \mathcal{Y}$	La prédiction faite par l'hypothèse h sur la description $\mathbf{x}$ d'un exemple
$\ell(f(\mathbf{x}), h(\mathbf{x}))$	La fonction perte (ou coût) entre la fonction cible et une hypothèse sur $\mathbf{x}$
$R_{\text{Réel}}(h)$ ou $R(h)$	Le risque réel associé à l'hypothèse h
$R_{\text{Emp}}(h)$	Le risque empirique associé à l'hypothèse h
$R_{\text{Reg}}(h)$	Le risque empirique régularisé associé à l'hypothèse h
$R^\star$	Le risque (optimal) de la règle de décision de Bayes
$h^\star$	L'hypothèse de $\mathcal{H}$ qui minimise le risque réel
$h_{\mathcal{S}}^\star$	L'hypothèse de $\mathcal{H}$ qui minimise le risque du critère inductif choisi sur $\mathcal{S}$
$\hat{h}$	L'hypothèse trouvée par l'algorithme d'apprentissage ayant $\mathcal{S}$ en entrée et cherchant $\text{Argmin}_{h \in \mathcal{H}}\, R_{\text{Emp}}(h)$ dans $\mathcal{H}$

L'apprentissage d'une règle de classification

$\mathcal{C}$	L'ensemble des classes
C	Le nombre de classes
ω_i	Une classe de $\mathcal{C}$

La logique

$a \wedge b$	a *ET* b, quand a et b sont des valeurs binaires
$a \vee b$	a *OU* b
$\neg a$	*NON* a
$a \to b$	a implique b

Première partie

Des machines apprenantes !

Chapitre 1

Alan TURING (1912-1954)

Des algorithmes qui apprennent ?

Est-ce qu'une machine peut apprendre ? Nous verrons dans ce chapitre que la notion d'induction est au cœur de la réponse à cette question et qu'elle n'est pas facile à dompter. Nous verrons aussi comment elle se traduit sous forme d'espaces d'hypothèses, que la machine doit explorer pour réaliser un apprentissage. Cette exploration s'appuie sur une estimation de la qualité des hypothèses, avec le but de retenir la meilleure au sens d'un certain critère inductif.

Les approches et les méthodes d'apprentissage sont en grande partie déterminées par la nature des hypothèses considérées. Ce chapitre examinera donc les grandes familles d'hypothèses et d'espaces d'hypothèses. Mais l'apprentissage est aussi un processus dynamique qui se déroule selon un scénario réglant les échanges entre l'apprenant et son environnement. Les scénarios les plus utilisés seront donc présentés.

Revenant à la question du début : les machines peuvent-elles apprendre ? Il sera temps de brosser un bref historique de la discipline de l'apprentissage artificiel, de voir comment la question a évolué et comment on y a répondu depuis plus d'un demi-siècle. Nous terminerons en examinant quelques questions souvent posées lorsque l'on parle de machines apprenantes.

Sommaire

E N 2017, un programme appelé AlphaGo Zero est devenu le meilleur joueur de go de la planète. On lui avait donné les règles du jeu, mais aucune des connaissances que l'on trouve dans les manuels : rien sur les ouvertures classiques, rien sur les heuristiques habituelles telles que « le joueur en retard doit compliquer la situation en prenant des risques ».

Après des millions de parties contre lui-même, AlphaGo Zero [SSS+17] était prêt : il a largement battu les meilleurs programmes de l'époque, pourtant munis de bases de données immenses, sans parler des joueurs humains[1]. L'algorithme au cœur de AlphaGo Zero est une pure machine à apprendre : il a été programmé pour tirer de son expérience la meilleure manière de se comporter dans son domaine de compétences. En 2020, son successeur, MuZero [SAH+19], réalise des performances supérieures non seulement au go, mais aussi aux échecs, et dans une série de jeux d'arcade.

Un autre exemple d'apprentissage artificiel efficace est le logiciel de reconnaissance vocale dont est désormais doté le moindre téléphone. Non seulement il est livré avec de bonnes capacités de base (obtenues par apprentissage), mais il ne cesse de s'améliorer en s'adaptant à la voix de son propriétaire, en apprenant ses caractéristiques.

Des algorithmes qui apprennent ! Cette idée a été provocante, puisque la notion de machine est associée à celle de fonctionnement laborieux, répétitif et conduit par une procédure soigneusement prédéfinie. Elle est pourtant devenue complètement familière et banale. Est-elle pour autant bien comprise ? Les médias parlent tous les jours de *big data*, d'« apprentissage profond », de « réseaux de neurones », de « véhicules autonomes », dont l'avènement partage entre admiration et inquiétude. Plus du tiers des métiers, dit-on, sera réalisé par des machines « intelligentes »mieux que par des humains d'ici 2030. Déjà les jeux réputés les plus difficiles, tels le go, le poker ou même les jeux vidéo voient les machines l'emporter largement devant les meilleurs joueurs humains et surtout inventer des coups « extra-terrestres ». De même, des algorithmes d'apprentissage proposent des diagnostics rapides et précis en radiologie, et obligent les radiologues à réfléchir sur le futur de leur métier. Et ce n'est qu'un exemple parmi beaucoup en médecine.

Demain, s'inquiètent certains, que restera-t-il à l'homme ? La créativité ? Le sens de l'humour ? Une perception et une cognition totalisantes, traitant les phénomènes comme des formes globales plutôt que comme l'addition ou la juxtaposition d'éléments simples, qui échapperaient à jamais à la machine ? D'autres discours sont rassurants, même enthousiastes, mais beaucoup d'opinions s'appuient sur une large méconnaissance de la science des machines apprenantes.

Des algorithmes qui apprennent ! Cette potentialité était déjà envisagée par A. Turing, l'inventeur en 1936 d'une « machine »mathématique et l'un des concepteurs, sur ce modèle, des premiers ordinateurs. Une telle machine est par essence capable lors de son fonctionnement de modifier sa mémoire et son comportement, donc d'apprendre. Dès lors, avançait Turing, pourquoi ne pourrait-elle pas être créative ? En extrapolant, pourquoi ne pourrait-elle pas avoir son propre destin ?

Pour le moment, si les progrès en apprentissage artificiel, et plus généralement en intelligence artificielle, sont indéniables et impressionnants, nous sommes encore loin de savoir réaliser des systèmes possédant ne serait-ce qu'une toute petite partie des capacités cognitives d'un bébé interagissant avec le monde et apprenant à le maîtriser.

Dans cet ouvrage, nous n'allons pas chercher à extrapoler l'avenir possible des machines « intelligentes »ni envisager comment l'humanité va progresser ou non avec elles. Nous nous conten-

---

1. AlphaGo Zero est coté à plus de 5000 points ELO. Le meilleur algorithme précédent était autour de 4800. Le meilleur joueur humain est à 3770 et un amateur moyen autour de 2000.

terons de présenter comment fonctionne un algorithme doté de capacités d'apprentissage. Pour la réflexion, bien sûr nécessaire, sur l'impact possible des machines intelligentes, nous conseillons les ouvrages suivants, certains prédisant des intelligences artificielles super-intelligentes prochainement, d'autres plus circonspects [AB16, ADHO20, Bos14, Des19, Dev17, Fer16, Gan17, Jul19, LC19, Lee20, Mal17, O'N18, Rus19, Teg17].

Nous allons maintenant rentrer plus en détail dans ce qu'est la révolution numérique, cette combinaison de la science des données et de l'intelligence artificielle.

1. La révolution numérique

La révolution numérique en cours présente trois aspects concomitants :

1. une *production de données* en croissance exponentielle, que certains qualifient d'avalanche de données, les fameuses *big data* (pour donner une idée, environ $2 \cdot 10^{12}$ photos sont prises par an, soit presque une par jour et par personne) ;

2. la disponibilité partout et tout le temps de *ressources de calcul,* depuis les objets connectés et smartphones jusquaux gros *clusters* de calcul et au *cloud computing* ;

3. la mise au point et la diffusion de *nouveaux algorithmes* de science des données, d'intelligence artificielle, de modélisation, de visualisation, etc.

Il nest pas de semaine sans quune innovation liée à ces nouvelles données, aux nouveaux moyens de calcul disponibles et nouveaux algorithmes, ne soit annoncée haut et fort dans la presse.

C'est ainsi par exemple que la revue *Sciences et Avenir* présente dans son numéro de mars 2020 un algorithme d'apprentissage profond permettant de générer des modélisations de protéines du virus de la COVID'19. Citons également le journal *Le Monde* (08/01/20) qui rapporte que, grâce à des algorithmes d'apprentissage automatique, il est dorénavant possible de jouer sur un ordinateur en utilisant un dispositif de commande par ondes cérébrales, ou encore le magazine *Le Point* (05/08/19) qui détaille un algorithme d'apprentissage permettant de détecter de manière plus fiable la signature d'un trouble du rythme cardiaque responsable d'AVC dans des électrocardiogrammes. Il n'est pas un domaine aujourd'hui, de la médecine à la vidéosurveillance, des sciences sociales à la génomique, ou encore de l'agriculture à la physique des particules, qui ne soit fortement affecté par cette révolution numérique.

L'omniprésence de ces technologies a de quoi effrayer. Une grande partie de l'incroyable production de données actuelle est stockée et accessible, ce qui ouvre des possibilités complètement nouvelles d'analyse... et ne va pas sans provoquer un légitime débat entre droit à l'oubli et droit à l'histoire. Cependant, la mise à disposition des codes des algorithmes et la traçabilité accrue et plus transparente des données autorise aujourd'hui le citoyen informé à prendre plus confiance dans cette révolution numérique.

1.1 Les big data

Il est clair que les technologies et les approches classiques de gestion et de traitement de données ne sont plus à même de faire face aux *big data*. Il est ainsi devenu classique de mettre en avant au moins quatre problèmes avec les défis qui les accompagnent :

1. Le **volume**. Comme nous l'avons vu, ce volume explose. Le mégaoctet (10^6) a longtemps été l'unité de mesure de la taille des mémoires des ordinateurs, puis le gigaoctet (10^9) a témoigné de l'arrivée de la numérisation de l'image animée, le *téraoctet* (10^{12} octets) désigne la puissance de stockage désormais accessible à chacun d'entre nous, permettant en théorie de conserver l'équivalent de fonds de grandes bibliothèques nationales. Le *petaoctet* (10^{15} octets) correspond aux masses d'informations entreposées dans les « fermes de données », et l'*exaoctet* (10^{18} octets) est atteint dans certains domaines (physique des particules, astronomie). Le stade des fichiers Excel que chacun pouvait examiner sur son ordinateur personnel est complètement dépassé. On dit souvent que les « big data »commencent quand on ne peut plus stocker les données concernées dans la mémoire centrale de son ordinateur, donc quand il faut recourir à des traitements sophistiqués pour rendre les calculs réalisables.

2. La **vélocité**. Les données modernes sont maintenant produites en flux. Elles incluent les millions de tweets échangés chaque heure, les centaines d'heures de média déposées sur YouTube chaque minute, les données communiquées et produites par nos smartphones, les séquences de clics et de transactions enregistrées sur les sites web, etc. Les images satellitaires de télé-détection sont maintenant rafraîchies toutes les heures pour chaque zone géographique. Il faut être capable de traiter une grande partie de ces données « à la volée ». De plus la « fraîcheur »des données devient un critère qu'il importe dorénavant de prendre en compte.

3. La **variété**. Les données ne sont plus issues de processus bien définis de recueil dans un format établi, mais elles sont désormais stockées au mieux dans des entrepôts de données, au pire dans des fichiers d'origines diverses, avec des formats variés, impliquant possiblement des données multimédia audio et vidéo, du texte brut ou dans des formats propriétaires, des transactions financières, des méta-données, etc. La question de la mise en relation de tous ces types de données très hétérogènes devient cruciale.

4. La **véracité**. Les données étant issues de capteurs ou de sources très diverses, leur degré de précision et la confiance qu'on peut avoir en elles sont très variés. Il faut donc savoir combiner les sources et raisonner en tenant compte de ces incertitudes.

Cette disponibilité quasi infinie de données et les nouvelles possibilités de traitements massifs, grâce en particulier au *cloud computing*, bouleversent l'approche scientifique du monde.

Avant, la démarche était de se poser une question, par exemple sur l'existence ou non d'une corrélation entre deux variables, d'établir avec soin un « plan d'expériences », de récolter un échantillon de données aussi limité et aussi propre que possible pour satisfaire les contraintes de significativité statistique, puis de mesurer la corrélation, et de conclure.

Désormais, la démarche consiste plutôt à demander aux machines de découvrir toutes les corrélations existantes dans un énorme volume de données (souvent bruitées) et, seulement ensuite, d'examiner ce qui peut présenter un intérêt dans cette masse de liens potentiels. De manière alternative, on peut demander aux machines de détecter ce qui émerge comme étant la norme et, à partir de là, d'identifier des « signaux faibles », c'est-à-dire des phénomènes étranges, hors norme, qu'il peut être intéressant d'examiner.

De même, **avant**, on était centré sur l'ajustement des modèles statistiques aux données (analyser le passé), alors qu'on cherche **désormais** des capacités prédictives par la généralisation et l'extrapolation des régularités découvertes.

De plus, les corrélations ainsi découvertes peuvent à leur tour servir d'entrées pour d'autres mécanismes de fouille de données (*data mining*), participant ainsi à un processus d'enrichissement (ou de pollution) cumulatif et potentiellement exponentiel.

On voit donc que, d'un questionnement orienté et raisonné, on passe avec les « big data » à une exploration tous azimuts de corrélations ou de signaux faibles ou de tendances, pour ensuite les filtrer, les recouper et alimenter l'univers numérique. Il n'y a plus en pratique de question de taille d'échantillon ; qui plus est, les données ne servent plus seulement à répondre à la question pour laquelle elles ont été récoltées, mais elles sont ré-utilisables à l'infini en fonction de nouveaux traitements que n'importe quel « ingénieur en données »(*data scientist*) qui en dispose peut imaginer.

1.2   Une nouvelle ère scientifique

La révolution numérique induit l'avènement d'une nouvelle ère scientifique, à la suite de trois autres [AP17a].

1. *Approche empirique.* Elle correspond à une première étape de la démarche scientifique, consistant à répertorier et classer les objets, êtres vivants et phénomènes naturels.

2. *Approche théorique.* Inaugurée magistralement par Galilée et Newton, elle est associée à la modélisation du monde et à sa mise en équations. Cependant, elle trouve des limites dans son application car toutes les équations, tant s'en faut, n'ont pas de solution analytique.

3. *Approche par simulation.* Heureusement, l'informatique, apparue dans les années 1940, a permis de résoudre numériquement les équations et les modèles mathématiques du monde, et d'en étendre de cette manière le champ bien au-delà des modèles de la physique du XIX$^\text{e}$ siècle. Ainsi, ces simulations numériques permettent à la physique quantique, la physique des solides et la relativité générale de faire des prédictions vérifiables. Elles contribuent aussi de manière essentielle au développement des sciences du vivant et de l'environnement et, plus généralement, des sciences des systèmes complexes naturels ou artificiels.

4. *Approche par exploration des données.* Nous entrons dans une ère de nouvelles découvertes, rendues possibles par l'exploitation des énormes masses de données acquises sur le monde, grâce à la puissance de calcul et aux algorithmes intelligents.

Il est indéniable que des champs scientifiques tels que la sociologie ou les sciences de l'environnement sont en profonde mutation. De même, dans des domaines plus traditionnels comme la physique des particules ou l'astronomie, les nouvelles découvertes (comme celle du boson de Higgs) auraient été impossibles sans la capacité à traiter des données hyper-massives.

1.3   Une matière première et de nouvelles opportunités

Personne sans doute n'est encore capable de prédire avec précision quelles seront les effets de la révolution numérique. Généralement, on évoque les nouvelles opportunités suivantes :

Mieux comprendre le monde La science s'appuie désormais autant sur l'analyse de données que sur la modélisation mathématique ou la simulation. Certaines sciences connaissent des développements considérables : la génomique, la climatologie, la physique des particules, l'astronomie. D'autres sont carrément bouleversées, comme les sciences humaines, la sociologie ou l'urbanisme qui deviennent des sciences quantitatives grâce à l'analyse des réseaux sociaux et des objets connectés. La médecine se renouvelle profondément grâce aux nouvelles possibilités d'analyse du génome, de diagnostic et même d'interventions à distance. On peut aussi mentionner le *crowd computing* qui permet de faire appel au public, via des interfaces et des réseaux dédiés, pour aider à résoudre des questions scientifiques ou autres : par exemple, étudier des configurations de protéines, ou bien déchiffrer pour une numérisation ultérieure des manuscrits anciens. Finalement, le fait que chacun puisse désormais facilement poser des questions très variées via lanalyse des données rendues publiques, voire libérées pour des compétitions[2], ou de ses propres données ouvre la perspective de découvertes et de services inattendus.

Optimiser le fonctionnement de la société On parle ainsi de « villes intelligentes ». Les réseaux de transport pourront être reconfigurés en temps réel pour répondre aux mesures sur les flux, la distribution de l'énergie sera optimisée *via* des compteurs connectés et des mesures en temps réel de la météo. La sécurité des lieux publics et privés sera de même révolutionnée par la disponibilité de données multi-sources : caméras de surveillance, objets connectés portés par les individus, traces dADN dans latmosphère, etc. L'agriculture et les sciences de l'environnement vont bénéficier de la possibilité d'intégrer et de combiner des données de capteurs très variés, multi-échelles (des satellites aux drones et aux capteurs dans les champs et dans les zones sensibles), avec un suivi des évolutions. Le quotidien de chaque citoyen sera amélioré par l'utilisation d'assistants « intelligents », issus du couplage de la robotique et de l'intelligence artificielle (robotique sociale).

Développer de nouveaux services Vont se développer des services individualisés, comme une médecine personnalisée, des conseils de consommation culturelle et médiatique, ainsi qu'un confort de vie différent. Ces mêmes technologies permettent aussi la mise aux enchères en quelques micro-secondes d'espaces publicitaires à introduire dans les pages qui s'affichent durant les recherches internet d'un utilisateur. Généralement, le marketing va devenir une science avec en particulier une mesure de l'impact en temps réel des messages, et un suivi très fin des comportements, dans les magasins ou sur les sites marchands.

Accéder librement aux données L'*open data*, c'est-à-dire l'accès libre et gratuit aux données, en particulier gouvernementales et des collectivités locales, avec l'espoir d'une démocratie participative et directe.

Ce tour d'horizon extrêmement rapide et nullement exhaustif souligne l'importance et le large spectre des mutations attendues. Il est clair que l'on est en train d'assister à un transfert massif de pouvoir des acteurs économiques qui maîtrisent les techniques et les procédés de fabrication ou de services vers ceux qui maîtrisent l'information, cest-à-dire qui détiennent les données et savent en tirer des régularités exploitables et des prédictions.

Nous avons présenté volontairement ci-dessus le côté positif de la révolution numérique. Les risques en sont également très grands, en particulier pour la liberté individuelle et collective.

1.4   Les risques et les défis

Les risques de la révolution numérique concernent en premier lieu les libertés et la vie politique. Par exemple :

- Risque de surveillance généralisée, détaillée, en temps réel et à l'échelle planétaire.

- Tentation de prédiction de comportements « déviants »avant le passage à l'acte.

- Croisement illicite de données.

- Cycles de décision raccourcis à l'extrême, en raison de l'utilisation de systèmes de décision automatiques, au détriment du temps de la réflexion et de la consultation.

---

2. Par exemple http ://www.kaggle.com

- Cacophonie sur la décision politique si des experts auto-proclamés de l'analyse de données affirment n'importe quoi et s'appuient sur une pseudo objectivité pour donner des conseils ou répandre des fausses rumeurs

- Découverte de corrélations stupides [3] par manque de recul et de réflexion, mais avec le sceau de l'objectivité de « l'algorithme ».

- Recul de la solidarité par segmentation des usagers. C'est certainement l'une des tentations dans le domaine de l'assurance que de privilégier des offres individualisées en fonction du profil des clients, au détriment de la mutualisation des risques. C'est aussi un risque politique.

Par-delà ces risques crédibles et légitimes, d'autres craintes, peut être plus fantasmatiques, se construisent autour du moment hypothétique où l'intelligence des machines dépassera celle de l'homme. Cet instant, appelé « singularité technologique », fait écho à la littérature de science fiction (les romans du mathématicien Vernon Vinge par exemple) et au cinéma du même genre (pensons à SkyNet dans *Terminator*). Elle est envisagée sérieusement par des scientifiques influents, comme R. Kurzweil, directeur de l'ingénierie chez Google. Pour se faire une opinion sur cette idée, ou ce mythe, nous renvoyons au très bon ouvrage de J.-G. Ganascia [Gan17].

Il est intéressant à ce propos de noter que des chercheurs de grand renom en intelligence artificielle réfléchissent aux limites à imposer à leur travaux, de façon à en réduire les aspects néfastes (voir par exemple S. Russell [Rus19]). Cette introspection est analogue à celle de la communauté de la physique nucléaire juste après la seconde guerre mondiale.

Il reste aussi des défis technologiques à surmonter dans chacun des quatre « V »évoqués dans l'introduction : Volume, Vélocité, Variété, Véracité. Les deux premiers sont les plus exigeants en terme d'infrastructure. Il faut des capacités de stockage, d'interrogation et de visualisation des données performantes. De même, il faut être capable de traiter des volumes énormes de données, ce qui peut impliquer de manière routinière du *swapping* en mémoire centrale, le recours à des *clusters* de calcul ou au *cloud computing*. Certaines applications sur des flux de données exigent un traitement en ligne, qui impose ses propres contraintes, en particulier sur les systèmes de requêtes et sur les traitements possibles.

Nous avons mis en perspective l'importance de la science des données dans la révolution numérique qui bouleverse nos sociétés. Il est temps d'examiner les fondamentaux de la partie de cette science qui nous intéresse particulièrement : l'apprentissage.

2.   Apprentissage, induction et généralisation

L'intelligence est un concept dont la définition ne fait pas consensus ; en revanche, l'une de ses composantes essentielles, l'apprentissage, est plus facile à cerner. On le définit le plus souvent comme la faculté, à partir d'observations ou d'expériences, de produire des prédictions, des décisions, des modèles du monde, pour améliorer ses performances au cours du temps.

Cette définition reste valable pour une machine. Tout algorithme dont les performances s'améliorent avec l'expérience peut se voir qualifier de la faculté d'*apprentissage artificiel*, comme on parle d'intelligence artificielle pour un programme qui réalise une tâche que l'on peut qualifier d'intelligente.

---

3. par exemple http ://www.tylervigen.com/spurious-correlations

L'apprentissage est fondamentalement lié aux notions d'induction et de généralisation, c'est-à-dire au passage de l'observation de cas particuliers à des lois générales.

—— REMARQUE ——————————————————————————————

Les mots « apprentissage », « induction » et « généralisation »ont des sens un peu différents en sciences humaines. La notion d'apprentissage chez l'homme ou l'animal comporte des aspects de répétition et d'imprégnation durable qui sont, sauf exception, peu pertinents pour une machine, comme l'apprentissage par cœur (c'est à dire sans généralisation) ou l'expérience du chien de Pavlov.

On peut noter aussi que le mot « induction » est également utilisé avec un sens différent en mathématiques et en informatique, dans le raisonnement par récurrence.

Il existe aussi des raisonnements comme « 90% des hommes âgés sont chauves, Pierre est âgé, donc Pierre doit être chauve », qualifiés d'*induction simple*, qui relèvent en effet plus de l'induction que de la généralisation.

En revanche, dans le monde artificiel des algorithmes, ces distinctions fines ne se justifient guère. Nous emploierons dans la suite de cet ouvrage les termes « induction » et « générali-sation » comme des synonymes. Un programme d'« apprentissage » artificiel est la plupart du temps fondé sur un algorithme d'induction (il y a cependant quelques exceptions) mais il comprend aussi d'autre composants, comme l'analyse et la modification préalable des données et un module d'évaluation de la qualité du travail effectué.

L'induction est partout présente dans nos processus cognitifs, simplement parce que nous n'avons jamais toute l'information nécessaire pour prendre des décisions certaines. Il nous faut pourtant classer, agir, construire des images mentales du monde et communiquer en utilisant ces images avec d'autres êtres humains, dont les sources d'information et les capacités cognitives sont tout aussi faillibles que les nôtres.

—— REMARQUE ——————————————————————————————

Selon David Hume (en 1737), l'induction ne peut se justifier par aucune rationalité, mais seulement par son propre succès empirique… Autrement dit elle ne peut se justifier que par un raisonnement inductif. Pour lui, un tel cercle vicieux n'a pas de sens.

Pourtant, l'induction est mise en jeu à toutes les échelles de la cognition et de l'intelligence et, au bout du compte, tout ne se passe pas si mal pour les êtres cognitifs. Il y a là une sorte de mystère.

Dès le stade perceptif, avant tout raisonnement, nous réalisons de l'induction de manière massive. Les figures 1.1 et 1.2 font prendre conscience de ce que notre système perceptif prête ou ajoute à ce qui est donné pour former une interprétation du monde.

Les inductions sont faillibles et nos perceptions, basées sur des inductions, le sont également. La figure 1.3 révèle ce que l'on appelle des illusions d'optique, qui ne sont autres que le résultat de ce qu'ajoute notre système visuel aux percepts pour interpréter le monde. Ce qui est remarquable, c'est que ce « biais » est commun à tous les êtres humains, ou au moins à tous ceux qui sont familiers des milieux à formes géométriques. Sans ce biais, nous ne serions pas victimes de ces illusions d'optique, mais nous serions aussi incapables de percevoir tout court, c'est-à-dire de compléter les données sensorielles.

Si nos perceptions mettent en jeu l'induction, il en est de même de la catégorisation. Nous sommes tous d'accord pour désigner par la catégorie « chien »une forme inconnue à quatre pattes (encore n'en voyons-nous que trois) approchant de nous, plus petite que nous, qui aboie et remue

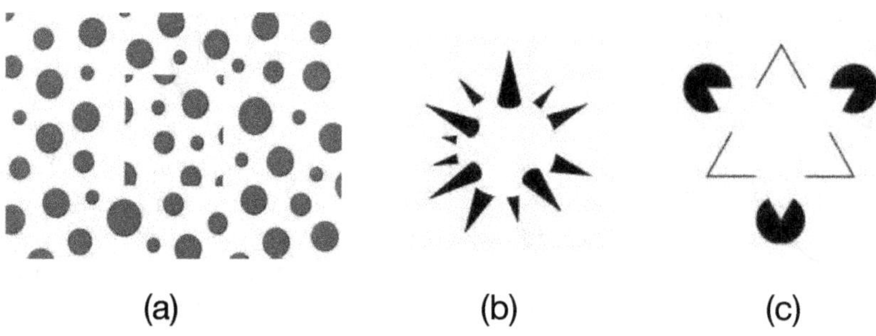

(a)   (b)   (c)

FIGURE 1.1 : *Exemples de perceptions avec complétion de forme par induction. En (a), on ne peut s'empêcher de voir un carré au milieu de l'ensemble de points. En (b), on perçoit immédiatement une sphère, alors que de fait, nous sommes en présence d'une figure plane. En (c), nous « voyons »un triangle blanc superposé à un triangle dessiné, lui-même incomplet.*

FIGURE 1.2 : *Exemples de perceptions avec interprétation par induction. Ici, deux perceptions sont à peu près également possibles pour chacune des figures (visage de jeune femme ou trompettiste, à gauche, visage de jeune femme de trois quart arrière ou visage de vieille femme de profil à droite).*

la queue. Pourtant aucun de nous n'a vu tous les chiens, et en particulier pas celui-ci. Depuis notre enfance, nous avons vu des exemples particuliers de ces formes et l'on nous a dit qu'il s'agissait de la catégorie « chien ». Comment pouvons-nous maintenant reconnaître une nouvelle forme, jamais vue, comme étant membre de cette catégorie ? Et comment pouvons-nous être d'accord entre nous malgré nos histoires différentes ?

Ce que nous faisons sans en avoir trop conscience, qui est en général efficace, mais faillible, c'est ce que nous allons demander de faire à la machine. On va lui présenter des « entrées » incomplètes, particulières, et il va falloir qu'elle en tire des interprétations, des décisions, à partir de son expérience.

FIGURE 1.3 : *Illusions d'optique. À gauche, malgré les apparences, les trois silhouettes ont la même taille. À droite, les lignes sont parallèles.*

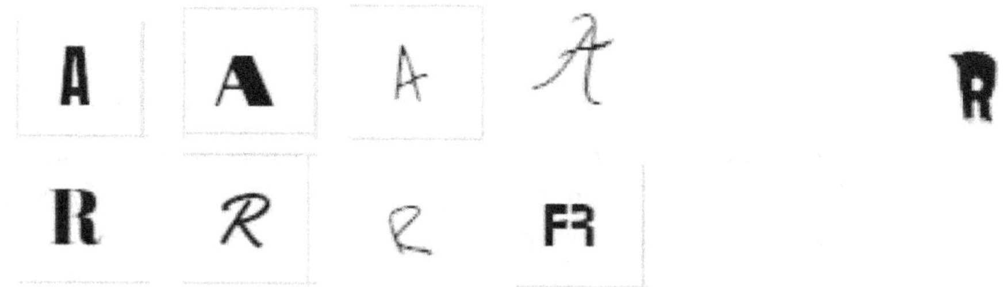

FIGURE 1.4 : *Tâche de prédiction. On donne à la machine quatre « A » et quatre « R » provenant de polices différentes (à gauche). On lui demande ensuite de classer le caractère de droite, qui vient d'une autre police, comme « A » ou comme « R ».*

Par exemple, dans la tâche dite d'apprentissage *descriptif*, on demande à la machine d'identifier des sous-populations à l'intérieur d'un ensemble d'exemples. La figure 1.5 en fournit une illustration simple. Des points sont décrits dans un plan, et l'on demande à la machine d'identifier des « nuages » de points. Ici, la machine a identifié trois sous-populations, mais elle aurait pu en identifier deux ou quatre. Quelle est la meilleure réponse ? Et pourquoi ? Y a-t-il une réponse à ces deux questions ? C'est ce que nous allons explorer dans cet ouvrage.

Dans la tâche d'apprentissage *prédictif*, ou de classification, on demande à la machine, à partir d'un ensemble d'exemples classés, d'apprendre une règle qui généralisera ces exemples. La figure 1.4 illustre ce cas. Que décider pour le caractère de droite, en fonction des quatre « A » et des quatre « R » de gauche. Est-ce un « A » ou un « R » ?

Considérons un autre exemple de classification illustré par la figure 1.6 (à gauche). Prenons à nouveau des formes décrites par deux attributs, x_1 et x_2, mais auxquelles on a également associé une *étiquette*, ici des × ou des •. Une nouvelle forme arrive, d'étiquette inconnue (sur la figure 1.6, le carré associé à un point d'interrogation). Il faut décider quelle étiquette lui attribuer. Comment faire ?

Deux procédures différentes conduisent à des réponses différentes. On peut par exemple remarquer que trois des quatre plus proches voisins du carré sont d'étiquette • et lui attribuer cette classe-là.

Cependant, si on fait l'hypothèse qu'il doit exister un rectangle (noté h pour « hypothèse ») englobant tous les points × et excluant tous les points •, (figure 1.6 à droite), la décision serait contraire.

Chaque procédure de généralisation correspond donc à certaines contraintes, ou *biais*, et nous verrons qu'il est impossible de généraliser sans choisir un biais. La question se posera

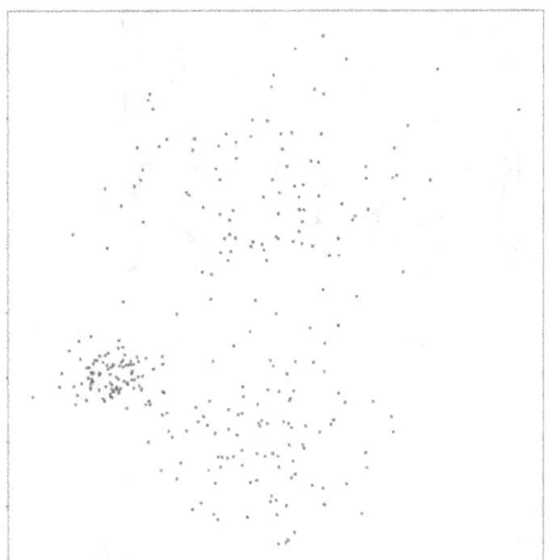 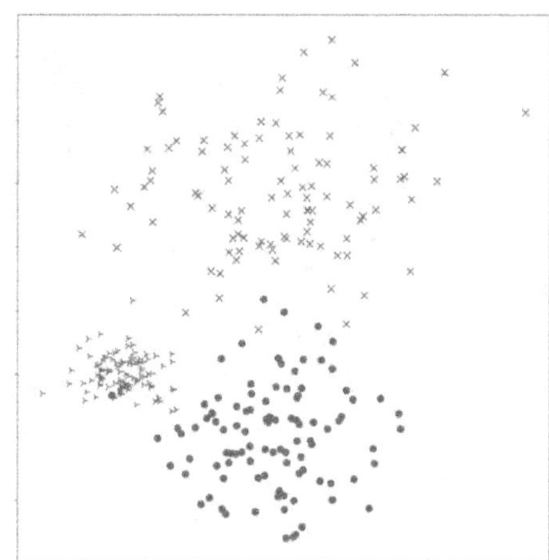

FIGURE 1.5 : *Tâche de description. On demande à la machine d'identifier des nuages de points distincts dans l'ensemble des points de la figure de gauche. Pourquoi la description de droite, avec trois nuages (croix, triangles, ronds) serait-elle la bonne ?*

alors : comment définir un biais, et lequel choisir ?

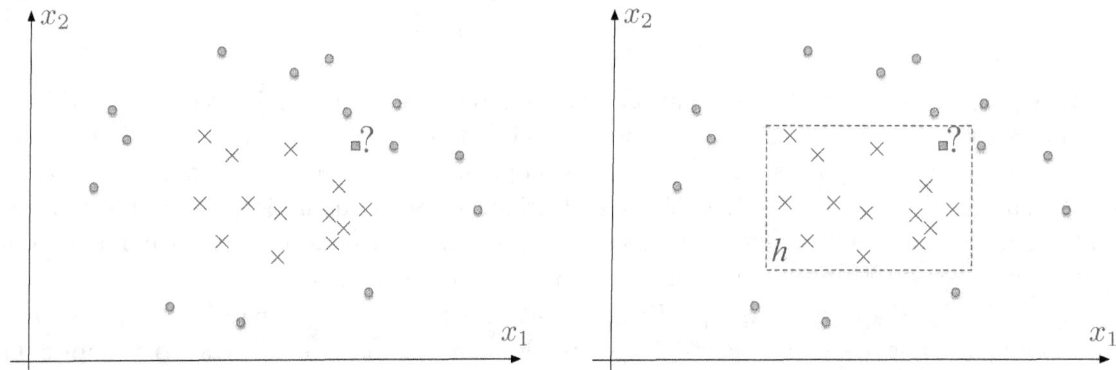

FIGURE 1.6 : *Tâche de prédiction. (À gauche) On observe des exemples décrits par les attributs x_1 et x_2. Ils sont associés à l'étiquette $\times$ ou à l'étiquette $\bullet$. Quelle étiquette associer au carré accompagné d'un point d'interrogation ? (À droite) Si l'on choisit l'hypothèse correspondant au rectangle, tous les points intérieurs sont alors étiquetés $\times$ et le point d'étiquette inconnue doit aussi l'être.*

Dans son ouvrage *Probably Approximately Correct. Nature's algorithms for learning and prospering in a complex world* (2013), Leslie Valiant, pionnier d'une théorie de l'apprentissage, écrit :
« La généralisation, ou induction, est un phénomène omniprésent (...).
Il est aussi commun et régulier que la chute des corps. Il serait raisonnable d'espérer une explication quantitative d'un phénomène aussi reproductible. »

Peut-on dire que nous disposons désormais d'une telle théorie de l'induction et de la compréhension qui devrait l'accompagner ? Et donc d'une théorie complète de l'apprentissage ?

Non, pas encore. Bien que de grands progrès aient été effectués, comme nous le verrons dans cet ouvrage, il reste beaucoup à faire.

3. Des apprentissages différents

Disons d'emblée que nous ne disposons pas à l'heure actuelle de machines capables de réaliser tout le spectre des apprentissages dont nous, humains, sommes capables. De plus, nous sommes capables d'intégrer ces différents apprentissages les uns avec autres. Nos machines sont encore spécialisées et il est utile de distinguer plusieurs types d'apprentissages. Nous commençons ici par trois grandes catégories, mais nous en verrons bien d'autres dans la suite de l'ouvrage.

L'apprentissage descriptif

L'un des grands buts de l'apprentissage est de « comprendre les données ». Cela signifie identifier des régularités qui permettent d'un certain côté de comprimer l'information présente dans les données et de les décrire de manière synthétique. Un système pourrait ainsi distinguer plusieurs catégories de consommateurs dans une base de données rassemblant des informations sur les clients d'une entreprise, catégories qu'un expert pourrait interpréter comme les clients de tel groupe socio-professionnel, ou les clients *early adopters*, catégories qui pourront ensuite être ciblées par des campagnes de marketing différentes.

Dans l'apprentissage descriptif pur, le but n'est pas d'extrapoler à des données futures possibles (ex. à des clients potentiels), mais bien de décrire les données disponibles, si possible en y découvrant des structures inattendues et intéressantes.

Comme nous l'avons esquissé plus haut, des biais différents peuvent conduire un système à mettre en évidence des régularités différentes et l'un des gros problèmes de l'apprentissage descriptif est de savoir comment en évaluer le résultat et comment guider le choix d'un bon biais.

L'apprentissage descriptif est souvent aussi appelé apprentissage *non supervisé(unsupervised learning*, clustering) car il n'y a pas de professeur pour aider le système. Cela contraste avec l'apprentissage prédictif.

L'apprentissage prédictif

Le but cette fois-ci est d'utiliser les données disponibles pour identifier des règles de décision permettant de prédire quelque chose à propos de données futures, encore inconnues au moment de l'apprentissage. Ce « quelque chose »peut prendre des formes variées. Dans le cas le plus simple, il s'agit d'une variable, que l'on appelle souvent *étiquette* (ou *label*) associée à l'*entrée*, c'est-à-dire à la description de la donnée.

Par exemple, un système de diagnostic médical peut apprendre à reconnaître la maladie d'un nouveau patient, à partir d'une base de données décrivant des malades pour lesquels un diagnostic a été fait. Ce système va ainsi devoir apprendre un moyen d'associer à une description de chaque patient que nous noterons $\mathbf{x}$ une prédiction (une pathologie) que nous noterons y.

Il est plus simple d'évaluer la qualité de l'apprentissage réalisé en prédiction qu'en description. Il suffit par exemple de garder par devers soi un ensemble de données pour lesquelles l'étiquette est connue et de mesurer à quel point la règle de décision apprise permet de bien prédire ces étiquettes quand l'entrée **x** est fournie. Bien sûr, il faut prendre un certain nombre de précautions et connaître les techniques d'évaluation de performance appropriées à chaque situation spécifique. Elles seront décrites au moment opportun dans l'ouvrage, mais spécialement dans le chapitre 24.

L'apprentissage prédictif est aussi appelé *apprentissage supervisé* (*supervised learning*). En effet, on suppose ici qu'un professeur (un superviseur, un oracle) a associé à chaque exemple x_j une étiquette y_j servant à l'apprentissage. L'ensemble de ces données sera par la suite appelé un *ensemble d'apprentissage* supervisé (on dit aussi *échantillon* d'apprentissage ou ensemble d'*entraînement*.

L'apprentissage prescriptif

Le plus souvent, l'objectif ultime de l'apprentissage n'est pas seulement de savoir mieux décrire les données, ou d'avoir identifié des règles de prédiction, mais de savoir que faire pour « changer le monde ». Or, il ne suffit pas pour cela de connaître des corrélations prédictives. Par exemple, supposons que je sois un fabricant de glaces et que je veuille augmenter mes ventes. L'apprentissage prédictif peut m'avoir fourni une règle du type « si une personne est en maillot de bain, alors il est probable qu'elle mange une glace ». Suffit-il alors de demander aux gens de se mettre en maillot de bain pour qu'ils se mettent à consommer des glaces ? Il est clair que cette règle prédictive n'est pas adéquate pour savoir quelle action mettre en œuvre. Fondamentalement, **corrélation n'égale pas causalité**. Les gens ne mangent pas des glaces parce qu'ils sont en maillot de bain, mais parce que deux autres facteur, la chaleur et la proximité de la mer, les incitent à la fois à se mettre en maillot de bain et à consommer des glaces. C'est seulement en découvrant cette relation de causalité qu'une action efficace peut être déclenchée, comme installer un magasin dans les régions chaudes.

L'apprentissage prescriptif, aussi appelé apprentissage *causal*, demande donc que d'autres types de relations soient découverts dans le monde et notamment des relations de causalité. Si les chapitres de ce livre vont, pour la plupart, traiter d'apprentissage descriptif (non supervisé) et prédictif (supervisé), le chapitre 8 fera place à l'apprentissage prescriptif.

L'apprentissage par renforcement

Lorsqu'un agent doit apprendre à se comporter de manière appropriée dans un environnement avec lequel il interagit, il se peut que la seule source d'information sur l'adéquation des actions soit un signal de renforcement, positif ou négatif, reçu de temps en temps par l'agent. Ce pourrait être le cas par exemple d'un robot envoyé sur Mars et pour lequel il n'a pas été possible de programmer de manière précise et complète les actions à prendre en fonction des circonstances. Le robot devra alors apprendre comment agir avec pour seul retour des informations sur l'état de sa batterie et le succès ou non de ses actions. C'est aussi le cas d'un algorithme de jeu dont la séquence des décisions prises au cours d'une partie est sanctionnée à la fin par le gain ou la perte de la partie. Dans l'apprentissage par renforcement, l'agent doit apprendre comment associer une action appropriée à chacun des états dans lesquels il peut se trouver de manière à maximiser sur le long terme les signaux de renforcement reçus, par exemple maximiser le taux de gain de parties.

Il s'agit d'un type d'apprentissage très présent dans les organismes naturels, mais très difficile aussi en raison de la pauvreté des signaux reçus de l'environnement : des signaux de renforcement, récompenses ou punitions, reçus de manière sporadique et parfois après un délai important. Les approches existantes sont présentées dans le chapitre 12.

4. Les notions d'espace d'hypothèses et de critère inductif

Que ce soit pour identifier des régularités dans les données (apprentissage descriptif) ou pour découvrir des règles de décision (apprentissage prédictif), il est nécessaire de disposer d'un langage permettant de décrire ou de désigner ces régularités ou ces règles de décision. En apprentissage artificiel, on appelle les termes de ce langage des *hypothèses* et on parle d'*espace d'hypothèses* pour désigner l'ensemble des hypothèses qui peuvent être considérées dans un problème d'apprentissage.

Le mot « langage »peut désigner en effet un langage formel, comme la logique du 1er ordre. Par exemple, $\forall x$, **si** $possède(x, 4\ \text{pattes})$ **et** $aboie(x)$ **alors** x *est un* chien. Mais il peut désigner de manière plus générale une propriété géométrique (comme le cas des rectangles dans la figure 1.6 ou même un algorithme comme celui de la décision par plus proche voisins, sur la même figure).

Dans ce cadre, l'apprentissage peut être vu comme la recherche d'une hypothèse permettant de bien décrire les données, ou de bien prédire les étiquettes associées aux exemples. Il faut donc savoir associer à chaque hypothèse une mesure de pertinence. C'est ce que le *critère inductif* est chargé de faire.

Le **critère inductif** est une fonction qui associe à chaque couple (*hypothèse, données d'apprentissage*) une valeur numérique notée R évaluant la qualité de l'hypothèse h par rapport aux données d'apprentissage que nous notons $\mathcal{S}_m$ ($\mathcal{S}$ pour *sample*, échantillon, de taille m), ou simplement $\mathcal{S}$ quand sa taille n'intervient pas.

$$R(h, S) \mapsto \mathbb{R}$$

Un exemple de critère inductif dans le cas de l'apprentissage supervisé est ce qu'on appelle le *risque empirique* R_{Emp}, qui, dans sa forme la plus simple, compte la proportion d'erreurs que fait l'hypothèse dans l'ensemble d'apprentissage.

Une fois fourni le critère inductif R, un espace d'hypothèses $\mathcal{H}$ et un échantillon d'apprentissage $\mathcal{S}$, l'apprentissage peut être considéré comme un problème d'optimisation : il faut trouver une fonction $h_{\mathcal{S}}^* \in \mathcal{H}$ qui optimise $R(h, \mathcal{S})$. Souvent, on cherche à réduire un écart entre h et $\mathcal{S}$, d'où un problème de minimisation :

$$h_{\mathcal{S}}^* = \underset{h \in \mathcal{H}}{\text{Argmin}}\ R(h, \mathcal{S}) \tag{1.1}$$

L'algorithme d'apprentissage, ou **apprenant**, est une procédure d'exploration de $\mathcal{H}$ visant à chercher $h_{\mathcal{S}}^*$, ou, au moins, à trouver une hypothèse qui soit bonne vis-à-vis de $R(h, \mathcal{S})$. On notera $\hat{h}$ l'hypothèse retournée par l'algorithme d'apprentissage.

Selon la structure dont on aura doté l'espace des hypothèses $\mathcal{H}$, on pourra inventer des algorithmes d'apprentissage, donc d'exploration de $\mathcal{H}$, plus ou moins efficaces.

4.1 L'induction : un jeu entre un espace d'exemples et un espace d'hypothèses

Dans le but de simplifier toute la discussion qui suit, nous nous focalisons dans cette section sur l'apprentissage supervisé de *concept*, c'est-à-dire de fonctions[4] à valeur dans $\{0, 1\}$. Les no-

---

4. Parfois appelées aussi *fonctions indicatrices*.

tions abordées seront cependant d'une portée beaucoup plus générale et valables pour l'essentiel dans toutes les situations d'apprentissage.

L'*apprentissage supervisé de concept* consiste à chercher une fonction $f : \mathcal{X} \to \{0, 1\}$, c'est-à-dire un étiquetage de chaque forme $\mathbf{x} \in \mathcal{X}$ par 0 ($\mathbf{x}$ n'appartient pas au concept visé) ou 1 ($\mathbf{x}$ appartient au concept)[5]. Cette fonction est apprise à partir d'un ensemble de données étiquetées, un échantillon d'apprentissage. . Nous notons[6] :

$$\mathcal{S} = \langle (\mathbf{x}_1, y_1), (\mathbf{x}_2, y_2), ..., (\mathbf{x}_m, y_m) \rangle$$

un échantillon d'apprentissage de m points non nécessairement tous distincts (lorsqu'il sera important de préciser la taille m de l'échantillon d'apprentissage, nous le noterons $\mathcal{S}_m$). Pour des raisons évidentes, on appelle souvent dans le cas binaire *exemples* ou *exemples positifs* les points étiquetés par 1 ou par « + », et *contre-exemples* ou *exemples négatifs* les points étiquetés par 0 ou par « − »[7]. La figure 1.7 schématise la tâche d'apprentissage de concepts.

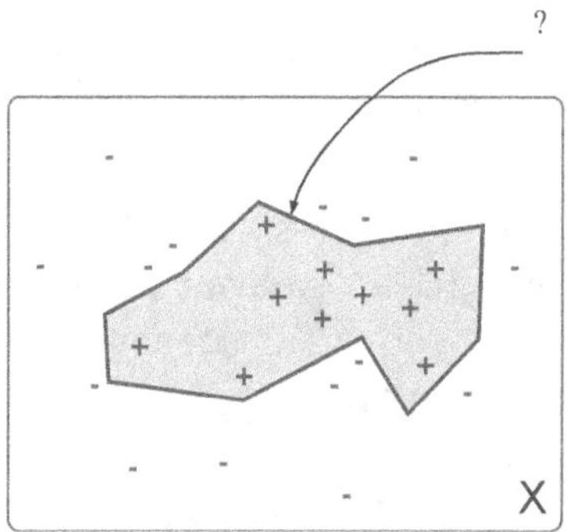

FIGURE 1.7 : *À partir d'un échantillon de points étiquetés, ici figurés par des « + »et des « − », l'apprenant cherche une partition de $\mathcal{X} = \mathbb{R}^2$ permettant de discriminer les formes $\mathbf{x}$ appartenant au concept de celles ne lui appartenant pas.*

Nous supposons maintenant d'une part que l'échantillon d'apprentissage n'est pas bruité, c'est-à-dire que les exemples sont correctement décrits, d'autre part qu'ils sont correctement étiquetés, en particulier que la même donnée n'est pas à la fois exemple et contre-exemple.

Dans ce cadre, l'apprenant cherche à séparer l'espace d'entrée $\mathcal{X}$ en deux parties : une partie correspondant au concept à découvrir et l'autre correspondant à tout ce qui n'est pas ce concept. On dira que la description trouvée du concept par l'apprenant est *cohérente* si tous les exemples positifs de l'échantillon sont dans cette partie (ce que l'on appelle la propriété de *complétude*) et si aucun exemple négatif de l'échantillon n'est dans cette partie (ce que l'on appelle la propriété de *correction*).

Dans ce cadre restreint, on peut maintenant poser deux questions :

- Quelle est l'information fournie par chaque exemple ?

- Comment, sur la base de l'échantillon d'apprentissage, choisir une hypothèse ?

---

5. Comme on l'a vu, ces deux classes sont aussi notées $\{-, +\}$.

6. Il arrivera également que nous notions $\mathcal{S} = \{(\mathbf{x}_1, y_1), (\mathbf{x}_2, y_2), ..., (\mathbf{x}_m, y_m)\}$ l'échantillon d'apprentissage quand la répétition des exemples n'est pas prise en compte par l'algorithme (ce qui est le cas par exemple de l'algorithme de l'espace des versions – chapitre 4. Nous verrons également des cas dans lesquels les exemples sont associés à un poids non entier (cas du *boosting* par exemple, au chapitre 15).

7. Il arrivera cependant dans la suite de l'ouvrage que nous parlions d'exemples pour dénoter les points étiquetés, qu'ils le soient positivement (exemples au sens propre) ou négativement (contre-exemples).

4.1.1   L'apprentissage est impossible...

Un concept, par définition, affecte « + »ou « − » à tout point de $\mathcal{X}$. Le résultat de son apprentissage est donc une partition en deux régions de $\mathcal{X}$, l'une correspondant à la valeur « + » du concept, l'autre à la valeur « − » (figure 1.7).

Que peut nous apprendre un échantillon $\mathcal{S}$ d'exemples supervisés sur cette partition ?

Supposons que l'apprenant soit prêt à considérer toutes les partitions possibles de $\mathcal{X}$, donc que n'importe quel étiquetage des formes $\mathbf{x} \in \mathcal{X}$ soit possible *a priori*. Cela signifie que si le cardinal de $\mathcal{X}$, noté $|\mathcal{X}|$, est fini, il existe $2^{|\mathcal{X}|}$ partitions possibles de $\mathcal{X}$.

Supposons alors que nous cherchions à déterminer la classe d'un point $\mathbf{x} \in \mathcal{X}$ inconnu connaissant la classe de tous les points d'apprentissage $\mathbf{x}_i \in \mathcal{S}$. Comment procéder ?

Puisque nous manipulons des partitions de $\mathcal{X}$, nous pourrions considérer toutes les partitions cohérentes avec l'échantillon d'apprentissage, puis décider alors de la classe de $\mathbf{x}$ en fonction de ces dernières. Si toutes les partitions cohérentes avec l'échantillon $\mathcal{S}$ prescrivent que $\mathbf{x}$ appartient au concept, ou au contraire n'y appartient pas, cela déterminera notre décision pour la classe de $\mathbf{x}$. Supposons même que toutes ces partitions ne soient pas d'accord sur la classe de $\mathbf{x}$, nous pourrions encore décider que celle-ci est la classe majoritairement attribuée.

Malheureusement, en général, aucun de ces deux cas de figure ne se présente. Il se trouve que si l'on prend toutes les partitions cohérentes avec n'importe quel ensemble de points d'apprentissage $\mathcal{S}$ (c'est-à-dire prédisant correctement l'étiquette de chacun de ces points), et si l'on prend n'importe quel point $\mathbf{x} \notin \mathcal{S}$, alors il existe autant de partitions prédisant l'étiquette 1 pour $\mathbf{x}$ que de partitions prédisant l'étiquette 0. L'échantillon d'apprentissage à lui tout seul ne fournit donc pas une base suffisante pour décider de la classe d'un point nouveau. L'induction, c'est-à-dire l'extrapolation du connu à l'inconnu semble impossible, puisque seul un apprentissage par cœur (sans induction) est réalisable.

Les deux questions soulignées dans la section précédente ont donc reçu une réponse qui jette pour le moins une ombre sur la possibilité de l'induction. Aucun exemple d'apprentissage ne fournit d'information au-delà de lui-même. Toutes les partitions de l'espace $\mathcal{X}$ cohérentes avec l'échantillon sont également probables et leurs prédictions s'annulent en chaque point inconnu. L'aventure de l'apprentissage artificiel tournerait-elle court ?

—— Exemple   **Apprentissage de fonctions boolénnes (1)** ———————————————

Soit un ensemble $\mathcal{X}$ de points décrits par n attributs binaires. Chaque partition de $\mathcal{X}$ correspond à un étiquetage particulier des 2^n points de $\mathcal{X}$. Il existe donc 2^{2^n} partitions différentes de $\mathcal{X}$ ou encore 2^{2^n} fonctions indicatrices définies de $\mathcal{X}$ sur $\{0,1\}$.

Supposons que l'échantillon d'apprentissage comporte m exemples distincts. Le nombre de partitions de $\mathcal{X}$ compatibles avec ces m exemples est : $2^{2^n - m}$ (m points sur les 2^n sont fixés). Prenons le cas de $n = 10$ attributs binaires et de $m = 512$ exemples d'apprentissage. Le cardinal de $\mathcal{X}$ est $|\mathcal{X}| = 2^{10}$, soit 1024 points différents, ce qui n'est pas un espace très grand. Il existe 2^{1024} manières différentes de les étiqueter par 1 ou 0. Après l'observation de la moitié de ces 1024 points, il reste $2^{1024-512}$ partitions possibles, soit 2^{512}. On voit que ces 512 exemples laissent un ensemble considérable de partitions possibles.

Étudions un problème plus simple dans lequel les exemples sont décrits par trois attributs binaires. Cela fait $2^3 = 8$ formes possibles. Supposons que cinq exemples parmi ces huit aient été étiquetés par l'oracle, comme le montre la figure 1.8. Pour fixer complètement une fonction, il faut déterminer la valeur des trois dernières formes. Il faut donc faire un choix entre $2^3 = 8$ fonctions. Supposons que nous voulions déterminer la valeur associée à l'entrée (011). Il y a quatre fonctions parmi les huit qui sont associées à la sortie + et quatre associées à la sortie −. Il est donc impossible d'avoir même seulement une préférence pour une prédiction plutôt qu'une autre concernant l'étiquette de ce point.

x_1	x_2	x_3	$f(\mathbf{x})$
0	0	0	+
0	0	1	−
0	1	0	+
0	1	1	?
1	0	0	+
1	0	1	?
1	1	0	?
1	1	1	−

FIGURE 1.8 : *Soit f une fonction binaire définie sur un espace d'entrée à trois attributs. La table fournit un échantillon de 5 exemples de cette fonction.*

Nous nous sommes placés dans le cas où l'apprenant cherche directement une partition de l'espace d'entrée $\mathcal{X}$, c'est-à-dire qu'il cherche à déterminer l'étiquette de chaque forme $\mathbf{x} \in \mathcal{X}$.

C'est ce qu'on appelle décrire $\mathcal{X}$ *en extension*, c'est à dire énumérer tous ses éléments. En général, $\mathcal{X}$ est très grand ou infini, sinon le problème d'apprentissage serait sans intérêt. Il faut donc procéder par une description en *intension*, autrement dit utiliser un langage pour représenter une hypothèse, comme on l'a vu au début de cette section.

4.1.2   ... sans limiter l'espace des hypothèses

On utilise donc pour décrire des partitions de $\mathcal{X}$ un *langage de description des hypothèses* $\mathcal{L_H}$. Sur les données de la figure 1.8, on pourrait par exemple décrire une hypothèse (un concept, dans ce cas) par une conjonction de conditions sur les descripteurs, ce qu'on appelle le langage CNF (*Conjunctive Normal Form*). Un concept pourrait prendre alors par exemple la forme : $(x_1 = 0 \vee x_7 = 1) \wedge (x_3 = 1 \vee x_5 = 1 \vee x_8 = 0) \wedge x_4 = 1$.

Ainsi, toujours sur le même exemple, on pourrait décrire un autre concept par la formule : $(x_1 = 0) \wedge (x_2 = 1) \wedge (x_3 = 1)$. En revanche, le langage interdit de considérer un concept qui s'écrirait $(x_1 = 0 \wedge x_2 = 1 \wedge x_3 = 1) \vee (x_1 = 0 \vee x_2 = 0 \wedge x_3 = 0)$. Si on limite le nombre de conditions en conjonction, par exemple à deux, le langage CNF n'a pas la puissance pour représenter toutes les fonctions booléennes.

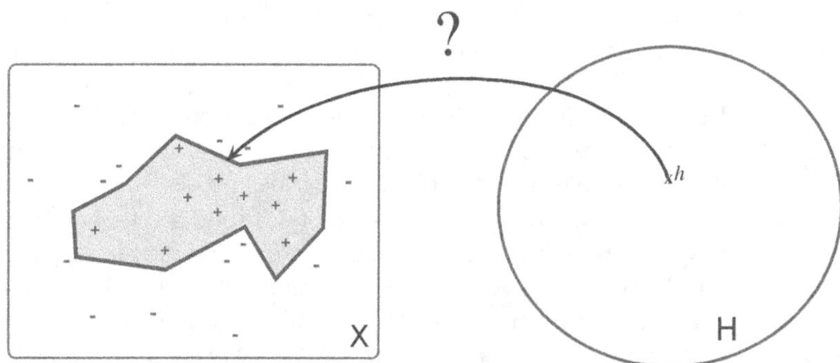

FIGURE 1.9 : *Rôle d'un espace d'hypothèses $\mathcal{H}$ dans le cas de l'apprentissage de concept. Chaque point de $\mathcal{H}$, ou encore hypothèse, correspond à une partition de l'espace des entrées $\mathcal{X}$.*

Une fois l'espace d'hypothèses $\mathcal{H}$ défini, la recherche d'une partition de $\mathcal{X}$ s'effectue par son intermédiaire. L'apprenant (l'algorithme d'apprentissage) va chercher dans $\mathcal{H}$ une hypothèse h correspondant à une partition de $\mathcal{X}$ appropriée (figure 1.9).

Les avantages de l'utilisation explicite d'un espace d'hypothèses sont multiples :

1. D'abord, grâce au langage $\mathcal{L}_{\mathcal{H}}$, l'apprenant manipule des partitions de $\mathcal{X}$ *en intension* et non plus *en extension*. Il travaille sur des expressions du langage $\mathcal{L}_{\mathcal{H}}$ et non pas sur des ensembles définis par l'énumération de leurs éléments.

2. Ensuite, et c'est un point capital d'après la discussion de la section précédente, il devient possible d'effectuer une *induction* à partir d'un échantillon limité d'exemples. Il suffit pour cela que $\mathcal{L}_{\mathcal{H}}$ *ne permette pas* de décrire toutes les partitions de $\mathcal{X}$.

Voyons pourquoi en reprenant l'exemple précédent.

—— EXEMPLE   **Apprentissage de fonctions booléennes (2)** ————————————

Supposons que, pour une raison quelconque, l'apprenant qui reçoit des entrées décrites sur les trois descripteurs binaires x_1, x_2, x_3 ne puisse prendre en compte en fait que le premier et le troisième descripteurs, c'est-à-dire x_1 et x_3, pour décider de l'étiquette de la forme reçue. Cela revient à dire que le nombre de fonctions que l'apprenant peut considérer est de 4 (2^2) au lieu des 8 (2^3) possibles lorsque l'on prend en compte les trois descripteurs.

Cela signifie en particulier que, si l'échantillon d'apprentissage contient les exemples (000) étiqueté $-$ et (010) étiqueté $+$, l'apprenant ne pourra pas construire une hypothèse, c'est-à-dire une fonction, qui permette d'en rendre compte.

En revanche, cette fois-ci l'échantillon d'apprentissage fourni dans la table donnée précédemment lui permet de faire une prédiction pour le point (0 1 1). En effet, la seule fonction à valeur sur x_1, x_3 cohérente avec les exemples d'apprentissage est la fonction dont le tableau est le suivant :

x_1	x_3	$f(\mathbf{x})$
0	0	$+$
0	1	$-$
1	0	$+$
1	1	$-$

Et selon cette fonction, l'étiquette de la forme (0 1 1) est '$-$'.

———

Nous voyons donc que c'est une limitation de l'espace d'hypothèses qui rend possible l'induction. Naturellement, ce pouvoir a un prix. Si les « œillères » dont on a muni l'apprenant ne correspondent pas avec la fonction cible de la nature ou de l'oracle, on ne peut pas l'apprendre correctement. La figure 1.10 illustre cette même idée.

Pour qualifier ces « œillères » qui limitent l'espace des fonctions hypothèses que l'apprenant peut considérer, on parle d'un *biais de représentation*. Évidemment, tout biais de représentation correspond à un « acte de foi » sur le type d'hypothèses adéquat pour décrire le monde. Cet acte de foi peut être erroné, auquel cas l'apprentissage donnera parfois de très mauvais résultats (figure 1.11). Il faudra parvenir à détecter cette situation.

Cette idée de biais nécessaire à l'induction est capitale et sera revisitée dans le chapitre 3. Nous y verrons que la notion de *biais* en apprentissage se définit comme toute restriction de l'ensemble des hypothèses potentielles, y compris des restrictions qui vont plus loin que celles portant sur le langage d'expression des hypothèses.

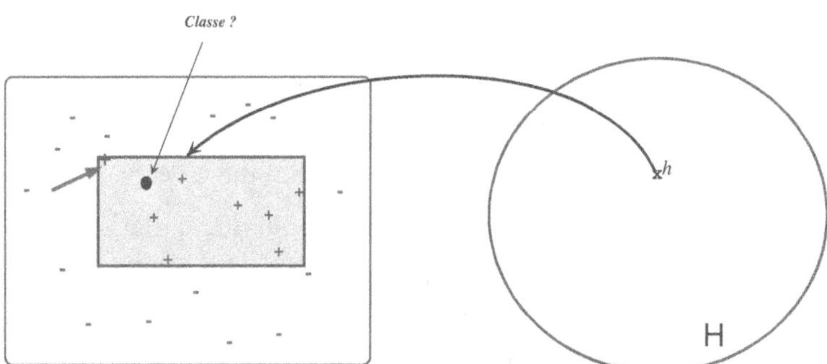

FIGURE 1.10 : *Supposons que le langage de représentation des hypothèses $\mathcal{L}_{\mathcal{H}}$ corresponde à une restriction aux parties de $\mathcal{X}$ qui sont des rectangles. Dans ce cas, la donnée du point « + » indiqué par la flèche implique que tous les points inscrits dans le rectangle dont il délimite un angle sont de classe « + ». On voit que, dès lors, il devient possible de classer des points jamais observés dans l'échantillon d'apprentissage. Par exemple, selon ce biais, le point dénoté par un rond noir est prédit appartenir à la classe « + ».*

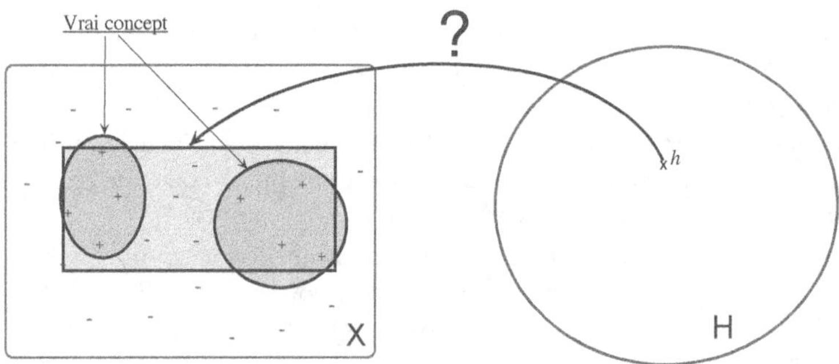

FIGURE 1.11 : *Supposons que le langage de représentation des hypothèses $\mathcal{L}_{\mathcal{H}}$ corresponde à une restriction aux parties de $\mathcal{X}$ qui sont des rectangles et que la partition « vraie » de la nature, correspondant aux exemples positifs, soit représentée par les deux « patatoïdes ». Dans ce cas, il est impossible d'approcher correctement le concept cible à l'aide d'une hypothèse de $\mathcal{H}$.*

3. Finalement, l'espace $\mathcal{H}$ des hypothèses peut offrir des structures permettant son exploration de manière plus ou moins systématique et plus ou moins efficace. En particulier, une relation d'ordre sur $\mathcal{H}$ corrélée avec la généralité de l'induction effectuée est très utile (chapitre 4).

4.2   L'exploration de l'espace des hypothèses

Nous disposons d'un espace d'hypothèses $\mathcal{H}$, d'un espace d'entrée $\mathcal{X}$ et d'un échantillon d'apprentissage $\mathcal{S} = \langle (\mathbf{x}_1, y_1), (\mathbf{x}_2, y_2), \cdots, (\mathbf{x}_m, y_m) \rangle$. L'apprenant doit trouver une hypothèse h approchant au mieux une fonction cible f, sur la base de l'échantillon $\mathcal{S}$. Naturellement, on suppose que chaque étiquette y_i a été calculée par la fonction f appliquée à la forme $\mathbf{x}_i$.

Comment trouver une telle hypothèse $h \in \mathcal{H}$? Deux préalables sont nécessaires :

1. savoir *évaluer la qualité d'une hypothèse* et ainsi pouvoir déterminer qu'une hypothèse satisfaisante (voire optimale) a été trouvée ;

2. savoir *organiser la recherche* dans $\mathcal{H}$.

Quel que soit le processus guidant l'exploration de $\mathcal{H}$, il est nécessaire que l'apprenant puisse évaluer les hypothèses h qu'il considère au cours de sa recherche. Pour cela, il utilise un critère inductif, tel que nous l'avons évoqué en section 4, par exemple le risque empirique. Cela permet à l'apprenant de mesurer sa performance sur l'échantillon d'apprentissage et de décider s'il doit poursuivre ou non sa recherche dans $\mathcal{H}$.

Par exemple, dans le cas de l'apprentissage supervisé de concept, en supposant des descriptions non bruitées des entrées, l'apprenant cherche une hypothèse exprimable dans le langage $\mathcal{L}_\mathcal{H}$ couvrant tous les exemples positifs de l'échantillon d'apprentissage et ne couvrant aucun des exemples négatifs. Dans ce cas, le risque empirique sera en effet nul.

La figure 1.12 schématise la recherche d'une hypothèse. L'hypothèse courante, ici notée h_i, est comparée à l'échantillon d'apprentissage $\mathcal{S} = \langle(\mathbf{x}_1, y_1), \ldots, (\mathbf{x}_m, y_m)\rangle$ et modifiée s'il y a lieu, c'est-à-dire, ici, si elle n'est pas cohérente avec les exemples d'apprentissage et est donc de risque empirique non nul.

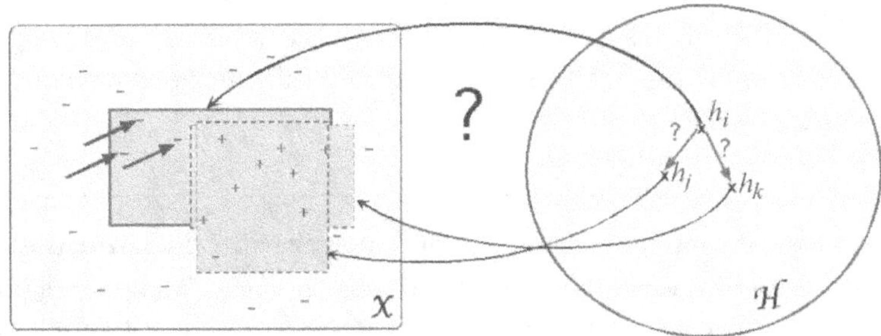

FIGURE 1.12 : *L'hypothèse courante h_i n'est pas satisfaisante : elle n'exclut pas tous les exemples négatifs connus et a donc un risque empirique non nul. L'apprenant doit chercher une nouvelle hypothèse dans $\mathcal{H}$. Où doit-il chercher ?*

En supposant qu'à une certaine étape de l'apprentissage l'apprenant juge insatisfaisante son hypothèse courante h_i, comment peut-il en changer ? C'est là que se décide l'efficacité de l'apprentissage et que joue la structure algébrique de l'espace $\mathcal{H}$. Plus celle-ci sera accordée à l'apprentissage et plus il sera envisageable d'organiser efficacement l'exploration de $\mathcal{H}$. Ainsi, on peut distinguer quatre grandes classes de possibilités correspondant à des connaissances *a priori* croissantes sur le monde.

Il n'y a pas d'espace d'hypothèses Cela signifie que l'apprentissage ne met en jeu que l'espace d'entrée $\mathcal{X}$ et que son résultat sera une règle de décision ne s'appuyant que sur les exemples d'apprentissage. Dans le cas booléen, on a vu que l'apprentissage est alors impossible. Mais dans le cas où $\mathcal{X}$ est infini et peut être muni d'une distance, on peut utiliser par exemple la méthode des plus proches voisins (chapitre 13).

L'espace $\mathcal{H}$ des hypothèses ne présente aucune structure Dans ce cas, seule une exploration aléatoire est possible. Rien ne permet de guider la recherche, ni même de tirer parti des informations déjà glanées sur $\mathcal{H}$. Ce cas arrive rarement, car on se donne toujours une structure sur $\mathcal{H}$, quitte d'ailleurs à se tromper et à conduire l'algorithme à explorer de mauvaises régions de $\mathcal{H}$.

Une notion de voisinage est définissable sur $\mathcal{H}$ Il est alors possible d'opérer une exploration par des techniques d'optimisation comme le gradient. L'avantage de ces techniques, qui les rend si populaires, est qu'elles sont d'un usage très général. Elles sont par exemple à la base des réseaux connexionnistes. Le problème est bien sûr la pertinence de cette notion de voisinage. Une mauvaise relation de voisinage peut en effet éloigner l'apprenant des meilleures régions de l'espace. Par ailleurs, c'est une structure faible qui, sauf dans des cas particuliers ne permet pas une exploration rapide.

L'espace des hypothèses peut être muni d'un ordre partiel Il est parfois possible de disposer d'une structure plus forte permettant d'organiser l'exploration de $\mathcal{H}$. C'est le cas en particulier des structures d'ordre partiel induites par des relations de généralité entre hypothèses. Dans ce cas, il devient possible de modifier une hypothèse erronée en la spécialisant juste assez pour qu'elle ne couvre plus le nouvel exemple négatif, ou au contraire en la généralisant juste assez pour qu'elle couvre le nouvel exemple positif fourni. Ce type d'exploration, souvent possible quand l'espace des hypothèses est structuré par un langage (chapitre 4), est généralement mieux guidé et plus efficace qu'une exploration aveugle.

De ce qui précède, il est évident que plus la structuration de l'espace des hypothèses est forte et adaptée au problème d'apprentissage, plus les connaissances *a priori*, s'exprimant en particulier dans les biais et dans le critère de performance, sont importantes, plus l'apprentissage sera facilité. En contrepartie, bien sûr, cela nécessitera un travail de réflexion préalable d'autant plus important, ce qui signifie aussi la prise en compte d'informations *a priori* ou étrangères au jeu de données d'apprentissage.

—— Remarque ——————————————————————————————————————

L'induction met donc en jeu une sorte de **loi de conservation de l'information**.

L'induction n'est possible que si l'information en entrée permet d'identifier la fonction cible, ou du moins sa projection sur les points qui seront testés à l'avenir. Et cette information ne peut provenir que (1) de l'information apportée par *l'échantillon d'apprentissage* et (2) des *connaissances* a priori limitant l'espace des partitions à considérer. Si l'on perd d'un côté, il faut gagner de l'autre.

Ainsi, si le biais est fort, c'est-à-dire que l'espace des hypothèses est très contraint, alors peu d'exemples d'apprentissage peuvent suffire à identifier une hypothèse, éventuellement mauvaise si le biais est mal choisi. En revanche, un biais faible doit s'accompagner d'un échantillon d'apprentissage de très grande taille pour qu'il reste peu d'hypothèses possibles de risque empirique nul. C'est par exemple le cas des réseaux de neurones profonds (voir chapitre 11).

———

5.   Les ingrédients de l'apprentissage

Résoudre un problème d'apprentissage, c'est d'abord *le comprendre*, c'est-à-dire discuter longuement avec les experts du domaine concerné pour identifier quelles sont les « entrées »(les données), les « sorties »(les résultats désirés), les connaissances disponibles. C'est aussi réaliser un gros travail de *préparation des données* : nettoyage, ré-organisation, enrichissement, intégration avec d'autres sources de données, etc. Ces étapes de compréhension du problème, de préparation des données, de mise au point du protocole d'apprentissage et des mesures d'évaluation des résultats, prennent, et de loin, la plus grande partie du temps pour (tenter de) résoudre un problème d'apprentissage. Un novice aura tendance à sous-estimer ces étapes et à se concentrer uniquement sur la phase de l'essai de méthodes d'apprentissage sur des données supposées bonnes à la consommation. Le *data scientist* expérimenté doit connaître les grandes techniques d'apprentissage, en maîtriser certaines et, on n'insistera jamais assez, savoir interagir avec les experts du domaine. Nous aborderons ces questions pratiques dans le chapitre 2.

> Nous savons maintenant que la mise au point d'une technique d'apprentissage artificiel peut être schématisée comme la combinaison des réponses à trois grandes questions :
>
> 1. La définition d'un **critère inductif** $R : \mathcal{H} \times \mathcal{S} \to \mathbb{R}$.
>
> 2. La description de **l'espace des hypothèses** $\mathcal{H}$ dans lequel on cherchera une bonne hypothèse h.
>
> 3. La définition et la mise au point d'un **algorithme d'exploration de** $\mathcal{H}$ pour trouver une hypothèse $h_{\mathcal{S}}^*$ optimisant $R(h, \mathcal{S})$.

Tous les algorithmes d'apprentissage qui seront étudiés dans cet ouvrage peuvent être analysés selon les réponses apportées à ces trois grandes questions.

Le travail des *théoriciens de l'apprentissage* consiste, d'une part, à proposer des critères inductifs adaptés à certaines classes de problèmes. Par exemple, un critère inductif pourra favoriser des hypothèses parcimonieuses en nombre de variables prises en compte… si les experts disent que c'est ce type d'hypothèse qui est adapté à la modélisation du monde étudié. D'autre part, il consiste en une tâche de *justification* qui a pour but de prouver qu'effectivement, si on optimise le critère proposé R, et si le monde obéit bien au présupposé sous-jacent, alors l'hypothèse idéale $h^* = \text{Argmin}_{h \in \mathcal{H}} \, R(h)$ sera bien la meilleure, par exemple pour bien affecter les étiquettes si l'on est en apprentissage prédictif.

Le travail des *ingénieurs* (et aussi des théoriciens) est d'*inventer* et de mettre au point un algorithme qui, partant de $\mathcal{H}$ et d'un échantillon d'apprentissage $\mathcal{S}_m$, est susceptible de trouver une hypothèse $h_{\mathcal{S}}^*$ qui soit proche de h^* en termes de performance mesurée par le risque R. On notera A un tel algorithme d'apprentissage, avec $A : \mathcal{H} \times \mathcal{S}_m \to h \in \mathcal{H}$.

Dans cet ouvrage, on trouvera quelques chapitres consacrés à la justification, c'est-à-dire à la théorie de l'apprentissage (chapitres 3 et 25). Tous les autres sont affaire d'invention et décrivent des algorithmes d'apprentissage.

6. Les méthodes paramétriques et non paramétriques, et les autres

Le langage pour décrire les hypothèses peut être de plusieurs types.

Prenons l'exemple de données décrites dans l'espace d'entrée $\mathcal{X} = \mathbb{R}^2$ avec d variables réelles, et supposons-les étiquetées par « $+$ » ou par « $-$ ». On cherche donc une fonction de décision h, une hypothèse, capable d'étiqueter toute entrée $\mathbf{x} \in \mathcal{X}$, $h : \mathbf{x} \to \{+, -\}$. Il faut donc définir l'espace des hypothèses $\mathcal{H}$ que l'on va considérer [8].

Une solution est de reprendre l'exemple de la figure 1.6 et de considérer les hypothèses prenant la forme d'un rectangle dans $\mathbb{R}^2$, qui étiquettent $+$ tous les exemples compris dans le rectangle. Une hypothèse dans cet espace peut être décrite par la donnée de deux arêtes opposées du rectangle, par exemple celle dont les coordonnées sont minimales et celle dont toutes les coordonnées sont maximales. Une hypothèse est ainsi décrite par 4 valeurs réelles, on a donc $\mathcal{H} = \mathbb{R}^4$, et réciproquement tout élément de $\mathbb{R}^4$ décrit une hypothèse. On est dans le cas d'un espace d'hypothèses *paramétré*.

---

8. Là où les spécialistes de l'apprentissage artificiel parlent d'*espaces d'hypothèses*, les statisticiens parlent de *modèles*. Nous utiliserons souvent de manière indifférenciée les deux termes.

Nous verrons qu'un grand nombre d'espaces d'hypothèses rentrent dans cette catégorie, comme les réseaux de neurones et tous les modèles statistiques.

Mais on pourrait aussi définir une hypothèse comme la procédure qui trouve les trois plus proches voisins de $\mathbf{x}$, puis qui affecte à ce dernier l'étiquette majoritaire dans ces trois points. Il n'y a dans ce cas plus aucun paramètre pour définir une hypothèse.

Nous verrons au chapitre 15 que l'on peut aussi décider de découper l'espace $\mathcal{X}$ par des combinaisons de boîtes imbriquées, en construisant un *arbre de décision*, pour attribuer une étiquette à tout point de $\mathcal{X}$. Dans cette technique, le nombre de boîtes dépend uniquement du jeu des données d'apprentissage ; il n'est donc pas prédéfini *a priori* comme dans les techniques paramétriques.

Lorsque, comme dans cet exemple, le nombre de paramètres pour décrire les hypothèses dépend uniquement des données, on parle de *méthodes ou d'espaces d'hypothèses non paramétrés*.

La dichotomie *modèle paramétrique* contre *modèles non paramétriques* n'épuise cependant pas les natures des espaces d'hypothèses.

Il existe aussi des modèles *semi-paramétriques* qui occupent une zone grise entre les deux types. Ces modèles sont décrits par un nombre de paramètres non défini *a priori* avant examen des données d'apprentissage, mais ils sont plus contraints que les modèles non paramétriques car leur forme générale combine des caractéristiques de modèles paramétriques et non paramétriques. Par exemple, on pourra décider de considérer un espace d'hypothèses qui combine plusieurs hyperrectangles, sans fixer leur nombre *a priori*. Ou bien le statisticien sera prêt à considérer des mélanges de distributions gaussiennes (donc paramétrées), sans en fixer d'avance le nombre.

7. L'espace des hypothèses d'apprentissage

Les sections précédentes ont souligné l'utilité de définir un espace d'hypothèses afin de ne pas avoir à représenter en extension les concepts décrivant les données, c'est à dire par apprentissage par cœur des exemples. L'espace $\mathcal{H}$ des hypothèses, défini par le langage des hypothèses $\mathcal{L}_{\mathcal{H}}$ recourt à une description *en intension*, permettant d'établir naturellement des liens avec les autres connaissances disponibles. Le premier problème est de savoir représenter les connaissances, donc de trouver un langage approprié au contexte et à la tâche. Le second est de savoir comment mettre en relation les hypothèses et les données (problème de l'appariement ou *matching*).

7.1 Le problème général de la représentation des connaissances

La représentation des connaissances en intelligence artificielle ne se fait pas (encore) en langage naturel. On cherche plutôt des représentations à la fois expressives et concises, permettant d'exprimer tout ce que l'on désire de manière succincte, non ambiguë, indépendante du contexte et efficace, se prêtant naturellement aux raisonnements désirés. Plusieurs types de représentations ont été développés pour répondre à ces exigences. Il est intéressant de les comparer du point de vue de l'apprentissage.

1. Quels *types de régularités* ou de connaissances veut-on représenter ?

   - Des catégories ou classes ou concepts.
   - Des probabilités d'appartenance à une catégorie.
   - Des ontologies, c'est-à-dire des organisations hiérarchiques de classes.

- Des réactions à l'environnement, des réflexes.

- Des dépendances causales.

- Des descriptions relationnelles.

- Des évolutions temporelles.

- ...

2. Quelles sont les *caractéristiques des entrées* disponibles ?

   - Entrées perceptives brutes ou déjà prétraitées.

   - Entrées discrètes ou continues.

   - Entrées bruitées ou non.

   - Entrées correspondant à des phénomènes déterministes ou non.

   - Entrées affectées d'incertitude.

   - Entrées affectées d'imprécision.

   - Entrées « plates », telles que des vecteurs d'attributs, ou structurées par des relations et une organisation, comme des graphes.

3. Quel *degré de transparence ou d'interprétabilité* souhaite-t-on dans les hypothèses produites par le système ?

   Ce dernier aspect est très important. Si l'on cherche seulement un système performant sur une tâche donnée, sans qu'il y ait nécessité d'interaction avec un « expert », une représentation opaque est acceptable. C'est par exemple le cas d'un système de reconnaissance de caractères ou d'identification de locuteurs sur la base d'un signal sonore. En revanche, certaines applications exigent que l'utilisateur puisse examiner la connaissance produite par le système. C'est le cas d'un système de diagnostic médical et plus encore d'un système chargé de formuler des recommandations thérapeutiques. Mais cela s'avère aussi utile lorsque l'expert peut aider le système à apprendre en lui transmettant des connaissances *a priori*. Il faut alors les traduire pour la machine. Tout cela est impossible avec une représentation « opaque » comme celle utilisée dans les réseaux connexionnistes, qui consiste essentiellement en une matrice de nombres correspondant aux poids des connexions du réseau. C'est en revanche plus facile si la représentation utilise un formalisme logique.

Nous présentons maintenant les différents espaces d'hypothèses $\mathcal{H}$ que nous allons rencontrer par la suite. Ces espaces de représentation seront décrits avec plus de précision au fur et à mesure des chapitres à venir. Pour le moment, il est seulement question d'en faire un tour d'horizon.

La table 1.1 présente d'abord les qualités des différentes représentations des hypothèses en fonction des critères précédents.

7.2   La classification

L'apprentissage d'une règle de classification est l'un des thèmes de l'apprentissage artificiel les plus traités. Il y a plusieurs raisons à cela : d'abord, on sait l'aborder du point de vue des théories de l'apprentissage, la plupart du temps dans le cas de deux classes (mais on peut assez facilement généraliser à un nombre quelconque). Ensuite, beaucoup de méthodes et d'algorithmes existent, en particulier dans le cas où l'espace de représentation est numérique. On est alors dans le domaine classique de la reconnaissance statistique des formes (*statistical pattern recognition*). Enfin, apprendre à classer est un problème central de l'intelligence, naturelle comme artificielle.

	Fonctions séparatrices	Distributions de probabilités	Fonctions état → action	Arbres de décision	Hiérarchies de concepts	Réseaux bayésiens	Chaînes de Markov	Grammaires	Systèmes de règles
Concept	√	√	-	√	√	-	-	√	√
Classes multiples	√	√	-	√	√	-	-	-	√
Ontologies	-	-	-	√	√	-	-	-	√
Régression	-	√	√	√	-	-	-	-	√
Évolutions temporelles	-	√	√	-	-	-	√	√	-
Apprentissage non supervisé	√	√	√	√	√	-	-	-	-
Données continues	√	√	√	√	-	-	√	-	-
Connaissances relationnelles	-	-	√	-	√	√	-	√	√
Degré de certitude	-	√	√	-	-	√	√	√	√
Degré d'imprécision	-	√	√	-	-	√	-	-	-
Transparence, intelligibilité	-	-	-	√	√	√	-	√	√

TABLE 1.1 : *En ligne : les caractéristiques de la tâche. En colonne : les types d'hypothèses.*

Intuitivement, une règle de classification est un acte cognitif ou une procédure permettant d'affecter à un objet la famille à laquelle il appartient, autrement dit de le reconnaître. C'est ainsi qu'un enfant apprend à classer les animaux domestiques en « chiens »ou « chats », les plats en « salés »ou « sucrés », etc. Par analogie, les ordinateurs de bureau qui reconnaissent l'écriture manuscrite ont appris (grâce à un programme d'apprentissage automatique) des règles pour distinguer les signes tracés ; d'autres programmes savent classer des sons, des signaux biomédicaux, etc. Toutes les procédures qui simulent des fonctions perceptives doivent évidemment posséder des capacités de généralisation, c'est-à-dire être munies de la faculté d'induction, sans quoi elles ne seraient capables de reconnaître que les exemples qui ont servi à les entraîner.

7.2.1　Classe, concept

Définition 1.1 (Exemple)

Un exemple est un couple $(\mathbf{x}, y)$, où $\mathbf{x} \in \mathcal{X}$ est la description ou la représentation de l'objet et $y \in \mathcal{Y}$ représente la supervision de $\mathbf{x}$. Dans un problème de classification, y s'appelle la classe de $\mathbf{x}$ et appartient à un ensemble $\mathcal{C} = \{\omega_1, \ldots, \omega_C\}$. C désigne le nombre de classes possibles pour un objet.

C doit être fini et en pratique petit pour que l'on puisse réellement parler de classification. Des exemples de classes sont : les sons du langage, l'alphabet, les espèces des oiseaux, un diagnostic médical, la présence ou l'absence d'une propriété pour un objet (par exemple qu'une carte à jouer soit un « honneur »), etc.

Dans le cas où $C = 2$, il est usuel de considérer que l'on fait l'apprentissage d'un *concept*, c'est-à-dire du partage de l'espace de représentation en deux parties, l'une où le concept est vérifié, l'autre où il est invalidé. Dans ce cas, on note par exemple[9] en général $\mathcal{C} = \{\text{vrai}, \text{faux}\}$ et on appelle *contre-exemples* les données classées `faux` (on garde le mot d'*exemples* pour les autres).

Il est à noter que le cas $C = 1$ est presque équivalent au précédent, puisqu'il s'agit d'apprendre aussi un concept, mais à partir seulement d'exemples ; en pratique, cependant, les algorithmes seront différents.

Par exemple, un enfant apprend sa langue maternelle avec un « algorithme »de généralisation où le rôle des contre-exemples est faible. En revanche, il classe les matières d'enseignement en celles qu'il aime et celles qu'il n'aime pas à partir d'une base d'apprentissage composée d'exemples des deux cas.

7.2.2   Les fonctions séparatrices entre classes

Au lieu d'essayer d'approcher directement la fonction cible $f : \mathcal{X} \to \{\omega_1, \ldots, \omega_C\}$ par une règle de classification, il est souvent plus facile de transformer l'espace des classes en celui des fonctions séparatrices.

Définition 1.2 (Fonction séparatrice)

Une fonction séparatrice, ou fonction de décision $\Upsilon_{ij} : \mathcal{X} \to \mathbb{R}$ *entre les classes* ω_i *et* ω_j *est telle que* $\Upsilon_{ij}(\mathbf{x}) > 0$ *pour tous les objets* $\mathbf{x}$ *que la fonction cible affecte à la classe* ω_i *et* $\Upsilon_{ij}(\boldsymbol{x}) < 0$ *pour tous les objets qu'elle affecte à la classe* ω_j. *Si* $\Upsilon_{ij}(\mathbf{x}) = 0$, *l'affectation se fait arbitrairement.*

L'espace de l'apprentissage devient alors un ensemble d'hypothèses consitué de fonctions séparatrices. Ces fonctions peuvent être de natures extrêmement variées : par exemple des hyperplans (chapitre 9), ou calculées à partir de réseaux connexionnistes multicouches (chapitre 10) ou de densités de probabilités (chapitre 19), etc.

Dans la définition 1.2, on ne considère que le signe de la fonction de décision pour décider de la région d'appartenance de l'entrée $\mathbf{x}$ (figure 1.13a). On parle souvent dans ce cas de *fonctions séparatrices à seuil*. Dans le cas où il y a plus de deux classes, on peut combiner plusieurs fonctions de décision permettant ainsi une division de $\mathcal{X}$ en plusieurs régions (voir figure 1.13b). On y reviendra au chapitre 14.

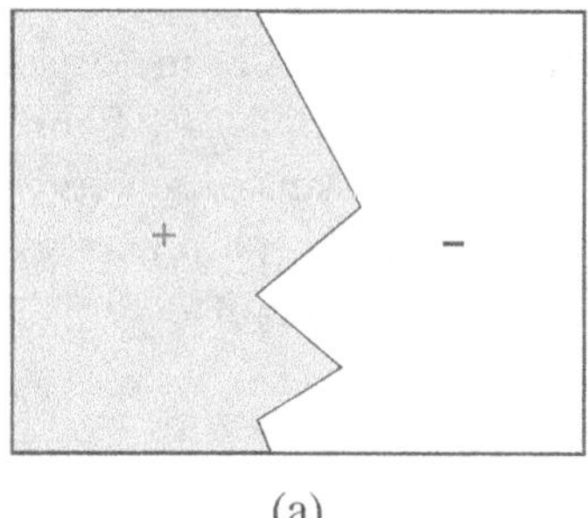

(a)

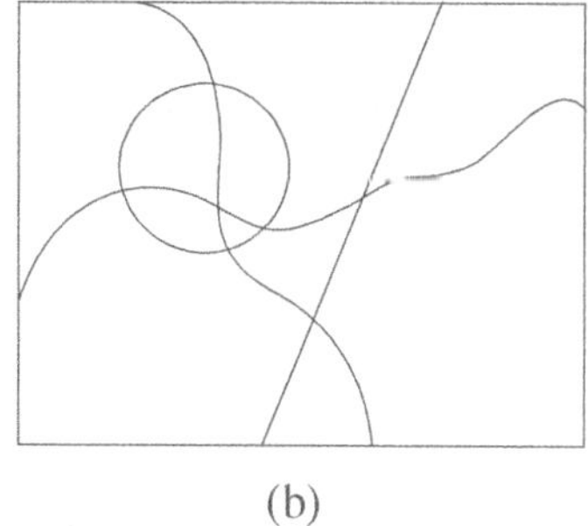

(b)

FIGURE 1.13 : *Classification par fonctions séparatrices. En (a), la fonction séparatrice détermine deux classes suivant le signe de sa sortie. En (b), une classification pour plus de deux classes est obtenue par la combinaison de plusieurs fonctions séparatrices.*

Si en plus de son signe, on considère aussi la valeur de la sortie de la fonction de décision, il devient possible d'interpréter cette dernière comme une mesure de confiance dans la décision,

---

9. Ou $\mathcal{C} = \{+, -\}$, ou $\mathcal{C} = \{1, 0\}$, ou $\mathcal{C} = \{+1, -1\}$.

selon l'idée naturelle que plus la forme d'entrée est « éloignée »de la frontière, plus son appartenance à la classe désignée est peu susceptible d'être remise en cause. Nous verrons que cette observation de bon sens est à l'origine d'un renouveau très fort pour l'utilisation de ces fonctions de décision (séparateurs à vastes marges, chapitre 14).

En dehors de leur simplicité conceptuelle et pratique évidente, les fonctions séparatrices permettent de mettre en œuvre naturellement un appariement partiel entre entrée et hypothèse. En effet, les fonctions séparatrices peuvent se concevoir comme une sorte de produit scalaire défini sur $\mathcal{X} \times \mathcal{H}$. Ainsi, dans le cas du perceptron (chapitre 9), la fonction de décision est définie par :

$$\mathbf{w}^\top \mathbf{x} \left\{ \begin{array}{l} \geq 0 \\ < 0 \end{array} \right. \implies \mathbf{x} \in \left\{ \begin{array}{l} \omega_1 \\ \omega_2 \end{array} \right. \tag{1.2}$$

en considérant le vecteur de description des observations augmenté $\mathbf{x}^\top = (1, x_1, x_2, \ldots, x_d)$ et le vecteur poids $\mathbf{w}$ augmenté du seuil $w_0 : \mathbf{w}^\top = (w_0, w_1, w_2, \ldots, w_d)$.

Cette faculté d'appariement partiel, dans lequel c'est l'« alignement »entre l'entrée et l'hypothèse qui décide de la classe de l'entrée, est une propriété très intéressante, qui n'est pas aussi facile à mettre en œuvre dans les formalismes logiques par exemple. C'est une des raisons de la popularité des fonctions de décision.

7.3 La régression

La régression concerne le cas où $\mathcal{H}$ est un ensemble de fonctions h à valeurs réelles. La régression multidimensionnelle généralise cela à l'apprentissage d'une hypothèse $h : \mathcal{X} \to \mathbb{R}^n$. On cherche donc à apprendre une fonction à partir d'un ensemble de points et des valeurs que prend cette fonction sur ces points. Il n'y a pas de contre-exemples dans un tel problème d'apprentissage [10].

Il sera en particulier question de régression au chapitre 9 et quand nous verrons l'apprentissage par renforcement, au chapitre 12.

7.4 Les distributions de probabilités

Au lieu de délimiter des frontières de décision sur l'espace $\mathcal{X}$, on peut y définir des distributions de probabilités. Chacune de ces distributions est associée à une classe et détermine la probablité qu'un objet $\mathbf{x} \in \mathcal{X}$ appartienne à cette classe (figure 1.14). Pour qu'il soit aisé de manipuler ces distributions et que l'on puisse contrôler leur pouvoir de généralisation (chapitre 3 et chapitre 25), elles sont généralement prises au sein de familles paramétrées de distributions, par exemple des fonctions gaussiennes. Nous y reviendrons au chapitre 19.

7.5 Les arbres de décision

Lorsque les exemples s'expriment comme des vecteurs d'attributs valeurs, et particulièrement quand ces attributs sont à valeurs discrètes, il est commode de décrire les concepts par des *arbres de décision* comme celui de la figure 1.15. Un arbre de décision prend la description d'un exemple en entrée et lui associe une classe. Chaque nœud de l'arbre correspond à une question portant sur un attribut [11].

---

10. On peut aussi voir la régression comme un problème de classification généralisé, dans lequel le nombre C de classes serait infini.

11. Ces attributs peuvent aussi être numériques, comme on le verra au chapitre 15. Dans ce cas, on les compare à un seuil et chaque branche est associée à une valeur ou à un intervalle de valeurs possibles pour cet attribut.

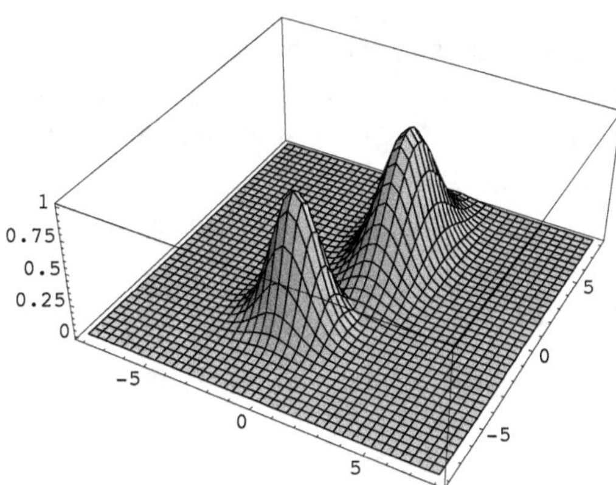

FIGURE 1.14 : *Un mélange de deux distributions de probabilités correspondant à deux classes d'objets.*

De la sorte, en suivant une séquence de nœuds et de branches depuis la racine de l'arbre jusqu'à une feuille, on affine progressivement la description des exemples concernés jusqu'à obtenir une description correspondant, si tout va bien, aux objets d'une classe. Chaque branche correspond à une conjonction de conditions sur les attributs décrivant les exemples.

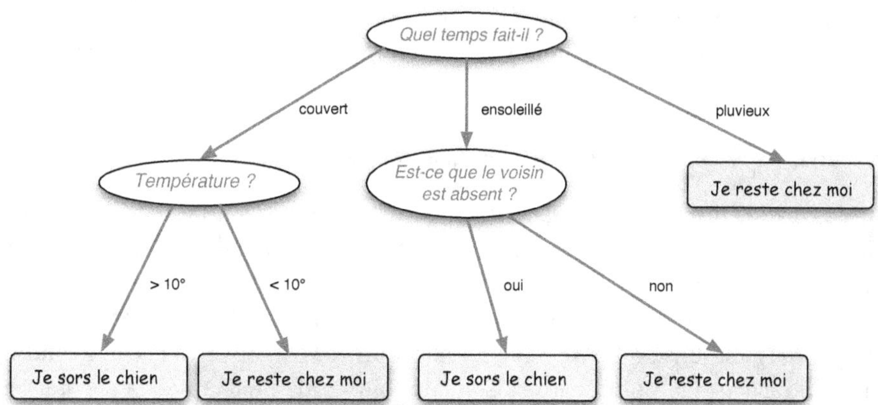

FIGURE 1.15 : *Un exemple d'arbre de décision. Chaque nœud ovale correspond à une question. Chaque flèche correspond à une réponse possible. Chaque feuille (nœud rectangulaire) est associée à une classe.*

Par exemple, dans la figure 1.15, une interprétation est la suivante : « `Temps = couvert & température < 10 degrés` » → `Je reste chez moi`)

L'ensemble des branches correspond ainsi à un ensemble de règles d'association décrivant les classes. Le langage défini par les arbres de décision est équivalent à la logique des propositions, chacun des tests étant une variable booléenne. Toute fonction booléenne peut être exprimée par un arbre de décision.

En revanche, un arbre de décision ne peut pas exprimer un concept *relationnel* comme :

$$\exists\, x \; \texttt{même-couleur}(x, y) \; \& \; \texttt{envergure}(x, e1) \; \& \; \texttt{envergure}(y, e2) \; \& \; \texttt{plus-petit}(e1, e2)$$

dont la signification est : « les oiseaux x de même couleur qu'un oiseau donné y mais d'envergure inférieure » : ce type de concept appartient à la logique des prédicats (chapitre 6).

Par ailleurs, si certaines fonctions s'expriment de manière économique à l'aide d'arbres de décision, d'autres ne sont pas adaptées à cette représentation. Par exemple, la *fonction parité* définie sur un vecteur booléen et qui retourne 1 si et seulement si les attributs valant 1 sont en nombre pair s'exprime par un arbre très complexe.

Nous approfondirons cette manière de représenter les concepts au chapitre 15.

7.6   Les hiérarchies de concepts

Les arbres de décision introduisent l'idée de hiérarchie sur les attributs, mais pas sur les concepts. Les attributs placés plus près de la racine sont en quelque sorte plus importants que ceux plus éloignés.

Il est parfois souhaitable d'exprimer explicitement une hiérarchie dans le langage des concepts. C'est le cas par exemple pour les taxonomies de la classification biologique : le concept de `rapace` est situé en dessous du concept `oiseau` et plus haut que `faucon`. Il peut également être intéressant de disposer de relations d'héritage entre un concept et ses sous-concepts. De nombreux types de représentations de concepts donnent lieu à des organisations hiérarchiques, ou ontologies, pour peu que l'on explicite les liens de hiérarchie. Cependant, de telles organisations sont alors souvent artificielles.

L'idéal est que l'apprenant lui-même construise la hiérarchie et soit prêt à la modifier si de nouvelles informations en indiquent l'utilité. Il existe peu de systèmes d'apprentissage aptes à de telles constructions. On les rencontre généralement en apprentissage non supervisé, quand c'est au système de découvrir des classes dans l'environnement. Le chapitre 16 fournit des précisions à ce sujet.

7.7   Les réseaux bayésiens et les modèles graphiques

De nombreux types de dépendances peuvent être représentés à l'aide de structures probabilistes. Lorsque les dépendances et les indépendances entre les variables aléatoires sont explicitées dans un graphe, on utilise le terme de *modèles graphiques* (on trouve aussi les termes de « réseaux de croyance »(*belief networks*), « réseaux causaux »(*causal networks*), « diagrammes d'influence » (*influence diagrams*)). La base des calculs effectués dans ces structures est la formule de révision des probabilités de Bayes et, pour cette raison, ils sont également appelés *réseaux bayésiens* .

La figure 1.16 montre un exemple d'un tel réseau. Les variables sont associées aux nœuds du réseau et les liens manquants entre les nœuds indiquent une certaine indépendance entre ces variables (les définitions précises seront données dans le chapitre 20). Les liens sont dirigés, pour indiquer des dépendances causales ou temporelles. Lorsque les liens sont symétriques ou non dirigés, on parle de champs de Markov aléatoires (*random Markov fields*).

Ici, FN et ZO jouent le rôle de variables causales, CP pouvant découler de FN et/ou de ZO, tandis que SA ne dépend, selon ce réseau, que de FN. Les variables FN et ZO sont affectées de leur probabilité *a priori*, tandis que SA et CP sont associées à des matrices de probabilités conditionnelles indiquant leur dépendance sur les variables FN et ZO.

L'apprentissage peut alors consister à trouver une structure de dépendances entre variables (le graphe) ou à estimer les probabilités conditionnelles définissant ces dépendances. Le chapitre 20 traite en particulier de l'apprentissage de réseaux bayésiens.

7.8   Les chaînes de Markov et les modèles de Markov cachés

Les chaînes de Markov, quant à elles, ne sont qu'un cas particulier de modèles graphiques tels qu'ils viennent d'être décrits. Elles représentent en effet les dépendances temporelles dans

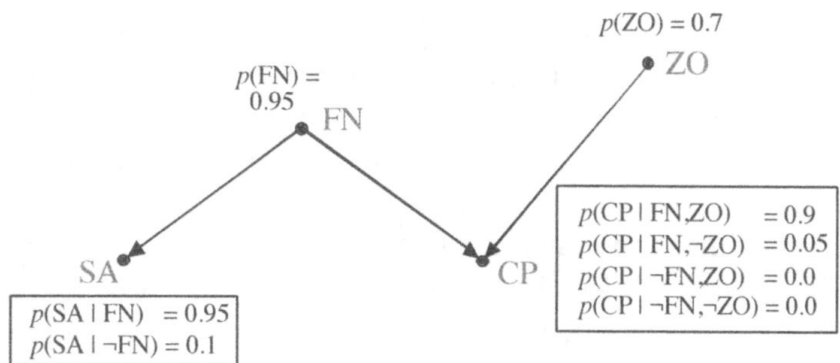

FIGURE 1.16 : *Exemple de réseau bayésien.*

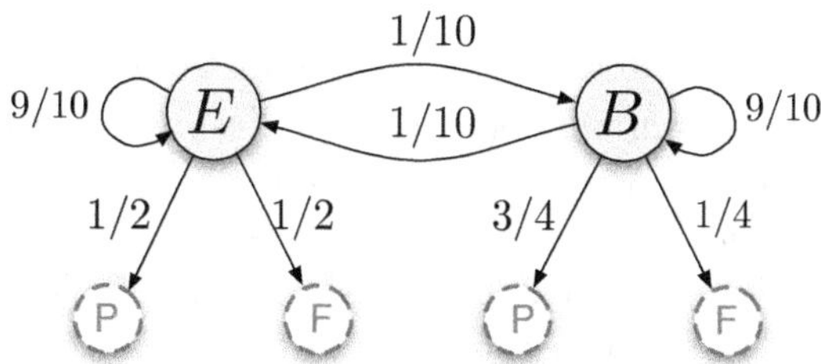

FIGURE 1.17 : *Une chaîne de Markov à états cachés. Les observations sont le côté de la pièce après lancer :* Pile *ou* Face. *Les états cachés correspondent à la vraie nature de la pièce : équilibrée (E) ou biaisée (B). La probabilité de rester dans le même état est de 9/10, et celle de changer d'état de 1/10. Une pièce biaisée produit la face* Pile *pour 3/4 des lancers.*

une séquence de variables $S_0, \ldots, S_t, \ldots$ Lorsque chaque variable ne dépend que de la variable précédente dans la séquence, on dit que l'on a une *chaîne de Markov* :

$$P(S_t|S_0, \ldots, S_{t-1}) \;=\; P(S_t|S_{t-1})$$

Intuitivement, cela peut être interprété comme le fait que le futur ne dépend que de l'état présent, ou du moins que celui-ci possède suffisamment d'informations pour qu'il ne soit pas utile de considérer le passé.

Le formalisme des chaînes de Markov est particulièrement adapté pour la représentation de séquences, qu'elles soient de nature temporelle, comme des cours boursiers ou un signal acoustique, de nature spatiale, comme une chaîne d'ADN, ou d'autres types de dépendances linéaires.

Une généralisation des chaînes de Markov s'appelle les *modèles de Markov cachés* (*Hidden Markov Models* ou HMM). Formellement, un modèle de Markov caché (d'ordre un) est un modèle génératif de séquences défini par un ensemble d'états, un alphabet discret de symboles, une matrice de probabilités de transitions entre états, une matrice de probabilité d'émission de chaque symbole de l'alphabet à partir de chaque état et une probabilité de première visite de chaque état. Le système évolue aléatoirement d'un état à l'autre suivant les probabilités de transition en émettant des symboles de l'alphabet (exemple figure 1.17 pour l'« émission » de pile ou face par une pièce).

Seuls les symboles émis sont observables, et non les transitions entre états, qui sont internes au modèle. La séquence d'états est donc une séquence de variables cachées ou latentes expliquant les observations.

Trois types de questions au moins peuvent se poser lorsque l'on représente une séquence par un modèle de Markov : quelle est la probabilité d'observation de telle séquence étant donné tel modèle (question relative à la *vraisemblance*) ? Quelle est la séquence d'états la plus probable dans le modèle de Markov sachant que telle séquence de symboles a été observée (question relative au *décodage*) ? Finalement, en supposant que les paramètres de transition et d'émission ne soient pas parfaitement connus, comment leurs valeurs devraient-elles être estimées ou révisées à la lumière des séquences de symboles observées (question relative à l'apprentissage) ?

Le chapitre 21 est consacré aux méthodes d'apprentissage adaptées à ce formalisme des modèles de Markov cachés.

7.9 Les grammaires

Quand on a affaire à des séquences d'éléments d'un ensemble nominal, souvent appelé un alphabet dans ce cas, le concept à apprendre doit séparer l'espace de toutes les séquences possibles en deux. C'est ce que fait une grammaire formelle : un compilateur de langage de programmation est un programme qui répond à la question : « est-ce que le programme que l'on vient de me soumettre est correct du point de vue de ma syntaxe ? » Par exemple, un compilateur du langage C répond *VRAI* à la séquence :

```
#include <stdio.h> #include <math.h> int  main(){int N;double x;N=0;
while (N<21){x = sqrt(N);fprintf(stdout " %d\t%f\n",N,x);N = N+1;}return 1;}
```

Il répond *FAUX* à celle-ci :

```
Je sais programmer en C.
```

Naturellement, une grammaire du français répondrait exactement le contraire.

Les modèles grammaticaux que l'on sait apprendre ne sont pas en réalité aussi complexes. On verra au chapitre 5 comment on peut par inférence grammaticale généraliser des ensembles de séquences, en particulier sous la forme d'automates finis.

7.10 Les formalismes logiques

La logique des propositions

Si on dispose de l'ensemble des exemples et contre-exemples suivants, décrits par des attributs binaires :

Vole	A des plumes	Pond des œufs	Oiseau	Classe
VRAI	VRAI	VRAI	VRAI	oie
FAUX	FAUX	VRAI	FAUX	ornithorynque
VRAI	FAUX	FAUX	FAUX	rhinolophe
VRAI	VRAI	VRAI	VRAI	cygne

On peut par exemple induire le concept :

$$h = [(Vole = VRAI) \wedge (A\ des\ plumes = VRAI) \Rightarrow (Oiseau = VRAI)]$$

Ce concept est écrit dans le langage de la logique des propositions, ou logique booléenne ou encore logique d'ordre 0. Il est *VRAI* pour tous les exemples. Mesurons sa valeur sur les objets suivants :

Vole	*A des plumes*	*Pond des œufs*	*Oiseau*	Classe	valeur de h
VRAI	*VRAI*	*VRAI*	*VRAI*	moineau	*VRAI*
FAUX	*VRAI*	*VRAI*	*VRAI*	autruche	*FAUX*

Le premier objet est représenté correctement par le concept, mais pas le second. À supposer que l'on veuille apprendre le concept « oiseau », la généralisation réalisée ne serait donc ici pas parfaite.

Ce langage de représentation des hypothèses est comme on le voit particulièrement adapté aux exemples représentés par des vecteurs binaires, ou dont la représentation naturelle peut facilement être transformée en vecteurs binaires [12]. Le chapitre 15 traitera en partie de l'apprentissage de ce type d'hypothèses, sous la forme particulière d'arbres de décision. Il en sera également question au chapitre sur l'espace des versions (chapitre 4).

La représentation par attribut-valeur

La logique des propositions peut s'étendre en remplaçant les valeurs binaires des attributs par des valeurs nominales ou hiérarchiques. Les exemples se représentent alors de la manière suivante :

Couleur	*Forme*	*Nombre de pieds*	Classe
rouge	hexagonale	3	tabouret
jaune	carrée	4	tabouret
vert	ronde	4	table
jaune	ovale	6	table

Le langage *attribut-valeur* dans lequel on représente le concept appris est semblable à celui de la logique des propositions : on y utilise aussi des conjonctions et des disjonctions, mais sur des couples *(attribut, valeur)*. Chaque attribut nominal ou hiérarchique (par exemple *Couleur*, voir la figure 2.2) prend sa valeur dans un ensemble de définitions fini, éventuellement partiellement ordonné, par exemple : $\{rouge, vert, jaune, bleu\}$, avec *Couleur-chaude* $= \{rouge, jaune\}$. Un concept tabouret appris dans le langage attribut-valeur pourrait être par exemple :

$$[Couleur = Couleur\text{-}chaude] \wedge ([Forme = carrée] \vee [Forme = hexagonale])$$

L'intérêt des langages par attribut-valeur est celui des langages typés par rapport aux langages non typés : ils permettent un contrôle plus facile des inférences.

La logique des prédicats

Supposons que nous disposions des données ci-après, dont la signification formelle sera donnée au chapitre 6. Pour le moment, nous pouvons en rester à l'interprétation suivante : le numéro 1 ou 2 représente un individu. La relation $fille(1, 2) = VRAI$ s'interprète comme : *l'individu 1 est une fille de l'individu 2*. Les autres relations ont une signification naturelle.

$$nom(1) = ève \qquad mère(1) = marie \quad père(1) = max \quad homme(1) = FAUX$$
$$nom(2) = max \qquad mère(2) = adèle \quad père(2) = jean \quad homme(2) = VRAI$$
$$fille(1, 2) = VRAI$$

D'autre part, le programme d'apprentissage dispose de connaissances *a priori*, comme :

$$\forall X \; homme(X) = VRAI \iff femme(X) = FAUX$$

---

12. Par exemple, un attribut continu peut être transformé en attribut binaire par comparaison à un seuil.

$$\forall X \ \ homme(X) = FAUX \iff femme(X) = VRAI$$

À partir de ces exemples et de cette *théorie du domaine*, un programme de généralisation en *logique du premier ordre* peut apprendre le concept :

$$\forall X \ \ \forall Y \ \ (père(Y) = X) \wedge (femme(Y) = VRAI) \Rightarrow (fille(X) = Y)$$

La différence avec l'apprentissage en logique des propositions est importante : cette formule est gouvernée par des quantificateurs $\forall$ (*quel que soit*) et $\exists$ (*il existe*) qui sont hors du langage booléen. La généralisation réalisée est par conséquent beaucoup plus radicale et profonde (elle est aussi plus difficile à réaliser). L'apprentissage de tels concepts s'appelle la *programmation logique inductive*. Il sera développé au chapitre 6.

Les logiques de description

Les logiques de description forment une famille de formalismes de représentation des connaissances dédiée principalement à la gestion automatique de la définition de concepts (ensemble d'individus) et de raisonnement sur ces concepts. Les concepts sont partiellement ordonnés dans une base de connaissances organisée en taxonomie par ce que l'on appelle une relation de subsomption. Basés sur des calculs de subsomption, les principaux mécanismes d'inférence déductive sont la *classification de concept*, qui consiste à insérer automatiquement un concept défini à la place la plus spécifique dans la taxonomie, et la « reconnaissance d'instances », qui consiste à trouver pour un individu donné tous les concepts dont il est instance (chapitre 6, section 1.3).

7.11 Les règles d'association

Les règles d'association expriment des corrélations présentes dans les données. On les utilise en apprentissage descriptif, c'est-à-dire lorsque l'on essaie de chercher des régularités dans les données disponibles.

Un ensemble d'exemples étant fourni, chacun de ceux-ci étant décrit par des attributs (souvent appelés *items* en fouille de données), une règle d'association est une implication de la forme : $X \implies Y$, où X et Y sont des listes d'attributs ou d'items.

On dit que cette règle a un *support s* si $s\%$ des exemples incluent tous les items présents à la fois dans X et dans Y, et une *confiance c* si $c\%$ des exemples qui contiennent les items de X contiennent aussi les items de Y. La figure 1.18 illustre ces concepts.

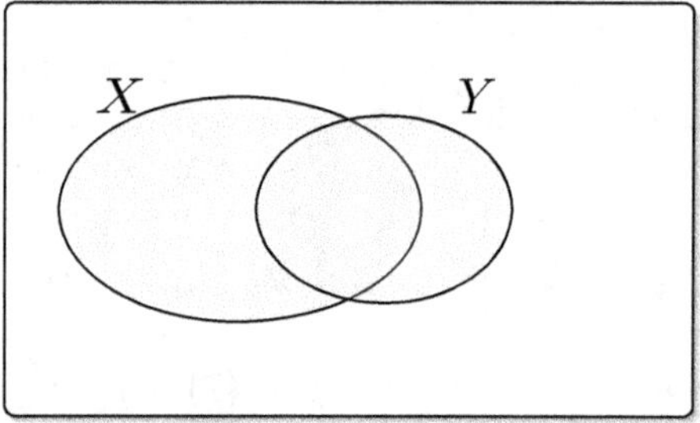

FIGURE 1.18 : *Support et confiance d'une règle d'association* $X \implies Y$. *Le* support *correspond à la proportion d'exemples contenant à la fois les items de* X *et ceux de* Y *dans l'ensemble de tous les exemples. La* confiance *correspond à la proportion des items de* X *qui contiennent aussi les items de* Y.

Les algorithmes de recherche de règles d'association sont examinés au chapitre 7.

7.12   Les réseaux connexionnistes

Dans les perceptrons multicouches, le signal en entrée, une forme **x**, est envoyé à une couche d'entrée composée d'autant de neurones qu'il y a de descripteurs ou de dimensions dans l'espace d'entrée, puis il est propagé à travers un certain nombre de « couches cachées »jusqu'à une couche de sortie qui calcule la sortie y correspondant à **x**.

Les couches cachées sont chargées de traduire le signal d'entrée de manière à ce que la dernière couche, celle de sortie, puisse apprendre une fonction de décision linéaire qui résout le problème d'apprentissage. Les couches cachées agissent donc comme une transformation non linéaire de l'espace d'entrée à celui de sortie (figure 1.19).

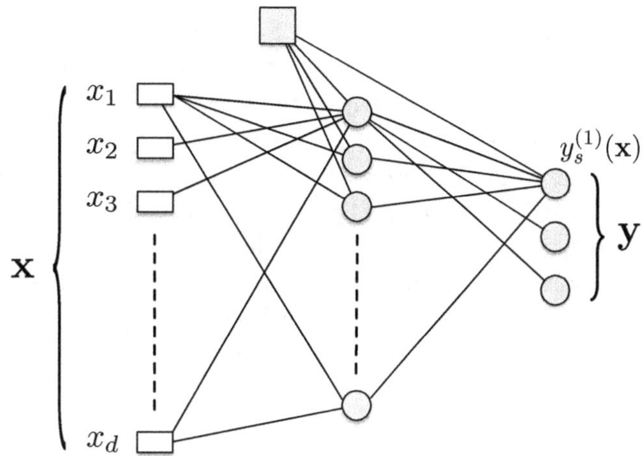

FIGURE 1.19 : *Schéma d'un réseau connexionniste.*

8.   Les protocoles d'apprentissage

8.1   Introduction

On appelle *protocole* d'apprentissage les règles du jeu selon lesquelles s'opèrent les interactions entre l'apprenant et son environnement, qui peut comprendre un professeur et même d'autres apprenants, voire des acteurs malveillants.

L'une des tâches de l'utilisateur est de choisir le protocole le plus adapté à son problème. Par exemple, il peut n'être intéressé que par des prédictions ou décisions et non pas par la formulation d'une hypothèse par l'apprenant. L'apprentissage est alors moins exigeant. Un autre facteur à prendre en compte concerne le fait de savoir s'il est possible d'attendre que toutes les données soient disponibles (apprentissage *batch*) ou si, au contraire, il faut pouvoir fournir des réponses à n'importe quel moment (apprentissage en ligne ou *anytime learning*). Il se peut également qu'un apprentissage actif soit envisageable, dans lequel l'apprenant a une certaine initiative sur les exemples à demander pour l'apprentissage.

8.2 Données batch ou en ligne

Les données disponibles en *batch* le sont toutes ensemble et aussi longtemps qu'on veut pour donner lieu à examen. En revanche, les *données en ligne* ou *flot (ou flux) de données* (*data streams*),arrivent au cours du temps, souvent de manière pratiquement continue. L'analyse de flots de données implique la plupart du temps le traitement à la volée des données sans qu'il soit possible de les réexaminer plus tard. C'est le cas de l'analyse de *logs* sur Internet ou de l'analyse du fonctionnement de réseaux d'ordinateurs. L'environnement est alors souvent non stationnaire et, au-delà de l'apprentissage de concept, on cherche aussi à caractériser les évolutions de l'environnement au cours du temps.

L'analyse de flots de données soulève d'intéressants problèmes, parmi lesquels le calcul d'agrégats et de résumés statistiques, ainsi que celui de l'*apprentissage incrémental* ou de l'apprentissage *en ligne*. Un défi majeur est celui de l'analyse d'énormes volumes de données, éventuellement hétérogènes, dans des environnements non stationnaires. Se pose en particulier de manière cruciale la question de l'analyse de données qui ne vérifient pas l'hypothèse i.i.d. (données tirées aléatoirement indépendantes et identiquement distribuées).

Une extension de ce protocole concerne l'« *apprentissage au long cours* »(*long-life learning* ou *continuous learning*) dans lequel l'apprenant est supposé fonctionner sur une longue période de temps et donc faire face à des dérives de l'environnement, aussi bien en termes de capteurs et d'informations disponibles, qu'en termes de modification du concept cible. Il est même envisageable que l'apprenant doive changer de tâche. Dans ce cas, il peut être intéressant de tirer parti de points communs entre les domaines et d'utiliser de l'*apprentissage par transfert*.

Le chapitre 23 fournit davantage d'informations sur ces différents types d'apprentissage.

8.3 Apprentissage passif ou actif

L'apprentissage est passif quand le système apprenant n'a pas d'initiative dans le choix des données. Cependant, tous ceux qui ont joué au jeu de Mastermind [13] ou qui ont fait des expériences scientifiques savent qu'il est généralement beaucoup moins coûteux, en termes d'expériences à réaliser, de sélectionner soigneusement les questions posées à la nature ou à l'adversaire. Il est donc tentant de doter les systèmes d'apprentissage d'une capacité à sélectionner ou à suggérer les expériences à réaliser. On parle alors d'**apprentissage actif**. L'espoir est évidemment alors de diminuer le coût du recueil de données (par exemple le coût d'expérimentation ou d'étiquetage par un expert).

Deux problèmes sont alors à surmonter. D'une part, *sur quel critère sélectionner les données supposées les plus informatives*, d'autre part, *comment fonder ces nouveaux apprentissages pour lesquels l'hypothèse de tirage i.i.d. des données n'est plus respectée* (chapitre 23).

9. Une brève mise en perspective historique

Brossons une rapide perspective historique sur l'intelligence artificielle et sur sa composante apprentissage artificiel, conscients que cela va caricaturer une évolution forcément complexe et multiple.

---

13. Jeu dans lequel il faut deviner la position et la couleur d'une séquence de pions cachés par un adversaire.

Pour dire les choses rapidement, le problème de l'esprit et de son rapport au corps et à l'expérience a préoccupé les philosophes depuis des siècles. Ils ont aussi réfléchi à la nature de la connaissance, et à ses sources, opposant l'*empirisme* – l'expérience sensible est-elle à l'origine de toute connaissance ? – au rationalisme ou à l'*innéisme* – les connaissances sont-elles innées, disponibles avant toute expérience ? Cependant, les philosophes se refusent à penser en termes d'« intelligence », d'une part parce qu'il est délicat de définir ce terme et d'autre part parce sa mesure, si elle était possible, poserait des problèmes d'éthique.

La notion de *capacités cognitives* a émergé à la fin du XIXe siècle, quand on va commencer à étudier scientifiquement les effets de trépanations et d'atteintes locales du cerveau. De plus, Binet va inventer la mesure du Quotient Intellectuel (QI) dans la perspective d'objectiver l'éducation et l'avance ou le retard par rapport à la moyenne d'une classe d'âge.

Cependant, l'intelligence est encore perçue à travers le prisme de la physique ou du vitalisme, avec des notions de force, d'énergie, d'intensité de signal, et l'axiome que les causes précèdent les effets. La cybernétique, dont, pour être large, nous dirons qu'elle naît comme mouvement intellectuel dans les années 1930, va balayer tout cela. Les notions d'information, de code et de *machines informationnelles* vont devenir centrales. En 1936, Alan Turing introduit un nouveau concept : la machine de Turing. Machine, elle l'est car elle obéit à et exécute mécaniquement un programme. Cependant, ce n'est pas de la matière qu'elle transforme, mais de l'information, ou du moins des symboles. Et elle obéit à un programme, mais qu'elle peut modifier elle-même. Toutes les fonctions calculables sont réalisables sur une machine de Turing. Elle opère aussi bien sur les nombres que sur les fonctions.

En 1937, la thèse de Master de Claude Shannon portant sur l'étude des circuits électriques va creuser le nouveau sillon. Au lieu d'utiliser des concepts de la physique (tension, ondes, résistances, etc.), Shannon utilise une représentation logique pour caractériser la fonction d'un circuit. Et, en même temps, il ne conçoit plus les circuits électriques comme des machines opérant sur des quantités électriques, mais comme des systèmes réalisant effectivement des calculs logiques. De la physique comme prisme pour voir le monde, on passe à celui de la cybernétique avec l'information et le calcul comme fondements.

En 1943, Warren McCulloch et Walter Pitts [MP43] proposent le premier modèle logique du neurone. Leur neurone est très simplifié : il s'agit d'une machine binaire ou booléenne, recevant en entrée des bits et produisant un bit en sortie. Cette sortie est obtenue en réalisant une somme pondérée des bits d'entrée, en prenant en compte des poids associés aux connexions en entrée (l'équivalent des dendrites) et en appliquant une fonction seuil à cette somme. Ce modèle reste encore à la base des réseaux de neurones artificiels d'aujourd'hui. Toutefois, l'ambition de McCulloch et Pitts allait plus loin que de proposer un tel modèle. Ils voulaient démontrer que, si le cerveau est ainsi constitué d'une (immense) collection de neurones en réseau bouclé, alors il a la même puissance de calcul qu'une machine de Turing. Un cerveau est donc l'équivalent d'une machine de Turing et, inversement, une machine de Turing peut effectuer tout calcul réalisable par un cerveau. C'est, de fait, la naissance du programme de l'Intelligence Artificielle, terme prononcé pour la première fois en 1956 par John Mc Carthy.

Le projet de la cybernétique est totalisant [Dup94]. Il met la notion d'information au centre de tout. L'information devient la nouvelle unité de compte et de mesure. Claude Shannon construit une théorie de la communication et du codage en 1948 [SW98]. Le mystère de l'entropie est réexaminé à l'aune du gain ou de la perte d'information (voir [Bri59] et [Zur90] pour une synthèse excellente). La causalité elle-même est bouleversée. Là où la physique disait que la cause précède toujours l'effet, la cybernétique dit qu'elle peut suivre l'effet, au sens où la cause peut être la finalité poursuivie par la machine [Wie48]. Et la cause devient de l'information. En 1953, avec la découverte du code génétique par James Watson et Francis Crick, la vie elle-même devient une grande machine fondée sur le codage et le programme génétique.

Le nouveau paradigme scientifique se construit et se discute en particulier lors des dix *conférences Macy* entre 1943 et 1953, du *Hixon Symposium on Cerebral Mechanisms in Behavior* en 1948, de la *Session on Learning Machines* en 1955, de l'*école d'été organisée à Dartmouth College* en 1956 et qui introduit le terme « intelligence artificielle », et du *Symposium on the Mechanization of thought processes* en 1958. Tous ces évènements et rencontres scientifiques installent les notions de programmation du raisonnement, de reconnaissance automatique des formes, d'apprentissage, d'adaptation, de réseaux connexionnistes. À côté de ceux qui se préoccupent d'automatiser le raisonnement et qui étudient comment manipuler des symboles, puis des représentations de connaissances par des règles que la machine peut appliquer, il y a ceux qui essaient de réaliser des tâches demandant de l'intelligence : jouer aux échecs, sortir d'un labyrinthe, reconnaître certaines catégories. Ceux-là prennent vite conscience que programmer ces tâches va être très difficile et qu'il vaudrait peut-être mieux que la machine soit programmée pour apprendre à les réaliser. Déjà Alan Turing, en 1952, s'était posé la question : une machine peut-elle penser ? D'une part, il avait répondu qu'il ne fallait pas chercher à définir l'intelligence, mais à mesurer ses effets, d'où le test de Turing consistant à conclure ou non à l'intelligence d'une machine par des interactions. D'autre part, il préconisait de « construire »un enfant, c'est-à-dire, selon lui, un programme élémentaire, et de le faire apprendre pour obtenir « un adulte »([Tur50, Tur92]).

Le programme conceptuel de l'intelligence artificielle à partir des années 1955 est d'**identifier des règles générales de raisonnement** s'appliquant potentiellement à tout type de tâches. C'est l'époque de la mise au point des premiers démonstrateurs automatiques de théorèmes, qui aboutit au principe de résolution de Robinson en 1965. C'est l'époque aussi du GPS (pour *General Problem Solver*) censé pouvoir résoudre des problèmes demandant de l'intelligence par une démarche universelle. Parallèlement, naît le premier connexionnisme avec d'un côté, le *perceptron* développé par Rosenblatt entre 1958 et 1962 [Ros58, Ros62] et, de l'autre, l'*adaline* et la règle d'apprentissage de Widrow-Hoff en 1960 [WH60].

Assez vite, cependant, le projet de l'intelligence artificielle se heurte à de sérieux obstacles. La traduction automatique en particulier ne donne pas les résultats promis. Le langage est de manière inhérente un code extrêmement ambigu et les règles générales programmées dans les machines se perdent dans la jungle des interprétations possibles et font des choix souvent hilarants, mais terribles pour la réputation de l'intelligence artificielle. À peu près au même moment, les études sur les champions d'échecs montrent qu'ils ne sont pas plus intelligents que les novices, mais qu'ils mettent en jeu une énorme mémoire de situations rencontrées dans leur histoire personnelle et dans leurs études de la littérature échiquéenne. Dans les deux cas, traduction et jeu d'échec, l'intelligence ne semble pas résulter de meilleures règles générales de raisonnement, mais plutôt de la mise en jeu d'un grand répertoire de connaissances sur le domaine concerné.

Un virage va donc s'opérer qui va mettre l'accent sur la notion de connaissances. Désormais, l'intelligence artificielle va **se concentrer sur le problème de la représentation des connaissances et sur des méthodes de raisonnement opérant sur ces représentations plus structurées** que les symboles manipulés par la logique classique. C'est la grande période des « systèmes experts ». Les notions de *frames*, de *scripts*, de *buts*, de *plans*, etc. sont mises en avant et rendues opérationnelles [SA77], alors que, dans le même temps, apparaît le premier langage objets : Smalltalk, mis au point au Palo Alto Research Center de Xerox. Le slogan *Knowledge is power* dû à Bruce Buchanan fait fureur et est repris par le gouvernement japonais qui en fait le fondement de son programme d'informatique, dite de 5e génération : réaliser des ordinateurs implémentant directement les opérations d'un système expert [Buc06]. Las, si les systèmes experts réalisent des exploits, en médecine, en prospection pétrolière, en traduction automatique même [Dye82], ceux-ci sont ponctuels et surtout demandent un travail considérable de recueil et de codage de l'expertise humaine. Il apparaît vite impossible de généraliser la diffusion de systèmes experts.

L'impasse aurait pu être catastrophique, mais une voie de sortie par le haut s'est présentée. Au lieu de coder à la main les connaissances et d'en « gaver » les systèmes experts, **découvrons des règles générales d'apprentissage** permettant aux machines de réaliser elle-mêmes l'acquisition des connaissances. On retrouverait alors le rêve des pionniers de l'IA, cette fois-ci avec des règles générales d'apprentissage au lieu de règles générales de raisonnement, tout en prenant acte de l'importance des connaissances spécialisées pour être un expert dans un domaine. Cette voie de sortie apparaît confortée par l'émergence du second connexionnisme en 1986 et la découverte de règles d'apprentissage pour les *perceptrons multi-couches* [RHW86].

Des débuts de l'IA, dans les années 1950, jusqu'à la fin des années 1980, les sciences cognitives, l'étude des fonctions (supérieures) de la cognition, étaient assez intégrées et le dialogue entre les psychologues et les spécialistes de l'IA était serré et fécond. Les premiers travaux sur l'apprentissage de connaissances structurées dans les années 1970 puis le début des années 1980 s'articulaient bien avec les notions de mémoire déclarative vs. procédurale, de mémoire de travail ou épisodique et de mémoire à long terme ou sémantique, d'opérationalisation de la connaissance mises en avant par les psychologues. Et ces travaux les rendaient testables. L'émergence du nouveau connexionnisme et la théorisation de l'apprentissage, qui se fait progressivement, considérant celui-ci comme une procédure d'approximation, vont provoquer un divorce entre les deux branches : psychologie cognitive d'une part et apprentissage artificiel d'autre part.

Par ailleurs, cette théorisation et les algorithmes qui vont avec, incluant le connexionnisme, sont bien adaptés à la perspective de l'apprentissage opérant à partir de bases de données, bien formalisées. C'est le règne des bases de données relationnelles, dans lesquelles les exemples (lignes de la base) sont supposés indépendants et où les données peuvent éventuellement être bruitées. Et, de fait, les algorithmes mis au point s'appliquent très bien à ce type de données. Cependant, ironiquement, s'ils sont capables de produire des règles de décision, celles-ci n'ont rien à voir avec les règles de raisonnement des systèmes experts. Le rêve d'apprendre automatiquement des systèmes experts s'est doucement éteint sans que grand monde ne s'en émeuve [Nil09].

Si le paradigme mis en place à partir du milieu des années 1980, *l'apprentissage comme procédure d'approximation de régularités cibles dans un monde stationnaire*, s'est solidement installé et semble admirablement adapté au contexte des *big data*, il est cependant mis au défi, sinon remis en cause, par **des approches et des besoins nouveaux**. Parmi ces approches figure de manière proéminente ce qui est appelé les « réseaux de neurones profonds »et parfois l'« apprentissage profond ». L'une des particularités de ces réseaux et des apprentissages mis en jeu est de mettre en évidence l'apprentissage de représentations hiérarchisées. Or, nous manquons actuellement d'une bonne théorie pour comprendre pourquoi et comment ces représentations sont utiles et émergent dans l'apprentissage. Les besoins nouveaux concernent particulièrement l'apprentissage en environnement non stationnaire et le transfert d'un apprentissage à un autre. Là encore, il n'est pas clair que le paradigme dominant puisse donner des réponses intéressantes et il est possible qu'il faille reconsidérer l'approche théorique de l'apprentissage. Ces nouvelles et hypothétiques perspectives théoriques rendant compte de l'apprentissage de représentations structurées et du transfert entre situations pourraient-elles permettre un nouveau dialogue avec la psychologie cognitive, un retour de l'intégration de l'apprentissage avec le raisonnement ?

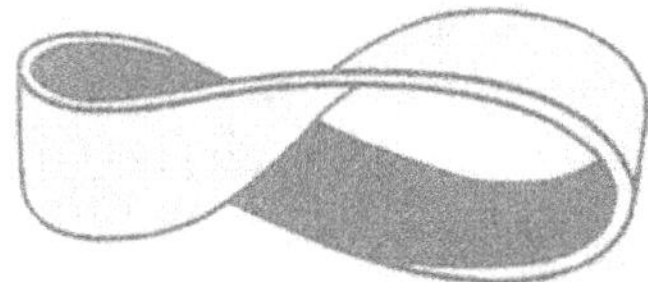

FIGURE 1.20 : *Un ruban de Moebius.*

C'est une question qui reste ouverte, avec cependant des avancées récentes en robotique sociale et cognitive commençant à donner des éléments de réponse.

Pour une histoire plus complète de l'intelligence artificielle, on consultera avec profit [MPP14].

10. Des questions que tout le monde se pose

1. *Une intelligence artificielle (apprenante) peut-elle être créative ?*

   Une réponse encore très courante à cette question est que, étant donné que les machines ne font qu'exécuter un algorithme, elles ne peuvent être créatives. Cependant, les machines apprenantes sont d'un type particulier. D'un certain côté, leur comportement résulte d'une co-production : celle de l'homme les ayant programmées et celle de l'environnement à partir duquel ces machines apprennent. Dès lors, elle peuvent nous surprendre. Nous avons parlé du système AlphaGo, qui a battu les meilleurs joueurs humains de go de manière continue depuis 2016. Ce système est programmé, mais il a appris à jouer en analysant des parties de joueurs humains et en jouant contre lui-même. Non seulement le niveau de jeu est remarquablement élevé, mais même la manière de jouer est profondément originale, au point que la théorie de ce jeu, telle qu'enseignée dans les écoles de go et pratiquée par les joueurs, connaît actuellement un profond bouleversement, quasi une révolution, qui remet en cause bien des dogmes. Les parties jouées par AlphaGo sont commentées et analysées avec passion dans tous les clubs de go.

   On peut également citer les programmes comme `deepdreamgenerator` qui, partant de tableaux créés par des artistes humains, peint de nouveaux tableaux dans le même style. On peut penser que ces tableaux ont des défauts et ne valent pas ceux des grands maîtres de la peinture, mais ce n'est peut-être que temporaire et, en tous les cas, on ne peut leur dénier de l'originalité. Est-ce de la créativité ?

   On terminera par un exemple beaucoup plus ancien. Dans les années 1980, des systèmes d'apprentissage par explication (*explanation-based learning*) avaient été conçus pour apprendre à réaliser des circuits électroniques VLSI (*Very Large Scale Integration*), de manière à optimiser la longueur totale des connexions entre les composants élémentaires et à limiter le nombre de couches du circuit. Soumis à un problème particulier, le système proposa une solution dans laquelle le circuit avait une topologie en ruban de Moebius (figure 1.20). Cette solution n'était malheureusement pas réalisable d'un point de vue industriel, mais apparut cependant comme particulièrement créative.

2. *Une machine pourra-t-elle un jour nous dépasser dans tous les domaines de la cognition ?*

   Cette question est très souvent posée dans le public et dans les médias. La théorie de la « singularité » dit que cela arrivera inévitablement... et probablement dans un avenir proche, à l'horizon d'une poignée de décennies.

   On peut rappeler d'abord qu'à partir du moment où, en 1943, Warren McCulloch et Walter Pitts ont proposé un modèle formel du neurone, qui voit celui-ci comme une sorte de porte logique (une porte ET généralisée), et si l'on admet que notre intelligence est le produit de nos quelque 90 milliards de neurones, donc d'autant de portes logiques, il n'y a plus d'obstacles conceptuels à ce qu'une machine puisse être équivalente à l'appareil cognitif humain. Fondamentalement, on peut dire que l'intelligence artificielle comme possibilité et comme projet est née à ce moment-là.

   Cela signifie-t-il que nous soyons proches de réaliser une « intelligence artificielle générale » ? C'est affaire de débats entre spécialistes et les réponses dépendent autant de leur expertise que de leurs croyances, espoirs et craintes. Malgré les succès retentissants en matière de reconnaissance faciale, de performance au jeu de go, ou d'apprentissage de concepts complexes comme la marche humaine [14], les systèmes sont encore extrêmement spécialisés et très loin d'égaler les performances d'apprentissage des bébés. Du point de vue de l'ingénierie logicielle, on ne sait pas du tout encore comment on pourra réaliser des systèmes combinant plusieurs sous-systèmes apprenants entre eux. Des exemples sont connus dans lesquels deux systèmes apprenants censés collaborer se sont en fait nui l'un à l'autre, entraînant un déclin catastrophique de la performance globale.

   Peut-être aussi la question est-elle mal posée ? Les systèmes artificiels que nous réalisons n'ont absolument pas nos enveloppes physiques et ce que cela entraîne comme types de sensations, de désirs, de peurs et comme type de limitations dans nos échanges, nos déplacements physiques, etc. Les systèmes informatiques sont présents partout et simultanément dans le monde. Si leur mémoire et leur fonctionnement sont distribués, ils ne peuvent être détruits par la perte d'un centre. La notion de présence physique n'a plus de sens. Il s'ensuit que l'on peut attendre que ces systèmes auraient des modèles du monde, des buts, des désirs et des peurs, si l'on s'aventure jusque là, complètement étrangers aux nôtres. Dépassons-nous en cognition la pieuvre ou la fourmilière ? Une (une ?) intelligence artificielle nous dépassera-t-elle en cognition ? Quel est exactement le sens de cette question ? On peut dire que sans doute la (la ?) machine produira des comportements, des réponses à nos questions qui seront surprenantes, peut-être incompréhensibles. Cela, oui, sans doute.

3. *Y a-t-il des différences entre l'apprentissage artificiel (machine learning) et les statistiques ? Et, si oui, lesquelles ?*

   Du point de vue de la fouille de données (*data mining*), l'apprentissage artificiel et les statistiques s'attaquent au même problème, celui de trouver des régularités dans les données. Les démarches sont cependant très différentes. En *statistiques*, dès qu'un problème est posé, on pense au modèle de distribution de probabilités sous-jacent. Le monde est vu comme un générateur d'évènements ou d'observations dont il faut identifier la distribution de probabilités. Une fois qu'un modèle de distribution est envisagé, le problème est celui d'estimer ses paramètres, et là les méthodes basées sur le maximum de vraisemblance et ses déclinaisons sont reines.

   L'apprentissage artificiel est issu de l'intelligence artificielle et de l'informatique. De la première il hérite un focus sur les règles de décision, de la seconde une pensée de type

---

14. https ://youtu.be/imOt8ST4Ejc

algorithmique. À l'intérieur de cette perspective, on va donc chercher comment, de manière algorithmique, induire des règles de décision à partir des données. Le point de vue algorithmique n'est pas antagoniste avec un point de vue théorique, normatif, cherchant à spécifier de manière formelle ce qu'est une solution optimale. Cependant, il n'y est pas enfermé et des solutions algorithmiques qui « marchent »mais sont encore mal comprises d'un point de vue théorique sont tout à fait acceptables. De là, des travaux par exemple sur les algorithmes évolutionnaires, les réseaux de neurones, les arbres de décision, pour ne citer que ceux-ci. De même, les méthodes mises en jeu ne s'interdisent pas d'aborder les problèmes en termes de distributions de probabilités, mais ce n'est qu'un des outils dans la panoplie des approches possibles. Cela donne sans doute une souplesse et une richesse d'approches plus grande qu'en statistiques. Néanmoins, en l'absence d'hypothèses génératives sur le monde, en termes de distribution de probabilités, on y perd les notions de vraisemblance, d'hypothèse nulle et de test d'hypothèses, ou, du moins, il faut inventer de nouveaux outils de validation.

Chapitre 2

Jean-Claude SIMON (1924-2000)

Mise en place d'un problème d'apprentissage

Pour réussir un projet de science des données, il est indispensable d'avoir une bonne compréhension des fondements de l'induction, des méthodes et des algorithmes existants. Toutefois, cela ne suffit pas. La mise en œuvre pratique soulève des problèmes spécifiques qui demandent pour être surmontés une grande expérience et un travail, souvent jugé ingrat, mais qui est prépondérant dans le projet.

Ce chapitre vise à décrire les grandes étapes d'un projet de science des données en insistant sur le début de la chaîne de traitement, c'est-à-dire la nature des données et leur préparation. La fin de la chaîne, c'est-à-dire l'évaluation des résultats de l'apprentissage, sera traitée au chapitre 24, quand le lecteur aura fait connaissance avec les algorithmes d'apprentissage proprement dits. Nous y parlerons aussi des logiciels disponibles librement et des possibilités de formation à la science des données.

La préparation des données a pour objectif de transformer les données « brutes », souvent bruitées, de formats et de qualité hétérogènes, en une collection de données utilisable par les méthodes d'apprentissage. L'exploration des données permet d'affiner leur représentation en essayant d'en optimiser le contenu informationnel.

Sommaire

SUPPOSONS qu'un « donneur d'ordre » vienne voir un ingénieur en données (*data scientist*) avec un problème relevant de sa compétence. Ce donneur d'ordre, terme qui peut désigner plusieurs personnes d'expertises différentes, arrive souvent avec des attentes non complètement précisées. Il dispose donc de données et espère qu'on peut y trouver des lois ou des régularités utiles à son domaine, qu'il soit de nature commerciale (mieux satisfaire le client ou le faire plus efficacement) ou scientifique (mieux comprendre un phénomène naturel). Cependant, il n'est pas expert de la science des données et ne sait pas précisément ce qu'il peut en attendre. Il en a souvent une intuition, mais il est rare qu'il soit capable de définir exactement ce que serait le critère de succès.

C'est donc à l'ingénieur de conduire le projet : il lui faudra définir plus précisément les entrées et les sorties attendues, le type de méthodes à utiliser et la mesure de performance à employer pour juger du succès ou non du projet. Fréquemment, le projet progressera par itérations, avec une première définition du problème qui conduit à une première analyse. Puis, au vu des résultats obtenus, une deuxième définition du problème est élaborée en commun entre le donneur d'ordre et l'ingénieur, avec une deuxième analyse qui débouche éventuellement sur une mise en œuvre opérationnelle, qui, elle-même, pourra être adaptée au cours du temps.

1.   L'ingénierie des données

Décrivons maintenant la démarche typique de conduite de projet en science des données, avec les défis qui se rencontrent fréquemment et qu'il faut savoir relever.

1.1   La démarche

Un projet de science des données implique les aspects ou étapes suivantes, ne se déroulant pas nécessairement de manière séquentielle.

1.1.1   Discuter avec le donneur d'ordre pour comprendre et définir le projet

Le but de cette première étape est de s'adapter à la terminologie du donneur d'ordre et de bien comprendre les attentes de ce dernier.

1.1.2   Obtenir les données et comprendre les « entrées » et les « sorties »

Curieusement, en cette ère de *big data* et de production de quantités prodigieuses de données numérisées, il est souvent difficile d'obtenir les données promises pour le projet. Plusieurs raisons peuvent être à la source de ce problème. Sans être exhaustif :

- *Les données ne sont pas encore disponibles.*
  Cela arrive lorsque le projet est lancé en amont de la récolte des données. Cela présente parfois un avantage dans la mesure où cette récolte peut être mieux organisée si elle est réalisée en vue d'une question précise. Néanmoins, comme un tel projet a besoin de données pour au moins réaliser une première exploration, cela retarde aussi son déroulement.

- *Le donneur d'ordre n'est pas le détenteur des données.*
  Cela arrive typiquement lorsque le service qui est responsable de l'exploitation des données n'est pas celui qui les engendre.

Comme le service qui produit les données tire, au moins en partie, sa légitimité de cette production, il renâcle à en perdre le contrôle. Il est malheureusement possible en plus que les données produites ne soient de fait pas exploitables car leur producteur n'est pas directement intéressé à leur exploitation ou vise des objectifs qui passent avant d'assurer la possibilité d'exploitation. Ainsi, surtout dans des environnements très évolutifs, le recueil des données peut changer au cours du temps sans que le moyen de garantir leur cohérence dans la durée ne soit jamais abordé (cf. [MCDS17] dans le contexte d'un projet sur des données provenant d'objets connectés). Il importe dans ces cas-là, si c'est possible, de partager le projet avec les fournisseurs de données pour qu'ils soient associés à la fois au projet et aux gains qui peuvent en résulter.

- *Les données sont protégées par des droits.*
  Ce cas se ramène parfois au précédent. Lorsque les données concernent les personnes, des précautions doivent être prises pour les exploiter. Il faut obtenir les autorisations nécessaires auprès des organismes habilités, comme la CNIL en France. Des prétraitements assurant l'anonymisation des données peuvent être imposés.

- *Une partie au moins des données doit être récoltée lors du déroulement du projet.*
  Cela arrive lorsque le système dont le déploiement est prévu est en cours de développement. Les projets touchant l'analyse des habitudes des consommateurs, ou l'analyse de données issues d'objets connectés sont des cas fréquents d'une telle situation. Le projet d'analyse des données doit donc initialement travailler sur des données partielles, non nécessairement encore complètement représentatives des données qui seront réellement traitées en exploitation.

Une des questions que doit rapidement se poser le *data scientist* est : que sont les « entrées » et que sont les « sorties » ? Autrement dit : que mesure-t-on, et qu'est-ce qui figure dans les données ? Que cherche-t-on à prédire ou quelles sont les régularités espérées ? Souvent, cette question si naturelle pour le *data scientist* et l'informaticien habitué à penser en termes d'entrées-sorties du système ou du programme, est difficile à comprendre pour l'expert du domaine applicatif, qui ne raisonne pas selon ces termes. Il faut donc y revenir plusieurs fois pour clarifier ces questions.

Plus généralement, lors des premiers entretiens de définition et de lancement de projet, il convient d'instaurer une atmosphère de confiance réciproque telle que chaque participant n'hésite pas à confier son ignorance à propos d'un terme ou d'un concept qui ne fait pas partie de son expertise. Il est déjà difficile de se comprendre entre spécialistes de domaines différents sans qu'il faille y ajouter des malentendus et des méprises dus à une fierté mal placée. Mieux vaut pouvoir dire « Je ne sais pas de quoi vous parlez, veuillez pardonner mon ignorance... » que de faire semblant de savoir et d'engager le projet sur une piste infructueuse qu'il sera coûteux d'abandonner ou de modifier.

1.1.3 Comprendre les données

Les données disponibles peuvent provenir de sources très diverses et être enregistrées dans des formats variés :

- *données classiques* dans les bases de données traditionnelles : nombres, catégories, booléens...

- *données textuelles* provenant de courriels, de tweets, d'articles, de commentaires de clients...

- *enregistrements* stockant des informations sur les comptes utilisateurs, la date de consultation, fichiers de *logs*...

- *données géo-localisées*, avec au minimum les coordonnées spatiales, éventuellement des descriptions et une forte dépendance entre données sur des endroits proches spatialement,

- données provenant de *réseaux* sociaux ou autres,

- données provenant de *capteurs* variés : objets connectés, drones...

- *images* provenant de caméras de surveillance, de satellites de télédétection...

Il importe de comprendre rapidement quels sont les types d'information concernés, les types des attributs et leur nombre. Si des méta-données, souvent associées aux données, ne précisent pas leur provenance, leur qualité, leur fiabilité, leur précision, etc., il convient d'extraire ces informations des commanditaires du projet et des fournisseurs des données. Il est trop facile de croire avoir découvert une hypothèse intéressante alors qu'elle ne repose que sur des données peu fiables ou peu précises ou sur une mauvaise interprétation de la sémantique des descripteurs.

1.1.4 Opérer un premier prétraitement des données

Une fois que l'on pense avoir compris leur nature, il convient de réaliser un premier pré-traitement des données afin d'en commencer l'exploration.

Les prétraitements peuvent être de nature très variée. Ils dépendent bien sûr du type des données et du problème à résoudre. Classiquement, ils incluent :

- l'élimination des doublons ;

- le traitement des données « aberrantes » ou exceptionnelles (*outliers*) ;

- le traitement des données manquantes ;

- la normalisation éventuelle des valeurs des différents attributs, de manière à ne pas donner une importance indue à certains d'entre eux simplement parce que la dispersion des données est plus importante dans l'échelle utilisée (mesurer le poids d'une personne en grammes par exemple) ;

- l'élimination des attributs immédiatement identifiables comme non pertinents ;

- l'élimination des attributs redondants ;

- la discrétisation des attributs ou au contraire la transformation de valeurs discrètes en attributs continus.

- la création de données supplémentaires par des techniques d'augmentation de données (chapitre 17, section 6.1), dans le cas où peu ont été collectées.

Le prétraitement est indissociable de l'étape d'exploration des données.

1.1.5 Réaliser une première exploration des données

Les premières explorations des données par l'ingénieur ont pour objectif de le familiariser avec ces dernières. Il lui faut, selon l'expression de J.-C. Simon, se « mettre à l'écoute des données », c'est-à-dire en apprécier la forme générale dans l'espace des descripteurs ainsi que les statistiques de base : dispersion, groupements évidents, données exceptionnelles, taux de bruit (mesures fausses ou étiquettes mal attribuées), type de distribution des données (uniforme, gaussienne, logarithmique...), etc.

Si les données sont très volumineuses, il peut être approprié d'en tirer un sous-échantillon représentatif qui sera plus aisé à manipuler dans cette première étape.

Pour ce faire, on commence par utiliser les outils de la *statistique descriptive* : projection des données sur chaque axe, histogramme des valeurs de chaque attribut, matrice de corrélation entre les attributs. Lors de cette exploration, les outils de visualisation sont précieux (figure 2.1).

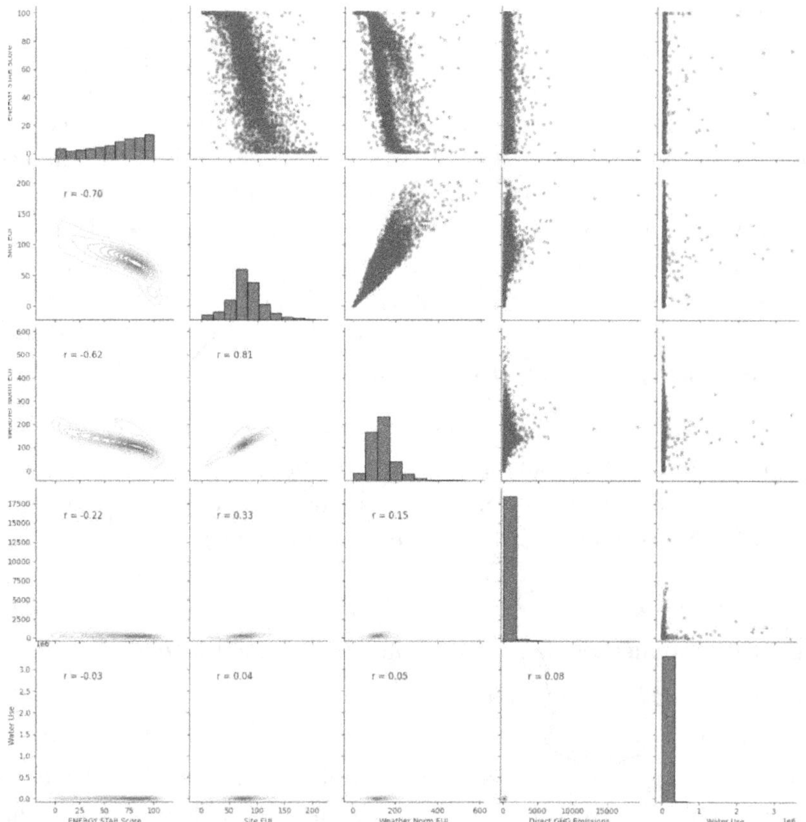

FIGURE 2.1 : *Exemple de visualisation de relations entre n variables, résumées dans un tableau carré de taille n. L'élément diagonal est l'histogramme de la i^e variable. La partie triangulaire supérieure donne la distribution des individus dans l'espace de deux variables. La partie triangulaire inférieure est une estimation de la densité de probabilités jointe de deux variables et une mesure du coefficient de corrélation. Les variables sont issues de données énergétiques et de consommation d'eau de bâtiments de New-York*

À l'issue de cette étape, il est important que le *data scientist* revienne vers le donneur d'ordre pour lui présenter ses premières conclusions, sa première appréciation des données. En général, cela apporte des informations nouvelles au donneur d'ordre, qui peut de ce fait suggérer que des prétraitements différents soient essayés, ou même que les objectifs du projet soient modifiés.

1.1.6 Adapter sa palette de méthodes à l'environnement technique

Suivant les contraintes techniques imposées (nécessité de temps réel, utilisation possible ou non de processeurs graphiques), certaines méthodes d'analyse ou d'apprentissage pourront être utilisées ou non. Il est par exemple illusoire de vouloir entraîner un réseau connexionniste profond (chapitre 11) sur une CPU classique.

---

0. Consulter `https://data.cityofnewyork.us/Environment/Energy-and-Water-Data-Disclosure-for-Local-Law-84-/n2mv-q2ia`

1.1.7 Essayer plusieurs méthodes d'apprentissage et les comparer sur la tâche

Une fois que le projet est affermi sur sa définition, il est temps d'essayer plusieurs méthodes d'apprentissage pour voir ce qu'il est possible de tirer des données, sans encore chercher à optimiser les paramètres des algorithmes. Il est naturellement recommandé de se reporter à la littérature pour établir un état de l'art sur des données analogues.

Le but est donc est à la fois de voir ce que des méthodes de base peuvent tirer des données, ce qui permet d'évaluer la difficulté du problème, et de commencer à identifier les méthodes les plus adaptées. Dans cette étape, on peut également calculer la performance d'une méthode éprouvée et classique sur les données, qui servira de référence (*baseline*) et de comparaison pour évaluer la performance de la méthode retenue (rien ne sert de développer une méthode complexe si elle ne donne pas de meilleurs résultats que la *baseline*).

Pour tout cela, il faut connaître les méthodes de mesure de performance des algorithmes, ainsi que les techniques permettant de les comparer entre eux. Cette partie est traitée au chapitre 24.

1.1.8 Choisir la méthode « finale » et la régler

Lorsque le choix est fait pour une méthode ou pour un tout petit ensemble de méthodes, il faut maintenant optimiser les *hyperparamètres*. Ceux-ci incluent :

- Les *paramètres de la méthode d'apprentissage* utilisée. Par exemple : le taux d'apprentissage, la largeur de bande d'un noyau, etc.

- La complexité ou *capacité de l'espace des hypothèses*. Elle est contrôlée par exemple par le nombre de couches d'un réseau de neurones, ou par la profondeur maximale d'un arbre de décision. Nous insisterons tout au long de l'ouvrage sur ce contrôle qui a pour but d'éviter le sur-ajustement ou le sous-ajustement aux données d'apprentissage.

- Le *contrôle des prétraitements*. Cela peut inclure la manière de traiter les données imprécises, ou les données aberrantes, ou encore comment sont imputées les valeurs manquantes.

- Les *changements de représentation* : quelles sont les variables omises, comment des variables prédictives sont créées, etc. Le chapitre 18 est consacré à ce point.

- Comment les *données peuvent être enrichies* par l'emploi d'ontologies, par exemple.

À cette étape, il faut utiliser le plus de données d'apprentissage possible, tout en conservant un ensemble de test suffisant pour évaluer la performance finale.

Il est très recommandé d'automatiser autant que possible la recherche des meilleurs valeurs des hyperparamètres en utilisant un ensemble de validation ou de la validation croisée. Il existe pour cela des techniques d'exploration de l'espace des hyperparamètres : recherche aléatoire, recherche par grille (*grid search*), méthode bayésienne, etc.

Il peut aussi être intéressant de recourir à des méthodes d'ensemble (dopage, *bagging*) pour combiner les meilleurs classifieurs (chapitre 15).

1.1.9 Mesurer la performance de la solution proposée

À la fin, il faut naturellement mesurer la performance, en général par ensemble de test, mais sans essayer ensuite d'optimiser pour ne pas faire du sur-ajustement sur cet ensemble de test.

Dans les projets mis en production pour le traitement de données en ligne, il est utile de tester la variation de la performance du système au cours du temps. L'environnement peut en effet évoluer (même s'il est supposé stationnaire !), de même que les méthodes d'apprentissage et les logiciels.

1.1.10 Implanter et déployer la méthode

Dans un projet normalement mené, les données utilisées pour l'apprentissage et le test sont représentatives de celles qui seront à analyser... mais il est toujours bon de s'en assurer. Si c'est bien le cas, les défis majeurs qui se posent lors du déploiement sont i) le *passage à l'échelle* si les données à traiter seront effectivement « massives », dépassant le volume des données utilisées pour la mise au point de la méthode, et ii) *l'industrialisation* au sein de processus informatiques plus larges.

En général, à ce stade, le développement échappe en grande partie au *data scientist* et devient l'affaire des spécialistes du développement de logiciels industriels et des systèmes informatiques. Cependant, le *data scientist* conserve un rôle en suggérant ou en conseillant l'utilisation de certains logiciels propres à la science des données comme les outils de parallélisation (ex. MapReduce, Hadoop), ceux de manipulation des données (ex. Pandas, Hive), les technologies NoSQL, les outils adaptés au traitement de grosses matrices ou de tenseurs (ex. Pytorch, Tensorflow), etc.

Il doit vérifier que toute la chaîne de traitement (collecte des données, nettoyage, prétraitements, enrichissement, intégration avec d'autres sources de données, apprentissage, visualisation, règles de décision finales, etc.) est conforme aux préconisations faites et aux performances attendues.

1.1.11 Remarques

Bien entendu, toutes les bonnes pratiques de l'informatique s'appliquent également dans la mise au point d'un système de traitement des données, en particulier s'il comprend une phase d'apprentissage.

- Faire des copies des données et des programmes, en utilisant éventuellement un logiciel de gestion de versions.
- Commenter le code pour pouvoir le transmettre.
- Tenir un journal détaillé des choix effectués et des raisons qui y ont conduit.
- Établir un plan de test et effectuer des tests à toutes les étapes pour que les choix soient solidement établis.

À plus long terme, des modules d'apprentissage différents seront intégrés au sein de systèmes plus globaux. Par exemple, dans des véhicules autonomes, des systèmes pourront apprendre à s'adapter aux désirs de l'utilisateur, à l'évolution des styles de conduite dans le trafic (mêlant des véhicules autonomes et non autonomes) et à l'état de la route en fonction des saisons et intempéries. Cette intégration peut poser des problèmes inattendus, comme le montre l'exemple suivant.

—— EXEMPLE ——————————————————————————————————

Dans une conférence invitée à ICML-2015 (*International Conference on Machine Learning*), Léon Bottou a décrit un système dont le but général est de maximiser l'intérêt de l'utilisateur d'un site web, intérêt mesuré en nombre de clics et en temps passé sur l'application. Ce système comprend deux sous-systèmes, l'un qui apprend à placer les boutons sur l'interface et l'autre qui sélectionne les services accessibles par les boutons. Il se trouve que les deux sous-systèmes peuvent interagir de telle manière que la maximisation des performances individuelles de chacun conduit à une dégradation de la performance du système général.

—— REMARQUE

> Il y a fort à parier que l'un des défis de l'informatique de l'avenir soit l'intégration – avec garantie de performance – de systèmes dont les logiciels sont évolutifs et adaptatifs à leur environnement et dont les critères de performance peuvent être interdépendants.

1.2   Quelques défis typiques de la science des données

Nous donnons ici une liste des défis que l'on rencontre lorsque l'on cherche à résoudre un problème de science des données, en particulier d'apprentissage.

1. Ne pas avoir pris assez de temps pour *bien comprendre le problème posé* par les experts d'un domaine sollicitant les « data scientists ».

2. *Ne pas disposer des données* promises au début du projet.

3. Disposer de *données erronnées*.

4. Disposer de *trop peu de données*.

5. Disposer de *données non représentatives* de l'environnement dans lequel devra fonctionner le système de décision.

6. Disposer de données comportant de *nombreux attributs non pertinents*.

7. Faire des mauvais choix d'espaces des hypothèses et/ou d'algorithme d'apprentissage, et produire du *sur-ajustement* (sur-apprentissage).

8. Faire un mauvais choix d'espace des hypothèses et/ou d'algorithme d'apprentissage et produire à du *sous-ajustement* (sous-apprentissage).

9. Choisir un *critère de performance non représentatif* de la tâche à résoudre.

10. Disposer de *données qui proviennent de plusieurs sources*. Il faut savoir les intégrer et gérer les incohérences éventuelles.

—— REMARQUE

> Plus généralement, à l'ère des *big data*, les données n'ont pas forcément été collectées pour être traitées.

2.   L'espace des données d'apprentissage

Pratiquement toutes les activités humaines s'accompagnent maintenant de la production de traces numériques qui forment autant de sources potentielles de données à exploiter. De plus, les objets deviennent de plus en plus « intelligents » , c'est-à-dire qu'ils reçoivent de l'information, la traitent et en ré-émettent éventuellement. Les données sont plus ou moins ouvertes, plus ou moins soumises à des droits. Elles sont rarement directement exploitables et il faut le plus souvent effectuer des opérations multiples de « nettoyage » et de préparation pour que des premières explorations et des traitements automatisés intéressants puissent être réalisés.

2.1   Les sources de données

Les sources de données sont très variées. On liste dans la suite des types de données, mais de plus en plus de projets impliquent l'exploitation de sources multiples.

2.1.1   Les données transactionnelles classiques

Classiquement, les entreprises et les administrations stockent leurs données dans des SGBD (Systèmes de Gestion de Bases de Données) ou bases de données transactionnelles. Cela signifie qu'un format tabulaire a été défini *a priori* et que, en gros, les données peuvent être considérées comme des vecteurs dont chaque dimension correspond à un descripteur. Les formats des données sont *a priori* connus (ex. nombre flottant avec 3 chiffres après la virgule), avec généralement une sémantique associée et éventuellement des méta-données (ex. imprécision de tant sur les mesures).

Ces données sont de plus généralement travaillées au moins en partie, c'est-à-dire que l'on peut espérer qu'elles sont relativement peu bruitées et que les incohérences et redondances sont (un peu) limitées.

Ce sont les données *a priori* les plus faciles à exploiter.

2.1.2   Les données de type textuel

Un grand volume d'information à destination des humains est émis sous forme de textes (accompagnés de figures, tableaux, etc.). Il peut être très intéressant de traiter ces informations automatiquement. Par exemple, les experts du GIEC aimeraient pouvoir analyser automatiquement la littérature scientifique portant sur les gaz à effet de serre et tout ce qui peut toucher le climat, ce qui représente un volume d'articles énorme, sans doute de plusieurs dizaines de milliers d'articles par an, voire plus. Des sociologues des idées pourraient vouloir suivre l'évolution de concepts comme le racisme ou la cybernétique durant des décennies, voire des siècles.

Les données textuelles posent des défis particuliers. L'un d'entre eux, et non des moindres, est que les formats sont multiples et que le .pdf, format très répandu, ne facilite pas l'accès au contenu [1].

2.1.3   Les données issues de réseaux sociaux

Les données disponibles sur les blogs, les tweets ou les réseaux sociaux incluent des données de type textuel, mais extrêmement destructurées et avec des orthographes très variées, des termes en évolution, création, obsolescence permanente et rapide. Des traitements spécifiques sont donc nécessaires.

Par ailleurs, l'accès à ces données dépend de chaque réseau social. La législation étant encore instable, il faut s'informer avant tout projet impliquant ce type de données.

2.1.4   Les données géo-localisées

Beaucoup de données incluent des descripteurs relatifs à la géo-localisation : données environnementales ou météorologiques, sur les flottes de voitures, sur le suivi de la distribution de produits de consommation, les points d'intérêt touristiques, le trafic en un point, le taux de criminalité, etc. Souvent, ces données sont accompagnées d'une étiquette temporelle spécifiant la date de la mesure. Leur traitement demande des méthodes particulières tenant compte des dépendances spatiales (et temporelles).

---

1. Si, en plus, on cherche à accéder aux informations contenues dans des tableaux ou des figures, dans des articles écrits sur plusieurs colonnes, la tâche peut vite requérir la mise au point longue et coûteuse de logiciels sophistiqués.

2.1.5   Les logs

Les *logs* sont des sortes de « journaux » qui enregistrent l'historique des opérations effectuées sur un système. Par exemple, sur un site web, un *log* pourra stocker l'historique des URL consultées ; sur un système informatique, ce seront les commandes envoyées par les utilisateurs qui seront mémorisées.

Ces *logs* possèdent une syntaxe prédéfinie, très synthétique et souvent cryptique. Avec des outils assez simples à mettre au point (des scripts d'analyse en Perl ou en Python par exemple), il est aisé d'extraire les informations enregistrées. Le défi est alors de savoir traiter des séquences d'événements pour, par exemple, détecter des séquences types, ou au contraire des séquences exceptionnelles et suspectes.

Il est à noter que les données issues des *objets connectés*, dont le nombre est en croissance exponentielle (smartphones, montres, équipements ménagers divers, voitures...), sont souvent semblables à des *logs*, plus ou moins riches dans les mesures effectuées. Dans le cas des objets connectés, les données sont le plus souvent propriétaires et appartiennent soit au constructeur de ces objets, soit à l'entreprise exploitant ces données.

2.1.6   Les données accessibles par crawling

Pour certaines applications, il peut être intéressant d'avoir accès automatiquement aux informations disponibles sur des sites Internet. Par exemple, on pourra vouloir comparer les recettes de cuisine fournies en Europe du Nord et en Europe du Sud. Il faut alors recourir à des robots de collecte des contenus de sites (*crawlers*). Ces données sont généralement difficiles à exploiter en raison de leur manque de structure et de la grande variété des formats sous lesquels elles sont enregistrées. De plus, les questions des droits d'accès à ces informations sont encore en discussion. Leur exploitation pour but scientifique devrait être possible dans les nouvelles législations, mais il faut s'assurer de cette possibilité et faire les démarches nécessaires.

2.1.7   Les données ouvertes des administrations, organismes scientifiques, associations

Depuis quelques années, un vaste mouvement poussé par les citoyens et par les entreprises a demandé que les données produites par les organismes publics, donc financés par les impôts, soient ouvertes afin que les citoyens puissent contrôler le fonctionnement de l'état et des collectivités locales par exemple et que de nouveaux services puissent être inventés et rendus disponibles par des associations ou par des entreprises privées. C'est ce que l'on appelle l'*open data*.

Les administrations se sont pliées à cette nouvelle exigence avec plus ou moins de célérité et de bonne volonté et ont rendu disponible tout ou partie de leurs données : recensements, coûts des opérations dans les hôpitaux, taux d'occupation des parkings, études économiques, etc. Selon les cas, ces données sont faciles à exploiter ou bien sont exprimées dans des formats demandant un grand travail de pré-traitement. Il est hors de doute qu'il y a là des gisements pour la découverte d'informations intéressantes et pour le développement d'applications utiles.

En 2020, l'épidémie de COVID'19 a mis à jour la volonté commune de comprendre un phénomène et de prévoir son évolution en partageant de par le monde des données hétérogènes. Nul doute que, peut-on l'espérer dans un contexte moins anxiogène, cette démarche se démocratisera et que l'analyse de données ouvertes permettra dans un avenir proche de mieux comprendre certains aspects de notre société.

On peut enfin noter que certaines **données correspondant à des activités commerciales** deviennent accessibles, par exemple des mesures d'audience. Un marché des données se développe également (par exemple avec *Microsoft Azure Marketplace, Datamarket, Data Publica*).

2.1.8 Les données récoltées grâce à des applications sur ordinateurs, tablettes ou smartphones

Il devient de plus en plus facile de programmer des applications largement diffusables à destination des usagers sur des supports tels que smartphones, tablettes ou ordinateurs. Cela permet d'obtenir des données sur des usages particuliers difficiles à obtenir autrement. Il faut cependant savoir que tout recueil de données est biaisé. Cela vaut donc la peine de consacrer du temps et de la réflexion avant de développer ce genre d'applis. Par ailleurs, dès que des données personnelles sont susceptibles d'être récoltées par ces outils, il faut se conformer au règlement général sur la protection des données (RGPD)[2], règlement de l'Union Européenne qui constitue le texte de référence en matière de protection des données à caractère personnel.

De manière générale, les données doivent être récoltées de manière licite, loyale et transparente. Selon [AP17b] (p.263), « elles doivent être collectées pour des finalités explicites et légitimes, de façon adéquate par rapport à la finalité poursuivie, (...) elles doivent être exactes et tenues à jour, elles doivent être conservées pour une durée adaptée à la finalité poursuivie (...), enfin, elles doivent faire l'objet d'un traitement qui garantit leur sécurité. »

2.1.9 Les données de type images et vidéo

Les images et vidéos constituent une partie importante du volume total des données numérisées. Les grands réseaux sociaux (Facebook, YouTube...), les chaînes de télévision, mais aussi les instituts et administrations (INA, IGN...) et les entreprises d'analyse de données de télédétection, par exemple, les indexent, leur associent automatiquement des méta-données, et en tirent des catégorisations ou des règles de prédiction.

Ces données présentent des défis propres, à la fois par leur volume intrinsèque très important, par leur description de base (le plus souvent des pixels), qui n'est pas appropriée pour une exploitation directe, et par les dépendances spatiales et temporelles qu'il faut prendre en compte. L'exploitation de ce type de données demande donc à la fois une expertise et des outils spécifiques et ne peut s'improviser.

2.2 Types de données

L'apprentissage s'appuie sur des données (des objets) qu'il faut représenter. Suivant leur type, certaines représentations sont plus ou moins adaptées. Par ailleurs, toute description des données suppose déjà un prétraitement, ne serait-ce que dans le choix des attributs de description ou la manière de faire face à des données imparfaites.

2.3 La représentation des objets de l'apprentissage

Les connaissances sur les données elles-mêmes sont symbolisées grâce à un espace de représentation noté $\mathcal{X}$. C'est dans cet espace que s'effectue la description des objets.

Il est très fréquent que la description d'un objet se fasse par la donnée de d valeurs numériques ; l'utilisation de $\mathcal{X} = \mathbb{R}^d$ comme espace de représentation permet en effet d'utiliser des outils algébriques, analytiques, géométriques, probabilistes, etc.

Il existe un autre cas courant : celui où les données sont représentées par un vecteur binaire. Ceci correspond au cas où l'on décrit les objets à l'aide d'une série de tests et où chaque objet est *VRAI* ou *FAUX* vis-à-vis de chaque test. Si l'on veut traiter des problèmes complexes, il faut naturellement un grand nombre de descripteurs binaires, parfois des centaines ou des milliers. Les propriétés de cet espace sont formalisées par la logique booléenne ou logique des propositions.

---

2. https ://www.cnil.fr/fr/reglement-europeen-protection-donnees

La structure algébrique de ces espaces est forte, mais les notions de continuité et de densité de probabilités sont non définies.

Définition 2.1 (Espace de représentation)

L'espace de représentation est noté $\mathcal{X}$ et ses éléments sont appelés données, instances ou objets. Un exemple $z_i = (x_i, y_i)$ est un objet associé à sa supervision.

Les éléments de $\mathcal{X}$ peuvent souvent être détaillés comme un ensemble de d attributs ou descripteurs (features) : $x = \{x_1, \ldots, x_i, \ldots, x_d\}$.

Notons que le terme « données » est vague, mais fait le lien avec l'apprentissage pour la fouille de données. On parle aussi de « formes », puisque l'expression « reconnaissance des formes » s'est imposée pour traduire *pattern recognition*. Le terme « instance » est un anglicisme imprécis (souvent un objet, parfois un exemple). De même, en reconnaissance des formes, le terme « paramètre » est parfois employé, comme mauvaise traduction de *feature*[3].

Nous emploierons aussi la notion de *distance* sur l'ensemble des valeurs que peut prendre un attribut. Rappelons la définition de ce terme :

Définition 2.2 (Distance)

Une distance Δ sur un espace $E \times E$ est une application de $E \times E$ dans $\mathbb{R}^+$ si et seulement si elle vérifie les propriétés :

- $\Delta(x, y) = 0 \iff x = y$
- $\forall x, y \in E, \ \Delta(x, y) = \Delta(y, x) \ (symétrie)$
- $\forall x, y, z \in E, \ \Delta(x, y) \leq \Delta(x, z) + \Delta(z, y) \ (inégalité \ triangulaire)$

L'inégalité triangulaire n'est pas toujours facile à définir dans les applications pratiques. Une application de $E \times E$ dans $\mathbb{R}^+$ qui vérifie au plus les deux premiers axiomes est parfois appelée *dissemblance*. Par abus de langage, le mot « distance » est souvent employé indifféremment pour ces deux concepts, en particulier en apprentissage. Nous serons par la suite aussi rigoureux que possible dans l'utilisation de ces deux termes.

2.3.1   La nature des attributs

Voici des natures d'attributs très classiques.

Binaire

L'objet x est décrit par d attributs x_i dont chacun vaut 1 ou 0, autrement dit `vrai` ou `faux`.

$$X = \{x_1, \ldots, x_i, \ldots, x_d\} = \{0, 1\}^d = \mathbb{B}^d$$

Dans le cas où les d attributs de X sont tous binaires, les données peuvent être représentées par une matrice binaire $(m \times d)$. Cette représentation a des interprétations mathématiques diverses : logique, algébrique (construction d'un treillis de Galois : chapitre 4, section 4), topologique (notion de distance), informatique (bases de données, chapitre 16), etc.

---

3. Et atrocement prononcé « fitures » par des francophones peu au fait de la prononciation anglaise, qui devrait pourtant être celle à employer quand l'on se pique d'utiliser des anglicismes à foison.

Pour quelques espèces d'animaux :

	Vole	A des plumes	Pond des œufs
oie	1	1	1
ornithorynque	0	0	1
rhinolophe	1	0	0
cygne	1	1	1

Nominal (ou catégoriel)

Par définition, un attribut de ce type appartient à un ensemble fini et non ordonné[4]. Par exemple, la « couleur » $\{\spadesuit, \heartsuit, \diamondsuit, \clubsuit\}$ d'une carte à jouer est un attribut nominal dans la plupart des cas : d'une part, elle ne peut prendre que quatre valeurs et, d'autre part, il n'y a pas d'ordre sur les couleurs.

Dans certains cas, une distance ou une dissemblance peut se définir sur l'ensemble des valeurs que peut prendre un attribut nominal. Par exemple, l'ensemble des sons (ou *phonèmes*) de la langue française est un ensemble nominal : il n'est pas ordonné, mais on sait par exemple que le son /a/ est plus proche du son /in/ que du son /k/. Dans cet exemple, la propriété de l'inégalité triangulaire n'est pas vérifiée.

Nominal arborescent

Il existe parfois une hiérarchie naturelle, mais pas un ordre total, sur les valeurs que peut prendre un attribut nominal. Par exemple, les groupes sanguins et facteurs rhésus sont au nombre de huit :

$$\{O+, O-, A+, A-, B+, B-, AB+, AB-\}$$

Du point de vue de la compatibilité pour la transfusion, $O+$ est « supérieur » à $A+$, $B+$ et $AB+$, puisque du sang $O+$ peut être tranfusé aux trois autres groupes et pas l'inverse. En revanche, du point de vue de cette relation d'ordre, on ne peut rien dire sur le couple $(A+, B+)$ ni sur le couple $(A+, A-)$.

Un autre exemple est celui de la couleur, donné en figure 2.2. Il est utilisé au chapitre 4.

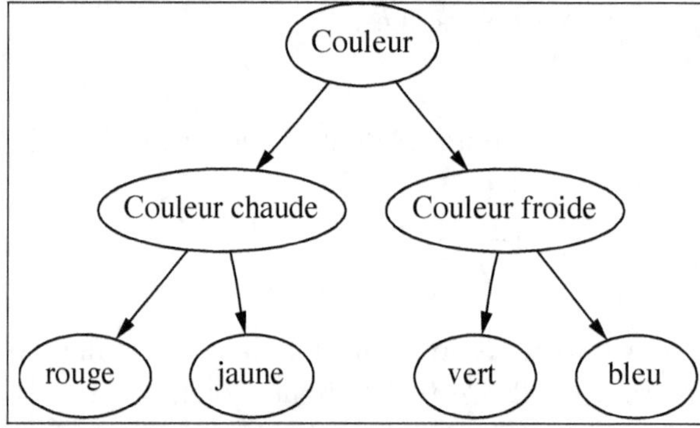

FIGURE 2.2 : *Une description arborescente possible pour l'attribut Couleur.*

---

4. Un attribut est *ordinal* quand il appartient à un ensemble ordonné, mais sur lequel on ne peut pas définir une distance, comme *couleur-médaille* $\in \{or, argent, bronze\}$. La confusion entre les termes « nominal » et « ordinal » est fréquente.

Nominal totalement ordonné

Il est en réalité souvent possible de trouver une relation d'ordre sur un attribut nominal. La question est de savoir si elle est utile au problème ou non. Par exemple, si on s'intéresse à l'attribut `couleur` dans un catalogue de voitures, une relation d'ordre semble difficile à définir (le *bleu sprint* est-il supérieur ou inférieur à l'*orange calypso* ?). En revanche, en astrophysique, la couleur est caractérisée par une longueur d'onde dans un certain intervalle : c'est un attribut numérique totalement ordonné.

De même, dans certains jeux de cartes, les couleurs sont rangées dans un ordre décroissant : le ♠ l'emporte sur le ♡ qui l'emporte sur le ◇ qui l'emporte enfin sur le ♣.

Un attribut nominal totalement ordonné est assimilable à un intervalle de $\mathbb{R}$ ou de $\mathbb{N}$ et peut donc être muni d'une distance.

Séquenciel nominal

Un texte français est une séquence composée à partir d'un ensemble (un alphabet) d'une centaine de caractères : les cinquante-deux lettres minuscules et majuscules, l'intervalle (l'espace), quelques lettres accentuées, les signes de ponctuation, parfois des abréviations comme `:-)` ou €, etc. Évidemment, l'ordre de ces éléments nominaux est essentiel : la séquence « `Le commandant Cousteau` » et la séquence « `Tout commença dans l'eau` » sont différentes, bien que composées exactement des mêmes lettres [5].

On sait munir l'ensemble des valeurs que peut prendre un tel attribut d'une distance, en particulier quand l'ensemble des éléments qui composent la séquence (l'alphabet) est lui-même muni d'une distance.

Séquenciel numérique

La cote boursière de tel ou tel titre est un exemple d'attribut séquenciel numérique : à chaque instant de temps significatif, une valeur numérique est donnée. On peut ainsi produire des séquences de plusieurs centaines de chiffres représentant l'évolution d'un cours sur une année.

Le cas de vecteurs d'attributs arrivant en séquence est typique des problèmes de traitement du signal, comme la parole : chaque centième de seconde est caractérisé, après analyse spectrale, par un élément de $\mathbb{R}^d$, d valant typiquement entre 10 et 20.

2.3.2   Représentations homogènes et représentations mixtes

L'espace de représentation $\mathcal{X}$ est souvent composé de d attributs de la même nature, généralement dans ce cas binaires ou numériques. Il existe aussi des espaces de représentation composés de plusieurs attributs séquenciels nominaux : par exemple dans les problèmes d'apprentissage de traducteurs, où l'on doit disposer de couples de phrases.

Dans les cas précédents, $\mathcal{X}$ est homogène : ses d attributs sont tous de même nature. Beaucoup de méthodes d'apprentissage ne peuvent s'appliquer que sur des données décrites dans un espace de représentation homogène.

Toutefois, le cas le plus général est celui où l'espace de représentation $\mathcal{X} = \{\mathbf{x}_1, \ldots, \mathbf{x}_i, \ldots, \mathbf{x}_d\}$ est mixte, autrement dit composé d'attributs de natures différentes. C'est le cas de la description d'un oiseau, par exemple pour un cygne chanteur : (`152 cm`, `vole`, « `couac` » , `bec jaune`, genre *`Anatidae`*). Le premier attribut est numérique, le second est binaire, le troisième séquenciel et le dernier hiérarchique.

---

5.   Dans ce cas précis, les espaces ne sont pas comptés, les accents ou cédilles non plus et les caractères minuscules et majuscules ne sont pas distingués.

Variable d'entrée

		Catégorielle	Numérique
	Catégorielle	*Mosaic plots*	*Box plots*
Variable cible	Numérique	*Density plots*	*Scatter plots*

TABLE 2.1 : Quelques types de visualisations simples.

De même, le diagnostic sur un patient entrant dans un hôpital porte sur une représentation non homogène de son état. Il pourra être décrit par exemple par les attributs suivants :

- vacciné contre la diphtérie et, si oui, depuis combien de temps ?
- température ;
- groupe sanguin ;
- description du type d'affection cutanée ;
- région et type de douleur ;
- …

Peu de méthodes d'apprentissage sont capables d'apprendre un concept défini sur des attributs de natures diverses. La plupart du temps, on a recours à une description sous forme de combinaison booléenne de propriétés binaires extraites des attributs.

2.4 Première exploration des données

L'analyse exploratoire des données donne une première appréciation des distributions des variables, des corrélations ou redondances entre elles et des dépendances entre variables explicatives (les entrées) et variables prédictives (les sorties). Elle permet aussi parfois de repérer les exemples exceptionnels ou aberrants.

En grande majorité, les logiciels de science des données et les *packages* dédiés (Scikit Learn en Python, R) fournissent des outils pour réaliser une analyse exploratoire des données, c'est-à-dire réaliser des analyses statistiques descriptives ou de la visualisation simple, portant généralement sur des descripteurs seuls ou en paires. On ne citera ici que quelques exemples de ces analyses. Le tableau 2.1 organise ces méthodes selon le type de variables d'entrée et de sortie.

Études de corrélation par paire de variables : les *mosaic plots*

Les *mosaic plots* permettent d'étudier les corrélations entre au moins deux variables catégorielles. Un exemple est celui de la figure 2.3 qui porte sur les données relatives au naufrage du Titanic dans la nuit du 14 au 15 avril 1912 avec à son bord 1324 passagers et 889 membres d'équipage (données Wikipedia).

Les « boîtes à moustaches » (*boxplots*)

Les boîtes à moustaches permettent une visualisation simple et synthétique de caractéristiques de la distribution d'une variable continue par rapport à une variable catégorielle. Par exemple, dans la figure 2.4, la boîte à moustache indique la moyenne, la médiane, les valeurs des percentiles à 25 % et 75 % et les valeurs extrêmes d'une variable d'entrée par rapport aux trois classes cibles possibles.

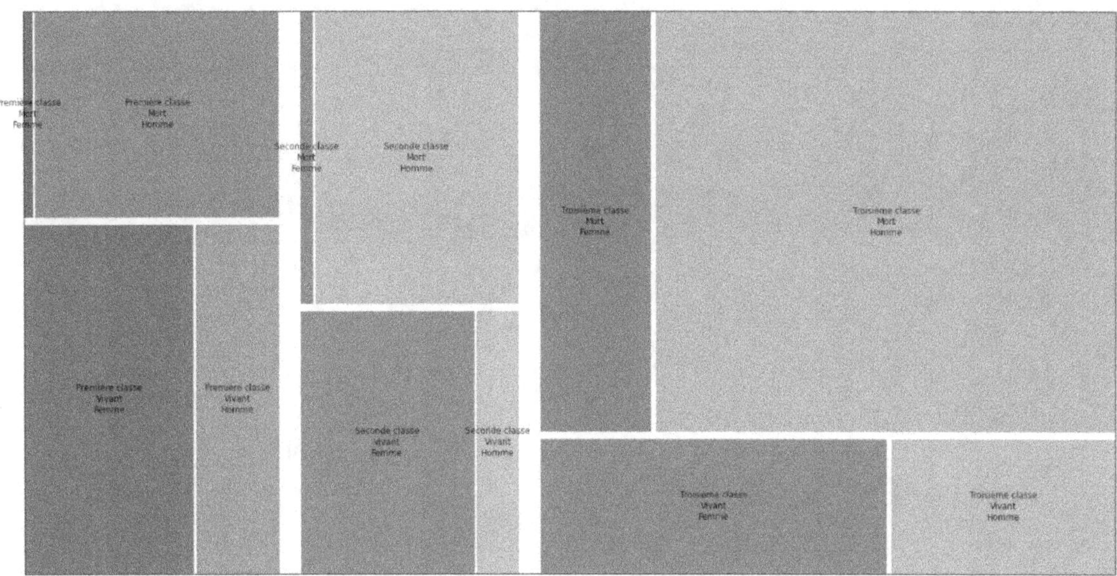

FIGURE 2.3 : *Exemple de* mosaic plot *comparant le taux de survivants du naufrage du Titanic en fonction du genre (homme ou femme) et du type de passager : 1re classe, 2e classe ou 3e classe. On voit par exemple qu'en 1re classe, les proportions hommes-femmes étaient presque équilibrées, mais, tandis que les femmes ont presque toutes survécu, plus de 60 % des hommes ont péri.*

Histogrammes et distributions univariées

Les histogrammes et graphes de distribution (*density plot*) permettent de visualiser la distribution d'une variable avec une précision souvent contrôlable. La figure 2.5 montre la distribution d'une variable avec un degré de précision variable.

Les *scatter plots*

Les *scatter plots* servent à visualiser la relation entre deux variables continues. Ils montrent en particulier si la relation entre deux variables est linéaire ou non. Dans la figure 2.6, on voit un exemple de relation non linéaire entre deux variables et un exemple dans lequel la variable en ordonnée a la dispersion de ses valeurs qui croît linéairement avec la variable en abscisse.

2.5   La préparation des données

Sauf cas exceptionnel, les données fournies ne sont jamais exploitables sans que des prétraitements ne soient effectués. Ceux-ci ont pour but : (1) de mettre les données dans un format permettant la mise en œuvre des algorithmes d'analyse et (2) de modifier les informations contenues dans les données pour que les traitements ultérieurs ne soient pas faussés par des « imperfections ». Les réponses choisies pour répondre à ce deuxième objectif sont nécessairement biaisées et leur détermination est une partie importante de l'expertise du *data scientist*.

Nous n'insisterons pas davantage sur les transformations de formats des données. Il existe des utilitaires pour en réaliser certaines. D'autres peuvent s'opérer en mettant au point des petits scripts (voir par exemple l'excellent ouvrage *Data crunching* [Wil05]), d'autres enfin, comme nous l'avons évoqué dans la section 2.1, demandent un gros travail de spécialiste.

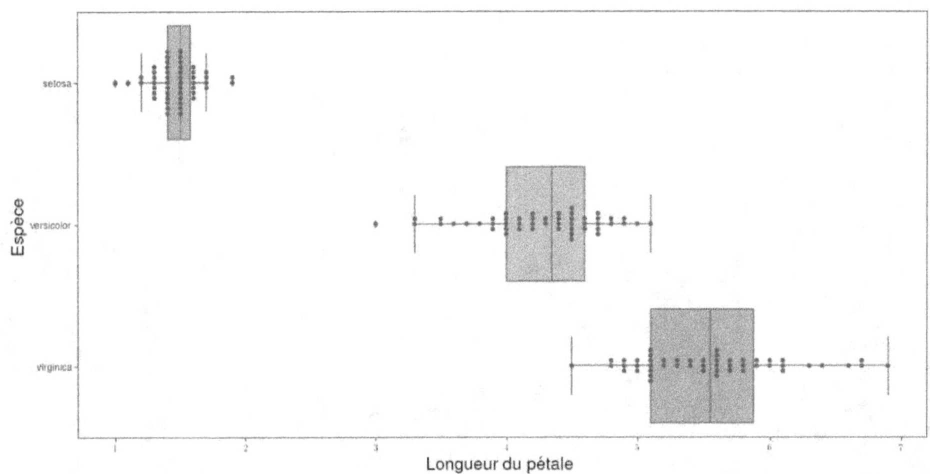

FIGURE 2.4 : *Une boîte à moustache correspondant au célèbre jeu de données* iris-data. *Ce jeu de données implique quatre données d'entrée décrivant des caractéristiques d'iris et une classe de sortie parmi trois :* Iris-setosa, Iris-versicolor *et* Iris-virginica. *La boîte à moustache montre que les valeurs de la variable d'entrée* petal length *ont des distributions différentes selon la classe de sortie. Il s'agit donc d'une variable qui, à elle seule, apporte une information importante pour prédire la classe. En particulier, elle permet de distinguer complètement la classe* Iris-setosa *des deux autres.*

    Le deuxième objectif concerne de nombreux problèmes potentiels dont il n'est pas possible de dresser une liste exhaustive, celle-ci dépendant du projet abordé. Un certain nombre d'opérations sont cependant classiques et se retrouvent dans la plupart des projets :

1. La *transformation* des variables d'un *type* à un autre

2. Le traitement du *bruit* dans les données

3. Le traitement des *variables manquantes*

4. La *normalisation* des valeurs des attributs (numériques)

5. La description des données *imprécises*

6. La *réduction de l'espace de description* pour diminuer les corrélations entre attributs et les redondances

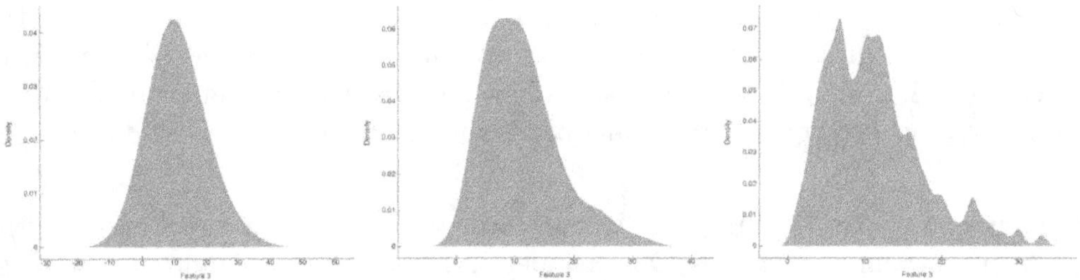

FIGURE 2.5 : *La distribution d'une variable plus ou moins lissée (de la gauche vers la droite).*

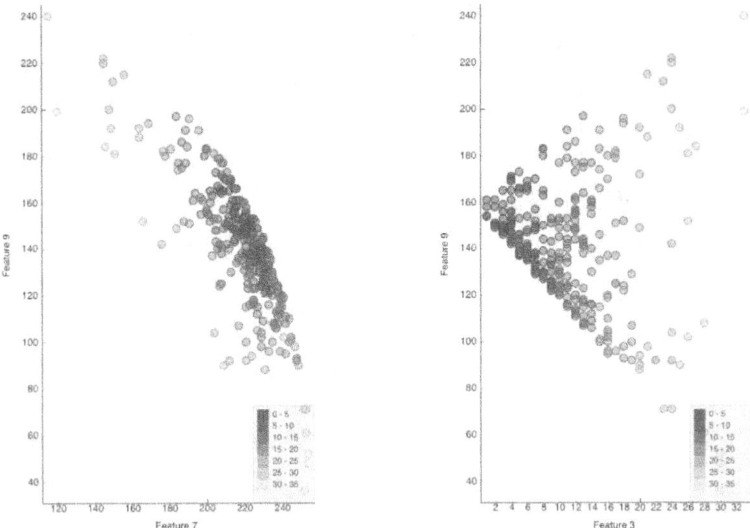

FIGURE 2.6 : Scatter plots *entre deux variables. Exemple de relation non linéaire entre deux variables (à gauche) et exemple dans lequel la variable en ordonnée a la dispersion de ses valeurs qui croît linéairement avec la variable en abscisse (à droite).*

2.5.1   La transformation des variables d'un type à un autre

Les données incluent fréquemment des descripteurs à valeur continue, discrète ou booléenne. Or, certains algorithmes ne peuvent traiter que des variables continues (ex. les réseaux de neurones), ou discrètes (ex. les arbres de décision) ou booléennes (ex. certains algorithmes de fouille de données). Il peut donc être nécessaire de transformer le type de certaines variables.

- **Transformation catégoriel vers numérique ou booléen.** Le type « numérique », par exemple $\mathbb{R}$ ou $\mathbb{N}$, induit une relation d'ordre entre ses éléments, ordre qui est souvent pris en compte dans les algorithmes d'apprentissage. Or, le type catégoriel (ou nominal) est le plus souvent dénué d'une telle relation d'ordre. Une traduction des valeurs catégorielles vers des valeurs numériques induirait donc une relation d'ordre qui ne fait pas partie de la sémantique du descripteur catégoriel.

  Ainsi, il ne faudrait pas traduire le descripteur `couleur de carte` (à valeurs ♠, ♡, ♢, ♣) en un descripteur numérique avec les valeurs associées 0, 1, 2, 3, car cela induirait que ♠ < ♡ < ♢ < ♣, sauf si cette hiérarchie est voulue.

  Pour éviter cette introduction parasite d'une relation d'ordre, on traduit généralement les attributs catégoriels à n valeurs, en n attributs booléens (*one-hot encoding*, figure 2.7).

- **Discrétisation d'un attribut numérique.** Certains algorithmes d'apprentissage sont incapables de traiter directement des attributs à valeur continue. Il est nécessaire de les transformer en attributs à valeur discrète. Une autre raison pour discrétiser un attribut à valeur continue provient de ce que la distribution des valeurs peut ne pas être uniforme ou gaussienne, alors que, pour la plupart, les algorithmes en font la supposition (parfois implicite et méconnue de l'utilisateur). Il faut alors discrétiser en intervalles de distributions correspondant à des distributions uniformes ou gaussiennes.

  Les méthodes de discrétisation sont nombreuses (par segmentation, par mesures d'entropie, etc.) et souvent dédiées à un contexte d'utilisation particulier. La discrétisation d'un attribut numérique demande que le nombre de valeurs discrètes soit déterminé ainsi que

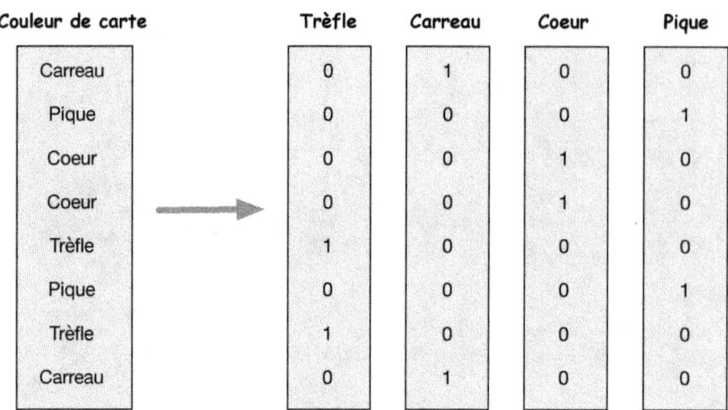

FIGURE 2.7 : *La conversion d'un attribut catégoriel à 4 valeurs en 4 attributs booléens.*

les seuils définissant les nouvelles valeurs. Cela peut se faire en accord avec un expert du domaine - par exemple, celui-ci va dire que l'âge (dans $\mathbb{N}$) doit se convertir en *benjamin, minime, junior, senior* parce que c'est la sémantique adaptée au domaine -, ou bien par un procédé automatique qui peut déterminer par exemple n (valeur fournie par l'utilisateur) intervalles de même taille, ou de même effectif.

Nous renvoyons le lecteur aux publications sur le sujet, particulièrement dans le domaine de la fouille de données (*Data Mining*) : [HK01, WF99].

2.5.2 Le traitement du bruit dans les données

Les données disponibles sont rarement décrites parfaitement. Souvent les défauts des instruments de mesure artificiels ou humains provoquent des erreurs. Plus grave, il arrive aussi dans le cas de l'apprentissage supervisé que les réponses de l'oracle elles-mêmes soient erronées. On qualifie ces types d'erreurs de *bruit de description* et de *bruit de classification*. Finalement, il est fréquent que les données ne soient pas décrites complètement et qu'il y ait des *valeurs manquantes* à certains attributs. C'est le cas général pour les données médicales : seuls un certain nombre d'examens cliniques sont pratiqués sur chaque patient en fonction de sa pathologie, des contraintes de circonstance, etc. Ces valeurs manquantes posent souvent des problèmes difficiles à résoudre (voir par exemple le cas de l'apprentissage d'arbres de décision au chapitre 15).

Les bases de données dans lesquelles on essaie de découvrir des régularités sous-jacentes à l'aide de techniques d'apprentissage artificiel sont rarement parfaites, c'est-à-dire complètement et parfaitement décrites. Non seulement les données peuvent comporter des erreurs de description ou d'étiquetage, être imprécises, mais elles sont souvent inhomogènes, résultant de plusieurs sources rassemblées dans des contextes différents. Le plus souvent aussi, elles n'ont pas été constituées dans le but d'être analysées par une machine [6]. Il arrive aussi que des valeurs ne fournissent que des informations sur des contingences externes au problème étudié. Une banque a ainsi eu la surprise de découvrir récemment que plus de 75 % de ses clients étaient nés le 11 novembre 1911. Il était en effet plus rapide (et sans importance apparente) pour les opérateurs remplissant les fiches de saisir « 111111 ». Il faut également tenir compte de conventions implicites, telles que signaler une date manquante par « 9999 », ou un poids manquant par la valeur

---

6. Il arrive parfois que les valeurs manquantes soient de fait plus informatives que les autres dans la mesure où elles révèlent l'interprétation du praticien (par exemple, en médecine, les champs manquants suffisent souvent à déterminer le diagnostic).

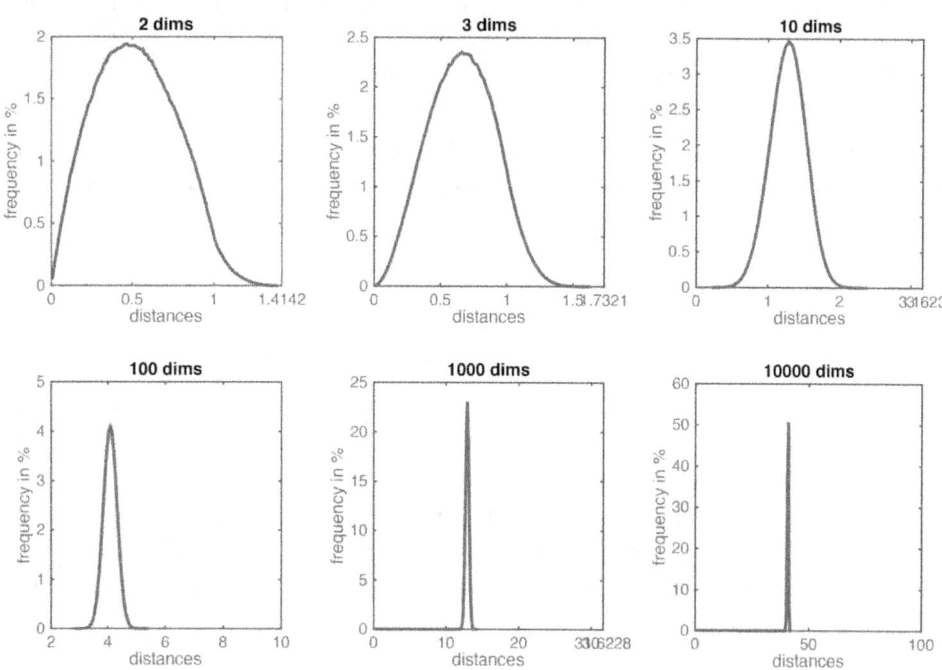

FIGURE 2.8 : *Les histogrammes montrent la distribution des distances des deux points tirés aléatoirement dans un cube unité de dimension d, avec $d \in \{2, 3, 10, 100, 1000, 10\,000\}$. Au fur et à mesure que d augmente, les distances point à point se concentrent dans un très petit domaine de valeurs.*

« -1 kg » . Sans précautions, il est facile d'obtenir des résultats erronés et, ce qui est pire, sans que personne ne s'en aperçoive.

Le traitement du bruit dans les données n'est pas un problème facile à résoudre, simplement parce qu'il n'est pas facile de distinguer ce qui est le résultat d'une erreur ou d'une variation non significative d'une observation authentique. Les méthodes usuelles reposent sur des tests statistiques du niveau de pertinence. Des outils de visualisation des données peuvent être précieux dans la détection d'anomalies. Cependant, rien ne remplace l'avis éclairé d'un expert et la maîtrise des phénomènes à la source des données.

Il faut aussi noter que le bruit n'est pas toujours une mauvaise chose pour l'apprentissage. Au contraire, il peut arriver que l'on introduise volontairement du bruit dans les données afin de faciliter l'apprentissage de vraies généralisations au lieu d'apprendre par cœur les données sans en induire les régularités. L'introduction de bruit agit alors comme un facteur de régularisation (chapitre 25, section 2.2).

2.5.3   Le traitement des valeurs manquantes

Il est fréquent que certains attributs ne soient pas renseignés pour certains exemples. Par exemple, on n'a pas osé demander l'âge d'un client, ou bien tous les examens médicaux ne sont pas faits sur tous les patients rentrant dans un hôpital, ou bien encore un acheteur n'a acheté qu'un très petit nombre de produits par rapport à tous ceux qui sont disponibles. On parle alors de *valeurs manquantes* (*missing values*).

Malheureusement, une majorité des algorithmes d'apprentissage ne peut traiter des données incomplètes. En conséquence, sauf si le jeu de données est important et la fraction de valeurs manquantes faible, auquel cas on peut ignorer les exemples incomplets, il faut d'une manière ou d'une autre compléter les valeurs manquantes. On parle d'*imputation* des valeurs manquantes.

Les techniques d'imputation sont très variées et il est fréquent qu'il faille développer une méthode spécifique en fonction du problème étudié. Les méthodes les plus classiques sont :

Remplacement par la valeur moyenne ou la plus fréquente. C'est la méthode la plus simple. Par exemple, si l'âge n'est pas renseigné, on remplace par l'âge moyen sur les exemples pour lesquels la valeur est connue. Il est évident que si le nombre d'exemples pour lesquels la valeur est manquante est important, cette technique va biaiser les résultats.

Remplacement par la valeur moyenne de la classe considérée. Il s'agit d'une méthode plus fine que la précédente. Au lieu de remplacer la valeur manquante par une valeur moyenne générale, on peut restreindre la population sur laquelle on calcule la moyenne ou la valeur la plus fréquente à une sous-population à laquelle appartient l'exemple que l'on cherche à compléter. Par exemple, au lieu de prendre l'âge moyen, si on sait que l'individu considéré est un retraité, on imputera comme valeur de l'âge la valeur moyenne observée sur les retraités.

Imputation par une fonction de prédiction. Une méthode qui va encore plus loin dans la prise en compte des spécificités de l'exemple considéré consiste à transformer la variable à imiter en variable cible dans un apprentissage supervisé en utilisant les autres variables comme des variables d'entrée. Connaissant les caractéristiques de l'exemple incomplet, on peut alors prédire la valeur manquante. D'un certain côté, bien sûr, cela revient à dire que les autres attributs « possèdent » ou codent l'information manquante et qu'il y a donc de la redondance dans la description des exemples. Si ce n'est pas le cas, cette technique ne peut pas être utilisée.

2.5.4   La normalisation des valeurs des attributs numériques

De nombreuses techniques d'apprentissage sont sensibles à l'échelle utilisée pour coder les variables numériques. Par exemple, si un attribut utilise une échelle de valeurs dans $[0, 100]$ et un autre dans une échelle dans $[0, 1]$, il est probable que le premier va se voir attribuer une importance plus grande que le second par le simple fait de cette différence d'échelle (figure 2.9).

Il est donc souvent utile, pour ne pas dire nécessaire, de ramener les attributs numériques à une échelle commune. C'est ce que l'on appelle *normalisation*.

Celle-ci ne doit cependant pas se faire sans précaution. Il est d'abord recommandé d'éliminer les valeurs aberrantes (par exemple, si un jeune diplômé d'une école d'ingénieur gagne des millions dans les 12 mois après sa sortie de l'école parce que sa toute jeune start-up a déjà été rachetée à prix d'or, cela peut complètement modifier l'échelle des salaires de sortie et leur moyenne). Il peut être utile de normaliser sur les percentiles plutôt que sur les valeurs extrêmes.

2.5.5   La description des données imprécises

L'une des méthodes les plus utilisées pour décrire des données imprécises est la logique floue. Nous renvoyons à [BM94] pour plus de détails.

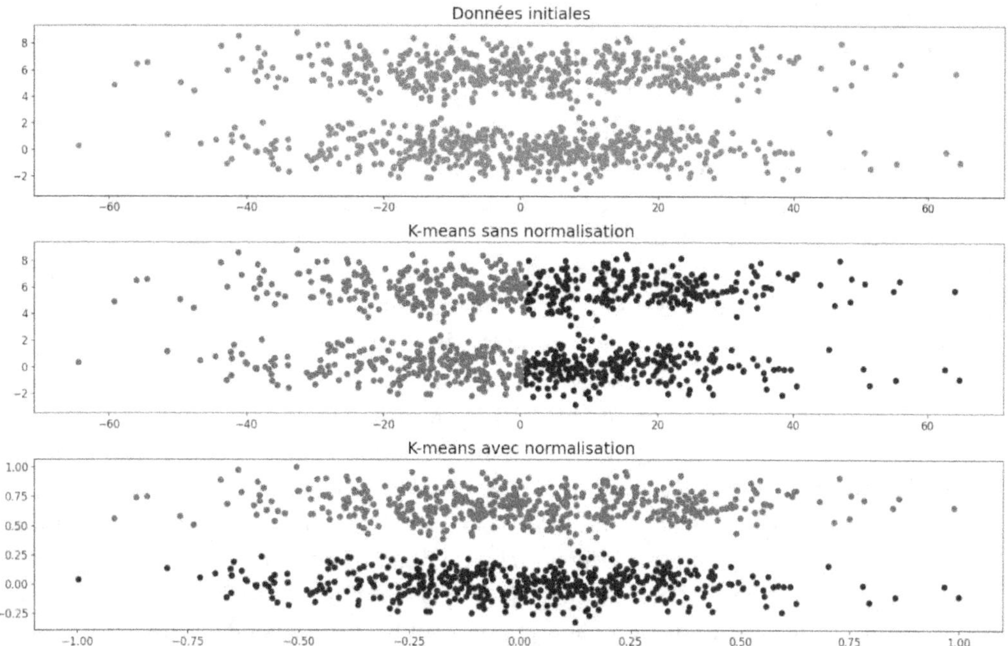

FIGURE 2.9 : *Exemple de l'effet de la normalisation sur un algorithme de classification. En haut un jeu de données avec deux nuages de points allongés selon l'axe des x, certainement en raison d'une différence d'échelle entre les unités de mesure de x et y. Au milieu une classification par k-moyennes, k=2 sans normalisation, en utilisant la distance euclidienne. Les deux classes sont séparées suivant l'axe des x, ne reflétant pas la répartition naturelle des points. En bas, après normalisation, les deux nuages de points sont correctement séparés.*

2.6 Réduction de la dimension de l'espace d'entrée

Plus l'apprentissage artificiel s'est attaqué à des problèmes réels, plus l'importance des prétraitements s'est trouvée soulignée. Fournir des données qui soient aussi peu bruitées que possible, dans lesquelles les valeurs aberrantes (*outliers*) sont retirées, éventuellement avec une distribution de probabilités rectifiée, est un préalable qui facilite l'apprentissage et peut dans certains cas le rendre quasi trivial. Par ailleurs, un ensemble de descripteurs réduit peut également conduire à l'obtention de résultats d'apprentissage plus simples et plus aisés à interpréter.

Redécrire les données fait parfois partie du prétraitement. Cela peut aussi être constitutif de l'apprentissage. Parmi les codages possibles, l'un des plus simples consiste à sélectionner un sous-ensemble de descripteurs au sein des descripteurs d'origine. C'est ce que l'on appelle souvent la *sélection d'attributs*.

Réduire la dimension de l'espace de description des données (chapitre 18) vise avant tout à **rendre l'induction possible** alors même que la faible taille de l'échantillon d'apprentissage ou la présence d'attributs non informatifs la rendent problématique. En effet, généralement, la capacité de l'espace d'hypothèses est fonction du nombre de dimensions de l'espace d'entrée. Et, comme nous le verrons au chapitre 3, plus cette capacité ou richesse est grande, plus grand doit être le nombre d'exemples pour garantir en probabilité un lien entre risque empirique et risque réel. Par ailleurs, l'estimation des paramètres dans les méthodes paramétriques se dégrade exponentiellement avec le nombre d'attributs. Il s'agit de la *malédiction* ou du *fléau* *de la dimensionnalité* (*curse of dimensionality*) dont nous reparlerons un peu plus loin. Il est donc crucial de réduire autant que possible la dimension de l'espace d'entrée, en conservant au maximum bien entendu l'information utile liée à l'échantillon d'apprentissage.

Lorsque les données disponibles sont en nombre suffisant par rapport au nombre de descripteurs, c'est-à-dire suffisant pour éviter le sur-apprentissage, la sélection d'attributs vise essentiellement à faciliter l'apprentissage en diminuant la complexité des calculs et/ou la taille des données à stocker. Cependant, la sélection d'attributs peut également devenir l'objectif et non plus un outil ou une étape auxiliaire lorsque le problème consiste à **découvrir les facteurs clés** liés à un phénomène, comme c'est le cas dans l'analyse des facteurs de risque en médecine ou dans l'identification des gènes activés dans certaines conditions biologiques.

Un cas extrême est celui dans lequel les descripteurs sont bien plus nombreux que les exemples. Des applications aussi importantes que l'analyse du génome ou l'indexation de textes sur Internet ou des banques d'images ont brisé un tabou et stimulé de nouvelles recherches sur l'évaluation des attributs dans des contextes que les statisticiens s'interdisaient.

Il faut aussi noter que la dimensionnalité importante d'un espace de description est à l'origine de phénomènes qui tendent à nuire à la recherche de régularités dans les données. Comme Bellman l'avait souligné avec l'expression *malédiction de la dimensionnalité*, l'espace tend à devenir « vide » exponentiellement rapidement lorsque le nombre de dimensions de l'espace s'accroît. Toutefois, outre la difficulté que cela entraîne pour l'estimation de densité qui est à la base de nombreuses techniques statistiques, cela a également des implications géométriques ennuyeuses. Ainsi, par exemple, en supposant que la densité des points soit uniforme dans l'espace, le volume d'un hypercube ou d'une hypersphère tend à se concentrer dans la « peau » de ce volume, c'est-à-dire à égale distance du centre. Cela se traduit par une *concentration des normes et des distances*. Ainsi, la norme de variables i.i.d. (identiquement et indépendamment distribuées) croît proportionnellement à $\sqrt{D}$ quand D est la dimension de l'espace, ce qui est normal, mais la variance reste approximativement constante. Donc, les vecteurs dont les composantes sont tirées aléatoirement tendent à avoir la même longueur. Cela signifie également que la distance entre deux vecteurs aléatoires tend vers une constante (figure 2.8). La recherche de régularités par des méthodes géométriques, et généralement les approches par plus proches voisins, sont donc sérieusement menacées (chapitre 16, section 2.9).

Il est clair que la réduction de dimension est un aspect important de l'analyse de données et de l'apprentissage. Elle cherche à découvrir :

- les variables non *pertinentes* ;
- les *corrélations* ou *dépendances* entre les variables (pertinentes).

La **pertinence** des variables est souvent fonction de la tâche à réaliser. Assez naturellement, c'est donc la performance sur cette tâche qui permet d'identifier les variables pertinentes, c'est-à-dire porteuses d'une information utile. L'essentiel de cette section porte sur ces techniques.

La recherche des **dépendances** entre variables ressort davantage de techniques non supervisées. Il s'agit essentiellement de trouver une transformation des variables de base en une autre base de manière à conserver autant d'information que possible sur le signal d'origine, tout en diminuant la dimension de l'espace de description des données (chapitre 18).

L'objectif général peut se décliner en deux sous-objectifs :

- *Identifier les variables latentes* qui « expliquent » la distribution de probabilités des données. Il s'agit d'une approche générative. On suppose que les variables observées résultent du mélange inconnu, linéaire ou non, de variables latentes.

- *Estimer la dimension intrinsèque* du nuage de points dans l'espace $\mathcal{X}$. Ainsi, les données peuvent en fait appartenir à un sous-espace de dimension très inférieure à D la dimension de $\mathcal{X}$, par exemple appartenir à un tore. On cherche alors le nombre minimal de degrés de liberté ou de paramètres indépendants permettant de reconstruire les données.

Historiquement, l'une des premières méthodes proposées dans ce cadre est l'*analyse en composantes principales* (ACP) (chapitre 18).

Résumé

Ce chapitre s'est focalisé sur la mise en pratique de la science des données. On y a insisté sur la **démarche** à suivre et les questions qui se posent lors d'un projet de fouille de données. Dans fouille de données, il y a « données » , terme qui laisse entendre que c'est donné. Ça ne l'est pas. Même si leur récolte échappe au projet, il faut **toujours beaucoup réfléchir aux données**. La plupart du temps, des prétraitements sont nécessaires, ainsi que des changements de représentation.

À l'autre bout de la chaîne, il faut prendre un soin particulier pour **évaluer les résultats** d'un apprentissage et pour comparer des hypothèses et des méthodes.

Enfin, tout projet présente des **problèmes spécifiques** (classes très déséquilibrées, données bruitées...) devant lesquels il importe de ne pas être démuni. Il est clair que c'est seulement par une compréhension profonde de la science des données et des concepts sous-jacents que des projets complexes peuvent aboutir à des réussites, d'où l'importance de **la formation** à la science des données.

Chapitre 3

David HUME (1711-1776)

Introduction aux approches théoriques de l'induction supervisée

Au début de ce chapitre, on verra qu'induire des lois générales à partir de données est pour ainsi dire trop facile : il existe énormément de manières de rendre compte de données particulières. La vraie question est en réalité : comment choisir une loi parmi toutes les candidates ?

La première réponse est que, pour généraliser, il faut se mettre des œillères, c'est-à-dire se limiter dans les lois ou hypothèses que l'on est prêt à envisager. Ensuite, naturellement, il faut définir la qualité d'une hypothèse et tenter de trouver la meilleure, c'est-à-dire dont les prédictions seront exactes ou presque dans les situations encore inconnues. Cependant, nous ne disposons que de l'échantillon de données d'apprentissage pour évaluer cette qualité. Comment être sûr qu'une hypothèse semblant très bonne sur l'échantillon d'apprentissage sera aussi très bonne à l'avenir, c'est-à-dire sur d'autres données ?

Ce lien entre la performance mesurée sur les données d'apprentissage et la performance à venir relève de la définition d'un critère inductif. *Une fois choisi, il reste à choisir la meilleure hypothèse possible, celle qui optimise ce critère.*

En particulier, si le monde est supposé stationnaire et si les données sont supposées tirées indépendamment les unes des autres (tirage i.i.d.), trois types de critères inductifs sont raisonnables : un critère bayésien, *un deuxième, dit* MRE, *visant à sélectionner l'hypothèse d'erreur minimale sur les données d'apprentissage et un troisième, dit* MDLP, *dictant de choisir l'hypothèse la plus simple rendant compte des données connues. L'étude de ces critères fait l'objet de la théorie statistique de l'apprentissage.*

Le chapitre se terminera sur le no-free-lunch theorem *qui rappelle que les critères inductifs ne sont pas de nature absolue, mais qu'ils présupposent que le monde a certaines propriétés. L'application d'un critère inductif hors de ces présupposés peut conduire à des choix pires que de prendre des décisions au hasard.*

Sommaire

LE PROBLÈME DE L'INDUCTION, c'est-à-dire le passage de l'observation de faits particuliers à des lois générales, a été l'objet de réflexions de nombreux philosophes. Parmi eux, Aristote (384-322 AEC), qui donne la prééminence à des formes immanentes universelles, Francis Bacon (1561-1626), qui s'oppose à Aristote en donnant la priorité aux observations sur les idées préconçues, et David Hume (1711-1776), qui déclare qu'il ne peut y avoir de fondations solides et indiscutables à l'induction. Karl Popper (1902-1994) partage ce point de vue : d'après lui, les théories scientifiques élaborées par induction sont très probablement fausses, mais elles sont cependant acceptables si elles sont réfutables.

En général, le problème a été décomposé en deux questions :

1. *Qu'est-ce qui autorise* le passage de l'observation de faits particuliers à des lois générales ?

2. *Comment trouve-t-on* des lois générales à partir de cas particuliers ?

Nous avons déjà abordé cette dichotomie entre le problème de la *justification* de l'induction et celui de *l'invention* au chapitre 1, section 5. Une grande partie de cet ouvrage, et des travaux des experts de l'apprentissage artificiel, est concernée par la deuxième question, celle de l'invention. On cherche à imaginer et à réaliser des algorithmes qui soient capables de découvrir des lois générales (ou des procédures de prédiction) à partir de l'observation d'un nombre limité de faits.

Cependant, une partie des recherches se préoccupe du problème de la justification de l'induction. Qu'est-ce qui peut lier des faits particuliers à une loi générale ? Peut-on dire qu'une loi générale est meilleure qu'une autre ? Quelles garanties peut-on avoir sur les performances d'une loi générale tirée de faits particuliers, si du moins de telles garanties sont possibles ?

Si le problème de la justification se place à côté de celui de l'invention, s'il n'est pas directement concerné par la mise au point d'algorithmes d'apprentissage, il en éclaire néanmoins les conditions et les rouages essentiels. De fait, les algorithmes récemment développés l'ont été pour la plupart en partant d'une théorie de l'induction, c'est-à-dire en traduisant les termes théoriques du problème de la justification dans le contexte du problème à résoudre, en en tirant ainsi un problème d'optimisation qu'il s'agit ensuite de résoudre en appliquant ou en inventant une méthode efficace.

C'est pourquoi, avant même d'étudier des classes d'algorithmes d'apprentissage, il est important de se familiariser avec les questions et avec la formalisation du problème de l'induction telle qu'elle est développée actuellement. Ce chapitre fournit les bases de ce que l'on appelle souvent « la théorie statistique de l'apprentissage ». Pour ceux qui se sentent intrigués et intéressés par ces aspects théoriques, des approfondissements sont décrits dans le chapitre 25.

L'induction artificielle

Nous avons vu au chapitre 1 qu'une technique d'apprentissage pouvait être vue comme résultant de la réponse aux trois questions suivantes :

1. La définition d'un **critère inductif** $R : \mathcal{H} \times \mathcal{S} \to \mathbb{R}$ spécifiant comment juger d'une hypothèse sur la base empirique d'un échantillon de données.

2. La description de **l'espace des hypothèses** $\mathcal{H}$ où l'on cherche une bonne hypothèse h.

3. La description et la mise au point d'un **algorithme d'exploration de** $\mathcal{H}$ pour trouver une hypothèse $h_{\mathcal{S}}^*$ optimisant $R(h, \mathcal{S}_m)$.

L'analyse théorique de l'induction concerne directement les deux premières questions.

Nous allons commencer par étudier un problème simple d'apprentissage supervisé afin de mettre en exergue certains aspects clés de l'apprentissage.

1.   Essayons d'apprendre un concept à partir d'exemples

Nous nous intéressons ici à *l'apprentissage de concept*, c'est-à-dire d'une fonction à valeur binaire $\{+, -\}$. Si l'exemple en entrée est reconnu comme appartenant au concept, alors l'étiquette associée est $+$, sinon elle est $-$. Par exemple, si « chien » est le concept que nous cherchons à apprendre, une photo d'animal sera étiquetée « $+$ » si elle représente un chien, « $-$ » sinon.

Le problème d'apprentissage est le suivant. On suppose qu'un oracle, ou le « professeur », décide à l'avance d'une *fonction* (ou concept) *cible* $f \in \mathcal{F}$, avec $f : \mathcal{X} \to \{+, -\}$.

L'apprenant (l'algorithme d'apprentissage) cherche à deviner la fonction f. Pour ce faire, il reçoit des couples $\big(\mathbf{x}_i, f(\mathbf{x}_i)\big) \in \mathcal{X} \times \{+, -\}$, c'est-à-dire des exemples $\mathbf{x}_i$ étiquetés grâce à la fonction cible f.

—— EXEMPLE ——

Cet exemple ne porte pas sur des photos d'animaux, mais sur des images bien plus simples comme celles ci-dessous, de gauche à droite : « un grand carré gris », « un grand carré noir », « deux petits carrés noirs » , etc.

   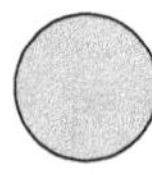 

Chaque image est décrite par quatre attributs à valeur binaire : *nombre* prenant sa valeur dans $\{1, 2\}$, *taille* dans $\{\texttt{grand}, \texttt{petit}\}$, *forme* dans $\{\texttt{carré}, \texttt{cercle}\}$, et enfin *couleur* dans $\{\texttt{gris}, \texttt{noir}\}$.

L'apprenant peut ainsi recevoir l'exemple étiqueté :

nombre	*taille*	*forme*	*couleur*	étiquette
1	grand	carré	gris	+

À partir de ce seul exemple, l'apprenant peut-il deviner la fonction cible ? C'est *a priori* peu probable. Celle-ci peut en effet aussi bien être f_1, f_2 ou f_3 ci-dessous, ou encore une autre :

$$f_1(\mathbf{x}) = \begin{cases} + & \text{si } \mathbf{x}_i = \{nombre = \mathbf{1},\ taille = \texttt{grand},\ forme = \texttt{carré},\ couleur = \texttt{gris}\} \\ - & \text{sinon} \end{cases}$$

$$f_2(\mathbf{x}) = \begin{cases} + & \text{si } \mathbf{x}_i = \{nombre \in \{\mathbf{1},\ \mathbf{2}\},\ taille = \texttt{grand},\ forme = \texttt{carré},\ couleur \in \{\texttt{gris},\ \texttt{noir}\}\} \\ - & \text{sinon} \end{cases}$$

$$f_3(\mathbf{x}) = +\quad \text{pour tout } \mathbf{x}$$

En effet, ces trois fonctions f_1, f_2 et f_3 étiquettent toutes l'exemple fourni par « + ». Elles sont donc *a priori* également candidates pour rendre compte ou « expliquer » l'exemple, c'est-à-dire son étiquette.

Un seul exemple semble donc insuffisant pour que l'apprenant puisse identifier la fonction cible. Supposons maintenant qu'il reçoive un échantillon $\mathcal{S}$ plus fourni, par exemple le suivant :

nombre	*taille*	*forme*	*couleur*	étiquette
1	grand	carré	gris	+
1	grand	carré	noir	−
2	petit	carré	noir	+
2	petit	cercle	noir	−
1	grand	cercle	gris	+
1	petit	cercle	noir	+

Supposons de plus que les exemples soient examinés par l'apprenant dans l'ordre de leur apparition, c'est-à-dire dans l'ordre des lignes du tableau.

Après les deux premiers exemples, l'apprenant pourrait légitimement faire l'hypothèse que c'est l'attribut *couleur* qui détermine l'étiquette de l'exemple :

$$h_2(\mathbf{x}) = \begin{cases} + & \text{si } \mathbf{x}_i = \{couleur = \texttt{gris}\} \\ - & \text{si } \mathbf{x}_i = \{couleur = \texttt{noir}\} \end{cases}$$

Par abus d'écriture, on conviendra que $\mathbf{x}_i = \{couleur = \mathtt{gris}\}$ signifie que les autres attributs que *couleur* peuvent prendre n'importe quelle valeur permise.

Cette fonction est simple et « explique » les étiquettes observées. Cependant, il n'est plus possible de la retenir après le troisième exemple, du moins si celui-ci est correctement décrit et étiqueté. Il faut donc envisager d'autres hypothèses. Ici, il est impossible de trouver une fonction qui ne prenne en compte qu'un attribut pour expliquer les étiquettes. En revanche, la fonction suivante convient :

$$h_3(\mathbf{x}) = \left\{ \begin{array}{ll} - & \text{si } \mathbf{x}_i = \{nombre = \mathbf{1}, \; couleur = \mathtt{noir}\} \\ + & \text{sinon} \end{array} \right.$$

Elle ne peut cependant expliquer le quatrième exemple et il faut donc envisager d'autres fonctions.

Supposons que l'apprenant considère la fonction suivante après les six exemples d'apprentissage fournis :

$$h_6(\mathbf{x}) = \left\{ \begin{array}{ll} - & \text{si} \quad\;\; \mathbf{x}_i = \{\; couleur = \mathtt{noir}, \; nombre = \mathbf{1}, \; forme = \mathtt{carré} \;\} \\ & \text{ou si} \quad \mathbf{x}_i = \{\; couleur = \mathtt{noir}, \; nombre = \mathbf{2}, \; forme = \mathtt{cercle} \;\} \\ + & \text{sinon} \end{array} \right.$$

Cette fonction permet d'étiqueter correctement les 6 exemples dont l'étiquette est connue. Néanmoins, peut-on raisonnablement être sûr qu'elle sera également performante sur les exemples non encore observés ?

Étant donné qu'il y a 4 attributs binaires pour décrire les exemples, il y a $2^4 = 16$ exemples différents que l'on peut décrire dans ce langage : $|\mathcal{X}| = 16$. Maintenant, pour chaque exemple possible, l'oracle, quand il a décidé la fonction cible, peut avoir choisi d'attribuer l'une des deux étiquettes $+$ ou $-$. Il avait donc le choix entre $2^{16} = 2^{2^4} = 65\,536$ fonctions possibles ! ($|\mathcal{F}| = 65\,536$).

Peut-on alors être sûr que la fonction choisie par l'oracle est l'hypothèse h_6 ci-dessus ?

Combien reste-t-il de fonctions possibles qui étiquettent les 6 exemples connus correctement et qui ont donc toutes pu être utilisées par l'oracle ? Il reste 10 exemples non encore observés et donc $2^{10} = 1\,024$ manières différentes de les étiqueter. Cela signifie qu'après les 6 exemples d'apprentissage, l'hypothèse h n'est que l'une des $1\,024 = 2^{16-6}$ fonctions qui toutes expliquent les 6 étiquettes observées. Cette hypothèse a moins d'une chance sur mille d'être la bonne !

Mais il y a pire. Supposons que l'apprenant ait eu accès à 15 exemples sur les 16 possibles, il ne pourra encore rien dire sur l'étiquette du 16e exemple, puisqu'il ne pourra pas savoir si l'oracle l'aura étiqueté « $+$ » ou « $-$ ».

Peut-on alors gagner au jeu de l'induction ? Et peut-on tout simplement faire des prédictions quand seul un sous-ensemble des exemples possibles a été observé ?

Cela semble impossible en effet. Pourtant, lorsque nous donnons cet exercice à nos étudiants en cours, certains d'entre eux identifient le concept cible après 8 ou 9 exemples d'apprentissage ! Comment réalisent-ils ce prodige ?

En fait, ils ne le réalisent que si nous, enseignants, choisissons nous-mêmes le concept cible. Dans ce cas, en effet, nous avons tendance à choisir un concept simple, par exemple la fonction h_6. Or, les étudiants ayant le même appareil cognitif que l'enseignant, ils sont biaisés vers la considération des concepts simples avant les plus complexes. De fait, si le concept cible est choisi aléatoirement, les étudiants ne l'identifient pas, même après 15 exemples.

Il y a plusieurs leçons à tirer de cette tâche d'apprentissage simple.

1.1 L'induction nécessite un biais

La *première leçon* est que l'induction nécessite un *biais*. On dit qu'il existe un biais quand toutes les fonctions possibles de $\mathcal{X} \to \mathcal{Y}$ de l'espace des entrées vers l'espace des sorties ne sont pas dans l'ensemble des hypothèses $\mathcal{H}$ que peut considérer l'apprenant. Le biais est d'autant plus fort qu'il élimine plus d'hypothèses. Pourquoi est-ce nécessaire ? L'exemple précédent l'a prouvé : sans biais, même la connaissance de 15 exemples n'assure pas d'étiqueter correctement le 16e. En réalité, sans biais, l'apprenant ne fait qu'apprendre par cœur les 15 exemples, ce qui ne lui apprend rien sur le dernier. Considérons maintenant un apprentissage avec biais. Disons, par exemple, que les concepts que peut produire l'apprenant sont du type de h_6, une disjonction de deux conjonctions, et nous notons leur ensemble $\mathcal{H}_{\vee 2}$. Nous supposons maintenant pour simplifier que tous les exemples sont disponibles d'un seul coup.

L'apprenant peut prendre un à un tous les éléments de $\mathcal{H}_{\vee 2}$ et les essayer sur $\mathcal{S}$, l'ensemble d'apprentissage. Avec un peu de chance, un ou plusieurs concepts se comporteront parfaitement sur $\mathcal{S}$, comme h_6 dans l'exemple. Dans ce cas, il suffit d'en retenir un.

Mais dans le cas général, et c'est la *seconde* leçon, l'introduction d'un biais oblige à admettre que le concept appris puisse faire des erreurs sur l'ensemble d'apprentissage. Dans ce cas, la technique dite *MRE*, dont nous analyserons la qualité plus loin, propose de choisir dans $\mathcal{H}_{\vee 2}$ l'hypothèse qui fait le moins d'erreurs sur S.

Ainsi, presque paradoxalement, réduire l'espace des hypothèses par un biais fournit du même coup une technique de choix dans cet espace. Rappelons aussi ce que nous avons énoncé au chapitre précédent : définir un espace d'hypothèses par un langage de description, c'est-à-dire le limiter, comme on le fait pour $\mathcal{H}_{\vee 2}$, rend possible une véritable induction, une généralisation.

On voit donc se dessiner un compromis : si l'espace des hypothèses est illimité, il n'y a pas d'apprentissage possible ; en revanche, si le biais est trop fort, l'ensemble des hypothèses peut être trop petit pour contenir une bonne approximation du concept choisi par l'oracle. C'est tout le problème de l'*invention* que de formuler des bons biais, tout en préservant une certaine variété dans les hypothèses. C'est un des problèmes centraux en apprentissage, appelé le *dilemme biais-variance* ou *compromis biais-variance*.

Pour illustrer sur notre exemple, intéressons-nous uniquement au biais et examinons quelques cas particuliers :

- Si l'apprenant ne peut considérer que des fonctions constantes, retournant toujours « + » ou toujours « − », alors il n'y a que deux hypothèses possibles. En pratique, cela revient à choisir « + » s'il y a plus d'exemples positifs que négatifs dans S et vice-versa. Le biais est si grand que seule compte l'étiquette des exemples, pas leur représentation. Clairement, négliger cette information est exagéré !

- Si l'apprenant peut en plus envisager des hypothèses utilisant l'attribut *couleur*, alors en plus des deux précédentes, il y a maintenant les hypothèses : $h_3(\mathbf{x}) = $ « + » si *couleur* = **rouge**, $h_4(\mathbf{x}) = $ « − » si *couleur* = **rouge**, $h_5(\mathbf{x}) = $ « + » si *couleur* = **vert**, $h_6(\mathbf{x}) = $ « − » si *couleur* = **vert**. Soit 6 hypothèses en tout dans $\mathcal{H}_{couleur} \cup \mathcal{H}_0$.

- Si l'apprenant peut envisager des *hypothèses qui utilisent au plus un attribut*, quel qu'il soit, il y a ici 4 choix possibles d'attribut et, pour chacun d'eux, 4 hypothèses différentes possibles. L'ensemble $\mathcal{H}_1 \cup \mathcal{H}_0$ des hypothèses possibles pour l'apprenant est maintenant de $4 \times 4 + 2 = 18$.

- Si l'apprenant peut envisager les *hypothèses qui utilisent au plus deux attributs parmi les quatre*, il y a $\binom{4}{2} = 6$ choix possibles des deux attributs. Pour chacune des hypothèses utilisant deux attributs, il y a $2 \times 2 = 4$ descriptions possibles (puisqu'il y a deux valeurs possibles par attribut), avec pour chacune d'entre elles l'étiquette « + » ou l'étiquette « − », soit 8 hypothèses différentes pour chaque paire d'attributs. On a finalement au total : $|\mathcal{H}| = (6 \times 8) + 16 + 2 = 66$ hypothèses différentes.

  On voit que le biais est encore considérable puisque $|\mathcal{H}_2 \cup \mathcal{H}_1 \cup \mathcal{H}_0| = 66 \ll 65\,536$.

- Et si l'apprenant peut considérer, *en plus, toutes les hypothèses disjonctives* (de type « si ... » OU « si ... ») chacune d'au plus 2 attributs, l'espace des hypothèses à explorer comporte 1 248 hypothèses supplémentaires, soit au total 1 314 hypothèses. C'est l'espace $\mathcal{H}_{\vee_2}$.

Biais de représentation

Lorsque l'espace des hypothèses considérées par l'apprenant est limité par des contraintes portant sur leur expression, ici par exemple sur le nombre d'attributs considérés, on dit qu'il s'agit d'un *biais de représentation* ou aussi d'un *biais déclaratif*.

Biais de recherche

En tant qu'apprenant humain, nous avons tendance à considérer les hypothèses qui s'expriment simplement, avant celles qui demandent une description complexe. Nous avons donc tendance à explorer $\mathcal{H}_0$ avant $\mathcal{H}_1$, puis $\mathcal{H}_2$, etc. Nous sommes éventuellement prêts à considérer toutes les fonctions possibles de $\mathcal{X} \to \mathcal{Y}$, mais notre manière d'explorer $\mathcal{H}$ favorise certaines régions de $\mathcal{H}$ avant d'autres. On parle alors de *biais de recherche*.

C'est parce que nous partageons le même biais de recherche que les étudiants ont tendance à chercher une hypothèse simple, comme nous, enseignants, sommes biaisés vers le choix d'un concept cible simple. Au lieu de 65 536 fonctions possibles, ce biais de recherche limite de fait l'exploration à un espace d'hypothèses beaucoup plus restreint, qui est élargi au fur et à mesure que l'on constate qu'il n'existe pas d'hypothèse satisfaisante dans l'espace considéré à un instant t. De fait, si l'oracle ou le professeur partage le même biais que l'apprenant, la première hypothèse en suivant ce biais de recherche qui s'accorde aux données d'apprentissage a de bonnes chances d'être le concept cible.

Renouvelons la remarque que, sans biais, les apprenants, après 6 exemples d'apprentissage, auraient $2^{16-6} = 2^{10} = 1\,024$ hypothèses à considérer, toutes *a priori* également valides. Notons de plus que, pour chaque exemple $\mathbf{x}$ non encore vu, la moitié de ces 1 024 fonctions prédit l'étiquette « + » tandis que l'autre moitié prédit « − ». Sans biais, il est donc impossible de prédire l'étiquette d'un nouvel exemple.

Si, en revanche, les apprenants ne considèrent que les hypothèses dans $\mathcal{H}_{\vee_2}$, il doit rester de l'ordre de 4 à 5 hypothèses encore valides après 6 exemples d'apprentissage : $1\,314/2^6 \sim 4$ (en supposant que chaque exemple d'apprentissage élimine environ la moitié des hypothèses encore valides de $\mathcal{H}_{\vee_2}$). En faisant voter ces hypothèses, ou en en choisissant une arbitrairement parmi ce petit nombre, il devient possible de faire des prédictions sur les exemples non vus. Bien entendu, le biais nécessaire utilisé par l'apprenant peut être erroné et ne pas permettre d'identifier le concept cible. Dans ce cas, l'apprenant devrait cependant s'en rendre compte rapidement, car il ne devrait plus rester d'hypothèses s'accordant aux données d'apprentissage après un échantillon d'apprentissage assez restreint.

1.2   Le biais d'apprentissage peut être modulé

La *troisième* leçon est donc que l'on peut moduler l'importance du biais d'apprentissage en fonction de la taille de l'échantillon d'apprentissage. Plus celle-ci est grande, plus il est possible de considérer un espace d'hypothèses plus grand, donc moins biaisé, car l'échantillon d'apprentissage permettra d'éliminer toutes les hypothèses invalides, ou du moins la plupart d'entre elles.

Une question qui se pose immédiatement est de savoir à quel point on peut faire confiance pour des prédictions futures à une hypothèse tirée d'un espace d'hypothèses limité et qui, jusqu'ici, s'accorde parfaitement aux données d'apprentissage. Nous avons vu dans l'exemple décrit précédemment, qu'après 6 exemples d'apprentissage, il reste 1024 fonctions, toutes d'erreur nulle sur ces 6 exemples et donc d'égale qualité sur ces données. La théorie statistique de l'apprentissage étudie le lien entre la performance d'une meilleure hypothèse sur les données d'apprentissage et la performance à en attendre. Pour ce faire, elle doit prendre parti sur le monde. Cette théorie suppose qu'il est stationnaire et que les données sont tirées aléatoirement (hypothèse i.i.d.).

Dans le cas simple considéré jusqu'ici, il était possible d'énumérer l'espace des hypothèses, qui était de taille finie. Nous allons maintenant préciser ce qui a été dit de manière informelle à l'occasion de cet exemple et en étendre le champ au cas d'espaces d'hypothèses infinis. La théorie est assez simple quand l'espaces des hypothèses est de taille finie et quand on ne retient que celles qui font pas d'erreurs d'apprentissage ; elle devient plus sophistiquée dans le cas général.

2.   Formalisation d'un problème d'apprentissage supervisé

2.1   Les ingrédients du problème

La définition d'un problème d'apprentissage supervisé suppose que soient précisés quatre éléments, comme déjà dit aux chapitres 1 et 2 :

1. L'*espace des entrées* $\mathcal{X}$, c'est-à-dire des descriptions qui seront présentées au système pour qu'une décision soit prise. Ces entrées $\mathbf{x} \in \mathcal{X}$ peuvent prendre plusieurs formes, par exemple des vecteurs d'attribut-valeur, des ensembles de valeurs, des séquences, des descriptions semi-structurées (ex. des descriptions XML), des descriptions structurées, etc.

2. L'*espace des sorties* $\mathcal{Y}$, c'est-à-dire de ce que doit produire le système lorsqu'il reçoit une entrée $\mathbf{x} \in \mathcal{X}$. Là aussi, les sorties y peuvent être de différents types, par exemple une décision binaire (0/1) ou (« + »/« − »), une classification : choix d'une classe parmi un ensemble de classes, une décision associée à un degré de certitude, une sortie structurée, etc.

3. Le *protocole des interactions* entre l'apprenant et l'environnement, qui précise comment sont fournis les exemples d'apprentissage et les exemples sur lesquels le système doit décider. Par exemple, de nombreuses applications font l'hypothèse que les exemples sont tirés aléatoirement selon une distribution fixée, c'est-à-dire qu'il n'y a pas d'information liée à l'ordre dans lequel sont fournis les exemples. Dans le scénario ou protocole « batch », les exemples d'apprentissage sont tous fournis d'un seul coup, permettant l'apprentissage, avant la phase de décision. Un scénario alternatif est celui dans lequel l'apprenant reçoit chaque exemple itérativement et doit faire une prédiction à chaque fois avant que la réponse correcte ne lui soit fournie. C'est ce que l'on appelle le scénario ou protocole « en

ligne » (*on-line*). Ce scénario est plus proche des situations d'apprentissage quotidiennes, ou bien des situations d'enseignement dans lesquelles l'étudiant aborde les exercices les uns après les autres, cherche à les résoudre, puis reçoit la correction du professeur.

4. La *mesure de performance de l'apprentissage*. Si, par exemple, on suppose que les exemples sont tirés aléatoirement selon une distribution de probabilités fixe, il est naturel de considérer une espérance de coût de décision sur les exemples à venir. Il faudra donc définir une fonction de coût de décision pour chaque exemple et une distribution de probabilités. D'autres scénarios demanderont d'autres mesures de performance adaptées. Par exemple, nous verrons au chapitre 23 une mesure de performance pour un scénario extrême dans lequel l'environnement agit comme un adversaire et a le droit de choisir les exemples qui sont soumis au système et même de changer le concept cible en cours d'apprentissage ! Ce scénario est malheureusement également appelé *on-line learning*, mais est aussi, plus justement, dénommé *adversarial learning*.

2.2   Le scénario « i.i.d. »

Le scénario « i.i.d. » (indépendamment et identiquement distribué) suppose que les données (d'apprentissage comme de test) sont générées aléatoirement selon une distribution stationnaire de probabilités jointes $\mathbf{p}_{\mathcal{XY}}$ sur l'espace produit $\mathcal{X} \times \mathcal{Y}$[1]. Deux mécanismes à deux étapes peuvent être envisagés pour rendre compte de cette distribution sur les exemples.

1. Dans le premier, on suppose une première étape dans laquelle les formes $\mathbf{x}$ sont engendrées selon une distribution $\mathbf{p}_{\mathcal{X}}$ définie sur $\mathcal{X}$. On suppose que, dans une deuxième étape, chaque forme $\mathbf{x}$ engendre une sortie y selon une distribution conditionnelle à chaque forme $\mathbf{p}_{\mathcal{Y}|\mathcal{X}}$ ou selon une fonction cible f (figure 3.1).

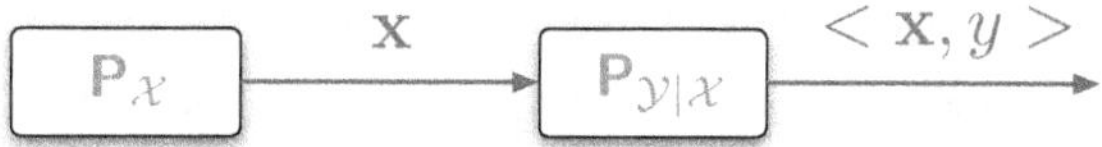

FIGURE 3.1 : *Premier scénario de génération d'exemples.*

2. Le second scénario est dual du précédent. On y suppose que c'est d'abord la classe y d'un exemple qui est engendrée selon une distribution *a priori* $\mathbf{p}_{\mathcal{Y}}$, puis que la forme associée $\mathbf{x}$ est engendrée selon une distribution conditionnelle $\mathbf{p}_{\mathcal{X}|\mathcal{Y}}$ (figure 3.2).

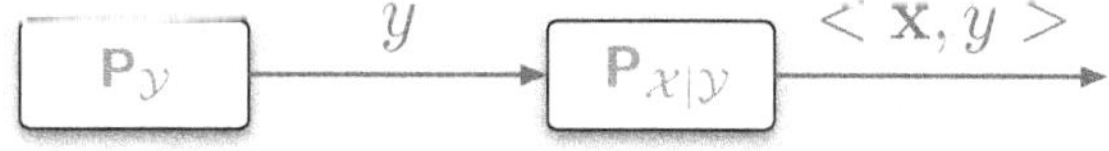

FIGURE 3.2 : *Second scénario de génération d'exemples.*

La loi jointe sur les exemples peut ainsi être décomposée comme : $\mathbf{p}_{\mathcal{XY}} = \mathbf{p}_{\mathcal{Y}}\mathbf{p}_{\mathcal{X}|\mathcal{Y}} = \mathbf{p}_{\mathcal{X}}\mathbf{p}_{\mathcal{Y}|\mathcal{X}}$.

Dans ce cadre, lorsque l'apprenant agit comme un *classifieur*, il doit résoudre le problème suivant : étant donnée une réalisation d'un exemple $\mathbf{x}$, décider à quelle classe y appartient $\mathbf{x}$. Une règle de classification ou de décision est donc une fonction $h : \mathcal{X} \to \mathcal{Y}$, qui détermine la classe, ou l'étiquette, $h(\mathbf{x})$ à laquelle devrait être associée la forme d'entrée $\mathbf{x}$.

---

1. Afin d'alléger les notations, nous utiliserons $\mathbf{p}_{\mathcal{XY}}$ pour dénoter $\mathbf{p}_{\mathcal{XY}}(\mathbf{x}, y)$ et de même pour $\mathbf{p}_{\mathcal{X}}$ au lieu de $\mathbf{p}_{\mathcal{X}}(\mathbf{x})$ et $\mathbf{p}_{\mathcal{Y}}$ au lieu de $\mathbf{p}_{\mathcal{Y}}(y)$, sauf si le contexte nécessite de préciser.

2.3   Le risque réel

Une fois le scénario d'apprentissage spécifié, une étape capitale est de définir ce que l'on attend du système d'apprentissage, c'est-à-dire quelle performance on cherche à atteindre. Dans la suite, nous allons beaucoup étudier le scénario « i.i.d. » car il est adapté à de nombreuses applications dans lesquelles l'environnement est stationnaire et les données supposées tirées aléatoirement. Toutefois, s'il est autant étudié, c'est aussi que les outils mathématiques étaient disponibles pour le formaliser et obtenir des théorèmes. Il faut se méfier quand les outils théoriques dictent ce qui est jugé intéressant et excluent le reste. On est alors dans la situation où l'on cherche sa clé sous le réverbère parce que c'est là qu'il y a de la lumière (figure 3.3).

Le développement de l'apprentissage artificiel demande que ce scénario i.i.d. soit dépassé. L'une des tâches des scientifiques est et sera de choisir des scénarios, et des mesures de performances, à la fois réalistes et susceptibles de conduire à des analyses mathématiques.

Plaçons-nous donc pour le moment dans le scénario « i.i.d. ». Il signifie essentiellement que les données sont indépendantes les unes des autres et que, donc, un critère de performance peut *additionner* les performances obtenues

FIGURE 3.3 : *Tableau de René Magritte « L'empire des lumières » (1954).*

sur chacune des données. On mesure par un coût de décision l'écart entre ce que nous coûte la décision (ou prédiction) $h(\mathbf{x})$ prise par le système par rapport à celle qui aurait dû être prise y.

Formellement, cela se traduit par une *fonction de perte* (*loss function* en anglais) ℓ, définie comme suit :

$$\ell(h, \mathbf{x}, y) : \mathcal{H} \times \mathcal{X} \times \mathcal{Y} \;\rightarrow\; \mathbb{R}^+$$
$$(h, \mathbf{x}, y) \;\mapsto\; \ell(h(\mathbf{x}), y) \tag{3.1}$$

—— REMARQUE   **Fonction de perte asymétrique** ——————————————————

La fonction de perte peut être asymétrique. Par exemple, en médecine, il peut être moins coûteux de diagnostiquer à tort une pathologie et de la traiter (pour rien), que de passer à côté de cette pathologie et de ne rien faire.

—— EXEMPLE   **(Fonction de perte 0/1)** ——————————————————————

Dans l'apprentissage de concept, c'est-à-dire lorsque la sortie peut prendre seulement deux valeurs {`vrai`, `faux`} interprétées comme *appartenant au concept* ou *n'appartenant pas au concept*, une fonction de perte très utilisée compte pour 1 chaque erreur de prédiction.

$$l(h(\mathbf{x}), y) = \begin{cases} 0 & \text{si } h(\mathbf{x}) = y \\ 1 & \text{si } h(\mathbf{x}) \neq y \end{cases} \tag{3.2}$$

—— Exemple   (Fonction de perte quadratique) ———————————————————

Pour les tâches de régression particulièrement, la fonction d'erreur quadratique est généralement utilisée. Elle est en effet adaptée au cas où un bruit additif gaussien corrompt les données (chapitre 9).

$$l(h(\mathbf{x}), y) = (h(\mathbf{x}) - y)^2 \tag{3.3}$$

—— Exemple   (Fonctions de perte distance) ———————————————————

Plus généralement, les fonctions de distance peuvent être utilisées :

$$l(h(\mathbf{x}), y) = |h(\mathbf{x}) - y|^p \tag{3.4}$$

où $p > 0$ est un nombre fixé. Les valeurs $p = 1$ et $p = 2$ sont les plus usitées.

Maintenant que nous avons défini le coût ponctuel, pour un exemple, de la décision associée à une hypothèse h, nous devons nous intéresser à une mesure sur l'ensemble des exemples possibles que le système peut rencontrer à l'avenir. Puisque nous supposons ici que les exemples $(\mathbf{x}, y)$ sont engendrés selon une loi conjointe $\mathbf{p}_{\mathcal{X}\mathcal{Y}}$, ce sera l'*espérance* de coût que nous souhaitons rendre aussi petite que possible, par le choix de la meilleure hypothèse $h \in \mathcal{H}$.

Si la fonction de perte considérée est la fonction $0/1$, qui permet de compter le nombre d'erreurs de prédiction commises, l'espérance de coût est la *probabilité d'erreur* de la fonction de décision apprise :

$$R_{\text{Réel}}(h) = \mathbf{p}_{\mathcal{X}\mathcal{Y}}\{h(\mathbf{x}) \neq y\} \tag{3.5}$$

c'est-à-dire la mesure, selon la distribution de probabilités $\mathbf{p}_{\mathcal{X}\mathcal{Y}}$, de l'erreur commise par l'hypothèse apprise h.

Plus généralement, pour une fonction de perte (ou de coût) (*loss function*) ℓ, on définit l'espérance de performance par ce qui est appelé le *risque réel* :

Définition 3.1 (Risque réel)

La performance attendue de la fonction de décision h apprise est définie comme l'espérance du coût encouru si l'on utilise h dans le monde associé à la distribution de probabilités $\mathbf{p}_{\mathcal{X}\mathcal{Y}}$. On appelle cette performance le risque réel [2].

$$\boxed{R_{\text{Réel}}(h) \triangleq R(h) = \mathbb{E}[\ell(h(\mathbf{x}), y)] = \int_{\mathbf{x} \in \mathcal{X}, y \in \mathcal{Y}} \ell(h(\mathbf{x}), y)\, \mathbf{p}_{\mathcal{X}\mathcal{Y}}\, d\mathbf{x}dy} \tag{3.6}$$

L'intégrale est prise sur l'ensemble des formes $\mathbf{x} \in \mathcal{X}$ et des réponses possibles suivant la distribution donnée $\mathbf{p}_{\mathcal{X}\mathcal{Y}}$.

—— Exemple ———————————————————————————————————————

Par exemple, si l'apprenant se trouve à New York, la distribution des voitures de couleur jaune est différente de celle observée à Londres. En supposant que le problème soit d'apprendre à reconnaître des taxis, il faut prendre en compte la distribution des véhicules dans l'environnement d'apprentissage. On suppose naturellement que cette distribution $\mathbf{P}_{\mathcal{X}}$ des

---

2. La notation $L(h)$ est souvent également utilisée pour le risque réel.

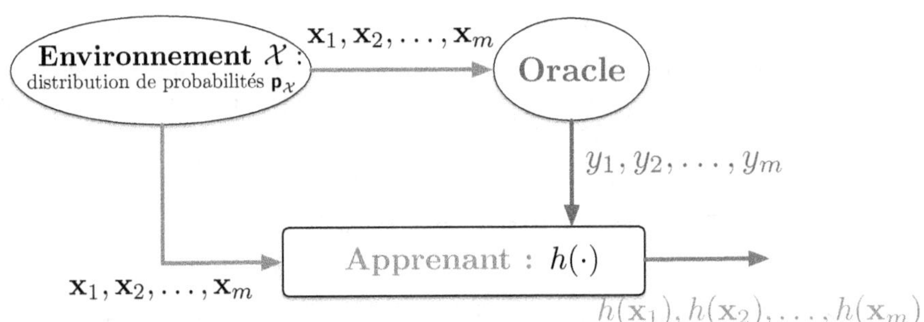

FIGURE 3.4 : *Scénario classique de l'apprentissage par induction. L'environnement fournit des données $\mathbf{x}_i$ tirées aléatoirement suivant une distribution $\mathbf{p}_{\mathcal{X}}$ sur l'espace d'entrée $\mathcal{X}$. Ces données sont étiquetées par un oracle qui utilise pour cela une fonction $f \in \mathcal{F}$. L'apprenant reçoit un échantillon d'exemples ou couples $(\mathbf{x}_i, y_i) = (\mathbf{x}_i, f(\mathbf{x}_i))$ et doit chercher à deviner f, ou au moins à en trouver une approximation h.*

formes est aussi celle qui sera rencontrée après l'apprentissage. C'est pourquoi cette distribution apparaît dans l'expression du risque. (Apprendre à reconnaître des taxis dans New York peut se révéler d'une utilité limitée si l'on doit ensuite se débrouiller à Londres ou, plus encore, en Mauritanie). La tâche d'induction sera bien plus compliquée si l'apprenant reçoit pour l'apprentissage un échantillon de données non représentatif de l'environnement qui sera ensuite rencontré. Il faudra en effet lui demander d'en tirer une information qui le rende performant dans un nouvel environnement inconnu pour lui. On parle alors d'apprentissage par transfert (chapitre 23).

La fonction de risque (3.6) mesure donc l'espérance de perte *dans un environnement donné*, spécifié par la distribution $\mathbf{P}_{\mathcal{X}}$ des événements mesurables par l'apprenant.

Formellement, l'apprenant cherche donc à trouver une hypothèse $h^* \in \mathcal{H}$ minimisant l'espérance de coût des décisions qui seront prises en utilisant une hypothèse h.

Définition 3.2 (Fonction de décision optimale)

En supposant que la fonction de décision h soit sélectionnée à l'intérieur d'un ensemble $\mathcal{H}$ de fonctions, l'hypothèse optimale, notée h^*, pour un environnement spécifié par $\mathbf{p}_{\mathcal{X}\mathcal{Y}}$ et par la fonction de perte ℓ est :

$$\boxed{h^* = \underset{h \in \mathcal{H}}{\operatorname{ArgMin}} \, R(h)} \tag{3.7}$$

—— REMARQUE   **Étiquettes dues à une fonction cible** ————————————————

Si nous supposons que l'étiquette associée à une entrée $\mathbf{x}$ n'est pas attribuée selon un processus probabiliste de loi $\mathbf{p}_{y|\mathcal{X}}(y|\mathbf{x})$, mais selon un processus déterministe grâce à une fonction cible f (figure 3.4), nous avons le risque réel défini par :

$$\boxed{R(h) = \int_{\mathbf{x} \in \mathcal{X}} l(h(\mathbf{x}), f(\mathbf{x})) \, \mathbf{p}_{\mathcal{X}} \, d\mathbf{x}} \tag{3.8}$$

L'intégrale est prise sur l'ensemble des formes $\mathbf{x} \in \mathcal{X}$ possibles suivant la distribution donnée $\mathbf{p}_{\mathcal{X}}$.

L'apprenant cherche donc, dans ce cas, à trouver l'hypothèse $h^\star \in \mathcal{H}$ minimisant l'espérance de coût, c'est-à-dire :

$$h^\star \;=\; \operatorname*{ArgMin}_{h \in \mathcal{H}} R(h) \;=\; \operatorname*{ArgMin}_{h \in \mathcal{H}} \int_{\mathbf{x} \in \mathcal{X}} l(h(\mathbf{x}), f(\mathbf{x}))\, \mathbf{p}_{\mathcal{X}}\, d\mathbf{x} \qquad (3.9)$$

2.4 Le point de vue génératif vs. le point de vue discriminatif

Découvrir une fonction optimale h^* suppose que l'on connaisse la loi conjointe $\mathbf{p}_{\mathcal{X}\mathcal{Y}}$ (équation 3.7) ou la loi $\mathbf{p}_{\mathcal{X}}$ (équation 3.9). Ces lois sont cependant inconnues, sinon il n'y aurait plus de problème d'apprentissage. Comment dès lors découvrir h^* ou du moins une bonne approximation de h^* au sens du risque réel ?

Deux grandes options sont possibles.

1. Soit chercher à estimer la loi inconnue $\mathbf{p}_{\mathcal{X}\mathcal{Y}}$ (ou $\mathbf{p}_{\mathcal{X}}$) par une approche statistique qui part d'hypothèses sur la forme des distributions à estimer (*approche générative*).

2. Soit chercher directement une fonction h minimisant une estimation de $R(h)$ qui ne demande pas de faire d'hypothèse sur la forme des lois $\mathbf{p}_{\mathcal{X}\mathcal{Y}}$ ou $\mathbf{p}_{\mathcal{X}}$ (*approche discriminative*).

Approche générative

On appelle *approche générative* la première option car l'estimation de la loi $\mathbf{p}_{\mathcal{X}\mathcal{Y}}$, que ce soit par $\mathbf{p}_{\mathcal{X}\mathcal{Y}} = \mathbf{p}_{\mathcal{Y}}\mathbf{p}_{\mathcal{X}|\mathcal{Y}}$ ou par $\mathbf{p}_{\mathcal{X}\mathcal{Y}} = \mathbf{p}_{\mathcal{X}}\mathbf{p}_{\mathcal{Y}|\mathcal{X}}$, suppose que l'on estime $\mathbf{p}_{\mathcal{X}|\mathcal{Y}}$ ou $\mathbf{p}_{\mathcal{X}}$, c'est-à-dire que l'on sache générer des formes $\mathbf{x}$ (conditionnellement ou non à une sortie y). Disposant de ces lois, on peut donc engendrer de nouveaux exemples dont la statistique ne se distingue pas, si l'on a bien travaillé, de celle des exemples issus de l'environnement.

Cependant, ces distributions ne nous intéressent pas puisque seul nous importe de prendre de bonnes décisions à l'avenir et donc de disposer d'une bonne hypothèse h. C'est l'un des principes fondamentaux énoncés par Vladimir Vapnik (l'un des pères de la théorie statistique de l'apprentissage) et que nous élevons ici à la qualité d'axiome :

Théorème 3.1 (Axiome de Vapnik)

> *Lorsque vous cherchez à résoudre un problème, **évitez de passer par la résolution d'un problème plus compliqué**.*

Or, l'estimation de densité est généralement un problème compliqué, demandant beaucoup plus d'information que la recherche directe d'une fonction h. Il faut en effet faire des hypothèses a priori sur la forme de $\mathbf{p}_{\mathcal{X}|\mathcal{Y}}$ ou de $\mathbf{p}_{\mathcal{X}}$ et il faut ensuite disposer d'échantillons de données importants, surtout si $\mathcal{X}$ est de grande dimension (nombreux attributs de description).

Approche discriminative

L'apprentissage artificiel est essentiellement centré sur l'*approche discriminative*, qui cherche directement à estimer une bonne fonction de décision h.

L'approche discriminative est généralement plus robuste que l'approche générative, dans la mesure où une erreur dans la modélisation ou l'estimation des paramètres d'une distribution de probabilité peut facilement conduire à une décision erronée, alors que la détermination directe d'une fonction de décision est moins sensible aux hypothèses formulées *a priori* sur le monde. Ainsi, par exemple, s'il a été supposé que les données sont générées par une distribution gaussienne, alors qu'elles le sont en réalité par une distribution à queue (ou traîne) plus épaisse, la frontière de décision optimale peut se trouver nettement différente de celle obtenue en forçant l'adaptation d'une gaussienne aux données (figure 3.5).

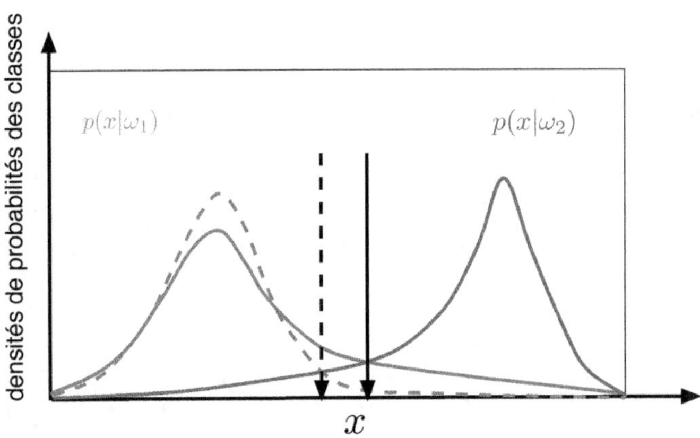

FIGURE 3.5 : *La frontière de décision estimée en supposant une distribution gaussienne pour la classe ω_1 (en tirets) peut nettement différer de la frontière de décision optimale avec la vraie distribution des données (trait continu).*

—— REMARQUE ————————————————————————————————————

Il est parfois dit que l'approche statistique consistant à estimer $\mathbf{p}_{\mathcal{X}\mathcal{Y}} = \mathbf{p}_{\mathcal{X}}\mathbf{p}_{\mathcal{Y}|\mathcal{X}}$ est une approche discriminative car elle cherche à estimer $\mathbf{p}_{\mathcal{Y}|\mathcal{X}}$, c'est-à-dire la loi conditionnelle de $y|\mathbf{x}$.

On dit aussi parfois que l'approche générative est « explicative » et serait donc supérieure à l'approche discriminative (qui n'expliquerait rien). Il s'agit d'un abus de langage. Le fait de pouvoir générer des formes d'entrée à l'instar de la loi du phénomène étudié n'implique pas que l'on sache expliquer le phénomène d'intérêt. Les explications cherchées sont généralement de nature causale, ce que ne fournit pas une distribution de probabilités. De plus, certains types d'hypothèses, par exemple exprimées sous forme d'arbres de décision (chapitre 15), sont souvent plus « explicatifs » pour les experts que la donnée de lois probabilistes.

——

2.5 Trois critères inductifs

L'objectif de l'apprentissage est défini en termes de performance future attendue ou espérée. Dans ce cadre, on cherche une fonction de décision h qui optimise cette performance. Cependant, il n'est évidemment pas possible d'optimiser directement le ou les critère(s) traduisant cette performance puisque celle-ci est définie sur des événements n'ayant pas encore eu lieu. Il faut donc avoir recours à un objectif de substitution, défini sur le passé, et dont on espère qu'en l'optimisant, on optimisera également le vrai objectif de l'apprentissage qui porte sur le futur, encore inconnu. Cet objectif de substitution est appelé *critere inductif*.

Avant d'examiner les critères inductifs usuels, qui définissent autant de problèmes d'optimisation, il est bon de prendre de la hauteur et d'examiner trois points de vue, d'ordre presque philosophique, sur la nature de l'induction. On parle alors de *principes inductifs*.

On peut identifier trois grandes classes de critères inductifs fondées sur des présupposés différents sur la nature de l'induction. Leur analyse montre cependant que, bien heureusement, ces critères entretiennent des relations étroites.

1. Le *principe de minimisation du risque empirique* et ses dérivés. L'idée est de chercher à identifier la fonction cible ou à en trouver une approximation au sens d'une fonction hypothèse qui minimise le risque réel. Ce risque réel étant inconnu, on en cherche un substitut, le risque empirique mesuré sur les données d'apprentissage, et on cherche une fonction hypothèse qui le minimise. C'est ce que l'on a fait sans le dire dans le petit problème d'apprentissage de la section 1 lorsque l'on cherchait une hypothèse ne faisant pas d'erreur de prédiction sur les exemples fournis. On utilise ensuite cette hypothèse pour faire des prédictions sur des exemples nouveaux.

2. L'*approche bayésienne* considère que la connaissance sur le monde s'exprime par une distribution de probabilités sur l'espace des fonctions (ou hypothèses) envisagé, et que les données d'apprentissage permettent de modifier cette distribution *a priori*. La manière de faire des prédictions dépend ensuite du point de vue adopté : bayésien ou fréquentiste.

3. Le *principe de compression maximale* n'est pas directement orienté vers la prédiction. Il stipule que le meilleur modèle des observations est celui qui permet de les exprimer de la manière la plus concise possible.

Dans la suite, nous examinons chacune de ces perspectives sur l'induction à partir d'observations.

3. Le principe de minimisation du risque empirique (MRE)

Dans le cas de l'apprentissage d'une règle de décision $h : \mathcal{X} \to \mathcal{Y}$, l'objectif est de trouver une règle $h^\star$ optimisant l'espérance de perte dont nous rappelons l'équation :

$$R_{\text{Réel}}(h) \;=\; R(h) \;=\; \mathbb{E}[\ell(h(\mathbf{x}), y)] \;=\; \int_{\mathbf{x} \in \mathcal{X}, y \in \mathcal{Y}} \ell(h(\mathbf{x}), y)\, \mathbf{p}_{\mathcal{X}\mathcal{Y}}\, d\mathbf{x}dy$$

Si la densité de probabilités $\mathbf{p}_{\mathcal{X}\mathcal{Y}}$ était connue, l'optimisation de cette quantité serait du ressort de méthodes d'intégration numérique (voir par exemple [RLPB08]) et d'optimisation multi-dimensionnelle. Naturellement, elle ne l'est pas, sinon il n'y aurait pas de problème d'apprentissage.

L'apprenant ne peut donc directement chercher $h^\star$ et doit s'appuyer sur l'information à sa disposition, à savoir une connaissance *a priori* sous la forme d'un espace d'hypothèses $\mathcal{H}$ et d'un échantillon $\mathcal{S}_m = \langle (\mathbf{x}_i, y_i) \rangle_{1 \leq i \leq m}$ de données supposées représentatives du monde, pour trouver une bonne hypothèse $\hat{h}$ à défaut de $h^\star$.

Il faut donc soit estimer $\mathbf{p}_{\mathcal{X}\mathcal{Y}}$ par la méthode générative, soit court-circuiter en partie cette estimation et estimer directement les densités de probabilités *a posteriori* $\mathbf{p}_{\mathcal{Y}|\mathcal{X}}$, selon la méthode discriminative, soit la remplacer par une quantité empirique, on parle de *risque empirique*, tirée de l'échantillon d'apprentissage. Cette dernière approche est le principe de *Minimisation du Risque Empirique (MRE)* (*Empirical Risk Minimization* ou ERM).

Formellement, cela consiste à remplacer la distribution jointe $\mathbf{p}_{\mathcal{X}\mathcal{Y}}$ par :

$$\mathbf{p}_{\text{Emp}} = \frac{1}{m} \sum_{i=1}^{m} \delta_{\mathbf{x}_i}(\mathbf{x})\, \delta_{y_i}(h(\mathbf{x})) \tag{3.10}$$

définie grâce à l'échantillon d'apprentissage $\mathcal{S} = \langle (\mathbf{x}_1, y_1), (\mathbf{x}_2, y_2), \ldots, (\mathbf{x}_m, y_m) \rangle \in \mathcal{Z}^m$. La fonction $\delta_x(y)$ est égale à 1 si $x = y$ et à 0 sinon. On se ramène donc à une densité de probabilités dont les seules « régions » non nulles coïncident avec les points d'apprentissage.

Définition 3.3 (Risque empirique)

La performance mesurée sur l'échantillon d'apprentissage $\mathcal{S} = \langle (\mathbf{x}_1, y_1), \ldots, (\mathbf{x}_m, y_m) \rangle \in \mathcal{Z}^m$ *est définie par le* risque empirique *:*

$$\boxed{R_{\text{Emp}}(h) = \frac{1}{m} \sum_{i=1}^{m} \ell(h(\mathbf{x}_i, y_i))} \tag{3.11}$$

Ce critère inductif, défini de $\mathcal{H} \times \mathcal{S} \to \mathbb{R}$ permet d'évaluer chaque hypothèse $h \in \mathcal{H}$.

Définition 3.4 (Principe de Minimisation du Risque empirique (MRE))

Le principe de minimisation du risque empirique *stipule de choisir l'hypothèse* $\widehat{h}$ *qui minimise le risque empirique, dépendant de* $\mathcal{S}$ *:*

$$\boxed{\widehat{h} = \underset{h \in \mathcal{H}}{\text{ArgMin}}\ R_{\text{Emp}}(h)} \tag{3.12}$$

Par rapport aux autres approches essayant d'estimer des densités de probabilités, l'avantage de cette méthode est qu'elle conduit à l'optimisation d'une quantité facile à calculer. Par ailleurs, il peut sembler raisonnable de remplacer une intégrale par une somme sur des éléments tirés selon la même loi. Cependant, nous allons voir à la section suivante que, sans précaution, rien ne garantit qu'une hypothèse $\widehat{h}_{\mathcal{S}}$ minimisant le risque empirique R_{Emp} ait également un bon comportement par rapport au risque réel $R_{\text{Réel}}$, c'est-à-dire permette d'obtenir une bonne règle de décision.

3.1 Analyse du principe de Minimisation du Risque Empirique

L'objectif de cette section est d'étudier les propriétés d'un apprentissage guidé par le principe de minimisation du risque empirique. Nous nous limiterons dans ce chapitre introductif à certains cas simples qui suffiront à illustrer quelques principes essentiels régissant l'apprentissage supervisé. D'autres classes de situations et d'autres outils d'analyse seront étudiés au fur et à mesure de la présentation des méthodes d'apprentissage et dans le chapitre 25 d'approfondissement.

Ré-examinons d'abord les composantes d'un problème d'apprentissage.

1. La **première** définit simplement un *algorithme d'apprentissage* comme un système de calcul d'une sortie à partir de la donnée de certaines entrées.

Définition 3.5 (Algorithme d'apprentissage supervisé)

Un algorithme d'apprentissage $\mathcal{A}$ est un algorithme qui, prenant en entrée un espace de description $\mathcal{X}$, un espace de sortie $\mathcal{Y}$ et un espace de fonctions hypothèses $\mathcal{H}$ définies de $\mathcal{X}$ sur $\mathcal{Y}$, ainsi qu'un échantillon d'apprentissage $\mathcal{S}_m = \langle(\mathbf{x}_i, y_i)\rangle_{1 \leq i \leq m}$, retourne une hypothèse $h \in \mathcal{H}$:

$$\mathcal{A} : \bigcup_{m=1}^{\infty} (\mathcal{X} \times \mathcal{Y})^m \to \mathcal{H}$$

Notons que cette définition ne dit encore rien d'un quelconque critère de performance à poursuivre. Par ailleurs, il n'est pas non plus précisé si l'algorithme retourne toujours, de manière déterministe, la même hypothèse pour un échantillon ou une séquence d'apprentissage donné. Nous rencontrerons les deux types d'apprentissage, déterministe ou non, dans la suite de cet ouvrage.

Il faut ici anticiper une différence avec la règle de Bayes. Celle-ci (équation 3.37) ne fait pas référence à un espace d'hypothèses $\mathcal{H}$ donné.

2. La **deuxième composante** concerne *le critère de performance* visé par l'apprentissage. Nous avons vu qu'un objectif raisonnable est de chercher une hypothèse h minimisant l'espérance de perte, c'est-à-dire le *risque réel* :

$$\begin{aligned}
h^{\star} &= \underset{h \in \mathcal{H}}{\text{ArgMin}}\ R_{\text{Réel}}(h) \\
&= \underset{h \in \mathcal{H}}{\text{ArgMin}}\ \int_{\mathbf{x} \in \mathcal{X}, y \in \mathcal{Y}} \ell(h(\mathbf{x}), y)\ \mathbf{p}_{\mathcal{X}\mathcal{Y}}\ d\mathbf{x}dy
\end{aligned} \tag{3.13}$$

Ce critère de performance, qui est défini comme une espérance faisant intervenir une distribution d'événements inconnue $\mathbf{p}_{\mathcal{X}\mathcal{Y}}$, ne peut être directement visé. L'algorithme d'apprentissage répond à un échantillon $\mathcal{S}_m = \langle(\mathbf{x}_i, y_i)\rangle_{1 \leq i \leq m}$ de données supposé représentatif de $\mathbf{p}_{\mathcal{X}\mathcal{Y}}$. Il est donc raisonnable d'attendre d'un bon algorithme d'apprentissage qu'il retourne une hypothèse $h_{\mathcal{S}}^{\star} \in \mathcal{H}$ qui s'approche d'autant plus d'une hypothèse optimale $h^{\star} \in \mathcal{H}$, au sens du risque réel, que la taille de l'échantillon s'accroît.

Cette demande devant *a priori* être vérifiée pour toute distribution $\mathbf{p}_{\mathcal{X}\mathcal{Y}}$, on parle de *consistance universelle* de l'apprentissage.

Définition 3.6 (Consistance universelle)

Un algorithme d'apprentissage $\mathcal{A}$ a la propriété de consistance universelle *si :*

$$\forall\, \mathbf{p}_{\mathcal{X}\mathcal{Y}} : \quad R_{\text{Réel}}(\mathcal{A}(\mathcal{S}_m)) = R_{\text{Réel}}(h_{\mathcal{S}_m}^{\star}) \underset{m \to \infty}{\longrightarrow} R_{\text{Réel}}(h^{\star}) \tag{3.14}$$

L'existence d'apprentissages universellement consistants, démontrée par Stone [Sto77] en 1977, est un grand accomplissement de la théorie de l'apprentissage[3]. Cela garantit en effet que, étant donné un échantillon d'apprentissage assez grand, le classifieur appris, dans le cas de la classification, sera presque aussi performant que le classifieur optimal de Bayes.

Malheureusement, il ne s'agit que d'un résultat asymptotique. La convergence vers la règle optimale peut être arbitrairement lente, en fonction de la distribution des exemples et, pour tout

---

3. Stone a montré par une preuve élégante qu'un système d'apprentissage particulier, la classification par les k-plus-proches-voisins, est universellement consistant.

échantillon d'apprentissage de taille finie, la différence entre la performance du classifieur optimal et celle du classifieur appris peut être proche du maximum possible, qui vaut par exemple $1/2$ dans le cas de la classification binaire.

Nous souhaiterions être capables d'estimer le risque réel associé au choix de l'hypothèse $h_{\mathcal{S}}^{\star}$ et de le comparer au risque optimal $R^{\star}$ associé à la règle de décision optimale de Bayes (équation (3.37)). Cependant, $R_{\mathrm{Réel}}(h_{\mathcal{S}}^{\star})$ est une variable aléatoire, puisqu'il dépend de l'échantillon d'apprentissage, et il ne peut pas être calculé puisqu'il dépend de la distribution des données $\mathbf{p}_{\mathcal{X}\mathcal{Y}}$ qui est inconnue. C'est pourquoi les estimations de $R_{\mathrm{Réel}}(h_{\mathcal{S}}^{\star})$ prennent généralement la forme de bornes en probabilité. Cela signifie que l'on cherchera à montrer que, très probablement, sauf si l'on a tiré un échantillon peu représentatif de $\mathbf{p}_{\mathcal{X}\mathcal{Y}}$, l'algorithme retournera une hypothèse dont la performance est proche de celle de la meilleure hypothèse possible $h^{\star} \in \mathcal{H}$.

On parle souvent d'*apprentissage Probablement Approximativement Correct* (apprentissage PAC) (*Probably Approximatively Correct*, ou *PAC-learning*).

Définition 3.7 (Apprentissage PAC (Probablement Approximativement Correct))

Soit $\mathcal{H}$ une classe de fonctions de $\mathcal{X} \rightarrow \{0,1\}$. Un algorithme d'apprentissage au sens PAC pour $\mathcal{H}$ est une fonction :

$$\mathcal{A} \; : \; \bigcup_{m=1}^{\infty} \{\mathcal{X}, \mathcal{Y}\}^m \rightarrow \mathcal{H}$$

qui associe une hypothèse $h \in \mathcal{H}$ à tout échantillon d'apprentissage $\mathcal{S}_m$ avec les propriétés suivantes :

Pour tous $\varepsilon \in [0,1], \delta \in [0,1]$, il existe une taille d'échantillon minimale $m_0(\varepsilon, \delta)$, telle que si $m \geq m_0(\varepsilon, \delta)$, alors, pour toute distribution $\mathbf{p}_{\mathcal{X}\times\mathcal{Y}}$, si $\mathcal{S}_m$ est un échantillon d'apprentissage tiré i.i.d. (indépendamment et identiquement distribué) suivant $\mathbf{p}_{\mathcal{X}\mathcal{Y}}^m$, on a :

$$P\left\{R_{\mathrm{Réel}}(h_{\mathcal{S}}^{\star}) \leq R_{\mathrm{Réel}}(h^{\star}) + \varepsilon\right\} \geq 1 - \delta$$

On dit que $\mathcal{H}$ est apprenable au sens PAC *s'il existe un algorithme d'apprentissage pour $\mathcal{H}$.*

En d'autres termes, on demande que l'algorithme d'apprentissage réussisse à retourner une hypothèse $h_{\mathcal{S}}^{\star}$ pas beaucoup plus mauvaise que $h^{\star}$, l'hypothèse optimale, pour tout choix d'erreur d'approximation ε et pour toute valeur δ du paramètre de confiance. Ce dernier est nécessaire car on ne peut pas exclure *a priori* un « mauvais tirage » de l'échantillon d'apprentissage. Il faut donc admettre une probabilité, que l'on veut contrôler, qu'il puisse arriver que l'échantillon soit mauvais. Il est à attendre que plus on est exigeant sur l'erreur d'approximation ε et sur le paramètre de confiance δ et plus l'apprentissage va requérir une taille importante de l'échantillon d'apprentissage, lui permettant d'obtenir davantage d'information sur la fonction cible et de diminuer la probabilité d'un mauvais tirage.

Il est important de noter que l'apprentissage PAC ne fait aucune hypothèse sur la distribution $\mathbf{p}_{\mathcal{X}\mathcal{Y}}$ des exemples, du moment qu'elle est fixe. Il doit fonctionner quelle que soit cette probabilité sous-jacente inconnue. On dit qu'il s'agit d'un cadre *contre toute distribution*.

—— Remarque   **Pourquoi une théorie « statistique » de l'apprentissage ?** ——————

La théorie de l'induction supervisée la plus développée est la *théorie statistique de l'apprentissage*. Elle sera abordée dans la section 3.1 ci-après et approfondie dans le chapitre 25.

Le qualificatif « statistique » ne doit pas faire penser que la théorie considère des distributions de probabilités comme le fait l'approche dite statistique. Au contraire, elle est valable quelles que soient les distributions de probabilités gouvernant l'émission des données $\mathbf{x}$ et l'attribution des étiquettes y : on parle même d'analyse « contre toute distribution ». Toutefois, l'évaluation des performances de l'apprentissage suppose que le processus génératif $\mathbf{p}_{\mathcal{X}\mathcal{Y}}$ soit stationnaire. C'est par rapport à cette hypothèse que l'on parle de théorie *statistique* de l'apprentissage (supervisé).

---

3. Jusqu'ici, nous n'avons pas encore précisé *le critère inductif* utilisé par l'algorithme pour sélectionner une hypothèse sur la base de l'échantillon d'apprentissage disponible. C'est la **troisième composante** de l'apprentissage. Dans cette section, nous analysons le critère de minimisation du risque empirique (MRE) qui, rappelons-le, prescrit de choisir une hypothèse minimisant le coût de décision sur les exemples d'apprentissage en utilisant l'hypothèse h.

Parce que l'on ne connaît pas le risque réel associé à chaque hypothèse, on a recours à un critère inductif qui remplace le critère objectif par un problème d'optimisation de substitution s'appuyant sur l'échantillon d'apprentissage disponible. Dans le cas du *principe* MRE, on cherche une hypothèse minimisant le *risque empirique* :

$$
\begin{aligned}
\widehat{h} \ &= \ \underset{h \in \mathcal{H}}{\mathrm{ArgMin}} \ R_{\mathrm{Emp}}(h) \\
&= \ \underset{h \in \mathcal{H}}{\mathrm{ArgMin}} \ \frac{1}{m} \sum_{i=1}^{m} \ell(h(\mathbf{x}_i, y_i))
\end{aligned}
\tag{3.15}
$$

Ce principe inductif ne sera pertinent que si le risque empirique est corrélé avec le risque réel. Son analyse doit donc s'attacher à étudier la **corrélation entre les deux risques** et plus particulièrement la corrélation entre le risque réel $R_{\mathrm{Réel}}(\widehat{h})$ encouru avec l'hypothèse sélectionnée à l'aide du principe *MRE* et le risque réel optimal $R_{\mathrm{Réel}}(h^\star)$.

Le principe inductif de minimisation du risque empirique est fondé sur une loi des grands nombres qui établit que, pour une fonction h *fixée*, on a :

$$
\lim_{m \to \infty} R_{\mathrm{Emp}}(h) = R_{\mathrm{Réel}}(h)
\tag{3.16}
$$

si l'échantillon d'apprentissage $\mathcal{S}_m$ résulte de m tirages indépendants et identiquement distribués selon la distribution sous-jacente $\mathbf{p}_{\mathcal{X}\mathcal{Y}}$.

3.2 La loi des grands nombres

La loi des grands nombres est l'une des lois les plus importantes en statistiques. Dans sa forme la plus simple, elle énonce que :

Théorème 3.2 (Loi des grands nombres)

Sous des conditions faibles, la moyenne des valeurs observées ξ_i d'une variable aléatoire ξ tirées de manière indépendante d'une loi sous-jacente de probabilité $\mathbf{p}$ converge vers la moyenne de la distribution lorsque la taille de l'échantillon tend vers l'infini.

$$
\frac{1}{m} \sum_{i=1}^{m} \xi_i \to \mathbb{E}(\xi) \qquad pour \ m \to \infty
\tag{3.17}
$$

En supposant que ξ est distribuée selon $\mathbf{p}$.

Il est possible d'appliquer ce théorème au cas du risque empirique et du risque réel. En effet, le risque empirique est défini comme la moyenne des pertes sur les points de l'échantillon d'apprentissage, lui-même supposé tiré de manière i.i.d. selon $\mathbf{p}_{\mathcal{X}\mathcal{Y}}$, tandis que le risque réel est la moyenne de cette perte sur l'ensemble de la distribution.

D'après la loi des grands nombres, nous pouvons conclure que, pour *une* hypothèse h *fixée*, le risque empirique converge vers le risque réel lorsque la taille de l'échantillon d'apprentissage tend vers l'infini.

$$R_{\text{Emp}}(h) \;=\; \frac{1}{m} \sum_{i=1}^{m} \ell(h(\mathbf{x}_i), y_i) \;\rightarrow\; \mathbb{E}(\ell(\mathbf{x}, y)) \quad \text{pour } m \rightarrow \infty \tag{3.18}$$

Ici, la perte $\ell(\mathbf{x}, y)$ joue le rôle de variable aléatoire. Cela signifie donc que l'on peut approcher le risque réel par la mesure du risque empirique [4].

Une inégalité due à Chernoff, et généralisée par Hoeffding, précise la qualité de cette approximation.

Théorème 3.3 (Inégalité de Hoeffding)

Si les ξ_i sont des variables aléatoires, tirées indépendamment et selon une même distribution et prenant leur valeur dans l'intervalle $[a, b]$, alors :

$$P\left(\left| \frac{1}{m} \sum_{i=1}^{m} \xi_i - \mathbb{E}(\xi) \right| \geq \varepsilon \right) \;\leq\; 2 \exp\left(-\frac{2\,m\,\varepsilon^2}{(b-a)^2} \right) \tag{3.19}$$

Ce théorème énonce que la probabilité que la moyenne empirique dévie de plus de ε de l'espérance est bornée par une très petite quantité, $2\exp(-\frac{2\,m\,\varepsilon^2}{(b-a)^2})$, qui, de surcroît, décroît très rapidement avec m.

Appliquée au risque empirique et au risque réel, cette inégalité nous donne :

$$P\big(|R_{\text{Emp}}(h) - R_{\text{Réel}}(h)| \geq \varepsilon\big) \;\leq\; 2 \exp\big(-\frac{2\,m\,\varepsilon^2}{(b-a)^2}\big) \tag{3.20}$$

si la fonction de perte ℓ est définie sur l'intervalle $[a, b]$.

On serait donc tenté de supposer qu'il suffit de sélectionner une hypothèse optimale au sens du risque empirique pour obtenir *ipso facto* une hypothèse optimale au sens du risque réel, ce qui est notre objectif. Ce n'est malheureusement pas vrai. La loi des grands nombres évoquée, et qui s'applique pour une hypothèse donnée, ne tient plus lorsque le choix de l'hypothèse se fait *a posteriori* sur la base du résultat du risque empirique.

Un petit exemple peut aider à percevoir intuitivement la base du problème.

—— Exemple   **Une classe trop nombreuse et trop diversifiée** ————————————

Supposons que la tâche d'un recruteur soit d'évaluer des étudiants pour le compte d'un employeur. Pour cela, il utilise un test à choix multiple contenant m questions et, très naturellement, il décide de recommander l'étudiant qui aura obtenu le meilleur score.

---

4. Plus généralement, ce qui nous intéressera est la convergence en probabilité (selon le tirage de l'échantillon d'apprentissage) d'une suite de variables aléatoires (le risque empirique dépendant de $\mathcal{S}$). C'est l'objet du *théorème central limite* et de ses variantes. Essentiellement, ce théorème affirme que toute somme de variables aléatoires indépendantes et identiquement distribuées (les coûts associés à chaque exemple d'apprentissage) tend vers une variable aléatoire gaussienne.

Si le test est bien conçu, et en supposant qu'il soit représentatif de la future tâche, alors, effectivement, la note d'un étudiant donné devrait tendre, avec le nombre de questions, vers sa vraie performance future, chez l'employeur.

Si le recruteur teste simultanément 10 étudiants, il est fort probable que l'étudiant obtenant la meilleure note au test se révèle également le meilleur employé à l'avenir. Supposons maintenant que le recruteur ait la possibilité de tester 10 millions de personnes, parmi lesquelles, sans qu'il le sache, se sont glissés quelques millions de singes qui tapent aléatoirement leurs réponses sur l'ordinateur. Est-il encore possible d'assurer que l'« étudiant » ayant obtenu le meilleur score sera effectivement le meilleur employé possible ?

On sent bien que, dans ce cas où un très grand nombre de personnes ont passé le test, la performance du meilleur étudiant, *a posteriori*, n'a plus forcément un rapport étroit avec la performance future.

Supposons pour illustrer que $m = 10$ questions soient à réponse vrai/faux, et posées à $n = 1000$ étudiants. En notant R_k^i la variable aléatoire modélisant l'affirmation "l'étudiant i répond correctement à la question k", alors R_k^i suit une loi de Bernoulli $\mathcal{B}(0.5)$ et :

$$(\forall i \in [\![1 \cdots n]\!]) \; P\left(\forall k \in [\![1 \cdots m]\!], \; R_k^i = 1\right) = \frac{1}{2^{10}} \text{ et } P\left(\exists i, \forall k \in [\![1 \cdots m]\!], \; R_k^i = 1\right) \approx 0.62$$

Ainsi, il y a environ 62% de chances que, sur 1000 candidats répondant complètement au hasard, au moins un ait un score parfait à la série de questions.

Cet exemple, dans lequel les étudiants jouent le rôle d'hypothèses testées sur un échantillon de m questions, montre que, si l'on ne contraint pas, d'une manière ou d'une autre, la richesse de l'espace des hypothèses, il ne peut plus y avoir de garantie que l'hypothèse qui semble la meilleure soit effectivement celle qui aura la performance optimale à l'avenir. Plus encore, le lien entre la performance mesurée empiriquement et la vraie performance à venir se relâche considérablement (un singe peut parfaitement réussir le test, par chance, et, probablement, ne pas être très performant à l'avenir).

—— EXEMPLE **Le test multiple** ——————————————————————————

Le *test d'hypothèse classique* consiste à estimer la probabilité qu'une hypothèse donnée (ex. cette pièce est truquée, ce gène est lié à telle activité biologique) soit vraie en partant de l'observation d'un ensemble d'expériences. Une manière standard d'opérer est de recourir à une hypothèse nulle exprimant la probabilité des événements possibles (ex. la proportion de piles sur m tirages est x %) si l'hypothèse alternative est vraie (ex. pièce non truquée, gène indépendant).

Par exemple, en supposant une pièce non truquée, l'espérance du nombre moyen de « pile » est : $\mathbb{E}[\#piles] = m \cdot \mathbf{P}(pile) = m/2$ pour m lancers de pièces et la variance est :
$$Var(\#piles) = \sqrt{\mathbf{P}(pile) \cdot (1 - \mathbf{P}(pile)) \cdot m} = \frac{\sqrt{m}}{2}.$$
Ainsi, pour $m = 100$, la probabilité pour qu'une pièce tombe plus de 60 fois sur pile ou moins de 40 fois est inférieure à 5 % (en approchant la loi binomiale par une loi normale).

Plus précisément, la probabilité que la pièce tombe du côté pile P fois sur m tirages est donnée par la *loi binomiale* :

$$\text{prob}(P) = \frac{m!}{P!(m-P)!} \cdot \mathbf{P}^P \cdot (1 - \mathbf{P})^{m-P}$$

Dans le cas où $m \cdot \mathbf{P} \cdot (1 - \mathbf{P}) > 5$, la loi binomiale peut être estimée par la *loi normale* de moyenne $\mu = \mathbb{E}[P]$ et de variance $\sigma = \sigma[P]$:

$$prob(P) = \frac{1}{\sqrt{2\pi\sigma^2}}\, e^{-\frac{1}{2}\left(\frac{P-\mu}{\sigma}\right)^2}$$

Le problème de *test multiple* se pose lorsque l'on teste simultanément plusieurs hypothèses (ex. on teste 100 pièces en les lançant chacune m fois, on teste 30 000 gènes pour détecter ceux qui sont liés à l'obésité). Dans ce cas, on cherche à détecter les hypothèses vraies (ex. telle pièce est truquée) et à limiter le risque de *faux positif* (signaler une pièce comme étant truquée alors qu'elle ne l'est pas).

Il s'agit d'un problème méritant analyse car, cette fois-ci, la sélection des hypothèses « vraies » s'effectue *a posteriori*, après les expériences.

Par exemple, si j'ai 10 000 pièces non truquées que je lance chacune 100 fois en l'air, je trouverai en moyenne 500 pièces tombant plus de 60 fois sur pile ou moins de 40 fois. De fait, la probabilité qu'aucune pièce ne paraisse truquée est quasi nulle, à savoir $(0.95)^{10\ 000}$.

À nouveau, le comportement d'une pièce sélectionnée comme truquée n'est pas nécessairement représentatif de sa vraie nature et il faut modifier les critères de sélection pour limiter le risque de faux positif (voir par exemple la notion de p-valeur et le test de Bonferroni, l'un des plus simples au sein d'une littérature très abondante sur le sujet).

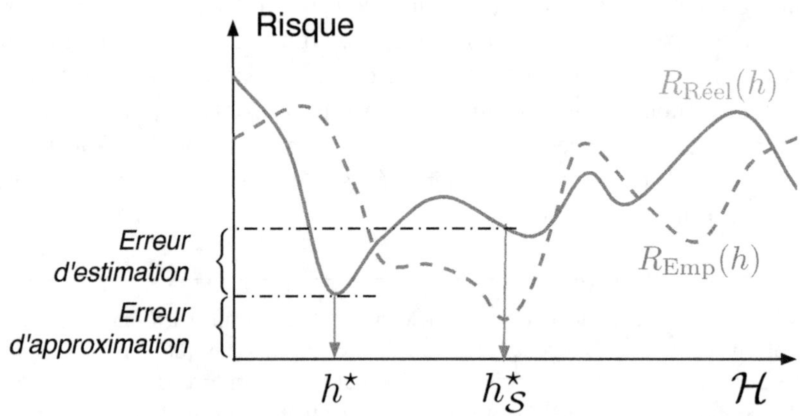

FIGURE 3.6 : *L'axe horizontal correspond à l'espace des fonctions considérées par l'apprenant. Les deux courbes représentent le risque réel, d'une part, et le risque empirique, d'autre part. Le risque réel est fixe, alors que la courbe du risque empirique varie en fonction de l'échantillon d'apprentissage. L'hypothèse la meilleure selon le risque empirique $h_S^\star$ peut être très différente de l'hypothèse optimale $h^\star$. On a également figuré l'erreur d'approximation, due au choix de $\mathcal{H}$, et l'erreur d'estimation, correspondant à l'écart entre la vraie performance de $h_S^\star$ et celle de $h^\star$.*

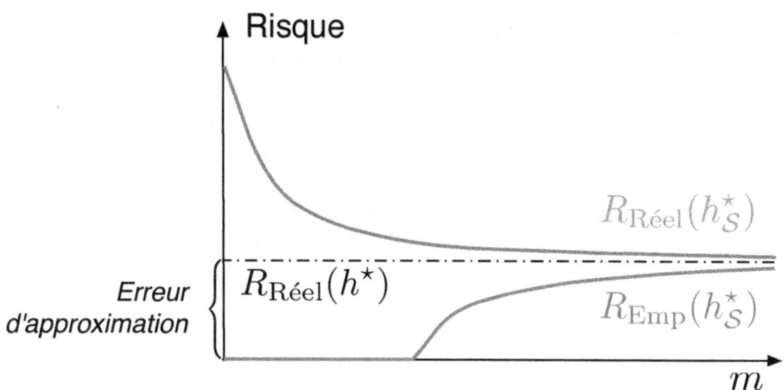

FIGURE 3.7 : *Pertinence du principe MRE. À cause du biais ou erreur d'approximation, le risque réel optimal atteint pour l'hypothèse $h^\star$ n'est généralement pas égal à zéro. Au fur et à mesure que la taille m de l'échantillon croît, le risque réel associé à l'hypothèse courante sélectionnée $\hat{h}_{S_m}$ diminue et tend vers le risque optimal. Le risque empirique est inférieur au risque réel puisque $\hat{h}_{S_m}$ est sélectionnée pour minimiser le premier et non le second. Souvent, il arrive que, pour de petits échantillons de données, on trouve une hypothèse dans $\mathcal{H}$ dont le risque empirique est nul. Cela devient généralement impossible lorsque la taille m de l'échantillon croît.*

Vapnik [Vap95] définit la pertinence du principe de minimisation du risque empirique comme étant une double convergence souhaitable.

Définition 3.8 (Consistance du principe MRE)

On dit que le principe MRE est pertinent si le risque réel inconnu $R_{Réel}(\widehat{h})$ et le risque empirique $R_{Emp}(\widehat{h})$ convergent vers la même limite optimale $R_{Réel}(h^\star)$ lorsque la taille m de l'échantillon tend vers ∞ (figure 3.7).

$$
\begin{aligned}
R_{Réel}(\widehat{h}) &\xrightarrow[m\to\infty]{} R_{Réel}(h^\star) \\
R_{Emp}(\widehat{h}) &\xrightarrow[m\to\infty]{} R_{Réel}(h^\star)
\end{aligned}
\tag{3.21}
$$

Notons bien que nous avons affaire ici à une *suite* de fonctions que nous aurions pu noter $h_{S_m}^\star$ dépendante de la taille m de l'échantillon d'apprentissage S_m.

Dans le cas de cette double convergence, en effet, il est justifié d'utiliser le principe inductif *MRE* pour choisir une hypothèse à partir de l'observation d'un échantillon de données.

3.3 Le compromis biais-variance

Un algorithme d'induction sélectionne donc une hypothèse $h_S^\star$ minimisant le critère inductif sur la base d'un échantillon d'apprentissage S. On peut décomposer l'erreur commise par rapport au risque $R^\star$ de la décision optimale de Bayes (section 4) de la manière suivante :

$$
R_{\text{Réel}}(h_S^\star) - R^\star = \underbrace{\left[R_{\text{Réel}}(h_S^\star) - R_{\text{Réel}}(h^\star) \right]}_{\text{Erreur d'estimation}} + \underbrace{\left[R_{\text{Réel}}(h^\star) - R^\star \right]}_{\text{Erreur d'approximation}}
\tag{3.22}
$$

Le second terme, appelé *erreur d'approximation*, correspond au biais introduit par le choix de l'espace d'hypothèses $\mathcal{H}$. Ce choix étant fait, on ne peut faire mieux que de trouver $h^\star$ la (ou une) meilleure hypothèse dans $\mathcal{H}$, au sens du risque réel. Le premier terme, appelé *erreur d'estimation*, est une quantité aléatoire qui dépend de l'échantillon d'apprentissage et mesure la proximité entre l'hypothèse retenue par l'algorithme sur la base de l'échantillon $h_{\mathcal{S}}^\star$ et la meilleure hypothèse possible dans $\mathcal{H}$: $h^\star$ (figures 3.6 et 3.8). Dans le cadre d'une analyse statistique, les erreurs d'approximation et d'estimation sont respectivement appelées *biais* et *variance*[5].

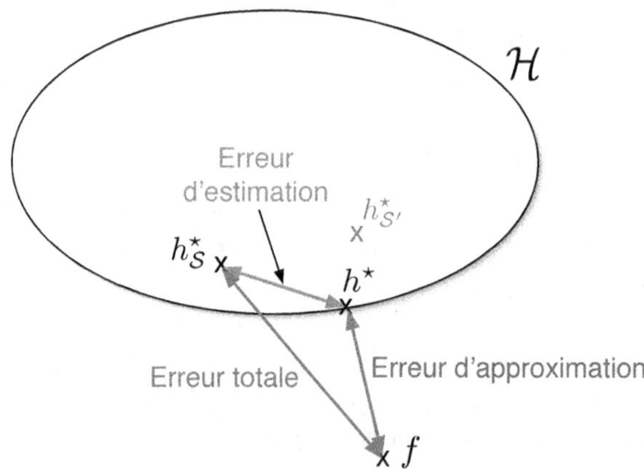

FIGURE 3.8 : Les sources d'erreur. *L'erreur commise en sélectionnant l'hypothèse $h_{\mathcal{S}}^\star$ au lieu de la fonction optimale f (associée au risque $R^\star$) peut se décomposer en une erreur d'approximation due au choix d'un espace d'hypothèses $\mathcal{H}$ et une erreur d'estimation due au caractère aléatoire de l'échantillon d'apprentissage $\mathcal{S}$. Ainsi, si l'échantillon avait été $\mathcal{S}'$ au lieu de $\mathcal{S}$, l'hypothèse sélectionnée aurait été $h_{\mathcal{S}'}^\star$.*

L'objectif étant de diminuer l'écart entre le risque réel de l'hypothèse sélectionnée $h_{\mathcal{S}}^\star$ et le risque optimal $R^\star$, il semble naturel de chercher à minimiser à la fois les erreurs d'approximation et d'estimation. Malheureusement, ces deux erreurs varient généralement en sens inverse l'une de l'autre. En effet, afin de diminuer l'erreur d'approximation, il faudrait être mieux informé sur le bon choix de l'espace d'hypothèses $\mathcal{H}$. À défaut d'une telle connaissance *a priori*, on peut diminuer l'erreur d'approximation en choisissant un espace d'hypothèses plus large. Cependant, cela a le plus souvent pour contrepartie d'augmenter l'erreur d'estimation, c'est-à-dire la variabilité de l'hypothèse $h_{\mathcal{S}}^\star$ en fonction de l'échantillon $\mathcal{S}$. C'est le fameux **compromis biais-variance** des statisticiens.

L'estimation de l'erreur d'approximation, cruciale, est malheureusement difficile à réaliser car elle requiert une connaissance des régularités cibles, qui sont justement essentiellement inconnues. Il est établi que, pour des algorithmes consistants et capables d'ajuster l'espace d'hypothèses $\mathcal{H}$ avec l'échantillon d'apprentissage[6], la convergence vers 0 de l'erreur d'approximation peut être arbitrairement lente en l'absence de présupposés sur les régularités cibles. En revanche, les vitesses de convergence de l'erreur d'estimation peuvent être calculées même sans ces présupposés. Nous nous concentrons donc dans la suite **sur l'erreur d'estimation**.

---

5. Plus précisément, le biais et la variance en statistique ont été définis à l'origine dans le cadre de la régression et pour la fonction de perte quadratique. Ces termes sont maintenant utilisés plus largement et correspondent respectivement à l'erreur d'approximation et à l'erreur d'estimation.

6. Comme c'est le cas d'algorithmes réalisant la minimisation du risque structurel ou utilisant des termes de régularisation (voir plus loin et le chapitre 25).

3.4 La consistance du MRE dans le cas de $\mathcal{H}$ fini

Maintenant, supposons que l'on puisse borner la différence $|R_{\text{Réel}}(h) - R_{\text{Emp}}(h)|$ *pour toutes les hypothèses* de $\mathcal{H}$ simultanément :

$$\exists \varepsilon > 0, \forall h \in \mathcal{H} : \quad |R_{\text{Réel}}(h) - R_{\text{Emp}}(h)| \leq \varepsilon \tag{3.23}$$

soit encore :

$$\sup_{h \in \mathcal{H}} |R_{\text{Réel}}(h) - R_{\text{Emp}}(h)| \leq \varepsilon \tag{3.24}$$

où sup désigne le supremum (ce qui le distingue d'un maximum est qu'un maximum doit appartenir à l'ensemble, pas un supremum. Par exemple, il n'y a pas de maximum des nombres réels négatifs, mais 0 en est le supremum).

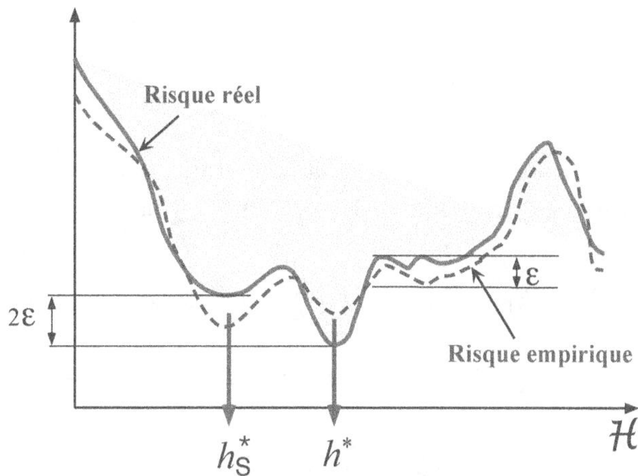

FIGURE 3.9 : *Si chaque hypothèse $h \in \mathcal{H}$ a un risque empirique proche de son risque réel (à moins de ε), alors minimiser le risque empirique (en application du principe inductif* MRE*) minimisera également approximativement le risque réel (à au plus 2ε).*

Alors, il est facile d'établir que $R_{\text{Réel}}(h^\star) - R_{\text{Réel}}(h_S^\star) < 2\,\varepsilon$ (figure 3.9). En effet :

$$\begin{aligned} R_{\text{Réel}}(h_S^\star) - R_{\text{Réel}}(h^\star) &= R_{\text{Réel}}(h_S^\star) - R_{\text{Emp}}(h_S^\star) + R_{\text{Emp}}(h_S^\star) - R_{\text{Réel}}(h^\star) \\ &\leq R_{\text{Réel}}(h_S^\star) - R_{\text{Emp}}(h_S^\star) + R_{\text{Emp}}(h^\star) - R_{\text{Réel}}(h^\star) \\ &\quad (\text{Puisque par hypothèse } R_{\text{Emp}}(h_S^\star) < R_{\text{Emp}}(h^\star)) \\ &\leq 2\,\varepsilon \end{aligned}$$

Il s'agit là d'une condition suffisante et elle est considérable puisqu'elle requiert la convergence du risque empirique sur le risque réel pour toutes les hypothèses simultanément (en fait pour un même échantillon $\mathcal{S}$), c'est-à-dire une *convergence uniforme* et ce, indépendamment de la distribution de probabilités sous-jacente $\mathbf{p}_{\mathcal{X}\mathcal{Y}}$.

On ne peut évidemment assurer l'inégalité 3.23 qu'en probabilité, puisqu'elle dépend du tirage de l'échantillon d'apprentissage. On cherche en fait les conditions permettant d'obtenir :

$$\forall\, 0 \leq \varepsilon, \forall \delta \leq 1 : \quad P^m(|R_{\text{Réel}}(h_S^\star) - R_{\text{Réel}}(h^\star)| \geq \varepsilon) < \delta \tag{3.25}$$

Ou encore les conditions de *convergence uniforme* sur l'espace des hypothèses $\mathcal{H}$:

$$P^m(\sup_{h \in \mathcal{H}} |R_{\text{Réel}}(h_S) - R_{\text{Réel}}(h)| \geq \varepsilon) \to 0 \quad \text{quand } m \to \infty \tag{3.26}$$

Pour cela, on borne la probabilité de l'événement correspondant à un tirage de $\mathcal{S}$ qui est tel que la différence entre la performance apparente $R_{\mathrm{Emp}}(h^i)$ d'une hypothèse h^i au moins et sa vraie performance $R_{\mathrm{Réel}}(h^i)$ soit plus grande que ε.

Soit l'ensemble des « mauvais » échantillons $\mathcal{S}$, ceux pour lesquels on se trompe en croyant que la performance empirique de la fonction $h^i \in \mathcal{H}$ est à moins de ε de sa performance vraie :

$$C_i \;=\; \left\{ \{(\mathbf{x}_1, y_1), \ldots, (\mathbf{x}_m, y_m)\} : R_{\mathrm{Réel}}(h^i) - R_{\mathrm{Emp}}(h^i) > \varepsilon \right\} \tag{3.27}$$

D'après l'inégalité de Hoeffding et pour une taille d'échantillon m assez grande, on a :

$$P^m[C_i] \;\leq\; \delta \tag{3.28}$$

En considérant maintenant l'ensemble, supposé fini, des fonctions de $\mathcal{H}$, on a, d'après la borne sur l'union d'événements :

$$P^m[C_1 \cup \ldots \cup C_{|\mathcal{H}|}] \;\leq\; \sum_{i=1}^{|\mathcal{H}|} P^m[C_i] \tag{3.29}$$

Cela signifie que l'on est capable de borner la probabilité qu'il existe au moins une fonction h^i pour laquelle la performance empirique est trompeuse. Ainsi :

$$\begin{aligned} P^m[\exists h \in \mathcal{H} : R_{\mathrm{Réel}}(h) - R_{\mathrm{Emp}}(h) > \varepsilon] \;&\leq\; \sum_{i=1}^{|\mathcal{H}|} P^m[R_{\mathrm{Réel}}(h^i) - R_{\mathrm{Emp}}(h^i) > \varepsilon] \\ &\leq\; |\mathcal{H}| \exp(-2\, m\, \varepsilon^2) \;=\; \delta \end{aligned} \tag{3.30}$$

en supposant ici que la fonction de perte ℓ prend ses valeurs dans l'intervalle $[0, 1]$.

On en tire facilement que : $\varepsilon \;=\; \sqrt{\dfrac{\log |\mathcal{H}| + \log \frac{1}{\delta}}{2\, m}}$, c'est-à-dire que :

$$\boxed{\;\forall h \in \mathcal{H}, \forall \delta \leq 1 : \quad P^m\!\left[R_{\mathrm{Réel}}(h) \;\leq\; R_{\mathrm{Emp}}(h) \;+\; \sqrt{\dfrac{\log |\mathcal{H}| + \log \frac{1}{\delta}}{2\, m}} \right] > 1 - \delta\;} \tag{3.31}$$

On notera que la différence essentielle avec la borne de Hoeffding, valable pour une hypothèse fixée, réside dans le terme supplémentaire $|\mathcal{H}|$ à droite. C'est ce qui traduit que nous voulons que la borne tienne pour toutes les fonctions de $\mathcal{H}$ simultanément.

Par ailleurs, $\log |\mathcal{H}|$ est aussi le nombre de bits nécessaires pour spécifier une fonction h particulière dans $\mathcal{H}$. On retrouve là un lien intéressant, et non fortuit, avec la théorie de l'information et du codage (voir par exemple [vLBS04]).

Terminons en soulignant qu'un des résultats les plus extraordinaires de cette analyse, due à Vapnik et Chervonenkis ([VC71], voir aussi [DGL96, Men03]), est que la convergence uniforme dans $\mathcal{H}$ du risque empirique sur le risque réel est non seulement une condition suffisante, mais aussi une condition nécessaire !

3.5   Le cas où $\mathcal{H}$ contient la fonction cible

Supposons maintenant que l'espace des hypothèses $\mathcal{H}$ est suffisamment bien informé pour contenir la fonction cible f. Cela signifie que l'erreur d'approximation est nulle. Il est alors possible de recourir à un autre calcul que celui de la borne de Hoeffding pour calculer la dépendance de l'écart entre risque empirique et risque réel en fonction de la taille m de l'échantillon d'apprentissage.

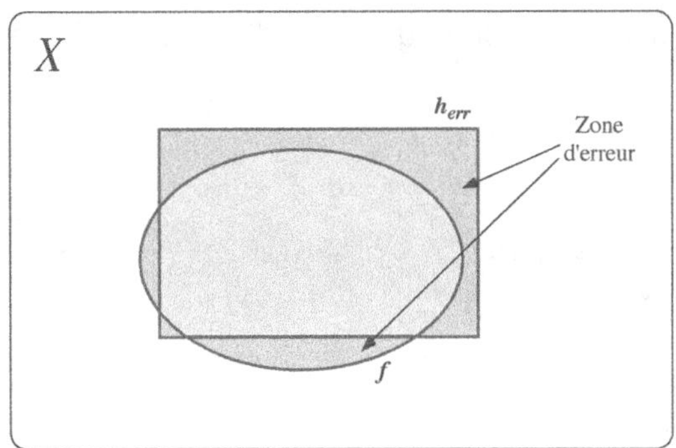

FIGURE 3.10 : *La zone d'erreur dans le cas de l'apprentissage d'un concept ou fonction binaire définie sur $\mathcal{X}$.*

À tout instant, il existe au moins une hypothèse de risque empirique nul (ne serait-ce que la fonction cible f). Quelle est la probabilité qu'une hypothèse de risque réel $> \varepsilon$ paraisse bonne, c'est-à-dire soit de risque empirique nul ?

Nous supposerons ici que la fonction de perte l compte le nombre d'erreurs de classification [7] :

$$l(h(\mathbf{x}_i), y_i) = \left\{ \begin{array}{ll} 0 & \text{si } y_i = h(\mathbf{x}_i) \\ 1 & \text{si } y_i \neq h(\mathbf{x}_i) \end{array} \right. \tag{3.32}$$

Dans ce cas, le risque réel est égal à la probabilité qu'un exemple tombe dans la zone d'erreur entre la fonction cible f et la fonction hypothèse erronée h_{err} : $h_{err}\Delta f$ (le symbole Δ dénote la différence symétrique entre deux ensembles, voir figure 3.10).

$$R_{\text{Réel}}(h_{err}) = P_{\mathcal{X}}(h_{err}\Delta f) \geq \varepsilon \tag{3.33}$$

La probabilité qu'après l'observation d'un exemple on ne s'aperçoive pas que h_{err} est erronée est de $1 - \varepsilon$. Après l'observation d'un échantillon i.i.d. suivant la distribution $\mathcal{D}_{\mathcal{X}}$ de m exemples, la probabilité de « survie » de h_{err} vaut donc $(1 - \varepsilon)^m$.

En considérant maintenant l'ensemble $\mathcal{H}$ des hypothèses possibles, la probabilité que l'une d'entre elles « survive » après l'observation de $\mathcal{S}$ est bornée par : $|\mathcal{H}|(1 - \varepsilon)^m$ (on effectue ici une sommation car on a affaire à une union d'événements disjoints). On sait, par développement limité, que $|\mathcal{H}|(1 - \varepsilon)^m < |\mathcal{H}|e^{-\varepsilon m}$. En reprenant l'inéquation 3.25, il suffit donc d'avoir un échantillon de taille m telle que :

$$m \geq \frac{1}{\varepsilon} \ln \frac{|\mathcal{H}|}{\delta} \tag{3.34}$$

pour que l'erreur commise en choisissant l'hypothèse $h_{\mathcal{S}}^{\star}$ minimisant le risque empirique soit bornée par ε avec une probabilité $> 1 - \delta$.

---

7. Attention ! Même si ce que nous allons dire dans cette section peut se généraliser à d'autres fonctions de perte, le détail de la démonstration dépend de cette hypothèse, et ne peut donc se transposer sans précautions à d'autres fonctions de perte.

Ici, l'écart ε entre le risque réel et le risque empirique d'une hypothèse h s'écrit $\varepsilon = \frac{\log|\mathcal{H}| + \log\frac{1}{\delta}}{m}$, d'où :

$$\forall h \in \mathcal{H}, \forall \delta \leq 1 : \quad P^m\left[R_{\text{Réel}}(h) \leq R_{\text{Emp}}(h) + \frac{\log|\mathcal{H}| + \log\frac{1}{\delta}}{m} \right] > 1 - \delta \qquad (3.35)$$

On note la différence avec l'équation (3.31) pour le cas général où $\mathcal{H} \neq \mathcal{F}$:

> Lorsque $\mathcal{H} = \mathcal{F}$, **la convergence est beaucoup plus rapide** puisqu'elle se fait en $\mathcal{O}(1/m)$ au lieu de $\mathcal{O}(\sqrt{1/m})$.

De fait, Vapnik [Vap82] a montré que l'exposant sur m varie dans l'intervalle [-1, -1/2] de manière croissante en fonction de l'erreur minimale possible $\inf_{h \in \mathcal{H}} R_{\text{Réel}}(h)$. Cela peut s'expliquer de manière qualitative. Dans le cas où la fonction cible appartient à l'espace des hypothèses, cela signifie que la distribution des exemples dans $\mathcal{X} \times \mathcal{Y}$ peut être « représentée » par une fonction de $\mathcal{H}$. De ce fait, la variance sur les hypothèses $h_{\mathcal{S}}^{\star}$ qui minimisent le risque empirique en fonction de l'échantillon d'apprentissage $\mathcal{S}$ est réduite. Or, moins de données sont nécessaires pour approcher une variable aléatoire dont la variance est moindre. Il est donc avantageux de choisir un espace d'hypothèses $\mathcal{H}$ de faible erreur d'approximation.

Plus généralement, la vitesse de convergence est lente dans les cas où la région autour de la règle de décision optimale de Bayes est grande. Il faut en effet plus de temps, et d'informations, pour déterminer alors cette région.

3.6 Quelques leçons partielles

On retiendra des démonstrations précédentes trois idées :

1. D'abord, la cardinalité de $\mathcal{H}$, donc en un certain sens sa richesse, a un effet direct sur la borne d'erreur. Il est déjà apparent que le choix d'un ensemble $\mathcal{H}$ trop riche peut conduire à de mauvaises inductions.

2. Ensuite, le raisonnement utilisé dans la démonstration implique l'*ensemble* des fonctions hypothèses de $\mathcal{H}$. Nous verrons qu'une généralisation de ce raisonnement fait appel de même à un argument de *convergence uniforme*. Cette observation est très importante car elle indique que l'analyse est *de facto* une *analyse dans le pire cas*, s'appliquant en particulier à l'hypothèse pour laquelle la convergence est la plus mauvaise.

3. Finalement, l'idée directrice de la démonstration consiste à borner la probabilité qu'une zone d'erreur de poids supérieur à ε ne soit pas atteinte par un exemple de l'échantillon d'apprentissage[8].

Sans avoir rendu compte de l'analyse beaucoup plus complète de Vapnik (décrite dans le chapitre 25), nous pouvons retenir à ce stade que le principe inductif de minimisation du risque empirique ne peut être appliqué sans précaution. Pour que la mesure du risque empirique soit corrélée avec le risque réel, il faut que l'espace d'hypothèses $\mathcal{H}$ dans lequel on choisit $h_{\mathcal{S}}^{\star}$ ait de bonnes propriétés. De manière informelle, il faut que cet espace ne soit pas trop « riche » ou trop « souple », c'est-à-dire qu'on ne puisse pas y trouver des hypothèses s'accordant à n'importe quel

---

8. Une généralisation de cette idée a été utilisée dans le cas d'espaces de fonctions indicatrices de cardinalité infinie avec la notion de ε-réseau (ε-*net*)[Hau92].

jeu de données. On retrouve naturellement une idée déjà rencontrée avec le compromis biais-variance. Cela signifie que le principe *MRE* doit être modifié pour que la richesse de $\mathcal{H}$ soit également prise en compte lorsque l'on recherche la meilleure hypothèse. Toutes les techniques de contrôle de l'espace d'hypothèses visent à régler ce compromis.

—— REMARQUE   **Comparaison avec l'analyse statistique classique** ————————————————

L'analyse statistique classique des années 1960 et 1970 insistait sur la convergence des mesures de probabilité pour étudier les propriétés de l'apprentissage. De fait, il s'agissait d'étudier la distance dans un espace de modèles $\mathcal{F}$ (famille de distributions de probabilités avec un certain nombre de paramètres associés) entre la distribution apprise $\mathcal{A}(\mathcal{S})$ et la vraie distribution $f \in \mathcal{F}$. C'est ce que l'on peut appeler le *cadre de l'identification*.

Malheureusement, cette analyse bute sur la malédiction de la dimensionnalité. Une bonne approximation de la densité de probabilités nécessite un échantillon d'apprentissage dont la taille dépend exponentiellement de la dimension de l'espace des modèles. Elle suppose de plus que la famille de distributions de probabilités considérée *a priori* soit correcte.

En revanche, l'analyse de convergence de risque $R_{\text{Réel}}(\hat{h}_{\mathcal{S}})$ vers $R_{\text{Réel}}(h^\star)$, que l'on pourrait appeler *cadre de l'imitation*, initiée par Vapnik et par les pionniers du cadre PAC, donne des bornes indépendantes de la dimension de l'espace $\mathcal{X}$ et de l'espace des hypothèses $\mathcal{H}$ (le nombre d'exemples peut ainsi même être inférieur au nombre de dimensions) et ne fait aucune hypothèse sur l'adéquation du choix initial de modèle comme nous allons le voir dans la suite.

3.7   Vers un principe MRE contrôlé

L'analyse du principe de minimisation du risque empirique (MRE) montre qu'il ne peut pas être appliqué aveuglément et qu'il faut contrôler l'espace des hypothèses considérées par l'algorithme d'apprentissage.

Cela nécessite de savoir :

1. *mesurer la richesse* ou encore la capacité de cet espace d'hypothèses ;

2. *modifier le critère MRE* pour prendre en compte cette richesse.

Plusieurs **mesures de richesse** ont été proposées, incluant des mesures :

- fondées sur le nombre de paramètres en jeu pour la définition des hypothèses (ex. critères AIC ou BIC) ;

- résumant en un nombre la capacité à pouvoir trouver des hypothèses dans $\mathcal{H}$ rendant compte de n'importe quel échantillon d'apprentissage (ex. dimension de Vapnik-Chervonenkis, complexité de Rademacher) ;

- caractérisant la diversité des fonctions de $\mathcal{H}$ (ex. nombre de couverture) ;

- estimant la complexité algorithmique de description d'une hypothèse.

Les **approches pour modifier le MRE** sont elles-mêmes diverses :

- approche de *sélection automatique d'espace d'hypothèses* ou sélection automatique de modèles (ex. le SRM de Vapnik) ;

- approche de la *régularisation* qui ajoute un terme de pénalisation de l'hypothèse considérée dans le critère MRE ;

- approche dite de la félicité (*luckiness framework*) dans laquelle on tient compte de l'adéquation entre les hypothèses considérées et la distribution des exemples telle qu'elle est trahie par l'échantillon disponible (ex. méthodes de maximisation de la marge) ;

- approches *prenant en compte l'algorithme d'apprentissage* et en particulier le sous-espace qu'il explore effectivement dans $\mathcal{H}$ (ex. méthodes par compression, par stabilité du risque empirique, par prise en compte de l'imperfection de l'optimisation, etc.) ;

- approches par *minimisation de la longueur de description* des données (ex. MDLP) ;

- approches *bayésiennes* qui tendent à ajuster automatiquement la complexité des hypothèses sélectionnées.

Le problème du contrôle du principe MRE est encore l'objet de recherches actives, en particulier parce que son adaptation aux réseaux de neurones profonds demande certainement de nouvelles idées sur la caractérisation de l'espace d'hypothèses. Afin de ne pas alourdir le présent chapitre, qui vise d'abord à introduire les concepts de base et à faire comprendre les grands problèmes en jeu, **nous décrivons de manière plus détaillée ces approches et méthodes dans un chapitre dédié**, le chapitre 25.

4. L'apprentissage bayésien

Le critère de minimisation du risque empirique cherche l'hypothèse qui s'adapte le mieux aux données, c'est-à-dire celle qui fait le moins d'erreurs sur les données (ou dont les erreurs sont les moins coûteuses). On est là dans la perspective historique de l'intelligence artificielle qui cherche agnostiquement des règles de décision performantes. C'est seulement ensuite la recherche d'une justification de ce principe qui introduit la notion de probabilité par la définition du risque réel, qui impose que les données sont issues d'une distribution de probabilités.

En revanche, l'apprentissage bayésien adopte d'emblée la notion de probabilité et utilise de manière centrale la règle de révision de Bayes. Il faut cependant distinguer deux perspectives. L'une, la plus ancienne, que l'on appelle approche *bayésienne*, considère que l'incertitude sur le monde peut être exprimée comme un degré de croyance. On peut ainsi avoir un degré de croyance sur la ré-élection de tel président ou sur tel modèle épidémiologique. La première question question est donc de déterminer quel degré de croyance *a priori* est utilisé. L'apprentissage consistera ensuite alors à ré-évaluer ces degrés de croyance en fonction des observations faites. La variable aléatoire porte donc ici sur ces degrés de croyance, alors que les observations sont une donnée fixe.

Dans l'autre perspective, souvent appelée perspective *fréquentiste*, on suppose que ce sont les données qui sont issues d'un processus aléatoire fixe. Par exemple, les patients dans un hôpital peuvent avoir des symptômes et des pathologies différents selon le jour de l'observation, toutes choses égales par ailleurs ; cependant, on suppose que la distribution sous-jacente sur les symptômes et les pathologies est stationnaire. Dans ce cadre, l'apprentissage consiste à chercher quelle est la distribution de probabilités la plus vraisemblable vis à vis ces données. Une fois celle-ci estimée, elle peut être utilisée pour faire des prédictions.

4.1 La décision optimale bayésienne

On se pose la question de la prédiction optimale de l'étiquette y pour une requête $\mathbf{x}$. On suppose qu'il existe une fonction de coût ou de perte $\ell : \mathcal{Y} \times \mathcal{Y} \to \mathbb{R}$ qui associe un réel positif ou nul à une paire d'étiquettes.

La meilleur prédiction $y^\star$ pour une entrée $\mathbf{x}$ est alors celle qui minimise l'espérance de coût si elle est choisie. En supposant un ensemble d'étiquettes $\mathcal{Y}$ fini, on a :

$$y^\star = \underset{y' \in \mathcal{Y}}{\mathrm{Argmin}}\, \mathbb{E}_{p(y|\mathbf{x})}\, \ell(y', y) \tag{3.36}$$

Définition 3.9 (Règle de décision optimale de Bayes)

La sortie optimale y^* pour une entrée $\mathbf{x}$ est dans le cas où $\mathcal{Y}$ est fini :

$$\boxed{\; y^\star = \underset{y' \in \mathcal{Y}}{\mathrm{Argmin}}\, \mathbb{E}_{p(y|\mathbf{x})}\, \ell(y', y) = \underset{y' \in \mathcal{Y}}{\mathrm{Argmin}} \sum_{y \in \mathcal{Y}} \ell(y', y)\, \mathbf{p}(y|\mathbf{x}) \;} \tag{3.37}$$

et dans le cas où $\mathcal{Y}$ est non fini :

$$\boxed{\; y^* = \underset{y' \in \mathcal{Y}}{\mathrm{ArgMin}} \int_{y \in \mathcal{Y}} \ell(y', y)\, \mathbf{p}(y|\mathbf{x})\, dy \;} \tag{3.38}$$

Cas particulier de la fonction de coût 0-1

La fonction de coût 0-1, rappelons-le, est définie par :

$$\ell(y', y)) = \mathbb{I}(y' \neq y) = \left\{ \begin{array}{ll} 0 & \text{si } y' = y \\ 1 & \text{si } y' \neq y \end{array} \right.$$

On a alors pour le cas de $\mathcal{Y}$ fini :

$$\mathbb{E}_{p(y|\mathbf{x})}\, \ell(y', y) = \sum_{y \in \mathcal{Y}} \ell(y', y)\, \mathbf{p}(y|\mathbf{x}) = \mathbf{p}(y' \neq y|\mathbf{x}) = 1 - \mathbf{p}(y|\mathbf{x})$$

d'où :

$$y^\star = \underset{y' \in \mathcal{Y}}{\mathrm{Argmax}}\, \mathbf{p}(y|\mathbf{x})$$

C'est là l'estimation du *Maximum A Posteriori* (MAP) .

Cet estimateur suppose connue la densité de probabilités $\mathbf{p}(y|\mathbf{x})$. Que peut-on faire si elle est inconnue, mais si l'on connaît un échantillon d'apprentissage ? C'est ce que nous voyons avec l'approche bayésienne, puis l'approche fréquentiste.

4.2 L'approche bayésienne

L'essence de l'approche bayésienne est de traiter la distribution sur l'espace $\mathcal{H}$ des hypothèses comme étant elle-même une variable aléatoire. On suppose par conséquent que l'espace des hypothèses peut être décrit par une famille paramétrée (par exemple par le vecteur $\boldsymbol{\theta}$) de distributions de probabilités $\mathbf{p}(\boldsymbol{\theta})$. Le problème de l'inférence devient alors celui du calcul de la distribution *a posteriori* sur $\mathcal{H}$ à la lumière de l'information apportée par des données $\mathbf{p}(\boldsymbol{\theta}|\mathcal{S})$.

L'espoir est que les données permettent de concentrer la distribution de probabilités $\mathbf{p}(\boldsymbol{\theta})$ autour d'une valeur alors que cette distribution était plus « étalée » avant la prise en compte des données, reflétant notre ignorance préalable sur l'état de la nature (figure 3.11).

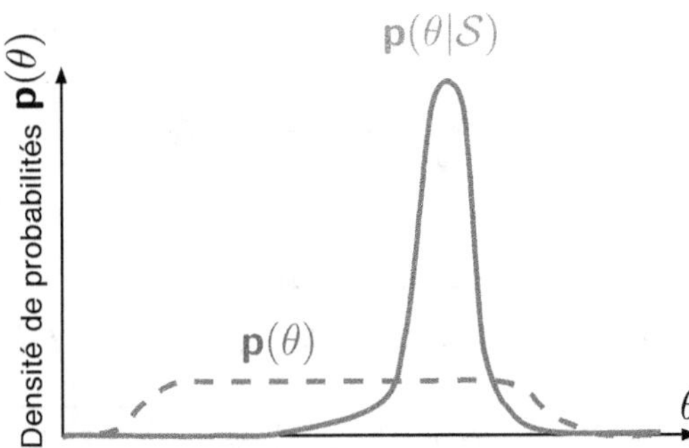

FIGURE 3.11 : *Révision de la distribution de probabilités sur les hypothèses par inférence bayé-sienne à partir d'un échantillon de données. Généralement, on observe une concen-tration de la distribution autour d'une valeur de $\boldsymbol{\theta}$, ce que l'on peut traduire par l'émergence d'un sous-ensemble d'hypothèses devenues beaucoup plus probables.*

Avant prise en compte des données, l'incertitude sur l'état du monde est traduite par la distribution *a priori* $\mathbf{p}(\boldsymbol{\theta})$. Par exemple, toutes les hypothèses ont même probabilité *a priori* $\mathbf{p}(\boldsymbol{\theta}) = C^{\text{te}}$. Les données fournissent une information en modifiant la distribution sur $\boldsymbol{\theta}$ grâce à la formule de révision des probabilités due au révérend Thomas Bayes (1702-1761) [9].

Avant de la formuler dans le cas qui nous intéresse, rappelons que les probabilités condition-nelles entre deux événements A et B sont liées par l'équation :

$$P(A|B) = \frac{P(B|A)P(A)}{P(B|A)P(A) + P(B|\neg A)P(\neg A)}$$

Théorème 3.4 (Règle de Bayes)

$$\mathbf{p}(\theta|\mathcal{S}) = \frac{\mathbf{p}(\mathcal{S}|\theta)\,\mathbf{p}(\theta)}{\mathbf{p}(\mathcal{S})} = \frac{\mathbf{p}(\mathcal{S}|\theta)\,\mathbf{p}(\theta)}{\int \mathbf{p}(\mathcal{S}|\psi)\,\mathbf{p}(\psi)\,d\psi} \tag{3.39}$$

Pour un échantillon de données $\mathcal{S}$ fixé, le dénominateur de l'équation 3.39 est constant, d'où la formule de proportionnalité souvent utilisée :

$$\mathbf{p}(\theta|\mathcal{S}) \propto \mathbf{p}(\mathcal{S}|\theta)\,\mathbf{p}(\theta) \tag{3.40}$$

La distribution *a posteriori* de $\boldsymbol{\theta}$ étant donné l'échantillon $\mathcal{S}$ est donc proportionnelle au produit de la distribution *a priori* $\mathbf{p}(\boldsymbol{\theta})$ et de la vraisemblance $\mathbf{p}(\mathcal{S}|\boldsymbol{\theta})$.

---

9. Au 18$^\text{e}$ siècle, les jeux et les assurances, en plein développement, stimulaient la théorie des probabilités, notamment sur le problème des « probabilités inverses ». Une solution, valable uniquement dans le cas d'une distribution a priori (on dit aussi « un prior ») uniforme, fut proposée par Thomas Bayes, et publiée trois ans après sa mort en 1764. La solution générale fut formulée indépendamment par Pierre-Simon Laplace (1749-1827) en 1812 dans son traité *Théorie analytique des probabilités.*

Lorsque la connaissance *a priori* sur l'état de la nature est faible, on considérera donc une distribution « étalée » $\mathbf{p}(\boldsymbol{\theta})$ (par exemple, une loi normale à grande variance). Plus l'échantillon de données sera important, plus son influence dominera dans la mise à jour de la distribution *a posteriori*, et moins sera influente la distribution *a priori*.

Par ailleurs, les équations 3.39 et 3.40 permettent une mise à jour séquentielle de la distribution sur $\boldsymbol{\theta}$. Ainsi, si la distribution a été mise à jour après la prise en compte de $\mathcal{S}_1$, elle peut être à nouveau modifiée en tenant compte de $\mathcal{S}_2$:

$$\mathbf{p}(\boldsymbol{\theta}|\mathcal{S}_1, \mathcal{S}_2) \;\propto\; \mathbf{p}(\mathcal{S}_2|\boldsymbol{\theta})\,\mathbf{p}(\mathcal{S}_1|\boldsymbol{\theta})\,\mathbf{p}(\boldsymbol{\theta}) \tag{3.41}$$

De plus, cette mise à jour séquentielle, pratique lorsque les données sont en grand nombre ou bien arrivent en ligne, fournit un résultat indépendant de l'ordre de prise en compte des sous-échantillons (en supposant ceux-ci indépendants conditionnellement étant donné le modèle sous-jacent $\mathbf{p}$).

Notons pour terminer que le dénominateur de l'équation 3.39, ou *distribution prédictive de $\mathcal{S}$*, $\mathbf{p}(\mathcal{S}) = \int \mathbf{p}(\mathcal{S}|\psi)\,\mathbf{p}(\psi)\,d\psi$ représente notre prédiction à propos de $\mathcal{S}$. Cette prédiction incorpore notre incertitude sur ψ, grâce au prior $\mathbf{p}(\psi)$, et notre incertitude sur $\mathcal{S}$ quand ψ est connue, par $\mathbf{p}(\mathcal{S}|\psi)$. Cette distribution prédictive peut changer avec l'observation de nouvelles données. Si les données observées ont une faible probabilité selon la distribution prédictive, alors cela peut être le signe que la distribution $\mathbf{p}$ a été mal choisie.

—— REMARQUE   **Sur le choix de la distribution *a priori*** ———————————————

La distribution *a priori* sur l'espace des hypothèses $\mathcal{H}$ exprime à la fois notre incertitude sur le monde – plus la distribution est étalée, plus celle-ci est grande – et le type de modèle du monde que nous sommes prêts à considérer. Comme tel, ce choix est important. Il peut orienter le résultat obtenu et même conduire à des conclusions parfois gravement erronées si le type de modèle considéré ne permet pas d'exprimer le vrai modèle du monde.

Par ailleurs, les calculs de $\mathbf{p}(\boldsymbol{\theta}|\mathcal{S})$ sont souvent difficiles et coûteux. Il est donc souhaitable de considérer des distributions de probabilités permettant des calculs simplifiés. C'est le cas notamment des *distributions conjuguées*. Celle-ci ont en effet la propriété que les distributions *a priori* et *a posteriori* appartiennent à la même famille de distributions. Les distributions exponentielles, bêta ou normales, par exemple, ont cette propriété. Cela permet alors des mises à jour par adaptation des paramètres au lieu d'avoir à caractériser toute une distribution de manière complexe.

Jusqu'ici, nous avons parlé du *problème de l'inférence*, c'est-à-dire de la détermination de $\mathbf{p}(\boldsymbol{\theta}|\mathcal{S})$. Supposons que nous voulions faire une prédiction, soit d'un nouveau point, soit de l'étiquette y associée à une nouvelle requête $\mathbf{x}$.

(a) **Prédiction d'un point x.** Dans un premier temps, supposons que l'on ait observé un échantillon de m points $\mathcal{S} = \{\mathbf{x}_i\}_{1 \leq i \leq m}$ nous ayant amené à la distribution a posteriori $\mathbf{p}(\boldsymbol{\theta}|\mathcal{S})$, alors l'approche bayésienne permet de calculer la densité de $\mathbf{x}$ a posteriori :

$$\mathbf{p}(\mathbf{x}|\mathcal{S}) \;=\; \int \mathbf{p}(\mathbf{x}, \boldsymbol{\theta}|\mathcal{S})\,d\boldsymbol{\theta} \;=\; \int \mathbf{p}(\mathbf{x}|\boldsymbol{\theta})\,\mathbf{p}(\boldsymbol{\theta}|\mathcal{S})\,d\boldsymbol{\theta} \tag{3.42}$$

La deuxième égalité provient du fait que $\mathbf{x}$ est, par définition, conditionnellement indépendant des données $\mathcal{S}$ connaissant $\boldsymbol{\theta}$. On en déduit la règle de prédiction (ou d'inférence) bayésienne.

Définition 3.10 (Règle d'inférence bayésienne pure)

La meilleure prédiction $\mathbf{x}^\star$ *est :*

$$\mathbf{x}^\star = \underset{x \in \mathcal{X}}{\mathrm{ArgMax}}\, \mathbf{p}(\mathbf{x}|\mathcal{S}) \tag{3.43}$$

Par exemple, la tâche d'apprentissage pourrait consister à prendre la décision $\mathbf{x}$, qui peut être de prédire la consommation électrique dans une heure à partir de $\mathcal{S}$, la connaissance de consommations électriques dans le passé. Au lieu de chercher d'abord le modèle h du monde le plus probable (ou le paramètre $\boldsymbol{\theta}^\star$ correspondant), l'inférence bayésienne pure consiste à calculer l'espérance de prédiction en prenant en compte toutes les prédictions possibles $\mathbf{p}(\mathbf{x}|\boldsymbol{\theta})$ pondérées par leur probabilité *a posteriori* $\mathbf{p}(\boldsymbol{\theta}|\mathcal{S})$.

L'inférence bayésienne pure consiste à spécifier la règle de décision optimale après observation des données. Elle ne vise pas, en revanche, à déterminer LA meilleure hypothèse (ou la valeur optimale du paramètre $\boldsymbol{\theta}$), mais elle préconise de prendre une **décision prenant en compte les décisions que donneraient toutes les hypothèses**, pondérées par leur probabilité *a posteriori*. Dans ce cadre, la règle de décision prend en compte toute la connaissance sur l'incertitude liée à $\boldsymbol{\theta}$, c'est-à-dire toute la distribution *a posteriori* sur $\boldsymbol{\theta}$.

(b) Dans **le cas de la classification**, c'est-à-dire quand il faut prédire la classe y pour une nouvelle observation $\mathbf{x}$, sachant que l'échantillon $\mathcal{S} = \{(\mathbf{x}_i, y_i)\}_{1 \leq i \leq m}$ a été observé, on a :

$$\mathbf{p}(y|\mathbf{x}, \mathcal{S}) = \int \mathbf{p}(\mathbf{x}, y, \boldsymbol{\theta}|\mathcal{S})\, d\boldsymbol{\theta} = \int \mathbf{p}(y|\mathbf{x}, \boldsymbol{\theta})\, \mathbf{p}(\boldsymbol{\theta}|\mathcal{S})\, d\boldsymbol{\theta} \tag{3.44}$$

Et la règle de prédiction :

Définition 3.11 (Règle de prédiction bayésienne pour la classification)

La meilleure prédiction $y^\star$ *est :*

$$\mathbf{y}^\star = \underset{y \in \mathcal{Y}}{\mathrm{ArgMax}}\, \mathbf{p}(y|\mathbf{x}, \mathcal{S}) \tag{3.45}$$

Les formules 3.42 et 3.44, nécessitant le calcul effectif d'une intégrale, sont en général très coûteuses à évaluer. C'est pourquoi les estimations ponctuelles (*pointwise estimation*), telles que la règle du *maximum de vraisemblance*, sont beaucoup plus employées. Cependant, l'approche bayésienne pure devient de plus en plus accessible alors que la puissance de calcul disponible s'accroît et avec l'arrivée de nouvelles techniques d'estimation stochastique fondées sur des échantillonnages aléatoires. Ces méthodes incluent les *Markov Chain Monte-Carlo* (MCMC) (voir par exemple le chap. 24 de [Mur12]).

4.3   La recherche d'une fonction de décision dans la perspective bayésienne

Cherchons maintenant une règle de décision $h : \mathcal{X} \to \mathcal{Y}$ valable pour tout $\mathbf{x} \in \mathcal{X}$.

Reprenons le risque réel défini dans la section 3 comme l'espérance de perte. Nous faisons apparaître ici le fait que l'espérance est prise par rapport à une densité de probabilités des exemples dépendant d'une fonction génératrice possible $\boldsymbol{\theta}$:

$$R(h|\boldsymbol{\theta}) = \mathbb{E}_{(\mathbf{x},y) \sim \mathbf{p}(\mathbf{x},y|\boldsymbol{\theta})}[\ell(h(\mathbf{x}), y)] = \int_{\mathbf{x} \in \mathcal{X}, y \in \mathcal{Y}} \ell(h(\mathbf{x}), y)\, \mathbf{p}(\mathbf{x}, y|\boldsymbol{\theta})\, d\mathbf{x}dy$$

où $\mathbf{p}_{\mathcal{X}\mathcal{Y}}$ est la densité de probabilités jointes sur $\mathcal{X} \times \mathcal{Y}$. Selon la perspective bayésienne, on cherche à minimiser l'espérance de perte *a posteriori* :

$$\rho(h|\mathcal{S}) \;=\; \int \mathbf{p}(\boldsymbol{\theta}|\mathcal{S})\, R(h|\boldsymbol{\theta})\, d\boldsymbol{\theta}$$

où l'on intègre sur tous les états possibles du monde après avoir pris connaissance de l'échantillon $\mathcal{S}$ qui est considéré comme fixe car donné.

4.4 La recherche d'une fonction de décision dans la perspective fréquentiste

Dans la perspective fréquentiste, il existe un état du monde donné $\boldsymbol{\theta}$ et c'est l'échantillon de données qui est une variable aléatoire car résultant d'un tirage selon la probabilité $\mathbf{p}(\mathbf{x}, y|\boldsymbol{\theta})$.

L'espérance de risque réel est alors définie différemment. On suppose que l'on choisisse h comme hypothèse sur l'état du monde :

$$\rho(h|\boldsymbol{\theta}) \;=\; \mathbb{E}_{\mathbf{P}(\mathcal{S}|v\theta)}[R(h|\boldsymbol{\theta})] \;=\; \int R(h|\boldsymbol{\theta})\, \mathbf{P}(\mathcal{S}|\boldsymbol{\theta})\, d\mathcal{S}$$

Le problème avec cette expression est qu'elle intègre sur des échantillons d'exemples $\mathcal{S}$ en ignorant l'échantillon observé et est conditionnée sur $\boldsymbol{\theta}$ qui est inconnu.

Le principe de minimisation du risque empirique (MRE) décrit dans la section 3 résout ce problème de manière pragmatique en partant de l'échantillon observé $\{\mathbf{x}_i, y_i\}_{1 \leq i \leq m}$ et en cherchant à minimiser le risque réel :

$$R_{\text{Emp}}(h) \;=\; \frac{1}{m} \sum_{i=1}^{m} \ell(h(\mathbf{x}_i, y_i))$$

4.5 La règle du maximum a posteriori (MAP)

La règle du *maximum a posteriori* (MAP) prend pour base la distribution *a posteriori* $\mathbf{p}(\boldsymbol{\theta}|\mathcal{S})$ calculée par la règle de Bayes (équation 3.39). Cependant, contrairement à l'inférence bayésienne, elle cherche d'abord une estimation du paramètre $\boldsymbol{\theta}$ afin de prendre une décision.

Définition 3.12 (Principe du maximum a posteriori)

La valeur du paramètre $\boldsymbol{\theta}$ maximisant la probabilité a posteriori est choisie comme estimateur :

$$\hat{\boldsymbol{\theta}}_{MAP} \;=\; \underset{\theta}{\text{ArgMax}}\; \mathbf{p}(\boldsymbol{\theta}|\mathcal{S}) \tag{3.46}$$

L'une des difficultés de cette méthode est qu'elle requiert la connaissance de la distribution *a priori* $\mathbf{p}(\boldsymbol{\theta})$. Plusieurs raisons militent pour ignorer ce terme. En particulier, on peut être tenté d'exprimer l'ignorance totale *a priori* sur le monde en posant que $\mathbf{p}(\boldsymbol{\theta})$ est uniforme (mais pourquoi uniforme selon l'échelle de $\boldsymbol{\theta}$ et pas de $\boldsymbol{\theta}^2$ par exemple ?).

Si l'on décide d'ignorer effectivement ce terme, alors on obtient le principe du maximum de vraisemblance ci-après.

4.6 La règle du maximum de vraisemblance (MLE)

Soit un échantillon $\mathcal{S} = \{\mathbf{z}_1, \mathbf{z}_2, \ldots, \mathbf{z}_m\}$ de données (chaque $\mathbf{z}_i$ étant une paire $(\mathbf{x}_i, y_i)$ dans le cas de l'apprentissage supervisé), indépendamment tirées selon une distribution paramétrée dont on suppose connue la forme $\mathbf{p}(\mathbf{z}|\boldsymbol{\theta})$.

La *fonction de vraisemblance* $\mathcal{L}(\boldsymbol{\theta}|\mathcal{S})$ est la probabilité que les données $\mathcal{S}$ aient été produites par la distribution associée à la valeur $\boldsymbol{\theta}$: $\mathbf{p}(\cdot|\boldsymbol{\theta})$, c'est-à-dire $\mathbf{p}(\mathcal{S}|\boldsymbol{\theta})$.

Si les données sont supposées indépendantes et identiquement distribuées (*i.i.d.*), alors :

$$
\begin{aligned}
\mathcal{L}(\boldsymbol{\theta}|\mathcal{S}) \;&=\; \mathcal{L}(\boldsymbol{\theta}|\mathbf{z}_1, \mathbf{z}_2, \ldots, \mathbf{z}_m) \\
&=\; \mathbf{p}(\mathbf{z}_1, \mathbf{z}_2, \ldots, \mathbf{z}_m|\boldsymbol{\theta}) \;=\; \prod_{i=1}^{m} \mathbf{p}(\mathbf{z}_i|\boldsymbol{\theta})
\end{aligned}
\tag{3.47}
$$

La notion de vraisemblance des données est centrale pour de nombreuses techniques d'inférence statistique. Il faut noter que l'hypothèse de tirage i.i.d. n'est pas nécessaire pour définir une vraisemblance. Par exemple, si les données présentent une dépendance de Markov d'ordre 1 (telle que $\mathbf{z}_i$ dépend de $\mathbf{z}_{i-1}$), alors on pourrait définir la vraisemblance à l'aide de produits du type $\mathbf{p}(\mathbf{z}_i|\mathbf{z}_{i-1}, \boldsymbol{\theta})$.

Définition 3.13 (Principe du maximum de vraisemblance)

La valeur du paramètre $\boldsymbol{\theta}$ pour laquelle la vraisemblance des données est maximale est appelée estimation du maximum de vraisemblance *(Maximum Likelihood Estimator ou MLE).*

$$
\hat{\boldsymbol{\theta}}_{MLE} \;=\; \underset{\boldsymbol{\theta}}{\mathrm{ArgMax}}\, \mathcal{L}(\boldsymbol{\theta}|\mathcal{S})
\tag{3.48}
$$

Intuitivement, cette estimation correspond à la valeur du paramètre $\boldsymbol{\theta}$ qui, en un sens, s'accorde le plus aux données observées.

Pour résoudre ce problème d'estimation, on utilise en général la *log-vraisemblance* à la place de la vraisemblance, car cela permet de remplacer une multiplication qui peut être délicate (avec des termes de valeurs éventuellement très proches de 0) par une addition :

$$
\mathcal{LL}(\boldsymbol{\theta}|\mathcal{S}) \;=\; \sum_{i=1}^{m} \log(\mathbf{p}(\mathbf{z}_i|\boldsymbol{\theta}))
\tag{3.49}
$$

et $\hat{\boldsymbol{\theta}}_{\mathrm{MLE}} \;=\; \mathrm{ArgMax}_{\boldsymbol{\theta}}\, \mathcal{LL}(\boldsymbol{\theta}|\mathcal{S})$

Pour des problèmes simples, le calcul différentiel peut être utilisé pour résoudre cette équation. Pour des problèmes plus complexes, on cherche une solution à l'équation :

$$
\frac{\partial \mathcal{L}(\boldsymbol{\theta}|\mathcal{S})}{\partial \boldsymbol{\theta}} \;=\; 0
\tag{3.50}
$$

ou, de manière équivalente à : $\frac{\partial \mathcal{LL}(\boldsymbol{\theta}|\mathcal{S})}{\partial \boldsymbol{\theta}} \;=\; 0$

Lorsque les distributions manipulées ne sont pas simples (i.e. essentiellement hors loi normale), il faut avoir recours à des techniques d'optimisation itératives, ou bien à des techniques d'expectation-maximisation (EM) pour certaines formes paramétriques de la fonction de vraisemblance (chapitre 19).

4.7   Discussion

Le point de vue bayésien consiste à expliciter l'incertitude sous la forme à la fois de l'incertitude sur le *modèle*, la famille de distributions $\mathbf{p}_\Theta$ choisie, et de l'incertitude sur la valeur des paramètres estimés $\boldsymbol{\theta}$ (il s'agit souvent d'un vecteur et non d'un seul paramètre).

Dans l'approche du maximum de vraisemblance, une estimation ponctuelle du paramètre $\boldsymbol{\theta}$ est souvent considérée comme l'objectif principal. Une analyse bayésienne complète (ou pure) s'attache, au contraire, à calculer toute la distribution *a posteriori* $\mathbf{p}(\boldsymbol{\theta}|\mathcal{S})$ (et, éventuellement aussi sur la famille de distributions $\mathbf{p}_\Theta$ elle-même). La décision bayésienne consiste alors à calculer une moyenne pondérée par la probabilité de toutes les valeurs possibles du (ou des) paramètre(s) (voire des modèles envisagés). En principe, cette moyenne pondérée produit des prédictions plus précises que les estimations ponctuelles, telles que celle réalisée par le maximum de vraisemblance. En pratique, malheureusement, l'estimation de toute la distribution de probabilités est un problème difficile, particulièrement lorsque les données sont décrites en grande dimension. De plus, une prédiction utilisant une moyenne pondérée est moins susceptible d'être interprétable que lorsqu'une hypothèse unique est produite, comme c'est le cas pour les estimations ponctuelles retournant une valeur du paramètre $\boldsymbol{\theta}$.

Il est utile de noter que le principe du maximum de vraisemblance et l'apprentissage bayésien ne se prêtent pas aux mêmes méthodes de calcul. Le premier se traite comme un problème d'optimisation : il faut chercher le minimum d'une fonction d'erreur. En revanche, dans le second, l'essentiel du calcul implique une intégration sur des espaces de grandes dimensions. Dans ce dernier cas, les méthodes classiques d'intégration ne conviennent pas et il faut se tourner vers des méthodes approchées, par exemple les méthodes de Monte-Carlo.

4.8   Lien entre le principe de maximum de vraisemblance et le MRE

Dans le principe de minimisation du risque empirique (MRE), on cherche une hypothèse h dans un espace d'hypothèses $\mathcal{H}$ qui minime le risque empirique. On peut montrer que la règle du maximum de vraisemblance (MLE) est un cas particulier du MRE si l'on prend comme fonction de coût associée à un estimateur $\boldsymbol{\theta}$ (qui remplace h) :

$$\ell(\theta, \mathbf{x}) \;=\; -\log\big(\mathbf{p}_\theta(\mathbf{x})\big)$$

Ainsi, $\ell(\boldsymbol{\theta}, \mathbf{x})$ est l'opposé de la log-vraisemblance de l'observation $\mathbf{x}$ en supposant que les données sont distribuées selon $\mathbf{p}_\theta$.

Le MRE prescrit alors de choisir l'estimateur optimal $\theta^\star$ selon :

$$\theta^\star \;=\; \underset{\theta}{\mathrm{ArgMin}} \sum_{i=1}^{m} \big(-\log(\mathbf{p}_\theta(\mathbf{x}_i))\big) \;=\; \underset{\theta}{\mathrm{ArgMax}} \sum_{i=1}^{m} \log\big(\mathbf{p}_\theta(\mathbf{x}_i)\big)$$

Supposons que la vraie distribution des données soit $\mathbf{p}_{\mathrm{vraie}}$, alors le risque réel est (ne supposant un nombre fini de points) :

$$\mathbb{E}_{\mathbf{x}}\big[\ell(\boldsymbol{\theta}, \mathbf{x})\big] \;=\; -\sum_{\mathbf{x}} \mathbf{p}_{\mathrm{vraie}}(\mathbf{x}) \log\big(\mathbf{p}_{\mathrm{vraie}}(\mathbf{x})\big)$$

$$= \underbrace{\sum_{\mathbf{x}} \mathbf{p}_{\mathrm{vraie}}(\mathbf{x}) \log\left(\frac{\mathbf{p}_{\mathrm{vraie}}(\mathbf{x})}{\mathbf{p}_\theta(\mathbf{x})}\right)}_{KL[\mathbf{p}_{\mathrm{vraie}}\|\mathbf{p}_\theta]} + \underbrace{\sum_{\mathbf{x}} \mathbf{p}_{\mathrm{vraie}}(\mathbf{x}) \log\left(\frac{1}{\mathbf{p}_{\mathrm{vraie}}(\mathbf{x})}\right)}_{H(\mathbf{p}_{\mathrm{vraie}})}$$

où $KL[\mathbf{p}_{\text{vraie}}\|\mathbf{p}_\theta]$ est la divergence de Kullback-Leibler qui mesure une sorte de distance (mais non symétrique et ne vérifiant pas l'inégalité triangulaire) entre distributions, alors que le terme de droite correspond à l'entropie des points selon la distribution $\mathbf{p}_{\text{vraie}}$.

On voit que si l'on choisit correctement le paramètre θ, il est possible de réduire le risque réel. Cela correspond au bon choix ou non de l'espace des hypothèses déjà discuté dans la section 3 sur le principe de minimisation du risque empirique.

5. Principe de compression maximale d'information

À côté du principe de minimisation du risque empirique et de l'approche bayésienne sur l'apprentissage, un troisième point de vue considère que la meilleure description des données, conduisant à la plus petite erreur possible en généralisation, est celle qui minimise leur coût de description (souvent mesuré en bits). En effet, toute régularité découverte dans les données permet de les décrire de manière plus économique, c'est-à-dire d'utiliser un plus petit nombre de symboles que pour les décrire *in extenso*.

Par exemple, une séquence de 10 000 bits tirés de manière aléatoire va requérir de spécifier les 10 000 bits pour la décrire. En revanche, si l'on découvre que cette séquence est la répétition 2 000 fois de la sous-séquence '0 0 0 1 1', il suffit de décrire cette sous-séquence et de décrire la procédure, le programme, permettant de la répéter 2 000 fois, ce qui requiert beaucoup moins que 10 000 bits. Par exemple :

```
For i = 1 to 2000; do print '0 0 0 1 1' ; halt
```

Une traduction de ce principe inductif est par conséquent le principe de compression maximale de l'information ou encore de longueur minimale de description.

Définition 3.14 (Principe de longueur minimale de description, MDLP)
La meilleure théorie, ou hypothèse, ou le meilleur modèle, rendant compte d'un échantillon d'apprentissage minimise la somme de deux quantités :

1. *la longueur, mesurée en bits, de la* description de la théorie *;*

2. *la longueur, mesurée en bits, de la* description des données *lorsqu'elles sont* décrites à l'aide de la théorie.

Formellement, cela signifie que, selon ce principe, l'hypothèse optimale $h^\star$ vérifie :

$$h^\star \;=\; \underset{h \in \mathcal{H}}{\text{ArgMin}}\big\{L(h) + L(\mathcal{S}_m|h)\big\} \tag{3.51}$$

où $L(h)$ mesure la longueur de description de h et $L(\mathcal{S}_m|h)$ mesure la longueur de description des données $\mathcal{S}_m$ en utilisant l'hypothèse h (la théorie) pour les coder.

Nous renvoyons le lecteur au chapitre 25 et à l'annexe 11 pour une description plus détaillée de ce principe de compression maximale d'information et pour découvrir le lien profond qui le relie au point de vue bayésien.

6. Le lien entre le passé et le futur et le no-free-lunch theorem

Nous avons présenté plusieurs principes inductifs et leurs variations nées de l'étude des conditions de leur validité. Ainsi ont été passés en revue le principe *MRE* favorisant les hypothèses qui s'accordent le mieux aux données d'apprentissage, le principe bayésien stipulant (dans sa version maximum de vraisemblance) de choisir l'hypothèse dont il est le plus probable qu'elle soit à l'origine des données, le principe de compression d'information prescrivant de choisir le modèle du monde conduisant à sa description la plus compacte. Nous avons également vu que l'étude théorique de ces principes avait conduit à des principes inductifs plus sophistiqués dans lesquels la richesse de l'espace d'hypothèses est prise en compte. Les théories, portant en particulier sur les séparateurs à vastes marges (SVM, chapitre 14) raffinent ces principes en prescrivant de prendre en compte aussi la distribution des exemples. Une question naturelle est alors de se demander lequel de ces principes inductifs est le meilleur ; lequel nous devrions choisir.

6.1   Le no-free-lunch theorem : toutes les méthodes se valent !

Le chapitre 1 a déjà apporté des éléments de réponse à cette question en insistant sur la nécessité d'un biais d'apprentissage pour permettre l'induction, c'est-à-dire d'hypothèses *a priori* sur le monde. Un théorème formalise et généralise cette idée : le *no-free-lunch theorem* dû à Wolpert (1992) [Wol92a]. Selon ce théorème, tous les principes inductifs et tous les algorithmes d'apprentissage se valent. En l'absence de toute information sur le problème d'apprentissage autre que l'échantillon de données, aucune méthode n'est meilleure qu'une autre, y compris celle qui consiste à tirer une hypothèse au hasard. Exprimé d'une autre manière, ce théorème affirme qu'il n'y a *a priori* aucune corrélation entre l'échantillon de données $\mathcal{S}$ observé et les événements non encore observés. De ce fait, toute hypothèse sélectionnée sur la base de $\mathcal{S}$ n'a aucune raison d'être performante à l'avenir en dehors de $\mathcal{S}$. De manière plus abrupte, en dehors d'information supplémentaire sur le problème d'apprentissage, c'est-à-dire sur l'espace des fonctions cibles, il n'est pas possible de réaliser autre chose que de l'apprentissage par cœur ! Aucune induction n'est possible ou, du moins, plus légitime qu'une autre, par exemple tirer au hasard les étiquettes des exemples non vus.

Avant d'examiner une expression plus formelle de ce théorème, essayons d'en saisir l'intuition. Soit l'espace $\mathcal{F}$ des fonctions cibles. Soit $\mathcal{X}$ l'espace des entrées et $\mathcal{Y}$ celui des sorties. On suppose qu'un échantillon de formes $\mathbf{x}_1, \mathbf{x}_2, \ldots, \mathbf{x}_m$ est tiré aléatoirement suivant une distribution $d_{\mathcal{X}}$ inconnue sur $\mathcal{X}$. Chacune de ces formes est étiquetée pour former l'échantillon $\mathcal{S} = \langle (\mathbf{x}_1, y_1), (\mathbf{x}_2, y_2), \ldots, (\mathbf{x}_m, y_m) \rangle$. On suppose ici que cet échantillon n'est pas bruité. Les étiquettes y_i ont donc été calculées grâce à l'application d'une fonction $f \in \mathcal{F}$. Le problème de l'induction, comme on le sait, est d'estimer laquelle sur la base de l'échantillon $\mathcal{S}$.

En l'absence d'informations supplémentaires sur $\mathcal{F}$, toutes les fonctions $f \in \mathcal{F}$ sont également possibles. Une fois fixé l'échantillon d'apprentissage, un certain nombre de ces fonctions sont éliminées car ne s'accordant pas aux données, mais toutes les autres restent candidates et aucune prédiction n'est possible. C'est ce que nous avons vu dans le cas de fonctions binaires dans le chapitre 1. C'est également ce que montre la figure 25.1.

Si donc l'unique information dont nous disposons pour une tâche inductive est un échantillon d'apprentissage, alors seul un apprentissage par cœur de cet échantillon est possible et aucune induction ne peut être effectuée avec quelque garantie que ce soit. En d'autres termes, et exprimé de manière peut-être plus brutale, il n'existe aucune corrélation *a priori* entre un échantillon d'apprentissage et les évènements non vus. Plus formellement, notons $\mathbf{p}(h|\mathcal{S})$ la distribution des hypothèses dans $\mathcal{H}$ après la prise en compte de l'échantillon $\mathcal{S}$, c'est-à-dire après apprentissage. Si l'algorithme d'apprentissage est déterministe, fournissant une seule hypothèse, et toujours la même, pour un échantillon $\mathcal{S}$ donné, alors la distribution prend la forme d'une fonction de Dirac centrée sur l'hypothèse choisie h. Si au contraire il s'agit d'un algorithme non déterministe, $\mathbf{p}(h|\mathcal{S})$ peut avoir une certaine extension. De la même manière, nous notons $\mathbf{p}(f|\mathcal{S})$ la distribution de probabilités des fonctions f de la nature étant donné l'échantillon d'apprentissage. L'expression de l'espérance de l'« écart » entre le résultat de l'apprentissage et la nature est alors :

$$E[R_{R\acute{e}el}|\mathcal{S}] \;=\; \int_{h,f} \int_{\mathbf{x}\notin\mathcal{S}} p(\mathbf{x})\,[1 - \delta(f(\mathbf{x}), h(\mathbf{x}))]\,\mathbf{p}(h|\mathcal{S})\,\mathbf{p}(f|\mathcal{S}) \qquad (3.52)$$

Nous noterons ici que la somme ne fait intervenir que les formes $\mathbf{x}$ non vues en apprentissage, ce qui est différent de l'espérance de risque i.i.d. dans laquelle le tirage aléatoire des formes peut permettre le tirage de la même forme en apprentissage et en reconnaissance. Les deux expressions sont équivalentes dans le cas où l'échantillon $\mathcal{S}$ est de mesure nulle sur l'espace des entrées possibles $\mathcal{X}$. L'équation 3.52 exprime que l'espérance de risque réel étant donné un échantillon d'apprentissage $\mathcal{S}$ est liée à la somme de toutes les entrées possibles $\mathbf{x}$ pondérées par leur probabilité $\mathbf{p}(\mathbf{x})$, et à un « alignement » entre l'algorithme d'apprentissage caractérisé par $\mathbf{p}(h|\mathcal{S})$ et la vraie probabilité *a posteriori* de la nature $\mathbf{p}(f|\mathcal{S})$. De ce fait, en l'absence d'information *a priori* sur la distribution $\mathbf{p}(f|\mathcal{S})$, il est impossible de dire quoi que ce soit sur la performance en généralisation de l'algorithme d'apprentissage.

Si l'affirmation précédente n'a pas suffi à plonger le lecteur dans la consternation, le corollaire[10] suivant devrait achever de le faire. Nous noterons :

$$\mathbb{E}_k[R_{R\acute{e}el}|f, m] \;=\; \int_{\mathbf{x}\notin\mathcal{S}} \mathbf{p}(\mathbf{x})\,[1 - \delta(f(\mathbf{x}), h(\mathbf{x}))]\,\mathbf{p}_k(h(\mathbf{x})|\mathcal{S})$$

l'espérance de risque associée à l'algorithme d'apprentissage $\mathcal{A}_k$ étant donné l'échantillon d'apprentissage $\mathcal{S}$ et la vraie fonction de la nature f.

Théorème 3.1 (No-free-lunch theorem (Wolpert, 1992))

Pour tout couple d'algorithmes d'apprentissage $\mathcal{A}_1$ et $\mathcal{A}_2$, caractérisés par leurs distributions de probabilités a posteriori *$\mathbf{p}_1(h|\mathcal{S})$ et $\mathbf{p}_2(h|\mathcal{S})$, et pour toute distribution $d_{\mathcal{X}}$ des formes d'entrées $\mathbf{x}$ et tout nombre m d'exemples d'apprentissage, les propositions suivantes sont vraies :*

1. *En moyenne uniforme sur toutes les fonctions cibles f dans $\mathcal{F}$:*
   $\mathbb{E}_1[R_{R\acute{e}el}|f, m] - \mathbb{E}_2[R_{R\acute{e}el}|f, m] = 0.$

2. *Pour tout échantillon d'apprentissage $\mathcal{S}$ donné, en moyenne uniforme sur toutes les fonctions cibles f dans $\mathcal{F}$: $\mathbb{E}_1[R_{R\acute{e}el}|f, \mathcal{S}] - \mathbb{E}_2[R_{R\acute{e}el}|f, \mathcal{S}] = 0.$*

3. *En moyenne uniforme sur toutes les distributions possibles $\mathbf{P}(f)$:*
   $\mathbb{E}_1[R_{R\acute{e}el}|m] - \mathbb{E}_2[R_{R\acute{e}el}|m] = 0.$

4. *Pour tout échantillon d'apprentissage $\mathcal{S}$ donné, en moyenne uniforme sur toutes les distributions possibles $\mathbf{p}(f)$: $\mathbb{E}_1[R_{R\acute{e}el}|\mathcal{S}] - \mathbb{E}_2[R_{R\acute{e}el}|\mathcal{S}] = 0.$*

Pour une preuve de ce théorème, nous renvoyons le lecteur à [Wol92a]. De manière qualitative, le premier point de ce théorème exprime que, quel que soit notre choix d'un « bon » algorithme d'apprentissage et d'un « mauvais » algorithme (par exemple un algorithme prédisant au hasard, ou bien une fonction constante sur $\mathcal{X}$), si toutes les fonctions cibles f sont également probables,

---

10. Du latin *corollarium* : « petite couronne donnée comme gratification ».

alors le « bon » algorithme aura la même performance en moyenne que le « mauvais ». Cela signifie aussi qu'il existe au moins une fonction cible pour laquelle la prédiction au hasard est meilleure que n'importe quelle autre stratégie de prédiction.

Le deuxième point du théorème affirme la même absence de supériorité d'un algorithme d'apprentissage sur tout autre algorithme, même quand l'échantillon d'apprentissage est connu. En d'autres termes, celui-ci n'apporte pas plus d'informations à un algorithme plutôt qu'à un autre, fût-il à nouveau l'algorithme de prédiction au hasard. Les points trois et quatre ne font que renforcer ces résultats en affirmant l'égalité de tous les algorithmes, si l'on prend en compte des distributions non uniformes de fonctions cibles, mais si l'on moyenne sur toutes ces distributions. Bien sûr, pour une distribution donnée, un algorithme va être meilleur que les autres, à savoir celui qui a la même distribution que $\mathbf{P}(f|\mathcal{S})$. Mais comment le deviner *a priori* ?

Avant de discuter des leçons à tirer du *no-free-lunch theorem*, il est utile d'en illustrer la force à nouveau sur un exemple. Nous avons là en effet une sorte de loi de conservation (comme le dit Cullen Schaffer [SA94]). De même que pour chaque classe de problèmes pour laquelle un algorithme d'apprentissage est meilleur qu'un algorithme de prédiction au hasard, il existe une classe de problèmes pour laquelle cet algorithme est moins bon (figure 3.12). De même, pour chaque algorithme d'apprentissage, il existe des problèmes pour lesquels la courbe de performance en généralisation est ascendante et des problèmes pour lesquels cette courbe est descendante, c'est-à-dire pour lesquels plus l'algorithme apprend et plus il est mauvais en généralisation !

<table>
<tr>
<td>Systèmes
d'apprentissage
possibles</td>
<td></td>
<td></td>
<td></td>
</tr>
<tr>
<td>Systèmes
d'apprentissage
impossibles</td>
<td></td>
<td>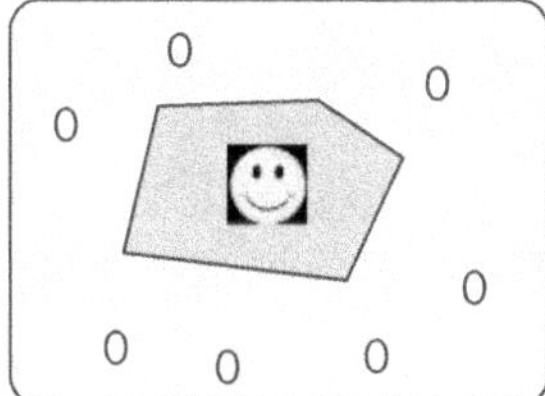</td>
<td></td>
</tr>
</table>

FIGURE 3.12 : *Le* no-free-lunch-theorem *prouve que, pour chaque région de l'espace des problèmes pour laquelle un algorithme d'apprentissage a une performance supérieure au hasard (indiqué ici par un smiley « heureux »), il existe une région pour laquelle la performance est moins bonne que le hasard (indiqué ici par un smiley « triste »). Un « 0 » indique ici la performance d'un algorithme au hasard, donc la performance moyenne. Les trois figures du dessus correspondent à des situations possibles pour un algorithme d'apprentissage, tandis que les trois figures du dessous correspondent à des situations impossibles : celles d'un algorithme qui serait intrinsèquement supérieur à un algorithme au hasard quand on le considère sur l'ensemble des problèmes possibles (d'après [SA94]).*

—— EXEMPLE   **Algorithme d'apprentissage de plus en plus mauvais** ————————

Considérons l'algorithme de classification binaire majoritaire qui attribue à un nouveau point l'étiquette de la classe la plus représentée dans les exemples d'apprentissage de S. Intuitivement, cet algorithme s'attend à ce que la classe la mieux représentée sur l'échantillon d'apprentissage soit de fait majoritaire. Cet algorithme simple peut-il n'être qu'équivalent à un algorithme tirant ses prédictions au hasard ? Sans en donner une preuve formelle, il est possible de s'en convaincre intuitivement. En effet, dans les problèmes pour lesquels une classe est nettement majoritaire, on peut s'attendre à ce que dans la plupart des cas l'algorithme majoritaire détecte correctement cette majorité dans l'échantillon d'apprentissage et soit de ce fait meilleur qu'une prédiction au hasard (de performance 1/2) sur les formes **x** non vues. Qu'en est-il alors pour les autres problèmes, ceux pour lesquels il n'existe pas de majorité nette et qui, d'après la loi binomiale, sont de très loin les plus nombreux ? L'algorithme majoritaire n'est-il pas sur ceux-là équivalent à un algorithme au hasard, contredisant ainsi le *no-free-lunch theorem* ? Même si les deux classes sont également représentées sur $\mathcal{X}$, les variations d'échantillonnage feront que souvent l'une d'entre elles sera prévalente dans S, entraînant une prédiction dans ce sens par l'algorithme majoritaire alors que, sur les exemples non vus, ce sera naturellement l'autre classe qui sera (un peu) mieux représentée. L'algorithme, sur ces problèmes, fera donc (un peu) moins bien que l'algorithme de prédiction au hasard. En prenant en compte tous les cas possibles, la performance globale de cet algorithme ne sera pas meilleure que celle de l'algorithme au hasard. Un raisonnement similaire montre que la courbe de généralisation de l'algorithme majoritaire peut être décroissante. Encore une fois, dans les cas où une classe est clairement majoritaire, l'algorithme majoritaire va avoir de plus en plus de chances de détecter correctement cette majorité avec des tailles d'échantillon croissantes (figure 3.13 gauche). Si en revanche les deux classes sont également représentées sur $\mathcal{X}$, alors la courbe va être décroissante (figure 3.13 droite). En effet, pour les petites tailles d'échantillon, la performance sera seulement légèrement inférieure à 1/2, puisque, lorsque l'algorithme détectera une majorité dans son échantillon, ce sera l'autre classe qui sera de fait mieux représentée sur les exemples restants, mais de très peu. En revanche, plus l'échantillon d'apprentissage est important, plus le choix, forcément mauvais, de l'algorithme entraînera un mauvais taux de prédiction sur les exemples restants. À la limite, quand tous les exemples sauf un auront été vus par l'algorithme d'apprentissage, la prédiction sur le dernier sera forcément mauvaise (la classe prévalente sur S étant la classe opposée à celle de ce dernier) et la performance tombera à 0.

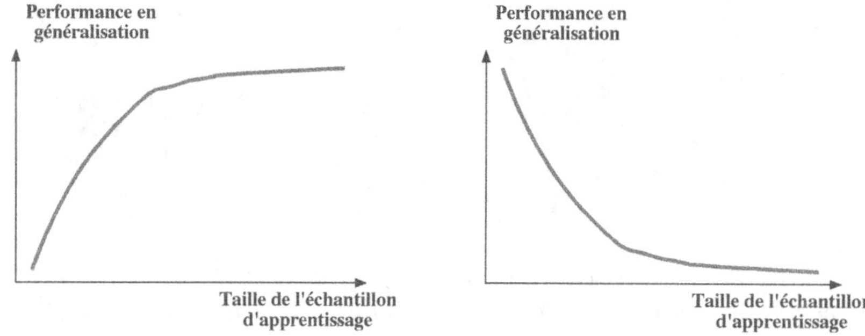

FIGURE 3.13 : *Le* no-free-lunch theorem *prouve que, pour chaque région de l'espace des problèmes pour laquelle un algorithme d'apprentissage a une courbe en généralisation croissante (gauche), il existe une région pour laquelle il existe une courbe en généralisation décroissante, c'est-à-dire indiquant que plus l'algorithme apprend, moins il est performant sur les formes non vues (droite) (d'après [SA94].)*

6.2   Leçons à tirer du no-free-lunch theorem

Quelles leçons tirer de ce théorème ? Faut-il jeter ce livre par terre et se maudire d'avoir consacré déjà tant de temps à étudier une science sans avenir ? Mais non ! Le *no-free-lunch theorem* n'empêche pas de travailler sur les problèmes inductifs ; il avertit simplement que la prudence est de rigueur. Plus précisément :

1. **Un algorithme d'apprentissage est forcément biaisé** vers une certaine classe de problèmes. C'est toujours en fonction de certains *a priori* sur les problèmes à résoudre qu'il faut concevoir et utiliser un algorithme d'apprentissage.

2. **Il n'est pas admissible de parler de la performance d'un algorithme sans préciser sur quelle classe de problèmes** il a été testé et pour quelle classe de problèmes il a été conçu.

3. **L'induction ne crée pas d'information**. Elle ne fait que transformer une information *a priori*, inscrite dans les biais de l'algorithme d'apprentissage et qui est révélée par l'intermédiaire d'un échantillon d'apprentissage. Si l'information *a priori* est inadaptée à la situation rencontrée, le résultat sera également mauvais.

D'un certain côté, le *no-free-lunch theorem* est une nouvelle occasion de ne pas croire aux miracles. Il existe d'ailleurs d'autres versions de ce théorème pour des problèmes importants pour l'apprentissage :

1. Le *théorème du vilain petit canard* [Wat85] dit qu'il n'existe pas *a priori* de meilleur ensemble de descripteurs pour décrire des formes et que, en l'absence d'autres informations, il n'existe pas de meilleure notion de similarité entre formes. Toute similarité est dépendante de biais qui peuvent, ou non, être corrects pour l'application étudiée.

2. Le *no-free-lunch theorem pour les algorithmes d'optimisation* [Wol97] énonce qu'en moyenne, sur tous les problèmes de recherche d'un *extremum* d'une fonction de coût, il n'existe pas d'algorithme de recherche qui soit intrinsèquement meilleur que tout autre. Cela signifie en particulier que les algorithmes de recherche par gradient, ou par recuit simulé ou par évolution simulée, tout aussi sophistiqués soient-ils, sont susceptibles d'être pires qu'une recherche au hasard sur certaines classes de problèmes.

Notes historiques et bibliographiques

Dire que l'apprentissage inductif est un problème d'optimisation qui conjugue un principe ou critère inductif à satisfaire au mieux et une méthode de recherche dans un espace d'hypothèses est presque devenu un dogme. Faire ressortir qu'il existe essentiellement trois types de principes inductifs — la *minimisation du risque empirique (MRE)*, la *théorie bayésienne de la décision*, qui se traduit souvent par un principe de maximum de vraisemblance, et le *principe de compression maximal de l'information* —, ne suscite pas non plus de surprise. Pourtant, il a fallu beaucoup de temps pour que cette vision de l'apprentissage s'impose. Beaucoup aussi pour qu'il soit admis que ces principes, et en particulier le principe largement employé de minimisation du risque empirique, devaient être examinés pour voir s'ils conduisaient bien à la meilleure induction possible.

La théorie bayésienne de l'apprentissage s'est développée presque naturellement durant le XXe siècle et en particulier depuis les années 1960. Elle conduit à la notion d'erreur bayésienne optimale, mais elle requiert une connaissance du modèle statistique sous-jacent. Nous recommandons à ce sujet la lecture des ouvrages de référence [Bis95],[Rip96], [Web99] et [DHS01].

De son côté, la théorie statistique de l'induction, dont la question centrale concerne les conditions de la convergence du risque empirique sur le risque réel, a été plus longue à émerger. Cette question ne semblait en effet pas centrale quand l'apprentissage cherchait d'abord à imiter des apprentissages naturels, dans le cadre de la biologie ou des sciences cognitives. Ce sont donc essentiellement des mathématiciens qui ont d'abord développé parallèlement et presque indépendamment les cadres *PAC* (Probablement Approximativement Correct) et VC (Vapnik-Chervonenkis).

Le cadre *PAC* a été introduit par l'article très influent de Valiant en 1984 [Val84] dans lequel il étudiait ce qui se révèlerait un cas particulier de la convergence du risque empirique, où l'espace d'hypothèses est celui de formules logiques et est supposé contenir le concept cible. Cela simplifiait considérablement les choses car, d'une part, le nombre d'hypothèses restait fini même s'il pouvait croître exponentiellement avec le nombre d'attributs et, d'autre part, on pouvait n'examiner que les hypothèses de risque empirique nul. Ce cadre incluait aussi un critère de complexité calculatoire sur l'apprentissage, imposant que la complexité reste polynomiale en un certain nombre de paramètres. Cependant, cet aspect du modèle *PAC* qui a permis de démontrer de nombreux théorèmes de non apprenabilité (en les ramenant à des problèmes de cryptographie) est pratiquement tombé en désuétude. Par ailleurs, afin de s'affranchir de la contrainte que le concept cible doive appartenir à l'espace d'hypothèses, un cadre généralisé a été proposé, appelé apprentissage *agnostique*. On n'en parle plus depuis qu'il a été généralisé par l'approche de Vapnik.

En effet, pendant ce temps, en URSS, Vapnik et Chervonenkis, sous l'influence de Kolmogorov, étudiaient depuis les années 1960 le problème général de la convergence des moyennes empiriques vers leur espérance. Ils prouvèrent ainsi que la convergence des espérances de risque est équivalente à la convergence uniforme des fréquences vers des probabilités sur un domaine fini d'événements. C'est ce qui est appelé le théorème clé de la théorie statistique de l'apprentissage. Les premières bornes sur le risque réel en fonction du risque empirique furent prouvées pour la première fois par Vapnik et Chervonenkis en 1974. L'analyse montra que la convergence du risque empirique vers le risque réel fait intervenir une fonction de croissance de l'espace d'hypothèses. Comme cette fonction est très difficile à calculer, il est pratique de la caractériser par un nombre : la dimension de Vapnik-Chervonenkis. Les premiers travaux introduisant cette mesure sont ceux de Vapnik et Chervonenkis en 1971 et, indépendamment, de Sauer (1972) et de Shela (1972). L'introduction de la théorie de Vapnik et Chervonenkis s'est effectuée grâce à un article exceptionnel du « four germans gang »[11] [BEHW89] qui a eu un grand impact dans la communauté de la théorie de l'apprentissage (COLT : *Computational Learning Theory*).

L'analyse de Vapnik, largement popularisée par son livre de 1995 [Vap95], a fait prendre conscience à la communauté de l'apprentissage artificiel de l'importance cruciale de la définition et de la caractérisation de l'espace d'hypothèses. Depuis longtemps, les praticiens savaient en effet qu'il leur fallait contrôler la complexité de leur modèle d'apprentissage pour ne pas être victime de surapprentissage, c'est-à-dire d'apprentissage par cœur sans généralisation. Depuis 1982, ils avaient admis, sous l'influence de l'article de Mitchell [Mit82], qu'il fallait que l'espace d'hypothèses soit contraint par un biais. Cependant, c'est vraiment l'analyse de Vapnik qui a fourni un cadre conceptuel complet permettant de comprendre, au moins heuristiquement, le compromis entre risque empirique et capacité de l'espace d'hypothèses. Il faut cependant noter également l'influence des articles présentant le compromis biais-variance [GBD92].

---

11. Selon l'expression de Manfred Warmuth, l'un des quatre auteurs.

Pour toutes ces questions, nous reportons le lecteur aux ouvrages [CM98, Hay99, Vap95, KV94a]. D'autres travaux sont plus techniques mais sont essentiels pour ceux qui veulent aller plus loin dans cette étude : [AB92, AB96, DGL96, Vid97]. Un ouvrage très intéressant sur des points de vue multiples de la théorie de l'apprentissage est [Wol95].

Le *no-free-lunch theorem* a des antécédents dans le « théorème du vilain petit canard » [Wat85] énoncé en 1963 à propos de la non-universalité de toute mesure de distance. Sa description et sa preuve sont dues à Wolpert [Wol92a] et [Wol95], de même que sa version pour les méthodes d'optimisation [Wol97]. Ce théorème a fait couler beaucoup d'encre dans les années 1990, mais il semble maintenant accepté par la communauté.

Résumé

Ce chapitre a montré que l'induction peut être formalisée par un jeu entre une nature produisant des exemples étiquetés selon une fonction cible et un apprenant cherchant à approcher cette fonction cible par une fonction hypothèse de manière à minimiser l'espérance de risque appelée risque réel. Pour ce faire, l'apprenant utilise un principe inductif lui dictant quelle hypothèse il doit choisir, étant donnés les exemples d'apprentissage, et un algorithme de recherche effectif dans l'espace d'hypothèses. Ce chapitre s'est penché sur l'analyse des principes inductifs.

Il existe trois grands principes inductifs de base : le principe de *minimisation du risque empirique*, dictant de choisir l'hypothèse qui minimise le risque sur l'échantillon d'apprentissage ; le *principe bayésien*, qui stipule de choisir l'hypothèse minimisant l'espérance de risque, ce qui revient souvent à prendre l'hypothèse dont la vraisemblance est maximale étant donnés les exemples ; finalement le principe de *compression d'information*, qui prescrit de choisir l'hypothèse permettant de transmettre l'information contenue dans les exemples d'apprentissage de la manière la plus économique. Les deux premiers ont été décrits et analysés plus en détail dans ce chapitre. En particulier, le principe *MRE* se prête naturellement à une analyse dans le pire cas, tandis que le principe bayésien, prenant en compte la distribution *a priori* des fonctions cibles, conduit à une analyse en moyenne.

L'une des conséquences les plus remarquables de ces analyses est qu'elles soulignent l'importance cruciale de l'espace d'hypothèses considéré dans la confiance que l'on peut accorder aux inductions réalisées. Il faut un espace d'hypothèses suffisamment riche pour pouvoir approcher la fonction cible d'assez près, mais il ne faut pas qu'il le soit trop sous peine de conduire à des hypothèses apparemment bonnes sur les données d'apprentissage, mais mauvaises en réalité. La mise en évidence de ce compromis a amené à reconsidérer les principes inductifs pour leur adjoindre contrôle et ajustement automatique de l'espace d'hypothèses.

Finalement, le *no-free-lunch theorem* rappelle qu'aucune méthode d'apprentissage n'est uniformément supérieure (ou inférieure) aux autres. Il faut à chaque fois spécifier l'espace de problèmes pour lequel une méthode est adaptée (ou non).

L'induction exploitant la structure de l'espace des hypothèses

Chapitre 4

Tom MITCHELL (1951-)

Exploitation d'une relation de généralité entre hypothèses

L'une des grandes avancées dans l'étude de l'apprentissage artificiel est due à Tom Mitchell qui, au début des années 1980, a présenté l'apprentissage comme la recherche d'une hypothèse cohérente, c'est-à-dire sans erreur de prédiction, avec les données dans un espace d'hypothèses. On parlait alors d'apprentissage de concepts. Dans cette perspective, l'espace des hypothèses devient un objet en soi, que l'algorithme d'apprentissage explore pour y chercher une ou des hypothèse(s) rendant compte des données. Cet espace doit être doté de structures permettant une exploration efficace. C'est le cas particulièrement lorsque l'on peut y définir une relation d'ordre partiel de généralité entre ses éléments.

Tout un ensemble d'algorithmes efficaces peut alors être mis en œuvre. C'est ainsi que Mitchell a décrit l'algorithme de l'espace des versions (ensemble de toutes les hypothèses cohérentes avec les données d'apprentissage). À partir de cet algorithme et des concepts qu'il a introduits, on a conçu des algorithmes pour des espaces d'hypothèses propres à certains domaines. Par exemple, l'inférence grammaticale (chapitre 5), qui cherche à généraliser un échantillon de séquences discrètes, utilise la structuration de l'espace des grammaires par des relations de généralités spécifiques.

L'idée d'une structuration de l'espace des hypothèses par une relation d'ordre partiel a été reprise et formalisée dans les treillis de Galois quand les attributs de description sont de type binaire. Elle est à la base de l'efficacité de nombreux algorithmes, en particulier de recherche de motifs fréquents dans des bases de données (chapitre 7).

Ce chapitre présente les grands principes de ces perspectives générales sur l'apprentissage, ainsi que des algorithmes canoniques.

Sommaire

VOICI UN PETIT problème d'apprentissage. On a devant soi quatre oiseaux : deux canards et deux manchots. Les attributs suivants sont suffisants pour les décrire : la *Forme* de leur bec, leur *Taille*, leur *Envergure* et la *Couleur* de leur cou. Le premier nous indique si le bec est *Aplati* ou non, les deux suivants se mesurent en centimètres et le dernier peut prendre les valeurs *Roux*, *Orange*, *Gris* ou *Noir*. Ces oiseaux sont étiquetés soit + (les canards), soit − (les manchots) et on veut apprendre un concept cohérent avec les exemples, une formule qui explique tous les canards et rejette tous les manchots.

On se donne un langage de représentation pour les concepts : on les écrit comme une conjonction de certaines propriétés sur les attributs. Par exemple, la formule logique suivante :

$$[Aplati = VRAI] \wedge Taille \in [30, 50] \wedge Envergure \in]-\infty, +\infty[\wedge [Couleur = CouleurChaude]$$

est un concept qui représente l'ensemble des oiseaux dont le bec est de la forme *Aplati*, dont la taille est comprise entre 30 cm et 50 cm, dont l'envergure est indifférente et dont la couleur du cou est soit *Roux*, soit *Orange*, en supposant que le descripteur *CouleurChaude* soit une classe de couleurs contenant exactement les couleurs *Orange* et *Roux*. Cela peut s'écrire, dans une syntaxe plus légère, comme :

$$(VRAI, [30, 50], ?, CouleurChaude)$$

Les données sont représentées par le tableau suivant :

	Aplati	*Taille*	*Envergure*	*Couleur*	*Classe*
$e_1 =$	*VRAI*	30	49	Roux	+ (canard)
$e_2 =$	*FAUX*	70	32	Gris	− (manchot)
$e_3 =$	*VRAI*	40	46	Orange	+ (canard)
$e_4 =$	*FAUX*	60	33	Orange	− (manchot)

On commence par examiner le **premier exemple**, un canard. Comment écrire, dans le langage des concepts, une hypothèse de généralisation compatible (pour le moment) avec lui seul ? On peut ignorer son envergure :

$$(VRAI, [30, 50], \ ?, CouleurChaude)$$

ou, plus prudent, lui donner un peu moins de latitude :

$$(VRAI, [30, 30], [39, 59], Roux)$$

On pourrait également inventer un oiseau « universel » :

$$(VRAI \vee FAUX) \wedge] - \infty, +\infty[\wedge] - \infty, +\infty[\wedge Couleur = (\ ?, \ ?, \ ?, \ ?)$$

de n'importe quelle taile, envergure, etc..

En considérant maintenant le **deuxième exemple**, il est clair que cette dernière possibilité doit être éliminée puisqu'elle couvrirait un contre-exemple. Mais on peut la « couper au ras » de ce contre-exemple[1] selon l'un des attributs. Il y a six solutions, parmi lesquelles :

$$v_1 = (\ ? \ ,] - \infty, 69], \ ? \ ,?) \quad \text{et} \quad v_1' = (\ ? \ , \ ? \ , \ ? \ , CouleurChaude)$$

On aurait aussi pu choisir de ne pas généraliser : $v_2 = (VRAI, [30, 30], [49, 49], Roux)$.

Entre les deux, on aurait aussi pu générer, parmi d'autres :

$$v_3 = (\ ?,] - \infty, 31], \ ? \ , \ ?) \quad \text{ou} \quad v_4 = (VRAI, [0, 35], [46, +\infty[, Roux)$$

Il est intuitif de vérifier que le concept v_1 est plus général que v_4 et v_2, et que, de même, v_4 est plus général que v_2. En revanche, bien que v_3 soit apparemment un concept très vaste, on ne peut pas dire qu'il soit plus général que v_4 : il ne contient pas l'objet $[VRAI, 33, 50, Roux]$ que v_4 contient.

Cet exercice sera terminé plus loin ; la notion intuitive de concept « plus général » qu'un autre sera formalisée. Pour le moment, retenons quelques principes qui gouvernent cette façon de procéder :

- Une formule du langage des concepts décrit un ensemble d'objets (ici, d'oiseaux).

- Les concepts sont reliés entre eux par une relation de généralité, qui reflète l'inclusion des ensembles d'objets qu'ils représentent.

- Le nombre de concepts cohérents avec les exemples est très grand (ou infini, si la taille des objets n'est pas mesurée en nombres entiers).

- Les exemples sont introduits les uns après les autres et, à chaque fois, l'ensemble courant d'hypothèses se modifie pour qu'elles restent cohérentes avec les exemples déjà examinés.

Ce chapitre a pour objet de formaliser ces notions, en particulier grâce à l'introduction d'une relation d'ordre partiel dans l'espace des concepts. Il va aussi montrer qu'il est possible de calculer, en traitant séquentiellement les exemples, deux ensembles finis S et G de concepts à partir desquels on peut déduire tous ceux qui acceptent les exemples et refusent les contre-exemples.

---

1. C'est-à-dire exclure ce contre-exemple et le minimum de ce que le langage des hypothèses impose d'exclure avec lui.

Notations utiles pour le chapitre

$\mathcal{H}$	L'ensemble de toutes les hypothèses, choisi par l'apprenant
$\mathcal{L}_{\mathcal{X}}$	Le langage de description des exemples
$\mathcal{L}_{\mathcal{H}}$	Le langage de description des hypothèses
$couverture(h)$	L'ensemble des exemples couverts par l'hypothèse h
$\preceq$	... est plus spécifique que ...
$\succeq$	... est plus général que ...
$\top$	L'élément maximal de $\mathcal{H}$
$\bot$	L'élément minimal de $\mathcal{H}$
hps	L'hypothèse la plus spécifique cohérente avec un ensemble d'exemples
hpg	L'hypothèse la plus générale cohérente avec un ensemble d'exemples
$\vee$	La disjonction logique
$\wedge$	La conjonction logique
$\stackrel{gen}{\Rightarrow}$	Un opérateur de généralisation
$\stackrel{spe}{\Rightarrow}$	Un opérateur de spécialisation

1. Les concepts de base

1.1 La description des attributs, la description des concepts

Nous disposons d'un ensemble d'apprentissage de m exemples $\mathcal{S} = \langle(\mathbf{x}_i, y_i)\rangle_{(i=1,m)}$, avec y_i valant soit $VRAI$ ou $+$ (exemple du concept à apprendre), soit $FAUX$ ou $-$ (contre-exemple). L'ensemble des exemples positifs est noté $\mathcal{S}_+$, celui des exemples négatifs $\mathcal{S}_-$. Les valeurs (ou formes) $\mathbf{x}$ sont prises dans un espace de représentation $\mathcal{X}$, qui est une combinaison d'attributs de natures diverses. Nous considérons ici que les attributs peuvent être :

- **Binaires** : le bec d'un oiseau est *Aplati* ou non.

- **Numériques** comme l'*Envergure*.

- **Nominaux** comme la *Couleur*. En général, un attribut nominal est simplement une valeurs dans un ensemble fini (ou *domaine*) comme $Couleur = \{Rouge, Orange, Gris, Noir\}$. Toutefois, une hiérarchie peut exister sur ces valeurs, comme dans notre exemple d'introduction :
  $CouleurChaude = \{Roux, Orange\}$, $CouleurFroide = \{Gris, Noir\}$ et
  $Couleur = \{CouleurChaude, CouleurFroide\}$.
  Dans ce cas, l'attribut est appelé *arborescent* (voir la figure 4.1).

On cherche à apprendre des hypothèses, ou concepts, qui sont des éléments écrits dans $\mathcal{L}_{\mathcal{H}}$, le langage des hypothèses (chapitre 1). Il existe différentes façons de décrire le langage $\mathcal{L}_{\mathcal{H}}$, mais nous pouvons déjà donner un exemple : le langage de la logique des propositions sur des sélecteurs, qui est apparu informellement dans l'exemple d'introduction.

1.2 Les sélecteurs

Il est fréquent que le langage $\mathcal{L}_{\mathcal{H}}$ choisi pour représenter les concepts soit, comme dans l'exemple liminaire, une partie de la logique des propositions. Plus précisément, il s'agit souvent d'une conjonction de propriétés binaires sur les attributs des exemples. On appelle *sélecteurs* ces

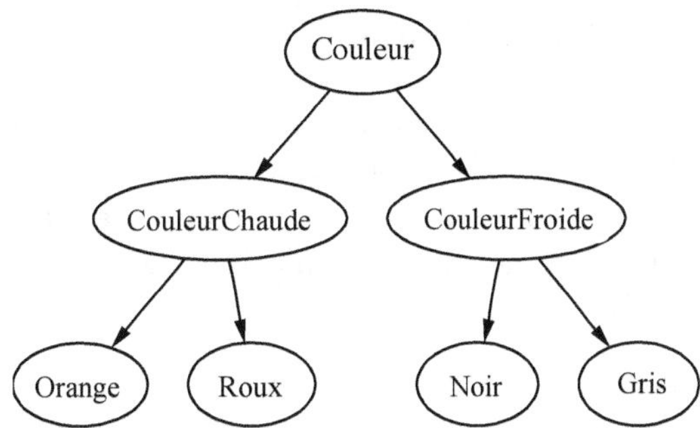

FIGURE 4.1 : *L'attribut Couleur est arborescent.*

propriétés, que l'on peut définir ainsi :

Définition 4.1 (Sélecteur)

Un sélecteur *est une application agissant sur un seul attribut de l'espace de représentation des données, à valeurs dans {VRAI, FAUX}.*

Selon la nature des attributs, un sélecteur prend des formes différentes :

- Si l'attribut est *binaire*, le sélecteur s'écrit $(attribut = VRAI)$ ou $(attribut = FAUX)$; sa valeur $VRAI$ ou $FAUX$ se déduit directement de celle de l'attribut.

- Si l'attribut est *nominal* de domaine D, le sélecteur s'écrit $(attribut \in D')$, avec $D' \subset D$. Il est $VRAI$ si l'attribut prend une valeur de D', $FAUX$ sinon.

- Si l'attribut est *arborescent*, le sélecteur s'écrit $(attribut = V)$, où V est une valeur attachée à un nœud de l'arbre. Il est $VRAI$ si la valeur de l'attribut est un nœud compris au sens large entre V et une feuille de l'arbre.

- Si l'attribut est *numérique*, le sélecteur est défini en général par un intervalle de $\mathbb{R}$. Il est $VRAI$ si la valeur est incluse dans cet intervalle, bornes comprises.

—— EXEMPLE ————————————————————————————

Pour revenir à notre exemple de départ, le concept :

$$[Aplati = VRAI] \wedge Hauteur \in [30, 50] \wedge Largeur \in]-\infty, +\infty[\wedge [Couleur = CouleurChaude]$$

qui s'écrit de manière simplifiée :

$$(VRAI, [30, 50], ?, CouleurChaude)$$

est composé d'une conjonction de quatre sélecteurs, un pour chaque attribut. L'attribut *Aplati* est binaire, *Taille* et *Envergure* sont numériques et *Couleur* est arborescent, comme le montre la figure 4.1. Sur l'objet :

Bec Aplati	*Taille*	*Envergure*	*Couleur du cou*
VRAI	60	46	*noir*

Le premier sélecteur est $VRAI$, le second est $FAUX$, le troisième est $VRAI$ et le quatrième est $FAUX$.

1.3   La relation entre un objet et un concept

La recherche d'une bonne hypothèse rendant compte des données se fait selon le principe de minimisation du risque empirique (MRE) présenté au chapitre 3. Dans le cadre de l'algorithme de l'espace des versions, que nous verrons plus loin, on recherche même des hypothèses de risque empirique nul, c'est-à-dire ne faisant aucune erreur d'étiquetage sur les exemples d'apprentissage. On parle alors d'hypothèses cohérentes avec les données.

Définition 4.2 (Hypothèse cohérente, correcte, complète)

Lorsque le risque empirique associé à une hypothèse est nul, on dit que l'hypothèse est cohérente. *Cela signifie :*

1. *Que tous les exemples positifs de l'échantillon d'apprentissage sont correctement étiquetés par l'hypothèse : on dit aussi que l'hypothèse « couvre » tous les exemples positifs. L'hypothèse est dite* complète.

2. *Que tous les exemples négatifs sont correctement classés par l'hypothèse, c'est-à-dire rejetés comme ne faisant pas partie du concept. On dit alors que l'hypothèse ne couvre pas les exemples négatifs : elle est* correcte.

La figure 4.2 illustre ces notions. Si l'on suppose que les exemples étiquetés sont issus d'un concept cible, un risque empirique nul signifie que, sur l'échantillon d'apprentissage au moins, le concept cible et l'hypothèse considérée coïncident.

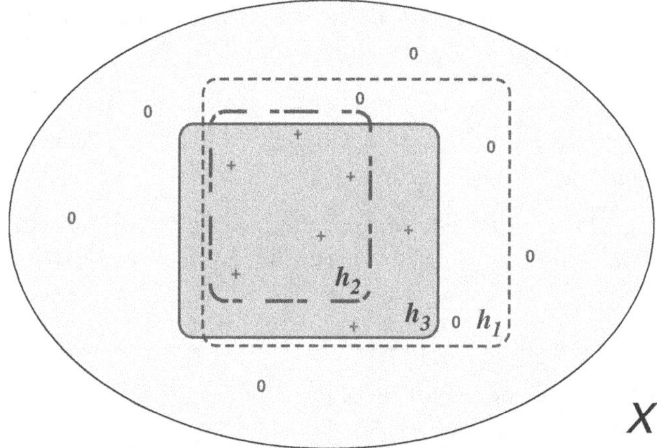

FIGURE 4.2 :   *La notion de couverture des exemples (figurés par des +) et des contre-exemples (figurés par des 0) par les hypothèses. Les hypothèses sont ici figurées par le sous-espace des exemples qu'elles couvrent dans l'espace $\mathcal{X}$. Les hypothèses h_1, h_2 et h_3 sont respectivement* complète *mais* incorrecte, correcte *mais* incomplète, *et* complète *et* correcte, *c'est-à-dire* cohérente.

1.4   La relation de généralité entre les hypothèses

Le chapitre 1 a montré que l'induction supervisée pouvait être considérée comme un jeu entre l'espace des exemples et celui des hypothèses. Le processus d'apprentissage teste les hypothèses candidates de $\mathcal{H}$ sur les exemples d'apprentissage dans $\mathcal{X}$. Les informations ainsi glanées conduisent à considérer d'autres hypothèses et on continue ainsi jusqu'au critère d'arrêt.

Nous supposons ici que les exemples d'apprentissage sont considérés séquentiellement, donc qu'à l'étape t l'apprenant a fabriqué une hypothèse candidate h_t cohérente avec l'échantillon d'apprentissage $\mathcal{S}_t$ observé jusque là. Un nouvel exemple d'apprentissage $\mathbf{z}_{t+1} = (\mathbf{x}_{t+1}, y_{t+1})$, avec $y_{t+1} \in \{VRAI, FAUX\}$ devient alors disponible. Il y a deux possibilités : soit il est correctement classé par l'hypothèse courante h_t, donc $h_t(\mathbf{x}_{t+1}) = y_{t+1}$, auquel cas il n'y a pas de raison de modifier h_t et l'on a simplement $h_{t+1} = h_t$, soit $\mathbf{x}_{t+1}$ n'est pas correctement classé par h_t. Deux cas sont alors possibles.

- L'*exemple est de classe négative*, c'est un contre-exemple du concept cible et il est incorrectement classé comme positif par h_{t+1}. Cela signifie que la partie de $\mathcal{X}$ « couverte » par h_{t+1} est trop grande, au moins en ce qui concerne le point $\mathbf{x}_{t+1}$, (le concept courant n'est plus correct). Il faut donc la réduire, c'est-à-dire chercher une sous-partie excluant $\mathbf{x}_{t+1}$ mais couvrant encore tous les exemples positifs de $\mathcal{S}_t$.

- Au contraire, $\mathbf{x}_{t+1}$ est de *classe positive* et il est incorrectement classé comme négatif par h_{t+1}. Dans ce cas, cela signifie que la partie de $\mathcal{X}$ « couverte » par h_{t+1} est trop petite, au moins en ce qui concerne le point $\mathbf{x}_{t+1}$ (le concept courant n'est plus complet). Il faut donc l'augmenter, c'est-à-dire chercher une sur-partie incluant $\mathbf{x}_{t+1}$ mais ne couvrant aucun des exemples négatifs de $\mathcal{S}_t$ (figure 4.3).

Dans les deux cas, il est patent que l'hypothèse courante doit être modifiée en fonction des relations d'inclusion dans $\mathcal{X}$. Il faut donc trouver une relation entre les hypothèses dans $\mathcal{H}$ qui respecte la relation d'inclusion dans $\mathcal{X}$. On parle de *relation de généralité* entre les hypothèses.

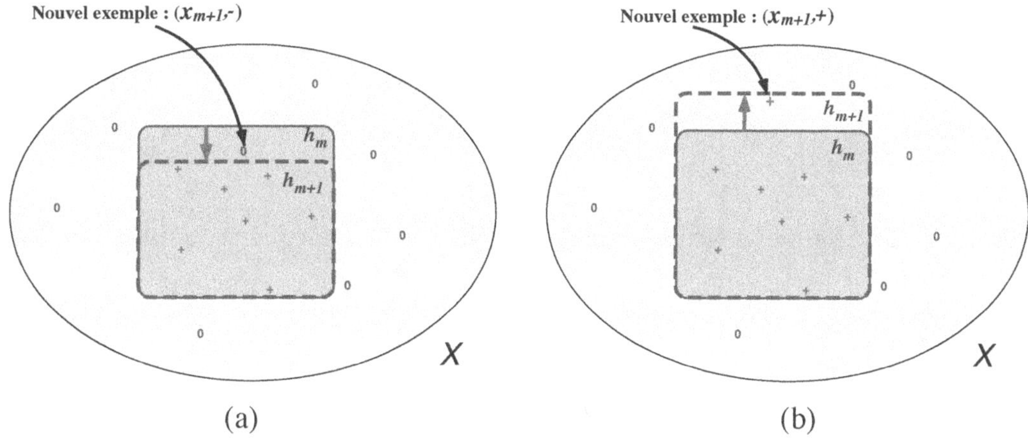

FIGURE 4.3 : *Lorsqu'un nouvel exemple est mal classé par l'hypothèse courante, il faut modifier celle-ci soit en la réduisant au sens de l'inclusion (a) afin d'exclure le nouvel exemple s'il est négatif, soit en l'augmentant (b) s'il est positif.*

Plus formellement, nous dirons qu'une hypothèse h_i est *plus spécifique* ou encore *moins générale* qu'une hypothèse h_j si et seulement si l'ensemble des exemples couverts par h_i est inclus dans celui des exemples couverts par h_j.

Définition 4.3 (Couverture d'une hypothèse)

La couverture d'une hypothèse $h \in \mathcal{H}$, notée couverture(h), est l'ensemble des exemples de $\mathcal{X}$ que décrit h. On dit que h couvre les éléments de couverture(h).

Définition 4.4 (Relation de généralité dans $\mathcal{H}$)

Une hypothèse h_i est plus spécifique (ou moins générale) qu'une hypothèse h_j, ce qui se note $h_i \preceq h_j$, si et seulement si $couverture(h_i) \subseteq couverture(h_j)$.

— REMARQUE ———————————————————————————————

Cette relation de généralité est une relation d'ordre et vérifie donc les trois propriétés :

Réflexivité $h_i \preceq h_i$.

Antisymétrie $(h_i \preceq h_j$ et $h_j \preceq h_i) \quad \Rightarrow \quad h_i = h_j$

Transitivité $(h_i \preceq h_j$ et $h_j \preceq h_k) \quad \Rightarrow \quad h_i \preceq h_k$

Les relations $\preceq$ et $\succeq$ sur $\mathcal{H}$ sont illustrées dans les figures 4.4 et 4.5.

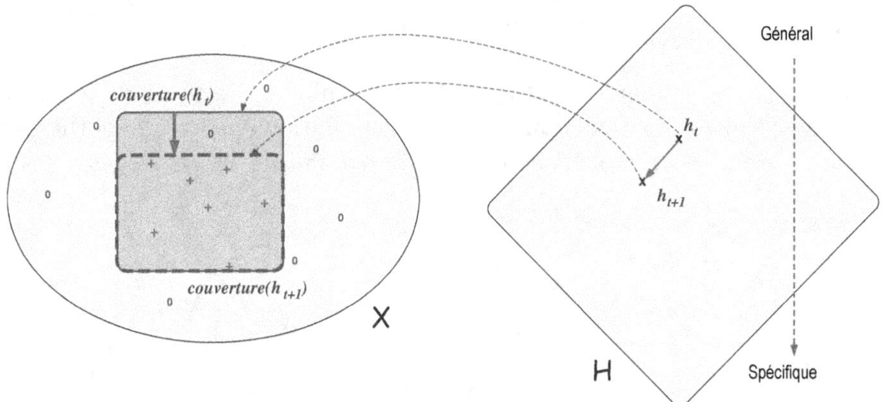

FIGURE 4.4 : *La relation d'inclusion dans $\mathcal{X}$ induit la relation de généralisation dans $\mathcal{H}$. Ici, $h_{t+1} \preceq h_t$.*

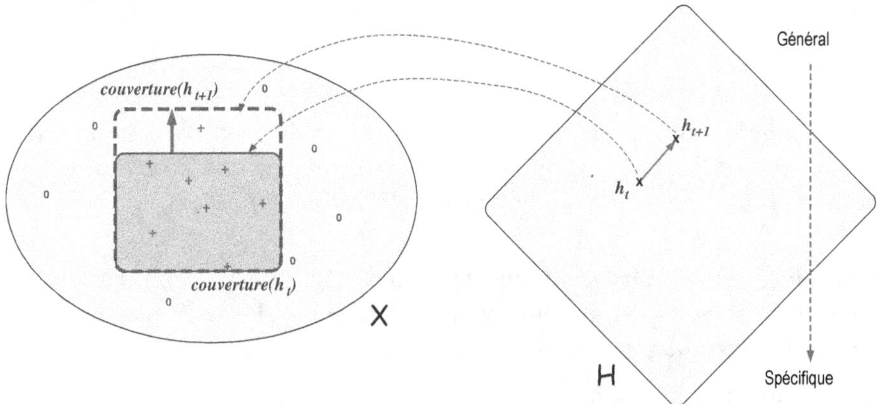

FIGURE 4.5 : *La relation d'inclusion dans $\mathcal{X}$ induit la relation de généralisation dans $\mathcal{H}$. Ici, $h_{t+1} \succeq h_t$.*

2. La structuration de l'espace des hypothèses

2.1 Préliminaires

Dans sa version de base, la méthode de l'espace des versions a pour but de résoudre le problème suivant : **trouver tous les éléments de $\mathcal{H}$ cohérents avec les exemples.**

Comme on le verra, la relation de généralité sur $\mathcal{H}$ permet d'éviter une énumeration complète de ses individus, tout en gardant la possibilité de vérifier pour tout concept s'il est cohérent ou non avec les données d'apprentissage.

Il est à noter que cette méthode de base exclut le *bruit de classification* dans les données d'apprentissage, c'est-à-dire qu'elle ne sait pas traiter le cas où deux objets identiques sont l'un étiqueté positif, l'autre étiqueté négatif.

Il est commode de supposer que le langage de généralisation inclut celui de représentation des exemples : ainsi, chaque exemple peut être considéré comme une hypothèse ne couvrant que cet exemple, qui s'écrit comme l'exemple lui-même. C'est ce que l'on appelle l'*astuce de la représentation unique* (*single representation trick*). Ce n'est pas tout à fait le cas du problème d'apprentissage donné en introduction, puisque l'exemple :

	Bec Aplati	Taille	Envergure	Couleur	Classe
$e_1 =$	$VRAI$	30	49	roux	$+$

s'écrit dans le langage des concepts de manière un peu différente :

$$(VRAI, [30, 30], [49, 49], roux)$$

Néanmoins, la correspondance est assez directe pour que l'on puisse ignorer la fonction de transformation. Il existe des cas où cette transformation est plus complexe [2].

Pour simplifier, nous supposerons dans la suite sans perte de généralité que :

$$\mathcal{L}_{\mathcal{X}} \subset \mathcal{L}_{\mathcal{H}} \tag{4.1}$$

L'ensemble $\mathcal{L}_{\mathcal{X}}$ est donc identifié à un sous-ensemble de $\mathcal{L}_{\mathcal{H}}$, ce que l'on peut exprimer d'une autre façon : un exemple est le concept qui généralise le moins l'exemple en question.

2.2 Un ordre partiel sur l'espace des hypothèses

La relation d'inclusion définie sur $\mathcal{X}$ induit une relation de généralité sur $\mathcal{H}$ d'ordre partiel. La figure 4.6 illustre cette notion. Cette relation est partielle et non pas totale, ce qui signifie que deux éléments quelconques dans l'espace considéré peuvent ne pas être liés par cette relation.

Une relation d'ordre partiel induit une structure de *treillis* sur $\mathcal{H}$.

Définition 4.5 (Treillis)

Un ensemble ordonné $(E, \preceq)$ est un treillis si toute partie à deux éléments de E admet une borne inférieure et une borne supérieure.

---

2. C'est le cas de l'inférence de grammaires régulières que nous verrons au chapitre 5. Dans ce problème, un exemple est représenté par une séquence de lettres et son apprentissage par cœur par un automate qui ne reconnaît que cette séquence. C'est encore plus net en programmation logique inductive (chapitre 6), où la vérification qu'un concept couvre un exemple se fait par l'exécution d'un programme Prolog, ce qui est loin d'être trivial.

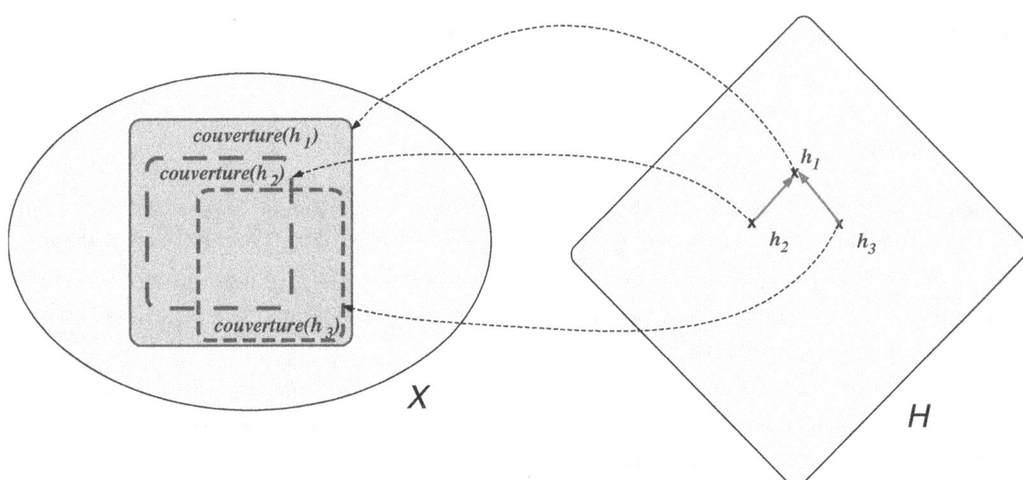

FIGURE 4.6 : *La relation d'inclusion dans $\mathcal{X}$ induit la relation de généralisation dans $\mathcal{H}$. Il s'agit d'une relation d'ordre partiel : ici, les hypothèses h_2 et h_3 sont incomparables entre elles, mais elles sont toutes les deux plus spécifiques que h_1.*

Cela signifie que, pour tout couple d'hypothèses h_i et h_j, il existe au moins une hypothèse qui soit plus générale que chacune d'entre elles et qu'il n'est pas possible de la spécifier sans perdre cette propriété. L'ensemble de ces hypothèses est appelé le *généralisé maximalement spécifique* de h_i et h_j et noté $gms(h_i, h_j)$. De même, il existe un ensemble d'hypothèses plus spécifiques que h_i et h_j qu'il n'est pas possible de généraliser sans perdre cette propriété. On appelle cet ensemble le *spécialisé maximalement général* et on le note $smg(h_i, h_j)$ [3].

Par une extension facile au cas de plus de deux hypothèses, on peut définir de même un ensemble $gms(h_i, h_j, h_k, \ldots)$ et un ensemble $smg(h_i, h_j, h_k, \ldots)$.

Finalement, nous supposons [4] qu'il existe dans $\mathcal{H}$ une hypothèse plus générale que toutes les autres (ou élément maximal) notée $\top$ et une hypothèse plus spécifique que toutes les autres (ou élément minimal) notée $\bot$ (figure 4.7).

La relation d'inclusion est fondamentale pour le problème de l'induction. En effet, une hypothèse incorrecte (donc couvrant indûment des exemples négatifs) devra être spécialisée pour que sa couverture exclue ces exemples, alors qu'une hypothèse incomplète (ne couvrant pas tous les exemples positifs connus) devra être généralisée pour que ces exemples deviennent éléments de sa couverture. Le processus d'induction peut donc s'appuyer sur ces relations d'inclusion.

Nous avons également déjà souligné dans le chapitre 3 que l'induction nécessite une mise à jour des hypothèses directement dans $\mathcal{H}$. Comme l'espace $\mathcal{H}$ des hypothèses est défini par son langage de description $\mathcal{L}_{\mathcal{H}}$, cela signifie qu'il faut trouver comment associer à la relation d'inclusion dans $\mathcal{X}$ des opérations syntaxiques sur $\mathcal{L}_{\mathcal{H}}$ correspondant à la relation de généralité. Trouver des équivalences aux relations d'inclusion dans $\mathcal{X}$ revient donc à trouver des opérateurs dans le langage $\mathcal{L}_{\mathcal{H}}$ qui permettent de modifier une hypothèse h_t en une nouvelle hypothèse h_{t+1} incluse dans la première ou l'incluant [5], c'est-à-dire plus spécifique ou plus générale.

---

3. Dans les notations classiques des treillis, on aurait $smg(h_i, h_j) = h_i \wedge h_j$ et $gms(h_i, h_j) = h_i \vee h_j$.

4. C'est en général le cas en pratique.

5. On tire profit ici de la confusion assumée entre la notion de concept et celle de partie de $\mathcal{X}$ (voir l'équation 4.1) pour parler de concept inclus dans un autre, alors que la relation d'inclusion n'a, à proprement parler, de sens que pour les catégories qui sont définies sur $\mathcal{X}$.

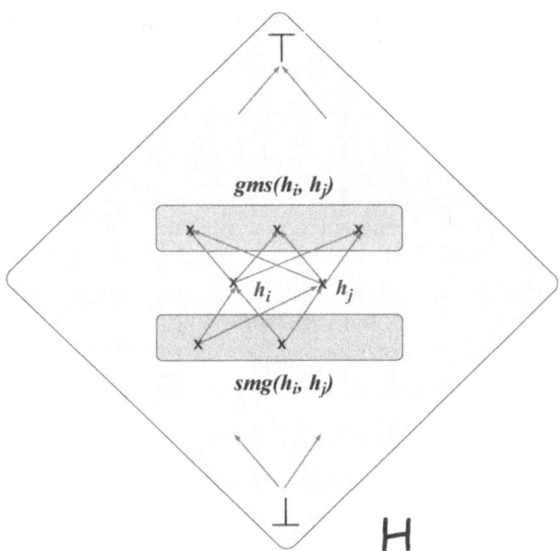

FIGURE 4.7 : *Une vision schématique et partielle du treillis de généralisation sur $\mathcal{H}$ induit par la relation d'inclusion dans $\mathcal{X}$. Chaque flèche indique la relation de généralité (notée $\preceq$ dans le texte). L'élément le plus spécifique du treillis est $\bot$ et le plus général est $\top$.*

2.3   Quelques opérateurs de spécialisation et de généralisation

Le problème de la recherche d'opérateurs syntaxiques de généralisation ou de spécialisation sera également débattu dans le chapitre 6 portant sur la programmation logique inductive, parce que la solution n'est pas évidente lorsque l'on utilise des représentations en logique des prédicats, dite aussi logique d'ordre 1. Il est en revanche facile d'exhiber des exemples d'opérateurs satisfaisants dans le cas de représentations fondées sur la logique des propositions et la représentation attribut-valeur (chapitre 15). À titre d'illustration, nous présentons quelques-uns de ces opérateurs de généralisation.

L'opération de généralisation est notée $\overset{gen}{\Rightarrow}$. Une formule du type $A \wedge (B = v_1) \to \mathcal{C}$ signifie qu'un objet couvert par le concept $\mathcal{C}$ est décrit par la conjonction d'un sélecteur sur les attributs A (ici avec A binaire) et B (ici avec B nominal ordonné), ce dernier valant v_1. On constatera que les généralisations proposées ne sont évidemment pas des opérations logiquement valides, puisqu'elles réalisent une induction.

Opérateur de clôture d'intervalle

$$\left.\begin{array}{l} A \wedge (B = v_1) \to \mathcal{C} \\ A \wedge (B = v_2) \to \mathcal{C} \end{array}\right\} \quad \overset{gen}{\Rightarrow} \quad A \wedge (B \in [v_1, v_2]) \to \mathcal{C}$$

Par exemple :

$$\left.\begin{array}{l} Bec\ Aplati \wedge (Envergure = 50) \to \text{canard} \\ Bec\ Aplati \wedge (Envergure = 55) \to \text{canard} \end{array}\right\}$$

$$\overset{gen}{\Rightarrow} \quad Bec\ Aplati \wedge (Envergure \in [50, 55]) \to \text{canard}$$

Opérateur de l'ascension dans l'arbre de hiérarchie

Pour généraliser une description incluant un attribut arborescent, il suffit de le remplacer par l'un de ses ascendants dans l'arbre :

$$\left.\begin{array}{l} A \,\wedge\, (B = n_1) \to \mathcal{C} \\ A \,\wedge\, (B = n_2) \to \mathcal{C} \end{array}\right\} \quad \overset{gen}{\Rightarrow} \quad A \,\wedge\, (B = n) \to \mathcal{C}$$

où n est le plus petit nœud ascendant commun aux nœuds n_1 et n_2. Par exemple :

$$\left.\begin{array}{l} Bec\ Aplati \wedge (Couleur = roux) \to \text{canard} \\ Bec\ Aplati \wedge (Couleur = orange) \to \text{canard} \end{array}\right\}$$

$$\overset{gen}{\Rightarrow} \quad Bec\ Aplati \wedge (Couleur = Couleur\ chaude) \to \text{canard}$$

Opérateur d'abandon de conjonction

$$A \,\wedge\, B \to \mathcal{C} \;\overset{gen}{\Rightarrow}\; A \to \mathcal{C}$$

Par exemple : $Bec\ Aplati \wedge (Couleur = roux) \to \text{canard} \;\overset{gen}{\Rightarrow}\; Bec\ Aplati \to \text{canard}$

Opérateur d'ajout d'alternative

$$A \to \mathcal{C} \;\overset{gen}{\Rightarrow}\; A \vee B \to \mathcal{C}$$

Par exemple :

$$Bec\ Aplati \to \text{canard} \;\overset{gen}{\Rightarrow}\; Bec\ Aplati \vee (Couleur = orange) \to \text{canard}$$

Opérateur de changement de conjonction en disjonction

$$A \,\wedge\, B \to \mathcal{C} \;\overset{gen}{\Rightarrow}\; A \vee B \to \mathcal{C}$$

Par exemple :
$$Bec\ Aplati \wedge (Couleur = orange) \to \text{canard} \;\overset{gen}{\Rightarrow}\; Bec\ Aplati \vee (Couleur = orange) \to \text{canard}$$

Chaque opérateur de généralisation permet de transformer l'expression d'une hypothèse en l'expression d'une hypothèse plus générale, couvrant davantage d'éléments de l'espace des exemples $\mathcal{X}$. Il est possible de renverser chaque opérateur de généralisation pour obtenir des *opérateurs de spécialisation*, qui transforment une hypothèse en une hypothèse moins générale, ou plus spécifique, couvrant moins d'éléments de $\mathcal{X}$.

Ainsi, l'opérateur de généralisation par montée dans la hiérarchie des descripteurs peut fournir un opérateur de spécialisation par descente dans la hiérarchie :

$$A \,\wedge\, (B = n) \to \mathcal{C} \;\overset{spe}{\Rightarrow}\; A \,\wedge\, (B = n_1) \to \mathcal{C}$$

où n est un nœud ascendant du descripteur n_1.

$$Bec\ Aplati \wedge (Couleur = Couleur\ chaude) \to \text{canard}$$

$$\overset{spe}{\Rightarrow} \quad Bec\ Aplati \wedge (Couleur = roux) \to \text{canard}$$

Pour résumer, si un espace d'hypothèses $\mathcal{H}$ est défini par un langage $\mathcal{L}_{\mathcal{H}}$ qui admet des opérateurs de spécialisation et de généralisation, alors il est muni d'une structure d'ordre partiel associée à la relation d'inclusion sur l'espace des exemples $\mathcal{X}$. De ce fait, elle est particulièrement pertinente pour la tâche d'induction. Ainsi, la recherche d'une hypothèse cohérente avec les exemples d'apprentissage peut être guidée par ces opérateurs et être par conséquent très efficace. Nous allons donner quelques propriétés de l'espace $\mathcal{H}$ ainsi muni d'une relation d'ordre et expliquer comment mener cette exploration.

2.4 Quelques propriétés utiles d'un espace structuré par une relation d'ordre partiel

Rappelons d'abord qu'il n'y a généralement pas bijection entre l'espace des hypothèses $\mathcal{H}$ et l'espace des parties de $\mathcal{X}$, sinon, nous l'avons vu, il ne peut plus y avoir qu'apprentissage par cœur (sans induction). L'existence d'un biais de représentation, c'est-à-dire une limite sur l'expressivité du langage $\mathcal{L}_\mathcal{H}$ est nécessaire.

De ce fait, il est important de s'assurer que certaines propriétés sont vérifiées. Il en est deux qui nous concernent spécialement. La première a trait à la *convexité* de $\mathcal{H}$: est-on certain que l'application des opérateurs de spécialisation/généralisation sur des expressions de $\mathcal{L}_\mathcal{H}$ produit toujours des expressions valides qui ont une contrepartie dans $\mathcal{X}$? En d'autres termes, ne risque-t-on pas, en jouant avec ces opérateurs, de produire des « hypothèses » qui n'auraient pas de sens ? La deuxième propriété est duale de la précédente : peut-il y avoir des hypothèses dans $\mathcal{H}$ qui sont de fait plus générales ou plus spécifiques qu'une autre hypothèse de $\mathcal{H}$, mais qu'on ne puisse pas obtenir à partir de celle-ci par une séquence d'opérateurs de spécialisation/généralisation ? Si l'une ou l'autre de ces deux propriétés s'avérait non vérifiée (figure 4.8), alors l'exploration de $\mathcal{H}$ par l'application des opérateurs pourrait conduire à des résultats aberrants : soit des hypothèses sans signification dans $\mathcal{X}$, soit au contraire la non production d'hypothèses pertinentes de $\mathcal{H}$. Heureusement, ces deux propriétés peuvent être obtenues. Plus formellement :

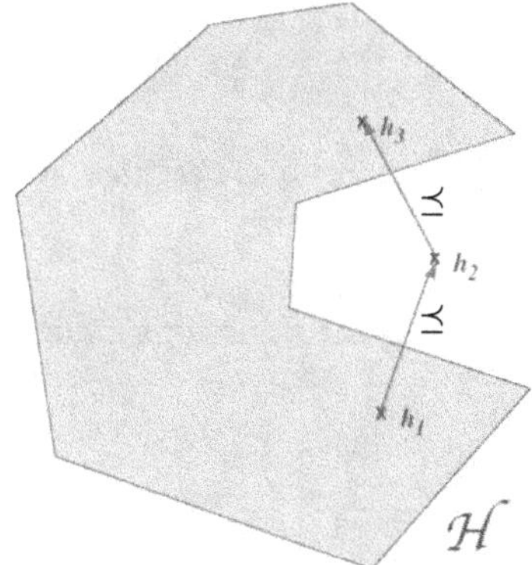

FIGURE 4.8 : *Un exemple d'ensemble non convexe pour la relation de généralité.*

Définition 4.6 (Ensemble convexe pour la généralisation)

Un ensemble E dont les éléments sont représentables dans un langage $\mathcal{L}_\mathcal{H}$ est convexe *si et seulement si :*

$$Pour\ tous\quad h_1, h_2, h_3\ tels\ que\ h_1, h_3 \in E\ \ et\ \ h_1 \preceq h_2 \preceq h_3, \quad alors\ h_2 \in E.$$

Propriété 4.1 (Théorème de convexité [Hir90])

L'ensemble des hypothèses $\mathcal{H}$ défini par un langage $\mathcal{L}_\mathcal{H}$ sur lequel sont définis des opérateurs de spécialisation/généralisation est convexe.

Définition 4.7 (Ensemble borné pour la généralisation)

Un ensemble $\mathcal{H}$ d'hypothèses décrites par un langage $\mathcal{L}_\mathcal{H}$ est borné *si et seulement si, pour tout h dans $\mathcal{H}$ il existe une hypothèse g maximalement générale dans $\mathcal{H}$ et une hypothèse s maximalement spécifique dans $\mathcal{H}$ telles que $s \preceq h \preceq g$.*

Il n'est pas possible de garantir la propriété d'être borné pour tout ensemble décrit sur un langage $\mathcal{L}_{\mathcal{H}}$ muni d'opérateurs de spécialisation/généralisation. C'est donc une contrainte qu'il faut à chaque fois vérifier ou imposer si besoin. Cette contrainte est en général vérifiée sur les langages d'ordre 0 (logique des propositions) ; elle demande par contre des soins particuliers en logique d'ordre 1 (logique des prédicats).

Si les deux propriétés précédentes sont vraies, alors une troisième propriété, fondamentale pour la suite, en découle.

Définition 4.8 (S : Les hypothèses cohérentes maximalement spécifiques)

L'ensemble des hypothèses de $\mathcal{H}$ couvrant les exemples positifs et excluant les exemples négatifs, et telles qu'il ne soit pas possible de les spécialiser sans perdre ces propriétés, est appelé le S-set. Nous le noterons S dans la suite.

Définition 4.9 (G : Les hypothèses cohérentes maximalement générales)

L'ensemble des hypothèses de $\mathcal{H}$ couvrant les exemples positifs et excluant les exemples négatifs, et telles qu'il ne soit pas possible de les généraliser sans perdre ces propriétés, est appelé le G-set. Nous le noterons G dans la suite.

Théorème 4.1 (Représentation de l'espace des versions par S et G [Hir90])

Si un ensemble d'hypothèses est convexe et borné, alors il peut être représenté par sa borne inférieure S et sa borne supérieure G.

Définition 4.10 (Espace des versions)

L'ensemble de toutes les hypothèses cohérentes avec les exemples d'apprentissage est appelé l'espace des versions.

Le théorème (4.1) prouve que l'espace des versions peut être représenté de manière économique par ses bornes S et G.

Cette propriété a trois corollaires essentiels :

1. À tout instant, l'ensemble des hypothèses cohérentes avec un ensemble d'exemples d'apprentissage est représentable par une *borne inférieure* (un ensemble d'hypothèses S) et une *borne supérieure* (un ensemble d'hypothèses G) : toute hypothèse comprise entre un élément de S et un élément de G est cohérente.

2. Un algorithme d'*apprentissage* peut opérer *en calculant ces deux bornes* et donc en calculant l'ensemble des hypothèses cohérentes. Il s'agit là d'une idée novatrice par rapport aux algorithmes d'apprentissage recherchant *une* hypothèse cohérente par modification incrémentale d'une hypothèse initiale.

3. Il n'existe donc pas de concept cohérent moins spécifique qu'un élément de G ou plus spécifique qu'un élément de S.

En considérant un exemple comme une hypothèse, grâce à la relation $\mathcal{L}_{\mathcal{X}} \subset \mathcal{L}_{\mathcal{H}}$ (équation 4.1), nous pouvons donc remarquer que S est un sous-ensemble du *gms* de l'ensemble des exemples positifs (on ne peut rien dire d'aussi simple sur G). Nous allons voir l'application de cette idée dans l'algorithme d'*élimination des candidats* proposé par Mitchell [Mit82].

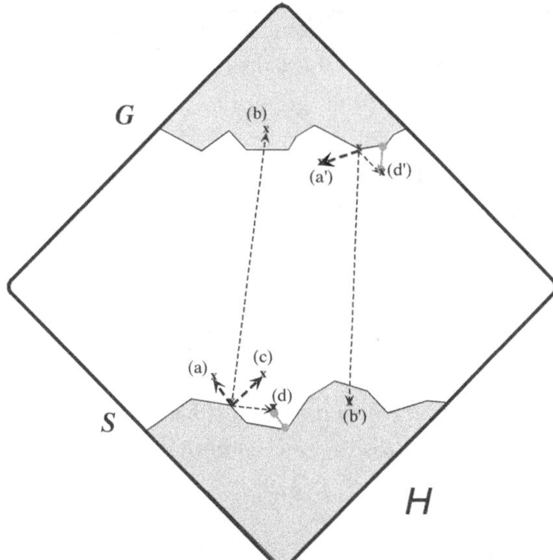

FIGURE 4.9 : *Cette figure schématise les différents cas possibles lors de la mise à jour des ensembles S et G par l'algorithme d'élimination des candidats. Les cas* (a), (b), (c) *et* (d) *correspondent à la mise à jour de S pour tenir compte d'un exemple positif. On suppose ici qu'un élément de S ne couvre pas ce nouvel exemple et doit être généralisé. Les flèches en pointillés illustrent le cas où quatre directions de généralisation seraient possibles. La direction* (b) *doit être éliminée car elle correspond à une surgénéralisation : l'hypothèse produite est en effet plus générale qu'une hypothèse de G et doit donc couvrir des exemples négatifs. L'hypothèse* (d) *doit également être écartée car elle est plus générale qu'une autre hypothèse de S qui est cohérente avec les exemples. Il reste donc les hypothèses* (a) *et* (c) *qui remplaceront l'ancienne hypothèse dans S. Les cas* (a'), (b') *et* (d') *illustrent des cas duaux dans le cas de la mise à jour de l'ensemble G pour tenir compte d'un exemple négatif.*

3. La construction de l'espace des versions

Nous allons voir maintenant comment construire S et G à partir des exemples et nous vérifierons que tout élément de l'espace des versions est plus spécifique qu'un certain élément de G et moins spécifique qu'un certain élément de S.

3.1 L'algorithme d'élimination des candidats

L'apprentissage par l'espace des versions est associé à un algorithme de construction des solutions, appelé l'*élimination des candidats* (algorithme 1).

Il procède de manière itérative, exemple par exemple, en mettant à jour S et G. Sa convergence est assurée par un théorème (non démontré ici) qui prouve qu'un seul examen de chaque exemple suffit et que l'ordre de présentation des exemples n'influe pas sur le résultat de l'algorithme.

Cet algorithme gère deux procédures `Generaliser(s,x,G)` et `Specialiser(g,x,S)`, qui seront utilisées pour remplacer dans G (respectivement S) un concept devenant trop spécifique (respectivement trop général) par un ou plusieurs autres concepts respectant les contraintes de

---

Algorithme 1 : Algorithme d'élimination des candidats.

Résultat : Initialiser G comme l'hypothèse la plus générale de $\mathcal{H}$

Initialiser S comme l'hypothèse la moins générale de $\mathcal{H}$

pour chaque *exemple* **x faire**

    si x *est un exemple positif* **alors**

        Enlever de G toutes les hypothèses qui ne couvrent pas **x**

        pour chaque *hypothèse s de S qui ne couvre pas* **x faire**

            Enlever s de S

            Généraliser(s,**x**,S)

            c'est-à-dire : ajouter à S toutes les généralisations minimales h de s telles que :

                • h couvre **x** et

                • il existe dans G un élément plus général que h

            Enlever de S toute hypothèse plus générale qu'une autre hypothèse de S

        fin

    sinon

        /* **x** est un exemple négatif   */

        Enlever de S toutes les hypothèses qui couvrent **x**

        pour chaque *hypothèse g de G qui couvre* **x faire**

            Enlever g de G

            Spécialiser(g,**x**,G)

            c'est-à-dire : ajouter à G toutes les spécialisations maximales h de g telles que :

                • h ne couvre pas **x** et

                • il existe dans S un élément plus spécifique que h

            Enlever de G toute hypothèse plus spécifique qu'une autre hypothèse de G

        fin

    fin si

fin

---

consistance. Ces procédures se définissent grâce aux notions de spécialisation minimale et de généralisation minimale. La figure 4.9 illustre les différents cas qui peuvent se rencontrer lors de la mise à jour des bornes S et G par l'algorithme d'élimination des candidats.

Il est donc démontré que cet algorithme itératif remplit le but fixé : il permet de trouver S et G. Par là, il autorise la caractérisation de tous les concepts cohérents avec les exemples.

—— EXEMPLE   **Les oiseaux** ————————————————————————————

Généralisation et spécialisation minimale

Dans l'exemple des canards et des manchots, les opérations de spécialisation et de généralisation ont une définition naturelle. Soit le concept :

$$v_1 = (Bec\ Aplati = ?\,,\ Taille \in [0, 60],\ Envergure \in [33, +\infty[,\ Couleur = CouleurChaude)$$

et le contre-exemple (on ne répète pas les noms des attributs) :

$$e_4 = (FAUX, 60, 33, orange)$$

Il y a quatre possibilités de spécialisation minimale de v_1 vis-à-vis de e_4 :

$$(VRAI \quad , [0, 60], [33, +\infty[, CouleurChaude)$$
$$(? \quad , [0, 59], [33, +\infty[, CouleurChaude)$$
$$(? \quad , [0, 60], [39, +\infty[, CouleurChaude)$$
$$(? \quad , [0, 60], [33, +\infty[, roux)$$

Pour le concept :

$$v_4 = (VRAI, [0, 59], [46, +\infty[, roux)$$

et l'exemple :

$$(FAUX, 60, 47, orange)$$

on obtient la généralisation minimale :

$$(?, [0, 60], [47, +\infty[, CouleurChaude)$$

Déroulement de l'algorithme

Pour simplifier, nous allons éliminer le troisième attribut, l'*Envergure*. Les données d'apprentissage sont donc les suivantes :

	Bec Aplati	Taille	Couleur	Classe
$e_1 =$	$VRAI$	30	roux	+
$e_2 =$	$FAUX$	70	gris	−
$e_3 =$	$VRAI$	40	orange	+
$e_4 =$	$FAUX$	60	orange	−

DEBUT

Initialisation
$\quad G = (?, ?, ?)$
$\quad S = \emptyset$

Lecture de $e_1 = ((VRAI, 30, roux), +)$
$\quad$ On généralise minimalement S pour couvrir e_1 :
$\quad S = \{(VRAI, [30, 30], roux)\}$
$\quad G$ est inchangé : $G = (?, ?, ?)$

Lecture de $e_2 = ((FAUX, 70, gris), -)$
$\quad S$ est inchangé : $S = \{(VRAI, [30, 30], roux)\}$
$\quad$ Il y a quatre spécialisations minimales de G pour rejeter e_2 :

$$(VRAI , ?, ?)$$
$$(? , [0, 69], ?)$$
$$(? , [71, +\infty[, ?)$$
$$(?, ?, CouleurChaude)$$

On ajoute à G les trois hypothèses pour lesquelles il existe dans S un élément plus spécifique.

$$G = \{ \ (VRAI , ?, ?),$$
$$(? , [0, 69], ?)$$
$$(?, ?, CouleurChaude) \ \}$$

Lecture de $e_3 = ((VRAI, 40, \ orange), +)$

On géneralise minimalement S pour couvrir e_3

$S = \{(VRAI, [30, 40], CouleurChaude)\}$

G est inchangé.

Lecture de $e_4 = ((FAUX, 60, orange), -)$

On essaie de spécialiser chaque élément de G par rapport à e_4.

Le premier élément ne couvre pas e_4.

Les deux suivants donnent chacun 2 concepts possibles :

Spécialisations minimales de (? , $[0, 69]$, ?) pour rejeter $(FAUX, 60, orange)$:

$$(VRAI , [0, 69], ?)$$
$$(? , [0, 59], ?)$$

Spécialisations minimales de (?, ?, $CouleurChaude$) pour rejeter $(FAUX, 60, orange)$:

$$(VRAI , ?, CouleurChaude)$$
$$(? , [0, 59], CouleurChaude)$$

On note que ce dernier élément est plus spécifique que (? , $[0, 59]$, ?), on ne le retient donc pas dans G.

On ajoute à G les spécialisations pour lesquelles il existe dans S un élément plus spécifique. Finalement, en ne conservant que le concept le plus général quand il en existe deux en relation de généralité, G comporte les trois éléments suivants :

$$G = \{ (VRAI , ?, CouleurChaude), (VRAI , [0, 69], ?), (? , [0, 59], ?) \}$$

S est inchangé : $S = \{(VRAI, [30, 40], CouleurChaude)\}$

FIN

Tout concept plus général que le seul élément de S et plus spécifique qu'un des trois éléments de G est solution. Voici trois concepts valides :

$$(VRAI, [30, 55], ?)$$
$$(VRAI, [0, 59], CouleurChaude)$$
$$(?, [0, 42], ?)$$

3.2   Un exemple d'application : le système LEX

Le système LEX a été développé par Tom Mitchell en 1983 pour apprendre automatiquement les conditions d'utilisation des opérateurs mathématiques permettant de calculer la primitive d'expressions. C'est exactement ce à quoi les élèves des classes préparatoires aux grandes écoles passent beaucoup de temps. Au début, on leur donne un ensemble de « recettes » que l'on appelle ici des opérateurs OP. Par exemple (r et c sont ici des constantes) :

Sortie des constantes de multiplication	OP_1 : $\int r\, f(x)\, dx = r \int f(x)\, dx$
Règle d'intégration par parties	OP_2 : $\int u\, dv = uv - \int v\, du$
Règle de l'identité	OP_3 : $1 \times f(x) = f(x)$
L'intégrale d'une somme est la somme des intégrales	OP_4 : $\int [f_1(x) + f_2(x)]\, dx = \int f_1(x)\, dx + \int f_2(x)\, dx$
Primitive de la fonction $sin(x)$	OP_5 : $\int sin(x)\, dx = -cos(x) + c$
Primitive de la fonction $cos(x)$	OP_6 : $\int cos(x)\, dx = sin(x) + c$
Règle d'intégration des fonctions puissance	OP_7 : $\int x^n\, dx = \frac{x^{n+1}}{n+1} + c$

Au début de leur apprentissage, les élèves connaissent ces règles mais ne savent pas exactement dans quel contexte il est judicieux d'appliquer chacune d'entre elles. De ce fait, ils mettent beaucoup de temps à résoudre les problèmes car ils se perdent dans de nombreuses impasses. Au fur et à mesure de leur entraînement, ils apprennent à appliquer ces règles juste au moment où elles font progresser vers la solution. C'est ce type d'apprentissage qu'essaie de simuler le système LEX.

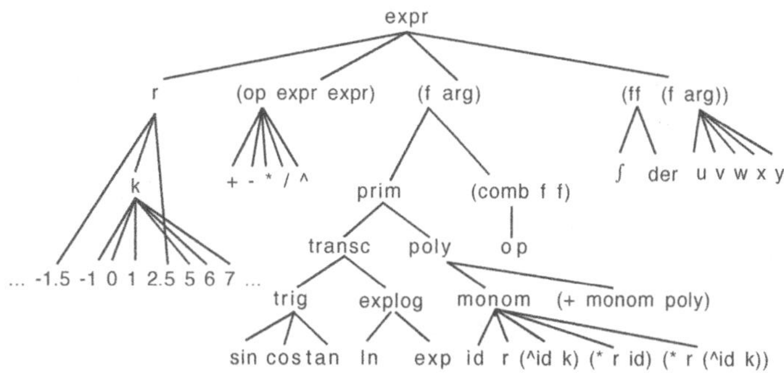

FIGURE 4.10 : *Une taxonomie des fonctions de base telle que celle employée par le système* LEX.

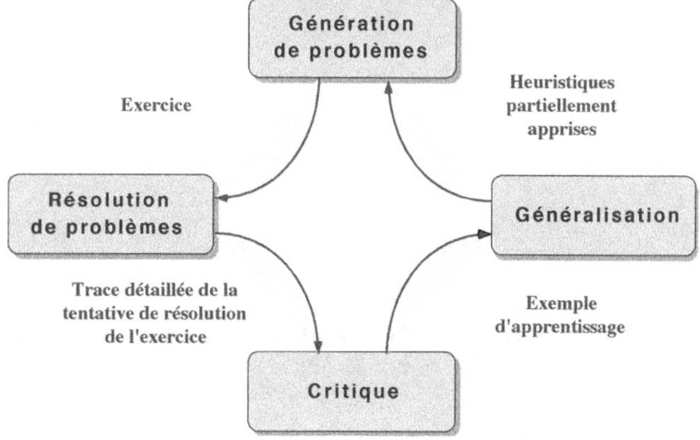

FIGURE 4.11 : *L'architecture générale du système* LEX *avec le cycle d'utilisation.*

Au début de son apprentissage, le système connaît un ensemble d'opérateurs d'intégration symboliques tels que ceux donnés plus haut. Il est également doté d'une taxonomie sur les concepts de fonctions mathématiques (voir figure 4.10). Le système suit alors un cycle qui est schématisé sur la figure 4.11. À chaque cycle, un module fournit un exercice à résoudre. Un système de résolution de problème tente alors de trouver une solution en enchaînant des opérateurs d'intégration. Cela fournit un arbre de résolution qui peut aboutir à une solution ou à un échec (par exemple si le système ne trouve pas de solution avec les ressources de calcul allouées). Chaque utilisation des opérateurs selon une branche ayant mené à un succès fournit un exemple positif de l'emploi de cet opérateur (en fait, il faut aussi examiner si la solution est optimale). Inversement, chaque utilisation d'un opérateur le long d'une branche ayant mené à un échec correspond à une utilisation erronée de cet opérateur et fournit donc un exemple négatif de contexte d'utilisation.

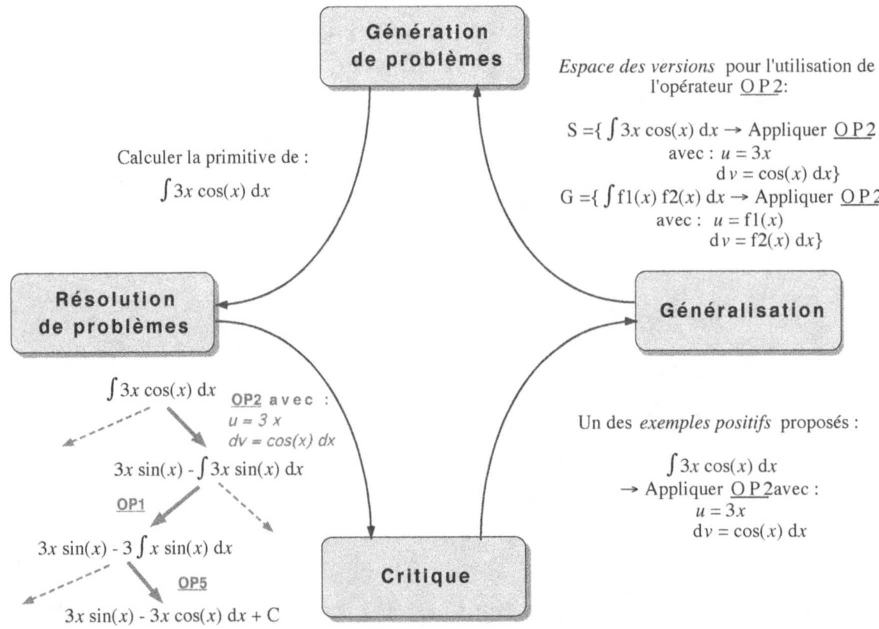

FIGURE 4.12 : *Un exemple de cycle d'apprentissage dans le système* LEX.

Ces exemples et contre-exemples sont alors fournis à un système d'apprentissage utilisant l'algorithme d'élimination des candidats, qui calcule ainsi les bornes S et G définissant les contextes dans lesquels il est approprié d'utiliser l'opérateur considéré (voir la figure 4.12 pour un exemple de cycle).

4. La représentation des connaissances par un treillis de Galois

4.1   La construction de la structure

Nous nous plaçons maintenant dans une situation techniquement un peu différente de celle traitée par l'espace des versions, mais proche dans son esprit. Nous supposons que le langage de représentation est purement binaire, c'est-à-dire que chaque exemple ou contre-exemple se décrit par un ensemble de réponses $VRAI$ ou $FAUX$ à des tests qu'on lui pose. Par exemple :

x_1	*vole*	x_4	*mammifère*
x_2	*a des plumes*	x_5	*nage sous l'eau*
x_3	*pond des œufs*		

Sur cette représentation, un ensemble d'objets $\mathcal{S} = \{s_1, s_2, s_3, s_4\}$ peut être décrit par le tableau suivant :

	x_1	x_2	x_3	x_4	x_5	commentaire
s_1	1	1	1	0	0	oie
s_2	0	0	1	1	1	ornithorynque
s_3	1	0	0	1	0	rhinolophe
s_4	1	1	1	0	0	cygne

L'idée de la représentation par treillis de Galois est de ne pas garder les exemples sous forme de matrice de *VRAI* et *FAUX*, ou ici de 0 et de 1, mais de les transformer en une représentation ordonnée, comme sur la figure 4.13.

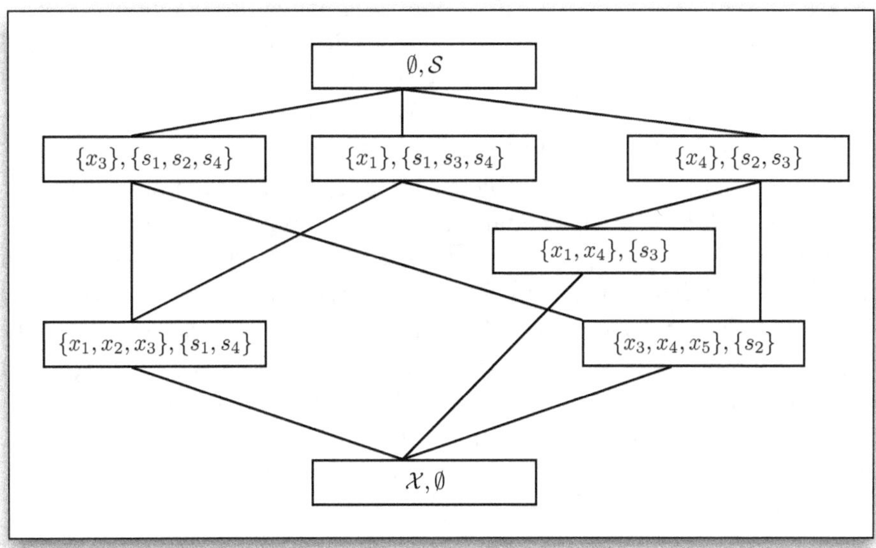

FIGURE 4.13 : *Un treillis de Galois.*

Que signifie un tel diagramme ? Le niveau supérieur de la figure, composé d'une seule case, correspond à l'absence d'attribut ; le niveau en dessous, composé de trois cases, exprime la relation des exemples avec un attribut parmi les quatre ; le niveau suivant exprime la relation des exemples avec deux attributs, etc. On devrait selon ce principe s'attendre à trouver dans le second niveau les cinq cases de la figure 4.14.

$$\boxed{\{x_3\}, \{s_1, s_2, s_4\}} \quad \boxed{\{x_1\}, \{s_1, s_3, s_4\}} \quad \boxed{\{x_4\}, \{s_2, s_3\}} \quad \boxed{\{x_2\}, \{s_1, s_4\}} \quad \boxed{\{x_5\}, \{s_2\}}$$

FIGURE 4.14 : *La première ligne complète.*

Cependant, on ne représente que celles qui sont indispensables : comme l'ensemble $\{s_1, s_4\}$ est strictement inclus dans l'ensemble $\{s_1, s_3, s_4\}$, la variable x_1 rend l'écriture de x_2 inutile à ce niveau. De même, x_5 est rendue inutile par x_4 ou par x_3.

On trace un arc représentant la relation d'ordre entre les éléments de niveaux différents dans le treillis de Galois quand les deux composantes représentant les attributs et les exemples sont en double relation d'inclusion stricte, mais en sens inverse. Par exemple, la case $\boxed{\{x_1\}, \{s_1, s_3, s_4\}}$ est en relation avec la case $\boxed{\{x_1, x_4\}, \{s_3\}}$ puisque $\{x_1\} \subset \{x_1, x_4\}$ et $\{s_1, s_3, s_4\} \supset \{s_3\}$. De plus, pour éviter des arcs inutiles, on ne trace pas ceux que l'on pourrait obtenir par transitivité : par exemple, il est inutile de tracer un arc entre $\{x_1\}, \{s_1, s_3, s_4\}$ et $\emptyset, \mathcal{S}$.

Cette structure, qui s'appelle le *diagramme de Hasse du treillis* résume parfaitement les relations de généralité des attributs vis-à-vis des objets et, symétriquement, celles des objets vis-à-vis des attributs. Il est évidemment possible de reconstituer le tableau des données d'apprentissage à partir de celle-ci. On peut aussi démontrer que le treillis de Galois construit sur une matrice binaire est unique. Divers algorithmes, soit prenant en compte tous les exemples à la fois, soit incrémentaux, ont été proposés pour réaliser cette construction. Il est important de remarquer que la taille du treillis peut être exponentielle en fonction du nombre d'attributs.

4.2   L'utilisation pour l'apprentissage

En quoi cette relation d'ordre particulière dans le langage des exemples peut-elle être utile à l'apprentissage ? Par la structuration qu'elle dégage des données, qui permet de les explorer de manière organisée. Si les données sont partagées en exemples positifs et négatifs et si l'on cherche à élaborer un concept correct le plus général possible, une technique est de travailler de manière ascendante dans la structure du treillis.

Sur notre exemple, supposons que les objets s_2 et s_3 soient les exemples et s_1 et s_4 les contre-exemples. La remontée dans le treillis se fait en suivant la relation d'ordre, successivement par les cases $\boxed{\mathcal{X}, \emptyset}$ $\boxed{\{x_3, x_4, x_5\}, \{s_2\}}$ $\boxed{\{x_4\}, \{s_2, s_3\}}$. Il n'est pas possible d'aller plus loin car les objets s_1 et s_4 seraient couverts. Dans ce cas précis, le concept est compatible avec les données et il est facile de vérifier que l'attribut x_4 *mammifère* forme à lui tout seul ce concept.

Dans des cas plus complexes, le test d'un concept s'effectue de la même façon, en contrôlant sa cohérence au fur et à mesure de la progression dans le treillis. Il est possible que celle-ci soit mise en échec si les exemples sont bruités, par exemple si l'un est à la fois négatif et positif. Dans ce cas, la structure permet de trouver le concept correct le plus général, le concept complet le moins général, ou un compromis entre les deux [6].

La plupart du temps, le treillis n'est pas construit avant l'apprentissage, mais en parallèle avec la création du concept. On ne développe que la partie nécessaire au fur et à mesure. Cette technique permet d'éviter une explosion combinatoire, mais oblige à opérer des choix sur lesquels on ne pourra pas toujours revenir.

Nous n'avons pas précisé quel espace d'hypothèses ni quelle méthode d'apprentissage utiliser, car tous les deux sont à la disposition de l'utilisateur : la structure en treillis de Galois induit une technique cohérente d'exploration des données quel que soit le type du concept cherché [7] et quel que soit l'algorithme d'apprentissage proprement dit. Par exemple, les méthodes d'apprentissage par plus proches voisins (chapitre 19) sont utilisées dans ce cadre [NN97].

Notes historiques et sources bibliographiques

La thèse de Tom Mitchell en 1978, *Version spaces : an approach to concept learning*, a marqué un tournant fondamental dans l'approche de l'apprentissage artificiel. Jusque-là en effet, mis à part les travaux portant sur la reconnaissance des formes, l'intelligence artificielle était essentiellement guidée par l'étude de la cognition naturelle, humaine en particulier. Dans cette optique, les systèmes d'apprentissage développés représentaient des tentatives de simuler la cog-

---

6. Rappelons qu'un concept est *correct* s'il ne couvre aucun exemple négatif, *complet* s'il couvre tous les exemples positifs, *compatible ou cohérent* s'il est correct et complet.

7. Souvent écrit sous la forme d'une formule en logique des propositions.

nition humaine sur des tâches particulières. Ainsi, le système ARCH de Patrick Winston (1970) [Win70], simulait l'apprentissage d'un concept (celui d'arche) à partir d'exemples positifs et négatifs d'arches. Le système AM de Doug Lenat [Len78] simulait le raisonnement d'un mathématicien en train d'aborder la théorie des nombres et de produire des conjectures dans ce domaine. Dans tous les cas, il était supposé que le concept cible (ou la connaissance cible) était connaissable par un agent humain, et donc par le système apprenant censé le simuler. D'une part, cela allait de pair avec des approches théoriques de l'apprentissage portant sur l'*identification* exacte du concept cible et non sur une approximation. D'autre part, cela conduisait à considérer des algorithmes explorant l'espace des hypothèses possibles en adaptant et en modifiant progressivement une hypothèse unique, de même qu'apparemment un agent humain raisonne sur la base de la meilleure hypothèse courante et l'adapte si nécessaire. Les idées contenues dans la thèse de Tom Mitchell ont profondément bouleversé ce point de vue.

D'abord, l'idée d'espace des versions, l'ensemble de toutes les hypothèses cohérentes avec les données d'apprentissage, met soudain à distance les systèmes artificiels et leurs contreparties naturelles. Cela autorise à étudier des algorithmes d'apprentissage nouveaux et sans nécessairement de plausibilité psychologique. L'algorithme d'élimination des candidats en est un exemple. Ensuite, il devient naturel de s'interroger sur l'espace des hypothèses même et sur sa capacité à contenir le concept cible. Cela a conduit Mitchell à souligner l'inévitabilité d'un biais pour apprendre. Comme nous l'avons déjà amplement discuté dans les chapitres 1 et 3, la possibilité de l'induction est complètement dépendante de la richesse de l'espace des hypothèses. Avant la thèse de Mitchell, les chercheurs en intelligence artificielle examinaient en quoi la représentation des connaissances choisie était ou non favorable à des raisonnements pertinents pour le domaine considéré (c'est en particulier toute l'essence des recherches de Lenat). En revanche, il n'était pas question de s'interroger sur la possibilité, encore moins la nécessité, d'avoir un espace d'hypothèses limité. La réalisation progressive de ce dernier point s'accompagne de l'essor des travaux portant sur des théories de l'apprentissage comme techniques d'approximation et non plus comme identification d'un concept cible. Le développement concomitant du connexionnisme dans les années 1980 joue alors un rôle de catalyseur en permettant l'intrusion des mathématiques du continu, et donc des outils de l'analyse mathématique, comme l'optimisation et la convergence, dans l'étude de l'apprentissage.

Pour terminer par une note philosophique, il est remarquable que la vision de l'apprentissage comme sélection de bonnes hypothèses au sein d'un ensemble d'hypothèses possibles donné *a priori* s'accorde à la vision actuelle de la biologie. La théorie de l'évolution de Charles Darwin, celle de Pierre Changeux et de ses collègues (qui voient l'apprentissage comme élimination de connexions dans le cerveau) et celle de Noam Chomsky sur l'apprentissage de la langue naturelle comme spécialisation d'une grammaire universelle définissant l'enveloppe des langues possibles, toutes ces démarches théoriques vont à l'unisson. L'approche actuelle de l'apprentissage artificiel, considérant l'apprentissage comme la sélection des hypothèses les plus performantes par rapport aux observations, s'est finalement jointe à ce mouvement. L'avenir nous dira la destinée de cet étonnant exemple multidisciplinaire de pensée unique.

Nous donnons dans ce qui suit quelques indications bibliographiques aux lecteurs intéressés par les recherches et les développements portant sur les espaces des versions.

Les origines de l'apprentissage par généralisation et spécialisation remontent au moins à Winston [Win75] ; la formalisation et la résolution du problème par l'espace des versions sont une des étapes majeures de la naissance de la discipline. L'appellation « espace des versions » provient du fait que Tom Mitchell étudiait toutes les versions des classifieurs cohérents avec les données, ces classifieurs étant, dans son cas, pris dans un espace d'expressions logiques.

L'essentiel de la théorie et de l'algorithmique a été produit par Mitchell [Mit82]. La présentation qui en est donnée ici est en partie reprise du texte de Jacques Nicolas dans [Nic93]. Les concepts introduits et l'algorithme d'élimination des candidats peuvent être trouvés dans presque tous les livres d'intelligence artificielle. Nous recommandons particulièrement celui de Mitchell [Mit97].

L'algorithme d'élimination des candidats a fait l'objet de l'examen critique de David Haussler [Hau88], qui a souligné en particulier que la taille de la borne G de l'espace des versions pouvait croître exponentiellement avec le nombre d'exemples négatifs. Cette observation relativise évidemment l'avantage apporté par la considération de ces bornes. Cependant, l'examen de la preuve de Haussler laisse supposer que le phénomène de croissance exponentielle ne peut se produire que pour des échantillons de données très particuliers et présentés dans un ordre très défavorable. Des chercheurs comme Haym Hirsh [Hir90] ou Benjamin Smith et Paul Rosenbloom [SR90] ont proposé des heuristiques pour améliorer l'ordre de présentation des exemples. Une limite plus sérieuse de l'approche de Mitchell concerne les données bruitées, c'est-à-dire mal décrites ou mal classées. L'insistance sur la stricte cohérence des hypothèses de l'espace des versions avec les exemples condamne généralement l'algorithme original à ne pas pouvoir trouver d'hypothèse s'accordant aux données. Des propositions ont donc été formulées visant à relâcher l'exigence de stricte cohérence. Hirsh [Hir90, Hir92] a ainsi présenté un algorithme d'apprentissage dans lequel on forme un espace des versions pour chaque exemple positif, puis on en établit l'intersection. Il montre que cette idée permet de traiter des données bruitées. Michèle Sebag [Seb94a, Seb94b] a poussé cette idée plus loin avec l'approche de *disjunctive version spaces*, qui marie une approche de généralisation en représentation attribut-valeur avec la technique de l'espace des versions.

L'apprentissage grâce à la structure en treillis de Galois a été en particulier étudié par [Gan93, Wil92a], [LS98]. La théorie de ces espaces est développée dans [Bir67]. L'apprentissage par plus proches voisins en liaison avec la construction de cette structure est étudiée dans [NN97].

Résumé

- La méthode de l'espace des versions vise à définir tous les concepts cohérents avec un ensemble d'exemples.

- Comme le nombre de ces concepts peut être infini, on s'intéresse à une définition de leur ensemble en intension.

- Celle-ci est définie par deux ensembles finis S et G et une relation d'ordre sur les concepts.

- La recherche d'un concept particulier s'effectue, comme dans les treillis de Galois, en exploitant la structure algébrique des solutions potentielles.

- La méthode de l'espace des versions est d'une grande importance historique et méthodologique. De plus, son intérêt pratique a été prouvé en inférence grammaticale (chapitre 5), en programmation logique inductive (chapitre 6) et en fouille de données pour la recherche de motifs fréquents (chapitre 7), pour ne citer que ces domaines-là.

Chapitre 5

Dana ANGLUIN

L'inférence grammaticale

Ce chapitre traite de l'apprentissage inductif de grammaires et d'automates à partir d'exemples. Le problème est d'extraire, à partir d'exemples et éventuellement de contre-exemples, une grammaire capable d'engendrer un langage, c'est-à-dire un ensemble de séquences, en général infini.

On se place ici dans le cas d'un apprentissage de concept : l'ensemble d'exemples est formé de deux parties, un échantillon positif, sous-ensemble fini du langage de la grammaire que l'on cherche à apprendre, et un échantillon négatif (éventuellement vide), ensemble fini de séquences n'appartenant pas au langage.

La décision de l'appartenance d'une phrase inconnue à une grammaire est réalisée par un algorithme d'analyse syntaxique, dont le rôle est de rendre une réponse binaire à la question : telle séquence de symboles appartient-elle au langage engendré par telle grammaire ?

L'inférence grammaticale a été étudiée depuis le développement (simultané) de la théorie des grammaires formelles et de l'intelligence artificielle. Cette discipline offre un grand intérêt théorique aux chercheurs en apprentissage. De plus, elle est l'objet d'applications variées. Nous consacrerons principalement ce chapitre à l'inférence régulière, c'est-à-dire à l'apprentissage des automates finis. C'est en effet dans ce cadre qu'ont été menés la plupart des travaux jusqu'à ce jour. Nous exposerons ensuite quelques extensions, en particulier l'inférence d'automates probabilistes et de transducteurs.

Sommaire

L ES NOTIONS DE BASE servant à définir l'espace des solutions possibles de l'inférence[1] grammaticale. sont présentées dans la section 1. Nous introduisons aussi la notion de *complétude structurelle* d'un échantillon relativement à un automate fini, un biais d'apprentissage qui assure d'une certaine manière que cet échantillon est représentatif de l'automate.

L'inférence grammaticale est l'un des domaines de l'apprentissage automatique symbolique pour lesquels la caractérisation et l'évaluation d'une méthode ont été le plus formalisées. Nous présentons en particulier le critère d'*identification exacte* d'un langage, défini par Gold [Gol67, Gol78].

Nous consacrons la section 3 à une description formelle de l'inférence régulière, vue comme un problème de recherche dans l'espace des hypothèses de généralisation de l'échantillon positif. Compte tenu d'une limitation raisonnable des possibilités de généralisation, l'espace de recherche à explorer est un ensemble d'automates structuré construit sur l'échantillon positif.

---

1. L'usage a imposé ce terme à la place d'induction, qui aurait été plus approprié.

De nombreux algorithmes d'inférence ont été proposés. Certains sont *constructifs* ou *caractérisables* au sens où ils sont capables d'identifier *avec certitude* n'importe quel langage appartenant à une *classe définie* (un sous-ensemble strict de langages réguliers défini de manière constructive). D'autres algorithmes sont qualifiés ici d'*heuristiques,* soit parce qu'ils n'identifient pas avec certitude n'importe quel langage d'une classe définie, soit parce qu'il n'existe pas de caractérisation de la classe de langages qu'ils peuvent identifier. Ces algorithmes utilisent un *biais d'apprentissage*, une heuristique, pour guider la généralisation effectuée à partir des données.

Certains algorithmes d'inférence régulière n'utilisent que des échantillons positifs. Nous présentons à la section 4 quelques algorithmes constructifs ou heuristiques qui utilisent ce type de données.

Si on dispose également d'un échantillon négatif, l'inférence peut être plus précise et on peut en particulier chercher à construire *le plus petit automate compatible (cohérent)* avec les échantillons positifs et négatifs. Nous étudions le cadre formel de ce problème à la section 5. Nous définirons pour cela la notion d'*ensemble frontière* (section 5.1). Nous présenterons ensuite quelques méthodes d'inférence.

On traitera ensuite de l'apprentissage d'une classe de grammaires particulières, les automates probabilistes, qui ne sont pas sans rapports avec les modèles de Markov cachés (chapitre 21). La section suivante s'intéresse à l'apprentissage de *transducteurs*, qui sont une généralisation des automates finis permettant de transformer un langage en un autre. Une dernière section (section 8) traitera d'un protocole particulier d'apprentissage, dit *avec oracle*, du type de ceux que nous passerons en revue au chapitre 23.

Notations utiles pour le chapitre

Σ Un alphabet (ensemble fini)

ϵ Le mot vide

$\Sigma^\star$ L'ensemble de tous les mots sur Σ

Σ^+ $\Sigma^\star$ sauf le mot vide ϵ

Σ^n Tous les mots sur Σ de longueur inférieure ou égale à n

1. Définitions et notations

1.1 Langages, grammaires, automates

Notions de base

Définition 5.1

Soit Σ un ensemble fini, appelé alphabet *et les* lettres $a, b, c, \ldots$ *les éléments de Σ. On note u, v, w, x des éléments de Σ^*, c'est-à-dire des séquences ordonnées d'éléments de Σ (on dit aussi* chaînes *ou* mots*) de longueur dénombrable. On note ϵ la* chaîne vide *de longueur nulle et $|u|$ la longueur de la chaîne u.*

Définition 5.2 (Préfixe)

u est un préfixe *de v s'il existe w tel que $uw = v$.*

Définition 5.3 (Chaînes)

Un langage L est un sous-ensemble quelconque de Σ^*. Les éléments de L sont des séquences de lettres de Σ, donc des chaînes.

Grammaires

Une *grammaire* est un objet mathématique auquel est associé un processus algorithmique permettant d'engendrer un langage.

Définition 5.4 (Grammaire)

Une grammaire *est un quadruplet* $G = (N, \Sigma, P, S)$ *dans lequel :*

- *N est un alphabet composant l'ensemble des symboles non terminaux de G.*
- *Σ est l'alphabet terminal de G, disjoint de N. On note : $V = N \cup \Sigma$.*
- *$R \subseteq (V^\star N^+ V^\star \times V^\star)$ est un ensemble fini de règles de production.*
- *$S \in N$ est l'axiome de G.*

Une règle de production s'écrit $\alpha \longrightarrow \beta$, avec $\beta \in V^\star$ et $\alpha \in V^\star N^+ V^\star$, ce qui signifie que α comporte au moins un symbole non terminal.

Génération d'un langage par une grammaire

Soit $u \in V^+$ et $v \in V^\star$. On dit que u *se réécrit en* v selon la grammaire G, ou que la grammaire G *dérive* v de u *en une étape* si et seulement si on peut écrire u et v sous la forme :

- $u = xu'y$ (avec éventuellement $x = \epsilon$ ou $y = \epsilon$)
- $v = xv'y$
- *avec* $: (u' \longrightarrow v') \in P$

La grammaire G *dérive* v *en k étapes* de u si et seulement s'il existe $k \geq 1$ et une suite $(v_0 \ldots v_k)$ de mots de V^+ tels que :

- $u = v_0$
- $v = v_k$
- v_i se récrit en v_{i+1} pour $0 \leq i \leq k-1$

La grammaire G *dérive* v de u s'il existe un entier k tel que u dérive v en k étapes. Pour $k \geq 1$, la séquence $u, \ldots, v_i, \ldots v$ s'appelle une *dérivation* de v par u.

Définition 5.5

On dit qu'un mot $v \in \Sigma^\star$ est engendré *par la grammaire G quand il peut se dériver à partir de l'axiome S de G. Le* langage engendré *par la grammaire G est l'ensemble des mots de $\Sigma^\star$ engendrés par G. On le note $L(G)$.*

Quand il n'y a pas d'ambiguïté, on simplifie la notation d'une grammaire en ne représentant que ses règles et en mettant toutes celles de même partie gauche sur la même ligne.

—— Exemple 1 ————————————————————————

La grammaire définie par $N = \{S\}$, $\Sigma = \{a, b, c\}$ et $P = \{(S \longrightarrow aSb), (S \longrightarrow \epsilon)\}$ peut s'écrire :

$$S \longrightarrow aSb \mid \epsilon$$

Elle engendre le langage $\{a^n b^n \mid n \geq 0\}$. En effet, sur un exemple, son axiome S dérive le mot $aaabbb$ en quatre étapes : trois applications de la règle $S \longrightarrow aSb$ et une de la règle $S \longrightarrow \epsilon$, soit S , aSb, $aaSbb$, $aaaSbbb$, $aaabbb$

— EXAMPLE   **2** ——

La grammaire définie par $N = \{1, 2, 3, 4\}$, $\Sigma = \{a, b\}$ et $P = \{(1 \longrightarrow a2), (1 \longrightarrow b3),$
$(1 \longrightarrow \epsilon), (2 \longrightarrow a1), (2 \longrightarrow b4), (3 \longrightarrow a4), (3 \longrightarrow b1), (4 \longrightarrow a3), (4 \longrightarrow b2)\}$ accepte les
phrases composées d'un nombre pair de a et pair de b.

Elle s'écrit plus simplement[2] :

$$
\begin{array}{ll}
1 \longrightarrow a2 \mid b3 \mid \epsilon & 2 \longrightarrow a1 \mid b4 \\
3 \longrightarrow a4 \mid b1 & 4 \longrightarrow a3 \mid b2
\end{array}
$$

On peut également l'écrire sous la forme d'un *automate fini*, dont la définition formelle est
donnée un peu plus loin.

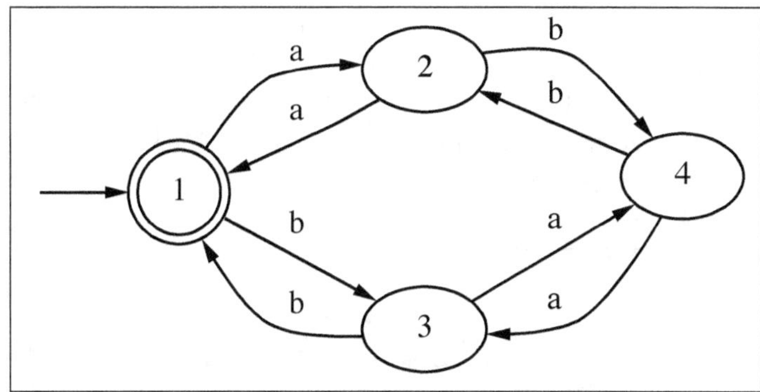

FIGURE 5.1 : *Un automate fini acceptant uniquement les phrases composées d'un nombre pair*
de a et pair de b.

Deux types de grammaires

Selon la forme de leurs règles $\alpha \longrightarrow \beta$, on distingue les grammaires suivantes :

Type 2 : grammaires algébriques[3] : $A \longrightarrow \beta$, avec $A \in N$ et $\beta \in V^\star$

Type 3 : grammaires régulières : $A \longrightarrow wB$ ou $A \longrightarrow w$, avec $w \in \Sigma^\star$, $A \in N$ et $B \in N$

Un langage pouvant être engendré par une grammaire régulière (resp. algébrique) est appelé
langage régulier (resp. *langage algébrique*). Un résultat classique de la théorie des langages est
le suivant [AU72] :

Théorème 5.1 (Kleene, 1956)

Tout langage régulier peut être engendré par un automate fini. Tout automate fini engendre un
langage régulier.

Les automates finis

Comme l'assure le théorème précédent, les automates finis sont équivalents aux grammaires
régulières. Ils sont d'un emploi beaucoup plus facile. Nous allons maintenant les définir rigoureusement.

---

2. L'axiome n'est pas noté ici S, mais 1.
3. Les grammaires algébriques sont aussi appelées *context-free* ou *hors-contexte*.

Définition 5.6 (Automates finis)

Un automate fini *est un quintuplet* $(Q, \Sigma, \delta, q_0, F)$ *où* Q *est un ensemble fini d'états,* Σ *est un alphabet fini,* δ *est une fonction de transition, c'est-à-dire une application de* $Q \times \Sigma \to 2^Q$, $Q_0 \in Q$ *est le sous-ensemble des* états initiaux *et* $F \in Q$ *est le sous-ensemble des états finaux ou d'acceptation.*

Définition 5.7 (Automates déterministes)

Si, pour tout q *de* Q *et tout* a *de* Σ, $\delta(q, a)$ *contient au plus un élément (respectivement exactement un élément) et si* Q_0 *ne possède qu'un élément* q_0, *l'automate* A *est dit* déterministe *(respectivement* complet*). Par la suite, nous utiliserons l'abréviation AFD pour « automate fini déterministe » et AFN pour un « automate fini non déterministe » .*

L'automate fini de la figure 5.1 est un AFD. Un autre exemple d'automate fini est représenté à la figure 5.2. Il comporte six états, $Q = \{0, 1, 2, 3, 4, 5\}$. Il est défini sur l'alphabet à deux lettres, $\Sigma = \{a, b\}$. Les états initiaux sont 0 et 5, $Q_0 = \{0, 5\}$ et les états 3 et 4 sont finaux, $F = \{3, 4\}$. Les états initiaux sont marqués par une courte flèche entrante à gauche, les états finaux sont marqués par un double cercle.

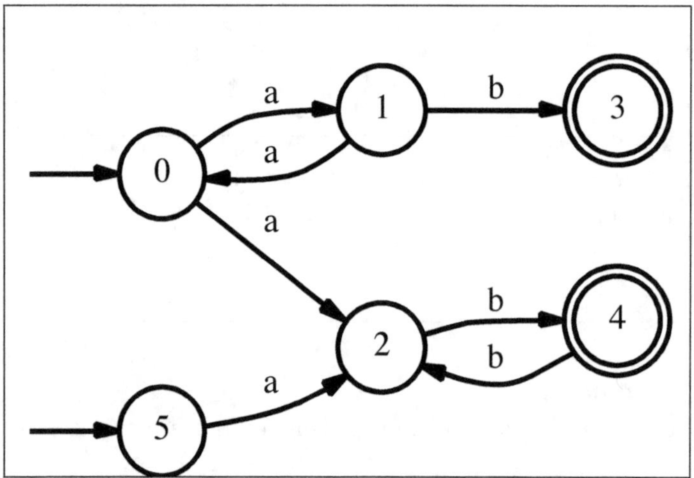

FIGURE 5.2 : *Une représentation de l'automate* A_1.

Il s'agit ici d'un AFN (automate non déterministe) car il y a deux arcs étiquetés a à partir de l'état 0 et deux états initiaux. En d'autres termes, $\delta(0, a) = \{1, 2\}$.

Langage accepté par un automate fini

Définition 5.8 (Acceptation d'une chaîne par un automate)

Une acceptation *d'une chaîne* $u = a_1 \ldots a_l$ *par un automate* A, *éventuellement non déterministe, définit une séquence, éventuellement non unique, de* $l + 1$ *états* $(q^0, \ldots, q^l)$ *telle que* $q^0 \in Q_0$, $q^l \in F$ *et* $q^{i+1} \in \delta(q^i, a_{i+1})$, *pour* $0 \leq i \leq l - 1$. *Les* $l + 1$ *états sont dits* atteints *pour cette acceptation et l'état* q^l *est* utilisé comme état d'acceptation. *De façon similaire, les* l *transitions, c'est-à-dire des éléments de* δ, *sont dites* exercées *par cette acceptation.*

Par exemple, la séquence des états $(0, 1, 3)$ correspond à une acceptation de la chaîne ab dans l'automate A_1.

Définition 5.9 (Langage accepté)

Le langage $L(A)$ accepté par un automate A est l'ensemble des chaînes acceptées par A.

On peut remarquer que l'automate de la figure 5.2 n'est pas *complet*, au sens où la fonction δ n'est pas définie partout : par exemple, on ne connaît pas $\delta(5, b)$, puisqu'aucune transition portant la lettre b ne part de l'état 5. On peut compléter un automate en lui ajoutant un *état-puits*, non final, où mènent toutes les transitions non définies et qui boucle sur lui-même pour toutes les lettres de l'alphabet.

Un état-puits est un exemple d'état non *co-accessible*, ce qui signifie qu'on ne peut accéder à aucun état final à partir de lui. De même, certains états peuvent être non *accessibles*, au sens où on ne peut pas y accéder à partir d'un état initial. Les état à la fois accessibles et co-accessibles sont dits *utiles*. On peut éliminer les états inutiles d'un automate sans changer le langage qu'il accepte. Un automate sans états inutiles est dit *émondé* [Sak03].

Définition 5.10 (Automate canonique)

Pour tout langage régulier L, il existe un AFD noté $A(L)$ qui engendre L et possède un nombre minimal d'états. $A(L)$ est généralement appelé automate déterministe minimal *ou* automate canonique *de L. On démontre que $A(L)$ est unique [AU72]. Par la suite, nous parlerons indifféremment de l'automate canonique ou de l'automate minimal déterministe de L.*

Par exemple, l'automate canonique représenté à la figure 5.3 accepte le langage composé des phrases commençant par un nombre impair de a, suivi d'un nombre impair de b. Il s'agit du langage accepté également par l'automate A_1 de la figure 5.2. Il n'existe pas d'automate déterministe comportant moins d'états et acceptant ce langage. Cet automate est émondé, mais il serait facile de le compléter en lui ajoutant un état-puits.

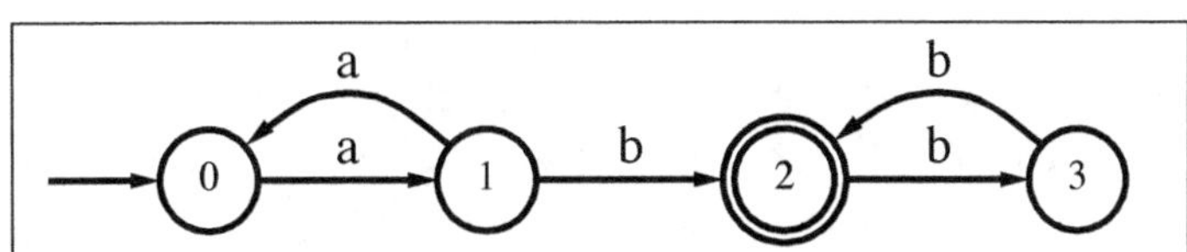

FIGURE 5.3 : *Automate canonique du langage défini par l'expression régulière $L = a(aa)^\star b(bb)^\star$.*

Automates dérivés

Nous définissons maintenant une relation d'ordre partiel sur l'ensemble des automates, qui permettra un apprentissage par généralisation dans l'esprit de la méthode de l'espace des versions.

Définition 5.11 (Partition et partition plus fine qu'une autre)

Pour tout ensemble S, une partition π est un ensemble de sous-ensembles de S, non vides et disjoints deux à deux, dont l'union est S. Si s désigne un élément de S, $B(s, \pi)$ désigne l'unique élément, ou bloc, de π comprenant s. Une partition π_i raffine, ou est plus fine que, une partition π_j ssi tout bloc de π_j est un bloc de π_i ou est l'union de plusieurs blocs de π_i.

Définition 5.12 (Automate quotient)

Si $A = (Q, \Sigma, \delta, q_0, F)$ est un automate, l'automate $A/\pi = (Q', \Sigma, \delta', B(q_0, \pi), F')$ dérivé de A relativement à la partition π de Q, aussi appelé l'automate quotient A/π, est défini comme suit :

$$Q' = Q/\pi = \{B(q, \pi)|q \in Q\},$$
$$F' = \{B \in Q'|B \cap F \neq \phi\},$$
$$\delta' : Q' \times \Sigma \to 2^{Q'} : \forall B, B' \in Q', \forall a \in \Sigma, B' \in \delta'(B, a) \text{ ssi } \exists q, q' \in Q, q \in B, q' \in B' \quad et$$
$q' \in \delta(q, a)$

Les états de Q appartenant au même bloc B de la partition π sont dits fusionnés.

Reprenons l'automate A_1, représenté à la figure 5.2 et définissons la partition de son ensemble d'états, $\pi_2 = \{\{0, 1, 5\}, \{2\}, \{3, 4\}\}$. L'automate quotient A_1/π_2, obtenu en fusionnant tous les états appartenant à un même bloc de π_2, est représenté à la figure 5.4.

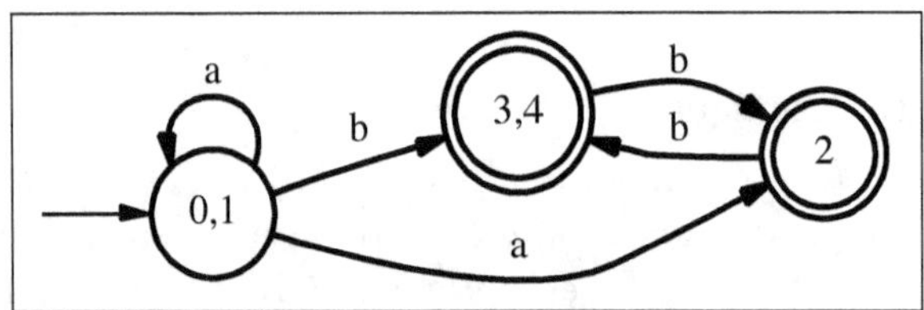

FIGURE 5.4 : *L'automate quotient A_1/π_2.*

Une propriété fondamentale de l'opération de fusion est la suivante :

Propriété 5.1

Si un automate A/π_j dérive d'un automate A/π_i, alors le langage accepté par A/π_i est inclus dans celui accepté par A/π_j.

Par conséquent, en partant d'un automate A, on peut construire tous les automates dérivés de A en énumérant les partitions des états de A. Il existe sur cet ensemble une relation d'ordre partiel qui est cohérente avec l'inclusion des langages qu'acceptent ces automates. On reconnaît ici la relation de généralité de l'espace des versions (chapitre 4).

—— EXEMPLE ————————————————————————————————————

En reprenant l'exemple A_1 de la figure 5.2, on a vu que le choix de la partition $\pi_2 = \{\{0, 1, 5\}, \{2\}, \{3, 4\}\}$ permet de dériver l'automate quotient $A_2 = A_1/\pi_2$, représenté à la figure 5.4. On sait donc que le langage reconnu par A_2 inclut celui reconnu par A_1. Prenons maintenant la partition $\pi_3 = \{\{0, 1, 2, 5\}, \{3, 4\}\}$. Elle permet de dériver un automate A_3, représenté à la figure 5.5.

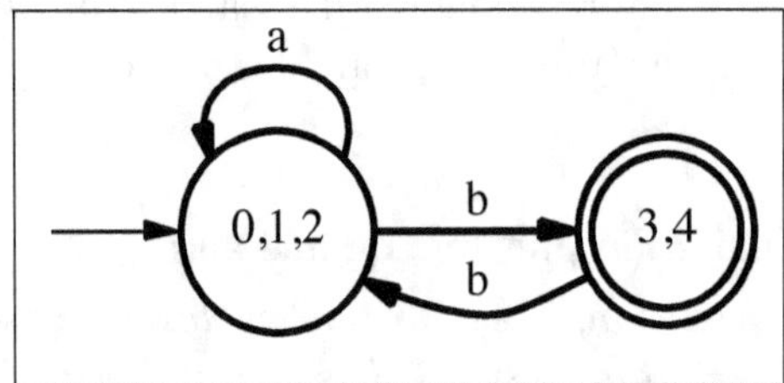

FIGURE 5.5 : *L'automate quotient A_1/π_3.*

La partition π_3 est *moins fine* que π_2, puisque ses blocs sont construits comme une union de blocs de π_2 ; on peut donc assurer que l'automate A_3 reconnaît un langage qui inclut celui reconnu par A_2. En revanche, si on construit l'automate A_4 (figure 5.6) par dérivation de A_1 selon la partition $\pi_4 = \{\{0,5\},\{1,3\},\{2,4\}\}$, qui n'est ni moins fine ni plus fine que π_2, on ne peut rien dire sur l'inclusion éventuelle des langages reconnus par A_4 et A_2. Par exemple, la phrase *abb* est reconnue par A_4 et pas par A_2, alors que la phrase *b* est reconnue par A_2 et pas par A_4.

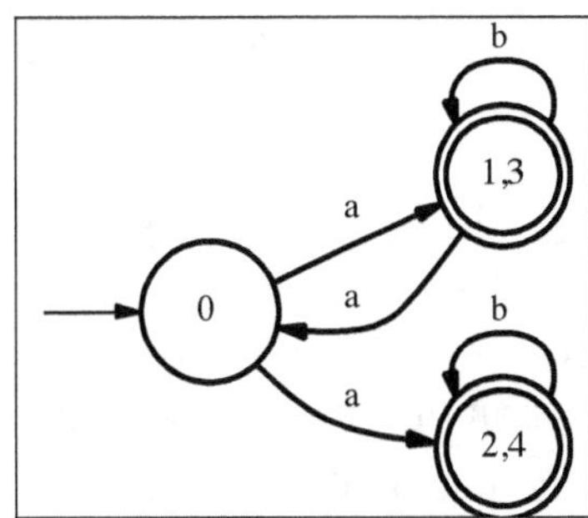

FIGURE 5.6 : *L'automate quotient A_1/π_4.*

Propriété 5.2

L'ensemble des automates dérivés d'un automate A, qui est partiellement ordonné par la relation de dérivation, est un treillis. Les automates A et UA, l'automate universel, en sont respectivement les éléments minimal et maximal. On note ce treillis Lat(A).

On retrouve donc ici la structure en treillis de l'espace des hypothèses, associée à une relation d'ordre de généralité, comme définie au chapitre 4.

1.2   Échantillons d'un langage et automates associés

En inférence grammaticale, les notations I_+ et I_- sont classiques. Nous les employons donc dans ce chapitre à la place de $\mathcal{S}_+$ et $\mathcal{S}_-$

Définition 5.13

Nous désignons par I_+ un sous-ensemble fini, appelé échantillon positif, d'un langage L quelconque. Nous désignons par I_- un sous-ensemble fini, appelé échantillon négatif, du langage complémentaire $\Sigma^* - L$. I_+ et I_- sont des sous-ensembles finis et disjoints de Σ^*.

Complétude structurelle

On définit maintenant un biais d'apprentissage : on ne cherchera à inférer que des automates pour lesquels l'échantillon positif est d'une certaine manière représentatif (en termes techniques, *structurellement complet*). Ce biais est conforme à un principe d'économie de type « rasoir d'Occam » ou principe MDL : il est inutile de rechercher des automates trop complexes.

Définition 5.14 (Structurellement complet)

Un échantillon I_+ est structurellement complet *relativement à un automate A acceptant L, s'il existe une acceptation $\mathcal{AC}(I_+, A)$ de I_+ telle que :*

- *Toute transition de A soit exercée.*

- *Tout élément de F (l'ensemble des états finaux de A) soit utilisé comme état d'acceptation.*

Par exemple, l'échantillon $I_+ = \{aaab, ab, abbbbb\}$ est structurellement complet relativement à l'automate A_1.

L'automate canonique maximal, l'arbre accepteur des préfixes et l'automate universel

On a maintenant besoin de représenter l'échantillon d'apprentissage dans l'univers des concepts, c'est-à-dire de définir des automates qui ne reconnaissent que cet échantillon.

Définition 5.15 (Automate canonique maximal)

On désigne par $MCA(I_+) = (Q, \Sigma, \delta, q_0, F)$ l'automate maximal canonique relatif à I_+ [Mic80].

L'abréviation **MCA** pour *Maximal Canonical Automaton* provient de la terminologie anglaise. Le qualificatif *canonique* se rapporte ici à un échantillon. Le MCA ne doit pas être confondu avec l'automate canonique d'un langage (voir déf. 5.10).

Par construction, $L(MCA(I_+)) = I_+$ et $MCA(I_+)$ est le plus grand automate (l'automate ayant le plus grand nombre d'états) pour lequel I_+ est structurellement complet. $MCA(I_+)$ est généralement non déterministe.

Sa construction est facile à observer sur un exemple. L'automate représenté à la figure 5.7 est l'automate maximal[4] canonique relatif à l'échantillon $I_+ = \{a, ab, bab\}$.

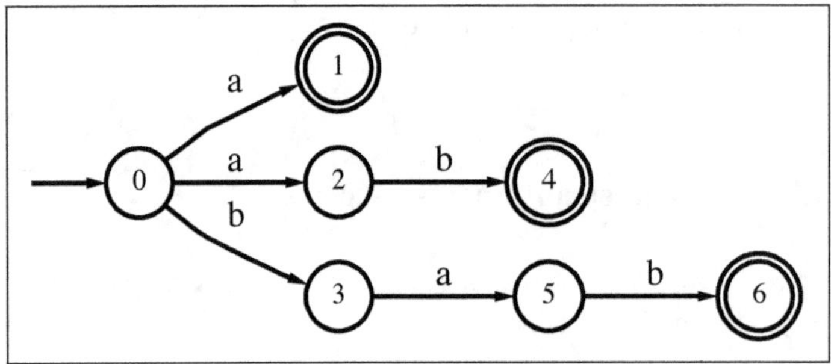

FIGURE 5.7 : *L'automate maximal canonique de l'échantillon $\{a, ab, bab\}$.*

---

4. Rigoureusement parlant, on pourrait construire un automate canonique ayant encore plus d'états en « éclatant » l'état initial en trois états distincts.

Définition 5.16 (Arbre accepteur des préfixes)

Nous désignons par $PTA(I_+)$ l'arbre accepteur des préfixes de I_+ [Ang82]. Il s'agit de l'automate quotient $MCA(I_+)/\pi_{I_+}$ où la partition π_{I_+} est définie comme suit :

$$B(q, \pi_{I_+}) = B(q', \pi_{I_+}) \; ssi \; Pr(q) = Pr(q').$$

L'abréviation PTA pour *Prefix Tree Acceptor* provient de la terminologie anglaise.

En d'autres termes, $PTA(I_+)$ peut être obtenu à partir du $MCA(I_+)$ en fusionnant les états partageant les mêmes préfixes. $PTA(I_+)$ est déterministe.

À titre d'exemple, l'automate représenté à la figure 5.8 est l'arbre accepteur des préfixes relatif à l'échantillon $I_+ = \{a, ab, bab\}$.

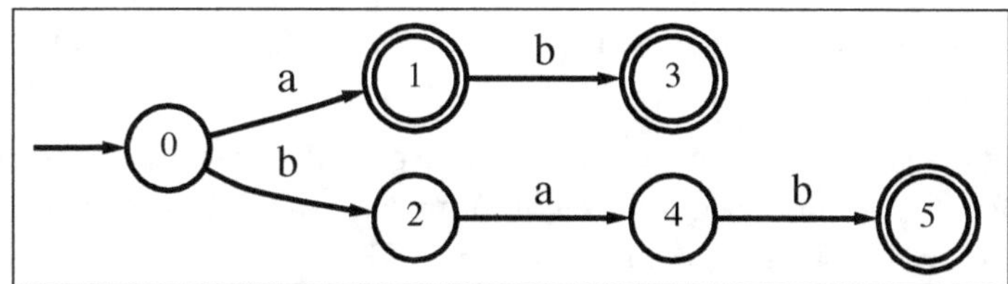

FIGURE 5.8 : *L'arbre accepteur des préfixes $PTA(I_+)$, avec $I_+ = \{a, ab, bab\}$.*

Définition 5.17 (Automate universel)

Nous désignons par UA l'automate universel. Il accepte toutes les chaînes définies sur l'alphabet Σ, c'est-à-dire $L(UA) = \Sigma^*$. Il s'agit donc du plus petit automate pour lequel tout échantillon de Σ^* est structurellement complet.

L'abréviation UA pour *Universal Automaton* provient de la terminologie anglaise.

L'automate universel défini sur l'alphabet $\Sigma = \{a, b\}$ est représenté à la figure 5.9.

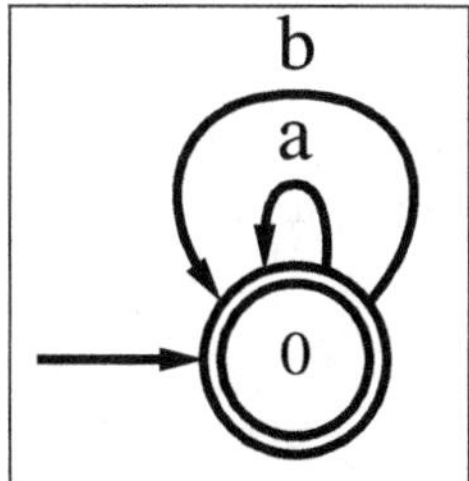

FIGURE 5.9 : *L'automate universel sur l'alphabet $\Sigma = \{a, b\}$.*

2. Les protocoles de l'inférence : quelques résultats théoriques

2.1 La spécification d'un problème d'inférence grammaticale

Si l'on veut définir un cadre aussi général et productif que possible pour l'inférence grammaticale, comme d'ailleurs pour tout problème d'apprentissage inductif, cinq points doivent être spécifiés :

- La *classe de grammaires* à inférer : grammaires *régulières*[5] ou une sous-classes, ou grammaires hors-contexte. Comme on le verra, quelques autres familles de grammaires ont aussi été étudiées.

- L'*espace des hypothèses*, ou le *langage des concepts*, c'est-à-dire l'ensemble des descriptions tel que chaque grammaire de la classe considérée possède au moins une description dans cet espace. Pour les grammaires régulières, il s'agit en général de l'espace des *automates*. Pour les grammaires hors-contexte, l'espace de représentation est en général directement celui de leurs règles.

- Un *ensemble d'exemples,* pour chaque grammaire à inférer et un *protocole* de présentation de ces exemples. Ce terme désigne la façon dont les exemples sont présentés à l'algorithme d'apprentissage : tous à la fois ou un par un. Il se peut aussi que la présentation des exemples soit plus informative, quand on dispose d'un *oracle* (paragraphe 2.3).

- La *classe des méthodes d'inférence* en considération. Il s'agit en particulier du choix entre méthodes constructives ou heuristiques (section 4).

- Les *critères* d'une inférence réussie, définis en section 2.2.

Une *méthode d'inférence* est alors un processus calculable qui lit des exemples conformément à un protocole et propose des solutions dans l'espace des hypothèses.

2.2 L'identification à la limite d'une grammaire

Pour illustrer les notions ci-dessus et présenter un cadre théorique de référence, nous présentons dans cette section un protocole de présentation et un critère de réussite définis conjointement : l'*identification à la limite*, proposée par Gold [Gol67]. De nombreux résultats découlent de ce critère, tant sur la possibilité d'identifier ou non un langage que sur la complexité calculatoire de ce processus d'identification [Gol78, Pit89]. En outre, ces travaux constituent une justification théorique de la nécessité d'utiliser un échantillon négatif.

Définition 5.18 (Présentation positive)

Une présentation positive *d'un langage L est une séquence infinie de phrases de L comportant au moins une occurrence de chaque élément de L. Les éléments d'une* présentation positive *sont appelés des* exemples.

Définition 5.19 (présentation négative)

Une présentation négative *d'un langage L est une séquence infinie d'éléments de* $\Sigma^\star - L$ *comportant au moins une occurrence de chaque élément de* $\Sigma^\star - L$. *Les éléments d'une présentation négative sont appelés* exemples négatifs *ou* contre-exemples.

---

5. Rappelons qu'une grammaire régulière, équivalente à un automate fini, engendre un langage régulier.

Définition 5.20 (Présentation complète)

Une présentation complète d'un langage L est une séquence infinie de paires (x, y), de $\Sigma^\star \times \{0, 1\}$ telle que chaque x de L apparaît dans au moins une paire. Pour chaque (x, y), $y = 1$ si et seulement si x appartient à L, $y = 0$ sinon.

Le protocole d'identification à la limite implique une méthode d'inférence M et une présentation complète d'exemples $S = (x_1, y_1), (x_2, y_2) \ldots$ d'un langage L. Nous notons S_i le sous-ensemble fini des i premiers éléments de S selon un certain protocole. La méthode d'inférence doit proposer une solution dans l'espace d'hypothèses après chaque nouvel exemple lu. Soit $h(S_i)$ l'hypothèse proposée par la méthode M après avoir lu les i premiers exemples présentés.

Définition 5.21

La méthode d'inférence M identifie à la limite pour la classe de langages $\mathcal{L}$ pour une classe de présentation $\mathcal{P}$ si pour tout L de $\mathcal{L}$ et tout S de $\mathcal{P}$, il existe un indice fini j, tel que :

- $h(S_i) = h(S_j)$, *pour tout $i \geq j$.*
- $L(h(S_j)) = L$.

La première condition impose que la méthode converge à partir d'un indice fini, la seconde qu'elle converge vers une représentation unique de la solution correcte.

Définition 5.22

Une méthode d'inférence M identifie à la limite une classe $\mathcal{C}$ de langages, si M identifie à la limite n'importe quel langage L de la classe $\mathcal{C}$ pour n'importe quelle présentation d'exemples de L.

Ce protocole s'intéresse donc à l'*identification exacte* d'un langage.

Deux propriétés de l'identification à la limite

Propriété 5.3

La classe des langages réguliers[6] n'est pas identifiable à la limite à partir d'une présentation positive.

Propriété 5.4

La classe des langages réguliers et celle des langages algébriques[7] sont identifiables à la limite par présentation complète.

2.3   Autres protocoles pour l'inférence de grammaires

La richesse théorique de l'apprentissage des grammaires formelles se traduit en particulier par la variété des protocoles proposés et les résultats démontrés dans ces protocoles. Citons par exemple la technique *par oracle*, dont une variante est la suivante : à chaque étape, l'algorithme d'inférence calcule une grammaire hypothèse et la propose à l'oracle. Celui-ci répond « oui » si l'hypothèse est la bonne, et sinon, donne éventuellement une correction à l'hypothèse proposée, ce qui permet à l'algorithme de calculer une nouvelle hypothèse. L'algorithme peut aussi proposer une séquence et l'oracle lui répond simplement si oui ou non elle appartient au langage à identifier. Il a été démontré que dans ce cadre, l'identification des automates déterministes est possible avec un nombre de questions à l'oracle polynomial en fonction de la taille de l'automate à trouver et de la taille du plus long contre-exemple.

---

6. Le résultat de Gold est plus général, mais cette version suffira ici.
7. Ici encore, Gold a un résultat plus puissant.

D'un point de vue pratique, on doit en général admettre que les protocoles de l'identification à la limite ou de l'intervention d'un oracle sont inutilisables. On se contente d'observer des exemples et de calculer une grammaire qui les généralise. La validité de l'inférence peut être bien sûr vérifiée par un ensemble de test.

Il existe par exemple un serveur Internet nommé `gowachin` [LP97] qui fonctionne ainsi : l'auteur d'un algorithme d'inférence régulière demande à ce serveur une session de test. Quelques paramètres sont précisés : nombre d'états de l'automate canonique, taille de l'alphabet, « densité » de l'échantillon. L'automate est fabriqué aléatoirement par le serveur, ainsi que deux échantillons d'apprentissage et de test. Le premier est donné à l'utilisateur, qui fait tourner son algorithme et renvoie une grammaire en réponse. Le serveur l'utilise pour analyser l'échantillon de test et retourne la matrice de confusion (chapitre 24 section 1). Il est à noter que la validité statistique de ce test n'est pas assurée ici, car on ne peut pas savoir si les séquences engendrées aléatoirement sont indépendantes.

On connaît un théorème (décevant) sur la recherche de l'automate fini « optimal » , l'automate fini déterministe minimal $A(L)$, que nous avons aussi appelé *automate canonique* d'un langage L(5.10). Ce problème est connu sous le nom de *recherche du plus petit automate compatible*[8].

Théorème 5.2
Étant donné un échantillon $I_+ \cup I_-$ d'exemples positifs et négatifs, trouver le plus petit automate compatible avec I est un problème NP-difficile.

C'est-à-dire qu'il n'existe vraisemblablement pas d'algorithme qui puisse résoudre ce problème en un temps polynomial en fonction du nombre d'états de $A(L)$. Mais cela n'empêche pas de chercher des heuristiques qui permettent de trouver en un temps raisonnable un automate de bonne qualité (au sens du protocole `gowachin`, par exemple).

On peut mentionner aussi que nombre d'études ont été menées pour relier l'inférence grammaticale et la théorie PAC (chapitre 3). Bien que très contraignant[9], ce cadre est intéressant car il possède des versions affaiblies dans lesquelles l'approximation des langages réguliers est possible polynomialement par présentation complète. Pour une description de ce cadre et des résultats, la référence [dlH10] est conseillée.

3. L'espace de recherche de l'inférence régulière

3.1 Bilan

Nous avons défini l'inférence régulière comme la recherche d'un automate A inconnu à partir duquel un échantillon positif I_+ est supposé avoir été généré. Étant donnée l'hypothèse supplémentaire de complétude structurelle de I_+ relativement à l'automate A, nous allons maintenant préciser ce problème comme une exploration dans un ensemble structuré construit sur I_+.

---

8. *Compatible* signifie simplement que toutes les phrases de I_+ sont acceptées (donc que l'automate est correct et complet (voir au chapitre 2) et toutes celles de I_- sont rejetées. C'est un synonyme de « cohérent » .

9. Ce cadre est contraignant dans le sens où il impose des résultats quelle que soit la distribution de probabilités selon laquelle les exemples sont distribués.

Nous retournons ainsi à un protocole de présentation tout à fait classique : l'algorithme d'apprentissage dispose de l'ensemble des exemples positifs et négatifs et tout renseignement supplémentaire par un oracle est interdit.

Nous avons vu à la section 1.1 de ce chapitre un certain nombre de définitions et de notions formelles. Rappelons-les rapidement avant de les utiliser pour construire cet ensemble structuré.

- À partir d'un échantillon positif I_+, on peut construire deux automates particuliers qui n'acceptent que lui : $MCA(I_+)$ et $PTA(I_+)$. Le second est un automate dérivé du premier.

- À partir d'un automate A quelconque, on peut construire d'autres automates par l'opération de dérivation : chaque état d'un automate dérivé de A est la fusion d'un certain nombre d'états de A.

- Un automate dérivé de A reconnaît un langage qui inclut $L(A)$.

- L'ensemble des automates dérivés d'un automate A forme le treillis $Lat(A)$.

- Un échantillon est structurellement complet par rapport à un automate s'il est représentatif du langage qu'il accepte.

Nous disposons maintenant de tout le matériel technique pour définir l'ensemble de toutes les solutions d'un problème d'inférence régulière.

3.2   Deux propriétés fondamentales

Un premier théorème nous assure que, sous le biais de la complétude structurelle, l'ensemble des hypothèses compatibles avec l'échantillon est exactement le treillis construit sur $MCA(I_+)$.

Théorème 5.3

Soit I_+ un échantillon positif d'un langage quelconque régulier L et soit A n'importe quel automate acceptant exactement L. Si I_+ est structurellement complet relativement à A alors A appartient à $Lat(MCA(I_+))$. Réciproquement, si un automate A appartient à $Lat(MCA(I_+))$ alors I_+ est structurellement complet relativement à A.

Le second théorème assure que l'on peut réduire l'espace de recherche si on cherche l'automate canonique d'un langage.

Théorème 5.4

Soit I_+ un échantillon positif d'un quelconque langage régulier L et soit $A(L)$ l'automate canonique acceptant L. Si I_+ est structurellement complet relativement à $A(L)$ alors $A(L)$ appartient à $Lat(PTA(I_+))$.

De plus, nous pouvons énoncer une propriété d'inclusion entre ces deux treillis :

Propriété 5.5

$Lat(PTA(I_+)) \subseteq Lat(MCA(I_+))$

Cette propriété découle directement de la définition 5.16 du $PTA(I_+)$ qui est un automate quotient du $MCA(I_+)$. De plus, comme le treillis $Lat(PTA(I_+))$ est généralement strictement inclus dans le treillis $Lat(MCA(I_+))$, rechercher une solution dans $Lat(PTA(I_+))$ au lieu de $Lat(MCA(I_+))$ permet de considérer un espace de recherche plus restreint.

En guise d'illustration, considérons l'exemple suivant. Conformément à la définition 5.14, l'échantillon $I_+ = \{ab\}$ n'est pas structurellement complet relativement à l'automate A de la

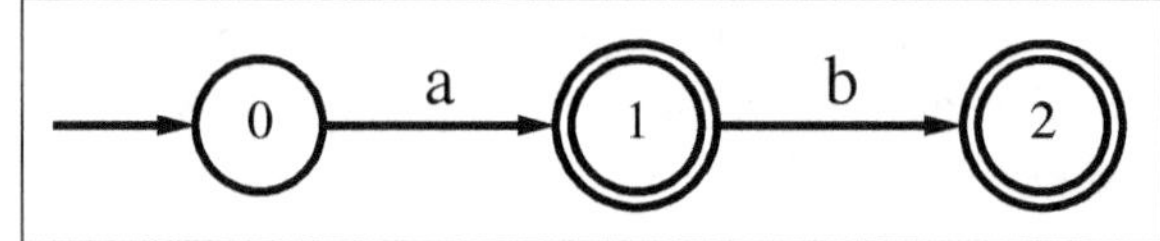

FIGURE 5.10 : *Un automate pour lequel l'échantillon $\{ab\}$ n'est pas structurellement complet.*

figure 5.10, où 1 et 2 sont des états d'acceptation. L'état 1, qui est final, n'est l'état d'acceptation d'aucune phrase de I_+. Pour cette raison, l'automate A ne peut pas être dérivé du $MCA(I_+)$ et évidemment pas non plus du $PTA(I_+)$. Il n'est pas possible de définir une partition π de l'ensemble des états Q_{MCA} telle que A corresponde à $MCA(I_+)/\pi$ avec $q_1 \in F_{MCA/\pi}$. Au contraire, l'échantillon $\{ab, a\}$ est structurellement complet relativement à l'automate A qui peut donc être dérivé du MCA, ou du PTA associés à cet échantillon.

3.3   La taille de l'espace de recherche

Grâce aux résultats présentés à la section 3.2, nous savons que si nous disposons d'un échantillon positif I_+ d'un langage inconnu L, avec I_+ structurellement complet relativement à un automate inconnu A acceptant exactement L, alors nous pouvons dériver A pour une certaine partition π de l'ensemble des états du $MCA(I_+)$. Nous pouvons dès lors considérer l'inférence régulière comme un problème de recherche de la partition π.

Mais l'exploration de cet espace n'est pas un problème facile : sa taille est le nombre de partitions $|\mathcal{P}(N)|$ d'un ensemble à N éléments où N est ici le nombre d'états de l'élément nul du treillis, c'est-à-dire $PTA(I_+)$ ou $MCA(I_+)$. Ce nombre croît plus qu'exponentiellement en fonction de N. À titre d'exemple, $|\mathcal{P}(10)| = 10^5$, $|\mathcal{P}(20)| = 5 \times 10^{13}$, $|\mathcal{P}(30)| = 8.5 \times 10^{23}$...

4.   L'inférence régulière sans échantillon négatif

Étant donné un échantillon positif I_+ d'un langage régulier L, nous avons à définir le critère qui guidera la recherche de l'automate A acceptant I_+. En particulier, $MCA(I_+)$ et $PTA(I_+)$ acceptent tous deux l'échantillon positif. Cependant, ils n'acceptent aucune autre phrase du langage L et, donc, ne généralisent pas l'information contenue dans les données d'apprentissage.

Nous savons, par la propriété 5.1, que n'importe quel automate dérivé du $MCA(I_+)$ accepte un langage incluant I_+. En ce sens, n'importe quel automate appartenant à $Lat(MCA(I_+))$ constitue une généralisation possible de l'échantillon positif. Conformément au résultat de Gold présenté à la section 2.2, nous savons qu'il n'est pas possible d'identifier la classe entière des langages réguliers à partir d'un échantillon positif seulement. En particulier, aucun exemple positif ne peut éviter une surgénéralisation éventuelle de l'inférence. En d'autres termes, si une solution proposée par un algorithme d'inférence correspond à un langage incluant strictement le langage à identifier, aucun exemple positif ne peut contredire cette solution.

Pour éviter le risque de surgénéralisation, deux approches sont utilisées. La première consiste à rechercher la solution dans une sous-classe particulière des langages réguliers ; il s'agit alors d'une méthode *caractérisable*. La seconde utilise une information *a priori* pour guider la généralisation recherchée, le propre des méthodes *heuristiques*.

4.1　Une méthode caractérisable : l'inférence de langages k-réversibles

Dana Angluin a proposé une méthode d'inférence qui identifie à la limite à partir d'une présentation positive la classe des langages k-*réversibles*, pour k quelconque mais fixé *a priori* [Ang82]. Nous détaillons ci-après les principales notions nécessaires à la définition de cette méthode d'inférence.

Définition 5.23 (Automate inverse)

L'automate inverse $A^r = (Q, \Sigma, \delta^r, F, I)$ *d'un automate* $A = (Q, \Sigma, \delta, I, F)$ *est défini comme suit :*

$$\forall q \in Q, \quad \forall a \in \Sigma, \quad \delta^r(q, a) = \{q' \in Q | q \in \delta(q', a)\}.$$

Par conséquent, l'automate inverse A^r *est obtenu en inversant les états d'entrée et de sortie de l'automate original* A*, et en inversant également le sens des transitions de* A*. Nous présentons à la figure 5.11 un exemple d'automate et son inverse.*

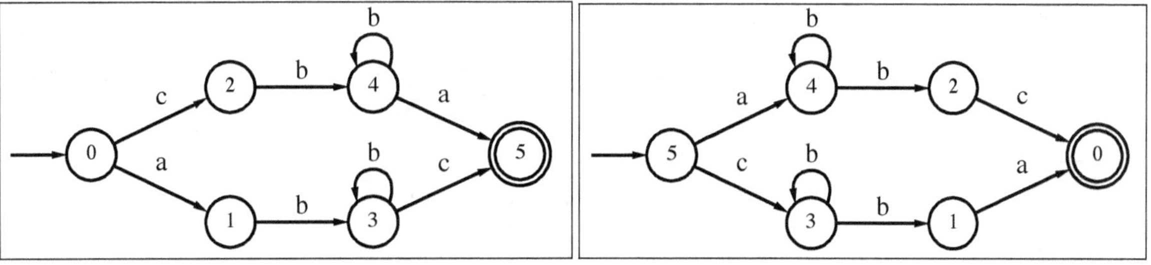

FIGURE 5.11 : *L'automate* A *et son inverse* A^r*.*

Il est à noter que nous avons défini, à la section 1, les automates finis comme comprenant un seul état d'entrée et un ensemble d'états de sortie. Ces automates permettent de représenter un langage régulier quelconque. La généralisation aux automates comportant un ensemble d'états d'entrée est triviale.

Définition 5.24

Un automate $A = (Q, \Sigma, \delta, q_0, F)$ *est* déterministe avec anticipation k *si :*

$$\forall q \in Q, \forall x \in \Sigma^*, |x| > k, \quad |\delta^*(x, q)| \leq 1.$$

où δ^* *désigne l'extension classique à* $\Sigma^* \times Q \to 2^Q$*, de la fonction de transition* δ*.*

Par conséquent, un automate est déterministe avec anticipation k *si, lors de l'acceptation d'une chaîne quelconque, il existe au plus un état auquel cette acceptation peut mener en anticipant de* k *lettres par rapport à la position courante dans la chaîne. Un AFD est déterministe avec anticipation 0. L'automate* A^r *de la figure 5.11 est déterministe avec anticipation 1.*

Définition 5.25 (Automate k-réversible)

Un automate A est k-réversible s'il est déterministe et si son inverse A^r est déterministe avec anticipation k.

Définition 5.26 (Langage k-réversible)

Un langage L est k-réversible s'il existe un automate k-réversible qui l'accepte.

L'algorithme k-RI[10] consiste à partir de l'accepteur des préfixes de l'échantillon positif puis à fusionner des états, c'est-à-dire à définir un nouvel automate quotient, tant que la condition de k-réversibilité est violée. Angluin [Ang82] a démontré que cet algorithme permettait d'identifier la classes des langages k-réversibles et qu'il produisait, pour I_+ et k fixé, l'automate canonique du plus petit langage k-réversible incluant I_+ . Nous présentons à la figure 5.12 un exemple d'exécution de l'algorithme k-RI avec $I_+ = \{ab, bb, aab, abb\}$ et $k = 1$.

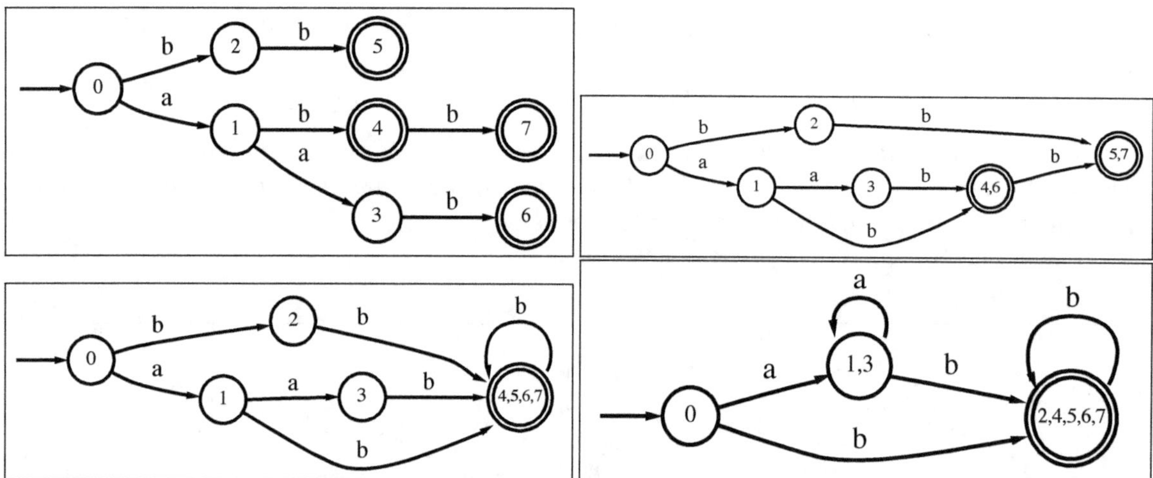

FIGURE 5.12 : *Exemple d'exécution de l'algorithme k-RI, avec $I_+ = \{ab, bb, aab, abb\}$.*

La fonction *k-réversible* (A/π) renvoie $VRAI$ si l'automate quotient A/π est k-réversible, elle renvoie $FAUX$ sinon. La fonction *non réversible* $(A/\pi, \pi)$ renvoie deux blocs distincts de π, tels que la condition de k-réversibilité ne soit pas vérifiée pour les deux états associés dans A/π. La fonction *dériver* (A, π') renvoie l'automate quotient de A conformément à la partition π'.

Rappelons qu'il est prouvé que cette méthode identifie à la limite la classe des langages k-réversibles pour k donné.

4.2   Une méthode heuristique : l'algorithme ECGI

L'algorithme ECGI est une méthode d'inférence heuristique conçue pour extraire l'information sur la longueur de sous-chaînes des éléments de I_+ et de la concaténation de ces sous-chaînes. Cet algorithme est incrémental, c'est-à-dire qu'il mesure une « distance » entre un nouvel exemple et le modèle existant et adapte le modèle conformément. Le langage accepté par la grammaire inférée inclut I_+ ainsi que d'autres chaînes obtenues par concaténation de sous-chaînes des éléments de I_+.

Nous reprenons la description de l'algorithme ECGI tel qu'il a été formellement présenté dans [RV88, RPV89]. La représentation utilisée est celle des grammaires régulières. Nous illus-

---

10. L'abréviation k-RI provient de la terminologie anglaise pour *k-Reversible Inference*.

Algorithme 2 : Algorithme k-RI

Données : k, l'ordre du modèle, I_+, l'échantillon positif
Résultat : A_k, un automate canonique acceptant le plus petit langage k-réversible
incluant I_+

début

    /* N désigne le nombre d'états de $PTA(I_+)$ */
    $\pi \leftarrow \{\{0\}, \{1\}, \ldots, \{N-1\}\}$
    /* Un bloc par état du $PTA(I_+)$ */
    $A \leftarrow PTA(I_+)$
    tant que $\neg$(k-réversible (A/π)) **faire**
        $(B_1, B_2) \leftarrow$*non réversible* $(A/\pi, \pi)$
        $\pi \leftarrow \pi \backslash \{B_1, B_2\} U \{B_1 U B_2\}$
        /* Fusion du bloc B_1 et du bloc B_2 */
    fin tant que
    A/π

fin

---

trons également son fonctionnement à l'aide de la représentation équivalente en automates.

Comme on va le voir, l'algorithme ECGI produit une grammaire $G = (N, \Sigma, P, S)$ régulière, non déterministe, sans cycle[11] et qui vérifie la condition suivante :

$$\forall A, B, C \in N, \quad \forall b, a \in \Sigma \quad \text{si } (B \to aA) \in P \text{ et } (C \to bA) \in P \text{ alors } b = a.$$

En d'autres termes, la même lettre de l'alphabet terminal est associée avec toutes les productions ayant le même non-terminal en partie droite. Cela permet d'associer les terminaux aux états plutôt qu'aux arcs de l'automate équivalent.

La définition suivante, à la base de l'algorithme, utilise des concepts analogues à ceux de la distance entre séquences appelée DTW, définie au chapitre 13.

Définition 5.27

À toute production dans P, sont associées les règles d'erreurs *suivantes :*

$$\begin{aligned}
\textit{Insertion de a :} \quad & A \to aA, \forall(A \to bB) \in P, \forall a \in \Sigma \\
\textit{Substitution de b par a :} \quad & A \to aB, \forall(A \to bB) \in P, \forall a \in \Sigma \\
& A \to a, \forall(A \to b) \in P, \forall a \in \Sigma \\
\textit{Suppression de b :} \quad & A \to B, \forall(A \to bB) \in P, \forall a \in \Sigma \\
& A \to \epsilon, \forall(A \to b) \in P, \forall a \in \Sigma
\end{aligned}$$

Définition 5.28

La grammaire étendue $G' = (N', \Sigma, P', S)$ de G est la grammaire obtenue en ajoutant les règles d'erreurs à P.

Définition 5.29

La dérivation corrective optimale de $\beta \in \Sigma^*$ est la dérivation de β, conformément à la grammaire G' et qui utilise un nombre minimal de règles d'erreurs.

L'algorithme ECGI construit d'abord la grammaire canonique acceptant la première chaîne de I_+. Ensuite, pour chaque nouvel exemple β, la dérivation corrective optimale est calculée et

---

11. Une grammaire est sans cycle si quel que soit le non-terminal A, aucune phrase engendrée à partir de A n'est de la forme xA, avec $x \in \Sigma^+$. En pratique, cela revient à dire que l'automate correspondant ne comporte pas de boucle et donc que le langage engendré est fini.

Algorithme 3 : Algorithme ECGI

Données : I_+
Résultat : Une grammaire G compatible avec I_+ et vérifiant la propriété 4.2
début

    $x \leftarrow I_+^1$; $n \leftarrow |x|$

    $N \leftarrow \{A_0, \ldots, A_{n-1}\}$; $\Sigma \leftarrow \{a_1, \ldots, a_n\}$

    $P \leftarrow \{(A_i \to a_i A_i), i = 1, \ldots, n-1\} \cup \{A_{n-1} \to a_n\}$

    $S \leftarrow A_0$; $G_1 \leftarrow (N, \Sigma, P, S)$

    pour $i = 2$ $\grave{a}$ $|I_+|$ **faire**

        $G \leftarrow G_{i-1}$; $x \leftarrow I_+^i$; $P' \leftarrow d\acute{e}riv\_optim\ (x, G_{i-1})$

        pour $j = 1$ $\grave{a}$ P' **faire**

            $G \leftarrow \acute{e}tendre\_gram\ (G, p_j)$

        fin pour

        $G_i \leftarrow G$

    fin pour

    Retourner G

fin

---

la grammaire est étendue conformément à cette dérivation [12]. Elle produit la séquence optimale de règles correctes (celles déjà présentes dans la grammaire) et de règles d'erreurs pour l'acceptation de β. Nous présentons à la figure 5.13 un exemple d'exécution de l'algorithme ECGI prenant en entrée l'échantillon $I_+\{aabb, abbb, abbab, bbb\}$ et en représentant chaque grammaire par un automate associé. Les états et transitions en pointillés correspondent à l'extension de la grammaire à chaque étape.

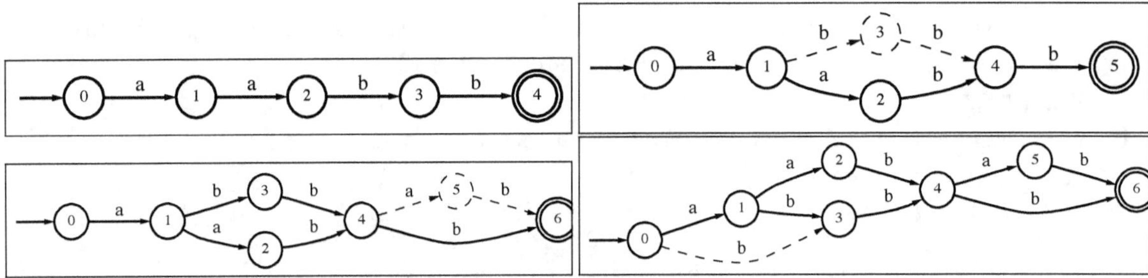

FIGURE 5.13 : *Exemple d'exécution de l'algorithme ECGI, avec* $I_+ = \{aabb, abbb, abbab, bbb\}$.

La fonction *dériv_optim* (x, G_{i-1}) renvoie la dérivation corrective optimale de la chaîne x conformément à la grammaire G_{i-1}. La fonction *étendre_gram* (G, p_j) renvoie la grammaire étendue conformément à la règle d'erreur p_j.

Supposons que nous disposions désormais d'un échantillon négatif I_- du langage inconnu L. Dans ce cas, nous savons que nous pouvons, en principe, identifier à la limite au moins n'importe quel langage régulier (voir section 2.2). L'inférence peut être alors considérée comme la découverte d'un automate A compatible avec les échantillons positifs et négatifs, c'est-à-dire tel que $I_+ \subseteq L(A)$ et $I_- \cap L(A) = \phi$. Il existe un grand nombre d'automates compatibles appartenant à $Lat(MCA(I_+))$. $MCA(I_+)$ satisfait ces conditions mais ne généralise pas l'échantillon

---

12. Cette dérivation est obtenue par une procédure d'analyse corrective qui constitue une application de l'algorithme de programmation dynamique (voir le chapitre 2 pour les généralités et le chapitre 21 pour une application particulière de la programmation dynamique : l'algorithme de Viterbi).

positif. Par conséquent, nous pouvons chercher une solution plus générale *sous le contrôle* de l'échantillon négatif.

Si nous choisissons la simplicité de l'automate inféré comme critère de généralité et que nous restreignons la recherche à des automates déterministes, la solution cherchée est alors l'AFD compatible et comportant le nombre minimal d'états. Il n'existe pas d'algorithme polynomial résolvant ce problème dans tous les cas. Cependant, on peut trouver un algorithme polynomial qui permet, en général, de trouver une solution quasi exacte(section 5.4). Deux autres algorithmes seront abordés ensuite. Afin de les comparer et d'étudier le problème du plus petit AFD compatible, nous poursuivons la caractérisation de l'espace de recherche introduite à la section 3.

5.   L'inférence régulière sous contrôle d'un échantillon négatif

5.1   L'ensemble frontière

La notion d'ensemble frontière permet de définir un sous-espace intéressant de solutions à un problème d'inférence avec contre-exemples.

Définition 5.30
Une antichaîne $\overline{AS}$ *dans un treillis d'automates est un ensemble d'automates tel qu'aucun élément de* $\overline{AS}$ *n'est relié par la relation de dérivation avec un autre élément de* $\overline{AS}$.

Définition 5.31
Un automate A est à une profondeur maximale *dans un treillis d'automates s'il n'existe pas, dans ce treillis, d'automate A′, différent de A, tel que A′ puisse être dérivé de A et tel que* $L(A') \cap I_- = \phi$.

Définition 5.32
L'ensemble frontière $BS_{MCA}(I_+, I_-)$ *est l'antichaîne dont chaque élément est à une profondeur maximale dans* $Lat(MCA(I_+))$.

Propriété 5.6
L'ensemble frontière $BS_{PTA}(I_+, I_-)$ *contient l'automate canonique A(L) de tout langage régulier L dont* I_+ *est un échantillon positif et* I_- *un échantillon négatif.*

Par conséquent, l'ensemble frontière du treillis construit sur $MCA(I_+)$ est l'ensemble des automates les plus généraux compatibles avec l'échantillon positif et l'échantillon négatif. D'autre part, le problème du plus petit AFD compatible se ramène à découvrir le plus petit AFD appartenant à l'ensemble frontière du treillis construit sur $PTA(I_+)$.

5.2   Le lien avec l'espace des versions

Compte tenu de sa construction à partir de I_+ puis de son élagage par I_-, le treillis des solutions est un cas particulier de l'espace des versions décrit au chapitre 4. On peut considérer simplement que le $PTA(I_+)$ est l'unique généralisation la plus spécifique, donc que $S = \{PTA(I_+)\}$. En revanche, il existe plusieurs solutions plus générales, qui ne sont autres que les éléments de l'ensemble frontière : $G = BS_{MCA}(I_+, I_-)$. Tout élément du treillis qui peut se transformer en élément de BS par fusion d'états est une solution. L'inférence grammaticale ajoute un biais pour trouver une des solutions de l'espace des versions : chercher un automate sur BS, donc tel que toute fusion de deux de ses états conduise à l'acceptation d'exemples négatifs. C'est donc une heuristique de simplicité qui est adoptée, conformément au principe du rasoir d'Occam (chapitre 24 section 1.6) et au principe MDL.

5.3   Les algorithmes RIG et BRIG

Étant donnés des échantillons positif I_+ et négatif I_-, il est facile, par un algorithme nommé RIG [13] [MdG94], de construire complètement $BS_{MCA}(I_+, I_-)$. Cet algorithme procède par énumération des automates dérivés du $MCA(I_+)$, c'est-à-dire des partitions dans $Lat(MCA(I_+))$. Il s'agit d'une énumération en largeur à partir de l'élément nul du treillis des partitions, le $MCA(I_+)$. Cette énumération ne conserve que les automates compatibles à chaque profondeur dans le treillis. Par la propriété 5.1 d'inclusion des langages, nous pouvons effectuer un élagage par héritage, qui consiste à éliminer tous les automates à la profondeur $i + 1$ qui dérivent d'au moins un automate non compatible à la profondeur i. Ensuite, les automates restant à la profondeur $i+1$ subissent un *élagage direct* qui consiste à éliminer les automates non compatibles à cette profondeur. Finalement, l'ensemble frontière est obtenu en mémorisant tous les automates compatibles et qui ne possèdent aucun dérivé compatible. La solution proposée par l'algorithme RIG est, par exemple, le premier automate déterministe rencontré à la profondeur maximale de l'ensemble frontière, mais l'algorithme RIG peut également fournir comme solution tout l'ensemble frontière (comme le ferait l'algorithme de l'élimination des candidats dans la méthode de l'espace des versions).

La complexité de RIG étant non polynomiale [14], une version heuristique, nommé BRIG, a été proposée [MdG94]. Elle consiste à ne considérer qu'une petite proportion des partitions, générée aléatoirement. Cette sélection aléatoire permet de garantir, en pratique, une complexité polynomiale et de construire un sous-ensemble du BS. L'algorithme BRIG est clairement de nature heuristique car il n'existe pas de caractérisation de la classe de langages qu'il identifie (son caractère aléatoire implique que différentes exécutions partant des mêmes données ne conduisent pas nécessairement au même résultat).

5.4   L'algorithme RPNI

5.4.1   Une exploration efficace du treillis

L'algorithme RPNI [OG92] effectue une recherche en profondeur dans $Lat(PTA(I_+))$ et trouve un optimum local au problème du plus petit AFD compatible. Nous savons que l'identification d'un langage régulier L par exploration du treillis des partitions du $PTA(I_+)$ n'est envisageable que si l'on suppose la complétude structurelle de I_+ relativement à l'automate canonique $A(L)$. Sous cette hypothèse, l'algorithme RPNI est particulièrement efficace.

Par construction du $PTA(I_+)$ (voir définition 5.16), chacun de ses états correspond à un préfixe unique et les préfixes peuvent être triés par ordre lexicographique [15]. Cet ordre s'applique donc également aux états du $PTA(I_+)$. L'algorithme RPNI procède en $N - 1$ étapes où N est le nombre d'états du $PTA(I_+)$. La partition à l'étape i est obtenue en fusionnant les deux premiers

---

13.   L'abréviation RIG provient de la terminologie anglaise pour *Regular Inference of Grammars*.

14.   Dans le pire des cas, aucun élagage par I_- n'est effectué. Dans ce cas, l'algorithme RIG explore tout le treillis des partitions. Malgré un élagage effectif par l'échantillon négatif, il a été observé expérimentalement que la complexité de RIG reste non polynomiale en fonction de N, le nombre d'états du $MCA(I_+)$ [MdG94].

15.   L'ordre lexicographique sur les chaînes de Σ^*, correspond à un ordre par longueur des chaînes et, pour une longueur donnée, à l'ordre alphabétique. Par exemple, pour l'alphabet $\{a, b\}$, les premières chaînes dans l'ordre lexicographique sont : $\epsilon, a, b, aa, ab, ba, bb, aaa, aab \ldots$

blocs, par ordre lexicographique, de la partition à l'étape $i - 1$ et qui, de plus, donne lieu à un automate quotient compatible.

Algorithme 4 : Algorithme RPNI

Données : I_+, I_-
Résultat : Une partition du $PTA(I_+)$ correspondant à un AFD compatible avec $I_+ et I_-$
début

    `/* ` N ` désigne le nombre d'états de ` $PTA(I_+)$ `*/`
    $\pi \leftarrow \{\{0\}, \{1\}, \ldots, \{N - 1\}\}$
    $A \leftarrow PTA(I_+)$
    pour $i = 1$ *à* $N - 1$ **faire**

        pour $j = 0$ *à* $i - 1$ **faire**

            $\pi' \leftarrow \pi \backslash \{B_j, B_i\} U \{B_i U B_j\}$
            `/* Fusion du bloc ` B_i ` et du bloc ` B_j `*/`
            $\pi'' \leftarrow d\acute{e}term\_fusion \; (A/\pi')$
            si A/π'' correct(I_-) **alors**
                $\pi \leftarrow \pi''$
            fin si

        fin pour

    fin pour
    Retourner $A \leftarrow A/\pi$

fin

L'automate quotient A/π' peut être non déterministe. La fonction *déterm_fusion* (A/π') réalise la *fusion pour déterminisation* en renvoyant la partition π'' obtenue en fusionnant récursivement tous les blocs de π' qui créent le non-déterminisme [16].

Si A/π' est déterministe, la partition π'' est égale à la partition π'.

Si l'automate déterministe ainsi obtenu est correct pour I_-, c'est-à-dire s'il n'en accepte aucun échantillon, alors $RPNI$ est relancé à partir de cette solution provisoire. Pour conserver l'ordre lexicographique, quand un état est fabriqué par fusion et correspond donc à un bloc d'états du PTA, il prend alors le rang de l'état du PTA de rang le plus faible dans ce bloc.

La solution proposée par l'algorithme RPNI est un automate déterministe appartenant au $BS_{PTA}(I_+, I_-)$. Par la propriété 5.1, nous savons qu'il s'agit de l'automate canonique pour le langage qu'il accepte. Cependant, il ne s'agit du plus petit AFD compatible que si les données d'apprentissage satisfont une condition supplémentaire, c'est-à-dire contiennent un échantillon dit *caractéristique*, formellement défini dans [OG92]. En d'autres termes, lorsque les données d'apprentissage sont suffisamment représentatives, la découverte de l'automate canonique du langage à identifier est garantie. De plus, cet automate est également la solution du problème du plus petit AFD compatible, dans ce cas particulier. Les auteurs ont démontré que la taille d'un échantillon caractéristique propre à cet algorithme est $\mathcal{O}(n^2)$, où n est le nombre d'états de l'automate cible [OG92]. La complexité calculatoire de l'algorithme RPNI, dans sa dernière version publiée, est $\mathcal{O}((|I_+| + |I_-|) \cdot |I_+|^2)$.

---

16. L'opération de fusion pour déterminisation d'un AFN ne doit pas être confondue avec l'algorithme classique de déterminisation d'un AFN, qui a pour objet de produire un AFD acceptant le même langage [AU72]. Conformément à la propriété 5.1, l'AFD obtenu par fusion des états d'un AFN accepte, en général, un surlangage de l'AFN dont il provient.

Il est de plus démontré [TB73] que si l'échantillon d'apprentissage contient toutes les chaînes de longueur inférieures à $2k - 1$ où k est le nombre des états de l'automate cible alors, l'identification est garantie. Mais cette propriété est fine : si l'ensemble d'apprentissage contient toutes les chaînes sauf une partie infime de l'ensemble caractéristique, alors, l'identification n'est plus garantie [Ang78].

—— EXEMPLE   **Fonctionnement de RPNI** ————————————————————————

Partons des ensembles $I_+ = \{\epsilon, ab, aaa, aabaa, aaaba\}$ et $I_- = \{aa, baa, aaab\}$. L'automate $PTA(I_+)$ est représenté sur la figure 5.14, en haut. Il possède dix états.

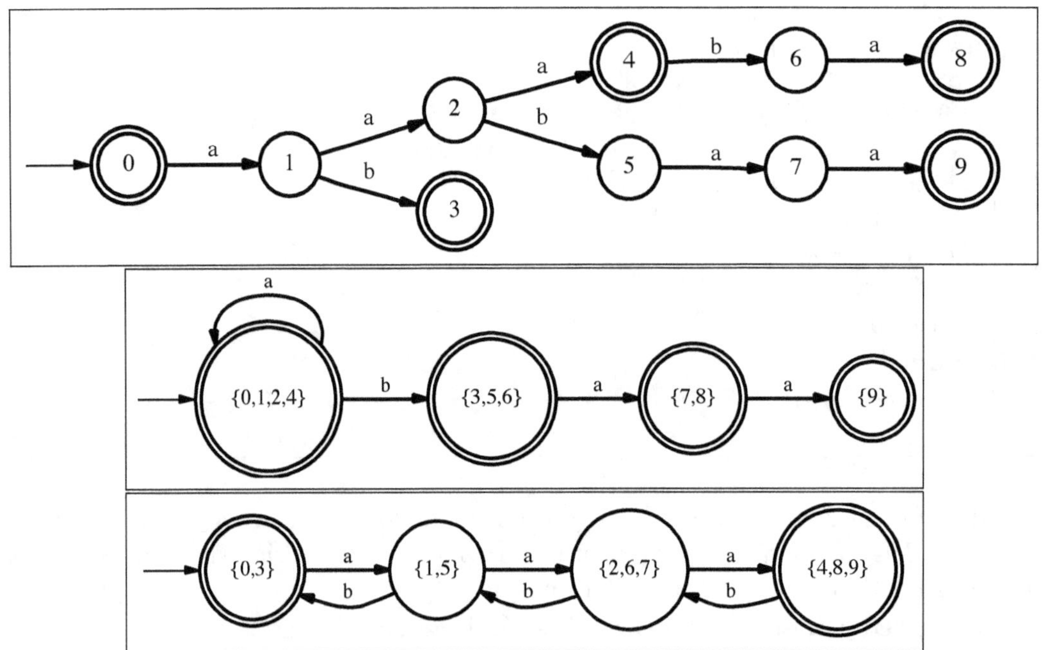

FIGURE 5.14 : *Exemple d'exécution de l'algorithme RPNI. En haut, $PTA(I_+)$, avec $I_+ = \{\epsilon, ab, aaa, aabaa, aaaba\}$. Au centre, le résultat de la fusion des états 0 et 1 suivie de la procédure de fusion pour déterminisation. Cet automate n'est pas une solution puisqu'il accepte au moins une phrase (ici, les trois) de $I_- = \{aa, baa, aaab\}$. En bas, l'automate obtenu comme solution.*

- L'algorithme $RPNI$ commence par fusionner deux états. En l'absence d'autre indication les états 0 et 1 sont choisis. Ceci conduit à un indéterminisme, puisque l'état $\{0, 1\}$ mène désormais à lui-même et à l'état 2 par une transition a. La procédure de fusion pour déterminisation est donc appellée.
  - Elle fusionne d'abord l'état $\{0, 1\}$ avec l'état 2. Mais ceci amène deux autres indéterminismes : $\{0, 1, 2\}$ mène à 4 et à lui-même par a, mais aussi à 5 et 3 par b.
  - Elle poursuit en fusionnant $\{0, 1, 2\}$ avec 4 et en fusionnant 5 avec 3. Il reste un nouvel indéterminisme : $\{0, 1, 2, 4\}$ mène par b à $\{3, 5\}$ et 6.
  - Elle fusionne derechef ces deux derniers états, ce qui mène à un automate déterministe (figure 5.14, au milieu).

  Cet automate accepte la phrase aa dans I_-. On doit donc remettre en question la fusion initiale des états 0 et 1.

- L'étape suivante est de fusionner les états 0 et 2, puis de procéder à la fusion par déterminisation. Ici aussi, l'automate obtenu accepte une phrase de I_-.

- En revanche, l'étape suivante, la fusion de 0 et 3, mène à un automate cohérent avec I_+ et I_-, dont on sait qu'il est sur le BS. C'est cette solution qui est retenue (figure 5.14, en bas).

Le langage reconnu peut s'exprimer comme « l'ensemble des phrases dont le nombre de a moins le nombre de b vaut 0 *modulo* 3 » . L'échantillon a été choisi comme l'un des plus petits possibles qui soit caractéristique de ce langage, ce qui explique qu'on puisse l'inférer avec si peu d'information.

5.4.2   Variantes et extensions

La plupart des algorithmes efficaces d'inférence régulière sont des améliorations de $RPNI$. La faiblesse de celui-ci est en effet d'imposer un ordre arbitraire aux essais successifs des fusions d'états du PTA (ceux-ci sont rangés dans l'ordre lexicographique du préfixe correspondant dans le PTA). Les algorithmes plus efficaces fusionnent de préférence les deux états les plus « prometteurs » avant d'appliquer la fusion pour déterminisation. Ce terme est évidemment empirique, mais il existe des heuristiques expérimentalement efficaces pour le définir. On trouvera les détails dans [LPP98].

Un certain nombre d'autres possibilités ont été développées, comme le travail dans un espace d'automates non déterministes, ou l'inférence par fission (en partant de l'automate universel).

Citons également ici un algorithme heuristique, nommé GIG[17], qui optimise par un *algorithme génétique* la recherche d'une solution optimale. Il fait évoluer dans $Lat(PTA(I_+))$ une population d'automates dérivés du $PTA(I_+)$, par le biais d'opérateurs spécifiques de mutation et de croisement.

6.   L'inférence d'automates probabilistes

Nous avons traité jusqu'ici des algorithmes d'apprentissage de concept sous la forme d'une grammaire. L'espace de représentation $\Sigma^\star$ est donc partagé en deux par un concept « grammaire ». Une extension de l'inférence grammaticale consiste à étudier l'apprentissage de *grammaires probabilisées*.

6.1   Les automates probabilistes

Prenons d'abord le cas des automates finis non déterministes. Une extension naturelle consiste à associer à chaque transition une valeur comprise entre zéro et un et à chaque état deux valeurs comprises entre zéro et un. L'interprétation est la suivante. Si l'on est dans un état q, la première valeur $I(q)$ qui lui est associée est la probabilité de le considérer comme initial, la seconde $F(q)$ celle de le considérer comme final. De cet état partent des transitions : par exemple si $q\prime \in \delta(q,a)$, alors il existe une transition entre q et q' par la lettre a. La valeur $\mathbf{P}(q,a,q')$ associée à cette transition est la probabilité que cette transition soit empruntée. S'il n'existe pas de transition entre q et q' par la lettre a, alors $\mathbf{P}(q,a,q') = 0$. Les fonctions I, F et $\mathbf{P}$ doivent vérifier sur

---

17. L'abréviation **GIG** provient de la terminologie anglaise pour *Grammatical Inference by Genetic search*.

l'ensemble Q des états et l'alphabet Σ :

$$\sum_{q \in Q} I(q) = 1$$

$$\forall q \in Q, \ F(q) + \sum_{a \in \Sigma, \ q' \in \delta(q,a)} \mathbf{P}(q, a, q') = 1$$

Par exemple, la figure 5.15 représente un automate fini probabiliste à trois états. L'état S et l'état A ont chacun une probabilité 0.5 d'être initiaux, l'état A a une probabilité 0.4 d'être final et l'état F a une probabilité 1 d'être final. Les probabilités des transitions sont indiquées sur les arcs du graphe.

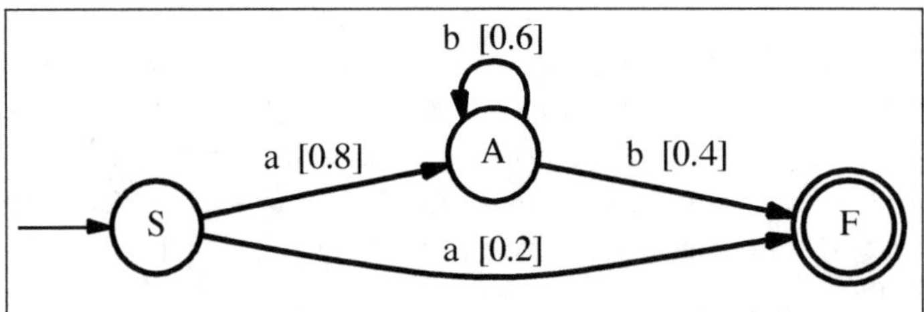

FIGURE 5.15 : *Un automate fini probabiliste.*

La probabilité d'une phrase d'être engendrée par un automate probabiliste se calcule comme la somme, sur toutes les façons possibles que cette phrase a d'être acceptée par l'automate, du produit des probabilités des règles utilisées multiplié par celui des probabilités de l'état initial et de l'état final. Plus formellement :

Définition 5.33 (Chemin)

Un chemin dans un automate probabiliste est une suite d'états $q_1, \ldots, q_t$ et de transitions qui les relient, avec $t \geq 1$.

À tout chemin correspond une phrase $x = x_1 \ldots x_{t-1}$ de longueur $t - 1$ sur $\Sigma^\star$ (si $t = 1$, la phrase est ϵ).

La probabilité d'acceptation de la phrase x associée à un chemin est le produit $I(q) \times \mathbf{P}(q_1, x_1, q_2) \times \ldots \times \mathbf{P}(q_{t-1}, x_{t-1}, q_t) \times F(q_t)$ (si $t = 1$, cette valeur se ramène à $I(q_1) \times F(q_1)$).

Une phrase peut être acceptée par différents chemins.

Un chemin qui accepte x est valide si la probabilité associée est non nulle. Pour la phrase $x = x_1 \ldots x_{t-1}$, notons $\theta(x)$ l'ensemble des chemins valides qui acceptent x.

La probabilité d'acceptation de x par l'automate probabiliste est la somme sur θ de toutes les probabilités associées à un chemin de θ.

Par exemple, la phrase *abbb* peut être acceptée par l'automate de la figure 5.15 par la succession de transitions $S \xrightarrow{0.8} A \xrightarrow{0.6} A \xrightarrow{0.6} A \xrightarrow{0.3} F$ avec une probabilité de $0.5 \times 0.8 \times 0.6 \times 0.6 \times 0.6 \times 0.1 = 0.0432$, ou par la succession $S \xrightarrow{0.8} A \xrightarrow{0.6} A \xrightarrow{0.6} A \xrightarrow{0.3} A$ avec une probabilité de $0.5 \times 0.8 \times 0.6 \times 0.6 \times 0.3 \times 0.9 = 0144$. On la notera : *abbb*[0.00576]. De même, la phrase *bb*, qui peut être acceptée de deux façons, a la probabilité $0.5 \times 0.6 \times 0.6 \times 0.1 + 0.5 \times 0.6 \times 0.3 \times 0.9 = 0.099$ (*bb*[0.099] est acceptée par la suite d'états A, A et A ou par la suite d'états A, A et F).

6.2   Automates probabilistes et distributions de probabilités sur $\Sigma^\star$

Un automate probabiliste A attribue donc à chaque phrase x de $\Sigma^\star$ une valeur $\mathbf{P}_A(x)$ entre 0 et 1. Cela induit naturellement la définition suivante :

Définition 5.34
Deux automates probabilistes sont dits équivalents s'ils attribuent les mêmes valeurs à toutes les phrases de $\Sigma^\star$.

Mais il est important de noter qu'un automate probabiliste ne définit effectivement une distribution de probabilités sur $\Sigma^\star$, avec la propriété $\sum_{x \in \Sigma^\star} \mathbf{P}_A(x) = 1$, que si une certaine condition est remplie :

Propriété 5.7
Un état de A est dit utile *s'il apparaît dans au moins un chemin valide de A. Si tous les états de A sont utiles, alors A définit une distribution de probabilités qui somme à 1 sur $\Sigma^\star$. On dit alors que A est* consistant.

On peut mentionner ici une propriété « négative » : toutes les distributions de probabilités sur $\Sigma^\star$ ne peuvent pas être définies par un automate probabiliste [dlHTV$^+$05a].

6.3   Automates probabilistes déterministes

Nous avons traité jusqu'ici d'automates probabilistes en général *non déterministes*, comme celui de l'exemple : il possède en effet deux transitions portant la même lettre au départ de S, (comme de A, d'ailleurs). Il est naturel de se demander si à tout automate probabiliste non déterministe correspond un automate probabiliste déterministe équivalent ; mais il faut d'abord définir exactement ce dernier concept.

Définition 5.35
Un automate probabiliste est déterministe *quand de chaque état part au plus une transition portant une lettre donnée et quand la fonction I vaut 0 partout sauf sur un seul état.*

La réponse à la question précédente est alors négative [dlHTV$^+$05a] ; autrement dit, étant donné un automate probabiliste non déterministe définissant une certaine distribution de probabilités sur $\Sigma^\star$, on ne peut pas toujours trouver un automate probabiliste déterministe définissant la même distribution de probabilités sur $\Sigma^\star$.

6.4   Inférence d'automates probabilistes

Un *échantillon d'inférence stochastique* est constitué d'un ensemble de phrases muni de fréquences d'apparition. On peut donc aussi le considérer comme un *multi-ensemble* de séquences. Par exemple, le multi-ensemble :

$$\{a, ab, ab, ab, abb, abb, abbbb\}$$

peut se réécrire :

$$\{a[\tfrac{1}{7}], ab[\tfrac{3}{7}], abb[\tfrac{2}{7}], abbbb[\tfrac{1}{7}]\}$$

Le problème d'inférence posé dans cette section consiste donc à apprendre un automate fini stochastique à partir d'un tel échantillon d'inférence.

Si on suppose connaître les *composants structurels* d'un automate probabiliste, c'est-à-dire son alphabet, ses états et ses transitions, la question se ramène à l'estimation des fonctions I, F et **P** à partir de l'échantillon d'apprentissage. On peut remarquer alors que le problème semble très proche de celui de l'apprentissage de modèles de Markov cachés (HMM), traité au chapitre 21. Ce n'est pas qu'une apparence : il a été démontré que, sous certaines contraintes techniques dont le détail n'a pas d'importance ici, un automate probabiliste peut être transformé en un HMM de taille équivalente, et vice-versa [dlHTV$^+$05a, dlHTV$^+$05b, DDE05]. Nous renvoyons donc à ce chapitre pour l'examen de ce type d'apprentissage et nous travaillons donc maintenant sous l'hypothèse que les composants strucurels de l'automate à apprendre sont également inconnus.

Le détail des méthodes proposées ne sera pas développé. Nous donnons le principe commun à plusieurs d'entre elles [CO94, Car97a, JP98, TD00], qui est une généralisation de la technique RPNI (sans exemples négatifs) expliquée à la section 5.4.

- On construit le PTA stochastique, qui génère au maximum de vraisemblance l'échantillon d'apprentissage stochastique.

- Le processus de généralisation est la fusion d'états.

- Quand deux états sont fusionnés, il faut recalculer les probabilités associées à ses transitions de sortie de manière à garantir la consistance du langage accepté.

- Le choix des deux états à fusionner se fait par exemple en cherchant à maximiser la ressemblance entre la distribution de probabilités sur l'échantillon et celle donnée sur $\Sigma^\star$ par l'automate obtenu ou sur un test statistique.

- Comme il n'y a pas de contre-exemple, l'arrêt du processus doit être réalisé par un critère empirique, qui établit un compromis entre la complexité de l'automate inféré et son adéquation avec l'échantillon.

Notons qu'il existe une extension stochastique de l'algorithme ECGI qui permet d'inférer une grammaire régulière stochastique par une procédure incrémentale en une seule passe sur l'échantillon positif [CM99]. En effet, les probabilités associées aux productions de la grammaire peuvent être mises à jour par comptage de la fréquence d'utilisation des règles lors de l'analyse corrective de chaque nouvelle chaîne.

7. L'inférence de transducteurs

Un *transducteur* (rationnel) est un automate fini auquel on ajoute la propriété suivante : chaque transition entre états est étiquetée, non par un, mais par deux éléments. Le premier, comme dans le cas de l'automate fini, est une lettre dans un alphabet Σ ; le second est un mot dans un alphabet Γ. Quand une transition est exercée au cours d'une acceptation d'une chaîne de lettres de Σ, une chaîne de lettres de Γ est construite en concaténant le mot de Γ qui étiquette la transition.

La figure 5.16 montre un transducteur rationnel avec $\Sigma = \Gamma = \{a, b\}$. Une transition étiquetée par $a :: \epsilon$ signifie que l'on accepte la lettre a et que l'on produit le mot vide ϵ. Par exemple, la chaîne d'entrée *ababb* produit le mot *bbb*. Il est facile de voir que ce transducteur transforme toute chaîne d'entrée en la même chaîne, mais privée de ses a.

Comme un automate fini, un transducteur peut être déterministe ou non. Un transducteur tel que deux transitions sortantes d'un état ne portent pas la même lettre de Σ est déterministe,

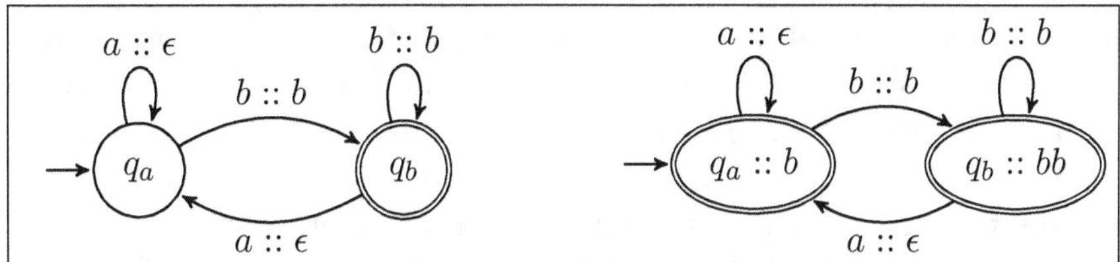

FIGURE 5.16 : *À gauche, un transducteur séquentiel (déterministe). Par exemple, abaab est traduit en bb. À droite, un transducteur subséquentiel : les états possèdent un mot qui termine la transduction de la chaîne d'entrée. Par exemple, abaab est traduit en bbbb.*

et on l'appelle un transducteur *séquentiel*. Il peut être total (on dit aussi complet) ou non, selon que les transitions sortantes de chaque état sont en nombre égal ou strictement inférieur à la taille de l'alphabet Σ. Une transduction séquentielle (totale) est par définition une fonction de Σ^* dans Γ^* qui peut être réalisée par un transducteur séquentiel (total).

On augmente la puissance d'expression des transducteurs séquentiels en ajoutant la caractéristique suivante : à l'acceptation de la chaîne d'entrée, l'état final ajoute un mot de $\Gamma^\star$ pour terminer le mot produit.

Un tel mécanisme, qui nécessite d'ajouter un mot de $\Gamma^\star$ à la définition de chaque état final, définit un transducteur subséquentiel. Par exemple, sur la figure 5.16, à droite, une chaîne d'entrée est transformée en la même chaîne, mais privée de ses a et augmentée de deux b à la fin. Un autre exemple : le transducteur subséquentiel de la figure 5.17 multiplie par 3 en base 2. Ainsi, la chaîne d'entrée 1011 (19 en décimal) produit la chaîne de sortie **111001** (57 en décimal).

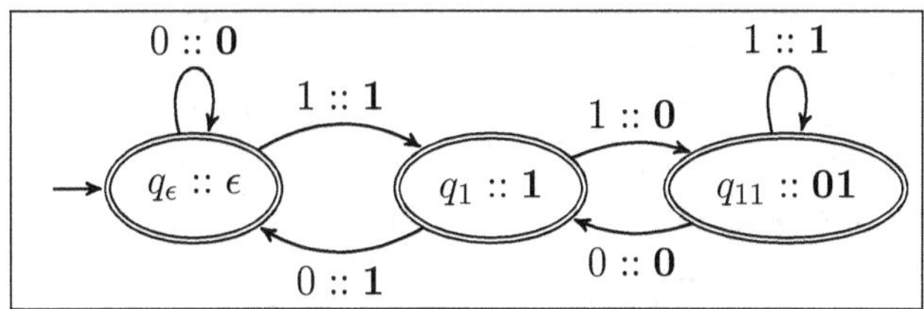

FIGURE 5.17 : *Un transducteur subséquentiel qui multiplie par 3 en base 2. Par exemple, 11 est transformé en* **1001**

D'une manière générale, un transducteur subséquentiel est capable de faire un calcul de traduction exigeant une mémoire finie, comme réécrire tout nombre écrit en chiffres romains, en écriture décimale, à condition de borner le nombre de départ (par exemple, inférieur à un million). En revanche, il n'existe pas de telle machine pour écrire le palindrome d'une chaîne d'entrée, si sa longueur n'est pas bornée : il lui faudrait un nombre infini d'états.

Le problème de l'apprentissage supervisé des transducteurs se pose d'une manière originale, puisque les données d'apprentissage sont constituées de couples de séquences, la première étant une séquence d'entrée, la seconde la séquence de sortie produite par le transducteur à retrouver. On peut aussi aider à apprendre un transducteur non total en ajoutant à l'échantillon d'apprentissage des séquences d'entrée qui ne produisent pas de sortie.

L'algorithme de base OSTIA pour l'apprentissage des transducteurs subséquentiels a été inventé en 1993 par Oncina, García et Vidal. Il est fondé sur la même idée que RPNI pour les automates finis : construire un arbre accepteur des préfixes, puis fusionner des états. L'ensemble d'apprentissage, dans la version originale, est composé de couples entrée-sortie. Le contrôle de la fusion des états se fait grâce aux séquences de sortie. Nous n'en dirons pas plus ici, mais nous renvoyons au livre [dlH10], où cet algorithme est soigneusement détaillé et où son exécution est décrite par un exemple. Sa puissance est donnée par la propriété suivante.

Théorème 5.5
L'algorithme OSTIA identifie à la limite toute transduction subséquentielle totale avec une complexité en $\mathcal{O}(n^3(m + |\Sigma|) + nm|\Sigma|)$, où n est la somme des longueurs des chaînes d'entrées et m est la longueur de la plus longue chaîne de sortie associée à une transition.

En pratique, il faut noter que cette borne est calculée très largement et l'algorithme est assez rapide pour traiter des échantillons de millions de paires de séquences. La preuve de convergence repose sur le fait que le transducteur est identifié dès qu'un certain échantillon qui le caractérise a été présenté à l'algorithme.

OSTIA a été étendu à des échantillons d'apprentissage comportant des séquences d'entrée qui ne produisent pas de sortie. On y a aussi ajouté la possibilité d'introduire des connaissances du domaine. Une autre extension ajoute la possibilité de requêtes à un oracle.

Pour finir, notons que des algorithmes ont été proposés pour l'apprentissage de transducteurs probabilistes et pour l'apprentissage de transducteurs d'arbres (et non de chaînes), voir [HS16].

8. L'inférence d'automates finis avec oracle

Nous avons évoqué à la section 2.3 le fait que l'apprentissage de modèles de production de séquences a inspiré des protocoles divers, guidés par l'étude de l'apprentissage des langages naturels. Nous présentons maintenant l'algorithme classique $L^\star$, dû à D. Angluin [Ang88a], qui identifie à la limite un automate fini minimisé $\mathcal{A}$ selon le protocole suivant. À tout moment de l'apprentissage, l'algorithme peut faire à l'oracle deux types de requêtes :

- Une requête d'appartenance. L'algorithme propose une séquence et l'oracle répond « OUI » ou « NON » selon que la séquence appartient ou non au langage engendré par $\mathcal{A}$.

- Une requête d'équivalence forte. L'algorithme propose un automate et l'oracle répond « OUI » ou « NON » selon que l'algorithme a réussi ou non à identifier $\mathcal{A}$. De plus, si la réponse est « NON », l'oracle fournit un contre-exemple : une séquence reconnue par $\mathcal{A}$, mais pas par l'automate proposé.

L'algorithme fonctionne selon le principe suivant :

1. Construire une représentation de l'automate selon une certaine *table d'observation* consistante.

2. Proposer l'automate à l'oracle comme requête d'équivalence.

3. Utiliser le contre-exemple et des requêtes d'appartenance pour mettre la table à jour.

4. Proposer des requêtes d'appartenance pour obtenir une table fermée et complète.

5. Itérer le procédé jusqu'à une réponse positive à une requête d'équivalence.

Les définitions précises d'une table et des adjectifs « consistante », « fermée » et « complète » sont données maintenant.

Une *table d'observation* est une représentation tabulaire particulière d'un automate, comme sur la figure 5.18. Sa lecture se fait ainsi : en concaténant l'étiquette d'une ligne et celle d'une colonne, on obtient un mot. Par exemple, la dernière ligne ab et la dernière colonne a produisent le mot aba. À l'intersection de la ligne et de la colonne, la valeur 1 ou 0 signifie que le mot est dans le langage ou n'y est pas. On note cette fonction tabulaire OT et on a dans notre exemple : $OT[ab][a] = 0$, ce qui signifie que le mot aba n'appartient pas au langage.

		EXP	
		ϵ	a
RED	ϵ	0	1
	a	1	0
BLUE	b	1	0
	aa	0	1
	ab	1	0

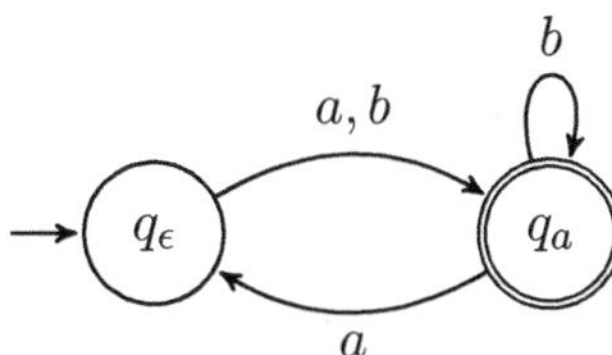

FIGURE 5.18 : *Une table d'observation consistante, fermée et complète avec l'automate fini associé. Le langage accepté, sous forme d'expression régulière, s'écrit : $(a+b)(aa+ab+b)^\star$.*

La table comporte deux ensembles de lignes. Le premier ensemble est étiqueté par les mots dits « RED » (ici les mots ϵ et a) et le second par les mots dits « BLUE ». On verra plus loin que les mots de RED correspondent presque exactement aux états de l'automate. Par définition, les mots BLUE sont fabriqués à partir des mots RED en y concaténant une lettre de toutes les façons possibles, mais en gardant vide l'intersection des deux ensembles de mots. Dans notre exemple, au lieu de contenir quatre éléments, BLUE n'en contient que trois, puisque a (obtenu à partir de ϵ en concaténant la lettre a) est déjà dans RED.

Les étiquettes des colonnes sont aussi des mots. Leur ensemble est appelé EXP, l'ensemble des « expériences ». Une table est *complète* quand la fonction OT est totale, autrement dit lorsque la table est entièrement remplie de 0 et de 1. Quand une table incomplète est produite à certaines phases de $L^\star$, on la complète avec des requêtes d'appartenance.

On dit que deux mots u et v de RED ou de BLUE sont équivalents quand les lignes de 0 et de 1 qui leur correspondent sont identiques. On note ceci $u \equiv_E v$. Dans notre exemple, on a $\epsilon \equiv_E aa$ et $a \equiv_E b \equiv_E ab$.

Une table est dite *fermée* si, pour toute ligne u de BLUE il existe une ligne v dans RED telle que $u \equiv_E v$. La table de l'exemple de la figure 5.18 est fermée. En revanche, celle à gauche de la figure 5.19 ne l'est pas, puisque BLUE a une ligne 1 1 qui n'est pas dans RED. Pour fermer une table non fermée, il suffit de passer les lignes fautives de BLUE dans RED et d'ajouter à BLUE les lignes nécessaires. On obtiendra ainsi une table fermée, mais incomplète.

Une table peut être fermée et complète, mais non consistante. Prenons deux lignes équivalentes dans RED, s'il en existe, étiquetées par les mots u et v. Pour toute lettre a, une table *consistante* doit vérifier dans BLUE l'équivalence $ua \equiv_E va$. La consistance de la table est assurée si cette contrainte est vérifiée pour toutes les lignes équivalentes. La figure 5.20 illustre cette propriété. Une table qui ne l'est pas est rendue consistante en ajoutant des colonnes (des expériences) comme le montre aussi cette figure. Par exemple, si on a $ub \not\equiv_E vb$ sur la colonne de nom e, on crée une colonne de nom be et on la remplit partiellement sur les lignes RED.

À quoi servent toutes ces définitions ? Elles sont nécessaires dans la mesure où il est assez facile de faire progresser une table à l'aide de contre-exemples et de réponses à des requêtes d'appartenance, alors que la manipulation directe d'un automate serait impossible. Mais il manque

	ϵ	a
ϵ	0	1
a	1	0
b	1	0
aa	0	1
ab	1	1

	ϵ	a
ϵ	0	1
a	1	0
ab	1	1
b	1	0
aa	0	1
aba	0	
abb		

FIGURE 5.19 : *Fermeture d'une table d'observation. La table de gauche n'est pas fermée, car le contenu de la dernière ligne de BLUE, qui est 1 1, n'apparaît pas dans RED. Autrement dit, il y a dans BLUE un mot ab qui n'a pas de mot équivalent dans RED. Pour fermer la table, on fait passer la ligne fautive dans RED, puis on ajoute à BLUE les lignes nécessaires à sa définition.*

	ϵ	a
ϵ	0	1
a	1	0
ab	1	0
b	1	0
aa	0	1
aba	0	0
abb	1	0

	ϵ	a	aa
ϵ	0	1	0
a	1	0	1
ab	1	0	0
b	1	0	
aa	0	1	
aba	0	0	
abb	1	0	

FIGURE 5.20 : *Consistance d'une table d'observation. La table de gauche n'est pas consistante : les lignes de RED a et ab sont équivalentes, mais les lignes de BLUE aa et aba, obtenues en ajoutant a, ne le sont pas car OT[aa][a] = 1 et OT[aba][a] = 0. On crée une nouvelle colonne aa : son préfixe a vient du a ajouté à a et ab. Son suffixe a vient du nom de la colonne fautive.*

encore le lien entre une table d'observation et un automate. Il est donné par la propriété suivante : il existe un algorithme simple qui transforme une table d'observation complète, fermée et consistante en un automate fini déterministe minimal. Donnons-le sur l'exemple de la figure 5.21.

Les états de l'automate seront étiquetés par des éléments de RED. Dans notre exemple, RED $= \{\epsilon, a, ab, abb\}$. Mais les deux mots ϵ et a sont équivalents et tels que ϵ est un préfixe de a, ou plus formellement : $(\epsilon \equiv_E a) \wedge (\epsilon < a)$. Dans un tel cas, on ne créera qu'un seul état q_ϵ pour les deux mots. De manière plus générale, l'ensemble Q des états de l'automate se construit par la formule : $Q = \{q_u : (u \in \text{RED}) \wedge (\forall v < u, v \not\equiv_E u)\}$.

L'état initial sera q_ϵ. Les états finals seront les q_u tels que $OT[u][\epsilon] = 1$. Dans notre exemple, q_ϵ et q_{ab} seront finals, q_{abb} ne le sera pas. Enfin, deux états q_u et q_v seront reliés par une transition portant la lettre a si $ua \equiv_E v$. Dans notre exemple, on va de q_ϵ à q_{ab} par la lettre b car $b \equiv_E ab$, de q_{abb} à q_{abb} par la lettre a car $abba \equiv_E abb$, etc.

Nous disposons maintenant de presque tout l'appareillage pour donner l'algorithme d'apprentissage $L^\star$ de manière plus précise. Pour terminer, il est facile de voir qu'une table incomplète peut être complétée par des requêtes d'appartenance, une par valeur 0 ou 1 manquante. D'autre

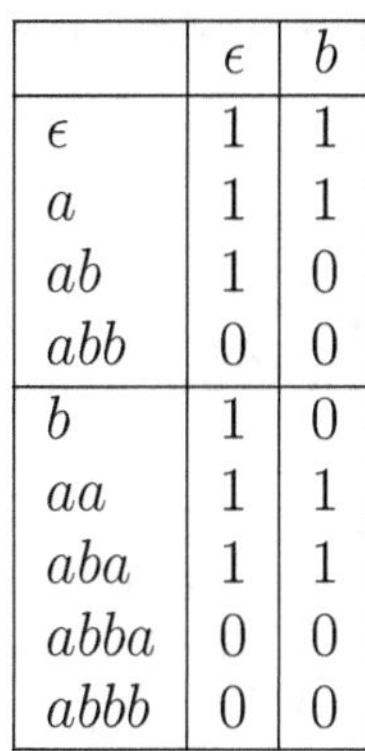

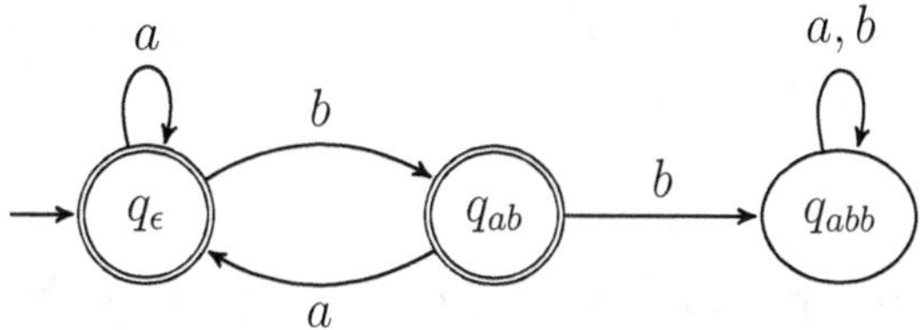

FIGURE 5.21 : *Transformation d'une table d'observation complète, fermée et consistante en un automate fini déterministe minimal.*

part, quand l'oracle fournit un contre-exemple u, cette information est intégrée dans la table en ajoutant à RED tous les préfixes de u (y compris u) et en ajoutant à BLUE tous les mots ua, où a parcourt l'alphabet. Il ne reste ensuite qu'à compléter la table.

La table initiale comporte une seule colonne d'étiquette ϵ. Il y a une ligne pour RED, d'étiquette ϵ et autant de lignes pour BLUE qu'il y a de lettres dans l'alphabet. Elle est complétée par des requêtes d'appartenance. La suite de la procédure est donnée dans l'Algorithme 5.

Algorithme 5 : Algorithme $L^\star$

---

début

    Initialiser la table d'observation et la compléter par des requêtes d'appartenance.

    faire (réponse = NON).

    tant que *(réponse = NON)* **faire**

        tant que *la table courante n'est pas fermée ou n'est pas consistante* **faire**

            tant que *la table courante n'est pas fermée* **faire**

                Fermer la table et la compléter par des requêtes d'appartenance.

                si *la table n'est pas consistante,* **alors**

                    | La rendre consistante et la compléter par des requêtes d'appartenance.

                fin si

            fin tant que

        fin tant que

        Transformer la table en automate.

        Faire une requête d'équivalence forte.

        si *(réponse = NON),* **alors**

            Utiliser le contre-exemple pour modifier la table

            et la compléter par des requêtes d'appartenance.

        fin si

    fin tant que

fin

L'intérêt de cet algorithme est de fournir un procédé économique d'identification de l'automate en posant les requêtes d'appartenance nécessaires et suffisantes, et en traitant les contre-exemples de manière déterministe. Sa validité a été démontrée par son auteur, qui a calculé que sa complexité est en $\mathcal{O}(m \cdot n^2)$, où n est le nombre d'états de l'automate cible et m la longueur du plus long contre-exemple retourné par l'oracle.

Applications, notes historiques et sources bibliographiques

Une partie de ce chapitre reprend et adapte le livre de référence [dlH10] sur le sujet, un ouvrage indispensable pour qui veut connaître le détail des algorithmes et les applications du domaine. L'auteur de ce livre, Colin de la Higuera, a participé à la rédaction de ce chapitre.

L'inférence grammaticale est à la convergence de plusieurs domaines dans lesquels elle s'est développée plus ou moins indépendamment :

- l'algorithmique d'apprentissage pour la *reconnaissance structurelle des formes*, où très tôt il a été question d'utiliser des grammaires pour représenter des motifs dans une séquence ou une image [Fu74].

- la théorie de l'apprentissage, où apprendre un automate a toujours été considéré comme un problème intéressant en soi, de par les questions de combinatoire associées et les liens avec la cryptographie [Pit89, KV94b].

- le traitement de la langue et la linguistique computationnelle [HdlHvZ15] que ce soit pour décrire des phénomènes linguistiques ou pour construire des modèles de langage.

Les enjeux algorithmiques sont dautant plus importants quon demande aujourdhui des méthodes susceptibles de passer à léchelle et donc de traiter de très grandes quantités de données. Proposer de nouveaux algorithmes plus efficaces est ainsi devenu un enjeu essentiel. En particulier, beaucoup defforts ont été menés pour rendre pratique lalgorithme $L^\star$. Celui-ci a en effet besoin de requêtes déquivalence qui nexistent pas en pratique et doivent être remplacées par des stratégies de recherches de contre-exemples [Vaa17].

La résistance au bruit est une autre question importante : un algorithme comme RPNI peut donner un résultat très décevant à cause d'un seul exemple mal étiqueté. Cette question a stimulé laugmentation de méthodes cherchant à apprendre des automates probabilistes [CV04] mais aussi le développement des méthodes spectrales, qui cherchent finalement à trouver un automate minimal de façon globale plutôt que gloutonne [BQC11].

La variété d'applications de l'inférence grammaticale est étonnante :

- En traitement de la langue naturelle, elle est utilisée pour construire des outils, des modèles de langage, d'étudier des phénomènes de morphologie ou de phonologie etc... [CV04, Cla01a, Cla01b, RS07, TC11, JCEH14].

- En bio-informatique les techniques d'inférence grammaticale ont été utilisées pour modéliser et classifier ARN et séquences de protéines [Sak05, CK05, PLC08, DN09, WU14, CGN14].

- La vérification de logiciel [AKT$^+$14, BGJ$^+$05, HSM10, IHS14, RSM07, IS14] est une question sur laquelle l'inférence grammaticale offre une alternative intéressante : vérifier et tester sont des opérations coûteuses et cependant importantes dans l'industrie du logiciel.

- La détection d'attaques ou de logiciels malveillants a aussi donné lieu à des études par des algorithmes d'inférence grammaticale [CBSS10, BB13] : on peut détecter des motifs d'attaques par le comportement de logiciels suspects et pas uniquement par leur code.

- Différents travaux s'intéressent à la classification de documents structurés [BNST06, CGLN07, CRJ03] ou à la construction d'ontologies [MPdO08].

- L'analyse des parcours d'un utilisateur sur un site web [BL00, KP08] cherche à construire un automate décrivant le comportement de l'utilisateur.

- La planification d'actions de robots a été étudiée depuis plus de 30 ans [CFK$^+$12]. Des modèles à états finis plus riches nécessitent des algorithmes plus puissants.

- Il est possible de modéliser des thèmes musicaux avec des machines à états finis, qui peuvent également être appris [CAV08, dlHPT04].

Les grands défis de l'inférence grammaticale sont à la fois théoriques (et en particulier algorithmiques) et appliqués :

- D'un point de vue théorique il s'agit d'apprendre des formalismes de plus en plus riches : transducteurs, automates à registres, grammaires probabilistes. Bien entendu, des résultats existent déjà, mais de nombreux problèmes se posent pour obtenir des algorithmes à performance garantie et capables de travailler sur de larges corpus.

- On assiste à l'utilisation de machines à états finis comme outils de modélisation dans de nombreux domaines. Cela implique d'adapter les algorithmes classiques de l'inférence grammaticale, mais également de prendre en compte les spécificités des domaines d'application. Ainsi peut-on citer des approches liant l'inférence grammaticale aux solveurs [BCDS16], les très nombreux nouveaux problèmes posées par l'approche *Apprentissage de modèles* en génie logiciel [Vaa17], ou l'inclusion d'analyse sémantique dans l'apprentissage d'automates [ABB17].

On trouve aujourdhui 3 livres très généraux présentant linférence grammaticale : [dlH10], [HS16] et [HdlHvZ15]. Ce dernier est plus particulièrement dirigé vers les questions de traitement de la langue naturelle.

Les conférences bisannuelles ICGI (*International Colloquium on Grammatical Inference*) regroupent les travaux théoriques, algorithmiques et pratiques des spécialistes. Les revues *Machine Learning Journal, IEEE Transaction on PAMI, JAIR, Journal of Machine Learning Research, Fundamenta Informaticae, Theoretical Computer Science, Pattern Recognition*, etc. publient régulièrement des articles (parfois dans des numéros spéciaux) consacrés à cette discipline.

Le site internet : `https://grammarlearning.org/` est très complet sur l'inférence grammaticale. Il renvoie en particulier à des bibliographies thématiques et à des textes de présentation.

Résumé

- L'inférence grammaticale concerne l'apprentissage de grammaires et d'automates. Sa théorie est riche, ses algorithmes et ses applications sont variés.

- Automates et grammaires sont des objets utilisés pour modéliser des phénomènes temporels, causaux, séquentiels dans de très nombreux domaines.

- De nombreux algorithmes existent en inférence grammaticale : ceux-ci peuvent servir de base à des applications particulières.

- Des extensions existent pour traiter de modèles plus complexes, transducteurs ou automates probabilistes (ou modèles de Markov) ainsi que de modèles permettant de générer ou reconnaître des arbres voire des graphes.

Chapitre 6

Alain COLMERAUER (1941-2017)

La programmation logique inductive

La programmation logique inductive (PLI) réalise l'apprentissage de formules de la logique des prédicats à partir d'exemples et de contre-exemples. L'enjeu est de construire des expressions logiques comportant des variables liées les unes aux autres. Par exemple, à partir de la description des liens de parenté dans quelques familles (« Jean est le père de Pierre », « Paul est le père de Jean », « Paul est le grand-père de Pierre »...), un programme de PLI doit être capable de trouver une formule du type « Pour tous les x et z tels que z est le grand-père de y, il existe x tel que x est le père de y et y est le père de z ».

Ce type d'apprentissage est difficile à réaliser. On se limite la plupart du temps à un sous-ensemble de la logique des prédicats qu'on appelle « programme logique », en référence aux langages de programmation du type Prolog qui travaillent directement dans ce formalisme. La PLI a deux caractéristiques fortes : d'abord, le langage de représentation des hypothèses est très bien connu mathématiquement et algorithmiquement. La notion de généralisation peut donc être introduite en cohérence avec les outils de la logique, comme la démonstration automatique. Ensuite, du fait de la richesse de ce langage, la combinatoire de l'apprentissage est très grande : il s'agit d'explorer un espace immense en faisant constamment des choix qu'il sera difficile de remettre en question. C'est pourquoi il est important en PLI de bien décrire les biais d'apprentissage qui limitent cette exploration.

Comme le langage de description des concepts est riche, la PLI peut s'appliquer à un grand nombre de situations. En pratique, les algorithmes permettent d'apprendre des concepts opératoires dans des domaines aussi variés que le traitement de la langue naturelle, la chimie, le dessin industriel, la fouille de données, etc.

Sommaire

DONNONS à une machine douée de raisonnement logique les connaissances suivantes :
(i) Quand une personne est le père d'une seconde personne et quand cette seconde
est un des parents d'une troisième, alors la première personne est le grand-père de la
troisième. (ii) Henri est le père de Jeanne. (iii) Jeanne est la mère de Jean et d'Alice.
(iv) Henri est le grand-père de Jean et d'Alice.

C'est assez facile à faire. Sans rentrer dans les détails, il suffit d'écrire en langage Prolog le
petit programme suivant :

> grand-pere(X, Y) :- pere(X, Z), parent(Z, Y)
>
> pere(henri, jeanne) :-
>
> mere(jeanne, jean) :-
>
> mere(jeanne, alice) :-
>
> grand-pere(henri, jean) :-
>
> grand-pere(henri, alice) :-

Quel résultat obtient-on quand on lance le programme ? Eh bien, rien du tout. La machine
à raisonner qu'est Prolog ne va rien pouvoir déduire logiquement des connaissances qu'on lui a
données.

Cependant, si le langage avait eu, outre ses facultés de raisonnement, un peu de capacités
d'apprentissage, ce programme aurait pu conclure ceci : « quand on est la mère d'une personne,
on en est l'un des parents ». En effet, il y a deux exemples où cette affirmation est vraie, et
aucune où elle est fausse. De quoi faire une induction et passer au cas général ! C'est le but de
l'ILP que d'ajouter des facultés d'apprentissage, de généralisation, au raisonnement logique.

Notations utiles pour le chapitre

$\models$	Relation d'implication sémantique (théorie des modèles)
$\vdash$	Relation d'implication logique (théorie de la preuve)
$\models_T$	Relation d'implication relative à la théorie T
$\wedge$	ET : conjonction
$\vee$	OU : disjonction
$\neg$	Négation
$h_1 \succcurlyeq h_2$	L'hypothèse h_1 est plus générale que (ou subsume) h_2

1. La programmation logique inductive : le cadre général

Une grande partie des algorithmes d'apprentissage supposent que l'on peut représenter les
exemples comme des points dans un espace dont les dimensions sont les descripteurs, par exemple
les attributs qui décrivent les clients dans une base de données ou bien les pixels correspondant à
une image. Il devient alors possible d'utiliser ces représentations vectorielles pour découvrir des
conditions de type géométriques qui déterminent les concepts que l'on cherche à apprendre. C'est
ainsi que l'on peut trouver des conditions permettant de reconnaître un visage dans une image,
ou décider qu'un courriel est un pourriel ou ne l'est pas. Cependant, aussi utiles qu'ils soient, ces
algorithmes ne permettent pas de décrire facilement des structures. Nous voudrions par exemple

non seulement reconnaître le visage d'une femme, mais aussi reconnaître des femmes grandes jouant au ballon avec un petit garçon. Ou bien reconnaître un courriel venant d'un supérieur hiérarchique et convenant d'une réunion la semaine prochaine avec des collègues du service informatique. Ou encore apprendre la structure chimique responsable de certaines propriétés thérapeutiques à partir d'exemples spécifiques de molécules.

On ne cherche alors plus seulement à répondre à des questions sur des concepts isolés, e.g. pourriel ou pas pourriel, mais à manipuler des représentations structurées des données et à apprendre des concepts relationnels. La logique est l'un des outils privilégiés pour cela, et c'est pour cette raison que l'on a très tôt cherché les moyens d'utiliser ce formalisme dans des algorithmes d'apprentissage. C'est ce que l'on appelle la programmation logique inductive.

Si l'on est capable de définir une relation de généralité (partielle) entre descriptions logiques, alors il devient possible d'appliquer les idées développées dans le chapitre 4 pour explorer efficacement un espace des versions. Il se trouve que, alors qu'une telle relation de généralité est facile à définir en logique des propositions, c'est une toute autre affaire en logique des prédicats.

1.1   Complexité de l'induction et expressivité du langage d'hypothèses

Le chapitre 4 a montré comment on peut formaliser le problème de l'induction de concept, c'est-à-dire de l'apprentissage d'une fonction indicatrice, à valeur dans $\{0, 1\}$. L'idée essentielle est de considérer l'ensemble de toutes les hypothèses cohérentes [1] avec l'échantillon d'apprentissage $\mathcal{S} = \{(\mathbf{x}_1, y_1), (\mathbf{x}_2, y_2), \ldots (\mathbf{x}_m, y_m)\}$. Cet espace est appelé l'espace des versions. Sa mise à jour s'effectue incrémentalement à chaque fois qu'un nouvel exemple d'apprentissage devient disponible. Elle passe par la détermination de la plus petite généralisation (respectivement spécialisation) d'une hypothèse et du nouvel exemple lors de l'adaptation du S-set (respectivement du G-set). Nous avons vu dans le chapitre 4 que les concepts de généralisation et de spécialisation se définissent par référence à la relation d'inclusion entre les *extensions* des concepts, c'est-à-dire l'ensemble des objets de $\mathcal{X}$ qu'ils couvrent. Un concept est dit plus spécifique qu'un autre si son extension est incluse dans l'extension de l'autre. On obtient ainsi une relation d'ordre partiel qui est exploitée dans l'algorithme d'élimination des candidats pour mettre à jour les deux bornes de l'espace des versions : le S-set et le G-set.

Cette approche de l'apprentissage soulève deux problèmes. Le premier est que la notion de couverture d'un exemple par une hypothèse n'est pas toujours aussi simple que le chapitre 4 peut le laisser penser. Nous y revenons dans la section suivante. Le deuxième problème est que les régularités observées sur les parties de $\mathcal{X}$ ne se transportent pas complètement dans l'espace des concepts $\mathcal{H}$ défini par le langage $\mathcal{L}_\mathcal{H}$ d'expression des hypothèses. Ainsi, l'ensemble des parties de $\mathcal{X}$ forme une algèbre, ce qui signifie qu'il existe des opérations bien définies pour calculer le plus petit ensemble d'exemples contenant deux ensembles d'exemples, de même que pour calculer le plus grand ensemble d'exemples contenus à la fois dans deux ensembles d'exemples. Ce sont les opérations classiques d'union et d'intersection. Malheureusement, les opérations correspondantes sur l'espace des concepts $\mathcal{H}$, la *plus petite généralisation* (*least general generalization, lgg*) et la *spécialisation maximale* (*most general specialization, mgs*), ne sont pas en général définies de manière unique. Cela provient du fait que tout ensemble d'exemples ne correspond pas forcément à un concept, de même que toute expression dans le langage des hypothèses $\mathcal{L}_\mathcal{H}$ n'a pas nécessairement une contrepartie dans $\mathcal{X}$. Nous avons en effet vu la nécessité de l'existence d'un biais de langage, limitant la richesse de $\mathcal{H}$. De ce fait, la complexité de l'apprentissage de concept dépend fortement de $\mathcal{L}_\mathcal{H}$, le langage d'expression des hypothèses.

---

1. C'est-à-dire, rappelons-le, couvrant tous les exemples positifs et excluant tous les exemples négatifs de cet échantillon.

En fonction du langage $\mathcal{L}_\mathcal{H}$, il peut être possible, ou impossible, de définir une relation $\succcurlyeq$ sur $\mathcal{L}_\mathcal{H} \times \mathcal{L}_\mathcal{H}$ de généralité intensionnelle (dans $\mathcal{H}$), appelée *subsomption*, qui coïncide avec la relation d'inclusion dans $\mathcal{X}$. Si $h_1 \succcurlyeq h_2$ implique que h_1 est aussi générale que h_2, la relation de subsomption est dite *saine* (*sound*) ; si h_1 est aussi générale que h_2 implique que $h_1 \succcurlyeq h_2$, alors la relation de subsomption est dite *complète* (*complete*). Lorsque la relation de subsomption est saine, on peut démontrer que l'espace des versions correspondant à un ensemble d'exemples est convexe par rapport à la relation $\succcurlyeq$. Grâce à cela, on peut alors représenter l'espace des versions par une borne inférieure, le S-set, et par une borne supérieure, le G-set (chapitre 4).

La complexité de l'induction supervisée dépend donc du langage d'expression des hypothèses $\mathcal{H}$. Dans le chapitre 4, nous avons essentiellement fait référence à des langages d'hypothèses en attributs-valeurs. Ceux-ci sont souvent insuffisants pour décrire des domaines dans lesquels il est nécessaire de pouvoir représenter des relations (comme dans le domaine des arches mentionné dans le chapitre 3 ou dans l'exemple introductif avec les relations de comparaison d'envergure). C'est pourquoi on est tenté d'utiliser la logique des prédicats ou logique du premier ordre qui permet d'exprimer des concepts relationnels. Mais est-il alors raisonnable de vouloir pratiquer de l'induction avec un tel langage d'expression des hypothèses ? Nous examinons le prix à payer dans la suite.

1.2 La relation de couverture en logique du premier ordre

L'objectif de la programmation logique inductive (PLI) est de construire des programmes logiques à partir d'exemples supervisés. Schématiquement, un programme logique est un ensemble de règles de la forme *prémisses → conclusion*. Selon que l'on autorise l'usage de la négation pour formuler les prémisses ou non, on parle de programmes normaux ou de programmes définis. Étant donné leur avantage en termes de pouvoir expressif, nous étudierons dans ce chapitre l'apprentissage des programmes normaux. Par ailleurs, deux grandes familles d'approches sont considérées en programmation logique inductive :

1. L'*apprentissage empirique* dans lequel on dispose de nombreux exemples et contre-exemples pour apprendre un nouveau concept (i.e. un programme). On cherche alors à apprendre une définition qui permette d'expliquer (couvrir) tous les exemples positifs connus mais aucun contre-exemple.

2. L'*apprentissage interactif*, dans lequel on cherche à adapter une description (ou théorie) du domaine en fonction de quelques nouveaux exemples et contre-exemples. On parle aussi dans ce cas de *révision de connaissances*.

Le deuxième type d'apprentissage implique en général des raisonnements et des mécanismes de généralisation beaucoup plus complexes et malheureusement moins maîtrisés que dans le premier. Pour des raisons de place, nous nous limitons donc dans ce chapitre à l'étude de l'apprentissage empirique.

Dans le langage de description des hypothèses par attributs-valeurs, une expression peut prendre la forme :

$$(Taille = grande) \wedge (Couleur = rouge) \wedge (Forme = carré)$$

dénotant le concept « grands carrés rouges ». La même expression sert à la fois à dénoter un exemple (un certain « grand carré rouge ») et un ensemble d'exemples (tous les grands carrés rouges). La logique par attributs-valeurs n'est pas capable de faire la distinction entre les exemples et les hypothèses. Cela révèle un manque de pouvoir expressif, mais permet l'astuce de la représentation unique (*single representation trick*), ce qui signifie en pratique que le test de couverture d'un exemple par une hypothèse est le même que le test de subsomption entre deux hypothèses. Ce test est aisé dans le cas de la logique des attributs-valeurs et de la logique des propositions en général.

Prenons le cas d'expressions conjonctives en **logique attributs-valeurs**. Le *test de subsomption* entre deux expressions revient à contrôler que chaque paire attribut-valeur qui apparaît dans l'expression la plus générale apparaît aussi dans l'autre. Le processus de généralisation d'une expression consiste à monter dans la hiérarchie définie par la relation de subsomption. La généralisation revient donc à abandonner un ou plusieurs termes de la conjonction. Par exemple, si le concept :

$$(Taille = moyenne) \wedge (Couleur = rouge) \wedge (Forme = cercle)$$

doit être généralisé pour couvrir l'exemple :

$$(Taille = petite) \wedge (Couleur = rouge) \wedge (Forme = cercle) \wedge (Poids = lourd)$$

il suffit de laisser tomber $(Taille = moyenne)$ pour obtenir le concept adéquat :

$$(Couleur = rouge) \wedge (Forme = cercle)$$

Il est à noter que la généralisation obtenue est unique et minimale (lgg).

De la même manière, spécialiser une expression revient à ajouter une paire attribut-valeur dans la conjonction. Par exemple, si le concept :

$$(Couleur = rouge) \wedge (Forme = cercle)$$

ne doit pas couvrir l'exemple négatif :

$$(Taille = grande) \wedge (Couleur = rouge) \wedge (Forme = cercle)$$

il suffit d'ajouter au concept une paire d'attributs-valeurs absente de l'exemple négatif pour le spécialiser assez. Il faut noter qu'en revanche il n'y a pas ici de spécialisation maximale unique.

En **logique des prédicats**, il est nécessaire de reconsidérer les notions de couverture, de subsomption et, par voie de conséquence, les opérations de généralisation et de spécialisation.

Considérons à nouveau des concepts conjonctifs, mais cette fois exprimés en logique du premier ordre. Par exemple, en utilisant la syntaxe des programmes Prolog[2], le `concept1` à apprendre pourrait se représenter[3] par :

```
concept1(X) :- rouge(X), cercle(X).
```

Un concept peut être défini par plusieurs clauses, par exemple :

```
concept2(X) :- rouge(X), carré(X).
concept2(X) :- vert(X), cercle(X).
```

ce qui signifie que le concept correspond aux objets qui sont soit des carrés rouges, soit des cercles verts.

---

2. Dans cette syntaxe, le symbole `:-` signifie l'implication du membre gauche par le membre droit et la virgule dans le membre droit est la conjonction.

3. Soit, en notation logique traditionnelle : `rouge(X)` $\wedge$ `cercle(X)` $\rightarrow$ `concept1(X)`.

Les exemples sont décrits par des *atomes clos* (sans variable), par exemple :

```
petit(petitcerclerouge).
rouge(petitcerclerouge).
cercle(petitcerclerouge).
```

Ici, `petitcerclerouge` est un exemple de `concept1` car `concept1(petitcerclerouge)` peut être prouvé. D'une manière générale, étant donnée une conjonction d'atomes clos `Desc(Exemple)` décrivant `Exemple`, un concept `Concept(X) :- Conditions(X)` classe `Exemple` positivement si :

$$T \wedge \text{Desc(Exemple)} \wedge (\text{Concept(X)} \ \text{:-} \ \text{Conditions(X)}) \models \text{Concept(Exemple)}.$$

On suppose donc de manière générale que l'on dispose d'une connaissance initiale T, ou *théorie du domaine*, mise sous forme de programme logique. Pour tester si un exemple est couvert par un concept, on ajoute sa description dans la théorie du domaine et on chercher à prouver[4] `Concept(Exemple)` à l'aide de la définition du concept. Si la preuve échoue, on interprète cet échec comme une classification négative (négation par l'échec). Dans ce cas, il faudra modifier la définition du concept. Pour cela, il faut utiliser la notion de *subsomption* en logique du premier ordre.

1.3   La subsomption en logique du premier ordre

Il s'agit maintenant de définir la relation de généralité ou subsomption entre clauses. Par exemple, on s'attend à ce que la clause :

```
concept3(X) :- rouge(X), cercle(X).
```

subsume, donc soit plus générale, que la clause :

```
concept3(X) :- petit(X), rouge(X), cercle(X).
```

En effet, on constate[5] que l'extension correspondant à la première définition inclut l'extension correspondant à la seconde définition. Il se trouve d'ailleurs que la seconde clause contient les mêmes littéraux que la première et qu'elle est donc, selon notre définition de la section précédente, plus spécifique. Cependant, ce cas n'épuise pas la notion de subsomption de deux clauses. Prenons par exemple les deux clauses suivantes :

```
concept4(X) :- carré(X), triangle(Y), mêmecouleur(X,Y).
concept4(X) :- carré(X), triangle(t), mêmecouleur(X,t).
```

La première clause décrit l'ensemble des carrés de même couleur que les triangles existants. La seconde clause décrit l'ensemble des carrés ayant la même couleur qu'un triangle particulier t. Il est évident que le deuxième ensemble est inclus dans le premier et donc que la première clause subsume la seconde. Il faut par conséquent rendre compte aussi de ce cas de subsomption.

1.3.1   La θ-subsomption

En combinant les deux cas précédents, on arrive à ce qu'on appelle la θ-subsomption, qui se définit informellement ainsi :

`Clause1` subsume `Clause2` s'il existe une substitution θ applicable à `Clause1` et telle que tous les littéraux dans la clause ainsi obtenue apparaissent dans `Clause2`.

Il est à noter que si `Clause1` θ-subsume `Clause2`, alors on a aussi `Clause1` $\models$ `Clause2`. En revanche, la réciproque n'est pas toujours vraie, comme le montre l'exemple suivant :

---

4. Le symbole $\models$ correspond à la notion sémantique de l'implication. Nous reviendrons sur ce formalisme dans la section suivante.

5. Nous restons volontairement informels dans cette première exposition des notions de couverture et de subsomption.

```
list([V|W]) :- list(W).
list([X,Y|Z]) :- list(Z).
```

À partir de la liste vide, la première clause construit des listes de n'importe quelle longueur, tandis que la seconde construit des listes de longueur paire. Il se trouve que toutes les listes construites par la seconde clause peuvent aussi l'être par la première, qui est donc plus générale. Pourtant, il n'y a pas de substitution applicable à la première clause et permettant d'obtenir la seconde (une telle substitution devrait appliquer W à la fois sur [Y|Z] et sur Z, ce qui est impossible). La θ-subsomption est donc plus faible que l'implication. Elle a en outre des limitations rédhibitoires si l'on veut induire des clauses récursives. Soit en effet, les clauses : p(f(f(a))) :- p(a) et p(f(b)) :- P(b). Si l'on cherche la plus petite généralisation par rapport à la θ-subsomption, on trouve la clause : p(f(Y)) :- p(X), tandis que la clause p(f(X)) :- p(X), plus satisfaisante, ne peut être trouvée. Le problème est que la θ-subsomption ne peut pas prendre en compte les clauses qui peuvent être résolues avec elles-mêmes.

1.3.2 L'implication

On pourrait envisager d'utiliser l'implication pour définir la subsomption entre clauses :

$$\text{Clause1 subsume Clause2} \quad \text{si} \quad \text{Clause1} \models \text{Clause2}$$

Cela introduit cependant deux problèmes. Le premier est qu'il s'agit d'une définition sémantique (s'appuyant sur la théorie des modèles) et qu'il reste donc à préciser la procédure effective de preuve de subsomption ainsi que la procédure permettant de généraliser une clause. Le second problème est que la plus petite généralisation (*lgg*) n'est pas toujours unique si la subsomption est définie comme l'implication logique. Soit par exemple les deux clauses :

```
list([A,B|C]) :- list(C).
list([P,Q,R|S]) :- list(S).
```

Selon l'implication logique, ces clauses ont deux *lgg* : list([X|Y]) :- list(Y), d'une part, et list([X,Y|Z]) :- list(V), d'autre part. Selon la θ-subsomption, seule cette dernière est une *lgg*. Il est à noter que la première *lgg* est en réalité plus plausible.

1.3.3 La subsomption des théories

Jusque-là, nous avons seulement considéré la subsomption entre deux clauses. Dans la plupart des cas intéressants, nous devons cependant prendre en compte des ensembles de clauses décrivant des théories[6] sur le monde. Il faut donc définir aussi la subsomption entre théories. Par exemple, soit la théorie :

```
concept5(X) :- petit(X), triangle(X).
polygone(X) :- triangle(X).
```

Elle est impliquée logiquement par la théorie suivante :

```
concept5(X) :- polygone(X).
polygone(X) :- triangle(X).
```

puisque tout modèle de la seconde est un modèle de la première théorie. Pourtant, la clause :

```
concept5(X) :- petit(X), triangle(X).
```

n'est pas logiquement impliquée par la clause :

```
concept5(X) :- polygone(X).
```

La subsomption entre théories ne peut donc pas être réduite à la subsomption entre clauses.

---

6. En programmation logique, une théorie est simplement définie comme un ensemble de clauses.

1.3.4   La subsomption relative à une théorie

Nous devons avoir recours dans ce cas à la notion de *subsomption relative à une théorie* entre deux clauses. Par définition : `Clause1` subsume `Clause2` relativement à la théorie T si nous avons $T \wedge$ `Clause1` $\models$ `Clause2`, ce que nous notons : `Clause1` $\models_T$ `Clause2`.

—— EXEMPLE ——

Par exemple, supposons que T contienne la clause :

```
polygone(X) :- triangle(X).
```

Nous avons alors :

$T \wedge$ `concept5(X) :- polygone(X)` $\models$ `concept5(X) :- petit(X), triangle(X)`.

De cette manière, nous obtenons en effet que :

```
concept5(X) :- polygone(X)
```

subsume :

```
concept5(X) :- petit(X), triangle(X)
```

relativement à T.

——

1.4   Un résumé des relations de subsomption possibles

Pour résumer, les trois types de relations de subsomption utilisés en programmation logique inductive sont la θ-subsomption, l'implication logique et la subsomption relative à une théorie du domaine. De ces trois types de subsomption, la première est la plus aisée à réaliser (et elle est déjà NP-complète). En particulier, la θ-subsomption est décidable, tandis que l'implication logique ne l'est pas [7], même pour des clauses de Horn. De même, la subsomption relative est plus sévère que l'implication : les deux sont indécidables, mais les procédures de preuve pour l'implication ne nécessitent pas la prise en compte de la théorie T, contrairement aux procédures pour la subsomption relative qui doivent prendre en compte toutes les dérivations possibles à partir de $T \wedge$ `Clause`.

En pratique, lors de l'apprentissage à partir d'exemples représentés par des clauses, en présence ou non d'une théorie du domaine, il est essentiel de pouvoir déterminer la plus petite généralisation (relative dans le cas de la subsomption relative) ainsi que la spécialisation maximale. L'existence de ces généralisations ou spécialisations dépend à la fois du type de subsomption considéré et du langage utilisé : logique des clauses ou logique réduite aux clauses de Horn. Le tableau suivant fournit un résumé des résultats connus sur les six cas possibles (+ correspondant à une réponse positive et − à une réponse négative).

Type de subsomption	Clauses de Horn		Clauses générales	
	lgg	*mgs*	*lgg*	*mgs*
θ-subsomption	+	+	+	+
Implication ($\models$)	−	−	+ si sans fonction	+
Implication relative ($\models_T$)	−	−	−	+

Ce tableau illustre une fois de plus le compromis existant entre l'expressivité d'un langage et les raisonnements qui peuvent être réalisés. Il est par ailleurs important de noter que l'utilisation d'un langage causal sans symbole de fonction conduit à une structure de treillis. C'est pourquoi les travaux en PLI se placent pour la plupart dans ce cadre.

---

7. Church en 1932 a montré qu'il ne peut exister d'algorithme pouvant décider en un temps fini si une inférence est logiquement valide ou non en logique des prédicats standard.

Avant d'aborder les moyens effectifs d'exploration de l'espace des hypothèses, il est nécessaire de rappeler plus formellement quelques concepts de base en logique.

2. Logique des prédicats et programmes logiques : terminologie

Cette section définit de manière plus rigoureuse ce qu'est une formule de la logique des prédicats, autrement dit quels sont les concepts que nous cherchons à apprendre. Ces concepts sont construits à partir de symboles primitifs (variables, connecteurs, quantificateurs, prédicats, fonctions et parenthèses), en respectant une syntaxe stricte. Cette syntaxe permet, par l'application de certaines règles, de réaliser des démonstrations dans ce système formel, c'est-à-dire de déduire des théorèmes à partir d'axiomes. Finalement, une sémantique doit être proposée pour permettre une interprétation hors de ce système formel qui n'a pas de signification en soi [NS93, GN88, Tau94].

2.1 La syntaxe de la logique des prédicats

Les formules logiques sont écrites dans un langage utilisant les *symboles primitifs* suivants :

Variable $X, Y \ldots$ Une variable prend ses valeurs sur un *domaine*. Des exemples de domaines sont : l'ensemble des nombres entiers, l'ensemble des clients d'une compagnie d'assurances.

Constante $a, b, \ldots, jrme, laure, \ldots, 1, 2, \ldots, VRAI, FAUX, \ldots$ Un ensemble de constantes forme le domaine d'une variable. Une *instanciation* d'une variable est une constante de son domaine.

Connecteur $\neg, \lor, \land, \longrightarrow, \longleftrightarrow$

Quantificateur $\forall, \exists$

Prédicat $P, Q, \ldots, sont\_mariés, \ldots$

Un prédicat possède une *arité a* (le nombre d'arguments sur lequel il porte) qui doit valoir au moins 1. On note, si besoin est, le prédicat de manière plus complète par : P/a. Un prédicat est une *relation* entre plusieurs domaines de variables, autrement dit une application de l'ensemble de ces domaines dans $\{VRAI, FAUX\}$. Par exemple, pour le prédicat $sont\_mariés/2 : sont\_mariés(jrme, laure) = VRAI$.

Fonction $f, g, \ldots, age\_ainé\ldots$

Une fonction diffère d'un prédicat par la nature de son résultat, qui peut appartenir à n'importe quel domaine. Par exemple, pour la fonction $age\_ainé/2 : age\_ainé(jrme, X)$ a pour valeurs l'age de l'aîné(e) de $jrme$ (leur mère n'est pas ici précisée). Une fonction d'arité 0 n'est autre qu'une constante.

Parenthèses ( )

2.1.1 Le langage de la logique des prédicats

Terme Un *terme* est défini récursivement comme :

- soit une constante ;
- soit une variable ;

- soit une fonction appliquée à des termes, c'est-à-dire une expression de la forme :
$f(t_1, \ldots, t_m)$ où f est une fonction d'arité m et les t_i sont des termes.

Exemple de terme : *sont_mariés(pere(laure), mauricette)*.

Littéral Un *littéral* est un prédicat appliqué à des termes, éventuellement précédé du symbole $\neg$ pour la négation. C'est donc une expression de la forme : $p(t_1, \ldots, t_m)$ ou $\neg p(t_1, \ldots, t_m)$, où p est un symbole de prédicat et les t_i sont des termes.

Exemple de littéral : *plus_grand_que(age(pere(X)), age(mauricette))*.

Atome Un littéral positif (c'est-à-dire non précédé du symbole $\neg$) est appelé un *atome*. Un littéral qui ne contient pas de variable est dit *clos* ou *complètement instancié*. Par exemple : *age(pere(jerome))* est un atome clos.

Formule Une *formule* est définie récursivement :

- Un littéral est une formule.
- Si α et β sont des formules alors $(\alpha \vee \beta)$, $(\alpha \wedge \beta)$, $(\alpha \longrightarrow \beta)$, $(\alpha \longleftrightarrow \beta)$ et $(\neg\alpha)$ sont des formules.
- Si v est une variable et α est une formule, alors $((\exists v)\alpha)$ et $((\forall v)\alpha)$ sont des formules.

Sous-formule Une sous-formule est une suite de symboles d'une formule, mais qui est elle-même une formule.

Variable libre et liée Une variable X est dite *liée* dans une formule ϕ s'il existe dans ϕ une sous-formule commençant par $(\forall X)$ ou par $(\exists X)$. Sinon, X est dite *libre*.

2.1.2 Le langage des clauses et des programmes logiques

Clause Une *clause* est une formule de type particulier : c'est une disjonction finie de littéraux dont toutes les variables sont quantifiées universellement, c'est-à-dire commandées par $\forall$. On simplifie en général l'écriture d'une clause en supprimant les quantificateurs $\forall$: toute variable doit donc être interprétée comme étant universellement quantifiée.

Clause de Horn Une clause *de Horn* est une clause qui a soit zéro soit un seul littéral positif.

Clause définie Une clause *définie* est une clause de Horn qui a exactement un littéral positif. Une clause définie s'écrit donc, quand on a supprimé les quantificateurs universels :

$$A \vee \neg B_1 \vee \ldots \vee \neg B_m$$

On transforme cette notation en :

$$B_1 \wedge \ldots \wedge B_m \longrightarrow A$$

puis, en introduisant un nouveau connecteur et en changeant la notation de la conjonction :

$$A \longleftarrow B_1, \; \ldots \; , B_m$$

Le connecteur $\longleftarrow$ signifie l'implication du membre de gauche par le membre droit. Cette notation est employée dans certaines versions du langage Prolog[8]. Dans la suite de ce chapitre, les clauses seront notées de cette manière.

---

8. La notation que nous employons est intermédiaire entre la notation logique et celle, plus classique en Prolog, qui a été utilisée plus haut. Selon cette dernière, une clause s'écrit : A :- $B_1, \; \ldots \; , B_m$.

Tête et corps de clause définie A, le seul littéral positif d'une clause définie est appelé *tête* de la clause et la conjonction B_1 , ... , B_m est le *corps* de la clause.

Une clause *unitaire* est une clause définie qui n'est composée que de son unique littéral positif A ; elle est donc notée $A \longleftarrow$

Clause but Une *clause but* est une clause de Horn qui n'a aucun littéral positif ; elle est donc notée : $\longleftarrow B_1$, ... , B_m

Programme logique défini Un programme logique défini, ou pour simplifier un *programme logique*, est un ensemble de clauses définies.

—— EXEMPLE

$$enfant(X,Y) \longleftarrow fille(X,Y)$$
$$enfant(X,Y) \longleftarrow fils(X,Y)$$
$$fils(laurent, gaston) \longleftarrow$$
$$fils(julien, laurent) \longleftarrow$$
$$fille(laure, gaston) \longleftarrow$$
$$fils(jerome, laure) \longleftarrow$$
$$grand-parent(gaston, julien) \longleftarrow$$
$$grand-parent(gaston, jrme) \longleftarrow$$
$$grand-parent(X,Y) \longleftarrow enfant(Z,X), enfant(Y,Z)$$

Programme Prolog Un programme Prolog est un programme logique défini. Une requête est une clause but.

—— EXEMPLE

$$\begin{array}{lll} & \longleftarrow enfant(Z,T) & \texttt{\% une clause but} \\ enfant(X,Y) & \longleftarrow fille(X,Y) & \texttt{\% une clause} \\ enfant(X,Y) & \longleftarrow fils(X,Y) & \\ & fils(laurent, gaston) \longleftarrow & \texttt{\% un fait} \\ & fils(julien, laurent) \longleftarrow & \\ & fille(laure, gaston) \longleftarrow & \\ & fils(jrme, laure) \longleftarrow & \end{array}$$

2.2 Système de preuve pour les langages de clauses

Étant donné un programme logique $\mathcal{P}$, le but est de mener des *raisonnements* à partir de ce programme afin de savoir, par exemple, quels faits sont *VRAI* étant donné $\mathcal{P}$.

En pratique, la preuve dans un programme Prolog se fait en utilisant la règle d'inférence logique dite de *modus ponens*, qui s'énonce informellement : Si (α) et $(\alpha$ implique $\beta)$ sont *VRAI*, alors (β) est *VRAI*. Elle se note classiquement :

$$\frac{\alpha \ \wedge \ (\alpha \longrightarrow \beta)}{\beta}$$

L'algorithme de *résolution*, formalisé par Robinson [Rob65], est employé pour cette démonstration. Nous allons le présenter après avoir introduit les notions de substitution et d'unification.

2.2.1   La substitution

Une *substitution* est une liste finie de paires X_i/t_i, où X_i est une variable et t_i un terme. Si σ est la substitution $\{X_1/t_1, \ldots X_i/t_i, \ldots X_n/t_n\}$, l'ensemble des variables $\{X_1, \ldots X_n\}$ est noté $dom(\sigma)$.

Une substitution σ s'applique à une formule F en remplaçant chaque occurrence des variables de $dom(\sigma)$ par le terme correspondant, le résultat étant noté $F\sigma$.

2.2.2   L'unification

Si (s_i, t_i) est une paire de termes, un *unificateur* est une substitution σ telle que, pour tout i : $s_i\sigma = t_i\sigma$.

Si un tel unificateur existe, on dit que les termes (s_i, t_i) peuvent s'unifier.

L'unificateur de deux littéraux $p(s_1, \ldots s_m)$ et $p(t_1, \ldots t_m)$ est un unificateur de l'ensemble des paires de termes $\{(s_i, t_i)\}$.

2.2.3   L'unificateur le plus général

L'*unificateur le plus général* (*upg*) est une substitution σ telle que, pour tout unificateur θ, il existe une substitution γ telle que $\sigma\gamma = \theta$.

Il est démontré que l'*upg* de deux clauses est unique à un renommage de variables près.

2.2.4   La résolution

La résolution d'un programme logique consiste en une suite d'étapes, chacune construisant une nouvelle clause à partir de deux. Dans le cas d'un programme Prolog, dont les clauses sont d'une forme particulière (clauses définies et requêtes ne contenant que des littéraux), on peut appliquer une méthode adaptée : la *SLD-résolution*.

Une étape de SLD-résolution [9] est définie comme suit. Soit deux clauses Prolog :

$$C_1 : \qquad H_1 \leftarrow A \,, \, a$$
$$C_2 : \qquad H_2 \leftarrow b$$

où H_1, a et b sont des conjonctions (éventuellement vides) d'atomes. A est un littéral quelconque du corps de C_1 et a est le reste du corps de C_1.

On dit que C_1 peut être résolue avec C_2 si H_2 et A s'unifient avec un *upg* θ (soit $A\theta = H_2\theta$). Le résultat de l'étape de résolution est la clause suivante, appelée *résolvante* :

$$Res(C_1, C_2) : \qquad H_1\theta \leftarrow b\theta \,, \, a\theta$$

Par cette définition, on impose donc que le littéral résolu s'unifie avec la tête de C_2 et avec un littéral du corps de C_1. Sur la figure 6.1, on a : $C_1 = fille(X, Y) \leftarrow parent(Y, X)$ et $C_2 = parent(claire, marie)$.

La clause C_1 peut se récrire sous la forme $C_1 = fille(X, Y) \vee \neg parent(Y, X)$. On peut alors appliquer la règle de résolution en choisissant :

- $L_1 = \neg parent(Y, X)$

- $L_2 = parent(claire, marie)$

- $\theta = \{Y/claire, X/marie\}$

---

9. SLD pour : *résolution linéaire avec fonction de sélection pour clauses définies.*

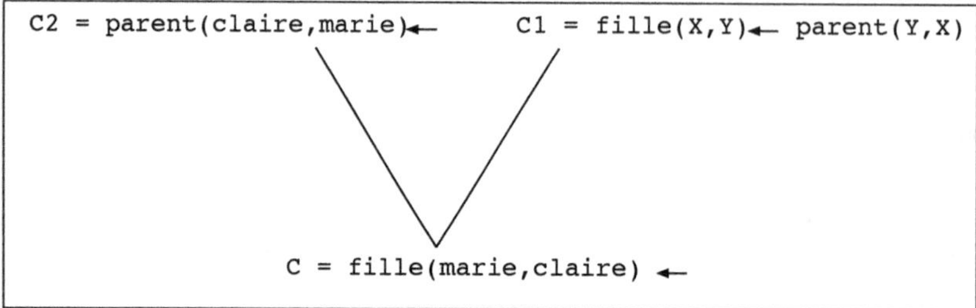

FIGURE 6.1 : *Une étape de la résolution.*

La clause résolvante C est alors l'union de :

- $(C_1 - \{L_1\})\theta = fille(marie, claire)$
- $(C_2 - \{L_2\})\theta = \emptyset$

2.2.5 Résolution et interprétation d'un programme Prolog

Prolog est un langage conçu pour fournir une partie utile et efficace de la technique de démonstration par réfutation. Précisément, Prolog est un système basé sur un démonstrateur de théorème utilisant une forme particulière de résolution : la résolution linéaire avec fonction de sélection pour clauses définies (résolution SLD). Cette stratégie restreint le choix des clauses à chaque étape de résolution, ainsi que le choix du littéral qui est utilisé. Cela correspond à une recherche en profondeur cherchant d'abord à satisfaire chaque sous-but avant de passer au suivant. Si cette stratégie de recherche est systématique et (relativement) efficace, elle ne garantit malheureusement pas la terminaison des démonstrations. Prolog est en ce sens un démonstrateur sans garantie de complétude : des théorèmes vrais peuvent ne pas être démontrés parce que le démonstrateur tombe dans une branche infinie.

Dans le formalisme de Prolog, la connaissance, ou théorie, est transcrite sous forme de faits et de règles considérés comme des axiomes. Les requêtes sont exprimées comme des théorèmes dont on demande au démonstrateur de prouver leur validité dans la théorie.

3. La structuration des hypothèses en logique des prédicats

Muni de la relation de couverture et d'une des relations de subsomption définies dans la section 1.2, il est possible d'envisager l'induction de programmes logiques comme une exploration de l'espace des hypothèses, guidée par les relations de subsomption. C'est ainsi par exemple que pour généraliser deux programmes, on cherchera leur plus petite généralisation suivant la relation de subsomption considérée, en faisant l'hypothèse qu'en généralisant minimalement on limite les risques de surgénéralisation. Le raisonnement est le même pour la recherche de spécialisations. Nous allons maintenant examiner les moyens effectifs de calculer des plus petites généralisations et des spécialisations maximales en fonction des relations de subsomption utilisées.

3.1   Le calcul de la lgg pour la θ-subsomption

Définition 6.1 (θ-subsomption)

On dit qu'une clause c_1 θ-subsume une clause c_2 si et seulement si il existe une substitution θ telle que $c_1\theta \subseteq c_2$. c_1 est alors une généralisation de c_2 par θ-subsomption.

—— EXEMPLE ——————————————————————————————

Par exemple, la clause : $pere(X, Y) \leftarrow parent(X, Y), etalon(X)$ θ-subsume la clause :
$pere(neral, aziza) \leftarrow parent(neral, aziza), etalon(neral), jument(aziza)$ avec
$\theta = \{(X = neral), (Y = aziza)\}$

Plotkin a introduit la notion de *moindre généralisé* ou encore de *plus petit généralisé* [Plo70], un opérateur qui permet de généraliser deux clauses. Le calcul de la généralisation la moins générale de deux clauses est défini par les règles suivantes :

- La généralisation la moins générale de deux termes t_1 et t_2, notée $lgg(t_1, t_2)$ (*least general generalization*), est une variable si :

  — au moins un des deux termes est une variable ;

  — un des deux termes est une constante et $t_1 \neq t_2$;

  — t_1 et t_2 sont deux termes fonctionnels construits sur des symboles de fonction différents.

- Si $t_1 = f(c_1, \ldots, c_n)$ et $t_2 = f(d_1, \ldots, d_n)$, alors :

$$lgg(t_1, t_2) = f(lgg(c_1, d_1), \ldots, lgg(c_n, d_n))$$

  Pour appliquer cette règle, il faut prendre soin de vérifier que si θ_1 et θ_2 sont les deux substitutions telles que $lgg(t_1, t_2)\theta_i = t_i$ ($i \in \{1, 2\}$), alors il ne doit pas exister deux variables distinctes X et Y telles que $X\theta_1 = Y\theta_1$ et $X\theta_2 = Y\theta_2$.

  Par exemple, la généralisation la moins générale de $f(a, b, a)$ et de $f(b, a, b)$ est $f(X, Y, X)$ et non $f(X, Y, Z)$.

- La *lgg* de deux littéraux construits sur le même symbole de prédicat est donnée par :

$$lgg(p(t_1, \ldots, t_n), p(s_1, \ldots, s_n)) = p(lgg(t_1, s_1), \ldots, lgg(t_n, s_n))$$

- Enfin, la *lgg* de deux clauses $l_0 \longleftarrow l_1, \ldots, l_n$ et $m_0 \longleftarrow m_1, \ldots, m_n$ est une clause qui a pour tête $lgg(l_0, m_0)$ et pour corps l'ensemble des $lgg(l_i, m_i)$ pour tout couple (l_i, m_i) de littéraux de même signe et de même prédicat.

—— EXEMPLE   **La lgg** ———————————————————————

Pour illustrer la *lgg*, considérons les deux scènes constituées d'objets géométriques, représentées sur la figure 6.2 [MB96].

La première scène représente trois objets a, b et c. L'objet a est un cercle, b est un carré et c est un triangle. Les objets sont placés de telle façon que a est au-dessus de b et que b est situé à gauche de c. La deuxième scène représente trois objets d, e et f décrits de manière similaire. Les deux scènes S_1 et S_2 sont décrites par les deux clauses suivantes qui expliquent le placement de trois figures géométriques :

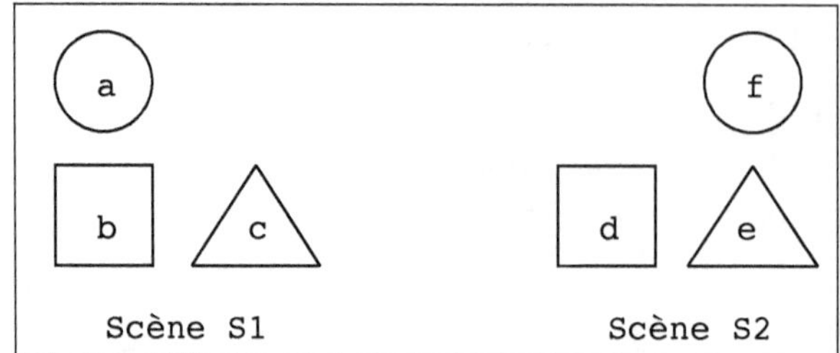

FIGURE 6.2 : *La généralisation la moins générale.*

$$
\begin{aligned}
scene(s1) \quad &\leftarrow \\
&sur(s1, a, b), \\
&a\_gauche(s1, b, c), \\
&cercle(a), \\
&carre(b), \\
&triangle(c).
\end{aligned}
\qquad
\begin{aligned}
scene(s2) \quad &\leftarrow \\
&sur(s2, f, e), \\
&a\_gauche(s2, d, e), \\
&cercle(f), \\
&carre(d), \\
&triangle(e).
\end{aligned}
$$

La *lgg* des clauses représentant les deux scènes de la figure 6.2 est la clause suivante :

$$
\begin{aligned}
scene(S) &\leftarrow \\
&sur(S, A, B), a\_gauche(S, C, D), \\
&cercle(A), carre(C), triangle(D).
\end{aligned}
$$

Cette clause généralise les deux précédentes et traduit le fait que, dans les deux scènes, le cercle se trouve au-dessus d'un autre objet et que l'objet carré est à gauche du triangle.

3.2   Le calcul de rlgg pour la θ-subsomption relative

On définit la plus petite généralisation relative (*rlgg*), (*relative least general generalization*) de deux clauses en utilisant la θ-subsomption relative de manière tout à fait analogue.

Définition 6.2 (θ-subsomption relative)

Soit P un programme logique. Une clause c_1 θ-subsume une clause c_2 relativement à P si et seulement si il existe une substitution θ telle que $P \models c_1\theta \rightarrow c_2$.

Définition 6.3 (rlgg de deux exemples)

Soient deux exemples e_1 et e_2 qui sont des atomes liés, et une théorie du domaine de formule $T = a_1 \wedge \ldots \wedge a_n$ où les a_i sont également des atomes liés. La rlgg de e_1 et e_2 est donnée par :

$$
rlgg(e_1, e_2) = lgg(e_1 \longleftarrow T, e_2 \longleftarrow T)
$$

avec :

$$
\begin{aligned}
e_i \longleftarrow T \;&=\; \neg T \vee e_i \\
&=\; \neg(a_1 \wedge \ldots \wedge a_n) \vee e_i \\
&=\; \neg a_1 \vee \ldots \vee \neg a_n \vee e_i
\end{aligned}
$$

La construction de la *rlgg* pose un certain nombre de problèmes. En effet, comme nous l'avons déjà évoqué, les atomes de la théorie du domaine T utilisés dans le calcul de la *rlgg* doivent être des atomes liés. Cela impose une définition en extension de la théorie du domaine, ce qui n'est pas concevable pour la majorité des problèmes à résoudre. Pour résoudre ce problème, [Bun88] suggère de calculer cette définition en extension à partir du plus petit modèle de Herbrand de la connaissance initiale exprimée en intension. Cette méthode n'est pas entièrement satisfaisante, puisqu'elle risque d'omettre un certain nombre d'instances de la théorie du domaine et de fausser le résultat de l'algorithme d'apprentissage. Plotkin, quant à lui, propose une méthode pour supprimer les littéraux logiquement redondants [Plo71a] [Plo71b]. Malheureusement, la détection des littéraux redondants est coûteuse puisqu'elle nécessite la mise en place de techniques de preuve de théorème. De plus, les clauses débarassées de leurs littéraux redondants peuvent encore contenir un grand nombre de littéraux.

3.3   Le calcul de lgg pour la résolution inverse

Plutôt que de définir la subsomption par référence à la sémantique, Muggleton a proposé de la définir à partir de la technique de preuve qui, en logique des prédicats, est le principe de résolution de Robinson utilisé dans Prolog. Dans ce cadre, on dira qu'une clause subsume une autre clause si elle permet la déduction de celle-ci par SLD-résolution. Plus formellement :

Définition 6.1 (SLD-subsomption)

Soit $\mathcal{P}$ un programme logique ; une clause C est plus générale qu'une clause D au sens de la SLD-subsomption relativement à $\mathcal{P}$ ssi $C, \mathcal{P} \vdash_{SLD} D$.

En dehors du fait qu'elle prend en compte la théorie du domaine sous la forme du programme $\mathcal{P}$, l'un des intérêts de cette définition est qu'elle induit, comme la θ-subsomption, des opérations syntaxiques sur les programmes qui sont les fondements de la technique d'apprentissage par inversion de la résolution. Par ailleurs, la justesse de la SLD-résolution garantit que ce qui dérive d'une théorie par SLD-résolution est une conséquence logique de cette théorie. En bref, si $C, \mathcal{P} \vdash_{SLD} D$, alors $C, \mathcal{P} \models D$, ce qui fait de la SLD-subsomption un cas particulier « constructif » de l'implication relative à une théorie.

On peut alors dériver analytiquement l'inversion de la résolution à partir de la règle de résolution exprimée par l'équation 6.1. Tout d'abord, θ peut toujours s'écrire sous la forme d'une composition de substitutions θ_1 et θ_2, avec θ_i contenant les variables de C_i. L'équation s'écrit donc :

$$C = (C_1 - \{L_1\})\theta_1 \cup (C_2 - \{L_2\})\theta_2 \tag{6.1}$$

On restreint l'inversion de résolution à l'inférence de clauses C_2 qui ne contiennent aucun littéral en commun avec C_1.

$$C - (C_1 - \{L_1\})\theta_1 = (C_2 - \{L_2\})\theta_2$$

Or $L_1\theta_1 = \neg L_2\theta_2$ donc $L_2 = \neg L_1\theta_1\theta_2^{-1}$, on obtient ainsi :

$$C_2 = (C - (C_1 - \{L_1\})\theta_1)\theta_2^{-1} \cup \{\neg L_1\theta_1\theta_2^{-1}\} \tag{6.2}$$

On note le non-déterminisme de cet opérateur, notamment concernant le choix de la clause C_1 et des substitutions θ_1 et θ_2.

Dans le cadre de la PLI, Muggleton et Buntine ont donc eu l'idée d'inverser la résolution classique utilisée en programmation logique. Dans [Mug87], Muggleton introduit quatre règles de résolution inverse. La notation $\frac{A}{B}$ s'interprète comme : on peut déduire A de B.

Absorption (opérateur V)

$$\frac{q \longleftarrow A \quad p \longleftarrow A, B}{q \longleftarrow A \quad p \longleftarrow q, B}$$

Identification (opérateur V)

$$\frac{p \longleftarrow A, B \quad p \longleftarrow A, q}{q \longleftarrow B \quad p \longleftarrow A, q}$$

Intra-construction (opérateur W)

$$\frac{p \longleftarrow A, B \quad p \longleftarrow A, C}{q \longleftarrow B \quad p \longleftarrow A, q \quad q \longleftarrow C}$$

Inter-construction (opérateur W)

$$\frac{p \longleftarrow A, B \quad q \longleftarrow A, C}{p \longleftarrow r, B \quad r \longleftarrow A \quad q \longleftarrow r, C}$$

Dans ces règles, les lettres minuscules représentent des atomes et les lettres majuscules des conjonctions d'atomes. Les règles d'absorbtion et d'identification inversent une étape de résolution. La figure 6.3 montre comment l'opérateur V inverse une étape de la résolution.

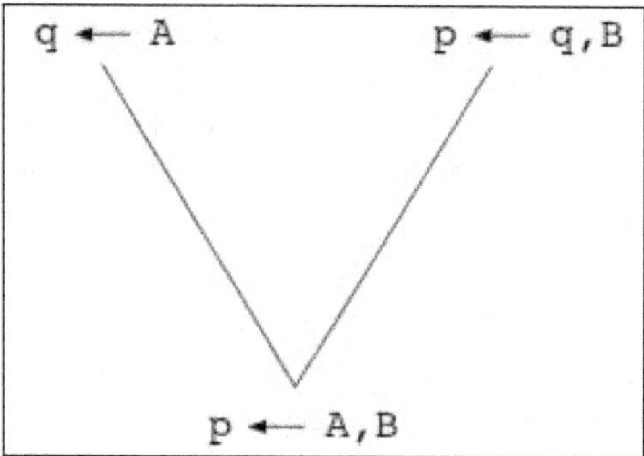

FIGURE 6.3 : L'opérateur V d'absorption.

La figure 6.4 illustre par un exemple le comportement de l'opérateur V en montrant plusieurs étapes de résolution inversée. La théorie du domaine est ici constituée des clauses b_1 et b_2 et on dispose d'une observation e_1. L'opérateur V permet, à partir de l'exemple e_1 et de la clause b_2, d'induire la clause c_1. La clause c_1 permet ensuite, avec la clause b_1, d'induire la clause c_2.

Les opérateurs d'intra-construction et d'inter-construction, appelés aussi opérateurs W (figure 6.5) résultent de la combinaison de deux opérateurs V qui représentent chacun une étape inverse de résolution.

Ces règles d'inférence permettent d'introduire un nouveau prédicat qui n'apparaissait pas dans les préconditions des règles. Par exemple, l'opérateur W de la figure 6.5 introduit le nouveau prédicat q. On parle alors d'*invention de prédicat*, utilisée par exemple dans le système Cigol [MB88b]. L'invention de prédicat est bien illustrée par l'exemple de la figure 6.6.

En effet, dans cet exemple, on dispose des deux clauses :

$$min(X, [s(X)\|Z]) \longleftarrow min(X, Z)$$
$$min(X, [s(s(X))\|Z]) \longleftarrow min(X, Z)$$

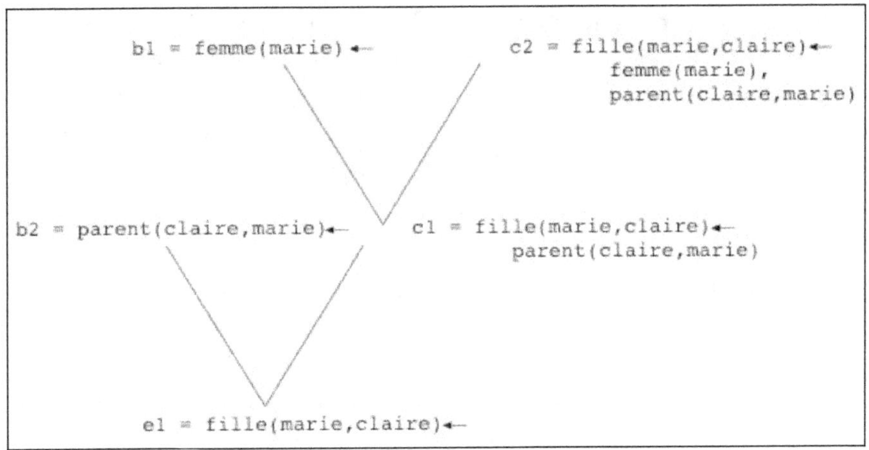

FIGURE 6.4 : *La résolution inverse.*

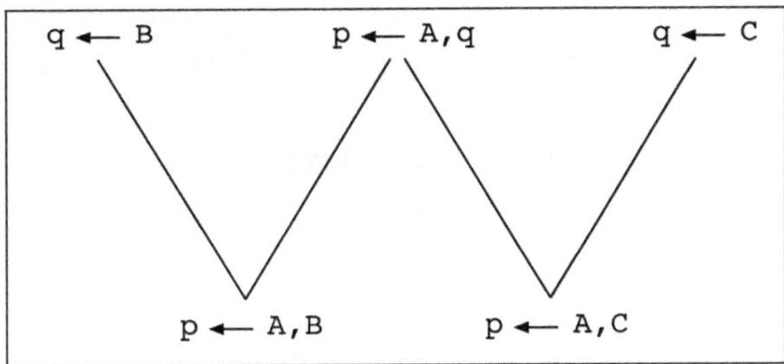

FIGURE 6.5 : *L'opérateur W d'intra-construction.*

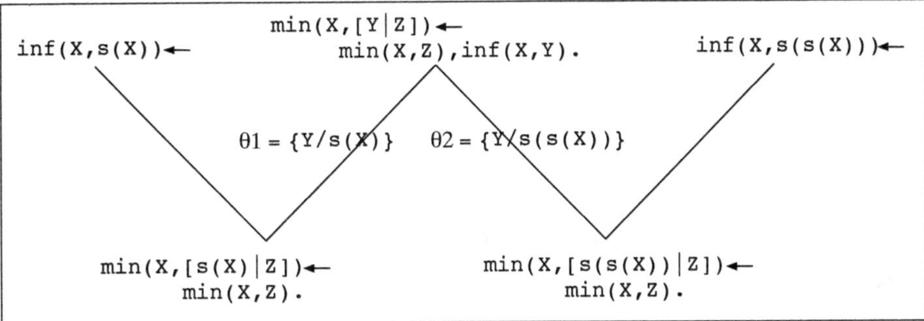

FIGURE 6.6 : *L'intra-construction.*

et l'application de l'opérateur W permet d'induire les trois clauses :

$$inf(X, s(X)) \longleftarrow$$
$$min(X, [Y\|Z]) \longleftarrow min(X, Z), inf(X, Y)$$
$$inf(X, s(s(X))) \longleftarrow$$

dans lesquelles on constate que le prédicat $inf/2$ a été inventé.

L'inversion de la résolution est une opération non déterministe. Typiquement, à chaque étape, plusieurs généralisations d'une clause peuvent être réalisées, en fonction du choix de la clause avec laquelle elle est résolue et de la substitution inverse employée. Pour surmonter ce problème de non-déterminisme, Muggleton a proposé, dans un cadre unifiant la plus petite généralisation relative (*rlgg*) et la résolution inverse, que ce soit l'inversion de résolution la plus spécifique qui soit choisie dans le processus de généralisation, en utilisant la substitution inverse la plus spécifique à chaque pas de l'inversion de résolution.

4. L'exploration de l'espace des hypothèses

La notion de couverture d'un exemple par une hypothèse, la relation de subsomption entre hypothèses et les opérateurs permettant de construire les plus petites généralisations (ou spécialisations) autorisent à envisager une approche de l'apprentissage par la détermination de l'espace des versions, comme cela a été montré dans le chapitre 3. Cependant, en raison de la taille de l'espace des versions en programmation logique inductive, les programmes d'induction ne cherchent pas à construire l'espace des versions, même à l'aide des bornes que sont le S-set et le G-set. Ils cherchent « seulement » à trouver une solution dans l'espace des versions. Pour ce faire, ils parcourent l'espace des hypothèses en suivant les directions de généralisation et de spécialisation, en essayant d'élaguer au maximum l'espace des versions et en se guidant par des biais heuristiques tentant d'accélérer la recherche.

Les programmes de PLI s'imposent en général de respecter certaines contraintes connues sous le nom de *sémantique normale* [MD94]. Elles correspondent à une reformulation des conditions de cohérence (complétude et correction) d'une hypothèse avec les exemples positifs et négatifs.

Étant donnés une *théorie du domaine T* (c'est-à-dire un ensemble de clauses qui reflètent la connaissance *a priori* sur le domaine du problème) et un ensemble d'exemples E (avec l'ensemble $E = E^+ \cup E^-$ constitué d'exemples positifs et négatifs), la programmation logique inductive cherche à induire une hypothèse H, composée d'un ensemble de clauses, telle que les quatre conditions suivantes soient respectées :

Définition 6.2 (Sémantique normale)

- *satisfiabilité* a priori $: T \wedge E^- \not\models \square$
- *satisfiabilité* a posteriori $: T \wedge H \wedge E^- \not\models \square$
- *nécessité* a priori $: T \not\models E^+$
- *condition* a posteriori *(complétude)* $: T \wedge H \models E^+$

- La condition de satisfiabilité *a priori* assure que les exemples négatifs ne peuvent pas être déduits de la connaissance initiale.
- La condition de complétude vérifie qu'à partir de l'hypothèse induite et de la théorie du domaine, on ne peut pas prouver d'exemple négatif.
- Il est également nécessaire que les exemples positifs ne puissent pas être déduits de la connaissance T (nécessité *a priori*).
- L'hypothèse induite doit quant à elle permettre, avec la connaissance initiale, de prouver les exemples positifs (condition *a posteriori*).

En fait, dans la plupart des systèmes de PLI, la théorie (ou connaissance initiale) T du domaine et l'hypothèse H à induire sont exprimées sous forme de clauses définies. Dans ce cas, on parle de sémantique définie [10]. Seules les quatre conditions suivantes doivent alors être remplies :

Définition 6.3 (Sémantique définie)

- $\forall e \in E^-, e$ *est faux dans* $\mathcal{M}(T)$
- $\forall e \in E^-, e$ *est faux dans* $\mathcal{M}(T \wedge H)$
- $\exists e \in E^+,$ *tel que* e *est faux dans* $\mathcal{M}(T)$
- $\forall e \in E^+, e$ *est vrai dans* $\mathcal{M}(T \wedge H)$

Pour simplifier et pour couvrir les cas pratiques, les systèmes de programmation logique inductive sont en majorité basés sur le cas particulier de la sémantique définie, dans lequel tous les exemples sont des faits liés.

4.1   Le squelette des algorithmes de PLI

L'algorithme générique de la PLI (algorithme 6) utilise deux fonctions : la fonction **effacer** influence la stratégie de recherche qui peut alors être effectuée soit en largeur d'abord, soit en profondeur d'abord, ou selon une autre stratégie ; la fonction **choisir** détermine les règles d'inférence à appliquer à l'hypothèse H. Ces règles d'inférence peuvent être soit inductives, soit déductives.

Algorithme 6 : Algorithme générique de PLI

---

début
    Initialiser H
    tant que *la condition d'arrêt de H n'est pas remplie* **faire**
        effacer un élément h de H
        choisir des règles d'inférence $r_1, \ldots, r_k$ à appliquer à h
        Appliquer les règles $r_1, \ldots, r_k$ à h pour obtenir $h_1, \ldots, h_n$
        Ajouter $h_1, \ldots, h_n$ à H
        élaguer H
    fin tant que
fin

Définition 6.4 (Règle d'inférence déductive r)

Elle fait correspondre une conjonction de clauses S à une conjonction de clauses G telle que $G \models S$. *Dans ce cas, r est une règle de spécialisation.*

Définition 6.5 (Règle d'inférence inductive r)

Elle fait correspondre une conjonction de clauses G à une conjonction de clauses S telle que $G \models S$. *Dans ce cas, r est une règle de généralisation.*

---

10. Si une théorie T est constituée de clauses définies, elle possède une fermeture syntaxique (on ne peut rien déduire de plus) appelée le plus petit modèle de Herbrand dans lequel toute formule logique est soit vraie, soit fausse.

4.1.1 Stratégies de recherche

La stratégie de recherche est un choix fondamental pour le concepteur d'un système de PLI :

- Les systèmes Cigol [MB88b], Clint [De 92] et Golem [MF90] sont représentatifs de la classe des *systèmes ascendants*. Ils considèrent les exemples et la théorie du domaine et généralisent itérativement l'hypothèse recherchée en appliquant des règles d'inférence inductives.

- Les systèmes Foil [Qui90], [QC95] Mobal [KW92], Progol [Mug95] et Claudien [DB93], [DVD96], [DD97] sont quant à eux représentatifs de la classe des *systèmes descendants*. Ils considèrent d'abord l'hypothèse la plus générale, qu'ils cherchent à spécialiser itérativement en appliquant des règles d'inférence déductives.

4.1.2 L'élagage de l'espace de recherche

La fonction **élaguer** détermine quelles hypothèses doivent être enlevées de l'ensemble H. La généralisation et la spécialisation sont à la base de deux cas d'élagage de l'ensemble des hypothèses. Cet élagage est le même que celui pratiqué dans la construction de l'espace des versions par l'algorithme d'élimination des candidats.

- Si $B \wedge H$ n'implique pas logiquement un exemple positif e^+, c'est-à-dire $B \wedge H \not\models e^+$, alors aucune spécialisation de H ne pourra impliquer e^+ et toutes les spécialisations de H peuvent donc être élaguées de l'espace de recherche.

- Si un exemple négatif e^- est couvert, c'est-à-dire $B \wedge H \wedge e^- \models \Box$, alors toutes les généralisations de H peuvent être élaguées puisque également inconsistantes avec $B \wedge E$.

L'exemple de la figure 6.7 illustre le premier cas.

Supposons que la base de connaissances contienne les faits :

$$pere(gaston, francois) \longleftarrow$$
$$pere(gaston, laurent) \longleftarrow$$
$$pere(laurent, julien) \longleftarrow$$

et que l'ensemble des exemples positifs contienne l'exemple :

$$oncle(francois, julien) \longleftarrow$$

on peut élaguer toutes les clauses plus spécifiques que la clause $oncle(A, B) \longleftarrow pere(A, B)$ (zone hachurée de la figure 6.7).

Toutefois, l'espace de recherche n'est pas élagué assez efficacement par cette propriété, qui rappelons-le, découle directement de la relation de subsomption entre hypothèses. Il faut donc définir des biais supplémentaires limitant davantage l'espace de recherche.

4.2 Les biais de recherche dans l'espace d'hypothèses

L'espace de recherche peut être très vaste, voire infini. L'implantation effective d'un système de PLI nécessite donc l'utilisation de biais déclaratifs. Les biais imposent des contraintes ou des restrictions sur les hypothèses que l'algorithme peut considérer et définissent donc l'espace de recherche. Le rôle du biais est double :

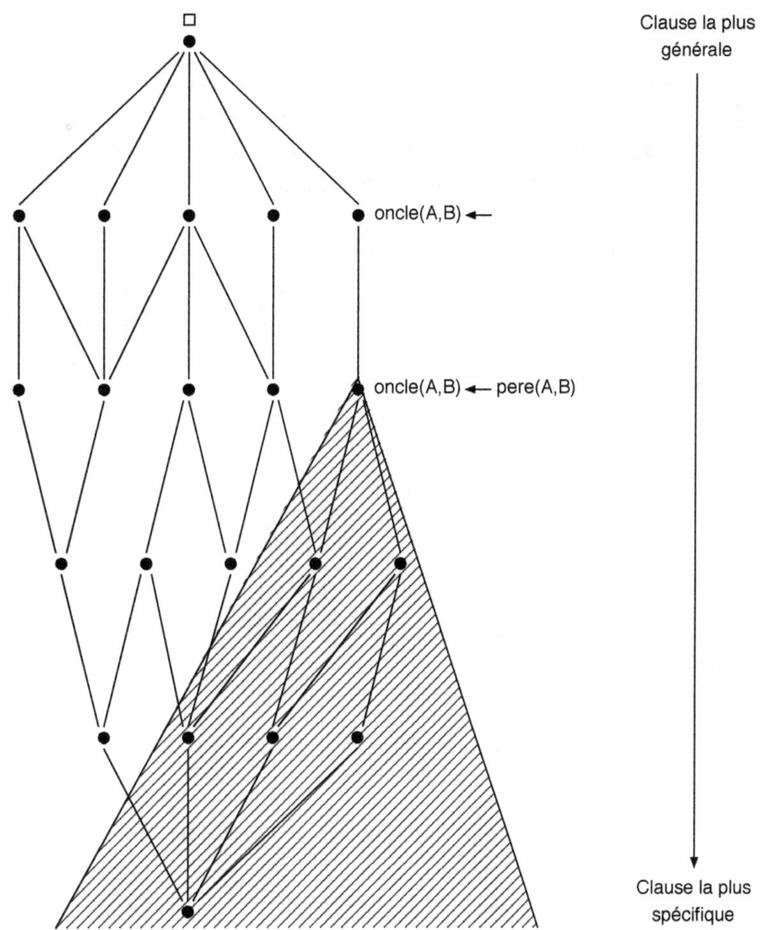

FIGURE 6.7 : *L'élagage de l'espace de recherche par la relation de subsomption.*

- réduire la taille de l'espace de recherche pour diminuer le temps de réponse du système ;
- garantir une certaine qualité de l'apprentissage en interdisant au système de considérer certaines hypothèses inutiles.

On distingue deux classes de biais déclaratifs : les biais syntaxiques, aussi appelés biais de langage, et les biais sémantiques.

4.2.1   Les biais syntaxiques

Un biais syntaxique permet de définir l'ensemble des hypothèses envisageables en spécifiant explicitement leur syntaxe. Le nombre des hypothèses à considérer peut en particulier être réduit par les méthodes suivantes :

- limiter le nombre de littéraux des clauses induites ;
- limiter le nombre de variables apparaissant dans une clause ;
- limiter la profondeur de la récursion dans les termes ;
- n'autoriser que les clauses *range-restricted*, c'est-à-dire dont l'ensemble des variables de la tête est inclus dans l'ensemble des variables du corps.

4.2.2 Les biais sémantiques

Si les biais syntaxiques restreignent l'espace de recherche en imposant la syntaxe des hypothèses, les biais sémantiques imposent des restrictions sur le sens des hypothèses. La définition de *types* et de *modes* est utilisée depuis de nombreuses années en programmation logique afin de permettre une meilleure analyse statique des programmes et ainsi d'augmenter leur efficacité. Depuis leur introduction dans le système MIS [Sha83], il est devenu courant d'utiliser également les modes et les types en PLI. Ils constituent alors une façon de définir des biais sémantiques. En effet, si un littéral contient une variable L de type t, toutes les autres occurrences de cette variable L dans la même clause devront également être de type t. Ceci permet d'élaguer de l'espace de recherche des clauses incorrectement typées. De même, la déclaration de modes permet de restreindre la taille de l'espace de recherche. Par exemple, l'utilisation du prédicat $concat/3$ associée à la déclaration de mode suivante :

$$concat(+L1, +L2, -L3)$$

où $+$ signifie argument en entrée (devant être instancié) et $-$ argument en sortie, permet de rejeter de l'espace de recherche toutes les clauses utilisant le prédicat $concat$ sur des variables ne respectant pas ce mode, par exemple :

$$concat(L1, L2, [a, b, c])$$

Voici quelques façons d'utiliser les modes sur les variables des prédicats :

- Toutes les variables en entrée dans la tête de la clause doivent se retrouver dans le corps de clause.

- Les variables en sortie dans la tête doivent être présentes dans le corps.

- On peut aussi forcer toutes les variables en sortie dans le corps soit à servir de résultat intermédiaire (et donc d'être en entrée dans un autre prédicat), soit à servir à définir la sortie du prédicat de la tête (et donc d'apparaître en sortie dans la tête).

- Il est également envisageable d'interdire qu'une même variable apparaisse plusieurs fois en sortie de différents prédicats dans le corps de la clause.

Le système Progol [Mug95, Rob97] permet par exemple de déclarer des modes sur les variables des littéraux afin de restreindre le nombre potentiel de clauses dans l'espace de recherche. De plus, le système distingue les prédicats pouvant apparaître en tête de clause de ceux admis dans le corps. Les littéraux qui peuvent apparaître en tête sont déclarés avec la directive *modeh*. Les littéraux autorisés dans les corps des clauses sont eux déclarés grâce à la directive *modeb*. Par exemple, la déclaration :

$$modeh(1, plus(+int, +int, -int))$$

spécifie que la tête des clauses de l'espace de recherche sera constituée du prédicat $plus/3$ avec trois arguments de type entier, les deux premiers arguments étant en mode entrée et le dernier en mode sortie.

5. Deux exemples de systèmes de PLI

5.1   Un système empirique descendant : Foil

Le système FOIL [Qui90] a été développé par Quinlan et a ensuite inspiré d'autres systèmes parmi lesquels FOCL [PK92], FOIDL [MC95], MFoil [Dze93], ICN et MULT_ICN [MV95]. FOIL cherche à induire un programme logique qui couvre tous les exemples positifs du concept à apprendre et aucun exemple négatif. Chaque clause apprise est construite par spécialisation successive de la clause la plus générale par ajout d'un nouveau littéral. Le littéral ajouté est choisi en calculant un *gain d'information* de façon similaire à la construction d'un arbre de décision (voir le chapitre 15). L'utilisation de FOIL impose une représentation en extension de la théorie du domaine. FOIL permet de définir des biais syntaxiques (limitation du nombre de variables apparaissant dans chaque clause, taux minimal de couverture des clauses, etc.). Il est également possible de préciser les modes des arguments des prédicats.

Algorithme 7 :   Foil

---

début
> $P \longleftarrow \emptyset$
> $Pos \longleftarrow$ exemples positifs
>   **tant que** *Pos est non vide* **faire**
>> $Neg \longleftarrow$ exemples négatifs
>> $C = q(X_1, \ldots, X_n)$
>>   **tant que** *Neg est non vide* **faire**
>>>   Ajouter le littéral de meilleur gain au corps de C
>>>   Retirer de Neg les exemples négatifs non couverts par C
>>
>>   **fin tant que**
>>   Ajouter la clause apprise C à P
>>   Retirer de Pos les exemples couverts par C
>
>   **fin tant que**
>   Retourner le programme appris P

fin

L'algorithme 7 est la base du système FOIL. La boucle la plus externe permet de construire des clauses tant que tous les exemples ne sont pas couverts. La boucle interne construit une clause en ajoutant un à un des littéraux qui ont le gain le plus élevé. Pour la construction de chaque clause à l'étape i, Foil gère deux ensembles de tuples T_i^+ et T_i^-. Chaque élément de ces ensembles est une instance liée de la clause en construction correspondant à un exemple couvert. Les tuples de T_i^+ correspondent à des exemples positifs et ceux de T_i^- à des exemples négatifs. À chaque étape, les ensembles T_i^+ et T_i^- sont calculés à partir des ensembles T_{i-1}^+ et T_{i-1}^- de l'étape précédente. La fonction de gain utilisée pour le choix du littéral L, à ajouter lors du passage à une nouvelle étape, est calculée à partir du nombre d'éléments des ensembles de tuples :

$$gain(L) = n_i^+ \left(log_2 \frac{\|T_i^+\|}{\|T_i^+\| + \|T_i^-\|} - log_2 \frac{\|T_{i+1}^+\|}{\|T_{i+1}^+\| + \|T_{i+1}^-\|} \right)$$

où n_i^+ est le nombre d'exemples positifs couverts par la clause en construction et les T_{i+1} sont les ensembles de tuples considérés lorsqu'on a ajouté le littéral L.

L'un des problèmes majeurs de FOIL intervient lors de la construction d'une clause. En effet, à chaque ajout d'un littéral dans la clause, il se peut que le nombre de littéraux candidats soit très grand. Or, pour chacun d'entre eux, FOIL doit calculer les ensembles de tuples positifs et négatifs pour être en mesure d'évaluer le gain. Ceci est préjudiciable à l'efficacité du système.

Du fait de sa méthode d'apprentissage, FOIL permet de traiter des données bruitées. En effet, il peut considérer qu'une certaine partie des exemples est bruitée et arrêter la construction de la clause lorsqu'un certain pourcentage d'exemples est couvert.

—— EXEMPLE   **Une illustration du fonctionnement** —————————————————————

Nous illustrons l'utilisation du système Foil par l'apprentissage d'une définition du concept *oncle*. On dispose de la connaissance suivante sur les liens de parenté au sein d'une famille.

```
/* valeurs possibles pour les arguments des predicats */
P: alfred,michel,remi,franck,charles,paul.

oncle(P,P)
/* exemples positifs pour le predicat oncle */
remi,paul              remi,franck           michel,charles
;
/* exemples negatifs pour le predicat oncle */
alfred,alfred          alfred,michel         alfred,remi
alfred,franck          alfred,charles        alfred,paul
michel,alfred          michel,michel         michel,remi
michel,franck          michel,paul           remi,alfred
remi,michel            remi,charles          remi,remi
franck,paul            franck,alfred         franck,michel
franck,remi            franck,franck         franck,charles
charles,paul           charles,alfred        charles,michel
charles,remi           charles,franck        charles,charles
paul,paul              paul,alfred           paul,michel
paul,remi              paul,franck           paul,charles.

*pere(P,P)
/* exemples positifs pour le predicat pere */
michel,paul            alfred,michel         alfred,remi
michel,franck          remi,charles
;
/* exemples negatifs pour le predicat pere */
alfred,alfred          alfred,franck         alfred,charles
alfred,paul            michel,alfred         michel,michel
michel,remi            michel,charles        remi,alfred
remi,michel            remi,remi             remi,franck
remi,paul              franck,alfred         franck,michel
franck,remi            franck,franck         franck,charles
franck,paul            charles,alfred        charles,michel
charles,remi           charles,franck        charles,charles
charles,paul           paul,alfred           paul,michel
paul,remi              paul,franck           paul,charles
paul,paul
```

Foil apprend le prédicat `oncle/2` défini par la clause :

```
oncle(A,B) :- pere(C,A), pere(D,B), pere(C,D), A<>D.
```

5.2   Un système empirique ascendant : Progol

Progol[11] est un système de PLI basé sur l'implication inverse inventée par Muggleton [Mug95], son concepteur. Progol opère par généralisation ascendante en partant de chaque clause la plus spécifique couvrant chaque exemple considéré. La clause finale est calculée grâce à un algorithme A^* intégrant une mesure de compression que Progol cherche à maximiser. Progol implémente une procédure en quatre étapes. **Sélection d'un exemple** à généraliser ; **construction de la clause la plus spécifique** impliquant l'exemple ; **recherche** d'une clause généralisant la clause de départ ; **élimination** des exemples redondants après généralisation (algorithme 8). Cet algorithme n'est pas complet, il ne découvre pas toutes les généralisations possibles.

Des déclarations de modes et de types permettent de définir des biais sémantiques. Il est nécessaire de spécifier le littéral à employer en tête de clause (en utilisant la directive *modeh*) et les littéraux qu'il est possible d'utiliser dans le corps des clauses (en utilisant la directive *modeb*).

Progol permet de définir la théorie du domaine en intension sous la forme de clauses Prolog. Ceci est un apport significatif par rapport à Foil, avec lequel il était nécessaire de définir la connaissance initiale en extension. Les exemples positifs sont exprimés par des clauses définies et les exemples négatifs sont des négations de faits instanciés. [Rob97] expose les différents paramètres du système.

Algorithme 8 : Progol

début
    tant que *il reste des exemples positifs* **faire**
        pour chaque *exemple positif e* **faire**
            Construire la clause c_1 la plus spécifique qui implique l'exemple e
            Trouver une clause c_2 plus générale que c_1 (au sens de la θ-subsomption) telle que la mesure de compression soit maximale
            Retirer tous les exemples couverts par la clause c_2
        fin
    fin tant que
fin

—— Exemple   **Une illustration du fonctionnement** ————————————————

Considérons par exemple l'apprentissage du tri rapide par Progol. Étant donné le programme suivant :

```
% Declaration des modes pour le litteral en tete de clause
:- modeh(1,qsort([+int|+ilist],-ilist))?

% Declaration des modes pour les litteraux en corps de clause
:- modeb(1,qsort(+ilist,-ilist))?
:- modeb(1,part(+int,+ilist,-ilist,-ilist))?
:- modeb(1,append(+ilist,[+int|+ilist],-ilist))?

% Types
ilist([]).
ilist([Head|Tail]) :- int(Head), ilist(Tail).
\bigskip
```

---

11. Une version du système Progol est accessible à l'adresse suivante :
https ://www.doc.ic.ac.uk/ shm/progol.html#getting%20progol

```
% Theorie du domaine definie en intension
part(X,[],[],[]).
part(X,[X|Tail],List1,List2) :- part(X,Tail,List1,List2).
part(X,[Head|Tail],[Head|Tail1],List2) :-
          Head < X, part(X,Tail,Tail1,List2).
part(X,[Head|Tail],List1,[Head|Tail2]) :-
          Head > X, part(X,Tail,List1,Tail2).

append([],List,List).
append([Head|Tail],List1,[Head|List2]) :- append(Tail,List1,List2).
```

Exemples positifs

Exemples négatifs

```
qsort([],[]).                              :- qsort([0,2,1],[0,2,1]).
qsort([3,2,1],[1,2,3]).                    :- qsort([0,2,1],[0,1]).
qsort([X],[X]).                            :- qsort([1,0,2],[2,0,1]).
qsort([X,Y],[X,Y]) :- X < Y.               :- qsort([1,0,2],[2,1,0]).
qsort([Y,X],[X,Y]) :- X < Y.               :- qsort([1,2,0],[1,0,2]).
qsort([X,Y,Z],[X,Y,Z]) :- X<Y, Y<Z.        :- qsort([0,2,1],[2,1,0]).
qsort([X,Z,Y],[X,Y,Z]) :- X<Y, Y<Z.        :- qsort([2,1,0],[2,1,0]).
qsort([X,Z,Y],[X,Y,Z]) :- X<Y, Y<Z.        :- qsort([2,0,1],[2,1,0]).
qsort([Y,X,Z],[X,Y,Z]) :- X<Y, Y<Z.        :- qsort([2,1],[1]).
qsort([Y,Z,X],[X,Y,Z]) :- X<Y, Y<Z.        :- qsort([1],[2]).
qsort([Z,X,Y],[X,Y,Z]) :- X<Y, Y<Z.        :- qsort([0,1,2],[1,0,2]).
                                           :- qsort([0,1],[1,0,1]).
```

Progol induit une définition du prédicat *qsort*/2 sous la forme des clauses suivantes :

```
qsort([],[]).
qsort([A|B],C) :- qsort(B,D), part(A,D,E,F), append(E,[A|F],C).
```

Sur cet exemple, la stratégie de parcours de l'espace de recherche par Progol est bien mise
en évidence. La clause la plus spécifique est d'abord calculée, puis Progol part de la clause
la plus générale et la spécialise en ajoutant des littéraux. Pour chaque clause examinée,
Progol compte le nombre d'exemples positifs et négatifs couverts et effectue une mesure de
compression qui lui permet de sélectionner la clause à retenir.

6. Exemples d'application de la PLI

La PLI est utilisée dans de nombreux domaines pour l'apprentissage de concepts relationnels
(voir par exemple la page `http://www.doc.ic.ac.uk/\~shm/applications.html` et les articles
de synthèse [MDRP+12] et [CDM20]). En voici une liste partielle :

Sciences de la vie :

- Obtention automatique de modèles de Pétri pour rendre compte de comportements
  de systèmes biologiques.

- Recherche de structures chimiques dans des molécules leur conférant certaines propriétés chimiques et bioloqiques.

- Recherche de liens entre structure et activité biologique, avec une application à la prédiction de la mutagénicité c'est-à-dire l'induction de changements permanents et transmissibles dans la structure de matériaux génétiques.
- Prédiction de la structure secondaire de protéines.
- Découverte de neuropeptides.
- Diagnostic précoce de rhumatismes.

Robotique :

- Apprentissage de stratégies efficaces pour des robots postiers par choix intelligent de mise des lettres dans des sacs.
- Apprentissage de concepts abstraits par un robot, tel que la notion de stabilité ou d'outil.

Langage naturel :

- Découverte de règles d'accord des verbes au passé en anglais.
- Apprentissage d'analyseurs syntaxiques.
- Définition des groupes nominaux.
- Catégorisation de texte, analyse de groupes syntaxiques, prédiction des césures, etc.

Autres domaines :

- Apprentissage de règles pour le découpage en éléments finis de structures matérielles.
- Découverte de règles de diagnostic pour les satellites.
- Analyse d'accidents de la circulation avec découverte de règles les décrivant.
- Marketing et commerce.

Pour ne prendre que l'exemple du langage naturel, les techniques d'apprentissage semblent donc être tout à fait adaptées pour inférer un analyseur morphologique, syntaxique ou sémantique d'un langage. De plus, Prolog est un langage considéré comme bien adapté au traitement du langage naturel, ce qui fait également de la programmation logique inductive une méthode appropriée pour cette tâche.

7. Les nouvelles frontières de la PLI

7.1 Une transition de phase rédhibitoire ?

L'attrait majeur de la PLI est le recours à un langage des hypothèses expressif (plus que la plupart des autres langages de généralisation) et commode, puisqu'il permet la représentation aussi bien des exemples que des hypothèses ou que de la théorie du domaine. La logique des prédicats est de plus un domaine bien connu grâce aux travaux des logiciens. Comme nous l'avons exposé, utiliser la PLI nécessite cependant de choisir avec soin les relations d'ordre et les opérateurs d'exploration. Imposer des limites pour obtenir des ordres bien fondés et des systèmes d'induction contrôlés introduit des difficultés, certes à prendre au sérieux, mais semble-t-il non rédhibitoires. Cependant, des travaux récents mettent en cause la possiblité même de l'induction supervisée lorsque le langage d'hypothèses est trop expressif. Nous allons examiner ce nouveau problème.

Ces travaux sont fondés sur des considérations complètement indépendantes de celles que nous avons développées dans le chapitre 3, qui dérivent de l'analyse statistique de l'apprentissage. À l'origine, il s'agissait d'examiner la complexité moyenne pour résoudre des problèmes de satisfaction de contraintes, plutôt que d'examiner leur complexité dans le pire cas. Par exemple, le problème 3-SAT (problème de satisfiabilité booléenne), prend en donnée une conjonction de clauses de trois termes (par exemple $(x_1 \vee \neg x_5 \vee x_{11}) \wedge (x_3 \vee x_5 \vee x_8)$) et produit une affectation, si elle existe, de VRAI ou FAUX aux variables qui rend la conjonction VRAI. Il est connu pour être NP-complet. Cependant, l'examen plus fin de la difficulté des problèmes montre une transition brutale, en fonction de certains paramètres, entre une région où il est quasiment toujours possible de trouver un telle 3-DNF et une région où c'est quasiment toujours impossible, avec une région intermédiaire extrêmement étroite correspondant à un pic de complexité de l'algorithme de recherche. Il se trouve qu'il est possible d'établir une relation entre ces problèmes de satisfiabilité et celui de la recherche d'hypothèses de risque empirique nul, c'est-à-dire couvrant tous les exemples positifs et aucun exemple négatif.

En effet, l'apprentissage supervisé implique une exploration de l'espace des hypothèses guidée par la valeur du risque empirique (éventuellement régularisé). Les stratégies de contrôle de cette exploration utilisent pour la plupart une technique de gradient afin de modifier la ou les hypothèse(s) courante(s) dans la direction du gradient le plus favorable. En fin de compte, il faut donc déterminer si chaque exemple (positif ou négatif) est couvert par chaque hypothèse candidate examinée. Cela ressemble à un problème de satisfiabilité.

En particulier, il est intéressant d'étudier le taux de couverture des hypothèses, c'est-à-dire la proportion d'exemples tirés au hasard qu'elles couvrent. Ainsi, si le taux est de 100 % (ou 1), c'est que l'hypothèse couvre tous les exemples. Idéalement, ce taux de couverture peut prendre toutes les valeurs entre 0 et 1, de manière graduelle. Cela permet d'envisager une exploration guidée par le gradient du risque empirique si ce taux de couverture présente une certaine régularité dans l'espace des hypothèses (i.e. deux hypothèses proches au sens des opérateurs permettant de passer de l'une à l'autre ont des taux de couverture proches).

C'est ce paysage du taux de couverture en fonction des hypothèses qu'ont étudié Giordana et Saitta [GS00] dans le cas d'espaces d'hypothèses composés de clauses de Horn. Par exemple, en faisant varier le nombre de variables, le nombre de littéraux et le nombre d'atomes clos (et en répétant ces expériences un grand nombre de fois), ils ont obtenu des courbes telles que celle de la figure 6.8, qui rappellent des phénomènes de *transition de phase* en physique. De manière surprenante, le taux de couverture mesuré sur les hypothèses y passe brutalement de 0 à 1 sans presque de transition lorsque l'on va progressivement vers des hypothèses plus générales. Ces courbes sont potentiellement de grande portée. Pourquoi ?

Concrètement, imaginons un algorithme d'apprentissage ascendant, opérant par généralisation progressive et prudente. Lorsqu'une hypothèse courante ne couvre pas tous les exemples positifs connus, le système tente de la généraliser un peu afin d'en couvrir davantage, tout en essayant de ne pas couvrir les exemples négatifs. Le nombre de généralisations possibles est le plus souvent très grand et le système se guide en choisissant celles qui conduisent à des hypothèses de meilleur risque empirique. Or, que se passe-t-il selon les courbes de taux de couverture observées ? Lorsque l'on prend une hypothèse trop spécifique, elle ne couvre pratiquement aucun exemple, positif ou négatif. Le problème, c'est que quand on la généralise, son taux de couverture reste faible. Le risque empirique reste donc constant et il est impossible de se guider dans l'espace de recherche. Ce n'est que lorsque les hypothèses considérées ont été suffisamment généralisées

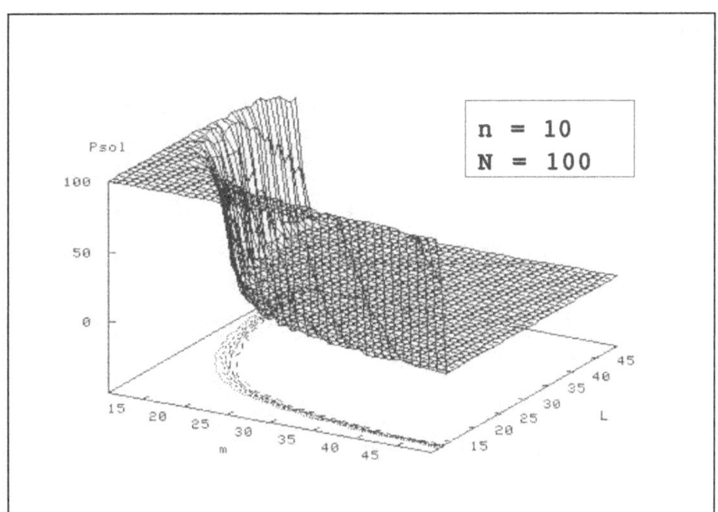

FIGURE 6.8 : *Une courbe tridimensionnelle de la probabilité de couverture d'un exemple tiré aléatoirement par une hypothèse h en fonction de* m, *le nombre de littéraux dans h et de* L, *le nombre d'atomes clos (ou constantes).* n *et* N *correspondent respectivement au nombre de variables (10 dans cette expérience) et au nombre de tuples dans les relations (100 ici). Les hypothèses les plus générales se situent à gauche sur cette figure, correspondant à des hypothèses peu contraintes (*m *et* L *petits).*

qu'elles se trouvent dans la région de la transition de phase (la « falaise »), que leur taux de couverture varie et que l'on peut enfin comparer les hypothèses entre elles. Avant, il est impossible au système de se guider. La recherche devient donc aléatoire. Le même phénomène se produit pour un système descendant qui spécialise progressivement des hypothèses intialement trop générales.

L'induction supervisée par généralisation ou spécialisation progressive semble donc selon cette analyse très difficile, sauf pour des problèmes « jouets ». C'est d'ailleurs ce que semblent confirmer empiriquement des expériences complémentaires de Giordana et Saitta [GSC10]. Il y a là un problème fondamental qui relève encore de la recherche théorique et expérimentale. Il touche en tout cas les systèmes utilisant la logique des prédicats comme langage de description des hypothèses. Un phénomène de transition semblable, mais différent dans son mécanisme, a été également découvert pour l'inférence grammaticale [PCS05, CS08]. Un ouvrage, [GSC10], est dédié à ce problème, ses causes et ses processus, dont l'impact, s'il est particulièrement important pour la PLI, l'est aussi, plus largement, pour les apprentissages utilisant des espaces d'hypothèses structurés par une relation d'ordre de généralité.

Une voie qui permettrait peut-être d'obtenir un espace de recherche avec une évolution du taux de couverture plus douce et qui échapperait ainsi au phénomène de transition de phase pourrait être de probabiliser la programmation logique inductive.

7.2 La probabilisation de la PLI

Ce chapitre est centré sur les représentations logiques et sur l'apprentissage d'hypothèses exprimées en logique à partir d'exemples. L'une des limites de la logique classique est son incapacité à représenter l'incertitude et à permettre le raisonnement incertain. Le calcul des probabilités offre de son côté un cadre rigoureux pour le raisonnement incertain, mais il est limité aux concepts propositionnels. Il existe donc des efforts de recherche pour essayer de marier au mieux les possibilités des deux approches et dépasser leurs limites.

L'une des premières questions est de définir la notion de « couverture » d'un exemple par une hypothèse. Dans le cadre de la logique, nous avons vu que cette notion dépend d'une procédure de preuve qui renvoie un booléen `vrai` ou `faux`. Dans le cadre du calcul probabiliste, la notion de couverture renvoie une valeur de probabilité. On peut harmoniser les deux notions en posant que les valeurs `vrai` et `faux` correspondent respectivement à des valeurs de probabilité 1 et 0.

Par exemple, on souhaite réaliser des inférences en partant de prédicats associés à des probabilités, comme dans l'exemple suivant (tiré de la description du système `ProbLog`) :

```
0.8::stress(ann).
0.6::influences(ann,bob).
0.2::influences(bob,carl).

smokes(X)  :- stress(X).
smokes(X)  :- influences(Y,X), smokes(Y).

query(smokes(carl)).

-> smokes(carl)    0.096
```

Une question est celle de l'apprentissage de prédicats avec valeur de probabilité qui puissent s'appliquer à des entrées variées. Supposons par exemple que l'on cherche à apprendre un programme qui réalise l'addition de deux nombres, `addition( X, Y, Z)`, dans lequel les deux nombres `X` et `Y` sont fournis sous la forme d'images et `Z` est alors le nombre naturel correspondant à la somme des deux chiffres en entrée. Par exemple, on aurait `addition(`🄸 🄸 `8)`.

Le principe est de fournir au système apprenant des exemples composés de deux images de chiffres en entrée avec la somme correspondante en plus d'une définition logique de l'addition comme : `addition(`I_1, I_2, `N) :- digit(`I_1, N_1`), digit(`I_2, n_2`), N is `N_1 + N_2.

Il faut alors apprendre le prédicat `digit` qui associe à une image d'un chiffre, le nombre naturel correspondant. Une approche très en vogue est d'utiliser des réseaux de neurones (chapitres 10 et 11) pour apprendre ces prédicats. Une des idées clés est alors de rendre différentiable toute la structure qui part des images jusqu'à la sortie désirée, donc une partie sous forme de réseaux de neurones et une partie sous forme de programmes logiques probabilistes, afin de pouvoir recourir à des techniques de descente de gradient pour apprendre l'ensemble des paramètres.

D'autres techniques sont nécessaires pour apprendre la partie logique.

Le lecteur trouvera des descriptions détaillées de ces approches dans [RFKT08, Rae08, GT07] et, plus récemment, pour l'apprentissage de prédicats probabilistes sous forme de réseaux de neurones dans [MDK⁺18] et dans [EG18].

7.3 L'apprentissage de programmes récursifs

Un programme logique récursif est un programme dans lequel le même prédicat apparaît dans la tête et dans le corps d'une règle. Par exemple, le prédicat `append` s'applique à trois arguments : `append(L1, L2, L3)` et vaut vrai si la liste `L3` est la concaténation des listes `L1` et `L2`.

Il est naturel de définir ce prédicat comme :

```
% Cas de base
append([],L,L).

% Définition récursive
append([X|L1],L2,[X|L3]) :- append(L1,L2,L3).
```

Très peu d'exemples suffisent souvent à mettre quelqu'un qui connaît le concept de récursivité sur la piste d'une relation de récurrence pouvant rendre compte de ces exemples de manière très économique. Mais comment automatiser cela ? L'espace de recherche des programmes est typiquement immense et il est hors de question de l'explorer sans des biais très forts pour guider son exploration. Dans le cas des programmes récursifs, c'est encore plus vrai. De plus, entre deux programmes récursifs qui font la même chose, par exemple le tri d'une liste, comment choisir le meilleur programme ? Comment faire le choix entre une définition correspondant au *quick sort* (tri rapide) et une définition correspondant au tri par permutation, beaucoup moins efficace ? Il est facile d'introduire un biais favorisant les définitions courtes, mais beaucoup plus difficile d'exprimer un biais favorisant les programmes efficaces en terme d'espace de recherche qu'ils induisent.

L'induction de programmes récursifs est encore un sujet de recherche et l'une des pistes actuelles consiste à chercher à exprimer ces biais sous la forme par exemple de méta-règles (liste de références sur ces travaux dans [CDM20]).

7.4 L'invention de prédicats

L'invention automatique de prédicats est également un objectif pour la programmation logique inductive. L'idée est que, comme l'invention de fonction en mathématique, l'invention de prédicats permet de créer des programmes plus courts et plus compréhensibles aussi. Pour cela, il faut identifier les prédicats utiles et donc définir ce qui est utile en programmation. Il faut aussi spécifier les arguments d'un nouveau prédicat et leur ordre.

En dépit de l'intérêt pour ce problème dès l'origine de la programmation logique inductive, seules quelques situations jouets illustraient comment l'invention de prédicats pourrait s'opérer, sans que de véritables applications puissent être traitées.

Depuis quelques années, de nouvelles idées font espérer que progrès significatifs. Parmi elles, l'utilisation de méta-règles, comme pour l'apprentissage de programmes récursifs, l'utilisation de méthodes de catégorisation (clustering) (chapitre 16) et l'utilisation également de réseaux de neurones [CDM20].

7.5 La PLI et l'explicabilité

L'un des avantages revendiqués de l'usage d'une représentation symbolique est qu'elle se prête davantage à l'interprétabilité. Des travaux [MSZ[+]18] évaluent la compréhensibilité des hypothèses PLI en utilisant le cadre de Michie (1988) de l'apprentissage machine ultra fort, où une hypothèse apprise est censée non seulement être exacte mais aussi améliorer de manière démontrable la performance d'un être humain à qui l'on fournit l'hypothèse apprise. L'article démontre empiriquement une amélioration de la compréhension humaine directement par le biais des hypothèses apprises. Cependant, il faut encore travailler pour mieux comprendre les conditions dans lesquelles cela peut être réalisé.

Notes historiques et sources bibliographiques

Quoique les fondations de la logique remontent (facilement) à Aristoste, c'est seulement durant le XIXe et le XXe siècles que des théoriciens tels que Boole et Frege l'ont formalisée rigoureusement dans un cadre mathématique. Au XXe siècle, une école de philosophes connus sous le nom de positivistes logiques a promu l'idée que la logique était le socle ultime non seulement des mathématiques, mais de toute la science. Selon ce point de vue, toute affirmation mathématique peut être exprimée dans le cadre de la logique des prédicats et tous les raisonnements scientifiques valides sont basés sur des dérivations logiques à partir d'un ensemble d'axiomes. Le positivisme logique trouva un support puissant dans les travaux de Gödel dans les années 1930, qui ont montré qu'un ensemble réduit de règles de dérivation était suffisant (complet) pour dériver toutes les conséquences de formules en logique des prédicats. Plus tard, Robinson, en 1965, démontra que l'inférence déductive en logique des prédicats pouvait être réalisée à l'aide d'une unique règle d'inférence, la résolution. Pour appliquer le principe de résolution, il faut mettre les formules logiques sous la forme de clauses logiques. La découverte de Robinson a été d'une importance fondamentale pour l'automatisation de la déduction. Colmerauer et Kowalski furent les pionners au début des années 1970 du développement de Prolog, un langage de programmation logique. Dans ce langage, toutes les formules logiques sont décrites sous la forme de clauses de Horn.

C'est Plotkin qui, dans sa thèse en 1971 [Plo71a], a posé les fondations de ce qui allait devenir le champ de la programmation logique inductive. Plotkin ne se limitait pas à la logique des clauses de Horn, ce qui n'est pas surprenant puisque la programmation logique et le langage Prolog n'existaient pas encore. Ses principales contributions concernent l'introduction de la subsomption relative comme relation de généralité entre clauses, et un algorithme de calcul du moindre généralisé d'un ensemble de clauses sans théorie du domaine, ce généralisé étant la borne inférieure (unique en l'absence de théorie du domaine) de l'espace des généralisations d'un ensemble de clauses. Plotkin a démontré que, malheureusement, il n'existe pas en général de moindre généralisé fini de deux clauses en présence d'une théorie du domaine. Cela restreignait évidemment la portée de son algorithme et c'est pourquoi Shapiro [Sha83] étudia une autre approche, portant sur l'induction descendante de clauses de Horn, du général au spécifique, au lieu d'ascendante comme pour Plotkin. De plus, Shapiro étudia le débogage algorithmique de programmes Prolog par identification automatique de la clause défectueuse. Ces systèmes d'induction étaient cependant très inefficaces et limités à de tout petits problèmes.

Sammut et Banerji [Sam93] ont développé un système appelé MARVIN qui réalise un apprentissage incrémental au sens où le système considère les exemples à la suite des autres et apprend, ce faisant, des concepts qui sont utilisés pour traiter les exemples suivants. La connaissance préalable ou théorie du domaine (*background knowledge*) s'accroît donc au cours du temps. L'apprentissage se fait par généralisation progressive en utilisant une substitution qui remplace les types de variables par leur sur-type dans le langage de description des concepts. Il s'agit du seul opérateur de généralisation utilisé. Le système a été testé sur un ensemble de problèmes variés. Plus tard, Muggleton et Buntine démontrèrent que l'opérateur de généralisation de Banerji était un cas particulier de l'inversion d'un pas dans la preuve par résolution. Un ensemble de contraintes plus générales a été fourni et les deux opérateurs en V ont été proposés. L'autre paire d'opérateurs, en W, également basée sur l'inversion de la résolution, est aussi issue de leurs travaux. D'autres travaux ont aussi porté sur l'invention de prédicats mais, pour le moment, ils sont restés confinés à la logique des propositions et non à celle des prédicats.

Quinlan [Qui90] a proposé le système FOIL qui induit des clauses de Horn de manière très efficace. La méthode utilise une heuristique de recherche descendante, par spécialisation progressive, guidée par un critère de gain d'information (chapitre 15). L'un des inconvénients de la méthode est qu'elle est gloutonne et donc susceptible de tomber dans des optima locaux mauvais, voire d'errer sans direction, comme le montre le phénomène de transition de phase (évoqué dans la section 6).

Ces développements théoriques ont été accompagnés de résultats initiaux sur l'apprentissage des PAC de diverses classes d'hypothèses pertinentes, ainsi que de résultats négatifs sur l'apprentissage des PAC de programmes de logique arbitraire (Kietz 1993).

Les années 2000-2010 ont été dominées par le développement de méthodes d'*apprentissage de représentations logiques probabilistes*. Un grand nombre de représentations probabilistes générales ont émergé, notamment les *Stochastic Logic Programs* [M$^+$96], les *Bayesian Logic Programs* (BLPs) [KDR01], PRISM [SKZ05], *Independent Choice Logic* (ICL) [Poo00], les réseaux logiques de Markov [DLK$^+$16], CLP(BN) [CPQC12] et ProbLog [DRKT07]. De plus, un cadre général pour la programmation logique inductive probabiliste (PILP) a été introduit [DRK08] ainsi qu'un ouvrage de référence à plusieurs auteurs couvrant les différentes approches suivies [DRFKM08]. Des *approches non supervisées* ont aussi émergé pour apprendre des règles en logique des prédicats [FL01].

Pendant ces années-là aussi, la communauté a réalisé que ce qui importait n'était pas en fait la découverte de programmes logiques, mais bien plutôt l'apprentissage de concepts relationnels, ce qui a modifié la perspective adoptée et permis l'intégration d'un courant de recherche plus large [12].

---

12. Ce chapitre est pour une partie extrait des notes de cours de Marc Bernard, de l'université de Saint-Etienne [Ber00], qui nous a aimablement autorisé à les utiliser.

Résumé

- La programmation logique inductive (PLI) est un ensemble de techniques permettant de construire des programmes logiques à partir d'exemples. À partir d'un ensemble d'exemples positifs et d'un ensemble d'exemples négatifs, la PLI construit un programme logique qui couvre tous les exemples positifs mais aucun des exemples négatifs.

- L'apprentissage y est guidé par une relation de généralité dans l'espace des hypothèses en cherchant des hypothèses cohérentes avec les exemples d'apprentissage. Cela implique des choix et des précautions pour la définition d'une relation de généralité entre hypothèses. Les relations principalement étudiées sont la θ-subsomption et sa traduction opérationnelle, la SLD-subsomption, qui débouche sur des opérateurs de généralisation par inversion de la résolution.

- Face à la complexité des espaces d'exemples et d'hypothèses en logique des prédicats, il est nécessaire d'utiliser des biais pour contrôler la recherche dans l'espace d'hypothèses.

- Les systèmes d'apprentissage de concepts en PLI se divisent entre les systèmes descendants, opérant par spécialisations successives afin de ne pas couvrir les exemples négatifs, et les systèmes ascendants, opérant par généralisations successives à partir des exemples positifs.

- L'ILP présente un certain nombre de caractéristiques attrayantes. Premièrement, le programme appris est une structure symbolique explicite qui peut être inspectée, comprise et vérifiée. Deuxièmement, les systèmes de PLI ont tendance à être très frugaux en termes de données, capables de bien généraliser à partir d'une petite poignée d'exemples. Cette efficacité s'explique par le fait que la PLI impose un langage fortement biaisé sur les types de programmes qui peuvent être appris. Troisièmement, la PLI se prête bien à l'apprentissage continu et à l'apprentissage par transfert. Le programme appris sur une certaine tâche, étant déclaratif et généralement de haut niveau sémantique, peut être copié et ré-appliqué avec peu de modification pour une autre tâche.

- Des pistes existent pour étendre le champ d'application de ces systèmes, en particulier lorsque les données sont numériques et bruitées. Par ailleurs, il faudra aussi résoudre le problème posé par le phénomène de transition de phase en logique des prédicats.

- La conférence internationale annuelle ILP (*Inductive Logic Programming*) rend compte des progrès réalisés et de l'évolution des questions que se posent les chercheurs dans ce domaine très actif.

Chapitre 7

George BOOLE (1815-1864)

La recherche de motifs dans les données

La fouille de données désigne très généralement les techniques de recueil des données, de nettoyage, de prétraitement, et d'analyse en vue d'extraire des connaissances utiles pour la décision. Dans ce processus très général, la recherche de motifs (« patterns ») intéressants est un outil très important. À partir de ces motifs, il est également possible d'extraire des règles d'association, qui sont des corrélations entre attributs exprimées sous forme de règles.

Les techniques de base pour identifier ces motifs utilisent une relation d'ordre partiel sur ces derniers afin d'explorer efficacement l'espace. Les algorithmes développés au début des années 1990 ont été adaptés à des types de motifs et de données de plus en plus riches.

Sommaire

J USQUE VERS LE MILIEU DES ANNÉES 1990, les recherches en bases de données portaient essentiellement sur l'organisation des données, par exemple en tables, leur représentation, leur stockage, les langages d'interrogation, leur duplication en plusieurs bases, etc. En un mot, sur le stockage et sur l'exploitation directe de toutes les données que l'on jugeait utile de conserver. Cependant, ces technologies ne permettaient que de retrouver une information stockée et non pas de découvrir éventuellement des tendances, des régularités, implicitement contenues dans les bases de données.

Avec l'avènement des entrepôts de données [1] (*data warehouses* et maintenant des *data lakes* [2], il est devenu impossible d'envisager que ces tâches de découverte soient entièrement réalisées manuellement. Tant le volume de données à traiter que l'impossibilité d'être prêt à traquer tout type de régularités potentiellement intéressantes rendaient nécessaire le recours à des techniques automatiques. Pour désigner celles-ci, on parle d'*extraction de connaissances à partir de données* (ECD) ou de fouille de données.

Insistons sur le fait que l'objectif premier est de découvrir des régularités, *patterns* [3] ou motifs, dans les données disponibles et non pas de trouver des règles de prédiction. Nous sommes ici dans l'apprentissage descriptif, et non prédictif. Cependant, nous verrons que les techniques de base d'exploration de l'espace des régularités envisagées sont similaires, dans leurs principes, à celles utilisées pour l'apprentissage de concepts (chapitre 4).

---

1. Un *entrepôt de données* regroupe des informations hétérogènes en un seul lieu (logique) sous un format unifié, permettant le maintien facile de ces données et leur exploitation. Les opérations possibles incluent le « nettoyage » des données, leur intégration et leur traitement analytique en ligne (*On-Line Analytical Processing – OLAP*), c'est-à-dire des techniques permettant le résumé, l'agrégation de données, ou leur visualisation sous différents angles.

2. Entrepôt de données, mais à l'échelle des *big data*.

3. Un *pattern* est une expression dans un certain langage décrivant un sous-ensemble des données ou un modèle qui leur est applicable, selon [FPSS96].

Les méthodes que nous décrivons dans la suite sont donc dédiées à l'exploitation des bases de données. Le vocabulaire utilisé est de ce fait largement influencé par ce dernier domaine. Les données traitées sont en général booléennes et non pas continues. L'accent en fouille de données a été en particulier mis sur la mise au point d'algorithmes performants pour traiter de (très) grosses bases de données. En revanche, les mesures d'intérêt sur les régularités extraites sont d'ordre essentiellement heuristique et peu de travaux ont considéré l'aspect statistique de l'extraction de régularités, central en induction (mais voir par exemple [PLT04]).

1. La recherche de motifs fréquents

Les méthodes de fouille de données peuvent être envisagées sous deux angles :

- Soit comme appartenant à la famille des méthodes d'apprentissage non supervisé, puisque, en général, l'apprentissage ne tient pas compte d'une classification cible, mais cherche des régularités présentes dans les données.

- Soit comme des méthodes d'apprentissage à partir d'exemples positifs seuls puisque, généralement, seuls des exemples positifs sont décrits dans les données (ex. les clients d'une banque ou les complexes connus de protéines).

Dans les deux cas, il est naturel de vouloir découvrir des motifs ou *patterns* communs aux données, ou, au moins, communs à une partie significative d'entre elles. C'est ce que l'on appelle les *motifs fréquents* ou *Frequent ItemSets* (FIS). Une grande partie des méthodes de fouille de données se base sur leur découverte.

Les **motifs fréquents** sont, comme leur nom l'indique, des formes qui apparaissent fréquemment dans les données. Cela peut concerner des conjonctions d'attributs, des sous-séquences ou des sous-structures. Ce que l'on appelle *frequent itemset* ou FIS, désigne généralement un ensemble d'attributs qui sont fréquemment rencontrés ensemble dans les données (par exemple, *pain*, *moutarde* et *saucisse* si la base de données concerne des achats dans un magasin d'alimentation).

Souvent ce qui est recherché sont des **règles d'association** (*association rules*) exprimant sous forme de règles certaines corrélations, en espérant identifier des causalités par exemple. Ainsi :

$$\texttt{achète(ordinateur)} \rightarrow \texttt{achète(logiciel, assurance)}.$$

Cette recherche s'appuiera sur la découverte de motifs fréquents et comme il est possible de trouver un très grand nombre de telles règles dans toute base de données, seules celles qui passent un test de validité, à définir, sont proposées.

1.1 Vocabulaire, définitions et propriétés

La recherche de motifs fréquents a pour but d'identifier des caractéristiques communes aux exemples ou enregistrements $\mathcal{S} = \{\mathbf{x}_1, ..., \mathbf{x}_m\}$ présents dans une base de données et décrits par un ensemble d'attributs [4] $A = \{a_1, ..., a_d\}$.

---

4. Parce que c'est un cas très répandu, et par souci de simplicité, nous ne considérons ici que le cas des attributs booléens (descripteur présent ou non), par exemple « a acheté du pain ». Cependant, les concepts et méthodes décrits peuvent s'étendre au cas des attributs ordinaux (c'est-à-dire à valeur entière, par exemple « a acheté 2 baguettes »).

Ainsi, un exemple $\mathbf{x}_i \in \mathcal{S}$, qui correspond à un certain nombre d'attributs de A à valeur « vrai », peut être vu comme un sous-ensemble de A et vérifiera donc aussi $\mathbf{x}_i \subseteq A$. Un attribut dont la valeur est « 1 » ou « vrai » est appelé un *item*. Un ensemble d'items est appelé *itemset*, d'après l'appellation originale américaine. Un itemset est donc un sous-ensemble de tous les attributs binaires valant 1 pour un exemple donné.

Définition 7.1 (Couverture d'un exemple)

On dira qu'un ensemble d'items $\mathcal{I}$ couvre un exemple $\mathbf{x}_i$ si et seulement si $\mathcal{I} \subseteq \mathbf{x}_i$. Cela signifie que $\mathbf{x}_i$ vérifie toutes les conditions booléennes exprimées par les attributs de $\mathcal{I}$.

—— EXEMPLE ——

Observations	Attributs					
	BM	CP	LO	MO	ND	TE
$\mathbf{x}_1$	×		×	×	×	
$\mathbf{x}_2$	×		×		×	
$\mathbf{x}_3$	×		×	×		×
$\mathbf{x}_4$	×		×	×	×	
$\mathbf{x}_5$	×		×	×	×	×
$\mathbf{x}_6$	×	×	×		×	
$\mathbf{x}_7$	×				×	
$\mathbf{x}_8$			×		×	
$\mathbf{x}_9$				×	×	
$\mathbf{x}_{10}$	×	×	×	×	×	

TABLE 7.1 : *Base de données sur des visites de Paris.*

Pour illustrer ces notions, l'exemple de la table 7.1 représente le résultat d'un sondage fictif réalisé auprès de touristes étrangers en visite à Paris. Les objets correspondent à des touristes anonymes ($\mathbf{x}_i$) et les attributs représentent les lieux visités : les bateaux mouches (BM), le centre Pompidou (CP), le musée du Louvre (LO), le musée d'Orsay (MO), la cathédrale Notre-Dame (ND) et la tour Eiffel (TE).

Ainsi, en s'appuyant sur le vocabulaire précédent, on peut dire que l'exemple $\mathbf{x}_1$ est égal à $\{BM, LO, MO, ND\}$ et que l'item CP couvre les exemples $\mathbf{x}_6$ et $\mathbf{x}_{10}$.

$\{BM, LO\}$ et $\{MO, TE\}$ sont des itemsets de $\mathbf{x}_5$.

La notion de *motif* étend celle d'item. Celle de *motif fréquent* repose sur les notions de *support* et de *fréquence*, pour lesquelles il existe quelques légères variantes mathématiques sans grandes conséquences sémantiques.

Définition 7.2 (Motif)

Un motif *est un ensemble d'items, donc un ensemble d'attributs dont la valeur est vraie.*

Définition 7.3 (Couverture d'un motif)

La couverture *d'un motif est l'ensemble des exemples couverts par tous les items du motif.*

Définition 7.4 (Support d'un motif)

Le support *d'un motif est le cardinal de la couverture de ce motif.*

Définition 7.5 (Fréquence d'un motif)

La fréquence *d'un motif est égale à son support divisé par le nombre total d'exemples.*

Remarque : Il faut noter que la fréquence est parfois appelée support par certains auteurs.

La taille t d'un motif m_i est définie comme le cardinal de ses items, c'est-à-dire $t(m_i) = |m_i|$. Ainsi, la taille du motif $\{BM, TE\}$ est égale à 2.

On dira qu'un motif est fréquent si sa fréquence est supérieure à un seuil défini *a priori* noté f_{min}.

—— EXEMPLE ——————————————————————————————————

Ainsi, en reprenant la base de données de la table 7.1 et en considérant le motif $\{BM, LO\}$, nous avons :

$$\text{Couverture}(\{BM, LO\}) = \{\mathbf{x}_1, \mathbf{x}_2, \mathbf{x}_3, \mathbf{x}_4, \mathbf{x}_5, \mathbf{x}_6, \mathbf{x}_{10}\}$$
$$\text{Support}(\{BM, LO\}) \quad = 7$$
$$\text{Fréquence}(\{BM, LO\}) \ = 0.7$$

Une tâche centrale en fouille de données consiste à **trouver tous les motifs fréquents** (ou *Frequent ItemSets* FIS), c'est-à-dire dont la fréquence est supérieure à f_{min}.

Or, d'après la définition d'un motif, M_A, qui représente l'ensemble des motifs que l'on peut construire à partir d'un ensemble d'attributs A, est exactement l'ensemble des parties de A (sauf la partie vide). En effet, il est égal à l'ensemble des motifs de taille 1, plus l'ensemble des motifs de taille 2..., plus l'ensemble des motifs de taille D (nombre d'attributs), soit

$$\sum_{i=1}^{D} \binom{D}{i} = 2^D - 1$$

Ainsi, dans le cas de $D = 100$, le nombre total de motifs est d'environ 1.27×10^{30}. Il est clair que l'on arrive très vite à des ensembles qu'aucun ordinateur ne peut traiter directement.

—— EXEMPLE ——————————————————————————————————

Dans la base de données de la table 7.1, les motifs fréquents au niveau 0.7 (couverture d'au moins 70 %) sont $\{BM, LO, ND\}$ et tous les sous-motifs correspondants de taille 2 $\{BM, LO\}$, $\{BM, ND\}$, $\{LO, ND\}$ et de taille 1 $\{BM\}$, $\{LO\}$, $\{ND\}$.

On observera sur cet exemple que tous les sous-motifs (définis à partir des sous-ensembles des items du motif considéré) ont un support au moins aussi élevé que celui du motif. Cette propriété est essentielle pour concevoir des algorithmes de recherche des motifs fréquents efficaces malgré l'immensité de l'espace à explorer.

Propriété 7.1 (Antimonotonicité de la couverture et du support)

Puisque tout sous-ensemble non vide m_1 d'un motif fréquent m_2 (au niveau f_{min}) est nécessairement également fréquent, nous avons :

$$\text{Couverture}(m_2) \quad \subseteq \quad \text{Couverture}(m_1)$$
$$\text{Support}(m_2) \quad \leq \quad \text{Support}(m_1)$$

*On parle d'*antimonotonicité *de la couverture et du support car leurs relations d'ordre sont inversées par rapport à celle de l'inclusion des motifs entre eux.*

En conséquence de cette propriété, nous avons, pour tous motifs m_1 et m_2 de M :

$$\text{Couverture}(m_2) = \text{Couverture}(m_1) \cap \text{Couverture}(m_2)$$
$$\text{et} : \text{Support}(m_1 \cup m_2) \leq \min(\text{Support}(m_1), \text{Support}(m_2))$$

1.2 Algorithmes de recherche de motifs fréquents

Les algorithmes discutés ici cherchent les (ou des) motifs fréquents au sens d'un seuil de fréquence f_{min} prédéfini. Les applications étudiées impliquent souvent des matrices de données $\{0,1\}$ très grandes, avec un nombre de transactions (exemples) allant de 10^5 à 10^8, voire plus, et un nombre d'attributs allant de 10^2 à 10^6. Ces matrices sont souvent très clairsemées, car les transactions ne comportent généralement que très peu d'items (par exemple, moins de 0.1%).

La méthode la plus directe de recherche de motifs fréquents serait de calculer tous les motifs ainsi que leur fréquence associée. En raison du nombre énorme des motifs possibles, cette méthode est vouée à l'échec. Heureusement, la propriété d'antimonotonicité du support permet d'organiser la recherche de manière efficace. En effet, **un motif ne peut être fréquent que si tous ses sous-motifs le sont aussi**. Il est donc possible d'élaguer l'espace de recherche en n'examinant pas les sur-motifs (sur-ensemble d'items) d'un motif non fréquent.

Ainsi, une méthode de génération ascendante (*bottom-up*) est possible. On cherche d'abord tous les motifs fréquents de taille 1. Ensuite, on engendre les motifs candidats de taille 2 : ensembles de la forme $\{m_A, m_B\}$ où m_A et m_B sont de taille 1 et fréquents. On ne retient que les motifs fréquents parmi eux. À partir de là, on peut construire les motifs de taille 3, puis sélectionner ceux qui sont fréquents parmi eux. Et ainsi de suite. D'où l'algorithme `Apriori` (voir algorithme 9) décrit pour la première fois, et indépendamment, par [AS94] et [MTV94].

Algorithme 9 : `Apriori` : **recherche des motifs fréquents**

Données : S collection des exemples **x** décrits par les attributs A,
         f_{min} le seuil de fréquence minimale fixé
Résultat : M_f l'ensemble des motifs fréquents avec leur fréquence associée
début
     $i = 0$
     $C_i = \{\{A_j\}|A_j \text{ est un item}\}$
     tant que $C_i \neq \emptyset$ **faire**
         /* **Etape 1** : Passe sur la base de données   */
         pour $m \in C_i$ **faire**
             /* Tester si m est fréquent. Si oui, l'ajouter à M_f */
             si Fréquence$(m) \geq f_{min}$ **alors**
                 $L_i \longleftarrow L_i \cup \{m\}$
             fin si
         fin pour
         /* **Etape 2** : Engendrer les motifs candidats d'ordre supérieur   */
         $i \longleftarrow i + 1$
         $C_i \longleftarrow$ motifs de taille i dont tous les sous-motifs sont fréquents
     fin tant que
     $M_f \longleftarrow \bigcup(L_i)$
     retourner M_f
fin

—— EXEMPLE   **Fonctionnement de l'algorithme `Apriori`** ————————————————

En supposant une fréquence minimale seuil de $f_{min} = 0.2$, à la quatrième étape du traitement de notre exemple, on a les motifs fréquents de taille 4 :

$$L_4 \;=\; \{\;\; \{BM, LO, MO, ND\}, 0.4),$$
$$(\{BM, LO, MO, TE\}, 0.2),$$
$$(\{BM, CP, LO, ND\}, 0.2) \;\;\}$$

Par exemple le 4-itemset $(\{BM, LO, MO, ND\}, 0.4)$ couvre les exemples $\mathbf{x}_1, \mathbf{x}_4, \mathbf{x}_5$ et $\mathbf{x}_{10}$. On construit alors l'ensemble C_5 des motifs candidats de taille 5 à partir des motifs de L_4. $C_5 = \{(\{BM, LO, MO, ND, TE\}, 0.1), (\{BM, CP, LO, MO, ND\}, 0.1)\}$ Aucun de ces motifs n'est fréquent au seuil $f_{min} = 0.2$ et le processus de recherche s'arrête donc là, en retournant $M_{0.2} = \bigcup_{i=1,4} (L_i)$.

La complexité de l'algorithme `Apriori` est fonction des deux étapes principales : la *formation des motifs* candidats par niveau croissant (algorithme en largeur-d'abord, aussi appelé parfois *levelwise algorithm*) et le *calcul de leur fréquence* dans la base de données.

La formation des candidats se fait simplement. Supposons que nous ayons la collection L_i des motifs fréquents au niveau i (c'est-à-dire de taille $\leq i$). Nous cherchons les motifs candidats de taille $i+1$. Cela peut se faire en considérant tous les couples de motifs $\{m_A, m_B\}$ appartenant à L_i dont l'union est de taille $i+1$. Il y a donc de l'ordre de $|L_i|^2$ ensembles à considérer au maximum. Et, pour chacun d'eux, l'opération d'union est de complexité de l'ordre de $|L_i|$. La complexité en pire cas est donc en $\mathcal{O}(|L_i|^3)$. En pratique, la complexité est souvent linéaire en $|L_i|$ car, dans le cas de matrices très clairsemées, il y a peu d'intersection entre les motifs.

Pour chaque candidat m_k, il est aisé de calculer sa fréquence par une passe dans la base de données pour compter son support. Le temps requis est de l'ordre de la taille de la base de données $\mathcal{S}$. Des structures de données permettent d'accélérer cette étape si besoin est.

La complexité totale en pire cas est donc en $\mathcal{O}(K|L_i|^3|\mathcal{S}|)$ (où K est la taille maximale des motifs fréquents) et, de fait, souvent en $\mathcal{O}(|L_i||\mathcal{S}|)$, voire moins avec des techniques de calcul appropriées aux caractéristiques de la matrice de données.

1.3 Généralisations

La méthode générale utilisée dans l'algorithme `Apriori` peut facilement s'étendre à d'autres types de données et de motifs à partir du moment où des propriétés essentielles de monotonicité ou d'antimonotonicité sont vérifiées.

En particulier, une propriété importante est que les motifs, quelle que soit leur structure (séquence, arbre...), soient des conjonctions de motifs atomiques pris dans un ensemble $\mathcal{A}$, c'est-à-dire que l'ensemble possible $\mathcal{M}$ des motifs contienne les motifs du type : $m_i \wedge m_k \wedge \ldots \wedge m_r$ où $m_l \in \mathcal{A}$, $\forall l$. Ces conjonctions pouvant aussi être considérées comme des conjonctions de contraintes sur les exemples les vérifiant, on a alors naturellement une relation d'ordre antimonotonique de la couverture et donc du support et de la fréquence au sens où :

$$\forall m_1, m_2 \in \mathcal{M} : \quad m_1 \subseteq m_2 \;\Rightarrow\; \text{Support}(m_1) \geq \text{Support}(m_2)$$

Ces propriétés sont immédiates pour tout un ensemble de types de motifs : motifs ordinaux (attributs à valeur entière), séquences, arbres, etc. Et elles permettent qu'une recherche ascendante en largeur d'abord élague aussi tôt que possible les branches stériles.

2. Les règles d'association

Les règles d'association sont l'une des représentations les plus populaires pour l'expression de corrélations en fouille de données.

Supposons que le monde qui nous intéresse soit décrit à l'aide de transactions (lignes) dans une base de données. Il est fréquent d'en tirer un ensemble de variables booléennes dénotant la présence (`vrai`) ou l'absence (`faux`) d'items de chaque type. Par exemple, décrivons les achats d'un client dans un supermarché par les types d'items qu'ils contiennent et cherchons si les clients qui achètent tel type d'ordinateur achètent également un antivirus. On pourrait ainsi obtenir, par recherche dans la base de données des achats effectués dans le supermarché, une règle de la forme :

$$\texttt{ordinateur} \Rightarrow \texttt{antivirus} \quad [support = 3\%, confiance = 60\%]$$

Dans un autre contexte, en supposant que la base de données comporte également des informations sur les acheteurs, on obtiendrait :

$$\texttt{age(x,[50, 75])} \wedge \texttt{revenu(x,<20 K€)} \Rightarrow \texttt{achète(x,pain)} \quad [support = 2\%, confiance = 50\%]$$

Le *support* et la *confiance* sont deux mesures, parmi d'autres, pour estimer l'intérêt des règles considérées. Elles sont destinées à qualifier respectivement l'utilisabilité et la certitude des règles découvertes. Par exemple, un support de 3 % pour la première règle ci-dessus signifie que, dans 3 % des transactions analysées, un ordinateur et un antivirus ont été achetés ensemble. Une confiance de 60 % signifie que 60 % des acheteurs qui ont acquis un ordinateur ont également acheté un antivirus.

Typiquement, on cherche des règles dont le support et la confiance sont au-dessus de seuils minimaux fixés *a priori*. On dit que ces règles d'association sont *fortes*.

2.1 Définition et concepts essentiels

Définition 7.6 (Couverture, support d'une règle d'association)

On appelle couverture *(ou* support*) de $a_1 \Rightarrow a_2$ la probabilité $P(a_1, a_2)$ que a_1 et a_2 soient* Vrai *en même temps. Comme $P(a_1, a_2) = P(a_2, a_1)$, la couverture de $a_1 \Rightarrow a_2$ est la même que celle de $a_2 \Rightarrow a_1$.*

Définition 7.7 (Confiance d'une règle d'association)

On appelle confiance *de $a_1 \Rightarrow a_2$ la probabilité $P(a_2|a_1)$ que a_2 soit vérifiée quand a_1 l'est.*

2.2 Calcul des règles d'association à partir des motifs fréquents

La recherche de règles d'association peut être décomposée en deux étapes principales :

1. La *recherche de motifs fréquents*. Par définition, ces motifs, ou itemsets, ont une fréquence au moins aussi grande que le seuil de support minimum : f_{min}.

2. La *recherche de règles d'association fortes à partir des motifs fréquents* dont, à la fois, le support et la confiance vérifient des seuils minimaux.

Nous avons vu dans la section 1 que la recherche des motifs fréquents pouvait se faire efficacement en tenant compte de l'antimonotonicité du support.

Une fois que les motifs fréquents (satisfaisant un support minimal) ont été extraits, il est relativement facile d'engendrer les règles d'association fortes. On cherche en effet les règles de confiance supérieure à un seuil donné, sachant, encore une fois, que la confiance s'exprime comme :

$$confiance(a_1 \Rightarrow a_2) \; = \; P(a_2|a_1) \; = \; \frac{support(a_1 \cup a_2)}{support(a_1)} \; = \; \frac{n\_support(a_1 \cup a_2)}{n\_support(a_1)}$$

où $n\_support(a)$ dénote le nombre de transactions contenant a.

On peut alors engendrer les règles d'association fortes comme suit :

1. pour tout motif fréquent ℓ, engendrer tous les sous-ensembles non vides de ℓ ;

2. pour tout sous-ensemble non vide s de ℓ, produire en sortie la règle « $s \Rightarrow (\ell \setminus s)$ » si $\frac{n\_support(\ell)}{n\_support(s)} \geq min\_confiance$, où $min\_confiance$ est le seuil minimal de confiance exigé.

Comme les règles sont engendrées à partir de motifs fréquents, elles satisfont automatiquement la contrainte de support minimal. Les motifs fréquents peuvent être stockés à l'avance dans des tables de hachage avec leur nombre d'occurrences associé afin d'accélérer leur manipulation.

—— EXEMPLE   **Génération des règles d'association** ————————————————

Soit une table de transactions (table 7.2).

	Attributs				
Observations	$a1$	$a2$	$a3$	$a4$	$a5$
$\mathbf{x}_1$	a1	a2			a5
$\mathbf{x}_2$		a2		a4	
$\mathbf{x}_3$		a2	a3		
$\mathbf{x}_4$	a1	a2		a4	
$\mathbf{x}_5$	a1		a3		
$\mathbf{x}_6$		a2	a3		
$\mathbf{x}_7$	a1		a3		
$\mathbf{x}_8$	a1	a2	a3		a5
$\mathbf{x}_9$	a1	a2	a3		

TABLE 7.2 : *Une table de transactions.*

Supposons que la table contienne le motif fréquent $\ell = \{a1, a2, a5\}$. Quelles sont les règles d'association qui peuvent être engendrées ?

Les sous-ensembles non vides de $\{a1, a2, a5\}$ sont : $\{a1, a2\}, \{a1, a5\}, \{a2, a5\}, \{a1\}, \{a2\}$ et $\{a5\}$.

Les règles d'association correspondantes sont les suivantes, avec leur confiance associée :

$$
\begin{aligned}
a1 \wedge a2 &\Rightarrow a5 & confiance &= 2/4 = \ 50\% \\
a1 \wedge a5 &\Rightarrow a2 & confiance &= 2/2 = 100\% \\
a2 \wedge a5 &\Rightarrow a1 & confiance &= 2/2 = 100\% \\
a1 &\Rightarrow a2 \wedge a5 & confiance &= 2/6 = \ 33\% \\
a2 &\Rightarrow a1 \wedge a5 & confiance &= 2/7 = \ 29\% \\
a5 &\Rightarrow a1 \wedge a2 & confiance &= 2/2 = 100\%
\end{aligned}
$$

2.3   L'évaluation des règles d'association

L'un des gros avantages des notions de *support* et de *confiance* est leur grande intelligibilité, ce qui est très séduisant pour l'utilisateur non expert. Leur utilisation exclusive présente cependant certains inconvénients et limites.

D'abord, elles ont tendance à engendrer un grand nombre de règles, dont beaucoup n'ont pas d'intérêt car elles n'apportent pas d'information nouvelle. Par exemple, il se peut que l'on soit intéressé par des règles exceptionnelles (cas des services des impôts qui cherchent les fraudeurs). On peut alors être tenté d'abaisser les seuils de support minimal, mais cela provoque généralement une explosion du nombre de règles produites.

De même, on peut avoir des règles $a \Rightarrow b$ avec $P(b|a) = P(b)$, ce qui signifie que a et b sont indépendants.

Il est donc nécessaire d'avoir recours à d'autres mesures d'intérêt. Par exemple, [GH06] étudie neuf mesures : la *concision*, la *couverture*, la *fiabilité*, la *particularité*, la *diversité*, la *surprise*, l'*utilité* et l'« *actionabilité* ». L'ERC (*European Research Council*) a financé le projet FORSIED (*Formalizing Subjective Interestingness in Exploratory Data Mining*) (2014-2019) centré sur ce problème. Nous renvoyons également le lecteur intéressé à [LT04, LTP07] pour une revue et une analyse d'un grand nombre de mesures existantes.

Il faut être conscient que, à l'instar du test multiple (section 3.2 du chapitre 3) ou de la recherche d'hypothèses rendant compte au mieux des données d'apprentissage, il existe le risque qu'une règle d'association soit trouvée intéressante, alors qu'elle présente accidentellement les propriétés recherchées. Étant donné le grand nombre de règles produites, il faut pouvoir quantifier la proportion de ces règles dues à des corrélations fortuites. Une analyse statistique, par exemple du type de celle de Vapnik est alors nécessaire ([TL01]).

Remarque (Algorithme FP-Growth)

Nous avons présenté Apriori, le premier algorithme développé pour chercher les motifs fréquents. Il en existe un autre également très employé, l'algorithme FP-Growth, dont l'approche est très différente. Au lieu d'utiliser une stratégie *generate-and-test*, il redécrit d'abord les données dans une structure compacte appelée FP-tree et extrait les motifs fréquents directement à partir de cette structure ([HPY00] pour la description originale de cet algorithme).

3.   Autres problèmes en fouille de données

Les pages précédentes ont décrit les problèmes et techniques de base en fouille de données. Le domaine ne s'arrête pas là et les questions à résoudre sont variées et justifient les nombreux travaux de recherche présentés dans les grandes conférences du domaine.

Parmi les questions cruciales pour les applications, il y a le fait que les algorithmes classiques de fouille de données produisent facilement des quantités astronomiques de motifs. Il est donc essentiel de savoir maîtriser ce déluge dans lequel il devient impossible de discerner ce qui peut être intéressant. L'une des approches est de chercher des petits ensembles de motifs à partir desquels les autres peuvent s'exprimer (section 3.1). Une autre technique consiste à considérer les ensembles de motifs plutôt que de produire des motifs indépendamment les uns des autres (section 3.2).

Par ailleurs, de plus en plus d'applications concernent des phénomènes temporels, par exemple des logs de connexion sur un serveur, ou de clics sur un site web. Là aussi, il est intéressant de détecter des motifs temporels. Pour ce faire, il faut adapter les techniques classiques (section 3.4). Plus généralement, le type des motifs ou des régularités recherchés peut inclure les *motifs séquentiels* (ou épisodes), les *motifs structurés* ou *hiérarchiques*, etc. Si les techniques de base restent similaires, il faut cependant les adapter avec soin pour qu'elles conservent leur faible coût calculatoire et qu'elles puissent être employées dans les grosses bases de données.

Dans les techniques décrites, on a ignoré la possibilité que les bases de données soient entachées d'imperfections et qu'en conséquence les *données* soient *bruitées*. L'analyse de la qualité des règles produites en présence d'un certain taux de bruit demande d'étendre les techniques d'analyse évoquées plus haut et qui sont elles-mêmes ignorées la plupart du temps des praticiens.

Un autre problème important est celui de la recherche de motifs fréquents et de règles d'association quand les descripteurs ne sont plus seulement des variables booléennes, mais peuvent être des descripteurs à *valeurs numériques*. Ainsi, on peut s'intéresser non seulement au fait qu'un acheteur ait acquis des actions d'une certaine entreprise, mais aussi à combien il en a acheté. On parle alors de recherche dans des multi-ensembles, par contraste avec les techniques décrites, qui traitent les ensembles d'items.

Une question à la frontière de la recherche, mais d'importance à venir très grande, est celle de l'extraction automatique de *liens causaux*. Il s'agit là d'un problème notoirement difficile, notamment en raison des facteurs confondants non nécessairement mesurés et qui est discuté également dans le cadre des réseaux bayésiens (chapitre 20).

Pour finir, nous signalerons aussi les travaux pour réaliser des *fouilles de données incrémentales* qui puissent s'adapter aux flux de données (voir aussi le chapitre 23).

Dans la suite, nous examinons quelques-uns de ces problèmes et les solutions de base.

3.1 La recherche de motifs condensés

Deux types de représentations condensées sont souvent utilisées.

Motifs fréquents maximaux

Définition 7.8 (Motif fréquent maximal)

Un motif fréquent maximal *est tel qu'aucun de ses super-ensembles immédiats est fréquent.*

—— EXEMPLE ——

Le plus simple est d'illustrer ce concept sur un exemple. Considérons le treillis de motifs de la figure 7.1. Les motifs fréquents sont au-dessus des motifs non fréquents et déparés d'eux par une frontière en pointillés. Les motifs fréquents maximaux sont $\{a, d\}$, $\{a, c, e\}$ et $\{b, c, d, e\}$. Prenons $\{a, d\}$: tous ses super-ensembles immédiats $\{a, b, d\}$ et $\{a, c, d\}$ ne sont pas fréquents. En revanche, $\{a, e\}$ n'est pas un motif fréquent maximal car son super-ensemble $\{a, c, e\}$ est fréquent lui aussi.

Les motifs fréquents maximaux fournissent une représentation compacte, dans la mesure où ils forment le plus petit ensemble de motifs fréquents à partir desquels il est possible de retrouver tous les autres. Ainsi, les motifs fréquents de la figure 7.1 peuvent être divisés en deux sous-groupes :

- ceux ayant a comme élément et qui peuvent contenir c, d ou e ;
- ceux ayant b, c, d ou e comme élément(s).

Les motifs fréquents du premier sous-groupe sont des sous-ensembles soit de $\{a, c, e\}$ soit de $\{a, d\}$. Ceux du deuxième sous-groupe sont des sous-ensembles de $\{b, c, d, e\}$.

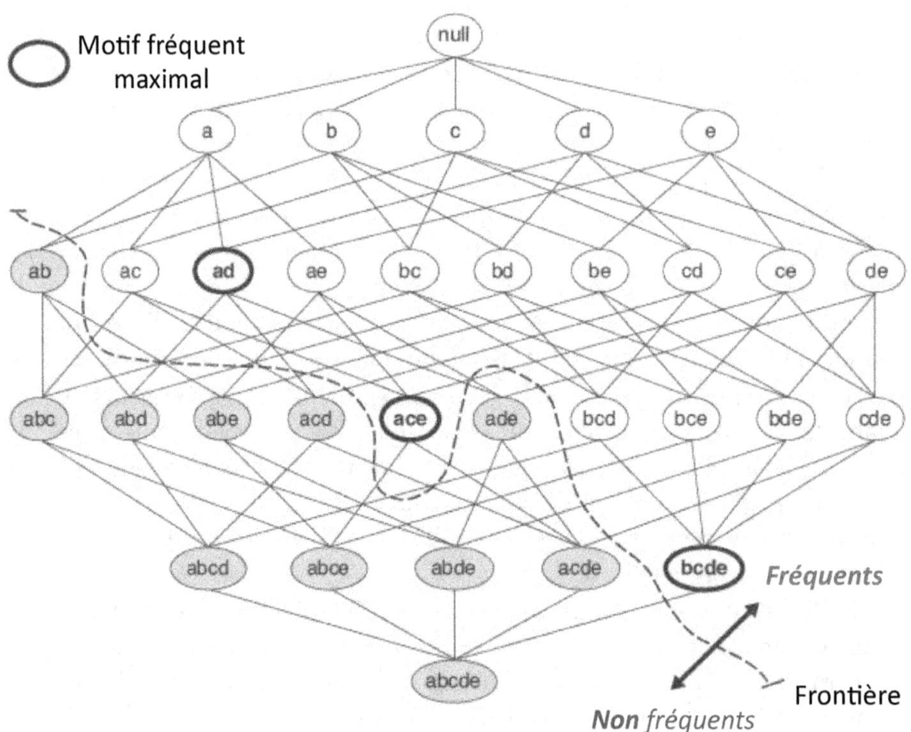

FIGURE 7.1 : *Treillis de motifs fréquents et non fréquents avec les motifs fréquents maximaux.*

L'un des problèmes pour réaliser un algorithme de recherche des motifs fréquents maximaux est qu'ils ne contiennent pas l'information sur le support de leurs sous-ensembles. Cela implique de faire deux passes sur les données. Des algorithmes efficaces existent pour les déterminer.

Motifs fréquents clos

Définition 7.9 (Les motifs clos)

Un motif est clos si aucun de ses super-ensembles immédiats n'a exactement le même support.

Les motifs fréquents clos fournissent une représentation minimale des motifs fréquents qui ne perd pas l'information sur leur support (ce qui n'est pas le cas des motifs fréquents maximaux).

Des exemples de motifs clos sont donnés dans la figure 7.2.

Chaque motif fréquent de la figure est associé à une liste de lignes dans la base des motifs. Par exemple, le nœud $\{b, c\}$ est associé aux lignes 1, 2 et 3 ; et son support est donc de 3. On peut voir par exemple aussi que toutes les lignes qui contiennent b contiennent aussi c. Le support du motif $\{b\}$ est donc identique au support de $\{b, c\}$ et $\{b\}$ n'est pas un motif clos. De la même manière, comme c fait partie de toutes les lignes contenant à la fois a et d, $\{a, d\}$ n'est pas clos. En revanche, $\{b, c\}$ est clos car il n'a pas le même support que n'importe lequel de ses super-ensembles.

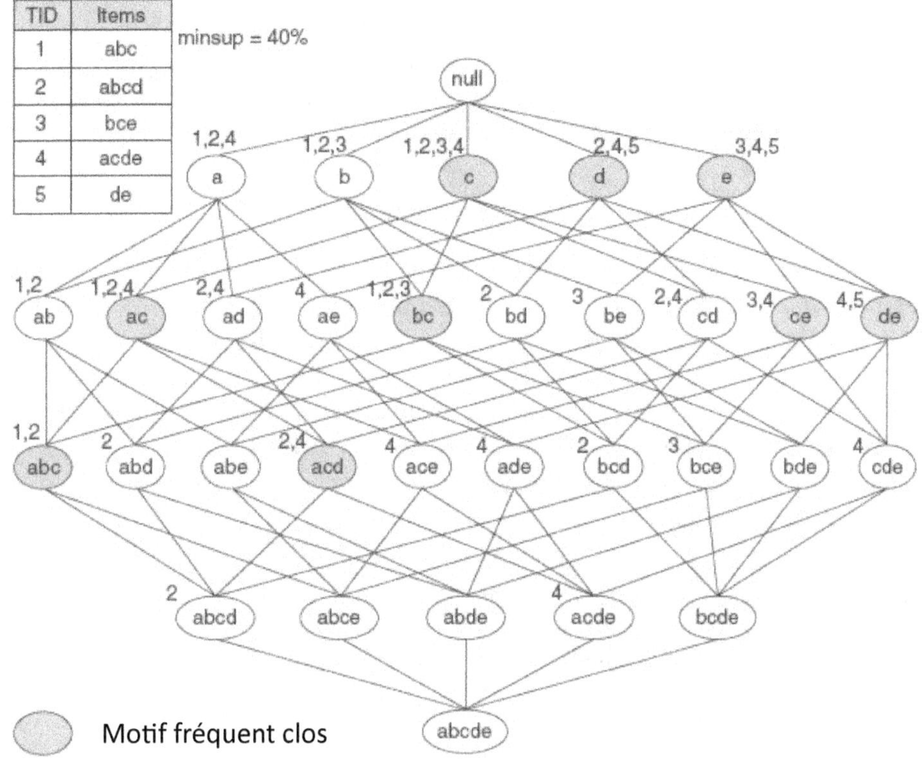

FIGURE 7.2 :   *Treillis de motifs fréquents clos de support minimal 40%.*

Définition 7.10 (Motif fréquent clos)

Un motif fréquent est clos s'il est clos et si son support est supérieur ou égal au minsup fixé.

Dans l'exemple précédent dans lequel $minsup = 40$ %, $\{b, c\}$ est un motif fréquent clos car son support est de 60 %. L'ensemble des motifs fréquents clos est indiqué par les nœuds en grisé dans la figure 7.2.

Des algorithmes existent pour extraire les motifs fréquents clos.

Les motifs fréquents clos sont utiles pour éliminer des règles d'association redondantes. Une règle d'association $X \longrightarrow Y$ est redondante s'il existe une autre règle $X' \longrightarrow Y'$, où X est un sous-ensemble de X' et Y est un sous-ensemble de Y', telle que le support et la confiance des deux règles sont identiques.

Dans notre exemple, $\{b\}$ n'est pas un motif fréquent clos alors que $\{b, c\}$ l'est. De ce fait, la règle d'association $\{b\} \longrightarrow \{d, e\}$ est redondante car elle a les mêmes support et confiance que la règle $\{b, c\} \longrightarrow \{d, e\}$.

3.2   La recherche d'ensembles de motifs fréquents (subgroup discovery)

Un problème qui provoque de nombreux travaux depuis quelques années est celui de la découverte des « sous-groupes » (*subgroup discovery*). Il s'agit essentiellement de découvrir des sous-ensembles de variables en inter-relation, vérifiant à la fois chacun des critères d'intérêt de nature statistique, mais ayant également des propriétés globales, telles que par exemple ces sous-ensembles soient peu nombreux, se recouvrent peu, mais couvrent au mieux l'ensemble des transactions de la base de données. De manière intéressante, ces travaux redécouvrent de nombreux concepts caractérisant l'apprentissage dans des espaces d'hypothèses structurés par une relation de généralité (chapitre 4 en particulier).

3.3   Extension à d'autres types de motifs fréquents

Depuis les premiers travaux sur la recherche de motifs dans les données, le domaine s'est considérablement développé. Avec la croissance spectaculaire de la taille des bases de données, il faut disposer d'*algorithmes très efficaces*, voire accepter de produire des résultats approximatifs. De même, le champ des *données* traitées s'est étendu, passant de données de natures booléennes à des données catégorielles, numériques ordinales, séquentielles [AS95, SA96], textuelles, spatiales [HSX04], voire des graphes [IWM00, KK01, PC02, YH02, Zak02].

La section suivante illustre les problèmes posés et les techniques mises au point pour la recherche de motifs séquentiels.

3.4   La recherche de séquences fréquentes

3.4.1   La recherche d'épisodes à partir de séquences

Le principe de cette découverte automatique consiste à utiliser une information particulière souvent présente dans les bases de données : la date d'arrivée de chaque enregistrement. On va en déduire une description des itemsets en suites ordonnées par le temps. Si l'itemset i se trouve avant l'itemset j dans la suite, cela signifiera que i est survenu avant j.

Un itemset peut être lui-même représenté par une suite ordonnée selon un indice arbitraire (par exemple le numéro d'identification de l'item, ou l'ordre alphabétique des noms des items). Cela n'a pas de signification temporelle : le fait que l'item i se trouve avant l'item j, tous les deux contenus dans l'itemset k, ne signifie pas que i précède j dans le temps. Tous les items contenus dans un même itemset sont donc considérés comme contemporains.

Supposons que les champs soient indexés par les entiers naturels. Alors, nous dirons que $(5, 1)$ représente l'itemset constitué par le fait que les champs 1 et 5 prennent la valeur $VRAI$. $(5, 1)$ est équivalent à $(1, 5)$. On dira qu'un itemset I_1 est *inclus* dans l'itemset I_2 quand tous les éléments de I_1 se trouvent dans I_2. On le note par $I_1 \subseteq I_2$.

Suite temporelle d'itemsets

Par exemple, la suite d'itemsets $S = \langle (3, 6, 9), (5, 1), (7) \rangle$ indique que l'itemset $(3, 6, 9)$ précède temporellement l'itemset $(5, 1)$.

Définition 7.11

Un enregistrement est dit appartenir à la couverture d'une suite lorsque cette suite apparaît dans cet enregistrement. La probabilité $P(S)$ d'une suite S est estimée par le rapport du nombre d'enregistrements qui appartiennent à sa couverture, divisé par le nombre total d'enregistrements. On appelle couverture la valeur de $P(S)$.

Soit une mesure de fréquence M. On peut prendre pour M la couverture ou une autre mesure d'association comme la probabilité conditionnelle $P(S_1|S_2)$ d'observer une suite S_1 sachant qu'une autre S_2 a été observée. On dira qu'un événement est M-*fréquent* quand la fréquence de M est supérieure à une valeur fixée à l'avance par l'utilisateur. On peut alors définir l'inclusion de deux listes de plusieurs façons et chacune engendre un problème de découverte différent.

Définition 7.12

La suite $S_1 = \langle a_1, ..., a_m \rangle$ est incluse dans la suite $S_2 = \langle b_1, ..., b_n \rangle$, avec $m \leq n$, s'il existe une suite d'entiers $i_1 < i_2... < i_n$ telle que $a1 \subseteq b_{i_1}, a_2 \subseteq b_{i_2}, ..., a_m \subseteq b_{i_n}$.

—— EXEMPLE ————————————————————————————————————

La suite $\langle (3, 6, 9), (5, 1) \rangle$ est incluse dans la suite $\langle (3, 7, 6, 9), (7, 3, 9), (1, 2, 5) \rangle$. Quand la longueur de suite S_1 est k, on dit qu'elle est une k-suite. Une suite de longueur 1, une 1-suite, contient donc un seul itemset.

Définition 7.13

Le problème de la découverte automatique pour les suites temporelles d'itemsets s'énonce ainsi : trouver toutes les suites d'itemsets qui soient à la fois M-fréquentes et maximales.

Les quatre phases de la solution au problème

Phase 1 : **création de la base**.

Chaque enregistrement contient une suite d'items ordonnée dans le temps. Par exemple, si le consommateur j a acheté de la bière, du pain et de la mayonnaise au temps t, et de la mayonnaise, du pain et des biscuits au temps $t + 1$, l'enregistrement j est alors : $\langle (\text{bière, pain, mayonnaise}), (\text{mayonnaise, pain, biscuits}) \rangle$.

Phase 2 : **détermination de tous les itemsets M-fréquents**.

Ce sont par définition les 1-suites M-fréquentes. Ces itemsets fréquents sont renommés par un index entier pour faciliter les appariements.

—— EXEMPLE ————————————————————————————————————

Si les produits « bière », « pain » et « mayonnaise » sont fréquemment achetés et si la M-fréquence est simplement la couverture, alors ces items sont fréquents. On remplace alors, par exemple, « bière » par « 1 », « pain » par « 2 », « mayonnaise » par « 3 ». Un item peut comprendre plusieurs produits à la fois, par exemple (« bière, pain »). Supposons qu'il soit aussi fréquent et qu'on lui associe le nombre « 4 ». Si « biscuits » n'est pas fréquemment acheté, alors aucun indice ne lui est associé, pas plus qu'à (« mayonnaise, pain, biscuits »).

Phase 3 : **ré-écriture de la base**.

Chaque enregistrement est transformé en l'ensemble des itemsets fréquents qu'il contient. Si un enregistrement ne contient aucun itemset fréquent, alors il est éliminé. Il n'intervient plus que dans le décompte du nombre total d'enregistrements.

—— EXEMPLE ————————————————————————————————————

Considérons l'enregistrement :

$j =: \langle (\text{bière, pain, mayonnaise}), (\text{mayonnaise, pain, biscuits}) \rangle$. Il est récrit comme :

$\langle (\text{« bière », « pain », « mayonnaise », « bière, pain »}), (\text{« mayonnaise », « pain »}) \rangle$

qui est finalement récrit : $\langle (1, 2, 3, 4), (3, 2) \rangle$.

Phase 4 : **trouver toutes les suites fréquentes et ne conserver que les maximales**.

Comme pour réaliser la détection des associations, on va engendrer tous les candidats de taille $k+1$ à partir des séquences de taille k, puis on éliminera les candidats qui ne sont pas fréquents.

—— EXEMPLE   [AMS$^+$95] ———————————————————————————

Soit la base de données :

e_1	$\langle (1,5),(2),(3),(4) \rangle$
e_2	$\langle (1),(3),(4),(3,5) \rangle$
e_3	$\langle (1),(2),(3),(4) \rangle$
e_4	$\langle (1),(3),(5) \rangle$
e_5	$\langle (4),(5) \rangle$

Posons qu'une suite est fréquente si sa couverture est supérieure ou égale à 2.

1-suite	couv.	2-suite	couv.	3-suite	couv.	4-suite	couv.	max. suite	couv.
$\langle 1 \rangle$	4	$\langle 12 \rangle$	2	$\langle 123 \rangle$	2	$\langle 1234 \rangle$	2	$\langle 1234 \rangle$	2
$\langle 2 \rangle$	2	$\langle 13 \rangle$	4	$\langle 124 \rangle$	2	$\langle 1345 \rangle$	1	$\langle 135 \rangle$	2
$\langle 3 \rangle$	4	$\langle 14 \rangle$	3	$\langle 134 \rangle$	3			$\langle 45 \rangle$	2
$\langle 4 \rangle$	4	$\langle 15 \rangle$	2	$\langle 135 \rangle$	2				
$\langle 5 \rangle$	4	$\langle 23 \rangle$	2	$\langle 145 \rangle$	1				
		$\langle 24 \rangle$	2	$\langle 234 \rangle$	2				
		$\langle 25 \rangle$	0	$\langle 235 \rangle$	0				
		$\langle 34 \rangle$	3	$\langle 245 \rangle$	0				
		$\langle 35 \rangle$	2	$\langle 345 \rangle$	1				
		$\langle 45 \rangle$	2						

Par exemple, on ne teste pas la suite $\langle 125 \rangle$ puisque $\langle 25 \rangle$ n'est pas fréquente. La suite $\langle 135 \rangle$ est la seule suite de longueur 3 qui soit fréquente et non contenue dans $\langle 1234 \rangle$.

___

3.4.2   Généralisation de la notion de suite « contenue dans une autre suite » en fonction des connaissances du domaine

La notion de base est celle de l'inclusion (définition 7.12). Cette notion va être généralisée selon le type des connaissances introduites.

Suite contenue dans une autre en présence d'une taxonomie de généralité

Définition 7.14

Soit T une taxonomie de généralité. Un enregistrement contient un item x si x est dans T ou si un ancêtre de x est dans T. Un enregistrement contient un itemset y si tout item de y est contenu dans T.

La définition de l'inclusion peut alors être modifiée pour prendre en compte cette nouvelle notion de contenance :

Définition 7.15

On dira que la suite $S_1 = \langle a_1, ..., a_n \rangle$ est incluse dans la suite $S_2 = \langle b_1, ..., b_m \rangle$, $m \geq n$, s'il existe une suite d'entiers $i_1 < i_2... < i_n$ telle que $a1 \subseteq b_{i_1}, a_2 \subseteq b_{i_2}, ..., a_n \subseteq b_{i_n}$, où maintenant le symbole $\subseteq$ signifie « contenu dans » comme nous venons de le définir.

—— EXEMPLE ——

Considérons les deux itemsets :

$e_1 = \langle (1), (2), (3, 4) \rangle$

$e_2 = \langle (1, 2), (5), (3) \rangle$

Cherchons les suites de couverture maximale communes aux deux enregistrements. On trouve $\langle (1)(3) \rangle$ et $\langle (2)(3) \rangle$.

Admettons alors que nous ayons la connaissance suivante :

- A est le parent de 2, 4 et 5
- B est le parent de 1 et 3.

En introduisant les relations de parenté dans les itemsets, ils deviennent :

$e_1 = \langle (1, B), (2, A), (3, B, 4, A) \rangle$,

$e_2 = \langle (1, B, 2, A), (5, A), (3, B) \rangle$

On obtient les itemsets fréquents suivants de longueur 2 :

$\langle (1)(3) \rangle$, $\langle (2)(3) \rangle$,

$\langle (1)(A) \rangle$, $\langle (1)(B) \rangle$, $\langle (2)(A) \rangle$, $\langle (2)(B) \rangle$

$\langle (A)(A) \rangle$, $\langle (A)(B) \rangle$, $\langle (B)(B) \rangle$,

$\langle (A)(3) \rangle$, $\langle (B)(3) \rangle$

qui sont de simples généralisations des itemsets existants.

Mais on obtient aussi une suite de longueur 3 :

$\langle (B)(A)(B) \rangle$

dont sont fréquentes les instances $\langle (1)(A)(B) \rangle$ et $\langle (B)(A)(3) \rangle$.

———

Suite contenue dans une autre avec une fenêtre d'identité temporelle

Deux événements sont considérés comme simultanés s'ils arrivent dans une fenêtre de temps donnée, c'est-à-dire que leur distance temporelle est inférieure à un laps de temps fixé d'avance. La définition est alors presque la même que la précédente, avec une nouvelle notion d'inclusion.

Définition 7.16

On dira que la suite $S_1 = \langle a_1, ..., a_n \rangle$ est incluse dans la suite $S_2 = \langle b_1, ..., b_m \rangle$, $m \geq n$, s'il existe une suite d'entiers $i_1 \leq u_1 \leq i_2 \leq u_2... \leq i_n \leq u_n$ telle que, pour chaque paire $b_{u_j} b_{i_j}$ telle que $temps(b_{u_j} - b_{i_j}) \leq fenêtre, a_j$ est incluse dans l'union des b_k pour k compris entre $i - j$ et u_j.

Intuitivement, cela signifie que l'on transforme la suite des enregistrements en ajoutant les enregistrements obtenus en réunissant tous ceux qui arrivent dans la fenêtre temporelle.

—— EXEMPLE ——

Considérons les deux itemsets précédents auxquels on ajoute la connaissance temporelle en indice (en jours) comme suit (cela revient à conserver les « data-sequences ») :

$e_1 = \langle (1)_{t=1}, (2)_{t=2}, (3, 4)_{t=15} \rangle$ $e_2 = \langle (1, 2)_{t=1}, (5)_{t=20}, (3)_{t=50} \rangle$

Supposons que nous mettions une fenêtre temporelle de sept jours. Alors on a :

$e_1 = \langle (1), (2), (1, 2), (3, 4) \rangle$ $e_2 = \langle (1, 2), (5), (3) \rangle$

On obtient donc les suites fréquentes :

$\langle (1)(3) \rangle$, $\langle (2)(3) \rangle$ et $\langle (1, 2)(3) \rangle$.

———

Suite contenue dans une autre en présence d'un intervalle de validité

Deux événements ne seront ici considérés que s'ils ne sont pas trop éloignés temporellement, c'est-à-dire si leur distance temporelle est inférieure à une valeur *max-interv* fixée. La définition est alors la même que 7.12, moyennant encore une nouvelle notion d'inclusion :

Définition 7.17

On dira que la suite $S_1 = \langle a_1, ..., a_m \rangle$ est incluse dans la suite $S_2 = \langle b_1, ..., b_n \rangle$, $m \leq n$, s'il existe une suite d'entiers $i_1 < i_2 ... < i_n$ telle que $a_1 \subseteq b_{i_1}, a_2 \subseteq b_{i_2}, ..., a_n \subseteq b_{i_n}$ où on ajoute la condition suivante : $\forall k > 1, temps(b_{i_k} - b_{i_{k-1}}) \leq max\text{-}interv$.

Intuitivement, *max-interv* élimine de l'appartenance à une séquence les événements qui sont trop lointains les uns des autres.

En ajoutant la condition $\forall k > 1, temps(b_{i_k} - b_{i_{k-1}}) \leq min\text{-}interv$, cette définition s'étend au cas où on désirerait éliminer aussi des événements trop rapprochés.

—— EXEMPLE ——————————————————————————————————

Soient $e_1 = \langle (1)_{t=1}, (2)_{t=2}, (3,4)_{t=15} \rangle$ et $e_2 = \langle (1,2)_{t=1}, (5)_{t=20}, (3)_{t=45} \rangle$ avec un *max-interv* de 20, alors plus aucune suite n'est fréquente car elles ne sont plus incluses dans e_2.

Avec ce même *max-interv* et en introduisant les relations de parenté précédentes : $e_1 = \langle (1,B)_{t=1}, (2,A)_{t=2} t, (3,B,4,A)_{t=15} \rangle$ et $e_2 = \langle (1,B,2,A)_{t=1}, (5,A)_{t=20} \rangle$ on observe donc les séquences fréquentes au sein de *max-interv* :

$\langle (B)(A) \rangle, \langle (A)(A) \rangle$

ainsi que leurs instances $\langle (1)(A) \rangle, \langle (2)(A) \rangle$.

Combinaison des cas précédents

On peut combiner les cas précédents en remplaçant $\subseteq$ par « contenu dans » et la condition $\forall k > 1, temps(b_{i_k} - b_{i_{k-1}}) \leq max\text{-}interv$ par celle-ci : $\forall k > 1, temps(b_{u_k} - b_{i_{k-1}}) \leq max\text{-}interv$.

4. Conclusion et perspectives

Après les premiers travaux introduisant les notions de motifs fréquents et de règles d'association, la recherche se porta sur la découverte d'algorithmes efficaces pour traiter des bases de données contenant au minimum des millers d'exemples éventuellement décrits par des dizaines, voire des centaines d'attributs. Ces algorithmes peuvent être considérés comme des exemples de techniques de résolution de problèmes par contraintes avec un parcours informé de l'espace de recherche. Il est vite apparu cependant que ces algorithmes ne filtraient pas nécessairement les motifs et règles désirées par l'expert. D'une part, il est difficile de fixer les seuils de support et de confiance par exemple. Trop élevés, peu de motifs sont trouvés et ils sont souvent inintéressants. Trop faibles et la quantité de motifs retournés décourage leur exploration, ce qui est un comble. Or, si l'on introduit d'autres critères de mesure d'intérêt, ce sont autant de nouveaux seuils à régler. Durant ces premières années, les recherches ont porté par ailleurs sur les langages de motifs permettant de capturer les différents types de régularités pouvant être intéressants. Globalement, en plus du problème des seuils à fixer, une source de frustration provenait du fait que les motifs découverts étaient souvent redondants et, en tous les cas, étaient retournés indépendamment des autres.

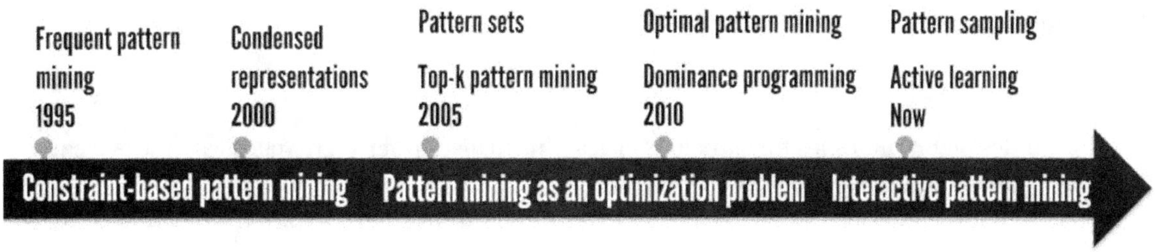

FIGURE 7.3 : *Les grandes tendances historiques de la recherche de motifs dans les données (tiré du tutoriel donné par Bruno Crémilleux, Marc Plantevit et Arnaud Soulet dans la conférence ECML-PKDD (2016)).*

C'est pourquoi la période suivante s'est caractérisée en particulier par la recherche de méthodes considérant les *ensembles* de motifs retournés et non les motifs pris isolément. Petit à petit, la focalisation est passée de méthodes guidées par l'exploration de masses de données à des méthodes guidées par ce qui peut être compris par l'expert et peut l'intéresser. On a alors cherché à découvrir des motifs qui, d'un certain côté, résument d'autres motifs et, d'un autre côté, sont complémentaires. Les mesures d'intérêt, de natures diverses, étant des variables continues, les méthodes de recherche de motifs et d'ensembles de motifs ont naturellement fait appel à des techniques d'optimisation continue.

Cependant, à l'issue de cette deuxième phase, deux facteurs limitent encore l'usage des techniques de recherche de motifs fréquents. D'une part, ces derniers sont encore souvent trop nombreux pour être appréhendés facilement. D'autre part, les experts ne sont pas capables d'expliciter clairement les mesures d'intérêt qui permettraient de filtrer les motifs retournés de manière appropriée. De fait, les experts sont bien davantage capables d'exprimer leurs préférences à partir de comparaisons sur les résultats retournés : par exemple en disant que tel motifs ou tel ensemble de motifs lui semble préférable à tel autre. Le processus de découverte devient alors interactif, éventuellement avec des stratégies d'apprentissage actif de la part du système qui explore les préférences de l'utilisateur (chapitre 23).

Ces différentes phases avec les grandes approches associées sont représentées dans la figure 7.3.

Notes historiques et sources bibliographiques

On peut dire que le concept de fouille de données est né avec le livre édité par Piatetsky-Shapiro et Frawley en 1991 [PSF91], qui recensait des articles portant sur ce sujet émergent. Celui édité par Fayyad, Piatetsky-Shapiro, Smyth et Uthurusamy en 1995 [FPSSU96] a définitivement installé le domaine dans les préoccupations des chercheurs. Depuis, de nombreux ouvrages ont paru sur la fouille de données. On citera ici des ouvrages généraux tels que [HMS01, HK06, CPSK07]. Afin d'être à jour dans ce domaine très actif, il est intéressant de se reporter aux tutoriels donnés dans les grandes conférences sur l'apprentissage automatique et la fouille de données.

Résumé

- L'un des algorithmes les plus anciens et les plus utilisés pour rechercher les motifs fréquents dans des données est l'algorithme Apriori. L'idée est de considérer une structure de treillis sur les motifs et d'utiliser une relation de non-monotonie pour l'explorer de manière efficace.

- La recherche des règles d'association vise à découvrir des relations entre les différents attributs. Elle peut être opérée en utilisant des algorithmes de type Apriori.

- La recherche de séquences fréquentes est similaire à celle de la recherche de motifs fréquents. Il faut essentiellement modifier la notion de couverture pour l'étendre aux sous-séquences. Des algorithmes de type Apriori existent, comme l'algorithme GSP.

- Les méthodes de recherche de motifs fréquents peuvent s'étendre à d'autres types de motifs et à des données plus riches que des données booléennes.

- Davantage que par une collection de motifs indépendants, les experts sont intéressés par des ensembles de motifs complémentaires les résumant. Les techniques développées ont évolué pour répondre à ce besoin.

- La recherche actuelle porte sur l'explicitation des préférences par les experts afin de filter les motifs retournés.

Chapitre 8

Ryszard MICHALSKI (1937-2007)

Apprentissage et théorie du domaine

Initialement, l'apprentissage artificiel a été vu comme un moyen d'étudier l'apprentissage dans les systèmes cognitifs naturels, dont l'homme, et d'apprendre automatiquement les connaissances dont avaient besoin les systèmes experts. Dans ces deux aspects, l'apprentissage est étroitement lié aux connaissances, celles dont on dispose et celles que l'apprentissage permet d'obtenir. L'homme est capable d'apprendre à partir de très peu d'exemples, parce qu'il sait utiliser à bon escient ses connaissances portant sur le domaine d'intérêt. De même, son apprentissage lui sert également souvent à enrichir sa connaissance. Ce type d'apprentissage, très articulé avec les connaissances, se réalise de manière très naturelle, inconsciente, et est aussi à la base de la démarche scientifique.

À l'heure des big data, l'accent est plutôt mis sur l'induction à partir de milliers d'exemples, quand ce ne sont pas des millions. Pourtant d'autres apprentissages sont possibles et sont intéressants. Certains ont été étudiés dans les années 1970, d'autres, plus récemment, par exemple à propos de l'apprentissage de relations de causalité. Il est probable que l'articulation apprentissage / connaissances va devoir être redécouverte et posera des problèmes très intéressants.

Sommaire

J**USQU'À PRÉSENT**, nous avons décrit l'apprentissage comme la recherche d'une hypothèse dans $\mathcal{H}$ en bonne adéquation, selon une mesure de risque, avec les données expérimentales décrites dans $\mathcal{X}$. L'apprentissage peut cependant prendre d'autres visages. Par exemple, un joueur d'échecs humain débutant sera susceptible d'apprendre le concept de « fourchette » (une menace portant simultanément sur plusieurs pièces) à partir de très peu d'exemples, parfois même à partir d'un seul. Comment est-il alors possible de généraliser cette expérience très limitée à toutes les situations de fourchettes, ou, au moins, à une grande partie d'entre elles ? L'apprentissage peut aussi porter non pas sur la détermination d'une bonne hypothèse mais sur l'efficacité de la recherche de bonnes hypothèses. Il se peut aussi que l'apprenant possède des descriptions de concepts qui soient correctes, mais qui ne soient pas vraiment opérationnelles dans le monde [1].

---

1. Un exemple d'un système qui aurait toutes les connaissances nécessaires, mais qui serait peu efficace serait celui d'un système de diagnostic de panne d'ordinateur capable de caractériser les pannes à partir des équations de Shrödinger associées aux atomes de l'appareil. Cette connaissance même correcte, ne serait cependant sans doute pas d'une grande utilité pratique et la recherche d'une description plus opérationnelle pourrait légitimement être considérée comme un apprentissage à part entière.

Le point commun à ces types d'apprentissages est l'intervention d'une connaissance importante sur le domaine d'application, que l'on appelle « théorie du domaine »[2]. C'est cette connaissance qui permet de tirer parti de très peu d'exemples, grâce à des raisonnements enrichissant l'expérience. C'est elle aussi qui sera éventuellement modifiée dans l'apprentissage.

Parmi les connaissances que l'on souhaiterait qu'un système d'apprentissage puisse produire, figurent les liens de causalité. Ceux-ci sont en effet primordiaux pour comprendre et pour agir. Les systèmes apprenants actuels excellent à découvrir des corrélations, d'ailleurs parfois fantaisistes, quand il y a sur-apprentissage, mais les corrélations ne sont pas des causalités. La section 5 rend compte des questions et des méthodes existantes.

1. Apprentissage par examen de preuve (EBL)

En schématisant, le problème étudié dans l'apprentissage par examen de preuve (*Explanation-Based Learning : EBL*) est de calculer la réponse associée à une situation ou à une forme $\mathbf{x} \in \mathcal{X}$. Il se peut que la recherche de cette réponse soit impossible pour le système, ou du moins qu'elle soit très coûteuse. L'apprentissage consiste alors à rendre la recherche plus facile la prochaine fois, d'où parfois l'emploi du terme de *speed-up learning*, et ceci non seulement pour la situation $\mathbf{x}$, mais aussi pour des situations semblables. Il faut bien sûr définir la notion de similarité. Dans le cas de l'*EBL*, elle est obtenue à partir de l'utilisation de la théorie du domaine.

1.1   Le principe de l'EBL

On suppose que le système est soumis au problème $\mathbf{x} \in \mathcal{X}$, qui peut aussi bien être de trouver une étiquette dans une tâche de classification, que de trouver un plan d'action. Le système cherche alors une solution $h(\mathbf{x})$ à ce problème. Si la recherche de cette solution est difficile, voire irréalisable, il peut être intéressant pour le système d'examiner une solution finalement obtenue, par le système ou grâce à un autre système ou un professeur, pour voir dans quelles conditions cette solution (éventuellement généralisée) pourrait être réutilisée dans une situation $\mathbf{x}'$ semblable. Conceptuellement, il s'agit d'identifier une région de l'espace des problèmes $\mathcal{X}$ pour laquelle la solution h, ou une solution voisine, est adéquate. La figure 8.1 illustre ce principe. D'une certaine manière, l'apprentissage *EBL* peut être considéré comme une technique d'extrapolation dans l'espace $\mathcal{X}$ guidée par une théorie du domaine. La partie *Apprentissage par approximation et interpolation* (en particulier le chapitre 19) de cet ouvrage explore d'autres techniques d'extrapolation, fondées sur des mesures numériques et des propriétés de lissage. Peu d'auteurs ont examiné le lien entre les deux approches (une exception est [DF97]).

La solution généralisée peut prendre trois formes :

1. Celle d'une *solution toute faite*, appropriée pour une classe de problèmes dans $\mathcal{X}$, ou bien, comme c'est souvent le cas, pour la reconnaissance de concept. Il s'agit alors d'apprendre une définition opérationnelle de concepts.

2. Celle de *macro-opérateurs*, c'est-à-dire d'étapes de solution. Cela peut accélérer la recherche d'une solution en diminuant la profondeur de recherche nécessaire.

---

2. Cette « théorie » peut prendre l'aspect très formel de programmes en logique du premier ordre, (chapitre 6), comme la forme de réseaux sémantiques souvent liés à des types d'inférence non déductifs : propagation de marqueurs, par exemple.

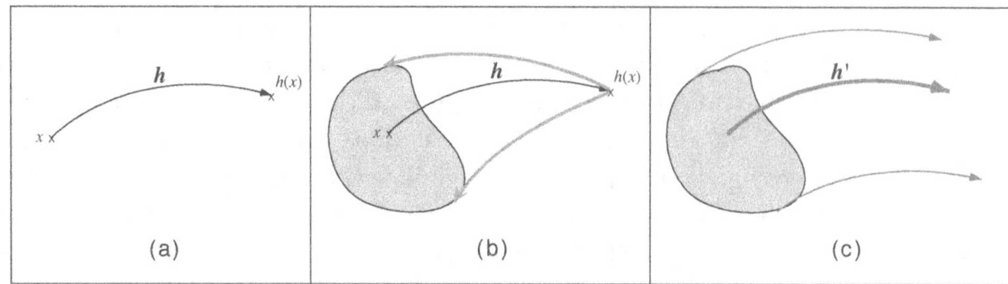

FIGURE 8.1 : *(a) À partir d'une solution h, trouvée ou fournie pour le problème x, l'apprentissage EBL cherche sous quelles conditions la solution h est applicable. (b) Ces conditions suffisantes sont obtenues par un mécanisme de régression à travers la théorie $\mathcal{T}$ du domaine. (c) Cela permet de trouver à la fois une généralisation de la solution initiale h et une région de l'espace des problèmes $\mathcal{X}$ pour laquelle cette solution généralisée est applicable.*

3. Celle de *règles de contrôle* ou *heuristiques*, permettant de guider la recherche d'une solution dans l'arbre des possibilités.

Évidemment, ces trois types de connaissances apprises ne sont pas exclusifs l'un de l'autre mais, dans la pratique, les concepteurs de systèmes d'apprentissage par *EBL* ont privilégié l'une ou l'autre de ces possibilités. Pour des fins d'illustration dans la suite de cette section, nous avons choisi de montrer seulement comment l'apprentissage peut déboucher sur la première voie.

1.2   Une illustration de l'apprentissage EBL

Nous montrons dans cette section comment l'apprentissage *EBL* permet d'apprendre une définition opérationnelle et générale d'un concept à partir d'un exemple positif unique. Pour cela, nous reprenons l'exemple devenu célèbre de l'apprentissage du concept d'objets empilables, initialement exposé dans [MKKC86] qui est aussi l'article fondateur de l'*EBL*.

Soit un monde d'objets caractérisés par les attributs : *couleur, volume, propriétaire, matériau, type* et *densité*. Il existe de plus une relation possible entre les objets : la relation *sur* traduisant qu'un objet est sur un autre. La tâche consiste à apprendre le concept d'empilement d'un objet sur un autre. Plus précisément, il s'agit d'apprendre une définition du prédicat :

`empilable(Objet1,Objet2)`

vrai lorsque l'on peut empiler l'`Objet1` sur l'`Objet2`. Nous supposons que l'apprenant dispose préalablement d'une *théorie du domaine* $\mathcal{T}$ décrite sous la forme de règles logiques que nous décrirons ici en utilisant, comme dans le chapitre 6, la syntaxe Prolog :

    (T1) : `poids(X,W) :- volume(X,V), densité(X,D), W is V*D.`

    (T2) : `poids(X,50) :- est_un(X,table).`

    (T3) : `plus_léger(X,Y) :- poids(X,W1), poids(Y,W2), W1 < W2.`

On suppose de plus que l'apprenant cherche une définition opérationnelle (c'est-à-dire facilement évaluable) du *concept but* :

    (C1) : `empilable(X,Y) :- plus_léger(X,Y).`

    (C2) : `empilable(X,Y) :- not(fragile(Y)).`

Plus formellement, le *critère d'opérationnalité* impose que le concept soit exprimé à l'aide de prédicats utilisés pour décrire l'exemple (*volume, densité, couleur,...*) et de prédicats facilement évaluables (comme le prédicat <).

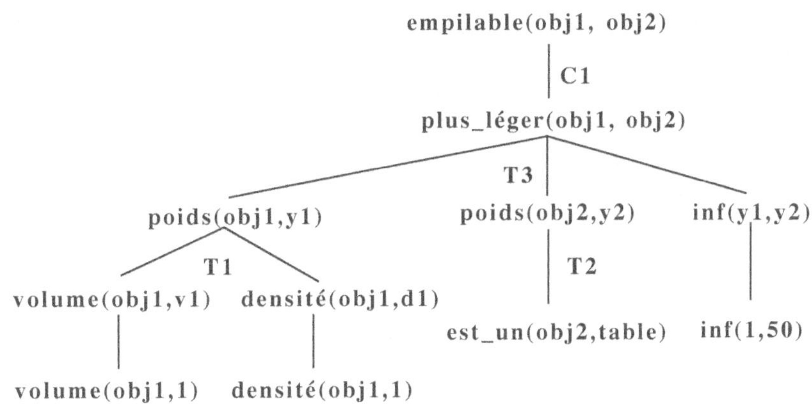

FIGURE 8.2 : *Un arbre de preuve obtenu dans la théorie du domaine* $\mathcal{T}$ *montrant que l'exemple satisfait bien le concept cible.*

Finalement, l'apprenant est pourvu de l'*exemple positif* décrit par les faits suivants :

```
sur(obj1,obj2).                     propriétaire(obj1,frédéric).
est_un(obj1,boîte).                 propriétaire(obj2,marc).
est_un(obj2,table).                 densité(obj1,0.3).
couleur(obj1,rouge).                densité(obj2,0.3).
couleur(obj2,bleu).                 matériau(obj1,carton).
volume(obj1,1).                     matériau(obj2,bois).
volume(obj2,0.1).
```

L'apprentissage *EBL* consiste d'abord à examiner une preuve, exprimée à l'aide de la théorie du domaine, que l'exemple fourni est bien un exemple positif du concept cible, puis à généraliser cette preuve pour en extraire un ensemble de contraintes suffisant à garantir la validité de la preuve générale.

Le **premier pas** nécessite que la théorie du domaine soit suffisante pour qu'il soit possible de trouver une preuve, aussi appelée explication (d'où l'appellation *EBL*), montrant que l'exemple satisfait au concept cible. Chaque branche de la preuve peut éventuellement être réduite pour se terminer sur une expression vérifiant le critère d'opérationnalité. Dans le cas présent, l'explication de l'exemple est donnée sous forme graphique dans la figure 8.2.

Le **second pas** consiste à analyser l'arbre de preuve trouvé pour identifier les conditions de son applicabilité, afin de découvrir l'ensemble des situations dans lesquelles il pourrait s'appliquer. Pour le cas exposé ici, la figure 8.3 décrit la généralisation de la preuve donnée dans la figure 8.2.

L'exemple positif initial, le seul connu pour le concept cible, a été généralisé de plusieurs points de vue. D'abord, il était décrit par une collection d'attributs dont beaucoup, n'intervenant pas dans la preuve, se révèlent non pertinents et peuvent donc être éliminés. Ensuite, de nombreuses constantes ont été remplacées par des variables. Notons cependant que ce n'est pas systématique. La constante numérique 50, par exemple, demeure dans la preuve généralisée car elle n'a pas été introduite par une instanciation aux feuilles de l'arbre de preuve, mais par une règle de la théorie. Finalement, la généralisation va plus loin que cette simple variabilisation grâce à la *procédure de régression* d'une formule à travers une règle proposée par Waldinger

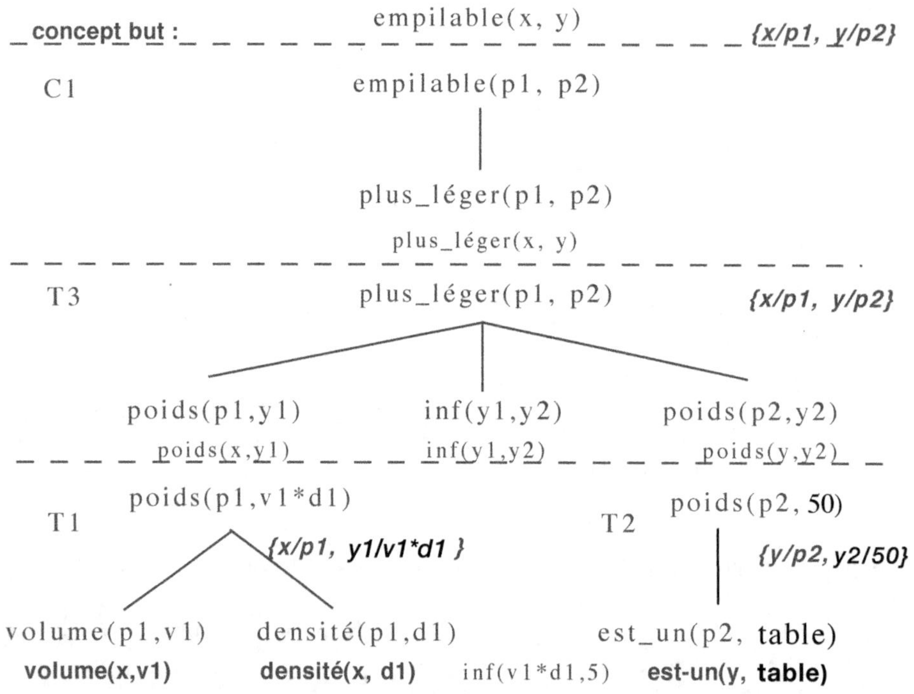

FIGURE 8.3 : *L'arbre de preuve généralisé est obtenu par régression du concept cible dans l'arbre de preuve en calculant à chaque étape (dénotée par les lignes en pointillés) les littéraux les plus généraux permettant cette étape (indiqués en gras). À la fin de ce processus, la conjonction des littéraux obtenus aux feuilles de l'arbre généralisé fournit la définition opérationnelle et généralisée du concept cible.*

[Wal77]. Cette procédure calcule les conditions suffisantes d'une conclusion C en fonction d'une preuve P, c'est-à-dire un ensemble d'assertions A tel que A entraîne C grâce à P. Dans le cas de la régression d'une conclusion à travers un arbre de preuve, la procédure fonctionne itérativement à travers les étapes de la preuve, calculant à chaque fois les conditions suffisantes de la conclusion de l'étape, en fonction de la règle de dérivation employée pour cette étape. La procédure se termine lorsqu'elle a parcouru toutes les étapes de la preuve initiale et atteint les feuilles de l'arbre.

—— EXEMPLE ——————————————————————————————————

Un exemple de l'application de cette procédure est donné par la figure 8.3. Les éléments de la preuve initiale trouvée pour l'exemple positif du concept `empilable(Obj1,Obj2)` sont représentés en fonte normale. La frontière de chaque étape de régression est indiquée par les lignes en pointillés, avec à chaque fois en gras les conditions suffisantes calculées. Par exemple, le concept cible général est `empilable(X,Y)`. On calcule sa régression à travers la règle `empilable(X,Y) :- plus_léger(X,Y)`, ce qui produit la précondition `plus_léger(X,Y)`. On continue alors en calculant la régression de cette expression à travers (T3), le pas suivant de la preuve, ce qui conduit à l'ensemble de préconditions {`poids(X,Y1)`, `inf(Y1,Y2)`, `poids(Y,Y2)`}. Étape par étape, on atteint ainsi les feuilles de l'arbre de preuve, produisant la définition générale suivante :

```
empilable(X,Y) :-  volume(X,VX), densité(X*DX),
                   est_un(Y,table), inf(VX,DX,50).
```

Cette procédure a été implantée en particulier dans l'algorithme Prolog-EBG [KCC87]. Lorsqu'une théorie correcte et complète lui est fournie, elle produit une hypothèse (ensemble de règles Prolog) elle-même correcte et couvrant les exemples positifs connus des concepts à apprendre. Ces règles sont des conditions suffisantes décrivant les concepts cibles en fonction de la théorie du domaine.

1.3   Discussion sur l'apprentissage de concept à partir d'explications

Plusieurs problèmes méritent d'être soulignés.

- Il est important de remarquer que l'algorithme rapidement décrit précédemment produit seulement une définition suffisante (et non nécessaire) du concept cible. Ceci est dû au fait que la preuve est guidée par les exemples fournis, qui n'épuisent pas forcément toutes les possibilités de preuve du concept. Par exemple, dans l'apprentissage du concept `empilable(X,Y)`, la théorie propose deux définitions, l'une se rapportant au fait que X est plus léger que Y, l'autre au fait que Y n'est pas fragile. L'exemple positif fourni ne se rapporte qu'à la première définition et les conditions trouvées par régression à travers la preuve relative à cet exemple ne concernent donc que la première définition possible du concept. C'est bien pourquoi on parle d'apprentissage à partir d'explications. Si l'on apprend bien une généralisation de l'exemple positif, il s'agit cependant d'une spécialisation de la définition initiale du concept cible.

  Certains commentateurs de l'apprentissage EBL ont fait remarquer que l'exemple positif fourni est, d'un certain côté, redondant et inutile. On pourrait très bien apprendre une définition complète du concept cible par régresssion selon tous les arbres de preuve possibles en arrêtant les preuves lorsque le critère d'opérationnalité est satisfait, comme cela se fait en programmation logique par évaluation partielle [HB88]. L'intérêt des exemples n'est cependant pas négligeable. Ils permettent en effet d'orienter la recherche de preuve dans un espace de possibilités généralement immense. De plus, si ces exemples sont bien choisis, ils sont représentatifs de l'environnement et guident donc l'apprentissage vers les seules régions de $\mathcal{X}$ pertinentes. Ainsi, tant l'apprentissage qu'ensuite la reconnaissance d'un concept sont accélérés par élimination des cas de preuves inutiles (c'est d'ailleurs la raison pour laquelle les Anglo-Saxons parlent de *speed-up learning*).

- L'exemple d'apprentissage précédent se traitait à l'aide d'une théorie du domaine à la fois correcte, complète (toute formule vraie dans l'interprétation intentionnelle de la théorie doit être déductible de la théorie) et adéquate, c'est-à-dire décrite dans des termes pouvant conduire à une reformulation utile des concepts. Il est évident que la qualité des descriptions apprises par EBL dépend grandement des propriétés de la théorie du domaine. C'est là l'une des plus importantes limitations pour la mise en pratique de la méthode, car il est rare que l'on dispose d'une théorie parfaite avant apprentissage. On peut caractériser les problèmes en trois classes :

  1. *Théorie incomplète.* Cela risque d'avoir pour conséquence l'impossibilité de trouver une preuve pour un exemple positif, ou l'obtention d'une preuve incomplète, voire de multiples preuves mutuellement incohérentes.

  2. *Théorie incorrecte.* Dans ce cas, il peut y avoir découverte de preuve incorporant des contradictions avec le monde réel, c'est-à-dire apprentissage de mauvais concepts.

  3. *Théorie impossible à traiter*, interdisant de trouver des preuves de l'exemple fourni.

  Ces trois classes de problèmes ont fait l'objet de travaux, surtout la première. C'est ainsi qu'on a cherché à étendre la notion de preuve à des preuves « plausibles » exprimées dans des extensions de la logique (incertaines ou floues). On a également cherché à compenser l'insuffisance de la théorie du domaine par l'utilisation simultanée de plusieurs exemples.

- S'il est intéressant de savoir utiliser des exemples positifs d'un concept à l'aide d'une théorie du domaine, il peut être tout aussi tentant d'utiliser des exemples négatifs. Par exemple, on pourrait vouloir apprendre à partir d'une tentative infructueuse de mater le roi adverse dans une situation pourtant apparemment favorable. Deux approches sont envisageables dans ce cas. La première consiste à traiter l'exemple négatif comme un exemple positif, le généraliser et utiliser la négation du concept appris pour caractériser les situations nécessaires au succès. La seconde part de l'échec d'une preuve d'un exemple négatif pour analyser comment il faudrait la modifier pour parvenir à un succès et ainsi caractériser ce qui sépare les situations positives des situations négatives. L'apprentissage à partir d'échecs (*learning by failure*) a été particulièrement étudié dans le contexte de l'apprentissage de connaissances de contrôle puisqu'il y est crucial de savoir quand il faut éviter d'avoir recours à un opérateur.

1.4 L'apprentissage de connaissances de contrôle à partir d'explications

L'apprentissage de concept à partir d'explications requiert donc une théorie du domaine aussi correcte et complète que possible. Un domaine dans lequel il est naturel de supposer une telle théorie est celui de la résolution de problèmes. Dans ce contexte en effet, l'enjeu de l'apprentissage est souvent de rendre efficace un résolveur capable en principe de résoudre n'importe quel problème, mais souvent inutilisable en pratique à cause de la complexité de la recherche d'une solution. L'apprentissage peut alors prendre trois formes :

1. L'*apprentissage des conditions* dans lesquelles il est intéressant d'envisager l'utilisation d'un opérateur.

2. L'*apprentissage de macro-opérateurs* qui sont souvent utiles dans un environnement donné et qu'il est donc intéressant de connaître.

3. L'*apprentissage d'heuristiques de contrôle* permettant de trier par ordre d'intérêt décroissant les opérateurs envisageables dans un état donné.

Pour apprendre à partir d'explications *les conditions d'application d'un opérateur*, il suffit de le considérer comme un concept dont on cherche à caractériser le domaine d'application. Pour obtenir des exemples positifs d'application d'opérateurs, on examine les séquences d'opérateurs correspondant à des solutions de problèmes. Cela fournit, pour chaque opérateur utilisé, un ou des état(s) dans le(s)quel(s) il a été employé et donc un ou plusieurs exemple(s) positif(s) de son application. Un exemple de cette approche figure dans le chapitre 4 avec le système LEX de Mitchell. On y voyait à l'œuvre un apprentissage par élimination des candidats dans l'espace des versions ; une variante appelée LEX2 a été développée, qui utilise un apprentissage à partir d'explications.

La deuxième approche consiste à chercher à améliorer l'efficacité d'un système de résolution de problème ou de planification en *définissant des macro-opérateurs* correspondant à des sous-séquences généralisées de solutions. Il faut d'une part sélectionner les séquences utiles : si elles sont trop spécifiques, elles serviront rarement et ralentiront inutilement le processus de choix à chaque nœud de la recherche. Inversement, si elles correspondent à des sous-séquences courtes, donc généralement d'un domaine d'application plus vaste, elles seront moins utiles car ne correspondant pas à des « grands pas » dans la solution. Nous reviendrons sur ce problème. D'autre part, il faut apprendre leur domaine d'application, ce qui s'effectue souvent par régression comme dans l'apprentissage de concept.

La troisième approche est d'*apprendre des heuristiques de contrôle* guidant le système lorsqu'il cherche une solution à un problème. Un système opérant de cette manière tout en apprenant des macro-opérateurs est le système SOAR [LRN86]. Il utilise pour cela un mécanisme appelé *chunking*, qui produit des « chunks » (littéralement « gros morceaux ») ou macro-opérateurs. SOAR est un système général de résolution de problème opérant par décomposition en sous-problèmes. Grâce à la nature récursive de ce procédé, des hiérarchies de sous-buts sont produites. À chaque fois qu'une impasse est rencontrée dans la résolution d'un problème, un sous-but est engendré et le système cherche à le résoudre par une méthode de recherche faible telle que *générer et tester*[3]. La solution trouvée pour sortir de l'impasse est alors vue comme une explication de la démarche à suivre pour sortir à l'avenir d'impasses similaires. Le mécanisme de chunking entre en jeu lorsqu'un sous-but a été résolu. Un résumé de la procédure de résolution du sous-but est enregistré sous forme de règles de production. La partie action de chaque règle est fondée sur les résultats du sous-but ; la partie condition ou antécédent exprime les aspects pertinents qui déterminent le succès de l'emploi de la procédure. SOAR a été testé dans de très nombreuses situations et est proposé comme modèle cognitif de résolution de problème [New90].

PRODIGY [Min88, Min90] est un autre système intéressant d'apprentissage d'heuristiques de contrôle. Il s'agit d'un système fonctionnant en utilisant une théorie générale sur la planification, une théorie du domaine et une description des opérateurs façon STRIPS[4] avec des listes de préconditions, d'ajouts et de retraits exprimées avec des prédicats sur le monde. Comme SOAR, PRODIGY utilise une résolution de problèmes par décomposition en sous-problèmes. Après avoir produit un plan d'action, le système analyse ses bons choix et ses impasses et cherche à les expliquer en termes de sa théorie du domaine. Il est ainsi capable de produire des règles de contrôle telles que :

```
if   (and (current-node node)
          (candidate-goal node (on X Y))
          (candidate-goal node (on Y Z)))
then (prefer goal (on Y Z) to (on X Y))
```

Ce genre de règle est obtenu après l'analyse d'un échec lorsque le robot a essayé de placer d'abord la sous-pile d'objets supérieure avant une sous-pile inférieure. Ceci n'est évidemment qu'un petit exemple des capacités de PRODIGY.

Comme SOAR, PRODIGY a été testé intensivement. Il en est ressorti que l'apprentissage de macro-opérateurs et de règles de choix des opérateurs n'était pas nécessairement avantageux. En effet, chaque nouvelle règle, chaque nouvel opérateur ajoute un choix à l'ensemble des choix possibles à chaque étape de résolution. Le coût ainsi encouru peut dépasser l'avantage retiré. C'est ce que Minton, le concepteur principal de PRODIGY, a appelé le *problème de l'utilité*. C'est pourquoi PRODIGY incorpore un module d'évaluation de l'utilité de chaque règle et opérateur, prenant en compte l'économie éventuellement réalisée et le coût en termes de temps de sélection et d'application. Seuls les règles et opérateurs dont l'utilité mesurée est jugée assez élevée sont conservés. De cette manière, les gains empiriquement mesurés sur un ensemble de tâches sont de l'ordre de 20 % à 110 %, avec une moyenne autour de 40 %, ce qui, sans être négligeable, est toutefois étonnamment faible quand on pense que le fait d'avoir un facteur de branchement (nombre de choix disponibles à chaque nœud) réduit (grâce aux règles de contrôle) devrait permettre un gain exponentiel. Il s'agit là d'un problème qui est encore du domaine de la recherche.

---

3. Méthodes consistant à engendrer les différentes possibilités à chaque point de choix puis à choisir en fonction d'une fonction d'évaluation. La célèbre méthode de recherche A* en est un exemple.

4. STRIPS (Stanford, 1971)[FN71, FN72] est le grand ancêtre de la plupart des systèmes de planification. Il a en particulier fixé la manière de représenter les opérateurs.

1.5 Bilan sur l'apprentissage à partir d'explications

Dans ce survol de l'apprentissage à partir d'explications, nous avons laissé de côté certains problèmes tels celui de l'apprentissage dans le cas de preuves récursives ou dans le cas de preuves non déductives, comme cela se rencontre dans des systèmes à base de schémas. Nous renvoyons le lecteur intéressé à l'abondante littérature portant sur l'apprentissage *EBL*.

Il faut surtout retenir que ces méthodes d'apprentissage permettent l'obtention de généralisations justifiées, à partir d'un petit nombre d'exemples, ce qui les distingue radicalement des méthodes inductives classiques. Si les travaux sur cette approche ont été peu nombreux depuis plus d'une décennie, nous pensons cependant, comme Gerald Dejong, l'un de leurs promoteurs, qu'il ne peut s'agir que d'une éclipse passagère. Certes, il est difficile de disposer d'une théorie du domaine forte, mais il existe cependant des domaines où de telles théories préexistent, comme la planification, le contrôle ou le diagnostic. Dans ces cas-là, et en particulier quand chaque exemple est coûteux à obtenir, l'apprentissage à partir d'explications peut être très intéressant. Plus généralement, on ne voit pas comment l'emploi exclusif de techniques sans usage de théorie du domaine pourrait couvrir l'ensemble des problèmes d'apprentissage. Les techniques telles que l'*EBL* ont donc leurs beaux jours devant elles.

De fait, la technique *EBL* a trouvé récemment un champ d'application important dans le domaine des problèmes de satisfaction de contraintes (SAT). Dans ces problèmes, la question est de décider si une formule logique sous forme CNF (*Conjunctive Normal Form*), par exemple $(x_1 \vee \bar{x}_7 \vee x_9) \wedge (\bar{x}_2 \vee x_5 \vee \bar{x}_6) \wedge \ldots)$ est satisfiable : on peut trouver une affectation des variables booléennes x_i telle que la formule soit vraie ou non. En effet, les algorithmes complets de recherche de satisfiabilité sont tous, à ce jour, des variations de l'algorithme de Davis et Putnam (1960), qui réalise une exploration systématique de l'espace de recherche en testant en chaque nœud une affectation possible d'une variable, avec retour arrière lorsqu'une branche ne peut conduire à une solution.

Les recherches ont en majorité porté sur la conception d'heuristiques permettant une exploration plus efficace de l'arbre de recherche, sans que cela change notablement la puissance des algorithmes. Cependant, des travaux ont fait appel à une technique dite d'*apprentissage de clause*, issue des techniques d'*EBL*, et qui consiste à chercher une explication pour les échecs (points de retour). L'apprentissage produit alors une clause de conflit qui est ajoutée à l'ensemble des clauses et qui accélère la recherche ultérieure. Les méthodes développées ainsi ont considérablement augmenté la puissance des algorithmes de recherche, permettant de résoudre des problèmes inaccessibles jusque-là (voir [BKS04]).

2. Abstraction et reformulation des connaissances

Les capacités d'inférence et de raisonnement d'un agent dépendent de la manière dont est exprimée sa connaissance et dont celle-ci peut interagir avec sa perception de l'environnement. Un pouvoir expressif trop limité de la représentation utilisée peut empêcher certains raisonnements. C'est une des raisons pour lesquelles il faut des millions d'exemples en apprentissage par renforcement pour apprendre le concept de « fourchette » aux échecs, quand quelques exemples suffisent avec une représentation en logique des prédicats et un apprentissage à partir d'explications. D'un autre côté, trop d'informations disponibles peuvent conduire à des raisonnements incapables de trouver une solution en un temps raisonnable. Il est donc crucial pour un agent intelligent de savoir contrôler l'information qu'il prend en compte pour résoudre une tâche. Il serait extrêmement utile de disposer de systèmes capables d'apprendre ce contrôle. L'état de l'art en apprentissage artificiel est encore loin de pouvoir répondre à ce problème, mais on réfléchit depuis longtemps sur les changements de représentation et les reformulations des connaissances en intelligence artificielle. Nous en évoquons rapidement quelques aspects ici, renvoyant en particulier à la synthèse très informée de Jean-Daniel Zucker [Zuc01].

L'idée générale des changements de représentation est d'en trouver une permettant une résolution simple de la tâche courante. Depuis les travaux pionniers d'Amarel en 1968 [Ama68], on sait qu'une bonne représentation peut rendre triviale la recherche d'une solution. Zucker distingue trois types de changements :

- l'*abstraction* : changement de représentation, dans un même formalisme, qui simplifie la résolution du problème courant en cachant des détails et en préservant des propriétés désirables ;

- la *reformulation* : modification du formalisme de représentation tout en conservant les mêmes informations ;

- l'*approximation* : simplification des inférences, dans la même représentation, afin de simplifier la résolution.

L'abstraction est souvent considérée comme un changement de granularité ou de niveau de détail d'une représentation. Cela néglige le fait qu'il n'y a pas, généralement, de hiérarchie toute faite de niveaux de détails. Il s'agit de « construire » une description de haut niveau pertinente pour le contexte et la tâche. Pour cela, plusieurs voies sont possibles. La plus étudiée en intelligence artificielle consiste à considérer le processus d'abstraction comme celui d'une projection d'une représentation dans une autre *modulo* une relation d'équivalence, de telle manière que ne soient distingués dans la nouvelle représentation que les éléments qui doivent l'être pour la résolution du problème courant. Ainsi se trouvent éliminés les « détails » superflus. Une autre approche est de considérer l'abstraction comme un problème pour lequel des opérateurs de changement de représentation sont disponibles et dont on cherche une solution sous forme de séquence de tels opérateurs.

L'étude de l'abstraction est certainement étroitement liée à celle de l'apprentissage. Il s'agit là d'un vaste champ de recherche qui reste encore largement à explorer. ([SZ13]).

3. Apprentissage et raisonnement

Un grand défi de l'intelligence artificielle est de savoir combiner les outils puissants développés pour réaliser du raisonnement automatique et les méthodes d'apprentissage artificiel. Le rapide historique esquissé au chapitre 1 montre en effet que l'une des grandes motivations du développement des méthodes d'apprentissage dans les années 1980 était d'acquérir les connaissances nécessaires au fonctionnement des systèmes experts. Or, près de 40 ans après, force est de constater qu'il n'y a pratiquement plus d'articulation entre le développement et l'utilisation de méthodes de représentation des connaissances et de raisonnement, d'une part, et les travaux sur l'apprentissage artificiel, d'autre part. Cela se traduit aussi par une séparation en deux communautés scientifiques.

D'un côté, l'intelligence artificielle a développé tout un ensemble de méthodes pour réaliser du raisonnement en s'appuyant notamment sur la logique (logique des prédicats, logique possibiliste, logique des défauts, ...), sur les probabilités et le raisonnement bayésien, sur le calcul causal. Ces méthodes sont à la fois très puissantes, mais aussi, pour beaucoup d'entre elles, coûteuses en termes de calcul.

De l'autre côté, l'apprentissage artificiel a petit à petit délaissé les méthodes d'apprentissage dites « symboliques » pour travailler sur des techniques qui permettent d'apprendre des fonctions de décision définies par des séparatrices dans l'espace des exemples, quelque chose qui ne se met pas en relation facile avec les expressions manipulées dans le raisonnement de haut niveau qui est celui de l'intelligence artificielle.

Finalement, il est à noter que les êtres humains, capables d'interpréter immédiatement des images complexes, de comprendre des discours ou des textes à structure argumentative riche, ne semblent pas utiliser de méthodes de raisonnement de haut niveau à validité garantie, mais plutôt des heuristiques, efficaces souvent, mais biaisées et susceptibles d'aboutir à des erreurs (voir l'excellent ouvrage *Thinking fast and slow* de Kahneman [Kah11], traduit en français).

La situation actuelle semble une impasse. Bottou [Bot14] propose une piste pour en sortir. S'appuyant sur les travaux en apprentissage profond (voir chapitre 11), il se fait l'avocat que le raisonnement doit être vu comme la manipulation par des opérateurs algébriques de connaissances déjà acquises ou d'expertises de bas niveau réalisant des tâches auxiliaires. Il note que les réseaux de neurones profonds apprennent automatiquement à combiner de manière hiérarchique des sous-réseaux qui réalisent ce type de tâches, par une sorte d'apprentissage multi-tâches qui se fait automatiquement.

L'idée mise en avant par Bottou est donc de faire émerger, en partie par des apprentissages non supervisés, des modules spécialisés sur des tâches auxiliaires et de les combiner par des opérateurs algébriques pour obtenir des capacités de résolution de problèmes et des raisonnements puissants.

Il illustre ce principe par l'examen de réseaux de neurones profonds dédiés à l'analyse d'image ou à des tâches d'analyse de texte, qui montrent ce que peuvent être les expertises auxiliaires qui émergent lors de l'apprentissage.

Cependant, lors d'une conférence invitée à ICML-2015, Bottou n'a pas caché la difficulté d'articuler entre eux, de manière harmonieuse et mutuellement bénéfique, des modules d'apprentissage. Le développement d'un génie logiciel adapté à la construction de systèmes mettant en jeu plusieurs sous-systèmes adaptatifs, chacun cherchant à optimiser sa performance sur une sous-tâche, est sans doute un des grands défis des années à venir.

4. Apprentissage, interprétabilité, explicabilité

Le terme « intelligence artificielle explicable » (*Explainable AI*) est apparu en mai 2017, à l'initiative de la DARPA (*Defense Advanced Research Projects Agency*) du département de la défense américain, et s'est imposé comme un thème majeur dans les conférences et dans les appels à projets relatifs à l'apprentissage automatique. L'objectif est d'augmenter ou de modifier les algorithmes d'apprentissage de telle manière qu'il puissent fournir des explications de leurs résultats de sorte, *in fine*, que l'on puisse leur faire confiance si nous le jugeons justifié. Nous laissons ici délibérément l'ambiguïté entre faire confiance aux systèmes ou aux résultats.

L'une des raisons de cet intérêt pour des systèmes capables d'explications vient des progrès rapides de l'Intelligence Artificielle et des applications envisagées. Par exemple, si un véhicule

FIGURE 8.4 : *Les connaissances en entrée et en sortie d'un système d'apprentissage.*

autonome provoque un accident, afin d'établir les responsabilités d'un point de vue légal et, également, d'améliorer le système de conduite, il est nécessaire que celui-ci puisse expliquer ce qui l'a mené aux décisions qui sont causes de l'accident.

De même, l'analyse des performances d'un système de reconnaissance faciale ou de classification de candidats pour une demande de crédit peut révéler un biais, par exemple favorisant les hommes blancs plutôt que les femmes de couleur. Là aussi, il est important de pouvoir comprendre d'où vient ce biais pour, éventuellement, le corriger. Or, de nombreuses techniques d'apprentissage telles que les réseaux de neurones (chapitres 10,11), les forêts aléatoires (chapitre 15) ou les SVM (chapitre 14) sont souvent considérées comme des « boîtes noires », peu à même de fournir des explications sur leur fonctionnement et encore moins sur les résultats obtenus (partie droite de la figure 8.4).

4.1 Pourquoi vouloir des systèmes apprenants qui expliquent ?

Il n'est **pas toujours nécessaire** ou utile qu'un système d'apprentissage soit capable de fournir des explications sur son fonctionnement ou sur ses résultats. Deux situations illustrent cela :

- Si la décision attachée aux résultats est attachée à un *risque faible*. C'est le cas par exemple d'un système de recommandation de films. Le coût associé à une mauvaise décision est ici faible, du moins pour le consommateur. Pour l'entreprise qui vend les services d'un tel système, c'est une autre histoire.

- S'il existe des *garanties sur la bonne performance* des systèmes et des résultats obtenus. C'est par exemple le cas de la reconnaissance automatique de caractères.

En revanche, **les situations suivantes requièrent** que le système d'apprentissage ait **des capacités d'explication**.

- Quand les décisions auxquelles contribuent le système sont attachées à des *risques élevés*. Par exemple, décider d'une opération chirurgicale, décider d'arrêter une centrale nucléaire, ou encore conduire un véhicule autonome.

- Le *débogage* d'un système afin d'aider à identifier les causes d'un malfonctionnement, que ce soit dans l'algorithme ou bien dans les données utilisées pour apprendre ou pour décider. Par exemple, si le système de reconnaissance d'une bicyclette requiert que les deux roues soient détectées, que se passerait-il si une seule roue est visible ? Ou bien si le système s'appuie sur le genre d'une personne pour décider d'attribuer un crédit, on aimerait comprendre pourquoi c'est le cas.

- La *satisfaction de la curiosité*, ce qui au bout du compte est ce à quoi obéit la science. Par exemple, donner une explication d'un résultat inattendu, ou bien quand il ne semble pas exister d'explication facile. De plus, la capacité à fournir des explications d'un résultat est importante si le système de décision doit être inclus à l'intérieur d'un système d'inférence plus grand, c'est-dire lorsque les modules qui le composent doivent échanger des résultats et baser leurs propres sorties sur les résultats des autres modules, qui eux-mêmes sont adaptatifs.

4.2 Les connaissances en entrée de l'apprentissage

Tout système d'apprentissage et tout apprentissage s'appuient sur des connaissances en entrée qui souvent ne sont pas explicites et qui pourtant biaisent nécessairement l'apprentissage. En effet les données ne sont jamais données, mais résultent de choix, de même que le fonctionnement d'un algorithme d'apprentissage nécessite que des biais soient mis en jeu, comme cela a été souligné dans les chapitres 1 et 3.

Avant que l'on ait des « **données** », des choix ont dû être opérés et s'ils peuvent ne pas avoir toujours été bien documentés, leur impact est néanmoins considérable. Pour commencer, un dispositif expérimental de mesure et de recueil de ces mesures a été mis en place. En imagerie satellitaire, par exemple, il aura fallu choisir les bandes de fréquence auxquelles les appareils sont sensibles, de même que la fréquence de passage au-dessus des mêmes lieux. Il y a donc un choix de descripteurs et ceux-ci sont affectés de certaines propriétés (précision, incertitude, vieillissement éventuel) qui devraient être décrites dans des méta-données et prises en compte dans l'apprentissage. Parfois, on mettra en œuvre une ou des ontologies pour enrichir les données, par exemple les types de sols ou de bâtiments, et cela introduira également un biais sur ce qui est pertinent ou pas dans les mesures. Les valeurs mesurées devront souvent subir des prétraitements, comme une normalisation ou une technique d'imputation pour remplacer les valeurs manquantes. L'échantillonnage des données peut lui-même introduire de grandes distorsions dans les mesures effectuées. Si, par exemple, la police opère essentiellement dans certains types de quartiers, la délinquance y paraîtra plus élevée qu'ailleurs.[5] Il est également possible que l'on juge utile d'ajouter des exemples d'apprentissage pour faciliter l'extraction de régularités, ce qui demandera qu'un protocole de génération de ces exemples soit défini, avec ses propres biais.

Sans vouloir être exhaustif, il est clair qu'un grand nombre de facteurs et de décisions, conscientes ou inconscientes, sont mises en jeu avant que des données soient disponibles.

Les **algorithmes** eux-mêmes ne peuvent pas être objectifs. Ainsi, pour que le principe de minimisation du risque empirique soit applicable, il faut le transformer en principe dit *régularisé* qui privilégie certaines hypothèses dans l'espace de toutes les hypothèses possibles. Par exemple, on favorisera les hypothèses les plus simples à exprimer, ou qui font intervenir le moins de facteurs possible. Il se pourra même que l'on choisisse à l'avance les facteurs à prendre en compte parce que l'on pense que ce sont ceux qui sont pertinents. Cela introduit des biais, qui souvent vont ne plus être explicites dans le code de l'algorithme, en particulier pour les utilisateurs qui ne sont pas des experts des sciences des données, avec tous les risques associés.

Pour résumer, un gros danger qui menace la réputation et la crédibilité dont jouiront les sciences des données est la tentation de croire que les données sont par nature objectives, de même que les algorithmes, et que donc les résultats obtenus en appliquant les seconds sur les premières s'imposent comme indiscutables. Or rien n'est plus faux, et il est essentiel que les

---

5. Le livre *Weapons of Math Destruction : How Big Data Increases Inequality and Threatens Democracy* de Cathy O'Neil (2016) (traduit en français sous le titre *Algorithmes. La bombe à retardement.*) abonde d'exemples de données biaisées conduisant à des résultats catastrophiques quand elles sont utilisées sans précaution.

citoyens, de même que les *data scientists*, en soient bien conscients avant d'accepter n'importe quelle « vérité » sortant des algorithmes de *big data*.

4.3   Les connaissances en sortie de l'apprentissage

Une fois un apprentissage réalisé, on peut vouloir *décrypter l'hypothèse produite* par le système, par exemple parce que l'on espère qu'elle va nous aider à mieux comprendre le monde, les relations entre différents facteurs. On peut aussi souhaiter *comprendre comment le système est parvenu* à la décision produite. Par exemple, pourquoi le système prédit une éruption volcanique dans les deux prochaines semaines ou pourquoi il affirme que le patient considéré devrait être opéré du cœur en urgence.

Pour ce qui est de l'**hypothèse produite** en sortie, on parle souvent de son interprétabilité pour qualifier à quel point elle peut être comprise par l'expert qui l'examine. On oppose souvent les hypothèses qui s'expriment de manière dite symbolique, comme des expressions d'un langage logique (chapitre 4) supposées être interprétables, et les hypothèses mettant en jeux des (nombreux) paramètres numériques dans des fonctions non linéaires, comme es réseaux de neurones (voir chapitres 10, 11 et 12). En fait, même les hypothèses mettant en jeu des expressions « symboliques » peuvent être illisibles si les descripteurs ne sont pas bien choisis ou si l'expression est très complexe. Ainsi, John Ross Quinlan, l'inventeur des algorithmes ID3 et C4.5 qui induisent des arbres de décision (chapitre 15) rapporte dans [Qui82] que dans ses premières expériences il voulait apprendre comment jouer une fin de partie aux échecs dans une situation roi-tour contre roi-cavalier avec mat en 2 coups. Dans une première tentative, avec 25 descripteurs choisis sans expertise échiquéenne, l'arbre finalement appris comportait 334 nœuds et était incompréhensible pour un joueur d'échec. Une collection d'autres descripteurs soigneusement sélectionnés a permis d'apprendre un arbre de décision comportant seulement 83 nœuds, plus performant en prédiction et beaucoup plus satisfaisant pour un expert humain.

On ordonne souvent les types d'hypothèses produites en fonction de leur degré supposé d'interprétabilité en partant des arbres de décision, les plus interprétables, pour aller vers les fonctions de décision linéaires, suivies par les forêts aléatoires, plus difficiles à analyser, avant d'arriver aux Séparateurs à Vastes marges (SVM) et aux réseaux de neurones réputés pour leur opacité (même si des efforts sont faits dans la communauté pour « ouvrir » la boîte noire des réseaux de neurones, chapitre 11, section 2.7).

On peut aussi vouloir interroger un système pour **comprendre comment il est parvenu à la conclusion produite**. Cette question n'est d'ailleurs pas nouvelle. Dans les années 1980, lors de la grande époque des systèmes experts, leur développement était soumis à ce qui était appelé un goulot d'étranglement : parvenir à extraire les connaissances mises en jeu par les experts lorsqu'ils raisonnaient. Une source de problème rapidement identifiée est que, souvent, plus une personne est experte dans une tâche, moins elle est capable d'expliquer comment elle la réalise. La connaissance devient en effet « compilée », apte à être mise en œuvre efficacement, mais difficile à expliciter.

Par ailleurs, un même résultat peut-être atteint par des voies différentes. Par exemple, Edwin Hutchins, dans son ouvrage *Cognition in the wild*, montre comment la vitesse d'un bateau peut être calculée par quatre moyens différents à partir de deux mesures, de distance et de temps, requérant des connaissances distinctes, et plus ou moins versatiles, c'est-à-dire aptes à être employées pour des tâches autres ou pour des données différentes. Il se révèle que les techniques les plus spécialisées, et les plus efficaces, sont aussi celles qui sont le moins robustes aux variations d'utilisation et les moins susceptibles de produire une explication autre que la mise en œuvre de la technique.

De la même manière, notre système visuel réalise des prouesses en permanence, nous permettant d'interpréter le monde en temps réel à partir d'indices faibles et très incomplets. C'est lorsque des illusions d'optique nous mettent en face d'interprétations que nous savons erronées, ou moins évidentes qu'il n'y paraît, que nous mesurons tout ce que ce système doit à l'évolution, cette forme d'apprentissage ; il est impossible de modifier les interprétations produites qui résultent de processus compilés et très spécialisés (figure 8.5 illustrant l'illusion d'Adelson).

FIGURE 8.5 : *Les cases A et B de l'échiquier sont exactement de la même couleur. Cependant, notre système visuel corrige automatiquement la couleur en fonction du contexte, ici l'ombre portée par le cylindre, et il est impossible de le percevoir.*

4.4 Des exemples d'approches pour expliquer

Il est donc fait de plus en plus mention d'intelligence artificielle capable d'explication. Mais qu'est-ce qu'une explication ?

—— EXEMPLE ——————————————————————————————————————

Soit par exemple l'égalité : $1 + 3 + 5 + \ldots + (2n + 1) = (n + 1)^2$. Comment expliquer cela ?

Une preuve mathématique faitappel à un raisonnement par induction. On voit que $1 = (0 + 1)^2$. Supposons que l'on ait $1 + 3 + 5 + \ldots + (2n - 1) = n^2$, alors $1 + 3 + 5 + \ldots + (2n - 1) + (2n + 1) = n^2 + (2n + 1) = (n + 1)^2$. CQFD.

Cependant, de nombreuses personnes ne sont pas sensibles à cette démonstration et apprécient davantage l'« explication » de la figure 8.6.

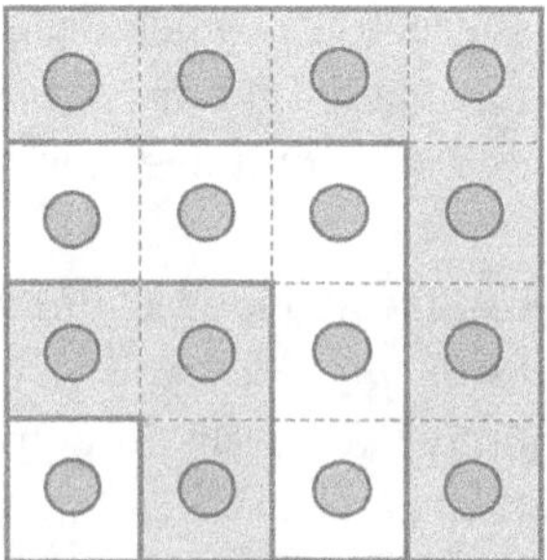

FIGURE 8.6 : *Une « démonstration » que* $1 + 3 + \ldots + (2n + 1) = (n + 1)^2$.

Qu'est-ce qu'une bonne explication ? Une difficulté pour répondre à cette question est qu'une explication peut être bonne dans un contexte et mauvaise dans un autre.

Par exemple, considérons un système expert comme MYCIN ([Sho77]) capable d'établir un diagnostic sur les maladies bactériennes du sang et de proposer une thérapie. Lors d'une session, MYCIN propose de traiter le patient avec un ensemble de médicaments, et le médecin interroge le système en demandant pourquoi il n'a pas prescrit de tétracycline. Le système examine l'enchaînement des règles ayant conduit à la prescription produite et répond que la tétracycline ne peut pas être prescrite à un enfant de moins de 8 ans, et que le patient a moins de 8 ans, d'où le blocage de la règle concluant sur tétracycline. Est-ce une bonne explication ? Cela dépend. Cela peut suffire éventuellement au médecin qui veut vérifier le bon fonctionnement du système. Mais un étudiant en médecine voudrait peut-être en savoir davantage et comprendre *pourquoi* on ne prescrit pas de tétracycline à un enfant de moins de 8 ans. Dans ce cas une explication plus satisfaisante est la suivante : l'ingestion de tétracycline provoque un dépôt de cette substance sur les os en développement, ce qui entraîne en particulier un noircissement définitif des dents ; c'est un effet secondaire indésirable, d'où la règle « ne pas prescrire de tétracycline à un enfant de moins de 8 ans ».

Il faut noter que cette explication fait appel à des concepts abstraits tels que *effets secondaires* et *causalité*. Or, ces concepts ne sont pas nécessaires au fonctionnement du système. Ils doivent être ajoutés et articulés au reste de la connaissance pour que le système puisse produire des explications satisfaisantes de son raisonnement. Cependant, cette capacité d'explications, coûteuse à implémenter, peut aussi rendre le système plus robuste. Bien sûr, si la survie de l'enfant en dépendait, il faudrait savoir faire fi des effets secondaires.

Des questions analogues se posent pour analyser le jeu de Alphago. Selon les experts du jeu de go, Alphago se comporte comme une sorte d'extra-terrestre, jouant des coups défiant toute la science du jeu accumulée depuis des millénaires. C'est ainsi toute la théorie du jeu qui est remise en cause puisqu'Alphago, et sa déclinaison AlphaZero [SSS+17], battent systématiquement les meilleurs joueurs humains. Mais quelles explications aimerions-nous avoir du jeu de ces machines ? Seulement avoir une idée des secteurs du Goban que le système examine pour déterminer le prochain coup joué (ce qui est envisageable puisqu'Alphago utilise un réseau de neurones pour évaluer la qualité d'une position) ? Cependant, c'est certainement insuffisant pour renouveler la science du go. Pour le moment, ce sont des exégètes humains qui essaient de trouver des justifications aux coups joués par la machine.

L'approche LIME

Une approche séduisante a été présentée en 2016 par Marco Tulio et ses collègues dans un article intitulé *"Why should I trust you ?" Explaining the predictions of any classifier* [RSG16]. Pour ces auteurs, une explication est une relation qualitative entre les entrées et les sorties d'un système. La procédure est la suivante : un classifieur f est appris à partir de données d'apprentissage, puis, à la demande d'un utilisateur cherchant à comprendre pourquoi une prédiction a été faite pour une requête particulière $\mathbf{x}$, un modèle explicatif $h_{\mathbf{x}}$ est fourni.

Les auteurs proposent deux principes pour rendre un système explicable. D'abord, il faut que le nombre de variables impliquées dans l'explication soit limité à ce qui est appréhendable par l'utilisateur. Si ce nombre est trop grand, alors il faut construire des variables intermédiaires moins nombreuses. Ensuite, il faut aussi que le modèle explicatif soit fidèle localement. Cela signifie que, sauf si cela est possible, on ne va pas chercher un modèle explicatif rendant compte de toutes les prédictions que ferait le classifieur f ; cela reviendrait à dire qu'une approximation interprétable de f existe, mais que l'on va chercher une approximation locale $h_{\mathbf{x}}$ de f dans le voisinage de la requête $\mathbf{x}$ d'intérêt.

Dans l'article cité, les modèles explicatifs prennent la forme de séparateurs linéaires dont le nombre de variables est limité *a priori* et dont les coefficients appris fournissent l'importance de chaque variable dans la décision $y = h_{\mathbf{x}}(\mathbf{x})$ pour la requête $\mathbf{x}$. Le modèle explicatif $h_{\mathbf{x}}$ est appris à partir des exemples d'apprentissage qui sont dans le voisinage de $\mathbf{x}$, ce voisinage étant déterminé par une fonction noyau définie *a priori* (voir chapitres 13 et 14 pour la définition de fonctions noyaux). La figure 8.7, reprise de l'article cité, illustre la procédure.

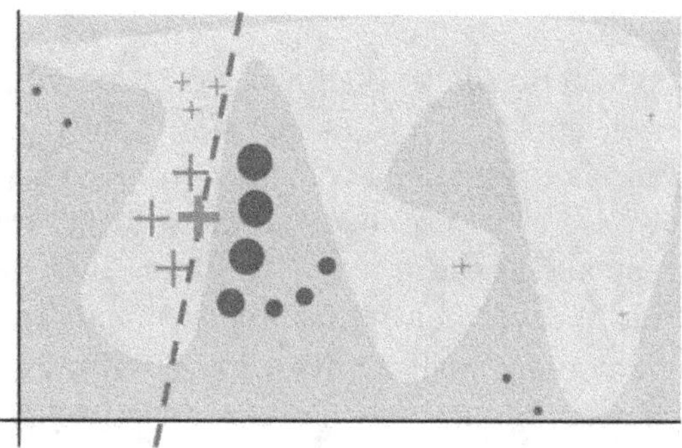

FIGURE 8.7 : *La fonction de décision complexe f apprise est représentée par la frontière entre les zones bleue et rose, qui ne peut pas être bien approchée par un modèle linéaire. La croix rouge en gras est l'instance $\mathbf{x}$ dont on cherche à expliquer la prédiction par f. Le système LIME échantillonne les exemples proches de $\mathbf{x}$, obtient leurs prédictions à l'aide de f, et les pondère en fonction de leur proximité de $\mathbf{x}$ (pondération représentée ici par la taille). La ligne pointillée est l'explication apprise $h_{\mathbf{x}}$ qui est localement (mais pas globalement) fidèle (reproduction de la figure 3 de [RSG16]).*

Lorsque les variables dont la pondération est la plus forte, positivement, pour déterminer la classe d'un exemple sont trop nombreuses, comme cela est généralement le cas dans la classification d'images décrites par des dizaines de milliers, voire des millions, de pixels, des super variables sont construites pour rendre calculable et interprétable l'explication de la classification. Ainsi, les auteurs du système LIME utilisent des super-pixels qui sont des zones continues de pixels similaires. Par exemple, la figure 8.8 montre une image un peu étrange d'un chien jouant de la guitare. Un réseau de neurones de type Inception (chapitre 11) classe cette image dans trois catégories : « guitare électrique » avec probabilité 32%, « guitare acoustique » avec probabilité 24% et « labrador » avec probabilité 21%. Pour chacune de ces trois classes, les superpixels associés aux poids les plus importants pour déterminer la classe correspondante sont identifiés dans l'image. On voit ainsi que les différentes classes putatives ont été influencées par des zones de l'image qui semblent pertinentes pour chacune de ces catégories. Même si la classification finale préférée, ici peut-être « labrador », n'est pas celle privilégiée dans la prédiction, les explications produites renforcent la confiance dans le fonctionnement correct du système car elles montent qu'il s'appuie sur des indices raisonnables pour ses prédictions.

FIGURE 8.8 : *Image originale à gauche. Dans les images de droite, successivement, les super-pixels influençant le plus la classification « guitare électrique » , puis la classe « guitare acoustique », puis la classe « labrador », les autres pixels sont en grisé.* (reproduction de la figure 4 de [RSG16]).

4.5   Explications contrefactuelles

Afin de déboguer un algorithme d'apprentissage, il est souvent nécessaire d'en comprendre la logique interne et éventuellement de pourvoir accéder à ses états internes. Malheureusement, cela peut être extrêmement difficile lorsque ces états impliquent des millions de variables connectées de manière complexe, comme c'est le cas dans les réseaux de neurones modernes ou lorsque un système d'apprentissage résulte en fait de la combinaison d'une collection d'algorithmes. Cependant, ce type d'explication consistant à dévoiler les rouages internes du système, ou à en trouver des approximations simples mais locales, comme dans LIME, n'est pas toujours requis.

Fréquemment, l'utilisateur d'un système d'apprentissage ne s'intéresse pas à son fonctionnement mais veut avoir accès à ce qui aurait pu changer la décision produite par le système. Par exemple, une telle explication pourrait prendre la forme :

« Votre demande de crédit n'a pas été accordée car votre revenu est de 38 000 €/an. S'il avait été de 45 000 €, vous auriez obtenu le crédit. »

Ici, la décision est suivie de ce que l'on appelle une *contrefactuelle*, c'est-à-dire de la description d'un monde (juste assez) différent pour que la décision ait été autre.

Les avantages des explications contrefactuelles sont multiples. D'abord, les expressions de la forme « si ... alors » sont facilement compréhensibles. Ensuite, ces explications fournissent des informations relatives à l'utilisateur et à sa requête et non de manière abstraite et générale à n'importe quelle requête. Cela indique comment il faudrait agir (minimalement) pour modifier une décision. En même temps, ce type d'explication ne dévoile pas d'information sur les données d'apprentissage ni sur l'algorithme d'apprentissage sous-jacent, ce que les entreprises utilisant ces algorithmes sont souvent réticentes à dévoiler. Les contrefactuelles offrent une information minimale sur les raisons d'une décision sans avoir à expliquer la logique interne de l'algorithme d'apprentissage ni sur celle de l'hypothèse apprise.

Il est notable que les explications contrefactuelles sont également un outil puissant pour vérifier le caractère juste (*fairness*) d'un algorithme. Une préoccupation de plus en plus pressante est en effet de vérifier que les décisions émises par un système ne sont pas justifiées par exemple par la race, la religion, l'ethnie ou le genre de la personne considérée. C'est ce que l'on appelle des attributs protégés. Si les seules explications contrefactuelles d'une décision impliquent l'un ou plusieurs de ces attributs, alors le système n'est pas juste. Par exemple si la seule explication contrefactuelle est : « Vous n'avez pas été retenue pour ce poste. Si vous aviez été un homme, vous auriez eu le poste. », alors l'hypothèse apprise par le système n'est pas juste.

Néanmoins, fournir une explication contrefactuelle en recherchant une description d'un monde possible minimalement différent du monde dans lequel a été prise la décision pose deux problèmes. Le premier est d'identifier une notion de distance entre mondes, et donc permettre le calcul d'une distance minimale. Le second est que ce monde le plus proche peut ne pas avoir de sens ou bien impliquer des différences selon plusieurs variables d'entrée ce qui rend la contrefactuelle difficilement compréhensible et exploitable.

Par exemple, la décision de non attribution d'un crédit pourrait avoir été changée si une dizaine de conditions avaient été différentes. Ou bien une image aurait pu être classée dans une autre catégorie si quelques pixels avaient été modifiés (ce que l'on appelle les exemples adversariaux, figure 8.9). Il vaut mieux alors fournir plusieurs contrefactuelles ne différant de la situation réelle que par une variable d'entrée.

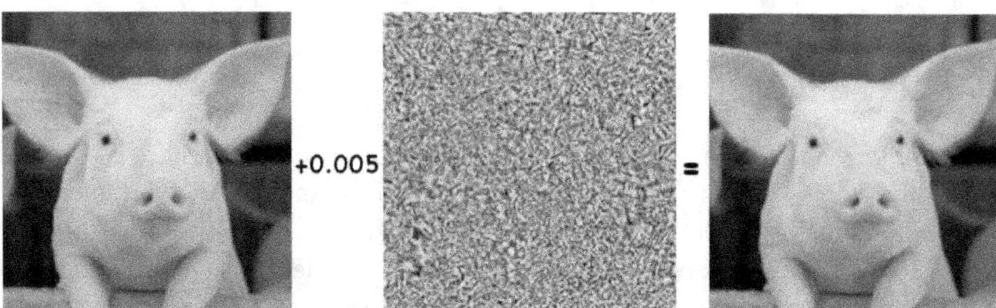

FIGURE 8.9 : *À gauche, une image qu'un algorithme d'apprentissage (un réseau de neurones profond, voir chapitre 11) a correctement classée comme étant un cochon. On modifie de manière imperceptible et additive cette image par un bruit correctement formé, de sorte à tromper l'algorithme qui reconnaît alors (à droite) l'image comme étant ... un avion de ligne. (Source : Laboratoires CSAIL du MIT).*

Les recherches en cours portent sur la définition d'une distance appropriée entre mondes possibles et sur le calcul d'un ensemble minimal de contrefactuelles en fonction de la requête et du profil de l'utilisateur.

4.6 Explications et causalité

Curieusement, la capacité d'un système d'intelligence artificielle à fournir des explications sur ses décisions peut le conduire à être manipulable. Supposons par exemple qu'un système d'aide à la décision pour accorder un prêt bancaire apprenne une règle dans laquelle le facteur déterminant est de savoir si le demandeur du prêt possède plus de deux cartes de crédit. Il se peut très bien qu'une telle règle soit très performante pour prédire si l'emprunteur est capable de rembourser le prêt demandé. Cependant, si le système dévoile l'« explication » de ses décisions, alors il devient facile de le tromper en acquérant plus de deux cartes de crédit.

Le système *ne peut pas être manipulé si l'explication est de nature causale*. La possession de cartes de crédit n'est pas causale au sens où elle ne détermine pas la capacité à rembourser un emprunt. Avoir une activité professionnelle rémunératrice et stable en est une. Or, si l'on est capable d'acquérir une telle situation, alors on devient de fait capable de rembourser un emprunt.

Urbain Le Verrier, astronome et mathématicien, *explique* la trajectoire anormale de la planète Uranus par l'existence d'un autre corps céleste dont il a calculé le mouvement, ce qui mènera à la découverte de la planète Neptune le 23 septembre 1846. Il s'agit bien d'une explication causale : c'est parce que Neptune existe que la trajectoire d'Uranus est modifiée.

C'est pourquoi les explications de type causal ont un statut particulier. Cependant, elles ne sont pas faciles à identifier et, souvent, elles ne sont pas accessibles au système apprenant. Par exemple, le fait de détecter des yeux, des poils et des moustaches disposés d'une certaine manière peut être une explication de la classification d'une image comme étant celle d'un chat. Pourtant, une peluche possédant ces attributs n'est pas un chat. L'habit ne fait pas le moine. Malheureusement, souvent, le système n'a accès qu'à l'apparence des habits pour prendre une décision. La causalité sous-jacente lui est inaccessible car les entrées du système ne comportent pas d'informations permettant d'identifier les facteurs causaux.

Le fait d'avoir des systèmes de type « boîtes de verre » comme les systèmes experts des années 1980 ne change rien à l'affaire comme nous l'avons vu dans la section 4.4. Ce n'est que si la connaissance profonde des mécanismes causaux est fournie au système, que celui-ci peut produire une explication satisfaisante, c'est-à-dire permettant d'agir efficacement sur le monde, par exemple prescrire de la tétracycline à un enfant en danger de mort, malgré les effets secondaires associés.

4.7   Mesurer la compréhensibilité d'une explication ?

Dans les années 1980, Donald Michie (1923-2007) a avancé l'idée de caractériser les systèmes d'apprentissage artificiel selon la *précision* des prédictions réalisées et la *compréhensibilité* des hypothèses apprises. Comme la précision est aisée à mesurer, mais pas la compréhensibilité, les travaux ultérieurs se sont entièrement concentrés sur la première mesure de performance en abandonnant la seconde. Dans le même article, [Mic88], Michie proposait également trois catégories de systèmes d'apprentissage : les systèmes *faibles* dont la performance en prédiction augmente avec la taille de l'échantillon d'apprentissage, les systèmes *forts* qui fournissent les hypothèses apprises sous forme symbolique, et les systèmes *ultra forts* (*ultra-strong*) qui sont capables d'enseigner l'hypothèse apprise aux humains, ceux-ci étant dès lors plus performants dans leur apprentissage que s'ils n'avaient eu accès qu'aux données d'apprentissage.

Stephen Muggleton et ses collègues, dans [MSZ$^+$18], ont repris cette idée et présenté un cadre opérationnel pour mesurer la compréhensibilité d'hypothèses apprises par un système. Spécialistes d'apprentissage par induction de programmes logiques (ILP) (voir chapitre 6), ils font apprendre un petit programme logique à partir de données d'apprentissage $\mathcal{S}$. Ils soumettent ensuite ce programme pour examen à des sujets humains, avant de leur demander de passer un test consistant à classer des exemples tirés aléatoirement de la même population d'exemples que ceux utilisés pour l'échantillon $\mathcal{S}$. La compréhensibilité d'une hypothèse est mesurée à la fois par le temps passé par les sujets sur l'hypothèse avant de passer le test et par la différence de performance sur le test entre sujets ayant pu examiner l'hypothèse produite par le système et sujets humains n'y ayant pas eu accès.

Les auteurs ont testé à l'aide de ce protocole l'effet de l'invention de prédicat pour la définition des programmes logiques par le système d'apprentissage et s'il valait mieux que ces prédicats aient des noms évocateurs (ex. `grand-parent(X,Y)`) ou pas, ainsi que la complexité textuelle des programmes. Les résultats montrent l'intérêt de l'enseignement des sujets humains par des hypothèses apprises par des machines, avec des différences de performances dépendant des modalités expérimentales.

4.8 Illusions des explications ?

Une question qui peut paraître iconoclaste est : *ne demande-t-on pas aux machines quelque chose que l'homme n'est pas capable de faire dans bien des cas ?* Et en corollaire, *n'est-il pas illusoire de demander des explications à des systèmes décisionnels ?*

S'il y a bien un domaine dans lequel les humains semblent performants, c'est celui de leur capacité à produire des explications de leur comportement et de celui des autres. Nous sommes en permanence en train d'attribuer des raisons aux comportements que nous observons. Mais sommes-nous sûrs de produire les bonnes explications, c'est-à-dire les raisons pour lesquelles une décision a été prise, un comportement a été produit ?

De nombreuses expériences montrent que les explications que nous émettons n'ont souvent rien à voir avec ce qui a effectivement déterminé un comportement. Ainsi, le livre *The enigma of reason* de Hugo Mercier et Dan Sperber, rapporte le célèbre *Bystander effect*. La présence d'un spectateur conduit une grande majorité de sujets à ignorer la détresse manifeste d'une personne, un comportement complètement différent de celui observé en l'absence d'un spectateur. Pourtant ce facteur causal manipulé dans l'expérience n'est jamais mentionné dans les explications des sujets.

Les explications apparaissent de fait produites *post hoc*, après que la décision a été prise, et n'ayant souvent pas de rapport avec la cause de cette décision. Il semblerait que les explications soient produites, en interaction avec d'autres personnes, dans le but de justifier nos décisions, à nos yeux et à ceux des autres, et de convaincre les autres de penser et d'agir à l'instar de ce que nous suggérons. Les explications sont un moyen puissant de rendre possible des collaborations.

S'il n'est sans doute pas inutile d'espérer pouvoir rendre les systèmes d'intelligence artificielle capable d'expliquer leurs inférences et raisonnements, il peut être également intéressant de considérer cette autre fonction des explications, peut-être la principale, qui permettrait à des systèmes adaptatifs en interaction de collaborer. Grâce aux explications, elles savent pouvoir se faire confiance, à la fois sur les raisons qui ont produit les résultats jusque là, mais aussi sur les motivations et les règles qui seront suivies pour les résultats à venir.

5. Apprentissage de liens de causalité[7]

Dans de nombreux domaines, tels que la santé, l'éducation, l'économie, la gestion d'organisations, l'environnement, des questions de type causal se posent. Par exemple : est-ce que le traitement A est meilleur que le traitement B pour ce patient dont on veut baisser la pression artérielle ? Est-ce que le gouvernement devrait investir dans des programmes de formation pour adultes ? Faut-il contraindre les industriels à réduire leur production de gaz à effet de serre, ou faut-il organiser une bourse des droits d'émission de gaz à effet de serre ?

A priori, ces interrogations devraient trouver des réponses de plus en plus faciles et précises puisque nous disposons de quantités croissantes de données relatives à la santé, à l'économie, à l'environnement, etc. Pourtant, les méthodes classiques d'analyse de données, d'induction supervisée et non supervisée ne sont pas, la plupart du temps, opérantes pour traiter ces questions. Nous allons voir pourquoi. Nous examinerons également quelques principes et méthodes qui ont émergé ces dernières années pour réaliser de l'*inférence causale*. Il s'agit cependant d'un champ de recherche très ouvert et dont l'importance pour les applications est appelée à croître à l'avenir.

---

7. Cette section doit beaucoup à Irène Demongeot. Qu'elle en soit remerciée.

Lorsque l'on cherche à savoir si un facteur X supposé binaire (ex. prise de médicament ou pas) a un effet causal sur l'état d'une autre variable Y (ex. tel médicament diminue ou pas la sévérité d'une pathologie), la méthode idéale est d'observer la valeur que prend Y quand $X = 0$ et quand $X = 1$ toutes les conditions étant égales par ailleurs.

Par exemple, nous observons que les personnes en maillot de bain (variable A) ont une bien plus grande probabilité de manger des glaces (variable B) que les personnes qui ne sont pas en maillot de bain. Nous souhaiterions savoir s'il existe une relation causale entre X et Y. La méthode idéale est de prendre deux populations de personnes partageant les mêmes caractéristiques et prises dans le même environnement (ex. chaleur, lieu d'observation), l'une des populations étant en maillot de bain et l'autre non. En comparant la prévalence de la prise de glace dans chacune des deux populations, on peut déterminer si X a un effet causal sur Y et à quel niveau. C'est ce que l'on appelle les essais aléatoires ou *randomisés* contrôlés (*randomized control trials*).

Malheureusement, les bases de données disponibles ne nous permettent pas toujours de faire une telle comparaison. Ce n'est généralement pas possible au niveau individuel car une personne ou une situation est soumise à une seule condition, et il n'est pas possible de savoir ce qui se serait passé dans une autre condition. Il faut donc recourir à des méthodes portant sur des populations d'individus ou de situations en essayant d'isoler les effets des variables potentiellement causales des autres effets « confondants ».

Or, il peut arriver que le manque de données empêche de considérer deux populations comparables et ne différant que sur l'état de la variable d'intérêt A. Il peut aussi arriver que l'expérience déterminante ne puisse être réalisée. Par exemple, si nous souhaitons déterminer si le soleil est la cause de la trajectoire elliptique des planètes, il n'est pas possible d'envisager de retirer le soleil pour voir ce qui se passerait. De même, il est difficile de faire des expériences en économie, dans lesquelles on voudrait déterminer si le fait de modifier le déficit public a un effet causal sur le taux de chômage. Les conditions extérieures, type d'économie, pyramide des âges, etc, ne sont en effet jamais égales. Il en est de même pour l'étude des causes du changement climatique.

Le problème est donc que, souvent, on n'a accès qu'à l'une des branches de l'alternative sur la variable X.

La présence de **variables confondantes**[8] (*confounder variables*) est un autre problème fondamental. Il s'agit d'une variable ayant un effet significatif sur la variable dépendante, mais que l'on n'a pas su détecter ou contrôler. Par exemple, il est souvent dit que boire du vin rouge a un effet bénéfique sur le risque cardiovasculaire, diminuant significativement celui-ci. Cependant, il est possible qu'en fait la consommation de vin n'ait pas d'effet sur le risque cardio-vasculaire, voire l'augmente. En effet, il se peut que les personnes buvant du vin soient en moyenne d'un milieu socio-culturel différent de celui des personnes ne buvant pas de vin et que, par exemple, elles aient tendance à faire davantage de sport ou aient en moyenne un meilleur suivi médical. Si l'on ne prête pas attention au milieu socio-culturel des personnes, on pourra attribuer à la consommation de vin un effet causal qu'elle n'a pas.

La seule détection de corrélations entre variables ne peut donc pas suffire à conclure sur l'existence de liens causaux entre ces variables (figure 8.10).

Pour résumer :

Définition 8.1 (Lien causal entre deux variables)

*Une variable X a un **effet causal** sur une variable Y si une* intervention *sur la variable X modifie la distribution des valeurs prises par la variable Y.*

---

8. Wikipedia utilise le terme de *variable parasite*.

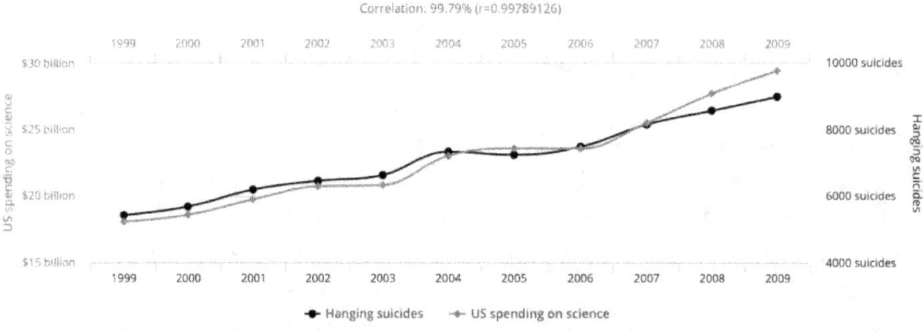

FIGURE 8.10 : *Corrélation n'implique pas cause... Il y a en effet peu de chances pour que les dépenses du gouvernement américain dans certains domaines scientifiques soient la cause des suicides par pendaison (source : http ://www.tylervigen.com/spurious-correlations).*

La notion d'intervention est donc cruciale dans l'analyse de la causalité. La figure 8.11 illustre les différents types de liens causaux possibles.

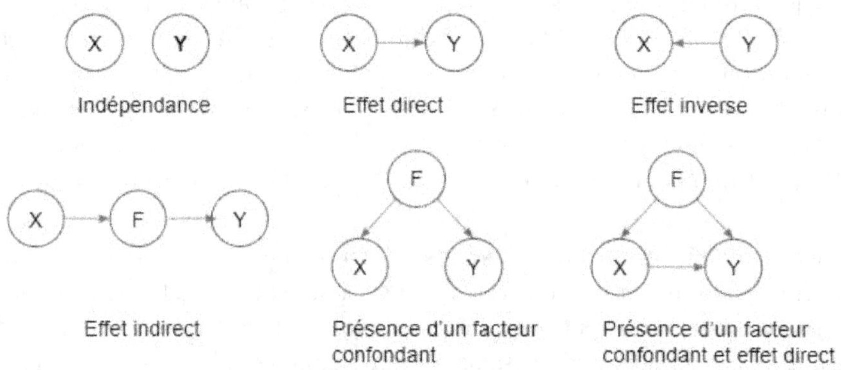

FIGURE 8.11 : *Différentes relations causales entre variables*

On peut distinguer trois grands types de problèmes dans l'analyse causale :

1. Déterminer et construire un graphe de causalité présentant les relations entre les différentes variables d'un système.

2. Mesurer un effet causal lorsqu'on connaît déjà les relations causales entre les variables.

3. Déterminer le sens et le type d'une relation causale entre deux variables X et Y à partir de la distribution conjointe de X et Y.

Dans la suite, nous supposerons qu'un expert ou qu'un système d'apprentissage a fourni un graphe de causalité.

5.1 Identification des variables causales par examen du modèle graphique

Pearl [Pea09b] a montré que le langage des statistiques n'est pas capable de rendre compte de la notion d'intervention, donc de la causalité. Il a donc proposé un formalisme mathématique dédié à l'inférence causale. L'idée est d'enrichir l'outillage probabiliste grâce à un nouveau concept. Là où $P(X \mid Y = y)$ représente la distribution de la variable X étant donnée l'observation $Y = y$, le nouveau concept $P\big(X \mid do(Y = y)\big)$ représente la distribution de X quand une intervention force la condition $Y = y$.

Une mesure de l'effet d'une intervention (ou d'un traitement) dans la population peut s'écrire $\mathbb{E}(Y \mid do(x_1)) - \mathbb{E}(Y \mid do(x_0))$ avec x_1 et x_0 deux niveaux de traitements ou deux traitements différents que l'on veut comparer. Il faut donc pouvoir calculer ces quantités à partir des données. Cela est possible sous certaines conditions.

La première chose pour établir et estimer un lien causal est de **déterminer**, parmi toutes **les variables** connues, celles qui sont **potentiellement causales**. Pearl propose d'utiliser les modèles graphiques (dont il est le père [Pea98, Pea09a]) dans ce but, par l'examen de la structure de ces graphes orientés et acycliques (DAG). Un graphe sera dit causal lorsque toutes les causes, mesurées ou non, sont représentées. Pearl propose des critères structuraux pour établir les variables à considérer. Ces critères se basent sur la notion de *d-séparation* [Pea09b, Pea09c].

Définition 8.2 (d-séparation)

On dit que deux variables X et Y sont d-séparées *par un ensemble de nœuds S si, pour tout chemin non orienté p allant de X à Y, S bloque p, ce qui signifie que :*

- *soit p contient au moins un nœud dans S qui émet une flèche ;*
- *soit p contient au moins un nœud en dehors de S n'ayant pas de descendant dans S.*

Si S d-sépare X et Y alors X et Y sont indépendants sachant S.

—— EXEMPLE ——

Dans l'exemple de la figure (8.12), Z_4 bloque le chemin $X \to Z_4 \to Y$ car la variable est dans le chemin et émet une flèche. De même, Z_3 bloque le chemin $X \leftarrow Z_3 \to Y$. En revanche, Z_3 ne bloque pas le chemin $X \leftarrow Z_1 \to Z_3 \leftarrow Z_2 \to Y$ car Z_3 fait partie du chemin mais n'émet pas de flèche dans le chemin.

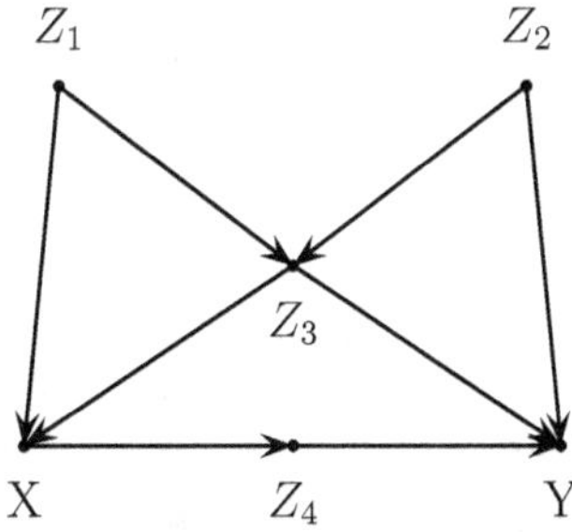

FIGURE 8.12 :
Graphe illustrant la *d-séparation* et le critère *back-door*

Un critère permettant de déterminer un ensemble de variables suffisant pour calculer un effet causal de X sur Y est le critère *back-door* [Pea93, Pea09b, Pea09c].

Définition 8.3 (Critère back-door)

Un ensemble S de nœuds sera suffisant si :

- *Aucun élément de S ne descend de X.*

- *S bloque tous les chemins back-door de X à Y, i.e. tous les chemins se terminant avec une flèche pointant sur X.*

Si un tel ensemble peut être déterminé, alors on a :

$$P(Y = y \,|\, do(X = x)) = \sum_s P(Y = y \,|\, X = x, S = s)\, P(S = s)$$

Si S correspond à un ensemble de variables mesurées et si un expert ou un système d'apprentissage (voir chapitre 20) nous a fourni le graphe causal, nous pouvons alors calculer l'intensité du lien causal à partir des données.

—— EXEMPLE ————————————————————————————

Dans l'exemple de la figure (8.12), l'ensemble $S = \{Z_1\}$ ne satisfait pas le critère *back-door* puisqu'il ne bloque pas le chemin $X \leftarrow Z_1 \rightarrow Z_3 \leftarrow Z_2 \rightarrow Y$. L'ensemble $S = \{Z_1, Z_2, Z_3\}$, en revanche, satisfait le critère puisqu'alors tous les chemins *back-door* de X à Y sont bloqués.

5.2 Estimation de l'intensité des liens causaux potentiels

Neymar-Rubin a proposé un cadre concurrent de celui de Pearl, mais qui peut être utilisé pour déterminer l'intensité des liens causaux une fois identifiées les variables potentiellement impliquées, ce qui peut se faire avec la méthode de Pearl. Ce cadre est appelé *potential outcome framework*. Il y est supposé que tous les facteurs confondants sont mesurés et que l'expérience est *randomisée*. Il est défini selon une approche contrefactuelle.

On considère X et Y deux variables telles que X est cause potentielle de Y. La variable X correspond au traitement, la variable Y correspond à l'effet. $Y_u(x)$ est la variable représentant la valeur de Y pour l'individu u si l'individu u avait reçu le traitement $X = x$. On note U le vecteur de variables caractérisant l'individu. Dans le cas binaire, il existe pour chaque sujet deux variables de sortie potentielles : $Y(1)$ si le traitement est donné, $Y(0)$ si aucun traitement n'est donné. L'estimation de l'effet de X sur Y sera ainsi l'estimation de $Y(1) - Y(0)$. On considère donc qu'il existe deux distributions de Y selon la valeur de X : la distribution observée et la distribution contrefactuelle. Pour chaque individu, il existe deux valeurs de Y possibles mais, au cours d'une étude, seule une des deux va être mesurée, selon qu'il y a eu intervention ou non. Ce modèle pose des problèmes de données manquantes. On peut le rapprocher du problème des bandits pour lequel on n'observe à chaque fois que la sortie correspondant à l'une des branches (bras) de l'alternative (chapitre 12, section 7).

L'effet individuel $Y(1) - Y(0)$ est inobservable puisqu'un seul des deux résultats potentiels est observé pour chaque individu. Cependant, lorsque les hypothèses du modèle sont validées [Rub05], on peut estimer l'effet causal moyen $\mathbb{E}[Y(1)\text{-}Y(0)]$ dans la population à partir des distributions observées, car alors on aura l'indépendance conditionnelle $Y(x) \perp X|U$, c'est-à-dire que Y(x) est indépendant de X sachant U.

Différentes méthodes ont été développées à partir de ce modèle pour estimer l'effet causal moyen d'une variable dans une population.

L'analyse causale s'opère généralement en deux étapes :

1. Une première phase au cours de laquelle des méthodes sont utilisées pour améliorer le recouvrement entre la distribution des co-variables pour les sujets traités et celle pour les sujets non traités.

2. Une seconde phase d'analyse au cours de laquelle on estime l'effet causal.

1. L'appariement des distributions entre conditions : unités traitées et non traitées

Les méthodes d'appariement (*matching*) [Stu10] cherchent à diminuer le biais que l'on obtient en régression linéaire. Le principe de ces méthodes est d'apparier les individus ayant des co-variables de même valeur. Ainsi, pour chaque individu traité, on va rechercher l'individu non traité le plus proche de lui et estimer la valeur de $Y(0)$ qu'on ne connaissait pas *a priori*. Pour chaque individu i, on définit son meilleur « partenaire » par :

$$j(i) = argmin_{j,X_i \neq X_j}(d(U_j, U_i))$$

avec d une mesure de distance entre les co-variables U et X_i la valeur du traitement binaire appliqué à l'individu i. On peut alors estimer l'effet du traitement pour i par $(2x_i\text{-}1)(y_i\text{-}y_{j(i)})$ et l'effet moyen du traitement dans la population par la moyenne des traitements individuels.

Cette méthode nécessite de définir une mesure de distance, ainsi qu'une façon d'apparier les individus. Le meilleur appariement possible serait un appariement exact où toutes les co-variables ont la même valeur. En pratique, cela n'est pas réalisable et une distance de Sebestyen ou la distance de Mahalanobis sont souvent utilisées [Stu10, Imb15].

La *distance de Sebestyen* entre deux vecteurs se définit par :

$$d(U_j, U_i) = (U_j - U_i)^t W (U_j - U_i)$$

avec W une matrice de pondération, par exemple la matrice diagonale d'inverse de la variance de chaque variable $W = diag(1/\sigma_1^2, \ldots, 1/\sigma_n^2)$. Dans la distance de Mahalanobis, W est la matrice de variance covariance.

Plusieurs méthodes d'appariement existent :

- *Appariement sans remise*, qui ne réutilise plus les unités traitées et non traitées déjà appariées. La précision de cette méthode est grande, mais le nombre d'observations utilisées se réduit s'il y a beaucoup plus de non traitées que de traitées. De plus, le résultat dépend beaucoup de l'ordre dans lequel sont appariés les éléments.

- *Appariement avec remise*, qui permet d'intégrer plus d'unités, mais introduit un biais qu'il faut prendre en compte [Stu10].

- *Appariement optimal*, qui prend en compte tous les exemples de façon à minimiser une mesure de distance globale pour tous les appariements [Stu10].

2. Le score de propension

On appelle score de propension, la probabilité pour un sujet (aussi appelé *unité*) de recevoir le traitement, $P(X = 1 \,|\, U)$. Lorsque l'hypothèse d'indépendance $(Y(0), Y(1)) \perp X|U$ est vérifiée, on a alors aussi $(Y(0), Y(1)) \perp X|P(X = 1|U)$ [RR83]. On peut donc calculer un effet causal conditionnel $\mathbb{E}\big(Y(1) - Y(0) \,|\, P(X = 1 \,|\, U)\big)$. Une méthode d'analyse de l'effet causal dans la population pourra donc être par exemple d'estimer tout d'abord le score de propension de chaque unité. Puis, on regroupe les unités en classes de score de propension et on calcule une estimation de l'effet causal dans chaque classe, en utilisant les méthodes citées précédemment. Ces estimations vont ensuite être agrégées pour estimer l'effet causal moyen [IR15].

Le score de propension est généralement estimé par régression logistique, mais toute méthode de régression est possible, comme les arbres de régression ou les SVR. Ce score peut aussi être utilisé pour éliminer les unités avec des valeurs de co-variables extrêmes (et n'ayant par exemple pas d'appariement proche) ou encore comme mesure de distance pour les méthodes d'appariement [IR15, Stu10].

5.3 Estimation d'effets hétérogènes dans une population

Les effets d'une intervention dans une population ne sont pas nécessairement homogènes. Selon les catégories de la population, les effets du traitement peuvent être différents. L'utilisation d'arbres de régression permet parfois d'identifier des effets hétérogènes. Dans un article, Athey et Imbens [AI15] montrent que la sortie modifiée suivante :

$$Y_i^* = Y_i . \frac{X_i - P(X_i = 1|U)}{P(X = 1|U).(1 - P(X = 1|U))}$$

a comme propriété :

$$\mathbb{E}[Y_i^*|U = u] = \tau(u)$$

avec $\tau(u)$ l'effet causal conditionnel. La mesure de Y^* peut donc être utilisée pour estimer directement l'effet causal.

Une première solution serait d'utiliser ce score pour calculer l'effet causal dans la population. Ce score permet aussi de calculer une erreur et donc d'évaluer les méthodes. On peut estimer un effet causal hétérogène en utilisant des arbres de régression. Chaque feuille correspondra à un niveau d'effet différent. D'autres méthodes d'apprentissage sont utilisables pour calculer l'effet causal pour chaque individu, mais l'avantage des arbres de régression est qu'on peut interpréter sémantiquement les branches et dégager des groupes de population réagissant différemment parmi la population globale.

Il faut néanmoins faire attention car l'estimation de τ(u) n'est pas égale à Y^* lorsqu'on fait l'estimation au sein d'une feuille. En effet, si le nombre d'individus traités et non traités n'est pas égal dans la feuille ou si le score de propension n'est pas constant, un biais dans l'estimation va apparaître [AI15]. Une version modifiée de l'algorithme a donc été proposée, dans laquelle Y^* est utilisé pour construire l'arbre mais l'estimation de l'effet causal dans chaque feuille est faite en utilisant une autre méthode, par exemple en calculant la différence entre l'écart moyen de Y entre les individus traités et non traités au sein de la feuille.

5.4 Une méthode originale pour déterminer le sens de causalité entre deux variables

Un problème important et fréquent dans une analyse causale est de déterminer le sens de la causalité entre deux variables X et Y : $X \to Y$ ou $X \leftarrow Y$. Si l'on ne fait aucune hypothèse, il est impossible de déterminer les relations causales entre variables [Pea09c]. Cependant, des chercheurs ont défendu l'idée qu'il est possible de déterminer le sens de la causalité entre deux variables à partir de l'examen de leur distribution jointe.

Ainsi les auteurs de [LPNC+16] formulent les hypothèses suivantes :

1. Il y a indépendance entre la cause et le mécanisme, c'est-à-dire que la distribution de X est indépendante de l'impact de X sur Y. Mathématiquement, on a $P(X) \perp P(Y|X)$.

2. Il y a indépendance entre la cause et le bruit. On peut écrire la relation entre X et Y de la manière suivante :

$$y_j = f(x_j) + \varepsilon_j \quad \forall j \in [1, n]$$

avec ε_j correspondant au bruit dans les données. Si cette hypothèse n'est pas vérifiée, cela signifie que le modèle causal est mal défini et qu'il faut inclure d'autres variables.

Si ces hypothèses sont satisfaites, alors il peut y avoir des traces observables dans les distributions, permettant de distinguer la cause de l'effet.

Par exemple, dans la figure 8.13(a), on considère un modèle linéaire tel que $Y \leftarrow f(X) + \varepsilon$ avec X et ε deux variables aléatoires indépendantes. Dans la figure (b), on constate qu'il n'est pas possible de construire un modèle similaire pour X en fonction de Y, c'est-à-dire un modèle de la forme $X \leftarrow f(Y) + \varepsilon'$ puisque la variance de l'erreur ε' varie alors en fonction de Y. Les hypothèses sont validées dans le sens $X \to Y$ mais, dans le sens $X \leftarrow Y$, la deuxième hypothèse n'est pas validée. Cela permet alors de distinguer la cause X de l'effet Y. S'il avait été possible de construire le modèle $X \leftarrow f(Y) + \varepsilon'$, la distinction entre cause et effet n'aurait pas été possible.

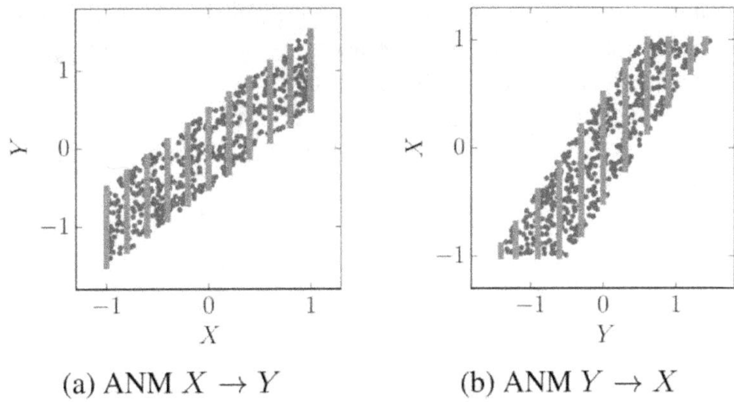

(a) ANM $X \to Y$ (b) ANM $Y \to X$

FIGURE 8.13 : *Exemple d'empreintes causales dans les distributions des exemples mesurés selon les variables X et Y* (tiré de [LPNC$^+$16]).

L'apprentissage du sens de la relation entre X et Y peut être vu comme une tâche de classification binaire. On considère un ensemble d'apprentissage constitué de distributions conjointes de variables X, Y étiquetées 0 si $X \to Y$ et 1 si $X \leftarrow Y$. L'ensemble d'apprentissage peut être constitué de données simulées. Différentes façons de générer des distributions pour lesquelles il est possible de distinguer entre cause et effet ont été proposées [LPNC$^+$16, BCC$^+$17, CEP16].

Un classifieur, par exemple un réseau de neurones, est appris à partir des données générées pour lesquelles les liens de causalité sont connus. Ce classifieur peut ensuite être utilisé pour détecter des liens de causalité dans des données. Une donnée en entrée correspond ici à une distribution conjointe de X et Y, c'est-à-dire un ensemble de couples (x_i, y_j). La sortie est égale à 1 si X est la cause de Y et 0 sinon.

L'avantage de cette méthode est qu'il n'y a pas besoin de faire d'hypothèse sur les relations entre les données ; il n'y a donc pas besoin d'avoir des connaissances extérieures sur le système. De plus, il n'y a plus de notion de traitement ou d'intervention directe ; il est possible de détecter les relations de cause à effet entre deux variables continues. Dans les expériences rapportées dans [LPNC$^+$16], 78 % des exemples étaient bien classés, ce qui est un bon résultat compte tenu de la complexité du problème.

6. L'apprentissage multi-instance

Il se peut que l'on veuille apprendre à reconnaître des « objets » ayant certaines propriétés quand ces propriétés sont dues à certaines conformations ou manifestations de ces objets, mais pas nécessairement à toutes. Ainsi, par exemple, on voudra apprendre que telle molécule dont on connaît la formule brute a un caractère cancérigène parce qu'**au moins** l'une de ses conformations est cancérigène. De même, un trousseau de clés est utile parce qu'il contient une clé au moins permettant d'ouvrir la porte. La difficulté de ce type d'apprentissage vient du fait que l'apprenant ne sait pas quelle conformation est responsable de l'étiquette de l'objet et qu'il doit cependant apprendre à prédire ces étiquettes. Il faut noter que l'apprentissage multi-instance introduit une dissymétrie entre les exemples négatifs et les exemples positifs. En effet, toutes les sous-structures (ex. clés) d'un exemple négatif (ex. trousseau) peuvent être étiquetées comme négatives. En revanche, un exemple positif implique qu'une des sous-structures au moins est positive, mais on ne sait pas laquelle.

Ce type d'apprentissage a été décrit par [DLLP97] dans le cadre de la reconnaissance de molécules cancérigènes. Il correspond à bien d'autres situations pratiques. Conceptuellement, cet apprentissage est intéressant à étudier car il est associé à des langages de représentation dont le pouvoir expressif doit être intermédiaire entre celui de la logique des propositions et celui de la logique des prédicats. Il est ainsi envisageable d'échapper aux limites de l'un et aux problèmes de calculabilité de l'autre. La thèse de Chevaleyre [Che01] est une bonne introduction à l'apprentissage multi-instance (*multi-instance learning*).

Résumé

L'articulation de l'apprentissage avec les connaissances et le raisonnement est intéressante à étudier. La prise en compte des connaissances disponibles, éventuellement sous la forme d'une « théorie du domaine » permettent d'apprendre avec peu d'exemples. Et l'apprentissage permet d'enrichir l'expertise, d'en tester la cohérence et de la consolider.

Des techniques comme l'apprentissage à partir d'explication (EBL) permettent de ré-exprimer les connaissances *a priori* sur un domaine de manière opérationnelle. L'EBL s'appuie sur l'examen de la preuve que l'exemple est positif pour modifier la connaissance *a priori*.

Un autre type d'enrichissement des connaissances est par l'abstraction. Celle-ci se distingue de la généralisation car elle implique un changement de représentation des hypothèses et de la description du monde.

Il est des applications pour lesquelles il devient crucial que les systèmes d'apprentissage soient capables d'expliquer leur fonctionnement, les hypothèses produites et les décisions prises pour des requêtes données. De nombreux travaux sont en cours proposant des solutions variées, mais des questions fondamentales sur la nature des explications à fournir en fonction des contextes et sur la fonction des explications sont encore à élucider.

La recherche de liens de causalité entre variables décrivant le monde est une question primordiale pour l'avenir de la science des données, en particulier dans les domaines où il est important de connaître ces liens pour pouvoir agir, comme c'est le cas dans la santé. Des travaux pionniers importants ont été réalisés, mais l'analyse de la causalité est un domaine qui devrait connaître de grands développements dans le futur.

Parmi les systèmes qui peuvent s'articuler avec la connaissance, figurent ceux qui sont capables d'apprendre à associer des sorties structurées à des entrées. C'est là aussi une question de recherche à grand potentiel.

Troisième partie

L'induction par optimisation d'un critère inductif

Chapitre 9

Ronald FISHER (1890-1962)

L'apprentissage de modèles linéaires

Ce chapitre traite de l'apprentissage de concepts s'exprimant par des formules linéaires dans des espaces numériques. Ainsi, dans le cas de la régression, on cherche la droite rendant au mieux compte des données ; dans le cas de la discrimination, on cherche un hyperplan séparant au mieux les exemples des contre-exemples.

Ces méthodes ont une longue histoire, d'abord en statistique, depuis les années 1930, puis en informatique puisqu'on les a proposées comme l'archétype de l'apprentissage artificiel dès le début des années 1960. Elles ont toujours une grande importance pour plusieurs raisons. La première est la simplicité du calcul de la décision. Ensuite, elles sont robustes au bruit et elles peuvent être plus performantes que des méthodes non linéaires, en particulier lorsque le jeu de données d'apprentissage est réduit. Finalement, on dispose d'une variété d'algorithmes d'apprentissage, qui permettent pour la plupart une interprétation sous la forme de l'optimisation d'un critère compréhensible sur l'ensemble d'apprentissage.

Ces méthodes ont été généralisées à la fin des années 1980, en particulier par les réseaux connexionnistes. De plus, l'approche consistant à utiliser un espace de redescription par des transformations non linéaires, grâce par exemple aux méthodes à noyaux, leur a donné une nouvelle et vigoureuse impulsion depuis le milieu des années 1990.

La compréhension des méthodes linéaires est un préalable essentiel à l'étude des méthodes non linéaires et c'est pourquoi nous leurs consacrons un chapitre à part entière.

L A PARTIE 2 DE CET OUVRAGE était dédiée aux apprentissages dans lesquels l'espace des hypothèses est structuré par une relation d'ordre de généralité induite par la relation d'inclusion dans l'espace des entrées $\mathcal{X}$. Une telle relation d'inclusion signifie que les hypothèses manipulées sont du type booléen, c'est-à-dire qu'il s'agit d'apprentissage de concept, ce qui en limite la portée.

Dans ce chapitre, nous examinons des langages d'hypothèses plus restreints, dans lesquels, que les hypothèses soient de type discriminatif (fonctions de décision) ou de type génératif (distributions de probabilités), elles s'expriment sous forme de combinaisons linéaires d'éléments de base. L'absence d'une relation d'ordre de généralité dans $\mathcal{H}$ conduit à l'utilisation d'algorithmes d'optimisation classiques, par exemple la descente de gradient, pour trouver une (ou plusieurs) hypothèse(s) optimisant le critère inductif choisi.

1. Séparatrices linéaires

1.1   Généralités

Nous nous plaçons désormais dans le cadre de l'apprentissage supervisé d'une règle de classification, c'est-à-dire que la variable à prédire prend ses valeurs dans un ensemble fini, que l'on associe généralement à un ensemble de classes. C'est le cas, par exemple, de la reconnaissance de lettres manuscrites.

Les variables d'entrée sont supposées entièrement numériques, décrites par d nombres réels. L'ensemble d'apprentissage, de taille m, peut donc se représenter par la matrice $(m \times d)$ et le vecteur (transposé) suivants :

$$
\mathcal{S} = (\mathcal{X}, \mathcal{Y}) \quad \text{avec} \quad \mathcal{X} = \begin{bmatrix} x_1^1 & x_1^2 & \cdots & x_1^d \\ x_2^1 & x_2^2 & \cdots & x_2^d \\ \vdots & \vdots & & \vdots \\ x_m^1 & x_m^2 & \cdots & x_m^d \end{bmatrix} \quad \text{et} \quad \mathcal{Y}^\top = [\, \omega_1,\, \omega_2,\, \cdots \omega_m \,]
$$

Nous utilisons l'indice i pour la dimension $(1 \leq i \leq d)$ et l'indice j pour l'élément d'apprentissage $(1 \leq j \leq m)$ De plus, nous nous plaçons, sauf exception indiquée, dans le cas à deux classes. On prend alors classiquement, pour des raisons de commodité de calcul :

$$
\omega_1 = 1 \quad \text{et} \quad \omega_2 = -1
$$

Lorsque l'on se place comme ici dans un espace de représentation euclidien, on peut librement faire des hypothèses sur la géométrie des classes ou sur celles de leurs surfaces séparatrices. La plus simple d'entre elles est de supposer que les deux classes peuvent être séparées par une certaine surface, définie par une équation ; les paramètres qui régissent cette équation sont alors les variables à apprendre. Cette hypothèse n'est pas au fond tellement plus forte que de supposer que les classes sont de nature gaussienne, comme on le fera par exemple au chapitre 19 ; elle est souvent bien sûr fausse, mais peut mener à une probabilité d'erreur raisonnable dans un bon nombre de problèmes. Cette probabilité d'erreur aura évidemment à être évaluée objectivement, par les méthodes présentées au chapitre 24.

Le nombre de paramètres à calculer est minimal si l'on suppose cette surface linéaire ; aussi est-ce l'hypothèse qui prévaut souvent, en particulier lorsque l'échantillon de données est de taille réduite par rapport à la dimension de l'espace d'entrée : elle permet de mener des calculs faciles et de visualiser précisément le résultat obtenu.

1.1.1   Hyperplans séparateurs et discriminants dans un problème à deux classes

Dans $\mathbb{R}^d$, une surface linéaire est un hyperplan (affine) $\mathbf{A}$, défini par l'équation :

$$
a_0 + \mathbf{a}^\top \mathbf{x} = 0 \tag{9.1}
$$

avec $\mathbf{a}$ vecteur de dimension d et a_0 scalaire. Si deux classes ω_1 et ω_2 sont *séparables* par $\mathbf{A}$, tous les points de la première classe sont par exemple tels que :

$$
\mathbf{x} \in \omega_1 \;\Rightarrow\; a_0 + \mathbf{a}^\top \mathbf{x} > 0 \tag{9.2}
$$

et ceux de la seconde vérifient alors :

$$
\mathbf{x} \in \omega_2 \;\Rightarrow\; a_0 + \mathbf{a}^\top \mathbf{x} \leq 0 \tag{9.3}
$$

Dans un espace de dimension $d = 1$, une séparation linéaire se réduit à la comparaison à un seuil. Prenons ce cas particulier pour donner deux exemples où un problème de discrimination à deux classes ne peut pas en pratique être complètement résolu par une séparatrice linéaire.

—— EXEMPLE ——

Cherchons à classer les hommes et les femmes sur la seule mesure de leur taille. Bien que les hommes soient en général plus grands que les femmes, aucun échantillon d'apprentissage représentatif ne permettra de fixer une valeur pertinente pour le seuil, étant donné qu'il existera évidemment toujours certains hommes plus petits que certaines femmes. Dans ce cas, c'est l'espace de représentation qui est trop pauvre : d'autres critères doivent être mis en œuvre pour décider sans erreur du sexe d'un individu.

Supposons pour un autre exemple vouloir détecter à l'aide de l'Indice de Masse Corporelle (IMC) les personnes présentant des risques de santé, soit par excès de maigreur, soit par surpoids. Un IMC considéré comme « normal » est compris entre 18 et 25. En deçà (et au-delà), le rapport de risque est jugé non acceptable. Pour discriminer les personnes à risque, il faudrait alors subdiviser cette catégorie en deux sous-catégories, ce qui rendrait possible une bonne séparation linéaire en trois classes (maigreur, normal, obésité) par deux seuils sur l'IMC. Il suffirait ensuite de regrouper les deux classes extrêmes pour avoir résolu le problème dans l'espace de représentation initial. Cet exemple sera détaillé au début du chapitre suivant, pour présenter les réseaux connexionnistes.

———

Définition 9.1 (Hyperplan séparateur, séparatrice linéaire, hyperplan discriminant)

On appelle hyperplan séparateur *ou* séparatrice linéaire *un hyperplan qui sépare parfaitement deux classes, c'est-à-dire qui vérifie les équations 9.2 et 9.3 ; en particulier, il sépare parfaitement leurs points d'apprentissage. Un* hyperplan discriminant *est un classifieur linéaire pour deux classes qui ne sont pas linéairement séparables.*

Il n'est en général pas possible de trouver un hyperplan séparateur. On se contentera donc de chercher un hyperplan discriminant par approximation, au sens d'un certain critère.

Le problème de l'apprentissage de classifieurs linéaires se ramène donc à la recherche des paramètres $\mathbf{a}$ et a_0 d'un hyperplan discriminant, séparant le mieux possible les points d'apprentissage de ω_1 et de ω_2 dans l'espace $\mathbb{R}^d$ et conduisant à la meilleure généralisation possible.

1.1.2   Un peu de géométrie dans $\mathbb{R}^d$

Un hyperplan d'équation $a_0 + \mathbf{a}^\top \mathbf{x} = 0$ a pour *vecteur normal* $\mathbf{a}$. Sa *distance algébrique* à l'origine vaut $a_0 / \|\mathbf{a}\|$ avec $\|\mathbf{a}\|^2 = \sum_{i=1}^d a_i^2$.

La figure 9.1 montre un hyperplan à deux dimensions, c'est-à-dire une droite, d'équation $g(\mathbf{x}) = a_0 + a_1 x_1 + a_2 x_2 = 0$, ainsi que son vecteur normal $\mathbf{a}$. Cette figure donne aussi la distance de deux points particuliers à cet hyperplan : l'origine, à la distance $a_0 / \|\mathbf{a}\|$, et un point $\mathbf{y}$ de l'autre côté de la droite, à la distance $g(\mathbf{y}) / \|\mathbf{a}\|$. Les signes de ces deux distances algébriques sont opposés, puisque les deux points ne sont pas du même côté de l'hyperplan. Le signe de la distance de l'origine à l'hyperplan est le même que celui de a_0.

Pour caractériser l'hyperplan d'équation $a_0 + \mathbf{a}^\top \mathbf{x} = 0$, on peut rassembler tous ses paramètres dans un vecteur $\mathbf{A}$ de dimension $d + 1$ construit comme :

$$\mathbf{A}^\top = (a_0, \mathbf{a}^\top) = (a_0, a_1, \ldots, a_d)$$

Par extension, on note $\mathbf{A}$ l'hyperplan lui-même. Notons qu'en réalité, il suffit de d paramètres pour définir un hyperplan : on peut sans perdre de généralité imposer par exemple : $a_0 = 1$.

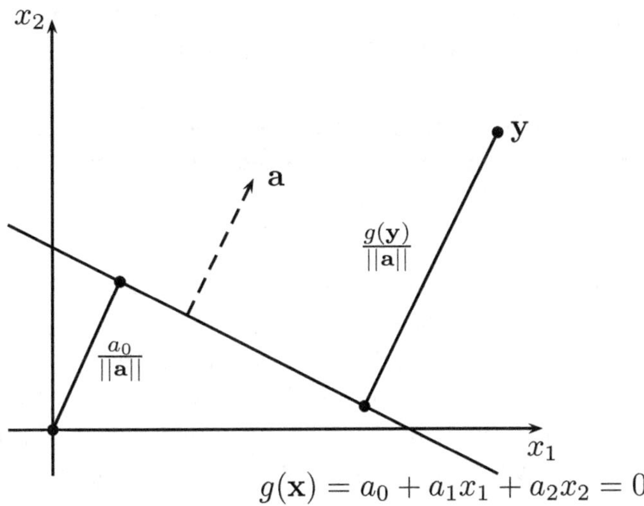

FIGURE 9.1 : *La géométrie d'un hyperplan.*

Posons $g(\mathbf{x}) = a_0 + \mathbf{a}^\top \mathbf{x}$ et notons $\Delta(\mathbf{y}, \mathbf{A})$ la distance entre l'hyperplan $\mathbf{A}$ d'équation $g(\mathbf{x}) = 0$ et un point $\mathbf{y}$ de $\mathbb{R}^d$. Elle est définie comme la distance entre $\mathbf{y}$ et le point de $\mathbf{A}$ le plus proche de y. Ce point n'est autre que la projection orthogonale de $\mathbf{y}$ sur $\mathbf{A}$. La valeur $\Delta(y, \mathbf{A})$ est, comme on l'a vu, une distance algébrique donnée par la formule :

$$\Delta(y, \mathbf{A}) = \frac{g(y)}{\|\mathbf{a}\|}$$

1.2   L'apprentissage d'un hyperplan pour discriminer deux classes

1.2.1   Une solution globale

1.2.1.1   Le cas séparable

Supposons pour le moment que les deux classes ω_1 et ω_2 soient séparables par un hyperplan. Il existe donc un vecteur $\mathbf{a}$ caractérisant cet hyperplan séparateur tel que :

$$\mathbf{a}^\top \mathbf{x} \text{ positif pour } \mathbf{x} \in \omega_1 \qquad \text{et} \qquad \mathbf{a}^\top \mathbf{x} \text{ négatif pour } \mathbf{x} \in \omega_2.$$

Notons qu'il est facile de se ramener à ce cas quand c'est le contraire qui se produit, en inversant simplement le signe de toutes les coordonnées de $\mathbf{a}$. La formalisation de la séparation linéaire pour un problème à deux classes se fait alors en plongeant le problème dans l'espace de dimension $d + 1$. Le vecteur $\mathbf{a}$ et le scalaire a_0 sont transformés en un vecteur $\mathbf{A}$ en ajoutant a_0 à $\mathbf{a}$ comme une coordonnée de rang 0, ce qui se note : $\mathbf{A}^\top = (a_0, \mathbf{a}^\top)$. On impose une valeur non nulle à a_0, par exemple $a_0 = 1$.

L'ensemble $\mathcal{S}$ des données d'apprentissage est composé, comme on l'a vu plus haut, de m exemples $(\mathbf{x}, \omega)$ où $\mathbf{x}$ est un vecteur de $\mathbb{R}^d$ et $\omega \in \{\omega_1, \omega_2\}$. On transforme ces exemples en vecteurs $\mathbf{X}$ de $\mathbb{R}^{d+1}$ par :

$$\begin{cases} \mathbf{x} \in \omega_1 & \Rightarrow \quad \mathbf{X}^\top = (1, \mathbf{x}^\top) \\ \mathbf{x} \in \omega_2 & \Rightarrow \quad \mathbf{X}^\top = (-1, -\mathbf{x}^\top) \end{cases} \qquad (9.4)$$

Par conséquent, quelle que soit la classe de $\mathbf{x}$, on a désormais : $\mathbf{A}^\top \mathbf{X} \geq 0$ (rappelons que l'hyperplan caractérisé par le vecteur $\mathbf{A}$ est pour le moment supposé séparateur : tous les points sont bien classés).

Si on range les m vecteurs $\mathbf{X}$ comme les colonnes d'une matrice M, il est alors facile de voir le problème de séparation linéaire comme la recherche d'un vecteur $\mathbf{A}$ dans $\mathbb{R}^{d+1}$ tel que :

$$\mathbf{A}^\top M = \mathbf{B}^\top \tag{9.5}$$

où $\mathbf{B}$ est un *vecteur positif* de $\mathbb{R}^m$ (dont toutes les coordonnées sont positives).

Ceci revient à dire que l'on recherche un hyperplan dans l'espace de représentation augmenté d'une dimension, avec les contraintes qu'il passe par l'origine et que $\mathbf{B}$ reste positif. Cette manipulation mathématique n'a d'autre but que de rendre plus aisée la résolution du problème.

Remarquons que cette équation ne peut pas se résoudre dans le cas général, puisque M n'est pas inversible (c'est une matrice à $d+1$ lignes et m colonnes) et que $\mathbf{B}$ est inconnu.

1.2.1.2 Le cas non séparable

Traitons maintenant le cas général où les classes et les données d'apprentissage ne sont pas séparables. On se ramène donc à la recherche d'une séparatrice linéaire en cherchant un hyperplan $\mathbf{A}$ le meilleur possible pour distinguer les deux classes. Le principe *ERM* (chapitres 3 et 25) nous indique de choisir celui qui minimise le nombre d'exemples mal classés. Cependant, ce nombre est une variable discontinue. Pour des raisons de facilité de calcul, on va s'intéresser à des critères presque identiques, mais dérivables. Par exemple, on peut minimiser le critère :

$$J(\mathbf{A}, \mathbf{B}) = \frac{1}{2} \| \mathbf{A}^T M - \mathbf{B}^\top \|^2 \tag{9.6}$$

Pourquoi ce critère ? Si les deux classes sont séparables, il existera un couple $(\mathbf{A}, \mathbf{B})$ avec $\mathbf{B}$ positif pour lequel ce critère sera exactement nul. En imposant dans le cas général la contrainte $\mathbf{B}$ positif ou nul, on peut donc comprendre intuitivement qu'une bonne solution approchée pour $\mathbf{A}$ rendra $J(\mathbf{A}, \mathbf{B})$ assez petit.

—— EXEMPLE ———————————————————————————————————————

Il est possible de donner une justification plus profonde à cet argument. En effet, $J(\mathbf{A}, \mathbf{B})$ peut s'écrire :

$$J(\mathbf{A}, \mathbf{B}) = \frac{1}{2} \sum_{j=1}^{m} [\mathbf{A}^T \mathbf{X}_j - b_j]^2$$

$\mathbf{X}_j$ étant la projection dans l'espace de dimension $d+1$ du $j^{ème}$ point d'apprentissage $\mathbf{x}_j$. On sait (voir le chapitre 2, section 1.1.2) que la distance $\Delta(\mathbf{x}_j, \mathbf{A})$ du point $\mathbf{x}_j$ à l'hyperplan caractérisé par le vecteur $\mathbf{A}$ a pour valeur :

$$\Delta(\mathbf{x}_j, \mathbf{A}) = \frac{\mathbf{a}^\top \mathbf{x}_j + a_0}{\| \mathbf{a} \|} = \frac{\mathbf{A}^T \mathbf{X}_j}{\| \mathbf{a} \|}$$

Son carré peut donc s'écrire :

$$[\Delta(\mathbf{x}_j, \mathbf{A})]^2 = \frac{(\mathbf{A}^T \mathbf{X}_j)^2}{\| \mathbf{a} \|^2}$$

On en déduit :

$$J(\mathbf{A}, \mathbf{B}) = \frac{1}{2 \| \mathbf{a} \|^2} \sum_{j=1}^{m} [\Delta(\mathbf{x}_j, \mathbf{A}) - b_j \| \mathbf{a} \|]^2$$

Pour les points de A bien classés par l'hyperplan $\mathbf{A}$, le terme $[\Delta(\mathbf{x}_j, \mathbf{A}) - b_j \parallel \mathbf{a} \parallel]^2$ peut être annulé en choisissant $b_j = \frac{\Delta(\mathbf{x}_j, \mathbf{A})}{\parallel \mathbf{a} \parallel}$, qui est positif. Pour les points mal classés, à défaut de pouvoir prendre b_j négatif, le mieux que l'on puisse faire est d'imposer b_j nul.

Minimiser $J(\mathbf{A}, \mathbf{B})$ sous la contrainte $\mathbf{B}$ positif ou nul revient donc d'une certaine manière à se placer dans le cadre du critère des moindres carrés : on cherche l'hyperplan $\mathbf{A}$ qui minimise la somme des distances entre $\mathbf{A}$ et les points de l'ensemble d'apprentissage que $\mathbf{A}$ classe mal. Si $\mathbf{A}$ et $\mathbf{B}$ minimisent effectivement $J(\mathbf{A}, \mathbf{B})$, on a :

$$[J(\mathbf{A}, \mathbf{B})] = \sum_{\mathbf{x} \in \mathcal{S} \text{ mal classé par } \mathbf{A}} [\Delta(\mathbf{x}, \mathbf{A})]^2$$

Par conséquent, sous l'hypothèse que les distances entre $\mathbf{A}$ et les points mal classés par $\mathbf{A}$ sont réparties selon une distribution gaussienne, et que ceux-ci sont les seuls à compter dans le positionnement de $\mathbf{A}$, la minimisation de $J(\mathbf{A}, \mathbf{B})$ est la recherche du meilleur hyperplan *a posteriori* (au sens bayésien), c'est-à-dire le plus probable connaissant les données (voir le chapitre 19, section 1.6).

Résolution.   Les équations classiques de l'algèbre linéaire fournissent la valeur du gradient de $J(\mathbf{A}, \mathbf{B})$ par rapport à $\mathbf{A}$ (∇ dénote le laplacien d'une fonctionnelle) :

$$\nabla_{\mathbf{A}} J(\mathbf{A}, \mathbf{B}) = (\mathbf{A}^\top M - \mathbf{B}^\top) M^\top \tag{9.7}$$

Comme $J(\mathbf{A}, \mathbf{B})$ est toujours positif ou nul, son minimum est atteint pour :

$$\nabla_{\mathbf{A}} J(\mathbf{A}, \mathbf{B}) = 0 \tag{9.8}$$

ce qui fournit quand la matrice $M^\top M$ est inversible (ce qui est vrai en général) :

$$\mathbf{A}^\top = \mathbf{B}^\top M^+ \tag{9.9}$$

avec $M^+ = M^\top (M M^\top)^{-1}$ *pseudo-inverse* de M. Par conséquent, si le vecteur $\mathbf{B}$ était connu, la solution à notre problème consisterait simplement à calculer $\mathbf{A}$ par cette formule.

À défaut de connaître exactement $\mathbf{B}$, on sait qu'il est positif quand les données sont séparables. On peut, conformément à ce qui a été dit plus haut, chercher une solution qui approche ce cas idéal en fournissant des valeurs strictement positives pour les coordonnées de $\mathbf{B}$ correspondant à des points bien classés, et des valeurs nulles pour les points mal classés. L'algorithme cherché doit donc réaliser une minimisation de $J(\mathbf{A}, \mathbf{B})$ sous la contrainte $\mathbf{B}$ positif ou nul.

On dispose alors de deux types de méthodes pour finir de résoudre le problème : celles reposant sur un calcul numérique global direct et celles qui procèdent de manière itérative sur les données d'apprentissage (on en verra une à la section suivante). La méthode globale la plus simple est la *programmation linéaire* : si l'on ne retient de $\mathbf{B}$ que sa positivité, l'équation précédente se ramène à m inéquations linéaires dans l'espace de dimension $d + 1$. Le problème est donc de grande taille si le nombre d'exemples est important. Les méthodes globales sont de ce fait peu employées ici.

1.2.2   Une méthode itérative : l'algorithme de Ho et Kashyap

Cette méthode consiste, à partir d'un vecteur $\mathbf{B}_0$ arbitraire, à en déduire une suite convergente de valeurs $\mathbf{A}_t$ et $\mathbf{B}_t$ de vecteurs paramètres du problème. Son principe est le suivant : si l'on suppose connaître un certain $\mathbf{B}_t$, on sait que l'on peut calculer $\mathbf{A}_t$ par l'équation 9.9, soit ici :

$$\mathbf{A}_t^\top = \mathbf{B}_t^\top M^+ \tag{9.10}$$

On cherche à minimiser le critère $J(\mathbf{A}_t, \mathbf{B}_t)$. Comment modifier $\mathbf{B}_t$ pour diminuer cette valeur ? Simplement en calculant le gradient de $J(\mathbf{A}_t, \mathbf{B}_t)$ par rapport à $\mathbf{B}_t$ et en en déduisant une valeur $\mathbf{B}_{t+1}$ telle que :

$$J(\mathbf{A}_t, \mathbf{B}_{t+1}) \le J(\mathbf{A}_t, \mathbf{B}_t) \tag{9.11}$$

Ce gradient vaut :

$$\nabla_{\mathbf{B}_t} J(\mathbf{A}_t, \mathbf{B}_t) = \nabla_{\mathbf{B}_t} \parallel \mathbf{A}_t^\top M - \mathbf{B}_t^\top \parallel = -2(\mathbf{A}_t^\top M - \mathbf{B}_t^\top) \tag{9.12}$$

Une façon de réduire $J(\mathbf{A}_t, \mathbf{B}_t)$ est d'utiliser la méthode de la *descente de gradient* (annexe 8), qui consiste ici à retrancher à $\mathbf{B}_t$ un vecteur colinéaire à $\nabla_{\mathbf{B}_t} J(\mathbf{A}_t, \mathbf{B}_t)$, donc à faire :

$$\mathbf{B}_{t+1}^\top = \mathbf{B}_t^\top + \alpha(\mathbf{A}_t^\top M - \mathbf{B}_t^\top) \tag{9.13}$$

où α est un coefficient positif qui règle la vitesse de convergence de l'algorithme.

Il y a cependant une précaution à prendre : éviter de rendre négatifs des termes de $\mathbf{B}_{t+1}$; pour cela, on remplace simplement dans $(\mathbf{A}_t^\top M - \mathbf{B}_t^\top)$ tous les termes négatifs par 0, ce qui donne un vecteur noté $\lfloor \mathbf{A}_t^\top M - \mathbf{B}_t^\top \rfloor$.

On démontre que cette procédure converge vers une valeur nulle de J quand les deux classes sont séparables, vers une valeur positive sinon ; cette dernière valeur peut cependant ne pas être le minimum global de $J(\mathbf{A}, \mathbf{B})$ sur toutes les valeurs possibles de $\mathbf{A}$ et $\mathbf{B}$. L'algorithme 10 décrit cette procédure.

Algorithme 10 : Algorithme de Ho et Kashyap

---

début
> Prendre $\mathbf{B}_0$ et α positif quelconques
> $t \leftarrow 0$
> **tant que** *critère d'arrêt non satisfait* **faire**
>> $\mathbf{A}_t^\top \leftarrow \mathbf{B}_t^\top M^+$
>> $\mathbf{B}_{t+1}^\top \leftarrow \mathbf{B}_t^\top + \alpha\lfloor \mathbf{A}_t^\top M - \mathbf{B}_t \rfloor^\top$
>> $t \leftarrow t + 1$
> **fin tant que**
fin

Le critère d'arrêt peut être, par exemple, $J(\mathbf{A}_t, \mathbf{B}_t) \simeq J(\mathbf{A}_{t+1}, \mathbf{B}_{t+1})$, ou bien $t \ge t_{max}$.

La valeur α peut être considérée, du point de vue de l'apprentissage, comme l'importance de la punition ou de la récompense que l'on applique aux paramètres pour les modifier ; c'est d'ailleurs une remarque générale pour toutes les méthodes de gradient. Grande, elle permet une bonne exploration de l'espace décrit par J, mais peut faire varier erratiquement les vecteurs $\mathbf{A}_t$ et $\mathbf{B}_t$ et interdire en pratique leur convergence ; petite, elle donne une convergence lente et peut mener trop facilement à un optimum local (voir annexe 8).

Il existe diverses possibilités pour régler automatiquement α qui ont été largement étudiées dans le cadre des méthodes générales d'optimisation par les techniques de descente de gradient. L'une d'entre elles a par exemple pour principe de réduire cette valeur au fur et à mesure de la croissance de t : on peut la voir comme un survol exploratoire à grande vitesse du « paysage » J, progressivement remplacé par une descente de plus en plus lente vers le minimum entrevu comme le plus prometteur [1].

1.3   Un autre calcul : l'algorithme du perceptron

L'algorithme du perceptron travaille directement sur le vecteur **a** qui caractérise la surface discriminante cherchée. On n'a donc plus besoin ici de se placer dans l'espace de représentation de dimension $d+1$ ni d'utiliser le vecteur **A**. Cet algorithme utilise un *protocole d'apprentissage itératif* : il prend les données d'apprentissage les unes après les autres, chacune étant choisie soit par un passage systématique dans l'ensemble d'apprentissage (version « non stochastique »), soit par un tirage au hasard dans celui-ci (version « stochastique »). Son nombre d'étapes effectives peut être important : un seul (exactement ou en moyenne) passage des données n'est en effet pas suffisant pour le faire converger.

1.3.1   L'algorithme stochastique

Dans sa version stochastique, le perceptron se décrit par l'algorithme 11 : à l'étape t de son calcul, le vecteur **a** est noté $\mathbf{a}_t$; le nombre maximal d'étapes est fixé à t_{max}.

Algorithme 11 : Le perceptron, version stochastique

---

début
    Prendre $\mathbf{a}_{(0)}$ et α positif quelconques
    $t \leftarrow 0$
    tant que $t \leq t_{max}$ **faire**
        tirer au hasard une donnée d'apprentissage **x**
        si x *est bien classé* **alors**
          | $\mathbf{a}_{t+1} \leftarrow \mathbf{a}_t$
        sinon
            si $\mathbf{x} \in \omega_1$ **alors**
              | $\mathbf{a}_{t+1} \leftarrow \mathbf{a}_t + \alpha\mathbf{x}$
            sinon
              | $\mathbf{a}_{t+1} \leftarrow \mathbf{a}_t - \alpha\mathbf{x}$
            fin si
        fin si
        $t \leftarrow t + 1$
    fin tant que
fin

On constate qu'il n'y a pas de modification si la donnée lue est classée correctement. En revanche, en cas de mauvais classement, la valeur courante $\mathbf{a}_t$ de **a** est corrigée.

1.3.2   Convergence

Le calcul suivant montre empiriquement en quoi cette tactique est fondée : supposons que la donnée d'apprentissage **x** appartienne à la classe ω_1 ; on sait que, dans ce cas, puisqu'il est mal classé, $\mathbf{A}_t^\top \mathbf{x}$ est négatif au lieu d'être positif.

$$\mathbf{a}_{t+1}^\top \mathbf{x} = (\mathbf{a}_t + \alpha\mathbf{x})^\top \mathbf{x} = \mathbf{a}_t^\top \mathbf{x} + \alpha\mathbf{x}^\top \mathbf{x} = \mathbf{a}_t^\top \mathbf{x} + \alpha \parallel \mathbf{x} \parallel \geq \mathbf{a}_t^\top \mathbf{x} \qquad (9.14)$$

---

1. Ou comme la tactique normale d'un joueur de golf, qui joue des clubs de moins en moins « longs » pour être plus précis au fur et à mesure qu'il se rapproche du trou.

Par conséquent, puisque la valeur $\mathbf{a}^\top\mathbf{x}$ a augmenté, la donnée $\mathbf{x}$ devrait avoir à son prochain passage plus de chances de vérifier l'inégalité $\mathbf{a}^\top\mathbf{x} \geq 0$ et d'être donc bien classée dans la classe ω_1. Le calcul est analogue dans le cas où une donnée devant appartenir à ω_2 est mal classée : la valeur $\mathbf{a}_{t+1}^\top\mathbf{x}$ devient inférieure à $\mathbf{a}_t^\top\mathbf{x}$, ce qui la rapproche de la valeur négative qu'elle aurait dû prendre.

Cette justification est en fait rigoureusement démontrée par un théorème de convergence qui, comme dans le cas précédent, assure que, dans le cas de classes séparables, un hyperplan convenable est trouvé en un nombre fini d'étapes [2].

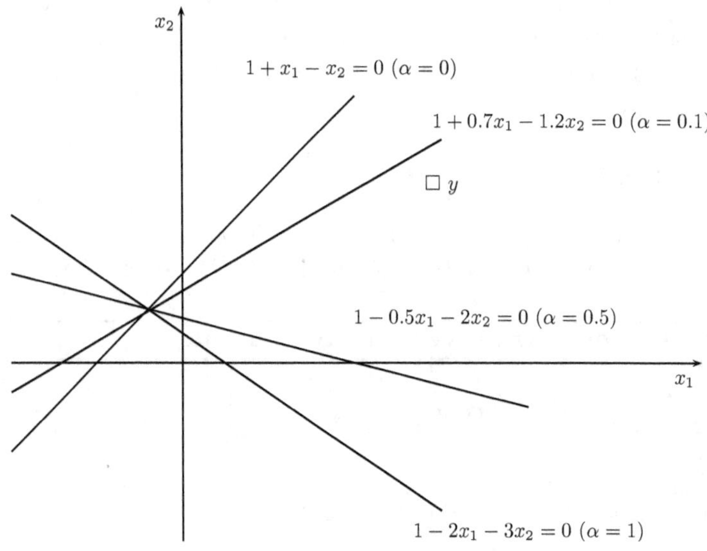

FIGURE 9.2 : *Fonctionnement de l'algorithme du perceptron.*

1.3.3 La version non stochastique et son interprétation

Reprenons cet algorithme dans sa version non stochastique, dans laquelle les données d'apprentissage sont proposées dans l'ordre. L'itération centrale de l'algorithme (appelée une *époque* d'apprentissage) porte sur le calcul de la modification (notée ci-après *modif*) que subit $\boldsymbol{a}$ par le cumul des contributions de tous les exemples. La base des exemples intervient plusieurs fois. L'algorithme 12 décrit le processus.

On peut voir cette version de l'algorithme comme la minimisation du critère :

$$J(\mathbf{a}) = -\sum_{\mathbf{x}\in\mathcal{S}\ \text{mal classé par}\ \mathbf{a}} \mathbf{a}^\top\mathbf{x}$$

En effet, en supposant a_0 fixé à la valeur 1, on a :

$$\nabla_{\mathbf{a}}J(\boldsymbol{a}) = -\sum_{\mathbf{x}\in\mathcal{S}\ \text{mal classé par}\ \mathbf{a}} \mathbf{x} = \frac{modif}{\alpha}$$

---

2. Le théorème de Novikoff prouve que l'algorithme du perceptron converge en un nombre fini T d'étapes : $T \leq 2R^2/M^2$ où $M = \min_{1\leq i\leq m}\{y_i\,d(x_i,h)\}$ pour un séparateur h et d la distance utilisée.

Algorithme 12 : Le perceptron, version non stochastique

---

début
    Prendre $\mathbf{A}_{(0)}$ quelconque et α positif quelconque
    $t \leftarrow 0$
    tant que $t \leq t_{max}$ **faire**
        $modif \leftarrow 0$
        pour *chaque donnée d'apprentissage* $\mathbf{x}$ **faire**
            si $\mathbf{x}$ *est mal classé* **alors**
                si $\mathbf{x} \in \omega_1$ **alors**
                    $modif \leftarrow modif + \alpha\mathbf{x}$
                sinon
                    $modif \leftarrow modif - \alpha\mathbf{x}$
                fin si
            fin si
        fin pour
        $\mathbf{A}_{t+1} \leftarrow \mathbf{A}_t + modif$
        $t \leftarrow t + 1$
    fin tant que
fin

Par conséquent, la modification apportée au vecteur $\mathbf{A}$ par une époque d'apprentissage est proportionnelle au gradient du critère $J(a)$. Cet algorithme minimise donc $J(\mathbf{a})$, qui est un critère un peu différent de celui de l'algorithme de Ho et Kashyap. L'expérience prouve en général que ce dernier est plus efficace du point de vue de la généralisation.

—— EXEMPLE **Fonctionnement** ————————————————————————————————

Prenons l'espace de représentation égal à $\mathbb{R}^2$ (figure 9.2) et supposons qu'à l'itération t, l'équation de la surface séparatrice courante soit : $x_1 - x_2 + 1 = 0$.

Autrement dit, on a fixé $a_0 = 1$ et le vecteur courant $\mathbf{a}_t$ vaut : $\mathbf{a}_t = \begin{pmatrix} 1 \\ -1 \end{pmatrix}$.

Maintenant, supposons que l'exemple suivant soit : $(\mathbf{x}, c) = \begin{pmatrix} 3 \\ 2 \end{pmatrix}, \omega_2$

La valeur de l'équation de la séparatrice $x_1 - x_2 + 1 = 0$ sur les coordonnées de l'exemple est donc : $3 - 2 + 1 = 2$. Or, puisque l'exemple $(\mathbf{x}, c)$ appartient à la classe ω_2, cette valeur devrait être négative. Il faut donc modifier $\mathbf{a}_t$.

Le calcul à faire, puisque $(\mathbf{x}, c) \in \omega_2$, est le suivant : $\mathbf{a}_{t+1} = \mathbf{a}_t - \alpha.\mathbf{x}$.

Pour $\alpha = 0.1$:

$$\mathbf{a}_{t+1} = \mathbf{a}_t - 0.1 \begin{pmatrix} 3 \\ 2 \end{pmatrix} = \begin{pmatrix} 1 \\ -1 \end{pmatrix} - \begin{pmatrix} 0.3 \\ 0.2 \end{pmatrix} = \begin{pmatrix} 0.7 \\ -1.2 \end{pmatrix}$$

La surface séparatrice courante a donc pour nouvelle équation :

$$0.7x_1 - 1.2x_2 + 1 = 0$$

On constate graphiquement qu'elle s'est rapprochée du nouvel exemple, sans toutefois bien le classer. Pour un pas plus grand, par exemple : $\alpha = 1$, on obtiendrait la séparatrice :

$$-2x_1 - 3x_2 + 1 = 0$$

qui classe correctement le nouveau point.

———

Le chapitre 10 présente une extension du perceptron au cas de plus de deux classes ; on y voit aussi comment on peut le généraliser en réseau connexionniste.

1.4 L'hyperplan discriminant de Fisher

La méthode de Fisher diffère des précédentes en ce qu'elle ramène d'abord le problème à une dimension avant de construire un hyperplan. Pour cela, elle va chercher la droite F de vecteur directeur $\boldsymbol{f}$ passant par l'origine telle que la projection des points d'apprentissage sur F sépare au mieux les deux classes ω_1 et ω_2. Ensuite, elle cherche sur F le point par lequel passe l'hyperplan discriminant, orthogonal à F.

Notons $\boldsymbol{\mu}_1$ et $\boldsymbol{\mu}_2$ la moyenne des points d'apprentissage de ω_1 de ω_2. Notons m_1 et m_2 le nombre de points d'apprentissage dans ω_1 et ω_2 et définissons :

$$\overline{\mu_1} = \frac{1}{m_1} \sum_{\mathbf{x} \in \omega_1} \mathbf{f}^\top \mathbf{x} \tag{9.15}$$

comme le scalaire donnant la moyenne des valeurs des projections des points de ω_1 sur F. Notons de même $\overline{\mu_2}$ pour la seconde classe. Définissons aussi :

$$\overline{s_1} = \sum_{\mathbf{x} \in \omega_1} (\mathbf{f}^\top \mathbf{x} - \overline{\mu_1})^2 \tag{9.16}$$

et $\overline{s_2}$ la *dispersion* de ces projections. Le critère de Fisher consiste à chercher la droite F telle que la valeur :

$$J(F) = \frac{(\overline{\mu_1} - \overline{\mu_2})^2}{\overline{s_1}^2 + \overline{s_2}^2} \tag{9.17}$$

soit maximale. Cette valeur est en effet une mesure de la séparation des projections des deux classes sur la droite F. On peut d'ailleurs l'exprimer autrement.

Définissons les valeurs :

$$S_1 = \sum_{\mathbf{x} \in \omega_1} (\mathbf{x} - \mu_1)(\mathbf{x} - \mu_1)^\top \tag{9.18}$$

et de même S_2 ; la valeur :

$$S_I = S_1 + S_2 \tag{9.19}$$

est appelée la *variance intraclasse totale* des données d'apprentissage. Définissons aussi la *variance interclasse* par :

$$S_J = (\mu_1 - \mu_2)(\mu_1 - \mu_2)^\top \tag{9.20}$$

Il est alors possible de prouver que :

$$J(F) = \frac{\mathbf{f}^\top S_J f}{f^\top S_I \mathbf{f}} \tag{9.21}$$

Finalement, on démontre que le critère $J(F)$ est maximal pour :

$$\widehat{\mathbf{f}} = S_I^{-1}(\mu_1 - \mu_2) \tag{9.22}$$

L'hyperplan séparateur de Fisher étant orthogonal à la droite F, il a donc pour équation :

$$\widehat{\mathbf{f}}\mathbf{x} - f_0 = 0$$

La dernière inconnue est la valeur scalaire f_0. Puisque le problème a été ramené à une dimension, il suffit pour la déterminer de supposer par exemple que les projections de chaque classe sur F sont gaussiennes et de procéder comme au chapitre 19.

1.5   Régression (ou discrimination) logistique

Ce qu'il est convenu d'appeler « régression logistique » concerne en fait une méthode de classification binaire, comme les précédentes. Cependant, à la différence du perceptron, on va chercher à apprendre une hypothèse h définie de $\mathbb{R}^d$ dans $[0,1]$ et non pas dans $\{0,1\}$, une motivation étant d'interpréter $h(\mathbf{x})$ comme étant la probabilité que l'entrée $\mathbf{x}$ appartienne à la classe d'intérêt que nous notons ω_1.

Dans le cas à deux classes, nous sommes intéressés par le rapport de probabilités conditionnelles :

$$\frac{\mathbf{P}(y = \omega_1 | \mathbf{x})}{\mathbf{P}(y = \omega_2 | \mathbf{x})} = \underbrace{\frac{\mathbf{P}(y = \omega_1)}{\mathbf{P}(y = \omega_2)}}_{(1)} \underbrace{\frac{\mathbf{p}(\mathbf{x} | y = \omega_1)}{\mathbf{p}(\mathbf{x} | y = \omega_2)}}_{(2)} \tag{9.23}$$

Bien entendu, on affecte l'entrée $\mathbf{x}$ à la classe ω_1 si le rapport (9.23) est > 1 et à la classe ω_2 sinon.

Le terme (1) est facile à estimer à partir des fréquences mesurées des classes ω_1 et ω_2. Pour estimer le terme (2), il faut faire des hypothèses sur sa forme.

Dans la régression logistique, on fait l'hypothèse que le logarithme du rapport (2) est de forme linéaire :

$$\boxed{\log\left\{\frac{\mathbf{p}(\mathbf{x} | y = \omega_1)}{\mathbf{p}(\mathbf{x} | y = \omega_2)}\right\} = \mathbf{w}^\top \mathbf{x} + w_0^0} \tag{9.24}$$

Notons que dans le cas d'hypothèses portant non pas sur les distributions, mais sur un rapport de distributions, comme c'est le cas ici, on parle de méthodes *semi-paramétriques*, qui sont moins restrictives que les méthodes paramétriques.

Comme un grand nombre de distributions statistiques courantes vérifient cette condition d'un rapport de distributions linéaire (formule 9.24), elle est raisonnable et intéressante.

Par exemple, toutes les lois de probabilité de la famille exponentielle :

$$\mathbf{p}(\mathbf{x} | \theta_k) = \exp \theta_k^\top \mathbf{x} + a(\mathbf{x}) + b_k(\theta_k)$$

respectent cette hypothèse. Ceci inclut aussi bien des distributions de lois continues que des distributions de lois discrètes, par exemple les lois normales (avec égalité des matrices de covariance), la loi gamma, la loi bêta, la loi de Poisson, la loi binomiale, la loi multinomiale, etc.

Il est possible de ré-exprimer l'équation 9.23 en utilisant la règle de Bayes :

$$\log \frac{\mathbf{P}(\omega_1 | \mathbf{x})}{1 - \mathbf{P}(\omega_1 | \mathbf{x})} = \log \frac{\mathbf{p}(\mathbf{x} | y = \omega_1)}{\mathbf{p}(\mathbf{x} | y = \omega_2)} + \log \frac{\mathbf{P}(\omega_1)}{\mathbf{P}(\omega_2)} = \mathbf{w}^\top \mathbf{x} + w_0 \tag{9.25}$$

où $w_0 = w_0^0 + \log \frac{\mathbf{P}(+)}{\mathbf{P}(-)}$.

En réarrangeant les termes, on obtient :

$$\boxed{y = \widehat{\mathbf{P}}(\omega_1 | \mathbf{x}) = \frac{1}{1 + \exp[-(\mathbf{w}^\top \mathbf{x} + w_0)]} = \frac{\exp[(\mathbf{w}^\top \mathbf{x} + w_0)]}{1 + \exp[(\mathbf{w}^\top \mathbf{x} + w_0)]}} \tag{9.26}$$

En utilisant cette expression dans les termes de l'équation 9.25, on retrouve en effet le terme de droite de cette dernière. Et on a aussi :

$$1 - y = \widehat{\mathbf{P}}(\omega_2 | \mathbf{x}) = \frac{1}{1 + \exp[(\mathbf{w}^\top \mathbf{x} + w_0)]} = \frac{\exp[-(\mathbf{w}^\top \mathbf{x} + w_0)]}{1 + \exp[-(\mathbf{w}^\top \mathbf{x} + w_0)]}$$

La fonction $\sigma(x) = 1/(1+e^{-\beta x})$ est une *fonction logistique* particulière appelée *fonction sigmoïde logistique*, d'où le nom de régression (ou discrimination) logistique pour la méthode.

y est ainsi notre estimateur de $\mathbf{P}(\omega_1|\mathbf{x})$. Il reste à savoir le calculer à partir de données d'apprentissage, c'est-à-dire estimer $\mathbf{w}$ et w_0.

Soit l'échantillon $\mathcal{S} = \{(\mathbf{x}_1, y_1), \ldots, (\mathbf{x}_m, y_m)\}$, avec $y_i \in \{\omega_1, \omega_2\}, \forall i \in [\![1 \ldots m]\!]$. Sa vraisemblance en fonction des paramètres à apprendre s'écrit :

$$L(\mathcal{S}|\mathbf{w}, w_0) \;=\; \Pi_{i=1}^{m_1}\, \mathbf{p}(\mathbf{x}_{1,i}|\omega_1) \;\times\; \Pi_{j=1}^{m_2}\, \mathbf{p}(\mathbf{x}_{2,j}|\omega_2) \tag{9.27}$$

où m_1 (resp. m_2) est le nombre d'exemples d'apprentissage appartenant à la classe ω_1 (resp. ω_2). Et $\mathbf{x}_{1,i}$ est le i^{e} exemple de la classe ω_1 (idem pour $\mathbf{x}_{j,2}$).

Anderson, dans [And82], a montré que ces paramètres peuvent être obtenus par maximisation de la vraisemblance des paramètres conditionnellement aux exemples. Il a été de plus montré que, sous des conditions très générales [Alb78], le maximum de L est unique.

En utilisant la règle de Bayes, on peut réécrire la vraisemblance comme :

$$L(\mathcal{S}|\mathbf{w}, w_0) \;=\; \Pi_{i=1}^{m_1}\, \mathbf{P}(\omega_1|\mathbf{x}_{1,i}) \frac{\mathbf{p}(\mathbf{x}_{1,i})}{\mathbf{P}(\omega_1)} \;\times\; \Pi_{j=1}^{m_2}\, \mathbf{P}(\omega_2|\mathbf{x}_{2,j}) \frac{\mathbf{p}(\mathbf{x}_{2,j})}{\mathbf{P}(\omega_2)} \tag{9.28}$$

$$= \; \frac{1}{\mathbf{P}(\omega_1)^{m_1}\, \mathbf{p}(\omega_2)^{m_2}} \, \Pi_{k=1}^{m}\, \mathbf{p}(\mathbf{x}) \, \Pi_{i=1}^{m_1}\, \mathbf{P}(\omega_1|\mathbf{x}_{1,i}) \;\times\; \Pi_{j=1}^{m_2}\, \mathbf{P}(\omega_2|\mathbf{x}_{2,j}) \tag{9.29}$$

Comme la seule hypothèse que nous ayons faite concerne le rapport de distributions, et pas les distributions elles-mêmes, le facteur $\frac{1}{\mathbf{P}(\omega_1)^{m_1}\, \mathbf{p}(\omega_2)^{m_2}} \, \Pi_{k=1}^{m}\, \mathbf{p}(\mathbf{x})$ est indépendant des paramètres du modèle et peut donc être laissé de côté pour l'optimisation de ceux-ci.

La maximisation de la vraisemblance est donc équivalente à celle de :

$$L'(\mathcal{S}|\mathbf{w}, w_0) \;=\; \Pi_{i=1}^{m_1}\, \mathbf{P}(\omega_1|\mathbf{x}_{1,i}) \;\times\; \Pi_{j=1}^{m_2}\, \mathbf{P}(\omega_2|\mathbf{x}_{2,j}) \tag{9.30}$$

soit en passant par le logarithme, pour obtenir la log vraisemblance :

$$\begin{aligned}
\log\big(L'(\mathcal{S}|\mathbf{w}, w_0)\big) &= \sum_{i=1}^{m_1} \log\big(\mathbf{P}(\omega_1|\mathbf{x}_{1,i})\big) + \sum_{j=1}^{m_2} \log\big(\mathbf{P}(\omega_2|\mathbf{x}_{2,j})\big) \\
&= \sum_{i=1}^{m_1} \log\big(\mathbf{P}(\omega_1|\mathbf{x}_{1,i})\big) + \sum_{j=1}^{m_2}\big(1 - \mathbf{P}(\omega_1|\mathbf{x}_{2,j})\big) \\
&= \sum_{k=1}^{m} y_k \log \mathbf{P}(\mathbf{x}_k) + (1 - y_k)\log\big(1 - \mathbf{P}(\mathbf{x}_k)\big) \tag{9.31}
\end{aligned}$$

En posant que $y_k = 1$ pour la classe ω_1 et 0 pour la classe ω_2, on reconnaît l'expression de *l'erreur de l'entropie croisée*.

En utilisant la forme fonctionnelle choisie pour définir la probabilité conditionnelle (9.26), on obtient :

$$\log\big(L'(\mathcal{S}|\mathbf{w}, w_0)\big) \;=\; \sum_{i=1}^{m_1} \log\left(\frac{\exp[(\mathbf{w}^{\top}\mathbf{x} + w_0)]}{1 + \exp[(\mathbf{w}^{\top}\mathbf{x} + w_0)]}\right) + \sum_{j=1}^{m_2} \log\left(\frac{1}{1 + \exp[(\mathbf{w}^{\top}\mathbf{x} + w_0)]}\right) \tag{9.32}$$

Nous cherchons une solution maximisant la log vraisemblance, donc dont toutes les dérivées partielles sont nulles :

$$\nabla_{\mathbf{w}} L'(\mathcal{S}|\mathbf{w}, w_0) \;=\; \mathbf{0} \tag{9.33}$$

$$\frac{\partial}{\partial w_0} L'(\mathcal{S}|\mathbf{w}, w_0) \;=\; 0 \tag{9.34}$$

Ces équations ne permettent pas de parvenir à une solution analytique pour $\mathbf{w}$ et w_0, en raison de la non-linéarité de la fonction sigmoïde, mais on obtient (voir par exemple [Fla12], p.284) :

$$\frac{\partial}{\partial w_j} L'(\mathcal{S}|\mathbf{w}, w_0) = \sum_{i=1}^{m} \left(y_i - \widehat{\mathbf{P}}(\mathbf{x}_i) \right) \mathbf{x}_i^j \tag{9.35}$$

où $\mathbf{x}_i^j$ est la j^{e} composante du vecteur $\mathbf{x}_i$. On a aussi, relativement à w_0 :

$$\frac{\partial}{\partial w_0} L'(\mathcal{S}|\mathbf{w}, w_0) = \sum_{i=1}^{m} \left(\widehat{\mathbf{P}}(\mathbf{x}_i) - y_i \right) \tag{9.36}$$

Cela suggère immédiatement une procédure de gradient pour chaque coefficient w_j et pour w_0 :

$$\Delta w_j = -\eta \sum_{i=1}^{m} \left(y_i - \widehat{\mathbf{P}}(\mathbf{x}_i) \right) \mathbf{x}_i^j \tag{9.37}$$

$$\Delta w_0 = -\eta \sum_{i=1}^{m} \left(\widehat{\mathbf{P}}(\mathbf{x}_i) - y_i \right) \tag{9.38}$$

Une procédure de *gradient stochastique* est également possible, dans laquelle les adaptations des coefficients se font en prenant en compte les exemples d'apprentissage un par un, selon un tirage aléatoire :

$$\Delta w_j = -\eta \left(y_i - \widehat{\mathbf{P}}(\mathbf{x}_i) \right) \mathbf{x}_i^j \tag{9.39}$$

$$\Delta w_0 = -\eta \left(\widehat{\mathbf{P}}(\mathbf{x}_i) - y_i \right) \tag{9.40}$$

Il est recommandé d'initialiser les coefficients w_i et w_0 dans un intervalle $[-0.01, +0.01]$ pour être dans le régime non saturé de la fonction sigmoïde, ce qui assure des dérivées non presque nulles. On arrête en général la procédure lorsque le nombre d'exemples mal classés ne diminue plus. Cette règle d'arrêt prématuré permet de contrôler en partie le risque de sur-apprentissage.

D'autres méthodes d'optimisation sont naturellement possibles, par exemple la méthode de Raphson-Newton, en notant que, si le problème d'optimisation à résoudre n'est pas quadratique, il ne s'en éloigne cependant pas beaucoup et l'erreur est concave, avec un seul optimum global.

Il est intéressant de remarquer que, bien que l'approche parte d'une hypothèse sur le ratio de distributions de forme $\mathbf{p}(\mathbf{x}|\text{classe})$, ces distributions ne sont jamais estimées, ni les probabilités des classes $\mathbf{P}(\text{classe})$. Seules sont estimées les probabilités conditionnelles $\mathbf{P}(\text{classe}|\mathbf{x})$. Il s'agit donc bien d'une approche discriminative, et non générative.

De plus, nous n'avons à estimer que $d+1$ coefficients, quand d est la dimension de l'espace d'entrée $\mathcal{X}$, et non pas d paramètres pour les moyennes et $d(d+1)/2$ paramètres pour les matrices de covariance, dans le cas d'une approche générative. Pour de grandes valeurs de d, l'avantage d'utiliser la discrimination logistique est donc très significatif.

Cette approche se généralise facilement à plus de deux classes. Il faut alors considérer les fonctions :

$$\log \frac{\mathbf{p}(\mathbf{x}|\omega_i)}{\mathbf{p}(\mathbf{x}|\omega_j)} = \theta_{ij}^{\top} \mathbf{x} + \theta_{0ij}$$

1.6 Et pour plus de deux classes ?

Dans le cas où l'on a un ensemble d'apprentissage représentatif de plus de deux classes, il existe plusieurs façons de généraliser la discrimination linéaire. La première est d'apprendre pour chaque classe un hyperplan qui la discrimine de toutes les autres, ce qui revient à considérer la réunion de leurs exemples comme négatifs et ceux de la classe en apprentissage comme positifs (approche « un contre tous » ou « one vs. all »). Cependant, cette façon de procéder conduit, comme le montre la figure 9.3 à gauche, à de larges ambiguïtés de classification. De plus, elle produit des problèmes de classification dans lesquels les classes sont déséquilibrées en effectif (classes non balancées).

Une autre solution est de chercher une surface discriminante entre chaque couple de classes (approche « un contre un » ou « one vs. one », figure 9.3, à droite) ; elle présente l'avantage de dessiner moins de zones ambiguës, mais elle a l'inconvénient de demander le calcul de $C(C-1)/2$ jeux de paramètres au lieu de C.

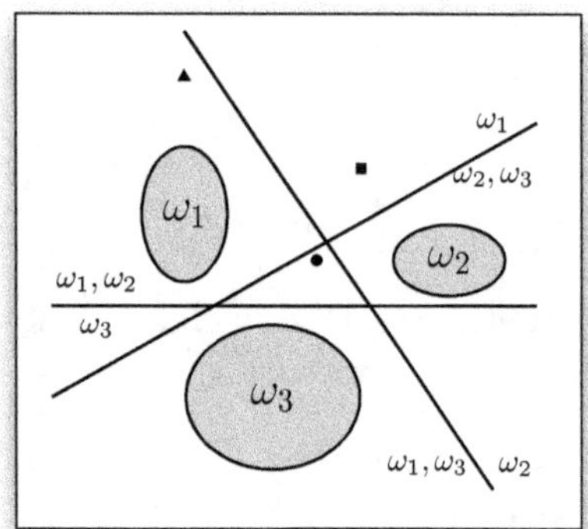

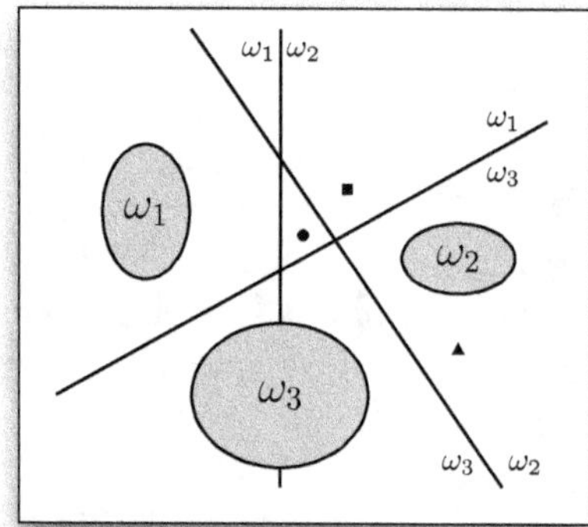

FIGURE 9.3 : Séparation linéaire à plus de deux classes. *À gauche, on sépare chaque classe de toutes les autres : il y a C hyperplans. Le point en triangle est attribué à la classe ω_1, le point en carré est ambigu entre ω_1 et ω_2, le point central est ambigu entre les trois classes. Sur les sept zones, quatre sont ambiguës. À droite, on sépare chaque classe de chaque autre : il y a $\frac{C(C-1)}{2}$ hyperplans. Le point en triangle et le point en carré sont attribués à la classe ω_2, le point central est ambigu entre les trois classes. Sur les sept zones, une seule est ambiguë.*

Dans le cas de plus de trois classes, la géométrie de la séparation par hyperplans devient nettement plus complexe : l'espace $\mathbb{R}^d$ est en effet partagé dans le cas général en $\frac{n^2+n+2}{2}$ zones convexes par n hyperplans.

Les problèmes d'ambiguïté peuvent être résolus par un système ultérieur de décision sur l'ensemble des classes, prenant en compte des paramètres supplémentaires, par exemple la distance aux hyperplans appris (qui se déduit directement des formules présentées précédemment) et/ou les probabilités *a priori* des classes. On peut aussi regrouper provisoirement les classes par des méthodes de classification hiérarchique et réaliser un processus de décision arborescent sur cette base. Ceci n'est pas sans rapport avec les méthodes des *arbres de décision* présentées au chapitre 15. Notons aussi que l'algorithme du perceptron, donné ici dans le cas de deux classes, possède une généralisation naturelle à plus de deux classes qui est présentée au chapitre 10.

Ce problème de l'adaptation de classifieurs construits pour deux classes à un nombre quelconque de classes sera traité d'une autre manière et plus en détail au chapitre 15, section 1.5.2.

2.   Régression linéaire

Supposons que nous voulions un système capable de prédire la durée de vol d'un volatile, étant donnés son âge, son poids, la température de l'air, l'heure de la journée et la latitude. Ou bien, supposons que, pour résoudre un problème de navigation automatique d'un robot mobile, nous cherchions à déterminer l'angle de braquage à donner aux roues pour éviter des obstacles, en fonction de mesures telles que la vitesse de l'engin, son poids, sa position fournie par GPS, etc. On appelle problèmes de *régression* de tels problèmes, dans lesquels la sortie (ici, durée de vol ou angle de braquage) est un nombre réel ou plus généralement un vecteur $\mathbf{y}$ de réels. L'échantillon d'apprentissage s'écrit donc $\mathcal{S} = \langle (\mathbf{x}_i, \mathbf{y}_i) \rangle_{1 \leq i \leq m}$ où $\mathbf{x}_i$ est un vecteur réel de dimension d.

2.1   Le problème de la régression

Le vecteur d'entrée $\mathbf{x} = (x^1, x^2, \ldots, x^d)^\top$ est souvent appelé *variable indépendante*, tandis que le vecteur de sortie $\mathbf{y}$ est appelé *variable dépendante*. On formalise le problème en supposant que la sortie résulte de la somme d'une fonction déterministe f de l'entrée et d'un bruit aléatoire ε :

$$\mathbf{y} = f(\mathbf{x}) + \varepsilon \tag{9.41}$$

où $f(\mathbf{x})$ est la fonction inconnue que nous souhaitons approcher par un estimateur $h(\mathbf{x}|\mathbf{w})$, où h est défini à l'aide d'un vecteur $\mathbf{w}$ de paramètres.

Si l'on suppose que le bruit ε est un phénomène gaussien de moyenne nulle et de variance constante σ^2, c'est-à-dire $\varepsilon = \mathcal{N}(0, \sigma^2)$, alors, en plaçant notre estimateur $h(\cdot)$ à la place de la fonction inconnue, on devrait avoir la densité conditionnelle réelle $\mathbf{p}(\mathbf{y}|\mathbf{x})$ vérifiant :

$$\mathbf{p}(\mathbf{y}|\mathbf{x}) = \mathcal{N}(h(\mathbf{x}|\mathbf{w}), \sigma^2) \tag{9.42}$$

On peut estimer le vecteur de paramètres $\mathbf{w}$ grâce au principe de maximisation de la vraisemblance. On suppose que les couples $(\mathbf{x}_i, \mathbf{y}_i)$ de l'échantillon d'apprentissage sont tirés par tirages indépendants d'une distribution de probabilités jointes inconnue $\mathbf{p}(\mathbf{x}, \mathbf{y})$, qui peut s'écrire :

$$\mathbf{p}(\mathbf{x}, \mathbf{y}) = \mathbf{p}(\mathbf{y}|\mathbf{x})\, \mathbf{p}(\mathbf{x})$$

où $\mathbf{p}(\mathbf{y}|\mathbf{x})$ est la probabilité de la sortie étant donnée l'entrée et $\mathbf{p}(\mathbf{x})$ est la densité de probabilités sur les entrées.

Étant donné un échantillon d'apprentissage $\mathcal{S} = \langle (\mathbf{x}_i, \mathbf{y}_i) \rangle_{1 \leq i \leq m}$ supposé tiré de manière indépendante et identiquement distribuée (i.i.d.), sa *log vraisemblance* se définit par :

$$\mathcal{L}(\mathbf{w}|\mathcal{S}) = \log \prod_{i=1}^{m} \mathbf{p}(\mathbf{x}_i, \mathbf{y}_i) = \log \prod_{i=1}^{m} \mathbf{p}(\mathbf{y}_i|\mathbf{x}_i) + \log \prod_{i=1}^{m} \mathbf{p}(\mathbf{x}_i) \tag{9.43}$$

Nous cherchons à la maximiser. Le second terme ne dépendant pas de l'estimateur peut être ignoré pour cette maximisation, d'où :

$$\begin{aligned}
\mathcal{L}(\mathbf{w}|\mathcal{S}) &= \log \prod_{i=1}^{m} \frac{1}{\sqrt{2\pi}\sigma} \exp\left[-\frac{[\mathbf{y}_i - h(\mathbf{x}_i|\mathbf{w}))]^2}{2\sigma^2} \right] \\
&= \log\left\{ \left(\frac{1}{\sqrt{2\pi}\sigma} \right)^m \exp\left[-\frac{1}{2\sigma^2} \sum_{i=1}^{m} [\mathbf{y}_i - h(\mathbf{x}_i|\mathbf{w}))]^2 \right] \right\} \\
&= -m \log(\sqrt{2\pi}\sigma) - \frac{1}{2\sigma^2} \sum_{i=1}^{m} [\mathbf{y}_i - h(\mathbf{x}_i|\mathbf{w}))]^2
\end{aligned} \tag{9.44}$$

Le premier terme étant indépendant du vecteur de paramètres $\mathbf{w}$ peut être éliminé, de même que le facteur $1/\sigma^2$. Maximiser l'expression résultante revient alors à minimiser la somme des carrés des erreurs (SCE) :

$$\text{SCE}(\mathbf{w}|\mathcal{S}) = \frac{1}{2}\sum_{i=1}^{m}[\mathbf{y}_i - h(\mathbf{x}_i|\mathbf{w}))]^2 \tag{9.45}$$

ce qui est la fonction d'erreur la plus utilisée. Le vecteur de paramètres $\mathbf{w}$ minimisant cette expression est alors naturellement appelé l'*estimation des moindres carrés* (*least square estimate* en anglais)[3].

2.2　Le cas de la régression linéaire

Dans le cas de la régression linéaire, on suppose que la fonction de régression $\text{E}(\mathbf{y}|\mathbf{x})$ est linéaire par rapport au paramètre $\boldsymbol{w}$ ou qu'elle peut raisonnablement être approchée par un modèle linéaire de $\boldsymbol{w}$:

$$h(\mathbf{x}_i|w_0, w_1, \ldots, w_d) = w_0 + \sum_{j=1}^{d} w_j x_i^j \tag{9.46}$$

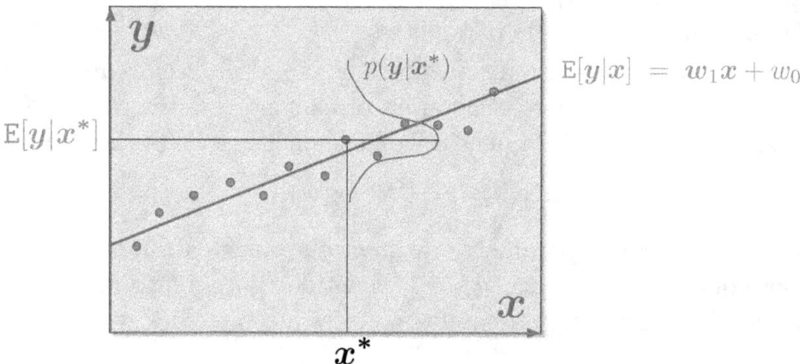

FIGURE 9.4 : *La régression linéaire en supposant un bruit gaussien de moyenne nulle.*

On suppose dans la suite que la sortie y est numérique. Le cas d'un vecteur de sortie $\mathbf{y}$ est juste plus compliqué à écrire (il suffit de considérer un problème de régression par composante du vecteur de sortie $\mathbf{y}$).

En définissant les vecteurs et matrice suivants :

$$\mathbf{X} = \begin{bmatrix} 1 & x_1^1 & x_1^2 & \ldots & x_1^d \\ 1 & x_2^1 & x_2^2 & \ldots & x_2^d \\ \vdots & \vdots & \vdots & & \vdots \\ 1 & x_m^1 & x_m^2 & \ldots & x_m^d \end{bmatrix}, \quad \mathbf{w} = \begin{bmatrix} w_0 \\ w_1 \\ \vdots \\ w_d \end{bmatrix}, \quad \mathbf{S}_y = \begin{bmatrix} y_1 \\ y_2 \\ \vdots \\ y_m \end{bmatrix}$$

le critère de la somme des carrés des erreurs s'écrit alors :

$$\text{SCE}(\mathbf{w}|\mathcal{S}) = \frac{1}{2}(\mathbf{S}_y - \mathbf{X}\mathbf{w})^{\top}(\mathbf{S}_y - \mathbf{X}\mathbf{w}) \tag{9.47}$$

---

3. Ce critère est encore valide même si les $\mathbf{x}_i$ ne sont pas tirés aléatoirement, du moment que les $\mathbf{y}_i$ sont conditionnellement indépendants étant données les entrées.

Il suffit de prendre la dérivée de la somme des carrés des erreurs (équation 9.45) par rapport à $\mathbf{w}$ pour obtenir les équations :

$$\frac{\partial \mathrm{SCE}}{\partial \mathbf{w}} = -\mathbf{X}^\top(\mathbf{S}_y - \mathbf{X}\mathbf{w})$$

$$\frac{\partial^2 \mathrm{SCE}}{\partial \mathbf{w}\partial \mathbf{w}^\top} = -\mathbf{X}^\top\mathbf{X}$$

En supposant que la matrice $\mathbf{X}$ est non singulière, et donc que $\mathbf{X}^\top\mathbf{X}$ est positive définie, et en posant que la dérivée première est nulle, on obtient le système dit aux équations normales :

$$\mathbf{X}^\top\mathbf{X}\mathbf{w} = \mathbf{X}^\top\mathbf{S}_y \tag{9.48}$$

soit encore (les sommes vont de 1 à m) :

$$\sum_j y_j = m\,w_0 + w_1\sum_i x_i^1 + w_2\sum_i x_i^2 + \ldots + + w_d\sum_i x_i^d$$

$$\sum_i y_i x_i^1 = w_0\sum_i x_i^1 + w_1\sum_i (x_i^1)^2 + w_2\sum_i x_i^1 x_i^2 + \ldots + w_d\sum_i x_i^1 x_i^d$$

$$\sum_i y_i x_i^2 = w_0\sum_i x_i^2 + w_1\sum_i x_i^1 x_i^2 + w_2\sum_i (x_i^2)^2 + \ldots + w_d\sum_i x_i^1 x_i^d$$

$$\vdots$$

$$\sum_i y_i x_i^d = w_0\sum_i x_i^d + w_1\sum_i x_i^1 x_i^d + w_2\sum_i x_i^2 x_i^d + \ldots + w_d\sum_i (x_i^d)^2$$

à partir de quoi on peut calculer l'unique solution par :

$$\hat{\mathbf{w}} = (\mathbf{X}^\top\mathbf{X})^{-1}\mathbf{X}^\top\mathbf{S}_y \tag{9.49}$$

Il s'agit là de l'une des équations les plus célèbres de l'algèbre linéaire : le *filtre*[4] *linéaire de Wiener*. Qualitativement, cette équation stipule qu'il faut prendre en compte les corrélations entre les entrées et les sorties (partie $\mathbf{X}^\top\mathbf{S}_y$ de l'équation) mais en prenant garde de ne pas surestimer les corrélations entre les entrées (partie $(\mathbf{X}^\top\mathbf{X})^{-1}$ de 9.49).

La valeur $\hat{y}_j$ prédite pour une entrée $\mathbf{x}_i$ est donc : $\hat{y}_i = (\mathbf{X}^\top\mathbf{X})^{-1}\mathbf{X}^\top\mathbf{S}_y\mathbf{x}_i$. Il est possible d'estimer le bruit par l'estimateur non biaisé :

$$\sigma^2 \approx \frac{1}{m-d-1}\sum_{i=1}^{m}(y_i - \mathbf{w}^\top\mathbf{x}_i)^2$$

de même que la variance des paramètres :

$$\mathrm{Var}[\mathbf{w}] = (\mathbf{X}^\top\mathbf{X})^{-1}\sigma^2$$

La prédiction $p(\hat{y}|\mathbf{x})$ est donc gaussienne de moyenne $\mathbf{w}^\top\mathbf{x}$ et de variance $\mathbf{w}^\top(\mathbf{X}^\top\mathbf{X})^{-1}\mathbf{w} + \sigma^2$. L'incertitude provient à la fois du bruit sur les entrées σ et de l'incertitude sur les paramètres estimés $\mathbf{w}^\top(\mathbf{X}^\top\mathbf{X})^{-1}\mathbf{w}$.

---

4. Il s'agit en effet de séparer l'entrée du bruit.

Il se peut que les colonnes de la matrice $\mathbf{X}$ ne soient pas linéairement indépendantes et donc que $\mathbf{X}$ ne soit pas de rang maximal. Cela peut arriver, par exemple, si plusieurs entrées sont corrélées (ex. $\mathbf{x}_{i_1} = \lambda\mathbf{x}_{i_2}$). Dans ce cas, $\mathbf{X}^\top\mathbf{X}$ est singulière et l'estimation de $\hat{\mathbf{w}}$ n'est pas déterminée de manière unique. Cela signifie seulement qu'il y a plusieurs manières d'exprimer la solution. Il existe généralement des moyens naturels d'éliminer les colonnes redondantes de $\mathbf{X}$ et les *packages* de régression comportent généralement des méthodes pour cela. Le problème du rang de la matrice peut également se produire lorsque la dimension des entrées d excède la taille m de l'échantillon d'apprentissage, comme en analyse du signal, en traitement d'images ou en analyse du transcriptome. Dans ce cas, on cherche généralement à réduire la dimension de l'espace d'entrée (chapitre 18). On peut aussi avoir recours à des techniques de régularisation afin de contrôler l'adaptation du modèle appris aux données (section 4).

2.3 Quelques propriétés intéressantes

2.3.1 Interprétabilité et réduction de dimension

L'un des avantages des modèles linéaires est qu'il est possible d'en tirer aisément des informations sur l'importance des différents attributs x^j. Ainsi, le signe de w_j indique si l'attribut x^j a un effet positif ou non sur la sortie. De même, si les x^j sont normalisés, les valeurs absolues relatives des w_j indiquent l'importance relative des attributs et permettent de les trier par ordre d'importance, voire d'éliminer ceux qui sont associés à des paramètres dont la valeur est proche de zéro.

Plus précisément, si l'on suppose que l'erreur ε est gaussienne de moyenne nulle et de variance σ^2, c'est-à-dire $\varepsilon \sim \mathcal{N}(0, \sigma^2)$, alors :

$$\hat{\mathbf{w}} \sim \mathcal{N}(\mathbf{w}, (\mathbf{X}^\top\mathbf{X})^{-1}\sigma^2)$$

qui est une distribution normale multivariée. De plus :s

$$(m - d - 1)\hat{\sigma}^2 \sim \sigma^2\chi^2_{m-p-1}$$

est une distribution de χ^2 à $m-d-1$ degrés de liberté. Les variables $\hat{\mathbf{w}}$ et $\hat{\sigma}^2$ sont statistiquement indépendantes. Ces propriétés permettent de construire des tests statistiques et de calculer des intervalles de confiance pour les paramètres w_i.

Pour tester si un coefficient $w_j = 0$, on utilise le score Z :

$$z_j = \frac{\hat{w}_j}{\hat{\sigma}\sqrt{v_j}} \tag{9.50}$$

où v_j est le j-ème élément diagonal de $(\mathbf{X}^\top\mathbf{X})^{-1}$.

Sous l'hypothèse nulle selon laquelle $w_j = 0$, z_j est distribué selon une *t*-distribution à $m - d - 1$ degrés de liberté t_{m-d-1}. La constatation d'une valeur de z_j élevée conduit alors au rejet de cette hypothèse nulle (par exemple, un score Z de valeur absolue > 2 est significativement non nul au niveau $p = 0.05$). Nous renvoyons ici le lecteur à tout bon ouvrage sur les statistiques, par exemple [Dod03].

2.3.2 Théorème de Gauss-Markov

Le théorème de Gauss-Markov assure que le modèle linéaire résultant de l'estimation du vecteur de paramètres $\boldsymbol{w}$ par les moindres carrés a la variance la plus faible parmi toutes les estimations de modèles linéaires non biaisés.

Soit la prédiction $y_i = [1, \mathbf{x}_i]\,\mathbf{w}$. Son estimation par les moindres carrés est :

$$\hat{y}_i = [1, \mathbf{x}_i]\,\hat{\mathbf{w}} = [1, \mathbf{x}_i]\,(\mathbf{X}^\top\mathbf{X})^{-1}\mathbf{X}^\top\mathbf{S}_y$$

En supposant qu'un modèle linéaire soit correct, l'estimation est non biaisée :

$$\begin{aligned}
\mathrm{E}([1, \mathbf{x}_i]\,\hat{\mathbf{w}}) &= \mathrm{E}([1, \mathbf{x}_i]\,(\mathbf{X}^\top\mathbf{X})^{-1}\mathbf{X}^\top\mathbf{S}_y) \\
&= [1, \mathbf{x}_i]\,(\mathbf{X}^\top\mathbf{X})^{-1}\mathbf{X}^\top\mathbf{X}\mathbf{w} \\
&= [1, \mathbf{x}_i]\,\mathbf{w}
\end{aligned}$$

D'après le théorème de Gauss-Markov, pour tout autre estimateur linéaire $\tilde{y} = \mathbf{M}\mathbf{S}_y$ non biaisé de $[1, \mathbf{x}_i]\,\mathbf{w}$ (c'est-à-dire tel que : $\mathrm{E}(\mathbf{M}\mathbf{S}_y) = [1, \mathbf{x}_i]\,\mathbf{w}$), on a :

$$\mathrm{Var}([1, \mathbf{x}_i]\,\mathbf{w}) \leq \mathrm{Var}(\mathbf{M}\,\mathbf{S}_y)$$

Considérons la *moyenne des carrés des erreurs* (MCE) (*Mean Squared Error* ou MSE en anglais) d'un estimateur $\tilde{\mathbf{w}}$ de $\boldsymbol{w}$:

$$\mathrm{MCE}(\tilde{\mathbf{w}}) = \mathrm{E}(\tilde{\mathbf{w}} - \mathbf{w})^2 = \mathrm{Var}(\tilde{\mathbf{w}}) + \big[\mathrm{E}(\tilde{\mathbf{w}}) - \mathbf{w}\big]^2 \tag{9.51}$$

Le premier terme est la variance tandis que le second terme est le biais au carré. Le théorème de Gauss-Markov implique que l'estimation des moindres carrés conduit à la plus petite moyenne des carrés des erreurs parmi tous les estimateurs linéaires non biaisés. Cependant, il peut exister un estimateur biaisé de moyenne des carrés des erreurs moindre. Il suffit qu'il soit possible de compenser une augmentation de la variance par une diminution plus importante du biais. C'est pourquoi les estimateurs biaisés sont souvent utilisés. Par exemple, toute méthode qui met à zéro certains des coefficients de $\boldsymbol{w}$ pour réduire la dimension de l'espace peut conduire à un estimateur biaisé, mais de meilleure performance. En général, le choix d'un modèle (d'un estimateur) revient à déterminer le bon compromis entre le biais et la variance, en accord avec l'un des principaux messages du chapitre 3.

Finalement, il est intéressant de noter que la moyenne des carrés des erreurs est liée à la précision de la prédiction. Ainsi, par exemple, soit la prédiction $\mathbf{y}_i = f(\mathbf{x}_i + \varepsilon)$. L'espérance de l'erreur de prédiction de l'estimation $\tilde{f}(\mathbf{x}_i) = \mathbf{x}_i^\top\,\tilde{\mathbf{w}}$ est :

$$\begin{aligned}
\mathrm{E}(\mathbf{y}_i - \tilde{f}(\mathbf{x}_i))^2 &= \sigma^2 + \mathrm{E}(\mathbf{x}_i^\top\,\tilde{\mathbf{w}} - f(\mathbf{x}_i))^2 \\
&= \sigma^2 + \mathrm{MCE}(\tilde{f}(\mathbf{x}_i))
\end{aligned} \tag{9.52}$$

L'espérance d'erreur de prédiction ne diffère de la moyenne des carrés des erreurs que par la constante σ^2, qui représente la variance de la nouvelle observation $\mathbf{y}_i$.

2.3.3   Complexité calculatoire

L'estimation par les moindres carrés est généralement réalisée soit par la décomposition de Cholesky de la matrice $\mathbf{X}^\top\mathbf{X}$, soit par décomposition [5] QR de $\mathbf{X}$. Avec m exemples de dimension d, la décomposition de Cholesky demande $d^3 + m\,d^2/2$ opérations, tandis que la décomposition QR demande $m\,d^2$ opérations. Selon les valeurs relatives de m et d, l'une ou l'autre de ces méthodes est la plus efficace.

---

5. La décomposition QR est issue de la procédure d'orthonormalisation de Gram-Schmidt et cherche une bonne base orthogonale pour les colonnes de $\mathbf{X}$ (voir [HTF02]).

2.3.4 Et avec une autre fonction d'erreur ?

Supposons que nous cherchions un modèle constant $y = a$ rendant au mieux compte de l'échantillon de données $\mathcal{S} = \{(\mathbf{x}_i, \mathbf{y}_i)\}_{1 \leq i \leq m}$. Que devrions-nous choisir pour la valeur de a ?

Cela dépend de la fonction d'erreur considérée. Pour la *fonction d'erreur quadratique*, la moyenne est la meilleure estimation. En effet :

$$E = \sum_{i=1}^{m} (y_i - a)^2$$

$$\frac{\mathrm{d}E}{\mathrm{d}a} = 2 \sum_{i=1}^{m} (y_i - a)$$

$$\hat{a} = \frac{1}{m} \sum_{i=1}^{m} y_i$$

Pour la fonction d'erreur *valeur absolue de la différence*, la médiane est la meilleure estimation :

$$E = \sum_{i=1}^{m} |y_i - a)|$$

$$\frac{\mathrm{d}E}{\mathrm{d}a} = 2 \sum_{i=1}^{m} \mathrm{signe}(a - y_i)$$

$$= (\#y_i \ \texttt{plus petit que} \ a) - (\#y_i \ \texttt{plus grand que} \ a)$$

$$\hat{a} = \mathrm{mediane}[y_1, \ldots, y_m]$$

Qu'en est-il alors lorsque l'on cherche non plus un modèle constant mais un modèle linéaire ? Il faut résoudre un problème de programmation linéaire :

$$\begin{cases} & \min \sum_{i=1}^{m} u_i \\ \texttt{soumis à} & -u_i \leq y_i - \mathbf{w}^\top \mathbf{x}_i \leq u_i \end{cases}$$

Chaque fonction d'erreur demande par conséquent une analyse propre afin de déterminer la solution optimale au problème d'apprentissage associé.

3. Modèles linéaires par morceaux et combinaisons de modèles locaux

Une généralisation des modèles linéaires consiste à supposer que la variable dépendante (de sortie) $\boldsymbol{y}$ est linéaire *localement* dans l'espace d'entrée $\mathcal{X}$, avec une dépendance linéaire variable suivant la région de $\mathcal{X}$. On parle alors de *modèle linéaire par morceaux (Piecewise Linear Model)*.

Géométriquement, le modèle consiste en un ensemble d'hyperplans de dimension d, chacun couvrant une région de l'espace d'entrée $\mathcal{X}$ disjointe des autres. Les paramètres de ce type de modèles sont ceux décrivant chaque hyperplan ainsi que les paramètres permettant d'identifier les régions.

3.1   La régression linéaire par morceaux

Pour des raisons de simplicité de présentation, nous supposons désormais que la sortie $y \in \mathbb{R}$, de même que l'entrée est supposée uni-dimensionnelle $x \in \mathbb{R}$. Une fonction linéaire par morceaux $f(x)$ est obtenue en divisant le domaine $\mathcal{X}$ en intervalles contigus et en définissant une fonction linéaire dans chacun de ces intervalles.

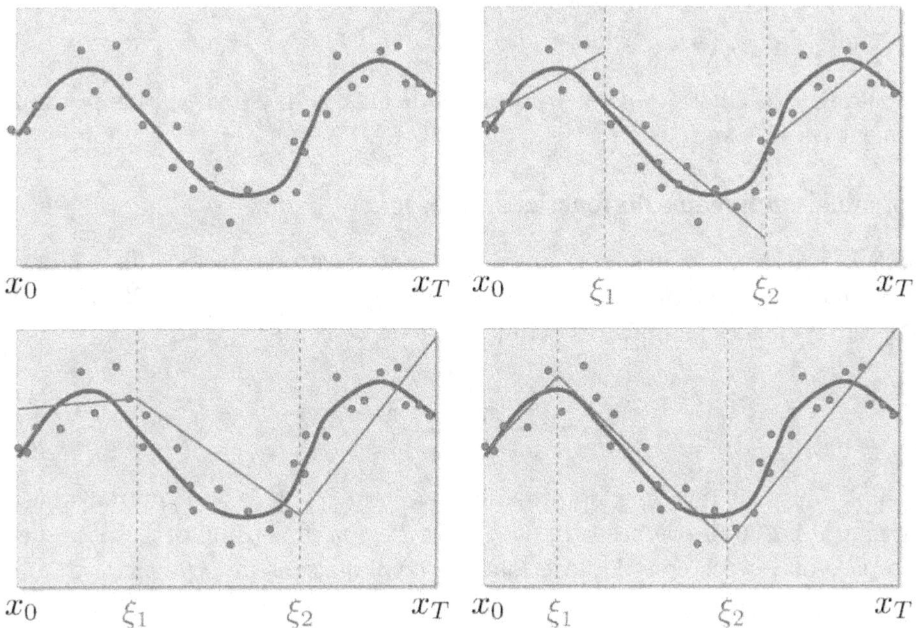

FIGURE 9.5 : Régression linéaire par morceaux. *La courbe représente la fonction cible et les points, des données engendrées à partir de la courbe avec un bruit gaussien. En haut à droite, les nœuds ξ_1 et ξ_2 sont fixés a priori et les droites de régression sont non restreintes. En bas à gauche, les nœuds ξ_1 et ξ_2 sont fixés a priori et les droites de régression sont restreintes à être continues en chaque nœud. En bas à droite, les nœuds ξ_1 et ξ_2 sont calculés et les droites de régression sont contraintes à être continues en chaque nœud.*

Les paramètres à déterminer deviennent plus nombreux que dans la régression linéaire simple. Il faut maintenant déterminer à la fois les paramètres de chaque droite de régression dans chacun des intervalles, mais aussi spécifier les frontières entre intervalles, souvent appelées *nœuds*.

Pour de nombreuses applications, il peut être gênant d'avoir des discontinuités entre les modèles locaux (par exemple, on ne souhaite pas que l'impôt saute brutalement d'une tranche de revenus à la suivante). On impose alors des conditions de continuité entre modèles à chaque nœud (voir figure 9.5).

3.2   La régression spline

Une généralisation supplémentaire du modèle précédent consiste à remplacer les modèles locaux linéaires par des modèles plus riches, comme des polynômes de degré fixé. Il faut alors déterminer le nombre d'intervalles, les paramètres de chacun de ces modèles dans chaque intervalle, ainsi que les nœuds spécifiant les intervalles. Dans le cas où des conditions de continuité sont imposées entre les modèles locaux, on parle de *spline* pour décrire la fonction de régression obtenue. On peut imposer également des conditions de continuité sur les dérivées en chaque nœud. Une *spline d'ordre* M à K nœuds est une régression par K morceaux utilisant des polynômes de degré $\leq M$ dans chaque intervalle.

Les fonctions de base utilisées sont dans ce cas :

$$\begin{cases} h_j(x) & = x^{j-1} & , \; j = 1, \ldots, M \\ h_{M+l}(x) & = (x - \xi_l)_+^{M-1} & , \; l = 1, \ldots, K \end{cases}$$

où $(x - \xi_l)_+$ désigne la fonction prise « à droite » de ξ_l. D'autres bases, plus pratiques pour les calculs, incluent les $B - splines$[6].

3.3 La combinaison linéaire de fonctions de base

Au lieu de se restreindre à des fonctions polynômes, il est possible d'utiliser n'importe quelle base ou *dictionnaire* de *fonctions de base* $\Phi = \{\phi_i(\mathbf{x})\}_{i=1,N}$ définies de $\mathcal{X}$ dans $\mathcal{Y}$[7]. On peut alors considérer des fonctions linéaires définies à l'aide de ce dictionnaire :

$$f(\mathbf{x}) \; = \; w_0 + \sum_{i=1}^{N} w_i \, \phi_i(\mathbf{x}) \tag{9.53}$$

Par exemple, on peut imaginer de projeter le vecteur d'entrée $\mathbf{x}$ défini dans l'espace vectoriel $\mathcal{X}$ décrit par les vecteurs de base $\{e_j\}_{1 \leq j \leq d}$, où d est la dimension de l'espace d'entrée, dans un nouvel espace où les vecteurs de base sont des combinaisons de type $e_i e_j \ldots$ On traite alors de régularités polynomiales.

L'intérêt de ces modèles est que, bien qu'ils permettent d'exprimer des relations non linéaires entre variables d'entrée et variables de sortie, ils sont cependant linéaires en leurs paramètres, qui sont par ailleurs en nombre limité ; de ce fait, les techniques d'estimation de ces paramètres (les w_i) restent faciles et du ressort des techniques exposées pour les modèles linéaires simples. Ces modèles sont très généraux.

1. Lorsque l'on cherche à estimer la fonction $f(\mathbf{x})$ à partir d'un échantillon de données $\mathcal{S}_m = \langle (\mathbf{x}_1, f(\mathbf{x}_1) + \varepsilon), (\mathbf{x}_2, f(\mathbf{x}_2) + \varepsilon), \ldots, (\mathbf{x}_m, f(\mathbf{x}_m) + \varepsilon) \rangle$, il s'agit d'un **problème de régression**.

2. Si l'on cherche à estimer une fonction de décision de la forme 9.53, il s'agit d'un **problème de classification** linéaire dans l'espace défini par les fonctions de base.

3. Finalement, on peut aussi chercher à **estimer une densité de probabilités** en utilisant un modèle de mélange (*mixture model*, en anglais) de la forme :

$$\mathbf{p}(\mathbf{x}) \; = \; \sum_{i=1}^{N} \mathbf{p}_i(\mathbf{x}|\theta_i) \, \pi_i \tag{9.54}$$

Dans ce cas, la densité de probabilités générale sur $\mathcal{X}$ est décomposée en une somme pondérée de fonctions de densité. Chacune de ces fonctions de base $\mathbf{p}_i(\mathbf{x}|\theta_i)$ consiste typiquement en une fonction paramétrique simple (de paramètre θ_i), comme une densité normale. π_i représente la probabilité qu'un point tiré au hasard ait été engendré à partir de la densité i, que l'on peut interpréter comme une classe (on a donc $\sum_i \pi_i = 1$).

---

6. Voir par exemple [HTF02].
7. En général, les fonctions ϕ_i sont choisies continues sur $\mathcal{X}$.

Il est évident que le nombre N de fonctions de base ou de composants est lié à la complexité des modèles considérés et doit donc être contrôlé avec soin.

Les méthodes de dictionnaires de fonctions de base sont apparentées mais différentes des *méthodes à base de fonctions noyaux* (chapitre 14) dans lesquelles les fonctions de base elles-mêmes sont déterminées en cours d'apprentissage et non fixées *a priori*. Cependant, nous verrons que les méthodes à base de fonctions noyaux utilisent des fonctions de base d'un type prédéterminé. Par contraste, les réseaux connexionnistes (chapitre 10) peuvent être considérés comme des combinaisons de fonctions de base adaptatives, ce qui rend leur contrôle compliqué. Dans les deux cas, une question fondamentale concerne le choix des fonctions de base.

4. La recherche des facteurs pertinents

Ce chapitre traite des régularités ayant la forme de combinaisons linéaires de facteurs, ceux-ci pouvant être des variables ou des modèles locaux. Nous avons fait allusion, dans la section 2.3.1, au fait que ces méthodes permettent d'associer automatiquement un poids aux facteurs et donc d'identifier les facteurs importants. Cette observation était cependant quelque peu hâtive. Il peut arriver en effet que certains facteurs soient corrélés, ce qui entraîne que leur coefficient ne soit pas représentatif de leur importance intrinsèque (ex. un facteur peut prendre un très fort coefficient car il est contrebalancé par un facteur corrélé ayant un fort coefficient opposé). Par ailleurs, dans certaines applications, par exemple en bioinformatique, le nombre de facteurs (ex. des gènes) peut largement dépasser le nombre d'observations (ex. des biopuces). Dans ce cas, le problème est mal conditionné et peut donc conduire à des résultats très instables. Finalement, et le plus important, les méthodes traditionnelles fondées sur l'estimation de la corrélation intrinsèque de chaque facteur avec la sortie sont biaisées parce que l'on choisit ces facteurs en utilisant les données. On a le même problème que pour la recherche d'une meilleure hypothèse à partir d'un échantillon de données. C'est pourquoi, au milieu des années quatre-vingt-dix, le statisticien Brad Efron (1938 -) déclarait que le plus grand problème à résoudre était celui de l'identification des facteurs pertinents (témoignage cité dans [HCMF08]). Le chapitre 18 abordera plus précisément les changements de représentation permettant d'exhiber des facteurs pertinents.

4.1 Méthodes de détermination ou de pondération des facteurs pertinents

Les **méthodes classiques** sont essentiellement la *sélection pas à pas (stepwise selection)*, l'exploration de tous les sous-ensembles de facteurs *(all-subsets)* et la *ridge regression*. Elles sont toutes sujettes à instabilité face à des petites variations de l'échantillon d'apprentissage, elles sont biaisées et sont parfois coûteuses à mettre en œuvre.

- *All-subsets selection.* Si le nombre total de facteurs soit p, La méthode d'exploration de tous les sous-ensembles cherche pour chaque $k \in [\![1, 2, \ldots, p]\!]$ le sous-ensemble de k facteurs donnant la performance maximale. Il est évident que cette erreur résiduelle décroît avec k croissant. Il faut donc trouver un critère pour choisir k. Celui-ci implique en général un compromis entre biais et variance, favorisant par exemple les modèles les plus parcimonieux. Un problème critique de cette approche est son coût calculatoire qui la rend impraticable au-delà de 30 à 40 facteurs. Il faut donc avoir recours à des méthodes itératives.

- *Stepwise selection*. Les méthodes pas à pas sont des méthodes gloutonnes et myopes recherchant à chaque pas le facteur restant dont l'ajout (*forward-stepwise selection*) ou le retrait (*backward-stepwise selection*) améliore le plus l'adéquation aux données. Ici encore se pose le problème de la sélection du nombre k de facteurs.

- *Ridge regression*. Plutôt que d'organiser une recherche dans le graphe des facteurs pertinents (et de leur poids associé), une autre approche consiste à pénaliser l'usage de facteurs dans l'hypothèse calculée. Parce que ces méthodes cherchent à réduire l'importance des facteurs dans l'hypothèse, elles sont appelées *shrinkage methods* en anglais. Un des avantages de cette approche est d'être moins sujette à une variance élevée car les facteurs ne sont plus ajoutés ou retirés de manière brutale, mais leurs poids sont ajustés. Dans le cas de la *ridge regression*, la pénalité est de type norme ℓ_2, c'est-à-dire une somme des carrés des coefficients w_j :

$$\mathbf{w}^\star = \arg\min_{\mathbf{w}} \left\{ \sum_{i=1}^{m} (y_i - w_0 - \sum_{j=1}^{p} w_j x_i^j)^2 + \lambda \sum_{j=1}^{p} w_j^2 \right\} \tag{9.55}$$

$\lambda \geq 0$ étant un paramètre de contrôle de la pénalité. Il faut noter que w_0 n'est pas pris en compte dans la pénalisation, pour ne pas faire dépendre le résultat de la position des points par rapport à l'origine. De même, il faut normaliser les entrées pour ne pas faire dépendre le résultat de l'échelle choisie.

- *La méthode Lasso* emploie également une pénalisation, mais celle-ci est de type norme ℓ_1 (somme des valeurs absolues des coefficients) :

$$\mathbf{w}^\star = \arg\min_{\mathbf{w}} \left\{ \sum_{i=1}^{m} (y_i - w_0 - \sum_{j=1}^{p} w_j x_i^j)^2 + \lambda \sum_{j=1}^{p} |w_j| \right\} \tag{9.56}$$

- *La méthode Elastic Net* réalise un intermédiaire entre la pénalisation *ridge* et la pénalisation *Lasso* :

$$\mathbf{w}^\star = \arg\min_{\mathbf{w}} \left\{ \sum_{i=1}^{m} (y_i - w_0 - \sum_{j=1}^{p} w_j x_i^j)^2 + \lambda \sum_{j=1}^{p} \left(\alpha |w_j| + (1-\alpha) w_j^2 \right) \right\} \tag{9.57}$$

où α permet de fixer l'importance relative des deux pénalisations.

L'idée de la méthode *Elastic Net* est de combiner si possible les avantages des deux types de régularisation. Par exemple, dans les problèmes dans lesquels des groupes de variables sont très corrélés, la méthode *Lasso* a tendance à sélectionner l'une des variables et à mettre les autres à zéro d'une manière assez arbitraire. Or, il est souvent intéressant de sélectionner toutes les variables du groupe s'il est pertinent. La pénalisation *ridge* tend à réduire les coefficients des variables corrélées en les faisant converger vers une valeur commune.

La méthode *Lasso* est très proche de la *ridge regression*. Pourquoi la considérer ? Une raison majeure est que **la pénalisation en norme ℓ_1 conduit naturellement à des modèles parcimonieux**, c'est-à-dire comportant peu de facteurs. Une manière de comprendre pourquoi consiste à ré-exprimer les problèmes 9.55 et 9.56, ce qui donne pour la *ridge regression* :

$$\begin{cases} \mathbf{w}^\star = \arg\min_{\mathbf{w}} \left\{ \sum_{i=1}^{m} (y_i - w_0 - \sum_{j=1}^{p} w_j x_i^j)^2 \right\} \\ \text{soumis à} \quad \sum_{j=1}^{p} w_j^2 \leq t \end{cases}$$

et pour la méthode *Lasso* :

$$
\begin{cases}
\mathbf{w}^\star = \arg\min_{\mathbf{w}} \left\{ \sum_{i=1}^{m} \left(y_i - w_0 - \sum_{j=1}^{p} w_j x_i^j\right)^2 \right\} \\[2ex]
\text{soumis à} \quad \sum_{j=1}^{p} |w_j| \leq t
\end{cases}
$$

Le paramètre t est directement lié au paramètre λ.

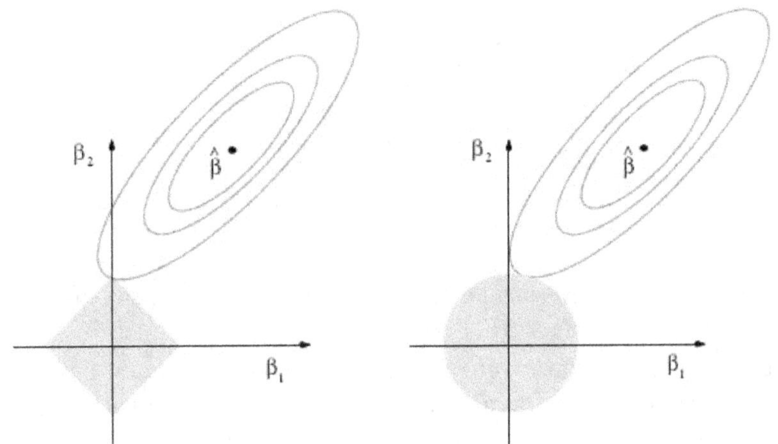

FIGURE 9.6 : *L'intersection de la courbe d'equi-erreur avec la zone de contraintes sur les coefficients β_j ($|\beta_1| + |\beta_2| \leq t$ pour* Lasso *et $\beta_1^2 + \beta_2^2 \leq t$ pour la* ridge regression*) conduit naturellement à favoriser des coefficients nuls pour le* Lasso *à gauche, par rapport à la* ridge regression*, à droite.*

Dans le cas de données décrites à l'aide de deux facteurs x_1 et x_2, la figure 9.6 permet de comparer les solutions produites. Les ellipsoïdes décrivent les courbes d'équi-erreurs, tandis que les zones grisées correspondent aux contraintes sur les coefficients notés ici β_1 et β_2. La solution correspond à la première intersection trouvée entre la courbe d'équi-erreur et la zone grisée traduisant les contraintes. Dans le cas d'une norme ℓ_1, le volume grisé présente des angles (et encore plus en grande dimension) qui favorisent des solutions pour lesquelles seuls quelques coefficients w_j (ou β_j) sont non nuls.

La régularisation utilisant la norme ℓ_1 a pris son essor ces dernières années, grâce en particulier aux propriétés de parcimonie qu'elle entraîne sur les modèles appris. Cela a conduit au développement du domaine appelé *compressed sensing* en traitement du signal [Don06, CW08].

La méthode LAR *(Least Angle Regression)*, introduite par Brad Efron [EHJT04], est une méthode itérative, comme la *forward-stepwise selection*, mais, au lieu d'ajouter à chaque pas un facteur, elle accroît son poids d'autant qu'il le mérite. Dans un premier temps, l'algorithme identifie le facteur le plus corrélé avec le résidu (la différence entre la prédiction du modèle actuel et les vraies valeurs sur l'échantillon d'apprentissage). Il augmente alors le poids de ce facteur jusqu'à ce qu'un autre facteur devienne davantage corrélé avec le résidu, etc. jusqu'à ce que tous les facteurs aient été introduits (voir l'algorithme 13). Par construction, les coefficients changent linéairement par morceaux, ce qui signifie que le nombre de pas est fini. En fait, l'algorithme LAR est très efficace, requérant à peu près le même nombre de calculs que la régression linéaire par moindres carrés utilisant les p facteurs.

Algorithme 13 : Algorithme LAR *(Least Angle Regression)*

début

   répéter

      1. Normaliser les facteurs pour qu'ils aient une moyenne nulle et une norme unité. Commencer avec le résidu $\mathbf{r} = \mathbf{y} - \bar{\mathbf{y}}$, $w_1, w_2, \ldots, w_p = 0$.

      2. Identifier le facteur $\mathbf{x}_j$ le plus corrélé avec $\mathbf{r}$.

      3. Changer le poids w_j de 0 à sa valeur de corrélation de moindre carré $\langle \mathbf{x}_j, \mathbf{r} \rangle$, jusqu'à ce qu'un autre facteur $\mathbf{x}_k \neq \mathbf{x}_j$ ait une corrélation égale avec le résidu courant.

      4. Changer les coefficients w_j et w_k dans la direction définie par leur corrélation de moindre carré avec le résidu courant, jusqu'à ce qu'un autre facteur $\mathbf{x}_l$ ait une corrélation égale avec le résidu courant.

   jusqu'à *ce que les p facteurs aient été pris en compte.*

fin

La description donnée ici, brève par nécessité, ne fait pas totalement justice à ces méthodes. Nous renvoyons le lecteur intéressé à [HTF09], chapitre 3 par exemple.

Beaucoup plus généralement, on voit que le choix de l'ensemble de facteurs pertinents, ou celui du réglage de paramètres d'apprentissage, peut ne dépendre que d'un paramètre unique. On peut alors envisager d'explorer toutes les solutions associées aux variations de ce paramètre. C'est ce que l'on appelle des « méthodes de chemin » *(path algorithms)*. La figure 9.7 montre l'ensemble des poids des facteurs obtenus pour les valeurs possibles d'un paramètre de contrôle.

Depuis la publication de l'algorithme LAR [EHJT04], de nombreux travaux ont été consacrés au développement d'algorithmes pour calculer le chemin de toute une variété de problèmes.

4.2   Optimisation du critère inductif par chemin de régularisation

Comme nous l'avons vu au chapitre 3, le problème d'induction supervisée sous l'hypothèse de données i.i.d. conduit à chercher une hypothèse optimisant un risque empirique régularisé :

$$h_\lambda^\star = \underset{h \in \mathcal{H}}{\mathrm{Argmin}} \left[R_{\mathrm{Emp}}(h) + \lambda \, \mathrm{Reg}(h) \right] \tag{9.58}$$

où $\lambda \in \mathbb{R}^+$ est un paramètre de contrôle arbitrant entre la fidélité aux données d'apprentissage et un biais de régularité sur les hypothèses.

Un problème essentiel est de régler λ de manière appropriée et, si possible, d'en trouver la valeur optimale $\lambda^\star$ permettant d'identifier l'hypothèse de meilleur risque réel.

Une première approche consiste à explorer méthodiquement l'espace des valeurs possibles de λ, par exemple en faisant varier sa valeur de manière discrète sur un intervalle donné. Une autre approche, consiste à calculer le « chemin de régularisation », c'est-à-dire de calculer toutes les solutions $h_\lambda^\star$ pour $\lambda \in [0, \infty[$ ou pour un intervalle jugé intéressant. *A priori*, il apparaît déraisonnable d'explorer ainsi toutes les solutions de ce qui apparaît comme une infinité de problèmes. Cependant, si les poids des facteurs en jeu évoluent linéairement par morceaux en fonction du paramètre de contrôle, alors le nombre de points à calculer devient fini et il devient possible d'explorer exhaustivement l'ensemble des solutions selon toutes les valeurs possibles du paramètre de contrôle. De là l'engouement pour ce type de démarche (chapitre 14, section 7.3).

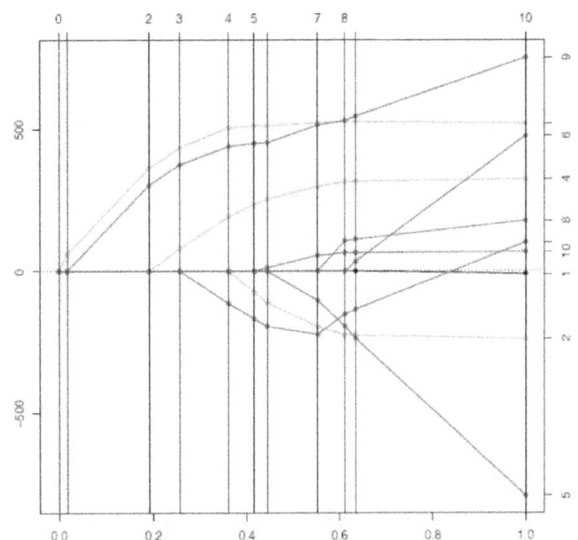

FIGURE 9.7 : *Ensemble des poids associés aux différents facteurs pour un jeu de données arti-ficiel lorsque l'on fait varier la somme des valeurs absolues des poids des facteurs de 0 à la somme maximale possible dans une procédure LAR. En haut figure le nombre de facteurs pris en compte (de 0 à 10). À gauche, un coefficient normalisé pour les facteurs. À droite, les numéros des facteurs. On voit que, au fur et à mesure que l'on augmente le paramètre de contrôle, de plus en plus de facteurs prennent un poids non nul (tiré d'un tutoriel de Trevor Hastie en sept. 2006)*

Notes historiques et approfondissements

La théorie de la discrimination linéaire remonte aux années 1930, lorsque Fisher proposa une procédure de classification. Dans le domaine de l'intelligence artificielle, l'attention fut attirée vers cette question par les travaux de Rosenblatt qui commença à étudier la règle d'apprentissage du perceptron à partir de 1956. Minsky et Papert, dans leur célèbre livre [MP69], analysèrent les limitations des machines linéaires dans le cadre de la classification. Le livre de Duda, Hart et Stork [DHS01] offre un panorama très complet des recherches sur ces machines.

Résumé

- La régression linéaire a pour objet de trouver l'hyperplan le plus adéquat pour représenter un ensemble de points.
- La discrimination linéaire cherche le meilleur hyperplan pour séparer deux classes dans un ensemble d'apprentissage. Les critères utilisés cherchent à approcher le principe ERM et les méthodes utilisent souvent une optimisation par descente de gradient.
- L'extension naturelle est la recherche d'hyperplans linéaires par morceaux.
- La recherche des facteurs pertinents revient à trouver des régularités sous la forme de combinaisons linéaires d'attributs ou de modèles locaux.

Chapitre 10

Frank ROSENBLATT (1928-1971)

L'apprentissage de réseaux connexionnistes

Dans ce chapitre, nous présentons une technique d'apprentissage fondée au départ sur une analogie avec la physiologie de la transmission de l'information et de l'apprentissage dans les systèmes cérébraux : les modèles connexionnistes (on dit aussi les réseaux de neurones artificiels). Le but de cette approche était à l'origine de modéliser le fonctionnement du cerveau ; cela reste un des axes de recherche du domaine, mais ici nous traiterons seulement de l'application de certains modèles informatiques élémentaires à l'apprentissage automatique de règles de classification.

Le cerveau est un organe caractérisé par l'interconnexion d'un nombre élevé d'unités de traitement simples, les cellules nerveuses ou neurones. Le comportement de ce réseau naturel de neurones est déterminé par son architecture, c'est-à-dire le nombre des cellules et la manière dont elles sont connectées, ainsi que par les poids affectés à chacune des connexions. Chaque connexion entre deux neurones est caractérisée par son poids qui mesure le degré d'influence du premier neurone vers le second. La capacité d'apprentissage de ces systèmes est reliée à la mise en mémoire de nouvelles connaissances par la modification des poids des connexions à partir d'exemples. Pour donner un ordre de grandeur de sa complexité, le cerveau humain comporte environ cent milliards de neurones, chacun relié en moyenne à dix mille autres.

Nous abandonnons maintenant toute forme de référence biologique pour nous intéresser aux réseaux de neurones artificiels, ou réseaux connexionnistes, et en particulier à leur application à l'apprentissage automatique.

Le calcul par réseaux connexionnistes est fondé sur la propagation d'informations entre des unités élémentaires de calcul. Les possibilités de chacune sont faibles, mais leur interconnexion permet d'effectuer un calcul global complexe. Du point de vue de l'apprentissage, les poids des connexions entre ces unités peuvent être réglés sur des ensembles d'exemples : le réseau ainsi entraîné pourra réaliser des tâches de classification ou de régression.

Sommaire

CE N'EST QU'À LA TOUTE FIN DU XIXE SIÈCLE qu'il fut établi que le cerveau n'est pas une sorte de bouillie salée, mais contient des cellules observables que l'on appelle neurones (figure 10.1). C'est l'anatomiste Santiago Ramòn y Cajal qui fit cette découverte en utilisant une teinture de Golgi, juste mise au point, et un microscope (devenu disponible vers les années 1670). Très vite, un nom est donné au point de contact entre deux neurones : la synapse. Il faudra cependant attendre l'invention du microscope électronique, en 1931, avec des développements sur une décennie lui donnant toute sa puissance, pour que la structure des synapses soit établie.

Dans la mouvance cybernétique, qui voit partout à l'œuvre la nouvelle notion de calcul (due notamment à Turing en 1936), Warren McCulloch et Walter Pitts proposent dès 1943 un modèle

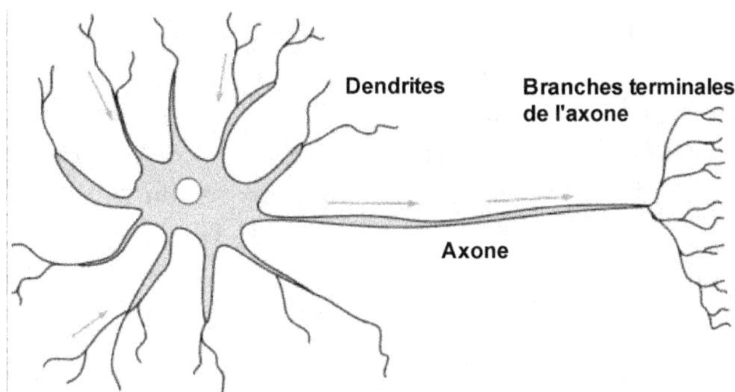

FIGURE 10.1 : *Représentation schématique d'un neurone biologique.*

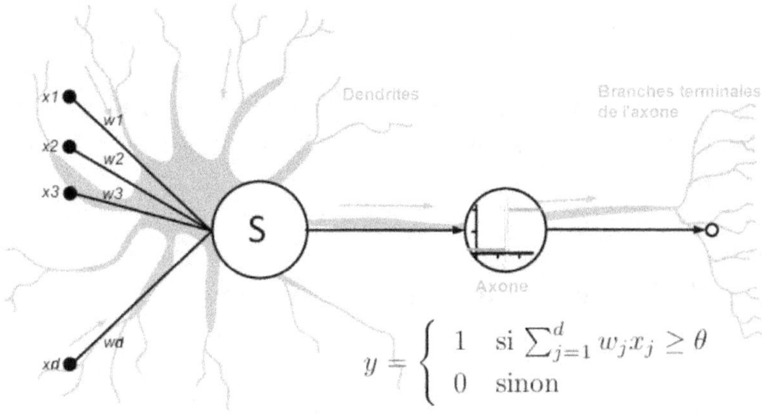

$$y = \begin{cases} 1 & \text{si } \sum_{j=1}^{d} w_j x_j \geq \theta \\ 0 & \text{sinon} \end{cases}$$

FIGURE 10.2 : *Le modèle formel de neurone par McCulloch et Pitts en 1943.*

formel du neurone (figure 10.2). Dans ce modèle [MP43], le neurone est une sorte de porte logique
ET généralisée qui reçoit des bits en entrée, sur ses synapses, et émet un bit sur son axone, lui-
même pouvant être connecté en entrée à de nombreux neurones. D'après McCulloch et Pitts, le
neurone réaliserait une somme pondérée de ses entrées et n'émettrait un bit à 1 en sortie que si
cette somme dépasse un certain seuil.

$$y = \begin{cases} 1 & \text{si } \sum_{j=1}^{d} w_j x_j \geq \theta \\ 0 & \text{sinon} \end{cases}$$

Si l'on admet alors que la fonctionnalité de notre cerveau est due à ses neurones et aux
connexions entre eux, alors il n'y a plus de différence de nature entre un cerveau biologique et
un cerveau à base de portes logiques. L'intelligence artificielle est possible et son étude devient
une discipline scientifique légitime.

Il y aurait également un lien entre le nombre de neurones (et de connexions) d'un organisme
et ses capacités cognitives, même s'il n'existe probablement pas de relation simple entre les deux.
Rappelons que l'on estime à 21 000 le nombre de neurones d'un escargot, à environ 1 million
celui des abeilles, à entre 100 et 200 millions celui des petits mammifères comme les souris ou les
rats, à 93 milliards celui des humains et à environ 250 milliards celui des éléphants. Ces chiffres
sont des estimations qui ne sont pas stabilisées.

Réaliser une machine à partir d'un réseau de neurones, comme semble l'être le cerveau biologique, présente de nombreux attraits. Les unités de base, les neurones, sont *simples*, au moins dans le modèle formel. Les calculs réalisés par chaque unité sont *locaux* et le *calcul* ainsi *distribué* permet de réaliser des opérations très complexes avec des unités relativement lentes, et éventuellement sujettes à des pannes ou à des erreurs. De même, ces réseaux sont capables d'apprentissage et, selon l'hypothèse de Donald Hebb en 1949 [Heb49], confirmée depuis, l'apprentissage résulte lui aussi d'un mécanisme simple et localisé. Les règles d'apprentissage de Hebb stipulent que :

- Si deux neurones sont activés *simultanément* de manière répétée, alors la connexion entre eux est renforcée dans les deux directions.

- Si deux neurones sont activés *séquentiellement* de manière répétée, alors la connexion entre le premier et le second est renforcée

Le fait que la mémoire et l'apprentissage soient ainsi supposés résulter essentiellement des connexions entre neurones a conduit au terme de connexionnisme les travaux sur les réseaux de neurones artificiels. Depuis quelques années cependant, ce terme tend à disparaître pour être remplacé par celui d'apprentissage profond ou de réseaux de neurones profonds, ce qui sera l'objet du chapitre 11.

1. Pourquoi vouloir dépasser les modèles linéaires

Un centre de nutrition a été mandaté dans une ville pour détecter les problèmes liés à l'alimentation et proposer des solutions aux personnes ayant des soucis de maigreur ou de surpoids. Pour cela, il a été décidé de mesurer le poids et la taille sur un échantillon de la population, de calculer l'Indice de Masse Corporelle (IMC) sur cet échantillon et d'en déduire les zones à risque sur le plan (poids/taille). Une personne souhaitant savoir rapidement si elle est à risque reporte alors son poids et sa taille sur ce plan.

L'IMC est défini par l'OMS comme le rapport entre la masse (en kg) et le carré de la taille (en m) de la personne. Les valeurs 18 et 25 constituent des repères communément admis pour un IMC normal et présentant donc un rapport de risque jugé acceptable (groupe G0). En deçà de 18 (groupe G1) une personne est considérée maigre, voire anorexique ; au-delà de 25 (groupe G2), elle est considérée en surpoids, voire obèse (>30).

Le centre de nutrition a pour mission de proposer un protocole pour détecter rapidement si une personne est en dehors de l'intervalle [18,25], et de lui proposer le cas échéant un programme de prise en charge alimentaire.

La figure 10.3 présente les mesures effectuées sur l'échantillon et la figure 10.4 propose la distribution des IMC sur cet échantillon. Suivant la valeur de l'IMC, les personnes ont été étiquetées dans la figure 10.3 comme à risque (carrés, groupes G1 et G2) ou sans risque (croix, G0). Dans ce plan (et ainsi d'ailleurs que sur l'axe des IMC), il est clair que la séparation entre personnes à risque et le groupe G0 ne peut être effectuée par un modèle linéaire.

On remarque cependant que :

- il est possible de séparer linéairement le groupe G1 du reste de l'échantillon

- il est possible de séparer linéairement le groupe G2 du reste de l'échantillon

- les personnes à risque sont la réunion de ces deux sous-groupes.

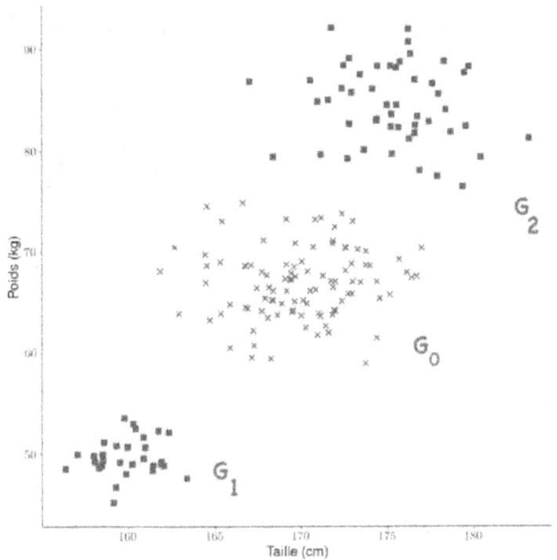

FIGURE 10.3 : *Mesure du poids et de la taille sur un échantillon de la population*

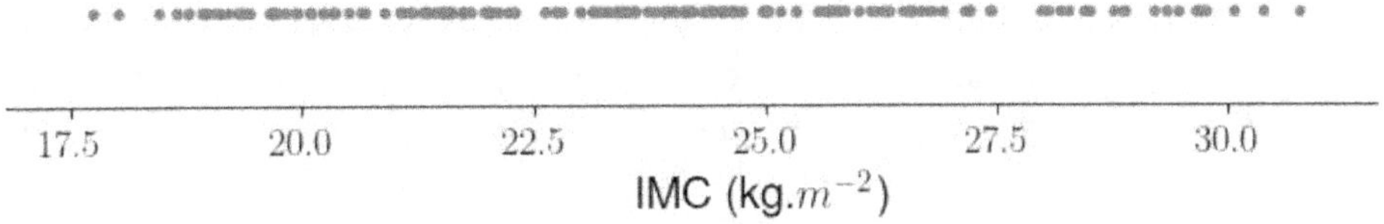

FIGURE 10.4 : *Calcul de lMC sur l'échantillon*

On note $\mathbf{x} = (p, t)^\top$ le vecteur des données d'entrée, à savoir le poids et la taille. On construit donc un premier modèle $y_1 = signe(\mathbf{w}_1^\top \mathbf{x} + b_1)$ qui permet de séparer le groupe G1 du reste de l'échantillon. On construit ensuite un second modèle $y_2 = signe(\mathbf{w}_2^\top \mathbf{x} + b_2)$ qui permet de séparer le groupe G2 du reste de l'échantillon. On a donc deux séparations linéaires dans le plan (poids,taille), comme indiqué sur la figure 10.5.

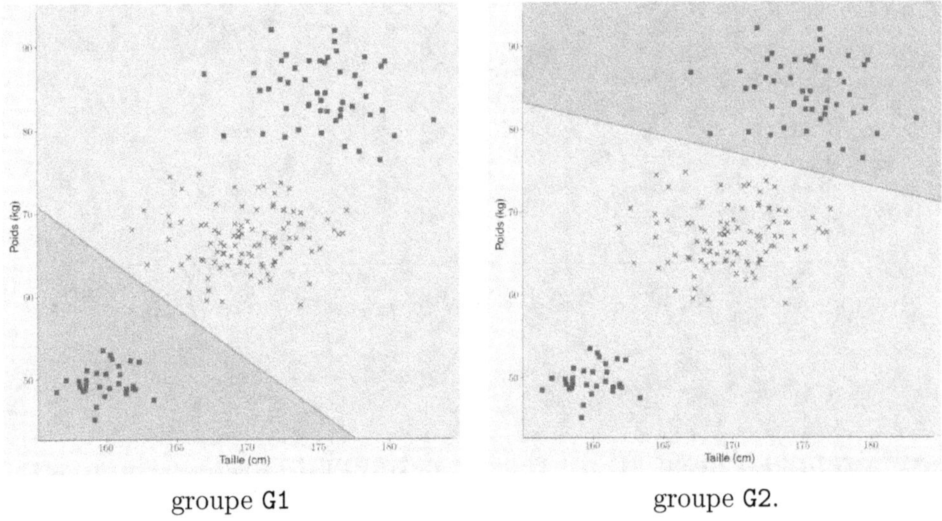

groupe G1   groupe G2.

FIGURE 10.5 : *Séparations linéaires des données d'entrée. La classe 1 (respectivement 0) est représentée en rouge (resp. jaune)*

Il reste alors à remarquer qu'un simple opérateur OU sur les classes des individus permet de conclure :

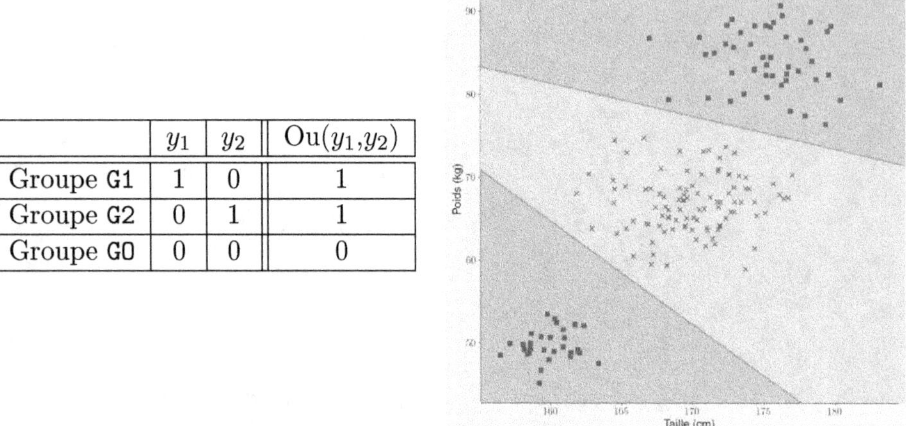

	y_1	y_2	$\mathrm{Ou}(y_1,y_2)$
Groupe G1	1	0	1
Groupe G2	0	1	1
Groupe G0	0	0	0

En quoi cette technique de décision est-elle conforme aux premières notions que nous avons données sur les réseaux connexionnistes ? Il suffit pour le voir de se placer dans une représentation graphique (figure 10.6). L'information se propage de la gauche vers la droite. On a noté ici $\mathbf{w}_1 = (w_{11}\ w_{12})^\top$ et $\mathbf{w}_2 = (w_{21}\ w_{22})^\top$. Les deux cercles centraux ont pour valeur de sortie y_1 et y_2, celui de droite a pour valeur de sortie $\mathrm{Ou}(y_1,y_2)$; il exprime donc le concept cherché.

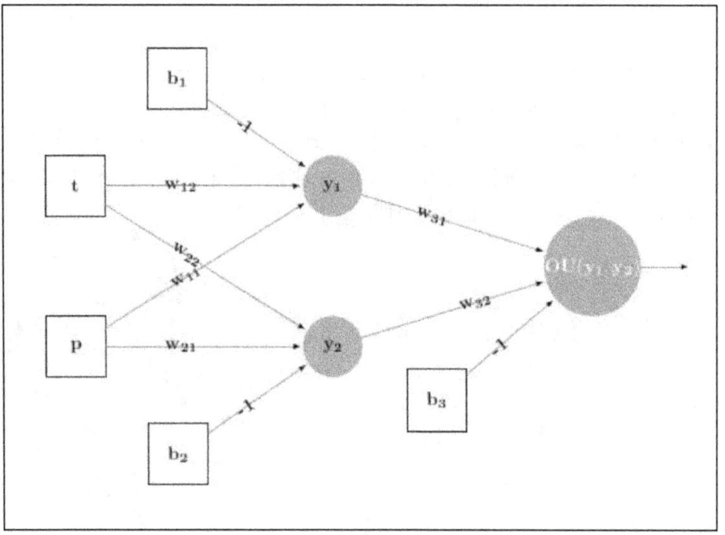

FIGURE 10.6 : *Un réseau connexionniste qui distingue les IMC à risque.*

2. Les différents éléments d'un réseau connexionniste

Détaillons d'abord les différentes notions nécessaires à la compréhension des réseaux connexionnistes, en particulier des réseaux *multicouches* que nous étudions dans ce chapitre.

2.1 L'espace de représentation

Les données d'entrée sont des vecteurs de $\mathbb{R}^d$, notés comme d'habitude (en transposition) $\mathbf{x}^\top = (x_1, \ldots, x_d)$, chacune des coordonnées x_i du vecteur étant lue par un neurone de la couche d'entrée. Le nombre de neurones de la couche d'entrée est donc déterminé par la dimension de l'espace d'entrée $\mathcal{X}$.

2.2 Le neurone formel

L'unité de traitement élémentaire dans un réseau connexionniste n'est capable de réaliser que certaines opérations simples. Ces unités sont souvent appelées *neurones formels* (figure 10.7) pour leur similitude grossière avec les neurones du cerveau. Les modèles de réseaux connexionnistes qui nous intéressent particulièrement, les *réseaux multicouches*, classent les unités selon qu'elles sont des neurones d'entrée, cachés, ou de sortie.

- Un *neurone d'entrée*, ou simplement une *entrée*, est une unité chargée de transmettre une composante du vecteur **x** des données (en particulier, les données d'apprentissage pendant la phase d'apprentissage).

- Un *neurone de sortie* est une unité qui fournit une hypothèse d'apprentissage, par exemple dans un problème de classification, une décision sur la classe à laquelle est attribué **x**.

- Enfin, un *neurone caché*, qui n'est ni d'entrée ni de sortie, a pour fonction de réaliser des traitements intermédiaires.

Il existe d'autres modèles, par exemple la *machine de Boltzmann* pour laquelle tous les neurones formels, y compris d'entrée et de sortie, sont connectés les uns aux autres (chapitre 12).

2.2.1 L'état d'un neurone formel

Il est commode de décrire un réseau connexionniste à un moment de son fonctionnement par un ensemble de valeurs a_i, appelées *activations*, une pour chaque neurone formel i. Lorsque le neurone i est un neurone d'entrée, on a $a_i = x_i$ où x_i est la composante de rang i du vecteur **x**. Dans tous les autres cas, a_j est calculée par la règle de propagation : $a_j = \sum_{i=0}^{n} w_{ij} z_i$ où $z_i = x_i$ si le neurone j est dans la première couche cachée et est la sortie du neurone i de la couche précédente pour les neurones j des autres couches.

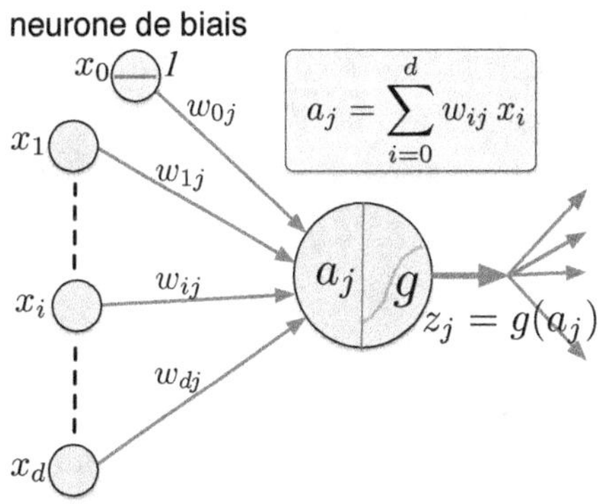

FIGURE 10.7 : *Modèle d'un neurone formel de la première couche cachée.*

2.2.2 Comment fonctionne un neurone formel

Un neurone formel est caractérisé par une *fonction de transfert g* (parfois aussi appelée *fonction d'activation*), qui calcule, pour chaque neurone j, une valeur de sortie z_j en fonction de son état d'activation a_j :

$$z_j = g(a_j) \qquad (10.1)$$

Plusieurs fonctions d'activation ont été proposées. Elles sont généralement monotones croissantes en fonction de l'activation $a_j = \sum_{i=0}^{d} w_{i,j} x_j$ et, si possible, avec une dérivée facile à calculer car c'est essentiel dans la procédure de descente de gradient qui réalise l'apprentissage des poids des connexions (section 4).

La table 10.1 en décrit quelques-unes.

3. L'architecture multicouches

Un réseau est caractérisé par son architecture, c'est-à-dire la structure selon laquelle les neurones formels qui le composent sont reliés les uns aux autres. Certains réseaux, comme les machines de Boltzmann, ont une connectivité complète (chaque neurone formel est relié à toutes les autres unités, voir chapitre 12) ; d'autres, ceux dont on va parler dans ce chapitre, ont une architecture en couches successives. La caractéristique de ces réseaux est que les unités d'une couche sont reliées à toutes celles de la couche suivante mais à aucune autre. À chaque lien entre deux unités i et j, on associe un poids, dit *poids synaptique* correspondant à la force de la connexion entre ces deux unités, noté $w(i,j)$, ou w_{ij}.

Dans ces modèles, la couche d'entrée sert à la lecture des données et la couche de sortie à traduire la décision. Souvent, il s'agit d'une décision de classification. Toutefois, un réseau de neurones formels peut aussi être employé pour des tâches de régression, c'est-à-dire de prédiction d'une (ou plusieurs) valeur(s) réelle(s).

3.1 La transmission de l'information dans un réseau multicouches

Le fonctionnement d'un réseau connexionniste en phase de prédiction, pour des poids de connexion donnés, se résume à définir une *règle de propagation*, qui décrit comment calculer l'état d'activation a_j d'une unité j en fonction des unités i pour lesquelles il existe un poids w_{ij}.

La règle la plus souvent utilisée consiste à calculer la somme des valeurs de sortie z_i des unités connectées au neurone j pondérées par les poids des connexions correspondantes (figure 10.8). On ajoute sur chaque couche un neurone formel, noté z_0 dans la figure 10.8, dont l'activité est toujours égale à 1 et dont les transitions vers les neurones formels j de la couche suivante sont notées w_{0j}. Cet *offset*[1] permet que la séparatrice réalisée par le neurone j ne passe pas nécessairement par l'origine de son espace d'entrée.

$$a_j = \sum_{i=0}^{n} w_{ij}\, z_i$$

Cette règle n'est pas utilisée pour calculer l'état d'activation des neurones d'entrée, puisque leur rôle est simplement de transmettre les entrées. Dans leur cas, on a donc simplement $a_j = x_j$.

Finalement, chaque neurone j produit la sortie : $z_j = g(a_j)$

En résumé, dans le cas d'un *réseau à couches*, la couche d'entrée est activée par l'arrivée d'une donnée, en recevant une composante du vecteur $\mathbf{x}$ sur chacune de ses unités. La première couche cachée calcule a_j et z_j pour chacune de ses unités, puis c'est au tour de la seconde couche cachée, etc. Finalement, la couche de sortie calcule le vecteur de valeurs retourné par le réseau. En classification, on peut décider que l'apprentissage doit conduire à ce que le neurone de sortie ayant la valeur la plus forte indique la classe associée à l'entrée par le réseau. Dans ce cas, et pour un problème à K classes, il est courant de choisir pour dernière fonction d'activation la

---

1. Le mot français est malheureusement « biais », qui a un autre sens en apprentissage.

Nom	Graphe	Équation	Dérivée
Rampe		$g(x) = x$	$g'(x) = 1$
Heaviside		$g(x) = \begin{cases} 0 & \text{si } x < 0 \\ 1 & \text{si } x \geq 0 \end{cases}$	$g'(x) = \begin{cases} 0 & \text{si } x \neq 0 \\ ? & \text{si } x = 0 \end{cases}$
Logistique ou sigmoïde		$g(x) = \dfrac{1}{1 + e^{-x}}$	$g'(x) = g(x)\left(1 - g(x)\right)$
Tangente hyperbolique		$\begin{aligned} g(x) &= \tanh(x) \\ &= \dfrac{2}{1 + e^{-2x}} - 1 \end{aligned}$	$g'(x) = 1 - g^2(x)$
Arc Tangente		$g(x) = \tan^{-1}(x)$	$g'(x) = \dfrac{1}{x^2 + 1}$
Unité ReLU		$g(x) = \begin{cases} 0 & \text{si } x < 0 \\ x & \text{si } x \geq 0 \end{cases}$	$g'(x) = \begin{cases} 0 & \text{si } x \neq 0 \\ 1 & \text{si } x = 0 \end{cases}$
Unité Exponentielle Linéaire		$g(x) = \begin{cases} \alpha\left(e^x - 1\right) & \text{si } x < 0 \\ x & \text{si } x \geq 0 \end{cases}$	$g'(x) = \begin{cases} g(x) + \alpha & \text{si } x < 0 \\ 1 & \text{si } x \geq 0 \end{cases}$

TABLE 10.1 : *Table de quelques fonctions d'activation usuelles.*

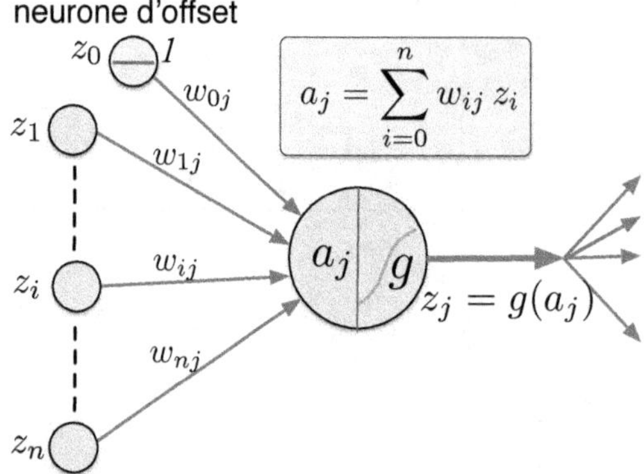

FIGURE 10.8 :　*Le neurone formel pour un neurone d'une couche cachée : notation des connexions.*

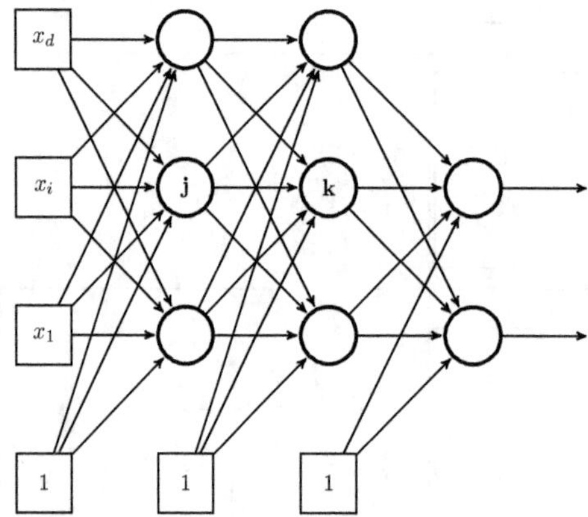

FIGURE 10.9 : *Le réseau multicouches générique. Chaque entrée x_i est reliée à tous les éléments de la première couche cachée et seulement à eux. Chaque élément d'une couche cachée est relié à tous les éléments de la couche suivante et seulement à eux.*

fonction *softmax* :

$$\forall j \in [\![1 \cdots K]\!] \; g(a_j) = \frac{e^{a_j}}{\displaystyle\sum_{k=1}^{K} e^{a_k}}$$

et de prédire la classe $\hat{k} = \mathrm{ArgMax}_j \, g(a_j) = \mathrm{ArgMax}_j \, y_j$, si on note y_j la valeur du neurone de sortie j.

Un réseau connexionniste multicouches, à trois entrées et deux neurones de sortie, est représenté sur la figure 10.9.

—— EXEMPLE　**Propagation des valeurs dans un réseau multicouches** ————————

Considérons le réseau à deux entrées x_1 et x_2 de la figure 10.10. Il possède une couche cachée composée des neurones formels numérotés 3 et 4. Sa couche de sortie est composée d'un seul neurone formel, numéroté 5. Il y a une valeur d'offset fixée à 1 pour le vecteur d'entrée et une autre pour la couche cachée. La fonction d'activation utilisée est la sigmoïde.

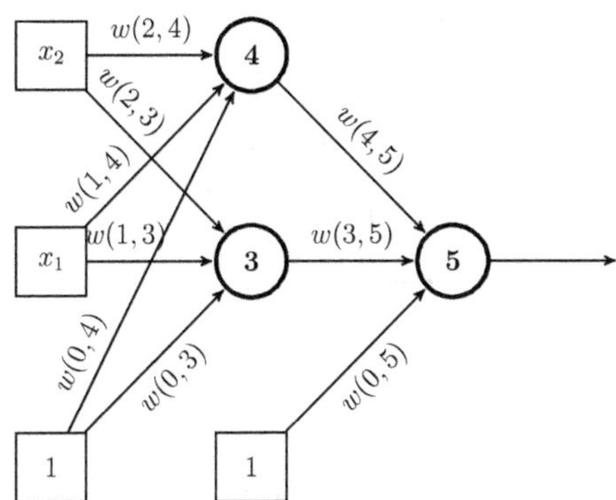

FIGURE 10.10 : *Un exemple de réseau multicouches : notation des neurones formels et des poids des connexions. Les entrées sont des carrés, les neurones sont des cercles (leur numéro est en gras).*

Fixons maintenant (figure 10.10) la valeur des poids comme suit :

$$w(0,3) = 0.2 \qquad w(1,3) = 0.1 \qquad w(2,3) = 0.3$$
$$w(0,4) = -0.3 \qquad w(1,4) = -0.2 \qquad w(2,4) = 0.4$$
$$w(0,5) = 0.4 \qquad w(3,5) = 0.5 \qquad w(4,5) = -0.4$$

et prenons pour vecteur d'entrée $\mathbf{x} = \begin{pmatrix} 1 \\ 1 \end{pmatrix}$.

La propagation des calculs s'effectue alors comme indiqué dans la table suivante :

Neurone formel j	a_j	y_j
3	$0.2 + 0.1 \times 1 + 0.3 \times 1 = 0.6$	$\frac{1}{1+e^{-0.6}} \simeq \mathbf{0.65}$
4	$-0.3 + -0.2 \times 1 + 0.4 \times 1 = -0.1$	$\frac{1}{1+e^{0.1}} \simeq \mathbf{0.48}$
5	$0.4 + 0.5 \times \mathbf{0.65} - 0.4 \times \mathbf{0.48} = 0.53$	$\frac{1}{1+e^{-0.53}} \simeq 0.63$

L'intérêt des couches cachées avec neurones à fonction d'activation non linéaire est qu'elles permettent une redescription des entrées dans un autre espace. Les neurones de la dernière couche, même s'ils sont linéaires, peuvent alors simplement effectuer la séparation ou la régression nécessaire. C'est ce que nous allons illustrer avec le cas de la fonction *XOR*.

—— EXEMPLE   **Le problème de la fonction « XOR »** ————————————————

Cet exemple a pour but de montrer comment l'introduction de la fonction non linéaire de sortie des neurones formels et de l'architecture en couches permet d'obtenir des surfaces séparatrices non linéaires.

Plaçons-nous dans $\mathbb{R}^2$, avec quatre points d'apprentissage situés aux quatre coins du carré unité. Chaque paire de points opposés en diagonale forme une classe (figure 10.11).

Le réseau connexionniste de la figure 10.12 permet de résoudre le problème. En choisissant $y_i = g(a_i)$ comme la fonction seuil, la propagation des calculs se fait comme indiqué dans le tableau suivant.

x_1	x_2	a_3	y_3	a_4	y_4	a_5	y_5
0	0	-0.5	0	-1.5	0	-0.5	0
0	1	0.5	1	-0.5	0	0.5	1
1	0	0.5	1	-0.5	0	0.5	1
1	1	1.5	1	0.5	1	-0.5	0

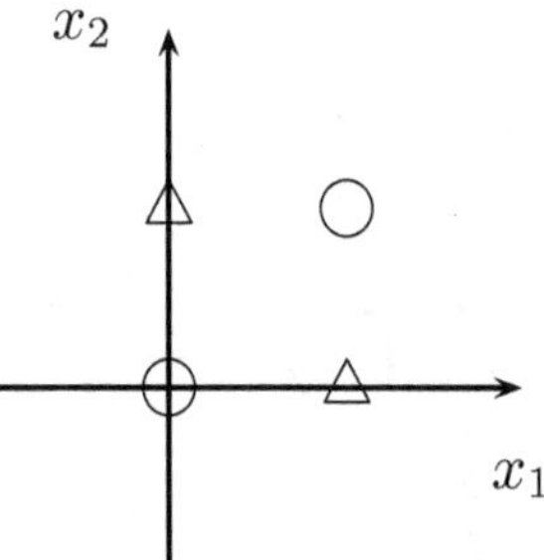

FIGURE 10.11 : *Le problème XOR : les deux points $\triangle$ sont des exemples de la même classe, les deux points $\bigcirc$ des exemples d'une autre classe. Les deux classes ne sont pas linéairement séparables dans le plan $\{x_1, x_2\}$.*

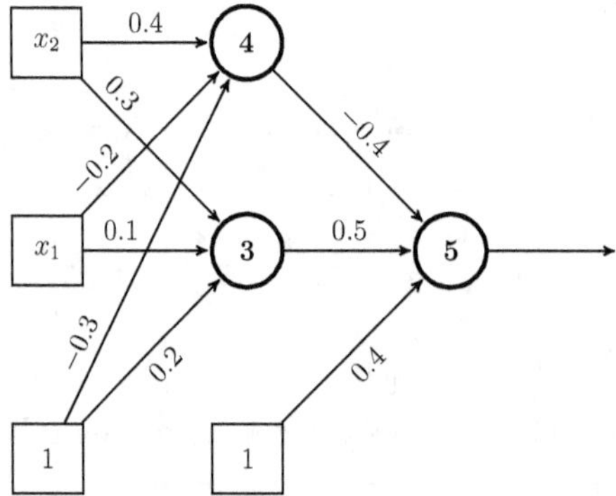

FIGURE 10.12 : *Un réseau réalisant la fonction « XOR ».*

On voit dans ce tableau que les points d'entrée ont été re-décrits dans le plan $\{y_3, y_4\}$. Les deux points $\bigcirc$ ont conservé leurs coordonnées $(0,0)$ et $(1,1)$, mais les deux points $\triangle$ sont maintenant confondus en $(1,0)$. Il devient ainsi possible de les séparer des points $\bigcirc$ par une séparatrice linéaire.

Une interprétation est possible en logique booléenne : au lieu de considérer les valeurs 0 et 1 comme des coordonnées numériques, prenons-les comme des valeurs logiques. Dans ce cas, on peut interpréter les sorties intermédiaires et la sortie finale comme des fonctions booléennes sur les entrées. Le réseau réalise la fonction XOR (le *OU exclusif*), qui vaut 0 pour les deux points $\triangle$ et 1 pour les deux points $\bigcirc$. Ceci est rendu possible par les non-linéarités du système de calcul (les sorties des unités sont bornées dans $]0,1[$) (voir la figure 10.13).

$$
\begin{aligned}
y_3 &= x_1 \vee x_2 \\
y_4 &= x_1 \wedge x_2 \\
y_5 &= y_3 \wedge \neg y_4 = x_1 \; XOR \; x_2
\end{aligned}
$$

3.2   Le protocole d'apprentissage

L'apprentissage des réseaux de neurones formels s'effectue par une descente de gradient dans l'espace des paramètres afin d'optimiser le critère inductif (voir l'annexe 8 pour une description des méthodes de descente). Les paramètres étant les poids des connexions entre les neurones, cela signifie que ceux-ci sont modifiés itérativement dans une procédure de gradient visant à

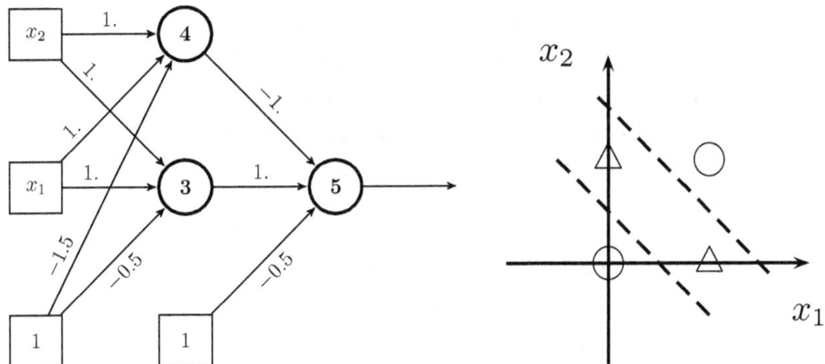

FIGURE 10.13 : *Une des façons de résoudre le problème XOR avec un réseau connexionniste à une couche cachée. La zone affectée à la classe $\triangle$ est le « couloir » compris entre les deux droites en pointillé, celle affectée à la classe $\bigcirc$ est à l'extérieur. La première droite répond à l'équation $x_1 + x_2 - 0.5 = 0$ et réalise un OU logique. La seconde répond à l'équation $x_1 + x_2 - 0.5 = 0$ et réalise un ET logique. Elles sont réalisées par la première couche du réseau. La seconde couche combine les deux décisions linéaires en une décision non linéaire.*

minimiser le risque empirique régularisé. La descente de gradient dans l'espace des paramètres nécessite souvent un grand nombre d'étapes, allant de quelques dizaines dans des cas spéciaux à des milliers, voire des centaines de milliers d'étapes dans de gros problèmes d'optimisation (d'où l'importance d'avoir des moyens de calcul et de la mémoire rapide en conséquence).

Chaque étape nécessite le calcul de l'erreur de prédiction sur les exemples d'apprentissage et le calcul de la dérivée de cette erreur (ou du risque empirique) par rapport à tous les paramètres. Soit :

$$\mathbf{w}(t+1) \;=\; \mathbf{w}(t) \,+\, \eta\,\nabla_{\mathbf{w}}E\big(\mathbf{w}(t)\big)$$

$\nabla_{\mathbf{w}}$ étant la dérivée de l'erreur par rapport au vecteur des poids $\mathbf{w}$, c'est-à-dire que c'est le vecteur des dérivées partielles de l'erreur par rapport à chacun des poids du réseau. On a ainsi le vecteur gradient $\nabla_{\mathbf{w}}E = \left(\frac{\partial E_{\mathbf{w}}}{\partial w_1}, \ldots, \frac{\partial E_{\mathbf{w}}}{\partial w_N}\right)^{\top}$, si le nombre de paramètres à régler est de N.

L'approche la plus directe pour minimiser le critère inductif consiste à utiliser la procédure de descente de gradient directement sur lui. Si, par exemple, on prend comme critère inductif la moyenne des erreurs quadratiques sur les exemples d'apprentissage, on aura :

$$E\big(\mathbf{w}(t)\big) \;=\; \frac{1}{m}\sum_{i=1}^{m}\big[h_{\mathbf{w}}(\mathbf{x}_i) - u_i\big]^2$$

m étant le nombre d'exemples d'apprentissage, $h_{\mathbf{w}}(\mathbf{x}_i)$ étant la sortie calculée par le réseau pour l'entrée $\mathbf{x}_i$ avec le vecteur de poids $\mathbf{w}$, et u_i la sortie désirée pour l'exemple $\mathbf{x}_i$.

Pour calculer le gradient $\nabla_{\mathbf{w}}E(\cdot)$, il faudra donc calculer la somme des erreurs sur tous les exemples d'apprentissage. C'est ce que l'on appelle la méthode de **gradient total** ou de **gradient batch**. Cela peut être très coûteux si le nombre d'exemples est grand, ce qui devient fréquent dans les « big data ». De plus, sauf si la fonction à optimiser est convexe (et le pas d'apprentissage η bien choisi, voir figure 26.4), la descente de gradient est sujette à s'arrêter dans un optimum local. Il faut donc recommencer plusieurs fois la procédure d'optimisation en partant de vecteurs de poids initiaux différents pour chercher à atteindre un optimum de bonne qualité.

Une approche différente a été proposée, moins coûteuse à chaque étape et moins sujette à rester prisonnière des minima locaux : c'est la **descente de gradient stochastique**.

Dans cette procédure d'optimisation, il n'est pas requis que chaque étape de descente se fasse dans la direction exacte du gradient pour la fonction que l'on cherche à optimiser. La direction de descente peut être un vecteur aléatoire, du moment que son *espérance* est égale à la direction du gradient. Concrètement, cette procédure peut être satisfaite en cherchant à optimiser à chaque étape le gradient pour un exemple d'apprentissage tiré aléatoirement dans l'ensemble $\mathcal{S}$, ou bien pour un petit sous-ensemble $\mathcal{S}'$ tiré aléatoirement de ces exemples (typiquement une centaine). Dans ce dernier cas, on parle de **gradient minibatch**.

La procédure d'optimisation ainsi obtenue présente plusieurs avantages. Elle requiert des calculs beaucoup moins lourds à chaque étape. Elle tend à échapper plus facilement aux minima locaux puisque la direction de descente dépend à chaque pas d'un problème d'optimisation différent. Finalement, elle est très bien adaptée aux applications dans lesquelles les exemples sont issus d'un flux de données. De fait, la procédure de gradient stochastique s'adapte bien aux problèmes d'apprentissage dans lesquels la fonction cible change avec le temps (par exemple le goût des utilisateurs) (chapitre 23).

3.3 Le codage des exemples d'apprentissage

Les modèles connexionnistes dont nous parlons ici sont entraînés par apprentissage supervisé dans lequel chaque exemple d'entrée est associé à une sortie désirée : $(\mathbf{x}_i, u_i)$. Dans les tâches de régression, la sortie est un réel ou un vecteur de réels. On a alors très naturellement un neurone de sortie par valeur à prédire.

Dans les tâches de classification, le rôle de chaque neurone de sortie peut être moins directement accessible. Supposons que la tâche d'apprentissage consiste à apprendre à distinguer deux classes d'objets. On peut choisir de le faire avec un seul neurone de sortie, en interprétant une sortie à 0 (ou -1) comme la prédiction d'appartenance à une classe et une sortie à 1 comme la prédiction d'appartenance à l'autre classe. On peut aussi décider de dédier un neurone de sortie par classe, de telle manière que celui ayant le plus grand signal de sortie pour une entrée donnée détermine la classe prédite.

Ce dernier type de codage, dans lequel un neurone de sortie est associé à chaque classe peut être utilisé pour C classes ($C \geq 2$). Cependant, si C devient grand, il devient prohibitif d'avoir autant de neurones en couche de sortie que de classes. Par exemple, dans des applications récentes de reconnaissance de visages, le nombre de personnes à reconnaître peut atteindre le million ! Il faut alors recourir à des codages dans lesquels chaque classe est associée à un sous-ensemble de neurones. Un informaticien pensera immédiatement à un codage binaire. Pour C classes, il suffira de $\lceil \log_2 C \rceil$ neurones pour être capable de les distinguer. Par exemple, pour 8 classes, 3 neurones suffiraient : la classe « 1 » étant associée à la sortie « 0 0 0 », la classe « 2 » à la sortie « 0 0 1 »,..., la classe « 8 » à la sortie « 1 1 1 ».

Cependant, ce codage n'est pas très performant car les vecteurs de sortie sont trop proches les uns des autres et une erreur sur un neurone de sortie suffit à changer la prédiction. C'est pourquoi on a recours à un *codage correcteur d'erreur* qui sépare autant que possible les C vecteurs de sortie dans un espace à P dimensions s'il y a P neurones de sortie (chapitre 15).

4. L'algorithme d'apprentissage

La caractéristique la plus intéressante d'un réseau de neurones artificiels est sa capacité à apprendre, c'est-à-dire à modifier les poids de ses connexions en fonction des données d'apprentissage.

Pour procéder graduellement, nous allons d'abord redécrire l'algorithme du perceptron, en le considérant comme un réseau connexionniste. Nous montrerons ensuite que cet algorithme d'apprentissage peut être considéré comme un problème d'optimisation qui se résout par une méthode de gradient. Cela permettra de généraliser d'abord à un perceptron travaillant avec plus de deux classes, puis au réseau connexionniste multicouches.

4.1   Retour sur le perceptron

4.1.1   Le perceptron pour deux classes

Fonction seuil en sortie

Le *perceptron* a été étudié au chapitre 9 dans le cadre des séparateurs linéaires. On va le ré-examiner ici comme un réseau connexionniste à couches, comportant une couche de neurones d'entrée, un neurone de sortie unique et pas de couche cachée. Les connexions sont donc établies directement entre la couche d'entrée et le neurone de sortie, ce qui se traduit dans le cas de deux classes par une décision par seuil sur une combinaison linéaire des valeurs d'entrée.

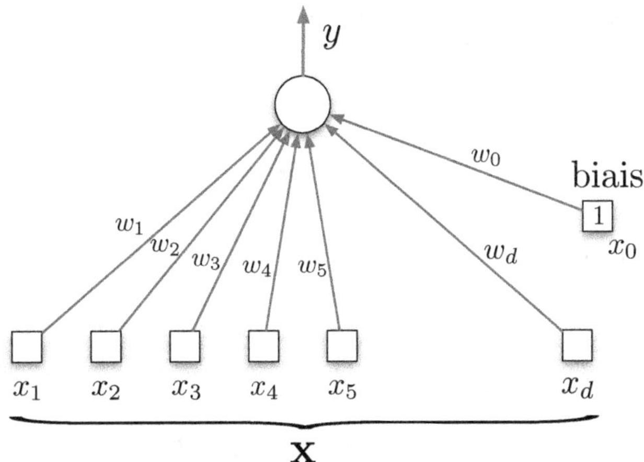

FIGURE 10.14 : *Le perceptron de Rosenblatt est le réseau connexionniste le plus simple. Il effectue le calcul :* $y = g(\mathbf{a}) = w_0 + \sum_{i=1}^{d} w_i\, x_i$ *où* x_i *est la* i-ème *composante de* $\mathbf{x}$.

La figure 10.14 montre comment le perceptron peut être représenté comme un réseau connexionniste sans couche cachée, avec un seul neurone formel de sortie. Notons à nouveau que le perceptron réalise une séparation linéaire de l'espace d'entrée $\mathcal{X}$ (voir figure 10.15).

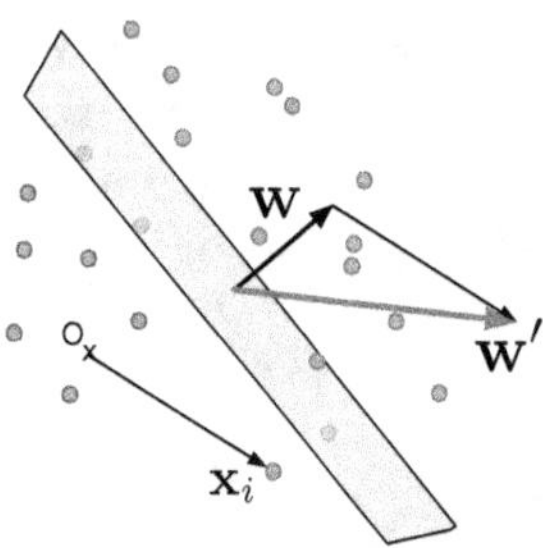

FIGURE 10.15 : *Le perceptron comme séparatrice linéaire de l'espace d'entrée, avec ici une étape d'apprentissage pour mieux classer le nouveau point $\mathbf{x}_i$.*

g est ici la fonction seuil, calculée à partir de a de la manière suivante (fonction d'activation de Heaviside) :

$$y = g(a) = \begin{cases} 1 & \text{si } a \geq 0 \\ 0 & \text{si } a < 0 \end{cases}$$

Il est possible de dériver l'algorithme du perceptron de manière intuitive. Conformément à l'algorithme original, nous supposons ici que les exemples sont considérés séquentiellement (par un tirage aléatoire ou dans l'ordre de la base de données).

Supposons que le nouvel exemple $\mathbf{x}_i$ soit mal classé par le perceptron courant de vecteur poids $\mathbf{w}(t)$. Nous avons deux cas :

1. Si la classe désirée est $u_i = 1$ alors que $\mathbf{w}^\top(t).\mathbf{x}_i < 0$ (erreur de prédiction), il faut s'arranger pour augmenter $\mathbf{w}^\top(t).\mathbf{x}_i$.

   Nous pouvons corriger la valeur courante de $\mathbf{w}$ par $\mathbf{w}(t+1) = \mathbf{w}(t) + \eta\,\mathbf{x}_i$, car :

   $$\mathbf{w}^\top(t+1).\mathbf{x}_i = \mathbf{w}^\top(t).\mathbf{x}_i + \eta\,\mathbf{x}_i^\top\,\mathbf{x}_i$$

2. Si la classe désirée est $u_i = -1$ alors que $\mathbf{w}^\top(t).\mathbf{x}_i \geq 0$ (erreur de prédiction), il faut s'arranger pour diminuer $\mathbf{w}^\top(t).\mathbf{x}_i$.

   Nous pouvons corriger la valeur courante de $\mathbf{w}$ par $\mathbf{w}(t+1) = \mathbf{w}(t) - \eta\,\mathbf{x}_i$, car :

   $$\mathbf{w}^\top(t+1).\mathbf{x}_i = \mathbf{w}^\top(t).\mathbf{x}_i - \eta\,\mathbf{x}_i^\top\,\mathbf{x}_i$$

Dans les deux cas, il suffit de modifier le vecteur poids par :

$$\boxed{\mathbf{w}(t+1) \;=\; \mathbf{w}(t) + \eta\,u_i\mathbf{x}_i} \tag{10.2}$$

La figure 10.15 montre la correction du vecteur $\mathbf{w}$ dans le cas où $\eta = 1$. On y voit qu'effectivement, l'hyperplan séparateur va se déplacer dans une direction qui tend à mieux classer le point mal classé.

Il est possible de dériver la règle d'apprentissage du perceptron en considérant que le risque empirique que l'on cherche à minimiser est proportionnel à la somme des exemples mal classés (ensemble $\mathcal{M}$) :

$$E(\mathbf{w}) \;=\; R_{\text{Emp}} \;=\; -\sum_{\mathbf{x}_i \in \mathcal{M}} \mathbf{w}^\top\mathbf{x}_i.u_i$$

alors :

$$\frac{\partial E_i(\mathbf{w})}{\partial w_j} = \frac{\partial \left(\sum_{j=0}^{d} w_j\, x_j\, u_i \right)}{\partial w_j} = x_j\, u_i$$

où $E_i(\mathbf{w})$ est l'erreur pour l'exemple $\mathbf{x}_i$, et x_j la j^{e} composante de l'exemple $\mathbf{x}_i$.

On retrouve alors la règle d'apprentissage : pour tous les exemples mal classés, modifier le vecteur de poids $\mathbf{w}$ selon l'équation (10.2). Cela se traduit par l'algorithme 14 du perceptron.

Algorithme 14 : Algorithme d'apprentissage du perceptron

Données : Les exemples d'apprentissage $\mathcal{S} = \{(\mathbf{x}_i, u_i)\}_{1 \leq i \leq m}$
  Le pas d'apprentissage η (positif quelconque)
Résultat : Le vecteur de poids $\mathbf{w}$ définissant le classifieur $y = \text{signe}(\mathbf{w}^\top \mathbf{x})$

début
  Prendre $\mathbf{w}_{(0)}$ quelconque
  $convergence \leftarrow \texttt{false}$
  tant que $convergence = \textit{false}$ **faire**
    $convergence \leftarrow \texttt{true}$
    pour $i = 1, m$ **faire**
      si $\mathbf{w}^\top \mathbf{x}_i\, u_i < 0$ **alors**
        $\mathbf{w} \leftarrow \mathbf{w} + \eta\, u_i\, \mathbf{x}_i$
        $convergence \leftarrow \texttt{false}$
      fin si
    fin pour
  fin tant que
fin

Comme il a été signalé au chapitre 9, le perceptron a des propriétés remarquables :

1. Si les données d'apprentissage des deux classes sont linéairement séparables, le perceptron trouvera une séparatrice linéaire parmi toutes celles possibles.

2. Il s'arrêtera alors après un nombre fini d'étapes.

3. Ce nombre d'étapes ne dépend pas du nombre d'exemples d'apprentissage.

4. Ce nombre d'étapes est peu dépendant de la dimension de l'espace d'entrée.

La dernière propriété est tout à fait digne d'intérêt car elle montre bien la différence entre chercher un modèle discriminatif et chercher un modèle génératif (chapitre 3, section 2.4). Dans ce dernier cas, il faut en effet estimer une densité de probabilités et, pour maintenir la précision de celle-ci, il faut un nombre de données exponentiel en la dimension de l'espace d'entrée.

4.1.2 Le perceptron pour plus de deux classes

La transformation précédente permet maintenant d'appliquer directement le même calcul à l'apprentissage d'une règle de classification pour un nombre quelconque C de classes. Il suffit, comme on l'a vu, de construire pour chaque donnée d'apprentissage un vecteur de sortie désirée selon le codage décidé pour la couche de sortie.

Idéalement, un perceptron ayant parfaitement appris les données d'apprentissage devrait fournir pour chacune d'elles une sortie $\mathbf{y}$ égale à la sortie désirée $\mathbf{u}$. On a ici des vecteurs car les sorties produites et désirées sont codées sur la couche de sortie. Par exemple, pour C classes, quand C est petit, on peut décider que la classe k est codée par le vecteur $\mathbf{u}$ dont toutes les composantes sont nulles, sauf la k-ième composante.

Notons ici que les surfaces séparatrices produites par le perceptron pour C classes sont encore de nature linéaire : chaque classe est délimitée par une frontière convexe composée par l'intersection d'hyperplans. En dimension 2, pour $C = 5$, on a des séparatrices du type de celles de la figure 10.16.

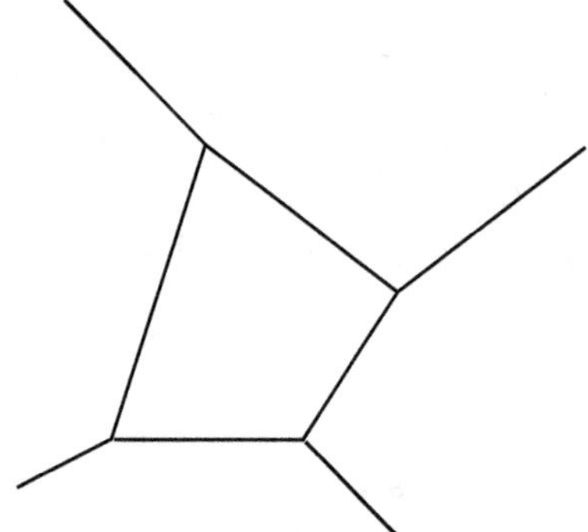

FIGURE 10.16 : *Un exemple de surfaces séparatrices du perceptron pour 5 classes en dimension 2.*

On peut mesurer alors l'*erreur de classification* $D(\mathbf{u}, \mathbf{y})$ *entre la sortie désirée* $\mathbf{u}$ *et la sortie calculée* $\mathbf{y}$ *pour l'entrée* $\mathbf{x}$, par exemple en utilisant la distance euclidienne [2] :

$$D(\mathbf{u}, \mathbf{y}) = \frac{1}{2} \sum_{j=1}^{C} (u_j - y_j)^2$$

$$= \frac{1}{2} \sum_{j=1}^{C} (u_j - a_j)^2 = D(\mathbf{u}, \mathbf{a})$$

l'égalité de la deuxième ligne étant due au fait que l'on suppose une fonction d'activation linéaire pour le neurone de sortie : $y_i = a_i$.

On peut appliquer pour l'apprentissage une généralisation de la technique du paragraphe précédent : la *règle delta*. Elle consiste à modifier le poids w_{ij} d'une quantité :

$$\Delta_{ij} = \eta \, x_i \, (u_j - y_j) \tag{10.3}$$

où η est une valeur positive comprise entre 0 et 1.

Ceci revient encore à appliquer la technique de l'*optimisation par gradient* (voir l'annexe 8), qui consiste ici à constater que la contribution du poids w_{ij} à l'erreur $D(\mathbf{u}, \mathbf{y})$ peut s'écrire :

$$\frac{\partial}{\partial w_{ij}} D(\mathbf{u}, \mathbf{y})$$

---

2. On note dans ce chapitre la distance euclidienne D et non pas Δ, pour éviter la confusion avec la notation traditionnelle de la « règle delta » de l'apprentissage des réseaux connexionnistes.

Soit, puisque l'on a :

$$a_j = w_{0,j} + \sum_{i=1}^{d} w_{ij}\, x_i$$

$$
\begin{aligned}
\frac{\partial}{\partial w_{ij}} D(\mathbf{u}, \mathbf{a}) &= \frac{\partial}{\partial a_j} D(\mathbf{u}, \mathbf{a}) \cdot \frac{\partial a_j}{\partial w_{ij}} \\
&= \frac{1}{2} \cdot \frac{\partial}{\partial a_j} (u_j - a_j)^2 \cdot \frac{\partial a_j}{\partial w_{ij}} \\
&= (a_j - u_j)\, x_i = (y_j - u_j)\, x_i
\end{aligned}
$$

Selon la technique du gradient, $w_{k,j}$ doit être modifié d'une valeur Δ_{ij} proportionnellement et en sens inverse à la contribution du poids w_{ij} à l'erreur $D(\mathbf{u}, \mathbf{y})$. D'où la formule (10.3) donnée ci-dessus pour la règle delta.

La règle delta est donc à la fois une généralisation de la règle d'apprentissage du perceptron pour le cas à deux classes et une technique de minimisation par gradient de l'erreur quadratique moyenne.

4.2 L'apprentissage par rétropropagation du gradient de l'erreur

C'est seulement en 1986 que la généralisation de la règle delta aux réseaux à couches cachées a été formulée (mais voir la section sur les notes historiques pour plus de précision). Cette généralisation, *la règle de la rétropropagation du gradient de l'erreur*, consiste à propager l'erreur obtenue à une unité de sortie d'un *réseau à couches* comportant une ou plusieurs couches cachées à travers le réseau, par descente du gradient dans le sens inverse de la propagation des activations. La figure 10.17 montre une illustration du principe.

Rappelons qu'un réseau à couches est composé d'un ensemble de neurones formels groupés en sous-ensembles distincts (les couches) de telle sorte qu'il n'y ait aucune connexion entre deux neurones d'une même couche [3].

À la fin de l'apprentissage, lorsque le réseau a appris à modéliser son environnement, son comportement souhaité est le suivant : on présente un vecteur d'entrée au réseau, celui-ci propage vers la sortie les valeurs d'activation correspondantes (en utilisant une règle de propagation), afin de générer, par l'intermédiaire des neurones de sortie, un vecteur de sortie. Celui-ci devrait correspondre à la sortie désirée, telle qu'apprise lors de la phase d'apprentissage.

La généralisation de la règle delta aux réseaux multicouches utilise une méthode de *descente du gradient*, permettant de calculer la modification des poids des connexions entre les couches cachées (annexe 9 ou référence [RHW86]). Afin de calculer le gradient de l'erreur par rapport aux poids du réseau, la fonction de sortie d'un neurone doit être différentiable et non linéaire (sinon, on pourrait réduire le réseau à un perceptron). Une fonction souvent utilisée est la *sigmoïde* :

$$z_j = g(a_j) = \frac{1}{1 + e^{-a_j}} \tag{10.4}$$

---

3. Une variante de la règle de rétropropagation permet l'introduction de cycles entre les couches, pour obtenir des *réseaux récurrents*.

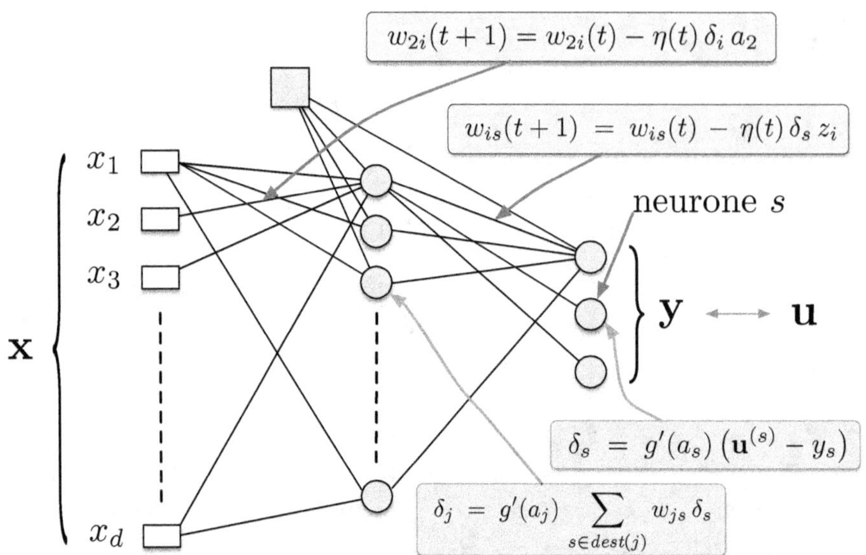

FIGURE 10.17 : *Schéma du modèle de la rétropropagation de l'erreur, ici avec un réseau à une seule couche cachée. On calcule d'abord les « responsabilités » δ_i de chaque neurone i, avant de pouvoir calculer la modification à apporter à chaque poids des connexions. On a supposé ici une fonction de coût quadratique pour la couche de sortie.*

La règle delta généralisée dicte alors le changement de poids entre les neurones i et j de la façon suivante :

$$\Delta w_{ij} = \alpha\,\delta_j\,z_i \tag{10.5}$$

c'est-à-dire de façon proportionnelle à une mesure d'erreur δ_j caractéristique du neurone j et à la valeur d'entrée notée ici[4] z_i. Pour les connexions aboutissant aux neurones de sortie, cette mesure d'erreur est évidemment calculée ainsi :

$$\delta_j = (u_j - y_j)\,y_j\,(1 - y_j) \tag{10.6}$$

Le calcul de l'erreur aux unités cachées se fait ensuite récursivement par la descente du gradient. Soit $dest(j)$ l'ensemble des neurones auxquels j se connecte :

$$\delta_j = y_j\,(1 - y_j) \sum_{\ell \in dest(j)} \delta_l\,w_{j,\ell} \tag{10.7}$$

Le calcul est détaillé dans l'annexe 9.

Lorsque l'on applique la règle delta généralisée sur le réseau de façon itérative pour un ensemble de vecteurs d'entrée (correspondant à l'environnement), le réseau tentera de minimiser l'erreur obtenue à la sortie et donc de modéliser le mieux possible la fonction désirée entre les entrées et les sorties.

4.3 L'organisation des calculs

Les calculs s'organisent de la façon donnée dans l'algorithme 15. Le point à remarquer est que l'actualisation des poids ne se fait qu'une fois la rétropropagation terminée : il ne faut en effet

---

4. C'est en effet la sortie du neurone i.

pas changer trop tôt la valeur d'un poids puisque celle-ci intervient dans le calcul concernant la couche suivante.

Algorithme 15 : Apprentissage par gradient stochastique du perceptron multicouches

---

début

    tant que *l'apprentissage n'a pas convergé* **faire**

        tirer au hasard un point (ou un minibatch) d'apprentissage

        pour *chaque couche, en partant de la dernière* **faire**

            pour *chaque neurone formel j de cette couche* **faire**

                calculer δ_j

                pour *chaque connexion w_{ij} menant au neurone formel j* **faire**

                    calculer $\Delta w_{ij} = \eta \, \delta_j \, z_i$

                fin pour

            fin pour

        fin pour

        pour *chaque connexion w_{ij}* **faire**

            $w_{ij} \leftarrow w_{ij} + \Delta w_{ij}$

        fin pour

    fin tant que

fin

—— EXEMPLE **revisité...** ——————————————————————

Reprenons l'exemple de la figure 10.10 en supposant que la sortie désirée au vecteur d'entrée $\mathbf{x}^\top = (1,1)$ vaille $\mathbf{u} = 0$. Après modification des poids sur cet exemple, son nouveau passage dans le réseau doit conduire à une sortie inférieure à la valeur précédente, qui était de 0.63. Pour le neurone formel de sortie, on a :

$$\Delta w_{k,j} = \alpha \, \delta_j \, y_i$$

avec :

$$\delta_j = (u_j - y_j) \, y_j \, (1 - y_j)$$

On prend d'abord : $i = 3$ et $j = 5$, ce qui mène à :

$$\delta_5 = (0. - 0.63) \times 0.63 \times (1. - 0.63) = -0.147$$

d'où :

$$\Delta w_{3,5} = -0.147 \times 0.65 \simeq -0.1$$

en fixant la valeur α à 1. De même, pour $i = 4$, on obtient :

$$\Delta w_{4,5} = 0.48 \times -0.147 \simeq -0.07$$

$$\Delta w_{0,5} = -0.147 \times 1. = -0.147$$

Pour le neurone formel caché noté 4, on a d'abord, puisque $dest(4) = \{5\}$:

$$\delta_4 = y_4 \times (1 - y_4) \times \delta_5 \times w(4,5) = 0.48 \times (1 - 0.48) \times -0.147 \times -0.4 = \simeq 0.015$$

D'où :

$$\Delta w_{1,4} = 0.015 \times 1. = 0.015$$

$$\Delta w_{2,4} = 0.015 \times 1. = 0.015$$

$$\Delta w_{0,4} = 0.015 \times 1. = 0.015$$

De même, puisque $dest(3) = \{5\}$:

$$\delta_3 = y_3 \times (1 - y_3) \times \delta_5 \times w_{3,5} = 0.65 \times (1 - 0.65) \times -0.147 \times 0.5 =\simeq -0.017$$

D'où :

$$\Delta w_{1,3} = 0.016 \times 1. = -0.017$$
$$\Delta w_{2,3} = 0.016 \times 1. = -0.017$$
$$\Delta w_{0,3} = 0.016 \times 1. = -0.017$$

Après modification, les poids deviennent donc :

$$w_{0,5} + \Delta w_{0,5} = \quad 0.4 - 0.147 \simeq \quad 0.25$$
$$w_{3,5} + \Delta w_{3,5} = \quad\quad 0.5 - 0.1 = \quad\quad 0.4$$
$$w_{4,5} + \Delta w_{4,5} = \quad -0.4 - 0.07 = \quad -0.47$$

$$w_{0,3} + \Delta w_{0,3} = \quad 0.2 - 0.017 = \quad 0.183$$
$$w_{1,3} + \Delta w_{1,3} = \quad 0.1 - 0.017 = \quad 0.083$$
$$w_{2,3} + \Delta w_{2,3} = \quad 0.3 - 0.017 = \quad 0.283$$

$$w_{0,4} + \Delta w_{0,4} = -0.3 + 0.015 = -0.285$$
$$w_{1,4} + \Delta w_{1,4} = -0.2 + 0.015 = -0.185$$
$$w_{2,4} + \Delta w_{2,4} = \quad 0.4 + 0.015 = \quad 0.415$$

Dans le réseau modifié, le calcul sur le vecteur d'entrée devient par conséquent :

Neurone formel j	a_j	y_j
3	$0.183 + 0.083 \times 1 + 0.283 \times 1 = 0.55$	$\frac{1}{1+e^{0.55}} \simeq \mathbf{0.63}$
4	$-0.285 + -0.185 \times 1 + 0.415 \times 1 = -0.055$	$\frac{1}{1+e^{-0.055}} \simeq \mathbf{0.51}$
5	$0.25 + 0.4 \times \mathbf{0.63} - 0.47 \times \mathbf{0.51} = 0.26$	$\frac{1}{1+e^{0.205}} \simeq 0.56$

Si on compare la valeur de sortie à celle du tableau de la section 3.1, on constate qu'elle est passée de 0.63 avant apprentissage à 0.56 après : elle s'est rapprochée de la valeur désirée 0.

4.4   Une variante bayésienne

Il est possible de transformer un réseau connexionniste multicouches en un système de décision bayésien (chapitres 3 et 19) en changeant la distance entre la sortie calculée et la sortie désirée, sans modifier la règle de rétropropagation du gradient de l'erreur.

On désire ici une valeur du neurone de sortie y_j qui soit égale à la probabilité que le vecteur d'entrée appartienne à la classe j. Soit $X = (X_1, \ldots, X_C)$ une variable aléatoire multidimensionnelle qui représente, sous une hypothèse multinomiale, la distribution des sorties désirées. La probabilité de X s'exprime en fonction des probabilités *a priori* y_j d'appartenir à la classe j :

$$P(X_1 = u_1, \ldots, X_C = u_C) = \prod_{j=1}^{C} y_j^{u_j} (1 - y_j)^{\sum_{i=1}^{C} u_i - u_j}$$

Au maximum de vraisemblance, chercher les paramètres qui maximisent cette quantité est équivalent à minimiser la fonction d'erreur *entropie croisée* :

$$E = \sum_{j=1}^{C} -u_j \cdot Log(y_j) - (1 - u_j) \cdot Log(1 - y_j) \qquad (10.8)$$

Il faut calculer :

$$\frac{\partial E}{\partial w_{k,j}} = \frac{\partial E}{\partial y_j} \cdot \frac{\partial y_j}{\partial a_j} \cdot \frac{\partial a_j}{\partial w_{k,j}}$$

On a :

$$\frac{\partial E}{\partial y_j} = -\frac{u_j}{y_j} + \frac{1 - u_j}{1 - y_j} = \frac{y_j - u_j}{y_j(1 - y_j)}$$

$$\frac{\partial y_j}{\partial a_j} = y_j(1 - y_j)$$

$$\frac{\partial a_j}{\partial w_{k,j}} = y_i$$

Finalement :

$$\frac{\partial E}{\partial w_{k,j}} = (y_j - u_j) \cdot y_i \qquad (10.9)$$

Il ne reste plus qu'à appliquer la règle de rétropropagation du gradient de l'erreur avec cette valeur.

4.5   Quand arrêter l'apprentissage ?

Il est difficile de trouver un critère général pour arrêter cet algorithme. Le problème est que le risque empirique tend à diminuer lentement et à ne jamais se stabiliser complètement, ce qui mène à un surapprentissage. La meilleure manière d'éviter ce phénomène est d'utiliser un ensemble de validation (chapitre 2, section 1.3.1).

4.6   Le problème des minima locaux

Comme tous les algorithmes d'optimisation basés sur la descente du gradient, l'algorithme de la rétropropagation est susceptible de s'arrêter dans des minima locaux. Ou bien, si le pas d'apprentissage est mal choisi, et/ou si le gradient est très faible ou très fort, l'optimisation peut soit stagner très longtemps dans une région, soit diverger.

Il n'est donc pas surprenant que le développement des techniques d'apprentissage dans les réseaux de neurones, avec potentiellement des milliers, voire maintenant des millions, de paramètres à régler, se soit accompagné de nombreux travaux souvent de nature heuristique pour accélérer l'optimisation. Nous n'entrerons pas ici dans les détails des astuces qu'utilisent les experts des réseaux de neurones. On citera simplement les techniques de base :

- Relancer l'apprentissage plusieurs fois en utilisant des poids initiaux différents, ce qui entraîne un temps de calcul plus élevé.

- Introduire du bruit dans la recherche pour pouvoir sortir des minima locaux.

- Utiliser les techniques avancées de descente de gradient : second ordre, gradient conjugué, etc. ([Bis95, Hay99] et annexe 8).

De nombreux ouvrages décrivent des techniques d'optimisation plus ou moins ad hoc [Gér17][GBC16].

5. Quelques résultats théoriques sur les réseaux connexionnistes

Plusieurs résultats théoriques sur l'apprentissage des réseaux connexionnistes ont été obtenus, particulièrement sur leur pouvoir d'expression, leur complexité, ainsi que leur capacité de généralisation. Nous donnons dans cette section quelques-uns de ces résultats.

5.1 Pouvoir d'expression

Le *pouvoir d'expression* d'un réseau de neurones connexionniste, comme de toute règle de classification, est une mesure de la variété des fonctions que celui-ci peut approcher. Il est en effet intéressant de connaître *a priori* les familles de fonctions auxquelles vont appartenir les surfaces de décision. Plusieurs résultats montrent par exemple qu'un réseau de neurones artificiels multicouches peut approcher avec une précision arbitraire n'importe quelle transformation continue d'un espace à dimension finie vers un autre espace à dimension finie, s'il possède suffisamment de neurones formels cachés ([Cyb89, Hay99]). En ce sens, on dit qu'il est un *approximateur universel*. Certains résultats montrent même qu'à l'exception de cas extrêmes, une seule couche cachée est suffisante.

La mode actuelle est à l'utilisation de réseaux de neurones profonds, comportant typiquement de 10^5 à 10^9 connexions. Il faut cependant avoir conscience qu'un grand nombre de fonctions de décision intéressantes pour les applications sont réalisables avec des petits réseaux de neurones. Des résultats récents montrent d'ailleurs que presque toutes les fonctions réalisables par un réseau de neurones à grand nombre de connexions, peuvent être réalisées par un petit sous-réseau de ce réseau.

De même, toute fonction calculable en un nombre d'opérations T est réalisable avec un réseau de taille de l'ordre de T. Comme nous sommes intéressés généralement par des fonctions calculables rapidement (T petit), cela signifie que des réseaux de taille limitée sont suffisants. La course au gigantisme des réseaux de neurones n'est donc pas forcément utile.

Il faut noter que ces résultats sur le pouvoir expressif des réseaux connexionnistes ne fournissent aucun indice sur la méthode à utiliser pour trouver directement les poids correspondant à l'approximation d'une fonction donnée. On ne sait les calculer que par apprentissage. Ce résultat était connu avant la découverte de l'algorithme de rétropropagation du gradient de l'erreur, qui a alors permis de l'utiliser en pratique.

5.2 Parcimonie

Hornik a montré en 1994 que, si la sortie d'un réseau de neurones est une fonction non linéaire des poids synaptiques, elle est plus parcimonieuse que si elle était une fonction linéaire de ces paramètres. De plus, pour les réseaux dont la fonction d'activation des neurones est une sigmoïde, l'erreur commise dans l'approximation varie comme l'inverse du nombre de neurones cachés, et elle est indépendante du nombre de variables de la fonction à approcher. Ainsi, pour une précision donnée (*i.e.* étant donné un nombre de neurones cachés) le nombre de paramètres du réseau est proportionnel au nombre de variables de la fonction à approcher.

5.3 Capacité de généralisation

La notion de capacité statistique d'un classifieur est liée au nombre d'exemples requis pour assurer une bonne généralisation, c'est-à-dire que l'erreur en test soit proche de l'erreur en apprentissage, même lorsque l'on cherche à minimiser cette dernière. C'est l'objet de la théorie statistique de l'apprentissage (chapitres 3 et 25).

Pour tout classifieur, si les paramètres utilisés pour le décrire sont à précision finie, ce qui est toujours le cas en informatique, alors la capacité de ce classifieur est limitée par une fonction linéaire du nombre total de paramètres. En particulier, [Bar17] et [HLM17], après [BMM99], donnent une borne supérieure sur la dimension de Vapnik-Chervonenkis des réseaux de neurones multicouches avec d couches et $\mathcal{W}$ connexions :

$$d_{VC}(\mathcal{H}) \; = \; \tilde{\mathcal{O}}\big(d \times dim(\mathbf{W})\big)$$

Lorsque le classifieur est hyperparamétré, avec un nombre énorme de paramètres, plus grand ou du même ordre de grandeur que le nombre d'exemples, alors la théorie statistique de l'apprentissage ne peut plus expliquer les propriétés de généralisation. C'est souvent le cas des réseaux de neurones profonds. Ils peuvent sans problème sur-apprendre les exemples, c'est-à-dire avoir une erreur d'apprentissage nulle ou presque nulle, sans que cela ne donne aucune information sur l'erreur en généralisation ([ZBH+16]). Or, les réseaux de neurones profonds ont des performances en généralisation fréquemment excellentes, et parfois qui s'améliorent quand on augmente encore le nombre de paramètres (le nombre de couches et/ou de connexions, voir le phénomène de « double descente » [NKB+20], notamment observé sur l'apprentissage des réseaux profonds) ! Alors même qu'il existe un grand nombre de solutions, c'est-à-dire de combinaisons de poids des connexions, qui ont une erreur d'apprentissage nulle ou presque, mais qui sont mauvaises en test, *comment l'algorithme d'apprentissage, spécifiquement la descente de gradient stochastique, converge-t-il vers l'une de ces très nombreuses solutions qui sont aussi de faible erreur en généralisation ?* C'est là l'une des grandes questions qui agitent la communauté scientifique en apprentissage artificiel (exposé de Nati Srebro « Theoretical Perspectives on Deep Learning » présenté à la National Academy of Science le 13 mars 2019 dans le cadre d'un colloque sur « The science of deep learning »).

5.4   Complexité

Les réseaux connexionnistes ayant un si grand pouvoir d'expression, il devient intéressant de connaître les aspects de complexité reliés à ce modèle (voir [Orp92] pour une revue). Ainsi, il a été montré le résultat suivant :

> Étant donné un réseau de neurones artificiels arbitraire R et une tâche arbitraire T devant être résolue par R, le problème consistant à décider si, dans l'espace de tous les paramètres de R (ses poids, sa structure), il existe une solution qui résout adéquatement T est *NP-difficile.*

Malgré cela, il est possible [Bau89] de trouver une solution (un ensemble de poids) pour T en temps polynomial si on peut utiliser des algorithmes d'apprentissage *constructifs*[5]. Il existe un certain nombre de ces algorithmes, mais aucune preuve de convergence en temps polynomial n'existe actuellement pour eux.

D'un point de vue pratique, certaines expériences empiriques (dont [Hin89]) montrent qu'on peut faire apprendre une tâche complexe à un réseau de neurones artificiels en utilisant l'algorithme de la rétropropagation de l'erreur en temps $\mathcal{O}\left(W^3\right)$ où W représente le nombre de poids du réseau. En effet, bien qu'il faille un temps exponentiel (sur le nombre de poids) pour obtenir la solution optimale, on peut souvent en pratique se contenter d'une solution sous-optimale satisfaisante obtenue en temps polynomial.

---

5. Ayant la possibilité d'ajouter des neurones et des connexions durant l'apprentissage.

6. Comment choisir l'architecture d'un réseau ?

Un des problèmes majeurs des réseaux connexionnistes est la difficulté de décider de leur architecture. Devant une tâche à résoudre par un réseau connexionniste, l'ingénieur doit prendre des décisions d'architecture non évidentes et pourtant très importantes : par exemple, il faut décider du nombre de neurones cachés, du nombre de couches cachées et de leur interconnexion. Ceci se fait souvent de façon *ad hoc* ou en utilisant quelques règles heuristiques simples. Souvent on procède en essayant diverses architectures pour un problème donné et en calculant l'erreur de généralisation pour chacune sur un ensemble de validation. En effet, hormis une recherche exhaustive, aucune méthode n'est connue pour déterminer l'architecture optimale pour un problème donné. Or, tous les résultats théoriques sur les réseaux connexionnistes (leur puissance de calcul ou leur faculté de généralisation) ne tiennent que si l'on utilise l'architecture idéale (ou tout au moins suffisante et nécessaire).

Une solution à ce problème consiste à utiliser des algorithmes *constructifs* qui commencent avec une architecture minimale et ajoutent des neurones et des connexions au fur et à mesure de l'apprentissage. D'autres solutions utilisent plutôt une technique inverse : à partir d'une architecture complète, ils éliminent certains neurones et/ou connexions qui semblent non essentiels.

Il a également été proposé d'utiliser des méthodes d'optimisation pour chercher l'architecture idéale. Ainsi, plusieurs travaux font appel à des algorithmes génétiques pour optimiser l'architecture des réseaux de neurones. Récemment enfin, des techniques de NAS (*Network Architecture Search*) [EMH19] ont été développées, pour concevoir automatiquement des architectures de réseaux.

Un autre problème tient au choix des paramètres des divers algorithmes d'apprentissage. En effet, chaque règle utilise généralement un certain nombre de paramètres pour guider l'apprentissage. Ainsi, la règle de la rétropropagation de l'erreur est basée notamment sur le taux d'apprentissage noté η dans ce chapitre. Ce taux varie d'une tâche à l'autre et, encore une fois, on utilise souvent des règles heuristiques simples pour déterminer sa valeur idéale (annexe 8 pour une étude sur l'influence de ce paramètre). Dans la même veine que pour le choix des architectures, on utilise par exemple des méthodes comme les algorithmes génétiques pour choisir ces paramètres.

7. Réseaux et régime dynamique : le Reservoir Computing

7.1 Les réseaux de neurones récurrents

Les réseaux connexionnistes présentés jusque-là sont des réseaux multicouches à passe avant *(feed-forward neural networks)*, ce qui signifie que le signal se propage dans un seul sens, depuis la couche d'entrée jusqu'à celle de sortie. De ce fait, ces réseaux sont équivalents à des fonctions, sans mémoire du passé. Par contraste, les neurones du cerveau sont connectés dans des boucles de rétroaction et il semble bien que de tels circuits récurrents soient nécessaires pour la prise en compte et l'intégration d'informations de nature temporelle.

Les réseaux connexionnistes récurrents (détaillés dans la section 3 du chapitre 11) possèdent des connexions introduisant des boucles dans les interactions entre neurones formels. En conséquence, ces réseaux peuvent entretenir des formes d'activation temporelles : il s'agit de *systèmes dynamiques* à part entière. Lorsqu'ils sont soumis à un signal d'entrée, éventuellement temporel, ils peuvent préserver dans leur état interne une mémoire dynamique de leur histoire passée. Malheureusement, il n'est pas facile de comprendre comment les connexions et leurs poids doivent être modifiés pour réaliser un apprentissage dans ces réseaux. Leur apprentissage est en effet ardu car les approches par minimisation de gradient sont difficiles à mettre en œuvre avec des systèmes dynamiques, particulièrement quand les dépendances temporelles à capturer sont à long terme. De plus, ils sont notoirement difficiles à contrôler car leur dynamique présente souvent des points de bifurcation et d'instabilité, ce qui rend la convergence de cette dynamique très aléatoire. Finalement, leur fonctionnement implique de nombreux cycles, ce qui peut être coûteux en calcul.

C'est pourquoi les premiers travaux sur le connexionnisme, à l'exception de quelques systèmes très particuliers, avaient soigneusement évité de s'aventurer dans les problèmes de contrôle de systèmes dynamiques. Cependant, depuis le milieu des années 1990, un mouvement de recherche a émergé pour explorer les possibilités ouvertes par ces réseaux.

Les réseaux récurrents peuvent se ranger en deux classes principales :

1. Les **réseaux opérant par minimisation (stochastique) d'une énergie** inspirés de la physique statistique. On associe à l'état du réseau une *fonction d'énergie*. C'est par exemple possible lorsque tous les neurones du réseau sont connectés entre eux avec des connexions symétriques, ce qui est le cas des réseaux de Hopfield . D'autres exemples incluent les machines de Boltzman et les réseaux profonds de croyances *(Deep Belief Networks)* devenus à la mode récemment, et qui seront abordés au chapitre 12.
   Ces réseaux sont essentiellement entraînés en *mode non supervisé*. Ils servent pour des applications de mémoire associative [6], de compression de données et dans la modélisation de distributions de données. En général, le fonctionnement du réseau implique plusieurs étapes de calcul d'activation des neurones, avant de converger vers un minimum local de la fonction d'énergie correspondant à un état que l'on peut alors lire pour connaître la sortie.

2. Les **réseaux à connexions orientées et fonctionnement déterministe**. Ces réseaux, inspirés par la théorie des systèmes dynamiques, calculent en continu un signal temporel de sortie en réponse à un signal temporel d'entrée, à l'instar de filtres non linéaires, mais en prenant en compte une mémoire du passé. L'apprentissage s'opère le plus souvent en mode supervisé. Ce sont en général ces réseaux que l'on qualifie de *Reservoir Computing*. Ils sont très séduisants *a priori* car on peut montrer que, sous des conditions faibles, ils sont des approximateurs universels des systèmes dynamiques. De plus, ils sont beaucoup plus proches d'une modélisation réaliste des réseaux de neurones biologiques que ne le sont les réseaux à couches.

L'approche maintenant dénommée *Reservoir Computing* a été proposée initialement à peu près simultanément par Wolfgang Mass, sous le nom de *Liquid State Machines* et par Herbert Jaeger, sous le nom de *Echo State Networks*. Elle est caractérisée par une innovation radicale. L'idée est de considérer le circuit récurrent comme une partie à part et générique du réseau, sans apprentissage, le *réservoir*, et de confier l'apprentissage à *un réseau linéaire à une couche* prenant ses entrées en certains neurones du réservoir (figure 10.18).

Ainsi, le signal entrant excite le système dynamique et provoque une trajectoire dans l'espace des états possibles de ce système. La partie apprenante du réseau mesure cet état continument ou de temps en temps et apprend à lui associer des sorties désirées. La source des difficultés

---

6. Dans une mémoire associative, on associe à une forme d'entrée (souvent dégradée) la forme typique (ou parfaite) associée.

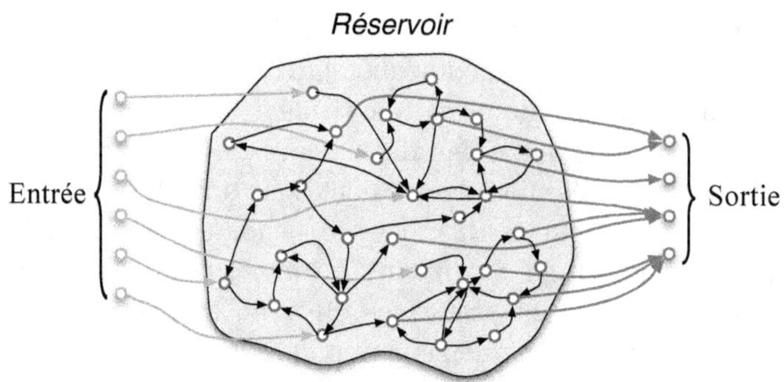

FIGURE 10.18 : *Un réseau connexionniste à « réservoir ». L'apprentissage ne se fait que sur la couche de sortie.*

rencontrées dans les réseaux récurrents classiques est alors évacuée et l'apprentissage peut se faire avec des méthodes éprouvées.

On peut considérer ces réseaux à l'aune des SVM et autres techniques utilisant une redescription des entrées dans un nouvel espace, permettant une détection plus aisée des régularités recherchées. Ici, l'espace de redescription est calculé grâce au « réservoir » et, si celui-ci est à la fois assez complexe et doté de bonnes propriétés dynamiques, il peut faire apparaître des motifs caractéristiques exploitables par le système d'apprentissage en aval, de la même manière que la redescription grâce à l'emploi de fonctions noyaux permet aux SVM de trouver des régularités linéaires dans l'espace de redescription.

7.2   Le traitement de données temporelles

Dans les applications classiques, non temporelles, la redescription des données se fait généralement par *expansion*, c'est-à-dire par projection dans un espace dans lequel les dimensions correspondent à des combinaisons (ou encore des moments d'ordre supérieur dans le langage des statistiques) de descripteurs originaux. De nombreuses méthodes temporelles reprennent ce principe, la différence étant que les combinaisons prennent maintenant en compte des mesures passées du signal. Les fonctions d'expansion ont ainsi une mémoire $\Phi_t(\mathbf{x}_t) = \Phi(\ldots, \mathbf{x}_{t-1}, \mathbf{x}_t)$, c'est-à-dire que la fonction de redescription prend en compte l'entrée courante $\mathbf{x}_t$ ainsi que son histoire, potentiellement infinie.

Comme cette fonction a un nombre de paramètres *a priori* non borné, on utilise souvent en lieu et place une *formalisation récursive* : $\Phi(\mathbf{x}_t) = f\big(\Phi(\mathbf{x}_{t-1}), \mathbf{x}_t\big)$.

De la même manière que l'on peut voir les redescriptions classiques de points d'entrée $\{\mathbf{x}_i\}_{(1 \leq i \leq m)}$ comme des projections sur des sous-variétés de $\Phi(\mathcal{X})$, on peut voir ces redescriptions du signal dans le cas temporel comme des projections sur des sous-variétés correspondant à des attracteurs dynamiques.

7.3   Le Reservoir Computing

Une question fondamentale des méthodes à base de réservoir est donc de concevoir un réservoir tel que les expansions utiles du signal temporel y apparaissent naturellement. Il s'agit à l'heure actuelle d'un défi qui reste encore mal maîtrisé.

Dans l'approche dite *Echo State Networks*, le réservoir est constitué d'un ensemble de neurones utilisant généralement une fonction d'activation classique, sigmoïde ou $tanh(\cdot)$, et la couche de sortie mesure l'activité de certains de ces neurones pour calculer, à l'aide d'une fonction linéaire, la sortie y_t du réseau.

L'approche dite *Liquid State Machines* essaie de se rapprocher d'un modèle plus plausible du fonctionnement du cerveau par l'emploi de neurones à décharges *(spiking neurons)* ayant des propriétés temporelles propres d'intégration des signaux et d'émission de sortie. Si leurs capacités expressives et de calcul sont certainement supérieures à celles des approches moins sophistiquées, l'apprentissage y est en revanche nettement plus compliqué.

Même si la conception des réservoirs est encore mal maîtrisée, certains principes semblent émerger. Afin d'engendrer des dynamiques suffisamment riches tout en conservant la possibilité d'apprendre en sortie, il semble qu'il faille :

1. un réservoir *suffisamment grand* ;

2. avec des connexions *clairsemées* ;

3. et tirées *aléatoirement*.

Concrètement, on utilise des réservoirs de plusieurs dizaines de milliers de neurones, avec un taux de connexion inférieur à 20 % et des poids de connexions tirés uniformément dans un intervalle de valeurs centré en zéro.

Par ailleurs, on cherche également à obtenir la propriété dite *echo state property*, c'est-à-dire d'extinction progressive de l'effet d'un signal passé (au lieu d'une amplification possible). Pour cela, il faut contrôler le spectre de la matrice $\mathbf{W}$ correspondant aux connexions du réservoir (voir [LJ09], section 5.1 pour des spécifications précises). Des topologies très variées ont été testées et la détermination des plus favorables reste du domaine de la recherche. Un certain nombre d'indicateurs et de mesures pour qualifier ces réservoirs ont également été proposés.

De la même manière, plusieurs techniques ont été essayées pour la conception et l'apprentissage des réseaux *en aval* du réservoir.

7.4   Bilan très provisoire et perspectives

Ces nouvelles architectures de réseaux sont très attrayantes car elles permettent de dépasser les limites des approches classiques par réseaux à couches. Alors que cette approche en est encore à ses premiers pas, les résultats obtenus sur certaines tâches sont extrêmement prometteurs : par exemple, dans la prédiction de séries temporelles chaotiques (trois ordres de magnitude en termes d'exactitude de prédiction), dans l'égalisation non linéaire de canaux sans fil (deux ordres de magnitude), la reconnaissance de voyelles japonaises (0 % d'erreur en test sur le *benchmark* classique au lieu de 1.8 % pour le meilleur résultat jusque-là), etc.

Cependant, nous sommes encore loin de comprendre et de maîtriser ces réseaux. Il est clair qu'utiliser un réservoir engendré de manière aléatoire n'est pas satisfaisant et qu'il vaut mieux comprendre comment adapter un type de réservoir à une famille de tâches. De même, l'apprentissage en aval du réseau doit également être mieux adapté aux situations d'apprentissage rencontrées.

Le *reservoir computing* a donc permis d'ouvrir de nouvelles perspectives dans l'approche connexionniste de l'apprentissage et il y a là un domaine de recherche excitant à défricher.

Nous conseillons au lecteur débutant dans ce champ de consulter [LJ09] pour une très bonne synthèse et [PMB09] pour une synthèse sur les réseaux à décharge *(spiking neurons)*.

Notes historiques et sources bibliographiques

L'ouvrage de Dreyfus et al. ([DMS$^+$02], seconde édition [DMS$^+$08]) est recommandé : encyclopédique, écrit en français et récent. Les livres de Golden [Gol96], Bishop [Bis95] et Ripley [Rip96] fournissent des panoramas sur la théorie et la pratique de ces outils. Le chapitre 6 du livre de Duda, Hart et Stork [DHS01] est une remarquable introduction théorique et pratique. Les deux livres de Haykin [Hay99] et [Hay08] sont originaux dans leur point de vue et couvrent une grande partie de l'apprentissage par réseaux connexionnistes et au-delà. Ils sont absolument à lire. On pourra aussi consulter les ouvrages suivants : [Sch92], [WK91], [HKP91].

Le travail fondateur le plus souvent cité est celui de McCulloch et Pitts [MP43] bien que l'apprentissage n'y soit pas réellement abordé. Encore une fois, on ne peut qu'admirer la clairvoyance de Turing, en 1948, étudiant une organisation d'unités logiques élémentaires en un ensemble au comportement complexe [Tur92]. Les travaux sur les réseaux de neurones formels, souvent inspirés par des motivations de modélisation biologique, n'ont pas cessé depuis cette époque jusqu'à nos jours. On citera comme étapes majeures, la description du perceptron par Rosenblatt [Ros62] en 1962 (voir figure 10.19), la parution du livre de Minsky et Papert, *Perceptrons*, en 1969 [MP69] remarquable mais qui eut l'effet d'une douche froide sur le connexionnisme, puis en 1982, la découverte de réseaux échappant aux limites dénoncées dans [MP69], les réseaux dus au physicien Hopfield [Hop82]. Leur effet psychologique fut considérable, libérant les esprits pour chercher de nouveaux types de réseaux et de règles d'apprentissage.

C'est ainsi que se produisit en 1986 un tournant majeur, avec la (re-)découverte indépendante et quasi simultanée d'un résultat important, en l'occurrence, les formules de la rétropropagation de gradient de l'erreur. Le livre de Werbos [Wer84] et l'article de Widrow [Wid94] relatent l'historique généralement retenu de cette découverte et des réseaux connexionnistes en général (voir aussi [LC19] et [Sej18] par les pionniers Yann Le Cun, d'une part, et Terry Sejnowski, d'autre part). Cependant, des ancêtres de l'algorithme de la rétropropagation de l'erreur sont attribuables à des théoriciens du contrôle, Henri Kelley, un ingénieur à Grumman Aircraft Engineering s'intéressant au contrôle d'une sonde pour aller de la Terre à Mars avec une voile solaire (!) et, indépendamment, à Arthur Bryson et des collègues de la Raython's Missile System's Division à Rhode Island, travaillant sur la rentrée dans l'atmosphère de véhicules spatiaux pour minimiser l'échauffement. Leurs équations reprises par Stuart Dreyfus en 1962 sont équivalentes à celle de la rétropropagation de gradient dans des réseaux de neurones à plusieurs couches (voir l'article [Dre90] et le livre très intéressant [Lee20]).

Une véritable explosion de publications et d'applications très diverses a suivi et continue de nos jours, couvrant aussi bien les améliorations des techniques d'apprentissage que leur généralisation à des modèles plus complexes, ou leur application à des données séquentielles ou bidimensionnelles : signaux et images. Les liens des réseaux connexionnistes avec la théorie bayésienne, les théories de l'apprentissage et l'analyse (au sens mathématique du terme) ont aussi été éclaircis. Les travaux de modélisation biologiques et situés dans le domaine des sciences cognitives sont également très nombreux. L'apparition des SVM (Séparateurs à Vastes Marges) en 1995 (voir chapitre 14) avait semblé s'accompagner du déclin des méthodes connexionnistes, mais la capacité de ces derniers à réaliser de l'apprentissage hiérarchique et en ligne les a remis en selle, de même que l'étude de réseaux à neurones plus complexes, comme les *spiking neurons* qui laisse espérer de nouvelles possibilités.

Avec la mise à disposition de grandes bases de données d'images (ImageNet par exemple en 2012 dans le domaine de la reconnaissance d'images), les réseaux ont également acquis de la profondeur. Le développement actuel de l'apprentissage profond *(Deep Learning)* est en croissance exponentielle.

Résumé

- Les réseaux connexionnistes sont un modèle (grossier) des réseaux de neurones naturels. En les utilisant, on essaie de bénéficier des bonnes propriétés des cerveaux naturels : simplicité des unités de calcul, distribution massive des calculs, robustesse aux fautes.

- Par un processus d'apprentissage par optimisation, un réseau connexionniste peut adapter ses paramètres à un ensemble de données supervisées, dans le but d'en généraliser les caractéristiques.

- La technique des réseaux de neurones est très versatile, applicable dans une grande variété de problèmes d'apprentissage. L'algorithme d'apprentissage classique, la *rétropropagation du gradient de l'erreur*, est éprouvé. Il a donné lieu à de nombreuses améliorations, en particulier en ce qui concerne sa rapidité et son arrêt avant la surgénéralisation.

- Les réseaux connexionnistes ont été étendus à des architectures permettant de réaliser l'apprentissage de règles de classification de séquences. Ils permettent aussi l'apprentissage de fonctions de régression.

- Loin d'être un domaine de recherche clos, le connexionnisme est le théâtre de nouvelles idées profondes *(deep-belief networks)* et dynamiques *(reservoir computing)* (voir les deux chapitres suivants) accompagnées de spectaculaires résultats.

FIGURE 10.19 : *Article du New York Times daté du 8 juillet 1958 parlant du perceptron et de son financement. Les ordinateurs les plus puissants de l'époque (l'IBM 704 coûtant à l'époque 2 000 000 de dollars(20 000 000 aujourd'hui)) ne pouvaient pas réaliser plus de 12 000 multiplications/seconde (un smartphone d'aujourd'hui, en 2020 peut en réaliser environ 35 milliards !). Le perceptron était donc réalisé sur une machine de type analogique, dont le coût à l'époque était de 100 000 dollars, soit environ 1 000 000 aujourd'hui. On notera le ton de l'article bien proche des articles actuels sur le « deep learning » :*

La marine a révélé aujourd'hui l'existence d'un ordinateur électronique, embryon d'une machine qui, selon elle, pourra marcher, parler, voir, écrire, se reproduire et être conscient de son existence. L'embryon, l'ordinateur « 704 » du bureau météo-rologique à 2 000 000 dollars, a appris à différencier la droite de la gauche après une cinquantaine de tentatives dans la démonstration de la marine à destination des journalistes. Le service a déclaré qu'il utiliserait ce principe pour construire la première de ses machines à penser Perceptron qui sera capable de lire et d'écrire. Elle devrait être terminée dans un an environ, pour un coût de 100 000 dollars. Le Dr Frank Rosenblatt, concepteur du Perceptron, a effectué la démonstration. Il a affirmé que la machine serait le premier appareil à penser comme le cerveau humain. Comme les êtres humains, le Perceptron fera des erreurs au début mais deviendra plus performant au fur et à mesure qu'il gagnera en expérience, a-t-il dit. Le Dr Rosenblatt, un psychologue au Cornell Aeronautical Laboratory, à Buffalo, a déclaré que les Perceptrons pourraient être lancés sur les planètes en tant qu'explorateurs mécaniques de l'espace.

Chapitre 11

Geoffrey HINTON (1947-), Yoshua BENGIO (1964-), Yann Le Cun (1960-)

Apprentissage profond

Le chapitre précédent s'est concentré sur la construction des réseaux connexionnistes, avec un focus tout particulier sur le perceptron et le perceptron multicouches. Nous présentons ici l'évolution naturelle de ces réseaux, lorsque l'on cherche à apprendre des dépendances complexes entre les données.

En reprenant le modèle du perceptron multicouches, l'idée naturelle est de disposer d'un réseau avec suffisamment de neurones cachés. Pour cela, deux approches sont envisageables : soit utiliser de nombreuses couches cachées en espérant que les neurones de ces couches vont calculer les sous-dépendances utiles, soit garder une seule couche cachée et y intégrer beaucoup de neurones. Dans le premier cas, sans précaution, l'apprentissage conduit généralement à l'obtention de piètres minima locaux. Dans le second cas, le nombre de paramètres à apprendre croît de manière importante avec le nombre de neurones cachés. L'apprentissage de dépendances complexes nécessite alors le plus souvent une grande quantité d'exemples.

Ces dépendances complexes peuvent cependant souvent se décomposer en dépendances plus simples, mettant en jeu des corrélations locales et des relations plus globales. De même qu'une fonction booléenne complexe peut être réalisée par un ensemble de combinaisons de portes logiques simples, en utilisant la loi de De Morgan, de même on aimerait pouvoir approcher une dépendance complexe par des réseaux connexionnistes à architecture profonde dans lesquels les couches cachées seraient organisées de manière à décomposer le problème, en partant de descripteurs de bas niveau et en les combinant progressivement en des relations plus abstraites et de plus haut niveau. En cela, plus encore que les perceptrons, les réseaux issus de l'apprentissage profond miment le comportement des neurones cérébraux, tout particulièrement ceux du cortex visuel.

Le défi est alors de trouver comment construire ces architectures et, à partir des algorithmes des réseaux connexionnistes simples, comment apprendre automatiquement ces réseaux complexes.

Sommaire

L'APPRENTISSAGE PROFOND *(Deep Learning)* peut être défini comme le développement d'algorithmes d'apprentissage automatique permettant d'apprendre de multiples niveaux de représentation et/ou d'abstraction des données. Ces techniques ont abordé de nombreuses tâches d'intelligence artificielle (reconnaissance de la parole, traduction automatique, reconnaissance et suivi d'objets...) et ont permis d'améliorer de manière sensible les meilleurs résultats jusqu'alors obtenus. Aujourd'hui, le spectre des applications de ces algorithmes est très vaste et les recherches sur les nouvelles architectures, les algorithmes sous-jacents et leur optimisation ne cessent d'être publiées.

1. Des réseaux aux réseaux profonds

La première question qui vient à l'esprit est la suivante : par delà l'idée naturelle de multiplier les neurones cachés pour apprendre des dépendances complexes, pourquoi gagner en profondeur ? En effet, le théorème d'approximation universelle affirme qu'un réseau de neurones à propagation avant, avec une unique couche cachée contenant un nombre fini de neurones, peut approcher n'importe quelle fonction continue bornée sur un compact de $\mathbb{R}^d$. Cybenko, dans le cas des fonctions d'activation sigmoïdes [Cyb89], puis Hornik, dans le cas général [Hor91], ont montré le résultat suivant :

> **Théorème 11.1 (Approximation universelle)**
>
> *Soient ϕ une fonction bornée, croissante continue, et f une fonction continue sur un compact $\mathcal{C}$ de $\mathbb{R}^d$. Soit $\epsilon > 0$, il existe un entier N, $v_i, b_i \in \mathbb{R}$ et $\mathbf{w_i} \in \mathbb{R}^d$, $1 \leq i \leq N$, tels que :*
>
> $$(\forall \mathbf{x} \in \mathcal{C}) \quad F(\mathbf{x}) = \sum_{i=1}^{N} v_i \phi(\mathbf{w_i}^\top \mathbf{x} + b_i)$$
>
> *soit une approximation de f à ϵ près sur C, i.e. telle que :*
>
> $$(\forall \mathbf{x} \in \mathcal{C}) \quad | F(\mathbf{x}) - f(\mathbf{x}) | \leq \epsilon$$

A priori séduisant, ce théorème parle de représentation d'une fonction, mais pas de l'apprentissage des paramètres et encore moins de capacité de généralisation. De plus, le nombre de neurones présents sur la couche cachée peut croître de manière exponentielle avec d. Cela est facilement illustré dans le cas booléen, puisque le nombre de fonctions binaires possibles sur $\{0,1\}^d$ est 2^{2^d} et que sélectionner une telle fonction nécessite 2^d bits, ce qui en général requiert $\mathcal{O}(2^d)$ degrés de liberté. Plus récemment, il a même été montré dans le cas booléen que le nombre $n_h(d)$ de neurones cachés nécessaires pour représenter une fonction booléenne $f : \{0,1\}^d \to \{0,1\}$ est tel que $n_h(d) + d \geq 2^{(d-2)/3}$, quand la fonction d'activation de sortie est la fonction de Heaviside.

La question du maintien du pouvoir d'expressivité des réseaux connexionnistes, tout en contrôlant le nombre de neurones cachés, est posée depuis plusieurs années. En 2011, il a été suggéré [BD11] qu'il était naturel d'envisager des structures profondes pour les réseaux puisque, d'une part, il est logique de représenter des concepts à un niveau d'abstraction comme composition de concepts moins abstraits et que, d'autre part, le système nerveux humain, notamment le cortex visuel, adopte cette architecture.

Aujourd'hui, le développement d'architectures profondes, outre les performances démontrées, se base sur un résultat qui affirme que le pouvoir de représentation d'un réseau de neurones à p couches cachées avec un nombre polynomial de neurones cachés s'obtient sur un réseau à $p - 1$ couches cachées avec un nombre exponentiel de neurones cachés. Bengio et Delalleau [BD11] montrent par exemple qu'une fonction qui peut être exprimée avec $\mathcal{O}(n)$ neurones d'un réseau à p couches cachées nécessite au moins $\mathcal{O}(2^{\sqrt{n}})$ neurones pour un réseau à $p - 1$ couches cachées. De plus, il a été observé empiriquement qu'une profondeur de réseau plus importante semblait améliorer les résultats en généralisation (phénomène de la double descente) [NKB+20], ce qui suggérerait que l'utilisation de réseaux profonds apporte un *a priori* utile dans l'espace des fonctions apprises par l'algorithme.

2. Réseaux convolutifs

Un réseau de neurones convolutif (CNN, *Convolutional Neural Network* ou ConvNet) est un type de réseau de neurones artificiels acyclique à propagation avant, dans lequel le motif de connexion entre les neurones est inspiré par le cortex visuel des animaux. Les neurones de cette région du cerveau sont arrangés de sorte à ce qu'ils correspondent à des régions (appelées champs réceptifs) qui se chevauchent lors du pavage du champ visuel. Ils sont de plus organisés de manière hiérarchique, en couches (aire visuelle primaire V1, secondaire V2, puis aires V3, V4, V5 et V6, gyrus temporal inférieur), chacune des couches étant spécialisée dans une tâche, de plus en plus abstraite en allant de l'entrée vers la sortie. En simplifiant à l'extrême, une fois que les signaux lumineux sont reçus par la rétine et convertis en potentiels d'action :

- L'aire primaire V1 s'intéresse principalement à la détection de contours, ces contours étant définis comme des zones de fort contraste de signaux visuels reçus.

- L'aire V2 reçoit les informations de V1 et extrait des informations telles que la fréquence spatiale, l'orientation, ou encore la couleur.

- L'aire V4, qui reçoit des informations de V2, mais aussi de V1 directement, détecte des caractéristiques plus complexes et abstraites liées par exemple à la forme.

- Le gyrus temporal inférieur est chargé de la partie sémantique (reconnaissance des objets), à partir des informations reçues des aires précédentes et d'une mémoire des informations stockées sur des objets.

L'architecture et le fonctionnement des réseaux convolutifs sont inspirés par ces processus biologiques. Ces réseaux consistent en un empilage multicouches de perceptrons, dont le but est de prétraiter de petites quantités d'informations. Les réseaux convolutifs ont de larges applications dans la reconnaissance d'image et vidéo, les systèmes de recommandation et le traitement du langage naturel (quelques exemples section 2.8)

Un réseau convolutif se compose de deux types de neurones, agencés en couches traitant successivement l'information. Dans le cas du traitement d'images, on a ainsi :

- des *neurones de traitement*, qui traitent une portion limitée de l'image (le champ réceptif) au travers d'une fonction de convolution ;
- des *neurones* de mise en commun des sorties dits *d'agrégation totale ou partielle (pooling)*.

Un traitement correctif non linéaire est appliqué entre chaque couche pour améliorer la pertinence du résultat. L'ensemble des sorties d'une couche de traitement permet de reconstituer une image intermédiaire, dite carte de caractéristiques *(feature map)*, qui sert de base à la couche suivante. Les couches et leurs connexions apprennent des niveaux d'abstraction croissants et extraient des caractéristiques de plus en plus haut niveau des données d'entrée.

Dans la suite, le propos sera illustré sur des images 2D en niveaux de gris, de taille $n_1 \times n_2$:

$$\mathbf{I} : [\![1 \cdots n_1]\!] \times [\![1 \cdots n_2]\!] \quad \rightarrow \quad \mathbb{R}$$
$$(i,j) \quad \mapsto \quad I_{i,j}$$

$\mathbf{I}$ sera indifféremment vue comme une fonction ou une matrice.

2.1 Convolution discrète

Pour reproduire la notion de champ réceptif, et ainsi permettre aux neurones de détecter des caractéristiques de petite taille mais porteuses d'information, l'idée est de laisser un neurone caché voir et traiter seulement une petite portion de l'image qu'il prend en entrée. L'outil retenu dans les réseaux convolutifs est la convolution discrète.

> **Définition 11.1 (Convolution discrète)**
>
> *Soient $h_1, h_2 \in \mathbb{N}, \mathbf{K} \in \mathbb{R}^{(2h_1+1)\times(2h_2+1)}$. La convolution discrète de $\mathbf{I}$ par le filtre $\mathbf{K}$ est donnée par :*
>
> $$(\mathbf{K} * \mathbf{I})_{r,s} = \sum_{u=-h_1}^{h_1} \sum_{v=-h_2}^{h_2} K_{u,v} I_{r+u,s+v} \tag{11.1}$$
>
> *où $\mathbf{K}$ est donné par :*
>
> $$\mathbf{K} = \begin{pmatrix} K_{-h_1,-h_2} & \cdots & K_{-h_1,h_2} \\ \vdots & K_{0,0} & \vdots \\ K_{h_1,-h_2} & \cdots & K_{h_1,h_2} \end{pmatrix}. \tag{11.2}$$

La taille du filtre $(2h_1 + 1) \times (2h_2 + 1)$ précise le champ visuel capturé et traité par $\mathbf{K}$. Lorsque $\mathbf{K}$ parcourt $\mathbf{I}$, le déplacement du filtre est réglé par deux paramètres de *stride* (horizontal et vertical). Un *stride* de 1 horizontal (respectivement vertical) signifie que $\mathbf{K}$ se déplace d'une position horizontale (resp. verticale) à chaque application de l'équation (11.1). Les valeurs de *stride* peuvent également être supérieures et ainsi sous-échantillonner $\mathbf{I}$.

Le comportement du filtre sur les bords de $\mathbf{I}$ doit également être précisé, par l'intermédiaire d'un paramètre de *padding*. Si l'image convoluée $(\mathbf{K} * \mathbf{I})$ doit posséder la même taille que $\mathbf{I}$, alors $2h_1$ lignes de 0 (h_1 en haut et h_1 en bas) et $2h_2$ colonnes de 0 (h_2 à gauche et h_2 à droite) doivent être ajoutées. Dans le cas où la convolution est réalisée sans *padding*, l'image convoluée est de taille $(n_1 - 2h_1) \times (n_2 - 2h_2)$.

2.2 Définition des couches

Nous introduisons ici les différents types de couches utilisées dans les réseaux convolutifs. L'assemblage de ces couches permet de construire des architectures complexes pour la classification ou la régression, dont certaines sont précisées dans la section 2.5.

2.2.1 Couche de convolution

Soit $l \in \mathbb{N}$ une couche de convolution. L'entrée de la couche l est composée de $n^{(l-1)}$ cartes provenant de la couche précédente, de taille $n_1^{(l-1)} \times n_2^{(l-1)}$. Dans le cas de la couche d'entrée du réseau ($l = 1$), l'entrée est l'image $\mathbf{I}$. La sortie de la couche l est formée de $n^{(l)}$ cartes de taille $n_1^{(l)} \times n_2^{(l)}$. La i^{e} carte de la couche l, notée $\mathbf{Y}_{\mathbf{i}}^{(\mathbf{l})}$, se calcule comme :

$$\mathbf{Y}_{\mathbf{i}}^{(\mathbf{l})} = \mathbf{B}_{\mathbf{i}}^{(\mathbf{l})} + \sum_{j=1}^{n^{(l-1)}} \mathbf{K}_{\mathbf{i},\mathbf{j}}^{(\mathbf{l})} * \mathbf{Y}_{\mathbf{j}}^{(\mathbf{l}-\mathbf{1})} \tag{11.3}$$

où $\mathbf{B}_{\mathbf{i}}^{(\mathbf{l})}$ est une matrice de biais et $\mathbf{K}_{\mathbf{i},\mathbf{j}}^{(\mathbf{l})}$ est le filtre de taille $(2h_1^{(l)} + 1) \times (2h_2^{(l)} + 1)$ connectant la j^{e} carte de la couche $(l - 1)$ à la i^{e} carte de la couche l (voir la figure 11.2).

$n_1^{(l)}$ et $n_2^{(l)}$ doivent prendre en compte les effets de bords : lors du calcul de la convolution, seuls les pixels dont la somme est définie avec des indices positifs doivent être traités. Dans le cas où le *padding* n'est pas utilisé, les cartes de sortie ont donc une taille de $n_1^{(l)} = n_1^{(l-1)} - 2h_1^{(l)}$ et $n_2^{(l)} = n_2^{(l-1)} - 2h_2^{(l)}$.

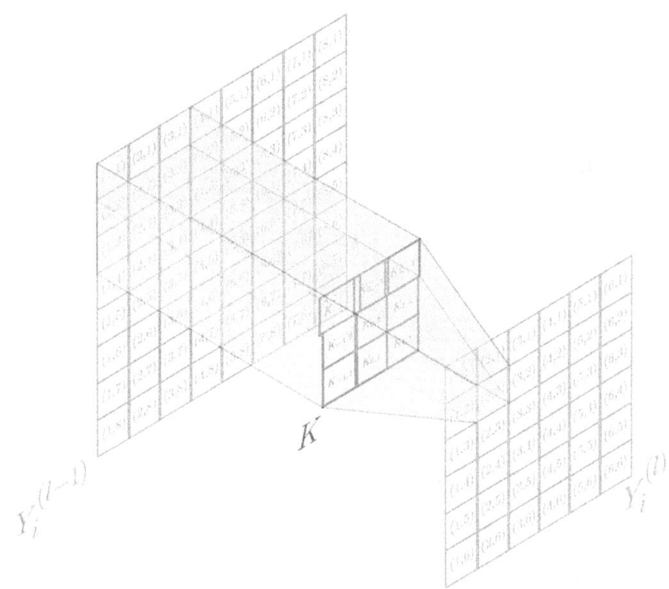

FIGURE 11.1 : *Illustration des calculs effectués dans une opération de convolution discrète. Le pixel (2,2) de l'image $\mathbf{Y}_i^{(1)}$ est une combinaison linéaire des pixels $(i,j), i,j \in [\![1,3]\!]$ de $\mathbf{Y}_i^{(1-1)}$, les coefficients de la combinaison étant portés par le filtre $\mathbf{K}$ (équation 11.3).*

Souvent, les filtres utilisés pour calculer $\mathbf{Y}_i^{(1)}$ sont les mêmes, i.e. $\mathbf{K}_{i,j}^{(1)} = \mathbf{K}_{i,k}^{(1)}$ pour $j \neq k$. De plus, la somme dans l'équation (11.3) peut être conduite sur un sous-ensemble des cartes d'entrée.

Il est possible de mettre en correspondance la couche de convolution et l'opération (11.3) qu'elle effectue, avec un perceptron multicouches. Pour cela, il suffit de réécrire l'équation (11.3) : chaque carte $\mathbf{Y}_i^{(1)}$ de la couche l est formée de $n_1^{(l)} \cdot n_2^{(l)}$ neurones organisés dans un tableau à deux dimensions. Le neurone en position (r,s) calcule :

$$\left(\mathbf{Y}_i^{(1)}\right)_{r,s} = \left(\mathbf{B}_i^{(1)}\right)_{r,s} + \sum_{j=1}^{n^{(l-1)}} \left(\mathbf{K}_{i,j}^{(1)} * \mathbf{Y}_j^{(1-1)}\right)_{r,s} \tag{11.4}$$

$$= \left(\mathbf{B}_i^{(1)}\right)_{r,s} + \sum_{j=1}^{n^{(l-1)}} \sum_{u=-h_1^{(l)}}^{h_1^{(l)}} \sum_{v=-h_2^{(l)}}^{h_2^{(l)}} \left(\mathbf{K}_{i,j}^{(1)}\right)_{u,v} \left(\mathbf{Y}_j^{(1-1)}\right)_{r+u,s+v} \tag{11.5}$$

Les paramètres du réseau à entraîner (poids) peuvent alors être trouvés dans les filtres $\mathbf{K}_{i,j}^{(1)}$ et les matrices de biais $\mathbf{B}_i^{(1)}$.

Comme nous le verrons dans la section 2.2.4, un sous-échantillonnage est utilisé pour diminuer l'influence du bruit et des distorsions dans les images. Le sous-échantillonnage peut être également réalisé simplement avec des paramètres de *stride*, en sautant un nombre fixe de pixels dans les dimensions horizontale (saut $s_1^{(l)}$) et verticale (saut $s_2^{(l)}$) avant d'appliquer de nouveau

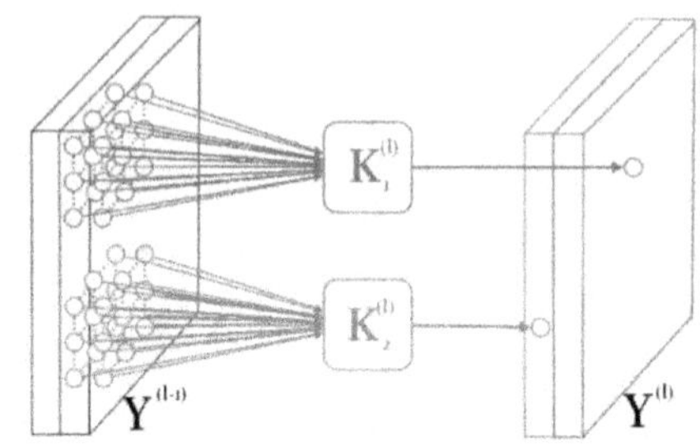

Figure 11.2 : *Illustration d'une couche de convolution l. L'image d'entrée (l = 1) ou une carte de caractéristiques de la couche (l − 1) est convoluée par différents filtres pour donner les cartes de sortie de la couche l.*

le filtre. La taille des images de sortie est alors :

$$n_1^{(l)} = \frac{n_1^{(l-1)} - 2h_1^{(l)}}{s_1^{(l)} + 1} \quad \text{et} \quad n_2^{(l)} = \frac{n_2^{(l-1)} - 2h_2^{(l)}}{s_2^{(l)} + 1}. \tag{11.6}$$

2.2.2   Couche non linéaire

Pour augmenter le pouvoir d'expression des réseaux profonds, on utilise des couches non linéaires. Les entrées d'une couche non linéaire sont $n^{(l-1)}$ cartes et ses sorties $n^{(l)} = n^{(l-1)}$ cartes $\mathbf{Y}_i^{(l)}$, de taille $n_1^{(l-1)} \times n_2^{(l-1)}$ telles que $n_1^{(l)} = n_1^{(l-1)}$ et $n_2^{(l)} = n_2^{(l-1)}$, données par $\mathbf{Y}_i^{(l)} = f\left(\mathbf{Y}_i^{(l-1)}\right)$, où f est la fonction d'activation utilisée dans la couche l. Le tableau 10.1 du chapitre 10 propose quelques fonctions d'activation usuelles.

En apprentissage profond, il a été reporté que la sigmoïde et la tangente hyperbolique avaient des performances moindres que la fonction d'activation *softsign* :

$$\mathbf{Y}_i^{(l)} = \frac{1}{1 + \left|\mathbf{Y}_i^{(l-1)}\right|}. \tag{11.7}$$

En effet, les valeurs des pixels des cartes $\mathbf{Y}_i^{(l-1)}$ arrivant près des paliers de saturation de ces fonctions donnent des gradients faibles, qui ont tendance à s'annuler (problème du *gradient évanescent* ou *vanishing gradient*) lors de la phase d'apprentissage par rétropropagation du gradient. Une autre fonction, non saturante elle, est très largement utilisée. Il s'agit de la fonction ReLU *(Rectified Linear Unit)* [NH10] :

$$\mathbf{Y}_i^{(l)} = max\left(0, \mathbf{Y}_i^{(l-1)}\right) \tag{11.8}$$

Les neurones utilisant la fonction décrite dans l'équation (11.8) sont appelés neurones linéaires rectifiés. Glorot et Bengio [GBB11] ont montré que l'utilisation d'une couche ReLU en tant que couche non linéaire permettait un entraînement efficace de réseaux profonds sans pré-entraînement non supervisé. Plusieurs variantes de cette fonction existent, par exemple pour assurer une différentiabilité en 0 ou pour proposer des valeurs non nulles pour des valeurs néga-tives de l'argument. La figure 11.3. illustre quelques-unes de ces fonctions d'activation.

2.2.3   Couches de normalisation

La normalisation prend aujourd'hui une place de plus en plus importante, notamment depuis les travaux de Ioffe et Szegedy [SS15]. Les auteurs suggèrent qu'un changement dans la distribu-tion des activations d'un réseau profond, résultant de la présentation d'un nouveau mini batch

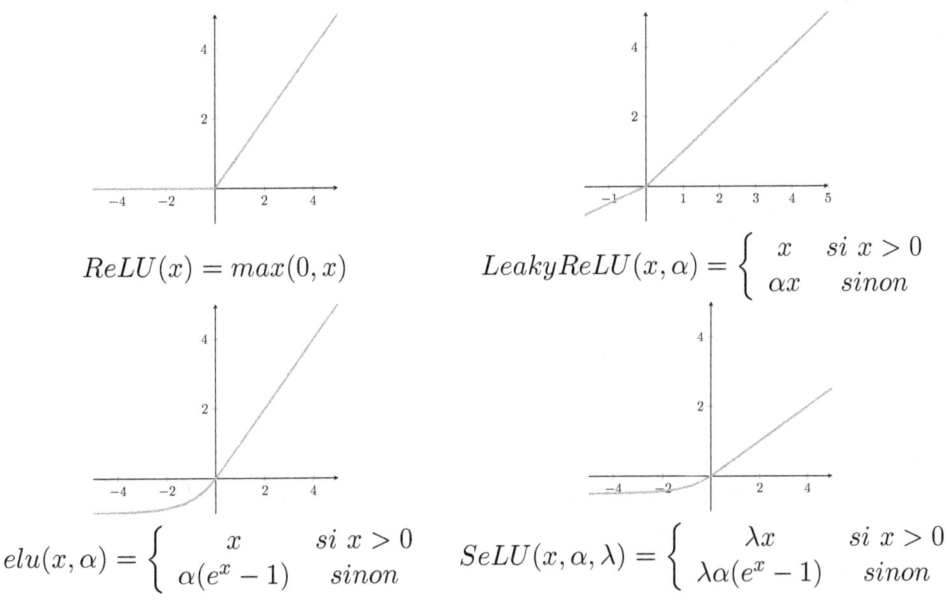

$$ReLU(x) = max(0, x) \qquad LeakyReLU(x, \alpha) = \left\{ \begin{array}{ll} x & si\ x > 0 \\ \alpha x & sinon \end{array} \right.$$

$$elu(x, \alpha) = \left\{ \begin{array}{ll} x & si\ x > 0 \\ \alpha(e^x - 1) & sinon \end{array} \right. \qquad SeLU(x, \alpha, \lambda) = \left\{ \begin{array}{ll} \lambda x & si\ x > 0 \\ \lambda\alpha(e^x - 1) & sinon \end{array} \right.$$

FIGURE 11.3 : *Quelques fonctions d'activation*

d'exemples, ralentit le processus d'apprentissage. Pour pallier ce problème, chaque activation du mini batch est centrée et normée (variance unité), la moyenne et la variance étant calculées sur le mini batch entier, indépendamment pour chaque activation. Des paramètres d'offset β et multiplicatif γ sont alors appliqués pour normaliser les données d'entrée (algorithme 16).

Algorithme 16 : Normalisation par batch sur la présentation d'un mini batch $\mathcal{B}$

Données : valeurs de l'activation x sur un mini batch $\mathcal{B} = \{x_1 \cdots x_m\}$
Paramètres β, γ à apprendre
Résultat : Données normalisées $\{y_1 \cdots y_m\} = BN_{\gamma,\beta}(x_1 \cdots x_m)$
début

$$\mu_\mathcal{B} = \frac{1}{m} \sum_{i=1}^{m} x_i$$

$$\sigma_\mathcal{B}^2 = \frac{1}{m} \sum_{i=1}^{m} (x_i - \mu_\mathcal{B})^2$$

pour *i=1 à m* **faire**

$$y_i = \gamma \frac{x_i - \mu_\mathcal{B}}{\sqrt{\sigma_\mathcal{B}^2 + \epsilon}} + \beta$$

fin pour

fin

Lorsque la descente de gradient est achevée, un post-apprentissage est appliqué dans lequel la moyenne et la variance sont calculées sur l'ensemble d'entraînement et remplacent $\mu_\mathcal{B}$ et $\sigma_\mathcal{B}^2$ (algorithme 17).

2.2.4 Couche d'agrégation et de sous-échantillonnage

Le sous-échantillonnage *(pooling)* des cartes obtenues par les couches précédentes a pour objectif de réduire la taille des données et d'assurer une robustesse au bruit et aux distorsions.

Algorithme 17 : Normalisation par batch d'un réseau

Données : un réseau N
un ensemble d'activations $\{x^1 \cdots x^K\}$
début

    $N_n = N$

    pour $i=1$ à K **faire**

        Calculer $y^i = BN_{\gamma,\beta}(x^i)$ à l'aide de l'algorithme 16

        Modifier chaque couche de N_n : l'entrée y^i remplace l'entrée x^i

    fin pour

    Entraîner N_n pour optimiser les paramètres de N et $(\gamma^i, \beta^i)_{1 \leq i \leq K}$

    $N^f = N_n$

    pour $i=1$ à K **faire**

        Utiliser N^f sur des batchs $\mathcal{B}$ de taille m

        Calculer la moyenne des moyennes $\bar{x}^i$ et des variances $Var(x^i)$

        Remplacer dans N^f la transformation $y^i = BN_{\gamma,\beta}(x^i)$ par

$$y^i = \frac{\gamma^i}{\sqrt{Var(x^i)+\epsilon}} x^i + \left(\beta^i - \frac{\gamma^i \bar{x}^i}{\sqrt{Var(x^i)+\epsilon}} \right)$$

    fin pour

fin

La sortie d'une couche d'agrégation l (figure 11.4) est composée de $n^{(l)} = n^{(l-1)}$ cartes de taille réduite. En général, l'agrégation est effectuée en déplaçant dans les cartes d'entrée une fenêtre de taille $2p \times 2p$ toutes les q positions (il y a recouvrement si $q < p$ et non recouvrement sinon), et en calculant, pour chaque position de la fenêtre, une seule valeur, affectée à la position centrale dans la carte de sortie. On distingue généralement deux types d'agrégation :

La moyenne : on retient la valeur moyenne des valeurs de la fenêtre ;

Le maximum : la valeur maximum dans la fenêtre est retenue.

Le maximum est souvent utilisé pour assurer une convergence rapide durant la phase d'entraînement. L'agrégation avec recouvrement, elle, semble assurer une réduction du phénomène de surapprentissage

2.2.5　Couche complètement connectée

L'équation :

$$z_i^{(l)} = \sum_{k=0}^{m^{(l-1)}} w_{i,k}^{(l)} y_k^{(l-1)} \quad \text{ou} \quad \mathbf{Z}^{(l)} = \mathbf{W}^{(l)} \mathbf{Y}^{(l-1)} \tag{11.9}$$

permet de relier deux couches (l) et $(l-1)$ complètement connectées, où $\mathbf{Z}^{(l)}$, $\mathbf{W}^{(l)}$ et $\mathbf{Y}^{(l-1)}$ sont les représentations vectorielle et matricielle des entrées $z_i^{(l)}$, des poids $w_{i,k}^{(l)}$ et des sorties $y_k^{(l-1)}$.

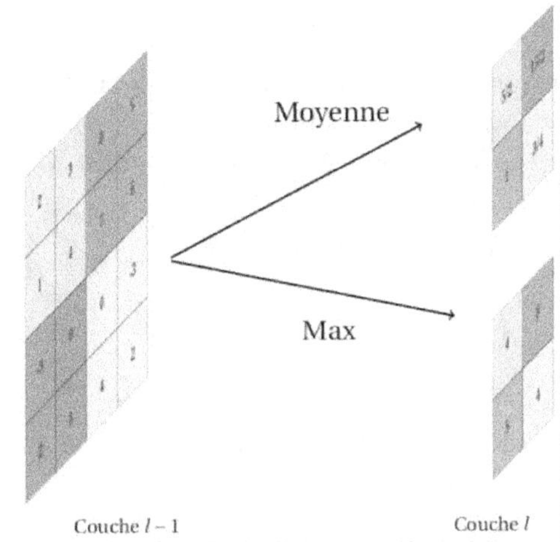

Figure 11.4 : *Couche d'agrégation et de sous-échantillonnage l. Chacune des $n^{(l-1)}$ cartes de la couche $l-1$ est traitée individuellement. Chaque neurone des $n^{(l)} = n^{(l-1)}$ cartes de sortie est la moyenne (ou le maximum) des valeurs contenues dans une fenêtre de taille donnée dans la carte correspondante de la couche $(l-1)$.*

Dans le cas contraire, la couche l attend $n^{(l-1)}$ entrées de taille $n_1^{(l-1)} \times n_2^{(l-1)}$ et le i^{e} neurone de la couche l calcule :

$$y_i^{(l)} = f\left(z_i^{(l)}\right) \quad \text{avec} \quad z_i^{(l)} = \sum_{j=1}^{n^{(l-1)}} \sum_{r=1}^{n_1^{(l-1)}} \sum_{s=1}^{n_2^{(l-1)}} w_{i,j,r,s}^{(l)} \left(\mathbf{Y_j^{(l-1)}}\right)_{r,s} \tag{11.10}$$

où $w_{i,j,r,s}^{(l)}$ est le poids connectant le neurone en position (r, s) de la j^{e} carte de la couche $(l-1)$ au i^{e} neurone de la couche l.

En pratique, les réseaux convolutifs sont utilisés pour apprendre une hiérarchie dans les données et la (ou les) couche(s) complètement connectée(s) est(sont) utilisée(s) en bout de réseau pour des tâches de classification ou de régression.

Une couche de classification classiquement mise en œuvre utilise le classifieur *softmax*, qui généralise la régression logistique au cas multiclasse (k classes). L'ensemble d'apprentissage $\mathcal{S}_m = \langle(\mathbf{x}_i, y_i)\rangle_{1 \le i \le m}$ est donc tel que $y_i \in [\![1 \cdots k]\!]$ et le classifieur estime pour chaque classe $j \in [\![1 \cdots k]\!]$ la probabilité $P(y_i = j|\mathbf{x}_i)$. Le classifieur *softmax* calcule cette probabilité selon :

$$\forall j \in [\![1 \cdots k]\!] \quad P(y_i = j|\mathbf{x}_i, \mathbf{W}) = \frac{e^{\mathbf{W_j^\top x_i}}}{\sum_{l=1}^{k} e^{\mathbf{W_l^\top x_i}}} \tag{11.11}$$

où $\mathbf{W}$ est la matrice des paramètres du modèle (les poids). Ces paramètres sont obtenus en minimisant une fonction de coût, qui peut par exemple s'écrire :

$$J(\mathbf{W}) = -\frac{1}{m} \sum_{i=1}^{m} \sum_{j=1}^{k} \mathbb{1}_{\{y_i = j\}} log\left(\frac{e^{\mathbf{W_j^\top x_i}}}{\sum_{l=1}^{k} e^{\mathbf{W_l^\top x_i}}}\right) + \frac{\lambda}{2} \sum_{i=1}^{n} \sum_{j=1}^{k} W_{ji}^2 \tag{11.12}$$

où λ est un paramètre de régularisation contrôlant le second terme du coût qui pénalise les grandes valeurs des poids (régularisation ℓ_2).

2.3 Régularisation

Un des enjeux principaux en apprentissage automatique est de construire des algorithmes ayant une bonne capacité de généralisation. Les stratégies mises en œuvre pour arriver à cette fin rentrent dans la catégorie générale de la régularisation et de nombreuses méthodes sont aujourd'hui proposées en ce sens. Nous faisons ici un focus sur trois stratégies largement utilisées en apprentissage profond ; d'autres approches sont proposées dans le chapitre 25.

2.3.1 Régularisation de la fonction de coût

L'équation 11.12 est un exemple de régularisation de la fonction de coût, utilisée lors de la phase d'entraînement. À la fonction d'erreur est ajoutée une fonction des poids du réseau, qui peut prendre de multiples formes. Les deux principales stratégies sont :

- La régularisation ℓ_2 (ou *ridge regression*), qui force les poids à avoir une faible valeur absolue : un terme de régularisation fonction de la norme ℓ_2 de la matrice des poids est ajouté (à la manière de l'équation 11.12). On parle souvent de *weight decay*.

- La régularisation ℓ_1, qui tend à rendre épars le réseau profond, c'est-à-dire à imposer à un maximum de poids de s'annuler. Un terme de régularisation, somme pondérée des valeurs absolues des poids, est ajouté à la fonction objectif.

2.3.2 Dropout

Les techniques de *dropout* se rapprochent des stratégies classiques de *bagging* en apprentissage automatique. L'objectif est d'entraîner un ensemble constitué de tous les sous-réseaux qui peuvent être construits en supprimant des neurones (hors neurones d'entrée et de sortie) du réseau initial. Si le réseau comporte $|\mathbf{W}|$ neurones cachés, il existe ainsi $2^{|\mathbf{W}|}$ modèles possibles. En pratique, les neurones cachés se voient perturbés par un bruit binomial, qui a pour effet de les empêcher de fonctionner en groupe et de les rendre, au contraire, plus indépendants. Le phénomène de surapprentissage est ainsi fortement réduit sur le réseau, qui doit décomposer les entrées en caractéristiques pertinentes, indépendamment les unes des autres. Les réseaux construits par *dropout* partagent partiellement leurs paramètres, ce qui diminue l'empreinte mémoire de la méthode.

Lors de la phase de prédiction, le réseau complet est utilisé, mais les neurones cachés sont pondérés par la fraction de bruit utilisé pendant l'apprentissage (pour chaque neurone le nombre de fois où il a été supprimé d'un sous-réseau, rapporté au nombre total de réseaux), afin de conserver la valeur moyenne des activations des neurones identiques à celles durant l'apprentissage.

Notons qu'il est également possible d'éteindre non pas un neurone, mais un poids. La stratégie correspondante est appelée *DropConnect*.

2.3.3 Partage de paramètres

La régularisation de la fonction de coût permet d'imposer aux poids certaines contraintes (par exemple de rester faibles en amplitude pour la régularisation ℓ_2, ou de s'annuler pour la régularisation ℓ_1). Il peut également être intéressant d'imposer certains a priori sur les poids, par exemple une dépendance entre les valeurs des paramètres.

Une dépendance classique consiste à imposer que les valeurs de certains poids soient proches les unes des autres (dans le cas par exemple où deux modèles de classification M_1 et M_2, de paramètres $\mathbf{W_1}$ et $\mathbf{W_2}$, opèrent sur des données similaires et sur des classes identiques) et, là encore, une stratégie de pénalisation de la fonction objectif peut être utilisée. Cependant, il est plus courant dans ce cas d'imposer que les paramètres soient égaux (dans l'exemple précédent imposer $\mathbf{W_1} = \mathbf{W_2}$) et d'arriver à une stratégie dite de partage des paramètres (voir par exemple l'exemple des réseaux siamois donné dans la section 6.1 du chapitre 17). Dans le cas des réseaux convolutifs utilisés en vision, cette régularisation est assez intuitive puisque les entrées (images) possèdent de nombreuses propriétés invariantes par transformations affines (une image de voiture reste une image de voiture, même si l'image est translatée ou mise à l'échelle, cf. figure 11.5). Le réseau exploite alors ce partage de paramètres, en calculant une même caractéristique (un neurone et son poids) à différentes positions dans l'image. De ce fait, le nombre de paramètres est drastiquement réduit, ainsi que l'empreinte mémoire du réseau appris.

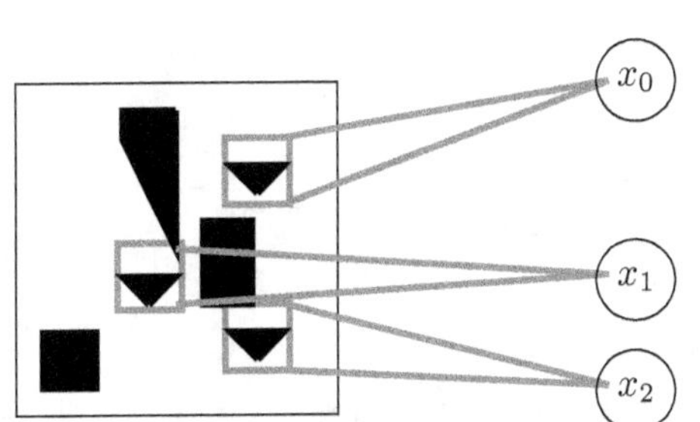

Figure 11.5 : *Partage de paramètres : les neurones voient des champs réceptifs distincts, mais partagent les mêmes paramètres (poids). Leur capacité de détection d'un triangle restera la même, quelle que soit la position de l'objet dans l'image.*

2.4   Initialisation

Une initialisation convenable des poids est essentielle pour assurer une convergence de la phase d'entraînement. Un choix arbitraire des poids (à zéro, à de petites ou grandes valeurs aléatoires) peut ralentir, voire causer de la redondance dans le réseau (problème de la symétrie). Plusieurs schémas d'initialisation ont été proposés et nous donnons dans les deux sections qui suivent deux d'entre eux.

2.4.1   Initialisation prenant en compte les variations des neurones

Pour illustrer le propos, on suppose que l'entrée du réseau de neurones est composée de $n^{(1)}$ entrées $\mathbf{x} = (x_1 \ldots x_{n^{(1)}})^\top$, les x_i étant indépendantes et identiquement distribuées (i.i.d), normalisés selon une loi $\mathcal{N}(0, \sigma_x)$. Pour simplifier la démonstration, on suppose que la couche suivante calcule un simple potentiel post-synaptique : pour un neurone de cette couche, ce potentiel est $\mathbf{w}^\top\mathbf{x}$, avec $\mathbf{w} \in \mathbb{R}^{n^{(1)}}$ i.i.d $\mathcal{N}(0, \sigma_w)$. La variance de ce potentiel est alors :

$$Var(\mathbf{w}^\top\mathbf{x}) = \sum_{i=1}^{n^{(1)}} Var(w_i x_i) = \sum_{i=1}^{n^{(1)}} \left(\mathbb{E}(w_i)^2 Var(x_i) + \mathbb{E}(x_i)^2 Var(w_i) + Var(w_i)Var(x_i) \right)$$

Les entrées et les poids sont de moyenne nulle, donc :

$$Var(\mathbf{w}^\top\mathbf{x}) = \sum_{i=1}^{n^{(1)}} \sigma_x \sigma_w$$

et puisque les $w_i x_i$ sont i.i.d. :

$$Var(\mathbf{w}^\top\mathbf{x}) = n^{(1)} \sigma_x \sigma_w$$

On montre plus généralement que, sur la l^e couche cachée, la variance de $\mathbf{Y}^{(l)}$ est :

$$Var(\mathbf{Y}^{(l)}) = \left(n^{(l)}Var(w_i)\right)^l Var(x_i)$$

Chaque neurone peut donc varier dans un rapport de $n^{(l)}$ fois la variation de son entrée (qui est elle même $n^{(l-1)}$ fois la variance de son entrée).

On a alors les cas de figure suivants :

- si $n^{(l)}Var(w_i) > 1$ le gradient va tendre vers de grandes valeurs à mesure que l'on s'enfonce dans le réseau (que l croît) ;

- si $n^{(l)}Var(w_i) < 1$ le gradient disparaît à mesure que l'on s'enfonce dans le réseau.

Pour éviter ces deux problèmes, la solution est de forcer $n^{(l)}Var(w_i) = 1$, soit $Var(w_i) = 1/n^{(l)}$. On initialise donc les poids de la couche l selon une loi :

$$\frac{1}{\sqrt{n^{(l-1)}}}\mathcal{N}(0,1)$$

Cette procédure est la méthode d'initialisation de Xavier, ou de Glorot [GB10].

2.4.2 Initialisation de He

He a montré dans [HZRS15] que la méthode de Xavier pouvait ne pas fonctionner correctement lorsque les traitements non linéaires étaient effectués par la fonction ReLU. Les auteurs proposent alors de plutôt multiplier par $\frac{\sqrt{2}}{\sqrt{n^{(l-1)}}}$ pour prendre en compte la partie négative qui ne participe pas au calcul de la variance.

2.5 Architectures

Depuis la fin des années 1980, de nombreux réseaux profonds ont vu le jour et se sont complexifiés et diversifiés, pour répondre à des problèmes de plus en plus difficiles. Canziani *et al.* [CPC16] ont proposé en 2016 une analyse comparative de ces réseaux et décrivent en particulier leurs performances en fonction du nombre d'opérations (figure 11.6).

À titre d'illustration, nous présentons rapidement sept réseaux qui ont prouvé leur efficacité, notamment lors des compétitions organisées depuis 2010 sur une base de données d'images nommée ImageNet[1]. Initiée à l'Université de Stanford, cette base de données comporte aujourd'hui[2] plus de 14 millions d'images, classées en 21 841 catégories (avions, voitures, chats,etc). Dans les compétitions ILSVRC *(ImageNet Large Scale Visual Recognition Challenge)*, les chercheurs se voient proposer une extraction de 1,2 millions d'images, catégorisées en 1 000 classes, et le gagnant est celui qui atteint la meilleure précision de reconnaissance sur les 5 premières classes (top-5).

2.5.1 LeNet

Le premier modèle reconnu de réseau profond convolutif est celui proposé par Le Cun *et al.* [LCBD$^+$90]. LeNet est dédié à la classification de chiffres manuscrits et est aujourd'hui une famille de 5 réseaux (de LeNet à LeNet-5), composés d'une alternance de couches de convolutions et de sous-échantillonnages, précédant des couches complètement connectées. La figure 11.7 présente par exemple l'architecture de LeNet-5.

---

1. http ://www.image-net.org
2. 2020, date de l'écriture de ce chapitre

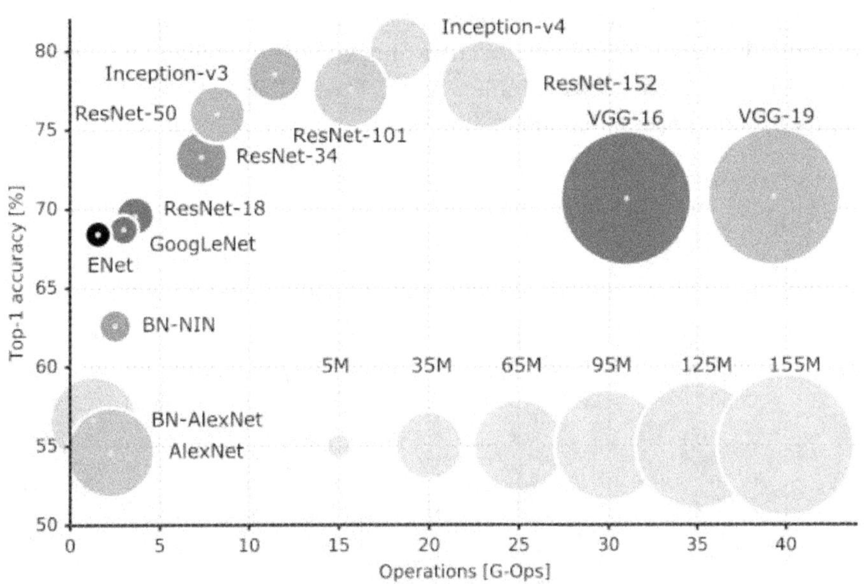

FIGURE 11.6 : *Précision en fonction du nombre d'opérations nécessaire pour un calcul en passe avant. La taille des cercles est proportionnelle au nombre de paramètres du réseau (source : [CPC16]).*

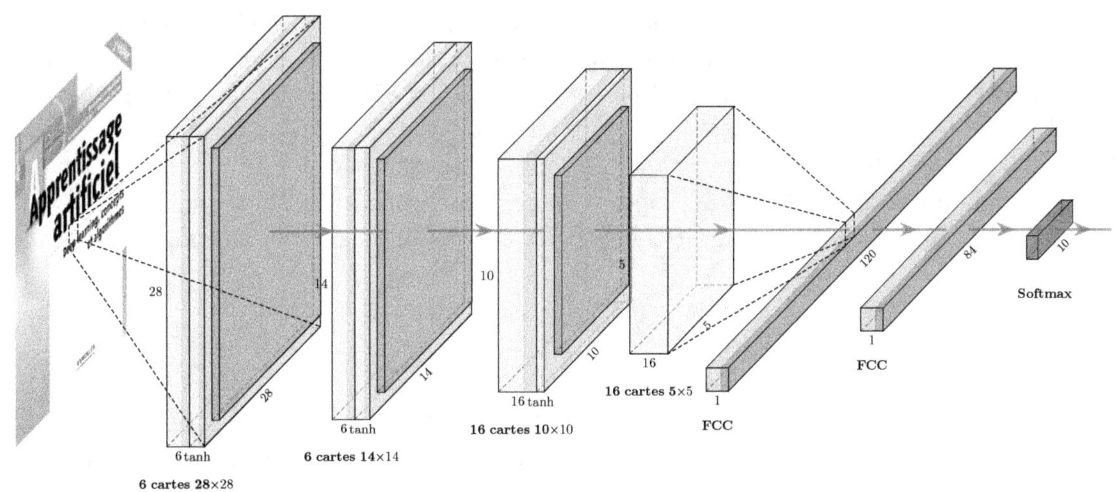

FIGURE 11.7 : *Architecture du réseau LeNet-5. Les couches de convolution et d'activation sont en orange clair, les couches d'agrégation en orange foncé. Les couches complètement connectées sont en violet.*

2.5.2 AlexNet

En 2012, Krizhevsky *et al.* [KSH12] remportent ILSVRC avec un taux de reconnaissance de 84.6 %, en utilisant AlexNet, un réseau convolutif composé de 5 couches de convolution, 3 couches de *pooling*, suivies de 3 couches complètement connectées (figure 11.8). Une régularisation par *dropout*, avec probabilité de rejet de 0.5 est effectuée entre chaque couche complètement connectée.

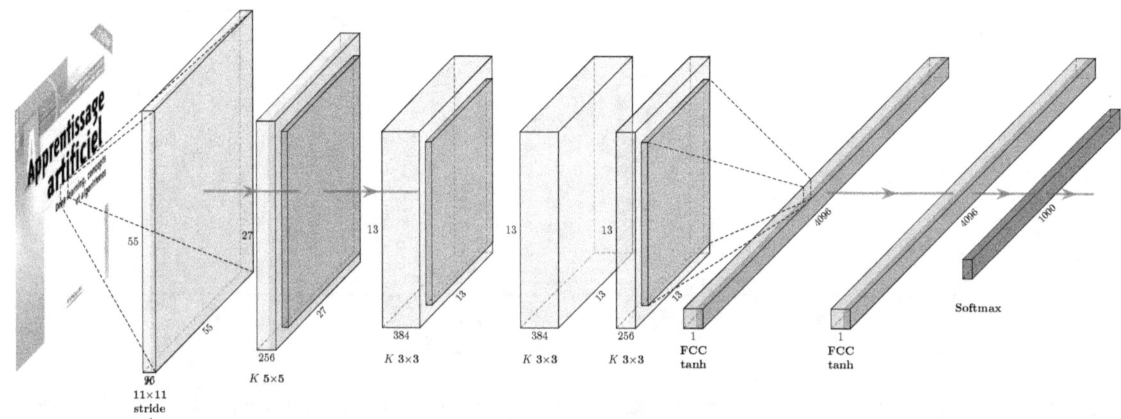

FIGURE 11.8 : *Architecture du réseau AlexNet. Les couches de convolution et d'activation sont en orange clair, les couches d'agrégation en orange foncé. Les couches complètement connectées sont en violet.*

Si la profondeur du réseau reste faible, le nombre de paramètres est déjà important. En regardant uniquement la première couche de convolution, on constate que l'entrée est composée d'images 224×224×3, que les filtres de convolution sont de taille 11 et que le *stride* est de 4. Ainsi, la sortie de la couche de convolution est de taille 55×55×96=290 400 neurones, chacun ayant 11×11×3=363 poids et un biais. Cela implique, sur cette couche de convolution seulement, 105 705 600 paramètres à ajuster.

Ce réseau, amélioration de LeNet, apporte de nombreuses contributions, comme l'utilisation de couches ReLU, de *dropout*, ou de GPU (NVIDIA GTX 580) pendant la phase d'entraînement.

2.5.3 VGG

Les réseaux VGG (*Visual Geometry Group*, université d'Oxford) [SZ14] ont été les premiers à utiliser de petits filtres (3×3) et à les combiner pour décrire des séquences de convolution, l'idée étant d'émuler l'effet de larges champs réceptifs par cette séquence. Cette technique amène malheureusement à un nombre exponentiel de paramètres (le modèle entraîné qui peut être téléchargé a une taille de plus de 500 Mo). VGG a concouru à ILSVRC 2014, a obtenu un taux de bonne classification de 92.3 % mais n'a pas remporté le concours. Aujourd'hui, VGG est une famille de réseaux profonds (de A à E) qui varient par leur architecture (figure 11.9). Le nombre de paramètres (en millions) pour les réseaux de A à E est 133, 133, 134, 138 et 144. Les réseaux VGG-D et VGG-E sont les plus précis et populaires.

A	A-LRN	B	C	D	E
11 couches	11 couches	13 couches	16 couches	16 couches	19 couches
Entrée : image 224×224 RGB					
conv3-64	conv3-64 LRN	conv3-64 conv3-64	conv3-64 conv3-64	conv3-64 conv3-64	conv3-64 conv3-64
max pooling					
conv3-128	conv3-128	conv3-128 conv3-128	conv3-128 conv3-128	conv3-128 conv3-128	conv3-128 conv3-128
max pooling					
conv3-256 conv3-256	conv3-256 conv3-256	conv3-256 conv3-256	conv3-256 conv3-256 conv1-256	conv3-256 conv3-256 conv3-256	conv3-256 conv3-256 conv3-256 conv3-256
max pooling					
conv3-512 conv3-512	conv3-512 conv3-512	conv3-512 conv3-512	conv3-512 conv3-512 conv1-512	conv3-512 conv3-512 conv3-512	conv3-512 conv3-512 conv3-512 conv3-512
max pooling					
conv3-512 conv3-512	conv3-512 conv3-512	conv3-512 conv3-512	conv3-512 conv3-512 conv1-512	conv3-512 conv3-512 conv3-512	conv3-512 conv3-512 conv3-512 conv3-512
max pooling					
Couche complètement connectée 4 096 neurones					
Couche complètement connectée 4 096 neurones					
Couche complètement connectée 1 000 neurones					
Classifieur softmax					

FIGURE 11.9 : *Architectures des réseaux VGG (adapté de [SZ14]). Les couches de convolution sont notées conv(taille du noyau)-nombre de canaux. Chaque couche cachée est équipée d'une couche ReLU, non explicitée ici.*

2.5.4 Inception

Inception, proposé par Google, est le premier réseau dont les performances ont été améliorées non seulement en augmentant le nombre de couches, mais en pensant et optimisant l'architecture. L'idée est ici d'utiliser plusieurs filtres, de tailles différentes, sur la même image et de concaténer les résultats pour générer une représentation plus robuste. Inception n'est pas un réseau, mais une famille de réseaux : Network in Network [LCY13], Inception V1 [SLJ⁺14], Inception V2 [SVI⁺15]...

L'idée du premier réseau (figure 11.10) est de connecter les couches de convolution par des perceptrons multicouches, introduisant des non-linéarités dans les réseaux profonds. Mathématiquement, ces perceptrons sont équivalents à des convolutions par des filtres 1×1 et gardent donc la cohérence des réseaux. Cette nouvelle architecture rend moins indispensables les couches complètement connectées en fin de réseau. Les auteurs proposent de moyenner spatialement les cartes finales et donnent le résultat au classifieur *softmax*. Le nombre de paramètres est alors réduit, diminuant de ce fait le risque de surapprentissage.

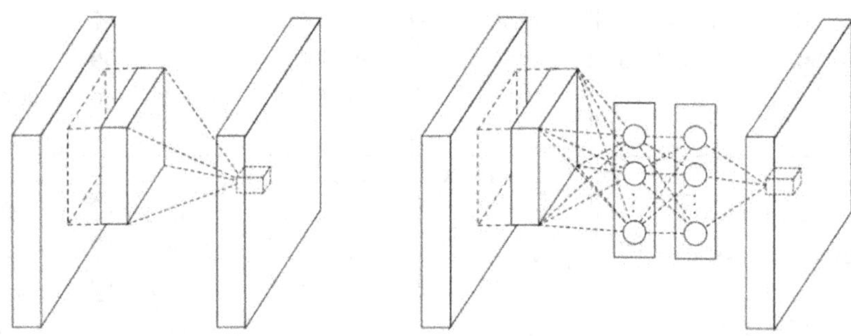

FIGURE 11.10 : *La couche de convolution linéaire classique inclut un filtre linéaire (figure de gauche), celle du réseau Network in Network inclut un percepton multicouche (figure de droite) (source : [LCY13]).*

Inception V1, implémenté dans le réseau GoogLeNet vainqueur d'ILSVRC 2014 (voir section 2.5.5), est une extension à des réseaux plus profonds de Network to Network. Le réseau est composé de 22 couches et atteint 93.3 % de taux de reconnaissance. D'autres améliorations théoriques (fonctions de perte associées aux couches intermédiaires dans la phase d'apprentissage, introduction de caractères épars dans le réseau) ont également permis d'améliorer les performances (de calcul et de classification).

Inception V2, puis V3 (figure 11.11) adoptent des techniques de factorisation (toute convolution par un filtre de taille plus grande que 3×3 peut être exprimée de manière plus efficace avec une série de filtres de taille réduite) et de normalisation pour améliorer encore les performances.

Inception V4 [SIV16] propose une version rationalisée, à l'architecture uniforme et aux performances accrues.

2.5.5 GoogLeNet

GoogLeNet [SLJ⁺15] est une des architectures les plus utilisées (avec AlexNet) en raison de ses performances. Développé par Google et gagnant de la compétition de lILSVRC 2014, le modèle se différencie des autres par sa complexité (22 couches contre 8 pour AlexNet) et lutilisation de modules Inception. Le module dInception (figure 11.12) est une configuration

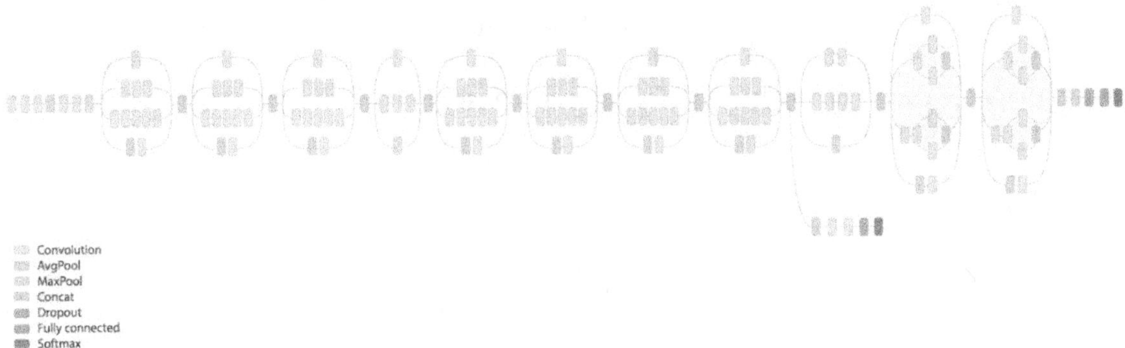

FIGURE 11.11 : *Architecture d'inception V3 (source : [SVI$^+$15]).*

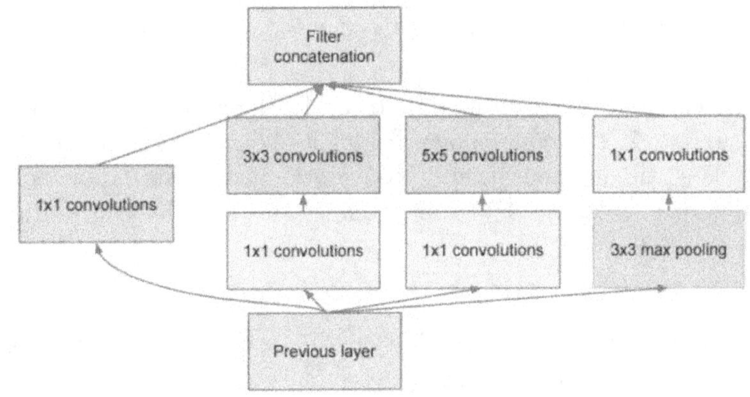

FIGURE 11.12 : *Module du réseau Inception (source : [SLJ$^+$15]).*

permettant dappliquer plusieurs filtres de tailles différentes en parallèle, ce qui donne la capacité dapprendre plusieurs logiques dextraction dattributs, allant sur des détails précis pour les filtres 1x1 jusquà des formes plus globales pour les filtres 5x5.

2.5.6 ResNet

En 2015, Microsoft remporte, avec un taux de bonne reconnaissance de 96.4 %, la compétition ILSVRC avec ResNet [HZRS15], un réseau à 152 couches qui utilise un module ResNet. Ce réseau résout le problème de gradient évanescent *(vanishing gradient)* de la manière la plus simple possible, en permettant des raccourcis entre chaque couche du réseau. Dans un réseau classique, l'activation en sortie de couche est de la forme $y = \sigma(x)$ et, lors de la rétropropagation, le gradient doit nécessairement repasser par $\sigma(x)$, ce qui peut causer des problèmes en raison de la (forte) non-linéarité induite par σ. Dans un réseau résiduel, la sortie de chaque couche est calculée par $y = \sigma(x) + x$, où $+x$ est le raccourci entre chaque couche, qui permet au gradient de transiter directement sans passer par σ.

Cette représentation donne l'idée générale, mais la réalité est un peu plus complexe et prend la forme d'un module ResNet (figure 11.13). Dans un réseau convolutif classique, on calcule à travers les couches une fonction non linéaire$h$ pour chaque entrée. Ainsi, dans un réseau à deux couches avec fonction d'activation σ ReLU par exemple, la sortie calculée est de la forme $h(\mathbf{x}) = \mathbf{W}_2^\top \sigma(\mathbf{W}_2^\top \mathbf{x} + b_1) + b_2$. Supposons que nous utilisions une fonction non linéaire $\mathcal{F}$ définie par $\mathcal{F}(\mathbf{x}) = h(\mathbf{x}) - \mathbf{x}$. À la sortie de la seconde couche, on ajoute alors à $\mathcal{F}$ la valeur de $\mathbf{x}$ et le résultat passe dans la couche ReLU. Cette manipulation permet de préserver une information importante sur l'entrée dans les couches suivantes et accèlere de manière très sensible l'apprentissage du réseau.

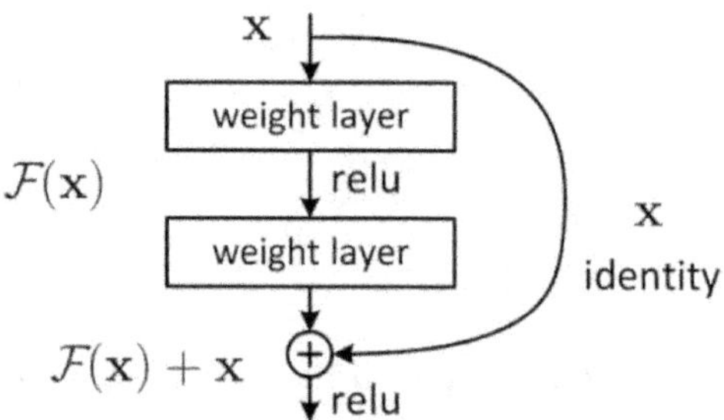

FIGURE 11.13 : *Module ResNet (source : [HZRS15]).*

Inspiré par le succès de ResNet, un module Inception hybride a été proposé dans les réseaux Inception-ResNet v1 et v2. Les connexions résiduelles sont introduites de telle sorte qu'elles ajoutent l'entrée à la sortie de l'opération de convolution du module Inception. Les dimensions n'étant pas égales, des convolutions 1×1 sont ajoutées en sortie des convolutions d'Inception.

2.5.7 SqueezeNet

SqueezeNet [IMA+16] est un réseau produit en 2016, qui n'est pas tant remarquable par ses performances (il atteint les mêmes niveaux de reconnaissance qu'AlexNet) que par sa légèreté (le modèle entraîné sur ImageNet a une taille de 4.9 Mo et possède 50 fois moins de paramètres qu'AlexNet par exemple) et la rapidité avec laquelle il peut être entraîné.

SqueezeNet introduit des modules *Fire* composés d'une couche de convolution (dite *squeeze*) dotée de filtres de taille 1×1, suivie d'une couche d'expansion dotée de filtres de taille 1×1 et 3×3. L'utilisation de filtres 1×1 dans la partie *squeeze* permet une réduction du nombre de paramètres à la fois dans les filtres eux-mêmes et dans les connexions entrant dans les filtres 3×3 de la couche d'expansion.

Le réseau (figure 11.14) est composé d'une couche de convolution classique, d'une couche d'agrégation max suivie de 8 modules Fire entrecoupés d'agrégation max avec un *stride* de 2 sur certains modules profonds, et d'une couche de convolution finale, précédant une agrégation par moyenne et un classifieur *softmax*. Le nombre de filtres est progressivement augmenté entre chaque module.

2.6 Apprentissage

La présence de nombreuses couches cachées va permettre de calculer des caractéristiques beaucoup plus complexes et informatives des entrées. Chaque couche calculant une transformation non linéaire de la couche précédente, le pouvoir de représentation de ces réseaux s'en trouve amélioré. On peut par exemple montrer qu'il existe des fonctions qu'un réseau à k couches peut représenter de manière compacte (avec un nombre de neurones cachés qui est polynomial en le nombre des entrées), alors qu'un réseau à $k-1$ couches ne peut pas le faire, à moins d'avoir une combinatoire exponentielle sur le nombre de neurones cachés.

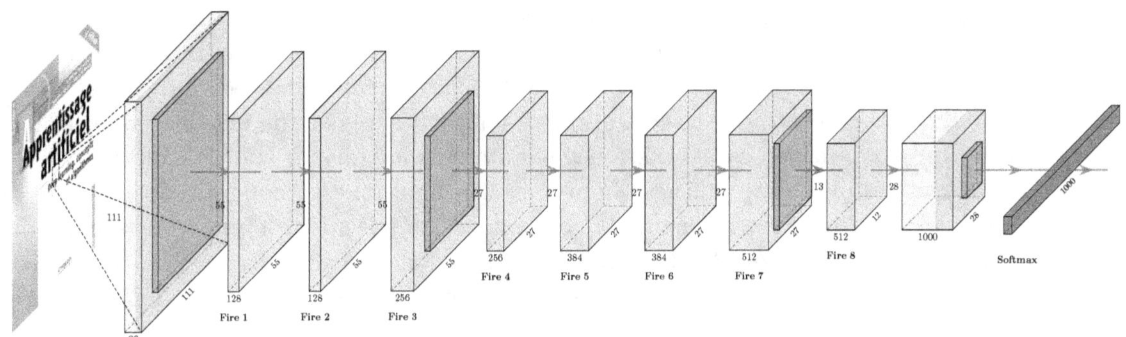

FIGURE 11.14 : Architecture du réseau SqueezeNet.

2.6.1   Le problème de l'entraînement

Si l'intérêt de ces réseaux est manifeste, la complexité de leur utilisation vient de l'étape d'apprentissage. Jusqu'à récemment, l'algorithme utilisé était classique et consistait en une initialisation aléatoire des poids du réseau, suivie d'un entraînement sur un ensemble d'apprentissage, en minimisant une fonction objectif. Cependant, dans le cas des réseaux profonds, cette approche peut ne pas être adaptée :

- Les données étiquetées doivent être en nombre suffisant pour permettre un entraînement efficace, d'autant plus que le réseau est complexe. Dans le cas contraire, un surapprentissage peut notamment être induit.

- Sur un tel réseau, l'apprentissage se résume à l'optimisation d'une fonction fortement non convexe, qui amène presque sûrement à des minima locaux lorsque des algorithmes classiques sont utilisés.

- Dans l'étape de rétropropagation, les gradients diminuent rapidement à mesure que le nombre de couches cachées augmente. La dérivée de la fonction objectif par rapport à $\mathbf{W}$ devient alors très faible à mesure que le calcul se rétropropage vers la couche d'entrée. Les poids des premières couches changent donc très lentement et le réseau n'est plus en capacité d'apprendre. Ce problème est connu sous le nom de problème de gradient évanescent *(vanishing gradient)*.

L'algorithme principalement utilisé pour l'apprentissage des réseaux convolutifs reste la rétropropagation du gradient. Le choix de la fonction objectif, de sa régularisation, de la méthode d'optimisation (descente de gradient, méthodes à taux d'apprentissage adaptatifs telles qu'AdaGrad, RMSProp ou Adam (annexe 8) et des paramètres associés, ou des techniques de présentation des exemples (batchs, minibatchs) sont autant de facteurs importants permettant aux modèles non seulement de converger vers un optimum local satisfaisant, mais également de proposer un modèle final ayant une bonne capacité de généralisation.

Aujourd'hui, de nombreux réseaux (par exemple ceux décrits dans la section 2.5), déjà entraînés, sont mis à disposition. En effet, ces entraînements nécessitent de grandes bases d'apprentissage (type ImageNet) et une puissance de calcul assez élevée (GPU obligatoire(s)). Pour le traitement de problèmes précis, des méthodes existent, qui partent de ces réseaux préentraînés et les modifient localement pour, par exemple, apprendre de nouvelles classes d'images non encore vues par le réseau. L'idée sous-jacente est que les premières couches capturent des caractéristiques bas niveau et que la sémantique vient avec les couches profondes. Ainsi, dans un problème de classification, où les classes n'ont pas été apprises, on peut supposer qu'en conservant les premières couches on extraira des caractéristiques communes des images (bords, colorimétrie,...) et qu'en changeant les dernières couches (information sémantique et haut niveau et étage de classification), c'est-à-dire en réapprenant les connexions, on spécifiera le nouveau réseau pour la nouvelle tâche de classification. Cette approche rentre dans le cadre des méthodes de *transfer learning* [PY10a] et de *fine tuning* (chapitre 17 section 6.3), cas particulier d'adaptation de domaine (voir chapitre 23) :

- Les méthodes de transfert prennent un réseau déjà entraîné, enlèvent la dernière couche complètement connectée et traitent le réseau restant comme un extracteur de caractéristiques. Un nouveau classifieur, la dernière couche, est alors entraîné sur le nouveau problème.

- Les méthodes de *fine tuning* ré-entraînent le classifieur du réseau et remettent à jour les poids du réseau pré-entraîné par rétropropagation.

Plusieurs facteurs influent sur le choix de la méthode à utiliser : la taille des données d'apprentissage du nouveau problème et la ressemblance du nouveau jeu de données avec celui qui a servi à entraîner le réseau initial :

- Pour un jeu de données similaire de petite taille, on utilise du *transfer learning*, avec un classifieur utilisé sur les caractéristiques calculées sur les dernières couches du réseau initial.

- Pour un jeu de données de petite taille et un problème différent, on utilise du *transfer learning*, avec un classifieur utilisé sur les caractéristiques calculées sur les premières couches du réseau initial.

- Pour un jeu de données, similaire ou non, de grande taille, on utilise le *fine tuning*.

Notons qu'il est toujours possible d'augmenter la taille du jeu de données par des techniques d'augmentation de données (section 6.1 du chapitre 17).

Dans le cas où un réseau ad hoc doit être construit et où une base d'apprentissage suffisante est disponible, l'entraînement par optimisation reste possible. Il existe en particulier des techniques d'apprentissage couche à couche, lorsque les couches successives calculent des fonctions d'activation des couches précédentes (empilement d'autoencodeurs par exemple).

2.6.2 Apprentissage glouton par couche

L'idée est d'entraîner les couches une à une, d'abord dans un réseau à une couche cachée, puis à deux couches cachées... À chaque étape k, la couche k est ajoutée et a pour entrée la couche $k - 1$ précédemment entraînée. L'entraînement peut être supervisé, mais le plus souvent il ne l'est pas. Les poids issus de cet entraînement servent d'initialisation pour le réseau final.

En comparaison des points précédents, cette approche est bien plus pertinente :

- Les données non étiquetées sont très faciles à obtenir.

- L'initialisation des poids sur des données non étiquetées est plus performante qu'une initialisation aléatoire. Empiriquement, une méthode type descente de gradient permet d'aboutir à un meilleur minimum local (les données non étiquetées fournissent en effet des informations a priori déjà importantes sur les données).

2.7   Visualisation du mécanisme des réseaux convolutifs

Le mécanisme interne des réseaux convolutifs est mal compris et l'analyse des raisons qui font que leur puissance de prédiction est importante n'est pas aisée. S'il est toujours possible de rétroprojeter les activations depuis la première couche de convolution, les couches d'agrégation et de rectification empêchent de comprendre le fonctionnement des couches suivantes, ce qui peut être gênant dans la construction et l'amélioration de ces réseaux.

Les méthodes de visualisation du fonctionnement des réseaux convolutifs peuvent être rangées en trois catégories, décrites dans les sections suivantes.

2.7.1   Méthodes de visualisation de base

Les méthodes les plus simples consistent à visualiser les activations lors du passage d'une image dans le réseau. Pour des activations type ReLU, ces activations sont ininterprétables au début de l'entraînement, mais à mesure que ce dernier progresse, les cartes d'activation $\mathbf{Y}_i^{(l)}$ deviennent localisées et éparses.

Il est également possible de visualiser les filtres des différentes couches de convolution (figure 11.15). Les filtres des premières couches agissent comme des détecteurs de bords et coins et, à mesure que l'on s'enfonce dans le réseau, les filtres capturent des concepts haut niveau comme des objets ou encore des visages.

Citons encore d'autres méthodes qui proposent de visualiser les dernières couches (les couches complètement connectées) de grande dimension (par exemple 4096 pour AlexNet) via une méthode de réduction de dimension (ACP, tSNE, voir chapitre 18).

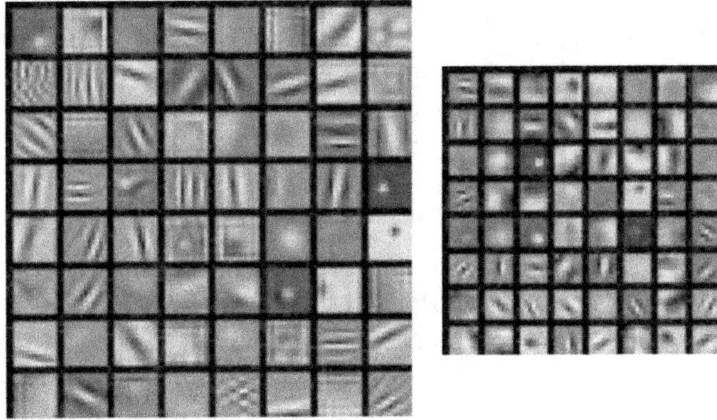

FIGURE 11.15 : *Visualisation des filtres de la première couche d'AlexNet (à gauche, 64 filtres 11×11) et de ResNet-18 (à droite, 64 filtres 7×7).*

2.7.2   Méthodes fondées sur les activations

Plusieurs stratégies peuvent être adoptées pour sonder le fonctionnement d'un réseau convolutif, en utilisant les informations portées par les cartes $\mathbf{Y}_i^{(l)}$, parmi lesquelles :

- Utiliser des couches de convolution transposée (improprement appelées parfois couches de déconvolution), ajoutées à chaque couche de convolution du réseau. Étant données les cartes d'entrée de la couche l, les cartes de sortie $\mathbf{Y}_i^{(l)}$ sont envoyées dans la couche de convolution transposée correspondante au niveau l. Cette dernière reconstruit les $\mathbf{Y}_i^{(l-1)}$

qui ont permis le calcul des activations de la couche l. Le processus est alors itéré jusqu'à atteindre la couche d'entrée $l = 1$, les activations de la couche l étant alors rétroprojetées dans le plan image [ZF14]. La présence de couches d'agrégation et de rectification rend ce processus non inversible (par exemple, une couche d'agrégation maximum nécessite de connaître à quelles positions de l'image $\mathbf{Y}_i^{(l)}$ sont situés les maxima retenus).

- Faire passer un grand nombre d'images dans le réseau et, pour un neurone particulier, conserver celle qui a le plus activé ce neurone. Il est alors possible de visualiser les images pour comprendre ce à quoi le neurone s'intéresse dans son champ réceptif (figure 11.16).

FIGURE 11.16 : *Champ réceptif de quelques neurones de la dernière couche d'agrégation du réseau AlexNet, superposé aux images ayant le plus fortement activé ces neurones. Le champ est encadré en blanc, et la valeur d'activation correspondante est reportée en haut. On voit par exemple que certains neurones sont très sensibles aux textes, d'autres aux réflexions spéculaires, ou encore aux hauts du corps (source : [GDDM14]).*

- Cacher (par un rectangle noir par exemple) différentes parties de l'image d'entrée qui est d'une certaine classe (disons un chien) et observer la sortie du réseau (la probabilité de la classe de l'image d'entrée). En représentant les valeurs de probabilité de la classe d'intérêt comme une fonction de la position du rectangle occultant, il est possible de voir si le réseau s'intéresse effectivement aux parties de l'image spécifiques de la classe, ou à d'autres zones (le fond par exemple) (figure 11.17).

2.7.3   Méthodes fondées sur le gradient

Pour comprendre quelle(s) partie(s) de l'image est (sont) utilisée(s) par le réseau pour effectuer une prédiction, il est possible de calculer des cartes de saillance *(saliency maps)*. L'idée est relativement simple : calculer le gradient de la classe de sortie par rapport à l'image d'entrée. Cela indique à quel point une petite variation dans l'image induit un changement de prédiction. En visualisant les gradients, on observe alors par exemple leurs fortes valeurs, indiquant qu'une petite variation du pixel correspondant augmente la valeur de sortie.

Il est également possible d'utiliser le gradient par rapport à la dernière couche de convolution (approche Grad-CAM), ce qui permet de récupérer des informations de localisation spatiale des régions importantes pour la prédiction (figure 11.18, droite).

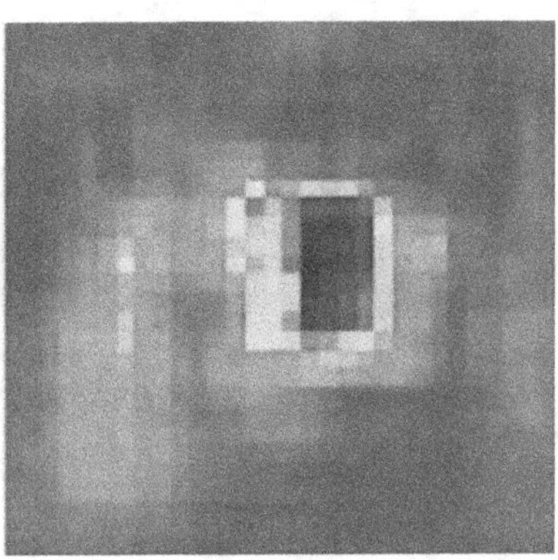

FIGURE 11.17 : *Occlusion d'une image (à gauche). Le rectangle noir est déplacé dans l'image et pour chaque position la probabilité de la classe de l'image (ici un loulou de Poméranie) est enregistrée. Ces probabilités sont ensuite représentées sous forme d'une carte 2D (à droite). La probabilité de la classe s'effondre lorsque le rectangle couvre une partie de la face du chien. Cela suggère que cette face est grandement responsable de la forte probabilité de classement de l'image comme un loulou. A l'inverse, l'occlusion du fond n'altère pas la forte valeur de probabilité de la classe (source : [ZF14]).*

Plus généralement, en choisissant un neurone intermédiaire du réseau (d'une couche de convolution), la méthode de rétropropagation guidée calcule le gradient de sa valeur par rapport aux pixels de l'image d'entrée, ce qui permet de souligner les parties de l'image auxquelles ce neurone répond (figure 11.18, milieu).

Ces gradients peuvent également être utilisés dans la méthode de montée de gradient, dont l'objectif est de générer une image qui active de manière maximale un neurone donné du réseau. Le principe est d'itérativement passer l'image d'entrée $\mathbf{I}$ dans le réseau pour obtenir les valeurs des cartes $\mathbf{Y}_i^{(1)}$, de rétropropager pour obtenir le gradient d'un neurone par rapport aux pixels de $\mathbf{I}$ et d'opérer une petite modification de ces pixels. Outre son aspect informatif sur la structure interne du réseau étudié (visualisation des cartes $\mathbf{Y}_i^{(1)}$ intermédiaires), cette méthode produit des images parfois très artistiques (figure 11.19).

2.8   Quelques applications

Depuis leur introduction en reconnaissance de caractères manuscrits [LCBD$^+$90], les réseaux convolutifs n'ont cessé de trouver des champs applicatifs, commerciaux et parfois ludiques. Parmi ces applications, nous en citons ici quelques-unes.

2.8.1   La classification d'images

Premier domaine d'application des réseaux convolutifs, la classification d'images consiste à affecter une image à une classe, apprise par le réseau sur un grand nombre d'exemples. Depuis l'avènement d'ImageNet, et la mise en place de la compétition ILSVRC, les résultats obtenus ne cessent de s'améliorer et sont depuis quelques années la référence dans ce domaine (dépassant même les performances humaines en 2015).

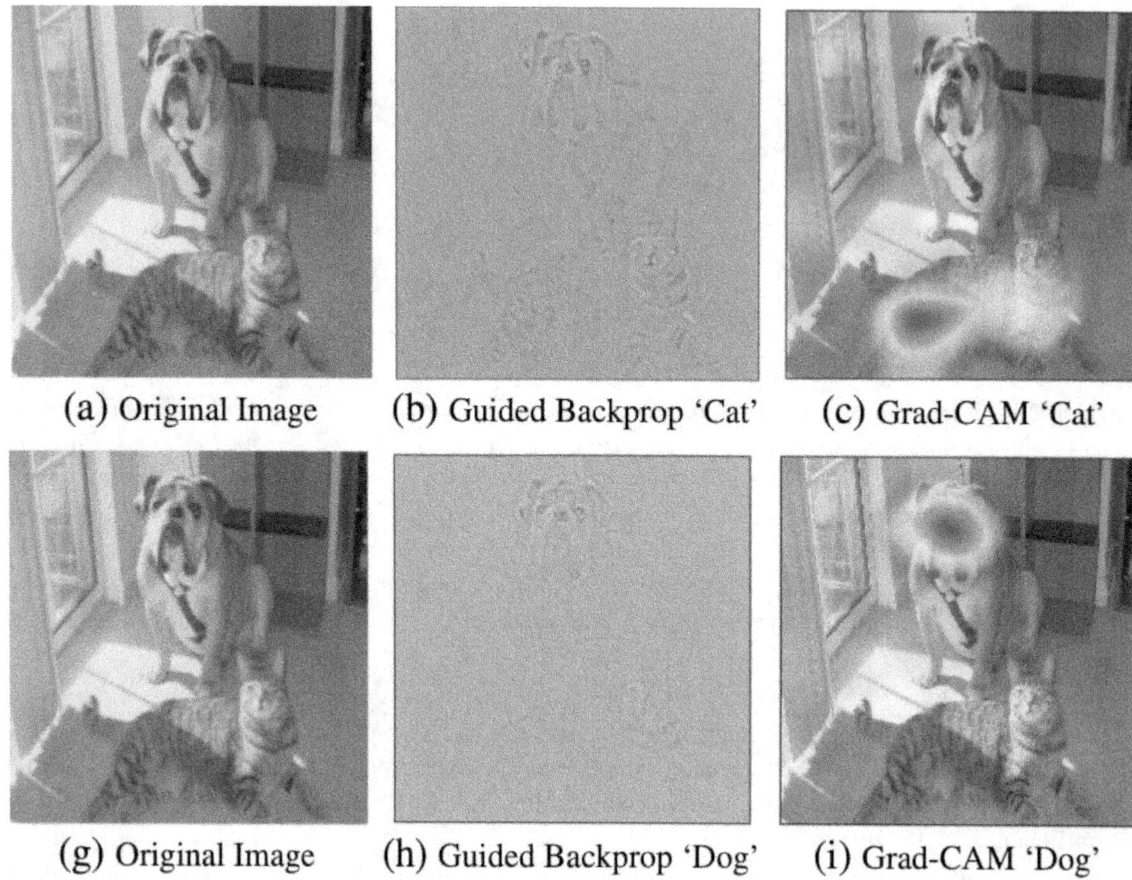

(a) Original Image   (b) Guided Backprop 'Cat'   (c) Grad-CAM 'Cat'

(g) Original Image   (h) Guided Backprop 'Dog'   (i) Grad-CAM 'Dog'

FIGURE 11.18 : *Approches par gradient de visualisation du fonctionnement d'un réseau convolutif. Comparaison de la méthode de rétropropagation guidée et de Grad-CAM (source : [SCD+17]).*

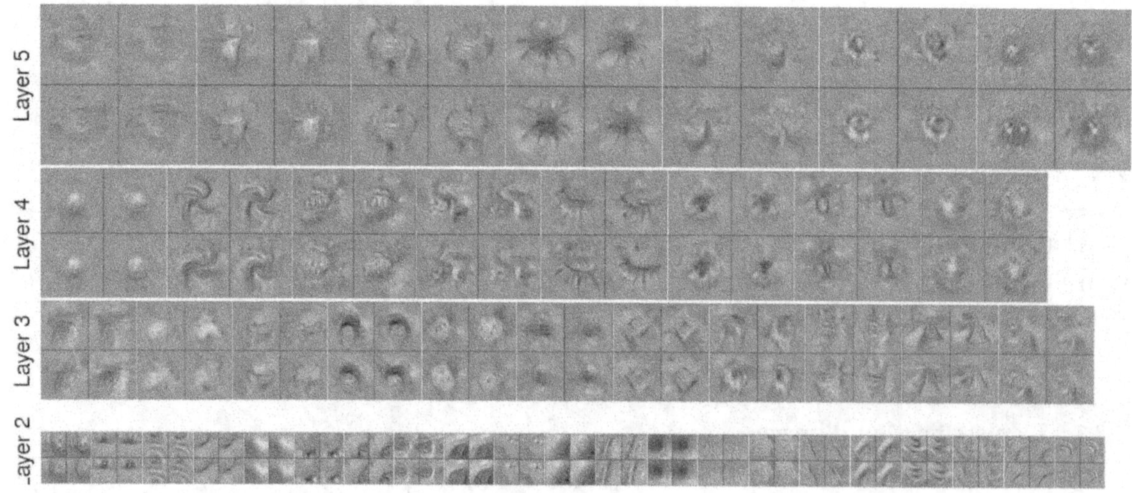

FIGURE 11.19 : *Visualisation des 4 premières couches de convolution d'un réseau convolutif par montée de gradient (source : [YCN+15]).*

2.8.2 L'annotation de scènes

Des réseaux convolutifs ont été utilisés pour annoter des scènes 2D ou 2D+t, c'est-à-dire affecter à chaque pixel un label identifiant l'objet auquel il appartient. De nombreux réseaux ont été développés à cet effet (R-CNN, Fast R-CNN, Mast R-CNN par exemple) (figure 11.20(a)).

2.8.3 La reconnaissance d'actions

Le développement de champs réceptifs 3D dans les réseaux convolutifs a permis d'extraire dans ces réseaux des caractéristiques invariantes à la translation. L'intégration de techniques de régularisation adaptée (type partage de paramètres) a rendu possible l'optimisation de ces réseaux pour la reconnaissance d'actions dans des scènes dynamiques.

2.8.4 L'analyse de documents

L'analyse de documents à des fins de reconnaissance de caractères, de classification de documents ou encore d'annotation sémantique a largement bénéficié de l'apport des réseaux convolutifs.

2.8.5 L'augmentation de données

De nombreux réseaux ont été proposés pour ajouter à des données nD des informations manquantes (colorisation d'images, figure 11.20(b), *inpainting*, restauration d'images, superrésolution), ou pour proposer des versions différentes des données initiales en fonction d'une contrainte de style extérieure (transfert de style, figure 11.20(c)).

Les réseaux convolutifs sont des réseaux spécialisés pour traiter des données dont la topologie se conforme à une structure de grille n-dimensionnelle. Dans le cas de données 1D séquentielles, d'autres réseaux performants ont été développés : les réseaux récurrents.

3. Réseaux récurrents

3.1 Définition

Les réseaux de neurones récurrents *(RNN, Recurrent Neural Networks)* sont des réseaux à propagation avant, permettant de prendre en compte le temps. Comme dans les réseaux classiques, il n'existe pas de cycle, mais les arcs ajoutés pour introduire la notion de temps (les arcs récurrents) peuvent en revanche former des cycles, y compris de longueur 1 (connexion d'un neurone avec lui-même). À l'instant t, les neurones possédant des arcs récurrents reçoivent en entrée la donnée courante $\mathbf{x_t}$ et les valeurs des neurones cachés h_{t-1} informant sur l'état précédent du réseau. La sortie $\hat{y}_t$ est calculée étant donné l'état $\mathbf{x_t}$ des neurones cachés à l'instant t. La donnée $\mathbf{x_{t-1}}$ peut influencer $\hat{y}_t$ et la sortie aux instants suivants, à l'aide des arcs récurrents.

(a) Annotation sémantique (source : [HGDG17]).

(b) Colorisation d'images (source : [ZXL$^+$16])

(c) Transfert de style (source : [GEB15])

FIGURE 11.20 : *Quelques applications des réseaux convolutifs.*

Deux équations permettent de calculer les quantités nécessaires à l'instant t dans la phase de propagation avant d'un réseau récurrent simple (comme celui de la figure 11.21 gauche) :

$$h_t \;=\; \sigma\left(\mathbf{W}_{\mathbf{hx}}^{\top}\mathbf{x_t} + \mathbf{W}_{\mathbf{hh}}^{\top}\mathbf{x_{t-1}} + b_h\right)$$

$$\hat{y}_t \;=\; softmax\left(W_{yh}h_t + b_y\right)$$

où $\mathbf{W}_{\mathbf{hx}}$ est la matrice des poids reliant l'entrée à la couche cachée et $\mathbf{W}_{\mathbf{hh}}$ celle des poids des arcs récurrents. Les biais sont notés b_h et b_y.

La dynamique du réseau peut être décrite en dépliant ce réseau dans le temps (figure 11.21 droite). Le réseau devient donc un réseau profond, avec une couche par instant t et un partage de poids au cours du temps. Ce dernier peut donc être entraîné de manière classique par l'algorithme de rétropropagation du gradient, indicé par le temps *(Backpropagation through time, BPTT algorithm)*.

Avec ces réseaux, il est possible de traiter des séquences de longueur quelconque, la taille du modèle étant indépendante de cette longueur. Plusieurs architectures peuvent être déclinées sur ce principe et le tableau 11.1 donne un panorama de certaines d'entre elles, avec des exemples d'applications.

3.2 Entraînement des réseaux récurrents

L'apprentissage de dépendances long terme peut être difficile. Les problèmes d'évanescence ou d'explosion du gradient peuvent rapidement survenir, lors de la rétropropagation sur plusieurs pas de temps.

Prenons un exemple simple pour comprendre : considérons un réseau à un neurone d'entrée, un neurone récurrent caché et un neurone de sortie. On donne au réseau une entrée à l'instant t_0

Architecture	Réseau	Applications
Un vers plusieurs	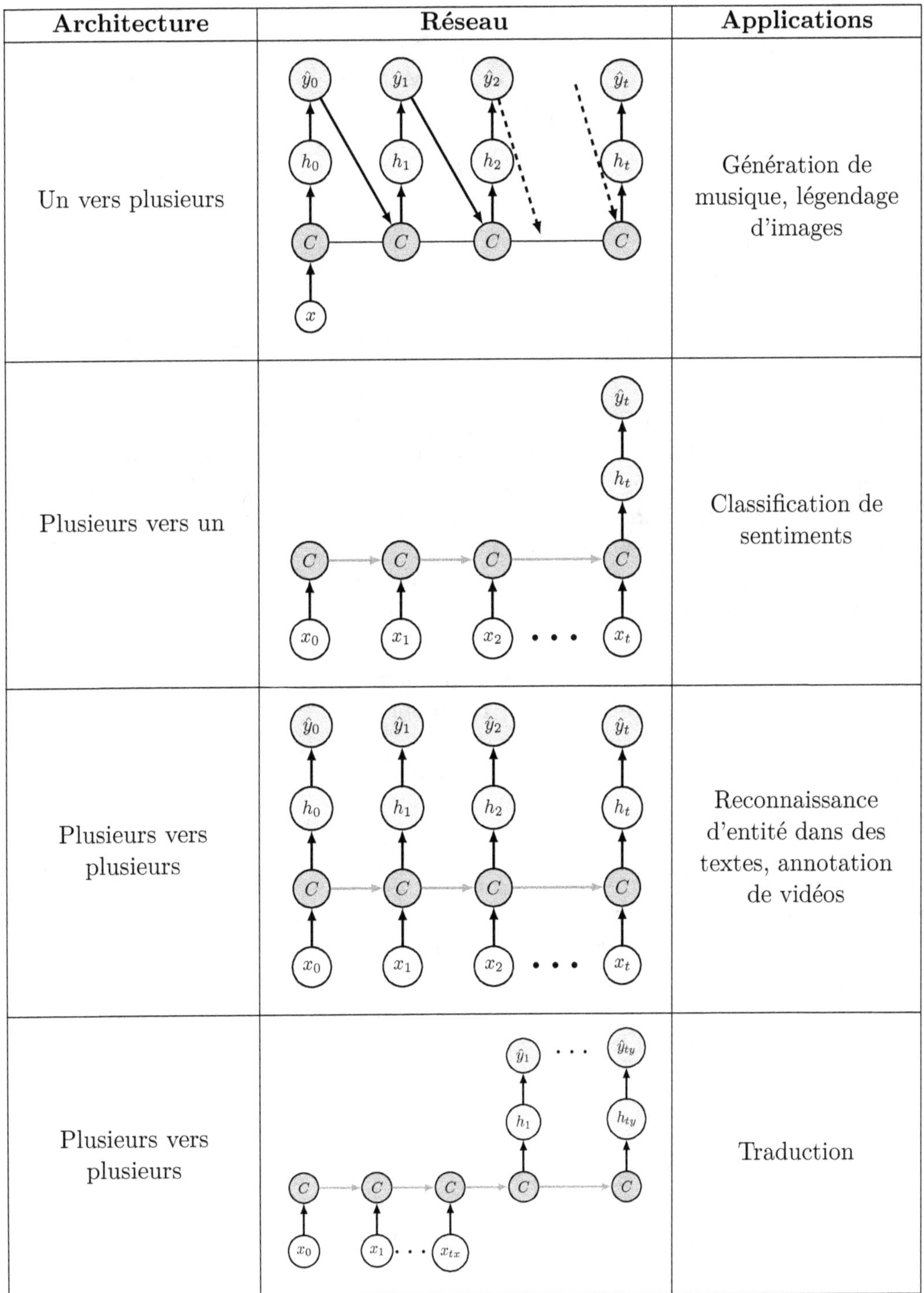	Génération de musique, légendage d'images
Plusieurs vers un		Classification de sentiments
Plusieurs vers plusieurs		Reconnaissance d'entité dans des textes, annotation de vidéos
Plusieurs vers plusieurs		Traduction

TABLE 11.1 : *Différentes architectures de réseaux récurrents et leurs applications.*

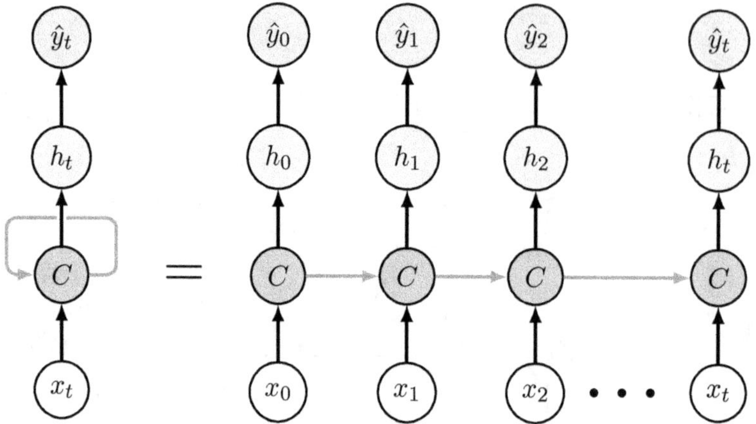

FIGURE 11.21 : *Réseau récurrent et sa version dépliée dans le temps.*

et on calcule l'erreur à l'instant $t > t_0$, en supposant des entrées nulles entre t_0 et t. Le lien entre les poids au cours du temps fait que le poids sur l'arc récurrent ne change jamais. La contribution de l'entrée au temps t_0 à la sortie au temps t deviendra de plus en plus importante, ou se rapprochera de zéro, de manière exponentielle à mesure que $t - t_0$ croît. Et la dérivée de l'erreur par rapport à l'entrée explosera ou disparaîtra, selon que le poids de l'arc récurrent a une valeur absolue plus grande ou plus petite que 1 et selon la fonction d'activation du neurone caché (le problème du gradient évanescent est très présent avec une sigmoïde et une activation ReLU force davantage l'explosion).

Plusieurs solutions ont été proposées (régularisation, retropropagation tronquée, conception d'architecture et heuristiques) pour résoudre ces problèmes.

3.3 Quelques architectures de réseaux profonds récurrents

3.3.1 LSTM

Les réseaux *Long Short-Term Memory* (LSTM) ont été introduits en 1997 [HS97] pour résoudre le problème de l'évanescence du gradient. Ce modèle ressemble à un réseau récurrent classique à une couche cachée, mais chaque neurone de la couche cachée est remplacé par une cellule de mémoire.

Dans la suite, on note $\mathbf{x_t}$ l'entrée de la cellule à l'instant t, h_{t-1} la sortie de la couche cachée calculée au temps $t - 1$. Au lieu de calculer une sortie du type $\sigma\left(\mathbf{W}^\top \mathbf{x} + b\right)$, la cellule contient plusieurs éléments distincts aux fonctions particulières. Les LSTM introduisent la notion de portes, qui sont des unités d'activation de type sigmoïde qui prennent comme arguments $\mathbf{x_t}$ et h_{t-1} et viennent pondérer des valeurs calculées dans la cellule. En particulier, si la valeur d'une porte est nulle, alors le flot est coupé dans le graphe, alors qu'il transite intégralement si la valeur de la porte est égale à 1.

On retrouve dans une cellule (figure 11.22) les éléments suivants :

- *Neurone d'entrée* : ce neurone prend en entrée $\mathbf{x_t}$ et h_{t-1} et calcule, à la manière d'un neurone classique, une sortie $g^t = \sigma\left(\mathbf{W}_\mathbf{C}^\top \left[\mathbf{x_t}, h_{t-1}\right] + b_C\right)$.

- *Porte d'entrée* (ou de mise à jour) : la porte calcule $i^t = \sigma\left(\mathbf{W_i}^\top \left[\mathbf{x_t}, h_{t-1}\right] + b_i\right)$ et vient pondérer la valeur du neurone d'entrée pour décider de l'importance à lui donner au temps t.

- *Porte d'oubli* : cette porte calcule $f^t = \sigma\left(\mathbf{W_f}^\top [\mathbf{x_t}, h_{t-1}] + b_f\right)$ et permet au réseau d'oublier son état interne.

- *État interne* : le cœur de la cellule de mémoire est son état interne, noté C^t, composé d'un neurone récurrent à poids fixe unité, assurant que le gradient peut passer par cet arc de nombreuses fois sans disparaître ou exploser. La mise à jour de l'état interne est effectuée par une opération du type $C^t = g^t.i^t + C^{t-1}.f^t$.

- *Porte de sortie* : la valeur h_t produite par la cellule de mémoire est calculée comme le produit de $tanh(C^t)$ par la valeur de la porte de sortie o^t. Cette porte sélectionne la part de C^t à fournir en sortie et est calculée par $o^t = \sigma\left(\mathbf{W_o}^\top [\mathbf{x_t}, h_{t-1}] + b_o\right)$.

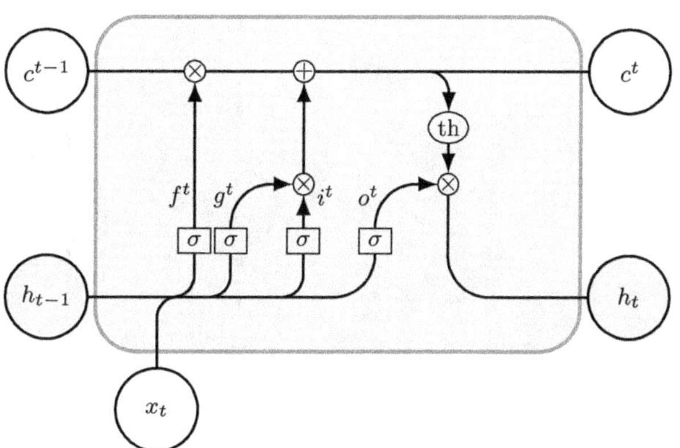

Figure 11.22 : *Cellule LSTM. Les opérations suivantes sont effectuées :*
$$g^t = \sigma\left(\mathbf{W_C}^\top [\mathbf{x_t}, h_{t-1}] + b_C\right)$$
$$i^t = \sigma\left(\mathbf{W_i}^\top [\mathbf{x_t}, h_{t-1}] + b_i\right)$$
$$f^t = \sigma\left(\mathbf{W_f}^\top [\mathbf{x_t}, h_{t-1}] + b_f\right)$$
$$o^t = \sigma\left(\mathbf{W_o}^\top [\mathbf{x_t}, h_{t-1}] + b_o\right)$$
$$C^t = g^t.i^t + C^{t-1}.f^t$$
$$h_t = o^t tanh(C^t)$$

3.3.2   GRU

En 2014 [CGCB14], une version simplifiée des réseaux LSTM a été introduite, qui nécessite moins de paramètres. Les GRU *(Gated Recurrent Units)* sont en effet des réseaux sans mémoire interne C^t, ni porte de sortie o^t. Ces réseaux sont composés de deux portes au lieu de trois (figure 11.23) :

- une *porte reset* r^t, qui détermine la manière de combiner la nouvelle entrée au temps t avec la mémoire provenant du temps $t-1$.

- une *porte de mise à jour* z^t, qui détermine la quantité de mémoire précédente qui doit être conservée. Cette porte est la combinaison des portes d'entrée et d'oubli des LSTM.

Si, pour tout $t, r^t = 1$ et $z^t = 0$, alors on modélise un réseau récurrent classique.

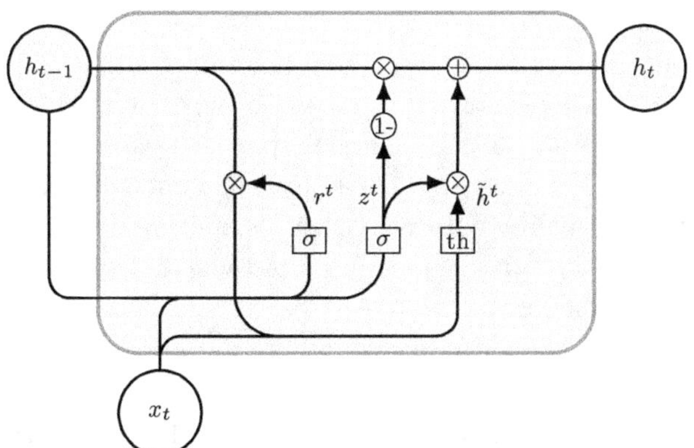

Figure 11.23 : *Cellule GRU. Les opérations suivantes sont effectuées :*
$$r^t = \sigma\left(\mathbf{W_r}^\top [\mathbf{x_t}, h_{t-1}] + b_r\right)$$
$$z^t = \sigma\left(\mathbf{W_z}^\top [\mathbf{x_t}, h_{t-1}] + b_z\right)$$
$$\tilde{h}^t = th\left(\mathbf{W}^\top [\mathbf{x_t}, r^t h_{t-1}] + b_h\right)$$
$$h_t = \left(1 - z^t\right) h_{t-1} + z^t \tilde{h}^t$$

3.3.3 Réseaux récurrents bidirectionnels

Les réseaux bidirectionnels ont été décrits pour la première fois en 1997 [SP97]. Dans ces réseaux, deux couches cachées sont présentes, chacune connectée à l'entrée et la sortie. La première couche cachée a des connexions récurrentes depuis le passé vers le futur, tandis que l'autre transmet les activations depuis le futur vers le passé (figure 11.24).

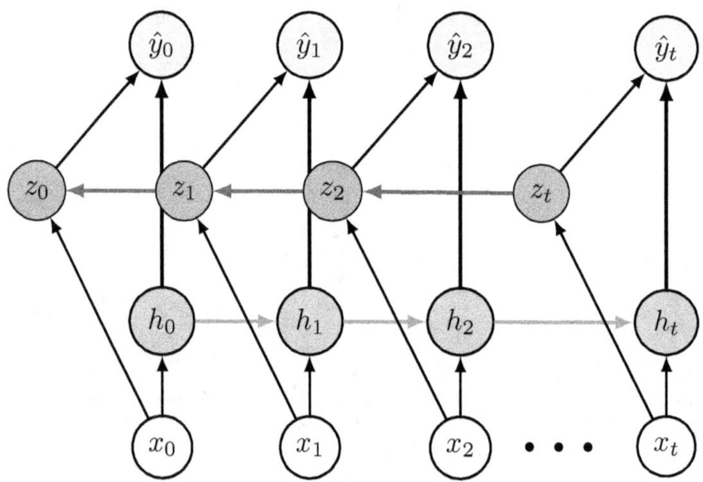

FIGURE 11.24 : *Réseau bidirectionnel.*

Étant données une entrée et une sortie du réseau (des séquences), le réseau peut être entraîné par rétropropagation après avoir été déplié :

$$x_t \;=\; \sigma\left(\mathbf{W_h}^\top [\mathbf{x_t}, h_{t-1}] + b_h\right)$$

$$z_t \;=\; \sigma\left(\mathbf{W_z}^\top [\mathbf{x_t}, z_{t+1}] + b_z\right)$$

$$\hat{y}_t \;=\; softmax\left(\mathbf{W_y}^\top [x_t, z_t] + b_y\right)$$

où h_t (respectivement z_t) représente la valeur de la couche cachée dans le sens du temps (respectivement dans le sens inverse). Puisque le temps doit être fini dans les deux sens de parcours, les réseaux bidirectionnels ne peuvent traiter que des séquences finies.

3.3.4 Machines de Turing neuronales

Les réseaux récurrents sont performants pour construire une représentation implicite de l'information, mais restent relativement peu adaptés à la conservation d'informations explicites (des dates précises par exemple). S'inspirant des mémoires de travail, théorisées par les neurosciences et qui sont responsables du raisonnement inductif et de la création de nouveaux concepts, l'idée est alors d'ajouter à ces modèles une « mémoire de travail » externe, ce qui permet de découpler la mémoire (assimilable à la RAM d'un ordinateur) des opérations liées à la tâche effectuée par le réseau (assimilable à la CPU). Puisque la mémoire des LSTM est distribuée dans chaque cellule, elle est donc liée au nombre de cellules et à la capacité de calcul et ce modèle ne répond pas directement au problème posé.

Graves et al. [GWD14] proposent alors une architecture, appelée machine de Turing neuronale, constituée de deux éléments principaux : une mémoire et un contrôleur doté d'un mécanisme d'attention qui lit et écrit dans cette mémoire. Les accès mémoire sont ici des équivalents analogiques dérivables, pour permettre d'entraîner le contrôleur par descente de gradient. Typiquement, le contrôleur est un réseau de neurones ou un réseau récurrent type LSTM (figure 11.25).

Les têtes de lecture et d'écriture interagissent avec la mémoire. Chaque tête est contrôlée par un vecteur de poids, chaque composante définissant le degré d'interaction de la tête avec la zone mémoire correspondante. Un *mécanisme de mise à jour de ces poids*, composé de quatre opérations, est mis en place pour permettre l'apprentissage du réseau :

1. Le réseau s'intéresse tout d'abord aux zones mémoires proches d'une clé k_t donnée. Cela permet au modèle de retrouver une information spécifique, en recherchant si la zone mémoire $M_t(i)$ est proche de la clé, au sens d'une similarité K. Formellement, chaque poids correspondant à la zone mémoire i est calculé par $w_t(i) = softmax(\beta_t K[k_t, M_t(i)])$.

2. Un mécanisme d'interpolation linéaire permet ensuite de mettre à jour les poids en fonction de leur valeur précédente (pour prendre plus ou moins en compte l'information issue de la clé, ou au contraire la valeur précédente du poids) : $w_t(i) = g_t.w_t(i) + (1 - g_t).w_{t-1}(i)$.

3. Un décalage par convolution translate ensuite les poids, à la manière du décalage de la tête dans une machine de Turing classique : $w_t(i) = \sum_j w_t(j)\mathbf{s_t}(i - j)$ où $\mathbf{s_t}$ est un vecteur qui définit un décalage des poids à l'instant t.

4. Enfin, le vecteur de poids est focalisé : $w_t(i) = w_t(i)^{\gamma_t}$, $\gamma_t > 1$.

Une fois que la tête a mis à jour les poids, elle interagit avec la mémoire :

- Dans le cas de la tête de lecture, elle calcule une combinaison linéaire des zones mémoire, pondérées par les poids $w_t(i)$, et produit le vecteur $\mathbf{r_t}$, fourni au contrôleur de l'instant suivant.

- Dans le cas de la tête d'écriture, le contenu de la mémoire est mis à jour selon la formule $M_t(i) = M_{t-1}(i)(1 - w_t(i)\mathbf{e_t}) + w_t(i)\mathbf{a_t}$, où $\mathbf{e_t}$ est un vecteur d'effacement, dont les composantes sont dans $\{0,1\}$ et $\mathbf{a_t}$ est un vecteur d'ajout.

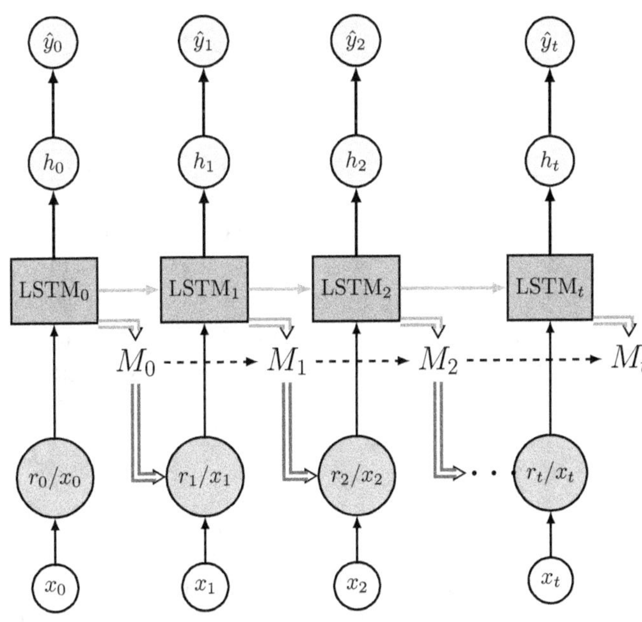

Figure 11.25 : *Exemple de machine de Turing neuronale dépliée dans le temps, où le contrôleur est un LSTM. Les accès en écriture du LSTM dans la mémoire sont représentés par des flèche rouges, les accès en lecture en bleu.*

(a) Génération de texte manuscrit (source : [Gra13])

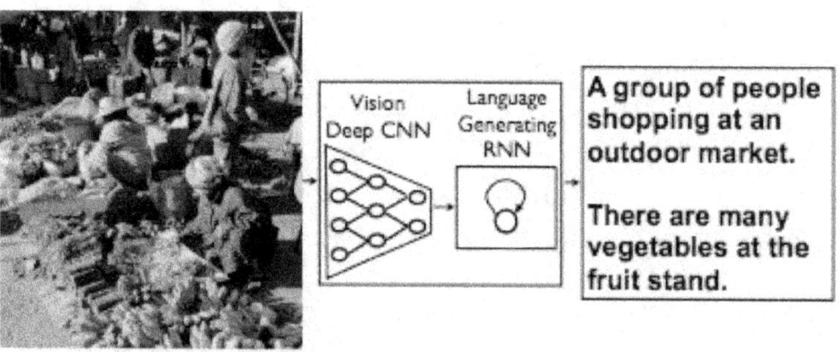

(b) Génération de légendes (source : [VTBE14])

FIGURE 11.26 : *Quelques applications des réseaux récurrents.*

3.4 Quelques applications

Comme les réseaux convolutifs, les réseaux récurrents ont depuis leur introduction trouvé de nombreuses applications.

3.4.1 Traitement automatique du langage

Les réseaux récurrents sont utilisés en traitement automatique du langage, notamment à des fins génératives. Ces réseaux permettent de modéliser un langage (prédire la probabilité d'un mot donné étant donnés les mots précédents) et de générer du texte à partir du modèle appris. De nombreuses applications découlent de cette modélisation : génération de texte « au style de » (génération d'un texte dans le style de Shakespeare, à partir d'un RNN appris sur le corpus des œuvres de l'auteur par exemple), génération de textes manuscrits (figure 11.26(a)), génération de pages Wikipedia, ou même génération d'articles scientifiques, à partir des sources LaTeX d'un ouvrage et d'un LSTM multicouches.

3.4.2 Traduction automatique

La traduction automatique de texte procède de la même stratégie que la modélisation d'une langue. Deux réseaux récurrents sont entraînés, chacun dans une des langues, et le RNN traducteur calcule sa sortie en fonction de la couche cachée du premier réseau.

3.4.3   Analyse de sentiments

Détecter de manière automatique l'opinion du public sur un sujet donné intéresse de plus en plus le domaine commercial. Ce domaine, largement alimenté par les réseaux sociaux, les avis et recommandations déposées sur les sites Internet, est un champ de prédilection pour les réseaux profonds. Des réseaux récurrents (notamment LSTM structurés en arbres) sont utilisés à cet effet et servent de base à des systèmes de recommandation.

3.4.4   Résumé automatique

Les réseaux récurrents permettent de produire des résumés abstraits de textes (i.e. générer de nouvelles phrases, en opposition à extraire les mots les plus importants d'un texte). Les modèles utilisés sont des réseaux récurrents avec mécanisme d'attention. Un système d'encodage/décodage est mis en place dans le réseau, où l'encodeur est par exemple un GRU bidirectionnel et le décodeur un GRU dont l'état caché a la même taille que celui de l'encodeur. Les modèles sont appris et validés sur des corpus dédiés (DUC, CNN/Daily Mail par exemple).

3.4.5   Reconnaissance de la parole

L'utilisation de réseaux LSTM bidirectionnels, qui permettent à la fois d'exploiter les contextes passé et futur, et de garder trace d'un contexte à longue échéance, a montré de bonnes performances dans la tâche de reconnaissance de la parole.

3.4.6   Annotation d'images

Couplé à un réseau convolutif, un RNN permet de générer des descriptions (légendes) d'images non labelisées. Le réseau convolutif produit des descripteurs, qui servent d'entrées à un réseau récurrent type LSTM (figure 11.26(b)).

4.   Auto-encodeurs

Un autoencodeur est un algorithme entraîné de manière non supervisée à reproduire son entrée $\mathbf{x} \in \mathcal{X}$. Il peut être vu (figure 11.27) comme composé de deux parties : un *encodeur* E qui transforme $\mathbf{x}$ en un code déterministe $\mathbf{h} = f(\mathbf{x}; \mathbf{w_E}) \in \mathcal{H}$ ou une distribution $\mathbf{p}_{encodeur}(\mathbf{h}|\mathbf{x}, \mathbf{w_E})$, qui représente l'entrée ; et un *décodeur* D qui produit une reconstruction déterministe $\hat{\mathbf{x}} = g(\mathbf{h}; \mathbf{w_D})$ de $\mathbf{x}$ ou une distribution $\mathbf{p}_{décodeur}(\mathbf{x}|\mathbf{h}, \mathbf{w_D})$. Les vecteurs $\mathbf{w_E}$ et $\mathbf{w_D}$ sont les paramètres de E et D. Le plus souvent, l'encodeur et le décodeur sont des réseaux de neurones (perceptrons multicouches plus ou moins profonds, réseaux convolutifs) et les paramètres sont donc les poids de ces réseaux. À ce titre, l'entraînement peut être réalisé avec les mêmes algorithmes que ceux abordés dans le chapitre 10 et l'annexe 9.

Entraîner un autoencodeur à reconstruire $g \circ f(\mathbf{x}) = \mathbf{x}$ pour tout $\mathbf{x}$ n'est pas utile (on apprend l'identité). On contraint donc le réseau à ne pas reproduire parfaitement l'entrée et à ne s'intéresser qu'à certains aspects de la reconstruction, ce qui lui permet d'apprendre des propriétés utiles des données.

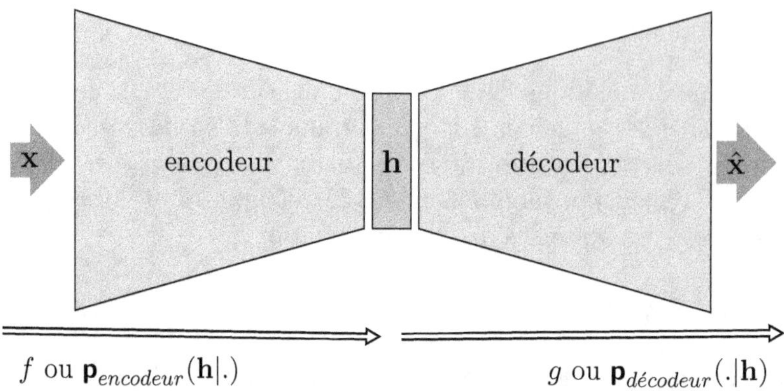

FIGURE 11.27 : *Architecture générale d'un autoencodeur*

4.1 Influence de la taille de l'espace de codage

4.1.1 Le cas $|\mathcal{H}| < |\mathcal{X}|$

Lorsque la dimension du code $\mathbf{h}$ est inférieure à celle de $\mathbf{x}$, l'encodeur E apprend à réduire la dimension (au sens des méthodes vues dans le chapitre 18). Le décodeur, une fois appris, permet de créer une donnée dans $\mathcal{X}$ à partir d'un point de $\mathcal{H}$: il agit donc comme un modèle génératif. L'apprentissage (la recherche des valeurs de $\mathbf{w_E}$ et $\mathbf{w_D}$) s'effectue par minimisation d'une fonction de perte

$$\ell(\mathbf{x}, g\left[f(\mathbf{x}; \mathbf{w_E}); \mathbf{w_D}\right)]$$

Si g est linéaire et ℓ est la fonction de perte quadratique, alors l'autoencodeur agit comme l'analyse en composantes principales (chapitre 18, section 2.1). Dans le cas plus général, l'autoencodeur apprend une représentation plus complexe des données. Il faut cependant prendre garde à ce que f et g ne soient pas trop complexes, auquel cas l'autoencodeur ne saura faire que copier exactement l'entrée, sans extraire dans $\mathcal{H}$ d'information utile sur les données.

L'espace $\mathcal{H}$ peut être utilisé pour de la visualisation en dimension réduite des données, pour des tâches de classification, ou plus simplement pour un espace de représentation plus compact des données de $\mathcal{X}$ (figure 11.28).

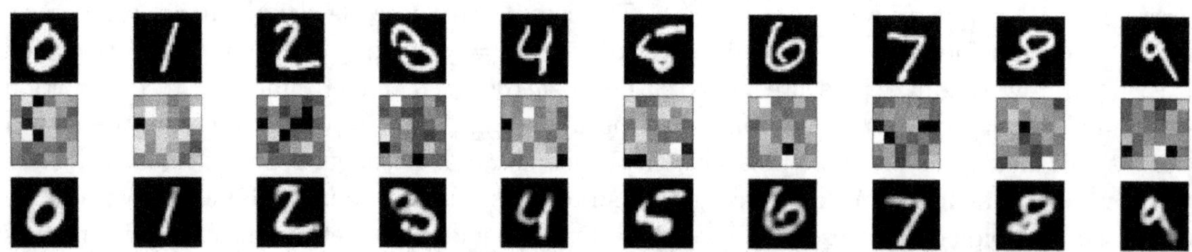

FIGURE 11.28 : *Utilisation d'un autoencodeur pour la compression et la génération de chiffres manuscrits. Les images MNIST (28×28, ligne du haut) sont encodées par un simple perceptron multicouches à activation sigmoïde et une seule couche cachée de taille 36. Le code est visualisé (ligne du milieu) sous la forme d'images 6×6. Le décodeur produit des images reconstruites (ligne du bas) à partir de ce code.*

4.1.2   Le cas $|\mathcal{H}| \geq |\mathcal{X}|$

Si la taille de l'espace de représentation $\mathcal{H}$ est supérieure à celle de l'espace d'entrée, on comprend assez facilement qu'il est très aisé pour l'autoencodeur d'apprendre l'identité, sans extraire d'information utile des données initiales (il suffit de propager $\mathcal{X}$ dans $\mathcal{H}$). Il est donc nécessaire de contraindre le modèle.

4.2   Autoencodeurs régularisés

Régulariser un autoencodeur permet d'entraîner efficacement l'algorithme, en choisissant de plus la dimension de $\mathcal{H}$ et la complexité de f et g en fonction de la complexité de la distribution à modéliser. Plutôt que de limiter la capacité du modèle (en imposant par exemple que E et D soient des réseaux multicouches à faible profondeur et/ou que $\mathcal{H}$ soit de faible dimension), la régularisation construit une fonction de perte qui encourage l'autoencodeur à avoir des propriétés supplémentaires, en plus de celle de reproduire son entrée.

Un autoencodeur régularisé minimise la fonction :

$$\ell(\mathbf{x}, g\left[f(\mathbf{x}; \mathbf{w_E}); \mathbf{w_D}\right]) + \beta \, \Omega(\mathbf{w_E}, \mathbf{w_D}, h)$$

où $\Omega(\mathbf{w_E}, \mathbf{w_D}, h)$ est un terme de pénalisation permettant de contraindre les paramètres du modèle et $\beta \in \mathbb{R}$ contrôle le poids du terme de pénalité dans l'optimisation.

4.2.1   Autoencodeurs parcimonieux

Les autoencodeurs parcimonieux (ou épars) sont typiquement utilisés pour apprendre des caractéristiques pertinentes des données d'entrée, qui sont ensuite utilisées comme entrées d'algorithmes de classification ou de régression.

Supposons que E et D soient des perceptrons multicouches. Il est alors par exemple possible d'imposer aux neurones d'être « inactifs » la plupart du temps, en définissant l'inactivité comme une valeur de sortie du neurone proche de zéro (pour une sigmoïde, ou -1 pour une tangente hyperbolique). Pour cela, on dispose de m exemples $\mathcal{S} = \{\mathbf{x_1} \cdots \mathbf{x_m}\}$. On note $y_j^{(l)}(\mathbf{x})$ l'activation du neurone caché j de la couche l lorsque l'entrée $\mathbf{x}$ est présentée au réseau. On note également :

$$\hat{\rho}_j = \frac{1}{m} \sum_{i=1}^{m} \left[y_j^{(l)}(\mathbf{x_i}) \right]$$

l'activation moyenne du neurone caché j sur présentation de $\mathcal{S}$. L'objectif est alors d'imposer $\hat{\rho}_j = \rho$, où ρ est une valeur proche de zéro (ainsi l'activation moyenne de chaque neurone caché doit être faible), par l'intermédiaire d'une définition adaptée de Ω. De nombreux choix sont possibles. Par exemple pour un réseau à une couche cachée :

$$\Omega = \sum_{j=1}^{n^{(2)}} \rho \log \frac{\rho}{\hat{\rho}_j} + (1 - \rho) \log \frac{1 - \rho}{1 - \hat{\rho}_j} = \sum_{j=1}^{n^{(2)}} KL(\rho || \hat{\rho}_j),$$

où $KL(\rho || \hat{\rho}_j)$ est la divergence de Kullback-Leibler (KL) entre une variable aléatoire de loi de Bernoulli de moyenne ρ et une variable aléatoire de loi de Bernoulli de moyenne $\hat{\rho}_j$. On peut alors montrer que $KL(\rho || \hat{\rho}_j) = 0$ si $\hat{\rho}_j = \rho$, et KL croît de façon monotone lorsque $\hat{\rho}_j$ s'éloigne de ρ.

Le calcul des dérivées partielles et la descente de gradient changent peu pour l'algorithme d'optimisation. Il faut cependant connaître au préalable les $\hat{\rho}_j$ et donc faire dans un premier temps une propagation avant sur tous les exemples de $\mathcal{S}$ permettant de calculer les activations moyennes.

Dans le cas où la base d'apprentissage est suffisamment petite, elle tient entièrement en mémoire et les activations sont stockées pour calculer $\hat{\rho}_j$. Les activations stockées sont alors utilisées dans l'étape de rétropropagation sur l'ensemble des exemples.

Dans le cas contraire, le calcul de $\hat{\rho}_j$ est fait en accumulant les activations calculées exemple par exemple, mais sans sauvegarder les valeurs de ces activations. Une seconde propagation sur chaque exemple sera alors nécessaire pour permettre la rétropropagation.

Les autoencodeurs parcimonieux peuvent également être vus d'un point de vue probabiliste comme des algorithmes maximisant la vraisemblance maximale d'un modèle génératif à variables latentes $\mathbf{h}$. Supposons disposer d'une distribution jointe explicite :

$$\mathbf{p}_{modle}(\mathbf{x}, \mathbf{h}) = \mathbf{p}_{modle}(\mathbf{h})\mathbf{p}_{modle}(\mathbf{x}|\mathbf{h})$$

La log vraisemblance peut alors s'écrire :

$$log(\mathbf{p}_{modle}(\mathbf{x})) = log\left(\sum_{\mathbf{h}} \mathbf{p}_{modle}(\mathbf{x}, \mathbf{h})\right)$$

L'autoencodeur approche cette somme juste pour une valeur de $\mathbf{h}$ fortement probable. Pour cette valeur, on maximise alors :

$$log(\mathbf{p}_{modle}(\mathbf{x}, \mathbf{h})) = log(\mathbf{p}_{modle}(\mathbf{h})) + log(\mathbf{p}_{modle}(\mathbf{x}|\mathbf{h}))$$

et $log(\mathbf{p}_{modle}(\mathbf{h}))$ peut être utilisée pour introduire de la parcimonie.
Par exemple si $\mathbf{p}_{modle}(h_i) = \frac{\lambda}{2}e^{-\beta|h_i|}$ (Laplace prior), alors :

$$-log(\mathbf{p}_{modle}(\mathbf{h})) = \sum_{i=1}^{|\mathcal{H}|}\left(\lambda|h_i| - log\frac{\lambda}{2}\right) = \Omega(\mathbf{h}) + c$$

et l'on retrouve une régularisation ℓ_1 (méthode Lasso, chapitre 9, section 4).

4.2.2 Autoencodeurs contractifs

Une autre stratégie de régularisation consiste à faire dépendre Ω du gradient du code en fonction des entrées :

$$\Omega = \sum_{i=1}^{|\mathcal{H}|} \|\nabla_{\mathbf{x}} h_i\|^2 = \left\|\frac{\partial f(\mathbf{x}, \mathbf{w_E})}{\partial \mathbf{x}}\right\|_F^2$$

où $\|.\|_F$ est la norme de Frobenius. Le modèle apprend alors une fonction qui change peu lorsque $\mathbf{x}$ varie peu. Puisque la pénalité n'est appliquée que sur les exemples de $\mathcal{S}$, les informations capturées dans le code concernent la distribution des données d'entraînement, et plus précisément la variété sur laquelle vivent les données de $\mathcal{S}$. En ce sens, ces autoencodeurs sont à rapprocher des méthodes de *manifold learning* détaillées dans la section 3 du chapitre 18.

4.2.3 Autoencodeurs de débruitage

Plutôt que d'ajouter un terme à la fonction de perte, on peut directement changer cette dernière pour apprendre des caractéristiques utiles des données.
Un autoencodeur de débruitage considère la fonction de perte :

$$\ell(\mathbf{x}, g\,[f(\tilde{\mathbf{x}}; \mathbf{w_E}); \mathbf{w_D})])$$

où $\tilde{\mathbf{x}}$ est une version de $\mathbf{x}$ bruitée par une distribution conditionnelle $C(\tilde{\mathbf{x}}, \mathbf{x})$. L'autoencodeur apprend alors une distribution de reconstruction $\mathbf{p}_R(\mathbf{x} \mid \tilde{\mathbf{x}})$ selon l'algorithme 18 (figure 11.29).

Algorithme 18 : Algorithme d'apprentissage d'un autoencodeur de débruitage

---

Données : $\mathcal{S}$, $C(\tilde{\mathbf{x}}, \mathbf{x})$, un autoencodeur (f, g)
Résultat : Un autoencodeur de débruitage
début
    tant que *non stop* **faire**
        Tirer un exemple $\mathbf{x}$ de $\mathcal{S}$
        Tirer $\tilde{\mathbf{x}}$ selon $C(\tilde{\mathbf{x}}, \mathbf{x})$
        Estimer $\mathbf{p}_R(\mathbf{x} \mid \tilde{\mathbf{x}}) = \mathbf{p}_{décodeur}(\mathbf{x}|\mathbf{h}, \mathbf{w_D}) = g(\mathbf{h}, \mathbf{w_D})$ où $\mathbf{h} = f(\tilde{\mathbf{x}}, \mathbf{w_E})$
    fin tant que
fin

L'apprentissage peut être vu comme une descente de gradient stochastique de :

$$-\mathbb{E}_{\mathbf{x} \sim \mathbf{p}_S(\mathbf{x})} \mathbb{E}_{\tilde{\mathbf{x}} \sim C(\tilde{\mathbf{x}}, \mathbf{x})} \left(log\,\mathbf{p}_{décodeur}(\mathbf{x}|\mathbf{h} = f(\tilde{\mathbf{x}}, \mathbf{w_E}), \mathbf{w_D})\right)$$

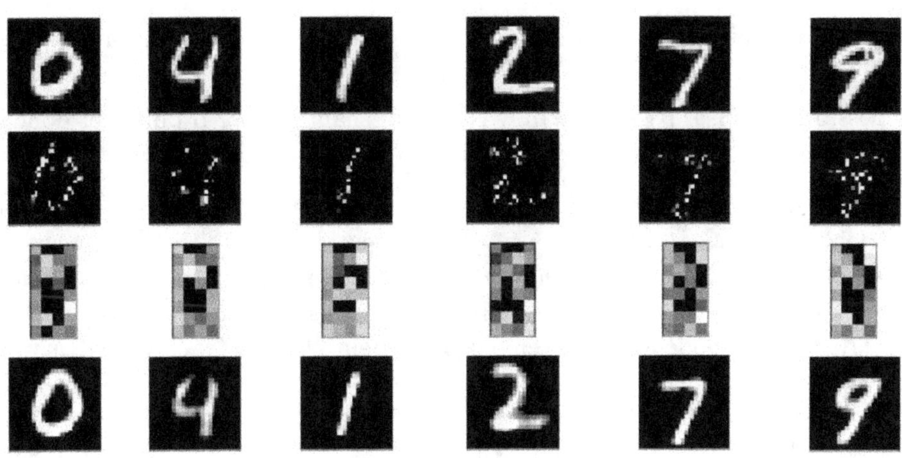

FIGURE 11.29 : *Autoencodeur de débruitage sur les données MNIST. Les images* $\mathbf{x}$ *(ligne du haut) sont corrompues par un bruit gaussien centré de variance unité (deuxième ligne). Un autoencodeur de débruitage est ensuite entraîné. Le code* $\mathbf{h}$ *de taille 32 est visualisé (troisième ligne) sous la forme d'images 8×4. Le décodeur produit les images débruitées de la dernière ligne.*

4.3 Autoencodeurs variationnels

Le dernier modèle d'autoencodeurs que nous abordons fait le lien avec la section suivante sur les réseaux antagonistes générateurs.

Les autoencodeurs variationnels (VAE) [KW13] sont des modèles génératifs. Ce ne sont pas à proprement parler des autoencodeurs tels que nous les avons abordés dans les sections précédentes, ils empruntent juste une architecture similaire (figure 11.30), d'où leur nom.

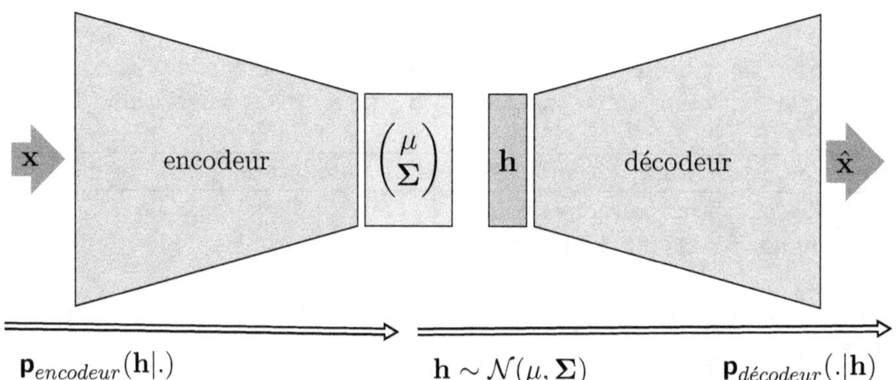

FIGURE 11.30 : *Architecture générale d'un autoencodeur variationnel*

Au lieu d'apprendre $f(.,\mathbf{w_E})$ et $g(.,\mathbf{w_D})$, un autoencodeur variationnel apprend des distributions $\mathbf{p}_{encodeur}(\mathbf{h}|\mathbf{x},\mathbf{w_E})$ et $\mathbf{p}_{décodeur}(\mathbf{x}|\mathbf{h},\mathbf{w_D})$. Apprendre des distributions plutôt que des fonctions déterministes présente plusieurs avantages, et notamment :

- les données d'entrée peuvent être bruitées, et un modèle de distribution $\mathbf{p_x}$ peut être plus utile ;

- il est possible d'utiliser $\mathbf{p}_{décodeur}(\mathbf{x}|\mathbf{h},\mathbf{w_D})$ pour échantillonner $\mathbf{h}$ puis $\mathbf{x}$ et donc de générer des données ayant des statistiques similaires aux éléments de $\mathcal{S}$ (figure 11.31).

Abordons ces autoencodeurs sous l'angle des modèles génératifs. Supposons que nous voulions générer des points suivant la distribution $\mathbf{p_x}$. Plutôt que d'inférer directement sur cette distribution, nous pouvons utiliser des *variables latentes* (le code des autoencodeurs). Les modèles à variables latentes font l'hypothèse que les données $\mathbf{x}$ sont issues d'une variable non observée $\mathbf{h}$. S'il peut être difficile de modéliser directement $\mathbf{p_x}$, il peut être plus facile de choisir a *priori* une distribution $\mathbf{p_h}$ et chercher à modéliser $\mathbf{p_{x|h}}$.

Pour générer $\mathbf{x}\sim\mathbf{p_x}$, un autoencodeur variationnel tire donc tout d'abord $\mathbf{h}\sim\mathbf{p_h}$. $\mathbf{h}$ est ensuite passé à un réseau de neurones et $\mathbf{x}$ est finalement tiré selon $\mathbf{p}_{décodeur}(\mathbf{x}|\mathbf{h},\mathbf{w_D})$. L'entraînement est réalisé en maximisant la borne inférieure variationnelle :

$$\mathcal{L}(q) = \mathbb{E}_{\mathbf{h}\sim q(\mathbf{h}|\mathbf{x})}log\left(\mathbf{p}_{décodeur}(\mathbf{x}|\mathbf{h},\mathbf{w_D})\right) - KL\left(q(\mathbf{h}|\mathbf{x})\|\mathbf{p_h}\right)$$

où KL est la divergence de Kullback Leibler déjà rencontrée dans les autoencodeurs parcimonieux. Le premier terme de $\mathcal{L}(q)$ est la log-vraisemblance de la reconstruction trouvée dans les autoencodeurs classiques, tandis que le second terme tend à rapprocher la distribution a *posteriori* $q(\mathbf{h}|\mathbf{x})$ et le modèle a *priori* $\mathbf{p_h}$. Dans les techniques classiques d'inférence, q est approchée par optimisation. Dans les autoencodeurs variationnels, on entraîne un encodeur paramétrique (un réseau de neurones paramétré par $\mathbf{w_E}$) qui produit les paramètres de q. Tant que $\mathbf{h}$ est continue, il est donc possible de rétropropager à travers les tirages de $\mathbf{h}$ effectués selon

$q(\mathbf{h}|\mathbf{x}) = q(\mathbf{h}|f(\mathbf{x};\mathbf{w_E}))$ pour obtenir le gradient par rapport à $\mathbf{w_E}$. L'apprentissage consiste alors simplement à maximiser $\mathcal{L}$ par rapport à $(\mathbf{w_E}, \mathbf{w_D})$.

Il est courant de choisir comme prior $\mathbf{p_h}$ une loi normale centrée réduite $\mathcal{N}(\mathbf{0}, \mathbf{I})$. Cette simplicité apparente ne réduit pas le pouvoir d'expression du modèle si l'effort est fait sur l'optimisation de la distribution $\mathbf{p}_{décodeur}(\mathbf{x}|\mathbf{h}, \mathbf{w_D})$. L'encodeur E est alors un réseau de neurones générant des paramètres de distribution de q dans $\mathcal{H}$, soit un vecteur de moyenne $\boldsymbol{\mu}$ et une matrice de covariance $\boldsymbol{\Sigma}$.

Notons enfin que la rétropropagation du gradient nécessite une astuce de calcul dans $\mathcal{H}$, dite astuce de reparamétrisation : la génération de $\mathbf{h} \sim \mathbf{p}_{encodeur}(\mathbf{h}|\mathbf{x}, \mathbf{w_E})$ se fait effectivement en tirant une variable aléatoire $\epsilon \sim \mathcal{N}(\mathbf{0}, \mathbf{I})$, puis en calculant $\mathbf{h} = \boldsymbol{\mu} + \boldsymbol{\Sigma}^{1/2}\epsilon$. L'échantillonnage se fait alors seulement pour ϵ, qui n'a pas besoin d'être rétropropagé.

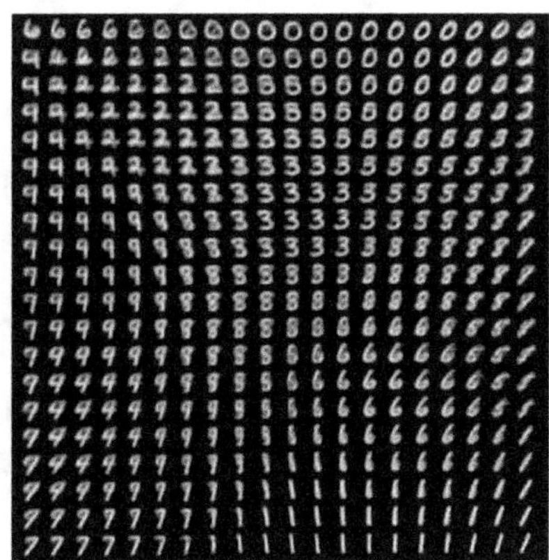

Figure 11.31 : *Visualisation de l'espace latent $\mathcal{H} = \mathbb{R}^2$ appris par un autoencodeur variationnel sur les données MNIST. Pour chaque valeur $\mathbf{h_i}$ discrétisée sur $\mathcal{H}$ est affichée une image $\mathbf{x} \sim \mathbf{p}_{dcodeur}(\mathbf{x}|\mathbf{h_i}, \mathbf{w_D})$. Les chiffres de la même classe sont groupés dans cet espace, et les axes de $\mathcal{H}$ ont une interprétation (l'axe horizontal semble souligner le caractère « penché » des chiffres)*

5. Generative Adversarial Networks

Les réseaux antagonistes générateurs (*Generative Adversarial Networks*, ou GAN, que Yann Le Cun a pointés comme « le plus gros progrès en *machine learning* de ces dix dernières années ») sont des réseaux de neurones apprenant à générer des données de synthèse similaires à des données d'entrée qui sont connues. Il ont été introduits en 2014 [GPAM+14] et font partie des modèles dits génératifs, au même titre que les autoencodeurs variationnels.

5.1 Modèle

5.1.1 Architecture

Un GAN se compose de deux modèles (figure 11.32), l'un génératif (G), l'autre discriminant (D). G produit des données à partir de variables générées aléatoirement (variables latentes), via un réseau de neurones. D est un classifieur qui détermine si son entrée ressemble à une « vraie » donnée de la base d'entraînement, ou s'il s'agit d'une donnée de synthèse provenant de G. Sous sa forme basique, il s'agit d'un simple réseau convolutif ou d'un perceptron multicouches.

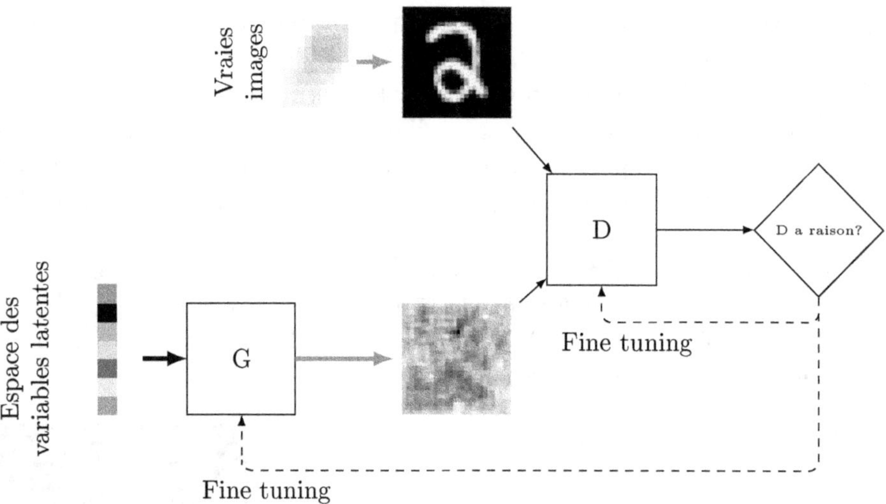

FIGURE 11.32 : *Architecture d'un GAN.*

L'entraînement de G vise à accroître le taux d'erreur de D (c'est-à-dire faire croire à D que les données générées sont des vraies). La rétropropagation est effectuée sur la négation de la fonction de perte (classification binaire) de D, de sorte qu'à convergence, les données réelles et générées ne puissent être distinguées par D.

L'entraînement de D se fait sur un ensemble particulier, composé de vraies données et de données générées par G. D essaye par rétropropagation d'optimiser son taux de bonne classification.

5.1.2 Relation à la théorie des jeux

On peut aborder les GAN d'un point de vue théorie des jeux : G et D sont deux joueurs, jouant alternativement à un jeu à somme nulle. G transforme un vecteur de bruit $\mathbf{h}$ en un échantillon $\mathbf{x}$. Le réseau D est entraîné de manière binaire, en considérant les échantillons du générateur comme exemples négatifs (tirés d'une distribution $\mathbf{p_G}$ inconnue) et les vraies données comme exemples positifs (tirés selon $\mathbf{p}_{data}$ inconnue). Comme dit précédemment, G essaye de tromper D dans ce jeu. Une fonction $v(\boldsymbol{\theta}_D, \boldsymbol{\theta}_G)$ vient quantifier la récompense de D, où $\boldsymbol{\theta}_D$ et $\boldsymbol{\theta}_G$ sont les paramètres de D et G (les poids et biais lorsque les joueurs sont des réseaux de neurones). Le générateur G reçoit $-v(\boldsymbol{\theta}_D, \boldsymbol{\theta}_G)$, puisque le jeu est à somme nulle. Durant le jeu, les deux joueurs essayent de maximiser leur récompense, et l'ensemble se modélise donc comme un problème d'optimisation *minmax* :

$$\left(\hat{\boldsymbol{\theta}}_D, \hat{\boldsymbol{\theta}}_G\right) = Arg \min_g \max_d v(d, g)$$

Dans sa forme la plus simple [GPAM$^+$14] :

$$v(\boldsymbol{\theta}_D, \boldsymbol{\theta}_G) = \mathbb{E}_{\mathbf{x} \sim \mathbf{p}_{data}} \left(log[D(\mathbf{x})]\right) + \mathbb{E}_{\mathbf{h} \sim p_{\mathbf{h}}} \left(log[1 - D(G(\mathbf{h}))]\right)$$

Le premier terme force D à étiqueter des données réelles comme telles (1), le second force D à labeliser les données générées par G comme telles (0). G tente de tromper D en lui faisant étiqueter ses échantillons comme réels (1), essayant donc de minimiser la fonction, tandis que D essaye de la maximiser. Des étapes de descente de gradient permettent d'optimiser cette fonction différentiable, pour éventuellement atteindre un équilibre de Nash. Pour G fixé, le D optimal est donné par :

$$\hat{D}(\mathbf{x}) = \frac{\mathbf{p}_{data}(\mathbf{x})}{\mathbf{p}_{data}(\mathbf{x}) + \mathbf{p}_{G}(\mathbf{x})}$$

5.1.3   Calcul des paramètres des réseaux

L'algorithme 19 permet de calculer les paramètres (poids et biais) des réseaux D et G, respectivement regroupés dans des vecteurs $\boldsymbol{\theta}_D$ et $\boldsymbol{\theta}_G$.

Algorithme 19 : Calcul des paramètres $\boldsymbol{\theta}_D$ et $\boldsymbol{\theta}_G$ de D et G dans un GAN

Données : la taille des minibatchs m, $\mathbf{p}_{G}(\mathbf{h})$ et $\mathbf{p}_{data}(\mathbf{x})$
Résultat : les paramètres $\boldsymbol{\theta}_D$ et $\boldsymbol{\theta}_G$ des réseaux G et D
début
> **pour** *nombre_itérations* **faire**
>> **pour** *k étapes* **faire**
>>> Tirer un minibatch de m échantillons $\mathbf{h}^{(i)}$ selon $\mathbf{p}_{G}(\mathbf{h})$
>>> Tirer un minibatch de m échantillons $\mathbf{x}^{(i)}$ selon $\mathbf{p}_{data}(\mathbf{x})$
>>> Mise à jour de D par descente de gradient :
>>>
>>> $$\nabla_{\boldsymbol{\theta}_D} \frac{1}{m} \sum_{i=1}^{m} \left[log\mathrm{D}(\mathbf{x}^{(i)}) + log\left(1 - \mathrm{D}(\mathrm{G}(\mathbf{h}^{(i)}))\right) \right]$$
>>
>> **fin pour**
>> Tirer un minibatch de m échantillons $\mathbf{h}^{(i)}$ selon $\mathbf{p}_{G}(\mathbf{h})$
>> Mise à jour de G par descente de gradient :
>>
>> $$\nabla_{\boldsymbol{\theta}_G} \frac{1}{m} \sum_{i=1}^{m} \left[log\left(1 - \mathrm{D}(\mathrm{G}(\mathbf{h}^{(i)}))\right) \right]$$
>
> **fin pour**
fin

L'apprentissage des GAN peut être difficile en pratique lorsque G et D sont des réseaux de neurones (d'autant plus qu'ils sont profonds) et lorsque $\max_{d} v(d, g)$ est non convexe. En général, G apprend mal sur les premières itérations et D rejette les exemples générés avec confiance. Dans cette situation $log[1 - \mathrm{D}(\mathrm{G}(\mathbf{h}))]$ sature. Il est alors possible d'entraîner G pour maximiser $log[\mathrm{D}(\mathrm{G}(\mathbf{h}))]$ ce qui assure un meilleur entraînement de G, mais pose d'autres problèmes. D'autres fonctions objectifs existent dans la littérature pour rechercher l'équilibre dans le jeu.

5.1.4   Quelques variantes

Depuis leur création, les GAN ont donné lieu à différentes déclinaisons, directes à partir du modèle originel ou utilisant d'autres types de réseaux. Nous citons ici quelques exemples parmi les nombreuses variations existantes [3] :

- *InfoGAN* [CDH+16] propose de décomposer $\mathbf{h} = [\mathbf{z}\ \mathbf{c}]^{\top}$, où $\mathbf{z}$ est un bruit incompressible et $\mathbf{c}$ est le code latent, dont l'objectif est de cibler la sémantique des descripteurs de $\mathbf{p}_{data}$.

---

3. Le site https ://github.com/hindupuravinash/the-gan-zoo maintient une liste des déclinaisons des GANs

L'optimisation proposée est alors :

$$\min_g \max_d \left(v(d, g) - \lambda I(\mathbf{c}, \mathsf{G}([\mathbf{z} \; \mathbf{c}])) \right)$$

avec I l'information mutuelle. Maximiser le second terme impose à $\mathbf{c}$ de contenir autant que possible des informations importantes sur les vrais exemples.

- *cGANs* [MO14], ou GAN conditionnels, dans lesquels G et D sont conditionnés à une information supplémentaire $\mathbf{y}$. La fonction objectif est alors :

$$\min_g \max_d \mathbb{E}_{\mathbf{x} \sim \mathbf{p}_{data}} \left(log[\mathsf{D}(\mathbf{x}|\mathbf{y})] \right) + \mathbb{E}_{\mathbf{h} \sim p_{\mathbf{h}}} \left(log[1 - \mathsf{D}(\mathsf{G}(\mathbf{h}|\mathbf{y}))] \right)$$

L'information $\mathbf{y}$ peut être la classe d'un objet, du texte, des points d'intérêt par exemple.

- *CycleGAN* [ZPIE17] dont l'objectif est d'apprendre une correspondance entre deux données non appariées et issues de deux domaines différents (adaptation de domaine). Si le cas apparié a été traité assez tôt (on dispose de deux observations d'un même phénomène avec deux capteurs différents, et l'on souhaite apprendre la correspondance entre ces deux capteurs), le cas non apparié (pas d'observation simultanée) est plus délicat.

5.1.5 Quelques applications des GAN

Ces déclinaisons ont donné lieu à de nombreuses applications très variées. Il serait ici impossible d'en faire une revue exhaustive, tant les travaux sont nombreux en ce domaine. Nous citerons alors par exemple :

La superrésolution. Ledig et al.[LTH$^+$16] proposent de construire une image haute résolution à partir d'une image basse résolution, en utilisant un GAN. Le coût utilisé mesure la différence entre deux images haute résolution, D classifie les images en haute ou basse résolution.

La génération de vidéos. À partir d'un grand ensemble de vidéos non étiquetées, Vondrick et al. [VPT16] apprennent un modèle GAN spatio-temporel de la dynamique d'une scène à des fins de reconnaissance de tâches et de génération de contenu. Les auteurs montrent que le modèle peut prédire une séquence d'une seconde poursuivant la scène de la vidéo passée en entrée du réseau.

La génération d'images à partir d'un texte. À partir d'une description textuelle d'une scène, un empilement de GAN[ZXL$^+$16] permet de générer des images photoréalistes de taille respectable (256×256) répondant à la description textuelle initiale (figure 11.33(a)).

Le transfert de domaine. Il est possible, à l'aide d'un GAN [YKP$^+$16], de transformer au niveau sémantique un domaine passé en entrée du modèle en un autre domaine (figure 11.33(b)).

6. Bilan et perspectives

Les réseaux de neurones profonds ont révolutionné l'apprentissage automatique. Les performances obtenues, la multiplicité des champs d'applications et les perspectives qu'ils offrent laissent présager que leur utilisation et la recherche autour de cette thématique ne vont cesser de se développer. Ce développement sera par ailleurs grandement favorisé par l'utilisation de

(a) Génération d'images à partir de textes (b) transfert de domaine par GAN depuis une
(source : [ZXL+16]).   base de visages vers emoji (source : [TPW16])

FIGURE 11.33 : *Quelques applications des GAN.*

plus en plus massive de matériels dédiés (GPU,TPU, Cloud) et la mise à disposition de grandes
bases de données d'apprentissage.

De nombreuses thématiques et certaines familles de réseaux n'ont pas été abordées dans ce
chapitre et une multitude d'articles et ouvrages, dont le très complet [GBC16], détaillent leur
architecture, les mécanismes d'optimisation et d'apprentissage et leur utilisation.

Le futur de l'apprentissage profond semble donc promis à de belles années et concerne de
nombreux aspects de la discipline : algorithmes, méthodes d'optimisation, structure des réseaux,
implémentation logicielle et matérielle. Le développement de l'apprentissage profond non supervisé, l'orientation des modèles vers des modèles auto-organisés (Méthodes NAS, pour *Network
Architecture Search*), le développement de méthodes d'élagage pour alléger les réseaux sans
perte de performances, la détection d'attaques sur les réseaux *(adversarial examples)* ou encore
la création de modèles combinant représentation et raisonnement haut niveau sont autant de
pistes de progrès que les laboratoires de recherche exploreront ces prochaines années.

Notes historiques et sources bibliographiques

Décrire l'histoire des réseaux profonds, c'est parler de réseaux de neurones, plus généralement
d'approches connexionnistes et de la volonté de l'homme de construire des systèmes imitant le
cerveau. Wang et Raj [WRX17] proposent une revue historique très complète, d'Aristote aux
derniers modèles, dont nous rappelons ici quelques éléments majeurs.

En 1943, le neurophysiologiste McCulloch et le mathématicien Pitts proposent un modèle
simple de neurone formel binaire, sur la base d'observations biologiques. La sortie du neurone
est égale à un lorsque la somme pondérée de ses entrées est suffisamment grande. Les concepts
de poids synaptiques et de fonction d'activation sont introduits. Six ans plus tard, Hebb énonce
sa règle, qui affirme que « quand un axone d'une cellule A est assez proche pour exciter une
cellule B de manière répétée et persistante, une croissance ou des changements métaboliques
prennent place dans l'une ou les deux cellules, ce qui entraîne une augmentation de l'efficacité
de A comme cellule stimulant B. » Hebb affirme donc que, lorsque deux neurones sont excités
simultanément, un lien entre eux se crée ou se renforce. Utilisant ce principe et l'étendant
en tenant compte de l'erreur observée en sortie de réseau, Rosenblatt développe en 1957 le
perceptron, qui joue le rôle de séparateur linéaire (chapitre 9, section 1.3). Ces perceptrons sont

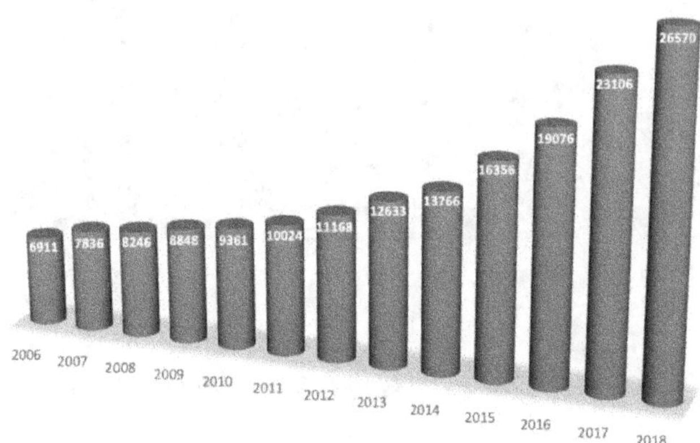

FIGURE 11.34 : *Nombre de publications en apprentissage profond chez les éditeurs Springer, Elsevier et IEEE entre 2006 et 2018 (données collectées chez les éditeurs)*

assemblés et empilés les uns aux autres pour former des perceptrons multicouches (chapitre 10), dont les poids sont appris par un algorithme de rétropropagation du gradient, introduit par Werbos en 1974, et pleinement développés avec les travaux de Rumelhart, Hinton et Williams en 1986 (annexe 9). Cette extension permet de construire des modèles capables d'approcher des fonctions complexes à une précision voulue (théorème 11.1).

L'utilisation de la rétropropagation va de pair avec une augmentation du nombre de couches, une spécification de ces couches et la création de nouveaux types de réseaux. Inspirés par la neurobiologie, Fukushima (Neocogitron, 1980), puis Le Cun (LeNet, 1990) proposent de nouvelles architectures pour traiter des données de type image, ce type de réseaux ne cessant depuis de se développer (section 2). En parallèle, la modélisation de séquences de données donne lieu à l'émergence de réseaux récurrents (section 3) et le développement de nouvelles techniques d'apprentissage (couche à couche) donne naissance à des types de modèles génératifs (*Deep Belief Networks*, [HT06]), abordés au chapitre 12. Tous ces développements se sont accompagnés et ont été rendus possibles par la mise à disposition de grandes bases de données d'apprentissage, la recherche de techniques d'optimisation ou encore l'essor et l'utilisation de technologies dédiées (GPU, Cloud). Il en résulte aujourd'hui que l'apprentissage profond a un spectre de développement et des applications qui ont un impact... profond... sur le monde qui nous entoure.

De nos jours, de nombreuses architectures de réseaux de neurones, profonds ou non, existent et de nombreux ouvrages s'attachent à les décrire (voir par exemple l'excellent ouvrage de Goodfellow, Bengio et Courville [GBC16]). Réseaux de classification, réseaux générateurs, réseaux récurrents, la panoplie ne cesse de s'étoffer. Chaque semaine, plusieurs articles de recherche décrivent un nouveau réseau, une nouvelle approche, une nouvelle application (figure 11.34), dont les performances dépassent bien souvent l'état de l'art et surpassent parfois celles obtenues par les humains.

Résumé

- La recherche de la profondeur dans les réseaux améliore leur pouvoir de représentation et leur capacité de généralisation.

- Les réseaux convolutifs sont construits par assemblage de couches élémentaires de convolution, non-linéarité, sous-échantillonnage et normalisation. L'apprentissage de ces réseaux se fait par rétropropagation du gradient.

- Ces réseaux ont de multiples applications, en vision par ordinateur notamment.

- Des réseaux existants peuvent être utilisés déjà entraînés et localement modifiés par des techniques de transfert de domaine.

- Les réseaux récurrents sont des approximateurs universels de systèmes dynamiques.

- Les réseaux récurrents s'entraînent comme des réseaux classiques, en les dépliant selon l'axe temporel.

- De nombreuses variantes de réseaux récurrents existent pour prendre en compte le futur et le passé, pour disposer d'une mémoire de contexte long terme.

- L'évolution des matériels, l'omniprésence des Big Data et la demande applicative sans cesse croissante font que le domaine de recherche autour de l'apprentissage profond va continuer de prospérer : recherche de nouvelles architectures, de nouveaux algorithmes d'entraînement et d'optimisation.

Chapitre 12

Ludwig BOLTZMANN (1844-1906)

Machines de Boltzmann

Le chapitre précédent a abordé des modèles génératifs profonds, tels que les réseaux GAN et les autoencodeurs variationnels. Ces derniers estiment, par une approche variationnelle, la distribution des données d'entrée pour pouvoir ensuite tirer selon cette distribution de nouveaux exemples.

Nous nous intéressons dans ce chapitre à une autre classe de réseaux génératifs, qui eux aussi tentent d'estimer la distribution des données d'entrée, mais en utilisant une autre approche fondée sur les chaînes de Markov et en lien très étroit avec la physique statistique. Les machines de Boltzmann, et les différentes variantes qui en découlent, sont des modèles graphiques probabilistes qui peuvent être interprétés comme des réseaux de neurones stochastiques entraînés de manière non supervisée.

ENZO est passionné de pizzas : il en mange midi et soir, parfois plus d'une par repas, en revanche jamais deux pizzas du même type par jour. Les pizzas sont achetées par ses parents dans au moins une des trois pizzerias de la ville et pour un jour donné les achats peuvent se faire dans plusieurs pizzerias. Enzo ne sait pas où sont achetées les pizzas, il sait seulement qu'il y a trois restaurants dans lesquels elles peuvent être produites. Les parents d'Enzo ont une manière bien à eux de procéder : une fois la pizzeria choisie, il peuvent changer d'avis quant au type de pizza à acheter, et vice-versa. Enzo voudrait savoir quel ensemble de pizzas il est suceptible de manger un jour donné, en fonction des observations qu'il aura faites les jours d'avant, et surtout quelle peut être la stratégie d'achat de ses parents, qu'il ignore initialement. Supposons par exemple qu'il existe quatre variétés de pizzas : la reine, la calzone, la margherita et la toscane. Enzo peut construire chaque jour un ensemble de 4 bits indiquant s'il a mangé ou non la pizza correspondante. Les pizzas seront ses variables visibles, et l'ensemble de ses observations sur m jours constituera son ensemble d'apprentissage $\mathcal{S}$. Ne connaissant pas les restaurants, Enzo les considère comme des variables cachées du problème. Il se dit que le choix d'une pizza en particulier dépend de la pizzeria et du processus de décision de ses parents. De la même manière, le choix du restaurant dépend de l'intention d'achat des parents d'une pizza particulière, et de leur stratégie de décision. Cette relation circulaire est caractéristique des modèles qui sont abordés dans ce chapitre. Il s'agit d'encoder un ensemble de relations valuées entre des entités, visibles ou cachées, d'apprendre ces relations à l'aide d'un ensemble d'observations, et d'inférer une observation (ou la probabilité d'une observation) future. La grande différence entre ces modèles et d'autres vus dans cet ouvrage (par exemple les réseaux bayésiens, chapitre 19 ou les chaînes de Markov cachées, chapitre 21), est que les relations entre entités ne sont pas orientées.

1. Réseaux de Hopfield

Les réseaux de Hopfield, proposés en 1982 comme modèles de stockage de mémoire, sont les précurseurs des modèles de Boltzmann ; c'est pourquoi nous proposons une courte section de présentation de ces réseaux et renvoyons le lecteur à [Hop82].

1.1 Définition

Un réseau de Hopfield est un graphe non orienté composé de d unités, ou neurones, chaque paire d'unités (i,j) étant reliée par une arête valuée par un poids w_{ij}, regroupés dans une matrice $\mathbf{W}$ symétrique de taille d à diagonale nulle (par convention $w_{ii} = 0$ pour tout $i \in [\![1 \cdots d]\!]$ pour éviter les boucles sur les états) (figure 12.1). À chaque neurone i sont associés un état $x_i \in \{0,1\}$ (ou $x_i \in \{-1,1\}$) et un biais b_i. L'état du neurone i est régi par :

$$x_i = \begin{cases} 1 & \text{si } \sum_j w_{ij}x_j > b_i \\ 0 & \text{sinon} \end{cases}$$

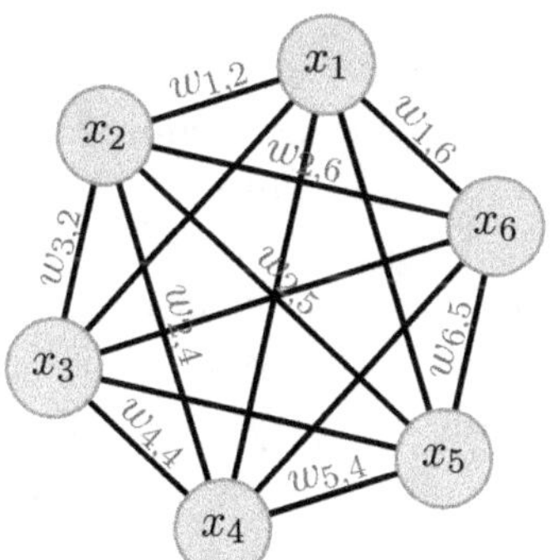

Figure 12.1 : *Exemple d'un réseau de Hopfield, d=6. Pour des raisons de lisibilité, les biais et tous les poids n'ont pas été représentés.*

Avec ce modèle, il est possible de mémoriser un ensemble d'apprentissage de vecteurs binaires de $\{0,1\}^d$, x_i correspondant à la valeur du i^e bit d'un exemple particulier. Les poids w_{ij} indiquent le degré de corrélation entre les états du réseau, et sont appris par un algorithme d'optimisation sur un ensemble d'apprentissage $\mathcal{S}$. La minimisation de la fonction objectif, appelée *fonction d'énergie*, vise à imposer à des neurones connectés avec une forte valeur w_{ij} positive (respectivement négative) d'être dans le même état (resp. l'état contraire).

Cette énergie est donnée par :

$$E(\mathbf{x}) = -\sum_{i=1}^{d} b_i x_i - \sum_{1 \leq i < j \leq d} x_i w_{ij} x_j = -\sum_{i=1}^{d} b_i x_i - \frac{1}{2}\sum_{i,j=1}^{d} x_i w_{ij} x_j = -\mathbf{b}^\top \mathbf{x} - \frac{1}{2}\mathbf{x}^\top \mathbf{W}\mathbf{x}$$

où $\mathbf{x} \in \{0,1\}^d$ est le vecteur des états et $\mathbf{b} \in \mathbb{R}^d$ le vecteur des biais. Lorsque $\mathcal{S}$ est de petite taille, le réseau agit comme une mémoire et permet de retrouver des exemples d'apprentissage à partir de données $\mathbf{x}$ similaires, incomplètes ou corrompues, en explorant les minima d'énergie au voisinage de ces $\mathbf{x}$.

La *capacité* du réseau est le nombre maximum d'exemples qui peuvent être mémorisés. On montre que, pour un réseau à d unités, la capacité de stockage est de l'ordre de $0.15d$ exemples d'apprentissage. Chaque exemple contenant d bits, le réseau peut stocker de l'ordre de $0.15d^2$ bits.

1.2   Entraînement

Soit $\mathcal{S} = \{\mathbf{x_1} \cdots \mathbf{x_m}\}$ l'ensemble d'entraînement, $\mathbf{x_i} \in \{0,1\}^d$ et x_{ij} le j^e bit de $\mathbf{x_i}$. Les réseaux de Hopfield sont classiquement entraînés par la règle de Hebb :

$$w_{ij} = \frac{4}{m} \sum_{k=1}^{m} (x_{ki} - 0.5)(x_{kj} - 0.5)$$

Si deux bits i et j de $\mathbf{x_k}$ sont corrélés positivement, alors $(x_{ki} - 0.5)(x_{kj} - 0.5)$ est positif. Le poids entre les unités correspondantes sera donc aussi positif. Au contraire, si les deux bits sont en désaccord, alors le poids sera négatif. Comme dans le cas des perceptrons, il est aussi possible de mettre à jour les poids à chaque présentation d'exemple $\mathbf{x_i}$.

Les biais sont mis à jour en supposant un état fictif toujours à 1, b_i représentant le poids entre cet état et x_i :

$$(\forall i \in [\![1 \cdots d]\!]) \; b_i = b_i + 2(x_{ki} - 0.5)$$

Un théorème de convergence affirme que, si la mise à jour est effectuée de manière asynchrone, alors un état stable du réseau est atteint en un nombre fini d'étapes.

1.3   Configurations optimales des états d'un réseau entraîné

Un réseau entraîné contient de nombreux minima d'énergie, correspondant soit à un exemple de $\mathcal{S}$, soit à un point représentatif dans une région dense de $\mathcal{S}$. Un minimum est défini comme une combinaison d'états pour laquelle permuter un bit particulier du réseau ne fait pas décroître l'énergie.

Étant donnée une combinaison initiale d'états, on peut rechercher le minimum local le plus proche en utilisant une règle de mise à jour par seuillage sur chaque état du réseau. Pour un état x_i donné, la variation d'énergie induite par son changement de valeur *(energy gap)* est :

$$\Delta E = E(\mathbf{x})_{x_i=0} - E(\mathbf{x})_{x_i=1} = b_i + \mathbf{W_i.}^\top \mathbf{x}$$

où $\mathbf{W_i.}$ est la i^e ligne de $\mathbf{W}$. Cette valeur doit être positive pour faire passer x_i de 0 à 1. On obtient alors la règle de mise à jour de chaque état x_i, appliquée itérativement :

$$x_i = \mathbb{1}_{b_i + \mathbf{W_i.}^\top \mathbf{x} \geq 0}$$

où $\mathbb{1}$ est la fonction indicatrice.

Les réseaux de Hopfield ne sont pas des mémoires très efficaces (le nombre de poids étant en $\mathcal{O}(d^2)$, les poids étant réels et requérant $\mathcal{O}(log(d))$ bits, soit une mémoire de stockage du réseau nécessaire en $\mathcal{O}d^2(log(d))$, en regard de la capacité de stockage de $0.15d$). Plutôt que de stocker l'information, il peut être plus intéressant de la représenter de manière plus compacte, par exemple par l'intermédiaire de distributions de probabilités.

2. Machines de Boltzmann

Une *machine de Boltzmann* est un modèle d'unités interagissant paire à paire par l'intermédiaire de la définition d'une énergie d'interaction, mettant à jour leur état au cours du temps de manière probabiliste en fonction des unités adjacentes. C'est une version stochastique d'un réseau de Hopfield, très proche de modèles mathématiques exprimant l'interaction de particules en physique statistique (modèle d'Ising).

2.1 Définitions

2.1.1 Machines de Boltzmann et distribution de probabilités

Une machine de Boltzmann est une distribution de probabilités, dite de Gibbs, sur un espace $\mathbf{x} \in \{0,1\}^d$ de la forme :

$$\mathbf{P}(\mathbf{x}) = \frac{1}{Z} e^{-E(\mathbf{x})}$$

où, avec les mêmes notations que dans la section 1, E est une fonction d'énergie du type :

$$E(\mathbf{x}) = -\mathbf{b}^\top \mathbf{x} - \frac{1}{2}\mathbf{x}^\top \mathbf{W} \mathbf{x}$$

et où Z est la fonction de partition, souvent incalculable, assurant que $\sum_\mathbf{x} \mathbf{P}_\mathbf{x} = 1$. Les machines de Boltzmann prennent tout leur intérêt lorsque certaines variables ne sont pas observées. Dans ce cas, ces dernières, appelées variables latentes ou cachées et notées h_j, agissent de manière similaire aux neurones cachés dans un perceptron multicouches, modélisant les interactions haut niveau entre les variables visibles, qui seront notées v_i. Dans la suite, les variables latentes seront regroupées dans $\mathbf{h} \in \{0,1\}^J$ et les variables visibles dans $\mathbf{v} \in \{0,1\}^I$. Les indices i (respectivement j) seront associés aux variables visibles (resp. latentes), par exemple dans la notation des biais b_i (resp b_j).

L'introduction des h_j permet alors de modéliser une large classe de distributions. En effet, si $\mathbf{P}(\mathbf{x}) = \mathbf{P}(\mathbf{v}, \mathbf{h})$ est une machine de Boltzmann de fonction d'énergie $E(\mathbf{v}, \mathbf{h})$, on peut représenter la distribution marginale $\mathbf{P}(\mathbf{v})$ comme un modèle de fonction d'énergie $F(\mathbf{v})$, appelée énergie libre, c'est-à-dire :

$$\mathbf{P}(\mathbf{v}) = \frac{1}{Z} e^{-F(\mathbf{v})} \text{ avec } F(\mathbf{v}) = -log \sum_\mathbf{h} e^{-E(\mathbf{v},\mathbf{h})}$$

L'énergie libre ne peut clairement être représentée comme une fonction quadratique en $\mathbf{v}$, ce qui montre que l'introduction des variables cachées étend la classe des distributions qui peuvent être modélisées. Il apparaît même qu'en ajoutant suffisamment de variables latentes, toute distribution sur $\{0,1\}^d$ peut être modélisée.

2.1.2 Machines de Boltzmann et réseaux de neurones

Il existe une relation étroite entre machines de Boltzmann et réseaux de neurones. Pour $i \in [\![1 \cdots d]\!]$, calculons la distribution *a posteriori* $\mathbf{P}(x_i = 1 | x_j, j \neq i)$:

$$
\begin{aligned}
\mathbf{P}(x_i = 1 | x_j, j \neq i) &= \frac{\mathbf{P}(x_i = 1, x_j, j \neq i)}{\mathbf{P}(x_i = 0, x_j, j \neq i) + \mathbf{P}(x_i = 1, x_j, j \neq i)} \\
&= \frac{exp\left(b_i + \mathbf{W_{i.}}^\top \mathbf{x}\right)}{1 + exp\left(b_i + \mathbf{W_{i.}}^\top \mathbf{x}\right)} \\
&= \sigma\left(b_i + \mathbf{W_{i.}}^\top \mathbf{x}\right)
\end{aligned}
$$

où σ est la fonction sigmoïde et $\mathbf{W_{i.}}$ la i^e ligne de $\mathbf{W}$. Ainsi, la distribution *a posteriori* est égale à l'activation sigmoïde du potentiel post-synaptique $b_i + \mathbf{W_{i.}}^\top \mathbf{x} = -\Delta E$, soit :

$$
\mathbf{P}(x_i = 1 | x_j, j \neq i) = \sigma(-\Delta E) \tag{12.1}
$$

Une machine de Boltzmann, contrairement à un réseau de Hopfield qui change la valeur de x_i de manière déterministe en fonction de ΔE, affecte une probabilité de changement dépendant du saut d'énergie.

Il est donc possible d'échantillonner l'espace des configurations d'états pour créer des nouveaux points proches des données de $\mathcal{S}$. Contrairement à d'autres modèles génératifs qui utilisent un processus séquentiel de tirage des états cachés h_j suivant une probabilité *a priori*, puis une génération d'états visibles conditionnellement aux h_j, les machines de Boltzmann imposent des dépendances non orientées entre toutes les paires d'états : les v_i dépendent des h_j autant que les h_j des v_i.

2.1.3 Propriété de Markov

La situation la plus intéressante intervient lorsque $\mathbf{W}$ est éparse. Si $\mathbf{x}_{\backslash\{i,j\}} \in \{0,1\}^{d-2}$ est le vecteur des variables autres que x_i et x_j, et si $w_{ij} = 0$, alors la fonction d'énergie E s'écrit $E(\mathbf{x}) = ax_i + bx_j + c$, où a, b, c dépendent uniquement de $\mathbf{x}_{\backslash\{i,j\}}$. Les variables x_i et x_j sont donc conditionnellement indépendantes.

Une machine de Boltzmann peut être représentée par un graphe non orienté dont les sommets sont les i, j tels que $w_{ij} \neq 0$. La propriété d'indépendance conditionnelle précédente peut alors être généralisée. Si A, B, C forment une partition de $\{1 \cdots d\}$ telle qu'aucune arête ne joint un sommet de A à un sommet de C et si $\mathbf{x}_X = \{x_i, i \in X\}$, alors $\mathbf{x}_A$ et $\mathbf{x}_C$ sont conditionnellement indépendants si $\mathbf{x}_B$ est donné. C'est la propriété de Markov : le « futur » C est indépendant du « passé » A si le « présent » B est donné. Le graphe construit donne alors des informations sur la manière dont les distributions conditionnelles telles que $\mathbf{P}(.|\mathbf{x}_B)$ se factorisent (contrairement à un graphe orienté dans lequel la topologie indique comment les priors se factorisent (chapitre 20).

2.2 Génération de données

La dynamique de génération de données est compliquée par la dépendance circulaire des états imposée par l'équation 12.1. Un processus itératif doit donc être mis en place, qui échantillonne les états suivant une distribution conditionnelle générée par la valeur de ces états à l'itération précédente. Les itérations sont poursuivies jusqu'à ce qu'un équilibre soit atteint, appelé *équilibre thermique*. Cette procédure générale est appelée *échantillonneur de Gibbs*, cas particulier de méthodes de Monte-Carlo par chaînes de Markov (MCMC).

2.3   Entraînement des machines de Boltzmann

L'entraînement s'effectue de manière non supervisée, en minimisant la log-vraisemblance par rapport aux paramètres de la machine. Sur présentation d'un exemple $\mathbf{x}^{(1)}$ et pour tous i, j :

$$
\begin{aligned}
\frac{\partial log\mathbf{P}}{\partial w_{ij}}(\mathbf{x}^{(1)}) &= -\frac{\partial F}{\partial w_{ij}}(\mathbf{x}^{(1)}) - \frac{\partial logZ}{\partial w_{ij}} \\
&= x_i^{(1)} x_j^{(1)} - \frac{\partial}{\partial w_{ij}} log \sum_{\mathbf{x}} e^{-F(\mathbf{x})} \\
&= x_i^{(1)} x_j^{(1)} - \frac{1}{\sum_{\mathbf{x}} e^{-F(\mathbf{x})}} \sum_{\mathbf{x}} e^{-F(\mathbf{x}) \frac{\partial F}{\partial w_{ij}}(\mathbf{x})} \\
&= x_i^{(1)} x_j^{(1)} - \frac{1}{Z} \sum_{\mathbf{x}} e^{-F(\mathbf{x})} x_i x_j \\
&= x_i^{(1)} x_j^{(1)} - \sum_{\mathbf{x}} \mathbf{P}(\mathbf{x}) x_i x_j \\
&= x_i^{(1)} x_j^{(1)} - \langle x_i, x_j \rangle_{modle}
\end{aligned}
$$

où $\langle ., . \rangle_{modle}$ est la valeur moyenne de $x_i x_j$ à l'équilibre thermique sans fixer les v_i aux valeurs des points de $\mathcal{S}$.

Pour m données d'entraînement $\mathbf{x}^{(i)}, i \in [\![1 \cdots m]\!]$ on a :

$$
\frac{\partial log\mathbf{P}}{\partial w_{ij}}(\mathbf{x}^{(1)} \cdots \mathbf{x}^{(m)}) = \sum_{k=1}^{m} x_i^{(k)} x_j^{(k)} - m\langle x_i, x_j \rangle_{modle}
$$

et donc :

$$
\frac{1}{m} \frac{\partial log\mathbf{P}}{\partial w_{ij}}(\mathbf{x}^{(1)} \cdots \mathbf{x}^{(m)}) = \langle x_i, x_j \rangle_{donnes} - \langle x_i, x_j \rangle_{modle}
$$

qui est nul en un point critique de la log-vraisemblance, et où $\langle x_i, x_j \rangle_{donnes}$ est la valeur moyenne de $x_i x_j$ obtenue en utilisant le processus génératif décrit à la section 2.2, lorsque les états visibles sont forcés à des valeurs d'un point de $\mathcal{S}$. La valeur $\langle x_i, x_j \rangle_{donnes}$ représente donc la corrélation entre les états des unités i et j, lorsque les unités visibles sont fixées à leur valeur dans un élément de $\mathcal{S}$.

En pratique, l'entraînement est séquentiel sur présentation de minibatchs, avec une mise à jour des poids selon une montée de gradient. Par exemple, sur présentation de $\mathbf{x}^{(1)}$:

$$
\begin{aligned}
w_{ij} &= w_{ij} + \eta \frac{\partial log\mathbf{P}}{\partial w_{ij}}(\mathbf{x}^{(1)}) \\
b_i &= b_i + \eta \left(\langle x_i, 1 \rangle_{donnes} - \langle x_i, 1 \rangle_{modle} \right)
\end{aligned}
$$

Il est donc nécessaire de générer deux types d'échantillons pour procéder à la mise à jour :

1. *des échantillons centrés données* : les états visibles v_i sont fixés à un élément $\mathbf{x}$ de $\mathcal{S}$ choisi aléatoirement. Les états cachés sont tirés selon une loi de Bernoulli $\mathcal{B}(0.5)$. La probabilité de chaque h_j est ensuite mise à jour en utilisant l'équation (12.1). Des valeurs des états latents sont ensuite regénérées suivant ces probabilités et le processus est itéré jusqu'à équilibre thermique. Les états visibles v_i sont fixés aux valeurs correspondantes dans $\mathbf{x}$ et n'ont donc pas besoin d'être échantillonnés.

2. *des échantillons centrés modèle* : la méthode est la même mais, contrairement au cas précédent, aucune contrainte n'est imposée aux v_i.

Les règles de mise à jour précédentes sont similaires à la règle de Hebb utilisée dans les réseaux de Hopfield, à ceci près que sont retranchées les corrélations dues au modèle. En pratique, cette approche est lente, en raison de l'utilisation d'une méthode MCMC qui nécessite de nombreuses itérations pour atteindre l'équilibre thermique. Dans la section suivante, nous discutons de cette approche dans le cas plus simple des machines de Boltzmann restreintes.

3. Machines de Boltzmann restreintes

3.1 Définition

Une *machine de Boltzmann restreinte* (*Restricted Boltzmann Machine*, RBM, originellement appelée Harmonium par Paul Smolenski [RHW86]) impose qu'il n'existe que des connexions entre variables visibles et variables latentes. Ainsi, w_{ij} désigne le poids de la connexion entre v_i et h_j et on a de plus $w_{ij} = w_{ji}$. Le graphe correspondant est donc biparti (figure 12.2).
Les poids encodent l'affinité entre les états visibles et les états latents. Par exemple, en reprenant l'exemple introductif, il est possible que les parents achètent préférentiellement des calzones et des reines dans la pizzeria h_1, alors que les margheritas et les toscanes seront plutôt achetées en h_2, le pizzaiolo maîtrisant ces deux recettes. Les poids régulent alors le choix du type de pizza et de la pizzeria de manière circulaire.

La fonction d'énergie est :

$$E(\mathbf{v}, \mathbf{h}) = -\mathbf{b}^\top [\mathbf{v} \ \mathbf{h}] - \mathbf{v}^\top \mathbf{W} \mathbf{h}$$

La propriété de Markov permet d'écrire $\mathbf{P}(\mathbf{h}|\mathbf{v}) = \prod_{j=1}^{J} \mathbf{P}(h_j|\mathbf{v})$ et $\mathbf{P}(\mathbf{v}|\mathbf{h}) = \prod_{i=1}^{I} \mathbf{P}(v_i|\mathbf{h})$.
Par le même raisonnement qu'à la section 2.1.2, il est possible de rattacher le calcul de ces probabilités à un réseau de neurones à activation sigmoïde, puisque :

$$(\forall j \in [\![1 \cdots J]\!]) \ \mathbf{P}(h_j = 1|\mathbf{v}) = \sigma\left(b_j + \mathbf{v}^\top \mathbf{W}_{\cdot \mathbf{j}}\right) \tag{12.2}$$

$$(\forall i \in [\![1 \cdots I]\!]) \ \mathbf{P}(v_i = 1|\mathbf{h}) = \sigma\left(b_i + \mathbf{W}_{\mathbf{i}\cdot}^\top \mathbf{v}\right) \tag{12.3}$$

où $\mathbf{W}_{\cdot \mathbf{j}}$ est la j^e colonne de $\mathbf{W}$. Il est alors possible de représenter avec ces relations les vecteurs de $\mathcal{S}$ de manière réduite : pour cela, il suffit d'affecter à h_j la valeur $\mathbf{P}(h_j = 1|\mathbf{v})$ (fournissant une représentation réelle de la valeur binaire) et de générer à partir d'un échantillon des h_j les variables v_i à l'aide de $\mathbf{P}(v_i = 1|\mathbf{h})$.

Notons enfin que les distributions marginales $\mathbf{P}(\mathbf{v})$ et $\mathbf{P}(\mathbf{h})$ ne se factorisent pas (le modèle serait trivial sinon). Il sera cependant possible d'évaluer ces probabilités, à Z près.

3.2 Algorithme d'entraînement

L'entraînement d'une machine de Boltzmann restreinte obéit à la même logique que celui des machines de Boltzmann. L'algorithme 20 décrit la procédure d'entraînement. Dans ce dernier,

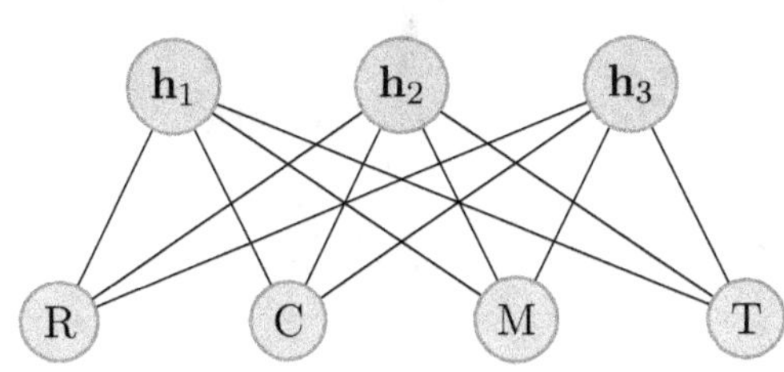

Figure 12.2 : *Exemple de machine de Boltzmann restreinte, illustration de l'exemple introductif, avec I=4 et J=3. Les pizzas reine (R), calzone (C), margherita (M) et toscane (T) sont les variables visibles du modèle. Les pizzerias (h_1,h_2,h_3) sont cachées à Enzo. Le processus décisionnel de ses parents est encodé dans les poids reliant les unités de **v** à celles de **h**.*

les $\langle v_i, h_j \rangle$ sont estimées en moyennant les produits $v_i h_j$ sur le minibatch concerné. La figure 12.3 illustre le principe itératif mis en jeu à l'aide des équations 12.2 et 12.3.

Algorithme 20 : Algorithme d'entraînement d'une machine de Boltzmann restreinte

---

Entrées : Une RBM $(\mathbf{v}, \mathbf{h})$, $\mathcal{S}$

Sorties : La RBM entraînée

début

    Initialisations $\forall i \in [\![1 \cdots I]\!]$, $j \in [\![1 \cdots J]\!]$ $w_{ij} \sim \mathcal{N}(0, \epsilon)$

    ϵ petit.

    $b_i, i \in [\![1 \cdots I]\!] : b_i = log(\frac{p_i}{1-p_i})$, p_i : fraction des éléments $\mathbf{x} \in \mathcal{S}$ tels que $x_i = 1$

    tant que *non stop* **faire**

        /* Phase positive */

        Utiliser un mini batch $\mathcal{S}_1$ de $\mathcal{S}$ et calculer la probabilité de l'état de chaque h_j par 12.2

        pour *chaque élément de $\mathcal{S}_1$* **faire**

            $(\forall j \in [\![1 \cdots J]\!])$ tirer h_j selon cette probabilité

        fin pour

        Calculer $\langle v_i, h_j \rangle_{pos}$ entre les valeurs v_i des exemples et les h_j générées.

        /* Phase négative */

        Choisir un mini batch d'exemples $\mathcal{S}_2$

        pour *chaque élément de $\mathcal{S}_2$* **faire**

            Initialiser les états

            tant que *l'équilibre n'est pas atteint* **faire**

                Calculer les équations 12.2 et 12.3

                Tirer des échantillons suivant ces probabilités

            fin tant que

            Calculer $\langle v_i, h_j \rangle_{neg}$ de la même manière que dans la phase positive

        fin pour

        $w_{ij} = w_{ij} + \eta \left(\langle v_i, h_j \rangle_{pos} - \langle v_i, h_j \rangle_{neg} \right)$

        $b_i = b_i + \eta \left(\langle v_i, 1 \rangle_{pos} - \langle v_i, 1 \rangle_{neg} \right)$

        $b_j = b_j + \eta \left(\langle 1, h_j \rangle_{pos} - \langle 1, h_j \rangle_{neg} \right)$

    fin tant que

fin

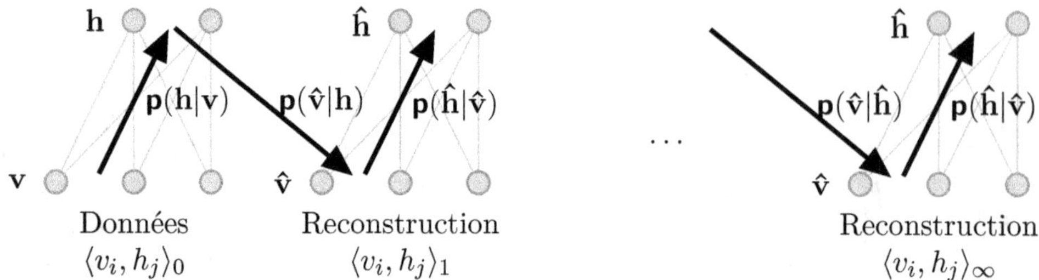

FIGURE 12.3 : *Processus d'apprentissage d'une RBM.* $\hat{\mathbf{v}}$ *(respectivement* $\hat{\mathbf{h}}$*) désigne l'estimation de* $\mathbf{v}$ *(resp.* $\mathbf{h}$*) issue du tirage*

Interprétons cet algorithme à l'aune de l'exemple introductif. Lorsque les poids de certaines unités visibles (par exemple la calzone et la toscane) sont fortement corrélés, les mises à jour vont tendre à pousser les poids vers des directions qui font que ces corrélations peuvent être expliquées par les poids entre les pizzerias et les pizzas. Par exemple, si la calzone et la toscane sont fortement corrélées et si les autres corrélations sont faibles, cela peut être expliqué par des poids élevés entre chacun de ces types de pizza et une seule pizzeria.

Si la phase positive est rapide à calculer, il n'en est pas de même pour la phase négative. L'algorithme précédent suppose en effet un nombre d'exécutions d'une méthode de type MCMC non négligeable dans cette phase pour arriver à l'équilibre. Il est cependant possible de n'exécuter ce type d'approche que pendant quelques itérations seulement, en fixant les v_i aux valeurs d'un point du mini batch.

3.3 Algorithme de divergence contrastive

L'algorithme de divergence contrastive est une méthode d'approximation du maximum de vraisemblance. Dans sa version la plus rapide, dite CD-1, elle ne nécessite qu'une itération supplémentaire d'échantillonnage par MCMC (après celles de la phase positive) pour générer des échantillons des v_i et des h_j.

Les états cachés sont tout d'abord générés en fixant les v_i aux valeurs d'un exemple du mini batch. Ces états visibles sont de nouveau générés à partir des h_j, une unique fois, en utilisant une méthode type MCMC. Les valeurs ainsi obtenues sont utilisées à la place de celles calculées à l'équilibre thermique. Ainsi, la différence entre la phase positive et la phase négative tient juste en le nombre d'itérations : en phase positive, on utilise la moitié d'une itération pour calculer les h_j ; en phase négative, on utilise au moins une itération supplémentaire. Cette différence est responsable de la divergence contrastive entre les distributions des états dans les deux cas. Intuitivement, un nombre d'itérations plus important induit un déplacement de la distribution des états depuis l'information portée par les données vers l'information portée par $\mathbf{W}$. La valeur $\langle v_i, h_j \rangle_{pos} - \langle v_i, h_j \rangle_{neg}$ quantifie donc la valeur de divergence contrastive.

Plutôt que d'ajouter une seule itération de MCMC, il est possible d'en ajouter k pour obtenir une méthode dite CD-k, dans laquelle donc les données sont reconstruites k fois. Augmenter k affine l'estimation du gradient, au prix d'un temps de calcul plus important.

3.4 Machines de Boltzmann restreintes à entrées réelles

Parfois appelés RBM avec Gaussienne-Bernoulli, ces modèles supposent que $\mathbf{v} \in \mathbb{R}^I$. Les variables latentes restent binaires. La fonction énergie est donnée par :

$$E(\mathbf{v}, \mathbf{h}) = \frac{1}{2} \left(\mathbf{v} - \mathbf{b}^{(i)} \right)^{\top} \left(\mathbf{v} - \mathbf{b}^{(i)} \right) - \mathbf{b}^{(j)\top} \mathbf{h} - \mathbf{v}^{\top} \mathbf{W} \mathbf{h}$$

où $\mathbf{b}^{(i)}$ (respectivement $\mathbf{b}^{(j)}$) est le vecteur des biais associés aux unités visibles (resp. latentes). La contribution à l'énergie des unités visibles est donnée par le premier terme, fonction parabolique de confinement, qui force v_i à rester proche de b_i.

Si $\mathbf{h}$ est fixé, E est une fonction quadratique en $\mathbf{v}$ et :

$$log\ \mathbf{P}(\mathbf{v}|\mathbf{h}) = -\frac{1}{2}\mathbf{v}^\top\mathbf{v} + \mathbf{v}^\top\left(\mathbf{b}^{(i)} + \mathbf{W}\mathbf{h}\right)$$

En comparant cette expression avec la forme quadratique $-\frac{1}{2}(\mathbf{v} - \boldsymbol{\mu})^\top\boldsymbol{\Sigma}^{-1}(\mathbf{v} - \boldsymbol{\mu})$ d'une gaussienne de moyenne $\boldsymbol{\mu}$ et de matrice de covariance $\boldsymbol{\Sigma}$, on voit que $\mathbf{P}(\mathbf{v}|\mathbf{h})$ est gaussienne de moyenne $\left(\mathbf{b}^{(i)} + \mathbf{W}\mathbf{h}\right)$, avec $\boldsymbol{\Sigma} = \mathbf{I}$.
De même :

$$log\ \mathbf{P}(\mathbf{h}|\mathbf{v}) = (\mathbf{b}^{(j)^\top} + \mathbf{v}^\top\mathbf{W})\mathbf{h}$$

de sorte que $\mathbf{P}(\mathbf{h}|\mathbf{v}) = \prod_{j=1}^{J} \mathbf{P}(h_j|\mathbf{v})$ avec :

$$\mathbf{P}(h_j|\mathbf{v}) = \sigma(b_j + \mathbf{v}^\top\mathbf{W}_{.j})$$

La probabilité $\mathbf{P}(\mathbf{v}) = \sum_{\mathbf{h}} \mathbf{P}(\mathbf{h})\mathbf{P}(\mathbf{v}|\mathbf{h})$ devient donc un mélange d'un nombre important de gaussiennes à covariance unité, les coefficients de mélange étant évalués de manière complexe. Notons que l'hypothèse $\boldsymbol{\Sigma} = \mathbf{I}$ ne vaut que si les données ont été préalablement prétraitées.

3.5   Quelques applications

En plus de prédire le menu de pizzas du jour, les machines de Boltzman restreintes ont de nombreuses applications. Construits à la base pour de l'apprentissage non supervisé, ces réseaux servent également au calcul d'attributs *(features)* dans des problèmes supervisés. Parmi les principales applications on retrouve :

- l'apprentissage d'une distribution de probabilités ;

- la réduction de dimension et la reconstruction de données : les variables latentes contiennent une représentation réduite des données. Pour reconstruire les données, à la manière de ce que peut faire un autoencodeur (chapitre 11, section 4) on « déplie » la RBM pour créer un modèle orienté dans lequel l'inférence peut se propager ;

- le filtrage collaboratif : une RBM a par exemple été utilisée avec succès dans le Netflix contest de 2006 (chapitre 13, section 5) ;

- l'initialisation de réseaux de neurones : on construit un réseau de neurones de type perceptron multicouches, dont les poids sont dérivés de ceux d'une RBM entraînée. L'état d'une unité dans la RBM est la valeur binaire déduite des distributions 12.2 et 12.3. L'activation d'une unité dans le réseau de neurones est la valeur de la sigmoïde dans ces mêmes équations ;

- la classification ou la régression supervisée, pour laquelle la RBM est utilisée en tant que procédure de calcul de caractéristiques pertinente des données initiales.

Notons enfin que les RBM sont les briques de base de plusieurs modèles probabilistes profonds, dont ceux que nous abordons dans la suite de ce chapitre.

4. Machines de Boltzmann profondes

4.1 Définition

Une machine de Boltzmann profonde (*Deep Boltzmann Machine*, DBM [SH09]) est un modèle génératif profond. Au contraire des machines de Bolztmann restreintes, une DBM possède $n > 1$ couches de variables latentes. Comme les RBM, dans chaque couche, chaque unité est mutuellement indépendante, conditionnellement aux unités des couches voisines (figure 12.4-(a)). Classiquement, les unités sont binaires.

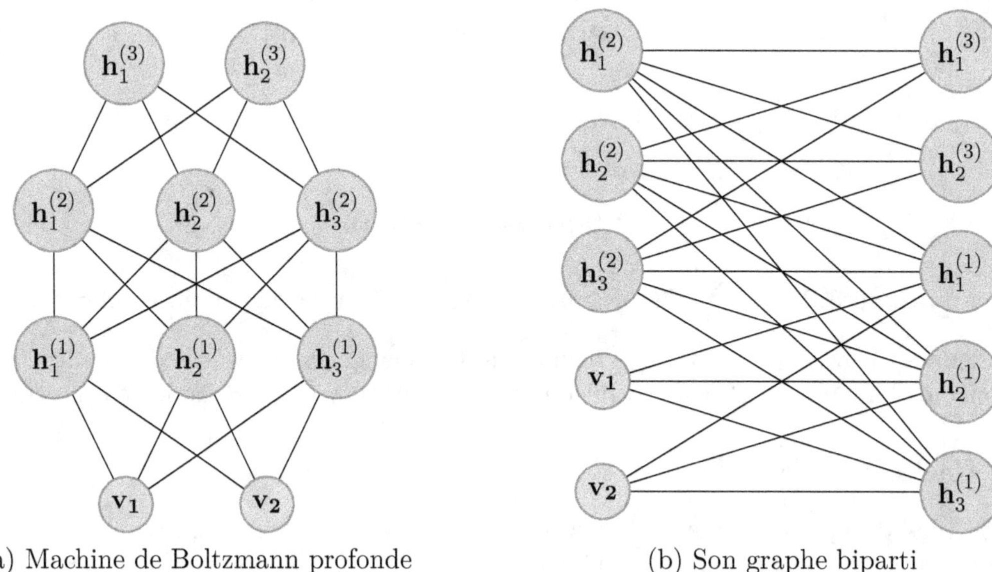

(a) Machine de Boltzmann profonde   (b) Son graphe biparti

FIGURE 12.4 : *Exemple de machine de Boltzmann profonde à une couche visible et trois couches cachées et sa transformation en graphe biparti.*

Comme les modèles précédents, les DBM sont basées sur la définition d'une énergie :

$$\mathbf{P}(\mathbf{v}, \mathbf{h}^{(1)} \cdots \mathbf{h}^{(n)}) = \frac{1}{Z} e^{-E\left(\mathbf{v}, \mathbf{h}^{(1)} \cdots \mathbf{h}^{(n)}, \mathbf{W}, \mathbf{B}\right)}$$

où $\mathbf{B}$ est la matrice dont les colonnes sont les vecteurs biais des couches et $\mathbf{W}$ est la matrice des poids.

Pour simplifier les écritures, nous considérerons dans la suite que $n=3$ et nous omettrons les biais. Ainsi :

$$E\left(\mathbf{v}, \mathbf{h}^{(1)}, \mathbf{h}^{(2)}, \mathbf{h}^{(3)}, \mathbf{W}\right) = -\mathbf{v}^{\top}\mathbf{W}^{(1)}\mathbf{h}^{(1)} - \mathbf{h}^{(1)}\mathbf{W}^{(2)}\mathbf{h}^{(2)} - \mathbf{h}^{(2)}\mathbf{W}^{(2)}\mathbf{h}^{(3)}$$

avec $\mathbf{W}^{(k)}$ la matrice des poids reliant les unités de la couche $k - 1$ aux unités de la couche k, qui ont une importance particulière dans le comportement du modèle.

Les couches d'une DBM peuvent être organisées en un graphe biparti, les couches paires étant séparées des couches impaires (figure 12.4-(b)). Ainsi, lorsque l'on conditionne sur les variables dans la couche paire, les variables de la couche impaire deviennent conditionnellement indépendantes (et inversement).

Cette représentation en graphe biparti implique qu'il est possible d'utiliser les mêmes équations que celles développées pour les distributions conditionnelles d'une machine de Boltzmann restreinte. Les unités d'une couche sont conditionnellement indépendantes les unes des autres, étant données les valeurs des couches voisines, de sorte que les distributions peuvent être décrites par les paramètres de Bernoulli donnant la probabilité que chaque unité soit active. Dans le cas d'un modèle à deux couches cachées par exemple :

$$
\mathbf{P}(v_i = 1|\mathbf{h}^{(1)}) = \sigma\left(\mathbf{W}_{\mathrm{i.}}^{(1)^\top}\mathbf{h}^{(1)}\right)
$$

$$
\mathbf{P}(h_i^{(1)} = 1|\mathbf{v},\mathbf{h}^{(2)}) = \sigma\left(\mathbf{v}^\top\mathbf{W}_{.\mathrm{i}}^{(1)} + \mathbf{W}_{\mathrm{i.}}^{(2)^\top}\mathbf{h}^{(2)})\right)
$$

$$
\mathbf{P}(h_i^{(2)} = 1|\mathbf{h}^{(1)}) = \sigma\left(\mathbf{h}^{(1)^\top}\mathbf{W}_{.\mathrm{i}}^{(2)}\right)
$$

Appliquer un échantillonneur de Gibbs sur un graphe biparti est très efficient. Il est même possible de mettre à jour toutes les unités d'une DBM en deux itérations.

4.2 Inférence dans les DBM

Il est possible de factoriser les distributions conditionnelles d'une couche d'une DBM, étant données ses couches voisines (du type $\mathbf{P}(\mathbf{h}^{(1)}|\mathbf{v},\mathbf{h}^{(2)})$ ou $\mathbf{P}(\mathbf{h}^{(k)}|\mathbf{h}^{(k-1)},\mathbf{h}^{(k+1)})$). La distribution sur toutes les couches cachées ne se factorise pas en général en raison des interactions entre couches (matrices $\mathbf{W}^{(k)}$).

Il est donc nécessaire d'appliquer des méthodes d'approximation pour estimer la distribution *a posteriori* d'une DBM. Nous illustrons ici l'une d'entre elles, l'approche par *champ moyen*, dans le cas $n=2$.

Si $\tilde{\mathbf{P}}(\mathbf{h}^{(1)},\mathbf{h}^{(2)}|\mathbf{v})$ dénote une approximation de la distribution *a posteriori* $\mathbf{P}(\mathbf{h}^{(1)},\mathbf{h}^{(2)}|\mathbf{v})$, la méthode du champ moyen suppose que :

$$
\tilde{\mathbf{P}}(\mathbf{h}^{(1)},\mathbf{h}^{(2)}|\mathbf{v}) = \prod_j \mathbf{P}(h_j^{(1)}|\mathbf{v}) \prod_k \mathbf{P}(h_k^{(2)}|\mathbf{v})
$$

et recherche une distribution de cette forme qui correspond au mieux à la vraie distribution *a posteriori*. Détail important, l'inférence doit être relancée à chaque nouvelle valeur de $\mathbf{v}$ pour trouver un nouveau $\tilde{\mathbf{P}}$.

Pour évaluer la proximité de $\tilde{\mathbf{P}}(\mathbf{h}|\mathbf{v})$ et $\mathbf{P}(\mathbf{h}|\mathbf{v})$, le champ moyen utilise la divergence de Kullback Leibler et cherche donc à minimiser :

$$
KL(\tilde{\mathbf{P}}||\mathbf{P}) = \sum_\mathbf{h} \tilde{\mathbf{P}}(\mathbf{h}^{(1)},\mathbf{h}^{(2)}|\mathbf{v}) \, log\left(\frac{\tilde{\mathbf{P}}(\mathbf{h}^{(1)},\mathbf{h}^{(2)}|\mathbf{v})}{\mathbf{P}(\mathbf{h}^{(1)},\mathbf{h}^{(2)}|\mathbf{v})}\right)
$$

Sans perte de généralité (ce qui est vrai pour des variables binaires), on donne une forme paramétrique à $\tilde{\mathbf{P}}$, comme produit de distributions de Bernoulli.

Pour tout j, $\tilde{h}_j^{(1)} = \tilde{\mathbf{P}}(h_j^{(1)} = 1|\mathbf{v})$ et pour tout k $\tilde{h}_k^{(2)} = \tilde{\mathbf{P}}(h_k^{(2)} = 1|\mathbf{v})$. Ainsi :

$$
\tilde{\mathbf{P}}(\mathbf{h}^{(1)},\mathbf{h}^{(2)}|\mathbf{v}) = \prod_j \mathbf{P}(h_j^{(1)}|\mathbf{v}) \prod_k \mathbf{P}(h_k^{(2)}|\mathbf{v}) = \prod_j (\tilde{h}_j^{(1)})^{h_j^{(1)}}(1-\tilde{h}_j^{(1)})^{(1-h_j^{(1)})} \prod_k (\tilde{h}_k^{(2)})^{h_k^{(2)}}(1-\tilde{h}_k^{(2)})^{(1-h_k^{(2)})}
$$

Dans le cas où $n>2$, l'extension de la formule est immédiate, en exploitant la structure bipartie du graphe pour mettre à jour toutes les couches paires simultanément, puis toutes les couches impaires.

Les équations du champ moyen permettent alors (toujours en omettant les biais) de mettre à jour les $\tilde{h}$ par :

$$\tilde{h}_j^{(1)} = \sigma\left(\mathbf{v}^\top \mathbf{W}_{.j} + \mathbf{W}_{j.}^\top \tilde{\mathbf{h}}^{(2)}\right)$$
$$\tilde{h}_k^{(2)} = \sigma\left(\mathbf{W}_{.k}^\top \tilde{\mathbf{h}}^{(1)}\right)$$

4.3 Apprentissage des DBM

La technique la plus populaire d'entraînement des DBM est une approche gloutonne couche à couche, chaque couche étant entraînée comme une machine de Boltzmann restreinte. La première couche est entraînée pour modéliser les données d'entrée. Les RBM successives sont entraînées pour modéliser les échantillons de la distribution *a posteriori* de la RBM précédente. Une fois que tous les entraînements ont été effectués, les RBM sont combinées pour former la DBM. Ce pré-entraînement est complété par entraînement de la DBM complète par divergence contrastive. Une autre façon d'entraîner une DBM est d'utiliser l'algorithme de vraisemblance maximum stochastique, dont un exemple est fourni dans l'algorithme 21 dans le cas d'une DBM à deux couches cachées.

5. Empilement de machines de Boltzmann restreintes

Il est possible d'empiler les couches de plusieurs machines de Boltzmann restreintes pour créer de nouveaux modèles génératifs. Lorsque les interactions entre les différentes RBM sont bidirectionnelles, on parle de *machine de Boltzmann profonde*. Dans la suite, nous nous intéressons à un autre type d'empilement, dans lequel les interactions entre les RBM sont pour certaines bidirectionnelles, les autres étant unidirectionnelles. Les modèles ainsi formés sont les *réseaux de croyance profonds*.

5.1 Réseaux de croyance profonds

Les réseaux de croyance profonds (*Deep belief networks*, DBN [Hin09]) ont été un des premiers modèles profonds, hors réseaux convolutifs, à pouvoir être entraînés avec succès. Ce sont des modèles génératifs à plusieurs couches de variables latentes, typiquement binaires, les variables visibles pouvant être binaires ou réelles. Typiquement également, chaque unité dans chaque couche est connectée à toutes les unités des couches voisines. Les connexions entre les deux couches les plus hautes sont non orientées. Les autres sont orientées, dans le sens de la couche la plus proche des données d'entrée (figure 12.5).

Un DBN à l couches latentes est défini par l matrices de poids $\mathbf{W}^{(k)}$, $k \in [\![1\cdots l]\!]$ et $l+1$ vecteurs de biais $\mathbf{b}^{(k)}$, $k \in [\![0\cdots l]\!]$, où $\mathbf{b}^{(0)}$ donne les biais de la couche visible.

Algorithme 21 : Apprentissage d'une DBM par vraisemblance maximum stochastique

---

Entrées : k, η, une DBM à entraîner.

Sorties : Les paramètres de la DBM

début

    Initialiser $\tilde{\mathbf{V}}, \tilde{\mathbf{H}}^{(1)}, \tilde{\mathbf{H}}^{(2)}$ trois matrices de p lignes à des valeurs aléatoires (Bernoulli)

    tant que *non convergence* **faire**

        Tirer $\mathcal{S}_p$ un échantillon de p exemples de $\mathcal{S}$

        Construire une matrice $\mathcal{V}$ dont les lignes sont les éléments de $\mathcal{S}_p$

        Initialiser des matrices $\hat{\mathbf{H}}^{(1)}, \hat{\mathbf{H}}^{(2)}$

        tant que *non convergence* **faire**

$$\hat{\mathbf{H}}^{(1)} = \sigma\left(\mathbf{V}\mathbf{W}^{(1)} + \hat{\mathbf{H}}^{(2)}\mathbf{W}^{(2)\top}\right)$$

$$\hat{\mathbf{H}}^{(2)} = \sigma\left(\hat{\mathbf{H}}^{(1)}\mathbf{W}^{(2)}\right)$$

        fin tant que

$$\Delta_{\mathbf{W}^{(1)}} = \tfrac{1}{p}\mathbf{V}^\top\hat{\mathbf{H}}^{(1)}$$

$$\Delta_{\mathbf{W}^{(2)}} = \tfrac{1}{p}\hat{\mathbf{H}}^{(1)\top}\hat{\mathbf{H}}^{(2)}$$

        pour *l=1 à k* **faire**

$$(\forall i,j)\ \tilde{V}_{ij} \sim \mathbf{P}(\tilde{V}_{ij}=1) = \sigma\left(\mathbf{W}^{(1)}_{\mathbf{j}.}\tilde{\mathbf{H}}^{(1)\top}_{i.}\right)$$

$$(\forall i,j)\ \tilde{H}^{(2)}_{ij} \sim \mathbf{P}(\tilde{H}^{(2)}_{ij}=1) = \sigma\left(\tilde{\mathbf{H}}^{(1)}_{i.}\mathbf{W}^{(2)}_{.j}\right)$$

$$(\forall i,j)\ \tilde{H}^{(1)}_{ij} \sim \mathbf{P}(\tilde{H}^{(1)}_{ij}=1) = \sigma\left(\tilde{\mathbf{V}}_{i.}\mathbf{W}^{(1)}_{.j} + \tilde{\mathbf{H}}^{(2)}_{i.}\mathbf{W}^{(2)\top}_{\mathbf{j}.}\right)$$

        fin pour

$$\Delta_{\mathbf{W}^{(1)}} = \Delta_{\mathbf{W}^{(1)}} - \tfrac{1}{p}\mathbf{V}^\top\tilde{\mathbf{H}}^{(1)}$$

$$\Delta_{\mathbf{W}^{(2)}} = \Delta_{\mathbf{W}^{(2)}} - \tfrac{1}{p}\tilde{\mathbf{H}}^{(1)\top}\tilde{\mathbf{H}}^{(2)}$$

$$\mathbf{W}^{(1)} = \mathbf{W}^{(1)} + \eta\Delta_{\mathbf{W}^{(1)}}$$

$$\mathbf{W}^{(2)} = \mathbf{W}^{(2)} + \eta\Delta_{\mathbf{W}^{(2)}}$$

    fin tant que

fin

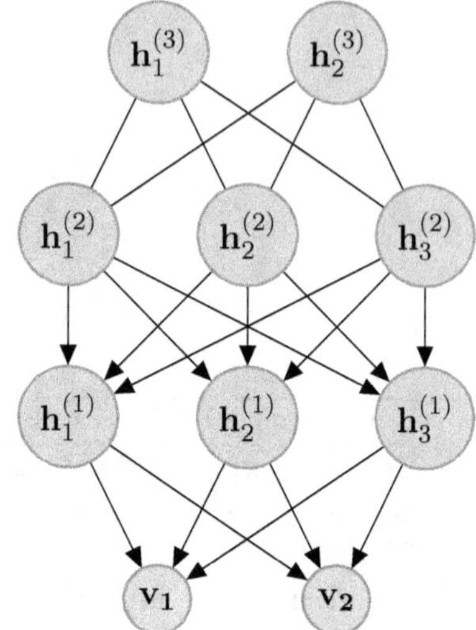

Figure 12.5 : *Exemple de réseau de croyances profond. Les connexions entre les deux couches les plus hautes sont des arêtes. Les autres sont des arcs orientés dans le sens de la couche la plus proche des données.*

La distribution de probabilités représentée par le modèle est :

$$\mathbf{P}(\mathbf{h}^{(1)}, \mathbf{h}^{(l-1)}) \ \propto \ exp\left(\mathbf{b}^{(1)^\top}\mathbf{h}^{(1)} + \mathbf{b}^{(l-1)^\top}\mathbf{h}^{(l-1)} + \mathbf{h}^{(l-1)^\top}\mathbf{W}^{(1)}\mathbf{h}^{(1)}\right)$$

$$(\forall i)\ (\forall k \in [\![1\cdots l-2]\!])\ \mathbf{P}(h_i^{(k)} = 1|\mathbf{h}^{(k+1)}) \ = \ \sigma\left(b_i^{(k)} + \mathbf{W}_{.i}^{(k+1)\top}\mathbf{h}^{(k+1)}\right)$$

$$(\forall i)\mathbf{P}(v_i = 1|\mathbf{h}^{(1)}) \ = \ \sigma\left(b_i^{(0)} + \mathbf{W}_{.i}^{(1)\top}\mathbf{h}^{(1)}\right)$$

5.2 Génération d'un échantillon d'un DBN

Pour générer un échantillon à partir d'un DBN entraîné, on procède à plusieurs itérations de l'échantillonneur de Gibbs sur les deux couches les plus hautes (on tire selon la RBM constituée de ces deux couches). On descend ensuite dans les couches jusqu'à la couche visible, en échantillonnant une couche l conditionnée par rapport aux valeurs échantillonnées sur la couche $l+1$ *(ancestral sampling)*.

5.3 Entraînement d'un DBN

L'entraînement d'un DBN commence par celui d'une machine de Boltzmann visant à maximiser $\mathbb{E}_{\mathbf{v}\sim\mathbf{p}_{donnes}} log\ \mathbf{P}(\mathbf{v})$. Les paramètres appris définissent la première couche du DBN. Une seconde RBM est ensuite entraînée pour maximiser :

$$\mathbb{E}_{\mathbf{v}\sim\mathbf{p}_{donnes}}\mathbb{E}_{\mathbf{h}^{(1)}\sim\mathbf{p}^{(1)}(h^{(1)}|\mathbf{v})}\ log\mathbf{p}^{(2)}(\mathbf{h}^{(1)})$$

où $\mathbf{p}^{(1)}(h^{(1)}|\mathbf{v})$ est la distribution représentée par la première machine de Boltzmann restreinte apprise, et $\mathbf{p}^{(2)}$ est la distribution de la seconde RBM. Dit autrement, cette dernière est entraînée pour modéliser la distribution obtenue par échantillonnage des unités cachées de la première RBM, lorsqu'elle est guidée par les données. Cette procédure est répétée autant de fois que nécessaire.

5.4 Applications des DBN

Un réseau de croyances profond peut être utilisé en tant que modèle génératif, mais l'un des intérêts principaux de ce type de réseau est de permettre de pré-entraîner un modèle de classification type perceptron multicouches, défini à l'aide des poids du DBN entraîné. Cette initialisation est suivie d'un entraînement classique du perceptron multicouches, le DBN servant d'initialisation intelligente. C'est un exemple classique de *fine-tuning* (chapitre 17, section 6).

Résumé et notes historiques

Les travaux de Hopfield en 1982 [Hop82], jetant des ponts entre la physique statistique et les réseaux de neurones, ont en un sens redonné un élan nouveau au domaine de l'apprentissage par méthodes connexionnistes, après que Minsky et Papert ont montré en 1969 les lacunes des premiers modèles introduits par Rosenblatt.
Les réseaux présentés dans ce chapitre illustrent l'évolution de ces machines apprenantes fondées sur cette physique. Les réseaux de Hopfield ne font apparaître aucune hiérarchie ni distinction entre les neurones, qui sont tous interconnectés. En gardant cette interconnexion totale, Hinton et Sejnowski introduisent en 1985 une partition des neurones en deux groupes, visibles et latents, les neurones visibles étant connectés directement au signal d'entrée, alors que la couche de neurones latents est chargée ń d'enregistrer ż une représentation synthétique au fur et à mesure de l'observation d'exemples. Les machines de Boltzmann ainsi construites permettent un apprentissage non supervisé des données d'entrée, au prix cependant d'un coût très important. En 2002, Hinton raffine son modèle en modifiant la manière dont sont connectés les neurones, passant d'une interconnexion totale à une structure en couches. Les machines de Boltzmann restreintes (RBM) autorisent alors un apprentissage non supervisé bien plus efficace, pouvant fournir une hiérarchie des caractéristiques intrinsèques d'un jeu de données complexes. L'empilement de ces RBM donnera alors accès à de nouveaux modèles génératifs, tels les réseaux de croyance profonds.

Quatrième partie

L'induction par comparaison et par collaboration

Chapitre 13

Thomas COVER (1938-2012)

Apprentissage par similarité

Les prédictions que nous réalisons se fondent en grande partie sur des comparaisons à des cas connus. Si le nouveau cas sur lequel il nous est demandé de nous prononcer semble similaire à un ou plusieurs autre(s), alors nous extrapolons et décidons que c'est une bonne idée d'utiliser ces cas pour prendre notre décision.

Ce type de raisonnement suppose qu'une notion de distance ou de similarité appropriée soit définie puis que l'on détermine quels sont les cas similaires à prendre en compte et, finalement, que l'on sache comment utiliser ces cas pour prendre la décision sur la question posée. Les algorithmes existants apportent chacun une réponse particulière à ces trois questions.

La recommandation a pris un énorme essor récemment avec l'avènement d'Internet et des sites de vente ou de location en particulier. D'une recommandation indifférenciée, on est passé rapidement à une recommandation personnalisée. Celle-ci repose sur une prise en compte d'utilisateurs ayant un comportement et des goûts similaires. Ici encore, les méthodes mises en jeu sont essentiellement fondées sur des notions de similarité, spécifiquement entre utilisateurs ou entre objets à recommander.

DE NOMBREUSES FORMES D'APPRENTISSAGE sont basées sur la comparaison de la situation sur laquelle il faut décider avec des situations déjà rencontrées pour lesquelles la bonne décision est connue. Ces méthodes requièrent de savoir mesurer une distance ou une similarité entre deux situations et de savoir quelles situations connues il faut prendre en compte.

Dans ce chapitre, nous commençons par passer en revue des distances ou mesures de similarité classiques pour des espaces d'entrée de caractéristiques variées, puis nous décrivons rapidement l'algorithme de prédiction par plus proches voisins. Nous évoquons les pistes existantes pour apprendre une métrique et nous terminons en présentant le problème de l'apprentissage de recommandation, qui repose sur une comparaison de l'utilisateur considéré avec les autres utilisateurs.

1. La notion de distance

Définition 13.1 (Distance)

Une distance Δ sur un espace $E \times E$ est une application de $E \times E$ dans $\mathbb{R}^+$ si et seulement si elle vérifie les propriétés :

- $\Delta(x, y) = 0 \iff x = y$ *(séparation)*
- $\forall x, y \in \Sigma, \ \Delta(x, y) = \Delta(y, x)$ *(symétrie)*
- $\forall x, y, z \in \Sigma, \ \Delta(x, y) \leq \Delta(x, z) + \Delta(z, y)$ *(inégalité triangulaire)*

L'inégalité triangulaire n'est pas toujours facile à définir dans les applications pratiques. Une application de $E \times E$ dans $\mathbb{R}^+$ qui vérifie au plus les deux premiers axiomes est parfois appelée *dissemblance*.

1.1 Distances pour des espaces numériques

Dans un espace $\mathbb{R}^d$ la norme ℓ_p d'un vecteur $\mathbf{x}$ s'écrit $\|\mathbf{x}\|_p = \left(\sum_{j=1}^{d} |x_j|^p \right)^{1/p}$. Elle permet de définir la distance de Minkowski.

Définition 13.2 (Distance de Minkowski)

Si $\mathcal{X} = \mathbb{R}^d$, la distance de Minkowski d'ordre $p > 0$ est définie comme :

$$\Delta_p(\mathbf{x}, \mathbf{y}) = \left(\sum_{j=1}^{d} |x_j - y_j|^p \right)^{1/p} = \|\mathbf{x} - \mathbf{y}\|_p$$

Par abus de langage, on dira souvent que Δ_p est la p-norme.

La distance de Minkowski la plus connue est la **distance euclidienne** :

$$\Delta_2(\mathbf{x}, \mathbf{y}) = \sqrt{\sum_{j=1}^{d} |x_j - y_j|^2} = \sqrt{(\mathbf{x} - \mathbf{y})^\top (\mathbf{x} - \mathbf{y})}$$

La **distance** dite **de Manhattan** ou norme ℓ_1 somme les distances le long des axes :

$$\Delta_1(\mathbf{x}, \mathbf{x}) = \sum_{j=1}^{d} |x_j - y_j|$$

La norme ℓ_0 compte le nombre d'éléments non nuls dans un vecteur, ce qui donne la **distance de Hamming** :

$$\Delta_1(\mathbf{x}, \mathbf{y}) = \sum_{j=1}^{d} (x_j - y_j)^0 = \sum_{j=0}^{d} [I(x_i = y_j)]$$

Elle s'interprète donc comme le nombre de composantes différentes entre $\mathbf{x}$ et $\mathbf{y}$.

La norme ℓ_∞ donne la distance de **distance de Tchebychev** :

$$\Delta_1(\mathbf{x}, \mathbf{y}) \;=\; \sup_{j=1,d} |x_j - y_j|$$

1.2 Distances pour des espaces catégoriels

Les fonctions de distance classiques reposent sur le calcul de distance sur chacun des axes de description, ce qui suppose des axes à valeurs ordonnées. Mais, si l'on essaie de définir une distance dans un espace catégoriel pour lequel les valeurs des descripteurs ne sont pas ordonnées, comment peut-on s'y prendre ?

Des approches variées ont été proposées. L'une d'elles est inspirée de ce qui est fait pour mesurer la similarité [1] entre textes ou entre documents.

Le choix de la mesure de similarité est naturellement crucial dans l'approche par voisinage. Elle doit d'abord s'appuyer sur une sélection avisée des descripteurs utilisés. Généralement, cet ensemble de descripteurs découle directement de la base de données disponible (par exemple, pour une base de films : *auteur, titre, acteurs, producteur* ...). Il se peut cependant que l'ensemble d'attributs pertinents ne soit pas facile à déterminer. Par exemple, dans le cas d'items décrits par des textes (articles, recettes...), les mots ne doivent pas prendre tous le même poids. Il est alors fréquent de les pondérer grâce au score TF-IDF (*Term Frequency $\times$ Inverse Document Frequency*).

- Étant donnée la fréquence f_{ij} du terme t_i dans le document d_j, $TF_{ij} = \frac{f_{ij}}{\mathrm{Max}_k f_{kj}}$.

- De même, étant donné n_i le nombre de documents mentionnant le terme i et N le nombre total de documents, $IDF_i = \log \frac{N}{n_i}$.

- Le score TF-IDF pour le terme t_i et le document d_j est $w_{ij} = TF_{ij} \times IDF_i$.

- Le profil d'un document (item) est alors caractérisé par l'ensemble des termes de score TF-IDF les plus élevés avec leur score.

À côté des distances définies dans des espaces vectoriels, s'appuyant sur des différences mesurées à partir des axes de description, il existe des **distances de type statistique** qui mesurent l'écart entre deux lois ou mesures de probabilité.

Les mesures de similarité les plus populaires [HKR02] sont le *coefficient de corrélation de Pearson*, le *coefficient de corrélation de rang de Spearman* et *la distance de Wasserstein*.

1. Le **coefficient de corrélation de Pearson** utilise les notions probabilistes d'espérance et d'écart-type et leur estimation pour comparer deux variables X_i et X_j :

$$r_P = \frac{\mathbb{E}(X_i X_j) - \mathbb{E}(X_i)\,\mathbb{E}(X_j)}{\sigma_{X_i}\,\sigma_{X_j}}$$

Il est égal à 1 dans le cas où l'une des variables est une fonction affine croissante de l'autre variable, et à -1 dans le cas où une variable est une fonction affine et décroissante. Les valeurs intermédiaires renseignent sur le degré de dépendance linéaire entre les deux variables.

---

1. La seule distinction que nous ferons ici entre similarité et distance est que la similarité augmente quand la distance diminue. Suivant le domaine et le contexte, on utilise l'un ou l'autre de ces concepts. Il est fréquent de relier la similarité et la distance par $similarité = \frac{1}{1+distance}$.

2. Le **coefficient de corrélation de rang de Spearman** compare deux variables X_i et X_j après transformation de leurs réalisations $(X_i^1, X_i^2, \ldots, X_i^n)$ et $(X_j^1, X_j^2, \ldots, X_j^n)$ en liste de rangs $(rg_i^1, rg_i^2, \ldots, rg_i^n)$ et $(rg_j^1, rg_j^2, \ldots, rg_j^n)$ dans lesquelles rg_l^m est le rang de l'élément X_l^m dans la liste X_l ordonnée selon une certaine relation d'ordre (par exemple l'ordre de préférence de films).

Le coefficient de corrélation est basé sur la différence des rangs obtenus par les réalisations sur les deux variables selon la formule :

$$r_s = 1 - \frac{6 \sum_{m=1}^n D^2}{n(n^2 - 1)} \tag{13.1}$$

où D représente la différence de rang sur les deux variables pour une observation donnée.

—— EXEMPLE   **Coefficient de corrélation de rang de Spearman** ————————————

$$
\begin{aligned}
r_s((1.8, 3.4, 2.5, 4.1), (6.0, 1.2, 2.2, 3.7)) &= r_s((1, 3, 2, 4), (4, 1, 2, 3)) \\
&= 1 - \frac{6\,(3^2 + 2^2 + 0 + 1^2)}{4\,(4^2 - 1)} = -0.4
\end{aligned}
$$

Les deux variables sont donc négativement corrélées.

———————————————————————————————————

L'avantage du coefficient de Spearman est qu'il est non paramétrique, c'est-à-dire qu'il ne fait aucune présupposition sur la distribution de fréquence des variables. Il ne suppose pas non plus, à l'inverse du coefficient de Pearson, que la relation entre les variables est linéaire.

Il est possible que les données disponibles impliquent l'existence de relations au-delà du graphe biparti des utilisateurs et des items. Ainsi, dans la figure 13.1, on suppose que les items, outre qu'ils sont liés avec les utilisateurs, appartiennent à des catégories (C_1 ou C_2).

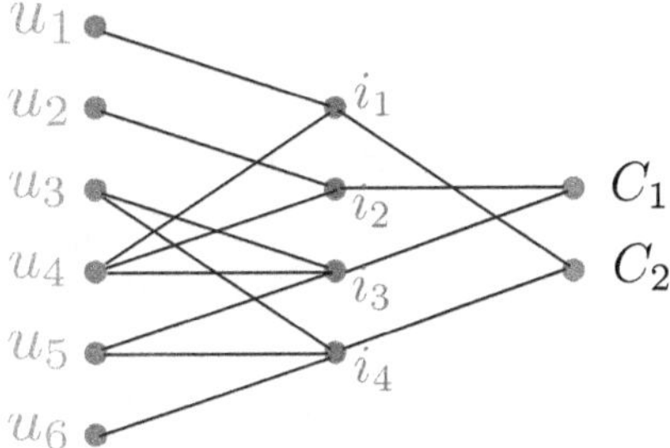

FIGURE 13.1 : *Graphe montrant les relations entre utilisateurs, items et catégories dans une hypothétique base de données. On voudrait pouvoir exprimer le fait que l'évaluation d'un utilisateur à propos d'un item devrait propager une information sur son évaluation potentielle d'autres items de la même catégorie. Pour cela, il faut une mesure de similarité prenant en compte la structure de graphe.*

Dans ce cas, des mesures de similarité plus sophistiquées permettent de tenir compte de la structure de graphe entre les éléments du domaine (chapitre 16, section 4).

3. La **distance de Wasserstein** compare deux mesures de probabilité sur $\mathbb{R}$ ayant des moments d'ordre 2 finis. Elle est notamment utilisée en transport optimal, ou dans des modèles de réseaux génératifs antagonistes (chapitre 11, section 5). Elle est définie par

$$\mathcal{W}(\mathbf{P}_1, \mathbf{P}_2) = \mathrm{Inf}\big\{ \big[\mathbb{E}(X_1 - X_2)^2\big]^{1/2}, X_1 \sim \mathbf{P}_1, X_2 \sim \mathbf{P}_2 \big\}.$$

1.3 Distances pour des espaces mixtes : numériques et catégoriels

Il arrive fréquemment qu'une base de données implique des descripteurs numériques (ex. le poids, le revenu) et catégoriels (ex. la profession). Dans ce cas, la mesure de distance doit être adaptée. En général, on utilise une mesure qui combine la distance sur les attributs numériques et celle sur les attributs catégoriels :

$$\Delta_{\text{comb}}(\mathbf{u}, \mathbf{v}) = \lambda\,\Delta_{\text{num}}(\mathbf{u}, \mathbf{v}) + (1 - \lambda)\Delta_{\text{cat}}(\mathbf{u}, \mathbf{v})$$

Le paramètre $\lambda \in [0, 1]$ sert à contrôler l'importance relative de chaque facteur. Ce choix est parfois délicat car les deux distances peuvent prendre des valeurs très différentes, et λ sert alors aussi à normaliser les deux grandeurs pour les rendre commensurables. Parfois, on prendra donc en compte les écarts-types des attributs numériques et catégoriels dans la définition de la distance :

$$\Delta_{\text{comb}}(\mathbf{u}, \mathbf{v}) = \lambda\,\frac{\Delta_{\text{num}}(\mathbf{u}, \mathbf{v})}{\sigma_{\text{num}}} + (1 - \lambda)\frac{\Delta_{\text{cat}}(\mathbf{u}, \mathbf{v})}{\sigma_{\text{cat}}}$$

2. Mesure de similarité dans des espaces non vectoriels

Les objets sur lesquels on peut vouloir travailler ne sont pas nécessairement vectoriels. Par exemple, des textes, des génomes, des séries temporelles de longueurs différentes, ne sont pas directement décrits dans des espaces vectoriels. Or, c'est sur les espaces vectoriels que sont définies les mesures de distance standards, pour lesquelles les propriétés théoriques sont les mieux connues.

Deux approches sont alors possibles pour travailler sur des descriptions non vectorielles :

1. *Transformer les descriptions en descriptions vectorielles*, puis recourir aux distances classiques définies précédemment.

2. *Définir des distances adaptées* aux descriptions disponibles.

La première approche est celle qui est employée par exemple quand on transforme des textes en « sacs de mots », c'est-à-dire que l'on décide a priori d'un vocabulaire de base (un ensemble de termes), puis que l'on redécrit les textes sur ce vocabulaire, soit en comptant 1 quand un terme est présent dans le texte et 0 sinon, soit en comptant le nombre de fois où le terme a été utilisé dans le texte. Bien sûr, ce type de technique perd complètement l'information sur la structure du texte. Deux textes de sens très différents mais utilisant exactement les mêmes termes seront considérés comme égaux.

La deuxième approche nécessite un travail de réflexion sur ce qu'il est important de prendre en compte dans les descriptions. Notons que nous rencontrerons la même question dans le chapitre 14 sur l'ingénierie des fonctions noyaux.

2.1 Mesures de similarité pour les textes

L'étude des textes devient un sujet très important en science des données, en particulier depuis l'avènement du Web et des outils de recherche d'information qui ont dû être développés pour en tirer parti. La question de la définition d'une distance entre textes est au cœur des techniques d'apprentissage non supervisé (catégorisation) et d'apprentissage supervisé (prédiction d'étiquettes sur les documents).

Nous renvoyons à la section sur la mesure de distance pour des espaces catégoriels (section 1.2) et, pour une synthèse approfondie, à l'ouvrage [AG13].

2.2   Mesures de similarité pour les séries temporelles [2]

L'analyse de données séquentielles [AO01] est un sous-domaine de la science des données qui s'intéresse à l'analyse de suites de valeurs numériques ou d'événements discrets, ordonnées avec ou sans notion explicite de temps. Une notion explicite de temps implique un horodatage des éléments, en opposition à une notion relative du temps dans laquelle il est implicitement déduit de l'ordre des éléments. Dans le cas des données numériques, elles peuvent par exemple représenter l'évolution de la consommation électrique d'un bâtiment, le cours d'une action en bourse ou l'électrocardiogramme d'un patient. Dans le cas des données symboliques, elles peuvent représenter des séquences d'activités humaines, des événements d'un dossier médical ou des transactions commerciales. Les données numériques sont communément appelées séries temporelles *(time-series)* et les données discrètes sont appelées séquences symboliques *(symbolic sequences)*.

Les données séquentielles sont particulièrement intéressantes car elles aident à comprendre l'évolution des états d'un processus au cours du temps. Leur analyse peut ainsi révéler des tendances, des relations et des similarités à travers les données, ce qui autorise des comparaisons entre les séquences. Il est également possible d'observer la régularité ou l'irrégularité d'un comportement ou d'un processus au cours du temps. Ces données sont particulièrement complexes et possèdent des caractéristiques spécifiques qu'il convient de prendre en compte lors de leur analyse (autocorrélation, multidimensionnalité, déformations temporelles...). Une technique souvent utilisée est l'identification de sous-séquences dont la distribution a des caractéristiques spécifiques : on parle alors de motifs séquentiels (par exemple, des sous-séquences qui apparaissent très régulièrement ou celles qui montrent un motif de répétition au cours du temps, chapitre 7).

La classification de séquences consiste à étudier les propriétés d'une séquence afin de lui affecter une classe d'intérêt pour un problème considéré. Des électrocardiogrammes de patients peuvent par exemple être classés afin de détecter la présence ou l'absence de problèmes cardiaques. Les données séquentielles sont également très utilisées en reconnaissance de mouvements afin d'identifier automatiquement des classes de gestes à partir de données issues de capteurs. Les outils de reconnaissance automatique de sons ou de voix utilisent également des méthodes d'analyse de séquences. La classification de séquences repose souvent sur la définition de mesures de similarité dont l'objectif est d'évaluer de manière graduelle la proximité entre deux séquences. La définition de mesures de similarité entre séquences est particulièrement difficile car elle doit prendre en compte leurs caractéristiques spécifiques.

L'algorithme *Dynamic Time Warping* (DTW) est l'une des méthodes les plus populaires de comparaison des séquences. Contrairement aux autres méthodes, DTW prend en compte les possibles déformations temporelles des séquences lors de leur comparaison. Ces déformations étant très souvent présentes dans les données réelles (mouvements effectués plus ou moins rapidement, mots prononcés par différentes personnes...), cet algorithme s'est imposé comme une méthode incontournable. De plus, contrairement à la distance euclidienne, DTW permet également de comparer des séquences n'ayant pas le même nombre d'éléments. L'algorithme DTW est souvent utilisé avec la méthode de classification du plus proche voisin, qui consiste à attribuer à une séquence la classe de la séquence dont elle est la plus proche dans l'ensemble d'apprentissage.

---

2.   Cette section est essentiellement tirée du manuscrit d'HDR de Germain Forestier (2017). Qu'il en soit remercié ici.

2.2.1   Notations

Soit $A = \langle a_1, \ldots, a_S \rangle$ une séquence quelconque, c'est-à-dire multidimensionnelle ou non et composée d'éléments symboliques ou numériques. Notons $A_{1\ldots i}$ la sous séquence $A = \langle a_1, \ldots, a_i \rangle$. La longueur d'une séquence A est notée $|A|$ et correspond au nombre d'éléments qui composent A. Soit δ une fonction binaire représentant une distance entre les éléments de deux séquences (classiquement la norme ℓ_1 ou ℓ_2).

Dans le cas des séquences discrètes, l'ensemble des différents éléments qui peuvent être présents dans une séquence est appelé l'alphabet et est noté $\mathcal{E}$. Dans le cas des séries temporelles, les valeurs sont des réels appartenant à $\mathbb{R}$.

2.2.2   Mesures de similarité entre séquences

Mesurer la similarité (ou dissimilarité) entre une paire de séquences est un élément crucial dans l'analyse de données séquentielles. En effet, quantifier le degré de similitude entre deux séquences ouvre de nombreuses possibilités d'analyse telles que la classification automatique *(clustering)* [Jai10] des séquences similaires, ou encore la classification supervisée de séquences, à l'aide par exemple de l'algorithme des plus proches voisins. Une mesure de similarité entre deux séquences permet d'évaluer numériquement et de manière graduelle à quel point les deux séquences sont proches. Cette similarité étant subjective et pouvant prendre en compte de nombreuses caractéristiques, plusieurs mesures ont été proposées dans la littérature. Dans la suite de cette section, nous présentons quelques-unes des mesures les plus utilisées.

Distance euclidienne

La distance euclidienne est la plus simple pour mesurer la similarité entre deux séquences. Elle est définie par :

$$d(A, B) = \sqrt{\delta(a_1, b_1)^2 + \ldots + \delta(a_S, b_T)^2} \tag{13.2}$$

Cette distance considère que l'ordre des éléments n'est pas important, car il ne modifie pas le résultat. Elle n'est définie que pour des séquences ayant la même longueur $(S = T)$ et a une complexité de $\mathcal{O}(S)$.

Cette distance peut être utilisée lorsque les deux séquences sont synchrones, c'est-à-dire qu'il n'existe pas de distorsions temporelles entre elles. Dans le cas contraire, la distance euclidienne aura tendance à sur-évaluer la distance réelle.

Plus longue sous-séquence commune

La longueur de la plus longue sous-séquence commune correspond au nombre d'éléments d'une séquence qui sont mis en relation avec des éléments qui arrivent dans le même ordre chronologique dans une autre séquence. Elle est définie par :

$$PLSC(A_{1\ldots i}, B_{1\ldots j}) = 1_{(a_i = b_j)} + max \begin{cases} PLSC(A_{1,\ldots i-1}, B_{1\ldots j-1}) \\ PLSC(A_{1,\ldots i}, B_{1\ldots j-1}) \\ PLSC(A_{1,\ldots i-1}, B_{1\ldots j}). \end{cases} \tag{13.3}$$

avec :

$$1_{(a=b)} \begin{cases} 1 & \text{si} \quad a = b \\ 0 & \text{sinon} \end{cases} \tag{13.4}$$

L'extension de la plus longue sous-séquence à des séquences de valeurs numériques consiste à modifier cette fonction. L'extension la plus courante consiste à utiliser un seuil Δ :

$$1_{(a=b)} \begin{cases} 1 & \text{si} & \delta(a,b) \leq \Delta \\ 0 & \text{sinon} \end{cases} \tag{13.5}$$

L'utilisation de la plus longue sous-séquence commune permet ainsi de comparer des séquences de durée variable et de se concentrer sur la chronologie des éléments dans les séquences. Une des mesures de distance issues du calcul de la plus longue sous-séquence commune est définie par :

$$d_{PLSC}(A,B) = |A| + |B| + 2 \times |PLSC(A,B)| \tag{13.6}$$

On notera que le calcul de la $PLSC$ consiste à associer les caractères identiques de A et B, un à un de façon exclusive et chronologique dans le sens des séquences. Ainsi, $d_{PLSC}(A,B)$ peut également être interprétée comme le nombre minimal de caractères de A et de B qui ne sont pas associés à la suite du calcul de la plus longue sous-séquence commune.

La distance d_{PLSC} est une métrique. À ce titre, elle vérifie :

- la symétrie $d_{PLSC}(A,B) = d_{PLSC}(B,A)$;
- la séparation $d_{PLSC}(A,B) = 0 \leftrightarrow A = B$;
- l'inégalité triangulaire $d_{PLSC}(A,B) \leq d_{PLSC}(A,C) + d_{PLSC}(C,B)$.

Distance d'édition et distance de Levenshtein

Le principe de la distance d'édition est de mesurer la dissimilarité entre deux séquences A et B comme étant le coût minimum pour transformer la séquence A en B à l'aide d'opérations de suppression d'éléments, d'insertion ou de substitution. Avec $\mathcal{E}$ l'ensemble des événements possibles et λ l'événement *null*, les opérations valides sont la *substitution* de a en b ($a \rightarrow b$), la *suppression* de a ($a \rightarrow \lambda$) et l'*insertion* de a ($\lambda \rightarrow a$), avec $a, b \in \mathcal{E}$ et $a \neq b$.

Soit $T^j_{A,B} = T^j_1 \ldots T^j_{\ell_j}$ la séquence de ℓ_j transformations nécessaires afin de convertir A en B et $\gamma(T^j_i)$ le coût de chaque opération de transformation T^j_i. La distance d'édition optimale entre deux séquences est alors définie par la somme minimale des coûts des opérations de transformation :

$$d_{edit}(A,B) = \underset{j}{\text{ArgMin}} \sum_{i=1}^{\ell_j} \gamma(T^j_i) \tag{13.7}$$

Une matrice de coûts Λ de taille $(\mathcal{E} \cup \lambda) \times (\mathcal{E} \cup \lambda)$ est généralement définie afin d'indiquer le coût des opérations de substitution ($\delta(a \rightarrow b)$). Les coûts de suppression ($\delta(a \rightarrow \lambda)$) et d'insertion ($\delta(\lambda \rightarrow a)$) pour l'alphabet $\mathcal{E}$ sont généralement fixes [SR16].

La matrice de coûts Λ doit définir une métrique afin d'assurer la cohérence du calcul de la distance d'édition optimale et pour que celle-ci conserve les propriétés d'une métrique.

A	a	a	c	b	c	-
B	a	-	c	b	b	b
Opération		ins			sub	sup
Coût	0	1	0	0	1	1	$\sum = 3$

TABLE 13.1 : *Exemple de calcul de la distance de Levenshtein.*

La formalisation de l'algorithme du calcul de la distance d'édition s'établit par récurrence par :

$$
d_{edit}(A_{1\ldots i}, B_{1\ldots j}) = \begin{cases} 0, & \text{si } i = j = 0 \\ d(A_{1\ldots i-1}, B_{1\ldots j}) + \gamma(a_j \to \lambda), & \text{si } i > 0 \text{ et } j = 0 \\ d(A_{1\ldots i}, B_{1\ldots j-1}) + \gamma(\lambda \to b_i), & \text{si } i = 0 \text{ et } j > 0 \\ \min \begin{cases} d(A_{1\ldots i-1}, B_{1\ldots j-1}) & +\gamma(a_i \to b_j) \\ d(A_{1\ldots i-1}, B_{1\ldots j}) & +\gamma(a_i \to \lambda) \\ d(A_{1\ldots i}, B_{1\ldots j-1}) & +\gamma(\lambda \to b_j). \end{cases} & \text{si } i > 0 \text{ et } j > 0 \end{cases}
$$

$$(13.8)$$

La *distance de Levenshtein* [Lev66] est une des formalisations de la distance d'édition et a été initialement proposée afin de calculer la distance entre des chaînes de caractères. Elle définit un coût de 1 pour l'insertion et la suppression et un coût de 0 si les caractères sont similaires, 1 sinon :

$$
\begin{aligned}
\gamma(a \to b) &= 0 \quad \text{si } a = b \text{ sinon } 1 \\
\gamma(\lambda \to b) &= 1 \\
\gamma(a \to \lambda) &= 1.
\end{aligned}
$$

$$(13.9)$$

Le tableau 13.1 présente un exemple du calcul de la distance de Levenshtein avec trois opérations. La distance de Levenshtein II [Les10] est similaire à la distance d'édition sauf qu'elle n'autorise pas les substitutions. La transformation d'une chaîne en une autre se fait donc uniquement par suppression et insertion. Cette mesure de distance est équivalente à la mesure utilisant la plus longue sous-séquence commune (section 2.2.2). En effet, la distance de Levenshtein II compte le nombre d'ajouts et de suppressions nécessaires pour que les séquences soient identiques, ce qui revient à compter le nombre d'éléments non impliqués dans la plus longue sous-séquence commune. Le tableau 13.2 présente un exemple du calcul de la distance de Levenshtein II.

A	a	a	c	b	c	-	-
B	-	a	c	b	-	b	b
Opération	sup				sup	ins	ins
Coût	1	0	0	0	1	1	1	$\sum = 4$

TABLE 13.2 : *Exemple de calcul de la distance de Levenshtein II*

L'algorithme de la distance d'édition a été utilisé, sous la forme de l'équation 13.8 ou avec de légères variantes, dans de nombreux domaines et pour différentes applications. Comme précédemment indiqué, une de ses premières utilisations est la comparaison de chaînes de caractères avec l'algorithme de Levenshtein [Lev66]. Il est également très utilisé en sciences sociales, où il est appelé *Optimal Matching* [Cor15], afin d'étudier des séquences représentant des parcours professionnels ou l'évolution du statut social d'individus. Il est aussi très utilisé en bio-informatique pour la comparaison de séquences de nucléides. L'algorithme le plus populaire dans ce domaine est celui de *Needleman Wunsch* [NW70], qui consiste à maximiser la similarité entre les séquences plutôt qu'à minimiser la dissimilarité comme le fait la distance d'édition. Il a été montré que ces deux problèmes sont équivalents [Sel74]. Dans ses travaux, [Kru83] détaille neuf champs d'applications différents où une forme de distance d'édition est utilisée. Il est à noter que *l'utilisation de cette distance est limitée au traitement des données symboliques.*

Dynamic Time Warping

Le résultat de la distance d'édition est souvent décrit comme un *alignement* de deux séquences. Ce terme est hérité de son utilisation en bio-informatique où l'on cherche à aligner des séquences biologiques. Le résultat produit permet en effet d'obtenir deux chaînes ayant virtuellement la même longueur, ce qui permet de les superposer comme dans le tableau 13.2. Cependant, dans ce résultat, certains éléments des deux chaînes ne sont pas alignés à cause des opérations d'insertion et de suppression.

L'algorithme *Dynamic Time Warping* (DTW) [SC78] permet de calculer l'alignement optimal entre deux séquences, où tous les éléments des deux séquences doivent être alignés. Un alignement entre deux séquences A et B est ainsi défini comme une séquence de paires $(i_0, j_0), \dots, (i_{k-1}, j_{k-i})$ telles que (a) $1 \leq i_\ell \leq n$ et $1 \leq j_\ell \leq m$; (b) $0 \leq i_{\ell+1} - i_\ell \leq 1$ et $0 \leq j_{\ell+1} - j_\ell \leq 1$; et (c) $(i_\ell, j_\ell) \neq (i_{\ell+1}, j_{\ell+1})$. La paire (i_ℓ, j_ℓ) indique l'alignement entre a_{i_ℓ} et b_{j_ℓ}, deux éléments des deux séquences à aligner. Le coût total de l'alignement est défini par $\sum_{0 \leq \ell \leq k} \delta(a_{i_\ell}, b_{j_\ell})$ et peut être interprété comme une mesure de dissimilarité entre les séquences.

Un alignement est dit optimal entre A et B si la somme du coût de l'alignement est minimal parmi tous les alignements possibles. L'algorithme DTW a été initialement proposé afin de calculer des alignements de séquences numériques ayant des distorsions temporelles, par exemple en reconnaissance de parole. Cette mesure peut cependant être appliquée aux données discrètes en utilisant une distance entre les symboles composant les séquences. L'algorithme pour calculer l'alignement avec DTW est le suivant :

$$
d_{dtw}(A_{1\dots i}, B_{1\dots j}) = \begin{cases} \delta(a_1, b_1), & \text{si } j = j = 1 \\ d(A_{1\dots i-1}, B_{1\dots j}) + \delta(a_i, b_1), & \text{si } i > 1 \text{ et } j = 1 \\ d(A_{1\dots i}, B_{1\dots j-1}) + \delta(a_1, b_j), & \text{si } i = 1 \text{ et } j > 0 \\ \min \begin{cases} d(A_{1\dots i-1}, B_{1\dots j-1}) \\ d(A_{1\dots i-1}, B_{1\dots j}) \\ d(A_{1\dots i}, B_{1\dots j-1}) \end{cases} + \delta(a_i, b_j) & \text{si } i > 1 \text{ et } j > 1 \end{cases}
$$

$$(13.10)$$

Cette récurrence partage des similitudes avec l'algorithme du calcul de la distance d'édition (équation 13.8). On remarque que, par rapport à la distance d'édition, DTW ne permet pas de supprimer ou d'insérer des éléments avec un coût fixe. L'alignement d'une paire d'éléments peut être assimilé à la substitution dans la distance d'édition. Ainsi, chaque élément des deux séquences est associé avec un élément de l'autre séquence, avec pour objectif la minimisation de la somme des coûts de ces associations et, comme contrainte, la conservation de l'ordre total induit par le séquencement des éléments. Le résultat de ce processus est un alignement optimal des deux séquences. DTW impose donc que tous les éléments des deux séquences soient mis en correspondance, contrairement à la distance PLSC qui permettait de « sauter » des éléments. Ce mécanisme d'alignement permet notamment à DTW de représenter des distorsions élastiques des séquences. La figure 13.2 présente un exemple d'alignement de deux séquences (symboliques et numériques) avec DTW.

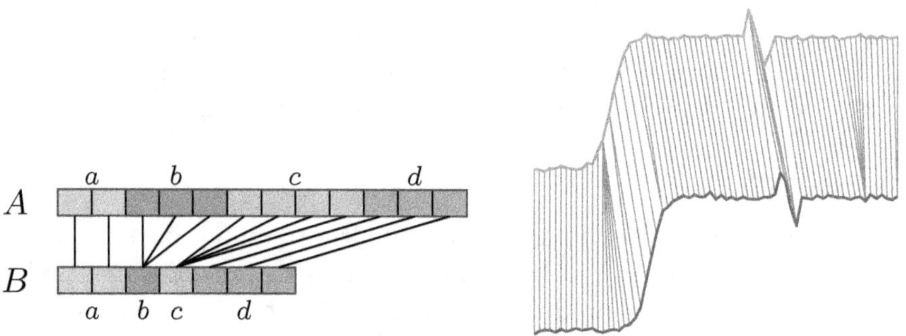

FIGURE 13.2 : *Exemple d'alignement de deux séquences symboliques (a) et de deux séries temporelles (b) (© Eamonn Keogh) à l'aide de l'algorithme DTW.*

La mesure de dissimilarité induite par DTW n'est pas une distance, mais une *semi-pseudo-métrique*. En effet, elle respecte la symétrie $d_{dtw}(A, B) = d_{dtw}(B, A)$, mais ne vérifie ni la séparation (exemple : $d_{dtw}(aa, a) = 0$ avec $aa \neq a$), ni l'inégalité triangulaire (exemple : $d_{dtw}(aa, b) > d_{dtw}(aa, a) + d_{dtw}(a, b)$).

L'absence de ces propriétés peut être problématique pour certains algorithmes qui se basent sur celles-ci pour accélérer les traitements.

Le non-respect de l'inégalité triangulaire peut cependant être relativisé par l'absence de cas d'erreurs fréquents en pratique. Par exemple, [CVR87] n'ont trouvé aucune violation de l'inégalité triangulaire lors de la comparaison de 15 millions d'enregistrements de voix. Il a également été montré que DTW respecte l'inégalité triangulaire pour la norme ℓ_∞ [Lem09].

Calcul de DTW

L'implémentation directe de la définition récursive donnée à l'équation 13.10 produit un algorithme dont la complexité en temps est exponentielle ($\mathcal{O}(3^L)$) ce qui n'est pas réaliste pour le traitement des données importantes. La programmation dynamique [Cor09a] permet d'améliorer cette complexité en utilisant une approche « diviser pour mieux régner ». L'algorithme DTW par programmation dynamique utilise une matrice $S \times T$ qui stocke les résultats intermédiaires.

L'algorithme 13.10 présente le calcul de $DTW(A, B)$. Il commence par initialiser la première ligne et la première colonne de la matrice, puis parcourt le reste de la matrice de gauche à droite et de haut en bas. Chaque élément de la matrice est calculé en utilisant le plus petit résultat stocké dans les cases de gauche, du haut et de la diagonale. Une fois la matrice complètement remplie, le dernier élément en bas à droite donne le coût de l'alignement optimal de A avec B. L'algorithme peut également être modifié afin de retenir le chemin optimal qui a mené au coût minimal d'alignement. Ce chemin est appelé *chemin d'alignement* ou *warping path*.

L'algorithme 13.10 possède une complexité en temps et en mémoire en $\mathcal{O}(S \times T)$, soit une complexité quadratique par rapport à la longueur des séquences. Il existe de nombreuses méthodes permettant de réduire cette complexité [Pet12], par exemple l'utilisation de contraintes sur le chemin d'alignement *(warping window)* [SB16] qui restreignent les déplacements possibles du chemin d'alignement.

DTW est très populaire depuis de nombreuses années pour le traitement de données numériques, par exemple pour la reconnaissance vocale [SC78], l'analyse de séries d'images de télédétection [PIG12] ou la détection de mouvements [YK09]. Cependant, l'utilisation de DTW pour la comparaison de séquences symboliques a été relativement peu étudiée. En effet, la majorité des travaux existants sur la comparaison de séquences symboliques s'intéresse plutôt aux techniques d'alignement basées sur la distance d'édition [SR16]. Ceci s'explique probablement du fait que DTW ait été proposé initialement pour traiter des séries temporelles de valeurs numériques et que les distances d'édition aient été popularisées par la bio-informatique. De plus, le domaine de l'analyse de séquences en sciences sociales attache une importance à la date d'arrivée des événements [Les06]. Par exemple, il n'est pas identique d'être au chômage à une date quelconque ou pendant une période de chômage importante [Abb90]. Ainsi, les distorsions temporelles sont déconseillées dans ce domaine car elles « détruisent » la contemporanéité des événements dans les séquences. De plus, les séquences dans ce domaine ayant presque toujours la même durée (la période d'étude), l'intérêt de l'utilisation de distorsions temporelles est ainsi limité. Les méthodes basées sur DTW ont donc été peu étudiées dans ce domaine, bien que des travaux importants y soient effectués sur la comparaison de séquences [SR16].

Il existe néanmoins quelques travaux faisant état de méthodes de distorsions temporelles pour la comparaison de séquences d'événements. Par exemple, les travaux de référence de [KL83] présentent l'analogie entre l'alignement utilisant des distorsions temporelles pour les séries temporelles (continues) et pour les séquences d'événements (discrets). L'alignement sur des séquences d'éléments discrets est appelé *discrete time warping diagrams*, comme illustré sur la figure 13.2 (a). Ces travaux introduisent la notion de *compression* et d'*extension* dans les séquences. La compression consiste à réduire d'une unité deux événements similaires consécutifs ($aa \rightarrow a$), alors que l'extension consiste à ajouter une unité à un événement existant ($a \rightarrow aa$). On peut ainsi faire le lien entre la *suppression* (compression) et l'*addition* (extension) dans la distance d'édition. Cependant, il est bien montré que les paradigmes suppression/insertion et compression/extension mènent à des définitions différentes de la dissimilarité entre les séquences (voir section 6 « *How compression-expension differs from deletion-insertion* » de [KL83]). Les différences principales sont, premièrement, qu'un élément d'une séquence peut être connecté à plusieurs éléments de l'autre séquence et, deuxièmement, que chaque élément d'une séquence est au moins connecté à un élément de l'autre séquence. On notera qu'il est possible de combiner les paradigmes suppression/addition et compression/extension en ajoutant des opérations dans le calcul de l'alignement. Ceci revient à définir un coût particulier pour ces opérations. Ce type d'approche peut être utile en détection de paroles où, en plus des distorsions temporelles pouvant exister, il est possible qu'une partie d'un mot soit absente suite à une contraction (par exemple : « *je pense* » prononcé « *j'pense* »). D'autres opérations qui se rapprochent de la compression et de l'extension ont été proposées pour l'alignement de partitions de musique. Les travaux de [MS90] introduisent par exemple les opérations de *consolidation* et de *fragmentation*. La figure 13.2 (b) illustre ces propositions avec un exemple d'alignement de deux partitions représentant deux versions de l'*Alleluia* de Mozart.

2.3 Mesures de similarité pour les graphes

Les mesures de similarité pour les graphes dépendent en grande partie de ce que l'on veut mesurer : soit une *similarité entre graphes*, soit une *similarité entre nœuds d'un graphe*. Dans la suite, nous supposerons que les arcs sont non orientés, mais les mesures peuvent aisément être généralisées au cas d'arcs orientés.

2.3.1 Mesures de similarité entre nœuds d'un graphe

Les mesures de similarité entre les nœuds d'un graphe peuvent prendre en compte des coefficients associés aux arcs, par exemple des distances, ou des coûts, ou de la bande passante, etc. On notera $c_{i,j}$ le coefficient associé à l'arc reliant le nœud i au nœud j.

Typiquement, on considère que deux nœuds sont d'autant plus similaires qu'ils sont mieux connectés dans le graphe. Le degré de connexion dépend du nombre de chemins entre les deux nœuds et de leur coût. On utilise ainsi souvent des algorithmes de recherche de plus court chemin (tel l'algorithme A*, ou celui de Dijkstra) pour calculer la similarité entre deux nœuds.

Une autre technique est basée sur l'idée de *marche aléatoire*. Il est en effet malaisé de déterminer la similarité entre nœuds lorsqu'il existe de nombreux chemins permettant de les joindre dans le graphe.

La méthode est la suivante. On simule des marches aléatoires partant du nœud « source » s et ayant une probabilité de passer par un arc (n, n') dépendant du coefficient $c_{n,n'}$. De temps en temps, la simulation repart du nœud source s avec une probabilité de *restart*. La distribution de probabilités de visite des nœuds $n \neq s$ donne une estimation de leur distance à s dans le graphe.

Cette technique est à rapprocher de la mesure *PageRank* publiée par Google au début des années 2000 pour estimer la distance entre deux pages web sur Internet.

2.3.2 Mesures de similarité entre deux graphes

La comparaison entre graphes est centrale dans de nombreuses applications. Par exemple, on peut vouloir mesurer la similarité entre les graphes sociaux de deux personnes afin de détecter des comportements suspects, ou bien comparer les réseaux aériens sur deux continents, ou encore deux molécules complexes.

Chercher une bonne méthode de comparaison de graphes est très difficile. On sait que chercher à voir si deux graphes sont égaux (le problème de l'isomorphisme de graphes) est NP-difficile. Ce niveau de difficulté peut être encore accentué quand les nœuds partagent la même étiquette, comme ça peut être le cas pour deux atomes identiques dans les deux molécules. Il faut alors prendre la précaution de renommer les nœuds.

De nombreuses mesures ont été proposées, qui pratiquement reposent sur les idées suivantes :

- Recherche du sous-graphe commun le plus grand. Deux graphes partageant un grand sous-graphe sont assez naturellement jugés plus similaires.
- Similarité basée sur la similarité de sous-structures. Dans ce type d'approche, on compte les sous-structures fréquentes dans les deux graphes et on combine les comptes associés à chaque sous-structure pour estimer une similarité globale.
- Distance d'édition entre deux graphes. L'idée est ici d'estimer le nombre minimal d'opérations élémentaires (à définir) permettant de transformer un graphe en l'autre. Cependant, ce problème est lié au problème d'appariement de graphes et est donc difficile pour les grands graphes.
- Recours à des fonctions noyaux définies sur les graphes. Nous renvoyons à la section 5.3.7 du chapitre 14.

2.4 Distances et fonctions noyaux

Pour terminer cette section sur les distances, il faut noter que la définition et l'usage d'une certaine *fonction noyau* permet à la fois de construire une distance et de l'utiliser dans le cadre de l'apprentissage inductif. Les fonctions noyaux sont au cœur des méthodes de séparatrices à vaste marge (SVM), que nous verrons en détail au chapitre 14. Les fonctions noyaux sont utilisées dans les séparateurs à vastes marges et plus généralement dans les méthodes à noyau, ce qui permet d'étendre le domaine d'application de nombreuses méthodes linéaires (toutes celles faisant intervenir un produit scalaire) à des problèmes non linéaires (chapitre 14).

Une fonction noyau est une fonction bilinéaire symétrique : $\mathcal{X} \times \mathcal{X} \to \mathbb{R}$ qui calcule l'équivalent d'un produit scalaire dans un espace de redescription $\kappa(\mathbf{x}_i, \mathbf{x}_j) = \phi(\mathbf{x}_i) \cdot \phi(\mathbf{x}_j)$.

Il existe une correspondance entre la distance euclidienne et le produit scalaire puisque :

$$\Delta_2(\mathbf{u}, \mathbf{v}) \; = \; \|\mathbf{u} - \mathbf{v}\|_2 \; = \; \sqrt{(\mathbf{u} - \mathbf{v}) \cdot (\mathbf{u} - \mathbf{v})} \; = \; \sqrt{\mathbf{u} \cdot \mathbf{u} - 2\,\mathbf{u} \cdot \mathbf{v} + \mathbf{v} \cdot \mathbf{v}} \qquad (13.11)$$

On voit que la distance euclidienne décroît quand le produit scalaire $\mathbf{u} \cdot \mathbf{v}$ augmente. Et on peut dès lors voir le produit scalaire comme une mesure de similarité. Celle-ci n'est cependant pas invariante par translation car elle dépend de la position de l'origine. En revanche, les termes $\mathbf{u} \cdot \mathbf{u}$ et $\mathbf{v} \cdot \mathbf{v}$ ont tendance à restaurer cette invariance par translation.

Utilisant l'astuce des noyaux, on peut remplacer les produits scalaires dans 13.11 par des noyaux :

$$\Delta_\kappa(\mathbf{u}, \mathbf{v}) \; = \; \sqrt{\kappa(\mathbf{u}, \mathbf{u}) - 2\,\kappa(\mathbf{u}, \mathbf{v}) + \kappa(\mathbf{v}, \mathbf{v})}$$

Δ_κ est une pseudo-métrique quand le noyau κ est positif semi-défini. Elle devient une distance seulement si la projection ϕ sur l'espace de redescription est injective. Autrement, on pourrait avoir deux points distincts $\mathbf{x}_i$ et $\mathbf{x}_j$ se projetant sur le même point dans l'espace de redescription : $\phi(\mathbf{x}_i) = \phi(\mathbf{x}_j)$ conduisant à :

$$\kappa(\mathbf{x}_i, \mathbf{x}_i) - 2\,\kappa(\mathbf{x}_i, \mathbf{x}_j) + \kappa(\mathbf{x}_j, \mathbf{x}_j) = \phi(\mathbf{x}_i) \cdot \phi(\mathbf{x}_i) - 2\,\phi(\mathbf{x}_i) \cdot \phi(\mathbf{x}_j) + \phi(\mathbf{x}_j) \cdot \phi(\mathbf{x}_j) = 0.$$

2.5 Distance et classification par plus proches voisins

L'utilisation la plus simple d'une distance pour l'apprentissage est la méthode du plus-proche-voisin *(nearest neighbor classifier)*. Plaçons-nous dans le cas de base où l'on possède un ensemble d'apprentissage $\mathcal{S} = \{(\mathbf{x}_1, y_1)..., (\mathbf{x}_m, y_m)\}$ dont chaque élément est un couple pris dans $(\mathcal{X}, \mathcal{Y})$. Pour fixer les idées, supposons que $\mathcal{Y}$ est un ensemble de classes $\{\omega_1, \cdots, \omega_C\}$ (chapitre 1, section 7.2.1)

Soit $\mathbf{x}$ un nouvel élément de $\mathcal{X}$, auquel on cherche à affecter une classe. Si $\mathcal{X}$ est muni d'une distance δ, la classification par plus proche voisin consiste à calculer $\delta(\mathbf{x}, \mathbf{x}_1)$, $\ldots, \delta(\mathbf{x}, \mathbf{x}_m)$, puis à affecter à $\mathbf{x}$ la classe de l'élément d'apprentissage à la plus petite distance (son plus proche voisin).

Ce procédé peut sembler naïf, mais il est très efficace. Nous le verrons plus en détail dans la section 3.3 du chapitre 19.

Les *propriétés* de ce classifieur sont :

1. L'erreur en apprentissage est nulle (sauf si deux exemples d'apprentissage sont associés à deux étiquettes différentes : bruit de classification).

2. En choisissant les bons exemples d'apprentissage, toute fonction de décision dans $\mathcal{X}$ peut être approchée arbitrairement près.

3. Corollairement, l'apprentissage par plus proche voisin est de biais faible, mais de variance élevée car la surface de décision est très dépendante des exemples d'apprentissage.

4. La complexité en apprentissage est de $\mathcal{O}^m$ s'il y a m exemples. Et la complexité en généralisation est également en $\mathcal{O}^m$.

On peut généraliser le classifieur à plus proche voisin en considérant les k-**plus-proches-voisins** *(k-nearest neighbors)* en faisant la prédiction en un point par vote des k points les plus proches et en retenant la classe majoritaire. Dans ce cas, le biais s'accroît avec k et simultanément la variance décroît.

Notons que la méthode des plus proches voisins peut aussi bien être utilisée pour des *problèmes de régression*. Dans ce cas, au lieu de prendre la classe majoritaire, on retourne la valeur moyenne (ou la médiane) des valeurs des k plus proches voisins.

Comme toutes les méthodes basées sur les distances dans l'espace des entrées, elle est sujette à la **malédiction de la dimensionnalité** (voir aussi la section 2.6 dans le chapitre 2).

2.6   Distance et malédiction de la dimensionnalité

Dans les espaces de grande dimension (espace réel $\mathbb{R}^d$ ou espace booléen $\mathbb{B}^d$ avec d grand, en pratique $d \geq\sim 20$), l'intuition géométrique peut être très trompeuse.

Reprenons l'exemple de classification précédent, par k plus proches voisins. Cette règle se base sur l'idée que les points d'une même classe sont en moyenne à plus faible distance que ceux des autres classes, ce qui semble raisonnable. Mais la géométrie des espaces de grande dimension est à bien des égards surprenante.

Une manière simple d'illustrer ce fait est de tirer uniformément des points dans le cube unité et de calculer la taille de l'espace occupé par les k plus proches voisins d'un point donné.
Dans le cube $[0, 1]^d \subset \mathbb{R}^d$, on considère les $k = 10$ plus proches voisins d'un point $\mathbf{x}$. Soit l la taille de l'arête du plus petit hypercube contenant les k plus proches voisins. Alors $l^d \approx \frac{k}{m}$ et par exemple la figure 13.3 donne l'évolution de l en fonction de d pour $m = 1000$.

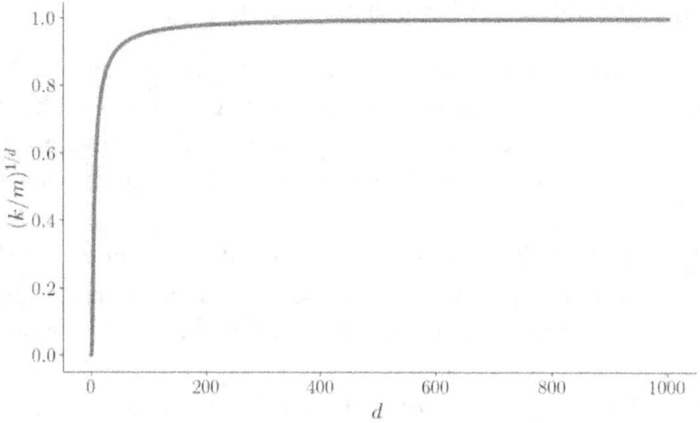

FIGURE 13.3 : *Évolution de la taille du voisinage d'un point en fonction de d*

Ainsi, lorsque d croît, il est rapidement nécessaire de chercher pratiquement dans tout $\mathbb{R}^d$ pour trouver les k plus proches voisins (voir la section 2.9 du chapitre 16 pour d'autres propriétés). On pourrait penser qu'augmenter la taille de l'ensemble d'apprentissage résout ce problème. Cependant il n'en est rien : quelle doit être la valeur de m qui permet à l d'être « petit » ? En fixant par exemple $l = 0.1$, alors $m = k.l^{-d} = k.10^d$ et la croissance de m est exponentielle. Pour $d > 100$, m doit par exemple être plus grand que le nombre de particules dans l'Univers...

Il pourrait sembler que ces considérations ruinent tout espoir d'utiliser efficacement des distances dans des espaces de grande dimension. En réalité, la situation est en pratique moins défavorable que ce qu'on pourrait craindre.

D'abord, les données correspondant à des phénomènes que nous jugeons intéressants sont rarement réparties uniformément dans l'espace des entrées $\mathcal{X}$. Ce que l'on appelle leur dimension effective est généralement plus faible et l'on peut tirer parti des méthodes de réduction de dimension (chapitre 18) pour rendre le problème attaquable avec des méthodes basées sur les distances.

Ensuite, les calculs précédents supposent tous en effet que les composantes des vecteurs sont statistiquement indépendantes. Or, c'est loin d'être le cas en pratique, comme le montrent les méthodes de réduction de la dimensionnalité (chapitre 2, section 2.6 et chapitre 18).

Enfin, quand des éléments appartenant à deux classes distinctes sont décrits dans un espace de dimension élevée, il est généralement possible d'isoler une classe de l'autre par une séparatrice linéaire (un hyperplan). C'est ce qu'exprime le théorème de Cover [Cov65].

Théorème 13.1 (Théorème de Cover)

Un problème de classification plongé de manière non linéaire dans un espace de grande dimension a une probabilité plus grande d'être linéairement séparable que le problème initial en dimension plus faible, à condition que l'espace ne soit pas densément peuplé.

Ce théorème affirme deux choses :

- Dans un espace de dimension d, la probabilité que deux classes quelconques de d exemples ne soient pas linéairement séparables tend vers 0 lorsque $d \to \infty$.

- Si $d > m$: on peut toujours trouver un hyperplan séparant les exemples (ne garantit pas la capacité de généralisation)

Ainsi, les méthodes de Séparatrices à Vaste Marge (SVM), au lieu de tenter de réduire la dimension de description des exemples, plongent au contraire ceux-ci dans un espace de très grande dimension, parfois même de taille infinie, pour trouver une séparatrice linéaire dans cet espace. Évidemment, cela se fait sous certaines contraintes (chapitre 14).

De même, les réseaux utilisés dans le *deep learning* (chapitre 11), qui travaillent dans des espaces de très grande dimension, parfois plusieurs millions, exploitent la corrélation entre les attributs de la description pour réaliser une classification.

3. Apprentissage par proportion analogique

3.1 La proportion analogique

La question du raisonnement par analogie sera abordée au chapitre 23, dans le cadre du transfert des connaissances. Dans cette section, nous allons nous intéresser à un cas particulier de l'analogie, appelé *proportion analogique*, et à son application à l'apprentissage. On dit qu'une relation entre quatre éléments d'un même ensemble est une *proportion analogique*, ce qui se note $\mathbf{x} : \mathbf{y} :: \mathbf{z} : \mathbf{t}$, si elle reste vraie :

- quand on permute le couple $(\mathbf{x}, \mathbf{y})$ avec le couple $(\mathbf{z}, \mathbf{t})$;
- et quand on permute l'élément $\mathbf{y}$ avec l'élément $\mathbf{z}$ ou l'élément $\mathbf{x}$ avec l'élément $\mathbf{t}$.

Par exemple, une proportion analogique dans $\mathbb{R}^d$ correspond au fait que les quatre éléments forment un parallélogramme.

D'une manière générale, une proportion analogique exprime un rapport entre les quatre objets qui peut s'exprimer par « $\mathbf{x}$ est à $\mathbf{y}$ comme $\mathbf{z}$ est à $\mathbf{t}$ ». En se plaçant maintenant dans le cas des ensembles finis, on a par exemple la proportion :

$$X = \{a, b, e\} \ : \ Y = \{a, c, e\} \ :: \ Z = \{b, d, e\} \ : \ T = \{c, d, e\}$$

ou, de manière équivalente $X \backslash Y = Z \backslash T = \{b\}$ et $X \backslash Z = Y \backslash T = \{a\}$, ce qui montre bien que pour passer de X à Y (respectivement de X à Z), il faut faire la même opération que pour passer de Z à T (respectivement de Y à T).

3.2   Utilisation en apprentissage

Soit un ensemble d'apprentissage $\mathcal{S} = \{(\mathbf{x}_1, y_1), \cdots, (\mathbf{x}_m, y_m)\}$ dont chaque élément est un couple pris dans $(\mathcal{X}, \mathcal{Y})$ avec $\mathcal{Y} = \{\omega_1, \cdots, \omega_C\}$ un ensemble de classes. À un nouvel élément $\mathbf{x}$, on cherche donc à attribuer une classe dans $\mathcal{Y}$.

L'apprentissage par proportion analogique a pour fondement l'hypothèse inductive suivante : si quatre éléments sont en proportion analogique dans $\mathcal{X}$, alors ils le sont aussi dans $\mathcal{Y}$. Autrement dit, s'il existe une proportion analogique dans chaque dimension de description de quatre objets, alors les résumés de ces objets, ici leurs classes, peuvent aussi être mis dans une relation de proportion.

En pratique, les analogies entre classes que l'on considère sont du type trivial $\omega_i \ : \ \omega_j \ :: \ \omega_i \ : \ \omega_j$, avec i pouvant être égal à j.

Par conséquent, la méthode la plus sommaire consiste à énumérer tous les triplets de $\mathcal{S}$ et, pour chacun, à constater s'il est ou non en relation de proportion analogique avec $\mathbf{x}$. Si c'est non, on ignore ce triplet. Si c'est oui, on procède ainsi : soit $(\mathbf{x}_i, \mathbf{x}_j, \mathbf{x}_k)$ ce triplet, auquel est associé le triplet de classes $(\omega(\mathbf{x}_i), \omega(\mathbf{x}_j), \omega(\mathbf{x}_k))$. On attribue alors à $\mathbf{x}$, si elle existe, la classe $\omega(x)$ solution de l'équation $\omega(\mathbf{x}_i) \ : \ \omega(\mathbf{x}_j) \ :: \ \omega(\mathbf{x}_k) \ : \ \omega(\mathbf{x})$. Pour qu'elle ait une solution, il faut que $\omega(\mathbf{x}_i)$ soit égal à $\omega(\mathbf{x}_j)$ ou à $\omega(\mathbf{x}_k)$, ou aux deux, puisqu'on a choisi de ne considérer que les analogies triviales entre classes.

Quand $\mathcal{X} = \mathbb{B}^d$, la description de chaque élément est un vecteur binaire. Sur chaque composante, une proportion analogique est alors un quadruplet de la forme $0 \ : \ 0 \ :: \ 0 \ : \ 0$, ou $0 \ : \ 0 \ :: \ 1 \ : \ 1$, ou $0 \ : \ 1 \ :: \ 0 \ : \ 1$, ou une des trois autres formes obtenues en changeant 1 en 0 et 0 en 1. La méthode précédente, largement améliorée algorithmiquement, a été testée sur des bases de données binaires classiques, pour donner en moyenne d'excellents résultats (voir [MBD08]). Elle est efficace à partir de tailles étonnamment petites de $\mathcal{S}$, ce qui peut s'expliquer à partir de considérations combinatoires... mais qui se paye par une complexité de calcul importante.

La notion de proportion analogique peut s'appliquer à une grande variété de structures algébriques, comme $\Sigma^\star$ (les séquences discrètes, en particulier en traitement du langage naturel), les groupes (comme celui des permutations), les treillis etc. On peut aussi la combiner quand c'est possible avec une distance dans $\mathcal{X}$, pour produire une quantité réelle appelée *dissimilarité analogique*, qui mesure de combien un quadruplet « rate » la proportion analogique. Elle a été aussi appliquée au problème de la recommandation, que est abordé à la section 5 de ce chapitre. Nous renvoyons, pour plus de développements, au livre [MPP14] volume 1 chapitre 8 et aux références qu'on y trouve.

4. Raisonnement à partir de cas (RàPC)

Le raisonnement à partir de cas (RàPC) *(Case-Based Reasoning, CBR)* résout les problèmes par l'utilisation d'une base de cas. Il est en partie inspiré des sciences cognitives, puisque nos inférences et nos raisonnements sont souvent très guidés par nos expériences similaires antérieures, en particulier la théorie de la *mémoire dynamique* de R. Schank [RS89]. Une motivation pour la modélisation informatique de ce type de raisonnement est de circonvenir les difficultés rencontrées par les systèmes experts à la fin des années quatre-vingts. Il s'est avéré en effet difficile d'« extraire » des règles de raisonnement des experts. En revanche, il semblait que les experts fournissaient aisément des cas tirés de leur expérience et illustratifs de leur expertise. La tentation était forte, dès lors, de construire une mémoire de cas et de l'exploiter en présence d'un nouveau problème.

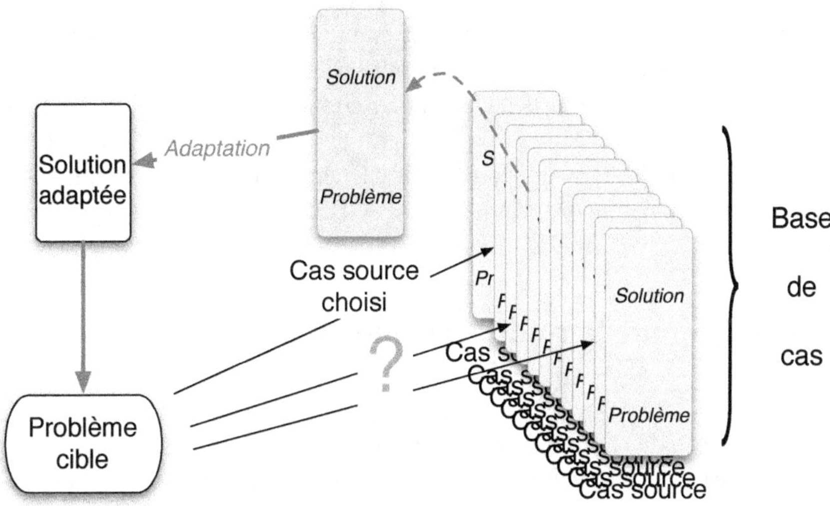

FIGURE 13.4 : *Étapes du raisonnement à partir de cas.*

Le RàPC est fondé sur la notion de *cas*, défini comme la représentation d'un épisode de résolution de problème, sous la forme d'un couple *(problème, solution)*. Sous cet angle, la résolution du nouveau problème nécessite une étape de *remémoration* afin d'identifier un *problème source* (scénario ou schéma) le plus similaire possible, puis une étape d'*adaptation* destinée à modifier la solution source juste assez pour résoudre le *problème cible*.

D'un certain côté, il s'agit d'un raisonnement rappelant à la fois l'EBL (on cherche à résoudre un problème en adaptant une connaissance antérieure, voir chapitre 8) et le raisonnement par analogie (on s'appuie sur un problème source pour en adapter la solution au problème cible, voir chapitre 23). Cependant, le RàPC se distingue de ces deux types de raisonnement par le fait qu'il ne s'appuie pas sur une preuve comme l'EBL, mais sur un problème source, et qu'il doit identifier celui-ci dans la base de cas, alors que la source est généralement supposée fournie dans le raisonnement par analogie. De plus, le raisonnement à partir de cas implique une troisième étape qui est celle de la *modification de la base de cas* après résolution, soit par stockage du nouveau cas, soit par modification de l'existant.

Le RàPC utilise pour la remémoration une *mesure de similarité* appropriée entre problèmes sources potentiels et problème cible ou bien une *indexation* de la mémoire efficace. Dans les deux cas, cela implique de trouver une description adéquate du problème cible. Le plus simple est de le décrire sous la forme d'une collection d'attributs. Cependant, la similarité ou l'indexation requièrent à tout le moins une pondération des différents descripteurs. Ainsi, lors de l'évaluation du prix d'une voiture d'occasion, le kilométrage joue un rôle important alors que la couleur est secondaire. En revanche, s'il s'agit de voitures de collection, il se peut que la couleur soit prépondérante. La description est donc dépendante du problème à résoudre. Par ailleurs, il peut être insuffisant de ne s'intéresser qu'à la similarité entre le problème cible et les problèmes sources potentiels. Il est en effet possible que la « solution » d'un problème source apparemment proche ne soit pas adaptable au problème cible. Idéalement, il faudrait donc tenir compte également du coût de la mise à jour de la similarité.

Une fois qu'un problème cible a été résolu, ou non, il est utile de tirer bénéfice de cette expérience. Cela peut prendre *a priori* plusieurs formes :

- l'adaptation de la *mesure de similarité* ;
- l'amélioration de la *méthode d'adaptation ou de résolution* ;
- la modification de *la base de cas*, soit par mémorisation du problème cible résolu, qui devient ainsi un nouveau problème source potentiel, soit par modification de la structure de la base de cas : modification des cas, changement de la hiérarchie, de l'indexation, etc.

À défaut de pouvoir rentrer dans les détails dans le cadre de cet ouvrage, nous renvoyons aux références déjà anciennes mais encore fondamentales [RS89, AP94], ainsi qu'à [RW13][MPP14].

5. L'apprentissage pour faire des recommandations

Il semble que le nombre de choix qui nous sont ouverts augmente constamment. Films, livres, recettes, restaurants à essayer, nouvelles du monde, autant d'ensembles dans lesquels nous devons opérer une sélection sans avoir la possibilité de considérer toutes les informations nécessaires. Comment alors choisir ? Sur une base individuelle, seule l'expérience accumulée sur la valeur de choix passés pourrait nous aider à guider nos choix futurs ; un processus d'amélioration au mieux linéaire, en supposant que les critères et ensemble de choix restent constants. Heureusement, nous ne sommes pas seuls face aux mêmes choix. Ainsi, si quelqu'un a des goûts similaires aux nôtres et s'il a aimé tel film récent ou tel restaurant, les chances que nous aimions également ce film ou ce restaurant semblent plus grandes qu'en l'absence de cette information. Il est donc possible de tirer profit des informations disponibles sur les choix des autres agents pour induire des préférences sur nos propres choix. Avec maintenant la disponibilité d'Internet et de grandes bases de données sur les préférences des utilisateurs, il devient envisageable d'étendre à grande échelle la notion de bouche à oreille. La formalisation et l'exploitation de cette intuition sont l'objet des travaux en *apprentissage de systèmes de recommandation*, ce qui est également appelé *filtrage collaboratif* car c'est finalement la collaboration des utilisateurs qui permet de faire des recommandations personnalisées.

5.1 Illustration : le Netflix prize en 2006

De nombreux sites de vente ou de location ont une grande partie de leurs activités dépendante des recommandations qu'ils peuvent faire auprès de leurs clients et de la qualité de celles-ci. C'est le cas d'Amazon, qui fut l'un des premiers sites de vente sur Internet à annoncer publiquement, en 2003, avoir recours à un algorithme de recommandation. C'est aussi le cas de Netflix, site de location en *streaming* de contenus vidéo, qui décida en 2006 d'organiser un défi doté d'un prix d'un million de dollars. Le défi consistait à proposer un nouvel algorithme de recommandation capable d'améliorer la performance du système alors employé par Netflix de plus de 10 %. Netflix mettait à disposition des compétiteurs une base de données d'environ 100 millions de notes (entre 1 et 5) données par les internautes (environ 480 000) sur les films visionnés (parmi environ 17 700 films), ainsi qu'un site sur lequel tester les algorithmes[3]. Cela correspond à une matrice très creuse, avec environ 1% des valeurs remplies (figure 13.5).

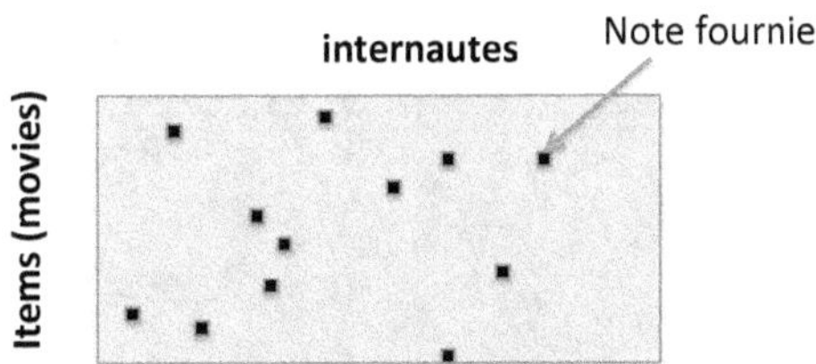

FIGURE 13.5 : *Matrice (très creuse) des notes données par les utilisateurs sur les films.*

La performance était mesurée par la racine carrée de la somme des écarts *(RMSE : root mean square error)* entre les notes des utilisateurs et les notes prédites sur un ensemble de test à n éléments $(\mathbf{x}_i, y_i)$.

$$RMSE(h) = \sqrt{\frac{1}{n} \sum_{i=1}^{n} \big(h(\mathbf{x}_i), y_i\big)^2}$$

Plus de 5 000 participants s'enregistrèrent pour la compétition et le prix fut finalement décerné en 2009. Les systèmes les plus performants utilisèrent des techniques de factorisation de matrices et des méthodes d'ensemble (chapitre 15).

Il est à noter que Netflix n'utilisa pas le système arrivé en tête de la compétition. Nous y reviendrons car cela est intéressant pour analyser de manière critique les systèmes de recommandation tels qu'ils sont conçus et évalués jusqu'ici.

5.2 Les approches

Comme dans l'induction supervisée, on retrouve les approches utilisant un espace d'hypothèses et celles opérant directement dans l'espace des utilisateurs ou des items.

On supposera ainsi qu'il existe une liste de m utilisateurs $\mathcal{U} = \{u_1, u_2, \ldots, u_m\}$ et une liste de n items $\mathcal{I} = \{i_1, i_2, \ldots, i_n\}$. Chaque utilisateur u_l a exprimé une évaluation sur un sous-ensemble $\mathcal{I}_{u_l}$ d'items. On notera X_l^j l'évaluation de l'item i_j par l'utilisateur u_l et $Pred_{l,j}$ la prédiction d'utilité pour l'utilisateur u_l de l'item i_j.

5.2.1 Les approches par modèle de l'utilisateur (content-based methods)

L'approche classique pour les systèmes de recommandation consiste à construire des modèles des utilisateurs en fonction de descripteurs, comme leur intervalle de revenus, leur niveau culturel, leur âge, leurs habitudes culturelles, etc. et à utiliser ces modèles pour prédire la réponse d'un

---

3. Malheureusement, les données ne sont plus disponibles, mais d'autres données du même type sont accessibles en ligne, comme par exemple la base IMDB à l'adresse https ://www.imdb.com/interfaces/.

utilisateur ainsi caractérisé face à des objets ou items (livres, restaurants...) qui, eux, ont été également caractérisés par ces descripteurs.

— EXEMPLE ———————————————————————————————————————

Soient quatre clients : Alice, Bob, Carole et David, et cinq films *'Amour et trahison'*, *'Un été romantique'*, *'Un garçon idéal'*, *'Fast and furious'*, *'Taxi (23)'*.

On suppose que les films sont caractérisés par deux descripteurs : $a_1 =$'romance' et $a_2 =$'action'. La table suivante donne les notes fournies par les quatre clients.

Film	Alice	Bob	Carole	David	x_1 (romance)	x_2 (action)
Amour et trahison	5	5	0	0	0.9	0
Un été romantique	5	- ?-	- ?-	0	1.0	0.01
Un garçon idéal	- ?-	4	0	- ?-	0.99	0
Fast and furious	0	0	5	4	0.1	1.0
Taxi (23)	0	0	5	- ?-	0	0.9

Comment alors prédire les valeurs manquantes ?

On caractérise chaque film en utilisant les descripteurs a_1 et a_2. Par exemple *'Amour et trahison'* $= [1, 0.9, 0]^\top$, où la première composante est un terme de biais.

Chaque utilisateur est caractérisé par une fonction linéaire des descripteurs :

$$Utilisateur_1 = [u_1^1, u_1^2, u_1^3]$$

et l'apprentissage consiste à apprendre ce vecteur $\mathbf{u}_i$ pour chaque utilisateur i à partir des notes disponibles dans la base d'apprentissage.

Pour estimer la note que donnerait l'utilisateur i pour le produit j, on utilise la fonction :

$$\hat{R}_{i,j} = c_i + \mathbf{u}_i^\top \mathbf{v}_j + \varepsilon_{i,j} \doteq \mathbf{u}_i^\top \mathbf{v}_j + \varepsilon_{i,j}$$

où $\mathbf{u}_i \in \mathbb{R}^{d+1}$ et $\mathbf{v}_j \in \mathbb{R}^{d+1}$, d étant le nombre de descripteurs.

On cherche donc le vecteur $\mathbf{u}_i^*$ idéal caractérisant l'utilisateur i par :

$$\mathbf{u}_i^* = \underset{\mathbf{u}_i \in \mathbb{R}^{d+1}}{\text{ArgMin}} \left\{ \sum_{j:r(i,j)=1} \left(R_{i,j} - \mathbf{u}_i^\top \mathbf{v}_j \right)^2 + \lambda \, \|\mathbf{u}_i\|^2 \right\}$$

où $r(i,j) = 1$ signifie que l'item j a été noté par l'utilisateur i avec la note $R_{i,j}$ et où le terme de régularisation $\lambda \, \|\mathbf{u}_i\|^2$ vise à favoriser des modèles (vecteurs $\mathbf{u}$ parcimonieux).

Si une optimisation directe est difficile, on peut utiliser une descente de gradient du type :

$$\mathbf{u}_i \leftarrow \mathbf{u}_i + \eta \left\{ \sum_{j:r(i,j)=1} -\left(R_{i,j} - \mathbf{u}_i^\top \mathbf{v}_j \right) \mathbf{u}_i + \lambda \, \|\mathbf{u}_i\| \right\}$$

Il est aussi tout à fait possible d'apprendre la fonction $\hat{R}_{i,j}$ en utilisant des systèmes de régression non linéaires tels que les SVR (voir chapitre 14).

Cependant, cette approche comporte plusieurs difficultés. Outre le problème du choix du modèle (par exemple, comment prendre en compte le paramètre date dans l'année dans un modèle linéaire ?) et celui du passage à l'échelle lorsque le nombre d'utilisateurs et d'items est énorme, il peut être très **difficile d'incorporer dans le modèle des variables cruciales pour l'appréciation**. Par exemple, il se peut qu'une recette de cuisine soit préférée à une autre, décrivant pourtant la confection du même plat, parce qu'elle est plus lisible, plus facile à comprendre. Mais comment un système va-t-il pouvoir mesurer cette facilité ? Faudra-t-il prévoir de décrire tous ces facteurs critiques souvent implicites : lisibilité, atmosphère, effet de mode... Cela devient vite inenvisageable. C'est pourquoi on va plutôt utiliser des *approches avec variables latentes*, non explicitées, mais permettant d'organiser les utilisateurs ou les items.

Les approches par modèle ou *content-based*, avec découverte de variables latentes ou non, nécessitent de décrire a priori les produits, donc avec un vocabulaire prédéfini. Pourquoi se fatiguer à mettre au point ce vocabulaire quand on peut prédire l'appétence d'un utilisateur pour des produits en le comparant à d'autres utilisateurs ? Le principe du *filtrage collaboratif* est de suggérer de nouveaux items ou de prédire l'utilité d'items inconnus pour un utilisateur donné, en se fondant sur les évaluations déjà exprimées (éventuellement implicitement) par cet utilisateur à propos d'autres items.

5.2.2 Les approches par similarité et plus proches voisins

On peut distinguer les *approches centrées utilisateurs* et les *approches centrées items*.

Dans l'**approche centrée utilisateurs**, un utilisateur est caractérisé par les appréciations qu'il a déjà émises à propos de certains items. Par exemple, la note qu'il a attribuée aux restaurants dans lesquels il a déjà dîné. Lorsque cet utilisateur va chercher l'appréciation probable qu'il porterait sur un nouveau restaurant, le système de recommandation va identifier les autres utilisateurs dont le profil est le plus proche du sien en fonction des notes exprimées et va ensuite, à partir de ces « plus proches voisins », utiliser leurs notes (s'il y en a) sur le restaurant visé pour calculer une recommandation.

Remarquons que la note peut résulter d'une appréciation *explicite* des clients, comme d'une appréciation *implicite*. Par exemple, si un utilisateur clique 10 fois sur la même description de recette sur un site web pendant une période de quelques semaines, on peut supposer qu'il apprécie cette recette.

La correspondance entre les utilisateurs et les items se représente généralement sous la forme d'une table.

	Item 1	Item 2	Item 3	Item 4	...
Jean	-	2	7	8	...
Marie	4	1	-	7	...
Christian	3	8	-	4	...

On a supposé ici que les appréciations vont de 0 à 10 (*très mauvais* à *excellent*) et que le tiret « - » représente l'absence d'évaluation. En effet, les utilisateurs ne vont pour la plupart noter qu'un très petit nombre d'items (par exemple, Amazon vend des millions de livres, et un lecteur même assidu ne peut en noter au plus que quelques centaines). Dans de nombreux cas, la matrice sera donc creuse, voire très creuse.

Supposons que nous voulions maintenant utiliser cette matrice pour calculer une similarité entre utilisateurs puis pour induire $Pred(u_l, i_j)$ pour un utilisateur u_l et un item i_j donnés. Il faut alors étudier les questions suivantes :

- Quelle mesure de similarité utiliser ?

- Combien de « voisins » prendre pour référence ?

- Quelle méthode de combinaison d'avis employer pour inférer une nouvelle évaluation ?

Mesure de similarité entre utilisateurs

Chaque utilisateur peut être considéré comme un vecteur incomplet dont nous ne connaissons que quelques composantes. Il est cependant possible de calculer une similarité entre de tels vecteurs en se restreignant aux seules composantes qu'ils ont en commun.

Si l'on suppose que les notes attribuées par les utilisateurs U_i et U_j aux items sont des variables aléatoires X_i et X_j qui suivent une distribution conjointe inconnue, il est possible de définir le coefficient de corrélation entre X_i et X_j par la *formule de Bravais-Pearson* :

$$\rho = \frac{Cov(X_i, X_j)}{\sqrt{Var(X_i)Var(X_j)}}$$

avec $Cov(X_i, X_j) = \mathbb{E}\big[(X_i - \mathbb{E}(X_i))(X_j - \mathbb{E}(X_j))\big]$.

Cette corrélation prend ses valeurs dans $[-1, +1]$, une valeur positive indiquant que les variables varient dans le même sens, tandis qu'une valeur négative signifie que les individus qui ont des scores élevés pour la première variable auront tendance à avoir des scores faibles pour la deuxième et inversement.

En disposant d'un échantillon de taille n, $(X_i^1, X_j^1), (X_i^2, X_j^2), \ldots, (X_i^n, X_j^n)$ tiré d'une distribution conjointe, la quantité suivante est une estimation de ρ :

$$r = \frac{\sum_k (X_i^k - \bar{X}_i)(X_j^k - \bar{X}_j)}{\sqrt{\sum_k (X_i^k - \bar{X}_i)^2}\sqrt{\sum_k (X_j^k - \bar{X}_j)^2}}$$

—— EXEMPLE   **Calcul de la similarité** ——————————————————

Selon cette mesure, la similarité entre *Jean* et *Marie* est :

$$
\begin{aligned}
r(\text{Jean, Marie}) \;&=\; \frac{(2-5)(1-4) + (8-5)(7-4)}{\sqrt{(2-5)^2 + (8-5)^2}\sqrt{(1-4)^2 + (7-4)^2}} \\[2mm]
&=\; \frac{(-3)(-3) + (3)(3)}{\sqrt{9+9}\,\sqrt{9+9}} \;=\; \frac{18}{18} \;=\; 1
\end{aligned}
$$

avec $X_{\text{Jean}} = (2+8)/2 = 5$ et $X_{\text{Marie}} = (1+7)/2 = 4$ avec les articles notés en commun.

Entre *Jean* et *Christian*, elle est : $r(\text{Jean, Christian}) = \frac{-12}{\sqrt{18}\cdot\sqrt{8}} = -12/(3 \cdot 2 \cdot 2) = -1$

Et entre *Marie* et *Christian* : $r(\text{Marie, Christian}) = \frac{-12}{\sqrt{18}\cdot\sqrt{14}} = -4/(\sqrt{2}\cdot\sqrt{14}) \approx -0.756$

Il apparaît ainsi que *Jean* et *Marie* sont positivement corrélés, tandis que *Jean* et *Christian*, de même que *Marie* et *Christian*, sont des paires corrélées négativement. Il faut noter que, s'il peut sembler étrange que *Jean* et *Christian* soient parfaitement négativement corrélés, il faut prendre en compte leur moyenne sur les composantes 2 et 4 : à savoir 5 pour *Jean* et 6 pour *Christian*. Par rapport à ces moyennes, les notes de *Jean* pour les *items* 2 et 4 sont -3 et +3, tandis que pour *Christian* elles sont 2 et -2. Il y a bien tendance exactement inverse.

De fait, il a été empiriquement observé que la corrélation de Pearson n'est pas la mesure la mieux adaptée pour le filtrage collaboratif, un **meilleur choix étant de prendre la corrélation de Pearson à la puissance 2.5** [BHK98].

Calcul d'une recommandation

Les algorithmes de recommandation utilisent pour la plupart une combinaison des évaluations d'utilisateurs *proches* au sens de la mesure de similarité employée. Par exemple, l'approche la plus simple consiste à retenir les k plus proches voisins au sens de cette similarité r et de calculer une moyenne pondérée de leurs évaluations pour fournir une prédiction d'utilité.

$$Pred(u_l, i_j) \; = \; \bar{X}_l + \frac{\sum_{v=1}^{k} r(u_l, u_v)\,(X_v^j - \bar{X}_v)}{\sum_{v=1}^{k} |r(u_l, u_v)|} \tag{13.12}$$

où $\bar{X}_l$ (resp. $\bar{X}_v$) est la moyenne des notes données par l'utilisateur u_l (resp. u_v) à *tous* les items.

—— EXEMPLE   **Calcul d'une recommandation** ——————————————————

Supposons que nous voulions prédire la note que donnerait *Jean* à l'*item 1* et que nous prenions *Marie* et *Christian* comme voisins.

$$Pred(\text{Jean, item 1}) \; = \; \frac{17}{3} + \frac{(1 \cdot (4-4)) + (-1 \cdot (3-6))}{1+1} \; = \; 5.67 + 1.5 \; \approx \; 7.17$$

Intuitivement, puisque *Christian* n'a pas aimé l'*item 1* et qu'il est négativement corrélé avec *Jean*, alors cela devrait amener à penser que *Jean* va plutôt l'aimer, d'où une valeur accordée à *item 1* supérieure à la moyenne de *Jean*. L'évaluation de *Marie*, quant à elle, ne modifie rien car elle évalue l'*item 1* à sa moyenne : 4.

L'**approche centrée items** est duale de l'approche centrée utilisateurs. Elle consiste en effet à utiliser une *mesure de similarité entre items* pour déterminer les k items les plus similaires à l'item i_j pour lequel on cherche à calculer $Pred(u_l, i_j)$. On utilise alors une formule de pondération qui, dans le cas le plus simple, est :

$$Pred(u_l, i_j) \; = \; \bar{X}^i + \frac{\sum_{v=1}^{k} r(i_j, i_v)\,(X_l^v - \bar{X}^v)}{\sum_{v=1}^{k} |r(i_j, i_v)|} \tag{13.13}$$

—— EXEMPLE   ——————————————————————————————————————

Supposons que nous voulions prédire la note que donnerait *Jean* à l'*item 1* et que nous prenions *Item 2* et *Item 4* comme voisins (*Item 3* ne peut pas être voisin de *Item 1* car il ne partage aucune composante utilisateur).

En utilisant la mesure de corrélation de Pearson, on trouve que $r(\text{Item 1, Item 2}) = -1$ et $r(\text{Item 1, Item 4}) = 1$. On a alors :

$$Pred(\text{Jean, Item 1}) \; = \; \frac{4+3}{2} + \frac{(-1 \cdot (2 - 11/3)) + (1 \cdot (8 - 19/3))}{1+1} \; \approx \; 3.5 + 1.67 \; = \; 5.17$$

On observe que, en utilisant ces formules de similarité et de combinaison, le résultat n'est pas le même que dans l'approche centrée utilisateur.

5.2.3 Les difficultés des approches par similarité

Les difficultés pour utiliser les approches par similarité proviennent essentiellement :

- de la *dimension de la matrice* utilisateurs-items qui peut être énorme (typiquement de l'ordre de 10^4 lignes $\times 10^5$ colonnes) ;

- du *caractère creux de cette matrice* (typiquement avec moins de 1 % d'entrées) ;

- du choix à effectuer de la *mesure de similarité*, en particulier si les données comportent des relations.

Par ailleurs, il n'est pas facile de *mesurer la performance* d'un système de filtrage collaboratif, ce qui est nécessaire pour identifier la technique la mieux adaptée à une tâche particulière.

5.3 L'approche par complétion de matrice

Nous l'avons dit, la compétition Netflix de 2006 a été remportée par une technique utilisant la complétion de matrice. Pourquoi cela serait-il possible ? En fait, la matrice idéale qui exprimerait les préférences des utilisateurs est très redondante. Si *Jean* et *Marie* partagent des goûts similaires ou au contraire sont très opposés sur leurs appréciations des items, alors connaissant les préférences de l'un(e), il est aisé d'estimer les préférences de l'autre. La complétion de matrice est une méthode qui utilise ce type de redondance pour estimer les valeurs manquantes dans la matrice.

Avant de présenter les bases de la méthode employée, nous allons commencer par présenter la décomposition en valeurs singulières d'une matrice.

5.3.1 La décomposition de matrice en valeurs singulières (SVD)

Commençons par un peu de théorie de l'algèbre linéaire.

Théorème 13.2 (Décomposition en valeurs singulières)

Toute matrice à valeurs réelles $\mathbf{R} \in \mathbb{R}^{m \times n}$ *de rang* r *peut être décomposée en un produit de trois matrices :*

$$\mathbf{R} = \mathbf{U}\,\boldsymbol{\Sigma}\,\mathbf{V}^{\top}$$

où $\mathbf{U} \in \mathbb{R}^{m \times r}$, $\boldsymbol{\Sigma} \in \mathbb{R}^{r \times r}$ *est une matrice diagonale et* $\mathbf{V} \in \mathbb{R}^{n \times r}$. $\mathbf{U}$ *et* $\mathbf{V}$ *sont toutes les deux des matrices orthogonales.*

Cette factorisation est appelée Décomposition en valeurs singulières *(Singular Value Decomposition (SVD)).*

En pratique, on sait calculer les matrices $\mathbf{U}$ et $\mathbf{V}$: leurs colonnes sont les vecteurs propres des matrices $\mathbf{R}^{\top}\mathbf{R}$ et $\mathbf{R}\mathbf{R}^{\top}$ et leurs valeurs propres sont les valeurs au carré de la matrice $\boldsymbol{\Sigma}$, appelées les *valeurs singulières*.

Comme la matrice $\boldsymbol{\Sigma}$ est diagonale, elle agit comme un facteur d'échelle pour les matrices $\mathbf{U}$ et $\mathbf{V}$. En vue de simplifier la suite, nous considérerons que $\boldsymbol{\Sigma}$ a été incorporée dans $\mathbf{U}$ ou dans $\mathbf{V}$ et nous écrirons donc : $\mathbf{R} = \mathbf{U}\mathbf{V}^{\top}$.

Ce qui est intéressant, c'est que les colonnes de la matrice $\mathbf{U}$ forment une base orthonormale des colonnes de la matrice $\mathbf{R}$ comme les colonnes de $\mathbf{V}$ pour les lignes de $\mathbf{R}$.

L'espace des vecteurs colonnes de $\mathbf{R}$ est un espace vectoriel engendré par les n colonnes de $\mathbf{R}$, c'est-à-dire que c'est l'ensemble des vecteurs qui sont combinaisons linéaires des colonnes de $\mathbf{R}$. Si la matrice $\mathbf{R}$ est de rang $r < n$, alors certaines de ses colonnes sont linéairement dépendantes. Les r colonnes de la matrice $\mathbf{U}$ forment une base de dimension r de l'espace vectoriel engendré par les m colonnes de $\mathbf{R}$. De même, les r colonnes orthogonales de $\mathbf{V}$ forment une base des lignes de la matrice $\mathbf{R}$.

Autrement dit, toute colonne de $\mathbf{R}$ peut être exprimée comme une combinaison linéaire unique des colonnes de $\mathbf{U}$. Et, de même, toute ligne de $\mathbf{R}$ peut s'exprimer comme une combinaison linéaire unique des colonnes orthogonales de $\mathbf{V}$.

Appliqué au problème de la recommandation, et en considérant la matrice $\mathbf{R}$ comme la matrice des notes $R_{i,j}$ des utilisateurs i par rapport aux produits j, cela signifie que les préférences des utilisateurs peuvent s'exprimer comme les préférences de r utilisateurs *typiques* ou utilisateurs *latents*, de même que les notes de chaque produit peuvent être considérées comme des combinaisons linéaires des notes de r produits typiques ou latents.

—— Exemple ——————————————————————————————————

Ainsi, supposons que l'ensemble des notes des films puisse s'exprimer à partir des notes de quatre types de film que l'on pourrait peut-être étiqueter 'Romance', 'Action', 'Histoire' et 'Science fiction'.

Le film *Titanic* pourrait être considéré comme une combinaison linéaire de ces types de films et l'on observerait sans doute que le coefficient exprimant *Titanic* en fonction de 'Science-fiction' serait proche de 0, alors qu'il serait élevé pour les trois autres types de film.

———

La figure 13.6 montre la décomposition d'une matrice 5×6 en produit de deux matrices 5×3 et 3×6.

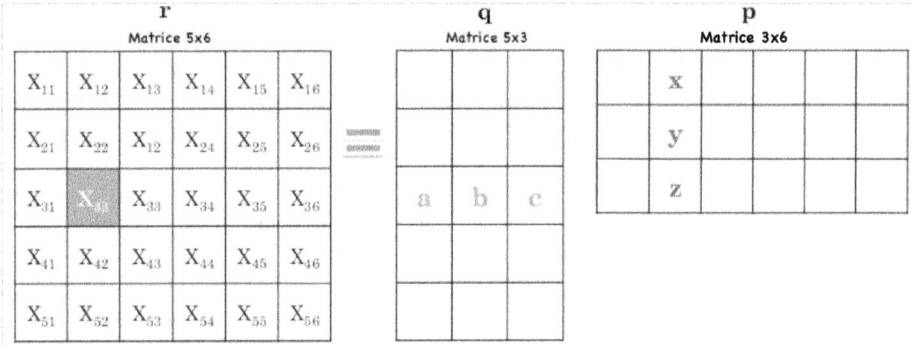

FIGURE 13.6 : *Ici l'entrée X_{32} peut être reconstruite par la combinaison :*
$$X_{32} = (a, b, c) . (x, y, z) = a\,x + b\,y + c\,z.$$

Chaque entrée de la matrice $\mathbf{R}$ s'exprime comme un produit scalaire entre deux vecteurs de dimension r puisque $\mathbf{U}$ et $\mathbf{V}$ sont formés de r vecteurs colonnes orthogonaux.

Un résultat fort de la décomposition en valeurs singulières est que, si on restreint $\mathbf{U}$ et $\mathbf{V}$ à f colonnes ($f < r$) en conservant les vecteurs colonnes associés aux f plus grandes valeurs de la matrice $\boldsymbol{\Sigma}$, le produit de matrices $\mathbf{U}'\,\mathbf{V}'$ est encore une bonne approximation de la matrice $\mathbf{R}$.

C'est en fait la meilleure approximation de rang f de $\mathbf{R}$ au sens de la norme de Frobenius (qui est, pour une matrice, la racine carrée de la somme de ses entrées au carré).

5.3.2   Adaptation et application de la SVD à la recommandation

Nous pouvons ré-interpréter la figure 13.6 en disant que la matrice $\mathbf{R}$ est celle des notes données par les utilisateurs u aux produits i : $r_{u,i}$ qui peut s'écrire :

$$r_{u,i} \;=\; \mathbf{q}_i^\top \, \mathbf{p}_u$$

où un utilisateur u est modélisé par un vecteur $\mathbf{p}_u \in \mathbb{R}^f$ dans lequel chaque composante exprime l'importance de ce facteur pour u. De même, un produit (ou item) i est modélisé par un vecteur $\mathbf{q}_i \in \mathbb{R}^f$ où chaque composante exprime combien le produit i correspond au facteur associé.

Lorsque toutes les entrées de la matrice $\mathbf{R}$ sont connues, on peut estimer les matrices $\mathbf{p}_u$ et $\mathbf{q}_i$ en cherchant à minimiser le critère quadratique :

$$\mathbf{Q}^*, \mathbf{P}^* \;=\; \underset{\mathbf{Q},\mathbf{P}}{\operatorname{ArgMin}} \; \sum_{r_{u,i} \in \mathbf{R}} \left(r_{u,i} - \mathbf{q}_i^\top \, \mathbf{p}_u \right)^2$$

sous contrainte d'orthogonalité des colonnes de $\mathbf{q}_i$ et de $\mathbf{p}_u$.

Dans le cadre d'une application au problème de la recommandation, on pourrait être tenté d'utiliser directement la décomposition en valeurs singulières en partant de la matrice $\mathbf{R}$ remplie par les notes connues et en cherchant une approximation par la SVD de cette matrice. Une fois calculées les matrices $\mathbf{Q}$ et $\mathbf{P}$, on pourrait calculer une estimation de toutes les valeurs manquantes de $\mathbf{R}$.

Malheureusement, si l'on remplace les valeurs manquantes de $\mathbf{R}$ par des zéros, avant de calculer $\mathbf{Q}$ et $\mathbf{P}$, la décomposition devient de mauvaise qualité et conduit à de mauvais résultats, d'autant plus que la matrice $\mathbf{R}$ est creuse.

Une contribution majeure à ce problème a été apportée par Simon Funk dans son blog[4], qui a montré empiriquement que cela n'avait pas d'importance que la matrice $\mathbf{R}$ soit creuse et qu'il suffisait de ne pas utiliser les valeurs inconnues de $\mathbf{R}$ dans le calcul des matrices $\mathbf{Q}$ et $\mathbf{P}$. Le problème d'optimisation n'est plus convexe, mais il existe des méthodes simples et efficaces pour approcher les matrices $\mathbf{Q}$ et $\mathbf{P}$.

L'une des approches pour résoudre le problème est la factorisation matricielle probabiliste *(Probabilistic Matrix Factorization)*, qui utilise le critère régularisé suivant :

$$\mathbf{Q}^*, \mathbf{P}^* \;=\; \underset{\mathbf{Q},\mathbf{P}}{\operatorname{ArgMin}} \left\{ \sum_{r_{u,i} \in \mathbf{R}} \left(r_{u,i} - \mathbf{q}_i^\top \cdot \mathbf{p}_u \right)^2 \;+\; \lambda \left(||\mathbf{q}_i||^2_{\text{Frob}} + ||\mathbf{p}_u||^2_{\text{Frob}} \right) \right\}$$

où λ contrôle la régularisation consistant à favoriser des vecteurs $\mathbf{q}_i$ et $\mathbf{p}_u$ de norme faible.

La descente de gradient stochastique est souvent très efficace pour résoudre ce problème et est simple à implémenter (algorithme 22).

Une autre technique d'optimisation peut être utilisée en notant que, si $\mathbf{p}_u$ ou $\mathbf{q}_i$ est fixé, nous avons un problème d'optimisation convexe pouvant être résolu par la méthode classique des moindres carrés. L'idée est alors de considérer toutes les colonnes $\mathbf{q}_i$ constantes et de résoudre le problème linéaire associé, puis de considérer tous les vecteurs $\mathbf{p}_u$ constants et de résoudre le problème associé, et de répéter ces deux étapes jusqu'à ce qu'une solution (correspondant à un minimum local) soit atteinte. C'est la méthode des moindres carrés alternés [BK07].

---

4. http ://sifter.org/~simon/journal/20061211.html

Algorithme 22 : **Algorithme de gradient stochastique pour la complétion de matrice**

Données : Une matrice de notes $\mathbf{R}$, un pas d'apprentissage η, un poids de régularisation λ et un nombre d'itérations n

Résultat : Les matrices $\mathbf{P}$ et $\mathbf{Q}$ des facteurs pour les utilisateurs (typiques) et pour les produits (typiques)

début
> *Initialisation* aléatoire des matrices $\mathbf{P}$ et $\mathbf{Q}$
> **pour** *itération* $\in [1, n]$ **faire**
>> **pour chaque** $r_{u,i} \in \mathbf{R}$ **faire**
>>> $err_{u,i} = r_{u,i} - \mathbf{q}_i^\top \cdot \mathbf{p}_u$
>>> $\mathbf{q}_i = \mathbf{q}_i - \eta(err_{u,i} \cdot \mathbf{p}_u - \lambda\,\mathbf{q}_i)$
>>> $\mathbf{p}_u = \mathbf{p}_u - \eta(err_{u,i} \cdot \mathbf{q}_i - \lambda\,\mathbf{p}_u)$
>> **fin**
> **fin pour**
fin

5.4   La question de l'évaluation des algorithmes de filtrage collaboratif

L'évaluation des algorithmes de prédiction en filtrage collaboratif procède généralement par validation croisée. On découpe les données disponibles en sous-ensembles et on utilise tous ces sous-ensembles sauf un pour l'apprentissage et le dernier pour la mesure de performance ; on répète ce procédé plusieurs fois en changeant le sous-ensemble utilisé pour le test (chapitre 24).

En pratique, la démarche souvent employée est la suivante :

1. On choisit aléatoirement un certain nombre d'utilisateurs, par exemple la moitié de ceux-ci. Ces utilisateurs sont employés par l'algorithme d'apprentissage, tandis que les autres constituent un ensemble test.

2. Les utilisateurs de l'ensemble test sont considérés un à un. Pour chaque utilisateur u, on ne fournit à l'algorithme qu'une partie des évaluations, par exemple toutes les évaluations sauf une. On note l'utilisateur ainsi amputé de son évaluation sur l'item i par u'_i.

3. On mesure l'erreur commise par l'algorithme lorsqu'il tente de prédire la note accordée par l'utilisateur à l'item i : $pred(u', i)$, par rapport à la vraie évaluation x^i_u : $|pred(u', i) - x^i_u|$.

4. En calculant la moyenne sur tous les utilisateurs de l'ensemble test et tous les articles qu'ils ont notés, on obtient la mesure *All-But 1 Mean Average Error* (MAE).

La mesure MAE est la plus employée, mais il existe une variété de méthodes d'évaluation existante [HKTR04]. Notons que le facteur temps intervient aussi dans l'appréciation d'un système de recommandation. Les utilisateurs ne sont pas prêts à attendre les recommandations beaucoup plus qu'une seconde (trois secondes semble le maximum bien toléré).

Cependant, **ces méthodes d'évaluation sont clairement insuffisantes**, ou, plus justement, inadaptées. Si elles étaient pertinentes, on pourrait penser, après le succès de la compétition Netflix ayant mobilisé des talents et des ressources exceptionnels et ayant obtenu des performances apparemment impressionnantes, que le problème de la recommandation personnalisée est résolu. Or, même si ces systèmes fournissent des recommandations qui sont davantage appréciées que des recommandations générales, non personnalisées, ils sont encore loin de satisfaire complètement les utilisateurs.

Comme le note l'article [JRTZ16], cela est dû à plusieurs raisons ayant trait à la manière dont sont évalués les systèmes. Parmi celles-ci :

- Les entrées manquantes dans la matrice **R** ne sont pas distribuées uniformément.

  — Les utilisateurs ont tendance à noter les produits qu'ils s'attendaient à apprécier, c'est assez évident.

  — Ils notent aussi davantage les produits qu'ils ont adorés ou détestés.

  De ce fait, des systèmes de recommandation qui sont bons pour prédire ce qui intéresse les utilisateurs, ce que l'on veut, peuvent apparaître moins bons sur les tests que des systèmes qui font des prédictions meilleures sur des produits qui n'intéressent pas les utilisateurs.

- Les mesures de performances telles que RMSE ou MAE accordent la même importance à tous les produits. Or, le plus souvent, les produits pour lesquels la prédiction d'appréciation est faible ne seront jamais présentés aux utilisateurs. Donc, être précis sur la prédiction de ces valeurs n'a pas d'importance. Il vaudrait mieux se concentrer sur la qualité du tri *(ranking)* pour les produits les mieux évalués.

- De la même manière, il est souvent plus grave de faire une recommandation vraiment mauvaise que de manquer de faire quelques bonnes recommandations.

- La précision sur les prédictions n'est pas le critère primordial ou le seul important. Faire des recommandations introduisant de la variété et de la nouveauté est également important. Le problème est de bien contrôler combien l'utilisateur est prêt à considérer des recommandations « nouvelles ». Il n'est d'ailleurs pas simple de mesurer ces deux critères : *variété* et *nouveauté*.

- Les recommandations peuvent dépendre du contexte. On peut être intéressé par essayer un restaurant 3 étoiles pendant l'année, mais beaucoup moins alors que l'on fait du camping (à moins que ce ne soit l'inverse). On peut aussi être plus ou moins réceptif à des recommandations « originales » en fonction de notre humeur ou de notre fatigue. La question est d'introduire ces données contextuelles dans le système.

- Il faut aussi tenir compte de l'utilité pour l'entreprise qui fournit les recommandations. Recommander un produit dont il est évident que l'utilisateur cherchera à l'acquérir est de peu d'intérêt.

- Les préférences des utilisateurs évoluent avec le temps et il faut savoir tenir compte de ces évolutions.

- À part les méthodes basées sur les contenus, les autres méthodes présentées – par voisinage ou par complétion de matrice – souffrent du problème dit du *cold start*, c'est-à-dire du manque d'informations sur lesquelles s'appuyer pour les nouveaux utilisateurs pour lesquels on ne dispose pas d'historique d'interactions (achats, notes...).

Si les problèmes sont donc nombreux et loin d'être résolus, plusieurs pistes sont envisagées dans les travaux récents. L'une d'entre elles est de recourir à un système interactif avec l'utilisateur. Quand nos amis nous recommandent quelque chose, ils discutent avec nous. C'est peut-être là une bonne « recommandation ». D'autres résultats très prometteurs ont été obtenus par des réseaux profonds (voir [ZYST19] pour une revue très complète)

Il est à noter qu'il n'est pas facile de comparer plusieurs algorithmes de recommandation entre eux, en particulier lorsque l'évaluation a lieu en ligne, c'est-à-dire alors même que le système est employé par les utilisateurs. Il existe en effet des boucles de rétroaction entre les recommandations produites par le système et les préférences exprimées par les utilisateurs. Par exemple, un item populaire sera souvent recommandé, donc souvent évalué par les utilisateurs ; son poids dans les mesures de similarité et le calcul des recommandations ultérieures sera de ce fait augmenté, ce qui biaisera le système.

Notes historiques supplémentaires

Le terme *collaborative filtering* fut proposé par David Golberg et ses collaborateurs chez Xerox en 1992 [GNOT92].

Deux ans plus tard, en 1994, Paul Resnick du MIT *(Massachusetts Institute of Technology)* et ses collaborateurs de l'Université du Minnesota proposèrent l'architecture GroupLens[5] pour recommander des articles dans les *newsgroups*.

La librairie Amazon a popularisé le filtrage collaboratif avec sa fonction « les utilisateurs qui ont aimé ce livre ont aussi aimé tels autres livres ». L'ingénieur responsable de ce projet, Greg Linden, a d'ailleurs un blog[6] très intéressant (en anglais).

En 1998, Brin et Page publièrent leur algorithme PageRank et lancèrent Google. La même année, chez Microsoft, John Breese et ses collaborateurs publièrent un article charnière, *Empirical Analysis of Predictive Algorithms for Collaborative Filtering* [BHK98], dans lequel figure une comparaison détaillée des divers algorithmes de filtrage collaboratif.

Avant 2001, les algorithmes de filtrage collaboratif étaient soit basés sur les réseaux bayésiens, les réseaux de neurones, etc. soit sur une approche utilisateur-utilisateur. En 2001, Amazon innovait avec la publication d'un brevet introduisant le filtrage collaboratif basé sur l'article ; la même année, le groupe GroupLens publiait aussi, indépendamment, le même type d'algorithme [SKKR01].

En 2006, la compagnie Netflix annonça qu'elle accorderait un prix d'un million de dollars à celui qui améliorerait de 10 % son outil de recommandation. La compagnie rendit ainsi disponible un ensemble de données qui permettaient de tester des systèmes. La compétition prit fin en 2011. Pour en savoir davantage sur cette compétition, et sur d'autres grands défis récents en apprentissage artificiel, il est recommandé de lire l'excellent livre [Ger18], dont les chapitres 5 et 6 sur la recommandation.

---

5. http ://www.inf.ed.ac.uk/teaching/courses/tts/papers/resnick.pdf
6. http ://glinden.blogspot.com

Résumé

- Il est très naturel de réaliser une interpolation à de nouveaux cas en se basant sur la similarité à d'autres cas pour lesquels une solution est connue.

- Il faut savoir définir des distances appropriées aux objets d'étude. Cela demande du soin, particulièrement quand on travaille sur des objets non naturellement définis dans espaces vectoriels : textes, séries temporelles... Il existe heureusement de nombreuses mesures dans la littérature pour résoudre ce problème.

- L'algorithme des plus proches voisins est l'algorithme de base pour l'apprentissage utilisant la comparaison avec d'autres exemples. Malgré sa simplicité, il a des propriétés d'approximation très fortes. De nombreuses variantes de cet algorithme existent.

- La recommandation est une tâche d'importance croissante. Les algorithmes récents sont fondés sur la comparaison à d'autres utilisateurs. L'algorithme le plus employé est construit sur l'idée de complétion de matrice. Cependant, les limites de cette approche deviennent apparentes et de nouvelles méthodes, prenant davantage en compte le contexte, sont en cours d'étude.

Chapitre 14

Vladimir VAPNIK (1936-)

Méthodes à noyaux

Les méthodes linéaires d'analyse de données et d'apprentissage ont été parmi les premières à être développées. Elles ont également été intensivement étudiées, en particulier parce qu'elles se prêtent bien à l'analyse mathématique. Cependant, de nombreuses applications requièrent des modèles non linéaires pour rendre compte des dépendances et des régularités sous-jacentes dans les données.

Les méthodes à noyaux permettent de trouver des fonctions de décision non linéaires, tout en s'appuyant fondamentalement sur des approches linéaires. Une fonction noyau correspond à un produit scalaire dans un espace de redescription des données, souvent de grande dimension. Dans cet espace, qu'il n'est pas nécessaire de manipuler explicitement, les méthodes linéaires peuvent être mises en œuvre pour y trouver des régularités linéaires, correspondant à des régularités non linéaires dans l'espace d'origine.

Grâce à l'utilisation de fonctions noyaux, il devient ainsi possible d'avoir le meilleur de deux mondes : utiliser des techniques simples et rigoureusement garanties et traiter des problèmes non linéaires.

Sommaire

L ES MÉTHODES D'APPRENTISSAGE dites **à noyaux** *(kernel-based methods)* sont importantes à connaître. Elles sont à la convergence de plusieurs points de vue différents. Le lecteur peu intéressé par les aspects théoriques peut aller directement aux sections 1.2, 3 et suivantes.

1. Trois voies vers les méthodes à noyaux

Nous décrivons dans la suite trois points de vue qui conduisent aux méthodes à noyaux. Nous les exposons en ordre croissant d'abstraction. C'est aussi, à peu près, l'ordre dans lequel ces méthodes ont été considérées dans les travaux de recherche sur l'apprentissage.

1.1 Dans l'esprit des plus proches voisins et des fenêtres de Parzen

Historiquement, il est fait mention des approches à noyaux dès les années soixante. L'idée essentielle est d'utiliser les exemples d'apprentissage $\mathcal{S} = \langle(\mathbf{x}_i, y_i)\rangle_{i=1,m}$ pour réaliser une interpolation sur l'espace des entrées $\mathcal{X}$ grâce à une pondération des sorties associées aux entrées $\big(\mathbf{x}_i\big)_{i=1,m}$. Ainsi, pour une entrée $\mathbf{x}$ inconnue, la réponse $\hat{y}(\mathbf{x})$ est estimée par :

$$\hat{y}(\mathbf{x}) \;=\; h_{\mathcal{S}}(\mathbf{x}) \;=\; \frac{1}{\sum_{i=1}^{m} K(\mathbf{x}, \mathbf{x}_i)} \sum_{i=1}^{m} y_i\, K(\mathbf{x}, \mathbf{x}_i) \tag{14.1}$$

Le poids $K(\mathbf{x}, \mathbf{x}_i)$ qui est associé à chaque sortie y_i dépend de la position relative de $\mathbf{x}_i$ dans l'espace des entrées $\mathcal{X}$ et du point $\mathbf{x}$ considéré. La fonction $K(\mathbf{x}, \mathbf{x}')$ définissant ces poids est appelée, dans ces approches, *fonction noyau* ou *noyaux de Parzen* ou *fenêtres de Parzen*. Le plus souvent, la forme des fonctions noyaux est du type :

$$K(\mathbf{x}, \mathbf{x}') \;=\; g\!\left(\frac{d(\mathbf{x}, \mathbf{x}')}{\sigma}\right)$$

où $d(\mathbf{x}, \mathbf{x}')$ est une « distance » définie sur $\mathcal{X}$, σ est un facteur d'échelle (ou d'adoucissement) et $g(\cdot)$ est une fonction (usuellement monotone) décroissante. Un choix fréquent pour cette fonction est $g(z) = \exp(-z^2/2)$. L'utilisation de ce type de fonction noyau conduit à une estimation $\hat{y}$ comme moyenne pondérée des $(y_i)_{i=1,m}$ avec un poids plus fort pour les exemples pour lesquels la distance $d(\mathbf{x}, \mathbf{x}_i)$ est petite, la notion de « petite » étant déterminée par la valeur de σ.

Ces méthodes par interpolation, qui sont très liées aux méthodes de plus proches voisins, sont détaillées dans les chapitres 13 et 19. On peut en évoquer les avantages. Elles sont un approximateur universel : lorsque le nombre d'exemples d'apprentissage croît et devient arbitrairement grand, $m \to \infty$, l'estimation 14.1 approche la fonction de prédiction optimale, $h_{\mathcal{S}}(\mathbf{x}) \to h^*(\mathbf{x})$, si le paramètre d'échelle σ est une fonction de m décroissant vers 0, $\sigma(m) \to 0$, à une vitesse inférieure à $1/m$. Ce résultat est valable pour presque toute fonction de distance (sous de faibles hypothèses telles que la convexité). De plus, ces méthodes d'interpolation ne demandent pas d'apprentissage à proprement parler puisqu'*il n'y a pas d'hypothèse apprise*, mais utilisation directe de l'ensemble d'apprentissage.

1.2 Passage par un espace de redescription et astuce des noyaux

Un autre point de vue sur les méthodes à noyaux introduit la notion d'espace de redescription.

À titre d'exemple, nous considérons ici le **cas de la régression linéaire** déjà étudié dans le chapitre 9. On cherche à trouver une fonction linéaire h définie dans $\mathcal{X} = \mathbb{R}^d$ qui interpole au mieux des données d'apprentissage $\mathcal{S} = \langle (\mathbf{x}_1, y_1), \ldots, (\mathbf{x}_m, y_m) \rangle$ de points $\mathbf{x}_i$ pris dans $\mathcal{X}$ et de valeur associée $y_i \in \mathbb{R}$:

$$h(\mathbf{x}) = w_0 + \sum_{j=1}^{d} w_j \, x_j \tag{14.2}$$

où les x_j sont les coordonnées du point $\mathbf{x}$. Nous écrirons aussi : $h(\mathbf{x}) = \langle \mathbf{w}, \mathbf{x} \rangle$ en étendant le vecteur d'entrée par l'ajout d'une composante zéro de valeur 1, ou bien $\langle \mathbf{w}, \mathbf{x} \rangle + w_0$ quand nous voudrons mettre en exergue le coefficient w_0.

Utilisons le principe inductif de minimisation du risque empirique, en prenant l'écart quadratique comme fonction de perte (figure 14.1) :

$$R_{\text{Emp}}(h) = R_{\text{Emp}}(\mathbf{w}) = \frac{1}{m} \sum_{i=1}^{m} l\big(h(\mathbf{x}_i), y_i\big) = \frac{1}{m} \sum_{i=1}^{m} (h(\mathbf{x}_i) - y_i)^2 = \frac{1}{m} \sum_{i=1}^{m} \xi_i^2 \tag{14.3}$$

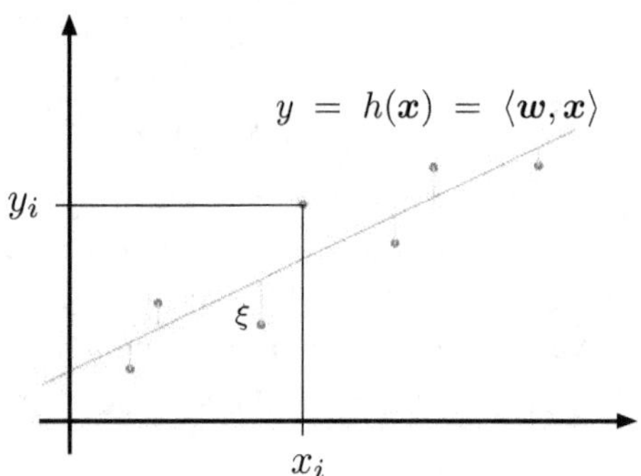

FIGURE 14.1 : *Régression linéaire.*

On cherche le vecteur de paramètres $\mathbf{w}$ minimisant ce risque empirique. Écrivons ξ le vecteur des écarts ξ_i : $\xi = \mathbf{y} - \mathbf{X}\mathbf{w}$.

On a alors : $R_{\text{Emp}}(\mathbf{w}) = \|\xi\|_2^2 = (y - \mathbf{X}\mathbf{w})^\top (y - \mathbf{X}\mathbf{w})$.

On peut chercher la valeur optimale de $\mathbf{w}$ en calculant la dérivée du risque par rapport au vecteur de paramètres $\mathbf{w}$ et en la posant égale au vecteur nul :

$$\frac{\partial R_{\text{Emp}}(\mathbf{w})}{\partial \mathbf{w}} = -2\mathbf{X}^\top y + 2\mathbf{X}^\top \mathbf{X}\mathbf{w}$$

On obtient alors les équations dites « normales » : $\mathbf{X}^\top \mathbf{X}\mathbf{w} = \mathbf{X}^\top y$.

Si l'inverse de $\mathbf{X}\mathbf{X}^\top$ existe, la solution peut s'exprimer sous la forme :

$$\mathbf{w} = (\mathbf{X}^\top \mathbf{X})^{-1} \mathbf{X}^\top \mathbf{y} = \mathbf{X}^\top \mathbf{X} (\mathbf{X}^\top \mathbf{X})^{-2} \mathbf{X}^\top \mathbf{y} = \mathbf{X}^\top \alpha$$

ce qui signifie que $\mathbf{w}$ est une combinaison linéaire des points d'apprentissage : $\mathbf{w} = \sum_{i=1}^{m} \alpha_i \, \mathbf{x}_i$.

L'hypothèse recherchée a alors la forme, appelée ***représentation duale*** :

$$h(\mathbf{x}) \;=\; \sum_{i=1}^{m} \alpha_i \, \langle \mathbf{x}_i, \mathbf{x} \rangle \tag{14.4}$$

qui a la particularité de *ne dépendre que de produits scalaires* entre vecteurs de $\mathcal{X}$.

Ce qui est remarquable est que l'on peut retrouver (voir par exemple [STC04], pp.31-32) la même forme pour l'hypothèse h si l'on cherche à minimiser le *risque empirique régularisé* dans lequel on favorise les fonctions de norme faible :

$$R(h) \;=\; \frac{1}{m} \sum_{i=1}^{m} (y_i - h(\mathbf{x}_i))^2 + \lambda \, \min_{\mathbf{w}} \|\mathbf{w}\|^2$$

On trouve en effet : $\mathbf{w} = \lambda^{-1}\mathbf{X}^\top(\mathbf{u} - \mathbf{Xw}) = \mathbf{X}^\top \alpha$, avec $\alpha = \lambda^{-1}(\mathbf{u} - \mathbf{Xw})$.
Soit encore : $(\mathbf{XX}^\top + \lambda \mathbf{I}_m)\alpha = \mathbf{y}$, d'où :

$$\alpha = (\mathbf{K} + \lambda \mathbf{I}_m)^{-1}\mathbf{u} \tag{14.5}$$

où $\mathbf{K}$ est la matrice de Gram (voir plus loin).

Ce **résultat** est **important** car, généralisé (il le sera dans le *théorème de représentation*, section 1.3), il montre que *les problèmes régularisés* de la forme :

$$R(h) \;=\; \frac{1}{m} \sum_{i=1}^{m} (y_i - h(\mathbf{x}_i))^2 + \lambda \, \mathrm{Reg}(h)$$

ont naturellement des solutions de la forme : $h(\mathbf{x}) \;=\; \sum_{i=1}^{m} \alpha_i \, \langle \mathbf{x}_i, \mathbf{x} \rangle$, c'est-à-dire d'une combinaison linéaire de produits scalaires.

Supposons que l'on cherche à résoudre cette fois-ci un **problème de régression non linéaire** dans $\mathcal{X}$ (voir figure 14.2). On peut être tenté d'utiliser pour cela une fonction de redescription ϕ de $\mathcal{X}$ dans un nouvel espace F *(feature space)*, de telle manière que le problème devienne un problème de régression linéaire dans ce nouvel espace.

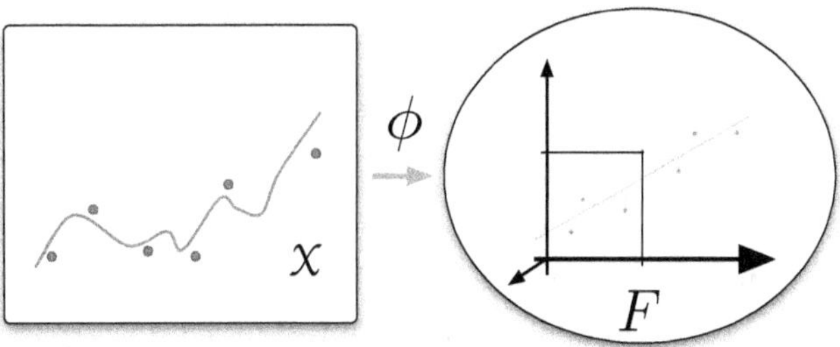

FIGURE 14.2 : *Régression non linéaire rendue possible par la transformation en un problème de régression linéaire dans l'espace de redescription F.*

Dans ce cas, la solution du problème de régression linéaire, dans l'espace de redescription F, prendra la *forme primale* $h(\mathbf{x}) = \langle \mathbf{w}, \phi(\mathbf{x}) \rangle = 0$, que l'on peut ré-exprimer en mettant en évidence la base de fonctions non linéaires $\{\phi_1(\mathbf{x}), \phi_2(\mathbf{x}), \ldots\}$, éventuellement infinie, de l'espace F :

$$h(\mathbf{x}) = \sum_{j=1}^{\infty} w_j\, \phi_j(\mathbf{x}) + w_0 = 0 \tag{14.6}$$

En résolvant comme précédemment, cette fois-ci dans l'espace de redescription, on obtient à nouveau une *expression duale* :

$$\boxed{h(\mathbf{x}) = \sum_{i=1}^{m} \alpha_i \langle \Phi(\mathbf{x}_i), \Phi(\mathbf{x}) \rangle} \tag{14.7}$$

Et, en rapprochant les équations 14.6 et 14.7, on tire :

$$h(\mathbf{x}) = \sum_{j=1}^{\infty} w_j\, \phi_j(\mathbf{x}) + w_0 = \langle \mathbf{w}, \phi(\mathbf{x}) \rangle$$

$$= \sum_{i=1}^{m} \alpha_i \langle \Phi(\mathbf{x}_i), \Phi(\mathbf{x}) \rangle = 0$$

d'où :

$$\boxed{\mathbf{w}^{\top} = \sum_{i=1}^{m} \alpha_i\, \Phi(\mathbf{x}_i)} \tag{14.8}$$

Un problème est évidemment que la nouvelle formulation implique, d'une part, de trouver une fonction de redescription Φ adéquate et, d'autre part, de calculer des produits scalaires dans un espace F dont la dimension peut être grande (voire infinie). Cependant, il est parfois possible de ne pas avoir à effectuer explicitement ces produits scalaires dans F grâce à l'utilisation de *fonctions noyaux*. C'est ce que l'on appelle l'« astuce des noyaux » *(kernel trick)*.

Définition 14.1 (Fonction noyau, Kernel function)

Une fonction noyau *est une fonction* $\kappa : \ \mathbf{x}, \mathbf{x}' \in \mathcal{X}^2 \to \mathbb{R}$ *satisfaisant :*

$$\kappa(\mathbf{x}, \mathbf{x}') = \langle \Phi(\mathbf{x}), \Phi(\mathbf{x}') \rangle$$

où Φ *est une fonction de* $\mathcal{X}$ *vers un espace de redescription* F *doté d'un produit scalaire :*

$$\Phi : \ \mathbf{x} \mapsto \Phi(\mathbf{x}) \in F$$

L'utilisation de fonctions noyaux permet ainsi de calculer implicitement un produit scalaire dans un espace de dimension éventuellement infini par un calcul n'impliquant qu'un nombre fini de termes : ce nombre étant le nombre m des exemples d'apprentissage (voire éventuellement moins, comme nous le verrons). Par ailleurs, il apparaît donc que la spécification de la fonction noyau est *suffisante*. Il n'est pas nécessaire de calculer le vecteur poids $\mathbf{w}$ pour spécifier la fonction de décision $h(\mathbf{x}) = \sum_{i=1}^{m} \alpha_i\, \kappa(\mathbf{x}_i, \mathbf{x})$.

—— EXEMPLE   **Un exemple en classification** ————————————————————————

La résolution d'un problème de classification non linéaire dans $\mathcal{X}$ peut également être abordée par l'intermédiaire d'une classification linéaire dans un espace F, via une fonction de redescription ϕ. Dans la figure 14.3, deux classes sont décrites dans $\mathbb{R}^2$ par deux nuages de points, non linéairement séparables. Le plongement de ces points dans $\mathbb{R}^3$, par une fonction ϕ (qui peut même ici être explicitement calculée), permet d'envisager une séparation linéaire, dont l'image réciproque donnera l'ellipse de séparation. L'astuce du noyau consiste à définir un noyau κ à l'aide d'un produit scalaire dans $\mathbb{R}^3$.

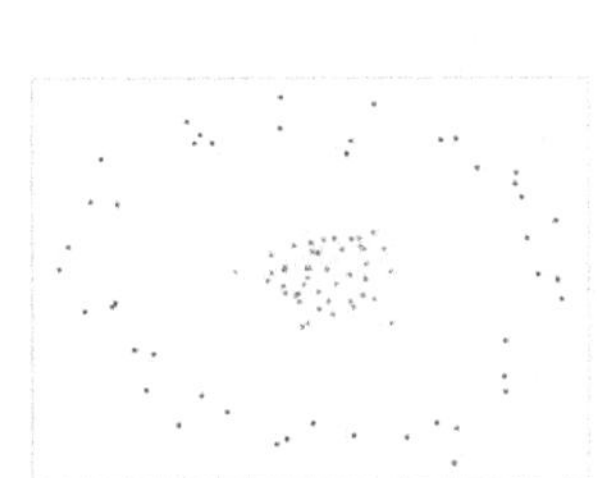
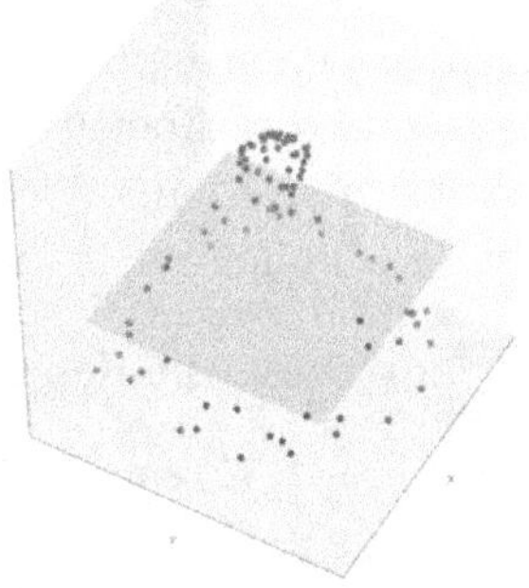
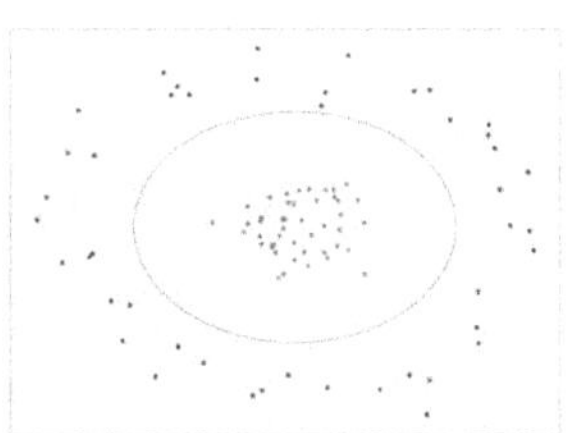

Points dans $\mathbb{R}^2$ Espace F. Les données deviennent linéairement séparables (plan)   Retour dans $\mathbb{R}^2$, l'image réciproque du plan donne une séparatrice en ellipse

FIGURE 14.3 : *Astuce du noyau pour la classification non linéaire.*

En un sens profond, **une fonction noyau correspond à une mesure de similarité** entre entrées $\mathbf{x}$ et $\mathbf{x}'$, mesure qu'il est naturel d'utiliser en induction puisqu'un *a priori* évident est de supposer que deux entrées similaires doivent être associées à des sorties similaires. De fait, les fonctions noyaux peuvent être considérées comme une *généralisation des fonctions de covariance*. En effet, une fonction noyau peut s'exprimer comme une somme de produits sur un ensemble de fonctions :

$$\kappa(\mathbf{x}, \mathbf{x}') \;=\; \sum_{i=1}^{\infty} \phi_i(\mathbf{x})\,\phi_i(\mathbf{x}')$$

ce qui suggère de considérer les fonctions noyaux comme des fonctions de covariance dépendantes d'une mesure de probabilité μ sur une classe de fonctions $\mathcal{F}$:

$$\kappa_\mu(\mathbf{x}, \mathbf{x}') \;=\; \int_{\mathcal{F}} f(\mathbf{x}) f(\mathbf{x}') \mu(f) \mathrm{d}f$$

On appellera ces fonctions noyaux des *noyaux de covariance*. On peut montrer que toute fonction noyau peut être obtenue comme noyau de covariance avec une mesure μ particulière sur $\mathcal{F}$.

Étant donné un ensemble de points $\{\mathbf{x}_i\}_{i=1,\dots,m}$, nous pouvons calculer la *matrice de Gram* (ou *matrice noyau*) $\mathbf{K}$ dont les éléments sont : $K_{ij} = \kappa(\mathbf{x}_i, \mathbf{x}_j)$.

Une matrice réelle $\mathbf{K}$ de dimension $m \times m$ vérifiant la forme quadratique $Q(\mathbf{v}) = \mathbf{v}^\top \mathbf{K} \mathbf{v} \geq 0$ pour tout vecteur $\mathbf{v} \in \mathbb{R}^m$ est dite *positive semi-définie*. Si $Q(\mathbf{v}) = 0$ seulement quand $\mathbf{v} = 0$, alors la matrice $\mathbf{K}$ est dite positive définie. De manière équivalente, une matrice symétrique est positive semi-définie si et seulement si toutes ses valeurs propres sont positives ou nulles.

Une matrice de Gram correspondant à une fonction de covariance doit être positive semi-définie.

Une *fonction noyau* est dite *positive semi-définie* si :

$$\int \kappa(\mathbf{x}, \mathbf{x}') \, f(\mathbf{x}) f(\mathbf{x}') \, d\mu(\mathbf{x}) d\mu(\mathbf{x}') \;\geq\; 0 \tag{14.9}$$

où μ et μ' dénotent des mesures sur $\mathcal{X}$ et pour toute fonction $f \in L_2(\mathcal{X}, \mu)$ [1]

De manière équivalente, une fonction noyau définissant une matrice de Gram positive semi-définie pour tout ensemble de points d'entrée $\mathcal{S}_m$ et pour tout $m \in \mathbb{N}$ est positive semi-définie.

Jusqu'à présent, le seul critère que nous ayons énoncé pour savoir si une fonction symétrique $\kappa : \mathcal{X} \times \mathcal{X} \to \mathbb{R}$ est une fonction noyau était celui d'exhiber un espace de redescription F et de vérifier que $\kappa(\cdot, \cdot)$ correspondait à un produit scalaire dans F. Plusieurs théorèmes permettent de caractériser les fonctions noyaux sans passer explicitement par l'espace de redescription.

Théorème 14.1 (Les fonctions symétriques positives semi-définies sont des noyaux)

Une fonction $\kappa : \mathcal{X} \times \mathcal{X} \to \mathbb{R}$ est une fonction noyau si et seulement si elle est symétrique et positive semi-définie.

Une démonstration peut être trouvée dans [SC08], p.118.

L'appellation *fonction noyau* provient de leur rôle dans des équations très importantes en physique, les *équations intégrales* du type :

$$f(x) \;=\; \lambda \int_a^b K(x, y) \, f(y) \, dy \;+\; h(x)$$

dans lesquelles l'inconnue est la fonction $f(x)$ et $K(x, y)$ est appelée le noyau de l'équation intégrale. Les fonctions propres de cette équation dépendent des propriétés de la fonction noyau. Si celle-ci est symétrique, $K(x, y) = K(y, x)$ (ce qui correspond en un sens profond à une conservation de l'énergie du système décrit), alors on peut prouver que les valeurs propres cherchées λ_k sont réelles et que les fonctions propres ψ_k associées sont orthogonales. Cela conduit évidemment à *pouvoir représenter chaque fonction par une série de fonctions propres* (cette propriété permet d'envisager de réaliser une analyse en composantes principales généralisée). On peut aussi réécrire l'équation :

$$f(x) \;=\; \lambda \int_a^b K(x, y) \, f(y) \, dy$$

comme :

$$f \;=\; \lambda \, A f$$

où A est un opérateur linéaire, représentable par une matrice.

Le **théorème de Mercer** permet d'exprimer les fonctions noyaux en termes de valeurs propres et de fonctions propres.

---

1. Une fonction f définie de $\mathbb{R}$ sur $\mathbb{R}$ est dite de carré sommable par rapport à la mesure μ ($f \in L_2(\mathcal{X}, \mu)$) définie sur $\mathbb{R}$ si sa *norme* associée $||f||$ définie par :

$$||f||^2 \;=\; \int_a^b [f(x)]^2 \, d\mu(x)$$

est bornée sur $\mathbb{R}$ tout entier.

Une fonction $\phi(\cdot)$ vérifiant l'équation intégrale :

$$\int \kappa(\mathbf{x}, \mathbf{x}') \, \phi(\mathbf{x}) \, \mathrm{d}\mu(\mathbf{x}) \; = \; \lambda \, \phi(\mathbf{x}')$$

est appelée une *fonction propre* du noyau κ associée à la valeur propre $\lambda \in \mathbb{R}$ en fonction de la mesure μ. Il existe en général une infinité de fonctions propres, que nous noterons $\phi_1(\mathbf{x}), \phi_2(\mathbf{x}) \ldots$ en supposant l'ordre $\lambda_1 \geq \lambda_2 \geq \ldots$ Les fonctions propres sont orthogonales en fonction de μ et peuvent être normalisées de manière que $\int \phi_i(\mathbf{x}) \, \phi_i(\mathbf{x}) \, \mathrm{d}\mu(\mathbf{x}) = \delta_{ij}$ où δ_{ij} est le symbole de Kronecker égal à 1 seulement quand $i = j$.

Théorème 14.2 (Théorème de Mercer)

Si $\kappa(\cdot, \cdot)$ est une fonction noyau continue symétrique d'un opérateur intégral :

$$g(\mathbf{y}) \; = \; A \, f(\mathbf{y}) \; = \; \int_a^b \kappa(x, y) \, f(y) \, dy \, + \, h(x)$$

vérifiant :

$$\int_{\mathcal{X} \times \mathcal{X}} \kappa(\mathbf{x}, \mathbf{x}') \, f(\mathbf{x}) \, f(\mathbf{x}') \, d\mathbf{x} d\mathbf{x}' \geq 0$$

pour toute fonction $f \in L_2(\mathcal{X})$ (de carré sommable) ($\mathcal{X}$ étant un sous-espace compact de $\mathbb{R}^d$), alors la fonction $\kappa(\cdot, \cdot)$ peut être développée en une série uniformément convergente en fonction des valeurs propres positives λ_i et des fonctions propres ψ_i :

$$\kappa(\mathbf{x}, \mathbf{x}') \; = \; \sum_{j=1}^{N} \lambda_j \, \psi_j(\mathbf{x}) \, \psi_j(\mathbf{x}') \tag{14.10}$$

où N est le nombre de valeurs propres positives (nombre éventuellement infini).

On peut alors décrire la fonction Φ de redescription des entrées comme :

$$\Phi(\mathbf{x}) \; = \; (\sqrt{\lambda_1} \, \psi_1(\mathbf{x}), \, \sqrt{\lambda_2} \, \psi_2(\mathbf{x}), \ldots) \tag{14.11}$$

Cette décomposition est l'analogue en dimension infinie de la diagonalisation d'une matrice Hermitienne. Le taux de décroissance des valeurs propres λ_i fournit une information sur la régularité du noyau. **Plus cette décroissance est rapide, plus régulière est la fonction noyau.**

Si les conditions théoriques exposées précédemment sont intéressantes, elles ne sont pas faciles à vérifier en pratique. Les praticiens utilisent pour la plupart l'une des fonctions noyaux connues ou bien font usage de propriétés particulières de combinaisons de fonctions noyaux pour en construire de nouvelles adaptées à leur problème (section 5).

Il n'y a pas de bijection entre les fonctions noyaux et les espaces de redescription pour lesquels ces fonctions sont analogues à un produit scalaire. *Une fonction noyau peut ainsi être associée à plusieurs espaces de redescription.*

—— Example **Non bijection entre fonction noyau et espace de redescription** ————

Soit un espace d'entrée $\mathcal{X} = \mathbb{R}^2$ et la projection $\Phi_1 : (x^1, x^2) \mapsto \left((x^1)^2, (x^2)^2, x^1 x^2, x^2 x^1\right)$,
où x^i dénote la i-ème composante du vecteur $\mathbf{x}$.

Alors le produit scalaire dans F s'écrit :

$$\langle \phi_1(\mathbf{x}), \phi_1(\mathbf{x}') \rangle = (x^1)^2(x'^1)^2 + (x^2)^2(x'^2)^2 + 2x^1 x^2 x'^1 x'^2 = \langle \mathbf{x}, \mathbf{x}' \rangle^2$$

La fonction noyau $\kappa(\mathbf{x}, \mathbf{x}') = \langle \mathbf{x}, \mathbf{x}' \rangle^2$ correspond donc à un produit scalaire dans l'espace F
à quatre dimensions défini par la projection Φ_1.

Toutefois, il est facile de voir qu'elle correspond aussi à un produit scalaire dans l'espace de redescription F à trois dimensions défini par la projection $\Phi_2 : (x^1, x^2) \mapsto \left((x^1)^2, (x^2)^2, \sqrt{2}x^1 x^2\right)$.
En effet :

$$\langle \phi_2(\mathbf{x}), \phi_2(\mathbf{x}') \rangle = (x^1)^2(x'^1)^2 + (x^2)^2(x'^2)^2 + 2x^1 x^2 x'^1 x'^2 = \langle \mathbf{x}, \mathbf{x}' \rangle^2$$

1.3 Approximation de fonctions dans un espace de Hilbert

Le point de vue dominant en apprentissage considère celui-ci essentiellement comme l'approximation d'une fonction cible inconnue à partir d'informations obtenues par les observations. Il est donc naturel de consulter les idées et résultats de l'analyse fonctionnelle. Celle-ci a en particulier pour but d'étudier comment caractériser ou calculer des fonctions à partir de bases (éventuellement infinies) de fonctions. L'exemple le plus célèbre est celui de l'analyse de Fourier (1772-1837), qui permet d'associer à toute fonction stationnaire continue une série (une somme) de fonctions périodiques (sinus et cosinus). On décompose ainsi une fonction selon ses fréquences, de même qu'un prisme décompose la lumière en couleurs. Le théorème de Mercer, vu à la section précédente, en est une illustration.

Plus généralement, une fonction est définie par l'ensemble des valeurs qu'elle prend, soit une infinité de nombres. Une fonction peut donc être vue comme un point dans un espace de dimension infinie. Cependant, ce point de vue n'est généralement pas très révélateur sur la nature de la fonction. On cherche alors à caractériser une fonction à l'aide de fonctions analysantes (fonctions trigonométriques, ondelettes...) prises dans une base. Chaque fonction analysante détermine un axe de projection de la fonction à analyser et décomposer une fonction dans une base choisie revient à la représenter par une infinité de coordonnées en la projetant sur une infinité d'axes. Ce langage n'est utilisable que si les notions de longueur et d'angle gardent une signification dans des espaces de dimension élevée (infinie), ce qui n'est pas évident. L'étude des conditions sous lesquelles cela est possible a conduit à la théorie des espaces de Hilbert (1862-1943). Un **espace de Hilbert** est essentiellement une extension algébrique de la notion d'espace euclidien ordinaire dans laquelle l'espace est défini par une liste infinie de fonctions orthogonales (analogues aux axes d'un espace euclidien) et où chaque point de cet espace peut être décrit par une combinaison linéaire de fonctions de base.

L'exemple le plus classique d'un espace de Hilbert est celui des *séries de Fourier* permettant de représenter n'importe quelle fonction $f(\phi)$ dans le domaine $0 \leq \phi \leq 2\pi$ comme une série :

$$f(\phi) = \sum_{n=0}^{\infty} a_n \, e^{in\phi}$$

où les fonctions $e^{in\phi}$ servent de fonctions de base orthogonales (on a $\int_0^{2\pi} e^{in\phi} e^{-im\phi} \mathrm{d}\phi = 2\pi \delta_{nm}$ avec $\delta_{nm} = 1$ si $n = m$ et 0 sinon) et où les a_n sont les coordonnées par rapport à cette base.

Définition 14.1 (Espace de Hilbert)

Un espace de Hilbert est un espace vectoriel sur $\mathbb{R}$ ou $\mathbb{C}$, muni d'un produit scalaire dont l'espace normé associé est complet. Dans le cas des espaces fonctionnels de fonctions numériques continues sur un intervalle $[a, b]$ de $\mathbb{R}$, le produit scalaire utilisé est généralement :

$$\langle f, g \rangle = \int_a^b f(x)\, g(x)\, dx$$

La norme associée $\|f\|$ est alors définie par :

$$\|f\|^2 = \int_a^b [f(x)]^2\, dx$$

Lorsque la norme est bornée sur $\mathbb{R}$ tout entier, f^2 est intégrable et on parle de *fonctions de carrés intégrables*. Lorsque l'intégrale considérée est celle de Lebesgue (1875-1941) (ce qui permet de traiter des fonctions non continues), cet espace se note $L_2[a, b]$.

Dans notre cas, nous considérerons les produits scalaires et normes par les opérations définies sur $\mathcal{X}$: $\langle f, g \rangle = \int_{\mathcal{X}} f(\mathbf{x})\, g(\mathbf{x})\, d\mathbf{x}$ et $\|f\|^2 = \int_{\mathcal{X}} [f(\mathbf{x})]^2\, d\mathbf{x}$. Nous pourrons aussi introduire une mesure μ sur $\mathcal{X}$, ce qui conduit au produit scalaire et à la norme suivants : $\langle f, g \rangle = \int_{\mathcal{X}} f(\mathbf{x})\, g(\mathbf{x})\, d\mu\mathbf{x}$ et $\|f\|^2 = \int_{\mathcal{X}} [f(\mathbf{x})]^2\, d\mu\mathbf{x}$.

En plus d'être muni d'un produit scalaire, un espace de Hilbert est séparable et complet[2].

Tout espace de redescription muni d'un produit scalaire et complet et séparable peut être doté d'une base. Dans le cas d'un espace de Hilbert fonctionnel, il s'agit d'une base de fonctions.

Pour récapituler, une fonction noyau est associée à un ou plusieurs espaces de redescription muni(s) d'un produit scalaire. Une condition nécessaire et suffisante pour qu'une fonction $\kappa(\mathbf{x}, \mathbf{x}') : \mathcal{X} \times \mathcal{X} \to \mathbb{R}$ soit une fonction noyau est qu'elle soit positive semi-définie ou qu'elle vérifie la condition de Mercer. Le théorème de Mercer (14.2) fournit en plus une description explicite de l'espace de redescription par une base de fonctions analysantes orthogonales. Ce n'est cependant pas la seule base de fonctions analysantes possibles. Une autre base (qui peut parfois coïncider avec celle de Mercer) est donnée par les *noyaux reproduisants*.

Espace de Hilbert à noyau reproduisant *(RKHS ou Reproducing Kernel Hilbert Space)*.

Étant donnée une fonction noyau, il est possible de lui associer un espace de Hilbert de fonctions (suffisamment) régulières. En un certain sens, c'est l'espace de fonctions minimal associé à la fonction noyau considérée et il peut donc servir d'espace de redescription canonique.

---

2. Un espace de fonctions $\mathcal{F}$ est *complet* si toute séquence de Cauchy $\{f_n\}_{n \geq 1}$ d'éléments de $\mathcal{F}$ converge vers un élément $f \in \mathcal{F}$, une séquence de Cauchy satisfaisant la propriété suivante :

$$\sup_{m > n} \|f_n - f_m\| \to 0, \text{quand } n \to \infty$$

Un espace $\mathcal{F}$ est *séparable* s'il existe un ensemble énumérable d'éléments $f_1, \ldots, f_i, \ldots$ de $\mathcal{F}$ tel que, pour tout élément $f \in \mathcal{F}$ et tout $\varepsilon > 0$, il existe une fonction f_i telle que : $\|f_i - f\| < \varepsilon$.

Définition 14.2 (Espace de Hilbert à noyau reproduisant)

Soit $\mathcal{F}$ un espace de Hilbert de fonctions réelles définies sur un ensemble indexé $\mathcal{X}$. $\mathcal{F}$ est appelé espace de Hilbert à noyau reproduisant doté d'un produit scalaire noté $\langle \cdot, \cdot \rangle_{\mathcal{F}}$ (et de la norme $\|f\|_{\mathcal{F}} = \sqrt{\langle f, f \rangle_{\mathcal{F}}}$) s'il existe une fonction $\kappa : \mathcal{X} \times \mathcal{X} \to \mathbb{R}$, telle que

$$\mathcal{F} = \left\{ \sum_{i=1}^{m} \alpha_i\, \kappa(\mathbf{x}_i, \cdot) : m \in \mathbb{N}, \mathbf{x}_i \in \mathcal{X}, \alpha_i \in \mathbb{R}, i \in [\![1 \cdots m]\!] \right\}$$

ayant les propriétés suivantes :

1. *Pour tout élément $\mathbf{x} \in \mathcal{X}$, $\kappa(\mathbf{x}, \cdot)$ appartient à $\mathcal{F}$.*

2. *La fonction κ est une fonction noyau reproduisante, c'est-à-dire telle que, pour toute fonction $f \in \mathcal{F}$, on a : $\langle f, \kappa(\mathbf{x}, \cdot) \rangle_{\mathcal{F}} = \sum_{i=1}^{m} \alpha_i \kappa(\mathbf{x}_i, \mathbf{x}) = f(\mathbf{x})$.*

Le fait que la fonction noyau soit *reproduisante* signifie que toute fonction $f \in \mathcal{F}$ est égale à un produit scalaire qui est aussi une combinaison linéaire finie de fonctions de base (voir par exemple [Aub87], pp.137-141, pour les détails et une démonstration).

Le *produit scalaire* sur $\mathcal{F}$ est alors défini comme suit. Soient les fonctions $f, g \in \mathcal{F}$:

$$f(\mathbf{x}) = \sum_{i=1}^{m} \alpha_i\, \kappa(\mathbf{x}_i, \mathbf{x}) \quad \text{et} \quad g(\mathbf{x}) = \sum_{j=1}^{n} \beta_j\, \kappa(\mathbf{x}_j, \mathbf{x})$$

alors :

$$\langle f, g \rangle = \sum_{i=1}^{m} \sum_{j=1}^{n} \alpha_i\, \beta_j\, \kappa(\mathbf{x}_i, \mathbf{x}_j) = \sum_{i=1}^{m} \alpha_i\, g(\mathbf{x}_i) = \sum_{j=1}^{n} \beta_j f(\mathbf{x}_j) \tag{14.12}$$

Il est intéressant de noter qu'alors que la base de Mercer dépend de la mesure μ définie sur $\mathcal{X}$, ce n'est pas le cas de la base des noyaux reproduisants, qui ne dépend que de la fonction noyau.

Par ailleurs, l'espace de Hilbert des fonctions L_2 (de produit scalaire $\langle f, g \rangle_{L_2} = \int f(\mathbf{x})g(\mathbf{x})\mathrm{d}\mathbf{x}$) contient de nombreuses fonctions irrégulières. Dans L_2, la fonction de Dirac δ est la fonction de représentation, i.e. $f(\mathbf{x}) = \int f(\mathbf{x}')\delta(\mathbf{x} - \mathbf{x}')\mathrm{d}\mathbf{x}'$. Les fonctions noyaux jouent un rôle analogue à la fonction δ dans les espaces de Hilbert à noyau reproduisant, qui sont de ce fait plus réguliers, leur degré de régularité dépendant de la régularité de la fonction noyau associée. En fait, on peut montrer de manière plus générale que les propriétés de mesurabilité, de continuité et de différentiabilité des fonctions de $\mathcal{F}$ dépendent des propriétés associées de la fonction noyau correspondante. Un résultat fondamental est effectivement le théorème suivant, dû à Moore et Aronszajn en 1950.

Théorème 14.3 (Bijection entre noyau et RKHS associé)

Soit $\mathcal{X}$ un ensemble énumérable, alors pour toute fonction $\kappa(\cdot, \cdot) : \mathcal{X} \times \mathcal{X} \to \mathbb{R}$ positive semi-définie, il existe un unique espace de Hilbert avec ce noyau reproduisant, et vice versa.

Une caractéristique cruciale de ces fonctions analysantes $\kappa(\mathbf{x}_i, \cdot)$ est donc qu'**elles ne sont pas issues d'un dictionnaire donné *a priori***, comme c'est le cas par exemple des fonctions trigonométriques ou des ondelettes, mais qu'elles *dépendent directement des points* $\mathbf{x}$ de l'espace $\mathcal{X}$. Cela est capital dans l'estimation de fonctions à partir de points particuliers car, dans ce cas, les fonctions analysantes utilisées pour estimer la fonction vont dépendre des points connus $\{\mathbf{x}_i\}_{1 \le i \le m}$.

La fonction estimée prendra donc la forme :

$$h(\mathbf{x}) \;=\; \sum_{i=1}^{m} \alpha_i\,\kappa(\mathbf{x}, \mathbf{x}_i) \tag{14.13}$$

Il devient alors naturel de se demander quelle est la qualité de l'approximation fournie par h vis-à-vis d'une fonction cible f en fonction du nombre m de données et de la « représentativité » de l'échantillon $\{\mathbf{x}_i\}_{i=1,m}$ (on notera ici l'absence de référence explicite aux réponses mesurées y_i. Celles-ci interviendront naturellement dans l'expression des coefficients α_i).

Il est évidemment impossible de répondre à cette question, mal posée, sans hypothèses additionnelles. Cette connaissance *a priori* prend souvent la forme d'une préférence pour des fonctions hypothèses régulières ou issues d'un espace d'hypothèses de capacité limitée, comme nous l'avons vu au chapitre 3. Le théorème de représentation établit un lien fondamental entre les critères inductifs régularisés, réglant le compromis biais-variance, et les espaces hilbertiens à noyau reproduisant.

Critère inductif régularisé et espace d'hypothèses

On utilise généralement une version régularisée du risque empirique, de la forme :

$$\hat{h}(\mathbf{x}) \;=\; \underset{h \in \mathcal{H}}{\text{ArgMin}} \left\{ R_{\text{Emp}}(h, \mathcal{S}) + \lambda\,\text{Capacité}(\mathcal{H}) \right\} \tag{14.14}$$

ou de la forme :

$$\hat{h}(\mathbf{x}) \;=\; \underset{h \in \mathcal{H}}{\text{ArgMin}} \left\{ R_{\text{Emp}}(h, \mathcal{S}) + \lambda\,\text{Reg}(h) \right\} \tag{14.15}$$

où *Capacité* est un estimateur de la capacité de l'espace d'hypothèses à offrir des hypothèses de faible risque empirique, quel que soit l'échantillon d'apprentissage, et où *Reg* est une fonction mesurant la « régularité » de l'hypothèse. Par exemple $\text{Reg}(h) = ||h||_{\mathcal{H}_\kappa}$, avec :

$$||h||^2_{\mathcal{H}_\kappa} \;:=\; \sum_{i=1}^{n} \sum_{j=1}^{n} \alpha_i \alpha_j\,\kappa(\mathbf{x}_i, \mathbf{x}_j)$$

Un théorème essentiel affirme que **toute fonction $\hat{h}$ minimisant un risque empirique régularisé admet une représentation de la forme** :

$$\hat{h}(\cdot) \;=\; \sum_{i=1}^{m} \alpha_i\,\kappa(\mathbf{x}_i, \cdot) \tag{14.16}$$

Plus précisément (voir, par exemple, [Her02] pp.48-49 et 257-258 pour la preuve, ou [STV04], pp.47-48) :

Théorème 14.4 (Théorème de représentation, representer theorem)

Soit un noyau reproduisant $\kappa : \mathcal{X} \times \mathcal{X} \to \mathbb{R}$, un échantillon d'apprentissage $S_m \in (\mathcal{X} \times \mathcal{Y})^m$ et un risque empirique quelconque R_{Emp} (muni d'une fonction de perte ℓ). Soit $\text{Reg} : \mathbb{R} \to [0, \infty[$ une fonction croissante strictement monotone. Soit $\mathcal{H}_\kappa$ l'espace hilbertien induit par le noyau reproduisant κ. Alors, toute fonction $\hat{h} \in \mathcal{H}_\kappa$ minimisant le risque régularisé :

$$\hat{h}(\mathbf{x}) \;=\; \underset{h \in \mathcal{H}}{\text{ArgMin}} \left\{ R_{\text{Emp}}(h, \mathcal{S}) + \lambda\,\text{Reg}(h) \right\}$$

admet une représentation de la forme : $\hat{h}(\cdot) = \sum_{i=1}^{m} \alpha_i\,\kappa(\mathbf{x}_i, \cdot) \quad \alpha_i \in \mathbb{R}, \forall i.$

Cela signifie que la ou les hypothèse(s) minimisant un risque empirique régularisé se trouve(nt) dans le sous-espace vectoriel des fonctions engendrées par les combinaisons linéaires de fonctions noyaux (analysantes) dépendantes des données d'apprentissage $\kappa(\mathbf{x}_i, \cdot)$. Il s'ensuit en particulier que la solution $\hat{h}$ est prise dans un espace de dimension m au maximum, même si l'espace $\mathcal{H}_\kappa$ est lui-même de dimension éventuellement infinie. De plus, bien entendu, il y aura **un lien fort entre la forme des fonctions noyaux κ et le type de régularisation imposée dans le critère inductif.**

Pour résumer, trois motivations différentes, à savoir :

1. l'adaptation de la méthode des plus proches voisins ;

2. le passage par un espace de redescription et la dépendance des résultats sur des produits scalaires et donc *in fine* sur des fonctions noyaux ;

3. l'approche de l'analyse fonctionnelle et le théorème de représentation ;

conduisent à considérer l'espace des hypothèses $\mathcal{H}$ de la forme : $h(\cdot) = \sum_{i=1}^{m} \alpha_i \, \kappa(\mathbf{x}_i, \cdot)$.

2. Philosophie des méthodes à noyaux

2.1 Les méthodes linéaires remises au goût du jour

La section 1.2 a fourni une première illustration de l'utilisation de fonctions noyaux comme moyen de transformer la recherche de régularités non linéaires en recherche de régularités linéaires grâce au passage par un espace de redescription virtuel F (figure 14.1). **Quatre grandes idées** sous-tendent l'approche générale :

1. Les données décrites dans l'espace d'entrée $\mathcal{X}$ sont projetées dans un espace vectoriel de redescription F.
2. Des régularités linéaires sont cherchées dans cet espace F.
3. Les algorithmes de recherche n'ont pas besoin de connaître les coordonnées des projections des données dans F, mais seulement leurs produits scalaires.
4. Ces produits scalaires peuvent être calculés efficacement grâce à l'utilisation de fonctions noyaux.

Cette approche permet ainsi d'employer tout l'arsenal des méthodes linéaires développées jusque dans les années soixante pour découvrir des relations non linéaires dans les données. Au fil des années récentes ont été ainsi revisitées l'analyse en composantes principales (ACP), la méthode des filtres de Kalman, des méthodes linéaires de clustering, la discrimination linéaire de Fisher, etc.

La figure 14.4 résume les étapes génériques de la méthode. Il est crucial de réaliser que, dans cette approche, l'essentiel des informations sur les données, en dehors de leurs étiquettes, s'exprime dans la *matrice noyau K*, ou encore *matrice de Gram*, qui encode les produits scalaires entre les projections des données d'apprentissage $\mathbf{G} = \langle \Phi(\mathbf{X}), \Phi(\mathbf{X}^\top) \rangle$.

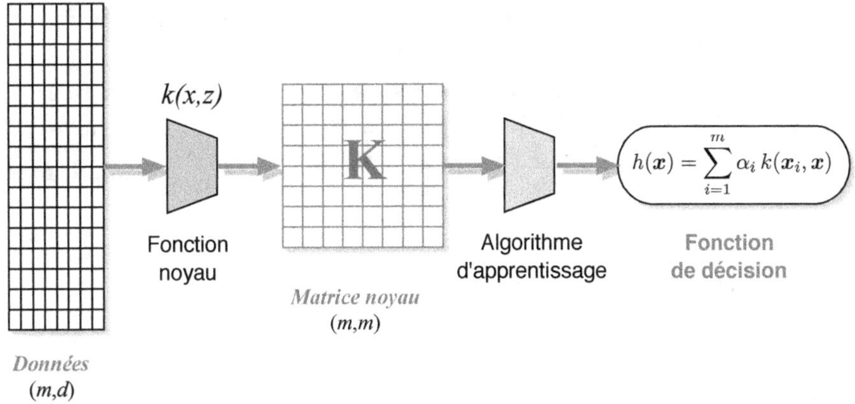

FIGURE 14.4 : *Chaîne de traitements générique des méthodes à noyaux.*

2.2   L'importance de la matrice de Gram

La matrice de Gram (ou matrice noyau) contient toute l'information utilisée par les méthodes à noyaux. Elle est symétrique : $\mathbf{G}_{ij} = \mathbf{G}_{ji}$. L'utilisation exclusive des informations contenues dans cette matrice à propos des données d'apprentissage a pour conséquence qu'**une partie des informations sur ces données est perdue**. Par exemple, cette matrice est invariante par rotation des points dans l'espace d'entrée $\mathcal{X}$. La position angulaire des données par rapport à un référentiel est donc ignorée, de même que les alignements éventuels des données sur les axes.

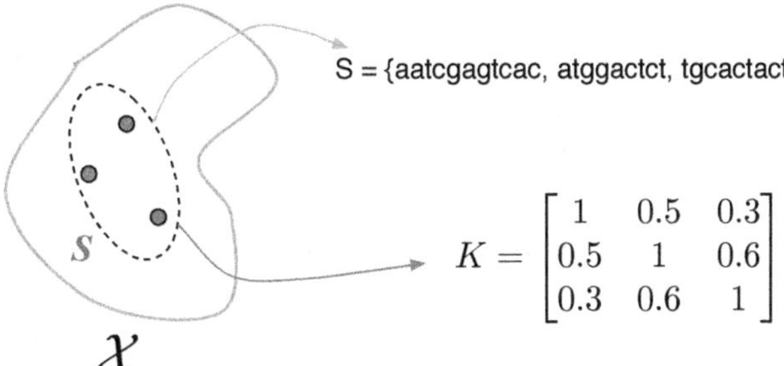

FIGURE 14.5 : *Les méthodes à noyaux remplacent les informations sur les objets comparés par la matrice de leurs distances : la matrice de Gram. C'est un changement de perspective radical.*

Étant donné le caractère fondamental de la matrice de Gram dans la traduction des données, il n'est pas surprenant que l'on puisse estimer certaines propriétés de l'apprentissage à partir de l'examen des caractéristiques de cette matrice. De même, il est possible de modifier l'apprentissage en effectuant au préalable certaines opérations sur la matrice de Gram.

Ainsi, s'il existe une structure dans les données, elle doit se refléter dans la matrice de Gram, si, du moins, la fonction noyau choisie est appropriée pour détecter les similarités sous-jacentes. Cette fonction noyau **agit de fait comme un filtre sensible à certaines « fréquences »** et pas à d'autres. Par exemple, si la fonction noyau est mal choisie, ou si les données ne présentent pas de structures, les éléments de la matrice de Gram auront des valeurs indifférenciées. Toute entrée est alors proche de n'importe quel autre point et tous les éléments sont classés dans une seule classe. C'est du sous-apprentissage sévère. Dans les cas où les éléments hors diagonale sont de valeur proche de 0, seul un apprentissage par cœur devient possible.

Inversement, un moyen d'influencer l'apprentissage est de modifier la matrice de Gram. Ainsi, par exemple, en vertu de l'équation 14.5, l'ajout d'une constante sur les termes diagonaux de la matrice de gram $\mathbf{G}$ revient à accentuer la régularisation.

3. Les Séparatrices à Vastes Marges (SVM)

Nous nous intéressons ici à la *classification binaire* par des hyperplans $h : \mathcal{X} \to \mathcal{Y}$, d'équation $h(\mathbf{x}) = \langle \mathbf{w}, \mathbf{x} \rangle + w_0 = \sum_{i=0}^{d} w_i x_i = 0$, en supposant que $\mathcal{X}$ soit de dimension d (par exemple, $\mathcal{X} = \mathbb{R}^d$). On utilisera alors la fonction de décision $g(\mathbf{x}) = \mathrm{signe}(\langle \mathbf{w}, \mathbf{x} \rangle + w_0)$ pour prédire la classe ($+$ ou $-$) de l'entrée $\mathbf{x}$.

Selon le principe de minimisation du risque empirique classique, un tel « meilleur » hyperplan sera celui qui minimise le nombre d'exemples mal classés par cette fonction de décision dans l'échantillon d'apprentissage $\mathcal{S} = \langle (\mathbf{x}_1, y_1), \dots, (\mathbf{x}_m, y_m) \rangle$. Ce critère conduit par exemple à l'algorithme du perceptron (section 1.3).

Vapnik et ses collègues [BGV92] ont proposé de s'intéresser plutôt à un critère de *confiance* ou encore de *robustesse* de la fonction de décision obtenue. Ce critère découle de l'étude de la théorie statistique de l'apprentissage, conduite en particulier par Vapnik et Chervonenkis depuis les années soixante [VC71]. Un moyen de traduire la robustesse de la fonction de décision, ou encore du classifieur, est de considérer la *marge* séparant les exemples de la classe '+' de ceux de la classes '−'.

La distance d'un point $\mathbf{x}'$ à l'hyperplan d'équation $h(\mathbf{x}) = \mathbf{w}^\top \mathbf{x} + w_0$ est égale à $\langle \mathbf{w}, \mathbf{x}' \rangle$ puisque $\mathbf{w}$ est un vecteur orthogonal à $h(\mathbf{x})$. Afin de comparer plusieurs hyperplans séparateurs de vecteurs directeurs $\mathbf{w}$ différents, on normalise la distance en la divisant par la norme du vecteur $\mathbf{w}$: $\langle \mathbf{w}, \mathbf{x} \rangle / \| \mathbf{w} \|$

Lorsqu'il existe une séparatrice linéaire entre les points d'apprentissage, il en existe en général une infinité. On peut alors chercher parmi ces séparatrices celle qui sépare « au mieux » les deux nuages de points exemples et contre-exemples. Cet hyperplan optimal est défini par :

$$\underset{\mathbf{w}, w_0}{\mathrm{Argmax}} \ \min\{\| \mathbf{x} - \mathbf{x}_i \| \ : \ \mathbf{x} \in \mathbb{R}^d , \ (\mathbf{w}^\top \mathbf{x} + w_0) = 0 , \ i = 1, \dots, m\}$$

c'est-à-dire l'hyperplan dont la distance minimale aux exemples d'apprentissage (voir figure 14.6) est la plus grande possible. Dans ce cas, la marge normalisée, appelée aussi *marge géométrique* vaut : $2 / \| \mathbf{w} \|$.

Chercher un hyperplan séparateur de marge maximale présente plusieurs avantages. D'abord, même si les arguments théoriques sont délicats (voir chapitre 25), il est montré que *la capacité de l'espace d'hypothèses constitué par les hyperplans séparateurs diminue lorsque la marge augmente*. Ainsi, on peut espérer que l'hyperplan de marge maximale séparant les exemples des deux classes est l'hypothèse satisfaisant au mieux un risque empirique régularisé, favorisant donc la performance en généralisation. Ensuite, il existe un unique hyperplan séparateur de marge maximale et, le *problème* étant *convexe*, il peut être résolu par des méthodes de programmation quadratique, donc de manière efficace.

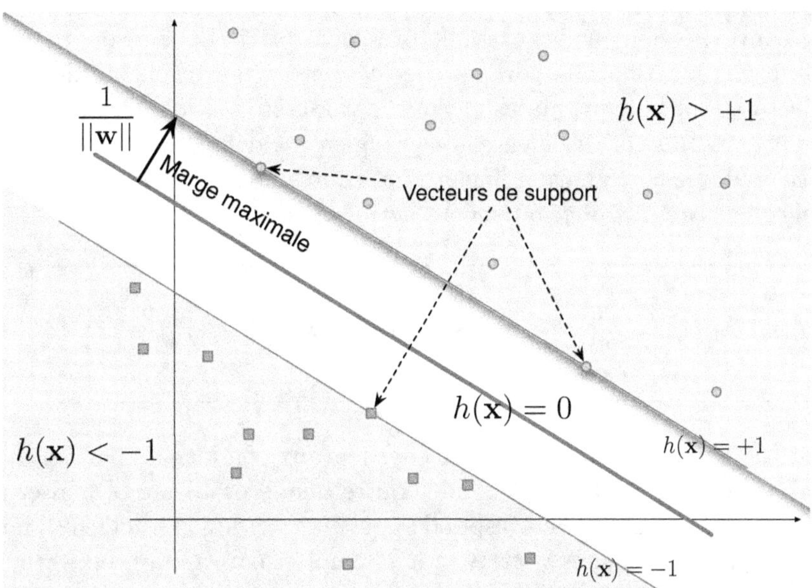

FIGURE 14.6 : *L'hyperplan optimal est perpendiculaire au segment de droite le plus court joignant un exemple d'apprentissage à l'hyperplan. Ce segment a pour longueur $\frac{1}{||\mathbf{w}||}$ lorsqu'on normalise convenablement les paramètres $\mathbf{w}$ et w_0.*

3.1 La résolution du problème d'optimisation

3.1.1 Formulation primale du problème

La recherche de l'hyperplan optimal revient donc à résoudre le problème d'optimisation suivant, qui porte sur les paramètres $\mathbf{w}$ et w_0 :

$$
\begin{cases}
\text{Minimiser} & \frac{1}{2}\| \mathbf{w} \|^2 \\
\text{sous les contraintes} & y_i\left(\mathbf{w}^\top\mathbf{x}_i + w_0\right) \geq 1 \quad i = 1,\ldots,m
\end{cases}
\tag{14.17}
$$

Cette écriture du problème, appelée *formulation primale*, implique le réglage de $d + 1$ paramètres, d étant la dimension de l'espace des entrées $\mathcal{X}$. Cela est possible avec des méthodes de programmation quadratique [3] pour des valeurs de d assez petites, mais devient inenvisageable pour des valeurs de d dépassant quelques centaines. En effet, les calculs sont de complexité en $\mathcal{O}(d^3)$. Heureusement, il existe une transformation de ce problème dans une formulation duale que l'on peut résoudre en pratique.

3.1.2 Formulation duale du problème

D'après la théorie de l'optimisation, un problème d'optimisation possède une forme duale dans le cas où la fonction objectif et les contraintes sont strictement convexes. Dans ce cas, la résolution de l'expression duale du problème est équivalente à la solution du problème original.

---

3. Les problèmes d'optimisation pour lesquels la fonction et les contraintes sont linéaires ressortent des techniques de programmation linéaire, tandis que les problèmes d'optimisation dans lesquels la fonction est quadratique et les contraintes linéaires ressortent des techniques de la programmation quadratique : voir le chapitre 2.

Ces critères de convexité sont réalisés dans le problème 14.17. Pour résoudre ces types de problèmes, on utilise une fonction que l'on appelle *lagrangien*, qui incorpore des informations sur la fonction objectif et sur les contraintes et dont le caractère stationnaire peut être utilisé pour détecter des solutions. Plus précisément, le lagrangien est défini comme étant la somme de la fonction objectif et d'une combinaison linéaire des contraintes, dont les coefficients $\alpha_i \geq 0$ sont appelés *multiplicateurs de Lagrange* ou encore *variables duales*.

$$L(\mathbf{w}, w_0, \alpha) \; = \; \frac{1}{2} \| \mathbf{w} \|^2 \; - \; \sum_{i=1}^{m} \alpha_i \, (y_i \cdot ((\mathbf{w}\,\mathbf{x}_i^{\top}) \, + \, w_0) \, - \, 1) \tag{14.18}$$

Un théorème de Kuhn-Tucker, couronnant des travaux commencés par Fermat (1601-1665), puis poursuivis par Lagrange (1736-1813), démontre que le problème primal et sa formulation duale ont la même solution. Celle-ci correspond à un *point-selle* du lagrangien (il faut le minimiser par rapport aux variables primaires $\mathbf{w}$ et w_0 et le maximiser par rapport aux variables duales α_i).

Au point-selle, la dérivée du lagrangien par rapport aux variables primaires doit s'annuler :

$$\frac{\partial L}{\partial \mathbf{w}}(\mathbf{w}, w_0, \alpha) \; = \; 0, \quad \frac{\partial L}{\partial w_0}(\mathbf{w}, w_0, \alpha) \; = \; 0 \tag{14.19}$$

d'où :

$$\sum_{i=1}^{m} \alpha_i \, y_i \; = \; 0 \tag{14.20}$$

et :

$$\mathbf{w}^* \; = \; \sum_{i=1}^{m} \alpha_i \, y_i \, \mathbf{x}_i \tag{14.21}$$

Nous vérifions ici le théorème de représentation selon lequel le vecteur paramètres $\mathbf{w}^*$ de la fonction optimisant le critère régularisé est combinaison linéaire impliquant les exemples d'apprentissage $\mathbf{x}_1, \dots, \mathbf{x}_m$.

Plus précisément, il est montré *(conditions de Karush-Kuhn-Tucker)* que seuls les points qui sont sur les hyperplans frontières $(\mathbf{w}^*\mathbf{x}_i^{\top}) \, + \, w_0^* = \pm 1$ jouent un rôle. Ces points pour lesquels les multiplicateurs de Lagrange sont non nuls sont appelés *vecteurs de support* par Vapnik. Nous utiliserons aussi le terme plus imagé d'*exemples critiques* puisque ce sont eux qui déterminent l'hyperplan optimal, tandis que les autres exemples ne jouent pas de rôle dans cette analyse[4].

L'hypothèse optimale présente ainsi deux **propriétés remarquables de *parcimonie*.** D'une part, elle ne s'exprime qu'à l'aide d'un sous-ensemble (éventuellement très restreint) des exemples d'apprentissage, les exemples critiques. D'autre part, parce qu'elle correspond à la solution la plus « robuste », elle tolère d'être spécifiée avec moins de précision, donc avec moins de bits. On retrouve là un lien avec les principes inductifs par compression d'information (par exemple le « principe de minimisation de la taille de description » ou MDLP) (chapitre 25).

En substituant 14.20 et 14.21 dans 14.19, on élimine les variables primaires et l'on obtient la *forme duale* du problème d'optimisation, dans laquelle on cherche les multiplicateurs de Lagrange tels que :

---

4. On pourrait au contraire estimer que la distance des autres exemples à l'hyperplan séparateur doit participer aussi à l'évaluation de la qualité de l'hyperplan. C'est le cas dans l'analyse PAC-bayésienne des SVM.

$$
\begin{cases}
\text{Max}_\alpha \left[\sum_{i=1}^{m} \alpha_i \; - \; \frac{1}{2} \sum_{i,j=1}^{m} \alpha_i \alpha_j y_i y_j \langle \mathbf{x}_i \, , \, \mathbf{x}_j \rangle \right] \\[2ex]
\text{avec} \quad
\begin{cases}
\alpha_i \geq 0, \quad i = 1, \ldots, m \\[2ex]
\sum_{i=1}^{m} \alpha_i y_i \; = \; 0
\end{cases}
\end{cases}
\tag{14.22}
$$

L'hyperplan solution correspondant peut alors être écrit :

$$
\boxed{\;
h^*(\mathbf{x}) \; = \; (\mathbf{w}^\star \, \mathbf{x}) \; + \; w_0^\star \; = \; \sum_{i=1}^{m} \alpha_i^\star \, y_i \, . \, \langle \mathbf{x}_i \, , \, \mathbf{x} \rangle \; + \; w_0^\star
\;}
\tag{14.23}
$$

où les $\alpha_i^\star$ sont solution de 14.22 et w_0 est obtenue en utilisant n'importe quel exemple critique $(\mathbf{x}_c, y_c)$ dans l'équation :

$$
w_0 \; = \; y_c - \mathbf{w}^\top \mathbf{x}_c \; = \; y_c - \sum_{i=1}^{m_c} y_i \alpha_i \mathbf{x}_i^\top \mathbf{x}_c
\tag{14.24}
$$

où m_c est le nombre d'exemples critiques, c'est-à-dire d'exemples situés sur la marge. Pour des raisons de stabilité numérique, on fait en général ce calcul pour tous les exemples critiques et on calcule w_0 en prenant la moyenne des résultats.

Deux choses sont remarquables. D'abord, *l'hyperplan solution ne requiert que le calcul des produits scalaires* $\langle \mathbf{x}_i \, . \, \mathbf{x} \rangle$ entre des vecteurs de l'espace d'entrée $\mathcal{X}$. C'est ce qui va permettre d'utiliser l'astuce des noyaux. Ensuite, *la solution ne dépend plus de la dimension d de l'espace d'entrée*, mais de la taille m de l'échantillon de données et même, plus précisément, du nombre m_c d'exemples critiques qui est généralement bien inférieur à m. Les méthodes d'optimisation quadratique standards suffisent donc pour de nombreux problèmes pratiques.

3.2   Le cas d'un échantillon non linéairement séparable dans $\mathcal{X}$

L'analyse précédente suppose que les classes d'exemples sont linéairement séparables dans l'espace d'entrée $\mathcal{X}$. Ce cas est rare dans la pratique et c'est ce qui a motivé en particulier le développement des perceptrons multicouches (chapitre 10). En un sens, les couches cachées de ces réseaux connexionnistes calculent de nouvelles corrélations et, partant, de nouveaux descripteurs des formes d'entrée, ce qui permet à la couche de sortie de trouver une séparatrice simple, éventuellement linéaire, entre les entrées ainsi redécrites. La question est naturellement d'identifier les bons descripteurs. Dans le cas des réseaux connexionnistes, une manière de procéder est d'introduire des couches cachées complètement connectées entre elles et avec les couches d'entrée et de sortie et de faire confiance à l'algorithme de calcul des poids des connexions pour découvrir les corrélations pertinentes. Une autre manière de faire est de réfléchir à la nature du problème et d'introduire les bons blocs de neurones, comme dans les réseaux convolutifs, abordés au chapitre 11.

L'approche par fonctions noyaux offre une autre possibilité. Nous l'avons vu en section 1.2, les fonctions noyaux sont associées à un produit scalaire dans un espace de redescription ; or, un produit scalaire est un type de corrélation particulier entre les points de l'espace de redescription F, c'est-à-dire entre les projections des formes d'entrée $\Phi(\mathbf{x})$. L'utilisation de fonctions noyaux va donc permettre d'exploiter automatiquement un certain type de corrélation entre les formes d'entrée et, si possible, d'identifier les exemples critiques par rapport auxquels une frontière de décision pourra être trouvée. Le choix de la (ou des) fonction(s) noyau(x) va naturellement implicitement déterminer le type de corrélations considérées (section 5). Ainsi, par exemple, si l'on estime que ce sont des corrélations mettant en jeu des sous-régions de 10 pixels dans une image qui permettent de distinguer des classes d'objets, on choisira une fonction noyau permettant de tester toutes les corrélations de 10 pixels au moins.

Soit donc Φ une transformation non linéaire de l'espace d'entrée $\mathcal{X}$ en un *espace de redescription* $\Phi(\mathcal{X})$:

$$\mathbf{x} = (x_1, \ldots, x_d)^\top \ \mapsto \ \Phi(\mathbf{x})^\top = (\phi_1(\mathbf{x}), \ldots, \phi_i(\mathbf{x}), \ldots)^\top \tag{14.25}$$

Le problème d'optimisation se transcrit dans ce cas par :

$$\begin{cases} \mathrm{Max}_\alpha \left\{ \displaystyle\sum_{i=1}^m \alpha_i - \frac{1}{2} \sum_{i,j=1}^m \alpha_i \alpha_j y_i y_j \langle \Phi(\mathbf{x}_i), \, \Phi(\mathbf{x}_j) \rangle \right\} \\ \alpha_i \geq 0, \quad i = 1, \ldots, m \\ \displaystyle\sum_{i=1}^m \alpha_i y_i = 0 \end{cases} \tag{14.26}$$

L'équation de l'hyperplan séparateur dans le nouvel espace devient :

$$h(\mathbf{x}) \ = \ \sum_{i=1}^m \alpha_i^\star y_i \, \langle \Phi(\mathbf{x}) . \Phi(\mathbf{x}_i) \rangle \ + \ w_0^\star \tag{14.27}$$

où les coefficients $\alpha_i^\star$ et $w_0^\star$ sont obtenus comme précédemment par résolution de 14.26.

Comme nous l'avons vu, les fonctions noyaux correspondent à un (ou des) produit(s) scalaire(s) dans un espace de redescription F. On peut donc remplacer le problème précédent, dans lequel il fallait déterminer la bonne transformation non linéaire Φ, par celui du choix d'une bonne fonction noyau $\kappa(\cdot, \cdot)$.

Le problème d'optimisation associé devient alors :

$$\begin{cases} \mathrm{Max}_\alpha \left\{ \displaystyle\sum_{i=1}^m \alpha_i - \frac{1}{2} \sum_{i,j=1}^m \alpha_i \alpha_j y_i y_j \kappa(\mathbf{x}_i, \mathbf{x}_j) \right\} \\ \alpha_i \geq 0, \quad i = 1, \ldots, m \\ \displaystyle\sum_{i=1}^m \alpha_i y_i = 0 \end{cases} \tag{14.28}$$

dont la solution est l'hyperplan séparateur donnant la fonction de décision :

$$\boxed{h(\mathbf{x}) \ = \ \mathrm{signe}\left\{ \sum_{i=1}^m \alpha_i^\star y_i \, \kappa(\mathbf{x}, \mathbf{x}_i) \ + \ w_0^\star \right\}} \tag{14.29}$$

où les coefficients $\alpha_i^\star$ et $w_0^\star$ sont obtenus comme précédemment par résolution de 14.28. Le processus total est illustré par la figure 14.7.

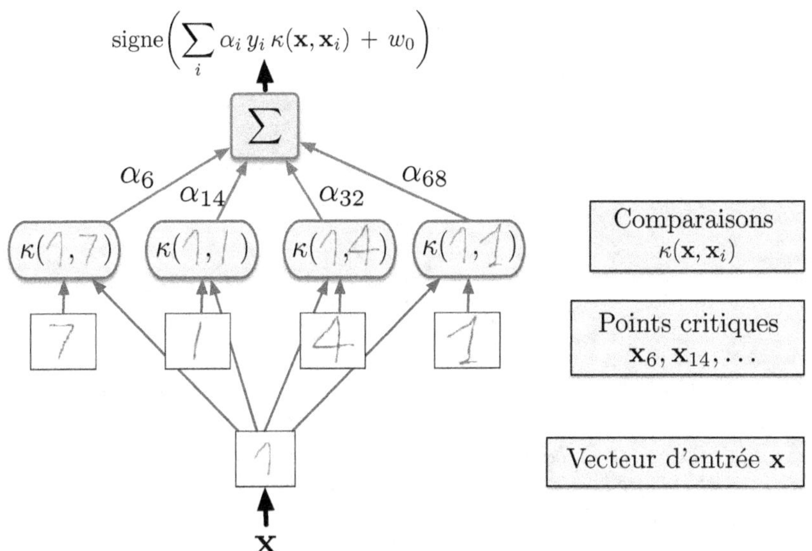

FIGURE 14.7 : *Cette figure résume le fonctionnement des séparateurs à vastes marges et montre le rôle des fonctions noyaux. Lors de l'apprentissage, ici de chiffres manuscrits, un certain nombre d'exemples critiques sont retenus pour définir la fonction de décision (ici deux exemples positifs de '1' et deux exemples négatifs, un '4' et un '7'). Lorsqu'une nouvelle entrée est présentée au système, elle est comparée aux exemples critiques à l'aide des fonctions noyaux qui réalisent un produit scalaire dans l'espace de redescription $\Phi(\mathcal{X})$. La sortie est calculée en faisant une somme pondérée (une combinaison linéaire) de ces comparaisons.*

3.3   Échantillon difficilement séparable et marge douce (ou poreuse)

Nous avons supposé jusqu'ici qu'il existait un hyperplan (éventuellement dans l'espace de redescription) permettant de séparer les exemples des deux classes. Or, d'une part, il n'est pas nécessairement souhaitable de rechercher absolument un tel hyperplan, ce qui peut en effet conduire à une suradaptation aux données, d'autre part, il se peut que du bruit ou des erreurs dans les données ne permette(nt) tout simplement pas de trouver un tel hyperplan. Pour ces raisons, une version moins contrainte du problème de la recherche d'une séparatrice à vastes marges est le plus souvent considérée.

L'idée est de pénaliser les séparatrices admettant des exemples qui ne sont pas du bon côté des marges, sans cependant interdire une telle possibilité. On définit pour cela une fonction de coût particulière introduisant une pénalité pour tous les exemples mal classés et qui sont à une distance ξ de la marge qu'ils devraient respecter. On considère généralement des fonctions de coût qui soient compatibles avec la fonction de perte traditionnelle $\{0, 1\}$-perte qui compte un coût de 1 pour chaque exemple mal classé. En particulier, on cherche des fonctions de coût qui conduisent à un critère inductif compatible avec le critère classique de minimisation du nombre d'exemples mal classés et donc à des solutions optimales égales ou proches. On parle de *fonctions de coût de substitution (surrogate loss functions)*. De nombreuses fonctions sont possibles. Les deux plus étudiées sont la « fonction coude » *(hinge loss)* et la *fonction quadratique asymétrique* (figure 14.8). On parle alors de « marges douces » *(soft margin)*[5].

---

5. En raison du manque d'espace, nous ne discutons pas plus en détail les *fonctions de coût de substitution* ici. Il faut cependant être conscient que, pour être valables, ces fonctions doivent vérifier un certain nombre de

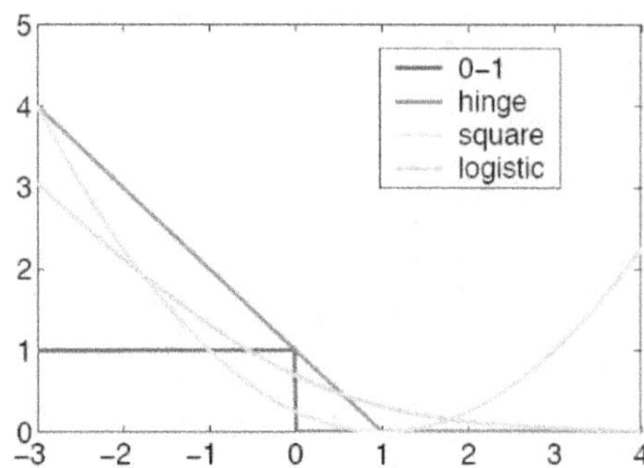

FIGURE 14.8 : *Approximations de la fonction de perte $\{0,1\}$ (ligne faisant une marche) par les fonctions de perte « coude » (ligne), « quadratique » (courbe symétrique en 1) et « logistique » (courbe en descente douce). L'axe des abscisses correspond à la quantité $y\,h(\mathbf{x})$ qui est négative si l'exemple $\mathbf{x}$ est mal classé par h.*

On a alors :

$$\ell_{0-1}(h(\mathbf{x}),y) = \mathbf{I}_{-y\,h(\mathbf{x})>0} \;\leq\; \max\{1 - y\,h(\mathbf{x}),0\} = \ell_{\mathrm{lin}}(h(\mathbf{x}),y) \tag{14.30}$$

$$\ell_{0-1}(h(\mathbf{x}),y) = \mathbf{I}_{-y\,h(\mathbf{x})>0} \;\leq\; \max\{1 - y\,h(\mathbf{x}),0\}^2 = \ell_{\mathrm{quad}}(h(\mathbf{x}),y) \tag{14.31}$$

Approximation linéaire (fonction coude)

On cherche maintenant à minimiser un risque régularisé avec un taux de compromis λ :

$$R_{\mathrm{reg}}(h) = \frac{1}{m}\sum_{i=1}^{m}\ell_{\mathrm{lin}}(h(\mathbf{x}),y_i) + \lambda\,\|\,h\,\|^2 \tag{14.32}$$

soit encore :

$$\left\{ \begin{array}{l} \text{Minimiser} \quad \displaystyle\sum_{i=1}^{m}\xi_i + \lambda\,m\,\|\,\mathbf{w}\,\|^2 \\[2em] \text{avec} \quad \left\{ \begin{array}{ll} y_i\,\langle\mathbf{x}_i,\mathbf{w}\rangle \geq 1 - \xi_i & i = 1,\ldots,m \\[1em] \xi_i \geq 0 \end{array} \right. \end{array} \right. \tag{14.33}$$

Le passage par la formulation duale conduit à :

$$\left\{ \begin{array}{l} \displaystyle\mathrm{Max}_\alpha\left[\sum_{i=1}^{m}\alpha_i - \frac{1}{2}\sum_{i=1}^{m}\sum_{j=1}^{m}\alpha_i\alpha_j y_i y_j \kappa(\mathbf{x}_i,\mathbf{x}_j)\right] \\[2em] \forall i, \quad 0 \leq \alpha_i \leq C = \frac{1}{2\lambda m} \\[1.5em] \displaystyle\sum_{i=1}^{m}\alpha_i\,y_i = 0 \end{array} \right. \tag{14.34}$$

Le coefficient C règle le compromis entre la marge possible entre les exemples et le nombre d'erreurs admissibles. Il doit être choisi par l'utilisateur. Une valeur de C grande correspond

conditions. Leur choix doit se faire en fonction de la tâche : classification, régression, estimation de densité. De même, il est parfois utile d'avoir une fonction de classification *auto-calibrée*, c'est-à-dire pouvant être interprétée en termes de probabilité d'appartenance à la classe calculée. Ici encore, le choix de la fonction de coût de substitution est important (voir par exemple [SC08] pour une étude détaillée et théorique).

à une valeur de λ petite, c'est-à-dire à une grande pénalisation associée à chaque exemple mal classé. Il est à noter que, puisque $C = \frac{1}{2\lambda m}$, l'intervalle des valeurs possibles pour les α_i décroît lorsque le nombre d'exemples m augmente.

Pour le cas d'une ***fonction de coût quadratique***, moins utilisée, nous reportons le lecteur par exemple à [Her02], pp.55-56.

3.4   Utilisation de fonctions noyaux : illustrations

—— EXEMPLE   **avec** $\mathcal{X} = \mathbb{R}$ ————————————————————————————

Afin d'illustrer le fonctionnement des méthodes à noyaux, nous allons considérer un des problèmes de discrimination les plus simples imaginables. On suppose que l'espace des entrées est réduit à $\mathbb{R}$, c'est-à-dire à une dimension. On suppose que l'on a cinq points d'apprentissage associés à deux classes '+1' et '−1' :

$$S = \{(\mathbf{x}_1 = 1, y_1 = 1), (\mathbf{x}_2 = 1, y_2 = 1), (\mathbf{x}_3 = 4, y_3 = -1), (\mathbf{x}_4 = 5, y_4 = -1), (\mathbf{x}_5 = 6, y_5 = 1)\}$$

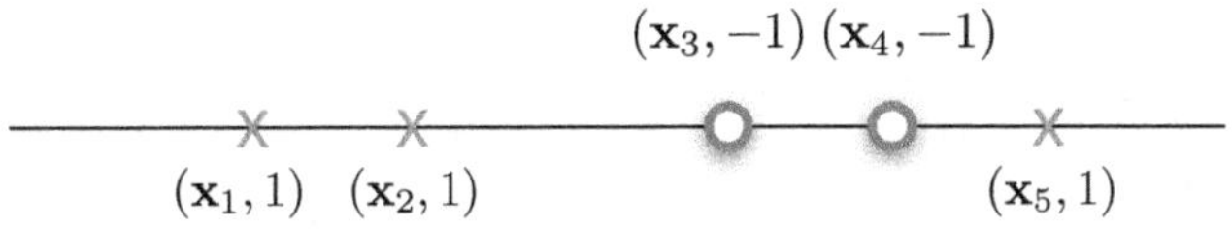

FIGURE 14.9 : *Un problème de discrimination à une dimension.*

Il n'est pas possible de trouver une séparatrice linéaire (un seul seuil sur l'axe $\mathbb{R}$) permettant de distinguer les exemples '1' des exemples '−1'.

Supposons que l'on choisisse d'utiliser la fonction noyau : $\kappa(\mathbf{x}, \mathbf{x}') = (\mathbf{x} \cdot \mathbf{x}' + 1)^2$. Cela signifie que l'on est disposé à considérer les corrélations au deuxième ordre entre les positions des exemples.

En choisissant $C = 100$, le problème d'optimisation associé est :

$$\begin{cases} \max_{\alpha} \sum_{i=1}^{5} \alpha_i - \frac{1}{2} \sum_{i,j=1}^{5} \alpha_i \alpha_j y_i y_j (\mathbf{x}_i \cdot \mathbf{x}_j + 1)^2 \\ \sum_{i,j=1}^{5} \alpha_i y_i = 0 \\ 0 \le \alpha_i \le 100 \quad (\forall i) \end{cases}$$

Un programme de résolution de problème quadratique de ce type retourne la solution :

$$\alpha_1 = 0 \; ; \; \alpha_2 = 2.5 \; ; \; \alpha_3 = 0 \; ; \; \alpha_4 = 7.333 \; ; \; \alpha_5 = 4.833$$

La frontière de décision correspondante, de la forme $D(\mathbf{x}) = \sum_{i=1}^{m} \alpha_i^{\star} y_i \, \kappa(\mathbf{x}, \mathbf{x}_i) + w_0^{\star}$, est ainsi :

$$D(\mathbf{x}) = 2.5 \, (1) \, (2x + 1)^2 + 7.333 \, (1) \, (5x + 1)^2 + 4.833 \, (1) \, (6x + 1)^2 + w_0$$
$$= 0.6667 \, x^2 - 5.333 \, x + w_0$$

où w_0 est obtenue en résolvant $h(2) = 1$, ou $h(5) = -1$ ou $h(6) = 1$, puisque $\mathbf{x}_2$, $\mathbf{x}_4$ et $\mathbf{x}_5$ sont sur la droite $y_i(\mathbf{w}^{\top} \Phi(\mathbf{x}) + w_0 = 1$ pour $i \in \{2, 4, 5\}$. Ce qui donne $w_0 = 9$, d'où :

$$h(\mathbf{x}) = \text{signe}\{0.6667 \, x^2 - 5.333 \, x + 9\}$$

C'est une frontière quadratique qui se traduit par deux seuils dans l'espace d'origine $\mathcal{X} = \mathbb{R}$. Les exemples $\mathbf{x}_2, \mathbf{x}_4, \mathbf{x}_5$ sont les exemples critiques.

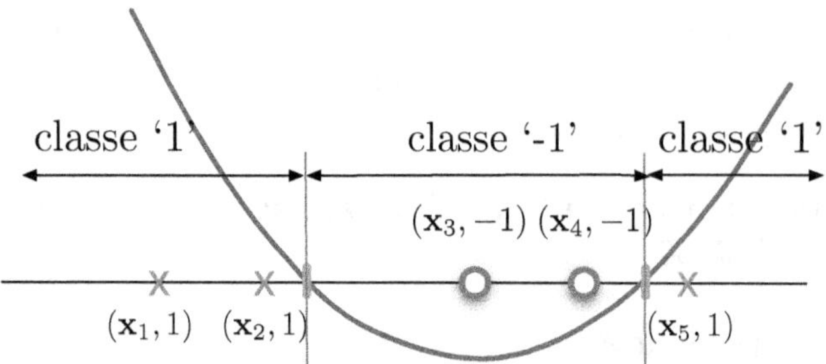

FIGURE 14.10 : *Un problème de discrimination à une dimension. La séparatrice est issue d'une fonction à deux dimensions qui se traduit par deux seuils sur $\mathcal{X} = \mathbb{R}$.*

—— EXEMPLE   **avec $\mathcal{X} = \mathbb{R}^2$: la fonction XOR** ——————————————————

Soient des données décrites en deux dimensions, $\mathcal{X} = \mathbb{R}^2$, et les exemples d'apprentissage décrits dans la table suivante :

Indice i	$\mathbf{x}_i$	y_i
1	$(1, 1)$	1
2	$(1, -1)$	-1
3	$(-1, -1)$	1
4	$(-1, 1)$	-1

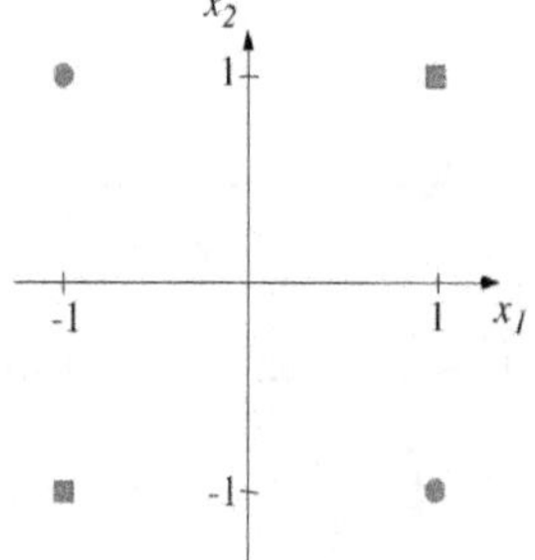

Supposons que l'on choisisse la fonction noyau polynomiale de degré 2 :

$$
\begin{aligned}
\kappa(\mathbf{x}, \mathbf{x}') &= \left(1 + (\mathbf{x} \cdot \mathbf{x}')\right)^2 \\
&= \left(1 + (x_1 x_1' + x_2 x_2')\right)^2 \\
&= 1 + 2(x_1 x_1' + x_2 x_2') + (x_1 x_1' + x_2 x_2')^2 \\
&= 1 + 2\, x_1 x_1' + 2\, x_2 x_2' + x_1^2 x_1'^2 + x_2^2 x_2'^2 + 2\, x_1 x_1' x_2 x_2'
\end{aligned}
$$

qui correspond à la projection Φ :

$$
(x_1, x_2)^\top \;\overset{\Phi}{\mapsto}\; (1, \sqrt{2}\, x_1, \sqrt{2}\, x_2, x_1^2, x_2^2, \sqrt{2}\, x_1 x_2)^\top
$$

On doit alors résoudre le problème :

$$
\begin{cases}
\displaystyle \max_{\alpha} \sum_{i=1}^{4} \alpha_i - \frac{1}{2} \sum_{i,j=1}^{4} \alpha_i \alpha_j y_i y_j \left(\mathbf{x}_i \cdot \mathbf{x}_j + 1\right)^2 \\
\displaystyle \sum_{i,j=1}^{4} \alpha_i y_i = 0 \\
0 \leq \alpha_i \leq C \quad (\forall i)
\end{cases}
$$

où l'on doit maximiser :

$$
\begin{aligned}
&\alpha_1 + \alpha_2 + \alpha_3 + \alpha_4 \\
&\quad - \frac{1}{2}(9\alpha_1^2 - 2\alpha_1\alpha_2 - 2\alpha_1\alpha_3 + 2\alpha_1\alpha_4 + \\
&\qquad 9\alpha_2^2 + 2\alpha_2\alpha_3 - 2\alpha_2\alpha_4 + 9\alpha_3^2 - 2\alpha_3\alpha_4 + 9\alpha_4^2)
\end{aligned}
$$

Soit, en dérivant par rapport à chaque multiplicateur de Lagrange α_i :

$$\begin{cases} 9\alpha_1 - \alpha2 - \alpha_3 + \alpha_4 &= 1 \\ \alpha_1 - 9\alpha2 - \alpha_3 + \alpha_4 &= 1 \\ \alpha_1 - \alpha2 - 9\alpha_3 + \alpha_4 &= 1 \\ \alpha_1 - \alpha2 - \alpha_3 + 9\alpha_4 &= 1 \end{cases}$$

On trouve alors la valeur optimale des multiplicateurs de Lagrange :

$$\alpha_1^\star = \alpha_2^\star = \alpha_3^\star = \alpha_4^\star = \frac{1}{8}$$

Les quatre exemples sont donc tous des exemples critiques et la fonction de décision est alors :

$$h(\mathbf{x}) = \mathrm{signe}\left\{\sum_{i=1}^{m_s} \alpha_i^\star\, y_i\, \kappa(\mathbf{x}, \mathbf{x}_i) + w_0\right\} = \mathrm{signe}\left\{\frac{1}{8}\sum_{i=1}^{4} y_i\, [(\mathbf{x}^\top \cdot \mathbf{x}_i) + 1]^2\right\}$$

soit :

$$h(\mathbf{x}) = \mathrm{signe}\left\{\frac{1}{8}\sum_{i=1}^{4} y_i\, [1 + (\mathbf{x} \cdot \mathbf{x}_i)]^2\right\}$$

Après calculs, on arrive à l'*équation de la séparatrice dans l'espace d'entrée* $\mathcal{X}$:

$$h(\mathbf{x}) = \mathrm{signe}\{-x_1 x_2\}$$

qui est une fonction non linéaire (figure 14.11, à gauche).

Quelle est l'équation de la séparatrice dans l'espace de redescription F ? On a :

$$D(\mathbf{x}) = \sum_{i=1}^{4} \alpha_i^\star y_i \kappa(\mathbf{x}_i, \mathbf{x}) + w_0 = \sum_{i=1}^{4} \alpha_i^\star y_i \langle \phi(\mathbf{x}_i), \phi(\mathbf{x})\rangle + w_0 = \mathbf{w}^{\star\top}\Phi(\mathbf{x}) + w_0$$

avec $\mathbf{w}^\star = \sum_{i=1}^{4} \alpha_i^\star y_i \Phi(\mathbf{x}_i)$ et $w_0 = 0$ dans ce problème symétrique par rapport à l'origine.
On a alors : $\mathbf{w}^\star = \frac{1}{8}[-\Phi(\mathbf{x}_1) + \Phi(\mathbf{x}_2) + \Phi(\mathbf{x}_3) - \Phi(\mathbf{x}_4)]$.
En calculant les projections $\Phi(\mathbf{x}_i)$ des quatre points, on trouve :

$$\mathbf{w}^\star = \frac{1}{8}\left\{ -\begin{pmatrix} 1 \\ \sqrt{2} \\ \sqrt{2} \\ 1 \\ 1 \\ \sqrt{2} \end{pmatrix} + \begin{pmatrix} 1 \\ \sqrt{2} \\ -\sqrt{2} \\ 1 \\ 1 \\ -\sqrt{2} \end{pmatrix} + \begin{pmatrix} 1 \\ -\sqrt{2} \\ -\sqrt{2} \\ 1 \\ 1 \\ \sqrt{2} \end{pmatrix} - \begin{pmatrix} 1 \\ -\sqrt{2} \\ \sqrt{2} \\ 1 \\ 1 \\ -\sqrt{2} \end{pmatrix} \right\} = \begin{pmatrix} 0 \\ 0 \\ -1/\sqrt{2} \\ 0 \\ 0 \\ 0 \end{pmatrix}$$

D'où l'équation de la frontière de décision dans l'espace de redescription F :

$$\begin{aligned} D_F(\mathbf{x}) &= \mathbf{w}^{\star\top}\Phi(\mathbf{x}) \\ &= (0, 0, -1/\sqrt{2}, 0, 0, 0)\,(1, \sqrt{2}\,x_1, \sqrt{2}\,x_2, x_1^2, x_2^2, \sqrt{2}\,x_1 x_2)^\top \\ &= -\sqrt{2}\,x_1 x_2 = 0 \end{aligned}$$

qui est donc une équation linéaire dans l'espace F (sixième coordonnée constante) (figure 14.11 à droite).

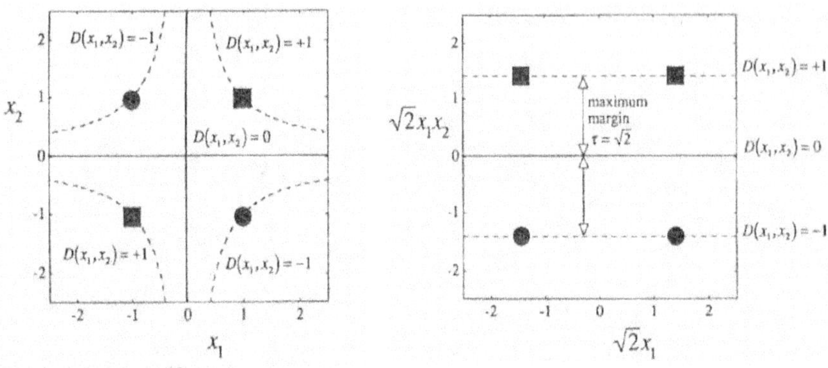

FIGURE 14.11 : *Les frontières de décision pour le problème du XOR. À gauche dans l'espace d'entrée $\mathcal{X}$, à droite dans l'espace de redescription F en projetant sur deux coordonnées parmi les 6.*

3.5   Séparateurs à Vastes Marges et généralisation

Selon la théorie statistique de l'apprentissage, la dimension de Vapnik-Chervonenkis de la classe des séparateurs linéaires de marge γ est égale à R^2/γ^2, où R est le rayon de la plus petite sphère englobant tous les points d'apprentissage.

Il a été montré [SSTSW99, WSS01] qu'il est possible de borner l'erreur en généralisation en utilisant le spectre d'un opérateur intégral associé et le spectre [6] de la matrice de Gram $\kappa(\mathbf{x}_i, \mathbf{x}_j)$. En effet, ces nouvelles analyses tirent avantage du fait que, pour la plupart des applications, la distribution des données n'est pas isotrope dans l'espace et, de ce fait, les bornes utilisant la mesure de sphère sont moins précises.

4.   Autres types d'induction avec fonctions noyaux

4.1   La régression (SVR)

Nous avons vu dans la section 1.2 qu'il est possible d'utiliser l'approche par fonction noyau pour résoudre des tâches de régression non linéaire, c'est-à-dire de prédiction d'une valeur réelle à partir d'une entrée prise dans un espace, éventuellement multidimensionnel, typiquement $\mathbb{R}^d$.

Le problème inductif revient à chercher une fonction $h(\mathbf{x}) = y \in \mathbb{R}$ telle que, pour tous les points d'apprentissage $\{(\mathbf{x}_i, y_i)\}_{1 \le i \le m}$, $h(\mathbf{x}_i)$ soit le plus « proche » possible de y_i, tout en se plaçant dans un espace d'hypothèses contrôlé pour éviter le risque de sur-apprentissage.

Une analyse de la convergence du risque empirique sur le risque réel, mesuré en termes d'écart quadratique, ainsi que la recherche d'une solution parcimonieuse en termes d'exemples supports, a conduit Vapnik à proposer d'utiliser la fonction de perte suivante :

$$|y - h(\mathbf{x})|_\varepsilon \;=\; \max\{0, |y - h(\mathbf{x})| - \varepsilon\} \tag{14.35}$$

Alors, afin d'estimer la régression linéaire :

$$h(\mathbf{x}) \;=\; \langle \mathbf{w} \cdot \mathbf{x} \rangle + w_0 \tag{14.36}$$

---

6. Le spectre d'une matrice est l'ensemble de ses valeurs propres.

Avec une précision de ε, on minimise :

$$\frac{1}{2}\| \mathbf{w} \|^2 \; + \; C \sum_{i=1}^{m} |y_i - f(\mathbf{x}_i)|_\varepsilon \tag{14.37}$$

On peut réexprimer ce problème comme un problème d'optimisation sous contraintes (voir [Vap95]) :

$$\begin{cases} \text{Minimiser} \quad \tau(\mathbf{w}, \xi, \xi^\star) \; = \; \dfrac{1}{2}\| \mathbf{w} \|^2 \\[2mm] \text{sous les contraintes} \quad \begin{cases} ((\mathbf{w} \cdot \mathbf{x}_i) + w_0) - y_i \; \leq \; \varepsilon + \xi_i \\[1mm] y_i - ((\mathbf{w} \cdot \mathbf{x}_i) + w_0) \; \leq \; \varepsilon + \xi_i^\star \\[1mm] \xi_i, \xi_i^\star \; \geq \; 0 \end{cases} \end{cases} \tag{14.38}$$

pour tous les $i = 1, \ldots, m$. On peut noter à nouveau que toute erreur plus petite que ε ne requiert pas une valeur non nulle de ξ ou de ξ_i et ne doit donc pas être prise en compte par la fonction objectif 14.38. La figure 14.12 illustre le rôle des contraintes.

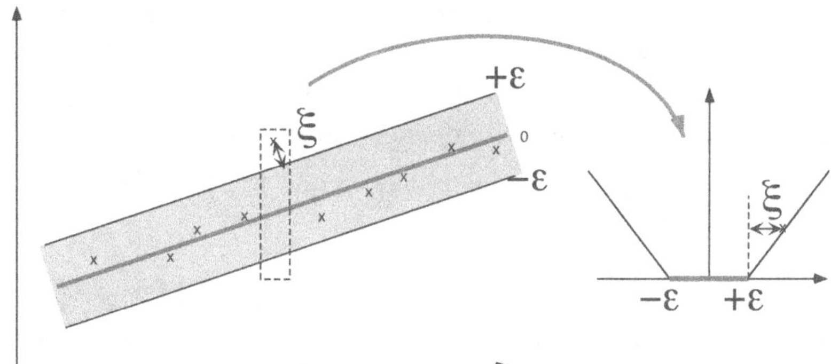

FIGURE 14.12 : *Dans la régression par SVM, au lieu d'imposer une marge entre les points des deux classes, on impose une sorte de « chaussette » autour des points grâce au paramètre ε. Le compromis entre la complexité du modèle (la fonction de régression) et la fidélité aux points d'apprentissage est règlée par la variable ressort ξ.*

Comme dans le cas de la classification, on peut généraliser à la régression non linéaire en passant par un espace de redescription des entrées grâce à l'utilisation de fonctions noyaux. L'introduction de multiplicateurs de Lagrange conduit au problème d'optimisation suivant, dans lequel les constantes $C > 0$ et $\epsilon \geq 0$ sont choisies *a priori* :

$$\begin{cases} \text{Maximiser} \quad W(\alpha, \alpha) = -\varepsilon \sum_{i=1}^{m} (\alpha_i^\star + \alpha_i) + \sum_{i=1}^{m} (\alpha_i^\star - \alpha_i) y_i - \dfrac{1}{2} \sum_{i,j=1}^{m} (\alpha_i^\star - \alpha_i)(\alpha_i^\star - \alpha_j) k(\mathbf{x}_i, \mathbf{x}_i) \\[3mm] \text{sous les contraintes} \quad \begin{cases} 0 \leq \alpha_i, \alpha_i^\star \leq C \quad i = 1, \ldots, m \\[1mm] \sum_{i=1}^{m} (\alpha_i - \alpha_i^\star) = 0 \end{cases} \end{cases}$$

L'estimation de la régression prend alors la forme :

$$h(\mathbf{x}) \; = \; \sum_{i=1}^{m} (\alpha_i^\star - \alpha_i) \, k(\mathbf{x}_i, \mathbf{x}) + w_0 \tag{14.39}$$

où b est calculé en utilisant le fait que la contrainte $((\mathbf{w} \cdot \mathbf{x}_i) + w_0) - y_i \leq \varepsilon + \xi_i$ devient une égalité avec $\xi_i = 0$ si $0 < \alpha_i < C$ et la contrainte $y_i - ((\mathbf{w} \cdot \mathbf{x}_i) + w_0) \leq \varepsilon + \xi_i^\star$ devient une égalité avec $\xi_i^\star = 0$ si $0 < \alpha_i^\star < C$.

4.2 Induction avec une seule classe ou non supervisée

À partir du moment où l'on considère l'astuce des noyaux (utilisation des fonctions noyaux pour changer d'espace de description dans lequel des méthodes linéaires s'appuyant sur des produits scalaires peuvent être employées), il est tentant de chercher à l'utiliser dans tous les domaines de l'apprentissage. C'est ce qui a été également fait en apprentissage non supervisé. Contrairement aux problèmes d'apprentissage supervisé, dans lesquels la tâche fondamentale est de prédire l'étiquette d'une nouvelle forme d'entrée et pour lesquels le critère de performance est assez aisé à définir, ces problèmes sont moins faciles à préciser. Il s'agit essentiellement de trouver une caractérisation des données permettant de déterminer des régularités intéressantes sur leur structure ou sur la distribution de probabilités sous-jacente (voir chapitre 16).

Les méthodes d'apprentissage non supervisé incluent :

- La recherche d'un référentiel permettant de décrire au mieux les données en comprimant leur description. Les techniques d'*Analyse en Composantes Principales* par noyau *(Kernel PCA)* répondent en partie à ce problème (voir [SS02] pour une description générale).

- La *recherche de sous-variétés* dans les données préservant leur topologie ([LV07]).

- La recherche de nuages de points (clustering) ou de catégories dans les données.

- L'estimation de densité sous-jacente aux données.

Dans cette section, nous étudions un problème plus simple, binaire : celui de trouver une région de l'espace d'entrée $\mathcal{X}$ contenant une grande partie des données (proportion à préciser). Comme dans tout problème d'induction, le principe est d'identifier cette région sur la base d'un échantillon d'apprentissage jugé représentatif. Une tâche souvent associée à ce problème est celle de l'identification de formes exceptionnelles ou anormales *(outliers)*.

Suivant en cela le principe philosophique de Vapnik selon lequel il ne faut pas résoudre un problème plus difficile ou plus général que celui considéré, il n'est pas nécessaire d'induire la densité de probabilités génératrice des données. Il suffit de trouver une frontière de décision entre la région considérée, couvrant une proportion minimale des données, et le reste de l'espace $\mathcal{X}$. C'est l'objet des SVM mono-classe *(one-class SVM)*.

À l'instar des autres problèmes inductifs, il est nécessaire de résoudre un compromis entre disposer d'une classe de fonctions de décision suffisamment riche pour bien approcher la région recherchée et éviter cependant le risque d'être victime de sur-adaptation. La méthode des SVM permet de résoudre ce problème de régularisation.

En fait, l'origine de la méthode proposée réside dans une question théorique : peut-on déterminer avec précision le centre de masse de données générées à partir d'une distribution génératrice inconnue sur la base d'un échantillon de données tirées aléatoirement et indépendamment ? Soit $\mathbb{E}_{\mathbf{P}_\mathcal{X}}[\Phi(\mathbf{x})] = \int_\mathcal{X} \Phi(\mathbf{x}) d\mathbf{P}_\mathcal{X}(\mathbf{x})$ le « vrai » centre de masse. Une analyse statistique permet de borner la valeur de $||\frac{1}{m} \sum_{i=1}^{m} \Phi(\mathbf{x}_i) - \mathbb{E}_{\mathbf{P}_\mathcal{X}}[\Phi(\mathbf{x})]||$ et de montrer que cette borne ne dépend pas de la dimension de l'espace, mais est de l'ordre de $\sqrt{1/m}$ comme attendu, ainsi que du rayon de l'hypersphère englobant les projections de données dans $\Phi(\mathcal{X})$.

Cette analyse suggère un algorithme de détection de nouveauté ou d'anomalie. Considérons en effet la boule ou hypersphère minimale englobant les m points d'apprentissage dans l'espace $\Phi(\mathcal{X})$. La probabilité qu'un nouveau point ne soit pas englobé dans une boule minimale *centrée en* $\frac{1}{m}\sum_{i=1}^{m}\Phi(\mathbf{x}_i)$ est $\leq \frac{1}{m+1}$ (par un raisonnement simple de symétrie entre les données et l'emploi d'une inégalité triangulaire ; voir par exemple [STC04], pp.116-117). On pourra ainsi considérer que tout point tombant en dehors de cette boule, représentant les exemples « normaux », est anormal.

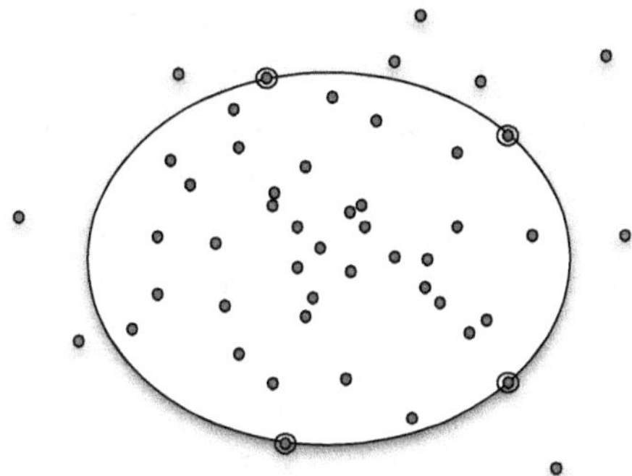

FIGURE 14.13 : *Exemple d'une « hypersphère » définie sur un ensemble de points d'apprentissage. Les points entourés sont les exemples supports. Les points rouges, extérieurs à l'hypersphère, sont jugés « anormaux ».*

Une analyse plus fine[7] prenant en compte le compromis entre le rayon de l'hypersphère et la sensibilité à des points normaux mais peu représentatifs de la distribution de probabilités considérée conduit au problème suivant :

Étant donné un échantillon d'apprentissage $S = \langle \mathbf{x}_1, \ldots, \mathbf{x}_m \rangle$, trouver le vecteur $\alpha^\star$ optimisant l'expression :

$$
\begin{cases}
\text{Maximiser} & \displaystyle\sum_{i=1}^{m} \alpha_i \kappa(\mathbf{x}_i, \mathbf{x}_i) \;-\; \sum_{i,j=1}^{m} \alpha_i \alpha_j \kappa(\mathbf{x}_i, \mathbf{x}_j) \\[2ex]
\text{sous contraintes de :} & \begin{cases} \displaystyle\sum_{i=1}^{m} \alpha_i = 1 \\[2ex] 0 \leq \alpha_i \leq C, \quad i = 1, \ldots, m. \end{cases}
\end{cases}
\tag{14.40}
$$

En choisissant alors i tel que $0 < \alpha_i^\star < C$, on calcule :

$$
r^\star \;=\; \sqrt{\kappa(\mathbf{x}_i, \mathbf{x}_i) - 2\sum_{j=1}^{m} \alpha_j^\star \kappa(\mathbf{x}_j, \mathbf{x}_i) + \sum_{i,j=1}^{m} \alpha_i^\star \alpha_j^\star \kappa(\mathbf{x}_i, \mathbf{x}_j)}
$$

$$
D \;=\; \sum_{i,j=1}^{m} \alpha_i^\star \alpha_j^\star \kappa(\mathbf{x}_i, \mathbf{x}_j) - (r^\star)^2 - \gamma
$$

Et la fonction de décision :

$$
\boxed{\; h(\mathbf{x}) \;=\; H\Big[\kappa(\mathbf{x}, \mathbf{x}) - 2\sum_{i=1}^{m} \alpha_i^\star \kappa(\mathbf{x}_i, \mathbf{x}) + D\Big] \;}
\tag{14.41}
$$

---

7. Voir par exemple [STC04], pp.196-205.

où H est la fonction de Heaviside :

$$\forall x \in \mathbb{R}, \quad H(x) = \begin{cases} 0 & \text{si} \quad x < 0 \\ 1 & \text{si} \quad x \geq 0. \end{cases} \tag{14.42}$$

La fonction h retourne la valeur 1 pour une entrée tombant en dehors de l'hypersphère et devant donc être interprétée comme une forme nouvelle.

Encore une fois, la résolution du problème n'implique généralement qu'une partie réduite des exemples d'apprentissage qui se trouvent être sur la frontière de l'hypersphère calculée.

Dans le cas où les données sont normalisées, on montre que le problème peut également être résolu en cherchant un hyperplan dans $\Phi(\mathcal{X})$ séparant au maximum les données de l'origine.

4.3 Induction de sorties structurées

Il est des tâches correspondant à l'induction de fonctions liant des entrées à des sorties ayant une structure. Par exemple, un système d'analyse grammaticale prend en entrée du texte et produit en sortie un arbre syntaxique correspondant à la structure syntaxique de la phrase (voir figure 14.14). D'autres tâches consistent à associer la structure tertiaire d'une protéine à la séquence de ses acides aminés. On pourrait aussi imaginer vouloir associer une structure spatiale d'éléments saillants (ex. des personnages) à partir d'une image vidéo.

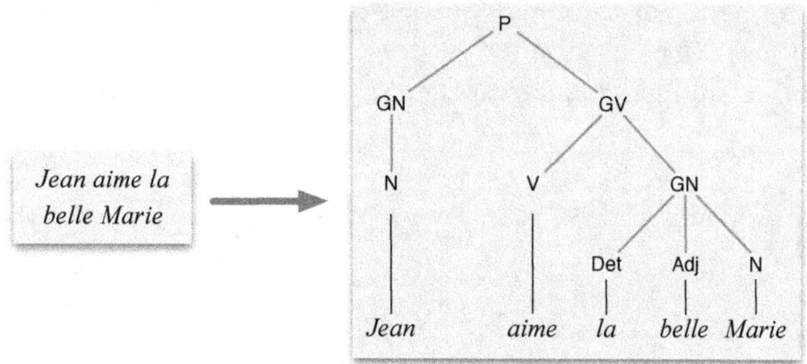

FIGURE 14.14 : *Exemple d'une transformation de texte en arbre syntaxique.*

Une première approche du problème pourrait être de décomposer la structure visée en sous-composants et d'apprendre des fonctions de reconnaissance pour chacun de ces composants, puis de les assembler d'une manière ou d'une autre. Cependant, cela nécessiterait la modélisation d'un grand nombre d'interdépendances entre ces sous-composants. Surtout, cela ne permettrait pas de représenter et de tirer parti de relations de similarité dans l'espace de sortie et donc de généraliser. Une autre approche pourrait être d'apprendre directement à prédire chaque sortie possible (ex. chaque arbre syntaxique). Toutefois, le nombre de sorties possibles est en général exponentiel avec le nombre de sous-composants en jeu et il est impossible d'imaginer avoir suffisamment de données pour apprendre à prédire chacune de ces sorties.

L'idée centrale des méthodes d'apprentissage de fonctions à sorties structurées est de **passer par un espace de redescription qui prend en compte à la fois l'espace d'entrée $\mathcal{X}$, mais aussi l'espace de sortie $\mathcal{Y}$**. Ainsi, au lieu de passer (virtuellement) par un espace de redescription $\Phi(\mathcal{X})$ comme dans l'approche standard des méthodes à noyaux, on passe désormais (virtuellement) par un espace de redescription $\Psi(\mathcal{X}, \mathcal{Y})$. Cet espace de redescription qui mêle des descripteurs appartenant à l'espace d'entrée et à l'espace de sortie permet de prendre en compte des propriétés combinées de ces deux espaces. Au lieu de la forme classique :

$$h(\mathbf{x}) = \sum_{i=1}^{m} \alpha_i \, \kappa(\mathbf{x}, \mathbf{x}_i) + w_0$$

les fonctions hypothèses auront la forme [8] :

$$h(\mathbf{x}) \; = \; \sum_{i=1}^{m} \alpha_i \, \kappa\big((\mathbf{x}, \mathbf{y}), (\mathbf{x}_i, \mathbf{y}_i)\big) + w_0 \; = \; \sum_{i=1}^{m} \alpha_i \, \langle \Psi(\mathbf{x}, \mathbf{y}), \Psi(\mathbf{x}_i, \mathbf{y}_i)\rangle + w_0 \qquad (14.43)$$

De quel problème d'optimisation une fonction de ce type peut-elle être solution ? L'approche actuelle prend pour point de départ le problème multi-classe. Jusqu'à présent, nous n'avons traité avec les SVM que le problème de discrimination à deux classes. Supposons que nos exemples appartiennent à plus de deux classes. Comment formaliser ce problème ?

On va supposer qu'il existe un vecteur $\mathbf{w_y}$ pour chaque classe $\mathbf{y}$. Chaque exemple $\mathbf{x}$ a donc un score par rapport à chaque classe $\mathbf{y}$ grâce à une fonction $g(\mathbf{x}, \mathbf{y}) = \langle \mathbf{w_y} \, \Phi(\mathbf{x})\rangle$ dite de compatibilité. La règle de classification est alors :

$$h(\mathbf{x}) = \underset{\mathbf{y} \in \mathcal{Y}}{\mathrm{ArgMax}} \; g(\mathbf{x}, \mathbf{y})$$

Cette règle fournit la bonne réponse (au moins pour les exemples d'apprentissage) sous réserve que les vecteurs de poids calculés $\mathbf{W} = (\mathbf{w}_1, \ldots, \mathbf{x}_{|\mathcal{Y}|})$ aient été déterminés pour respecter $g(\mathbf{x}, \bar{\mathbf{y}}) < g(\mathbf{x}, \mathbf{y})$ pour toutes les sorties incorrectes $\bar{\mathbf{y}} \neq \mathbf{y}$.

Pour un échantillon d'apprentissage $\mathcal{S}_m = \{(\mathbf{x}_1, \mathbf{y}_1), \ldots, (\mathbf{x}_m, \mathbf{y}_m)\}$, cette contrainte conduit à la forme primale du problème suivant, où l'on requiert l'existence d'une marge minimale (=1) entre les différentes classes :

$$\begin{cases} \mathrm{Min}_{\mathbf{w}} \, \frac{1}{2} \, ||\mathbf{w}||^2 \\ \text{tel que :} \quad g(\mathbf{x}_i, \mathbf{y}_i) - g(\mathbf{x}_i, \bar{\mathbf{y}}) \geq 1 \quad (\forall i \in \{1, \ldots, m\} \text{ et } \bar{\mathbf{y}} \neq \mathbf{y}_i) \end{cases}$$

Pour un problème à $k = |\mathcal{Y}|$ classes, ce problème d'optimisation a $m(k-1)$ inégalités au total, linéaires en $\mathbf{w}$ puisque l'on peut écrire : $g(\mathbf{x}_i, \mathbf{y}_i) - g(\mathbf{x}_i, \bar{\mathbf{y}}) = \langle (\mathbf{w}_{\mathbf{y}_i} - \mathbf{w}_w \bar{\mathbf{y}}) \, , \, \Phi(\mathbf{x}_i)\rangle$. C'est donc un problème susceptible d'être résolu par programmation quadratique convexe.

Cependant, comme nous l'avons dit, cette formulation ne permet pas une généralisation à l'intérieur de l'espace de sortie $\mathcal{Y}$. D'où une nouvelle formulation pour la fonction de compatibilité : $g(\mathbf{x}, \mathbf{y}) = \langle \mathbf{w} \, , \, \Psi(\mathbf{x}, \mathbf{y})\rangle$. Le problème devient alors :

$$\boxed{\begin{cases} \mathrm{Min}_{\mathbf{w}} \, \frac{1}{2} \, ||\mathbf{w}||^2 \\ \text{tel que :} \quad \langle \mathbf{w} \, , \, \Psi(\mathbf{x}_i, \mathbf{y}_i)\rangle - \langle \mathbf{w} \, , \, \Psi(\mathbf{x}_i, \bar{\mathbf{y}})\rangle \geq 1 \quad (\forall i \in [\![1 \cdots m]\!] \text{ et } \bar{\mathbf{y}} \neq \mathbf{y}_i) \end{cases}}$$

$$(14.44)$$

En d'autres termes, on cherche un vecteur $\mathbf{w}$ d'une fonction de compatibilité g, linéaire par rapport aux descripteurs d'un espace de redescription $\Psi(\mathcal{X}, \mathcal{Y})$, tel que, pour chaque exemple d'apprentissage, cette fonction donne un score à la classe correcte supérieur d'au moins 1 au score donné pour toute autre classe, tout en limitant la complexité (c'est-à-dire en minimisant la norme $||\mathbf{w}||$).

---

8. Pour rappeler que la sortie est un objet structuré, nous utilisons par extension la notation $\mathbf{y}$ usuellement utilisée pour les vecteurs.

Pour résoudre complètement ce problème, il faut dépasser certaines difficultés :

- Le nombre de contraintes linéaires est encore de $m(|\mathcal{Y}| - 1)$ et il faut donc des techniques particulières pour y faire face (ex. algorithme de sections de plans ou *cutting-plane algorithm*).

- Il faut pouvoir tenir compte d'erreurs dans les données et admettre des marges douces, donc introduire des variables ressorts.

- Il faut surtout définir un bon espace de redescription $\Psi(\mathcal{X}, \mathcal{Y})$, soit directement, soit indirectement via la définition d'une fonction noyau appropriée $\kappa\big((\mathbf{x}, \mathbf{y}), (\mathbf{x}_i, \mathbf{y}_i)\big)$. C'est là le plus gros problème. Par exemple, dans le problème de l'analyse syntaxique de textes, il a été suggéré de compter combien de fois chaque règle de production de la grammaire sous-jacente avait été employée pour un couple $(\mathbf{x}, \mathbf{y})$. Il faut surtout, si l'on peut, tenir compte des décompositions raisonnables dans l'espace $\mathcal{X} \times \mathcal{Y}$ pour simplifier le problème.

L'apprentissage de fonctions produisant des sorties structurées est un problème très important en raison en particulier du grand nombre d'applications faisant intervenir de telles fonctions. Si le nombre de travaux se rapportant à ce problème s'accroît rapidement et a déjà apporté des solutions d'une ingéniosité impressionnante, il reste encore beaucoup à faire. Nous renvoyons le lecteur intéressé à un article de synthèse constituant une bonne porte d'entrée à cette famille d'approches [JHYY09] (chapitre 8, section 6).

5. Ingénierie des fonctions noyaux

5.1 Les fonctions noyaux : signification et capacité d'approximation

5.1.1 Signification des fonctions noyaux

La section 1 a montré que l'utilisation de fonctions noyaux était liée à des raisons fondamentales diverses. En résumant, on peut dire que le choix d'une fonction noyau correspond implicitement au choix :

- d'une *mesure de similarité* entre éléments de l'espace d'entrée $\mathcal{X}$;
- d'une *projection* des éléments de $\mathcal{X}$ dans un espace vectoriel F doté d'un produit scalaire ;
- d'un *espace fonctionnel* doté d'une base de fonctions analysantes (ex. base de Mercer ou base d'un espace de Hilbert à noyau reproduisant (RKHS)) dans laquelle est cherchée une fonction hypothèse ;
- d'un *critère inductif régularisé* puisque le théorème de représentation montre que chaque noyau correspond à un terme de régularisation ;
- d'une *fonction de covariance* définissant comment les éléments de $\mathcal{X}$ sont corrélés ;
- d'une *mesure de probabilités sur un ensemble de fonctions* comme le montre l'interprétation des fonctions noyaux comme fonctions de covariance.

Le choix d'une fonction noyau est donc essentiel pour l'apprentissage et doit refléter au mieux toute connaissance *a priori* sur le domaine étudié.

5.1.2   Les fonctions noyaux et la capacité du RKHS associé

Nous avons vu qu'une fonction noyau induisait l'espace de fonctions dans lequel était cherchée une fonction hypothèse satisfaisant au mieux un critère inductif régularisé. Le chapitre 3 a par ailleurs amplement insisté sur l'importance de contrôler la capacité de l'espace des hypothèses pour garantir, en probabilité, un lien entre le risque empirique et le risque réel. Il semble donc essentiel de contrôler le choix de la fonction noyau afin d'éviter le risque de sous-apprentissage (espace de fonctions trop pauvre) ou de surapprentissage (espace de fonctions trop riche). En fait, de nombreuses fonctions noyaux sont associées à des espaces fonctionnels universels, c'est-à-dire permettant d'approcher n'importe quelle fonction sur les points d'apprentissage (en d'autres termes, des espaces fonctionnels de dimension de Vapnik-Chervonenkis infinie).

Une *fonction noyau universelle* permet en particulier de séparer tout sous-ensemble de points de $\mathcal{X}$ en deux sous-ensembles quelconques disjoints, ce qui correspond à une dimension de Vapnik-Chervonenkis infinie.

Il est montré que les fonctions noyaux strictement positives peuvent séparer ainsi tout sous-ensemble fini de points. De nombreuses fonctions noyaux standards possèdent cette propriété :

- les *noyaux exponentiels* $: \kappa(\mathbf{x}, \mathbf{x}') \;=\; \exp\left(\langle \mathbf{x}, \mathbf{x}' \rangle\right)$

- les *noyaux gaussiens (RBF)* $: \kappa(\mathbf{x}, \mathbf{x}') \;=\; \exp -\dfrac{\|\mathbf{x} - \mathbf{x}'\|}{\gamma^2}$

- les *noyaux binomiaux* $: \kappa(\mathbf{x}, \mathbf{x}') \;=\; (1 - \langle \mathbf{x}, \mathbf{x}' \rangle)^{-\alpha}$

Si l'espace fonctionnel correspondant à l'espace des hypothèses est de capacité d'approximation universelle, l'induction n'est possible que si le critère inductif est proprement régularisé. C'est ce que réalise en particulier la technique des Séparateurs à Vastes Marges (SVM).

5.2   L'espace des fonctions noyaux : règles simples de construction

Les fonctions noyaux ont pour propriété d'être positives définies, c'est-à-dire d'être associées à des matrices de Gram : $\mathbf{K} = (k(\mathbf{x}_i, \mathbf{x}_j))_{i,j}$ positives semi-définies. La construction de fonctions noyaux à partir de fonctions noyaux connues utilise des opérations qui préservent cette propriété.

Théorème 14.5 (Règles de construction)

Soient κ_1 et κ_2 deux fonctions noyaux sur $\mathcal{X} \times \mathcal{X}$, $\mathcal{X} \in \mathbb{R}^d$, $c \in \mathbb{R}^+$, $f(\cdot)$ une fonction réelle sur $\mathcal{X}$, $\mathrm{poly}(\cdot)$ un polynôme avec des coefficients positifs ou nuls, $\Phi(\cdot)$ une fonction de $\mathcal{X}$ sur $\mathbb{R}^D$, κ_3 une fonction noyau définie sur $\Phi(\mathcal{X}) \times \Phi(\mathcal{X})$, $\mathbf{A}$ une matrice positive semi-définie, $\mathbf{x}_a$ et $\mathbf{x}_b$ des variables avec $\mathbf{x} = (\mathbf{x}_a, \mathbf{x}_b)$ et κ_a et κ_b des fonctions noyaux dans leur espace respectif. Alors, les fonctions suivantes sont des fonctions noyaux :

$$
\begin{aligned}
\text{(i)} \qquad & \kappa(\mathbf{x}, \mathbf{x}') \;=\; c\,\kappa_1(\mathbf{x}, \mathbf{x}') \\[4pt]
\text{(ii)} \qquad & \kappa(\mathbf{x}, \mathbf{x}') \;=\; f(\mathbf{x})\,\kappa_1(\mathbf{x}, \mathbf{x}')\,f(\mathbf{x}') \\[4pt]
\text{(iii)} \qquad & \kappa(\mathbf{x}, \mathbf{x}') \;=\; \mathrm{poly}\big(\kappa_1(\mathbf{x}, \mathbf{x}')\big) \\[4pt]
\text{(iv)} \qquad & \kappa(\mathbf{x}, \mathbf{x}') \;=\; \exp\big(\kappa_1(\mathbf{x}, \mathbf{x}')\big)
\end{aligned}
$$

$$
\begin{aligned}
\text{(v)} \qquad \kappa(\mathbf{x}, \mathbf{x}') &= \kappa_1(\mathbf{x}, \mathbf{x}') + \kappa_2(\mathbf{x}, \mathbf{x}') \\[4pt]
\text{(vi)} \qquad \kappa(\mathbf{x}, \mathbf{x}') &= \kappa_1(\mathbf{x}, \mathbf{x}')\,\kappa_2(\mathbf{x}, \mathbf{x}') \\[4pt]
\text{(vii)} \qquad \kappa(\mathbf{x}, \mathbf{x}') &= \kappa_3\big(\Phi(\mathbf{x}), \Phi(\mathbf{x}')\big) \\[4pt]
\text{(viii)} \qquad \kappa(\mathbf{x}, \mathbf{x}') &= \mathbf{x}^\top \mathbf{A}\, \mathbf{x}' \\[4pt]
\text{(ix)} \qquad \kappa(\mathbf{x}, \mathbf{x}') &= \kappa_a(\mathbf{x}_a, \mathbf{x}'_a) + \kappa_b(\mathbf{x}_b, \mathbf{x}'_b) \\[4pt]
\text{(x)} \qquad \kappa(\mathbf{x}, \mathbf{x}') &= \kappa_a(\mathbf{x}_a, \mathbf{x}'_a)\,\kappa_b(\mathbf{x}_b, \mathbf{x}'_b)
\end{aligned}
$$

La règle de construction (v) correspond à une simple « addition » de deux espaces. En effet :

$$
\begin{aligned}
\kappa(\mathbf{x}, \mathbf{x}') &= \kappa_1(\mathbf{x}, \mathbf{x}') + \kappa_2(\mathbf{x}, \mathbf{x}') \\
&= \langle \Phi_1(\mathbf{x}), \Phi_1(\mathbf{x}') \rangle + \langle \Phi_2(\mathbf{x}), \Phi_2(\mathbf{x}') \rangle \\
&= \langle [\Phi_1(\mathbf{x}), \Phi_2(\mathbf{x}')], [\Phi_1(\mathbf{x}), \Phi_2(\mathbf{x}')] \rangle
\end{aligned}
\tag{14.45}
$$

On peut facilement généraliser cette règle de construction à la somme tensorielle de noyaux.

Théorème 14.6 (Noyau somme directe)

Soient κ_1 et κ_2 deux fonctions noyaux définies respectivement sur $\mathcal{X}_1 \times \mathcal{X}_1$ et sur $\mathcal{X}_2 \times \mathcal{X}_2$, alors leur somme directe :

$$
(\kappa_1 \oplus \kappa_2)(\mathbf{x}_1, \mathbf{x}_2, \mathbf{x}'_1, \mathbf{x}'_2) = \kappa_1(\mathbf{x}_1, \mathbf{x}'_1) + \kappa_2(\mathbf{x}_2, \mathbf{x}'_2)
\tag{14.46}
$$

est une fonction noyau sur $(\mathcal{X}_1 \times \mathcal{X}_2) \times (\mathcal{X}_1 \times \mathcal{X}_2)$. Ici, $\mathbf{x}_1, \mathbf{x}'_1 \in \mathcal{X}_1$ et $\mathbf{x}_2, \mathbf{x}'_2 \in \mathcal{X}_2$.

La règle de construction (vi) est particulièrement importante. Elle permet de combiner des caractéristiques ou attributs des deux espaces de redescription associés à κ_1 et à κ_2 entre eux. On obtient ainsi le *produit tensoriel de noyaux*. Par exemple, ici, les attributs de l'espace de redescription sont les produits de toutes les paires d'attributs du 1er et du 2nd espaces. En effet :

$$
\begin{aligned}
\kappa(\mathbf{x}, \mathbf{x}') &= \kappa_1(\mathbf{x}, \mathbf{x}')\,\kappa_2(\mathbf{x}, \mathbf{x}') \\
&= \sum_{i=1}^{D_1} \Phi_1(\mathbf{x})_i \Phi_1(\mathbf{x}')_i \sum_{j=1}^{D_2} \Phi_2(\mathbf{x})_j \Phi_2(\mathbf{x}')_j \\
&= \sum_{i=1}^{D_1} \sum_{j=1}^{D_2} \Phi_1(\mathbf{x})_i\, \Phi_1(\mathbf{x}')_i\, \Phi_2(\mathbf{x})_j\, \Phi_2(\mathbf{x}')_j \\
&= \sum_{i=1}^{D_1} \sum_{j=1}^{D_2} \Phi(\mathbf{x})_{ij}\, \Phi(\mathbf{x}')_{ij}
\end{aligned}
\tag{14.47}
$$

en posant $\Phi(\mathbf{x})_{ij} = \Phi_1(\mathbf{x})_i\, \Phi_2(\mathbf{x})_j$.

—— EXEMPLE **Fonction noyau à exposant simple** ——————————

Soit la fonction noyau : $\kappa(\mathbf{x}, \mathbf{x}') = \kappa_1(\mathbf{x}, \mathbf{x}')^s$. On obtient par induction l'espace associé, qui est constitué de tous les monômes de degré s :

$$
\Phi_i(\mathbf{x}) = \Phi_1(\mathbf{x})_1^{i_1}\, \Phi_1(\mathbf{x})_2^{i_2} \ldots \Phi_1(\mathbf{x})_N^{i_N}
\tag{14.48}
$$

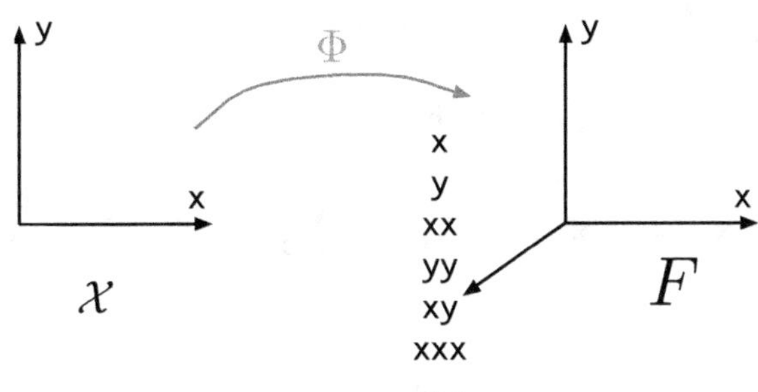

FIGURE 14.15 : *Construction d'un espace de redescription à partir de combinaisons des attributs de l'espace d'origine $\mathcal{X}$.*

avec i satisfaisant $\sum_{j=1}^{N} i_j = s$.

Par exemple, pour $s = 5$ et $d = 3$ la dimension de $\mathcal{X}$, on pourrait avoir $\Phi_i(\mathbf{x}) = x_1^2 x_2^1 x_3^2$ où les x_i sont les coordonnées de $\mathbf{x}$ dans $\mathcal{X}$.

Chacune des composantes $\Phi_i(\mathbf{x})$ est un monôme de degré s. Il peut en effet être intéressant de considérer les combinaisons de s attributs de base des objets dans $\mathcal{X}$.

Par exemple, en reconnaissance de scènes visuelles, lorsque les images sont décrites à l'aide de pixels, ne prendre que les produits scalaires directs entre les images correspond à multiplier les intensités des pixels entre elles. Cela signifie aussi que l'*on pourrait redistribuer les pixels arbitrairement dans l'image sans changer le résultat.* Cependant, la reconnaissance d'objets peut impliquer la présence de plusieurs caractéristiques structurelles ou relationnelles à l'intérieur de l'image. Ainsi, un '8' implique la présence d'un arc de cercle convexe dans le sommet de l'image et d'un arc de cercle concave en bas de l'image. L'absence d'une seule de ces caractéristiques suffit à éliminer la possibilité d'un '8'. Il s'agit donc d'un critère très non linéaire au niveau des pixels. Pour parvenir à le prendre en compte, il faut considérer des régions entières de l'image, c'est-à-dire des combinaisons de pixels.

Il faut noter que l'on arrive très vite à des espaces de redescription de très grande dimension. Ainsi, la taille de l'espace de redescription pour $|\mathcal{X}| = d$ et pour un degré s d'un noyau à exposant simple est de :

$$|\Phi(\mathcal{X})| = \binom{s + d - 1}{s} \tag{14.49}$$

où l'on utilise la notation anglo-saxonne pour dénoter le coefficient binomial C_{s+d-1}^{s}.

Cela donne par exemple, pour des images en 16×16 pixels et des combinaisons de 5 pixels $(s = 5) : |\Phi(\mathcal{X})| \approx 10^{10}$. Il est heureux que la fonction noyau à exposant simple nous permette de ne pas manipuler directement ce genre d'espace.

Plus généralement, les fonctions noyau *polynomial*, noyau de *tous les sous-ensembles* et noyau *ANOVA* utilisent les règles de construction 14.5 et correspondent à un produit scalaire dans un espace de redescription construit à partir de certaines combinaisons des attributs de l'espace $\mathcal{X}$ (voir figure 14.15).

Les noyaux polynomiaux

L'application de la règle (iii) permet de construire des noyaux polynomiaux définis comme $\kappa(\mathbf{x}, \mathbf{x}') = \mathrm{poly}\big(\kappa_1(\mathbf{x}, \mathbf{x}')\big)$ où poly est un polynôme à coefficients positifs.

Définition 14.2 (Noyau polynomial)

Un cas particulier est appelé noyau polynomial :

$$\kappa_s(\mathbf{x}, \mathbf{x}') = (\langle \mathbf{x}, \mathbf{x}' \rangle + R)^p = \sum_{s=0}^{p} \binom{p}{s} R^{p-s} \langle \mathbf{x}, \mathbf{x}' \rangle^s \tag{14.50}$$

Contrairement au noyau à exposant simple qui ne considère que les monômes d'un degré donné p, le noyau polynomial *permet de prendre en compte tous les monômes de degré $\leq p$.*

—— EXEMPLE **Caractéristique associée à un noyau polynomial** ————————————

$$\Phi_p(\mathbf{x}) = x_1^3 \, x_2^4 \, x_4 \, x_5^3 \ldots x_d^5$$

La dimension de l'espace de redescription $\Phi(\mathcal{X})$ pour le noyau polynomial $\kappa(\mathbf{x}, \mathbf{x}') = (\langle \mathbf{x}, \mathbf{x}' \rangle + d)^p$ est :

$$\binom{d+p-1}{p-1} + \binom{d+p-1}{p} = \binom{d+p}{p}$$

Il faut noter qu'augmenter le paramètre p peut conduire à du surapprentissage. Le paramètre de pondération d sert à contrôler le poids de chaque monôme. Ainsi, le poids des monômes d'ordre s est $\binom{p}{s} d^{p-s}$. De ce fait, augmenter d diminue les poids des monômes d'ordre élevé.

Les noyaux « tous sous-ensembles »

Un autre type de combinaison des attributs d'origine consiste à considérer les attributs Φ_i de l'espace de redescription $\Phi(\mathcal{X})$ constitués de tous les sous-ensembles d'attributs d'origine, y compris le sous-ensemble vide.

Comme pour les noyaux polynomiaux, on considère ainsi toutes les combinaisons d'attributs jusqu'à un ordre donné p. Toutefois, contrairement aux noyaux polynomiaux, l'exposant de chaque attribut retenu vaut 1.

Soit A un sous-ensemble des d attributs d'origine : $A \subseteq \{1, 2, \ldots, d\}$. On a :

$$\Phi_A(\mathbf{x}) = x_1^{i_1} x_2^{i_2} \ldots x_d^{i_d}$$

avec $\mathbf{i} = (i_1, i_2, \ldots, i_d) \in \{0, 1\}^d$.

On a alors :

$$\kappa_\subseteq(\mathbf{x}, \mathbf{x}') = \langle \Phi(\mathbf{x}), \Phi(\mathbf{x}') \rangle = \sum_{A \subseteq \{1, \ldots, d\}} \prod_{i \in A} x_i x_i' = \prod_{i=1}^{d} (1 + x_i x_i') \tag{14.51}$$

où la dernière équation découle d'une application de la loi distributive. On définit ainsi le noyau « tous sous-ensembles ».

Définition 14.3 (Noyau « tous sous-ensembles »)

$$\kappa_\subseteq(\mathbf{x}, \mathbf{x}') = \prod_{i=1}^{d} (1 + x_i x_i') \tag{14.52}$$

On remarquera qu'il s'agit d'un noyau défini comme une somme de produits dans l'espace de redescription F, mais qui se calcule, dans $\mathcal{X}$, comme le produit de sommes.

—— EXEMPLE   **Caractéristique associée à un noyau « tous sous-ensembles »** ————

$$\Phi_p(\mathbf{x}) = x_1\, x_2\, x_4\, x_5 \ldots x_d$$

Les noyaux ANOVA

Une autre méthode pour prendre en compte des combinaisons d'attributs de base fait appel aux fonctions noyaux ANOVA. Similaires aux fonctions noyaux « tous sous-ensembles », elles ne prennent pas en compte des sous-ensembles de variables de cardinal donné p.

Définition 14.4 (Noyau ANOVA)

$$\kappa_p(\mathbf{x}, \mathbf{x}') = \langle \Phi_p(\mathbf{x}), \Phi_p(\mathbf{x}') \rangle = \sum_{|A|=p} \Phi_A(\mathbf{x})\, \Phi_A(\mathbf{x}') = \sum_{1 \leq i_1 < i_2 < \ldots < i_p \leq d} \prod_{j=1}^{p} x_{i_j} x'_{i_j} \qquad (14.53)$$

—— EXEMPLE   **Caractéristique associée à un noyau ANOVA** ————

$$\Phi_p(\mathbf{x}) = \underbrace{x_1\, x_2\, x_4\, x_5 \ldots x_d}_{p}$$

Il est possible de généraliser les noyaux ANOVA. On peut en effet remarquer qu'il est tentant de remplacer les produits scalaires de base $x_i x'_i$ par des noyaux de base $\kappa_i(\mathbf{x}, \mathbf{x}') = a_i\, x_i\, x'_i$. On peut même aller plus loin et remplacer ces fonctions par des fonctions noyaux générales permettant de comparer les objets $\mathbf{x}$ et $\mathbf{x}'$ et définies éventuellement sur des sous-ensembles non nécessairement disjoints des d attributs de base. On a alors une version plus générale des fonctions noyaux ANOVA :

$$\kappa_p(\mathbf{x}, \mathbf{x}') = \sum_{1 \leq i_1 < i_2 < \ldots < i_p \leq d} \prod_{j=1}^{p} \kappa_{ij}(\mathbf{x}, \mathbf{x}') \qquad (14.54)$$

Ce point de vue mène alors assez naturellement à l'idée de comparer des objets structurés ou composites entre eux. En effet, la comparaison peut se faire par une sorte de calcul récursif dans lequel la comparaison au plus haut niveau résulte de comparaisons menées à des niveaux inférieurs, elles-mêmes pouvant éventuellement être définies récursivement, jusqu'à un niveau de description élémentaire.

Avant de passer à la description de fonctions noyaux définies sur des structures, il est intéressant de noter que les noyaux polynomiaux, « tous sous-ensembles » ou ANOVA peuvent *se prêter facilement à des procédés de calcul récursifs*. Nous reportons le lecteur à [STC04] par exemple, pour des détails sur ces approches. Ces procédés de calcul, d'abord poursuivis pour des raisons de complexité calculatoire, ont également inspiré les chercheurs à définir des fonctions noyaux applicables sur des objets structurés. C'est ainsi par deux chemins, *a priori* indépendants, que l'on aboutit à la même idée.

Les noyaux gaussiens

La fonction noyau gaussienne est très employée.

Définition 14.5 (Noyau gaussien)

$$\kappa_p(\mathbf{x}, \mathbf{x}') \;=\; e^{(-\|\mathbf{x}-\mathbf{x}'\|^2/2\sigma^2)} \tag{14.55}$$

Il s'agit bien d'une fonction noyau car :

$$\|\mathbf{x} - \mathbf{x}'\|^2 \;=\; \mathbf{x}^\top \mathbf{x} + (\mathbf{x}')^\top \mathbf{x}' - 2\mathbf{x}^\top \mathbf{x}'$$

ce qui donne :

$$\kappa_p(\mathbf{x}, \mathbf{x}') \;=\; e^{(-\mathbf{x}^\top \mathbf{x}/2\sigma^2)} \, e^{(\mathbf{x}^\top \mathbf{x}'/\sigma^2)} \, e^{(-(\mathbf{x}')^\top \mathbf{x}'/2\sigma^2)}$$

et, en vertu de (ii) et (iv) et du fait que $\kappa(\mathbf{x}, \mathbf{x}') = \mathbf{x}^\top \mathbf{x}'$ est une fonction noyau, il s'agit bien d'une fonction noyau.

L'espace de redescription associé est de dimension infinie.

Il est important de noter que le noyau gaussien n'est pas restreint à l'utilisation de la distance euclidienne. On peut remplacer $\mathbf{x}^\top \mathbf{x}'$ par un noyau non linéaire $\kappa(\mathbf{x}, \mathbf{x}')$, ce qui donne :

$$\kappa_p(\mathbf{x}, \mathbf{x}') \;=\; \exp\left\{ -\frac{1}{2\sigma^2} \big(\kappa(\mathbf{x}, \mathbf{x}) + \kappa(\mathbf{x}', \mathbf{x}') - 2\kappa(\mathbf{x}, \mathbf{x}') \big) \right\} \tag{14.56}$$

Le paramètre σ permet de contrôler la flexibilité de la fonction noyau comme le degré d d'une fonction noyau polynomiale. De petites valeurs de σ correspondent à de grandes valeurs de d, permettant de s'adapter aisément à tout échantillon d'apprentissage et donc sont sujettes au sur-apprentissage. Dans ce cas, la matrice de Gram devient proche de la matrice identité. Au contraire, de grandes valeurs de σ réduisent la fonction noyau à une fonction constante, donc difficilement adaptable à autre chose qu'à des classifications triviales.

On peut aussi se représenter chaque point $\mathbf{x}$ comme associé à une fonction dans un espace de Hilbert :

$$\mathbf{x} \longmapsto \Phi(\mathbf{x}) \;=\; \kappa(\mathbf{x}, \cdot) \;=\; \exp\Big(-\frac{\|\mathbf{x} - \cdot\|^2}{2\sigma^2} \Big) \tag{14.57}$$

Chaque point d'apprentissage représente ainsi une fonction de base potentiellement dans une direction orthogonale aux autres fonctions. Cependant, plus proches sont deux points $\mathbf{x}$ et $\mathbf{x}'$, plus les directions de leurs fonctions associées sont alignées.

5.3 Construction de fonctions noyaux sur des espaces non vectoriels

Connaissant à la fois la signification des fonctions noyaux et leurs propriétés, il est possible de chercher à en construire de plus complexes, adaptées à des domaines d'application particuliers. Il est nécessaire que la fonction noyau $\kappa(\mathbf{x}, \mathbf{x}')$ soit symétrique définie semi-positive, et qu'elle exprime la forme appropriée de similarité entre les objets manipulés. Dans la suite, nous examinons un certain nombre de fonctions noyaux qui ont été développées pour traduire des distances dans des espaces particuliers.

L'idée générale est de remplacer les n coordonnées réelles de l'espace de redescription F par n fonctions noyaux de base servant à comparer des aspects des objets considérés.

5.3.1 Noyaux sur des ensembles

L'un des exemples les plus simples de fonction noyau s'appliquant à des données symboliques est celui du *noyau ensemble*. Soit un espace d'entrée constitué de tous les sous-ensembles possibles d'un ensemble A, par exemple les lettres d'un alphabet, ou les pixels d'une image. Si A_1 et A_2 sont deux sous-ensembles de A (ex. deux ensembles de lettres, ou deux sous-images particulières), une fonction noyau simple permettant de mesurer leur similarité est :

$$\kappa(A_1, A_2) \;=\; 2^{|A_1 \cap A_2|}$$

où $A_1 \cap A_2$ est l'intersection de A_1 et de A_2 et $|A|$ est le cardinal de l'ensemble A.

On mesure donc la taille de l'ensemble des parties définissables sur l'intersection entre les ensembles A_1 et A_2 (la taille de l'ensemble des parties d'un ensemble de taille n étant 2^n).

Cette mesure est très utilisée dans la classification de textes, après que des prétraitements ont ramené ces derniers à des « sacs de mots » *(bags of words*, aussi appelés « modèle de l'espace vecteur », *vector space model (VSM))*.

Il est également possible de pondérer les sous-ensembles de A par une distribution de probabilités μ sur ses éléments. On peut alors définir le **noyau intersection** par :

$$\kappa_\cap(A_1, A_2) \;=\; \mu(A_1 \cap A_2)$$

c'est-à-dire la probabilité de l'intersection des deux sous-ensembles.

On peut montrer que ces fonctions sont bien des fonctions noyaux car elles correspondent à des produits scalaires dans un espace de redescription.

5.3.2 Noyaux sur des textes

L'approche la plus rudimentaire pour représenter des textes est d'utiliser les sacs de mots. Si cette approche a le mérite de la simplicité et, en général, de l'efficacité, en revanche elle ignore des aspects importants des textes, en particulier leur sémantique. Ainsi, des mots synonymes ne sont pas pris en compte dans la similarité entre textes, tandis que, au contraire, des mots à plusieurs significations vont compter dans la similarité alors même qu'ils sont peut-être employés dans des sens différents. De même, la position des mots n'est pas prise en compte.

Pour considérer la sémantique des mots, ou du moins leur proximité sémantique, une manière simple consiste à utiliser une matrice de similarité ou de sémantique $\mathbf{S}$ dans la définition du noyau :

$$\kappa(d_1, d_2) \;=\; \phi(d_1)\, \mathbf{S}\mathbf{S}^\top\, \phi(d_2)^\top$$

où d_1 et d_2 sont des textes ou des documents et $\phi(d)$ est la projection de d dans un espace de redescription.

La matrice $\mathbf{S}$ peut résulter de la composition de plusieurs étapes de traitement. Par exemple, une opération de pondération des termes, qui peut utiliser l'approche *TF-IDF* (chapitre 13, section 1.2) et une opération mesurant la proximité entre les mots :

$$\mathbf{S} \;=\; \mathbf{R}\mathbf{P}$$

où $\mathbf{R}$ est une matrice diagonale spécifiant le poids des termes et $\mathbf{R}$ est la matrice de proximité, dans laquelle $\mathbf{P}_{ij} > 0$ quand les termes t_i et t_j sont sémantiquement liés.

Une manière de calculer automatiquement cette matrice de proximité est de calculer les co-occurrences des termes dans les documents (des termes en co-occurrences fréquentes étant jugés sémantiquement liés). Une méthode particulière pour cela est l'*analyse sémantique latente* (LSA) (chapitre 18).

Le lecteur intéressé pourra trouver des détails sur ces techniques en particulier dans [STC04].

5.3.3 Fonctions noyaux sur des séquences et des chaînes de caractères

Les fonctions noyaux sur les séquences et les chaînes [9] s'appuient généralement sur une projection explicite dans un espace de redescription choisi pour que les distances ou similarités d'intérêt se calculent efficacement. Il faut donc déterminer quelle notion de similarité devrait être calculable dans l'espace de redescription. Par exemple, souhaitons-nous regrouper les chaînes ou séquences par longueur, par composition similaire en sous-séquences, ou toute autre propriété ?

Les fonctions noyaux proposées jusqu'ici reposent pour la plupart sur le comptage de sous-chaînes ou de sous-séquences communes aux objets comparés. En génomique, par exemple, cela a un sens car on suppose que l'évolution a opéré par mutations, délétions et insertions successives ; par conséquent, le comptage de sous-séquences ou de sous-chaînes en commun permet d'estimer une distance évolutive entre génomes et, éventuellement, une similarité de fonction.

Soit s une séquence définie sur un alphabet fini de symboles $|\Sigma|$. La séquence vide est notée ϵ. On note Σ^n l'ensemble de toutes les chaînes de taille n et $\Sigma^\star$ l'ensemble de toutes les chaînes :

$$\Sigma^\star = \bigcup_{n=0}^{\infty} \Sigma^n$$

Les fonctions noyaux considérées sont définies par une projection explicite de l'espace $\mathcal{X}$ de toutes les séquences finies définies sur l'alphabet Σ sur un espace vectoriel $\Phi(\mathcal{X})$. Le plus souvent, les coordonnées de $\Phi(\mathcal{X})$ correspondent à un sous-ensemble I de séquences de l'espace d'entrée. Par exemple, cela pourrait être l'espace de toutes les séquences de longueur p, c'est-à-dire un espace de redescription de dimension $|\Sigma|^p$. Les projections Φ sont définies comme des applications :

$$\Phi : s \rightarrow (\phi_u(s))_{u \in I} \in \Phi(\mathcal{X})$$

où I désigne l'ensemble des coordonnées de $\Phi(\mathcal{X})$.

Pour chaque espace de redescription, il peut y avoir plusieurs projections possibles. Par exemple, pour un même espace de redescription, une projection peut consister à calculer chaque coordonnée $\phi_u(s)$ comme étant le nombre de fois où la *chaîne u* est présente dans s, tandis qu'une autre projection pourrait consister à calculer chaque coordonnée comme étant le nombre de fois où la *séquence u* est présente dans s. Dans ce dernier cas, on peut envisager de pondérer la somme des séquences présentes par le nombre de trous dans les séquences considérées.

Comme exemples de fonctions noyaux envisagées dans la littérature, nous noterons les suivantes, souvent utilisées, mais n'épuisant pas l'ensemble des fonctions proposées (voir [STC04] pour une description plus complète de ces fonctions noyaux).

---

9. Conformément à l'usage en informatique, nous appellerons *chaîne* une suite consécutive d'éléments de base, tandis que le terme *séquence* sera utilisé pour une suite ordonnée mais non nécessairement consécutive d'éléments.

Fonction noyau spectre

Le spectre d'ordre p d'une séquence s est l'histogramme des fréquences de toutes ses sous-chaînes de longueur p. La comparaison des p_spectres de deux séquences permet de mesurer un certain type de similarité entre ces séquences. Le produit interne entre p_spectres est une fonction noyau, appelée *fonction noyau spectre (spectrum kernel function)*.

Définition 14.6 (Fonction noyau spectre)

À une fonction noyau à p_spectre est associé un espace de redescription indicé par $I = \Sigma^p$ et la projection définie par :

$$\phi_u^p(s) \;=\; |\{(v_1, v_2) : s = v_1 u v_2\}|, \quad u \in \Sigma^p.$$

La fonction noyau spectre *correspondante est définie par :*

$$\kappa_p(s,t) \;=\; \langle \Phi^p(s), \Phi^p(t) \rangle \;=\; \sum_{u \in \Sigma^p} \phi_u^p(s)\phi_u^p(t) \tag{14.58}$$

—— EXEMPLE   **Fonction noyau 3_spectre** ————————————————

Soient deux chaînes construites sur l'alphabet $\{$`A`,`C`,`G`,`T`$\}$:

$$s = \texttt{GAGTTCTAAT}$$
$$t = \texttt{GGATCACTAA}$$

Les sous-chaînes de longueur 3 présentes dans ces deux chaînes sont :

$$\texttt{GAG, AGT, GTT, TTC, TCT, CTA, TAA, AAT}$$
$$\texttt{GGA, GAT, ATC, TCA, CAC, ACT, CTA, TAA}$$

Les sous-chaînes en commun sont `CTA` et `TAA`, ce qui donne un produit interne $\kappa(s,t) = 2$.

———————————————————————————————————

Des méthodes de calcul récursives permettent de calculer efficacement cette fonction noyau.

Fonction noyau de séquences avec pondération en fonction des trous

Cette fonction noyau prend en compte les trous dans les sous-séquences prises comme coordonnées de l'espace de redescription. Ainsi, comme dans la fonction noyau p_spectre, la ressemblance entre deux séquences est d'autant plus importante que le nombre de sous-séquences communes est grand, mais le poids de ces sous-séquences prend en compte leur dispersion dans les séquences comparées.

—— EXEMPLE   **Pondération des sous-séquences (1)** ————————————

Par exemple, la séquence `ACG` est présente dans les séquences <u>`ACG`</u>`T`, <u>`AC`</u>`TTGA` et <u>`A`</u>`GG`<u>`C`</u>`ATGA`, mais la première occurrence est plus significative car elle apparaît comme une sous-séquence consécutive de la séquence considérée, alors que la dernière est la moins significative car impliquant une grande dispersion de la sous-séquence `ACG` dans `AGGCATGA`.

———————————————————————————————————

Afin de pondérer les occurrences des sous-séquences, on introduit un facteur d'amoindrissement $\lambda \in [0,1]$. Ainsi, si la sous-séquence u de longueur $|u|$ est trouvée dans la séquence s avec une longueur $l(u)$, alors on pondère la sous-séquence u avec le poids $\lambda^{l(u)-|u|}$.

—— EXEMPLE **Pondération des sous-séquences (2)** ——————————————

En reprenant l'exemple précédent et avec $\lambda = 0.9$, on aurait le poids de la sous-séquence $u = \texttt{ACG}$ valant 1 dans $\texttt{ACGT}$, $0.9^{5-3} = 0.81$ dans $\texttt{ACTTGA}$ et $0.9^{7-3} = 0.9^4 \approx 0.66$ dans AGGCATGA.

5.3.4 Fonctions noyaux à convolution

Étant donné un ensemble d'objets composites, c'est-à-dire constitués de sous-parties, est-il possible de définir une relation de similarité, c'est-à-dire ici une fonction noyau, entre ces objets ?

Par exemple, supposons que l'objet[10] $\mathbf{x} \in \mathcal{X}$ soit composé de sous-parties $x_p \in \mathcal{X}_p$, où $p = 1, \ldots, P$ (les ensembles $\mathcal{X}_p$ n'ayant pas à être égaux ou de tailles égales). Ces sous-parties elles-mêmes pouvant à leur tour être des objets composites.

—— EXEMPLE **Chaînes** ————————————————————————————

Soit la chaîne $x = \texttt{ATG}$ et $P = 2$. La chaîne peut être considérée comme composée de $x_1 = \texttt{AT}$ et $x_2 = \texttt{G}$, ou bien de $x_1 = \texttt{A}$ et de $x_2 = \texttt{TG}$.

On peut considérer l'ensemble des décompositions licites comme une relation $R(x_1, x_2, \ldots, x_P, \mathbf{x})$ signifiant que « $x_1, x_2, \ldots, x_P$ constituent l'objet composite $\mathbf{x}$ ».

Haussler [Hau99] a été l'un des premiers à examiner comment définir une fonction noyau entre objets composites à partir de mesures de similarité entre leurs sous-parties, c'est-à-dire de fonctions noyaux plus locales κ_p définies sur $\mathcal{X}_p \times \mathcal{X}_p$. L'idée est de mesurer la similarité entre les sous-objets grâce à des fonctions noyaux locales puis, en remontant récursivement, niveau par niveau, d'effectuer la somme des différentes contributions à la ressemblance globale. On parle de *noyau de convolution* car le calcul réalise une sorte de moyenne sur les différents choix possibles de décompositions en sous-objets.

> **Définition 14.7 (Fonction noyau de convolution)**
>
> *Le noyau de convolution de $\kappa_1, \kappa_2, \ldots, \kappa_P$ selon la relation de décomposition R est défini par :*
>
> $$(\kappa_1 \star \ldots \star \kappa_P)(\mathbf{x}, \mathbf{x}') = \sum_R \prod_{p=1}^{P} \kappa_p(x_p, x_p') \tag{14.59}$$
>
> *où la somme est calculée selon toutes les décompositions permises par R pour décomposer l'objet $\mathbf{x}$ en $x_1, \ldots, x_P$ et l'objet $\mathbf{x}'$ en $x_1', \ldots, x_P'$.*

Par convention, on posera qu'une somme « vide » est égale à 0, c'est-à-dire que, si $\mathbf{x}$ ou $\mathbf{x}'$ ne peut pas être décomposé, alors $(\kappa_1 \star \ldots \star \kappa_P)(\mathbf{x}, \mathbf{x}') = 0$.

S'il n'y a qu'un nombre fini de décompositions possibles, on dit que R est finie et on peut montrer que la fonction de convolution ainsi définie est une fonction noyau.

Les exemples les plus simples de fonctions noyaux à convolution sont les noyaux *tous sous-ensembles (all-subsets kernels)*, les noyaux polynomiaux et les noyaux ANOVA.

---

10. On continue ici à noter $\mathbf{x}$ les objets de $\mathcal{X}$ même si ce ne sont plus des vecteurs.

5.3.5   Calcul des fonctions noyaux à convolution

Notons que la définition récursive d'une fonction noyau a une traduction algorithmique permettant d'organiser de manière efficace les calculs. La programmation dynamique est en général utilisée. Une description des algorithmes correspondants peut être trouvée dans la littérature, à commencer par [STC04].

Nous présentons l'algorithme de calcul du noyau « toutes sous-séquences » pour donner un exemple de type d'algorithme. Le noyau « toutes sous-séquences » associe à chaque chaîne un vecteur dont chaque composante est le nombre d'occurrences $\Phi_u^U(x)$ d'une sous-séquence continue ou non dans la chaîne x.

Par exemple, toutes les sous-séquences des chaînes bac, baa et cab sont données dans la table suivante (ex. la chaîne baa contient les sous-chaînes ba et b_a d'où le 2 dans la colonne ba) :

	λ	a	b	c	aa	ab	ac	ba	bc	ca	cb	bac	baa	cab
bac	1	1	1	1	0	0	1	1	1	0	0	1	0	0
baa	1	2	1	0	1	0	0	2	0	0	0	0	1	0
cab	1	1	1	1	0	1	0	0	0	1	1	0	0	1

Cela permet de compter le nombre d'alignements entre chaînes grâce à la fonction noyau :
$\kappa(x, y) = \displaystyle\sum_{u \in \Sigma^\star} \Phi_u^U(x)\, \Phi_u^U(y)$. Par exemple :

$$\kappa(\texttt{baa},\ \texttt{bac}) = 1 + 3 + 2 = 6$$

L'expression $\kappa(x_1, x_2, \ldots, x_n, y_1, y_2, \ldots, y_m)$ compte le nombre d'alignements entre les chaînes x et y que l'on a décomposées en caractères. On peut noter que ce calcul peut être décomposé en les alignements dans lesquels x_n n'est pas utilisé, soit $\kappa(x_1, x_2, \ldots, x_{n-1}, y_1, y_2, \ldots, y_m)$ et les alignements dans lesquels x_n est aligné avec l'une des $y_1 \ldots y_m$. Ce dernier compte est stocké dans une variable auxiliaire notée Aux.

5.3.6   Fonctions noyaux sur les arbres

Les arbres et les graphes s'inscrivent naturellement parmi les objets composites et structurés. La comparaison de tels objets a été abordée depuis longtemps, en particulier dans ce qui s'appelait la « reconnaissance des formes structurelle ». Cependant, l'avènement des méthodes à noyaux a conduit à un renouvellement des recherches, dans la mesure où ces méthodes sont génériques et peuvent s'appliquer à une grande variété de domaines dès lors que l'on est capable de concevoir une fonction noyau, c'est-à-dire, *in fine*, une mesure de similarité appropriée.

Les techniques de calcul récursif découvertes pour certains types de données ont amorcé une pléthore de travaux pour définir, selon une même approche, des noyaux sur des objets structurés susceptibles d'être décomposés en sous-objets, et ainsi de suite.

La structure d'arbre, par exemple, est omniprésente en informatique et est spécialement utile en biologie évolutive, en traitement du langage naturel, dans le traitement des programmes informatiques ou des documents XML, ou encore pour certains traitements d'image. Il est donc important d'être capable de détecter des régularités dans ces types de données et cela requiert de pouvoir calculer des ressemblances entre arbres.

Étant donné un arbre T, l'arbre S est un *sous-arbre* de T si et seulement si il est sous-graphe connecté de T et les étiquettes des sommets et des arcs de S s'apparient avec les étiquettes des sommets et arcs correspondants dans T. Nous noterons $\mathcal{S}(T)$ l'ensemble des sous-arbres de T.

Algorithme 23 : Calcul du noyau toutes sous-séquences

Entrées : $x_1, \ldots, x_n, y_1, \ldots, y_m$
Résultat : $\mathrm{K}[n][m] = \kappa(x_1, \ldots, x_n, y_1, \ldots, y_m)$
début

    pour $j \in \{1, .., m\}$ `/* L'alignement vide        */`
    faire
      | $\mathrm{K}[0][j] \leftarrow 1$
    fin pour
    pour $i \in \{1, .., n\}$ **faire**
      $dernier \leftarrow 0$
      $\mathrm{Aux}[0] \leftarrow 0$
      pour $j \in \{1, .., m\}$ **faire**
        | $\mathrm{Aux}[j] \leftarrow \mathrm{Aux}[dernier]$
      fin pour
      if $x_i = y_i$ **then**
        | $\mathrm{Aux}[j] \leftarrow \mathrm{Aux}[dernier] + \mathrm{K}[i-1][j-1]$
      end
      $dernier \leftarrow j$
      pour $j \in \{1, .., m\}$ **faire**
        | $\mathrm{K}[i][j] \leftarrow \mathrm{K}[i-1][j] + \mathrm{Aux}[j]$
      fin pour
    fin pour
    retourner $K[n][m]$
fin

Les fonctions noyaux partagent souvent la même structure : les fonctions noyaux évaluées sur les arbres T_1 et T_2, $\kappa(T_1, T_2)$, sont exprimées comme une somme de fonctions noyaux locales $\kappa_{\mathcal{S}}(S_1, S_2)$ définies sur toutes les paires de sous-arbres possibles S_1 et S_2 des arbres T_1 et T_2.

À titre d'illustration, nous considérons la fonction noyau *tous sous-arbres*.

Définition 14.8 (Fonction noyau tous sous-arbres)

La fonction noyau tous sous-arbres *est définie comme :*

$$\kappa(T_1, T_2) = \sum_{S_1 \in \mathcal{S}(T_1),\, S_2 \in \mathcal{S}(T_2)} \kappa_{\mathcal{S}}(S_1, S_2)$$

où $\kappa_{\mathcal{S}}(S_1, S_2)$ *est elle-même une fonction noyau entre arbres.*

Il en découle que la fonction κ est un noyau si les fonctions $\kappa_{\mathcal{S}}$ le sont. Plusieurs fonctions locales $\kappa_{\mathcal{S}}$ sont possibles.

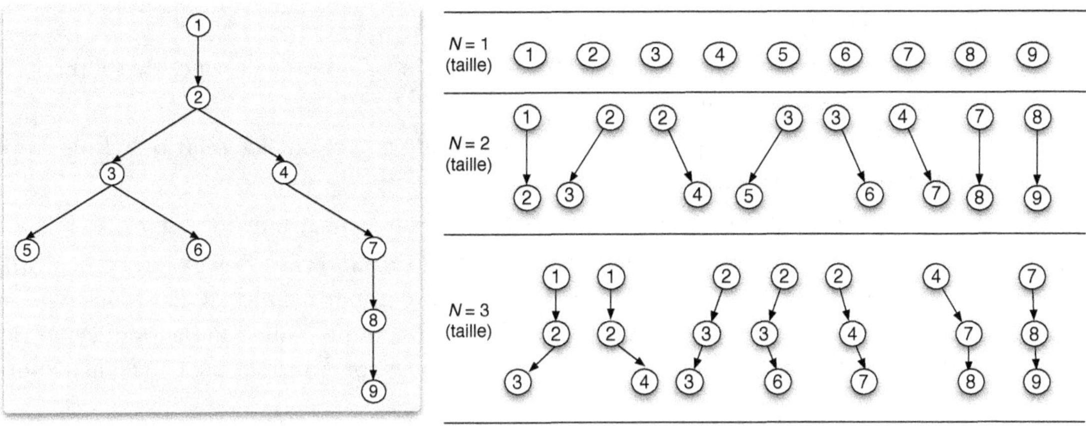

FIGURE 14.16 : *À gauche : un arbre. À droite, une décomposition en sous-arbres de tailles croissantes.*

1. Si cette fonction locale retourne 1 lorsque les sous-arbres comparés sont égaux et 0 sinon (fonction δ de Kronecker) :
$$\kappa_{\mathcal{S}}(S_1, S_2) = \delta(S_1 = S_2)$$
   alors $\kappa(T_1, T_2)$ compte simplement le *nombre de sous-arbres communs* entre T_1 et T_2.

2. Il est aussi possible de compter le *nombre de sous-arbres communs d'une taille N donnée* (mesurée en nombre de nœuds).
$$\kappa_{\mathcal{S}}(S_1, S_2) = \delta(S_1, S_2)\, \delta(n(S_1) = N)\, \delta(n(S_2) = N)$$
   où $n(S_i)$ est le nombre de nœuds de S_i et N une profondeur prédéfinie.

3. On peut également prendre en compte des *sous-arbres communs qui ne sont pas à la même profondeur* dans T_1 et dans T_2 dans une limite fixée à D.
$$\kappa_{\mathcal{S}}(S_1, S_2) = \delta(S_1, S_2)\, \max(D + 1 - |d(S_1) - d(S_2)|, 0)$$
   où $d(S_i)$ est la profondeur de la racine de S_i dans l'arbre T_i et D est la différence maximale tolérée entre les profondeurs des sous-arbres.

La figure 14.16 montre une base possible de sous-arbres définissant l'espace de redescription $\mathcal{R}$.

Ces fonctions noyaux peuvent être calculées en utilisant la programmation dynamique avec une complexité proportionnelle au carré du nombre de sommets [STV04].

5.3.7 Fonctions noyaux sur et entre graphes

Les applications impliquant des structures de graphes sont de plus en plus nombreuses. D'une part, la description d'objets sous forme de graphe est très générale, d'autre part, les objets eux-mêmes peuvent être liés par des réseaux d'inter-relations qui forment des graphes. Les réseaux sociaux, les molécules complexes rencontrées en biologie, les codes HTML ou XML, les ontologies, appellent naturellement une représentation par graphes.

On distinguera deux types de structures :

1. Les *structures internes*, lorsque la description des objets s'opère en termes de graphe. C'est le cas de molécules biologiques.

2. Les *structures externes*, lorsque les objets sont liés entre eux par les relations d'un graphe, comme dans les réseaux sociaux.

1- Fonctions noyaux entre objets à structure interne sous forme de graphe

La comparaison d'objets décrits par des graphes (structure interne) fait naturellement appel à des noyaux de convolution dans lesquels on combine la comparaison de sous-structures pour obtenir un score de ressemblance global. Une application typique concerne la prédiction de la toxicité ou de la bio-activité de nouvelles molécules chimiques, par comparaison avec la structure de molécules connues et répertoriées dans des chimiothèques.

Fonctions noyaux entre chemins

Les fonctions noyaux de comparaison entre arbres s'appuyaient sur une décomposition en sous-arbres et sur des fonctions noyaux locales de comparaison de sous-arbres. Il est tentant de recourir à la même approche dans le cas des graphes, en décomposant ceux-ci en *chemins* et en comparant ces derniers entre eux. Les fonctions noyaux proposées pour la comparaison de graphes font en majorité appel à des sous-graphes sous la forme de chemins ou de séquences d'étiquettes obtenues par traversées des graphes considérés (voir par exemple la figure 14.17).

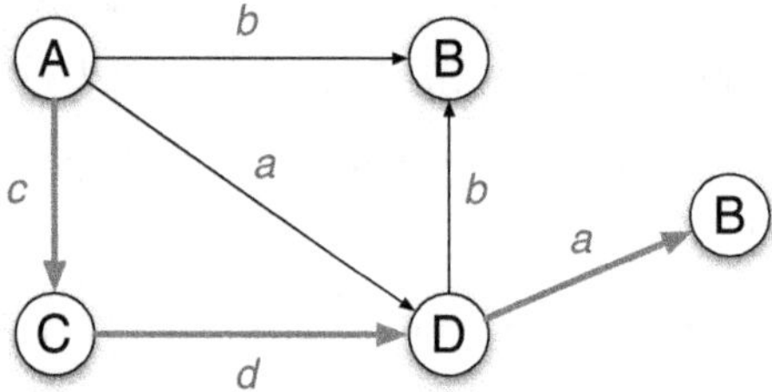

FIGURE 14.17 : *Exemple de graphe étiqueté. Les sommets sont étiquetés en majuscules et les arcs en minuscules. Le chemin en gras produit la séquence* (A,c,C,d,D,a,B).

L'idée générale est de définir un espace de redescription F en engendrant des chemins par marches aléatoires dans l'espace des graphes selon une distribution de probabilités à définir. À partir de ces chemins $\mathbf{c} = (x_1, x_2, \ldots, x_l)$, on obtient des séquences $\mathbf{s} = (v_{x_1}, e_{x_1,x_2}, v_{x_2}, \ldots, v_{x_l})$ où les v_{x_i} sont des sommets du graphe et les e_{x_i,x_j} sont les arcs entre sommets.

On suppose l'existence de fonctions noyaux pour la comparaison de nœuds ($\kappa_n(n, n')$) et pour la comparaison d'arcs ($\kappa_a(a, a')$).

Un exemple de fonction noyau sur les nœuds pourrait être : $\kappa_n(n, n') = \delta(n, n')$, où δ est la fonction Dirac. Si les étiquettes des nœuds sont à valeur réelle, on peut alors prendre la fonction noyau gaussienne : $\kappa_n(n, n') = \exp(-\|f(n) - f(n')\|^2/2\sigma^2)$.

Une *fonction noyau entre chemins* peut alors prendre la forme [KTI03] :

$$\kappa_c(\mathbf{c}, \mathbf{c}') = \begin{cases} 0 & \text{si } l \neq l' \\ \kappa_n(n_{c_1}, n'_{c'_1}) \prod_{i=2}^{l} \kappa_a(a_{c_{i-1},c_i}, a'_{c'_{i-1},c'_i}) \times \kappa(n_{h_i}, n'_{h'_i}) & \text{si } l = l' \end{cases}$$

$$(14.60)$$

où c et c' sont deux chemins de longueur l et l' respectivement.

Fonctions noyaux entre graphes

Les fonctions noyaux entre graphes (estimant une ressemblance entre graphes) diffèrent essentiellement par la manière d'engendrer des chemins et par les pondérations éventuellement utilisées.

En effet, lorsque les graphes considérés sont acycliques, les calculs impliqués dans la définition des noyaux à convolution peuvent s'effectuer par programmation dynamique. En revanche, il faut prendre des précautions pour les graphes cycliques, sous peine de considérer des séquences infinies. Dans ce cas, on utilise en particulier des poids inférieurs à 1 pour parvenir à des équations de point fixe.

Par exemple, une fonction noyau a été proposée (voir [STV04]) de la forme :

$$\kappa_G(G_1, G_2) = \sum_{\mathbf{c}_1} \sum_{\mathbf{c}_2} \kappa_l(\mathbf{c}_1, \mathbf{c}_2)\, \mathbf{P}(\mathbf{c}_1|G_1)\, \mathbf{P}(\mathbf{c}_2|G_2) \tag{14.61}$$

où $\kappa_l(\mathbf{c}_1, \mathbf{c}_2)$ est une fonction noyau locale définie sur des chemins de même longueur et inférieure à l. Les probabilités conditionnelles $\mathbf{P}(\mathbf{c}_i|G_i)$ sont définies à partir des probabilités de départ, de transition et de terminaison sur les sommets de G_i. Cette fonction noyau consiste à mesurer la similarité des distributions de probabilités de chemins aléatoires sur les deux graphes G_1 et G_2.

Nous avons utilisé la notation κ_G pour souligner que l'espace de redescription F associé est défini globalement, à partir de la notion de graphe et indépendamment des arguments de la fonction noyau. De même, la description en « sacs de mots » est indépendante des textes comparés. On parle de **redescription globale**. Nous allons voir dans la suite que la définition des espaces de redescription peut dépendre des données comparées.

2- Fonctions noyaux entre objets liés par un graphe (structure externe)

Une **tâche d'apprentissage** classique sur graphe consiste à *induire la valeur (réelle) associée à certains nœuds à partir de la connaissance de la valeur en certains autres nœuds*. Il s'agit ainsi de la traduction du problème classique d'induction d'une fonction réelle à partir d'exemples, sauf que la notion de voisinage est maintenant induite par la notion d'adjacence sur un graphe et que l'on a une connaissance *a priori* plus forte des points sur lesquels il faut faire la prédiction (tâche d'apprentissage transductif).

La similarité entre nœuds d'un graphe peut être évaluée de plusieurs manières.

1. La similarité entre les nœuds n_1 et n_2 peut correspondre à la *« facilité » avec laquelle on passe de l'un à l'autre dans le graphe*. Une mesure consiste à considérer un chemin optimal entre les deux nœuds. La sensibilité de cette mesure à l'insertion ou à la délétion de nœuds dans le graphe, nœuds correspondant généralement aux données d'apprentissage, fait préférer une mesure plus globale, correspondant à une sorte de « résistance » (par analogie à une résistance électrique) dans le graphe entre les nœuds. Une fonction ***noyau de diffusion*** a été proposée dans cette optique [KL02]. L'idée est de mesurer la facilité de passage entre deux nœuds du graphe. Pour cela, une possibilité est de faire appel au *Laplacien de graphe* (voir section qui suit pour une définition plus précise) défini par :

$$L_{ij} = \begin{cases} d_i & \text{si } i = j \text{ et le degré du nœud } n_i \text{ est } d_i \\ -1 & \text{si les nœuds } n_i \text{ et } n_j \text{ sont directement connectés} \\ 0 & \text{sinon} \end{cases}$$

On définit alors la matrice de Gram $\mathbf{G}_{i,j} = \kappa(n_i, n_j)$ associée au noyau par :

$$\mathbf{G} \;=\; \exp\left(-\beta L\right) \;=\; \mathbf{I} + (-\beta\mathbf{G}) + \frac{(-\beta\mathbf{G})^2}{2!} + \dots \tag{14.62}$$

Parce que la fonction exponentielle est associée au développement limité $1 + \frac{x}{1!} + \frac{x^2}{2!} + \dots + \frac{x^n}{n!} + \dots$, la matrice de Gram associée au noyau de diffusion prend successivement les corrélations de plus en plus lointaines entre nœuds dans le graphe en les affectant de poids de plus en plus réduits.

2. Une autre mesure prend en compte la *similarité entre les « relations » des deux nœuds*. Deux nœuds sont jugés d'autant plus semblables qu'ils sont liés (étroitement) à des nœuds communs dans le graphe.

Ces deux notions de similarité font appel à la notion de marches aléatoires dans le graphe, comme pour la comparaison de graphes. Cependant, cette fois-ci, l'espace de redescription associé à la fonction noyau $\kappa_n(n_1, n_2)$ dépend des deux nœuds comparés puisqu'elle s'appuie sur la comparaison des nœuds voisins de n_1 et de n_2. Il s'agit donc de **redescriptions locales**.

Laplacien de graphe

De même que la transformation de Fourier est essentielle dans l'analyse fonctionnelle, la notion de ***Laplacien de graphe*** est au cœur de l'étude des graphes et des variations sur les graphes. La matrice d'incidence et la matrice « Laplacien de graphe » peuvent être considérées comme les analogues discrets des opérateurs gradient et Laplacien dans les espaces euclidiens.

Soit G un graphe arbitraire doté d'un ensemble N de m sommets[11] et d'un ensemble d'arcs entre ces sommets A. Pour chaque arc $a = \{n_1, n_2\}$, on choisit arbitrairement l'un des sommets comme « positif » et l'autre comme « négatif ». La matrice ∇ définie par :

$$\nabla_{ij} \;=\; \begin{cases} +1 & \text{si le sommet } n_i \text{ est l'extrémité positive de l'arc } a_j \\ -1 & \text{si le sommet } n_i \text{ est l'extrémité négative de l'arc } a_j \\ 0 & \text{sinon} \end{cases}$$

est appelée *matrice d'incidence* du graphe G.

Le choix du symbole ∇ n'est pas fortuit. En effet, soit maintenant une fonction f définie sur les sommets du graphe G, c'est-à-dire $f : N \to \mathbb{R}$, alors $\nabla f : A \to \mathbb{R}$ est définie par :

$$(\nabla f)(a) \;=\; f(n_1) - f(n_2) \qquad \text{où } a = \{n_1, n_2\}$$

où n_1 est l'extrémité positive de l'arc a. Il s'agit de l'analogue le plus proche possible de l'opérateur différentiel sur un graphe.

La *matrice d'adjacence* d'un graphe G est telle que chaque composant $\mathbf{A}_{ij}$ est le poids de l'arc $a = \{n_i, n_j\}$. Ces poids doivent être non négatifs et symétriques.

---

11. On ne prend pas m au hasard ici. Souvent en effet, les sommets du graphe correspondront aux exemples d'apprentissage (chapitre 17 sur l'apprentissage transductif et l'apprentissage semi-supervisé).

Définition 14.9 (Laplacien de graphe)

Soit D la matrice diagonale des degrés de chaque sommets, c'est-à-dire que D_{nn} est le nombre d'arcs incidents à n, et soit A la matrice d'adjacence de G. Alors la matrice :

$$L = A - D$$

est appelée le Laplacien *du graphe G.*

Ce Laplacien, L, est l'analogue du Laplacien défini sur $\mathbb{R}^d$:

$$f \mapsto \nabla f = \sum_{i=1}^{d} \frac{\partial^2 f}{\partial x_i^2}$$

Il s'agit d'un opérateur symétrique, semi-défini positif et singulier. Le vecteur propre $(1, \ldots, 1)^\top$ est associé à la valeur propre $\lambda_1 = 0$, dont la multiplicité égale le nombre de composantes connexes du graphe G.

Soient les valeurs propres $0 = \lambda_1 \leq \ldots \leq \lambda_m$ du Laplacien L et $\{\phi_i\}_{i=1,\ldots,m}$ l'ensemble des vecteurs propres orthogonaux associés. Alors, de même que les fonctions de base de Fourier sont des fonctions propres du Laplacien continu sur $\mathbb{R}^d$, les vecteurs propres de L peuvent être considérés comme les équivalents discrets d'une base de Fourier sur le graphe G, dont les fréquences augmentent avec la valeur des valeurs propres associées. En d'autres termes, toute fonction définie sur les sommets d'un graphe G peut être vue comme somme de fonctions de base définies sur ce graphe et ces fonctions de base « oscillent » d'autant plus fortement sur le graphe que la valeur propre associée est élevée (pour $\lambda_1 = 0$, les fonctions propres associées sont constantes sur chaque composante connexe du graphe) (voir [Sta96] pour plus de détails et les figures 17.8 et 17.9 du chapitre 17 pour une illustration).

Une fonction f peut donc être décomposée comme somme de fonctions de base sur G :

$$f = \sum_{i=1}^{m} \hat{f}_i \, \phi_i$$

où les ϕ_i sont les fonctions de base et les $\hat{f}_i$ sont les coefficients associés (voir aussi la section 5.2 du chapitre 17).

La matrice du Laplacien étant semi-définie positive, elle peut être employée comme matrice de Gram correspondant à une fonction noyau. On peut en effet démontrer que, pour toute fonction $f : n \in N \to \mathbb{R}$, on a :

$$f^\top \nabla f = \frac{1}{2} \sum_{i,j} \mathbf{A}_{ij} \left(f(n_i) - f(n_j) \right)^2 \geq 0 \tag{14.63}$$

où l'inégalité est due au fait que $\mathbf{A}$ n'a que des composantes non négatives.

L'équation 14.63 mesure aussi la régularité de la fonction f sur le graphe. En gros, f est régulière si les variations $f(n_i) - f(n_j)$ sont faibles quand $\mathbf{A}_{ij}$ est grand.

On peut voir comme un cas particulier le cas de chaque fonction de base, pour lesquelles on a :

$$\phi_i^\top \mathbf{A} \phi_i = \lambda_i \tag{14.64}$$

Ainsi, les fonctions de base associées à des petites valeurs propres sont plus régulières. En conséquence, on peut aussi ré-exprimer la régularité de la fonction f comme :

$$f^\top \nabla f = \sum_{i=1}^{m} \hat{f}_i^2 \, \lambda_i \qquad (14.65)$$

Pour réaliser l'induction de f à partir de la connaissance de valeurs sur un sous-ensemble de nœuds (on parle aussi d'apprentissage par transduction dans ce cas), on émet le plus souvent l'hypothèse que la fonction f est aussi régulière que possible sur le graphe.

En supposant qu'il y ait n sommets dans le graphe G, on considérera des fonctions noyaux associées à des matrices de Gram de la forme :

$$\boxed{K = \sum_{i=1}^{m} \mu_i \phi_i \phi_i^\top} \qquad (14.66)$$

où les ϕ_i sont les vecteurs propres du Laplacien du graphe et les $\mu_i \geq 0$ sont les valeurs propres de la matrice de Gram associée à κ.

La matrice de Gram K définit un espace de Hilbert à noyau auto-reproduisant de norme associée :

$$\|f\|_K^2 = \langle f, f \rangle_K = \sum_{i=1}^{m} \frac{\hat{f}_i^2}{\mu_i}$$

pour une fonction prenant la forme : $f = \sum_{i=1}^{m} \hat{f}_i \phi_i$ (on prendra $\frac{\hat{f}_i^2}{\mu_i}$ si $\mu_i \neq 0$).

5.3.8 Les noyaux génératifs

Il arrive que l'on dispose d'information sur le processus générant les données. Il peut alors être intéressant d'en tirer parti pour définir des fonctions noyaux mieux adaptées à la tâche considérée. Plusieurs approches ont été proposées. Nous décrivons brièvement ici les fonctions noyaux dérivées de la matrice d'information de Fisher [12].

L'idée sous-jacente dans cette approche est de mesurer l'effort d'adaptation nécessaire du modèle existant pour accommoder la donnée considérée. En particulier, il est nécessaire de disposer d'un modèle de génération des données qui soit paramétré continûment de telle manière que les dérivées par rapport à ces paramètres puissent être calculées.

Soit un modèle paramétrique $\mathbf{p}_{\theta^0}(x) = \mathbf{p}(\mathbf{x}|\theta^0)$ correspondant à la probabilité que l'entrée $\mathbf{x}$ soit produite par le processus génératif dont le vecteur de paramètre θ est mis à θ^0.

On peut mesurer ce qui est nécessaire pour que le modèle accommode une nouvelle donnée en calculant les dérivées partielles de $\mathbf{p}_{\theta^0}(\mathbf{x})$ par rapport à chacun des paramètres et en mesurant dans quelle direction aller pour augmenter la vraisemblance de cette donnée. On peut alors comparer deux données $\mathbf{x}_i$ et $\mathbf{x}_j$ en comparant les adaptations nécessaires pour augmenter la vraisemblance de chacune. Si les adaptations sont similaires, les données seront considérées comme proches. Plus précisément, on comparera les gradients associés à l'accommodation de

---

12. Sir Ronald Aylmer Fisher (1890-1962) est l'un des pionniers ayant posé les fondations des statistiques actuelles. Il a en particulier établi les principes de l'analyse d'expériences et élaboré les outils d'analyse de la variance. Il est également à l'origine du principe de vraisemblance maximale.

chacune des données. Formellement, soit $\log \mathcal{L}_{\theta^0}$ la log-vraisemblance du modèle associé à $\theta^0(\mathbf{x})$. Le *score de Fisher* est le gradient de la log-vraisemblance.

$$\mathbf{g}(\theta, \mathbf{x}) \; = \; \left(\frac{\partial \log \mathcal{L}_\theta(\mathbf{x})}{\partial \theta_i} \right)_{i=1}^{N}$$

en supposant qu'il y ait N paramètres pour définir le modèle.

La *matrice d'information de Fisher* pour le modèle est :

$$\mathbf{I} \; = \; \mathbb{E}\big[\mathbf{g}(\theta^0, \mathbf{x})\, \mathbf{g}(\theta^0, \mathbf{x})^\top\big]$$

où l'espérance est calculée par rapport aux points $\mathbf{x}$ engendrés par la distribution générative des données.

Le score de Fisher correspond à une application sur $\mathbb{R}^N$, ce qui suggère une fonction noyau.

Définition 14.10 (Noyau de Fisher)

Le noyau de Fisher *par rapport au modèle génératif de vecteur de paramètre* θ^0 *est :*

$$\kappa(\mathbf{x}, \mathbf{x}') \; = \; \mathbf{g}(\theta^0, \mathbf{x})^\top \mathbf{I}^{-1}\, \mathbf{g}(\theta^0, \mathbf{x}')$$

Le noyau de Fisher a été utilisé pour plusieurs types de données. Nous renvoyons le lecteur à [STC04] pour plus d'informations.

5.4 Aspects calculatoires

La formulation primale des méthodes à noyaux implique une complexité de l'ordre de $\mathcal{O}(d^3)$, où d est la dimension de l'espace d'entrée. Le passage par un espace de redescription de (très) grande dimension interdisait donc d'envisager d'y avoir recours. Heureusement, la formulation duale et l'astuce des noyaux permettent de passer à une complexité calculatoire de l'ordre de $\mathcal{O}(tm^3)$ où t est la complexité associée au calcul de la fonction noyau et où m est le nombre d'exemples. Il n'en reste pas moins que la complexité reste élevée lorsque le nombre d'exemples est important. C'est pourquoi de nombreux travaux ont porté sur la réduction de cette complexité. L'article de revue [KIKS09] en dresse un panorama.

Il est également important de rendre le calcul des quantités $\kappa(\mathbf{x}, \mathbf{x}')$ efficace puisqu'il doit être répété de très nombreuses fois. Une complexité de l'ordre de $\mathcal{O}(|\mathbf{x}| + |\mathbf{x}'|)$ ou de l'ordre de $\mathcal{O}(|\mathbf{x}| \cdot |\mathbf{x}'|)$ est généralement considérée comme correcte.

6. Apprentissage de sorties structurées

Les tâches d'apprentissage supervisé classiques concernent la prédiction de sorties « simples » : $\{-1, 1\}$ (apprentissage de concept), une valeur parmi un petit ensemble, par exemple $\{a, b, \ldots, z\}$ (apprentissage multi-classe), un réel $\mathbb{R}$ (régression). Pourtant, dans de nombreux cas, on aimerait prédire un objet structuré en sortie et non une étiquette à une dimension.

Ainsi, dans l'analyse de texte, la tâche d'étiquetage grammatical *(part-of-speech tagging)* consiste à associer à une portion de texte (ex. « le chien poursuivait le chat ») la séquence d'étiquette grammaticale correspondante (ex. `Déterminant Nom Verbe Déterminant Nom`). La tâche d'analyse *(parsing)* consiste à associer l'arbre de dérivation grammatical à un texte (figure 14.18).

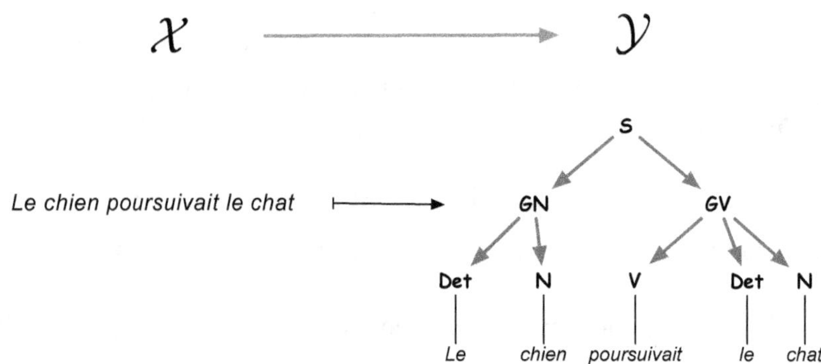

FIGURE 14.18 : *Analyse d'un texte en termes d'arbre de dérivations.*

De même, la tâche de prédiction de structure secondaire d'ARN consiste à associer à une séquence de nucléotides une structure secondaire présumée (figure 14.19).

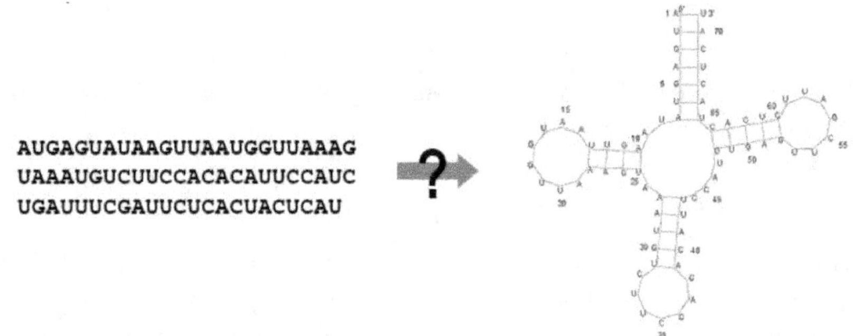

FIGURE 14.19 : *Prédiction de la structure secondaire associée à une séquence de nucléotides.*

Ces quelques exemples montrent que les méthodes classiques d'apprentissage supervisé ne sont pas bien adaptées à ce type de tâche. Même dans le cas de l'étiquetage grammatical, qui est le plus simple, apprendre à associer à chaque mot (ou morceau de texte) une étiquette impliquerait d'ignorer une source importante d'information, à savoir le voisinage de chaque étiquette. Ainsi, la séquence `Det Det Verbe` est impossible, mais un système qui opérerait sur chaque mot indépendamment ne pourrait tirer profit de cette connaissance. Il est donc nécessaire de considérer les relations qui lient les éléments des formes **y** de l'espace de sortie $\mathcal{Y}$.

6.1   Les problèmes à résoudre

Soit donc la tâche d'inférer une étiquette complexe ou structurée $\mathbf{y} \in \mathcal{Y}$ à partir d'une entrée $\mathbf{x} \in \mathcal{X}$, elle-même éventuellement structurée. On suppose que l'on dispose d'un échantillon d'apprentissage $\mathcal{S} = \{(\mathbf{x}_1, \mathbf{y}_1), \ldots, (\mathbf{x}_m, \mathbf{y}_m)\}$ engendré à partir d'une distribution inconnue $\mathbf{p}_{\mathcal{XY}}$. On cherche à estimer la fonction $f : \mathcal{X} \to \mathcal{Y}$ entre l'espace d'entrée $\mathcal{X}$ et l'espace de sortie $\mathcal{Y}$.

Trois problèmes sont alors à résoudre :

1. *L'espace de sortie est généralement immense*, constitué de toutes les structures possibles. De ce fait, il est peu probable, sinon impossible, d'avoir observé au moins un exemple d'ap-

prentissage pour chaque sortie possible. En revanche, il existe souvent des interdépendances entre les éléments de l'espace de sortie. L'approche classique consistant à apprendre une fonction $h_y : \mathcal{X} \to \mathbb{R}$ pour chaque classe y indépendamment, puis à combiner ces fonctions pour obtenir une fonction de décision générale, n'est donc pas réalisable.

2. La *fonction de perte* doit maintenant pouvoir refléter la distance *entre structures* et non entre deux étiquettes univariées.

3. Il faut pouvoir *capturer les dépendances complexes entre les entrées et les sorties, mais aussi dans l'espace de sortie lui-même* puisque, d'une part, il existe des contraintes qui doivent informer l'apprentissage (ex. on ne peut avoir `Det Det Verbe`) et, d'autre part, toutes les sorties ne peuvent figurer dans l'échantillon d'apprentissage et il faut donc pouvoir réaliser une sorte d'extrapolation entre sorties.

6.2 La fonction de perte

La fonction de prédiction recherchée h est évaluée en fonction d'une *fonction de perte* ℓ quantifiant une distance, en termes de coût de mauvaise décision, entre deux formes de sortie : $\ell : \mathcal{Y} \times \mathcal{Y} \to \mathbb{R}$. Les fonctions de perte les plus courantes incluent :

- la fonction classique $0 - 1$ perte : $\ell(\mathbf{y}, \mathbf{y}) = 0$ et $\ell(\mathbf{y}, \mathbf{y}') = 1$ si $\mathbf{y} \neq \mathbf{y}'$;

- la *distance de Hamming* entre séquences : elle mesure la fréquence d'éléments différents entre deux séquences (de même longueur) ;
  On peut généraliser cette distance à la *distance d'édition* (chapitre 13), qui fait intervenir un calcul de programmation dynamique pour sa détermination ;

- la *F-mesure* (pour l'analyse en dérivation grammaticale par exemple ou la recherche de documents). Elle mesure une moyenne harmonique entre la *précision* et le *rappel* (chapitre 24) :

$$F(h) = 2 \, \frac{precision \cdot rappel}{precision + rappel}$$

Plus généralement, les fonctions de perte entre structures opèrent par combinaison de mesures de distance entre sous-éléments des formes $\mathbf{y}$ et $\mathbf{y}'$ comparées. C'est justement ce que permettent les *fonctions noyaux* entre structures développées ces dernières années et une partie importante des recherches sur l'apprentissage de sorties structurées porte sur l'emploi et la conception de ces fonctions noyaux (voir [BHS+07] pour un panorama de recherches récentes sur ce sujet).

6.3 Les approches

À partir du moment où les fonctions noyaux font leur apparition dans le paysage conceptuel, il devient naturel d'invoquer également les méthodes les utilisant.

Rappelons très brièvement que, dans ces approches, des méthodes linéaires de décision (ex. SVM) ou d'analyse (ex. ACP) sont utilisées grâce au passage par un espace de redescription des entrées $\Phi(\mathcal{X})$. Par exemple, dans le cas des SVM, la fonction de décision recherchée prend la forme :

$$h(\mathbf{x}) = \mathrm{sign}\big(\langle \mathbf{w}, \Phi(\mathbf{x}) \rangle\big)$$

L'utilisation de l'astuce des noyaux permet de ne pas avoir à manipuler directement l'espace de redescription, qui n'intervient en fait que dans des produits scalaires. Ainsi, en utilisant une fonction noyau $\kappa(\mathbf{x}, \mathbf{x}') = \langle \Phi(\mathbf{x}), \Phi(\mathbf{x}') \rangle$, la fonction de décision prend la forme :

$$h(\mathbf{x}) \;=\; \sum_{i=1}^{m} \alpha_i \, \kappa(\mathbf{x}, \mathbf{x}_i)$$

où les α_i sont les multiplicateurs de Lagrange apparaissant dans l'expression duale du problème d'optimisation associé au problème d'apprentissage.

Il est alors tentant d'étendre cette approche au cas de l'apprentissage de sorties structurées, en utilisant les fonctions noyaux pour rendre compte des interdépendances entre sorties et/ou entre entrées et sorties. Deux grandes approches ont été proposées dans ce contexte.

1- La première, par **estimation d'un noyau de dépendance dans** $\mathcal{Y}$, consiste à traduire les similarités dans l'espace de sortie grâce à une fonction noyau $\kappa_\mathcal{Y}(\cdot, \cdot) : \mathcal{Y} \times \mathcal{Y} \to \mathbb{R}$. Comme nous l'avons vu, cette fonction noyau induit un espace de redescription $\Phi(\mathcal{Y})$ dans un espace de Hilbert à noyau auto-reproduisant $\mathcal{H}_\mathcal{Y}$.

Dans cette approche, l'apprentissage consiste à apprendre une fonction $h' : \mathcal{X} \to \Phi(\mathcal{Y})$ ainsi qu'une fonction de « décodage » $h'' : \Phi(\mathcal{Y}) \to \mathcal{Y}$, de telle manière que la fonction recherchée soit donnée par $h = h'' \circ h'$ (figure 14.20).

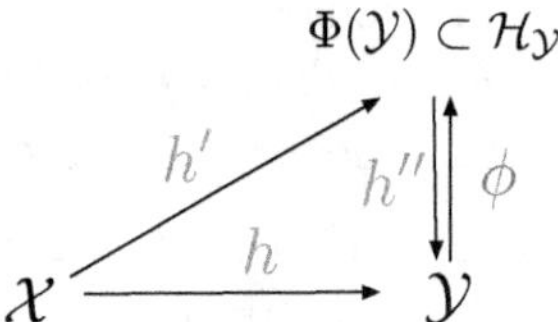

FIGURE 14.20 : *Fonctions entre les espaces $\mathcal{X}$, $\mathcal{Y}$ et $\Phi(\mathcal{Y})$*

Il est à noter que la détermination de la fonction de décodage est un problème en soi et n'est résolu pour le moment que pour certaines fonctions noyaux.

2- La deuxième approche, plus générale, dite par **mesure de compatibilité**, considère une fonction de discrimination définie sur les espaces d'entrée et de sortie : $F : \mathcal{X} \times \mathcal{Y} \to \mathbb{R}$, où $F(\mathbf{x}, \mathbf{y})$ peut être interprétée comme une mesure de compatibilité de $\mathbf{x}$ et $\mathbf{y}$. Une telle fonction induit la fonction hypothèse $h : \mathcal{X} \to \mathcal{Y}$ par :

$$\boxed{\mathbf{y}_i \;=\; h(\mathbf{x}) \;=\; \operatorname*{argmax}_{\mathbf{y} \in \mathcal{Y}} F(\mathbf{x}, \mathbf{y})} \tag{14.67}$$

Par analogie avec les méthodes à noyau, l'espace des fonctions F est souvent restreint aux fonctions linéaires sur un espace de redescription Ψ défini sur l'espace conjoint $\mathcal{X} \times \mathcal{Y}$:

$$F(\mathbf{x}, \mathbf{y}; \mathbf{w}) \;=\; \langle \mathbf{w}, \Psi(\mathbf{x}, \mathbf{y}) \rangle \tag{14.68}$$

L'espace de redescription Ψ doit refléter les interdépendances entre $\mathcal{X}$ et $\mathcal{Y}$ et au sein de $\mathcal{Y}$ afin de permettre la généralisation à des étiquettes non vues en apprentissage.

On cherche alors à obtenir une fonction noyau $\kappa : (\mathcal{X} \times \mathcal{Y})^2 \to \mathbb{R}$, exprimant une similarité sur l'espace conjoint $\mathcal{X} \times \mathcal{Y}$, c'est-à-dire telle que $\kappa(\mathbf{x}, \mathbf{y}, \mathbf{x}', \mathbf{y}') = \langle \Psi(\mathbf{x}, \mathbf{y}), \Psi(\mathbf{y}, \mathbf{y}') \rangle$.

Il est alors possible d'envisager d'exprimer la fonction de compatibilité F comme :

$$F(\mathbf{x}, \mathbf{y}) \;=\; \sum_{i=1}^{m} \alpha_i \, \kappa(\mathbf{x}, \mathbf{y}, \mathbf{x}_i, \mathbf{y}_i) \tag{14.69}$$

En fonction de la tâche étudiée (ex. classification hiérarchique, analyse grammaticale,...), il est possible de décomposer la fonction noyau $\kappa(\mathbf{x}, \mathbf{y}, \mathbf{x}_i, \mathbf{y}_i)$ de diverses manières afin de rendre les calculs réalisables.

Par exemple, dans la classification hiérarchique (chapitre 16) qui consiste à ranger des éléments dans une hiérarchie de concepts, on peut utiliser la décomposition :

$$\kappa(\mathbf{x}, \mathbf{y}, \mathbf{x}_i, \mathbf{y}_i) = \kappa(\mathbf{x}, \mathbf{x}_i) \, \kappa(\mathbf{y}, \mathbf{y}_i)$$

c'est-à-dire un découplage partiel entre les espaces d'entrée et de sortie.

Plus généralement, ces approches essaient de ré-exprimer des modèles adaptés pour rendre compte de distributions sur l'espace conjoint $\mathcal{X} \times \mathcal{Y}$ en termes de fonctions noyaux. C'est le cas des modèles graphiques tels que champs markoviens aléatoires *(Markov Random Fields)*, champs conditionnels aléatoires *(Conditional Random Fields)* et de modèles linéaires de mélanges de distributions *(Generalized Linear Models in Multiple Views)*.

Nous renvoyons le lecteur à l'ouvrage [BHS+07] et en particulier à son chapitre 5 pour des exemples de telles fonctions noyaux et de leur décomposition. La thèse de Brefeld [Bre08] est également intéressante à consulter.

7. Les méthodes à noyaux en pratique

7.1 Aperçu des approches calculatoires

Par contraste avec les méthodes d'optimisation adaptées, par exemple aux réseaux connexionnistes multicouches, qui explorent un espace à multiples optima locaux, les techniques d'optimisation mises en jeu pour les méthodes à noyaux explorent un problème *a priori* plus simple puisqu'il s'agit d'une optimisation d'un problème quadratique qui ne présente qu'un optimum global, qui plus est dans un paysage quadratique.

Plus précisément, le problème à résoudre a la forme générale de la minimisation d'un risque régularisé :

$$h_{\mathcal{S}}^{\star} \;=\; \underset{h \in \mathcal{H}}{\mathrm{ArgMin}} \big[R_{\mathrm{Emp}}(h) \,+\, \lambda \|h\|^2 \big] \tag{14.70}$$

pour lequel il existe une solution de la forme :

$$h_{\mathcal{S}}^{\star}(\mathbf{x}) \;=\; \langle \mathbf{w}(\alpha), \Phi(\mathbf{x}) \rangle \;=\; \Big\langle \sum_{i=1}^{m} \alpha_i \Phi(\mathbf{x}_i), \Phi(\mathbf{x}) \Big\rangle \;=\; \Big\langle \sum_{i=1}^{m} \alpha_i \, \kappa(\mathbf{x}_i, \mathbf{x}) \Big\rangle \tag{14.71}$$

Notons que l'on a :

$$\|\mathbf{w}(\alpha)\|^2 \;=\; \sum_{i=1}^{m} \sum_{j=1}^{m} \alpha_i \alpha_j \, \kappa(\mathbf{x}_i, \mathbf{x}_j) \;=\; \alpha^{\top} \mathbf{K} \, \alpha \tag{14.72}$$

où $\mathbf{K}$ est la matrice noyau symétrique (ou encore matrice de Gram) de coefficients $\mathrm{K}_{i,j} := \kappa(\mathbf{x}_i, \mathbf{x}_j)$. En introduisant les équations 14.71 et 14.72 dans l'équation 14.70, on obtient :

$$
\begin{aligned}
h_{\mathcal{S}}^{\star} &= \underset{h \in \mathcal{H}}{\operatorname{ArgMin}} \left[\frac{1}{m} \sum_{i=1}^{m} \ell(h(\mathbf{x}_i), y_i) + \lambda ||h||^2 \right] \\
&= \underset{\mathbf{w}}{\operatorname{ArgMin}} \left[\frac{1}{m} \sum_{i=1}^{m} \ell(\langle \mathbf{w}, \Phi(\mathbf{x}_i) \rangle, y_i) + \lambda ||h||^2 \right] \qquad (14.73) \\
&= \underset{\alpha}{\operatorname{ArgMin}} \left[\frac{1}{m} \sum_{i=1}^{m} \ell(\sum_{i=1}^{m} \alpha_i \, \kappa(\mathbf{x}_i, \mathbf{x}), y_i) + \lambda \alpha^{\top} \mathbf{K} \, \alpha \right]
\end{aligned}
$$

Une somme finie de fonctions convexes, toutes définies sur le même ensemble convexe, est aussi une fonction convexe. De plus, la fonction noyau κ étant, par définition, définie positive, la forme quadratique $\alpha^{\top} \mathbf{K} \, \alpha$ est convexe par rapport à α. L'hypothèse $h_{\mathcal{S}}^{\star}$ est donc la solution d'un problème convexe de dimension finie.

De nombreuses méthodes existent pour résoudre ces problèmes. Ce qui rend spécifique le problème lié aux SVM est le grand nombre d'exemples qui peut être traité et la dimension éventuellement élevée de $\mathcal{X}$. En revanche, on peut essayer de tirer profit du fait que, souvent, le nombre d'exemples critiques, ceux qui déterminent la solution, est réduit. Parmi les approches existantes, on citera, sans prétention à l'exhaustivité :

- Les *méthodes de gradient* et de *gradient conjugué* sont des méthodes de référence pour ces problèmes. Elles requièrent cependant, pour être efficaces, de stocker en mémoire la matrice noyau $\mathbf{K}$ afin de calculer des inversions de matrices. Cette matrice n'est pas, en général, parcimonieuse et il faut donc être prêt à stocker de l'ordre de $m(m+1)/2$ coefficients, chacun requérant de l'ordre de 8 octets (en double précision). Cela limite l'usage de ces méthodes à des échantillons de taille inférieure au million d'éléments pour le moment.

- Les *méthodes de point intérieur* sont appropriées pour des tailles d'échantillon petites à modérées et elles sont à la fois fiables et précises. L'idée générale de ces méthodes est de résoudre simultanément la forme primale et la forme duale du problème, en imposant les conditions de Karush-Kuhn-Tucker de façon itérative. Cependant, comme les méthodes de gradient, elles précalculent la matrice $\mathbf{K}$, ce qui est maladroit lorsque de nombreux exemples ont une influence faible ou nulle sur la solution.

- Lorsque l'échantillon de données est de grande taille (plusieurs centaines de milliers ou plusieurs millions), les *méthodes de décomposition* sont souvent une solution envisageable. Elles consistent à décomposer le problème en sous-problèmes qui sont résolus de manière itérative. Ici, c'est le vecteur α qui est considéré et optimisé par sous-parties. C'est en particulier le cas de la méthode SMO *(Sequential Minimal Optimization)* proposée par Platt [Pla99], qui pousse l'approche à son extrême en ne considérant à chaque pas que deux composantes du vecteur α.

- Une autre approche adaptée aux très grands échantillons d'apprentissage est une *optimisation en ligne* dans laquelle les exemples sont considérés séquentiellement, sans réexamen ultérieur en général. Cela permet à la fois de réduire la complexité calculatoire, mais aussi d'obtenir une méthode qui peut bénéficier naturellement de la connaissance préalable d'une solution approchée. Cela ouvre aussi la voie à un apprentissage adaptatif, lorsque les données ne sont plus stationnaires. La méthode LASVM [LCB06] en est un exemple.

7.2 Aperçu de logiciels spécifiques

Il existe de nombreuses boîtes à outils et *packages* numériques dédiés à l'optimisation convexe (quadratique) sous contraintes et qui peuvent donc être utilisés dans les méthodes à noyaux et en particulier pour les SVM. Ils sont généralement libres d'utilisation et de droits [13]. Nous en mentionnons certains des plus connus ici, sans prétendre qu'ils sont meilleurs que les autres. Chaque *package* a en général son domaine d'application privilégié et il est recommandé de déterminer à quel domaine se rapporte son propre problème.

`Scikit-Learn`   Cette boîte à outils dédiée à la science des données comporte des fonctions dédiées à l'utilisation de méthodes à noyaux.

`LIBSVM`   Ce logiciel permet de traiter des problèmes de classification, de régression et d'estimation de densité. Il est codé en `C++` et en `Java`. Il est régulièrement mis à jour et des interfaces existent avec d'autres langages tels que `R`, `MATLAB`, `Python`, `Perl` ou logiciels tels que `Weka`. Par ailleurs, ce logiciel est accompagné d'outils appelés `LIBSVM Tools` ainsi que d'une interface graphique très utile.

SVM^{light} Écrit en `C`, il a été l'une des premières implantations permettant de faire de la classification ou de la régression sur des bases de données de taille importante. Ce logiciel fait maintenant partie d'un logiciel plus général, SVM^{struct}, dédié à la prédiction de données multivariées ou structurées, comme des arbres, des séquences ou des ensembles. Cela permet en particulier d'aborder des problèmes comme l'analyse de texte ou l'alignement de séquences biologiques.

`R`   est un logiciel statistique qui peut être utilisé pour le calcul de SVM pour la classification ou la régression en ayant recours, par exemple, à la fonction `svm` développée par Meyer à partir du *package* `e1071`. L'emploi conjoint des ressources graphiques de `R` permet d'aborder des échantillons de taille moyenne et de réaliser des interfaces faciles avec d'autres traitements statistiques. De plus, le *package* `svmpath` développé par Hastie permet de calculer le chemin de régularisation complet pour des petits échantillons et avec recours à la fonction de perte coude (*hinge loss*) (section 7.3).

`SimpleSVM`   Écrite en `Matlab`, cette boîte à outils utilise la méthode d'optimisation itérative et de maintien des contraintes actives pour pouvoir traiter des échantillons d'apprentissage de (très) grande taille. `SimpleSVM` permet de réaliser de la classification à une classe *(One Class SVM)*, de la classification et de la régression. Réalisant un apprentissage en ligne, `SimpleSVM` permet à la fois de faciliter l'apprentissage si une solution approchée est connue et fournie en entrée, et de réaliser des apprentissages lorsque l'environnement est non stationnaire.

7.3 La détermination des hyper-paramètres

Les paramètres à régler pour utiliser les SVM sont :

1. la *fonction noyau* employée (avec éventuellement ses propres paramètres) ;

2. le *paramètre C* contrôlant le compromis entre fidélité aux données et tolérance aux écarts.

Leur détermination revient à sélectionner le modèle (la classe d'hypothèses) le plus approprié (chapitre 25). Le choix de la fonction noyau est prépondérant. Les figures 14.21 et 14.22, réalisées grâce à un logiciel de démonstration en Java pour des données décrites sur un plan, montrent les frontières de décision obtenues avec des fonctions noyaux différentes.

---

13. Une liste peut être trouvée sur des sites tels que : www.kernel-machines.org et www.support-vector-machines.org

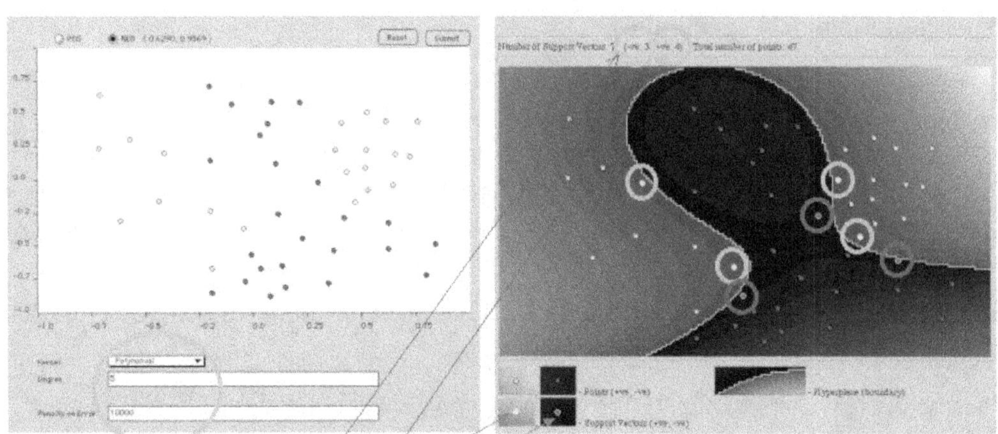

FIGURE 14.21 : *Dans la fenêtre de gauche, quarante-sept exemples d'apprentissage (vingt-deux de la classe '+' et vingt-cinq de la classe '−') ont été disposés par l'utilisateur. La fenêtre de droite montre la frontière de décision obtenue avec un SVM de noyau polynomial de degré 5 avec une constante $C = 10\,000$ (c'est-à-dire avec une faible tolérance aux exemples mal classés). La frontière s'appuie sur sept exemples critiques dont quatre dans la classe '+' et trois dans la classe '−'.*

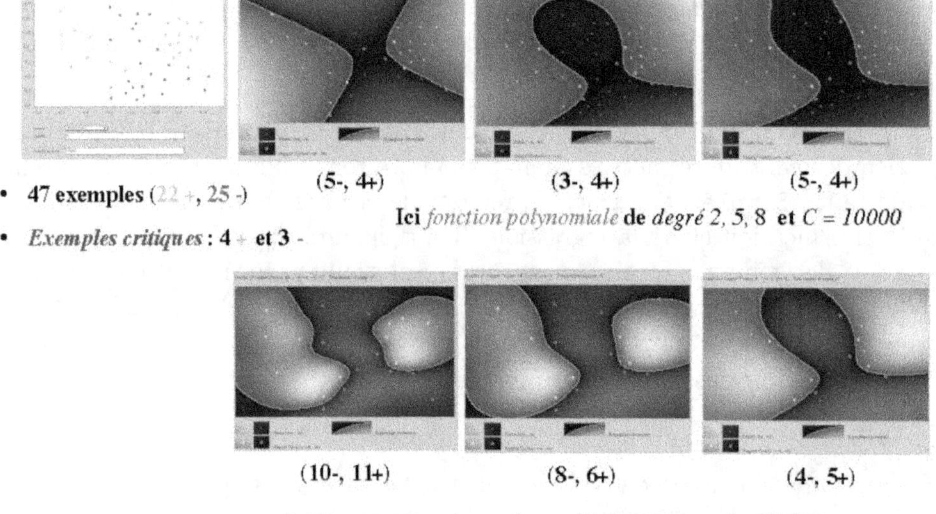

FIGURE 14.22 : *Pour les mêmes exemples d'apprentissage que ceux de la figure 14.21, on voit l'effet de différents choix de fonctions noyaux (polynomiale de degré 2, 5 et 8 en haut et gaussienne d'écart-type 2, 5 et 10 en bas). Le nombre d'exemples critiques de chaque classe est indiqué entre parenthèses en-dessous des imagettes.*

La démarche habituelle pour choisir la fonction noyau et le paramètre C consiste à utiliser une procédure de validation croisée (chapitre 24) pour estimer la performance correspondant à chaque choix. Cependant, il s'agit là d'une approche par essais et erreurs seulement guidée par l'art de l'expert. Des recherches récentes ont porté sur des méthodes plus systématiques, et si possible automatiques, d'exploration.

Ainsi, on voudrait pouvoir sélectionner automatiquement la meilleure fonction noyau [14], ou bien même apprendre une combinaison de fonctions noyaux pour faire face à des données hétérogènes par exemple [SRSS06].

De même, des techniques ont été testées pour le réglage automatique du paramètre C. Celui-ci peut en effet être considéré comme un paramètre de régularisation : plus la valeur de C est grande, plus on favorise les frontières de décision respectant les exemples, c'est-à-dire les plaçant du bon côté des marges. Inversement, des valeurs de C petites correspondent à des solutions plus régulières. Il est donc tentant de chercher à importer les méthodes d'optimisation du paramètre de régularisation vues pour les méthodes linéaires (chapitre 9, section 4.2) dans le cadre des méthodes à noyaux. Là aussi, on fera varier continûment la valeur de C sur $[0, \infty[$ et on cherchera la valeur pour laquelle l'erreur estimée par validation croisée est minimale. Au lieu de faire varier les coefficients attachés à chaque variable, comme dans la régression linéaire, ce sont les multiplicateurs de Lagrange α_i attachés aux exemples d'apprentissage qui seront ici contrôlés par les variations de C. La formulation duale du problème d'optimisation à résoudre (équation 14.22) montre que l'on est proche d'une pénalisation L_1, ce qui est conforme à la parcimonie observée des solutions en termes d'exemples supports. Par ailleurs, l'exploration du chemin de régularisation peut être conduite par morceaux (car les multiplicateurs de Lagrange $\alpha_i(C)$ sont des fonctions linéaires par morceaux en fonction de C), donc avec un coût raisonnable [HRTZ04]. Lorsque C s'accroît (ce qui correspond à un λ décroissant), la marge décroît car le système tente de mettre tous les exemples du bon côté de la marge. Les valeurs α_i associées aux points initialement mal placés par rapport à la marge passent de la valeur $\alpha_i = 1$ à la valeur $\alpha_i = 0$ quand ils passent en dehors de la marge. Leur valeur passe de 1 à 0 tandis qu'ils sont exactement sur la marge. La figure 14.23 (tirée de la thèse de Gaëlle Loosli [Loo06]) illustre l'effet de la variation de C dans le système ν-SVM.

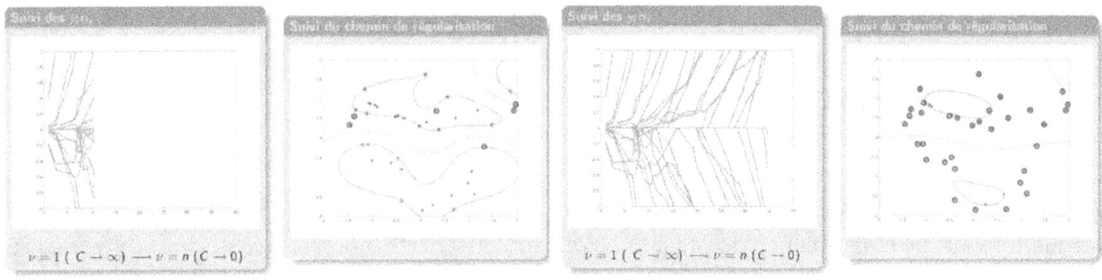

FIGURE 14.23 : *Pour deux valeurs de C. À gauche, la valeur de C en abscisse variant de ∞ à 0 et les valeurs des coefficients des exemples d'apprentissage en ordonnées ($y_i\alpha_i$). À droite, la frontière de décision correspondante. Les exemples mal positionnés sont en encerclés.*

---

14. Voir le Workshop *Kernel Learning : Automatic Selection of Optimal Kernels* à l'adresse : http ://www.cs.nyu.edu/learning_kernels/ comme point d'entrée vers d'autres références sur ce sujet.

7.4   Limites des méthodes à noyaux

Les méthodes à noyaux présentent certains inconvénients et difficultés de mise en œuvre qui peuvent limiter leur mise en pratique. Le premier problème est lié au manque d'interprétabilité des hypothèses produites. Il est en général impossible de comprendre d'où vient la puissance (ou le manque de puissance) de la fonction de décision obtenue. Par exemple, il n'est pas possible de distinguer les variables pertinentes de celles qui ne le sont pas. De même, sauf par la définition des fonctions noyaux utilisées, il est impossible de tirer parti de connaissances *a priori* pour influencer et aider l'apprentissage. En ceci, encore davantage que les réseaux de neurones, les méthodes à noyaux sont des méthodes de type « boîte noire ».

Dans cet ordre d'idée, il est essentiel de réaliser que la force des méthodes à noyaux, c'est-à-dire leur généralité, s'appuyant sur la propriété que de nombreux algorithmes peuvent se mettre sous une forme dans laquelle les données n'interviennent que par des produits scalaires $\langle \mathbf{x}, \mathbf{x}' \rangle$, est aussi une faiblesse, dans la mesure où seules les informations de distances entre points d'apprentissage sont prises en compte. Si d'autres informations, telles que l'orientation dans l'espace $\mathcal{X}$, sont importantes, elles seront, par nécessité, ignorées.

Par ailleurs, les méthodes à noyaux n'échappent pas au « fléau de la dimensionalité » dénoncé par Bellman en 1961 [Bel61] selon lequel, dès que le nombre de dimensions de l'espace des entrées est important (supérieur à une dizaine), la performance en apprentissage, pour un échantillon d'apprentissage de taille m limitée, dépend de manière cruciale de la fonction de distance choisie pour comparer les entrées. Cela se traduit par la nécessité de définir la ou les fonctions noyaux utilisées de manière appropriée au problème, ce qui est souvent loin d'être trivial. Malheureusement, les résultats sont généralement très sensibles à la fonction noyau retenue.

Grâce à la propriété de parcimonie, qui peut être associée à l'utilisation de SVM, à savoir qu'une faible proportion des exemples sont critiques lorsque les classes ont peu de recouvrement (faible erreur de Bayes), la fonction de prédiction est facile à calculer. En revanche, le problème d'optimisation quadratique de l'apprentissage d'un hyperplan optimal implique une complexité calculatoire en m^2 multipliée par le nombre d'exemples critiques. De nombreux travaux visent à étendre le domaine d'application des SVM à de grandes tailles de bases de données. Il reste cependant difficile, pour le moment, de traiter des bases de taille $m \gtrsim 10^5$.

8.   Bilan et perspectives

Le développement des méthodes à noyaux et particulièrement des séparateurs à vastes marges marque le point de convergence de plusieurs concepts essentiels : le *passage au non linéaire*, grâce à l'astuce des noyaux, d'une grande famille d'algorithmes linéaires ne s'appuyant que sur des produits scalaires dans l'espace des entrées $\mathcal{X}$, la *régularisation automatique* grâce au théorème de représentation, la *marge comme mesure de capacité* de l'espace des hypothèses, la notion de *sélection de modèle a posteriori*.

Finalement, les méthodes à noyaux encapsulent les données par rapport à l'algorithme et permettent ainsi l'utilisation d'un algorithme générique sur différents types de données et pour plusieurs tâches.

On comprend dès lors l'excitation des théoriciens et des praticiens pour cette nouvelle boîte à outils. De plus, ces méthodes peuvent être étendues à des espaces non vectoriels par la définition de distances et de similarités via des fonctions noyaux adéquates. Finalement, il existe un lien fort entre ces méthodes et la recherche d'expressions parcimonieuses des régularités du monde, grâce à la régularisation en utilisant la norme ℓ_1, ce qui est au cœur de la théorie de l'information et qui est très séduisant comme démarche générale pour l'apprentissage.

Il reste cependant beaucoup à faire pour mieux maîtriser ces méthodes et les étendre à d'autres applications. Par exemple, on sait encore très peu de choses sur la convergence du risque réel vers le risque empirique dans le cas de données et de sorties structurées (voir aussi chapitre 8). Globalement, les solutions trouvées sont surtout de nature heuristique sans que les outils formels n'aient, encore, suivi. Un domaine de recherche lié à celui-ci concerne l'*apprentissage des fonctions noyaux* à partir des données.

De nombreux travaux portent sur le développement d'*algorithmes à noyaux en ligne* afin de pouvoir traiter de grandes bases de données (puisque le coût calculatoire des méthodes à noyaux est à peu près une fonction quadratique du nombre d'exemples) et les flux de données. L'adaptation à des concepts cibles non stationnaires reste encore à explorer (chapitre 23).

Finalement, il faut aussi réaliser **les limites** potentielles de ces approches. Ainsi, les travaux privilégient pour la plupart l'utilisation de fonctions noyaux gaussiennes, ou en tous les cas à support borné. Si les praticiens se sentent plus à l'aise avec ce genre de fonction noyau en raison de leur plus grande interprétabilité comme mesure de similarité, cela se traduit aussi, implicitement, par un biais vers la recherche de régularité « lisses », c'est-à-dire dont les dérivées sont sévèrement bornées. Or, il existe de nombreux domaines dans lesquels ce biais n'est pas approprié. En général, les régularités complexes impliquent des interdépendances non locales dans les données qui ne peuvent pas être capturées simplement si on utilise des noyaux « locaux » (voir la section 3 du chapitre 11 et l'excellent article de Bengio et Le Cun [BC07]). Plus généralement, il n'est pas évident que les méthodes à noyaux puissent représenter les concepts relationnels complexes sous-jacents à certains problèmes. Cependant, il s'agit là de questions ouvertes.

Notes historiques et sources bibliographiques

Le recherche de régularités dans les données en apprentissage artificiel a été dominée par deux courants distincts, l'un se concentrant sur l'apprentissage dans des espaces d'hypothèses à base d'expressions symboliques et structurés par des opérations logiques, l'autre de nature plus géométrique et statistique. Dans ce dernier courant, trois grandes étapes peuvent être discernées. La *première*, née dans les années trente, en particulier avec Fisher, puis ensuite dans les années soixante avec le perceptron et autres techniques connexionnistes, s'est intéressée à des méthodes efficaces de recherche de régularités linéaires dans l'espace des entrées. Une *deuxième* *étape*, démarrée dans les années quatre-vingts, a permis de dépasser les limitations des premières techniques en autorisant la recherche de régularités non linéaires. Ce fut la révolution des réseaux de neurones et des arbres de décision. Cependant, ces méthodes avaient un caractère très heuristiques et étaient l'objet d'analyses théoriques incomplètes car très difficiles. La *troisième* *étape* a eu lieu vers le milieu des années quatre-vingt-dix avec l'émergence des approches à noyaux, permettant la recherche de régularités non linéaires avec l'efficacité et des fondements théoriques réservés jusque-là aux méthodes linéaires. Cela a provoqué une vague de travaux sur des développements de nouveaux algorithmes et de nouvelles analyses dans plusieurs communautés : apprentissage artificiel, statistique et même un renouveau d'intérêt en mathématique pour les espaces fonctionnels définis à partir de fonctions noyaux.

Plus précisément, tout en restant très schématique, l'histoire des méthodes à noyaux en apprentissage est marquée par les avancées suivantes.

- L'idée d'utiliser des fonctions noyaux comme équivalent au calcul de produits scalaires dans un espace de redescription date de 1964 avec l'article de Aizermann, Bravermann et Rozoener [ABR64] sur la méthode des fonctions potentielles, citée dans la première édition du livre si influent de Duda et Hart [DH73].

- Cette idée a été reprise par Boser, Guyon et Vapnik en 1992 [BGV92] et combinée avec l'idée de recherche d'hyperplans à vastes marges, pour définir la méthode des SVM.

- Entre temps, Vapnik avait introduit le principe de minimisation du risque structurel (SRM) pour résoudre le problème du contrôle de l'induction (et de la sélection de modèle) [Vap82]. Il en a fait une justification des SVM, remise en cause plus tard comme insuffisante.

- Une analyse plus prometteuse a été proposée en 1998 par Shawe-Taylor *et al.* [STBWA98] introduisant l'idée de fonction de félicité *(luckiness framework)* caractérisant une probabilité d'adéquation entre l'algorithme d'apprentissage et les données présentes.

- Pour faire face à la tendance des SVM à marge dure de faire du surapprentissage, la technique des marges douces et des variables ressorts a été publiée en 1995 [Vap95]. Des fonctions de perte appropriées, c'est-à-dire plus facilement calculables mais conduisant au même optimum, telle que la fonction coude *(hinge loss)*, ont été ensuite proposées. D'autres analyses, fondées sur une idée de robustesse de l'apprentissage à des variations de l'échantillon d'apprentissage ont été également proposées un peu plus tard [BE02].

- La pleine réalisation du potentiel des fonctions noyaux pour étendre leur portée au-delà des SVM est due en particulier à Schölkhopf [Sch97]. Haussler, de son côté, a fait œuvre de pionnier en montrant en 1999, dans un rapport technique [Hau99], comment construire des fonctions noyaux calculables pour des structures de données complexes non vectorielles.

- Le lien entre fonctions noyaux et espace fonctionnel de Hilbert, et en particulier l'équivalence avec un opérateur de régularisation, a été explicité en apprentissage par Smola et Schölkhopf [SS98b] puis par d'autres. La preuve originale du théorème de représentation peut être trouvée dans [SHSW01]. Une version plus simple de ce théorème avait été prouvée préalablement par Kimeldorf et Wahba [KW70].

- Les années récentes ont vu une analyse extensive du coût calculatoire des méthodes à noyaux (voir par exemple [Joa99]). Il s'en est suivi la mise au point de tout un ensemble de logiciels, cités en partie dans la section 7.2.

La très large popularité des méthodes à noyaux est associée à la publication de nombreux ouvrages entièrement dédiés. Nous citerons en particulier :

- L'ouvrage de Shawe-Taylor et Cristianini [STC04], qui prend le parti de mettre l'accent sur les fonctions noyaux et toutes leurs déclinaisons à des structures de données variées. Leur livre précédent était tourné vers la description des SVM [CST00].

- L'ouvrage de Herbrich [Her02], assez théorique mais très complet sur les problèmes de classification.

- L'ouvrage de Schölkhopf et Smola [SS02], plus heuristique que les précédents et présentant en particulier des méthodes à noyaux pour des tâches diverses : classification, régression, analyse en composantes, etc. Un ouvrage très complet.

- L'ouvrage de Steinwart et Christmann [SC08], qui est le plus théorique. Plus difficile à lire que les autres, il offre aussi des points de vue différents et souvent novateurs.

Résumé

- Les méthodes à noyaux permettent de convertir la plupart des méthodes d'apprentissage linéaires en méthodes adaptées à la recherche de régularités non linéaires en conservant en grande partie les avantages des méthodes linéaires : facilité de mise en œuvre et bons fondements théoriques.

- Les fonctions noyaux permettent une redescription implicite de l'espace des entrées dans un espace dont les dimensions sont des corrélations entre dimensions de description des entrées. L'espace de redescription peut également être vu comme un espace fonctionnel dans lequel on cherche une approximation de fonction.

- Les fonctions noyaux calculent implicitement le produit scalaire des projections de deux points de l'espace d'entrée.

- Si on peut attacher une sémantique à la projection ϕ vers l'espace de redescription, il est possible d'interpréter le résultat de l'apprentissage. Sinon, l'apprentissage opère comme une « boîte noire ».

- Les fonctions noyaux ont la propriété que toute matrice de Gram associée de dimension finie est positive semi-définie. Le théorème de Mercer est une formulation équivalente de cette propriété pour les espaces vectoriels.

- Il est possible de construire des fonctions noyaux complexes qui peuvent être adaptées à des données non vectorielles en combinant des fonctions noyaux plus simples.

- Les SVM se caractérisent par l'utilisation de fonctions noyaux, l'absence de minima locaux et la capacité de contrôle de l'induction fournie par l'optimisation des marges. Les SVM permettent la recherche de régularités dans des espaces de grandes dimensions en contrôlant le risque de sur-apprentissage.

- Les méthodes à Vastes Marges forment une classe de méthodes rigoureusement fondée, parmi les plus utilisées et qui offrent un cadre unificateur pour de nombreuses techniques d'apprentissage.

Chapitre 15

Robert SCHAPIRE (1963-)

Apprentissage par combinaison d'experts

On dit souvent qu'il vaut mieux prendre plusieurs avis avant de prendre une décision. Ce conseil heuristique fonde la légitimité de tous nos comités, conseils d'administration et assemblées diverses. Peut-il trouver une traduction sous forme algorithmique ? Peut-on en identifier les propriétés et, éventuellement, en prouver le bien-fondé ?

En Intelligence Artificielle, c'est le Pandemonium de Selfridge dans les années 1950 et les architectures de type « tableau noir » (blackboard) dans les années 1970 qui ont été les premières techniques, encore très heuristiques, de combinaison d'avis d'experts. En apprentissage artificiel, c'est une question théorique sur la force de l'apprentissage faible (quand les experts sont à peine meilleurs que le hasard) qui a abouti à l'algorithme du boosting et qui a véritablement lancé les études sur les « méthodes par ensemble ». Ces travaux de recherche ont en particulier produit les méthodes du boosting et des random forests qui sont très utilisées.

Des techniques plus anciennes, comme l'induction d'arbres de décision, peuvent également être considérées comme des techniques de collaboration entre experts, la question étant ici de déterminer sur quelle région de l'espace des exemples chaque expert doit être entraîné.

Des travaux récents s'intéressent également à l'apprentissage collaboratif dans le cadre non supervisé.

IL EST RARE qu'un décideur ait sous la main un expert omniscient et incontesté lui permettant d'opérer le meilleur choix. Il n'a souvent d'autres ressources que de consulter un comité d'experts plus ou moins compétents, puis de combiner leurs avis pour prendre sa décision. Cependant, cette combinaison de décisions est-elle meilleure que la décision qu'aurait prise le meilleur expert du comité ? Peut-on s'arranger pour rendre ce comité d'experts de plus en plus performant ?

Prenons un exemple non technique[1]. Soit un joueur de tiercé cherchant à maximiser ses gains. Il connaît un certain nombre d'« experts » des courses de chevaux. Aucun d'eux n'est capable d'expliciter complètement son expertise mais, interrogé à propos d'un ensemble de courses, chacun d'eux peut fournir des règles grossières (par exemple : « au trot attelé, il faut parier sur le cheval ayant gagné le plus grand nombre de courses » ou « en courses d'obstacles, il faut parier sur le cheval ayant la plus grande cote »). Prise isolément, chacune de ces règles est peu performante. On peut cependant raisonnablement penser qu'elles sont un peu meilleures que le hasard. De plus, si on interroge chaque expert sur des ensembles de courses différents, on peut obtenir plusieurs règles de ce type. Le joueur a maintenant deux questions à résoudre. D'abord, quels ensembles de courses devrait-il présenter à chaque expert en vue d'extraire les règles les plus intéressantes ? Ensuite, comment doit-il combiner les avis des experts pour atteindre la meilleure décision ? La première question concerne le choix des exemples d'apprentissage soumis à l'apprenant. La deuxième concerne la manière de combiner l'avis d'apprenants (potentiellement différents) entraînés sur des échantillons différents.

1. Introduction

Les recherches en apprentissage artificiel initiées au début des années 1990 montrent qu'il est possible d'atteindre une décision aussi précise que souhaitée par une combinaison judicieuse d'experts imparfaits mais correctement entraînés.

1.1 Le méta-apprentissage

Supposons que nous ayons une décision à prendre, par exemple une décision de classification : cet oiseau est-il une oie ou un cygne ? Nous savons qu'il existe plusieurs méthodes qui permettent d'élaborer une règle de classification par apprentissage, à partir de l'expérience donnée par des ensembles d'exemples supervisés. Disons que nous avons appris et testé un classifieur bayésien d'une part et un SVM d'autre part. La réponse de chacun des deux classifieurs sur un oiseau est un nombre réel : la probabilité $\mathbf{P}_1$ qu'il soit une oie pour le premier classifieur (celle qu'il soit un cygne vaut $1 - \mathbf{P}_1$) et la marge M pour le second (positive quand le SVM décide que c'est une oie, négative sinon).

Pour combiner les deux décisions et tirer profit de notre double apprentissage, nous pouvons par exemple calculer la valeur $V = \mathbf{P}_1 - \frac{1}{2} + \alpha M$, avec α positif[2]. Si les deux classifieurs se décident pour une oie (respectivement pour un cygne), V sera certainement positive (respectivement négative), quelle que soit la valeur choisie pour α. Si les deux classifieurs prennent des décisions contradictoires, c'est en fonction de la valeur de α que sera prise la décision finale. Il est donc

---

1. Repris de Freund et Schapire, les concepteurs du *boosting*, dans [FS99].

2. Il serait certainement plus judicieux de calculer une telle combinaison linéaire entre des valeurs comparables et donc de normaliser la marge M entre 0 et 1. Ce n'est ici qu'un exemple d'école.

important de choisir α avec efficacité. On pourrait tenter de fixer sa valeur empiriquement, mais le mieux est certainement de... l'apprendre ! Une idée simple pour le réaliser est par exemple de la fixer à une première valeur arbitraire, puis de la faire évoluer par descente de gradient en mesurant son efficacité sur un ensemble de validation.

L'apprentissage de α est un exemple de *méta-apprentissage*, puisque α n'est un paramètre ni du premier classifieur, ni du second, mais de leur combinaison linéaire pour obtenir un troisième classifieur. On dit que α est un *méta-paramètre* ou *hyperparamètre* d'apprentissage. Remarquons que rien ne nous dit qu'il est effectivement possible de combiner les deux classifieurs pour en constituer un nouveau qui soit meilleur. Il est possible que le SVM soit tellement bien adapté au problème et le classifieur bayésien tellement mal que le second ne puisse que dégrader le premier.

D'une manière générale, le méta-apprentissage peut se définir comme l'apprentissage du réglage de la combinaison de programmes d'apprentissage, ou comme l'apprentissage du choix entre plusieurs programmes d'apprentissage. Nous traiterons dans la suite de classifieurs, mais il est possible également de procéder au méta-apprentissage en régression. Comme nous le verrons, pour un problème à C classes, on peut soit combiner des classifieurs partiels, qui ne savent par exemple que distinguer une classe d'une autre, soit combiner des classifieurs complets. On sait aussi multiplier les apprentissages avec le même algorithme, mais en changeant les données (plus exactement, en changeant la distribution de probabilités des exemples dans l'ensemble d'apprentissage), avant de combiner leurs résultats. Le regroupement des résultats se fait généralement par *vote pondéré*, c'est-à-dire par une combinaison linéaire des décisions suivie d'une décision ferme.

Le méta-apprentissage pose des problèmes techniques et théoriques très intéressants [VD02]. Nous le voyons dans ce chapitre essentiellement sous un aspect opérationnel.

1.2   Application à la classification

Dans le problème de la classification à C classes, on peut disposer d'un certain nombre d'experts spécialisés dans des tâches élémentaires consistant à prendre une décision sur deux classes, sans rien décider sur les autres. On peut imaginer construire un classifieur très performant pour distinguer les caractères manuscrits « o » des caractères « p », mais qui soit incompétent sur les « s » ou les « z ». De plus, techniquement parlant, il existe des méthodes d'apprentissage qui par nature ne savent traiter que des problèmes à deux classes : c'est le cas des *SVM* (en tout cas dans leur version classique) et des hyperplans, par exemple, comme de la plupart des méthodes symboliques. Apprendre à combiner efficacement des classifieurs à deux classes (entraînés sur des données différentes) pour résoudre un problème à C classes est un des problèmes de base du méta-apprentissage.

Une autre manière d'aborder le problème est de mener l'expérience suivante : sur un ensemble $\mathcal{S}$, supervisé par C classes, apprenons un arbre de décision et un réseau connexionniste. Ensuite, pour un objet de classe inconnue, observons les décisions prises par ces deux classifieurs et par une troisième classification par k plus proches voisins. Que conclure si les trois classes prédites sont différentes ? À l'inverse, peut-on considérer qu'une décision unanime est définitivement fiable ? Combiner des classifieurs différents, mais ayant acquis leurs connaissances sur les mêmes données, est un autre aspect du méta-apprentissage.

Le méta-apprentissage peut aussi consister à trouver la meilleure valeur de k dans une méthode de k plus proches voisins ou à régler l'élagage d'un arbre de décision. On le sait, ces problèmes peuvent être abordés par l'utilisation d'un ensemble de validation (chapitre 2).

Un autre aspect du méta-apprentissage se présente quand les données peuvent être décrites par plusieurs jeux d'attributs différents. Un exemple classique est de décrire une page web soit par la fréquence des mots qu'elle utilise, soit par les adresses des pages auxquelles elle se réfère (ou de celles qui la référencent ou des deux). Ce cas est traité sous le nom de co-apprentissage dans le chapitre 17. Il est en effet un peu différent des précédents et se rapproche de l'apprentissage non supervisé ou semi-supervisé.

Les sections suivantes mettent l'accent sur plusieurs techniques de méta-apprentissage :

- le *vote* de différents classifieurs appris sur les mêmes données et son extension à l'*apprentissage à deux étages (stacked generalization)* ;

- une extension du cas précédent, le *codage correcteur de classes*, qui permet en particulier de combiner des classifieurs à deux classes en un classifieur à C classes ;

- le *dopage*, ou *boosting*, qui réutilise le même classifieur plusieurs fois en pondérant différemment les données d'apprentissage avant de combiner les résultats ;

- le *bagging*, qui en est une variante ;

- l'*apprentissage en cascade (cascading)* qui utilise différents classifieurs à la suite les uns des autres.

1.3 Rappels et notations

Rappelons d'abord quelques notations générales qui seront utiles dans ce chapitre. Nous disposons d'un ensemble d'apprentissage supervisé composé de m exemples, $\mathcal{S} = \{(\mathbf{x}_i, y_i)\}_{i=1,m}$.

La supervision d'un exemple est ici une classe parmi C (nous traitons seulement du problème de la classification ; l'extension à la régression est en général assez simple) : $y_i \in [\![1 \ldots C]\!]$.

Les classes sont notées $\omega_1, \ldots \omega_C$. Pour exprimer que $y_i \in \omega_j$, on a deux méthodes. La première consiste à définir la supervision comme un nombre entier et, dans ce cas, $y_i = j$ équivaut à $y_i \in \omega_j$; cette méthode ressemble à la supervision d'un problème de régression. Cependant, dans le cas de la classification, il est plus pratique de définir y_i comme un vecteur de taille C, dont seule la composante j vaut $+1$, toutes les autres prenant la valeur 0 (on utilise aussi la valeur -1 au lieu de 0).

Un classifieur $h \in \mathcal{H}$ produit un résultat $h(\mathbf{x}_i)$ sur un exemple, ou plus généralement un résultat $h(\mathbf{x})$ sur tout élément de l'espace de représentation $\mathcal{X}$. Ce résultat se représente en général par un vecteur $\boldsymbol{h}$ de $\mathbb{R}^C$, qui peut prendre deux formes :

- Il peut être *binaire*, composé entièrement de 0 (ou de -1) sauf pour une coordonnée à $+1$, ce qui signifie que le classifieur a choisi la classe de $\mathbf{x}$ comme celle qui est désignée par cette coordonnée. C'est par exemple de cette manière que l'on peut écrire le résultat d'une décision par k plus proches voisins ou par un arbre de décision. Dans certains cas, il peut y avoir plusieurs coordonnées à $+1$, ce qui indique une décision ambiguë, ou toutes les coordonnées à 0 (ou à -1), ce qui indique le refus de décision (ou *rejet*).

- Il peut être *numérique*, composé de valeurs réelles. C'est par exemple le cas d'un classifieur bayésien (les valeurs sont alors comprises entre 0 et 1) ou d'un réseau connexionniste. Dans ce cas, la décision se fait en choisissant la classe de valeur maximale.

Dans le cas particulier où $C = 2$, que nous avons appelé apprentissage de *concept*, il est intéressant d'introduire la notion de *marge*, à condition que le vecteur de classification $\boldsymbol{h}$ soit numérique.

On dispose dans ce cas d'ensembles d'exemples et de contre-exemples $\mathcal{S} = \{(\mathbf{x}_i, y_i)\}_{i=1,m}$, avec $y_i \in \{+1, -1\}$. Un classifieur h est en général une application $\mathcal{X} \to \mathbb{R}$ qui attribue donc à tout point de l'espace de représentation $\mathcal{X}$ une valeur numérique. La marge d'un exemple $(\mathbf{x}, y)$ vis-à-vis de h est par définition la valeur $\mathrm{marge}(\mathbf{x}, h) = y.h(\mathbf{x})$, qui doit être positive si et seulement si l'exemple est bien classé par l'hypothèse h. Il est souhaitable par ailleurs qu'il existe une relation monotone entre la valeur absolue de la marge et la distance à la surface séparatrice que définit h. De la sorte, la marge d'un exemple reflète non seulement sa classification par h, mais aussi la qualité de cette classification. Un exemple ayant une grande marge est classé de manière fiable par h.

1.4 Le vote de plusieurs classifieurs

1.4.1 Le principe du vote

La manière la plus simple de combiner des classifieurs élémentaires est de les faire voter, c'est-à-dire de calculer une valeur sur les classes qui tienne compte de l'avis de chacun.

Supposons disposer de L classifieurs h_k, $k \in [\![1 \ldots L]\!]$, chacun produisant sur un point à classer $\mathbf{x}$ un vecteur $\boldsymbol{h}_k$ de dimension C, dont la coordonnée courante est notée $\boldsymbol{h}_{kj}$, $j \in [\![1 \ldots C]\!]$. Leur vote pondéré consiste à créer un vecteur de décision $\boldsymbol{H}$ dont chaque coordonnée est calculée par :

$$\boldsymbol{H}_j = \sum_{k=1}^{L} w_k \, \boldsymbol{h}_{kj}$$

où les valeurs w_k, $k \in [\![1 \ldots L]\!]$ sont strictement positives et de somme égale à 1 (combinaison convexe). Chacune d'elles quantifie le poids relatif de la décision du classifieur correspondant. La décision finale est donc une combinaison linéaire des décisions élémentaires.

Il est raisonnable de supposer que tous les classifieurs élémentaires produisent un vecteur de décision de même nature, binaire ou numérique. Dans le premier cas, chacun a pris une décision ferme et ce sont ces décisions qui sont combinées dans $\boldsymbol{H}$. Dans le second cas, la décision est entièrement reportée sur $\boldsymbol{H}$.

On connaît des résultats théoriques sur l'intérêt du vote, pour le cas $C = 2$. Le plus simple à énoncer, que nous donnons informellement, est conforme à l'intuition : si chaque classifieur est meilleur que le hasard et si chacun est indépendant de chaque autre, alors l'efficacité du classifieur qui les fait voter avec des poids égaux augmente avec le nombre L de classifieurs élémentaires ([HS90]).

1.4.2 L'apprentissage à deux étages (stacked generalization)

La question restée en suspens dans le vote est évidemment celle du réglage des valeurs w_k. Elle est traitée dans cette section par une méthode élégante : dans l'apprentissage à deux étages, les sorties des classifieurs élémentaires sont en effet combinées par une fonction éventuellement non linéaire (un *méta-classifieur*) dont les paramètres sont eux-mêmes appris.

Par exemple, pour réaliser un classifieur à C classes, on peut utiliser $C(C-1)/2$ hyperplans destinés à séparer chaque paire de classes, produisant en sortie une valeur de marge, puis utiliser comme méta-classifieur un réseau connexionniste à $C(C-1)/2$ entrées et à C sorties, avec une couche cachée de taille intermédiaire (disons $3C$ pour fixer les idées). Le nombre total de paramètres à entraîner vaudra $dC(C-1)/2$ pour les hyperplans, plus environ $3\,C^3/2$ pour les poids des connexions menant à la couche cachée, plus $3\,C^2$ pour les poids menant à la couche de sortie. Si le nombre de classes n'est pas trop important, la recombinaison des marges se fera de manière efficace, puisqu'apprise par optimisation.

Cette technique peut s'appliquer au vote par combinaison linéaire de la section précédente. Le méta-classifieur est alors un hyperplan dont les poids w_k peuvent être ajustés par gradient ou par toute technique d'optimisation, de manière à minimiser l'erreur apparente ou une fonction de perte dépendant des marges des exemples (section 1.5.5).

En pratique, la procédure d'apprentissage à deux étages se déroule en quatre étapes [Wol92b] :

1. Diviser l'échantillon d'apprentissage $\mathcal{S}$ en deux parties $\mathcal{S}_1$ et $\mathcal{S}_2$.

2. Réaliser l'apprentissage des L classifieurs élémentaires sur $\mathcal{S}_1$.

3. Faire fonctionner ces classifieurs sur $\mathcal{S}_2$. Le résultat est, pour chaque objet de $\mathcal{S}_2$, un ensemble de L vecteurs binaires ou numériques.

4. Apprendre les paramètres du méta-classifieur sur un nouvel ensemble d'apprentissage dont les objets sont les résultats de l'étape précédente, supervisés par leur vraie classe.

1.5   Les codes correcteurs de classes

1.5.1   Présentation

Cette section décrit une implantation générale pour transformer un classifieur à deux classes en classifieur à C classes. Plus globalement, il montre comment on peut éclater un problème d'apprentissage à C classes en L sous-problèmes à deux classes avant de recombiner leurs décisions pour résoudre le problème initial.

Nous avons vu dans le chapitre 9, section 1.6, comment combiner plusieurs hyperplans pour résoudre un problème multiclasse. Un hyperplan sépare en effet l'espace de représentation en deux classes, par nature.

Nous avons fait allusion à deux solutions : la première consiste à définir C hyperplans en apprenant à chaque fois une classe contre la réunion des autres. Dans la seconde solution, on apprend $C(C-1)/2$ hyperplans, autant que de couples de classes. Dans le premier cas, les exemples du problème d'apprentissage sont les représentants d'une classe et les contre-exemples sont l'ensemble des représentants de toutes les autres classes. Dans le second, les exemples sont les représentants d'une classe et les contre-exemples sont les représentants d'une seule autre classe. Ensuite, dans un cas comme dans l'autre, une procédure de vote est mise en route.

Supposons donc disposer d'un ensemble de classifieurs élémentaires, qui s'intéressent à tout ou partie des données. Nous allons définir une *matrice de codage des classes*, qui va permettre de transformer l'ensemble des résultats obtenus sur les classifieurs élémentaires en une classification globale. Pour illustrer cela, nous reprenons l'exemple précédent dans les deux cas que nous avons décrits.

1.5.2   Deux codages naturels

1.5.2.1   Une classe contre toutes les autres   Notons H_j l'hyperplan obtenu par apprentissage en utilisant les exemples de la classe ω_j contre l'union des exemples des autres classes. Notons par la valeur $+1$ le fait qu'un point x soit classé par H_j comme appartenant à ω_j et par -1 la décision contraire.

Nous pouvons écrire l'ensemble des décisions sous la forme d'un vecteur v de taille C. Par exemple, le point indiqué par un carré sur la figure 15.1 produira le vecteur $\begin{pmatrix} +1 \\ +1 \\ -1 \end{pmatrix}$ puisqu'il est classé comme ω_1 par H_1, comme ω_2 par H_2 et comme non ω_3 par H_3. De même, le point indiqué par un triangle produira le vecteur $\begin{pmatrix} +1 \\ -1 \\ -1 \end{pmatrix}$.

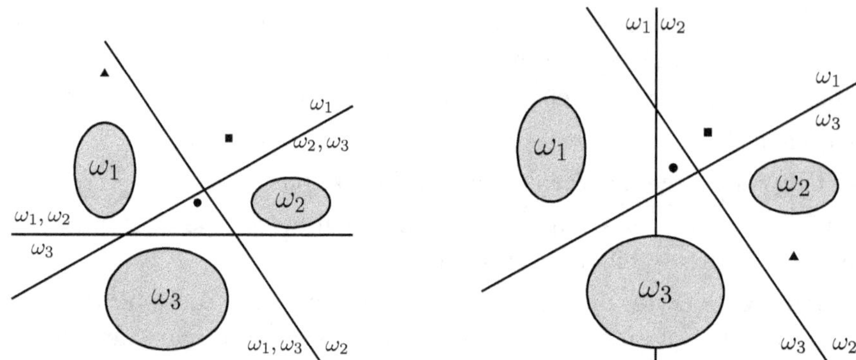

FIGURE 15.1 : ***Séparation linéaire à plus de deux classes***. *À gauche, on sépare chaque classe de toutes les autres : il y a C hyperplans. Le point en triangle est attribué à la classe ω_1, le point en carré est ambigu entre ω_1 et ω_2, le point central est ambigu entre les trois classes. Sur les sept zones, quatre sont ambiguës. À droite, on sépare chaque classe de chaque autre : il y a $\frac{C(C-1)}{2}$ hyperplans. Le point en triangle et le point en carré sont attribués à la classe ω_2, le point central est ambigu entre les trois classes. Sur les sept zones, une seule est ambiguë.*

La matrice $\boldsymbol{W}$ de codage des classes sera définie dans ce cas de manière simple par la matrice symétrique $C \times C$:

$$\begin{pmatrix} +1 & -1 & -1 \\ -1 & +1 & -1 \\ -1 & -1 & +1 \end{pmatrix}$$

Les valeurs de la troisième ligne indiquent par exemple que le premier classifieur doit répondre -1 sur les éléments des classes ω_1 et ω_2 et $+1$ sur ceux de ω_3.

L'attribution d'une classe au vecteur $\boldsymbol{v}$ se fait en calculant le vecteur $\boldsymbol{\omega}$ de taille C comme la multiplication de la matrice $\boldsymbol{W}$ par le vecteur $\boldsymbol{v}$. On obtient ainsi un vecteur $\boldsymbol{\omega} = \boldsymbol{W}\boldsymbol{v}$ dont la coordonnée de plus grande valeur indique la classe à choisir. Dans le cas du point indiqué par un triangle sur la figure 15.1, le calcul donne :

$$\boldsymbol{\omega} = \begin{pmatrix} +1 & -1 & -1 \\ -1 & +1 & -1 \\ -1 & -1 & +1 \end{pmatrix} \begin{pmatrix} +1 \\ -1 \\ -1 \end{pmatrix} = \begin{pmatrix} +1 \\ -1 \\ -1 \end{pmatrix}$$

Le résultat indique que ce point doit être attribué sans ambiguïté à la classe ω_1.

Dans le cas du point indiqué par un carré, le calcul donne :

$$\boldsymbol{\omega} = \begin{pmatrix} +1 & -1 & -1 \\ -1 & +1 & -1 \\ -1 & -1 & +1 \end{pmatrix} \begin{pmatrix} +1 \\ +1 \\ -1 \end{pmatrix} = \begin{pmatrix} +1 \\ +1 \\ -1 \end{pmatrix}$$

Le résultat indique que ce point peut être attribué à la classe ω_1 ou à la classe ω_2, mais pas à la classe ω_3. La décision est ambiguë.

1.5.2.2   Une classe contre une seule autre

Notons maintenant H_{ij} l'hyperplan obtenu par apprentissage en utilisant les exemples de la classe ω_i contre ceux de la classe ω_j. Notons par la valeur $+1$ le fait qu'un point x soit classé par H_{ij} comme appartenant à ω_i et par -1 le fait qu'il soit classé comme appartenant à ω_j.

Nous pouvons écrire l'ensemble des décisions sous la forme d'un vecteur $\boldsymbol{v}$ dont la taille vaudra $C(C-1)/2 = 3$, en les rangeant dans l'ordre H_{12}, H_{13}, H_{23}. Par exemple, le point indiqué par un carré sur la figure 15.1 produira le vecteur $\begin{pmatrix} -1 \\ +1 \\ +1 \end{pmatrix}$ puisqu'il est classé comme ω_2 par H_{12}, comme ω_3 par H_{13} et comme ω_2 par H_{23}. De même, le point indiqué par un triangle produira le vecteur $\begin{pmatrix} -1 \\ -1 \\ +1 \end{pmatrix}$.

La matrice $\boldsymbol{W}$ (de taille $C \times C(C-1)/2$) de codage des classes sera définie dans ce cas par :

$$\begin{pmatrix} +1 & +1 & 0 \\ -1 & 0 & +1 \\ 0 & -1 & -1 \end{pmatrix}$$

Par exemple, l'élément de la troisième ligne et deuxième colonne, de valeur -1, indique que la troisième classe ω_3 est classée du côté négatif par le second classifieur H_{13}. Les valeurs 0 indiquent que le classifieur ne fournit pas d'information sur la classe.

Dans le cas du point indiqué par un triangle, le calcul donne ici :

$$\boldsymbol{\omega} = \begin{pmatrix} +1 & +1 & 0 \\ -1 & 0 & +1 \\ 0 & -1 & -1 \end{pmatrix} \begin{pmatrix} -1 \\ -1 \\ +1 \end{pmatrix} = \begin{pmatrix} -2 \\ 2 \\ 0 \end{pmatrix}$$

Le résultat indique que ce point doit être attribué sans ambiguïté à la classe ω_2.

Dans le cas du point indiqué par un carré :

$$\boldsymbol{\omega} = \begin{pmatrix} +1 & +1 & 0 \\ -1 & 0 & +1 \\ 0 & -1 & -1 \end{pmatrix} \begin{pmatrix} -1 \\ +1 \\ +1 \end{pmatrix} = \begin{pmatrix} 0 \\ 2 \\ -2 \end{pmatrix}$$

Cela indique que ce point doit aussi être attribué à la classe ω_2.

1.5.3   Le cas $C = 4$

Pour éviter une éventuelle confusion, due au fait que pour $C = 3$ on a aussi $C(C-1)/2 = 3$, regardons le cas $C = 4$. Dans le premier cas (une classe contre toutes les autres), il y a alors quatre hyperplans, le vecteur $\boldsymbol{v}$ est de dimension 4, la matrice $\boldsymbol{W}$ reste diagonale de taille $C \times C = 4 \times 4$.

Dans le second cas (une classe contre chaque autre), il y a $4(4-1)/2 = 6$ hyperplans, le vecteur $\boldsymbol{v}$ est de dimension 6 et la matrice $\boldsymbol{W}$ est de taille 4×6. Dans sa colonne correspondant à H_{ij}, il y a la valeur $+1$ à la ligne de rang i, -1 à celle de rang j et 0 partout ailleurs :

$$\begin{pmatrix} +1 & +1 & +1 & 0 & 0 & 0 \\ -1 & 0 & 0 & +1 & +1 & 0 \\ 0 & -1 & 0 & -1 & 0 & +1 \\ 0 & 0 & -1 & 0 & -1 & -1 \end{pmatrix}$$

1.5.4 Codes binaires

Les deux cas particuliers précédents sont extrêmes et présentent des avantages et des inconvénients inverses. Dans le premier cas, les ambiguïtés de classement sont nombreuses, mais le calcul est rapide. Ajoutons un autre inconvénient, moins apparent : les apprentissages déséquilibrent le nombre d'exemples et de contre-exemples, ce qui peut avoir une influence néfaste si les probabilités *a priori* des classes sont estimées à partir des fréquences dans l'échantillon d'apprentissage. On peut se reporter aux sections 3.1 du chapitre 2 et 1.5 du chapitre 19 pour approfondir ce point. En revanche, pour l'apprentissage du type « une classe contre chaque autre », le nombre de classifieurs à apprendre est important, mais le classement est en revanche rarement ambigu.

Il existe plusieurs techniques pour généraliser les deux approches précédentes. Une première idée est de fixer *a priori* le nombre L de classifieurs élémentaires. On peut supposer qu'ils produisent comme dans le cas précédent un résultat valant seulement -1 ou $+1$. Cette hypothèse sera relâchée dans la section suivante.

On va donc construire une matrice $\boldsymbol{W}$ de taille $C \times L$, composée de -1 et de $+1$ (le cas où certaines valeurs de cette matrice sont égales à 0 sera lui aussi traité dans la section suivante) et procéder comme précédemment : la classification d'un objet $\mathbf{x}$ par les classifieurs élémentaires $H_i, i \in [\![1 \ldots L]\!]$ fournit un vecteur $\boldsymbol{v}$ de dimension L. On calcule ensuite $\boldsymbol{\omega} = \boldsymbol{W}\boldsymbol{v}$ et on choisit la classe de plus grande valeur dans le vecteur $\boldsymbol{\omega}$ de dimension C.

Et maintenant, comment choisir la matrice $\boldsymbol{W}$? Elle doit répondre à deux exigences.

1. Il faut que ses colonnes soient aussi différentes que possible les unes des autres, pour que les tâches d'apprentissage réalisées par les classifieurs élémentaires le soient également.

2. Il faut aussi que ses lignes soient à distance maximale, de façon à ce qu'un classifieur élémentaire qui prend une décision erronée puisse être corrigé par les autres.

Autrement dit, il faut maximiser la somme des distances inter-lignes et des distances inter-colonnes. La distance entre deux vecteurs peut être simplement calculée comme la distance de Hamming : la somme sur les composantes de la distance élémentaire entre deux composantes, qui est elle-même fixée à 1 si elles sont différentes, à 0 dans le cas contraire.

Ces constatations rapprochent la construction de $\boldsymbol{W}$ de celle des matrices utilisées dans les techniques de *codage correcteur* en communications numériques, ce qui explique le titre de cette section. C'est dans cette discipline que l'on a en effet étudié, pour des raisons analogues, la construction de matrices binaires sous les mêmes contraintes. Différents algorithmes ont été proposés pour résoudre ce problème d'optimisation particulier.

L'inventeur de la technique des codes correcteurs de classes, Dietterich [DB95], propose sur son site Internet[3] un grand nombre de matrices $\boldsymbol{W}$ répondant aux contraintes précédentes, pour des valeurs diverses de L et C. Schapire *et al.* [ASS00] ont présenté cette méthodologie sous le nom de *décodeur de Hamming*, avant d'en donner l'extension présentée à la section suivante.

1.5.5 Décodage par marges

Le défaut de la méthode précédente est de n'utiliser pour chaque élément de la matrice $\boldsymbol{W}$ qu'une réponse binaire ($+1$ ou -1). Comme on l'a vu, il est d'abord souhaitable d'ajouter des valeurs 0 : une telle valeur signifie que le classifieur élémentaire de la colonne n'a pas d'avis sur la classe correspondant à la ligne. Un autre point à considérer est que les classifieurs binaires fournissent pour la plupart une réponse numérique non binaire. Par exemple, un classifieur

---

3. http ://web.engr.oregonstate.edu/~tgd/

bayésien H_i estime la probabilité $P_i = P(\mathbf{x}|h_i)$ qu'un objet $\mathbf{x}$ réponde à l'hypothèse h_i. La valeur P_i est interprétable en termes de *marge*, une notion que nous avons rappelée au début de ce chapitre.

Pour un ensemble d'exemples et de contre-exemples $\mathcal{S} = \{(\mathbf{x}_i, y_i)\}_{i=1,m}$, avec $y_i \in \{+1, -1\}$ et $h : \mathcal{X} \to \mathbb{R}$ un classifieur, la marge d'un exemple $(\mathbf{x}, y)$ vis-à-vis de h est, rappelons-le, la valeur $\text{marge}(\mathbf{x}, h) = y.h(\mathbf{x})$.

Dans cette optique, l'erreur apparente de h sur $\mathcal{S}$ s'écrit :

$$\frac{1}{m} \sum_{i=1}^{m} \text{VRAI}(\text{marge}(\mathbf{x}_i, h) \leq 0)$$

avec $\text{VRAI}(P) = 1$ si le prédicat P est vrai, 0 sinon.

Le principe *ERM* (chapitres 3 et 25) énonce qu'il faut minimiser l'erreur apparente pour chercher le meilleur h dans son ensemble $\mathcal{H}$. Cependant, comme il est difficile de le faire exactement (l'expression mathématique de l'erreur apparente n'est pas dérivable), les algorithmes minimisent donc plutôt en pratique des critères fondés sur une *fonction de perte* calculée à partir d'une fonction $\mathcal{L}$ de la marge, continue et monotone croissante de $\mathbb{R}$ dans $\mathbb{R}^+$. Sur un exemple $\mathbf{x}_i$, pour une hypothèse h, cette fonction de perte vaut $\mathcal{L}(\text{marge}(\mathbf{x}_i, h)).h(\mathbf{x}_i)$. La perte moyenne apparente vaut donc, pour une hypothèse h donnée :

$$\frac{1}{m} \sum_{i=1}^{m} \mathcal{L}(\text{marge}(\mathbf{x}_i, h)).h(\mathbf{x}_i)$$

Ceci posé, une matrice de codage peut maintenant être définie comme étant de dimension $C \times L$ et composée d'éléments valant -1, 0 ou $+1$. Les composantes du vecteur $\boldsymbol{v}$ prennent désormais des valeurs continues (ce sont des marges) et le calcul $\boldsymbol{\omega} = \boldsymbol{W}\boldsymbol{v}$ fournit également un vecteur avec une valeur réelle pour chaque classe. C'est naturellement la classe de valeur maximale qui sera choisie par la règle de classification. Cette approche est appelée *décodage par marges*, ou *décodage par fonction de perte*.

On peut associer une perte moyenne apparente à une matrice de codage, puisqu'elle est composée par un ensemble de L hypothèses $h_1, \ldots, h_L$, par la formule :

$$p(\boldsymbol{W}) = \frac{1}{mL} \sum_{i=1}^{m} \sum_{j=1}^{L} \mathcal{L}(m(\mathbf{x}_i, h_j)).h_j(\mathbf{x}_i)$$

Il s'agit maintenant de construire une matrice $\boldsymbol{W}$ en suivant les mêmes principes que précédemment : maximiser la distance entre ses lignes comme entre ses colonnes. La distance de Hamming n'est plus utilisable, puisque $\boldsymbol{W}$ n'est plus une matrice binaire. Il est cependant facile de la généraliser. Posons que la distance entre deux 0 vaut $1/2$, celle entre deux $+1$ ou deux -1 vaut 0 et celle entre $+1$ et -1 (ou le contraire) vaut 1. On peut aisément vérifier que la distance entre deux vecteurs $\boldsymbol{u}$ et $\boldsymbol{v}$ de dimension d composés de -1, de 0 et de $+1$, définie comme la somme des distances de leurs composantes, s'exprime alors par :

$$\Delta(\boldsymbol{y}, \boldsymbol{v}) = \sum_{i=1}^{d} \frac{1 - y_i v_i}{2} = \frac{d - \boldsymbol{u}^\top \boldsymbol{v}}{2}$$

La puissance de correction $\rho(\boldsymbol{W})$ d'une matrice $\boldsymbol{W}$ peut alors se mesurer comme la distance minimale entre deux lignes distinctes de cette matrice. On peut calculer que cette valeur vaut 2 dans le cas « une classe contre toutes les autres » et $\frac{C^2 - C + 2}{4}$ dans le cas « chaque classe contre chaque autre ». L'utilité de cette notion est qu'elle est reliée à l'erreur apparente commise par le classifieur : il a été montré [ASS00] que l'erreur apparente est en effet bornée supérieurement par l'expression :

$$\frac{L}{\mathcal{L}(0)} \frac{p(\boldsymbol{W})}{\rho(\boldsymbol{W})}$$

où $\mathcal{L}(0)$ est une constante qui désigne la perte moyenne apparente de la matrice entièrement composée de valeurs 0.

La borne est d'autant plus petite (et le codage d'autant meilleur) que $p(\boldsymbol{W})$ est petit, ce qui est naturel. Cependant, le facteur $\rho(\boldsymbol{W})$ croît malheureusement dans le même sens que $p(\boldsymbol{W})$: la puissance de correction d'une matrice $\boldsymbol{W}$, comme sa perte moyenne, est d'autant plus grande que la proportion de 0 est grande. Il faut donc établir un compromis.

2. Diviser et combiner : apprentissage d'arbres de décision

L'une des grandes familles d'approches, pour la résolution de problèmes comme pour l'apprentissage, est la technique consistant à « diviser pour régner » *(divide and conquer)*. Elle se résume à identifier des sous-problèmes, à leur trouver une solution, puis à combiner ces solutions pour résoudre le problème général.

C'est sur ce principe que sont fondés les algorithmes d'apprentissage par arbres de décision. Ils apprennent à identifier les sous-espaces de l'espace d'entrée pour lesquels la solution est identique. Lorsqu'un nouveau cas est soumis au système, celui-ci identifie le sous-espace correspondant et retourne la réponse associée.

Ces méthodes sont très versatiles, non paramétriques et généralement efficaces en termes calculatoires. Elles constituent un outil de base en apprentissage supervisé.

2.1 Les arbres de décision

2.1.1 Principe

La technique des *arbres de décision* est fondée sur l'idée simple de réaliser la classification d'un objet par une suite de tests sur les attributs qui le décrivent. Ces tests sont organisés de telle façon que la réponse à l'un d'eux indique le prochain test auquel on doit soumettre cet objet.

Ce type de classification est couramment employé en sciences naturelles, par exemple dans les « flores », les manuels d'identification des plantes à fleurs. Dans ce cas, l'espace de représentation est défini par l'observation des caractéristiques anatomiques utiles de la plante (étamines, corolle, calicule, bractées, etc.) ainsi que de leur existence conjointe, position relative, nombre, topologie, etc. Il faut connaître la signification et la mesure d'une bonne centaine de tels termes (c'est la taille de l'espace de représentation, le nombre d' attributs) pour classer toute plante répertoriée, dont le nombre d'espèces possibles est ici de 1 500 à 2 000 (c'est le nombre de classes).

Le principe de cette règle de décision est d'organiser l'ensemble des tests possibles comme un arbre. Une feuille de cet arbre désigne une des C classes (mais à chaque classe peuvent correspondre plusieurs feuilles) et à chaque nœud est associé un test (un *sélecteur*) portant sur un ou plusieurs attributs, éléments de l'espace de représentation ; la réponse à ce test désignera le fils du nœud vers lequel on doit aller. La classification s'effectue donc en partant de la racine pour poursuivre récursivement le processus jusqu'à ce qu'on rencontre une feuille. Une telle structure est appelée *arbre de décision*. La question qui nous intéresse particulièrement est de réaliser l'apprentissage de telles structures de décision à partir d'exemples. Prenons une illustration dans un tout autre univers pour approcher ce problème.

—— EXEMPLE   **Arbre de décision** ———————————————————————————

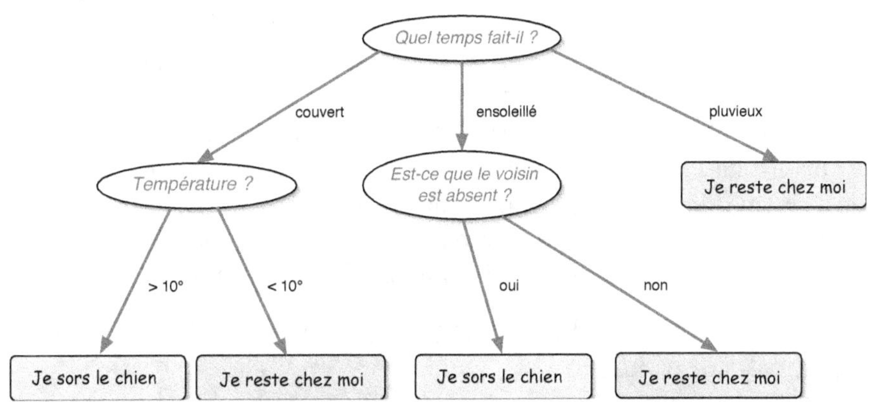

FIGURE 15.2 :   *Un arbre de décision pour la promenade du chien.*

Supposons que j'aie à prendre la décision suivante : *vais-je sortir le chien ou non ?* Pour cela, j'observe les attributs suivants :

- *Quel temps fait-il ?* C'est un attribut nominal pouvant prendre les valeurs *pluvieux*, *ensoleillé* ou *couvert*.

- *Quelle est la température extérieure ?* Cet attribut est numérique.

- *Est-ce que le voisin est parti en week-end avec son chat ?* Cet attribut est binaire.

Mon expérience m'a prouvé que la présence du chat du voisin rend la promenade assez pénible ; mais je sais que cet animal déteste l'humidité. D'autre part, le retour d'un chien mouillé n'est pas très plaisant pour mon tapis. Pour finir, ajoutons que je suis plutôt frileux. Moyennant quoi, je peux par exemple organiser ma décision selon la hiérarchie de la figure 15.2.

Cet *arbre de décision* se lit ainsi : j'observe d'abord le ciel. Si je remarque que le temps est couvert, je dois ensuite regarder le thermomètre pour me décider. Si le temps est ensoleillé, je dois alors m'intéresser à la présence de mon voisin. S'il pleut, ma décision est toute prise.

***

Quelques avantages

Si l'on connaît un arbre de décision associé à un problème de classification, on voit immédiatement les avantages de ce type de règle de classification :

- Le nombre moyen de tests à effectuer sur une forme peut être extrêmement réduit (si les d attributs sont tous binaires, ce nombre est limité par d).

- La structure de décision est globale : on n'a pas de problème pour traiter C classes.

- Le test de tous les attributs de chaque objet à chaque nœud n'est pas nécessaire ; dans la plupart des cas pratiques, on se limite même à un seul test.

Évidemment, ces avantages ne valent que s'il est possible de construire un arbre de décision à partir d'un ensemble d'apprentissage en remplissant au mieux deux conditions : celle de la proximité du *risque empirique* et du *risque réel* et celle de la *simplicité* de l'arbre obtenu.

2.1.2 La construction récursive d'un arbre de décision

Dans l'exemple botanique proposé dans l'introduction, l'expertise joue un rôle très important : l'arbre de décision est construit à partir de connaissances sur la correspondance complexe entre les caractéristiques observables d'une plante et la définition de son espèce (fondée elle-même sur la possibilité de reproduction, la distribution géographique, etc.). La structure de cet arbre de décision est donc le résultat de l'expérience des botanistes. Cependant, pour réaliser la construction automatique d'un arbre de décision, il faut s'appuyer seulement sur un ensemble d'apprentissage et non pas sur une expertise. Comment, sous cette hypothèse, *apprendre* un arbre de décision performant en généralisation ?

Notons d'abord qu'il est hors de question d'explorer exhaustivement l'ensemble des arbres possibles pour déterminer le plus performant au sens d'un critère inductif comme l'*ERM* (chapitre 4) ou le principe de compression maximale (chapitre 3). En effet, le nombre d'arbres possibles est gigantesque, croissant exponentiellement avec le nombre d d'attributs et le nombre moyen a de valeurs possibles par attributs. Le nombre d'arbres à n nœuds de degré au plus 2 est ainsi fourni par le nombre de Catalan $C_n = \frac{1}{n+1} \begin{pmatrix} 2n \\ n \end{pmatrix}$. Il faut donc un moyen « intelligent » d'explorer l'espace des hypothèses.

L'apprentissage des arbres de décision procède par une exploration du général au particulier en commençant par un arbre à un nœud racine correspondant à une partition simple de l'espace $\mathcal{X}$, puis en raffinant progressivement cette partition par ajout successif de nœuds dans l'arbre, ce qui revient à subdiviser itérativement les partitions de l'espace des exemples.

L'approche appelée *induction descendante d'arbres de décision (top-down induction of decision trees)* procède de manière descendante, en partant de l'échantillon des données d'apprentissage toutes classes confondues. Tant que l'échantillon courant de données n'est pas « pur » (tous les exemples de la même classe) ou qu'il reste au moins un attribut à tester, un attribut est sélectionné, selon un critère décrit ci-après, pour servir de test visant à subdiviser l'échantillon d'apprentissage courant en sous-échantillons distincts. À l'arrêt, on obtient donc un arbre de tests (nœuds) dont les feuilles correspondent à des échantillons d'exemples aussi « purs » que possible, c'est-à-dire idéalement appartenant à la même classe. Ce n'est pas en général possible, mais on garde l'idée de ramifier l'arbre autant qu'il le faudra pour arriver à une configuration où chaque feuille représente des données appartenant toutes à la même classe. Cette technique, basée sur le principe *ERM*, produit un arbre dont chaque feuille ne couvre plus qu'un faible nombre de données pures. Parce qu'il est trop dépendant des données d'apprentissage, on sait qu'il donnera vraisemblablement une mauvaise généralisation. C'est pourquoi on essaie de contrebalancer ce « surapprentissage » par un mécanisme limitant la complexité de l'arbre (donc du modèle) appris. On retrouve là le problème de la sélection de modèles (chapitre 25).

Si l'on a assez de données d'apprentissage, la façon la plus efficace est de procéder en deux passes : d'abord utiliser une partie $\mathcal{A}$ de l'ensemble d'apprentissage pour construire un arbre T_{max} dont toutes les feuilles sont aussi pures que possible ; ensuite élaguer (simplifier) cet arbre avec une autre partie $\mathcal{V}$ des données (un ensemble de *validation* comme défini au chapitre 2). Le reste des données, sous forme d'ensemble de test $\mathcal{T}$, sert enfin à évaluer le risque réel de l'arbre construit. Si les données sont peu nombreuses, une technique un peu plus complexe de validation croisée (chapitre 24) est nécessaire.

Au cours de la construction de T_{max}, le test mis en place à chaque nœud est basé sur le seul examen de la meilleure façon de séparer en classes le sous-ensemble considéré des points d'apprentissage qu'il régit. La section suivante présente comment fabriquer de tels critères. On montrera ensuite comment élaguer T_{max}.

Pour simplifier l'exposé, nous commençons par le cas d'attributs binaires, mais tout ce qui suit est immédiatement généralisable au cas d'attributs multivalués.

2.1.3 Le cas des attributs binaires

Position du problème

On dispose d'un ensemble d'apprentissage $\mathcal{S}$ de m exemples dont l'un[4] est noté $(\boldsymbol{x}, \omega)$. Cet exemple est décrit par d attributs $\{x_i, i \in [\![1 \dots d]\!]\}$ et par une classe $\omega \in \mathcal{C} = \{\omega_1, ..., \omega_C\}$. On cherche d'abord, en appliquant le principe ERM, à construire un arbre de classification dont l'erreur apparente est nulle. On suppose pour l'instant que les attributs sont à valeur binaire, avant de considérer plus loin le cas où ils sont nominaux ou continus[5].

L'algorithme de construction, décrit informellement ci-dessus, s'écrit récursivement :

Algorithme 24 : Construction récursive d'un arbre de décision

---

Procédure *Construire-arbre (nœud X)*
début
    si *Tous les points de X appartiennent à la même classe* **alors**
      | Créer une feuille portant le nom de cette classe
    sinon
        Choisir le meilleur attribut pour créer un nœud
        Le test associé à ce nœud sépare X en deux parties notées X_g et X_d
        `Construire-arbre(`X_g`)`
        `Construire-arbre(`X_d`)`
    fin si
fin

Par conséquent, quand l'arbre est partiellement construit, à chaque nœud correspond un sous-ensemble des exemples d'apprentissage : ceux qui satisfont tous les tests binaires menant à ce nœud. Si ce sous-ensemble n'est pas constitué de points appartenant tous à la même classe, la construction doit se poursuivre. Il faut alors choisir le meilleur attribut à tester.

L'appel de cette procédure récursive se fait sur l'ensemble d'apprentissage $\mathcal{S}$. Il est à noter que, dans certains cas, le test d'arrêt ne peut pas être satisfait : il peut exister plusieurs exemples ayant les mêmes attributs et des classes différentes[6]. Dans ce cas, la classe est attribuée par un « vote » des données concernées ou par un tirage au sort pondéré par l'importance relative des classes à cette feuille.

Une interprétation probabiliste

Plaçons-nous au cours de cette construction à un nœud auquel sont attachés n points de l'échantillon $\mathcal{S}$, répartis en C classes ω_j comportant chacune n_j points ($\sum_{j=1}^{C} n_j = n$).

Considérons un attribut binaire $\boldsymbol{a}$, dont l'indice n'a pas besoin d'être précisé. Il partage chaque sous-ensemble n_j en deux parties, comportant l_j points (pour lesquels le test sur $\boldsymbol{a}$ donne $VRAI$) et r_j points (dans le cas contraire).

---

4. On n'a pas besoin ici d'indicer les exemples dans l'ensemble d'apprentissage.

5. Les attributs à domaine arborescent ou séquentiels ne sont pas traités simplement par les arbres de décision.

6. Soit parce qu'il n'y a pas assez d'attributs pour les décrire et les discriminer, soit parce qu'il y a des erreurs de description ou d'étiquetage des exemples.

Notons :

$$l = \sum_{j=1}^{C} l_j \quad \text{et} \quad r = \sum_{j=1}^{C} r_j \quad \text{avec :} \quad r + l = n \tag{15.1}$$

On peut considérer que les n points d'apprentissage sont des tirages aléatoires selon deux distributions discrètes possibles : celle des C valeurs que prend la valeur ω de la classe et celle des deux valeurs de $\boldsymbol{a}$. On en déduit que :

- les valeurs l_j/n et r_j/n sont des estimations des probabilités $P(\boldsymbol{a} = VRAI, \omega = \omega_j)$ et $P(\boldsymbol{a} = FAUX, \omega = \omega_j)$.
- l/n et r/n sont des estimations de $P(\boldsymbol{a} = VRAI)$ et de $P(\boldsymbol{a} = FAUX)$.
- n_j/n est une estimation de $P(\omega = \omega_j)$.

$\boldsymbol{a} =$	$VRAI$	$FAUX$	
$\omega = \omega_1$	l_1	r_1	n_1
	$\ldots$	$\ldots$	$\ldots$
$\omega = \omega_j$	l_j	r_j	n_j
	$\ldots$	$\ldots$	$\ldots$
$\omega = \omega_C$	l_C	r_C	n_C
	l	r	n

Une mesure pour choisir l'attribut

La théorie de l'information nous fournit une mesure naturelle de l'homogénéité entre deux distributions de probabilités à valeurs discrètes : l'*information mutuelle*, ou *entropie croisée* [CT91]. En notant ω la première variable et $\boldsymbol{a}$ la seconde, $\mathcal{D}_\omega$ et $\mathcal{D}_a$ les ensembles finis des valeurs qu'elles peuvent prendre, l'entropie croisée de ω et de $\boldsymbol{a}$ est donnée par la formule [7] :

$$I(\omega, \boldsymbol{a}) = \sum_{u,v \in \mathcal{D}_\omega \times \mathcal{D}_a} P(\omega = u, \boldsymbol{a} = v) log \frac{P(\omega = u, \boldsymbol{a} = v)}{P(\omega = u)P(\boldsymbol{a} = v)} \tag{15.2}$$

$I(\omega, \boldsymbol{a})$ présente un minimum à 0 quand on a $P(\omega = u, \boldsymbol{a} = v) = P(\omega = u)P(\boldsymbol{a} = v)$ sur tout le domaine $\mathcal{D}_\omega \times \mathcal{D}_a$, c'est-à-dire quand les deux distributions sont indépendantes [8] ; elle est en revanche maximale quand les distributions sont parfaitement corrélées, c'est-à-dire quand, pour tout élément y_i du domaine $\mathcal{D}_\omega$, il existe un et un seul élément v_j du domaine $\mathcal{D}_a$ avec : $P(\omega = y_i) = P(\boldsymbol{a} = v_j)$.

La variable aléatoire ω possède une *entropie $H(\omega)$* qui se définit par :

$$H(\omega) = - \sum_{u \in \mathcal{D}_\omega} P(\omega = u) log(P(\omega = u))$$

De même, on peut définir l'entropie de ω *conditionnée par $\boldsymbol{a}$* comme :

$$H(\omega|\boldsymbol{a}) = - \sum_{u,v \in \mathcal{D}_\omega \times \mathcal{D}_a} P(\omega = u, \boldsymbol{a} = v) log(P(\omega = u|\boldsymbol{a} = v))$$

---

7. Dans tout ce chapitre, la base des logarithmes est prise à deux : $log(a)$ doit se lire comme $log_2(a)$.
8. $0 \, log \, 0$ est pris égal à 0.

Un résultat classique de théorie de l'information [CT91] nous affirme alors que :

$$I(\omega, \boldsymbol{a}) = H(\omega) - H(\omega|\boldsymbol{a})$$

Dans le cas que nous traitons ici, la variable $\boldsymbol{a}$ est un attribut binaire, donc $\mathcal{D}_{\boldsymbol{a}} = \{VRAI, FAUX\}$ et ω représente la distribution des données sur les C classes.

Compte tenu de ce qui a été dit précédemment, les valeurs $H(\omega)$, $H(\omega|\boldsymbol{a})$ et $I(\omega, \boldsymbol{a})$ peuvent donc s'estimer par :

$$\widehat{I}(\omega, \boldsymbol{a}) = -\sum_{j=1}^{C} \frac{l_j}{n} \log \frac{l_j/n}{(l/n) \times (n_j/n)} + \frac{r_j}{n} \log \frac{r_j/n}{(r/n) \times (n_j/n)}$$

$$\widehat{I}(\omega) = -\sum_{j=1}^{C} \frac{n_j}{n} \log \frac{n_j}{n}$$

$$\boxed{\widehat{H}(\omega \mid \boldsymbol{a}) = -\sum_{j=1}^{C} \frac{l_j}{n} \log \frac{l_j}{l} + \frac{r_j}{n} \log \frac{r_j}{r}} \tag{15.3}$$

Et on peut vérifier que : $\widehat{I}(\omega, \boldsymbol{a}) = \widehat{I}(\omega) - \widehat{H}(\omega \mid \boldsymbol{a})$. Pour faciliter les calculs, on note :

$$J(\boldsymbol{a} = VRAI) = \sum_{j=1}^{C} \frac{l_j}{l} \log \frac{l_j}{l} \quad \text{et} \quad J(\boldsymbol{a} = FAUX) = \sum_{j=1}^{C} \frac{r_j}{r} \log \frac{r_j}{r}$$

et donc :

$$\widehat{H}(\omega \mid \boldsymbol{a}) = \frac{l}{n} J(\boldsymbol{x} = VRAI) + \frac{r}{n} J(\boldsymbol{a} = FAUX) \tag{15.4}$$

Pour construire un nœud dans l'arbre, une idée naturelle et interprétable en termes de théorie de l'information est donc de chercher parmi les d attributs celui qui possède la plus grande corrélation avec la répartition en classes, autrement dit celui qui a la meilleure entropie croisée avec la distribution des points d'apprentissage sur les classes.

Par conséquent, chercher parmi tous les attributs celui qui possède l'information mutuelle la plus grande avec la distribution en classes des n points d'apprentissage revient à trouver celui qui minimise la quantité $\widehat{H}(\omega \mid \boldsymbol{a})$ ou, si l'on préfère, à rechercher l'attribut d'indice $i^\star$ tel que :

$$i^\star = \underset{i \in [\![1...d]\!]}{\operatorname{ArgMin}} \ \widehat{H}(\omega \mid \boldsymbol{a}_i) \tag{15.5}$$

D'autres mesures pour choisir l'attribut

L'entropie croisée n'est pas le seul critère à pouvoir être utilisé : on l'a en effet interprétée comme une mesure de distance entre deux distributions de probabilités. Pourquoi ne pas employer d'autres distances, en quittant le strict cadre de la théorie de l'information ? Par exemple, la métrique de Gini [Gin38] est très employée en pratique. Son estimation se calcule comme suit, avec les mêmes notations que précédemment :

$$\boxed{Gini(\omega \mid \boldsymbol{a}) = \frac{l}{n} \sum_{j=1}^{C} \frac{l_j}{n_j}\left(1 - \frac{l_j}{n_j}\right) + \frac{r}{n} \sum_{j=1}^{C} \frac{r_j}{n_j}\left(1 - \frac{r_j}{n_j}\right)} \tag{15.6}$$

On remarque que ce critère est nul quand, pour chaque classe ω_j, l'une des deux valeurs l_j ou r_j est nulle. Il est en revanche maximal quand $l_j = n_j$ pour toutes les classes.

On peut aussi utiliser le critère du χ^2, avec des propriétés semblables, qui s'estime par la formule :

$$\chi^2(c \mid \boldsymbol{a}) = \sum_{j=1}^{C} (\frac{l_j - (ln_j/n)}{\sqrt{ln_j/n}})^2 + (\frac{r_j - (rn_j/n)}{\sqrt{rn_j/n}})^2 \tag{15.7}$$

—— EXEMPLE **Apprentissage d'arbre de décision** ————————————————

Dans l'exemple qui suit, le problème d'apprentissage consiste à trouver une règle de décision binaire à partir de huit exemples sur quatre paramètres binaires. Le problème qui se pose à un enfant qui revient de l'école est le suivant : *peut-il aller jouer chez son voisin ou non ?* L'expérience, qu'il a acquise par punition/récompense sur les huit jours d'école précédents, est résumée dans le tableau n des huit exemples d'apprentissage suivants :

	Mes Devoirs sont-ils Finis ?	Maman est-elle de Bonne Humeur ?	Est-ce qu'il Fait Beau ?	Mon Goûter est-il Pris ?	**DÉCISION**
1	oui	non	oui	non	**JOUER**
2	non	oui	non	oui	**JOUER**
3	oui	oui	oui	non	**JOUER**
4	oui	non	oui	oui	**JOUER**
5	non	oui	oui	oui	**PAS JOUER**
6	non	oui	non	non	**PAS JOUER**
7	oui	non	non	oui	**PAS JOUER**
8	oui	oui	non	non	**PAS JOUER**

Pour construire la racine de l'arbre de décision, il faut d'abord trouver l'attribut dont la distribution possède l'entropie mutuelle la plus faible avec celle de la décision.

Notons, pour simplifier, $H(\omega|DF)$ pour $H(\omega|Mes\ Devoirs\ sont\text{-}ils\ Finis\ ?)$ et de la même manière : $H(\omega|DF)$, $H(\omega|BH)$, $H(\omega|FB)$, $H(\omega|GP)$.

On a :

$$H(\omega|DF) = \frac{5}{8}J(DF = oui) + \frac{3}{8}J(DF = non)$$

avec

$$J(DF = oui) = -\frac{3}{5}log(\frac{3}{5}) - \frac{2}{5}log(\frac{2}{5})$$

et

$$J(DF = non) = -\frac{1}{3}log(\frac{1}{3}) - \frac{2}{3}log(\frac{2}{3})$$

Soit :

$$H(\omega|DF) \approx 0.93$$

On trouve par un calcul analogue :

$$H(\omega|FB) \approx 0.80$$

$$H(\omega|BH) \approx 0.93$$

$$H(\omega|GP) = 1.$$

On choisit donc pour racine de l'arbre le test *Est-ce qu'il Fait Beau ?* qui minimise l'entropie croisée avec la distribution en classes.

Sous la branche gauche portant la valeur *oui* se trouve le tableau suivant des exemples corrects pour ce test.

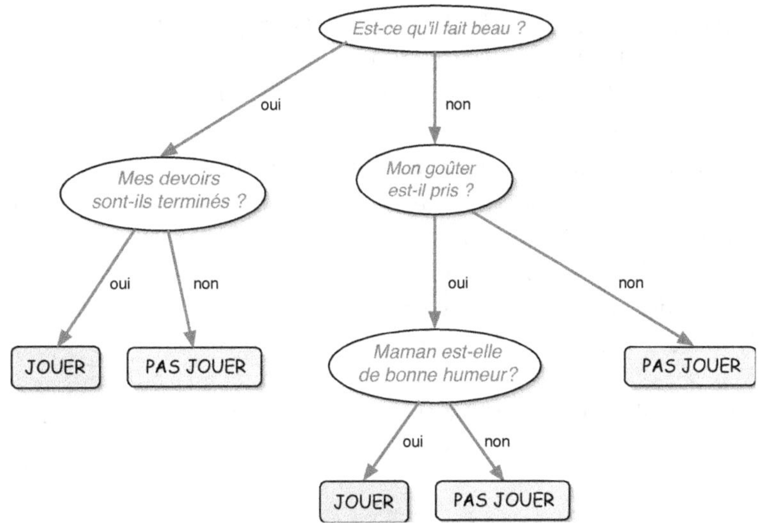

FIGURE 15.3 : *L'arbre de décision construit sur les huit exemples précédents.*

	Mes Devoirs sont-ils Finis ?	Maman est-elle de Bonne Humeur ?	Mon Goûter est-il Pris ?	DÉCISION
1	oui	non	non	JOUER
3	oui	oui	non	JOUER
4	oui	non	oui	JOUER
5	non	oui	oui	PAS JOUER

Sous la branche droite, portant la valeur *non* se trouve le tableau suivant.

	mes Devoirs sont-ils Finis ?	Maman est-elle de Bonne Humeur ?	Mon Goûter est-il Pris ?	DÉCISION
2	non	oui	oui	JOUER
6	non	oui	non	PAS JOUER
7	oui	non	oui	PAS JOUER
8	oui	non	non	PAS JOUER

La poursuite du procédé conduit finalement à l'arbre de décision de la figure 15.3.

2.1.4   Le cas des attributs non binaires

On a traité jusque-là le cas des attributs binaires, mais il est possible de calculer de la même manière une entropie croisée avec la distribution en classes pour les autres types d'attributs.

Le cas binaire

Pour mémoire, le test consiste ici à descendre dans un sous-arbre si le test sur l'attribut choisi vaut $VRAI$, dans l'autre s'il vaut $FAUX$.

Le cas nominal

Le cas où les attributs sont à valeurs discrètes se généralise facilement quand le test que l'on construit se réduit à opposer une valeur à toutes les autres : on est alors ramené au cas binaire. Par exemple, s'il existe un attribut `couleur` prenant ses valeurs dans l'ensemble $\{bleu, rouge, vert, jaune\}$, il est simple de l'éclater en quatre attributs binaires, parmi lesquels `couleur-bleu`, qui sont *VRAI* ou *FAUX* sur chaque donnée d'apprentissage. On se replace alors dans le cas exposé précédemment, avec la transformation d'un attribut nominal à k valeurs possibles en k attributs binaires que l'on traite indépendamment.

Cette technique a l'inconvénient d'oublier la signification globale de l'attribut ; en effet, si `couleur-rouge` est *VRAI* pour un attribut, `couleur-bleu` est automatiquement *FAUX* ; mais cette propriété n'apparaît plus explicitement dans les données. Une autre solution est alors de calculer directement l'information mutuelle entre les deux variables à valeurs discrètes que sont d'une part cet attribut et d'autre part l'ensemble des classes. Si celle-ci se révèle la meilleure pour tous les attributs, on crée alors un nœud non binaire dans l'arbre de décision (dans l'exemple précédent, le test de l'attribut « couleur » donne quatre réponses possibles). Le seul inconvénient est qu'il faut gérer une structure de données plus complexe.

Le cas continu

Traiter un attribut continu peut paraître plus difficile, mais en pratique ce n'est pas fondamentalement différent : puisque le nombre de données d'apprentissage est fini, le nombre des valeurs que prend cet attribut sur les exemples est aussi fini. Mieux, ses valeurs sont ordonnées, contrairement au cas nominal. Le sélecteur consistera donc à comparer les valeurs à un seuil pour construire un nœud binaire.

Pour un attribut $\boldsymbol{a}$ continu, on procède alors ainsi : on trie les points d'apprentissage selon la valeur de cet attribut, puis on cherche le seuil $s(\boldsymbol{a})$ qui minimise l'un des critères précédents [9].

Il est à noter que l'arbre de décision est le seul modèle permettant de gérer de manière homogène les attributs de nature variée, en particulier les mélanges continus et binaires.

L'utilisation simultanée de plusieurs attributs continus

Dans le cas où un attribut est continu, chaque test sur cet attribut n'est autre que la comparaison à un seuil ; si tous les attributs sont continus, on obtient donc finalement dans $\mathbb{R}^d$ des surfaces de séparation entre les régions attribuées aux classes qui sont composées d'hyperplans *orthogonaux aux axes*. Il est tentant de relâcher cette contrainte, pour éviter de construire des arbres complexes sur des situations simples. On peut alors chercher des séparatrices linéaires non parallèles aux axes en utilisant des tests sur des combinaisons linéaires d'attributs à chaque nœud, et non sur un seul attribut. On réalise alors un arbre de décision *oblique* .

Cependant, la méthode proposée pour un attribut continu ne peut pas se généraliser pour la combinaison d'attributs continus : l'espace de recherche est cette fois infini, puisque l'on cherche à chaque nœud des valeurs (en nombre $d + 1$) non contraintes comme précédemment par une relation d'ordre. On emploie alors des techniques d'optimisation, comparables à celles du chapitre 9. Les méthodes présentées dans [MKS94] et [BU92] sont des exemples efficaces.

2.2   Comment élaguer un arbre trop précis ?

2.2.1   Pourquoi élaguer ?

On a vu que la poursuite de l'algorithme de construction jusqu'à son terme naturel fabrique un arbre T_{max} dont les feuilles sont pures, c'est-à-dire correspondent à des exemples de la même classe ; il y a là clairement un risque de mésestimation de la probabilité d'erreur par le taux

---

9. Ceci nécessite, pour les n données, l'examen de $n - 1$ seuils : par exemple les valeurs médianes entre deux points d'apprentissage dans leur liste triée.

d'erreur apparent, qui vaut ici exactement 0. Le nombre de nœuds de l'arbre de décision est un critère de complexité simple et efficace pour lequel les courbes présentées à la figure 3.6 dans le chapitre 3 sont caractéristiques. Chercher la valeur « optimale » k_0 du nombre de nœuds revient donc à trouver une technique pour contrôler la taille de l'arbre. Il s'agit d'une méthode de régularisation ou de sélection de modèle (chapitre 3).

2.2.2 Une première solution : le préélagage

Une solution simple consiste à cesser de diviser un nœud quand la pureté des points qu'il domine est non pas parfaite, mais suffisante. Une fois sélectionné le meilleur attribut, on regarde si la valeur du critère de la division est inférieure à un certain seuil ; en pratique, ceci revient à admettre que, s'il existe une classe suffisamment majoritaire sous un nœud, on peut considérer ce dernier comme une feuille et lui attribuer la classe en question. Selon le critère de division utilisé, diverses heuristiques ont été proposées pour régler le seuil précédent. Sa valeur peut d'ailleurs être variable selon le nœud où l'on se trouve, dépendant de l'estimation de la probabilité *a priori* des classes, de l'estimation empirique de la difficulté à les séparer, etc.

Ces méthodes présentent certains inconvénients, dont le principal est qu'elles sont myopes (puisqu'elles ne prennent en compte qu'un critère local à la feuille examinée) et peuvent de ce fait manquer un développement de l'arbre qui serait excellent. C'est pourquoi on leur préfère souvent des méthodes d'élagage *a posteriori*, une fois que l'arbre a été entièrement développé.

2.2.3 Le post-élagage par un ensemble indépendant de validation

Une autre technique, plus valide théoriquement et plus efficace en pratique, consiste à d'abord construire l'arbre de décision complètement, puis seulement après à le simplifier en l'élaguant progressivement en remontant des feuilles vers la racine. Pour juger quand il est bon d'arrêter d'élaguer l'arbre, on utilise un critère de qualité qui exprime souvent un compromis entre l'erreur commise par l'arbre et une mesure de sa complexité.

L'erreur commise est mesurée grâce à un ensemble de validation (chapitre 2). On supposera donc dans cette section que l'ensemble d'apprentissage est assez important pour être coupé en deux parties : l'une (ensemble d'apprentissage proprement dit) pour construire l'arbre de décision T_{max}, l'autre (ensemble de validation) pour choisir le meilleur parmi les élagages proposés.

L'algorithme optimal consisterait à calculer le taux d'erreur de l'ensemble de validation sur tous les arbres qu'il est possible d'obtenir par élagage de T_{max}. Cependant, leur nombre croît très rapidement avec la taille de T_{max}. On utilise donc des solutions sous-optimales, dont la plus classique (un algorithme *glouton*) consiste à construire sans retour en arrière une séquence d'arbres par élagages successifs, en remontant des feuilles vers la racine.

Cette séquence se note $S = (T_{max}, T_1, ..., T_k, ..., T_n)$. T_n est l'arbre constitué d'une seule feuille comprenant les m points d'apprentissage. C'est donc l'arbre élagué au maximum. Pour passer de T_k à T_{k+1}, il faut transformer un nœud dans T_k en feuille. Pour savoir si cet élagage serait bénéfique, l'idée générale est de comparer le « coût » de l'arbre élagué et celui de l'arbre non élagué puis d'arrêter l'élagage quand le coût du premier dépasse celui du second. Pour évaluer ce coût, plusieurs critères ont été proposés qui prennent tous en compte à la fois l'erreur commise par l'arbre et une mesure de sa complexité (voir en particulier les articles de synthèse [BA97, EMS97, Min89]).

Nous examinons ici le critère consistant à choisir le nœud ν qui minimise sur l'ensemble des nœuds de T_k la valeur suivante :

$$\varpi(T_k, \nu) = \frac{MC(\nu, k) - MCT(\nu, k)}{n(k).(nt(\nu, k) - 1)} \tag{15.8}$$

où :

- $MC(\nu, k)$ est le nombre d'exemples de l'ensemble d'apprentissage mal classés par le nœud ν de T_k *dans l'arbre élagué* à ν.

- $MCT(\nu, k)$ est le nombre d'exemples de l'ensemble d'apprentissage mal classés sous le nœud ν *dans l'arbre non élagué*.

- $n(k)$ est le nombre de feuilles de T_k.

- $nt(\nu, k)$ est le nombre de feuilles du sous-arbre de T_k situé sous le nœud ν.

Ce critère permet donc d'élaguer un nœud de T_k de façon à ce que T_{k+1}, l'arbre obtenu, possède le meilleur compromis entre taille et taux d'erreur apparent.

Finalement, la suite $S = (T_{max}, T_1, \cdots, T_k, \cdots, T_n)$ possède un élément T_{k_0} pour lequel le nombre d'erreurs commises est minimal *sur l'ensemble de validation* : c'est cet arbre-là qui sera finalement retenu par la procédure d'élagage.

Algorithme 25 : Élagage d'un arbre de décision

Procédure *élaguer(T_{max})*
début
$\quad$ $k \leftarrow 0$
$\quad$ $T_k \leftarrow T_{max}$
$\quad$ **tant que** T_k *a plus d'un nœud* **faire**
$\quad\quad$ **pour chaque** *nœud* ν *de* T_k **faire**
$\quad\quad\quad$ | calculer le critère $\varpi(T_k, \nu)$ sur l'ensemble d'apprentissage
$\quad\quad$ **fin**
$\quad\quad$ choisir le nœud ν_m pour lequel le critère est maximum
$\quad\quad$ T_{k+1} se déduit de T_k en y remplaçant ν_m par une feuille
$\quad\quad$ $k \leftarrow k + 1$
$\quad$ **fin tant que**
$\quad$ Dans l'ensemble des arbres $\{T_{max}, T_1, \cdots, T_k, \cdots, T_n\}$,
$\quad\quad$ choisir celui qui a la plus petite erreur de classification sur l'ensemble de
$\quad$ validation.
fin

Les figures 15.4 et 15.5 représentent un petit ensemble d'exemples à deux classes et deux attributs numériques, ainsi que l'arbre de décision T_{max} appris par l'algorithme.

En appelant n_1 le nœud racine de T_{max}, n_2 et n_3 ses fils gauche et droit et n_4 son dernier nœud intérieur (le fils gauche de n_2) :

$$\varpi(T_{max}, n_1) = \frac{MC(n_1, k) - MCT(n_1, k)}{n(k).(nt(n_1, k) - 1)} = \frac{9 - 0}{5.(5 - 1)} = 9/20 \tag{15.9}$$

$$\varpi(T_{max}, n_2) = \frac{1 - 0}{5.(3 - 1)} = 1/10 \tag{15.10}$$

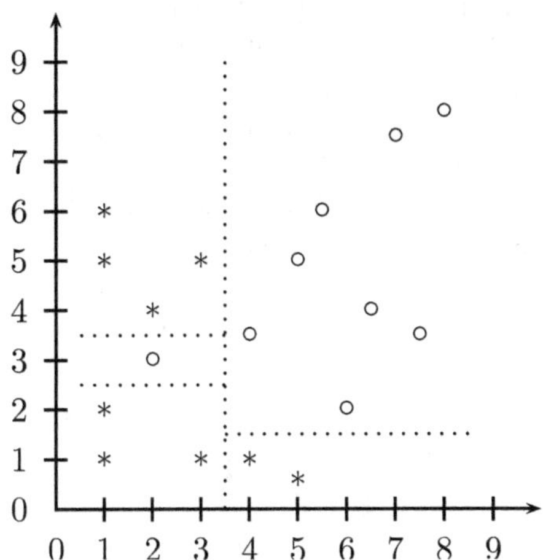

FIGURE 15.4 : *L'arbre de décision géométrique.*

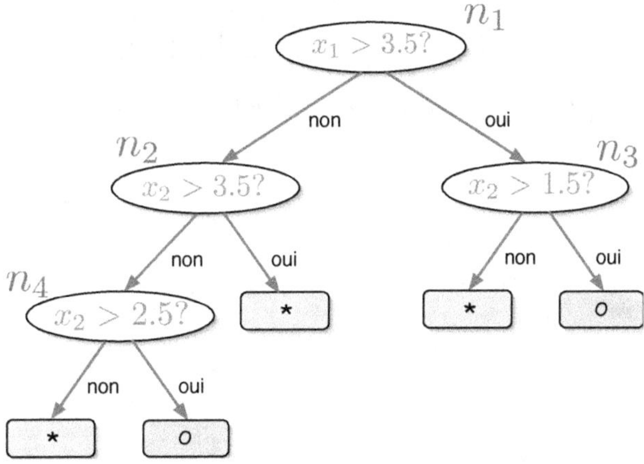

FIGURE 15.5 : *L'arbre de décision logique T_{max}.*

$$\varpi(T_{max}, n_3) = \frac{2 - 0}{5.(2 - 1)} = 2/5 \tag{15.11}$$

$$\varpi(T_{max}, n_4) = \frac{1 - 0}{5.(2 - 1)} = 1/5 \tag{15.12}$$

Par conséquent, l'arbre T_1 sera le résultat de l'élagage de T_{max} au nœud n_2 (figure 15.6).
En travaillant désormais sur T_1, on trouve les valeurs :

$$\varpi(T_1, n_1) = \frac{9 - 1}{3.(3 - 1)} = 4/3 \tag{15.13}$$

$$\varpi(T_1, n_3) = \frac{2 - 0}{3.(2 - 1)} = 2/3 \tag{15.14}$$

L'arbre T_2 choisi résultera de l'élagage de n_3 dans T_1 ; il aura donc pour seul nœud la racine
de T_{max}, avec une feuille pour chaque classe.

Supposons maintenant disposer d'un ensemble de validation (figure 15.7). C'est en le testant sur les arbres T_{max}, T_1 et T_2 calculés [10] que l'on choisira celui qui possède la meilleure estimation de taux d'erreur de classification. La procédure d'élagage sera alors terminée. Le résultat est donné sur la figure 15.8. On y voit que l'arbre T_{max}, avec son erreur apparente nulle, donne une estimation de l'erreur réelle de valeur $2/16 = 12.5$ %. L'optimum de cette estimation est pour T_1 ; c'est donc cet arbre qui sera retenu au final.

Cet exemple est un peu trompeur car, compte tenu du faible nombre de points de l'ensemble de validation, les estimations ont des intervalles de confiance larges. Il vise cependant à montrer le comportement général de l'élagage par ensemble de validation et, de manière plus générale, à présenter la régularisation sur un petit cas calculable « à la main ».

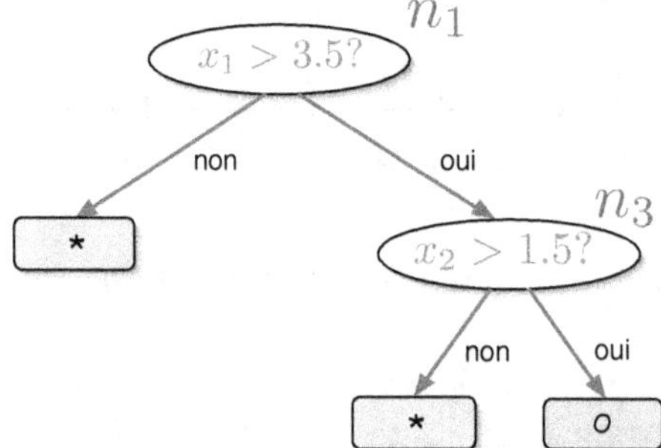

FIGURE 15.6 : *Un arbre de décision logique après un premier élagage : T_1.*

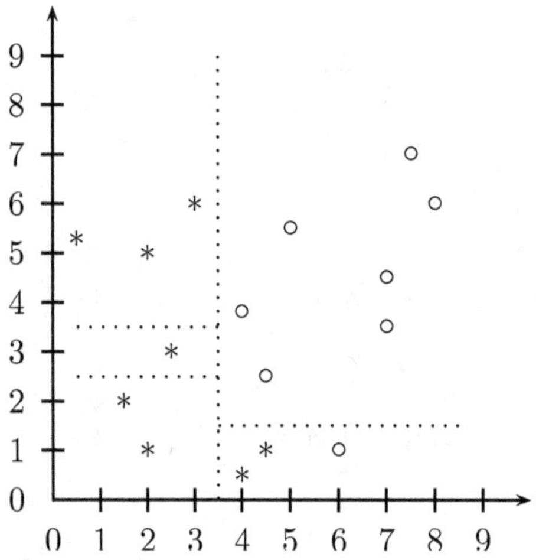

FIGURE 15.7 : *L'ensemble de validation sur l'arbre T_{max}.*

2.2.4   L'élagage par validation croisée

Dans le cas où les données d'apprentissage sont peu nombreuses, le chapitre 24 montre qu'il existe des méthodes comme le *leave-one-out* pour réaliser malgré tout un apprentissage

---

10. Plus l'arbre noté plus haut T_N, composé d'une seule feuille et qui ne représente que la probabilité *a priori* des classes dans l'ensemble d'apprentissage.

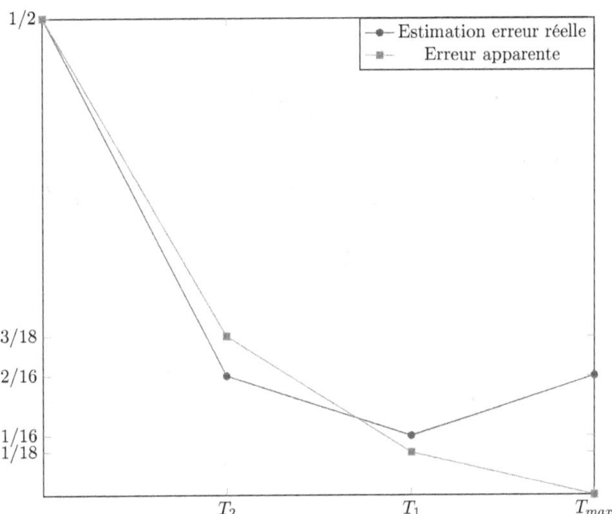

FIGURE 15.8 : *Un exemple de régularisation des hypothèses d'apprentissage : l'élagage d'un arbre de décision par un ensemble de validation. L'erreur apparente s'annule quand la complexité de l'espace des hypothèses augmente. L'estimation de l'erreur réelle par l'utilisation d'un ensemble de validation passe par un minimum.*

statistiquement justifié. Une technique de ce genre a été développée spécifiquement pour les arbres de décision, fondée sur une sophistication de la méthode expliquée précédemment.

Elle commence par la construction de T_{max} et de celle de la suite :

$$S = (T_{max}, T_1, \cdots, T_k, \cdots, T_N)$$

sur l'ensemble d'apprentissage complet. On ne dispose plus maintenant d'ensemble indépendant de validation pour passer optimalement de T_k à T_{k+1}. L'astuce employée est la suivante : on divise aléatoirement l'ensemble d'apprentissage $\mathcal{S}$ en v parties $\mathcal{S}^1, \cdots, \mathcal{S}^v$ (en général, une dizaine) et on construit v séquences comme précédemment :

$$S^i = (T^i_{max}, T^i_1, \cdots, T^i_k, \cdots, T^i_N)$$

Pour chaque i, l'ensemble d'apprentissage est constitué de $\mathcal{S}^1 \cup \ldots \mathcal{S}^{i-1} \cup \mathcal{S}^{i+1}, \cdots, \cup \mathcal{S}^v$ et l'ensemble de validation est $\mathcal{S}^i$. Chaque arbre T^i_k possède donc une estimation $R(T^i_k)$ du taux d'erreur de classification : c'est celle qu'il fournit sur $\mathcal{S}^i$.

Pour regrouper ces informations, la suite du procédé consiste à rechercher dans chaque séquence S^i un élément considéré comme optimal (l'analogue de T_{k_0} dans la section précédente), que l'on doit extraire de la suite S. On réutilise le critère d'élagage précédent de la façon suivante : notons $\alpha_k = \varpi(T_{k-1}, d^*)$ et $\alpha^i_k = \varpi(T^i_{k-1}, \nu^*)$ les valeurs optimales des critères associées aux éléments des suites S et S^i.

Pour chaque arbre T_k de S, on définit $\alpha'_k = \sqrt{\alpha_k \alpha_{k+1}}$; on dira alors que l'arbre *le plus proche* de T_k dans la séquence S^i est celui pour lequel α^i_k est la plus grande possible, tout en restant inférieure à α'_k.

On dispose donc, dans chaque suite S_i, d'un élément Θ^i_k choisi comme le plus proche de T_k ; les Θ^i_k forment un ensemble de v éléments qui permet d'obtenir une estimation du taux d'erreur de T_k, par le calcul :

$$R_\Theta(T_k) = \frac{1}{v} \sum_{i=1}^{v} R(\Theta_k^i)$$

Le meilleur élément de la suite $S = \{T_{max}, T_1, \cdots, T_k, \cdots, T_N\}$, qui sera celui retenu en fin de compte comme l'élagage optimal de T_{max}, est celui qui minimise $R_\Theta(T_k)$.

2.3   Les arbres de décision et la logique des propositions

Dans l'optique du chapitre 24, on peut voir les arbres de décision comme la construction imbriquée de sélecteurs et de règles de généralisation en logique des propositions. Chaque branche de l'arbre correspond à une conjonction de tests associés à une classe. L'ensemble des branches peut donc être considéré comme une disjonction exhaustive et exclusive de conjonctions (tous les exemples possibles sont couverts chacun par une règle et une seule).

─── EXEMPLE ───

Supposons les données d'apprentissage décrites par trois variables : la première à valeur continue (`fièvre`), la seconde nominale (`qualité`), pouvant prendre une des trois valeurs (`homme, femme, enfant`) et la troisième binaire (`réaction positive ou négative au test T`). La classification à effectuer porte sur le diagnostic d'un certain syndrome S. Supposons que l'algorithme de construction ait calculé l'arbre suivant à partir des données d'apprentissage :

```
Si  qualité = enfant
Alors       S = FAUX
Sinon :     Si réaction négative à T
            Alors       S = FAUX
            Sinon       Si qualité = femme
                        Alors       S = VRAI
                        Sinon       Si fièvre ≥ 39°
                                    Alors  S = VRAI
                                    Sinon  S = FAUX
```

Le concept appris, représenté maintenant en logique des propositions, peut se décrire ainsi : l'algorithme d'apprentissage a créé trois sélecteurs pour définir sa nouvelle représentation des connaissances :

- Un seuil à 39°, qui binarise l'utilisation de la variable continue `fièvre` (on peut, s'il le faut, faire apparaître plusieurs seuils dans les variables continues). Notons a_1 le fait qu'un patient ait une fièvre supérieure à 39°, $\bar{a}_1$ le contraire.

- La transformation de la variable nominale `qualité` en trois variables binaires `enfant, homme, femme`, que nous notons a_2, a_3 et a_4. Il est à remarquer que, désormais, le fait que deux d'entre elles ne puissent pas être vraies à la fois apparaîtra implicitement.

- La variable binaire `réaction au test T`, qui reste binaire : notons-la a_5.

Finalement, l'apprentissage réalisé par la construction de l'arbre de décision peut se traduire par la découverte du concept logique : $(\bar{a}_2 \wedge a_5 \wedge a_3) \vee (\bar{a}_2 \wedge a_5 \wedge \bar{a}_3 \, a_1)$.

───

D'une manière générale, un arbre de décision est une représentation de l'apprentissage d'un concept sous la forme d'une *disjonction de conjonctions*.

2.4 Les arbres de régression

2.4.1 Le principe

Nous avons vu, par exemple sur la figure 15.4, que les arbres de classification découpent l'espace des entrées $\mathbb{R}^d = \{x_1, \ldots, x_i, \ldots, x_d\}$ en régions dont les côtés sont des hyperplans perpendiculaires aux axes. À l'intérieur de chacune de ces régions, la valeur prédite est constante : c'est une des classes ω_j, pour $i = 1, C$. Les arbres de régression utilisent le même mécanisme, à ceci près que les valeurs à prédire sont continues : après apprentissage sur un ensemble $\mathcal{S} = \{(\boldsymbol{x}_1, u_1), \ldots, (\boldsymbol{x}_m, u_m)\}$, où chaque $u_i \in \mathbb{R}$ est la valeur associée à l'entrée $\boldsymbol{x}_i$, on saura associer à chaque objet $\mathbf{x} \in \mathbb{R}^d$ une valeur de sortie $y \in \mathbb{R}$. Les arbres de régression prévoient une valeur numérique c_k constante pour chaque région construite après l'apprentissage et l'élagage. En supposant que le modèle induit contienne M régions $R_1, \ldots, R_M$ et en notant $\mathcal{I}(R_k)$ la fonction caractéristique de la région R_k, qui vaut 1 pour les points appartenant à R_k et 0 ailleurs, la fonction de sortie y associée à ce modèle est donc :

$$y = \sum_{k=1}^{M} c_k\, \mathcal{I}(R_k)$$

Nous considérons seulement le mécanisme le plus utilisé, celui de la régression quadratique. Il construit l'arbre en tentant de minimiser le carré de la différence entre les valeurs observées et valeurs prévues. Pour les m exemples d'apprentissage, il faut donc idéalement minimiser, en notant Δ la distance euclidienne :

$$\sum_{i=1}^{m} \Delta(u_i - y_i)$$

En considérant maintenant une optimisation région par région, cette expression est minimale pour la région R_n contenant n entrées lorsqu'elle est égale à la moyenne g des valeurs des points d'apprentissage qu'elle contient (démonstration chapitre 19).

2.4.2 La construction

L'algorithme utilisé pour construire un arbre de régression est glouton, comme celui de la construction d'un arbre de décision. L'attribut choisi à l'étape courante est celui qui peut se discrétiser par un découpage en deux minimisant le critère de la somme des écarts à la moyenne dans chaque partie du découpage. Ainsi, pour chaque attribut x_k et pour chaque valeur de découpage d_{jk} de cet attribut, on définit deux régions séparées par cette valeur et on obtient deux valeurs du critère que nous notons $\mathcal{C}_{jk}^{G}$ et $\mathcal{C}_{jk}^{D}$.

On choisit au total d'utiliser la variable x_k et le découpage d_{jk} qui minimisent la somme de ces deux valeurs.

—— Exemple ——

Voyons une étape de la construction d'un arbre de régression à deux dimensions. Les données d'apprentissage sont au nombre de seize et le découpage courant est celui donné à la figure 15.9.

Continuons la construction par la séparation en deux de la région R_3. Les valeurs de seuil possibles pour x_1 sont celles qui passent au milieu de deux points de R_3, c'est-à-dire les quatre valeurs 9.5, 10.5, 11.5 et 12.5. La troisième correspond à la droite verticale qui a été tracée en pointillés.

Quelle est la valeur du critère pour cette hypothèse ? Elle sépare les points de $\mathcal{R}_3$ en deux groupes : $\{s_1, s_2, s_3, s_4\}$ et $\{s_5, s_6\}$. Le centre de gravité (la moyenne) g_1 du premier groupe

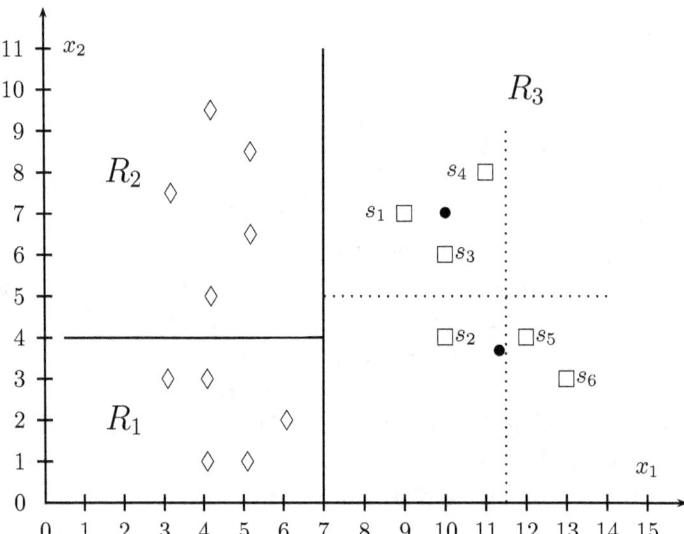

FIGURE 15.9 : *Une étape de la construction d'un arbre de régression.*

est aux coordonnées $(10, 5.75)$ et son homologue g_2 pour le second groupe est aux coordonnées $(12.5, 3.5)$. Le critère vaut donc :

$$\mathcal{C}_{31}^G + \mathcal{C}_{31}^D = \sum_{i \in \{1,2,3,4\}} \Delta^2(s_i - g_1) + \sum_{i \in \{5,6\}} \Delta^2(s_i - g_2) \simeq 11.85$$

Il faut aussi s'intéresser à x_2. Quatre valeurs de seuil sont possibles pour cet attribut : 3.5, 5, 6.5, 7.5. La droite correspondant à la seconde valeur 5 a été tracée en pointillés. Elle sépare les points de $\mathcal{R}_3$ en deux groupes : $\{s_4, s_1, s_3\}$ et $\{s_2, s_5, s_6\}$. Le centre de gravité h_1 du premier est aux coordonnées $(10, 7)$ et h_2 est aux coordonnées $(11.3, 3.7)$ (ces deux points sont indiqués sur la figure par le symbole •). Le critère vaut ici :

$$\mathcal{C}_{22}^G + \mathcal{C}_{22}^D = \sum_{i \in \{4,1,3\}} \Delta^2(s_i - h_1) + \sum_{i \in \{2,5,6\}} \Delta^2(s_i - h_2) \simeq 9$$

Le calcul complet montrerait que, parmi toutes les séparations possibles sur x_1 et x_2, c'est cette dernière qui est la meilleure du point de vue du critère quadratique employé. La région R_3 sera donc divisée en deux par la droite d'équation $x_2 = 5$. Il est intéressant de noter que ce n'est pas la médiatrice entre h_1 et h_2.

2.4.3 La fin de la construction et l'élagage

Cette construction se poursuit jusqu'à ce que chaque point soit sur une feuille, ou lorsque les moyennes des deux régions les meilleures à séparer sont trop proches. Cette dernière façon de procéder est cependant dangereuse dans la mesure où un attribut très séparateur peut succéder à un qui ne l'est pas.

C'est pourquoi on a développé pour les arbres de régression des méthodes d'élagage puissantes. Après avoir laissé croître l'arbre jusqu'à ce que chaque feuille ne contienne qu'un petit nombre de points, voire un seul, on élague en réunissant les feuilles selon un critère de complexité dont Breiman [BFOS84] a montré qu'il est optimal pour un arbre donné. En d'autres termes, la procédure d'élagage ne transforme pas un arbre sous-optimal en un arbre optimal, bien entendu ; elle se contente d'être capable, pour un arbre donné, de trouver l'élagage optimal.

3. Méthodes par ensemble en apprentissage supervisé

3.1   Le boosting d'un algorithme d'apprentissage

Le mot *boosting*[11] s'applique à des méthodes générales capables de produire des décisions très précises (au sens d'une fonction de perte) à partir d'un ensemble de règles de décision « faibles », c'est-à-dire dont la seule garantie est qu'elles soient un peu meilleures que le hasard. Ces méthodes s'appliquent aussi bien à l'estimation de densité qu'à la régression ou à la classification. Pour simplifier, nous nous concentrons ici sur la tâche de classification binaire.

Dans sa version « par sous-ensembles », cette technique fait produire à l'algorithme trois résultats selon la partie de l'ensemble d'apprentissage sur laquelle il apprend, puis combine les trois apprentissages réalisés pour fournir une règle de classification plus efficace. Examinons d'abord cette technique avant de voir comment la généraliser à l'aide de distributions de probabilités sur les exemples.

3.1.1   Le premier algorithme : boosting par sous-ensembles

Schapire [Sch90] a développé le premier algorithme de *boosting* pour répondre à une question de Kearns : est-il possible de rendre aussi bon que l'on veut un algorithme d'apprentissage « faible », c'est-à-dire un peu meilleur que le hasard ? Shapire montra qu'un algorithme faible peut toujours améliorer sa performance en étant entraîné sur trois échantillons d'apprentissage bien choisis. Nous ne nous intéressons ici qu'à des problèmes de classification binaire.

L'idée est d'utiliser un algorithme d'apprentissage qui peut être de nature très diverse (un arbre de décision, une règle bayésienne de classification, une décision dépendant d'un hyperplan, etc.) sur trois sous-ensembles d'apprentissage.

1. On obtient d'abord une première hypothèse h_1 sur un sous-échantillon $\mathcal{S}_1$ d'apprentissage de taille $m_1 < m$ (m étant la taille de $\mathcal{S}$ l'échantillon d'apprentissage disponible).

2. On apprend alors une deuxième hypothèse h_2 sur un échantillon $\mathcal{S}_2$ de taille m_2 choisi dans $\mathcal{S} - \mathcal{S}_1$ dont la moitié des exemples sont mal classés par h_1.

3. On apprend finalement une troisième hypothèse h_3 sur m_3 exemples tirés dans $\mathcal{S} - \mathcal{S}_1 - \mathcal{S}_2$ pour lesquels h_1 et h_2 sont en désaccord.

4. L'hypothèse finale est obtenue par un vote majoritaire des trois hypothèses apprises :

$$H \;=\; \text{vote majoritaire}(h_1, h_2, h_3)$$

Le théorème de Schapire sur la « force de l'apprentissage faible » prouve que H a une performance supérieure à celle de l'hypothèse qui aurait été apprise directement sur l'échantillon $\mathcal{S}$.

Une illustration géométrique du *boosting* selon cette technique de base est donnée dans les figures 15.10, 15.11 et 15.12.

Idéalement, les trois ensembles d'exemples extraits de $\mathcal{S}$ devraient le vider de tous ses exemples, ce qui revient à dire que la somme des valeurs m_1, m_2 et m_3 doit approcher m. C'est la façon de tirer un profit maximal de $\mathcal{S}$. Cependant, on conçoit que ce réglage ne soit pas forcément facile à obtenir en pratique : si l'algorithme $\mathcal{A}$ est performant sur $\mathcal{S}$, m_2 pourra être pris bien inférieur à m_1, alors que la proportion pourrait être inverse si $\mathcal{A}$ est seulement un peu

---

11. La traduction littérale de ce mot est « stimulation » ou « amplification » (pourquoi pas « dopage » ?) ; le terme anglais est rarement traduit dans le contexte de l'apprentissage.

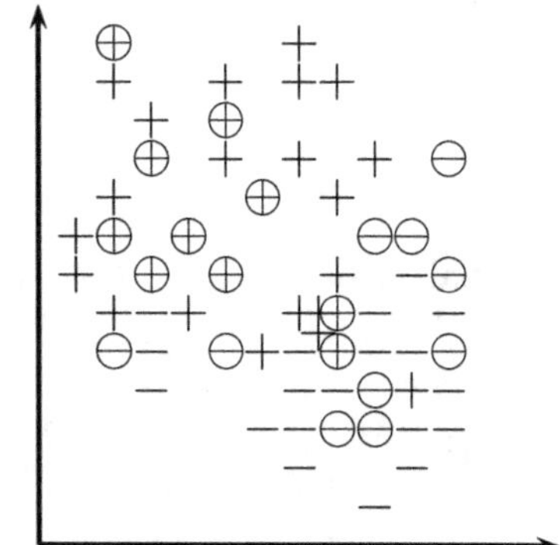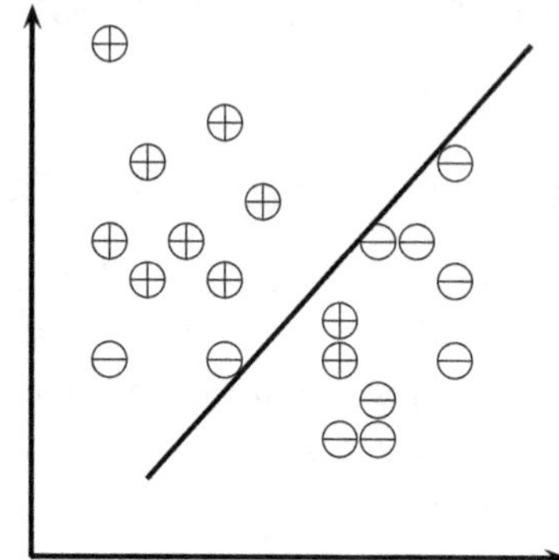

FIGURE 15.10 : *À gauche : l'ensemble d'apprentissage $\mathcal{S}$ et le sous-ensemble $\mathcal{S}_1$ (points entourés). À droite : l'ensemble $\mathcal{S}_1$ et la droite $\mathcal{C}_1$ apprise sur cet ensemble.*

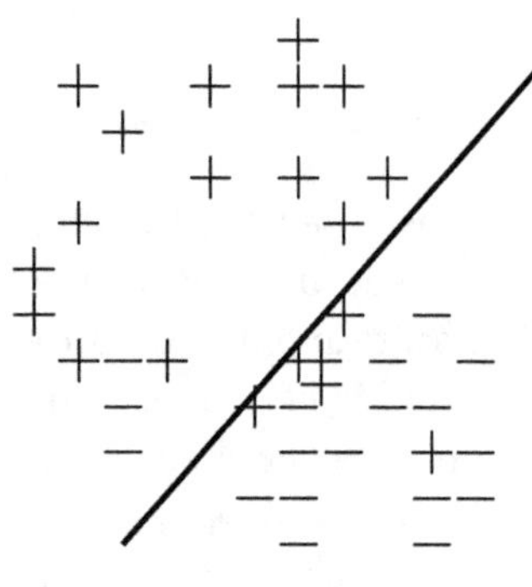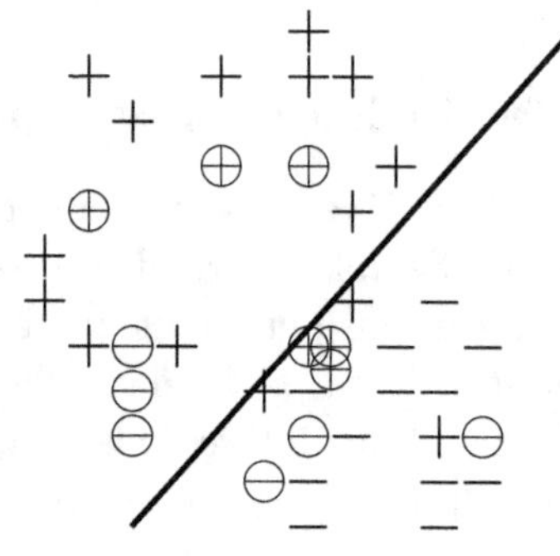

FIGURE 15.11 : *À gauche : l'ensemble $\mathcal{S} - \mathcal{S}_1$ et la droite $\mathcal{C}_1$ apprise sur $\mathcal{S}_1$. À droite : un ensemble $\mathcal{S}_2$ inclus dans $\mathcal{S} - \mathcal{S}_1$ parmi les plus informatifs pour $\mathcal{C}_1$ (points entourés).*

meilleur qu'un tirage de classe au hasard. En général, on règle empiriquement les proportions des trois ensembles en effectuant plusieurs essais, jusqu'à ce que tous les éléments de $\mathcal{S}$ ou presque participent au processus.

On peut utiliser récursivement la méthode et procéder avec neuf sous-ensembles, vingt-sept sous-ensembles, etc. Néanmoins, la meilleure généralisation est de faire glisser la notion de fonction caractéristique (qui vaut 1 sur les points d'un sous-ensemble et 0 partout ailleurs) vers celle de distribution de probabilités sur les points de l'ensemble d'apprentissage. Cette technique sera utilisée pour les fenêtres de Parzen (chapitre 19). C'est ce que réalise l'algorithme que nous présentons maintenant.

3.1.2 Le boosting probabiliste et l'algorithme AdaBoost

Trois idées fondamentales sont à la base des méthodes de *boosting* probabiliste :

1. L'utilisation d'un comité d'experts spécialisés que l'on fait voter pour atteindre une décision.

2. La pondération adaptative des votes par une technique de mise à jour multiplicative.

3. La modification de la distribution des exemples disponibles pour entraîner chaque expert, en surpondérant au fur et à mesure les exemples mal classés aux étapes précédentes.

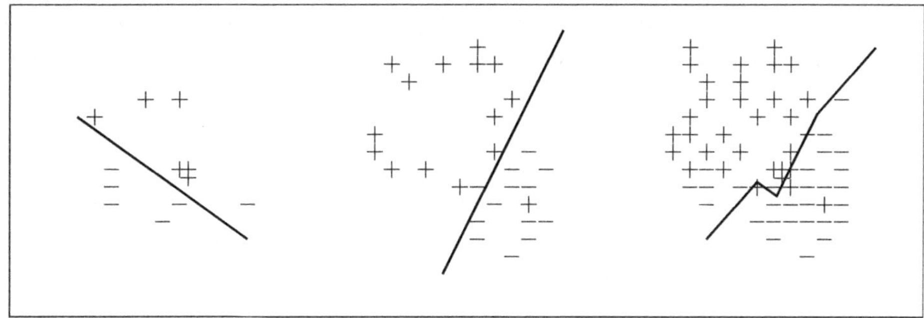

FIGURE 15.12 : *À gauche : l'ensemble S_2 et la droite séparatrice C_2 apprise sur cet ensemble. Au centre : l'ensemble $S_3 = S - S_1 - S_2$ et la droite séparatrice C_3 apprise sur cet ensemble. À droite : l'ensemble S et la combinaison des 3 droites séparatrices apprises sur cet ensemble.*

L'algorithme le plus pratiqué s'appelle ADABOOST (pour *adaptive boosting*). L'une des idées principales (voir l'algorithme 26) est de définir à chacune de ses étapes $1 \leq t \leq T$, une nouvelle distribution D_t de probabilités *a priori* sur les exemples d'apprentissage en fonction des résultats de l'algorithme à l'étape précédente. Le poids à l'étape t d'un exemple $(\mathbf{x}_i, y_i)$ d'indice i est noté $p_t(i)$. Initialement, tous les exemples ont un poids identique puis, à chaque étape, les poids des exemples mal classés par l'apprenant sont augmentés, forçant ainsi l'apprenant à se concentrer sur les exemples difficiles de l'échantillon d'apprentissage.

Algorithme 26 :   AdaBoost dans le cas d'un apprentissage de concept

début

    $S = \{(\mathbf{x}_1, y_1), \ldots, (\mathbf{x}_m, y_m)\}$, avec $y_i \in \{+1, -1\}, i \in [\![1 \cdots m]\!]$

    pour tous les $i{=}1, m$ **faire** $p_0(\mathbf{x}_i) \leftarrow 1/m$

    $t \leftarrow 0$

    pour $t \leq T$ **faire**

        Tirer un échantillon d'apprentissage S_t dans S selon les probabilités p_t

        Apprendre une règle de classification h_t sur S_t par l'algorithme $\mathcal{A}$

        Soit ε_t l'erreur apparente de h_t sur S_t. Calculer $\alpha_t \leftarrow \frac{1}{2} \ln \frac{1 - \varepsilon_t}{\varepsilon_t}$

        pour tous les $i = 1, m$ **faire**

            $p_{t+1}(\mathbf{x}_i) \leftarrow \frac{p_t(\mathbf{x}_i)}{Z_t} e^{-y_i h_t(\mathbf{x}_i) \alpha_t}$

            (Z_t est une valeur de normalisation telle que $\sum_{i=1}^{m} p_t(\mathbf{x}_i) = 1$)

        fin

        $t \leftarrow t + 1$

    fin pour

    Fournir en sortie l'hypothèse finale : $H(\mathbf{x}) = \text{sign}\left(\sum_{t=1}^{T} \alpha_t\, h_t(\mathbf{x})\right)$

fin

À chaque étape t, l'apprenant cherche une hypothèse h_t $\mathcal{X} \rightarrow \{-1, +1\}$ bonne pour la distribution D_t sur $\mathcal{X}$. La performance de l'apprenant est mesurée par l'erreur apparente[12] :

$$\varepsilon_t = p_t[h_t(\mathbf{x}_i) \neq y_i] = \sum_{i\,:\,h_t(\mathbf{x}_i) \neq y_i} p_t(i)$$

On note que l'erreur est mesurée en fonction de la distribution D_t sur laquelle l'apprenant est entraîné. En pratique, soit les poids des exemples sont effectivement modifiés, soit c'est la probabilité de tirage des exemples qui est modifiée et l'on utilise un tirage avec remise *(bootstrap)*.

Chaque hypothèse h_t apprise est affectée d'un poids α_t mesurant l'importance qui lui sera donnée dans la combinaison finale. Ce poids est positif si $\varepsilon_t \leq 1/2$ (on suppose ici que les classes « + » et « − » sont équiprobables et donc que l'erreur d'une décision aléatoire vaut $1/2$). Plus l'erreur associée à l'hypothèse h_t est faible, plus celle-ci est dotée d'un coefficient α_t important[13].

L'examen des formules de mise à jour des poids des hypothèses dans l'algorithme 26 suggère que, vers la fin de l'apprentissage, le poids des exemples difficiles à apprendre devient largement dominant. Si une hypothèse performante sur ces exemples peut être trouvée (c'est-à-dire avec $\varepsilon_t \approx 0$), elle sera alors dotée d'un coefficient α_t considérable. L'une des conséquences possibles est que les exemples bruités, sur lesquels finit par se concentrer l'algorithme, perturbent gravement l'apprentissage par *boosting*. C'est en effet ce qui est fréquemment observé.

À la fin de cet algorithme, chaque règle de classification h_t est pondérée par une valeur α_t calculée en cours de route. La classification d'un nouvel exemple (ou des points de $\mathcal{S}$ pour obtenir l'erreur apparente) s'opère en utilisant la règle :

$$H(\mathbf{x}) = \text{signe} \left(\sum_{t=1}^{T} \alpha_t \, h_t(\mathbf{x}) \right) \tag{15.15}$$

En un sens, on voit que le *boosting* construit l'hypothèse finale comme une combinaison linéaire d'une base de fonctions, dont les éléments sont les hypothèses h_t. On retrouve là un thème fréquent dans les techniques d'apprentissage (par exemple les SVM ou les méthodes d'approximation bayésiennes).

3.1.3 Quelques interprétations de AdaBoost

3.1.3.1 AdaBoost généralise le premier algorithme de boosting

Le premier algorithme de *boosting* décrit à la section 3.1.1 utilisait un vote sur trois classifieurs appris sur trois sous-ensembles d'apprentissage. D'une certaine façon, il effectuait trois itérations d'ADABOOST avec des valeurs binaires pour les poids p_1, p_2 et p_3. De plus, il choisissait le second sous-ensemble comme des exemples pour lesquels le premier classifieur avait la performance d'un tirage aléatoire et le troisième comme des exemples pour lesquels le premier et le second classifieurs étaient en désaccord. ADABOOST généralise cette idée : à chaque étape, le calcul de la nouvelle pondération est mené de manière à ce que le nouvel ensemble d'apprentissage soit mal classé par la combinaison linéaire des classifieurs précédents.

---

12. Nous reprenons provisoirement la notation ε_t utilisée par les auteurs de ADABOOST pour l'erreur apparente au lieu de R_{Emp}.

13. Le terme ADABOOST vient du fait que, contrairement aux algorithmes de *boosting* antérieurs, il n'est pas nécessaire de fournir la borne d'amélioration γ *a priori*. ADABOOST s'adapte à l'erreur de chaque hypothèse faible.

Plus précisément, après t étapes, le classifieur est défini par : $H_t(\mathbf{x}) = \text{signe}\big(\sum_{r=1}^{t} \alpha_r h_r(\mathbf{x})\big)$. Ensuite, l'algorithme calcule une nouvelle distribution de probabilités D_{t+1}, qui affecte à chaque élément de $\mathcal{S}_t$ la probabilité $p_{t+1}(\mathbf{x}_i)$, selon la formule donnée dans l'algorithme 26.

Schapire et Singer [SS98a, FHT98] ont montré le résultat suivant, qui prouve en effet que les poids sont réactualisés d'une manière bien particulière : "h_t classerait $\mathcal{S}$ pondéré par D_{t+1} comme le hasard".

3.1.3.2   AdaBoost est un algorithme d'optimisation

Rappelons que, d'une manière générale, l'apprentissage par minimisation du risque empirique (ERM) consiste à trouver l'hypothèse (dans une certaine famille) qui minimise une fonction de perte sur l'ensemble d'apprentissage. Il est cependant souvent difficile d'utiliser directement l'erreur apparente comme fonction de perte, car elle varie de manière non continue.

L'erreur apparente à la fin de ADABOOST vaut [14] par définition $\varepsilon_T = \frac{1}{m}|\{i : H(\mathbf{x}_i) \neq y_i\}|$. En notant $f(\mathbf{x}) = \sum_{t=1}^{T} \alpha_t h_t(\mathbf{x})$, il a été montré qu'elle est bornée de la façon suivante (ce résultat vient aussi de [SS98a]) :

$$\varepsilon_T \leq \frac{1}{m} \sum_{i=1}^{m} \exp(-y_i\, f(\mathbf{x}_i)) = \sum_{t=1}^{T} Z_t$$

Il est de plus facile de calculer que :

$$Z_t = \sum_{i=1}^{m} D_t(i)\exp(-\alpha_t\, y_i\, h_t(\mathbf{x}_i))$$

La borne sur l'erreur apparente suggère donc de minimiser cette erreur par un algorithme glouton, en choisissant à chaque itération α_t et h_t de façon à minimiser Z_t. Et on peut démontrer que c'est bien ce que fait ADABOOST, en choisissant α_t égal à $\frac{1}{2} \ln \frac{1-\varepsilon_t}{\varepsilon_t}$; cet algorithme minimise donc une expression qui borne supérieurement l'erreur apparente et qui vaut, rappelons-le :

$$\frac{1}{m} \sum_{i=1}^{m} \exp\left(-y_i \sum_{t=1}^{T} \alpha_t\, h_t(\mathbf{x}_i)\right)$$

3.1.3.3   AdaBoost est (presque) un algorithme bayésien

Il est également possible de relier ADABOOST à une décision bayésienne. Notons $\mathbf{P}_f[y = +1|\mathbf{x}]$ la probabilité qu'un vecteur $\mathbf{x}$ soit classé $+1$. On montre qu'une bonne estimation de cette probabilité s'écrit :

$$\mathbf{P}_f[y = +1|\mathbf{x}] = \frac{\exp(f(\mathbf{x}))}{\exp(f(\mathbf{x})) + \exp(-f(\mathbf{x}))}$$

avec comme précédemment $f(\mathbf{x}) = \sum_{t=1}^{T} \alpha_t h_t(\mathbf{x})$.

On peut pousser le raisonnement plus loin et modifier l'algorithme ADABOOST pour qu'il produise exactement une valeur de probabilité d'appartenance aux deux classes. C'est ce qui a été fait dans l'algorithme LOGIBOOST [FHT98].

---

14. $|E|$ dénote ici le nombre d'éléments de l'ensemble fini E.

3.1.4   Les propriétés de l'algorithme AdaBoost

3.1.4.1   Bornes sur l'erreur apparente et sur l'erreur réelle

Commençons l'analyse de l'erreur apparente de AdaBoost. Écrivons cette erreur ε_t de h_t sous la forme : $\frac{1}{2} - \gamma_t$, où γ_t mesure l'amélioration apportée par l'hypothèse h_t par rapport à l'erreur de base $1/2$. Freund et Shapire ont montré dans [FS97] que l'erreur apparente ε_T de l'hypothèse finale H est bornée par :

$$\prod_{t=1}^{T}\left[2\sqrt{\varepsilon_t(1-\varepsilon_t)}\right] = \prod_{t=1}^{T}\sqrt{1-4\gamma_t^2} \leq exp\left(-2\sum_t \gamma_t^2\right)$$

Ainsi, si chaque hypothèse faible est légèrement meilleure que le hasard, $(\gamma_t \geq \gamma > 0)$, alors l'erreur apparente diminue exponentiellement avec t.

L'erreur en généralisation de l'hypothèse finale H peut être bornée par une expression faisant intervenir son erreur apparente ε_T, le nombre d'exemples d'apprentissage m, la dimension de Vapnik-Chervonenkis $d_\mathcal{H}$ de l'espace d'hypothèses (chapitres 3 et 25) et le nombre T d'étapes de *boosting* [FS97] :

$$R_{\text{Réel}}(H) = \varepsilon_T + \mathcal{O}\left(\sqrt{\frac{T \cdot d_\mathcal{H})}{m}}\right)$$

Cette borne suggère que le *boosting* devrait tendre à surapprendre lorsque T devient grand, puisque le deuxième terme devient grand. Si cela arrive effectivement parfois, il a été observé empiriquement que souvent cela ne se produit pas. De fait, il apparaît même fréquemment que le risque réel tend à diminuer même lontemps après que le risque empirique soit devenu stable, voire nul. Cette observation *a priori* énigmatique s'éclaircit si l'on établit un lien entre le *boosting* et les *méthodes à vaste marge* (chapitre 14).

3.1.4.2   Adaboost et les marges

À la fin de AdaBoost, la *marge* d'un exemple $(\mathbf{x}, y)$, avec $y = \pm 1$ désignant la classe, s'exprime par :

$$\text{marge}(\mathbf{x}, y) = \frac{y \sum_{t=1}^{T} \alpha_t \, h_t(\mathbf{x})}{\sum_{t=1}^{T} \alpha_t}$$

Ce nombre, sous sa forme normalisée donnée ici, est compris dans l'intervalle $[-1, +1]$ et est positif seulement si H classe correctement l'exemple. Nous savons que la marge peut être interprétée comme une mesure de confiance dans la prédiction. Il a été prouvé que l'erreur en généralisation peut être bornée avec une grande probabilité, pour tout $\theta > 0$, par :

$$R_{\text{Réel}}(H) \leq \mathbf{P}[\text{marge}(\mathbf{x}, y) \leq \theta] + \mathcal{O}\left(\sqrt{\frac{d_\mathcal{H}}{m\theta^2}}\right)$$

On note que cette borne est maintenant indépendante de T, le nombre d'étapes de *boosting*. De plus, il a été montré que le *boosting* cherche effectivement à augmenter la marge sur les exemples ; la raison en est qu'il se concentre sur les exemples difficiles à classer, c'est-à-dire sur les exemples dont la marge est la plus faible. Le fait que le risque réel tend à diminuer même lontemps après que le risque empirique soit devenu stable signifie que les marges continuent à croître, même si le classement de l'ensemble d'apprentissage reste inchangé.

3.1.4.3   AdaBoost est (presque) un SVM

ADABOOST produit un classifieur qui s'écrit $H(\mathbf{x}) = \text{signe}\left(\sum_{t=1}^{T} \alpha_t\, h_t(\mathbf{x})\right)$. Il est intéressant d'interpréter ce classifieur comme un hyperplan en dimension T, dont les paramètres sont le vecteur des valeurs α_t, pour t de 1 à T. Les T axes de ce nouvel espace de représentation sont calculés par la transformation de X par les T fonctions h_t.

Sous cet angle, ADABOOST ressemble à un classifieur SVM. On a vu au chapitre 14 qu'en effet les SVM calculaient un hyperplan optimal dans un espace transformé (de grande dimension en général). Le type de transformation n'est pas le même, certes, mais l'hyperplan calculé par ADABOOST a-t-il quelque chose à voir avec le séparateur SVM ?

Comme on l'a vu à la section précédente, ADABOOST est, comme les SVM, un algorithme de maximisation des marges. Plus précisément, en notant $\boldsymbol{h}$ le vecteur de dimension T composé des hypothèses $(h_1, \ldots, h_T)$ et $\boldsymbol{\alpha}$ le vecteur de dimension T composé des valeurs $(\alpha_1, \ldots, \alpha_T)$, on peut établir que ADABOOST cherche la quantité :

$$\max_{\alpha} \min_{i} \frac{(\boldsymbol{\alpha}^{\top}\boldsymbol{h}(\mathbf{x}_i))y_i}{||\boldsymbol{\alpha}||_1 . ||(\boldsymbol{h})(\mathbf{x})_i)||_{\infty}}$$

avec $||\boldsymbol{\alpha}||_1 = \sum_{i=1}^{T} |\alpha_i|$ et $||(\boldsymbol{h})(\mathbf{x})_i)||_{\infty} = \max_{i=1}^{T} |(h_t)(\mathbf{x})_i)|$.

La quantité recherchée par un SVM peut s'écrire de manière analogue :

$$\max_{\alpha} \min_{i} \frac{(\boldsymbol{\alpha}^{\top}\boldsymbol{h}(\mathbf{x}_i))y_i}{||\boldsymbol{\alpha}||_2 . ||(\boldsymbol{h})(\mathbf{x})_i)||_2}$$

La ressemblance, au moins formelle, est donc finalement très grande. Les différences sont les suivantes :

- Comme les normes utilisées (L_2 pour les SVM et L_1 et L_∞ pour ADABOOST) sont différentes, les espaces explorés le sont donc aussi.

- Les contraintes de l'optimisation sont quadratiques pour les SVM et linéaires pour le *boosting*.

- La recherche est globale pour les SVM, ce qui est rendu possible par l'astuce des fonctions noyaux permettant des calculs virtuels simples dans des espaces de très grande dimension. Le *boosting* effectue une recherche locale gloutonne : il traite une coordonnée $h(\boldsymbol{x})$ à la fois, cette coordonnée devant avoir une corrélation non négligeable (meilleure que le hasard) avec l'étiquette y.

3.1.5   Généralisation à une classe, à plus de deux classes et à la régression

Quand toutes les données d'apprentissage ont la même classe, l'apprentissage se ramène à la classification non supervisée (chapitre 16), qui peut s'aborder aussi comme un problème d'estimation de densité de probabilités à partir d'observations. Une approche consiste à estimer par séparation les *quantiles* de la distribution multidimensionnelle cherchée. Dans ce cas, on cherche dans une certaine famille une surface séparatrice H_μ telle que la probabilité d'appartenir à la classe unique soit supérieure à μ d'un côté de la surface et inférieure de l'autre côté. Pour

ADABOOST, on se place du point de vue de l'espace de dimension T et on y cherche un hyperplan, comme indiqué à la section 3.1.4.3.

Quand on pose formellement le problème, on peut le ramener à un problème d'optimisation sous contraintes assez semblable à celui décrit dans la même section.

Il est également possible d'étendre ADABOOST à l'apprentissage d'une règle de classification pour un nombre quelconque C de classes. Plusieurs solutions ont été exprimées. L'une d'entre elles propose de remplacer le calcul :

$$\alpha_t \leftarrow \frac{1}{2} \ln \frac{1 - \varepsilon_t}{\varepsilon_t}$$

opéré dans l'algorithme 26 par l'affectation suivante :

$$\alpha_t \leftarrow \frac{1}{2} \ln \frac{1 - \varepsilon_t}{\varepsilon_t} + Log(C - 1)$$

L'introduction de ce terme n'est pas qu'un artefact, mais a effectivement une signification en termes d'optimisation [ZRZH06]. D'autres propositions ont été faites, par exemple dans [ASS00, SS98a].

L'algorithme ADABOOST peut également être utilisé pour la régression : à partir d'une méthode de régression de base, on construit itérativement une combinaison pondérée d'occurrences de cette méthode en modifiant l'échantillon d'apprentissage. Une bibliographie est donnée dans [MR03].

3.1.6 L'utilisation du boosting

Le *boosting*, et plus particulièrement l'algorithme ADABOOST, a été employé avec succès avec de nombreux algorithmes d'apprentissage « faibles ». On l'utilise souvent par exemple avec des arbres de décision à profondeur volontairement limitée (dans le cas extrême, les *decision stumps*, ou « souches de décision » ne font qu'un seul test pour choisir une classe). On utilise aussi par exemple C4.5, un système d'apprentissage d'arbre de décision [Qui93] ou RIPPER, un système d'apprentissage de règles). Le *boosting* a été testé sur des domaines d'application variés. En général, son utilisation a pour résultat d'améliorer souvent sensiblement les performances en apprentissage.

Les avantages du *boosting* et de ADABOOST en particulier sont qu'il s'agit d'une méthode facile à programmer et aisée d'emploi. Elle ne nécessite pas de connaissance *a priori* sur l'algorithme d'apprentissage « faible » utilisé et elle peut s'appliquer de fait à n'importe lequel. Les seuls paramètres à régler sont la taille de l'ensemble d'apprentissage m et le nombre total d'étapes T, qui peuvent être fixés par l'utilisation d'un ensemble de validation (voir le chapitre 2). De plus, des garanties théoriques sur l'erreur en généralisation permettent de contrôler l'apprentissage. Une autre propriété intéressante du *boosting* est qu'il tend à détecter les exemples aberrants *(outliers)* puisqu'il leur donne un poids exponentiellement grand en cours d'apprentissage. Cependant, la contrepartie de ce phénomène est que le *boosting* est sensible au bruit et ses performances peuvent être grandement affectées lorsque de nombreux exemples sont bruités. Des algorithmes ont été proposés pour traiter ce problème (comme *Gentle AdaBoost* [HTF02] ou BrownBoost [Fre99]).

Nous avons vu au passage que l'adaptation aux problèmes multiclasses n'est pas immédiate, mais qu'elle a cependant fait l'objet d'études menant aussi à des algorithmes efficaces. De même, il existe des applications de *boosting* à la régression.

3.1.7 Boosting et théorie PAC

Les premiers travaux sur le *boosting* sont historiquement issus du cadre de l'apprentissage *PAC* (*probably approximately correct* (chapitres 3 et 25). Dans ce cadre, un algorithme *PAC* au sens *fort (strong PAC)* est défini ainsi :

- pour toute distribution de probabilités $\mathcal{D}_\mathcal{X} \times \mathcal{D}_\mathcal{Y}$ sur l'espace des exemples $(\mathbf{x}, \boldsymbol{y})$,
- $\forall \varepsilon > 0, \delta > 0,$
- étant donné un nombre polynomial (fonction de $1/\varepsilon$ et de $1/\delta$) d'exemples i.i.d. suivant $\mathcal{D}_\mathcal{X} \times \mathcal{D}_\mathcal{Y}$,
- l'algorithme trouve une hypothèse d'erreur $\leq \varepsilon$ avec une probabilité $\geq 1 - \delta$.

Les algorithmes d'apprentissage dits *faibles* ont une définition analogue, mais on leur demande seulement de trouver une hypothèse d'erreur $\varepsilon \geq \frac{1}{2} - \gamma$, avec γ strictement positif, donc éventuellement juste un peu meilleure que le hasard, en supposant une tâche de classification binaire avec la même proportion d'exemples positifs et négatifs.

La question qui est à l'origine du *boosting* est la suivante : « est-il est possible d'utiliser un algorithme faible pour obtenir un apprentissage de type fort ? »

Comme on l'a vu, Shapire [FS99] a prouvé que la réponse à cette question est positive et a conçu le premier algorithme de *boosting* par sous-ensembles. Freund [Fre99] a ensuite produit un algorithme beaucoup plus efficace, également optimal, mais difficile à appliquer. En 1995, Freund et Shapire [FS97] ont proposé l'algorithme ADABOOST, efficace et pratique, qui est désormais la technique la plus employée pour améliorer les performances de n'importe quel algorithme d'apprentissage supervisé.

Dans le même temps, d'autres chercheurs ont analysé comment il est possible d'identifier les bons experts au sein d'une grande collection d'experts ou bien les bons attributs quand on a un grand nombre d'attributs (ces deux problèmes sont reliés). Les algorithmes développés, tels que *Winnow* [LW94] (voir au chapitre 18) ont révélé l'intérêt dans ces problèmes de la mise à jour multiplicative des pondérations d'experts, comme le réalise le *boosting* pour la classification.

3.2 Gradient boosting

La section 3.1.3.2 a souligné qu'ADABOOST pouvait être vu comme un algorithme d'optimisation de la fonction :

$$J(f) = \sum_{i=1}^{m} exp\left(-y_i f((\mathbf{x}_i))\right)$$

L'idée des méthodes de *gradient boosting* est de généraliser cette approche, en s'intéressant à d'autres fonctions de coût et à leurs gradients.

3.2.1 Résidus et gradient

On apprend sur $\mathcal{S}$ une fonction (de régression, de classification) h_1, en utilisant un algorithme approprié. L'erreur commise par h_1, mesurée par la fonction de perte ℓ, est :

$$E_{h_1} = \sum_{i=1}^{m} \ell\left(y_i, h_1(\mathbf{x}_i)\right)$$

La quantité $e_i = y_i - h_1(\mathbf{x}_i)$ est appelée le *résidu* de h_1 en $\mathbf{x}_i$. S'il est possible de trouver une fonction $\hat{h}$ telle que $\hat{h}(\mathbf{x}_i) = e_i$ pour tout $i \in [\![1 \cdots m]\!]$, alors la nouvelle fonction de régression $F = h_1 + \hat{h}$ aura une erreur nulle sur tous les points de $\mathcal{S}$.

La recherche de $\hat{h}$ étant difficile, on lui préfère la recherche d'une fonction h_2 telle que, pour tout $i \in [\![1 \cdots m]\!]$ $|h_2(\mathbf{x}_i) - e_i| < \epsilon$, $\epsilon > 0$ petit. Dans ce cas, $F = h_1 + h_2$ a une erreur E_F plus petite que E_{h_1}.

Si par exemple la fonction de perte est définie par l'erreur quadratique :

$$\ell\left(y, h_1(\mathbf{x})\right) = \frac{1}{2}(y - h_1(\mathbf{x}))^2$$

alors le résidu s'écrit :

$$e = y - h_1(\mathbf{x}) = -\frac{\partial}{\partial h_1(\mathbf{x})}\ell\left(y, h_1(\mathbf{x})\right)$$

et le résidu est alors l'opposé du gradient. Appliqués en $\mathcal{S}$, ces résidus définissent un nouvel ensemble $\tilde{\mathcal{S}} = \{\mathbf{x}_i, e_i\}_{1 \leq i \leq m}$ sur lequel donc h_2 est appris.

3.2.2 Algorithme de gradient boosting

L'idée précédente, qui consiste à écrire les résidus comme des gradients, peut être généralisée, et donne lieu à l'algorithme de *gradient boosting*, dû à Friedman [Fri00] et présenté dans l'algorithme 27.

Algorithme 27 : Algorithme de gradient Boosting

Entrées : $\mathcal{S} = \{\mathbf{x}_i, y_i\}_{1 \leq i \leq m}$, T, ℓ

Sorties : F

début

    Calculer une première hypothèse h_1 sur $\mathcal{S}$

    pour $2 \leq t \leq T$ **faire**

        Calculer $(\forall i \in [\![1 \cdots m]\!])\ e_i = -\frac{\partial}{\partial h_{t-1}(\mathbf{x}_i)}\ell(y_i, h_{t-1}(\mathbf{x}_i))$

        Construire $\tilde{\mathcal{S}} = \{\mathbf{x}_i, e_i\}_{1 \leq i \leq m}$

        Apprendre g sur $\tilde{\mathcal{S}}$

        Calculer $\lambda_t = arg\min_\lambda \left(\sum_{i=1}^{m} \ell\left(y_i, h_{t-1}(\mathbf{x}_i) + \lambda g(\mathbf{x}_i)\right) \right)$

        Définir $h_t = h_{t-1} + \lambda_t g$

    fin pour

    $F = h_T$

fin

La méthode agit de la même manière qu'une descente de gradient (annexe 8) en ajustant l'hypothèse h_t en fonction de l'opposé du gradient de la fonction de perte ℓ.

Dans la section précédente, nous avons introduit la méthode avec la fonction de perte quadratique, mais toute fonction de coût et les gradients associés peuvent être utilisés dans l'algorithme 27. Nous avons déjà donné quelques exemples de telles fonctions dans le chapitre 3.

Parmi tous les algorithmes de *gradient boosting*, XGBoost *(Extreme Gradient Boosting)* [CG16], LightGBM [KMF+17], tous deux utilisant des arbres de régression comme hypothèses, ont démontré leur efficacité lors de nombreux défis. En 2018, CatBoost [PGV+18] a permis d'adapter ce type d'approche à des données catégorielles.

3.3   Le bagging

Le *bagging (boostrap aggregation)* est une méthode qui, comme le *boosting*, combine des hypothèses pour obtenir une hypothèse finale. Cependant, la méthode est plus simple et généralement moins performante. L'idée de base est d'entraîner un algorithme d'apprentissage élémentaire sur plusieurs bases d'apprentissage obtenues par tirage avec remise [15] de m' (avec $m' < m$) exemples dans l'échantillon $\mathcal{S}$. Pour chaque tirage b (pour *bag*), une hypothèse h_b est obtenue. L'hypothèse finale est simplement la moyenne des hypothèses obtenues sur B tirages au total :

$$
H(\mathbf{x}) \;=\; \frac{1}{B} \sum_{b=1}^{B} h_b(\mathbf{x})
$$

L'une des justifications de cette méthode est que, si les hypothèses h_b calculées pour chaque tirage b ont une variance importante (donc sont sensibles à l'échantillon des m' exemples d'apprentissage), alors leur moyenne H aura une variance réduite.

Notons enfin que d'autres stratégies de *bagging* existent, qui n'utilisent pas le *bootstrapping* :

- lorsque les ensembles d'entraînement sont construits sans remise, on parle de *pasting* ;
- lorsque les ensembles d'entraînement sont construits à partir d'un sous-ensemble des composantes des vecteurs $x \in \mathbb{R}^d$, on parle de *random subspaces* ;
- lorsque chaque classifieur est entraîné sur $\mathcal{S}$ et chaque instance se voit affecter un poids aléatoire, on parle de *wagging*.

3.4   Les forêts aléatoires (random forests)

Le *bagging* semble performant quand il est appliqué à des fonctions d'estimation de faible biais mais de forte variance. C'est le cas en particulier des arbres de décision ou de régression. La *méthode des forêts aléatoires (random forests)* modifie l'algorithme du *bagging* appliqué aux arbres en ajoutant un critère de *dé-corrélation* entre les arbres. L'idée de la méthode est de réduire la corrélation ρ sans augmenter trop la variance. La technique utilisée consiste à sélectionner aléatoirement un sous-ensemble de n variables à considérer à chaque étape de choix du meilleur nœud de l'arbre (section 2). Typiquement, n a comme valeur $\sqrt{d}$ quand d est la taille de la dimension de l'espace d'entrée, c'est-à-dire le nombre de descripteurs.

La justification de cette approche est la suivante. Lorsque l'on calcule la moyenne de B variables aléatoires, chacune de variance σ^2, la variance globale est de $\frac{1}{B}\sigma^2$. Si les variables sont seulement identiquement distribuées, mais non nécessairement indépendantes, et de même corrélation par paires ρ, alors la variance globale est $\rho\,\sigma^2 + \frac{1-\rho}{B}\sigma^2$, dans laquelle le second terme tend vers 0 quand B augmente.

Les performances de cette méthode sont souvent très bonnes et le fait que l'algorithme soit facile à mettre en œuvre le rend populaire.

3.5   L'apprentissage en cascade (cascading)

Dans l'apprentissage en cascade, les classifieurs élémentaires ne sont pas placés en parallèle comme dans le vote ou le *boosting*, mais en série. Autrement dit, l'organisation est la suivante : le

---

15. Méthode de tirage que l'on appelle *bootstrap*, chapitre 2.

premier classifieur élémentaire est lancé sur la donnée. Si le résultat produit est considéré comme fiable, il est conservé. Sinon, c'est le second classifieur élémentaire qui traite la donnée. Si son résultat est fiable, on le conserve, sinon on passe la main au classifieur élémentaire suivant, et ainsi de suite.

Par exemple, pour $C = 2$, le premier classifieur est disons un hyperplan. Si la marge qu'il produit en résultat est trop faible, on passe la main à un classifieur bayésien paramétrique. Si la différence des probabilités de prédiction entre les deux classes n'est pas suffisante, on lance un classifieur par k plus proches voisins.

Cette technique a un avantage évident : elle optimise le temps de décision, en particulier si on ordonne les classifieurs élémentaires par complexité de calcul croissante. Un classifieur élémentaire complexe ne sera alors lancé que sur des objets particulièrement difficiles à classer. D'une manière générale, les problèmes simples seront résolus rapidement et les problèmes difficiles seront examinés avec plus de soin.

En revanche, elle nécessite une évaluation de la confiance de chaque décision, ce qui est un problème analogue à celui de la *classification avec rejet*, que nous n'avons pas encore abordé dans ce livre. Les exemples précédents sont réalistes : la marge ou l'évaluation d'une probabilité de classement sont des indicateurs utilisables. On peut aussi évaluer le seuil de fiabilité d'un classifieur par un ensemble de validation. Cette seconde technique est d'ailleurs intégrable dynamiquement au processus de cascade pour éviter de fixer des seuils indépendants du problème particulier que l'on est en train de traiter.

Dans cette optique, l'apprentissage en cascade peut alors se décrire par le schéma suivant. On commence par diviser l'ensemble d'apprentissage $\mathcal{S}$ en deux parties $\mathcal{A}_1$ et $\mathcal{V}_1$. On apprend le premier classifieur sur $\mathcal{A}_1$. On classe les éléments de $\mathcal{V}_1$. Cette classification permet de trouver les éléments de $\mathcal{V}_1$ qui sont non fiables : ils forment un nouvel ensemble $\mathcal{S}_2$, que l'on divise en deux parties $\mathcal{A}_2$ et $\mathcal{V}_2$. On apprend le second classifieur sur $\mathcal{A}_2$. On classe les éléments de $\mathcal{V}_2$. Cette classification permet de trouver les éléments de $\mathcal{V}_2$ qui sont non fiables, et ainsi de suite.

Notes historiques et sources bibliographiques

Plusieurs travaux préliminaires sur la reconnaissance des formes par des méthodes hiérarchiques ont été compilés dans des articles bibliographiques, par exemple [SL91], avant la parution en 1984 des travaux décisifs dans « CART », le livre vraiment fondateur des techniques des arbres de décision et de régression [BFOS84]. Cet ouvrage ne développe pas seulement l'algorithme d'apprentissage de base, mais explique la validité statistique de l'élagage et donne des exemples sur des attributs binaires et numériques. La relève est ensuite principalement prise par Quinlan, qui développe les algorithmes ID3 et C4.5 [Qui93, QR89] et applique la méthode à des données numériques et symboliques variées. Un aspect original, le développement incrémental des arbres de décision, a été proposé par Utgoff [Utg89].

En lisant les ouvrages sur la fouille de données, par exemple [HK01], on constate l'importance pratique de ces méthodes, encore une fois pratiquement les seules à savoir traiter de manière homogène les exemples décrits par (presque) tous les types d'attributs.

Le livre de Zighed et Rakotomalala [ZR00] dresse un panorama complet sur les arbres de décision et analyse leur extension à des *graphes*, tout en présentant une grande variété d'applications, en particulier à la classification non supervisée et à la régression. Il donne aussi une remarquable bibliographie.

On trouvera des exposés pédagogiques sur les arbres de décision dans de nombreux livres. Les chapitres sur le sujet dans [WK91] et [Mit97] sont particulièrement didactiques. On pourra consulter une bonne bibliographie dans [Mit97] et [DHS01].

Le matériel présenté ici pour les arbres de décision a été en particulier inspiré par le texte de Gascuel dans [Nic93]. On reprend dans ce chapitre le critère de sélection d'un attribut par l'entropie proposé par Quinlan dans la méthode ID3 et la technique d'élagage de CART.

L'histoire du *boosting* est évoquée à la section 3.1.7. De remarquables développements théoriques ont été effectués sur ces méthodes, en particulier sur la capacité de généralisation et les liens avec les *SVM* (chapitre 14). Le mot anglais *arcing (adaptive reweighting and combining)* est employé pour désigner toutes les méthodes qui sélectionnent ou repondèrent les données pour améliorer la classification. Les deux méthodes de *boosting* que nous avons vues en font partie, ainsi que le *bagging* (voir [HTF02]). Aujourd'hui, les méthodes de *boosting* de gradient atteignent les meilleures performances dans de nombreux défis d'analyse de données, en classification ou en régression.

Résumé

- On a d'abord vu dans ce chapitre comment combiner plusieurs classifieurs différents pour qu'ils s'entraident à résoudre un problème de classification supervisée. L'apprentissage des paramètres de ces combinaisons est appelé méta-apprentissage.

- On a également exposé les codes correcteurs de classes, qui utilisent une matrice de codage des décisions. Ceci permet en particulier d'appliquer des méthodes d'apprentissage de concept (deux classes) à un nombre quelconque de classes.

- L'induction d'arbres de décision peut être vue comme la recherche d'un découpage de l'espace des entrées pour ensuite apprendre des experts locaux sur chaque sous-région. La décision générale est ici déléguée à l'expert local pertinent.

- Le *boosting* est une technique d'apprentissage qui vise à rendre plus performant un système d'apprentissage « faible ». Pour cela, le système d'apprentissage est entraîné successivement sur des échantillons d'apprentissage surpondérant les exemples difficiles à apprendre. À chaque fois, une hypothèse h_t est produite ; l'hypothèse finale est une combinaison linéaire de ces hypothèses pondérées par des coefficients liés à leur performance. Le *boosting* est d'un emploi très large et fait l'objet de nombreux travaux et applications.

Cinquième partie

L'apprentissage descriptif

Hugo STEINHAUS (1887-1972)

Chapitre 16

L'apprentissage non supervisé

Après avoir examiné un ensemble de méthodes pour l'apprentissage prédictif ou apprentissage supervisé, il est temps d'aborder l'apprentissage descriptif ou non supervisé.

L'objectif là est de trouver une redescription des données disponibles pour en faire ressortir des régularités intéressantes, éventuellement inattendues.

Le chapitre sur la découverte de motifs fréquents présentait une technique d'apprentissage descriptif dans laquelle on cherche des régularités sous la forme de combinaisons d'attributs-valeurs sur-représentées et donc potentiellement porteuses d'information sur les données disponibles.

Dans ce chapitre, on s'intéresse à la découverte de groupes à l'intérieur des données disponibles. On cherche comment les données se regroupent entre elles et l'on apprend de la sorte quelle est leur division « naturelle » en classes. C'est ce qu'on appelle la classification non supervisée *ou la* catégorisaton.

L'apprentissage non supervisé concerne aussi la recherche de variables latentes, que ce soit, au sens large, les axes d'inertie sous-jacents aux données ou bien des composantes indépendantes ou encore des composantes non négatives.

Sommaire

L ES ANIMAUX se divisent en : a) appartenant à l'empereur, b) embaumés, c) apprivoisés, d) cochons de lait, e) sirènes, f) fabuleux, g) chiens en liberté, h) inclus dans la présente classification, i) qui s'agitent comme des fous, j) innombrables, k) dessinés avec un pinceau très fin en poil de chameau, l) *et cætera*, m) qui viennent de casser la cruche, n) qui de loin semblent des mouches.

Cette classification que Foucault qualifie de « déconcertante »[1] est due à l'imagination de Borges[2]. Son étrangeté provient d'abord de ce qu'il ne s'agit pas vraiment d'une « division » (en terme formel : d'une partition) des espèces : un animal peut être à la fois un cochon de lait, apprivoisé et une possession de l'empereur. Surtout, peut-être, la variété des concepts utilisés pour regrouper les espèces est absurde : « s'agiter » ne s'oppose ni ne se compare en rien à « être dessiné », par exemple. Et que dire de « inclus dans la présente classification » ou de « *et cætera* » ? Par contraste, une classification raisonnable des animaux devrait utiliser une description comparable de chaque animal (vertébré ou non et si vertébré, mammifère ou non, etc.) et *in fine* fournir une partition opératoire (par exemple, deux espèces sont différentes si elles ne sont pas interfécondes, pour des raisons génétiques ou géographiques).

Nous avons parlé juqu'ici dans ce livre essentiellement d'apprentissage supervisé dont l'objectif est de produire une règle prédictive ou un moyen de prévoir l'étiquette ou la valeur associée à la description d'un exemple. Le but est dans ce cas d'extrapoler ce qui est dans la base des données connues à des données à venir, encore non rencontrées. En revanche, l'objectif de l'apprentissage non supervisé n'est pas de faire des prédictions à partir de valeurs d'entrée encore inconnues vers des valeurs de sortie, mais de révéler d'éventuelles structures cachées dans l'ensemble des données disponibles, $\mathcal{S} = \{\mathbf{x}_1, \ldots, \mathbf{x}_m\}$. D'une certaine manière, cela peut être comparé à l'analyse du signal par laquelle on recherche une décomposition du signal en fonctions de base sous-jacentes. Si ces structures ou régularités putatives peuvent parfois être extrapolées pour faire des prédictions sur des événements futurs, ce n'est pas le but premier de l'apprentissage non supervisé. Une autre distinction cruciale avec l'apprentissage supervisé est qu'*il n'y a pas de moyen absolu de mesurer la pertinence des régularités découvertes*, quelle que soit leur forme [Jai10], alors que l'on peut mesurer la performance en prédiction des algorithmes d'apprentissage supervisé sur des ensembles de données tests en supposant le monde stationnaire.

Le problème du clustering, encore appelée catégorisation ou classification non supervisée est : étant donné un certain nombre d'objets décrits par des attributs, est-il possible d'identifier les familles dans lesquelles ils se regroupent ?

1. Introduction

1.1 Le problème général

On considère dans ce chapitre des données non supervisées et, dans la première partie, on cherche à trouver une partition de ces données en classes « naturelles ». Ce problème général est souvent appelé *classification automatique*[3]. Une partition des données en classes signifie simplement que chaque donnée se voit attribuer une classe et une seule.

---

1. « On sait ce qu'il y a de déconcertant dans la proximité des extrêmes ou tout bonnement le voisinage soudain des choses sans rapport ; l'énumération qui les entrechoque possède à elle seule un pouvoir d'enchantement. » *Les mots et les choses.* Gallimard (1966).

2. *La langue analytique de John Wilkins,* dans *Enquêtes,* Gallimard (1957).

3. Ce qui est malheureux car, en anglais, « classification » est associé à apprentissage supervisé. On est donc sans cesse, en français, obligé de devoir préciser « classification non supervisée », alors que l'on pourrait dire « catégorisation » ce qui serait satisfaisant et compréhensible en anglais

> **Définition 16.1 (Partition)**
>
> *Soit un ensemble fini $\mathcal{S}$. Une* partition π *de $\mathcal{S}$ est un ensemble de parties de $\mathcal{S}$, non vides et disjointes deux à deux, dont l'union est $\mathcal{S}$. Si s désigne un élément de S, il existe donc un unique élément, ou* classe, *de π comprenant s.*

Il existe deux grandes approches de regroupement : *générative* et *discriminatoire*, toutes deux reposant plus ou moins directement sur une distance choisie. La première suppose qu'un modèle génératif a été défini, souvent sous la forme d'un modèle statistique, et l'objectif est de trouver les paramètres du modèle maximisant la probabilité que les données soient générées par le modèle. Le second s'appuie sur des mesures de similarité et sur des critères d'optimisation pour trouver des groupes dans les données. Dans les deux cas, avant qu'un algorithme puisse être correctement défini, de nombreuses questions doivent trouver une réponse.

1.2   Les questions spécifiques à la catégorisation (clustering)

L'exploration d'ensembles de données mal connus et la découverte de régularités cachées entraînent une série de questions et de pièges potentiels.

La question qui se pose immédiatement est la suivante : qu'est-ce que le clustering ? Existe-t-il une définition claire et donc, espérons-le, un critère mesurable qui devrait être optimisé ?

Intuitivement, le clustering est le regroupement d'objets ou de données de telle sorte que des objets, données, similaires se retrouvent dans le même groupe ou classe et que des objets, données, dissemblables soient affectés à différents groupes.

Formellement, chercher une catégorisation d'un ensemble $\mathcal{S}$ de m points signifie chercher une partition $\{\mathcal{C}_1, \ldots, \mathcal{C}_K\}$ de $\mathcal{S}$ telle que :

$$\bigcup_{k=1}^{K} \mathcal{C}_k = \mathcal{S},$$

où les catégories ou classes $\mathcal{C}_k$ sont :

1. aussi **homogènes** que possible (petite variabilité intra-classe)

2. aussi **distinctes** que possible (grande variabilité inter-classes)

Les techniques de clustering produisent pour la plupart des partitions (classes ou *clusters* disjoints) :

$$\mathcal{C}_k \cap \mathcal{C}_{k'} = \varnothing \quad \text{if} \quad k \neq k'$$

ce qui n'est pas forcément désirable. Les techniques de clustering flou *(fuzzy clustering)* autorisent qu'un élément appartienne à plusieurs classes à des degrés divers.

Malgré sa définition apparemment claire, le clustering est **un problème mal défini**. Une difficulté fondamentale est que le clustering est basé sur l'idée que des objets similaires doivent être regroupés alors que des objets dissemblables doivent être séparés dans des groupes différents. Mais, mathématiquement, la similarité n'est pas une relation transitive, alors que l'appartenance à un même groupe l'est.

Ainsi, sur la figure 16.1, qui semble un clustering raisonnable des points donnés, $\mathbf{x}_1$ semble être proche de $\mathbf{x}_2$, $\mathbf{x}_2$ de $\mathbf{x}_3$ et ainsi de suite jusqu'à $\mathbf{x}_{11}$: par conséquent, ils devraient tous être mis dans le même groupe. Mais, si le regroupement indiqué est correct, il viole la première condition (tous les éléments similaires doivent se retrouver dans le même groupe) : $\mathbf{x}_5$ et $\mathbf{x}_6$

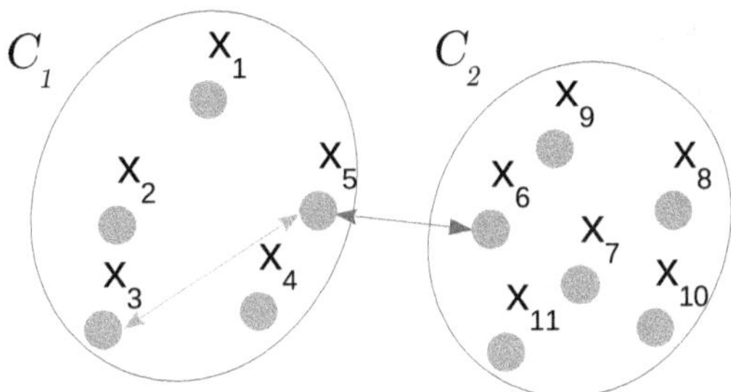

FIGURE 16.1 : Le clustering est un problème mal défini.

doivent appartenir au même groupe ; ainsi que la seconde (les éléments dissemblables doivent être mis dans des groupes distincts) : $\mathbf{x}_5$ et $\mathbf{x}_3$ ne doivent pas appartenir au même groupe.

Il existe par conséquent une ambiguïté dans la définition qui ne peut être levée que par un biais supplémentaire. Par exemple, la distance utilisée pour mesurer la dissimilitude entre les groupes (ex. lien unique, lien moyen, lien complet, etc.) favorisera un type de structure par rapport aux autres. Cependant, ce biais a un impact sur le processus de regroupement et non sur le critère d'optimisation qui reste donc intrinsèquement ambigu.

Une autre source majeure de problèmes est qu'un clustering idéal impliquerait **l'exploration d'un espace incroyablement vaste de solutions** possibles.

On pourrait penser que la recherche du meilleur clustering en fonction d'un critère est facile et qu'il suffirait de considérer toutes les partitions possibles et de choisir celle qui optimise le critère de qualité sélectionné. Malheureusement, cette tâche est insurmontable car le nombre de partitions devient rapidement astronomique. Ainsi, le nombre de partitions de m objets dans K groupes est :

$$S_{m,K} \;=\; \frac{1}{K!} \sum_{k=0}^{K} (-1)^k \, (K-k)^m \binom{K}{k} \;\simeq\; \frac{K^m}{K!} \text{ as } m \to \infty \qquad (16.1)$$

Si le nombre de partitions K n'est pas connu à l'avance, alors le nombre de toutes les partitions à examiner est donné par le nombre de Bell :

$$B_m \;=\; \sum_{k=1}^{m} S_{m,k} \qquad (16.2)$$

À titre d'illustration, un ordinateur traitant un million de partitions par seconde mettrait plus de 147 000 ans à étudier toutes les partitions d'un ensemble de 25 éléments seulement : il y a en effet 4 638 590 332 229 999 353 partitions possibles d'un tel ensemble !

On a donc deux perspectives : soit trouver un critère tel que le problème d'optimisation devienne convexe dans l'espace de recherche, soit concevoir un algorithme de recherche heuristique qui puisse explorer efficacement l'espace des solutions et, dans une certaine mesure, échapper aux minima locaux. Aucun critère d'optimisation convexe n'est connu, et il faut donc se résoudre à adopter la seconde alternative. Il se trouve que les problèmes d'optimisation qui en résultent sont pour la plupart dans la classe des problèmes NP-difficiles [4].

En résumé, le clustering n'est pas seulement un problème *mal défini* [SSBD14, ABDL10], c'est aussi un problème *mal posé* qui nécessite pour être résolu de manière pratique que certains

---

4. Sans que cela soit prouvé à ce jour (en 2020), il est conjecturé que ces problèmes ne peuvent pas être résolus en un temps polynomial, ici en fonction du nombre d'éléments à regrouper.

biais soient préalablement choisis. Différents algorithmes peuvent produire des résultats très différents pour les mêmes ensembles d'entrées. En outre, les coûts de calcul sont énormes si aucune heuristique appropriée n'est utilisée.

Par conséquent, plusieurs questions concrètes doivent être résolues avant qu'une méthode de clustering puisse être définie et appliquée.

1.2.1 Définir le type de clusters recherché

Dans le cadre du clustering, nous souhaitons organiser les données d'une manière significative, mais ce qui est « significatif » dépend du contexte et de notre centre d'intérêt. Un même ensemble d'objets peut être regroupé de différentes manières. Par exemple, nous pourrions vouloir classer les locuteurs selon la langue qu'ils parlent, ou selon le sujet de discussion, ou selon le sexe. En conséquence, on se concentrera sur différents descripteurs dans le signal parlé et on utilisera différentes distances pour regrouper les locuteurs.

La *distance* est un élément essentiel dans la définition des types de regroupements à rechercher. En fait, dans de nombreux algorithmes, plusieurs distances doivent être déterminées : une distance entre les objets dans l'espace d'entrée, mais aussi une distance entre un objet et un groupe, et une distance entre les groupes. Comme le savent les praticiens, toute différence entre ces choix peut modifier considérablement le résultat d'un regroupement. La mesure de similarité est bien sûr d'une importance capitale pour définir le type de structures ou de groupes qui peuvent être découverts dans les données, et des centaines de distances ont été proposées dans la littérature en fonction du problème et du contexte.

De plus, il faut supposer que la représentation des données en attributs est correcte et bien normalisée. Pour la plupart, les méthodes produiront un résultat différent si l'un des attributs (ici, numériques) est, disons, divisé par dix, alors que la nature des données n'est évidemment pas changée par une telle opération. Cela provient du fait que ces méthodes sont basées sur l'utilisation d'une distance, qui souvent donne la même importance à toutes les coordonnées, ici les attributs. Changer l'échelle d'un des attributs modifie la distance entre objets. Diverses techniques de normalisation, hors du propos de cet ouvrage, peuvent être envisagées pour traiter ce problème.

Dans le cas des méthodes de classification fondées sur des hypothèses probabilistes, rien n'assure *a priori* que ces dernières soient valables. Une hypothèse fréquente est que les données de chaque classe sont issues d'une distribution de probabilités, que toutes les distributions sont du même type (en général gaussien), mais que leurs paramètres sont différents. Une donnée est alors affectée à la classe la plus probable. L'hypothèse gaussienne est loin d'être une évidence, contrairement à ce qu'une mauvaise interprétation de la loi des grands nombres peut laisser supposer. Par exemple, tracer un histogramme, sur mille ou dix mille personnes, de l'âge où elles ont passé leur permis de conduire ne donnera jamais une courbe de type gaussien. Il existe des tests sur le caractère gaussien, qui permettent de juger de la qualité de cette hypothèse, et des transformations vers une répartition gaussienne, qui sont eux aussi en dehors du propos de ce livre.

1.2.2 L'organisation de l'exploration de l'espace des solutions

Une fois que le type de clusters recherchés dans les données est défini et que les mesures de similarité ont été déterminées en conséquence, il reste à établir comment l'espace des solutions possibles sera exploré. Comme il est impossible d'évaluer l'ensemble des solutions, il est nécessaire de concevoir des algorithmes qui effectuent une recherche locale. Certains, comme le clustering ascendant hiérarchique, fusionnent itérativement les clusters obtenus à une étape pour obtenir des clusters plus importants à l'étape suivante jusqu'à ce qu'un critère d'arrêt soit rempli. D'autres méthodes tentent d'optimiser un critère comme :

$$G_{k-means}((\mathcal{S}, d), (\mathcal{C}_1, \ldots, \mathcal{C}_K)) \; := \; \underset{c_1, \ldots, c_k, \ldots, c_K}{\text{Argmin}} \sum_{k=1}^{K} \sum_{\mathbf{x} \in \mathcal{C}_k} d(\mathbf{x}, c_k) \tag{16.3}$$

où d représente la distance utilisée et c_k est le centroïde du cluster $\mathcal{C}_k$. Dans ce critère, le nombre de classes doit être indiqué *a priori*.

Mais comme ce type de critère est difficile à satisfaire, un algorithme itératif, l'algorithme k-moyenne, est par exemple utilisé à la place. Cependant, sa sortie est généralement très dépendante de l'initialisation des centroïdes c_i.

Outre le critère et l'algorithme de recherche, l'espace des solutions joue également un rôle important. Le nombre d'*attributs*, leur degré de (in)dépendance, la normalisation utilisée, tous ces aspects peuvent fortement affecter le résultat de l'apprentissage.

De plus, la complexité de calcul pour trouver des classes est en $\mathcal{O}(N^d)$ où d est la dimension de l'espace. Comme, de plus, l'ensemble de toutes les structures possibles est extrêmement grand (équations 16.1 et 16.2) et que le critère d'optimisation implique généralement l'existence d'un paysage complexe avec de nombreux optima locaux, les algorithmes d'exploration de ces espaces doivent nécessairement utiliser des heuristiques et éventuellement des procédures itératives. En retour, cela exige souvent que plusieurs paramètres soient définis et réglés par l'utilisateur.

1.2.3   Le problème de la validation des résultats

Comme le clustering repose sur de nombreux choix *a priori* (mesures de similarité, critère à optimiser, heuristiques employées, valeurs de paramètres, etc.) et comme il n'y a pas de post-validation possible avec des données de test où les vraies classes peuvent être comparées à celles découvertes par l'algorithme, la validation des résultats est une question épineuse. L'utilisateur est confronté à l'interrogation suivante : la structure produite par la méthode existe-t-elle « réellement » dans les données, ou n'est-elle qu'un artefact de la méthode de clustering ?

En l'absence d'un fondement théorique satisfaisant, toute une série de méthodes et d'indices ont été conçus afin d'évaluer la validité des résultats des regroupements. Cependant, tous sont arbitraires dans un certain sens, en ce sens qu'ils favorisent un type de structures plutôt que d'autres, et il faut faire très attention à ne pas sur-interpréter des résultats apparemment optimistes d'une mesure de la qualité du clustering (section 6 et [HKK05] pour un aperçu des méthodes d'évaluation du *clustering* et de leurs limites).

Les problèmes auxquels est confronté un praticien sont donc nombreux et, en conséquence, les choix à faire et les paramètres à déterminer. Et comme les résultats obtenus par les algorithmes de regroupement sont généralement très dépendants de ces choix, ils doivent être faits avec prudence. Cependant, il est souvent difficile d'identifier la recette idéale pour un problème donné. C'est pourquoi une tentation est de recourir à des méthodes d'ensemble en apprentissage non supervisé, c'est-à-dire à employer plusieurs algorithmes et plusieurs valeurs de paramètres en espérant que le résultat moyen obtenu sera meilleur que chaque résultat individuel. Ce n'est malheureusement généralement qu'un leurre car cela supposerait que les défauts de chaque méthode se compensent effectivement, ce qui n'a aucune raison d'être le cas ([CWGB18] pour un article de revue sur le clustering collaboratif).

2. Les méthodes de classification fondées sur les distances

2.1 Distances entre objets

On rappelle ici la définition introduite dans la section 1 du chapitre 13.

Définition 16.2 (Distance)

Une distance Δ *sur un espace E est une application de $E \times E$ dans $\mathbb{R}^+$ qui vérifie les propriétés suivantes :*

1. $\forall\, x, y \in \Sigma,\ \Delta(x, y) = 0 \iff x = y$;

2. $\forall\, x, y \in \Sigma,\ \Delta(x, y) = \Delta(y, x)$ (symétrie) ;

3. $\forall\, x, y, z \in \Sigma,\ \Delta(x, y) \leq Delta(x, z) + \Delta(z, y)$ (inégalité triangulaire).

Une relation qui vérifie les deux premières propriétés mais pas l'inégalité triangulaire est souvent appelée une *mesure de dissimilarité*. Quand on travaille sur des objets qui sont des vecteurs réels, c'est-à-dire quand $E = \mathbb{R}^d$, la *p-distance* entre deux objets $\mathbf{x} = (x_1, \ldots, x_d)^\top$ et $\mathbf{y} = (y_1, \ldots, y_d)^\top$ s'écrit :

$$\Delta_p(\mathbf{x}, \mathbf{y}) = \sqrt[p]{\sum_{i=1}^{d} |x_i - y_i|^p}$$

En général, on prend $p = 2$ pour calculer la *distance euclidienne* entre deux objets :

$$\Delta(\mathbf{x}, \mathbf{y}) = \sqrt{\sum_{i=1}^{d} (x_i - y_i)^2}$$

Quand les objets considérés sont des vecteurs binaires (quand $E = \mathbb{B}^d$), on peut utiliser la distance de Hamming, qui est égale au nombre d'éléments binaires différents entre les deux objets (éventuellement divisé par d). On verra à la section 5 d'autres distances entre objets symboliques.

Dans $\mathbb{R}^d$, on appelle *centre de gravité* ou *moyenne* de m objets $\mathbf{x}_1 = (x_{11}, \ldots, x_{1d})^\top, \ldots,$ $\mathbf{x}_m = (x_{m1}, \ldots, x_{md})^\top$ l'objet $\boldsymbol{\mu}$ de $\mathbb{R}^d$ défini par :

$$\boldsymbol{\mu} = \frac{1}{m} \sum_{m}^{m} \mathbf{x}_i = \left(\frac{1}{m} \sum_{i=1}^{m} x_{i1}, \ldots, \frac{1}{m} \sum_{i=1}^{m} x_{id} \right)^\top$$

Rappelons que ce nouvel objet $\boldsymbol{g}$ possède la propriété suivante :

$$\boldsymbol{\mu} = \underset{\boldsymbol{y} \in \mathbb{R}^d}{\mathrm{ArgMin}} \sum_{i=1}^{m} \Delta(\mathbf{y}, \mathbf{x}_i)$$

Autrement dit, le centre de gravité $\boldsymbol{\mu}$ d'un ensemble de m points est le point de $\mathbb{R}^d$ qui minimise la somme des distances euclidiennes aux m points considérés.

2.2   Finesse d'une partition, qualité d'une partition

Soit E un ensemble de m objets. Nous allons d'abord définir une relation d'ordre partiel entre les partitions de E.

Définition 16.3

Une partition π_i est plus fine qu'une partition π_j si et seulement si toute classe de π_j est une classe de π_i ou est l'union de plusieurs classes de π_i.

Selon la relation d'ordre précédente, la partition la plus fine de $\mathcal{S} = \{\mathbf{x}_1, \ldots, \mathbf{x}_m\}$ est constituée de m classes et s'écrit :

$$\mathcal{P}_m(\mathcal{S}) = (\mathbf{x}_1), \ldots, (\mathbf{x}_m)$$

alors que la partition la moins fine n'a qu'une classe et s'écrit :

$$\mathcal{P}_1(\mathcal{S}) = (\mathbf{x}_1, \ldots, \mathbf{x}_m)$$

—— EXEMPLE   **Finesse de partitions** ——————————————————

Par exemple, pour $\mathcal{S} = \{a, b, c, d, e, f\}$, les deux partitions :

$$(a, b, c), (d), (e, f) \text{ et } (a, b), (c, d), (e, f)$$

sont toutes deux plus fines que la partition :

$$(a, b, c, d), (e, f)$$

mais n'ont pas de relation de finesse entre elles.

Nous nous plaçons maintenant dans $\mathbb{R}^d$, avec m objets partitionnés en C classes, et nous utilisons la distance euclidienne Δ. Notons $\boldsymbol{\mu}_1, \ldots, \boldsymbol{\mu}_C$ les centres de gravité des C classes et δ_i^j le symbole de Kronecker, qui vaut 1 quand $i = j$ et 0 sinon. On définit T, la *somme des variances intra classes* (ou plus simplement la *variance*) de la partition considérée, par :

$$T = \frac{1}{m} \sum_{j=1}^{C} \sum_{i=1}^{m} \delta_i^j \, (\mathbf{x}_i - \boldsymbol{\mu}_j)^2$$

Le produit mT est donc égal à la somme sur toutes les classes de la distance de tous les points de cette classe au centre de gravité de celle-ci.

Pour deux partitions différentes, mais de même nombre de classes, T est un bon indice de la qualité de la classification effectuée, du point de vue du regroupement en termes de distance euclidienne. Par exemple, dans la figure 16.2, la partition dessinée par des traits pleins est meilleure que celle dessinée par des pointillés : les deux classes sont plus regroupées et mieux séparées.

Les notions de variance et de finesse sont reliées dans $\mathbb{R}^d$ par la propriété suivante :

Propriété 16.1

Soit une partition π de variance $T(\pi)$ plus fine qu'une partition σ de variance $T(\sigma)$. Alors :

$$T(\pi) \leq T(\sigma)$$

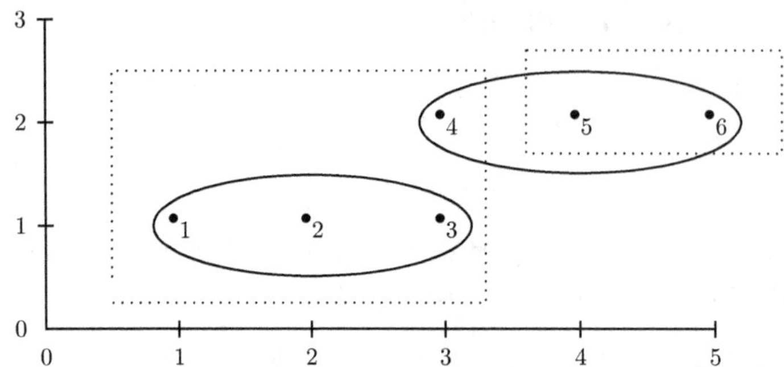

FIGURE 16.2 : *Deux partitions à deux classes comme résultats possibles de la classification non supervisée de six points.*

2.3   L'algorithme des k-moyennes

L'algorithme dit *des k-moyennes* (ou *k-means*) cherche à trouver la partition à k classes qui minimise la somme des variances intra classes. C'est une technique empirique, qui n'assure pas la découverte de la partition optimale. Son principe général est donné dans l'algorithme 28.

Algorithme 28 : Algorithme des k-moyennes

Entrées : $\mathcal{S} = \{\mathbf{x}_1 \cdots \mathbf{x}_m\}, k$ le nombre de classes
Sorties : $\pi = (b_1 \cdots b_k)$ une partition de $\mathcal{S}$ en k classes
début

    Initialisation : tirage au hasard de k points $\boldsymbol{\mu}_1 \cdots \boldsymbol{\mu}_k$

    tant que *non convergence* **faire**

$$(\forall i \in [\![1 \cdots k]\!]) \quad b_i \;=\; \left\{ \mathbf{x} \in \mathcal{S}; i = arg\min_j \Delta(\mathbf{x}, \boldsymbol{\mu}_j) \right\}$$

$$(\forall i \in [\![1 \cdots k]\!]) \quad \boldsymbol{\mu}_i \;=\; \frac{1}{|b_i|} \sum_{\mathbf{x} \in b_i} \mathbf{x}$$

    fin tant que

fin

L'algorithme dépend de la phase d'initialisation, et converge vers un minimum local de la variance. On peut répéter l'algorithme sur $\mathcal{S}$ avec différentes initialisations, et retenir la meilleure partition, ou la plus souvent rencontrée.

—— EXEMPLE   **Algorithme des k-moyennes** ———————————————————————

Donnons un exemple emprunté à Webb [Web99] pour présenter cette méthode. Soient six objets numérotés de 1 à 6 dans $\mathbb{R}^2$, comme sur la figure 16.3. On cherche à les regrouper en deux classes, autrement dit à en faire une partition à deux blocs. Pour cela, on commence par en tirer deux au hasard, disons les points 5 et 6.

La première étape est constituée de deux phases. La première phase va allouer les six points aux deux classes sur le critère suivant : ceux qui sont plus près (au sens de la distance euclidienne) du point 5 que du point 6 sont dans la première classe, les autres dans la seconde. La première classe rassemble donc pour le moment $(1, 2, 3, 4, 5)$ et la seconde le point (6). La seconde phase consiste à calculer le centre de gravité de ces deux classes. Le premier, appelé A_1 a pour coordonnées $(1.6, 2.4)$, le second, B_1 est le point 6, aux coordonnées $(5, 2)$.

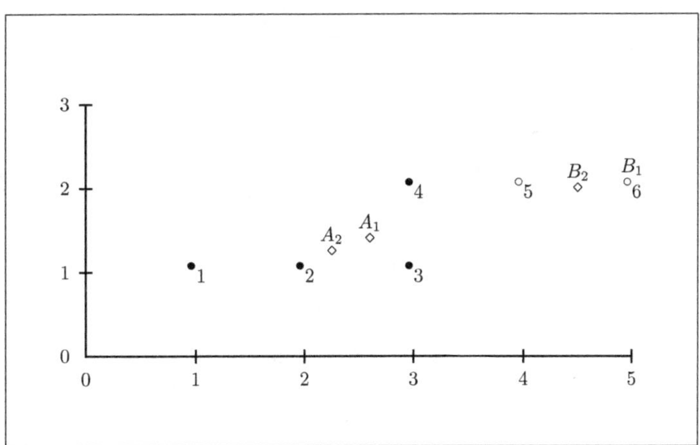

FIGURE 16.3 : *Un ensemble de points à partitionner en deux classes et le résultat de la méthode des 2-moyennes en partant des points 5 et 6.*

On recommence les deux phases dans la seconde étape : les six points sont alloués aux deux classes en fonction de A_1 et de B_1. On obtient les classes $(1,2,3,4)$ et $(5,6)$. Les centres de gravité de ces deux classes sont A_2 et B_2, aux coordonnées $(2.25, 1.25)$ et $(4.5, 2)$.

Une nouvelle étape ne change plus la partition : l'algorithme a convergé.

Il est intéressant de calculer une qualité globale de la classification en utilisant T, la somme des variances intra classes. Les valeurs successives de ce critère sur les partitions obtenues sont les suivantes :

$$(1,2,3,4,5), (6) \quad 6.4$$
$$(1,2,3,4), (5,6) \quad 4.0$$

On peut montrer que l'algorithme des k-moyennes fait en effet diminuer la valeur T, mais rien n'assure que le mimimum global soit atteint : la convergence peut en effet mener à un minimum local.

Si on initialise l'algorithme avec les points 2 et 5, la convergence vers la partition $(1, 2, 3), (4, 5, 6)$ est réalisée d'entrée pour la valeur $T = 3.3$ du critère. La première initialisation, avec les points 5 et 6, converge donc vers un minimum local.

L'algorithme des k-moyennes est un cas particulier des algorithmes de classification par *allocation-recentrage*. La phase d'allocation est ici le calcul des classes à partir des centres de gravité provisoires ; la phase de recentrage est le calcul des nouveaux centres de gravité des classes que l'on vient d'établir. Cette technique peut se voir de manière encore plus générale comme une application particulière de l'algorithme EM (figure 16.4), qui sera abordé à la section 3 et détaillé dans l'annexe 7.

2.4   Les k-moyennes « en ligne »

L'algorithme des k-moyennes produit donc après convergence k classes et les k centres de gravité correspondants. Appelons ici les centres de gravité simplement des « centres », pour donner une version différente de l'algorithme des k-moyennes dans laquelle chaque vecteur est présenté tour à tour une seule fois. Au départ, k centres sont choisis au hasard. Quand un nouveau point se présente, le centre le plus proche de ce point est déplacé mais c'est le seul centre qui soit modifié. Ce déplacement se fait de manière à ce que la variance de la classification diminue.

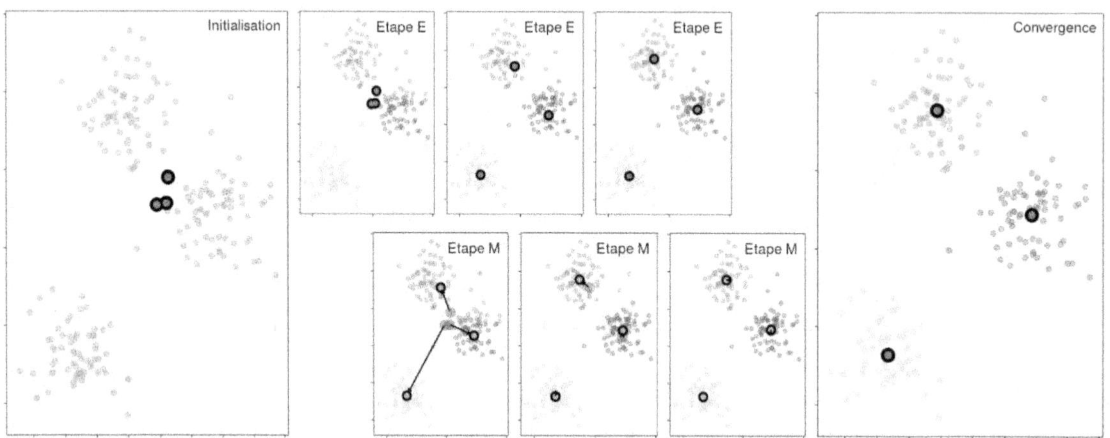

FIGURE 16.4 : *Algorithme des k-moyennes vu comme application de l'algorithme EM. La phase E correspond à l'affectation des points aux classes, la phase M au calcul des nouveaux centres de classe.*

Cette technique peut être formalisée comme une descente de gradient pour minimiser la variance. Nous ne la présentons pas en détail, mais nous la mentionnons comme une version primitive de la technique de la section suivante, dans laquelle plusieurs centres sont modifiés à l'arrivée d'un nouveau point.

2.5 Variantes des k-moyennes

Plutôt que d'initialiser les centres de manière aléatoire [AV07] proposent dans l'algorithme Kmeans++ de :

1. choisir uniformément $\boldsymbol{\mu}_1$ dans $\mathcal{S}$;

2. pour $i \in [\![2 \cdots k]\!]$, choisir $\boldsymbol{\mu}_i$ à partir de $\mathbf{x}$ selon la probabilité $D(\mathbf{x})^2 \, / \, \sum_{\mathbf{y} \in \mathcal{S}} D(\mathbf{y})^2$ où $D(\mathbf{x})$ est la distance entre $\mathbf{x}$ et le centre de classe le plus proche déjà choisi. Ceci assure de tirer des centres de classe éloignés avec forte probabilité.

Il est également possible d'améliorer de manière significative l'algorithme original en évitant les calculs de distances non nécessaires. En exploitant l'inégalité triangulaire, et en conservant les bornes inférieure et supérieure des distances entre les points et les centres de classe [Elk03] a développé un algorithme performant, y compris pour de grandes valeurs de k.
Il existe une grande variété d'algorithmes du type k-moyennes, permettant en particulier de faire naître et mourir des classes au cours des calculs, ce qui donne de la souplesse à la méthode : son inconvénient évident est en effet que l'utilisateur doit donner au départ le nombre de classes, ce qui n'est pas toujours possible.

On peut aussi choisir le nombre de classes en faisant plusieurs essais avec des valeurs différentes et en calculant pour chacune un critère fondé sur un compromis entre la variance et le nombre de classes, que nous verrons pour les méthodes hiérarchiques à la section 2.8

2.6   Les cartes auto-organisatrices

2.6.1   Présentation. Un exemple

Dans cette méthode, les « centres » appartiennent toujours à l'espace de représentation, mais il sont souvent en grand nombre et, surtout, ils sont contraints selon une certaine topologie. Cela veut dire que, pour chaque centre, il existe un certain nombre d'autres centres désignés comme devant appartenir à son voisinage. En général, cette topologie est définie en dimension faible : un, deux ou trois. À fin d'illustration, dans la suite nous prenons la dimension deux et nous supposons que nous utilisons cent centres.

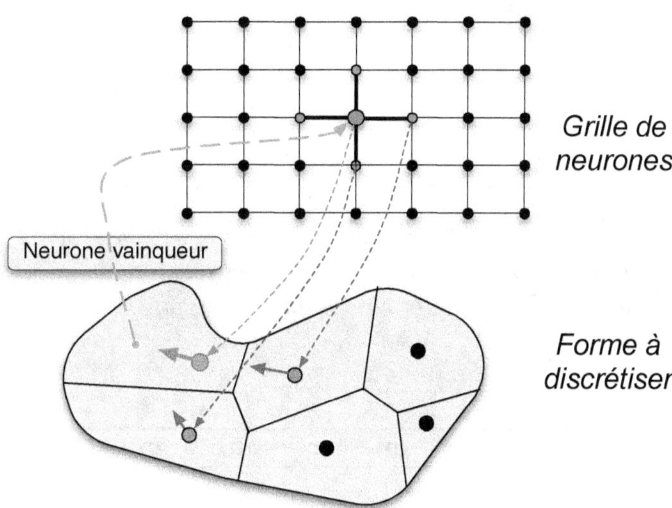

FIGURE 16.5 : *Méthode des cartes auto-organisatrices. La topologie du réseau de neurones est ici définie par une grille où chaque neurone a 4 voisins au premier degré. La forme à discrétiser produit des stimuli. Pour chacun d'eux, le vecteur de référence le plus proche (le vainqueur) est sélectionné et sa position est modifiée ainsi que celle de ses voisins.*

En pratique, définir une topologie en dimension deux revient à donner à chaque centre un nom μ_{ij} différent, avec $1 \leq i, j \leq 10$, et à définir leur voisinage à partir des indices qui apparaissent dans leurs noms : ainsi, deux centres μ_{ij} et μ_{kl} tels que $Max(|i - k|, |j - l|) = 1$ sont considérés comme des voisins directs. Notons $VD(\mu_{ij})$ l'ensemble des voisins directs de μ_{ij}. Alors : $VD(\mu_{34}) = \{\mu_{23}, \mu_{33}, \mu_{43}, \mu_{45}, \mu_{35}, \mu_{25}, \mu_{24}, \mu_{44}\}$.

L'algorithme se déroule alors de la manière suivante. On tire d'abord au hasard la position des cent centres dans l'espace de représentation. À cette étape, naturellement, la topologie des centres n'est pas respectée : les voisins (du point de vue de leurs indices) n'ont pas de raison d'être physiquement proches.

Ensuite, on examine tous les points de l'ensemble d'apprentissage plusieurs fois, souvent un grand nombre de fois. Quand un point $\mathbf{x}$ est traité, on commence par identifier le centre qui lui est le plus proche en distance euclidienne. Disons que c'est μ_{34}. On déplace μ_{34} dans la direction de $\mathbf{x}$ d'une certaine quantité et on déplace aussi tous les éléments de $VD(\mu_{34})$ dans la direction de $\mathbf{x}$, d'une quantité plus petite (figure 16.5).

Au début de l'algorithme, il se peut que, même si μ_{34} est très proche de $\mathbf{x}$, en revanche μ_{44} en soit très éloigné. Cela n'a pas d'importance. Après suffisamment d'étapes, la topologie arbitraitement imposée aux centres va se retrouver dans l'espace de représentation par convergence, ce que l'auteur de cette méthode, Kohonen, a appelé *l'auto-organisation*. À la fin, les centres $\boldsymbol{\mu}_{34}$ et $\boldsymbol{\mu}_{44}$ seront à faible distance euclidienne.

Après convergence, on trouve donc les centres dans l'espace de représentation $\mathbb{R}^d$ organisés selon des contraintes qui ont été imposées en dimension deux. Il est alors intéressant de les visualiser dans un espace de dimension deux, par exemple après une analyse en composantes principales (section 2.1). La densité locale des centres reflète celle des données de départ. En fin de compte, on peut considérer cette méthode davantage comme une technique de visualisation des données que comme une méthode de classification proprement dite (figure 16.6).

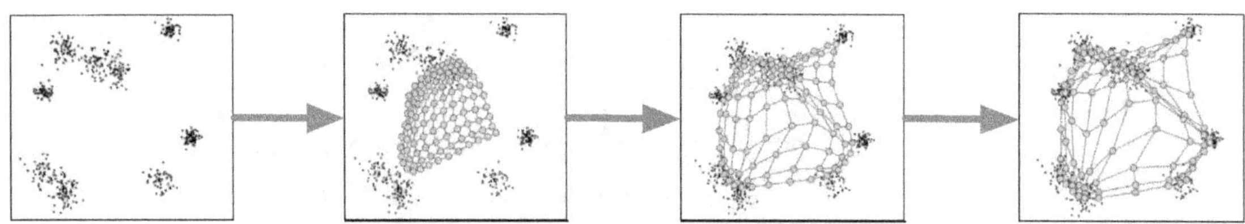

FIGURE 16.6 : *Évolution d'une carte auto-organisatrice à deux dimensions sur des données défi-nies également en deux dimensions. À la fin, les centres de la carte reflètent la densité des points (merci à Younes Bennani pour cette figure).*

Algorithme 29 : La construction d'une carte auto-organisatrice

---

début

    Prendre au hasard les centres $\boldsymbol{\mu}_i$, pour $i = 1, C$ et choisir η positif quelconque

    $t \leftarrow 0$

    tant que $t \leq T$ **faire**

        Tirer au hasard une donnée d'apprentissage $\mathbf{x}$

        Déterminer l'indice i du centre le plus proche de $\mathbf{x}$

        pour *chaque centre* $\boldsymbol{\mu}_j$ *avec* $j = 1, C$ **faire**

            $\delta_j \leftarrow \eta\, e(\boldsymbol{\mu}_j, \boldsymbol{\mu}_i)\, \Delta(\boldsymbol{x}, \boldsymbol{\mu}_i)$

            $\boldsymbol{\mu}_j \leftarrow \boldsymbol{\mu}_j + \delta_j$

        fin pour

    fin tant que

    $t \leftarrow t + 1$

fin

2.6.2 La méthode générale

D'une manière générale, une topologie sur les centres est définie comme une fonction capable de calculer leur proximité dans l'espace de dimension réduite. Prenons C centres $\boldsymbol{\mu}_1, \ldots, \boldsymbol{\mu}_C$ et donnons-nous une fonction $e(\boldsymbol{\mu}_i, \boldsymbol{\mu}_j)$ qui prend une valeur de plus en plus petite au fur et à mesure que les centres $\boldsymbol{\mu}_i$ et $\boldsymbol{\mu}_j$ s'éloignent dans la topologie que l'on veut leur imposer. Par exemple, $e(\boldsymbol{\mu}_i, \boldsymbol{\mu}_j)$ peut être une exponentielle décroissante de la distance entre les centres dans l'espace de dimension réduite. Au lieu de définir pour chaque centre qui est un voisin et qui ne l'est pas, on peut alors considérer que tous les centres sont voisins et utiliser la fonction e pour leur mise à jour.

La formule de réactualisation de la valeur des centres devient alors, si le centre le plus proche de $\mathbf{x}$ est $\boldsymbol{\mu}_i$:

$$\boldsymbol{\mu}_j \leftarrow \boldsymbol{\mu}_j + \delta(\boldsymbol{\mu}_j) = \boldsymbol{\mu}_j + \eta\, e(\boldsymbol{\mu}_j, \boldsymbol{\mu}_i)\, \Delta(\mathbf{x}, \boldsymbol{\mu}_i)$$

La distance euclidienne Δ est prise dans l'espace de représentation, alors que la fonction e décrit la topologie imposée aux centres. Le paramètre η règle le compromis entre la vitesse et la qualité de la convergence. La valeur T est choisie à partir de la quantité T/m (m : taille de l'ensemble d'apprentissage), qui indique le nombre de fois en moyenne que chaque exemple est utilisé. Cette quantité T/m peut être de l'ordre de la centaine, car la convergence est souvent lente.

Il faut noter que la méthode de Kohonen est sujette à aboutir à des minima locaux. Par ailleurs, comme la plupart des méthodes non supervisées, elle est difficile à valider car il n'y a pas de critère objectif associé à la partition obtenue.

2.7   La classification hiérarchique de données numériques

2.7.1   Généralités

Soit un ensemble $\mathcal{S} = \{\mathbf{x}_1, \dots, \mathbf{x}_m\}$ de m objets. Nous allons définir formellement une hiérarchie sur $\mathcal{S}$, de deux manières différentes, mais finalement équivalentes. Nous utilisons la relation d'ordre de finesse entre partitions en commençant par une définition préliminaire.

Définition 16.4

Une chaîne *dans l'ensemble des partitions de $\mathcal{S}$ est un ensemble de partitions $\{\pi_1, \dots, \pi_r\}$ tel que pour $i = 1, r-1$ on a : π_i est plus fine que π_{i+1}.*

Nous pouvons maintenant définir une hiérarchie de partitions de deux manières (leur équivalence est facile à montrer).

Définition 16.5 (Hiérarchie, 1)

Une hiérarchie *sur $\mathcal{S}$ est une chaîne de partitions de $\mathcal{S}$ dont la plus fine est $\mathcal{P}_m$ et la moins fine est $\mathcal{P}_1$.*

L'autre définition est la suivante :

Définition 16.6 (Hiérarchie, 2)

Une hiérarchie *H sur $\mathcal{S}$ est un sous-ensemble des parties de $\mathcal{S}$ tel que :*

- *pout tout élément $\mathbf{x}$ de $\mathcal{S}$, $\{\mathbf{x}\} \in H$;*
- *pour tout couple d'éléments h et h' de H avec $h \neq h'$, on a :*
  - *soit $h \cap h' = \emptyset$,*
  - *soit $h \cap h' \neq \emptyset$, alors soit $h \subset h'$, soit $h' \subset h$.*

—— EXEMPLE   **Hiérarchie** ——————————————————————————————

Par exemple, la hiérarchie représentée à la figure 16.7 peut être vue soit comme la chaîne de partitions :

$$(a, b, c, d, e, f)$$
$$(a, b, c, d), (e, f)$$
$$(a, b, c), (d), (e, f)$$
$$(a, b, c), (d), (e), (f)$$
$$(a), (b), (c), (d), (e), (f)$$

soit comme l'ensemble de parties de $\mathcal{S}$: $H = \{h_1, h_2, h_3, h_4, h_5, h_6, h_7, h_8, h_9, h_{10}\}$, avec

$$h_1 = \{a\} \quad h_7 = \mathcal{S} = \{a, b, c, d, e, f\}$$
$$h_2 = \{b\} \quad h_8 = \{a, b, c, d\}$$
$$h_3 = \{c\} \quad h_9 = \{e, f\}$$
$$h_4 = \{d\} \quad h_{10} = \{a, b, c\}$$
$$h_5 = \{e\}$$
$$h_6 = \{f\}$$

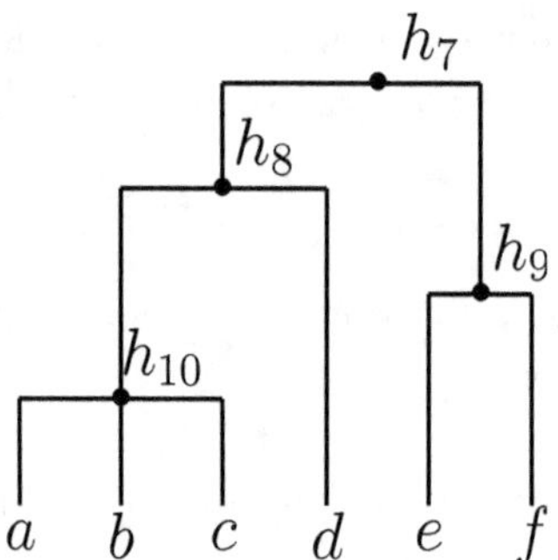

FIGURE 16.7 :   *Une hiérarchie sur* $\mathcal{S} = \{a, b, c, d, e, f\}$.

Définition 16.7 (Hiérarchie indicée monotone)

Une hiérarchie indicée est une hiérarchie H sur un ensemble fini à laquelle on associe une suite de nombres réels r_i. Une hiérarchie indicée est monotone si pour deux éléments h_i et h_{i+1} consécutifs dans H, avec h_i plus fine que h_{i+1}, on a $r_i \leq r_{i+1}$.

—— EXEMPLE   **Hiérarchie indicée** ——————————————————————————

Par exemple, sur la figure 16.8, la hiérarchie de la figure 16.7 a été indicée de manière monotone sur l'axe vertical selon l'association :

$$(a, b, c, d, e, f) \quad 4.2$$
$$(a, b, c, d) \quad 3$$
$$(e, f) \quad 1.9$$
$$(a, b, c) \quad 1.1$$
$$(a), (b), (c), (d), (e), (f) \quad 0$$

Une hiérarchie est très souvent représentée sous la forme d'un arbre binaire appelé *dendrogramme* (figure 16.8)

Construire une hiérarchie sur un ensemble d'exemples est donc équivalent à trouver une chaîne de partitions sur cet ensemble. Si l'on construit une hiérarchie indicée monotone sur cet ensemble, on peut obtenir les partitions de la chaîne en « coupant » la hiérarchie pour une valeur de l'indice. Par exemple, sur la figure 16.8, la coupure pour la valeur 2.5 de l'indice fournit la partition $(a, b, c), (d), (e, f)$.

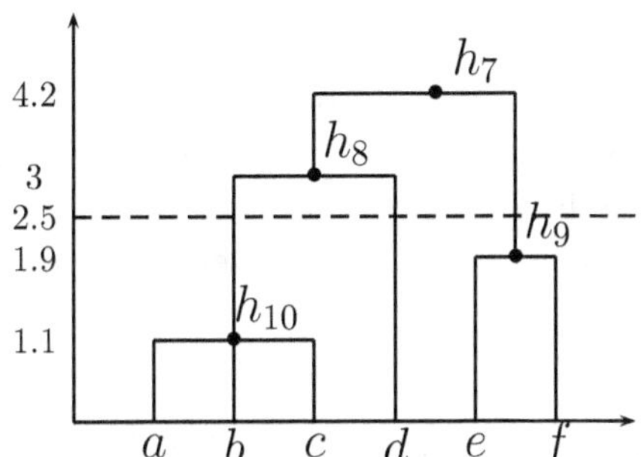

FIGURE 16.8 : *Une hiérarchie indicée sur $\mathcal{S} = \{a, b, c, d, e, f\}$. La coupure pour la valeur 2.5 de l'indice produit la partition $(a, b, c), (d), (e, f)$.*

On peut associer à toute hiérarchie indicée H une mesure de dissimilarité entre ses éléments de la façon suivante : la dissimilarité $\delta(h_i, h_j)$ entre les parties h_i et h_j de H prend la valeur de l'indice de la plus petite partie h de H qui contient h_i et h_j.

On peut démontrer que cette mesure de dissimilarité possède une propriété forte : elle est une *distance ultramétrique.*

Définition 16.8 (Ultramétrique)

Une ultramétrique *(abrégé de distance ultramétrique) sur un ensemble Z est une application de $Z \times Z \to \mathbb{R}$ qui vérifie les trois conditions suivantes pour tous les z_i, z_j et z_k de Z :*

- $\delta(z_i, z_i) = 0$;
- $\delta(z_i, z_j) = \delta(z_j, z_i)$;
- $\delta(z_i, z_k) \leq Max(\delta(z_i, z_j), \delta(z_j, z_k))$.

—— EXEMPLE   **Ultramétrique** ——————————————————————————

Par exemple, la hiérarchie indicée de la figure 16.8 place les éléments $\{a\}$ et $\{d\}$ à la distance ultramétrique $\delta(\{a\}, \{d\}) = 3$, puisque la plus petite partie de H qui contient $\{a\}$ et $\{d\}$ est h_8. De même, $\delta(\{d\}, \{e, f\}) = 4.2$ puisque la plus petite partie de H qui contient $\{d\}$ et $\{e, f\}$ est h_7. On peut vérifier la propriété ultramétrique :

$$\delta(\{a\}, \{e, f\}) \leq Max(\delta(\{a\}, \{d\}), \delta(\{d\}, \{e, f\})) = Max(3, 4.2) = 4.2$$

En résumé, nous sommes désormais en possession des notions suivantes :

- Nous avons un ensemble d'exemples $\mathcal{S}$ composé de m objets.
- Cet ensemble est muni d'une distance Δ, en général la distance euclidienne.

- Nous cherchons à construire une hiérarchie indicée H de partitions de $\mathcal{S}$.

- Nous savons que construire une telle hiérarchie indicée est équivalent à donner une ultra-métrique δ sur les parties de $\mathcal{S}$ présentes dans H.

- Si la hiérarchie indicée construite est monotone, la hiérarchie de partitions trouvée est complètement satisfaisante, puisque l'agrégation de deux sous-ensembles d'une partition produit une partition d'indice supérieur.

Il nous faut donc utiliser la distance Δ sur $\mathcal{S}$ pour en déduire une hiérarchie indicée, si possible monotone. Pour cela, il faut définir une autre mesure D de dissimilarité, celle-là entre tous les couples de parties de $\mathcal{S}$. La première étape est facile : si l'on considère les objets de $\mathcal{S}$ comme des parties de $\mathcal{S}$ comportant un seul élément, on posera naturellement :

$$D(\{\mathbf{x}\}, \{\mathbf{y}\}) = \Delta(\mathbf{x}, \mathbf{y})$$

Il nous faut ensuite trouver comment définir la valeur de D sur n'importe quel couple de sous-ensembles de $\mathcal{S}$. Nous présentons dans les sections suivantes quelques indices D qui permettent de construire une hiérarchie sur $\mathcal{S}$. Auparavant, donnons un algorithme constructif qui utilise D et dont le résultat est une hiérarchie indicée, mais pas forcément monotone.

2.7.2   Un algorithme général de classification hiérarchique

Disposant d'une mesure de similarité D entre les parties de $\mathcal{S}$, la construction d'une hiérarchie indicée se fait de manière simple par l'algorithme 30. Chaque étape de cet algorithme produit un élément de la chaîne de partitions. Le nombre maximal d'étapes est m, le nombre d'objets.

Il nous reste maintenant à présenter quelques mesures de dissimilarité ou *indices D* classiques qui produisent par cet algorithme des hiérarchies indicées.

Algorithme 30 : Algorithme de classification hiérarchique

Établir la table T_D des valeurs de $D(\mathbf{x}, \mathbf{y})$ pour $\mathbf{x}$ et $\mathbf{y}$ parcourant $\mathcal{S}$.
répéter
  1. Choisir les deux sous-ensembles h_i, h_j de $\mathcal{S}$ tels que $D(h_i, h_j)$ soit le plus petit nombre réel dans la table T_D
  2. Supprimer h_j de la table, remplacer h_i par $h_i \cup h_j$
  3. Calculer les mesures de similarité D entre $h_i \cup h_j$ et les autres éléments de la table.
jusqu'à *ce que la table T_D n'ait plus qu'une colonne*

2.7.3   L'indice du lien simple

L'indice du lien simple *(single linkage)* est défini par :

$$D(h_i, h_j) = \min_{\mathbf{x} \in h_i, \mathbf{y} \in h_j} \Delta(\mathbf{x}, \mathbf{y})$$

Cet indice produit l'ultramétrique dite *sous-dominante*. Il mesure la distance euclidienne entre les deux points les plus proches, l'un dans une classe, l'autre dans la seconde. Quand les classes sont réduites à un élément, cet indice mesure la distance euclidienne entre ces deux éléments. La hiérarchie indicée trouvée est monotone.

Reprenons un ensemble à six exemples et donnons la table des distances euclidiennes entre les exemples. Cette dernière est aussi la table T_D, qui est identique sur les couples d'objets. Comme elle est symétrique, seule une moitié est représentée.

	a	b	c	d	e	f
a	0	**1.1**	1.1	3	6	5
b		0	1.1	4	5.5	4.2
c			0	3	6.5	5.3
d				0	9	8
e					0	1.9
f						0

L'algorithme de classification hiérarchique produit successivement les tables ci-après (la plus petite valeur non nulle de chaque table est en gras). Notons qu'à la première étape, ce ne sont pas trois points qui sont regroupés, bien que a, b et c soient deux à deux à la même distance, mais deux, comme le veut l'algorithme. Dans un cas pareil, on tire au hasard deux points sur les trois.

D	$h_{11} = \{a, b\}$	$\{c\}$	$\{d\}$	$\{e\}$	$\{f\}$
h_{11}	0	**1.1**	3	5.5	4.2
$\{c\}$		0	3	6.5	5.3
$\{d\}$			0	9	8
$\{e\}$				0	1.9
$\{f\}$					0

D	$h_{10} = \{a, b, c\}$	$\{d\}$	$\{e\}$	$\{f\}$
h_{10}	0	3	5.5	4.2
$\{d\}$		0	9	8
$\{e\}$			0	**1.9**
$\{f\}$				0

D	h_{10}	$\{d\}$	$h_9 = \{e, f\}$
h_4	0	**3**	4.2
$\{d\}$		0	8
h_3			0

D	$h_8 = h_{10} \cup \{d\}$	h_9
h_2	0	**4.2**
h_3		0

D	$h_7 = h_{10} \cup h_9$
h_1	0

On retrouve donc la hiérarchie indicée des figures 16.7 et 16.8.

2.7.4 L'indice du lien maximum

L'indice du lien maximum *(complete linkage)* est défini par :

$$D(h_i, h_j) = \max_{\mathbf{x} \in h_i, \mathbf{y} \in h_j} \Delta(\mathbf{x}, \mathbf{y})$$

Ce critère mesure la distance entre les points les plus éloignés des deux classes. Cette métrique induit généralement des classes compactes, et est sensible aux points aberrants *(outliers)*.

Les deux indices précédents sont très simples, mais peuvent donner des résultats surprenants (en raison d'un certain « effet de chaîne », qui regroupe parfois des points de manière non naturelle pour le lien simple, ou en raison de la sensibilité aux points aberrants pour le lien maximum). On utilise de préférence pour cette raison des indices un peu plus sophistiqués, comme ceux qui sont proposés aux sections suivantes.

2.7.5 L'indice de la distance entre centres de gravité

Prendre pour indice D la distance euclidienne entre les centres de gravité des classes fournit une hiérarchie non forcément monotone, ce qui n'est en général pas souhaitable.

Il est facile de la remarquer sur l'exemple suivant : soient les points $\{a, b, c\}$ de $\mathbb{R}^2$ de coordonnées $a = (0, 0)$, $b = (9, 0)$ et $c = (4.5, 8.5)$. La distance la plus petite est entre a et b et vaut 9 (les deux autres valent environ 9.6). Le centre de gravité de la classe (a, b), de coordonnées $(4.5, 0)$ est à une distance de c qui vaut 8.5, strictement inférieure à 9.

Par conséquent, il se produit ce qu'on appelle une *inversion* dans la construction de la hiérarchie : le résultat n'est pas une hiérarchie indicée monotone.

2.7.6 L'indice de Ward

Pour tenir compte de la variance des classes et pour éviter l'effet de chaîne dans la classification, Ward [Sim85] a proposé d'utiliser l'indice suivant, donné ici sous la forme de « formules de réactualisation ». Il fournit une hiérarchie indicée monotone.

À l'étape courante de l'algorithme 30, nous avons choisi les deux classes les plus proches h_i et h_j et nous cherchons à calculer l'indice entre la nouvelle classe $h_i \cup h_j$ et une autre classe h_k. Le nombre d'éléments de h_i (respectivement : h_j, h_k) vaut m_i (respectivement : m_j, m_k).

$$D(h_i \cup h_j, h_k) = \frac{n_k + n_i}{n_k + n_i + n_j} D(h_i, h_k) + \frac{n_k + n_j}{n_k + n_i + n_j} D(h_j, h_k) - \frac{n_i + n_j}{n_k + n_i + n_j} D(h_i, h_j)$$

2.8 L'évaluation de la partition obtenue

La classification hiérarchique fournit potentiellement autant de classifications qu'il y a de données. Donner une valeur de l'index correspond exactement à donner une partition, donc une classification. Toutefois, le choix de cette valeur n'est pas facile. Premièrement, il est possible d'étudier la progression des valeurs de l'index correspondant aux changement du nombre de classes. Dans notre exemple, ces valeurs sont : 1.1, 1.9, 3.0 et 4.2. Si on observe un intervalle nettement plus élevé que les autres, on peut couper la hiérarchie par une valeur située dans cet intervalle. Intuitivement, cela correspond à un regroupement de deux blocs qui ne devraient pas être regroupés, ce qui se traduit par un grand saut d'inertie. Une seconde technique consiste à mesurer la somme T des variances intra-classes et à calculer une valeur du type :

$$\frac{1}{T} \frac{m - C}{C - 1}$$

qui combine les deux termes T et C variant en sens inverse. T est nul quand le nombre de classes C est égal au nombre m d'objets et est maximum quand C vaut 1. Ce critère passe donc par un extremum pour un nombre de classes intermédiaire qui représente un bon compromis. D'autres critères, plus justifiés du point de vue statistique, ont été proposés. On peut se reporter au livre [DHS01] pour plus de précisions.

2.9 Les grandes dimensions : effets étranges et propriétés utiles

L'analyse de données en grande dimension, i.e. au-delà de 30, pose de grands défis. En effet :

1. De nombreux estimateurs statistiques requièrent un nombre de points exponentiel en la dimension de l'espace d'entrée. Ainsi, certains modèles, comme les histogrammes, présentent

des taux d'erreur en $\mathcal{O}(n^{-1/d})$, ce qui signifie que, pour diviser l'erreur par deux, il faut 2^d fois plus de données.

2. Une autre difficulté se présente, d'ordre calculatoire. Le cas du problème de 2-moyenne en est un exemple typique. Il s'agit de répartir les m points des données en deux groupes, et donc en deux centres, de manière à minimiser la moyenne des distances des points à leur centre le plus proche. Des méthodes naïves sont de complexité calculatoire en $\mathcal{O}(m^d)$, ce qui est astronomique, même pour des petites valeurs de d. De ce fait, des méthodes heuristiques sont employées, qui sont malheureusement souvent fondées sur une intuition de ce qui se passe en 2D ou en 3D, alors que les espaces de grande dimension présentent de nombreuses propriétés contre-intuitives.

On parle de *malédiction ou de fléau de la dimensionnalité (curse of dimensionality)* pour souligner les propriétés supposées maléfiques des espaces de grande dimension. Nous citerons ici deux propriétés étranges liées aux espaces de grande dimension (chapitre 13, section 2.6 pour d'autres propriétés).

1. En grande dimension, le volume d'un solide, disons une hypersphère $\mathcal{B}_d$, tend à se concentrer dans sa « peau ». Plus précisément, soient deux sphères concentriques (de même centre), l'une de rayon 1 et l'autre de rayon r très proche de 1. Dans un espace de dimension d petite, un point tiré au hasard dans la sphère de rayon 1 sera probablement également dans la sphère de rayon d. En revanche, en grande dimension, cette probabilité tend vers 0. La raison en est que la sphère de rayon r de même centre ne contient qu'une fraction r^d du volume de la sphère unité et cette fraction tend rapidement vers 0 quand d augmente. Pour des valeurs de d assez grandes, la plus grande partie du volume se trouve dans une « peau » $\{x \in \mathbb{R}^d : 1 - \varepsilon \leq ||x|| \leq 1\}$ pour $\varepsilon = \mathcal{O}(1/d)$.

2. En espace de dimension d, par définition, il existe au plus d vecteurs orthogonaux. Supposons que l'on soit moins exigeant et que l'on cherche des vecteurs *presque* orthogonaux, à $90° \pm \varepsilon$, alors on peut en trouver un nombre exponentiel. En effet, un ensemble de $\exp(\mathcal{O}(\varepsilon^2 d))$ vecteurs pris aléatoirement entre le centre et un point de la boule $\mathcal{B}_d$ satisfera presque sûrement cette propriété.

On comprend que ces propriétés puissent mettre en péril de nombreuses méthodes de recherche de régularités entre les données puisqu'elles sont pour la plupart fondées ultimement sur des comparaisons de distances. Si la distance entre deux points pris au hasard est la même que pour n'importe quelle autre paire de points, ce que tend à impliquer la propriété sur la concentration du volume dans la peau d'une boule, alors aucune régularité valide ne pourra être découverte.

Cependant, ces propriétés concernent des points très particuliers, ceux qui sont tirés aléatoirement dans l'espace. Les données réelles peuvent être sensiblement différentes. Le péril serait donc circonscrit. Néanmoins, ne peut-on pas tirer parti, au contraire, des propriétés mentionnées plus haut pour simplifier l'analyse de données en grande dimension ? L'idée de méthodes récentes consiste à *ajouter* du bruit pour utiliser ces propriétés.

Un résultat important à cet égard est le *théorème de Johnson-Lindenstrauss* (1984). En substance, il affirme que, si on prend n'importe quel ensemble de m points dans un espace de grande dimension et qu'on les projette sur un sous-espace de dimension $\mathcal{O}(\log m)$ choisi arbitrairement, alors la distance entre ces m points sera très probablement presque parfaitement préservée. Il s'agit là d'un résultat remarquable qui permet par exemple de réduire à $\mathcal{O}(\log m)$ la complexité calculatoire de tâches de clustering ou d'autres types d'analyse qui dépendent du calcul de distances entre m points.

3. Modèles probabilistes : les mélanges de gaussiennes

On peut faire une analogie raisonnée entre la méthode des k-moyennes et la technique non paramétrique du plus proche voisin (chapitre 19, section 3.3). De même, il est possible de faire des hypothèses paramétriques sur la distribution des objets. Souvent, on considère qu'ils sont des tirages i.i.d. d'une distribution multigaussienne, encore appelée un mélange de gaussiennes *(mixture of normal distributions model)*, c'est-à-dire une somme pondérée de gaussiennes de moyennes et de matrices de covariance inconnues. En pratique, cela revient à supposer que chaque classe est une gaussienne avec ses caractéristiques particulières et une probabilité *a priori* plus ou moins forte[5].

Nous donnons au chapitre 19 la formule d'une distribution gaussienne dans $\mathbb{R}^d$. Nous la rappellons ici en notant $p\left(\mathcal{N}(\boldsymbol{\mu}, Q)\right)$ la densité de cette distribution, avec $\boldsymbol{\mu}$ sa moyenne et Q sa matrice de covariance.

$$
p\left(\mathcal{N}(\boldsymbol{\mu}, Q)\right) \;=\; \frac{\mid Q \mid^{-1/2}}{(2\pi)^{d/2}} \exp\left\{ -\frac{1}{2}(\mathbf{x} - \boldsymbol{\mu})^{\top} Q^{-1}(\mathbf{x} - \boldsymbol{\mu}) \right\} \tag{16.4}
$$

Un mélange de C gaussiennes s'écrit donc :

$$
p\left(\mathcal{N}(\boldsymbol{\mu}, Q)\right) \;=\; \sum_{j=1,C} k_i \frac{\mid Q_i \mid^{-1/2}}{(2\pi)^{d/2}} \exp\left\{ -\frac{1}{2}(\mathbf{x} - \boldsymbol{\mu}_i)^{\top} Q_i^{-1}(\mathbf{x} - \boldsymbol{\mu}_i) \right\} \tag{16.5}
$$

avec :

$$
\sum_{j=1,C} k_i = 1
$$

En supposant C connu, il faut estimer les C scalaires k_i, les C matrices symétriques Q_i de dimension $d \times d$ et les C vecteurs $\boldsymbol{\mu}_i$ de dimension d pour tout i entre 1 et C, soit $\frac{d^2+2d+2}{2}$ paramètres.

On utilise pour cela l'algorithme *EM* (une explication de la méthode *EM* et de son application à l'estimation des paramètres des mélanges de gaussiennes est donnée en annexe 7). Comme d'autres algorithmes, cette méthode souffre aussi de ce que C doive être fixé à l'avance. Là encore, diverses techniques sont applicables pour trouver la meilleure valeur, mais on peut s'appuyer ici sur l'hypothèse paramétrique émise sur la distribution des objets. Une technique éprouvée est de maximiser le « critère bayésien d'information » *(BIC)*, comme présenté dans [JW98].

—— EXEMPLE ——

La figure 16.9 illustre les performances de cette méthode par comparaison avec celle des k-moyennes. On y voit 600 points, 287 tirés selon une première loi normale de moyenne $\boldsymbol{\mu}_1^T = \begin{pmatrix} 1 & 1 \end{pmatrix}$ et de matrice de covariance $Q_1 = \begin{pmatrix} 0.1 & 0.0 \\ 0.0 & 0.1 \end{pmatrix}$ et 313 selon une seconde de moyenne $\boldsymbol{\mu}_1^T = \begin{pmatrix} 0.8 & 0.8 \end{pmatrix}$ et de matrice de covariance $\begin{pmatrix} 0.02 & 0 \\ 0 & 0.02 \end{pmatrix}$. Les deux distributions sont supposées équiprobables. Leurs surfaces d'équidensité sont les cercles en trait plein ; la probabilité qu'un point soit tiré à l'intérieur est de 90 %. L'erreur bayésienne (le mieux que l'on puisse faire, voir le chapitre 19) vaut ici 13 %.

——

5. Sous ce point de vue, l'algorithme des k-moyennes revient à faire l'hypothèse que les classes proviennent de distributions gaussiennes ayant toutes la même matrice de covariance ; les probabilités *a priori* sont quelconques.

L'algorithme *EM* et celui des *k*-moyennes ont en entrée les 600 points et le fait qu'il y ait deux classes à trouver, mais ils ignorent la classe de chaque point et la probabilité *a priori* des classes.

Sur la figure de gauche est donné le résultat de *EM*. Il trouve deux distributions gaussiennes assez proches des originales. Une probabilité *a priori* de 0.57 est attribuée à la première classe et une de 0.43 à la seconde. Les distributions sont représentées par les ellipses en pointillés, qui correspondent aux valeurs suivantes :

$$\widehat{\boldsymbol{\mu}}_1^T = \begin{pmatrix} 1.043 & 1.018 \end{pmatrix} \quad \widehat{Q}_1 = \begin{pmatrix} 0.097 & -0.005 \\ -0.005 & -0.093 \end{pmatrix}$$

$$\widehat{\boldsymbol{\mu}}_2^T = \begin{pmatrix} 0.792 & 0.808 \end{pmatrix} \quad \widehat{Q}_2 = \begin{pmatrix} 0.025 & 0.002 \\ 0.002 & 0.019 \end{pmatrix}$$

La matrice de confusion de la classification des données initiales est la suivante ; elle donne une erreur de 27 % :

	classe 1	classe 2
classe 1	199	88
classe 2	19	294

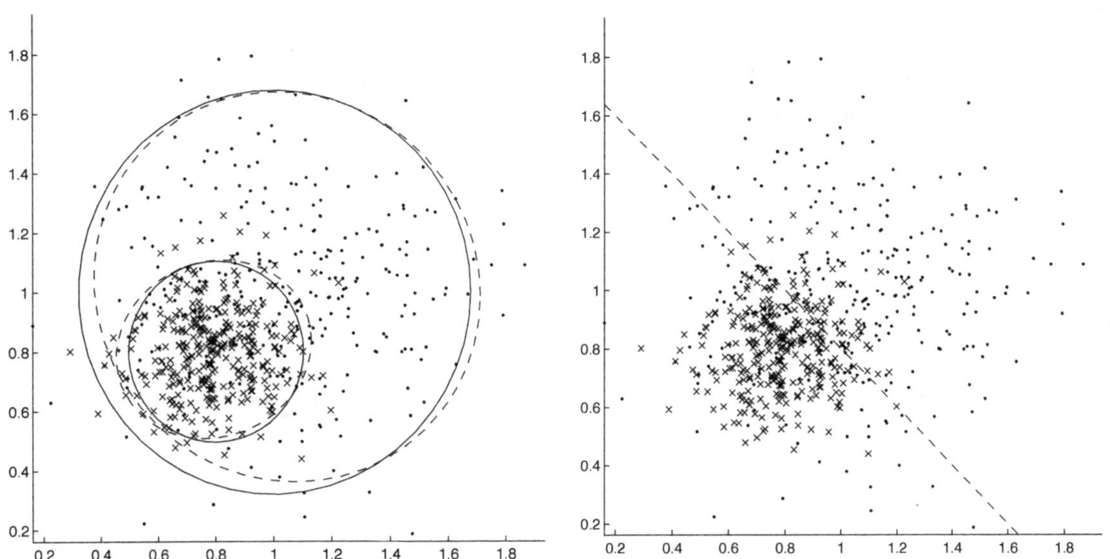

FIGURE 16.9 : *L'algorithme EM retrouve un mélange de distributions gaussiennes, mais l'algorithme des 2-moyennes est plus en difficulté.*

Sur la figure de droite, l'algorithme des 2-moyennes sépare les points en deux classes. La surface séparatrice est la droite médiatrice des centres de gravité des classes trouvées (en pointillés). La matrice de confusion de la classification des données initiales est la suivante (ce qui donne une erreur de 34 %) :

	classe 1	classe 2
classe 1	162	125
classe 2	10	308

4. Méthodes spectrales de catégorisation

Comme les sections précédentes l'ont montré, l'une des approches les plus utilisées pour la catégorisation est générative, c'est-à-dire pour laquelle on cherche à identifier la distribution sous-jacente des données $\mathbf{P}_\mathcal{X}$. Une méthode standard est d'utiliser un algorithme tel que EM (*Expectation-Maximization*) (annexe 7) qui recherche un mélange de distributions. Ce type d'approches souffre de plusieurs inconvénients. D'abord, l'estimation de densités paramétriques requiert la plupart du temps de faire des hypothèses (trop) simplificatrices, par exemple, que la distribution de probabilités est gaussienne. Ensuite, la log-vraisemblance peut présenter de nombreux minima locaux, ce qui implique d'utiliser une stratégie de recherche à partir de plusieurs initialisations. Les algorithmes tels que les k-moyennes connaissent les mêmes problèmes. Une approche différente a été proposée, qui utilise des méthodes « spectrales » pour la catégorisation. L'idée générale est d'employer les premiers vecteurs propres d'une matrice dérivée des distances entre les points représentant les données.

L'origine des méthodes spectrales est attribuée à Donath et Hoffman [DH03] et Fiedler [Fie73] pour leurs travaux sur, respectivement, la partition d'un graphe à partir de sa matrice d'adjacence et la relation entre la bi-partition d'un graphe et le deuxième vecteur propre du Laplacien correspondant. Le terme « méthode spectrale » provient donc du fait que l'on étudie l'ensemble des valeurs propres (i.e. spectre) d'une matrice qui correspond à un graphe. Il existe en effet des résultats théoriques intéressants qui permettent de relier les valeurs propres de la matrice d'un graphe au nombre de composantes connexes du graphe (nombre de sous-graphes indépendants). Ces méthodes ont largement été adaptées à d'autres domaines et, en particulier, à l'apprentissage non supervisé.

Il est peut-être utile de revenir sur les notions de *vecteurs propres* et de *valeurs propres*. Soit une matrice A, s'il existe un vecteur non nul tel que $A\mathbf{x} = \lambda\mathbf{x}$, alors $\mathbf{x}$ est un vecteur propre de A avec la valeur propre λ associée. On peut voir la matrice A comme une fonction qui prend des vecteurs et les projette en d'autres vecteurs. Pour la plupart, les vecteurs seront projetés en des vecteurs complément différents, mais les vecteurs propres changent seulement en longueur, et ce changement de longueur est lié à la valeur propre λ.

Les méthodes spectrales de catégorisation résolvent le problème classique : étant donné un ensemble de points $\{\mathbf{x}_i\}_{i=1..m}$, avec $\mathbf{x}_i \in \mathbb{R}^d$, et une mesure de similarité entre toutes les paires de points $(\mathbf{x}_i, \mathbf{x}_j)$, partitionner les points en groupes *(clusters)* tels que les points à l'intérieur d'un groupe soient similaires, tandis que les points de groupes différents soient très peu similaires.

Les algorithmes de catégorisation spectrale prennent comme point de départ un graphe de similarité pondéré $G(V, E)$, où les sommets, pris dans V, correspondent aux points et les poids, dans E, aux similarités entre paires de points. Lidée principale est donc de considérer les données comme les sommets d'un graphe et de les relier par une arrête si elles sont jugées comme similaires, ou bien de relier tous les points en fonction de leur similarité. Par exemple, on utilise fréquemment une mesure de similarité gaussienne : $\forall\, \mathbf{x}_i, \mathbf{x}_i \in V, w(\mathbf{x}_i, \mathbf{x}_i) = \exp(-\frac{\|\mathbf{x}_i - \mathbf{x}_j\|^2}{2\sigma_k^2})$. Une fois le graphe obtenu, le problème de clustering peut-être reformulé comme un problème de partition du graphe à laide des méthodes spectrales.

Nous notons $W = w(\mathbf{x}_i, \mathbf{x}_i)_{i,j \in \{1,\dots,m\}}$ la matrice dadjacence pondérée de $G(V, E)$. Enfin, nous notons $\forall i \in \{1,\dots,m\}, d_i = \sum_{j=1}^{m} w(\mathbf{x}_i, \mathbf{x}_i)$ le degré du sommet $\mathbf{x}_i$, c'est-à-dire la somme de ses similarités avec les autres données, et la matrice des degrés D est définie comme la matrice diagonale des $d_1, \dots, d_m$.

La **matrice Laplacienne** (non normalisée) d'un graphe est définie par :

$$L = D - W$$

La matrice normalisée symétrique est définie par :

$$L_{\text{norm}} = I\,D^{-1/2}\,W\,D^{-1/2}$$

Théorème 16.1 (Propriétés de L)

La matrice L satisfait les propriétés suivantes :

1. $\forall f \in \mathbb{R}^m \;:\; f^\top L f = \frac{1}{2} \sum_{i=1}^{m} \sum_{j=1}^{m} w(\mathbf{x}_i, \mathbf{x}_i)\,(f_i - f_j)^2$

2. L est symétrique définie positive.

3. La plus petite valeur propre de L est 0 et son vecteur propre associé est le vecteur constant $(1, \dots, 1)^\top$.

4. L possède m valeurs propres dans $\mathbb{R}_+^\star$, telles que $0 = \lambda_1 \leq \lambda_2 \leq \dots \leq \lambda_m$.

Pour une démonstration, se référer par exemple à [VL07]. Suit alors le théorème crucial.

Théorème 16.2 (Lien entre les composantes connexes de G et les valeurs propres de L)

Soit un graphe G non orienté est avec des poids positifs et L sa matrice Laplacienne. Alors la multiplicité k de la valeur propre 0 de L correspond au nombre de composantes connexes $A_1, A_2, \dots, A_k$ dans G. Le sous-espace propre correspondant à la valeur propre 0 est engendré par les vecteurs indicateurs $\mathbb{1}_{A_1}, \mathbb{1}_{A_2}, \dots, \mathbb{1}_{A_k}$

Démonstration. Supposons d'abord $k = 1$ et $f = u_0$ où u_0 est un vecteur propre associé à la valeur propre 0. Alors d'après le point 1 du théorème 16.2, on a :

$$u_0^\top L u_0 = \frac{1}{2} \sum_{i=1}^{m} \sum_{j=1}^{m} w(\mathbf{x}_i, \mathbf{x}_i)(u_{0_i} - u_{0_j})^2 \iff 0 = \frac{1}{2} \sum_{i=1}^{m} \sum_{j=1}^{m} w(\mathbf{x}_i, \mathbf{x}_i)(u_{0_i} - u_{0_j})^2$$

car $L u_0 = \vec{0}$. Or $w(\mathbf{x}_i, \mathbf{x}_i) \geq 0$, donc la double somme ne peut s'annuler que si $u_{0_i} = u_{0_j}$. u_0 doit donc être constante pour tous les sommets qui font partie d'un chemin dans G. Comme G est un graphe non orienté, tous les sommets font partie d'un chemin et u_0 doit être constant sur tout le graphe, c'est-à-dire sur l'ensemble d'une composante connexe.

Soit $k > 1$. On peut ré-écrire L sous la forme d'une matrice bloc diagonale : $\begin{pmatrix} L_1 & & & \\ & L_2 & & \\ & & \ddots & \\ & & & L_k \end{pmatrix}$

où chaque L_i correspond à la matrice Laplacienne de la i-*ème* composante connexe du graphe G. On peut alors ré-appliquer le raisonnement utilisé pour $k = 1$ à tous les L_i de manière indépendante. Les vecteurs propres de L se comportent comme des vecteurs indicateurs. Les lignes du vecteur propre correspondant au bloc L_i vaudront 1 (et 0 sinon). Ainsi, la multiplicité de la valeur propre 0 de L correspond effectivement au nombre de composantes connexes de G. $\quad\square$

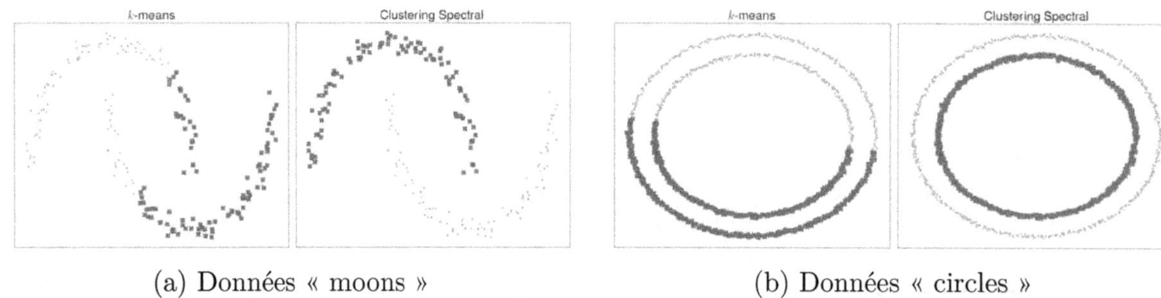

(a) Données « moons »   (b) Données « circles »

FIGURE 16.10 : *Illustration du clustering spectral sur deux jeux de données classiques : (a) don-nées « moons », deux classes en forme de croissants imbriquées et (b) données « circles », deux cercles concentriques, chacun représentant une classe. Une mé-thode basée sur une distance L_p dans $\mathbb{R}^2$ échoue à séparer les classes. Une méthode spectrale sépare correctement les deux structures géométriques.*

Toutefois, les groupes identifiés par clustering spectral ne sont pas uniquement composés des composantes connexes de G. Le calcul des vecteurs propres permet de représenter les données initiales dans un espace différent où les données similaires sont davantages regroupées que dans lespace initial, ce qui permet de mieux identifier les groupes. Cet espace est généré par les vecteurs propres de L : c'est un sous-espace propre de L. Une fois que les données ont été projetées dans cet espace, on applique des méthodes de clustering (comme l'algorithme des k-moyennes) pour identifier les groupes.

Algorithme 31 : Algorithme de catégorisation spectrale

Données : Échantillon S de m points $\{\mathbf{x}_i\}_{i=1..m}$ avec $\mathbf{x}_i \in \mathbb{R}^d$
Résultat : Une partition de S en k clusters $C_1, \ldots, C_k$
début

> 1. Calculer la matrice de similarité $\mathbf{W}$: $w(\mathbf{x}_i, \mathbf{x}_i) = \exp\left(-\frac{\|\mathbf{x}_i - \mathbf{x}_j\|^2}{2\sigma_k^2}\right), \quad \forall \mathbf{x}_i, \mathbf{x}_j$
> 2. Calculer la matrice $\mathbf{D}$: $D_i = \sum_{j=1}^{m} w(\mathbf{x}_i, \mathbf{x}_i)$
> 3. Calculer la matrice laplacienne : $\mathbf{L} = \mathbf{D} - \mathbf{W}$
> 4. Calculer les k premiers vecteurs propres $(\mathbf{u}_1, \ldots, \mathbf{u}_k)$ de $\mathbf{L}$
> 5. Concaténer $\mathbf{u}_1, \ldots, \mathbf{u}_k$ en une matrice $\mathbf{U} \in \mathbb{R}^{m \times k}$
> 6. Poser $\mathbf{y}_i \in \mathbb{R}^k$ le vecteur représentant la i-$ème$ ligne de $\mathbf{U}$ avec $i \in [\![1, \ldots, m]\!]$
> 7. Classer les points $\{\mathbf{y}_i\}_{1, \ldots, m}$ dans l'espace $\mathbb{R}^k$ avec un algorithme, par exemple les k-moyennes, pour former les groupes $C_1, \ldots, C_k$

fin

L'algorithme 31 est un exemple de catégorisation spectrale dans lequel la mesure de similarité $\exp\left(-\frac{\|\mathbf{x}_i - \mathbf{x}_j\|^2}{2\sigma_k^2}\right)$ est utilisée.

Les algorithmes de clustering spectral se révèlent intéressants, par exemple lorsque des classes ne se déduisent pas facilement d'une métrique simple dans l'espace de définition (figure 16.10). Nous reportons les lecteurs intéressés à l'article de synthèse de [VL07] et à l'introduction très bien faite sur https ://towardsdatascience.com/spectral-clustering-aba2640c0d5b.

5. La classification de données symboliques

5.1 Les données binaires et catégorielles

Quand on quitte l'espace de représentation $\mathbb{R}^d$, de nouveaux problèmes apparaissent pour la classification automatique. Prenons d'abord le cas des données binaires, dans lequel chaque exemple objet est un vecteur de $\mathbb{B}^d$ composé de d bits. Quelles mesures de distance peut-on proposer dans une telle représentation ?

La distance la plus simple est celle de Hamming, qui mesure le nombre de bits différents entre deux objets, divisé par d. Sa valeur est donc toujours comprise entre 0 et 1. Toutefois, on peut proposer d'autres mesures, qui ne vérifient pas forcément les propriétés de la distance. Soient deux objets $\mathbf{x}$ et $\boldsymbol{y}$ de $\mathbb{B}^d$. Notons :

- a le nombre d'attributs qui sont $VRAI$ pour $\mathbf{x}$ et $\mathbf{y}$;

- b le nombre de ceux qui sont $VRAI$ pour $\mathbf{x}$ et $FAUX$ pour $\mathbf{y}$;

- c le nombre de ceux qui sont $FAUX$ pour $\mathbf{x}$ et $VRAI$ pour $\mathbf{y}$;

- d le nombre d'attributs qui sont $FAUX$ pour $\mathbf{x}$ et $\mathbf{y}$.

Les mesures de dissimilarité suivantes entre $\mathbf{x}$ et $\mathbf{y}$ sont classiques :

Nom	Formule	Commentaire
Hamming	$\frac{c+d}{a+b+c+d}$	est une distance
Russel et Rao	$1 - \frac{a}{a+b+c+d}$	ne vérifie pas la première propriété de la distance
Jaccard	$1 - \frac{a}{a+b+c}$	est une distance
Yule	$1 - \frac{ad-bc}{ad+bc}$	

Il est difficile d'appliquer l'algorithme non hiérarchique des k-moyennes à des données binaires, car il fait appel à la notion de centre de gravité *a priori* intraduisible dans $\mathbb{B}^d$. Certains auteurs ont proposé des techniques empiriques pour contourner la situation. Nous en verrons un exemple à la section suivante (dans le cas de la représentation attribut-valeur) qui peut s'appliquer en particulier à celui de la logique des propositions.

En revanche, les algorithmes hiérarchiques peuvent toujours s'appliquer, à condition de savoir calculer un indice ultramétrique entre deux ensembles d'objets binaires. Les indices du lien simple et de Ward sont en particulier calculables, car ils ne font pas appel au centre de gravité des ensembles. Nous verrons aussi au chapitre 25 que l'on ne peut pas mesurer la ressemblance entre deux objets binaires avec le nombre de propositions logiques qui ne valent par exemple $VRAI$ sur les deux que si on limite volontairement l'ensemble des propositions disponibles par un biais (par exemple, si on décide de n'y mettre que les conjonctions).

5.2 Les attributs nominaux : la représentation attribut-valeur

Dans le cas où les attributs sont catégoriels (nominaux), un grand nombre de méthodes hiérarchiques ont été proposées. Elles sont fondées sur le calcul d'une distance entre objets catégoriels, puis sur son extension à un indice ultramétrique.

—— EXEMPLE ——————————————————————————————————

Prenons l'exemple suivant. Un oiseau est défini par trois attributs :

- le fait que son bec soit *aplati* ou non : $aplati = VRAI$ et $aplati = FAUX$
- sa *taille* qui peut prendre trois valeurs : *petite*, *moyenne* ou *grande*;
- la *couleur* de son cou qui peut prendre quatre valeurs *roux*, *orange*, *gris* ou *noir*.

Soient deux oiseaux définis par :

	aplati	taille	couleur	nom
$\mathbf{x}_1$	$VRAI$	moyenne	roux	nette rousse
$\mathbf{x}_2$	$FAUX$	moyenne	noir	corneille noire

On peut par exemple généraliser la distance de Hamming par le calcul suivant [6] :

$$\Delta(\mathbf{x}_1, \mathbf{x}_2) = 1 - (1 + 0 + 3) = 1 - \frac{1}{3}\left(2\frac{1}{2} + 3\frac{0}{3} + 4\frac{1}{4}\right) = \frac{1}{3}$$

Cette formule peut aussi être remplacée par la suivante, qui considère que $aplati = VRAI$ et $aplati = FAUX$ sont en quelque sorte deux fois moins différents que $couleur = roux$ et $couleur = noir$, puisqu'il y a deux modalités pour la première variable et quatre pour la seconde :

$$\Delta(\mathbf{x}_1, \mathbf{x}_2) = 1 - \frac{1}{3}\left(\frac{1}{2} + \frac{0}{3} + \frac{1}{4}\right) = 1 - \frac{1}{3}\frac{3}{4} = 0.75$$

Cette dernière expression varie entre $\frac{1}{3}(\frac{1}{2} + \frac{1}{3} + \frac{1}{4}) = 1 - \frac{1}{12}(6 + 4 + 3) \approx -0.083$ et 1, mais il est facile de la ramener entre 0 et 1 si nécessaire.

——

Il est intéressant de noter que plusieurs méthodes fondées sur les concepts de l'espace des versions (chapitre 4) ont été proposées pour construire des classifications non hiérarchiques. On a remarqué plus haut que la méthode des k-moyennes n'est pas applicable, car la notion de centre de gravité n'existe plus. Néanmoins, il est possible de construire des algorithmes analogues comme $CLUSTER/2$ [MS83] (schématiquement donné dans l'algorithme 32).

——

Algorithme 32 : Un algorithme de classification non hiérarchique pour données symboliques

Fixer le nombre de classes : k.
répéter
    Choisir k objets amorces
    pour chaque *amorce* **faire**
      | Apprendre un ensemble de concepts discriminants vis-à-vis des autres amorces
    fin
    Modifier les concepts pour en déduire un ensemble de partitions sur les objets.
    Choisir la meilleure
jusqu'à *Le test de fin est satisfait*

——

6. Nous ne donnons pas la formule générale, qui n'ajoute rien à la compréhension.

Quelques commentaires sont nécessaires pour préciser cet algorithme.

- Le choix des amorces n'est effectué au hasard que la première fois. Quand la partition trouvée est meilleure que la meilleure partition courante, on cherche à l'améliorer encore en choisissant des objets « au centre » de chaque classe. Sinon, on cherche à la corriger en choisissant des objets « au bord » de chaque classe.

- La qualité d'une partition est évaluée par un mélange de critères, parmi lesquels :
  1. l'adéquation d'un concept, c'est-à-dire le nombre d'objets qu'il peut couvrir par rapport au nombre d'objets qu'il couvre dans l'ensemble à classer ;
  2. la simplicité d'un concept, que l'on peut mesurer par le nombre d'attributs qui y sont présents ;
  3. l'intersection des concepts : elle est nulle dans l'ensemble des objets à classer, mais peut se mesurer dans l'absolu.

5.3   Les données logiques

Que devient l'apprentissage non supervisé dans des données décrites par des structures symboliques complexes comme les formules de la logique des prédicats ou les arbres ? Ce sujet est difficile, puisque la notion de distance ou de similarité dans ces espaces de représentation n'est pas naturelle. Pourtant, il est la clé du développement de la fouille de données pour la découverte de concepts évolués.

Il existe un certain nombre de travaux de conceptualisation et de réalisation dans ce domaine. Il faudrait introduire de nouveaux concepts et de nouvelles définitions pour aborder le sujet, même rapidement. Nous préférons donc ici renvoyer le lecteur à l'article de synthèse de Bisson dans [DKBM00] sur la notion de similarité dans les domaines statistiques et symboliques.

6.   L'évaluation et la validation de l'apprentissage non supervisé

L'apprentissage non supervisé est par nature une activité exploratoire. Elle se place souvent en amont dans les projets pour aider à estimer s'il y a de l'information dans les données, et si des structures (clusters, motifs fréquents, règles d'association) y semblent présentes. Du fait de cette ouverture d'esprit, a priori, l'expert et le *data scientist* sont prêts à considérer une large variété de découvertes, au risque de voir des structures là où elles ne résultent que d'accidents dans les données ou de biais mal mesurés dans les méthodes mises en jeu. Puisqu'il n'y a pas, comme en apprentissage supervisé, de « vérité terrain » offrant un point de comparaison, l'évaluation et la validation de résultats d'apprentissage non supervisé sont particulièrement délicates. L'expérience montre qu'il arrive que les experts soient très satisfaits d'un résultat d'apprentissage non supervisé, et parviennent très bien à en donner une interprétation qui leur semble solide, alors même qu'une étude ultérieure révèle que les structures découvertes résultent d'artefacts, voire d'erreurs de manipulation. Il faut donc être très prudent lorsque l'on présente des résultats et résister à la tentation de sur-interprétations hâtives.

Dans la suite, nous nous focalisons sur le clustering. Deux questions se posent en général d'emblée lorsque l'on met en œuvre une méthode de clustering : quelle distance utiliser ? Quel nombre de clusters favoriser ? Chaque choix produit un résultat, souvent différent de ceux obtenus avec d'autres choix. Comment savoir quel est le meilleur ? Par exemple, faut-il utiliser une distance euclidienne, qui favorise les structures sphériques, ou bien une distance euclidienne avec des poids sur les dimensions, autorisant des structures plus complexes, mais alors avec quels poids ? La distance de Mahalanobis permet aussi une certaine flexibilité, mais sa matrice de covariance est très coûteuse à inverser, ce qui peut être rédhibitoire. Et les choix possibles ne s'arrêtent pas là.

Plusieurs approches sont possibles pour estimer la qualité d'un clustering :

1. *Comparaison à des attentes sur la structure.* Ces attentes peuvent s'exprimer à l'aide :

   - de critères mesurant la conformité à des desiderata sur les clusters semblant raisonnables. On parle de *critères internes* car ils se réfèrent seulement à des propriétés des clusters trouvés ;

   - d'une distance à une partition fournie des données. On parle alors de *critères externes* puisqu'une information supplémentaire, au-delà des données, est fournie.

2. *Écart à une hypothèse nulle* traduisant l'absence de structure. Par exemple, on peut générer des échantillons de données aléatoirement, selon une distribution uniforme, et comparer le résultat à celui obtenu avec les données réelles. Cette comparaison peut mettre en jeu des critères internes ou externes.

3. *Mesure de stabilité* lorsque l'on fait varier les paramètres de l'algorithme (ex. le nombre de clusters, la distance choisie) ou lorsque l'on perturbe un peu les données. Ici aussi, la stabilité peut être mesurée grâce à des critères internes ou externes. On s'attend à ce qu'un clustering révélant des structures « réelles » soit robuste par rapport à des perturbations. On pourra ainsi choisir les meilleurs paramètres de l'algorithme en sélectionnant ceux qui sont dans les plages de plus grande stabilité pour les résultats fournis.

6.1 Critères internes d'évaluation de clustering

Les critères internes caractérisent par un nombre l'accord entre une attente sur la structure des clusterings idéals et celle obtenue par un algorithme sur les données. Typiquement, on aimerait avoir des clusters aussi compacts que possible et maximalement distincts entre eux. Évidemment, si les régularités du phénomène observé n'obéissent pas à ces attentes, les critères vont leur donner une mauvaise évaluation et l'on va passer à côté de la vraie nature des données.

Les indices diffèrent par leur mesure de l'intra-similarité des clusters et de celle de leur dissimilarité.

Indice Silhouettes

L'indice Silhouettes est souvent employé. Il mesure une certaine valeur pour chaque point $\mathbf{x}$, puis ces valeurs sont portées sur un graphe, organisées par cluster. Pour chaque cluster, on porte les valeurs des points leur appartenant, ordonnées par valeur croissante ou décroissante. Cela fournit une sorte de silhouette à partir de laquelle on peut évaluer la qualité du clustering (figure 16.11).

Spécifiquement, pour chaque point $\mathbf{x}_i$, notons $d(\mathbf{x}_i, \mathcal{P}_j)$ la distance moyenne entre le point $\mathbf{x}_i$ et ceux du cluster $\mathcal{P}_j$. Soit $c(i)$ l'indice du cluster auquel appartient $\mathbf{x}_i$. On note $a(\mathbf{x}_i) = d(\mathbf{x}_i, \mathcal{P}_{c(i)})$ la distance moyenne de $\mathbf{x}_i$ aux points de son propre cluster. Et soit $b(\mathbf{x}_i) = \min_{k \neq c(i)} d(\mathbf{x}_i, \mathcal{P}_k)$, la distance moyenne de $\mathbf{x}_i$ aux points du cluster le plus proche.

A priori, on s'attend à ce que $a(\mathbf{x}_i)$ soit nettement inférieur à $b(\mathbf{x}_i)$. On prend donc la différence $a(\mathbf{x}_i) - b(\mathbf{x}_i)$ comme un indicateur de la qualité du clustering du point de vue de $\mathbf{x}_i$, et on divise par $b(\mathbf{x}_i)$ pour obtenir une quantité ≤ 1. Il ne serait cependant pas impossible

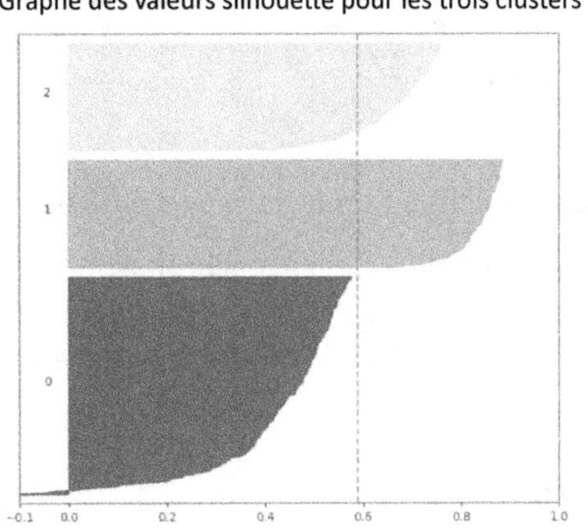
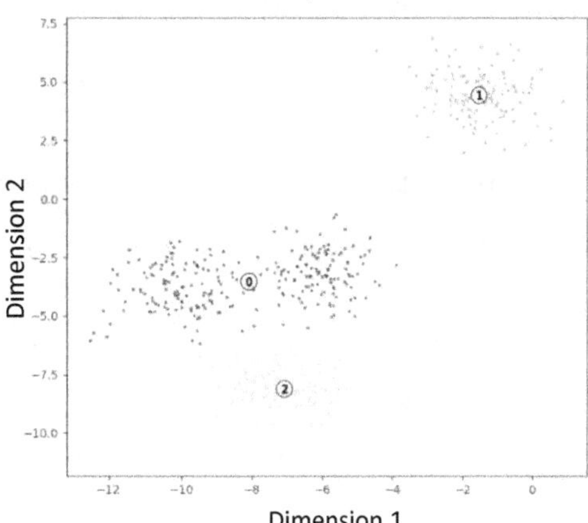

FIGURE 16.11 : *Le graphe des valeurs de silhouette pour des points mis dans trois clusters par un algorithme des k-moyennes. On peut voir que le cluster (1) des points en haut à droite du graphe de droite a de hautes valeurs, ce qui indique un cluster compact et bien distinct des autres. En revanche, le cluster (0) du milieu, en forme de haricot, est associé à une mauvaise silhouette : ses points ont des valeurs assez basses qui diffèrent beaucoup entre elles, contrairement aux valeurs pour le cluster (1), assez proches les unes des autres.*

que $a(\mathbf{x}_i) > b(\mathbf{x}_i)$. On prend donc la définition suivante comme mesure de silhouette pour le point $\mathbf{x}_i$:

$$s(\mathbf{x}_i) \;=\; \frac{b(\mathbf{x}_i) - a(\mathbf{x}_i)}{\max\big(a(\mathbf{x}_i), b(\mathbf{x}_i)\big)}$$

Indice de Davies-Bouldin

On mesure d'abord la dispersion d'un cluster, notons-le $\mathcal{P}_i$. Soit $|\mathcal{P}_i|$ son cardinal, et $\boldsymbol{\mu}_i$ son centroïde. La mesure prend en compte tous les points $\mathbf{x}_j$ qui lui sont attribués.

$$s_i \;=\; \left(\frac{1}{|\mathcal{P}_j|} \sum_{j=1}^{|\mathcal{P}_j|} |\mathbf{x}_j - \boldsymbol{\mu}_i|^p\right)^{1/p}$$

On définit ensuite une mesure de séparation entre clusters, par exemple les clusters $\mathcal{P}_i$ et $\mathcal{P}_j$

$$M_{i,j} \;=\; ||\boldsymbol{\mu}_i - \boldsymbol{\mu}_j||_p \;=\; \left(\sum_{k=1}^{d} |\boldsymbol{\mu}_{i,k} - \boldsymbol{\mu}_{j,k}|^p\right)^{1/p}$$

où $\boldsymbol{\mu}_{i,k}$ est la k^{e} composante du vecteur $\boldsymbol{\mu}_i$.

On définit alors :

$$R_{i,j} \;=\; \frac{s_i + s_j}{M_{i,j}}$$

Puis :

$$D_i \;=\; \max_{j \neq i} R_{i,j}$$

Si N est le nombre de clusters, on définit finalement l'indice de Davies-Bouldin :

$$DB = \frac{1}{N} \sum_{i=1}^{N} D_i$$

La meilleure partition de l'ensemble des points est celle qui minimise cet indice.

Il existe de nombreux autres critères internes, par exemple l'indice de Dunn, souvent employé. Tous ces indices ou critères favorisent un certain type de régularités et ne sont donc pas absolus. Il faut savoir prendre les résultats avec précaution et définir éventuellement l'indice adapté à la tâche étudiée.

6.2 Critères externes d'évaluation de clustering

Les critères externes visent à mesurer une distance entre partitions d'un jeu de données. Les critères diffèrent pour des partitions « dures » dans lesquelles un point appartient ou non à une partie, et pour des partitions « douces » *(fuzzy)* pour lesquelles le degré d'appartenance peut prendre une valeur dans l'intervalle $[0, 1]$.

Nous avons vu dans la section 5.1 la *distance de Jaccard*. Elle est souvent employée comme critère externe de comparaison entre partitions.

Adaptons les notations au problème de la comparaison de deux clusterings $\mathcal{C}$ et $\mathcal{C}'$ des mêmes m points :

- a le nombre d'exemples qui sont dans le même cluster du clustering $\mathcal{C}$ et dans le même cluster dans le clustering $\mathcal{C}'$;

- b le nombre d'exemples qui sont dans le même cluster du clustering $\mathcal{C}$ mais dans des clusters différents dans le clustering $\mathcal{C}'$;

- c le nombre d'exemples qui ne sont pas dans le même cluster du clustering $\mathcal{C}$ mais dans le même cluster dans le clustering $\mathcal{C}'$;

- le nombre d'exemples qui ne sont pas dans le même cluster du clustering $\mathcal{C}$ et pas dans le même cluster non plus dans le clustering $\mathcal{C}'$.

Indice de Jaccard

$$J = \frac{a}{a + b + c} = 1 - \delta_J$$

où δ_J est la distance de Jaccard.

On a $J \in [0, 1]$, 0 correspondant à deux clusterings complètement différents : aucune paire de points qui appartiennent à un même cluster dans $\mathcal{C}$ sont dans un même cluster dans $\mathcal{C}'$, et la valeur 1 correspondant à deux clusterings qui partitionnent les points de la même manière.

Indice de Rand

Cet indice est une autre mesure de similarité entre partitions. Il vaut :

$$R = \frac{a + d}{C(m, 2)}$$

où m est le nombre total de points de $\mathcal{S}$ et $C(m, 2) = \binom{m}{2}$ est le nombre de paires de points distinctes pouvant être choisies dans $\mathcal{S}$. L'indice de Rand représente la fréquence d'accord entre les clusterings sur toutes les paires de points.

6.3 Critères de stabilité des résultats de clustering

Certains critères statistiques ont été proposés pour tester la signification d'un résultat de classification [Boc85]. Ils sont basés sur l'idée de mesurer les écarts de certaines quantités statistiques, comme la plus grande distance entre voisins les plus proches, par rapport à ce qui serait attendu si les points de données étaient répartis de manière homogène dans l'espace d'entrée. Toutefois, cette approche présente plusieurs limites. Premièrement, les quantités statistiques suggérées ne sont pas générales, mais biaisées vers la découverte de clusters convexes. Deuxièmement, le taux de convergence du test statistique est si lent ($\mathcal{O}(\log n)^{-1}$) qu'il nécessite d'énormes quantités de données pour donner quelques indices utiles. Enfin, il exige que l'utilisateur soit capable de deviner certaines quantités, comme le volume dans lequel se trouvent les données, difficiles à calculer lorsque l'espace d'entrée n'est pas de faible dimension.

De même, des approches bayésiennes du regroupement basé sur un modèle (par exemple, un mélange de distributions gaussiennes) ont été proposées pour obtenir des mesures de validité telles que le facteur de Bayes. Cependant, ces propositions dépendent de certains modèles préconçus du monde, et elles sont souvent basées sur des approximations asymptotiques qui sont difficiles à satisfaire dans des applications réelles.

Un autre indicateur est la variabilité des résultats lorsque l'échantillonnage des données, ou les valeurs des paramètres, ou l'algorithme de classification est modifié : une robustesse à ces variations est souvent interprétée comme l'indication que la structure découverte dans les données est significative.

Pour mesurer cette variabilité, il existe plusieurs *indices* : des *Indices externes* (utilisés pour savoir dans quelle mesure les étiquettes de clusters correspondent aux étiquettes de classes fournies par l'extérieur), dont l'un des plus importants est l'indice Rand [Ran71], des *Indices internes* (utilisés pour mesurer la qualité d'une structure de clustering sans tenir compte des informations externes) et des *Indices relatifs* (utilisés pour comparer deux clusterings différents). Malheureusement, même si la stabilité des résultats est souvent un bon indicateur du fait que la structure découverte est réellement présente dans les données, elle peut également être trompeuse dans certaines circonstances. En effet, la forme de la variété dans l'espace $\mathcal{X}$ sur laquelle se trouvent les données peut faire converger fortement une méthode donnée vers certaines solutions sous-optimales.

6.4 Utilisation de visualisations

Notre appareil visuel est sans pareil pour savoir détecter des formes, mais il faut que les nuages de points soient en 2D ou en 3D. La majorité des tâches de clustering impliquant des espaces d'entrée de plus grande dimension, il est nécessaire de savoir choisir les bonnes projections, ce qui correspond à une autre tâche non supervisée : la sélection des attributs ou la redescription par combinaisons des attributs de base.

Notes historiques et sources bibliographiques

Les sources philosophiques de la classification sont anciennes et nombreuses et la classification automatique est toujours l'objet de débats de fond. L'argument de Hume, relayé par Borges, est en effet simple et confondant : « Il n'existe pas de classification de l'univers qui ne soit arbitraire et conjecturale. La raison en est fort simple : nous ne savons pas ce qu'est l'univers ».

Sur un plan opérationnel, s'il ne s'agit que d'opposer les classes par leur nature géométrique et statistique (et non pas de découvrir leur nature cachée), les travaux remontent à Pearson (1894). Les mesures statistiques et les algorithmes ont été développés en particulier dans le cadre des sciences naturelles, mais aussi en reconnaissance de formes et en statistique appliquée. Les besoins actuels de la fouille de données ont fourni une nouvelle impulsion à ce domaine, en particulier par l'introduction des techniques de découverte des associations entre attributs binaires, l'étude des mélanges supervisés et non supervisés et l'invention du co-apprentissage. L'ouvrage de Jain et Dubes [JD88] est une somme théorique et pratique constamment citée en classification automatique « classique ». Les ouvrages en français sont nombreux et reflètent la vigueur de ce domaine en France : [Cel89, Ler81, Sap90, Jam89, Leb95, BD00].

Résumé

- Il existe toute une variété de méthodes pour séparer en classes un ensemble d'apprentissage non supervisé.

- Ces méthodes peuvent induire une hiérarchie de partitions sur l'ensemble ou une partition avec un nombre donné de classes.

- Ces méthodes s'appliquent naturellement aux données numériques, mais peuvent s'étendre aux données binaires ou symboliques.

- La théorie sur l'apprentissage non supervisé est bien moins avancée que la théorie pour l'apprentissage supervisé en environnement stationnaire.

- L'évaluation des résultats d'un apprentissage non supervisé est nécessairement fondée sur des attentes *a priori* exprimées sours forme d'indice divers, ou sur les dires d'experts.

Chapitre 17

Arthur DEMPSTER (1929-)

L'apprentissage semi-supervisé

Les techniques décrites jusqu'ici supposaient essentiellement que les données étaient soit étiquetées, cas de l'apprentissage supervisé, soit non étiquetées, cas de l'apprentissage non supervisé. Cependant, de plus en plus d'applications comportent à la fois des exemples étiquetés et d'autres qui ne le sont pas. En est-on alors réduit à adopter l'une ou l'autre des deux familles de techniques d'apprentissage en se résignant à perdre les informations présentes dans le type de données que l'on ne pourra pas traiter ?

Les travaux récents essaient de répondre à ce défi par le développement de méthodes pouvant s'accommoder et tirer parti des deux types de données. C'est ce que l'on appelle l'apprentissage semi-supervisé. Il est encore loin d'être totalement compris et demande de prendre des précautions. Cependant, il est essentiel, à la fois pour faire face aux nouvelles applications, mais aussi pour le développement conceptuel du domaine de l'apprentissage.

Sommaire

SUPPOSONS À NOUVEAU dans ce chapitre que la tâche d'apprentissage vise à savoir étiqueter des exemples pour lesquels il n'y a pas d'étiquette connue, soit parce qu'il est difficile et coûteux d'obtenir ces étiquettes, soit parce qu'il s'agit d'exemples non encore observés. On peut envisager, et il existe, des situations dans lesquelles certains exemples ont été étiquetés (on parlera d'*exemples supervisés*) et d'autres ne l'ont pas été (ce sont les *exemples non supervisés*). Ainsi, pour entraîner un trieur de pourriels (*spams*), on dispose souvent d'une base d'exemples de courriels étiquetés et d'une énorme masse de courriels non étiquetés.

1. Présentation

Le cadre classique de l'induction supervisée ne prévoit que l'utilisation des exemples supervisés pour guider la recherche d'une règle de prédiction. Pourtant, *a priori*, il semble qu'à tout le moins la considération des exemples non supervisés ne peut pas nuire à l'induction et qu'elle pourrait éventuellement apporter des informations sur la tâche. C'est de cette intuition que procède l'étude de l'apprentissage semi-supervisé *(semi-supervised learning)*. Plus précisément, bien souvent, les régularités du problème n'impliquent pas seulement la *forme* de la fonction cible, mais aussi *la relation de cette fonction avec la distribution des données*. Or, les exemples non supervisés apportent une information sur celle-ci, d'où leur utilité potentielle si l'on sait les utiliser.

De fait, quelques travaux pionniers ont proposé dans les années quatre-vingt-dix des méthodes attrayantes, tandis que certaines expériences montraient l'intérêt de ce type d'apprentissage. Cependant, d'autres expériences nous ont également averti que la prise en compte d'exemples non supervisés pouvaient parfois dégrader les performances par rapport à un apprentissage purement supervisé. Il est donc devenu clair qu'une analyse plus fondamentale était nécessaire afin de mieux comprendre les conditions permettant non seulement d'espérer, mais de garantir, des améliorations de performances.

Ce chapitre présente à la fois des algorithmes d'apprentissage semi-supervisé et les prolégomènes d'une analyse fondamentale. Il s'agit là d'un des champs de recherche les plus intéressants pour une évolution du domaine de l'apprentissage artificiel au-delà du cadre supervisé à partir de données i.i.d. classiques et pour le traitement de nouvelles applications. Il peut également éclairer l'apprentissage humain, qui fonctionne fréquemment en mode semi-supervisé.

1.1 Définition et illustration

L'apprentissage semi-supervisé cherche à extraire une règle de décision ou de régression d'un ensemble d'apprentissage, avec une particularité : cet ensemble contient à la fois des objets supervisés, c'est-à-dire étiquetés, et d'autres qui ne le sont pas.

On pourrait penser que la présence supplémentaire d'objets non supervisés ne peut rien apporter à l'apprentissage supervisé ; en réalité, il est souvent possible de les utiliser pour améliorer la règle de classification apprise sur les exemples supervisés.

—— Exemple **Apprentissage semi-supervisé sur $\mathbb{R}$** ————————————————————

Soient des points d'apprentissage placés sur la droite des réels, certains étant supervisés, avec une étiquette prise dans $\{0, 1\}$, d'autres étant non supervisés (voir la figure 17.1). En supposant que tous les points aient le même poids, le seuil de décision calculé pour les deux exemples supervisés passe au milieu (ligne en pointillés). En revanche, en prenant en compte les points non supervisés et en supposant qu'ils soient issus de deux gaussiennes, le seuil est déplacé afin de ne pas passer au milieu de nuages de points (ligne continue). Intuitivement, la seconde règle de décision est meilleure que la première.

L'écart entre les règles de décision et l'amélioration éventuelle de la performance en généralisation dépendent évidemment de la représentativité des points supervisés ou non. Une question est d'ailleurs de déterminer à partir de quelle taille d'échantillon supervisé il devient inutile de tenir compte des exemples non supervisés.

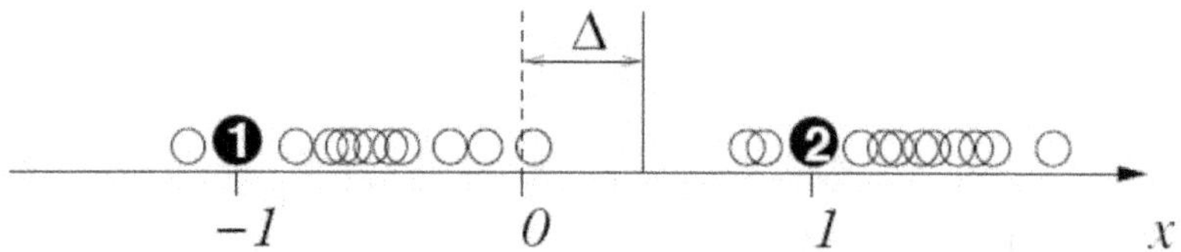

FIGURE 17.1 : *Les points (1) et (2) sont supervisés, les autres non. Δ est la distance entre le seuil de décision calculé à partir des exemples supervisés seuls (trait en pointillés) et le seuil obtenu en tenant compte des exemples non supervisés (trait continu).*

—— EXEMPLE   **Apprentissage semi-supervisé sur $\mathbb{R}^2$ (auto-apprentissage)** ————————

Prenons un autre exemple simple. Les objets d'apprentissage sont ici des éléments de $\mathbb{R}^2$. Les exemples supervisés sont notés par l'étiquette de leur classe ($+$ ou $-$) et les autres sont indiqués par des points.

La première opération consiste à apprendre une règle de classification sur les exemples supervisés. Ensuite, on classe les objets non supervisés selon cette règle. C'est ce qui est montré à la figure 17.2 (à droite). Les objets non supervisés sont indiqués après cette opération avec leur classe ($\oplus$ ou $\ominus$). Dans un troisième temps, puisque tous les objets sont désormais étiquetés, on peut recommencer l'apprentissage sur la totalité (figure 17.3). La règle de décision est modifiée et l'utilisation d'un ensemble de test montrerait qu'elle a été effectivement améliorée.

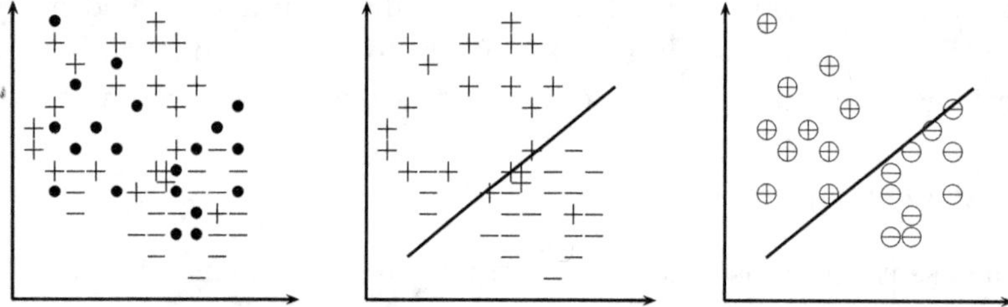

FIGURE 17.2 :   *À gauche : l'ensemble d'apprentissage, composé d'exemples supervisés et d'objets non supervisés. Au centre : la règle de classification calculée sur les exemples supervisés. À droite : la classification des objets non supervisés selon cette règle.*

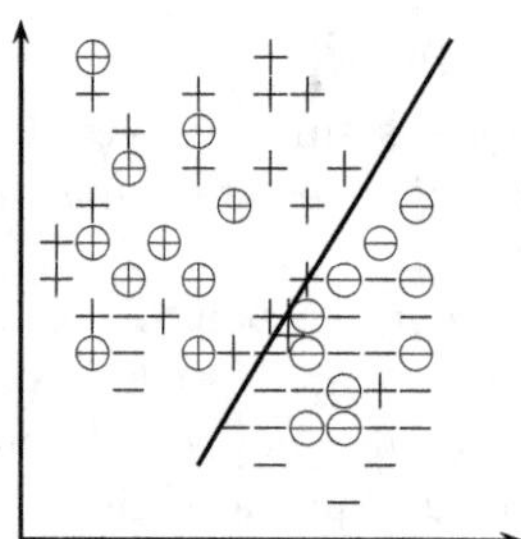

FIGURE 17.3 :   *L'apprentissage d'une règle de décision sur les exemples supervisés et les objets non supervisés désormais classés par la règle précédente. La nouvelle règle de classification obtenue est meilleure.*

Cet exemple est exagérément simplifié à deux titres. Le premier est que l'utilisation des objets non supervisés est trop naïve. La plupart du temps, dans ce type de méthode, on progresse par étapes plus prudentes en étiquetant de petites fractions successives des données non supervisées (cette méthode est appelée *auto-apprentissage*; nous y reviendrons dans la suite de ce chapitre). Le second est que la méthode semble à juste titre peu fiable : il est facile d'imaginer des échantillons qui dégraderaient le résultat plutôt que de l'améliorer, quelque précaution que l'on prenne. Cependant, cet exemple montre que l'apprentissage semi-supervisé peut parfois être opératoire. Peut-on donner d'une manière générale les conditions de l'efficacité de ce type d'apprentissage ?

En première approche, il semble nécessaire que les objets non supervisés apportent une information complémentaire mais non contradictoire aux exemples supervisés. Pour être moins vague, il faudra poser des hypothèses sur la répartition des exemples et sur celle des objets : des propriétés de convergence pourront alors en être induites. Il est donc nécessaire de donner une modélisation statistique de ce type d'apprentissage pour espérer en formuler des propriétés. Nous revenons sur cette question à la section 1.3.

1.2 Quelques notions de base

La définition de la section précédente peut se formaliser comme suit. On dispose d'un ensemble d'apprentissage composé de m objets, parmi lesquels l sont supervisés. On a donc, en les ordonnant :

$$\mathcal{S} = \mathcal{S}_s \cup \mathcal{S}_{ns} = \{(\mathbf{x}_i, y_i)\}_{i=1,l} \cup \{\mathbf{x}_i\}_{i=l+1,m}$$

Les éléments supervisés seront, selon le vocabulaire établi, appelés des *exemples* et les autres seront appelés des *objets* (on précisera *non supervisés* si nécessaire). Nous nous intéressons au cas de la classification, c'est-à-dire que les éléments y_i appartiennent à un ensemble fini $\mathcal{C}$.

L'apprentissage semi-supervisé peut avoir deux buts un peu différents :

1. Soit chercher à classer uniquement les objets de l'ensemble $\{\mathbf{x}_i\}_{i=l+1,m}$. On parle alors d'apprentissage *transductif*.

2. Soit trouver une fonction capable de classer tout objet de l'espace de représentation. On est alors dans le cas classique de l'apprentissage *inductif*.

L'apprentissage transductif pourrait être traité comme une problématique en soi, mais il est désormais traditionnel de le classer dans l'apprentissage semi-supervisé. L'apprentissage semi-supervisé inductif, qui correspond à l'exemple de la section précédente, vise *a priori* plus de généralité et semble donc plus difficile. On peut déjà remarquer qu'après avoir réalisé un apprentissage transductif, on se retrouve apparemment dans une situation d'apprentissage inductif classique. Nous verrons sur un exemple, dans la section 5.2.5, comment on peut aller un peu plus loin que cette idée simple.

1.3 Les principes des méthodes

Plaçons-nous d'abord dans le cas de l'apprentissage inductif. Pour que les objets non supervisés puissent aider les exemples à apprendre une règle de classification, il faut, dans un modèle statistique, que leur distribution puisse apporter de l'information sur les classes, bien que leur classe soit inconnue. Autrement dit, il faut que leur classification non supervisée (voir chapitre 16) produise des classes corrélées statistiquement avec celles des exemples.

Comme on traite un mélange entre données supervisées et non supervisées, on peut envisager deux approches, selon que l'on aborde le problème comme une induction compliquée par les données non supervisées, ou comme une classification non supervisée facilitée par des contraintes exprimées sous la forme d'exemples. La première approche inclut l'auto-apprentissage, mais aussi d'autres algorithmes, dits *génératifs*, comme l'identification au maximum de vraisemblance des paramètres des classes (modélisées en général comme des processus gaussiens). La seconde inclut une sorte de symétrique de l'auto-apprentissage (algorithme *cluster and label*) et des méthodes basées sur la théorie des graphes.

Quant aux méthodes transductives, elles sont fondées sur la théorie des graphes ou sur les techniques de maximisation des marges qui sont des extensions des SVM que nous avons étudiées au chapitre 14.

Les sections suivantes décrivent brièvement les méthodes en question.

2. Les modèles génératifs : apprentissage dans l'espace joint $\mathcal{X} \times \mathcal{Y}$

Rappelons que les modèles génératifs supposent que l'information acquise permet d'engendrer de nouvelles données dont la distribution ne peut pas être distinguée de celle des données réelles. Le modèle cherché est de la forme $\mathbf{p}(\mathbf{x}, y) = \mathbf{p}(y)\,\mathbf{p}(\mathbf{x}|y)$, où $\mathbf{p}(\mathbf{x}|y)$ est un mélange de distributions identifiable, par exemple un mélange de gaussiennes. À partir d'échantillons de données non supervisées de grande taille, dépendant de la dimension de l'espace d'entrée, les composantes du mélange peuvent être identifiées. Il suffit alors d'un exemple étiqueté par composante pour déterminer complètement le modèle génératif. En cela, les modèles génératifs constituent l'une des plus anciennes méthodes d'apprentissage semi-supervisé.

De plus, la technique de base pour identifier les composantes de mélange est l'algorithme EM, qui fonctionne à partir d'exemples supervisés et non supervisés (annexe 7).

2.1 L'utilisation de l'algorithme EM

D'une manière générale, comment utiliser la partie supervisée $\mathcal{S}_s$ des exemples pour étiqueter $\mathcal{S}_{ns}$, la partie non supervisée ? Nous allons décrire une procédure fondée sur l'algorithme EM, qui a été instanciée sur un certain nombre d'applications diverses. Rappelons que l'algorithme EM, dont l'annexe 7 donne une description, est utile pour l'apprentissage des HMM (chapitre 21) et pour l'estimation des paramètres des mélanges de distributions gaussiennes, en section 3 de ce même chapitre.

Pour simplifier, plaçons-nous dans le cas de deux classes, ce qui n'est en aucune façon limitatif, et donnons une version informelle du déroulement de cette méthode.

Il faut d'abord disposer d'un algorithme d'apprentissage fondé sur l'estimation de paramètres d'un modèle statistique. Typiquement, cet algorithme suppose par exemple que la distribution *a priori* de chacune des classes est gaussienne : les paramètres à estimer sont alors la moyenne et la matrice de covariance de la distribution de chaque classe. Ce problème sera traité dans le cas supervisé au chapitre 19. Par conséquent, une fois l'apprentissage par estimation des paramètres réalisé sur les données étiquetées $\mathcal{S}_s$, on peut calculer pour chacune des deux classes la probabilité estimée d'avoir engendré chaque exemple de $\mathcal{S}_s$ et de $\mathcal{S}_{ns}$.

Il est maintenant possible d'étiqueter chaque exemple par la règle MAP du maximum *a posteriori* de la classification bayésienne. Chaque exemple se verra donc attribuer l'étiquette de la classe qui a la plus grande probabilité de l'avoir engendré.

On peut désormais apprendre deux nouveaux modèles de classes sur l'ensemble des données, en utilisant l'étiquetage que l'on vient de réaliser. Ces deux nouveaux modèles donneront un nouvel étiquetage en deux classes de l'ensemble des données par le principe MAP, ce qui permettra de calculer deux modèles modifiés et ainsi de suite. Cette boucle sera poursuivie jusqu'à ce qu'aucun exemple ne change plus d'étiquette.

Plus largement, on peut considérer la classe de chaque exemple comme une variable cachée et utiliser l'algorithme EM pour l'estimer, avec pour résultat l'étiquetage de chaque exemple par une classe. Ceci conduit à l'algorithme générique 33.

Cette méthode générale a été particularisée pour l'apprentissage dans des problèmes variés où l'étiquetage est coûteux, comme en traitement de la langue naturelle écrite ou orale. On a ainsi réalisé l'apprentissage de modèles statistiques de séquences pour la syntaxe et le vocabulaire en reconnaissance de la parole, celui de modèles gaussiens naïfs pour la classification des sites web, etc. Dans le cas où les modèles statistiques utilisés sont les modèles bayésiens naïfs, l'algorithme se réécrit sous une forme qui permet d'y ajouter des sophistications [BM98].

Algorithme 33 : Algorithme supervisé non supervisé

Apprendre les modèles initiaux des classes sur $\mathcal{S}_s$

$\mathcal{S} \leftarrow \mathcal{S}_s \cup \mathcal{S}_{ns}$

répéter

> **Étape** E (estimation) :   étiqueter $\mathcal{S}$ par le principe MAP
> selon les modèles courants des classes
>
> **Étape** M (maximisation) : estimer les modèles des classes à partir de cet étiquetage

jusqu'à *ce que la convergence des modèles des classes soit réalisée*

Nous allons traiter ces méthodes en présentant d'abord un exemple simple. Cependant, à partir des principes sous-jacents, on peut construire des systèmes d'apprentissage aussi sophistiqués que les modèles statistiques le permettent. Nous ferons donc ensuite quelques commentaires sur ces extensions.

—— EXEMPLE   **Application de l'algorithme EM en apprentissage semi-supervisé** ————

Nous prenons un problème à deux classes ($C = 2$), chacune d'elles étant supposée être modélisée correctement par une distribution gaussienne. Nous cherchons comment estimer au maximum de vraisemblance les paramètres de ces distributions à l'aide d'un ensemble d'apprentissage semi-supervisé. Le cas où tous les exemples sont étiquetés sera traité dans le chapitre 19.

Nous disposons donc de l'ensemble d'apprentissage $\mathcal{S} = \{(\mathbf{x}_i, y_i)\}_{i=1,l} \cup \{\mathbf{x}_i\}_{i=l+1,m}$ et nous supposons que la première classe est engendrée par un processus gaussien $\mathcal{N}(\mu_1, \Sigma_1)$ et la seconde par $\mathcal{N}(\mu_2, \Sigma_2)$. Nous cherchons à estimer les paramètres $\theta = (\mu_1, \mu_2, \Sigma_1, \Sigma_2)$. Rappelons que μ_1 désigne le vecteur moyenne dans $\mathbb{R}^d$ de la première classe et que Σ_1 est sa matrice $(d \times d)$ de covariance. Ces deux éléments suffisent à définir la première classe, sous l'hypothèse gaussienne. Il en est de même pour la seconde classe.

L'expression $P(\mathbf{x}|u, \theta)$ dénote donc la probabilité que, dans le modèle de paramètres θ, l'objet $\mathbf{x}$ ait pour supervision la classe de valeur u. On verrons dans le chapitre 19 comment estimer θ au maximum de vraisemblance de façon à ce que $P(\mathbf{x}|u, \theta)$ soit la meilleure (résultat applicable si tous les exemples sont étiquetés). Notons maintenant la probabilité *a priori* de la classe d'étiquette u par π_u et introduisons le nouvel ensemble de paramètres $\pi = \{\pi_i\}_{i=1,2}$ (rappelons que nous traitons un problème à deux classes).

Pour n'importe quelles valeurs $\widehat{\theta}$ et $\widehat{\pi}$ de θ et de π, on peut écrire, par la règle de Bayes :

$$P(u|\mathbf{x}, \widehat{\theta}, \widehat{\pi}) \frac{\widehat{\pi}_u P(\mathbf{x}|u, \widehat{\theta})}{\sum_{\omega=1}^{2} \widehat{\pi}_\omega P(\mathbf{x}|\omega, \widehat{\theta})} \tag{17.1}$$

Par conséquent, si l'on possède une estimation $\widehat{\pi}$ et $\widehat{\theta}$ des inconnues de notre problème, on est capable de fournir une règle de classification.

À défaut d'agir directement, on peut considérer les étiquettes absentes dans l'ensemble $\mathcal{S}_{ns}$ comme des *données manquantes* et utiliser l'algorithme *EM* (annexe 7) pour les estimer itérativement. La technique sera comparable à l'utilisation de cet algorithme dans la classification non supervisée, mais elle fera usage de l'information supplémentaire qui est donnée par les étiquettes de l'ensemble $\mathcal{S}_s$.

Informellement, l'algorithme *EM* fonctionne comme suit. D'abord on initialise π et θ par un calcul direct sur $\mathcal{S}_s$. Puis on démarre le cycle suivant : premièrement (étape E), on utilise la formule 17.1 pour affecter des étiquettes à tous les objets de $\mathcal{S}_{ns}$. Deuxièmement (étape M), on met à jour les estimations de π et de θ sur toutes les données, qui sont maintenant étiquetées. On revient à l'étape E et on boucle jusqu'à convergence. Rappelons que les deux classes sont supposées gaussiennes. Les paramètres à apprendre sont $\theta = (\mu_1, \mu_2, \Sigma_1, \Sigma_2)$, les caractéristiques des distributions et $\pi = \{\pi_i\}_{i=1,2}$, la probabilité *a priori* des classes.

Algorithme 34 :   **Algorithme *EM* pour l'apprentissage semi-supervisé**

Données : un ensemble d'apprentissage semi-supervisé $\mathcal{S} = \{(\mathbf{x}_i, y_i)\}_{i=1,l} \cup \{\mathbf{x}_i\}_{i=l+1,m}$
Résultat : une estimation de π et de θ
début
    Initialiser π et θ par estimation sur $\mathcal{S}_s$
    tant que *la convergence n'est pas réalisée* **faire**
        Étape E : Affecter des étiquettes à tous les objets de $\mathcal{S}_{ns}$ par la formule 17.1
        Étape M : Mettre à jour les estimations de π et de θ sur les données (qui sont maintenant toutes étiquetées).
    fin tant que
fin

2.2   Extensions

Ce qui a été présenté précédemment peut directement être étendu à un nombre de classes supérieur à deux et à des gaussiennes multidimensionnelles. Par ailleurs, l'algorithme *EM* permet d'estimer des données cachées sous des hypothèses très variées. Il n'y a donc pas de raison de se limiter à des classes gaussiennes. Plusieurs extensions sont envisageables.

On peut par exemple supposer que chaque classe est elle-même un mélange de distributions gaussiennes. Dans ce cas, le nombre de variables cachées augmente et leur nature change, mais la méthode de résolution est toujours applicable. On peut aussi supposer que la distribution des classes suit une autre loi, plus simple comme un modèle bayésien naïf (chapitre 19, section 1.1) ou différente comme un processus dépendant du temps. C'est ainsi qu'on peut réaliser l'apprentissage semi-supervisé de modèles de Markov cachés, par extension de l'apprentissage supervisé présenté au chapitre 21. Il est à noter que la version de base de cet apprentissage utilise déjà l'algorithme *EM*.

On peut aussi observer que, si *EM* est une manière efficace de maximiser la valeur $P(\mathbf{x}|u, \theta)$ quand il y a des variables cachées, ce n'est pas la seule. On peut alternativement utiliser des méthodes d'optimisation comme les algorithmes génétiques.

2.3   Quelques leçons

La méthode EM fonctionne sur la base d'hypothèses *a priori* sur les modèles des données ; par exemple, qu'elles soient issues de gaussiennes. Sans ces hypothèses, la méthode ne peut pas fonctionner. Cependant, si ces hypothèses ne sont pas en accord avec la vraie distribution, inconnue, des données, les résultats peuvent alors être mauvais, voire complètement erronés. Il faut donc être très attentif à l'adéquation des hypothèses *a priori* par rapport au monde.

Par ailleurs, l'estimation par *EM* peut mener à des optima locaux et, encore une fois, à des erreurs si le choix du modèle n'est pas le bon.

Finalement, la convergence est plus aléatoire si le nombre de variables cachées est trop important, autrement dit quand le nombre d'objets non étiquetés est trop grand relativement à celui des exemples. Dans ce cas, il est parfois utile de sous-pondérer les premiers.

2.4   La méthode cluster and label

Une méthode quelque peu différente des approches génératives consiste à utiliser une étape de classification non supervisée (clustering) sur l'ensemble des données, supervisées et non supervisées, avant d'étiqueter les nuages de points ainsi identifiés à l'aide des exemples supervisés.

Ici encore, ces approches fonctionnent bien si le biais des méthodes de clustering employées épouse bien la vraie distribution des données.

D'un certain côté, cette méthode est symétrique de l'auto-apprentissage (section 3) : elle part des objets non étiquetés de $\mathcal{S}_{ns}$ avant d'utiliser l'étiquetage des exemples de $\mathcal{S}_s$. La technique de base est décrite dans l'algorithme 35.

Algorithme 35 :   Algorithme *cluster and label* pour l'apprentissage semi-supervisé

Données : un ensemble d'apprentissage semi-supervisé
début

> $\mathcal{S} = \{(\mathbf{x}_i, y_i)\}_{i=1,l} \cup \{\mathbf{x}_i\}_{i=l+1,m}$
> **Étape *cluster*.** Utiliser un algorithme de classification non supervisée pour classer $\mathcal{S}$ en ignorant les étiquettes de $\mathcal{S}_s$.
> **Étape *label*.** Donner à chaque classe une étiquette : celle qui est majoritaire parmi des points de $\mathcal{S}_s$ qui se trouvent dans cette classe.

fin

L'un des avantages de la méthode *cluster and label* est qu'elle ne requiert pas d'hypothèses fortes sur la distribution des données. Il faut cependant ne pas oublier que tout algorithme de clustering s'appuie sur des présupposés sur les données, même s'ils ne sont pas aussi forts que dans les méthodes génératives. Par ailleurs, un biais *a priori* plus faible se paye nécessairement, soit par la nécessité d'un plus grand échantillon d'apprentissage, soit par un apprentissage moins performant.

Nous avons décrit ici le plus simple des algorithmes de *cluster and label*. Il est clair qu'il est possible de faire appel à des algorithmes de clustering plus complexes, par exemple par catégorisation hiérarchique, permettant de rendre compte de structures de données plus riches, tout en conservant le principe du mariage de l'approche non supervisée et d'un étiquetage grâce aux données supervisées.

3. L'auto-apprentissage

Le principe (algorithme 36) est très simple : par une méthode d'apprentissage quelconque, on induit une règle de classification à partir des l exemples de l'ensemble $\{(\mathbf{x}_i, y_i)\}_{i=1,l}$. Ensuite, on prend le point suivant (ou au hasard) dans l'ensemble des objets $\{\mathbf{x}_i\}_{i=l+1,m}$ et on le classe par la règle courante et on l'ajoute avec son étiquette putative à l'ensemble d'apprentissage. On apprend alors une nouvelle règle de classification à partir de ce nouvel ensemble. Tout ceci est effectué $(m - l)$ fois, jusqu'à disparition des objets non supervisés.

Algorithme 36 : Algorithme d'auto-apprentissage

Données : un ensemble d'apprentissage semi-supervisé $\mathcal{S} = \{(\mathbf{x}_i, y_i)\}_{i=1,l} \cup \{\mathbf{x}_i\}_{i=l+1,m}$
Résultat : une règle de classification h_m
début

    $j \leftarrow l$
    pour $j < m$ **faire**
        Apprendre une règle de classification h_j sur $\{(\mathbf{x}_i, y_i)\}_{i=1,j}$
        Classer $\mathbf{x}_{j+1}$ par h_j
        $j \leftarrow j + 1$
    fin pour
    Apprendre la règle de classification finale h_m sur les m exemples désormais tous supervisés.

fin

Plusieurs variantes sont possibles. En particulier, on peut classer systématiquement tous les objets restants et ajouter à l'ensemble supervisé celui dont la classification est considérée comme la plus fiable. On peut aussi ajouter les objets par groupes et non pas un par un.

L'avantage de cette méthode est qu'elle permet d'inclure [1] avec simplicité n'importe quelle technique d'apprentissage supervisé pour opérer l'apprentissage semi-supervisé. Elle fonctionne bien dans nombre de cas et elle est employée par exemple pour construire des trieurs de pourriels dont la qualité augmente avec l'expérience. En revanche, sa convergence n'est assurée ni théoriquement, ni pratiquement. Elle dépend beaucoup des premiers étiquetages : c'est la raison de la première variante donnée précédemment.

4. Le co-apprentissage

4.1 L'apprentissage multi-vue et le co-apprentissage

Jusqu'ici, comme il est usuel en apprentissage artificiel, nous avons généralement supposé que chaque exemple ou donnée était représenté comme un unique vecteur dans un espace de descripteurs ou comme un unique graphe lorsque l'information était de type relationnel. Cependant, dans de nombreux problèmes réels, **un même exemple peut être décrit de différentes manières**, par exemple par différents vecteurs ou par différents graphes ou par un mélange de ces deux représentations. Une question est alors de savoir comment apprendre à partir de ces représentations « multi-vues » et d'exploiter leur richesse.

---

1. Le terme anglais pour cette propriété, *wrapper method*, évoque un emballage.

Un exemple typique est celui de la catégorisation de pages web. En effet, une même page peut être décrite soit par les hyperliens qui la lient à d'autres pages, soit par les mots qui la composent. La première description conduit à considérer un graphe dirigé dans lequel chaque sommet représente une page web et chaque arc orienté un hyperlien. La seconde description se prête à considérer les pages comme des vecteurs dans un espace euclidien où chaque élément d'un vecteur correspond par exemple au nombre d'occurrences d'un mot dans la page (approche « sac de mots »).

Une manière de combiner ces deux représentations pourrait alors être de pondérer les arcs par une mesure de similarité entre les vecteurs de mots représentant les pages liées. Cependant, cette approche met trop l'accent sur les liens puisque la similarité entre pages non directement liées n'est pas prise en compte.

Une autre approche consiste à définir des fonctions noyaux (chapitre 14) pour chacune des représentations, puis à les combiner de manière convexe pour obtenir une fonction noyau générale [JCST01, ZPD06].

Nous présentons dans cette section une technique permettant, sous certaines hypothèses, de superviser totalement un ensemble d'apprentissage composé d'une partie supervisée et d'une partie non supervisée. C'est particulièrement utile dans le cas où l'étiquetage par expert, qui coûte cher, doit être fait sur des grandes quantités de données, comme pour le traitement de la langue écrite ou orale.

4.2   Le cas de deux jeux indépendants d'attributs : le co-apprentissage

Une première technique peut s'appliquer quand on dispose sur les données d'assez d'attributs pour les partager en deux sous-ensembles statistiquement indépendants. Blum et Mitchell [BM98] proposent l'exemple de la classification des pages web des sites universitaires en classes telles que *pages personnelles des étudiants*, *page d'accueil d'un département*, *page de description d'un cours*, etc. Les deux jeux de descripteurs sont les suivants :

- Un vecteur entier de dimension égale à la taille du dictionnaire utilisé (le nombre de mots différents possibles), dont la valeur d'une coordonnée est le nombre d'apparitions dans la page web. Cette description en « sac de mots » est très utilisée en linguistique automatique et donne en général des résultats plutôt bons [2] si on considère qu'elle ne tient pas compte de l'ordre des mots.

- Un autre vecteur sac de mots qui ignore le texte de la page et décrit ses références à d'autres pages (ses hyperliens).

Ces deux descriptions sont indépendantes et pourtant les mots qui composent les hyperliens d'une page donnée sont d'une certaine façon une bonne description de cette page [3].

Notons ces deux ensembles d'attributs indépendants $\mathcal{X}_1$ et $\mathcal{X}_2$ et $\mathcal{S}_s$ la partie supervisée de l'ensemble d'apprentissage et $\mathcal{S}_{ns}$ la partie non supervisée. La technique dite de *co-apprentissage (co-training)* se déroule comme indiqué dans l'algorithme 37. Elle y est décrite pour l'apprentissage d'un concept (deux classes), mais son extension est immédiate.

Le cœur de la méthode repose sur le choix des exemples en nombre $p_1 + n_1 + p_2 + n_2$ que l'on ajoute à chaque étape à $\mathcal{S}_s$. Il faut pour les choisir classer par A et B tout l'ensemble $\mathcal{S}_{ns}$.

---

2. Pour la tâche d'apprentissage du concept « page de description d'un cours », un classifieur bayésien naïf a été entraîné sur douze pages web avec une description en sac de mots. Il a une performance de l'ordre de 87 % de bonne classification sur un ensemble de test de deux cent cinquante pages.

3. Les résultats expérimentaux montrent que la classification obtenue sur ce jeu d'attributs est presque équivalente à celle obtenue sur la même tâche avec l'autre jeu d'attributs.

Algorithme 37 : **Algorithme de co-apprentissage**

répéter
> Apprendre un classifieur A sur $\mathcal{S}_s$
> Apprendre un classifieur B sur $\mathcal{S}_s$
> Classer $\mathcal{S}_{ns}$ par A ;
> Classer $\mathcal{S}_{ns}$ par B ;
> Choisir les p_1 exemples positifs et n_1 exemples négatifs de $\mathcal{S}_{ns}$ les plus sûrs pour A
> Choisir les p_2 exemples positifs et n_2 exemples négatifs de $\mathcal{S}_{ns}$ les plus sûrs pour B
> Ajouter ces $p_1 + n_1 + p_2 + n_2$ nouvellement classés à $\mathcal{S}_s$

jusqu'à *la convergence est réalisée* ;

On retient alors les p_1 exemples pour lesquels A est « le plus sûr » qu'ils sont positifs. De même pour les n_1 négatifs : ce sont ceux pour lesquels la décision de A est la plus sûre. C'est également ainsi que p_2 et n_2 autres exemples sont sélectionnés par B. Un algorithme de classification peut en effet avoir une mesure naturelle de « sûreté », par exemple une probabilité dans le cas d'une classification bayésienne, une distance à l'hyperplan appris dans le cas d'une décision linéaire.

La justification empirique de cette méthode peut s'énoncer ainsi : si le classifieur A trouve dans les données non supervisées un exemple très proche d'un de ses exemples d'apprentissage, il a de bonnes chances de le classer correctement. Néanmoins, cela ne signifie en rien que le classifieur B l'aurait classé correctement, puisque les jeux d'attributs $\mathcal{X}_1$ et $\mathcal{X}_2$ sont indépendants : être proches dans le premier espace n'implique pas que l'on soit proches dans le second. Par conséquent, A a ajouté à $\mathcal{S}_s$ un exemple supervisé qui va apporter de l'information à B.

Les expériences montrent que cette technique est efficace[4]. Son analyse théorique dans le cadre PAC prouve sa convergence sous certaines conditions. Cette méthode possède aussi des liens statistiques avec les méthodes de rééchantillonnage (chapitre 15). En pratique, il est important de noter que l'indépendance effective des deux jeux d'attributs est déterminante pour son succès.

5. L'utilisation d'hypothèses a priori sur les données

Pour que les exemples non étiquetés puissent fournir une information complémentaire à celle apportée par les exemples supervisés, il faut qu'ils se traduisent par des contraintes supplémentaires sur le choix des fonctions de décision candidates. Pour cela, il faut, d'une part, que des hypothèses *a priori* soient faites sur la distribution des données non supervisées et, d'autre part, que ces hypothèses aient un lien avec la vraie distribution des données.

L'une ou l'autre de deux hypothèses fondamentales est généralement utilisée pour fonder les méthodes proposées :

1. Dans la première, on suppose que la distribution $\mathbf{p}_\mathcal{X}$ des données correspond à un mélange de distributions convexes (par exemple un mélange de gaussiennes) et que chaque composante de ce mélange correspond à une étiquette. Cela implique que *les changements d'étiquettes se font* dans les régions entre les composantes et, donc, essentiellement *dans des zones de moins forte densité.*

---

4. Le même concept appris sur un ensemble de deux cent cinquante pages étiquetées par co-apprentissage (dont douze étaient étiquetés au début) classe un ensemble de test indépendant en moyenne avec 95 % de succès. Les attributs sont maintenant l'union des ensembles $\mathcal{X}_1$ et $\mathcal{X}_2$ [BM98].

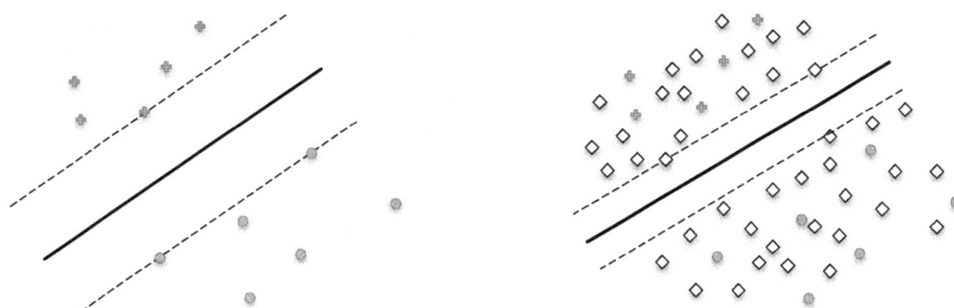

FIGURE 17.4 : *SVM calculé avec les exemples supervisés (à gauche) ; SVM calculé en tenant compte des exemples non supervisés, en supposant que les nuages de points des deux classes sont séparés (à droite).*

2. Dans la seconde, on suppose qu'à l'intérieur de l'espace des entrées $\mathcal{X}$, les données sont définies sur un sous-espace *(manifold)* de dimension inférieure à celle de $\mathcal{X}$. On représente ce sous-espace à l'aide d'un graphe mettant en jeu les exemples connus, supervisés et non supervisés, et on suppose que *la fonction d'étiquetage de ces points vérifie une certaine continuité.*

Ces hypothèses, quoique intuitivement attrayantes et raisonnables, ne sont pas, pour le moment, étayées par une analyse formelle les justifiant comme suffisantes ou nécessaires pour garantir le succès de l'apprentissage semi-supervisé. Il semble clair que si $\mathbf{p}(\mathbf{x})$ et $\mathbf{p}(y|\mathbf{x})$ ne partagent pas de paramètres, l'apprentissage semi-supervisé ne peut pas améliorer l'apprentissage supervisé classique, mais ce n'est là qu'une condition minimale.

Par ailleurs, de nombreuses méthodes d'apprentissage cherchent directement à optimiser une fonction de décision liée à la probabilité conditionnelle $\mathbf{p}(y|\mathbf{x})$ sans utiliser $\mathbf{p}(\mathbf{x})$ qui est la composante sur laquelle les données non supervisées peuvent apporter de l'information. Comment alors ces méthodes discriminatives peuvent elles profiter des données non supervisées ?

Pour la plupart, elles s'appuient sur l'hypothèse que la fonction de décision (la frontière) ne passe pas dans les régions de haute densité dans $\mathcal{X}$. C'est le cas, par exemple, de la méthode des séparateurs à vastes marges transductif (TSVM ou parfois S3VM pour *Semi-Supervised SVM*).

5.1 Éviter les zones de forte densité

5.1.1 Les SVM transductifs et semi-supervisés (S3VM)

Nous nous intéressons ici au cas de la classification binaire, c'est-à-dire à deux classes. Nous avons vu au chapitre 14 que la méthode des séparatrices à vaste marge (SVM) permet de traiter de tels problèmes de manière bien fondée et adaptée à une large classe de problèmes. Supposons maintenant qu'au lieu de ne disposer que d'un échantillon d'exemples supervisés, $\mathcal{S}_s$, nous disposions également de la connaissance d'exemples non supervisés, $\mathcal{S}_{ns}$, ceux sur lesquels nous attendons d'être interrogés. De quelle manière peut-on modifier la méthode des SVM pour tirer parti de la connaissance de $\mathcal{S}_{ns}$?

La figure 17.4 fournit une intuition de ce que l'on pourrait souhaiter. À la vue en effet des exemples non supervisés, il semble que la séparatrice optimale calculée à partir des exemples supervisés gagnerait à être modifiée pour mieux séparer les deux « nuages » de points. Cette stratégie repose naturellement sur un présupposé qui est que les classes + et − sont séparables dans l'espace des entrées $\mathcal{X}$ ou dans l'espace de redescription $\Phi(\mathcal{X})$ (chapitre 14). Nous reviendrons sur ce point.

Formellement, rappelons que la recherche de la séparatrice à marge maximale peut s'exprimer par le problème d'optimisation portant sur le vecteur directeur de l'hyperplan séparateur $\mathbf{w}$, de telle manière qu'il permette de classer au mieux les exemples supervisés, tout en autorisant que quelques exemples ne soient pas bien placés, ce que permet l'introduction de variables ressort ξ :

$$\begin{cases} \min_{\mathbf{w},b,\xi} & \sum_{i=1}^{l} \xi_i + \lambda \, ||\mathbf{w}||^2 \\[2mm] \text{tel que} & y_i(\mathbf{w}^\top \mathbf{x}_i + b) \geq 1 - \xi_i \qquad i = 1\ldots,l \end{cases} \tag{17.2}$$

Le paramètre λ permet de contrôler l'importance relative de la recherche de la marge maximale (terme $||\mathbf{w}||^2$) et de minimiser la tolérance aux exemples mal placés (terme $\sum_{i=1}^{l} \xi_i$).

Le problème d'optimisation ainsi défini est quadratique, avec un optimum global, et est appelé forme primale.

Il est possible de montrer que ce problème est équivalent à :

$$\min_{\mathbf{w},b} \sum_{i=1}^{l} \max(1 - y_i(\mathbf{w}^\top \mathbf{x}_i + b), 0) + \lambda ||\mathbf{w}||^2 \tag{17.3}$$

lorsque l'on utilise la fonction de coût en coude (*hinge loss*) (chapitre 14) :

$$\ell\big(\mathbf{x}, u, h(\mathbf{x})\big) = \max\big(1 - u(\mathbf{w}^\top \mathbf{x} + b), 0\big) \tag{17.4}$$

Comment alors incorporer une contrainte sur le problème d'optimisation correspondant au présupposé que les deux classes soient bien séparées ?

Il nous faut une fonction de coût s'appliquant aux exemples non supervisés et favorisant la séparation des nuages de points. Une traduction de ces contraintes consiste à prendre pour étiquette putative $\hat{y}$ associée à un exemple non supervisé $\mathbf{x}$ la prédiction qui serait faite par un séparateur linéaire, à savoir : $\hat{y} = \text{signe}(h(\mathbf{x}))$. On peut alors prendre pour fonction de perte :

$$\begin{aligned} \ell(\mathbf{x}, \hat{y}, h(\mathbf{x})) &= \max\big(1 - \hat{y}(\mathbf{w}^\top \mathbf{x} + b), 0\big) \\ &= \max\big(1 - \text{signe}(\mathbf{w}^\top \mathbf{x} + b)(\mathbf{w}^\top \mathbf{x} + b), 0\big) \\ &= \max(1 - |\mathbf{w}^\top \mathbf{x} + b|, 0) \end{aligned} \tag{17.5}$$

où nous utilisons le fait que : $\text{signe}(z) \cdot z = |z|$.

Cette fonction de coût a une forme de « chapeau » (figure 17.5). Elle ne pénalise évidemment pas les exemples pour être du mauvais côté de la séparatrice puisque ce ne peut être le cas pour des exemples étiquetés putativement par cette même fonction. En revanche, elle pénalise les exemples proches de la séparatrice.

On obtient ainsi le **risque empirique régularisé adapté à l'apprentissage semi-supervisé** :

$$R_{\text{Emp}}(h) = \underset{\mathbf{w},b}{\text{ArgMin}}\Big\{ \underbrace{\sum_{i=1}^{l} \max\big(1 - y_i(\mathbf{w}^\top \mathbf{x}_i + b), 0\big) + \lambda_1 ||\mathbf{w}||^2}_{\text{Risque empirique supervisé}} + \underbrace{\lambda_2 \sum_{j=l+1}^{m} \max\big(1 - |\mathbf{w}^\top \mathbf{x}_j + b|, 0\big)}_{\text{Risque empirique non supervisé}} \Big\} \tag{17.6}$$

où h est déterminé par les coefficients $\mathbf{w}$ et b du séparateur linéaire.

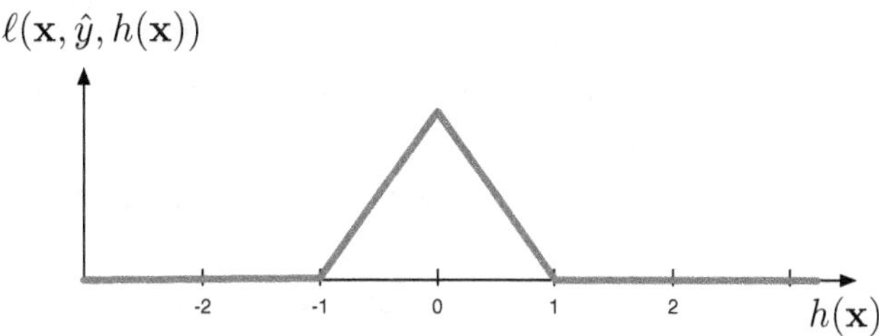

FIGURE 17.5 : *La fonction de coût en chapeau.*

En pratique, il arrive parfois que ce critère conduise au choix d'une séparatrice mettant une grande partie des exemples non supervisés, sinon tous, dans la même classe. Un moyen de corriger ce déséquilibre, généralement inadapté, est d'imposer que la proportion des classes soient approximativement la même que celle des exemples supervisés. On complète alors le critère inductif 17.6 par la contrainte :

$$\frac{1}{m-l} \sum_{j=l+1}^{m} h(\mathbf{x}) = \frac{1}{l} \sum_{i=1}^{l} y_i \qquad (17.7)$$

Il faut noter que l'utilisation de la fonction de perte en chapeau conduit à un critère inductif non convexe (puisqu'il comporte une addition de critères non convexes) et de ce fait difficile à optimiser. Une partie des travaux sur les S3VM porte donc sur la recherche de méthodes efficaces pour trouver de bons optima locaux de ce critère. D'autres fonctions de perte ont également été proposées, mais elles conduisent toutes à des critères non convexes (voir [Zhu08], pour plus de détails).

Par ailleurs, les S3VM peuvent conduire à de mauvais résultats si le présupposé selon lequel les classes sont bien séparées est en défaut.

Finalement, nous sommes restés ici dans le cadre de SVM opérant directement dans l'espace de description des exemples $\mathcal{X}$. Toutefois, l'approche se transpose sans problème à la recherche d'une séparatrice linéaire dans l'espace de redescription $\Phi(\mathcal{X})$.

5.2   Méthodes à base de graphes

5.2.1   Le principe

Dans ces méthodes, l'idée est de représenter les données sous forme d'un graphe (V, E), dont des sommets V sont les objets d'apprentissage et où les arcs (les éléments de E) représentent la similarité entre deux objets. Le graphe est donc pondéré par une matrice $\mathbf{W}$ dont chaque élément $\mathbf{W}_{ij}$ mesure la similarité entre l'objet i et l'objet j dans $\mathcal{S}$, l'échantillon d'apprentissage supervisé et non supervisé.

Les valeurs $\mathbf{W}_{ij}$ peuvent être simplement binaires : une valeur nulle efface l'arc entre les sommets, alors que la présence d'un arc indique par exemple que $\mathbf{x}_i$ est parmi les k plus proches voisins de $\mathbf{x}_j$. Un tel graphe est orienté (i et j ne jouent pas des rôles symétriques). Ces valeurs peuvent aussi être continues, par exemple calculées (étant donnés une certaine norme et un paramètre σ) de la manière suivante :

$$\mathbf{W}_{ij} = e^{-\frac{||\mathbf{x}_i - \mathbf{x}_j||^2}{2\sigma^2}} \qquad (17.8)$$

Dans ce dernier cas, le graphe est complètement connecté. La construction du graphe est en soi une étape importante, qui doit bénéficier de toute connaissance préalable du domaine.

Dans cette représentation, les étiquettes des objets de $\mathcal{S}_s$ n'apparaissent pas encore. On les place comme une information supplémentaire sur les sommets correspondants du graphe G.

La technique de base est d'utiliser la structure du graphe pour étendre cet étiquetage à tous les sommets, en partant des points supervisés pour lesquels l'étiquette est donnée. Pour la plupart, les algorithmes cherchent à optimiser un compromis entre la *fidélité aux données d'apprentissage* (les points initialement étiquetés devraient conserver leur étiquette au cours de la propagation) et une notion de *continuité* dans l'étiquetage (intuitivement, un sommet non étiqueté proche de sommets étiquetés de la classe ω_i et éloigné de tous les autres recevra l'étiquette ω_i et pourra la propager à son tour, figure 17.6). C'est l'essence des méthodes inductives régularisées, ici traduites par des critères spécifiques dans le cadre de données situées sur un graphe, comme nous le verrons ci-après.

Évidemment, certains conflits apparaîtront dans ce processus. Savoir les régler est l'essentiel des problèmes posés par ces méthodes. Nous verrons comment traiter ce problème par des algorithmes itératifs, puis par des méthodes d'optimisation globale.

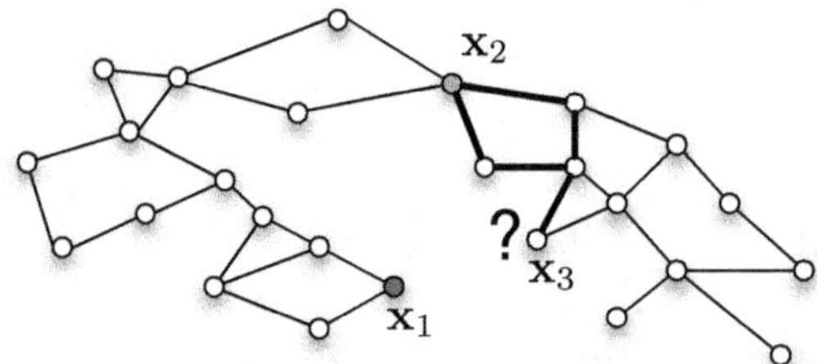

FIGURE 17.6 : *Les points $\mathbf{x}_1$ et $\mathbf{x}_2$ sont supervisés avec des étiquettes différentes, les autres non. L'étiquette de $\mathbf{x}_3$ est plus proche de celle de $\mathbf{x}_2$ que de celle de $\mathbf{x}_1$ puisque $\mathbf{x}_2$ est plus proche dans le graphe que $\mathbf{x}_3$.*

Il est à noter qu'il s'agit ici *a priori* d'apprentissage transductif, puisque seuls les objets d'apprentissage non étiquetés peuvent être classés par un tel processus. Cependant, certaines techniques sont applicables au cas de l'apprentissage semi-supervisé, c'est-à-dire pour calculer l'étiquette de points non observés. Nous reviendrons sur ce point à la section 5.2.5.

5.2.2 Critères transductifs régularisés sur graphe

Plusieurs critères transductifs ont été proposés pour exprimer le compromis entre la *fidélité aux données supervisées* et le biais vers *une continuité des étiquetages sur le graphe*. Nous en présentons succinctement trois.

5.2.2.1 Le critère MinCut

Le critère *MinCut* suppose que les étiquettes des données, et donc des nœuds du graphe, sont prises dans $\{+1, -1\}$. Dans ce cadre, les exemples positifs sont considérés comme des « sources » et les exemples négatifs comme des « puits ». L'objectif est de bloquer le flot entre sources et puits en coupant un ensemble d'arcs de poids total minimal. Cela conduit à une partition du graphe, chaque partie étant étiquetée par $+1$ ou -1 selon l'étiquette du seul nœud étiqueté qu'elle contient (figure 17.7).

On cherche donc une fonction $h : \mathcal{X} \to \{-1, +1\}$, telle que les étiquettes des exemples supervisés soient respectées et telle que les étiquettes des autres exemples soient décidées sur la base d'une partition *MinCut* du graphe.

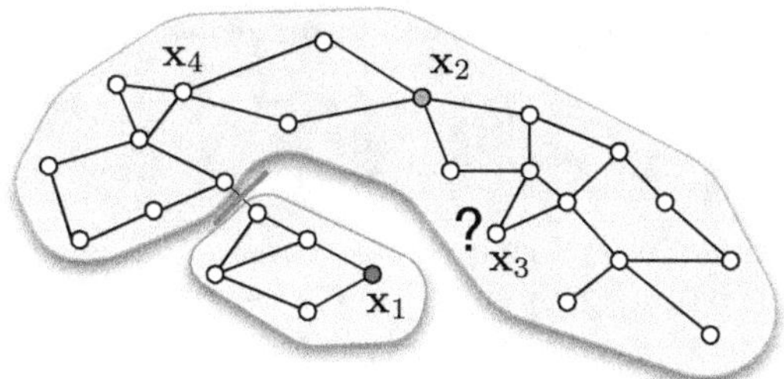

FIGURE 17.7 : *Les points $\mathbf{x}_1$ et $\mathbf{x}_2$ sont supervisés avec des étiquettes différentes, les autres non. En supposant que les arcs sont tous affectés d'un poids unitaire, la partition du graphe se fait sur l'arc coupé. De ce fait, l'étiquette de $\mathbf{x}_3$ sera celle de $\mathbf{x}_2$.*

L'un des défauts du critère *MinCut* est qu'il conduit facilement à des minima de même valeur. Par exemple, dans la figure 17.6, s'il y avait un seul lien entre les nœuds $\mathbf{x}_2$ et $\mathbf{x}_4$, il y aurait deux partitions apparemment également bonnes du graphe (celle de la figure et une autre avec séparation entre $\mathbf{x}_2$ et $\mathbf{x}_4$).

5.2.2.2   Critère avec fonction harmonique

Le critère utilisant une fonction harmonique permet en grande partie d'éliminer le problème des minima globaux multiples en assouplissant le problème d'optimisation. On utilise en effet une fonction harmonique h, donc à valeur dans $\mathbb{R}$, au lieu de la fonction indicatrice à valeur dans $\{-1, 1\}$. La fonction h est définie de telle manière que les étiquettes des exemples supervisés soient respectées, tandis que celles des exemples non supervisés résultent d'une moyenne harmonique, pondérée par les poids des liens, des valeurs des étiquettes des points voisins.

$$
\begin{cases}
h(\mathbf{x}_i) = y_i & i = 1, \ldots l \\[2em]
h(\mathbf{x}_i) = \dfrac{\sum\limits_{k=l+1}^{m} w_{jk} h(\mathbf{x}_k)}{\sum\limits_{k=l+1}^{m} w_{jk}} & j = l+1, \ldots m
\end{cases}
\tag{17.9}
$$

Le problème d'optimisation est alors :

$$
\begin{cases}
Arg \min\limits_{h:h(\mathbf{x})\in\mathbb{R}} \;\; \sum\limits_{i,j=1}^{m} w_{ij} \big(h(\mathbf{x}_i) - h(\mathbf{x}_j)\big)^2 \\[1em]
\text{tel que :} \qquad h(\mathbf{x}_i) = y_i \qquad \text{pour } i = 1 \ldots l
\end{cases}
\tag{17.10}
$$

ce qui exprime que les étiquettes supervisées doivent être respectées (deuxième ligne) et que l'étiquette d'un point doit être proche des étiquettes des points proches au sens des poids w_{ij} (première ligne).

Ce problème d'optimisation a une solution analytique qui est unique et est un optimum global. En revanche, les étiquettes produites sont des réels. Il faut donc les transformer en étiquettes valides ($\in \{-1, +1\}$), ce que l'on réalise souvent grâce à une fonction seuil (par exemple si $h(\mathbf{x}) > 0$ alors prédire $y = 1$ et si $h(\mathbf{x}) < 0$ alors prédire $y = -1$).

—— REMARQUE **Analogie avec une marche aléatoire** ——————

La fonction harmonique peut aussi être interprétée comme une marche aléatoire, ce qui est
à la source de certaines fonctions noyaux définies sur les graphes (chapitre 14). En effet,
imaginons une particule placée sur le point $\mathbf{x}_i$ qui est non supervisé. Soit la marche aléatoire
spécifiée par la probabilité qu'une particule en $\mathbf{x}_i$ aille en $\mathbf{x}_j$ proportionnelle à w_{ij} :

$$\mathbf{P}(j|i) = \frac{w_{ij}}{\sum_k w_{ij}}$$

La marche aléatoire continue jusqu'à ce que la particule parvienne en un point supervisé $\mathbf{x}_k$.
La valeur de la fonction harmonique en $\mathbf{x}_i$, $h(\mathbf{x}_i)$, est alors égale à la probabilité que la
particule atteigne un point supervisé d'étiquette positive.

Une procédure itérative (dite de propagation des étiquettes) permet de calculer la fonction
harmonique en chaque point. Pour cela, on initialise les points $\{\mathbf{x}_i\}_{i=1,\dots,l}$ avec leur valeur supervisée et les autres avec une valeur tirée aléatoirement dans $[0, 1]$. On réévalue alors itérativement
les valeurs des points non supervisés par la moyenne pondérée de leurs voisins :

$$h(\mathbf{x}_i) \ \leftarrow \ \frac{\sum_{j=1}^m w_{ij} h(\mathbf{x}_j)}{\sum_{j=1}^m w_{ij}}$$

Il est prouvé que cette procédure itérative produit des valeurs convergeant vers la fonction
harmonique, quelles que soient les valeurs choisies initialement pour les points non supervisés.

Plus formellement, la méthode standard de *propagation des étiquettes* est donnée dans l'algo-
rithme 38. Elle fonctionne pour deux classes, notées $+$ et $-$. Les valeurs $\widehat{Y}_s = \{\widehat{y}_i\}_{i=1,m}$ affectées
aux éléments d'apprentissage prennent des valeurs continues au cours du calcul et c'est le signe
de la valeur finale (après convergence) qui détermine la classe attribuée à $\mathbf{x}_i$. On remarque que
l'étiquette des exemples de $\mathcal{S}_s$ est délibérement préservée.

Algorithme 38 : Algorithme de propagation des étiquettes.

---

début

    Calculer la matrice $\mathbf{W}$ d'après l'équation 17.8

    Calculer la matrice diagonale $\mathbf{D}$ par $\mathbf{D}_{ii} \leftarrow \sum_j \mathbf{W}_{ij}$

    Initialiser les étiquettes : $\widehat{Y}^0(y_1, \dots, y_l, \text{rand}[0,1], \dots, \text{rand}[0,1])$

    $t \leftarrow 0$

    tant que *la convergence n'est pas réalisée* **faire**

        $\widehat{Y}^{t+1} \leftarrow \mathbf{D}^{-1}\mathbf{W}\widehat{Y}^t$

        $\widehat{Y}_s^{t+1} \leftarrow Y_s$

        $t \leftarrow t + 1$

    fin tant que

    Affecter à $\mathbf{x}_i$ le signe de $\widehat{y}_i^t$

fin

Dans la variante dite d'*extension des étiquettes (label spreading)*, en revanche, on ne préserve pas nécessairement l'étiquette des points supervisés. La méthode est détaillée par l'algorithme 39. Elle fait appel à une matrice classique en théorie des graphes, le *laplacien* normalisé
(chapitre 14). Sa convergence est assurée ; elle se produit expérimentalement en un nombre
d'itérations entre m^2 et m^3.

Algorithme 39 : Algorithme d'extension des étiquettes

début
> Calculer la matrice $\mathbf{W}$ d'après l'équation 17.8
> Calculer la matrice diagonale $\mathbf{D}$ par $\mathbf{D}_{ii} \leftarrow \sum_j \mathbf{W}_{ij}*$
> Calculer le laplacien $\mathcal{L} \leftarrow \mathbf{D}^{-1/2}\mathbf{W}\mathbf{D}^{-1/2}$
> Initialiser les étiquettes : $\widehat{Y}^0(y_1, \ldots, y_l, 0, \ldots, 0)$
> $t \leftarrow 0$
> Choisir la valeur du paramètre α entre 0 et 1.
> **tant que** *la convergence n'est pas réalisée* **faire**
>> $\widehat{Y}^{t+1} \leftarrow \alpha\mathcal{L}\widehat{Y}^t + (1-\alpha)\widehat{Y}^0$
>> $t \leftarrow t+1$
>
> **fin tant que**
> Affecter à $\mathbf{x}_i$ le signe de $\widehat{y}_i^t$

fin

5.2.2.3   Critère avec régularisation sur variété

Les méthodes *MinCut* et par fonction harmonique décrites précédemment présentent deux inconvénients. Elles sont transductives, c'est-à-dire qu'elles ne permettent pas d'extrapoler à des points non vus dans $\mathcal{X}$. Par ailleurs, elles ne tolèrent pas facilement des données supervisées incorrectement étiquetées, ce qui arrive pourtant fréquemment. L'approche par régularisation sur variété *(manifold regularization)* répond à ces deux limitations.

Il s'agit d'une approche inductive produisant une fonction h définie sur $\mathcal{X}$ ($h : \mathcal{X} \to \mathbb{R}$) qui, de plus, doit satisfaire un critère régularisé prenant en compte à la fois une certaine continuité sur le graphe des points d'apprentissage, mais aussi une condition de régularité sur $\mathcal{X}$. La régularité sur $\mathcal{X}$ est fréquemment traduite par une condition sur la norme ℓ_2 de la fonction h : $||h||^2 = \int_{x \in \mathcal{X}} h(\mathbf{x})^2 d\mathbf{x}$.

Le critère inductif régularisé devient alors :

$$\hat{h}_{\mathcal{S}} = \underset{h:\mathcal{X}\to\mathbb{R}}{\text{ArgMin}} \sum_{i=1}^{l} \left(y_i - h(\mathbf{x}_i)\right)^2 + c_1 ||h||^2 + c_2 \mathbf{h}^\top\mathbf{L}\mathbf{h} \tag{17.11}$$

où $\mathbf{h}$ est le vecteur des étiquettes $\left(h(\mathbf{x}_1), \ldots, h(\mathbf{x}_l)\right)$, $\mathbf{L}$ est la matrice du laplacien de graphe (chapitre 14, section 5.3.7) et les coefficients $c_1, c_2 \geq 0$ contrôlent l'importance des termes de régularisation.

Le théorème de représentation (chapitre 14) assure qu'il existe une représentation de dimension finie (au plus de taille m) de l'hypothèse optimale h. Toute fonction h définie sur le graphe peut être décomposée en :

$$h = \sum_{i=1}^{m} a_i \phi_i \tag{17.12}$$

où les a_i sont les coefficients à valeur réelle et les ϕ_i sont les vecteurs propres de la matrice $\mathbf{L} = \mathbf{D} - \mathbf{W}$. Le terme de régularisation de h sur le graphe s'écrit alors :

$$\mathbf{h}^\top\mathbf{L}\mathbf{h} = \sum_{i=1}^{m} a_i^2 \lambda_i \tag{17.13}$$

où les λ_i sont les valeurs propres de $\mathbf{L}$.

Le terme $\mathbf{h}^\top \mathbf{L} \mathbf{h}$ est petit si les valeurs a_i ou λ_i sont petites pour tous les i. Or, puisque les fonctions ϕ_i sont d'autant plus régulières sur le graphe que leur valeur propre λ_i associée est proche de 0, intuitivement, cela signifie que $\mathbf{h}$ doit prendre ses grands coefficients a_i sur les ϕ_i associées aux petites valeurs λ_i, c'est-à-dire être décomposable en termes de fonctions régulières, ce qui est exactement ce que l'on attend (figures 17.8 et 17.9 pour des exemples de graphe et de spectre associé).

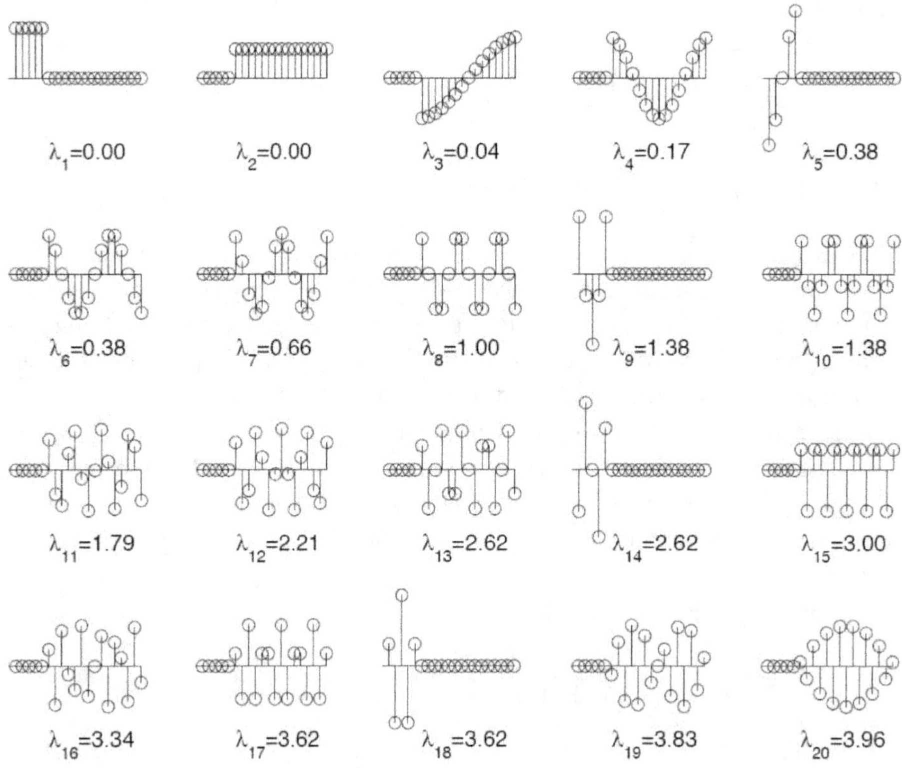

FIGURE 17.8 : *Un graphe correspondant à deux chaînes déconnectées.*

FIGURE 17.9 : *Le spectre du graphe de la figure 17.8 (laplacien de graphe non normalisé) avec les valeurs propres et les fonctions de base associées. Plus la valeur propre est grande, plus la fonction de base associée est irrégulière.*

5.2.3   Méthodes itératives

Dans cette section, l'ensemble d'apprentissage s'écrira :

$$\mathcal{S} = \mathcal{S}_s \cup \mathcal{S}_{ns} = \{(\mathbf{x}_i, \widehat{\mathbf{y}}_i)\}_{i=1,l} \cup \{(\mathbf{x}_i, \widehat{y}_i)\}_{i=l+1,m}$$

pour indiquer que des étiquettes $\widehat{y}_i$ sont attribuées à tous les éléments de $\mathcal{S}$ au cours du processus. En principe, on doit avoir $\widehat{Y}_s = \{\widehat{y}_i\}_{i=1,l}$ exactement égal à $Y_s = \{y_i\}_{i=1,l}$, mais il peut être utile de relâcher (prudemment) cette contrainte, par exemple si les classes se recouvrent.

5.2.4   Optimisation directe

L'affectation d'étiquettes aux sommets de $\mathcal{S}_{ns}$ doit respecter la géométrie du graphe et l'étiquetage des exemples de $\mathcal{S}_s$. La conservation de cette seconde contrainte peut s'exprimer de la manière suivante. Soit $\widehat{Y} = \widehat{Y}_s \cup \widehat{Y}_{ns}$ un étiquetage calculé sur tous les sommets. La quantité suivante doit être minimale, nulle si possible :

$$||\widehat{Y}_s - Y_s|| = \sum_{i=1}^{l} (\widehat{Y}_i - y_i)^2$$

La consistance avec la géométrie du graphe et une hypothèse naturelle sur une certaine régularité des données impliquent qu'il faut que des points proches aient une forte probabilité d'avoir la même étiquette. Ceci peut se traduire en écrivant qu'il faut dans la mesure du possible minimiser une autre quantité :

$$\sum_{i=1}^{m} \sum_{j=1}^{m} \mathbf{W}_{ij} (\widehat{Y}_i - \widehat{Y}_j)^2$$

Cette dernière expression peut se développer et se recalculer comme $\widehat{Y}^\top (\mathbf{D} - \mathbf{W}) \widehat{Y}$. Les éléments $\mathbf{D}$ et $\mathbf{W}$ ont été définis dans l'algorithme 38 ; l'expression $(\mathbf{D} - \mathbf{W})$ est le laplacien *non normalisé* du graphe. Le problème revient donc à trouver le jeu d'étiquettes $(\widehat{Y}_1, \ldots, \widehat{Y}_m)$ qui minimise le critère suivant (une somme pondérée de ces deux termes) :

$$C = \alpha ||\widehat{Y}_s - Y_s|| + (1 - \alpha) \widehat{Y}^\top (\mathbf{D} - \mathbf{W}) \widehat{Y} \tag{17.14}$$

Différentes méthodes sont possibles pour cela, dans les détails desquelles nous ne rentrons pas. Les commentaires bibliographiques de ce chapitre orienteront le lecteur vers des références adéquates.

5.2.5   Extension à l'apprentissage inductif

Nous sommes partis d'un ensemble d'apprentissage $\mathcal{S} = \mathcal{S}_s \cup \mathcal{S}_{ns} = \{(\mathbf{x}_i, y_i)\}_{i=1,l} \cup \{\mathbf{x}_i\}_{i=l+1,m}$ qui, après apprentissage transductif, est devenu : $\{(\mathbf{x}_i, \widehat{Y}_i)\}_{i=1,l} \cup \{(\mathbf{x}_i, \widehat{Y}_i)\}_{i=l+1,m}$ avec des étiquettes $\widehat{y}_i$ attribuées à tous les éléments de $\mathcal{S}$ au cours du processus. Rappelons que certaines étiquettes des exemples de $\mathcal{S}_s$ peuvent avoir changé.

Soit un nouvel objet $\mathbf{x}$ dont nous ignorons l'étiquette. Pour la déterminer, il est évidemment possible d'utiliser n'importe quelle méthode d'apprentissage de règle de classification sur $\mathcal{S}_s$: par exemple, calculer un SVM ou utiliser la règle des k plus proches voisins. Une autre solution, en principe meilleure, est d'enlever les étiquettes des éléments de $\mathcal{S}_{ns}$, de lui ajouter $\mathbf{x}$ et de recommencer l'apprentissage semi-supervisé.

Le coût de la seconde méthode peut être trop élevé pour étiqueter seulement un objet. Une manière intermédiaire de procéder est de réécrire le critère précédent en lui ajoutant l'étiquette inconnue u de $\mathbf{x}$, mais de garder les valeurs $\widehat{y}_1$ à $\widehat{Y}_m$ qui le minimisaient sans cette étiquette. On n'a plus qu'à le minimiser par rapport à y, ce qui se fait en le dérivant par rapport à cette variable. L'expression analytique est facile à établir et le calcul exact est immédiat.

6. Few-shot learning

Les méthodes supervisées nécessitent pour de bonnes performances un ensemble d'apprentissage $\mathcal{S}$ de grand cardinal. Si seulement peu d'exemples $\mathcal{S}_s = \{(\mathbf{x}_i, y_i), i \in [\![1 \cdots m]\!]\}$ sont disponibles, avec m petit, et si $\mathcal{S}_{ns}$ n'est pas accessible, les techniques précédemment décrites ne sont pour la plupart plus applicables.

Les méthodes de *Few-shot learning* ont été introduites pour traiter ce manque de données [WY19]. Les exemples applicatifs sont nombreux, allant de la classification d'images à l'analyse de sentiments à partir de textes, ou encore à la reconnaissance d'objets.

Vu sous l'angle de la minimisation du risque empirique, l'hypothèse h construite sur la minimisation de :

$$R(h) = \sum_{i=1}^{m} \ell(y_i, h(\mathbf{x}_i))$$

conduit à un sur-apprentissage et un risque $R(h)$ très éloigné du risque réel. Pour pallier ce problème, des connaissances *a priori* doivent être utilisées. Le *Few-shot learning* propose trois alternatives.

6.1 Approches basées données

Les approches de cette catégorie utilisent des connaissances *a priori* sur les données pour enrichir $\mathcal{S}_s$. On les regroupe parfois sous le vocable de méthodes d'*augmentation de données*. Si elles sont faciles à mettre en oeuvre et à comprendre, ces méthodes restent cependant dépendantes du domaine d'étude (souvent de $\mathcal{X}$) et ne peuvent être facilement généralisées.

Les principales stratégies sont résumées dans le tableau 17.1 et un exemple d'illustration est donné figure 17.10.

Transformation...	Entrée	Opérateur	Sortie
... de données de $\mathcal{S}_s$	$(\mathbf{x}_i, y_i) \in \mathcal{S}_s$	$t : \mathcal{X} \to \mathcal{X}$	$(\mathbf{t}(\mathbf{x_i}), y_i)$
... d'un ensemble de données non étiquetées	$(\mathbf{x}, -)$	$h : \mathcal{X} \to \mathcal{Y}$ entraîné sur $\mathcal{S}_s$	$(\mathbf{x}, h(\mathbf{x}))$
... d'un ensemble de données similaires	$\{(\hat{\mathbf{x}}_\mathbf{j}, \hat{y}_j)\}$	Opérateur de combinaison c	$(c(\{\hat{\mathbf{x}}_\mathbf{j}\}), c(\{\hat{y}_j\}))$

TABLE 17.1 : *Techniques d'augmentation de données*

6.2 Approches basées modèle

Pour approcher le concept cible $f : \mathcal{X} \to \mathcal{Y}$, le modèle doit déterminer un espace d'hypothèses $\mathcal{H}$ tel que la distance entre l'hypothèse optimale $h^* \in \mathcal{H}$ et f soit petite. Étant donné que le nombre d'exemples m est faible, la première idée est d'utiliser des espaces $\mathcal{H}$ petits (et donc des hypothèses simples). Cependant, cette stratégie induit une erreur d'approximation importante (chapitre 3, section 3.3).

FIGURE 17.10 : *Exemple d'augmentation de données. De gauche à droite : image originale, rotation de 20°, flip, ajout de bruit gaussien, déformation élastique, changement de contraste par canal RGB.*

Les méthodes de *Few-shot learning* basées modèle recherchent dans $\mathcal{H}$ suffisamment large un espace restreint $\tilde{\mathcal{H}}$ à l'aide de connaissances sur le domaine. Le risque empirique de $h^* \in \tilde{\mathcal{H}}$ est alors plus fiable, et le risque de sur-apprentissage plus faible. Suivant l'*a priori* utilisé, les approches basées modèle peuvent être catégorisées selon la taxonomie proposée dans le tableau 17.2.

Stratégie	*a priori*	Contrainte sur $\mathcal{H}$
Apprentissage multi-tâches	Tâches et données $(T_j, \mathcal{S}_j)$	Partage ou similarité des paramètres
Apprentissage par plongement	Plongement appris à l'aide d'autres tâches	Préservation des similarités dans l'espace de plongement
Utilisation d'une mémoire externe	Plongement appris à l'aide d'autres tâches et interaction avec la mémoire	Valeurs clés de représentation
Modèle génératif	Modèle *a priori* appris sur d'autres tâches	Restriction de la forme de la distribution

TABLE 17.2 : *Taxonomie des approches de* Few-shot learning *basées modèle.*

6.2.1 Apprentissage multitâches

On dispose de C tâches et de leurs ensembles d'apprentissage $(T_1, \mathcal{S}_1) \cdots (T_C, \mathcal{S}_C)$, certaines d'entre elles ayant de nombreux exemples d'apprentissage (tâches sources, apprentissage supervisé), d'autres un faible nombre (tâches cibles, *Few-shot learning*). L'apprentissage multitâches apprend simultanément pour chaque $(T_i, \mathcal{S}_i)$ une hypothèse h_i dépendant d'un paramètre $\boldsymbol{\theta}_i$. Puisque l'apprentissage est simultané, la valeur de $\boldsymbol{\theta}_i$ est contrainte par toutes les tâches $T_j, j \in [\![1 \cdots C]\!]$. On distingue alors :

- les contraintes de partage : on impose $\boldsymbol{\theta}_i = \boldsymbol{\theta}_j$ pour certains couples (i, j) ;
- les contraintes de liaison : on impose aux $\boldsymbol{\theta}_i$ d'avoir des valeurs similaires, par exemple par régularisation des normes des différences $\boldsymbol{\theta}_i - \boldsymbol{\theta}_j$.

6.2.2   Apprentissage par plongement

Chaque exemple $\mathbf{x_i} \in \mathcal{S}$ est plongé dans un espace $\mathcal{Z}$ de dimension inférieure à celle de $\mathcal{X}$, de telle sorte que deux exemples similaires dans $\mathcal{X}$ le restent dans $\mathcal{Z}$, tandis que deux exemples différents soient mieux discriminés. Dans $\mathcal{Z}$, de faible dimension, $\tilde{\mathcal{H}}$ peut alors être construit. Le plongement est appris à l'aide de connaissances *a priori*, provenant souvent de tâches similaires. En pratique, trois ingrédients sont nécessaires : deux plongements $p_1 : \mathcal{S} \to \mathcal{Z}$ et $p_2 : \mathcal{X} \to \mathcal{Z}$ (qui peuvent être différents) et une mesure de similarité s dans $\mathcal{Z}$. Dans le cas d'un problème de classification, par exemple, un point $\mathbf{x} \in \mathcal{X}$ sera affecté à la classe de l'exemple $\mathbf{x_j} \in \mathcal{S}$ tel que $j = arg \min_k s(p_1(\mathbf{x_k}), p_2(\mathbf{x}))$.

Les plongements les plus classiques sont les fonctions noyaux (chapitre 14) et les réseaux de neurones profonds (réseaux convolutifs ou récurrents, chapitre 11). Les mesures de similarité les plus utilisées sont les distances L_p ou la similarité cosinus.

La figure 17.11 présente un exemple d'une telle méthode, les réseaux siamois [BGLC$^+$94]. Les images sont traitées par des réseaux de neurones (réseaux convolutifs, chapitre 11), dont les poids sont partagés et appris sur $\mathcal{S}$ (directement ou par *fine-tuning*, section 6.3). Ces réseaux projettent les données d'entrée dans $\mathcal{Z}$, dans lequel une mesure de similarité s est définie.

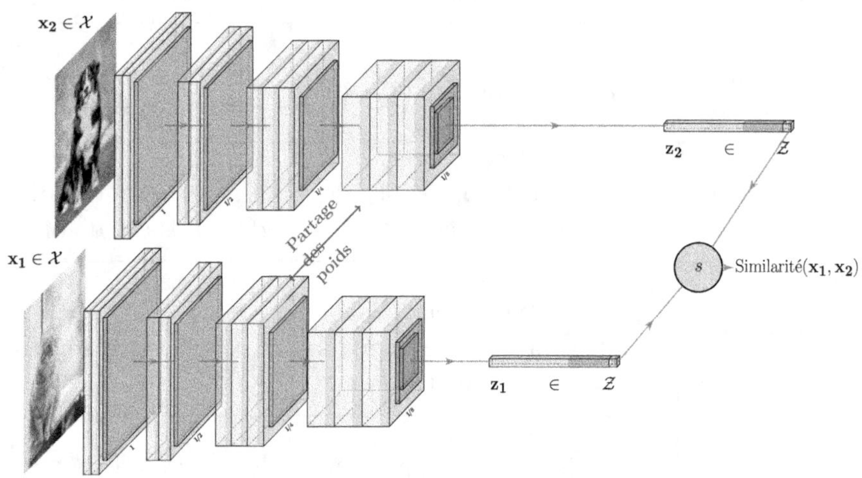

FIGURE 17.11 : *Réseau siamois pour apprendre la similarité de deux images.*

6.2.3   Utilisation d'une mémoire externe

Les approches utilisant une mémoire externe extraient l'information de $\mathcal{S}_s$ et la stockent dans cette mémoire. Un point $\mathbf{x} \in \mathcal{X}$ présenté à la méthode est alors représenté par une moyenne pondérée du contenu extrait de cette mémoire. La représentation de $\mathbf{x}$ se fait donc de manière réduite, ce qui permet de diminuer la taille de $\mathcal{H}$ et de définir $\tilde{\mathcal{H}}$.

Plus précisément (figure 17.12), considérons une mémoire $\mathcal{M} \in \mathbb{R}^{b \times p}$, chaque cellule $\mathcal{M}(i)$ étant composée d'une paire clé-valeur $\mathcal{M}(i) = (M_{cle}(i), M_{valeur}(i)), i \in [\![1 \cdots b]\!]$. Un point $\mathbf{x} \in \mathcal{X}$ est tout d'abord transformé par une fonction f (usuellement un réseau de neurones ou une fonction noyau). Une recherche des clés les plus proches de $f(x)$ dans $\mathcal{M}$ est ensuite effectuée, via une mesure de similarité s. Si $I \subset [\![1 \cdots b]\!]$ est l'ensemble des indices correspondants, les valeurs $M_{valeur}(i), i \in I$ sont alors extraites et combinées pour former la représentation de $\mathbf{x}$ qui peut servir d'entrée à une hypothèse simple h.

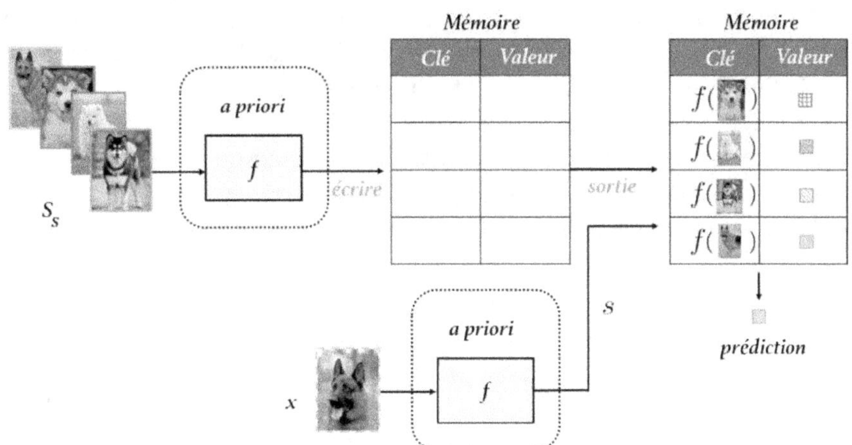

FIGURE 17.12 : *Principe de fonctionnement des approches à mémoire externe (adapté de [WY19]). Dans cet exemple simplifié, f est utilisé pour coder $\mathcal{S}_s$ et la mémoire $\mathcal{M}$ utilise $f(\mathbf{x}_i)$ comme clé et calcule y_i comme étiquette de sortie.*

La taille de $\mathcal{M}$ doit rester faible car sa manipulation est coûteuse. Dans le cas où la mémoire est pleine, une règle doit être mise en place pour savoir dans quelle cellule écrire.

La qualité de la représentation des couples (clé,valeur) est essentielle, puisque c'est de ces couples que va émerger la description réduite de $\mathbf{x}$. Plusieurs stratégies de construction de $\mathcal{M}$ ont été mises en place à ce propos, utilisant par exemple des réseaux de neurones à mémoire (MANN [SBB+16]) pour apprendre f.

6.2.4   Utilisation de modèle génératif

Les approches par modèles génératifs estiment la distribution $\mathbf{p}_{\mathcal{X}}$ à partir des exemples de $\mathcal{S}_s$, en utilisant un *a priori*. L'estimation de $\mathbf{p}_{\mathcal{X}}$ passe généralement par les estimations de $\mathbf{p}_{\mathcal{Y}}$ et $\mathbf{p}_{\mathcal{X}|\mathcal{Y}}$.

Un point $\mathbf{x} \in \mathcal{X}$ est supposé tiré d'une distribution $\mathbf{p}(x; \theta)$. Il existe typiquement une variable latente $z \sim \mathbf{p}(z, \nu)$ telle que $x \sim \int \mathbf{p}(x \mid z, \theta)\mathbf{p}(z, \nu)dz$. La distribution *a priori* $\mathbf{p}(z, \nu)$ est apprise sur d'autres jeux de données, et sert de connaissance *a priori* indispensable au *Few-shot learning*. En combinant $\mathcal{S}_s$ et $\mathbf{p}(z, \nu)$, la distribution *a posteriori* résultante est contrainte, ou dit autrement $\mathcal{H}$ est contraint à un de ses sous-ensembles $\tilde{\mathcal{H}}$. La section 5 du chapitre 11 présente un exemple de tel modèle.

6.3   Approches basées algorithmes

Lorsque la taille de $\mathcal{S}$ est suffisante, la recherche de la meilleure hypothèse $h^*(\boldsymbol{\theta}) \in \mathcal{H}$ peut être effectuée par des approches itératives de type descente de gradient (annexe 8) sur $\mathcal{S}$ tout entier, ou sur des sous-ensembles (apprentissage par batch). Dans le cas du *Few-shot learning*, le nombre d'exemples m est insuffisant et l'utilisation de connaissances *a priori* est nécessaire pour approcher une « bonne » valeur de $\boldsymbol{\theta}$.

À partir d'une valeur $\boldsymbol{\theta_0}$ issue de l'apprentissage d'un problème connexe, ces techniques visent à adapter cette valeur à $\mathcal{S}$. Ce faisant, on fait l'hypothèse que $\boldsymbol{\theta_0}$ capture des informations haut niveau et génériques sur le domaine et que l'adaptation à $\mathcal{S}$ va permettre de préciser la spécificité de ces données. Ces techniques sont reliées aux notions d'adaptation de domaine et d'apprentissage par transfert (chapitre 23, section 5).

Un exemple d'utilisation de ces techniques, largement répandu en apprentissage profond, consiste à utiliser un réseau déjà entraîné sur des millions de données et à l'adapter au problème abordé. Le fait d'utiliser un réseau existant, du type de ceux présentés dans la section 2.5 du chapitre 11, offre deux avantages : (i) cela permet de s'affranchir de l'étape d'entraînement qui peut être très coûteuse (pour illustration, un réseau profond de type Inception ResNet v2 a un vecteur θ de dimension de l'ordre de 56.10^6) et (ii) l'entraînement d'un tel réseau ne pourrait se faire avec S lorsque cet ensemble est de petite taille, ce qui est le cas dans les approches de *Few-shot learning*.

Deux types d'approches sont alors envisagés :

- les méthodes d'apprentissage par transfert *(transfer learning)* prennent un réseau déjà entraîné, figent ses paramètres (ses poids), enlèvent la dernière couche complètement connectée, et traitent le réseau restant comme un extracteur de caractéristiques. Une nouvelle hypothèse h est alors entraînée sur les caractéristiques calculées sur le nouveau problème

- les méthodes de *fine tuning* ré-entraînent l'hypothèse h du réseau et remettent à jour les poids du réseau pré-entraîné par rétropropagation.

Plusieurs facteurs influent sur le choix de la méthode à utiliser, notamment la valeur de m et la ressemblance de S avec le jeu de données qui a servi à entraîner le réseau initial.

7. Quelques directions pour l'apprentissage semi-supervisé

7.1 Apprentissage actif pour le cadre semi-supervisé

Une partie des travaux en apprentissage actif concerne l'apprentissage à partir d'un ensemble fourni *a priori* de données non étiquetées. Le problème de l'apprenant est alors de trier ces données pour limiter le nombre de requêtes à l'oracle afin de converger le plus rapidement possible sur une bonne hypothèse.

Il existe donc une parenté avec l'apprentissage semi-supervisé. Cependant, les travaux rapprochant ces deux problèmes sont encore très rares. L'article de [Zhu08] fournit quelques références.

7.2 Régression semi-supervisée

On peut noter que les méthodes à base de graphe estiment d'abord une fonction continue sur les points non supervisés avant d'utiliser un seuillage pour déterminer la classe des exemples. Ces méthodes peuvent donc naturellement servir pour une tâche de régression. Nous n'entrons pas davantage dans les détails ici, mais reportons le lecteur à [Zhu08] pour des références aux quelques travaux existants dans ce domaine.

7.3 Apprentissage semi-supervisé en ligne

L'apprentissage en ligne est capable de prendre en compte les données au fur et à mesure de leur arrivée pour affiner ou pour adapter la fonction de décision calculée. Pour la plupart, les travaux portent soit sur l'apprentissage en ligne supervisé, soit sur l'apprentissage en ligne non supervisé. Pourtant, il est fréquent que les données arrivent en flux et qu'elles soient pour l'essentiel non étiquetées. C'est le cas par exemple pour un robot autonome, pour l'étude des réseaux sociaux ou encore pour l'analyse et la régulation du trafic routier. Lorsqu'il est impossible de stocker toutes ces données, comment utiliser au mieux le flux de données ?

Ce domaine a fait l'objet de nombreuses recherches ces dernières années, utilisant par exemple des graphes d'adjacence dynamiquement mis à jour, des SVM (chapitre 14) ou encore de l'apprentissage de prototypes (carte de Kohonen (section 2.6 du chapitre 16) ou méthode LVQ, voir [SK99] pour une description de ces deux méthodes).

7.4 Analyse PAC de l'apprentissage semi-supervisé

Alors que la théorie de l'induction supervisée classique peut maintenant être considérée comme mûre, la théorie de l'apprentissage semi-supervisée en est encore à un stade exploratoire. Les travaux dans ce domaine sont récents et encore peu nombreux. Parmi ceux-ci, l'analyse de Balcan et Blum [BB09], dessine un cadre à la fois général et fidèle à l'intuition qui a fondé l'apprentissage semi-supervisé.

L'une des limites, et des forces, de l'analyse classique est qu'elle ne considère pas la distribution des exemples $\mathbf{p}_{\mathcal{X}}$. Il s'agit d'une analyse contre toute distribution. Néanmoins, ce sont justement des hypothèses émises *a priori* sur la forme de cette distribution qui autorisent l'apprentissage semi-supervisé.

L'idée de la nouvelle théorie est d'ajouter un critère traduisant l'espoir que la distribution des exemples est telle que celle qui est attendue ; par exemple, que les frontières entre les classes passent bien par les zones de basse densité. Les auteurs définissent le critère de *compatibilité*, qui estime la compatibilité de l'hypothèse candidate avec la distribution des données non supervisées. En supposant que les données respectent cette compatibilité, il est alors possible de réduire la taille de l'espace des hypothèses à explorer. Deux volets sont à considérer : d'une part, le degré auquel la fonction cible obéit effectivement aux hypothèses *a priori* sur la distribution ; d'autre part, le degré auquel la distribution des données permet d'éliminer des hypothèses candidates. Ainsi, par exemple, si les données ne forment pas de clusters (sorte de distribution uniforme sur un sous-espace de $\mathcal{X}$), alors toutes les fonctions candidates sont également (in-)compatibles avec les données.

La traduction de cette mesure de compatibilité se fait par l'intermédiaire d'une fonction de coût prenant en compte des données non étiquetées, une des possibilités étant la fonction de coût en chapeau utilisée pour les S3VM (section 5.1.1).

Le modèle théorique obtenu permet de calculer le nombre d'exemples supervisés et non supervisés pour apprendre, presque sûrement, avec un certain niveau de performance. On peut ainsi montrer que, dans des circonstances favorables, le nombre d'exemples supervisés requis peut être très petit.

8. Conclusion et petite discussion

L'apprentissage semi-supervisé consiste à savoir quand et comment utiliser les données non supervisées pour mieux apprendre la dépendance entre un espace d'entrée $\mathcal{X}$ et un espace de sortie $\mathcal{Y}$. Les techniques développées visent souvent d'abord à étiqueter les données non supervisées avant, éventuellement, de généraliser à l'espace $\mathcal{X}$ tout entier.

C'est en raison de ce possible découplage en deux étapes que l'apprentissage semi-supervisé a été souvent comparé à l'*apprentissage transductif* qui, lui, ne vise qu'à prédire les étiquettes d'exemples non supervisés connus à l'avance.

L'apprentissage transductif a été mis en avant par Vapnik en 1998 pour des raisons « philosophiques » très attrayantes. Puisque, dans de nombreux cas, on connaît à l'avance les points de $\mathcal{X}$ sur lesquels on va être interrogé, est-il judicieux dans ces cas-là d'apprendre une fonction h définie sur l'ensemble de l'espace d'entrée $\mathcal{X}$? Cela semble faire appel à une information plus importante, et donc plus difficile à acquérir, que ce dont nous avons besoin. De même qu'il vaut mieux apprendre directement une fonction de décision plutôt que de faire le détour par l'apprentissage de la distribution génératrice des données $\mathbf{p}_{\mathcal{X}y}$, de même pourrait-on imaginer apprendre à ne prédire que sur les points sur lesquels nous serons interrogés.

Vapnik argumente que la transduction fonctionne si les points sur lesquels on va être interrogé permettent une factorisation non triviale de l'espace des hypothèses et donc une réduction de l'espace à explorer. De plus, les bornes de généralisation peuvent être beaucoup plus précises car ne portant pas sur une distribution de probabilités $\mathbf{p}_{\mathcal{X}}$ inconnue.

Sans que les algorithmes d'apprentissage transductif semblent encore très convaincants sur leur supériorité, l'argument philosophique sur lequel ils s'appuient est très intéressant et mérite considération. On peut attendre des progrès sur cet apprentissage, y compris dans des directions non envisagées par Vapnik. C'est un souhait que l'on peut formuler.

Résumé

- L'apprentissage semi-supervisé traite un ensemble d'apprentissage partiellement supervisé et cherche à tirer parti de la partie supervisée comme de la partie non supervisée pour apprendre une loi générale de classification.

- Le co-apprentissage est l'un des premiers exemples d'apprentissage semi-supervisé. Il consiste à construire deux modèles prédictifs, fondés sur deux vues différentes des données, et à utiliser chaque modèle pour sélectionner les données non supervisées dont l'étiquette prédite semble la plus sûre et fournir ces données à l'autre méthode d'apprentissage.

- La méthode de SVM transductif utilise à la fois les données supervisées et les données non supervisées pour maximiser la marge.

- Les méthodes récentes incluent des méthodes basées sur des graphes qui expriment les relations entre les données et utilisent ces graphes pour propager une information sur les étiquettes des points non supervisés.

- Pour que les données non supervisées puissent être utiles à l'apprentissage, il est nécessaire de formuler des suppositions sur les données. Deux suppositions ont été essentiellement énoncées jusqu'ici. La première, appelée « hypothèse de cluster » ou de manière équivalente « hypothèse de lissage », suppose que deux données appartenant à un même cluster ont la même étiquette. Elle est à la base des SVM transductifs. La seconde, « hypothèse de sous-variété », suppose que les données définies en grande dimension appartiennent en fait à une variété de petite dimension et que, sur cette variété, deux points proches ont des étiquettes proches. Elle est à la base des méthodes utilisant des graphes.

- L'apprentissage transductif cherche à classer seulement la partie non supervisée de l'ensemble d'apprentissage. L'apprentissage inductif cherche une loi générale valable dans tout l'espace de représentation.

Jean-Paul BENZÉCRI (1932-2019)

Chapitre 18

Les changements de représentation

D'un certain côté, la chose la plus importante dans l'apprentissage est de trouver la bonne représentation des données et du problème, celle qui fait que la solution devient soudainement évidente. Dans de très nombreuses techniques d'apprentissage, il est possible de mettre en évidence l'étape ou le processus conduisant à un changement de représentation. Dans les réseaux de neurones, ce sont les couches cachées qui réalisent ce changement. Dans les méthodes à noyaux, ce sont les fonctions noyaux qui réalisent de manière implicite ce changement. Le boosting *peut être vu comme une projection des données dans un espace dont les axes sont les valeurs des $h_i(\mathbf{x})$, les fonctions h_i étant les hypothèses faibles sélectionnées. À chaque fois, la décision finale réalisée prend la forme d'une séparatrice linéaire dans l'espace des données ainsi redécrit.*

Dans ce chapitre, nous examinons des méthodes de changement de variables qui sont, pour certaines d'entre elles, non supervisées et indépendantes de l'apprentissage qui sera réalisé.

L'un des grands objectifs des méthodes de changement de représentation est d'identifier les variables pertinentes ou de diminuer la dimension de description des données. La « sélection d'attributs » et les « analyses en composantes » réalisent ce travail, pour les secondes en créant des nouvelles variables, dites « latentes ».

Une nouvelle technique, l'acquisition comprimée, permet, lorsque le signal d'intérêt est parcimonieux, de n'avoir à faire qu'un petit nombre de mesures et donc de comprimer l'information lors de l'acquisition plutôt que par un traitement ultérieur. Le procédé repose sur l'utilisation de matrices de mesures spéciales, dans lesquelles l'aléatoire joue un grand rôle.

Cependant, on peut aussi vouloir apprendre le « dictionnaire » à l'aide duquel représenter les signaux, afin de favoriser une expression parcimonieuse de ceux-ci.

Sommaire

1. La sélection des attributs de description

1.1 La recherche des variables pertinentes

Généralement, le choix des attributs vise à *diminuer le nombre des descripteurs* afin de faciliter l'apprentissage sans nuire à la qualité du résultat [1]. On distingue deux grandes approches :

1. *La sélection d'attributs* consiste à éliminer les attributs les moins pertinents pour l'apprentissage. Le but est de diminuer la dimension du problème, qui est à la fois une source d'imprécision et un handicap calculatoire. Si on possède une description des données par un ensemble de D attributs, le problème est de chercher un sous-ensemble de d attributs qui préserve au mieux les informations nécessaires à l'algorithme d'apprentissage.

2. *La redescription* réduit la dimension de l'espace d'entrée en appliquant des transformations, linéaires ou non, aux attributs initiaux.

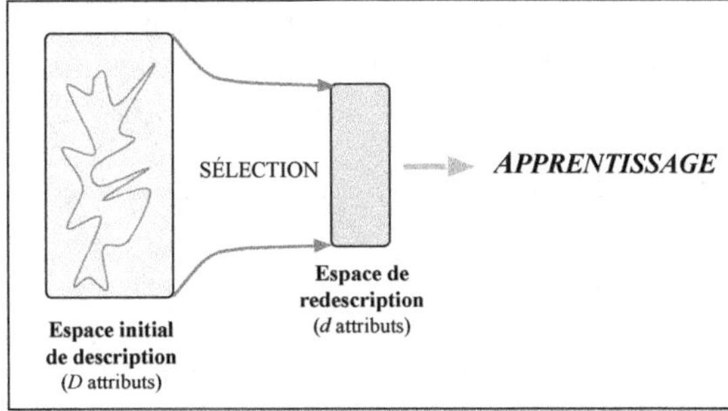

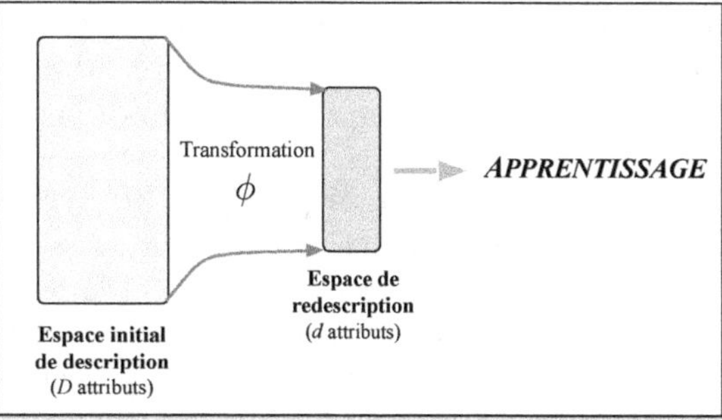

FIGURE 18.1 : *À gauche, la sélection d'attributs retient les d attributs les plus pertinents parmi les D attributs de l'espace d'entrée. À droite, la redescription transforme les attributs de l'espace d'entrée, ici par une fonction ϕ de combinaison des attributs initiaux, pour en construire de nouveaux.*

Ces deux approches (voir la figure 18.1) peuvent être fondées sur l'optimisation d'un certain critère J, qui vise à estimer l'information portée par un sous-ensemble d'attributs. Dans le

---

1. Notons cependant que l'on peut imaginer au contraire de construire de nouveaux attributs qui viendront s'ajouter aux attributs initiaux, ou construire directement un nombre plus important de descripteurs. C'est ce qui est mis en jeu dans les techniques à base de fonctions noyaux, en particulier dans la technique des *séparateurs à vastes marges* (SVM), et qui peut être également mis en œuvre dans les autoencodeurs. Nous renvoyons le lecteur aux chapitres 11 et 14 pour plus de détails.

cas de la **sélection d'attributs**, ce critère s'applique à tout sous-ensemble d'attributs parmi l'ensemble des D attributs initiaux et l'on cherche le sous-ensemble $\mathcal{X}_d$ de dimension $d \leq D$ optimisant J :

$$J(\mathcal{X}_d) \;=\; \underset{X \in \mathcal{X}_d}{\mathrm{Max}} \; J(X)$$

Dans le cas de la **redescription**, le critère traduit la qualité des transformations possibles des D attributs initiaux et l'on cherche la transformation $\phi^\star$ maximisant ce critère :

$$J(\phi^\star) \;=\; \underset{\phi \in \Phi}{\mathrm{Max}} \; J(\phi(\mathcal{X}))$$

où Φ est l'ensemble des transformations potentielles.

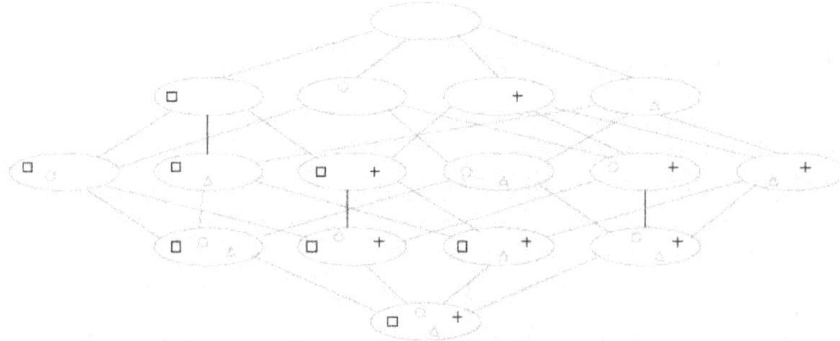

FIGURE 18.2 : *Treillis des sous-ensembles d'un ensemble à quatre éléments.*

La recherche du sous-ensemble optimal de descripteurs est un problème NP-difficile. S'il y a D attributs, il faut envisager de tester les 2^D sous-ensembles de descripteurs pour identifier le meilleur. Ces ensembles peuvent cependant être partiellement ordonnés dans un treillis grâce à la relation d'inclusion (figure 18.2). De ce fait, différentes stratégies ont été proposées : parcours de l'ensemble vide vers l'ensemble total *(forward selection)*, ou parcours dans l'autre sens *(backward elimination)*, ou un parcours aléatoire. Malheureusement, il est difficile de trouver des critères « monotones » permettant un parcours bien guidé, comme le montre l'exemple suivant.

—— EXEMPLE   **Non-monotonicité d'un critère de sélection** —————————————————————

Considérons le problème d'apprentissage de règle de classification sur un ensemble de cinq points en dimension $D = 3$ donné à la figure 18.3. Il est facile de voir que les deux classes (représentées par les symboles ● et ○) sont bien séparées, au moins sur cet ensemble d'apprentissage. Définissons un critère J, indépendant de tout algorithme, pour caractériser cette propriété. Admettons que, si deux points de classes différentes sont très proches, une petite région autour d'eux va être « neutralisée », c'est-à-dire que tous les points d'apprentissage qui y sont situés seront ignorés. Le nombre de points restants est alors la valeur de J.

Puisque la séparation est parfaite en dimension 3, le critère vaut donc $J = 5$ au départ.

Si on choisit $d = 2$, les figures 18.4 montrent les projections des données dans les trois sous-espaces possibles et la valeur correspondante de ce critère (les points « neutralisés » sont entourés d'un cercle hachuré). On constate que le meilleur sous-espace est (y, z), avec une valeur $J = 5$ pour le critère. Les sous-espaces (x, y) et (x, z) ont la valeur $J = 3$.

Pour $d = 1$, les figures 18.5 montrent que le meilleur axe est x et que les deux plus mauvais sont y et z.

Par conséquent, l'algorithme glouton qui consiste à choisir la coordonnée la plus efficace seule, puis le couple le plus efficace comprenant cette coordonnée, serait en échec sur cet exemple, puisque le couple de coordonnées le plus efficace est constitué des deux coordonnées les moins efficaces.

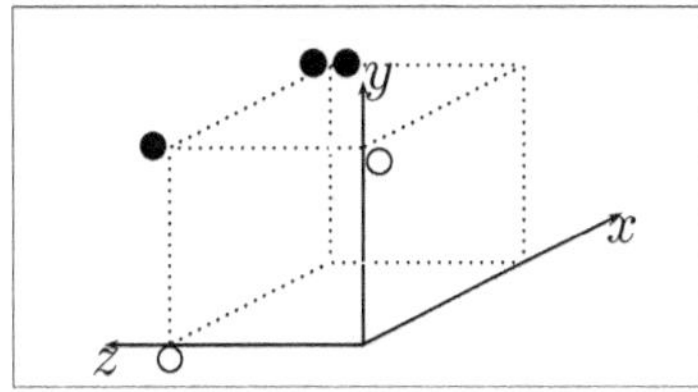

FIGURE 18.3 : *À trois dimensions, le critère vaut 5.*

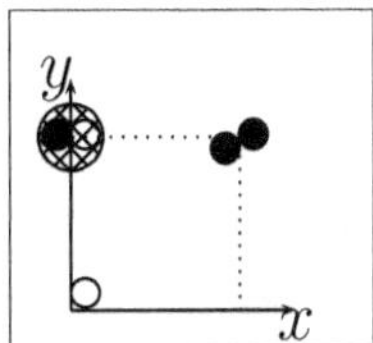 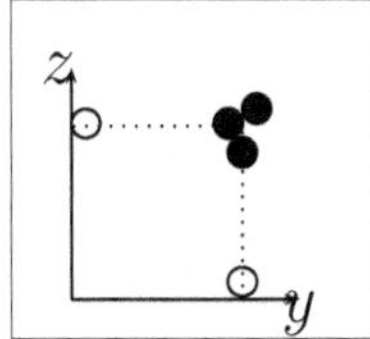 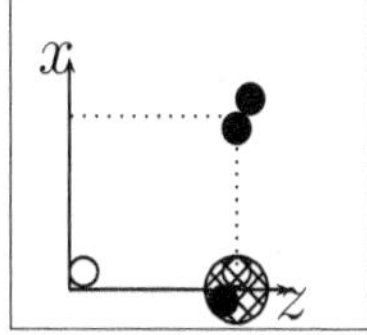

FIGURE 18.4 : *À deux dimensions, le meilleur sous-espace est (y, z), avec une valeur 5 pour le critère. (x, y) et (x, z) lui donnent la valeur 3.*

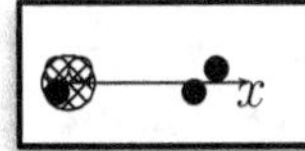 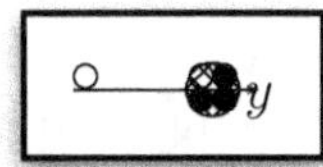 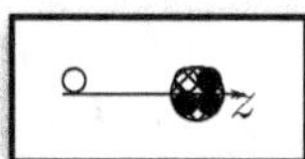

FIGURE 18.5 : *À une dimension, le meilleur sous-espace est l'axe x, avec une valeur 2 pour le critère. Les axes y et z ont la valeur 1.*

1.2   Techniques de sélection d'attributs

Les méthodes de sélection d'attributs ont pour but d'identifier ceux qui sont utiles en vue d'une tâche de classification. Chaque exemple, ou forme d'entrée, est décrit par d attributs (ex. gènes) et appartient à une classe (ex. tumeur ou non tumeur). L'échantillon d'apprentissage fournit des exemples avec leur classe (supposée correcte). Le problème est de découvrir les attributs les plus informatifs pour la détermination de la classe des exemples d'apprentissage et aussi pour les exemples à venir, encore inconnus. De plus, on peut chercher à déterminer un ensemble d'attributs minimal permettant de classer les exemples ou, au contraire, vouloir connaître tous les attributs corrélés à la classe des entrées, même s'ils sont redondants. Ce dernier cas est représentatif, par exemple, des objectifs de l'analyse du transcriptome.

Il faut noter que les attributs peuvent être informatifs à propos de la classe des exemples indépendamment les uns des autres (on parle de *corrélation linéaire*) ou en combinaison (il s'agit de *corrélations d'ordre supérieur*) (figure 18.6). Il est évident que les corrélations d'ordre supérieur sont plus difficiles à découvrir que les corrélations linéaires et exigent généralement plus de données d'apprentissage. Pour cette raison, **les méthodes de sélection d'attributs sont le plus souvent orientées vers la découverte de corrélations linéaires entre les attributs** (ex. l'activité des gènes) et les classes.

1.3   Filtres, méthodes symbioses et méthodes intégrées

Il existe trois grandes classes de méthodes de sélection d'attributs : les *méthodes intégrées (embedded)*, les *méthodes symbioses (wrapper)* et les *méthodes de filtre (filter)* [BL97, GE03, KJ97].

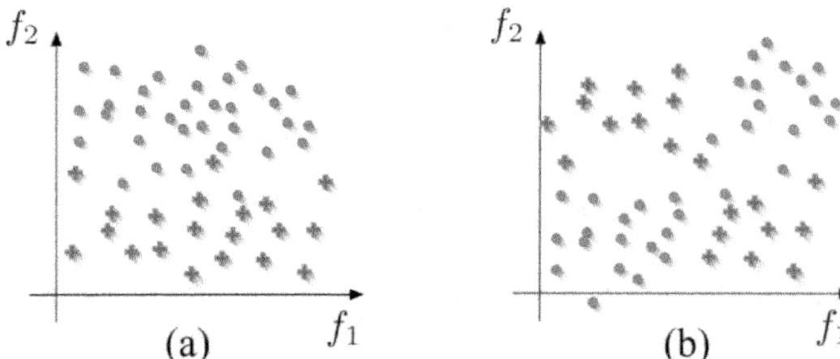

FIGURE 18.6 : Corrélations dans la sélection d'attributs. *En (a), l'attribut f_2 est clairement directement corrélé avec la classe des objets. En (b), en revanche, aucun des attributs n'apporte, indépendamment, d'information sur la classe des objets. Il faut prendre en compte les deux attributs ensemble (à travers une combinaison de type XOR) pour gagner une information significative sur les classes.*

1. Les *méthodes intégrées (embedded)* consistent à utiliser directement le système d'apprentissage dans l'espoir qu'il découvrira automatiquement les descripteurs utiles pour la classification. Ainsi par exemple, un système d'induction d'arbre de décision (chapitre 15) effectue une sélection automatique des descripteurs en choisissant ceux qui sont suffisants pour la construction de l'arbre. Malheureusement, ce type d'approche est condamné à produire des résultats peu fiables lorsque les données sont très rares par rapport au nombre d'attributs.

2. Les méthodes de type *symbiose (wrapper)* (comme un parasite et son hôte) évaluent les sous-ensembles d'attributs en fonction des performances des méthodes de classification qui les utilisent. Ainsi, étant donnée une méthode de classification (ex. un perceptron multi-couches) et un ensemble d'attributs $\mathcal{F}$ *(features)*, la méthode symbiose explore l'espace des sous-ensembles de $\mathcal{F}$, utilisant la validation croisée pour comparer les performances des classifieurs entraînés sur chaque sous-ensemble. Intuitivement, les méthodes symbioses présentent l'avantage de sélectionner les sous-ensembles d'attributs pertinents qui aboutissent aux meilleures performances en généralisation, ce qui est souvent le but final. Cependant, tandis qu'il a été souligné que cette approche pouvait être biaisée et trop optimiste sur le vrai contenu informatif des attributs sélectionnés [XJK01], le principal inconvénient de ces méthodes est leur coût calculatoire attaché à l'exploration de l'espace des sous-ensembles de $\mathcal{F}$.

3. C'est pourquoi les *méthodes de filtre (filter)* conservent leur attrait. Elles sont utilisées dans une phase de prétraitement, indépendamment du choix de la méthode de classification. Pour la plupart, elles évaluent chaque attribut indépendamment en mesurant la corrélation (selon une métrique à définir) de leurs valeurs sur les exemples avec la classe de ces exemples. En d'autres termes, ces méthodes évaluent l'information apportée par la connaissance de chaque attribut sur la classe des exemples. Sous certaines hypothèses d'indépendance et d'orthogonalité, les attributs ainsi estimés comme informatifs peuvent être optimaux par rapport à certains systèmes de classification. Un avantage important de cette approche est son faible coût calculatoire, puisqu'elle ne requiert qu'un nombre d'évaluations linéaire en fonction du nombre d d'attributs, plus une opération de tri. Un inconvénient est lié au fait qu'il n'existe pas d'ensemble optimal de descripteurs indépendamment de l'algorithme d'apprentissage et de la taille de l'échantillon d'apprentissage.

Ainsi, certains algorithmes sont très sensibles à la redondance dans les attributs (c'est-à-dire à leur corrélation), tandis que d'autres seront sensibles à la présence d'attributs non informatifs et bénéficieront au contraire de l'information redondante. De plus, les méthodes de filtre impliquent généralement d'utiliser un seuil pour séparer les attributs pertinents de ceux qui ne le sont pas. Or, il n'est pas facile de déterminer ce seuil de manière non arbitraire (voir section 1.5).

1.4   Sélection vs. pondération

Il existe deux grandes approches pour la réduction de dimension. La première consiste à directement chercher à déterminer le sous-ensemble optimal de descripteurs. Cette approche, dite de *sélection (subset search algorithms)*, est souvent associée aux méthodes intégrées ou aux méthodes symbioses. Cependant, comme il a déjà été noté, elle se heurte à la complexité de la recherche d'un bon sous-ensemble dans un ensemble d'éléments. La seconde approche, dite de *pondération (feature weighting)*, consiste à évaluer le mérite de chaque descripteur indépendamment des autres, puis, dans un second temps, à déterminer les attributs à conserver, par exemple en fixant un seuil de pertinence. Elle est généralement associée aux méthodes de filtre.

1.4.1   Sélection

Parmi les méthodes de sélection, l'une des premières proposées a été l'algorithme Focus [AD91], qui utilise une recherche exhaustive en largeur d'abord pour identifier le sous-ensemble d'attributs de plus petit cardinal (nombre d'éléments) permettant une bonne classification des exemples d'apprentissage. Cet algorithme, de type symbiose, est évidemment inefficace en présence de nombreux attributs.

1.4.1.1   La couverture de Markov.   Une autre technique, celle de la *couverture de Markov (Markov blanket)*, a fait l'objet de nombreux travaux récemment. Elle s'appuie sur la théorie des réseaux bayésiens, que nous verrons en détail au chapitre 20.

Soit $\mathbf{F}$ le vecteur des attributs de description (correspondant à l'ensemble des attributs $\mathcal{F}$) prenant la valeur $\mathbf{f}$ pour un exemple donné. Et soit C la variable aléatoire associée à la classe, qui prend la valeur ω pour l'exemple mentionné. Alors, $\mathbf{P}(C = \omega|\mathbf{F} = \mathbf{f})$ est la probabilité que la classe soit ω alors que la description de l'objet est donnée par le vecteur $\mathbf{f}$.

Soit un sous-ensemble $\mathcal{G} \in \mathcal{F}$ de descripteurs, dont le vecteur associé prend la valeur $\mathbf{f_G}$ (projection de $\mathbf{f}$ sur $\mathbf{G}$). Nous cherchons un sous-ensemble $\mathcal{G}$ tel que $\mathbf{P}(C = \omega|\mathbf{F} = \mathbf{f_G})$ soit aussi proche que possible de $\mathbf{P}(C = \omega|\mathbf{F} = \mathbf{f})$.

La notion de proximité entre deux distributions de probabilités μ et σ définies sur un espace probabilisé $\mathcal{X}$ peut être évaluée par l'*entropie croisée* ou encore la *divergence de Kullback-Leibler* :

$$\mathrm{D}(\mu, \sigma) \;=\; \sum_{x \in \mathcal{X}} \mu(x) \log \frac{\mu(x)}{\sigma(x)} \tag{18.1}$$

Intuitivement, il s'agit de la « distance[2] » entre la vraie distribution de probabilités μ et la distribution estimée σ.

---

2. En toute rigueur, il ne s'agit pas d'une distance car $\mathrm{D}(\cdot, \cdot)$ n'est pas symétrique.

Nous voulons donc trouver un sous-ensemble $\mathcal{G}$ tel que :

$$J(\mathcal{G}) = \sum_f \mathbf{P}(\mathbf{F} = \mathbf{f}) \, D\big(\mathbf{P}(C|\mathbf{F} = \mathbf{f}), \mathbf{P}(C|\mathbf{F_G} = \mathbf{f_G})\big) \qquad (18.2)$$

soit proche de 0.

Ce calcul requiert l'estimation des distributions conditionnelles $\mathbf{P}(C|\mathbf{F}$ et $\mathbf{P}(C|\mathbf{F_G})$. Or, nous ne disposons souvent que d'échantillons d'apprentissage trop limités pour obtenir une estimation correcte. Il est donc nécessaire de trouver une alternative. C'est là que peut intervenir la notion de *couverture de Markov*.

La couverture de Markov d'une variable correspond, comme nous le verrons au chapitre 20, à l'ensemble des autres variables dont la connaissance suffit à déterminer sa valeur. En particulier, si A correspond à la variable classe, sa couverture de Markov fournit un sous-ensemble d'attributs suffisants pour en déterminer la valeur. Un **algorithme de sélection d'attributs** fondé sur ce principe peut alors s'énoncer :

1. Si on peut identifier une couverture de Markov pour l'attribut f_i, retirer f_i des attributs à considérer.

2. Recommencer jusqu'à ce que la couverture soit égale à l'ensemble des attributs restants.

Un théorème de [KS96] assure que cette procédure est monotone et peut être appliquée dans n'importe quel ordre des variables. Plusieurs algorithmes ont été proposés selon ce principe. Cependant, cette approche est coûteuse en termes de calculs et nécessite des échantillons d'apprentissage importants.

1.4.1.2 Algorithme Winnow. Dans sa version d'origine [Lit88], cet algorithme s'applique à des concepts booléens linéairement séparables[3], par exemple des disjonctions.

Winnow, comme l'algorithme du perceptron (chapitre 9, section 1.3), apprend un vecteur de poids sur les attributs de description des exemples. La différence réside dans la formule de mise à jour de ces poids, qui est multiplicative au lieu d'être additive. Cette méthode de *gradient exponentiel*, qui est à la base du *boosting* et de méthodes d'ensemble (chapitre 15), donne à Winnow la propriété d'éliminer très rapidement les attributs non pertinents, en particulier quand ceux-ci sont nombreux.

1.4.2 Pondération

Les algorithmes de pondération calculent un poids pour chaque attribut indépendamment et les trient en fonction de ce poids. Plusieurs concepts de poids ont été proposés dont le point commun est de tenter d'estimer l'information apportée par la connaissance d'un attribut sur la classe de l'exemple étudié.

On notera en particulier les mesures suivantes proposées pour estimer l'apport d'information de chaque attribut.

- Mesures d'**information.** On y trouve l'entropie de variable, l'entropie conditionnelle et le gain d'information [YL04a, YL04b, JJ00].

- Mesures de **distance** [RSK03, PH98].

- Mesures de **dépendance** [Hal00, Mod93].

---

3. C'est-à-dire une fonction $f : \{0,1\}^n \to \{0,1\}$ telle qu'il existe un hyperplan de $\mathbb{R}^n$ séparant les deux classes.

- Mesures de **cohérence** *(consistency)*. L'idée est de déterminer le nombre minimal d'attributs permettant de séparer les classes aussi bien que lorsque tous les attributs sont utilisés. Une *incohérence* est dite exister lorsque deux exemples ont la même valeur pour un attribut mais sont de classes différentes [AD94, DL03].

- Mesures de **précision** *(accuracy)*. On utilise ici la précision de la méthode de classification en aval comme mesure de la qualité d'un jeu d'attributs [DL00, KJ97].

- Mesures de **pertinence** *(relevance)*. On dit [JKP94] qu'un attribut f_i est :

  — *fortement pertinent* si $\mathbf{P}(C|f_i, \mathcal{F} \setminus \{f_i\}) \neq \mathbf{P}(C|\mathcal{F} \setminus \{f_i\})$;

  — *faiblement pertinent* si $\mathbf{P}(C|f_i, \mathcal{F} \setminus \{f_i\}) = \mathbf{P}(C|\mathcal{F} \setminus \{f_i\})$ et s'il existe $\mathcal{S}_i$ dans $\mathcal{F} \setminus \{f_i\}$ tel que $\mathbf{P}(C|f_i, \mathcal{S}_i) \neq \mathbf{P}(C|\mathcal{S}_i)$.

Voici deux exemples de systèmes par pondération des attributs.

—— EXEMPLE   **Analyse de la variance (ANOVA)** ————————————————————

La méthode statistique de l'analyse de la variance peut être utilisée pour évaluer la corrélation de chaque attribut avec la classe. Son principe repose sur la comparaison de la variance des valeurs prises par chaque attribut lorsque la classe des exemples est prise en compte et lorsqu'elle ne l'est pas. Si ces variances sont significativement différentes, cela indique que l'attribut apporte une information sur la classe. ANOVA est une méthode paramétrique, en ce qu'elle suppose que les valeurs des attributs suivent une distribution normale. Le F-test est employé pour évaluer la pertinence, c'est-à-dire le poids, de chaque attribut selon un test d'hypothèse qui examine les deux hypothèses :

- H_1 : les valeurs de l'attribut étudié diffèrent significativement selon la classe des exemples.

- H_0 : les valeurs des attributs ne diffèrent pas significativement.

—— EXEMPLE   **La méthode RELIEF** ————————————————————————————

La méthode RELIEF [KR92, RSK03] évalue les attributs en fonction de leur apparente corrélation avec la classe. Le score de chaque attribut est fonction des variations de ses valeurs à l'intérieur de chaque classe par rapport à ses variations inter-classes. Cependant, par contraste avec les méthodes paramétriques, elle ne fait aucune hypothèse sur la distribution des valeurs des attributs. Par ailleurs, même si le score est calculé pour chaque attribut, son calcul repose sur une mesure de distance dans l'espace de tous les attributs, qui tend à favoriser les attributs corrélés entre eux.

Cette méthode est facile à mettre en œuvre, ne repose pas sur des hypothèses statistiques hasardeuses et permet, dans une certaine mesure, d'identifier des corrélations non linéaires entre les attributs et la classe (figure 18.6b). De plus, sa complexité calculatoire est remarquablement faible : en $\mathcal{O}(kmd)$ pour un échantillon de m exemples décrits par d attributs, k étant le nombre de voisins pris en compte dans l'algorithme. En revanche, à l'instar des méthodes de filtre linéaire en général, elle ne permet pas d'éliminer les attributs redondants. C'est une bonne chose quand le but est d'identifier tous les facteurs impliqués dans un processus (par exemple en génomique), une moins bonne chose quand le but est d'obtenir un bon classifieur.

1.5   La détermination du nombre d'attributs pertinents

Dans les méthodes de pondération particulièrement, se pose la question de déterminer un seuil de pertinence au-delà duquel on décide que les attributs ne valent pas la peine d'être conservés. Sauf à être arbitraire, il est difficile de fixer ce seuil directement. Plusieurs méthodes ont été proposées, parmi lesquelles :

- *Introduction d'attributs aléatoires.* L'idée est de mesurer le poids d'attributs artificiels pour lesquels on sait que les valeurs sont indépendantes de la classe. On ne retient alors que les attributs dont le poids est significativement supérieur à celui de ces attributs artificiels.

- *Comparaison au cas de classes aléatoires.* Le principe est de permuter aléatoirement les étiquettes des exemples et de mesurer le poids des attributs dans cette condition aléatoire. On peut alors choisir de ne retenir que les attributs qui ont un poids supérieur à celui du meilleur sous la condition aléatoire, puisque la probabilité que ceux-ci soient bien évalués par hasard est faible. Ce critère est cependant en général trop restrictif et on retient plutôt les attributs pour lesquels le rapport entre leur score avec les vraies étiquettes et sous la condition aléatoire est le plus grand.

- *Croisement de méthodes d'évaluation.* Une autre approche est de recourir à plusieurs méthodes d'évaluation différentes (ex. RELIEF et ANOVA) et d'utiliser l'intersection entre les meilleurs classés par les différentes approches pour décider du seuil (voir [CFM05]).

1.6   Pondération des attributs et apprentissage de tri ou ranking

Les méthodes de pondération des descripteurs permettent de trier ceux-ci par ordre croissant ou décroissant de pertinence *(feature relevance)*. Elles sont donc intéressantes à connaître dans le contexte plus général de l'*apprentissage de classement* ou *de tri (learning to rank* ou *ranking)*.

L'apprentissage de classement est mis en œuvre lorsqu'il s'agit de produire en sortie un classement de réponses ordonnées par une fonction d'utilité. L'exemple le plus notable de cette tâche et qui est à l'origine des travaux récents sur ce sujet, est celui de la présentation ordonnée des réponses à une requête d'un utilisateur sur la Toile. Dans ce problème, les données consistent en des exemples de requêtes et, pour chacune d'entre elles, un ensemble trié de réponses.

Les recherches sur ce problème sont extrêmement actives et il n'est donc pas question d'en faire un état de l'art exhaustif et à jour ici (voir [ACH05] pour un ensemble d'articles). Deux approches rassemblent cependant une grande partie des travaux.

- La première pose le problème en termes d'un apprentissage de « régression ordonnée », c'est-à-dire pour lequel il s'agit d'apprendre à associer à une requête et une donnée (ex. un document), un numéro dans un classement, ce qui peut aussi se faire en associant un intervalle dans $\mathbb{R}$ [HGO00].

- La seconde pose le problème en termes d'un apprentissage associant à une requête et une paire de données (ex. documents), un ordre sur cette paire. Il est possible d'apprendre de la sorte n'importe quel classement, y compris des classements incohérents (ex. $A \succ B$, $B \succ C$ et $C \succ A$), voir [BSR$^+$05, CS02, FLSS04].

Références

Sur la réduction de dimension, des références générales incluent [BL97, GE03, KJ97, Ng98, XJK01, YL03, LV07]. Des travaux s'adressent plus particulièrement à la sélection des gènes pertinents dans l'analyse du transcriptome, par exemple [KMC00].

1.7   La réduction de dimension par redescription

Au lieu de sélectionner des attributs parmi ceux qui décrivent les données, il est possible de réduire la dimension de l'espace d'entrée en remplaçant les attributs d'entrée par un ensemble plus petit de nouveaux attributs correspondant si possible aux régularités sous-jacentes. On distingue souvent les approches par *transformations linéaires* de l'espace d'entrée de celles par *transformations non linéaires*. Parmi les premières, les plus usuelles sont :

- L'analyse en composantes principales (ACP) identifie un petit ensemble de variables décrivant les données en minimisant la perte d'information. Cette dernière est mesurée par la variation dans l'échantillon de données, à travers une matrice de covariance ou de corrélation. Cette méthode ne prend pas en compte la classe des exemples : c'est une technique non supervisée.

- La méthode d'analyse en composantes principales communes prend au contraire en compte la classe des exemples et s'appuie sur une mesure du maximum de vraisemblance ou de l'écart aux moindres carrés.

Les méthodes d'extraction d'attributs par transformations non linéaires sont moins employées. Parmi elles figurent :

- La méthode des cartes auto-organisatrices de Kohonen (chapitre 16, section 2.6), qui utilise une sorte de réseau connexionniste dans une approche non supervisée.

- Des méthodes issues des recherches sur les séparateurs à vastes marges (SVM). Nous renvoyons le lecteur intéressé à [SBE99], au chapitre 14 qui traite de l'analyse en composantes principales par fonctions noyaux.

- L'analyse en composantes indépendantes *(Independent Component Analysis, ICA)*, qui s'applique dans le cas où l'on suppose que les données proviennent de plusieurs sources indépendantes, combinées par une matrice de m 'elange. (section 2.2, ou bien [HKO01b], ou encore le chapitre 10 de [Hay99] pour une introduction).

Le chapitre 6 de [CM98] est intéressant à consulter à ce sujet, de même que les chapitres 8 et 10 de [Hay99].

2.   Les analyses en composantes

Les *analyses en composantes* utilisent des changements de représentation qui dépendent des données, par opposition à la transformée de Fourier ou aux ondelettes, par exemple. Elles s'ajustent en effet automatiquement aux statistiques des entrées en optimisant des mesures de leurs propriétés désirables. Dans cette famille de méthodes, on trouve en particulier l'*analyse en composantes principales* (ACP) [Hot33], l'*analyse en composantes indépendantes* (ICA) [Hyv99, HO00, HKO01a] et la *factorisation non négative en matrices* (NMF) [LS99].

2.1   Analyse en composantes principales (ACP)

L'analyse en composantes principales (ACP) est une méthode permettant de construire un ensemble de projections orthogonales d'un ensemble de données corrélées, les projections étant ordonnées par variance décroissante. On se donne m observations $\mathcal{S} = \{\mathbf{x}_1, \dots, \mathbf{x}_m\}$ définies dans l'espace d'entrée $\mathbb{R}^d$. On fait l'hypothèse que les composantes des vecteurs $\mathbf{x}_i$ sont des réalisations d'un vecteur aléatoire de dimension $d : \mathbf{X} = (X_1 \cdots X_d)^\top$. On suppose que $\mathbb{E}(\mathbf{X}) = \boldsymbol{\mu}_\mathbf{X}$ et que la matrice de covariance de $\mathbf{X}$ est notée $\boldsymbol{\Sigma}_\mathbf{X}$.

2.1.1 Composantes principales

L'ACP remplace les variables $X_1 \cdots X_d$ par un ensemble de nouvelles variables $\xi_1 \cdots \xi_t, t \leq d$ avec :

$$(\forall i \in [\![1 \cdots d]\!]) \quad \xi_i = \mathbf{b_i}^\top \mathbf{X}$$

Les vecteurs $\mathbf{b_i}, i \in [\![1 \cdots d]\!]$ sont obtenus en minimisant la perte d'information due à la projection des données. L'ACP mesure l'information comme la variation totale des variables initiales, ou inertie :

$$\sum_{i=1}^{d} Var(X_i) = Tr(\boldsymbol{\Sigma}_\mathbf{X})$$

En utilisant le théorème de décomposition spectrale, $\boldsymbol{\Sigma}_X$ étant symétrique, on a $\boldsymbol{\Sigma}_\mathbf{X} = \mathbf{U}\boldsymbol{\Lambda}\mathbf{U}^\top$, avec $\mathbf{U}$ orthogonale, $\boldsymbol{\Lambda} = diag(\lambda_1 \cdots \lambda_d)$. La variation totale est alors donnée par $\sum_{i=1}^{d} \lambda_i$.

Le vecteur $\mathbf{b_i}$ est alors choisi de la manière suivante :

- les t premières projections de $\mathbf{X}$ $\xi_1 \cdots \xi_t$, appelées t premières *composantes principales*, sont ordonnées par variance décroissante ;
- ξ_i est non corrélé à $\xi_j, j < i$.

Notons $\mathbf{B} = (\mathbf{b_1} \cdots \mathbf{b_t})^\top$ la matrice de taille $t \times d$ et $\boldsymbol{\Xi} = \mathbf{BX}$, $\boldsymbol{\Xi} = (\xi_1 \cdots \xi_t)^\top$. L'ACP cherche un vecteur $\boldsymbol{\mu}$ de dimension d et une matrice $\mathbf{A}$ de taille $d \times t$ telles que $\mathbf{X} \approx \boldsymbol{\mu} + \mathbf{A}\boldsymbol{\Xi}$ au sens des moindres carrés :

$$\min_{\mu, \mathbf{A}, \boldsymbol{\Xi}} \mathbb{E}\left((\mathbf{X} - \mu - \mathbf{A}\boldsymbol{\Xi})^\top (\mathbf{X} - \mu - \mathbf{A}\boldsymbol{\Xi})\right)$$

Puisque $\boldsymbol{\Xi} = \mathbf{BX}$, l'ACP est un problème d'optimisation de la forme :

$$\boxed{\min_{\mu, \mathbf{A}, \mathbf{B}} \mathbb{E}\left((\mathbf{X} - \mu - \mathbf{ABX})^\top (\mathbf{X} - \mu - \mathbf{ABX})\right)}$$

La minimisation donne $\mathbf{A} = \mathbf{B} = (\mathbf{v_1} \cdots \mathbf{v_t})$ et $\boldsymbol{\mu} = (\mathbf{I} - \mathbf{AB})\boldsymbol{\mu}_\mathbf{X}$, où $\mathbf{v_i}, i \in [\![1 \cdots t]\!]$ est le vecteur propre associé à la i^e valeur propre λ_i de $\boldsymbol{\Sigma}_\mathbf{X}$. La reconstruction optimale de $\mathbf{X}$ sur une variété linéaire de dimension t est donc donnée par :

$$\begin{aligned}
\hat{\mathbf{X}} &= \mu + \mathbf{ABX} \\
&= \mu_\mathbf{X} + \mathbf{AB}(\mathbf{X} - \mu_\mathbf{X})
\end{aligned}$$

avec :

$$\mathbf{AB} = \sum_{i=1}^{t} \mathbf{v_i}\mathbf{v_i}^\top$$

La valeur de la fonction objectif à l'optimum est $\displaystyle\sum_{i=t+1}^{d} \lambda_i$ et les t premières composantes principales de $\mathbf{X}$ sont telles que :

$$(\forall i \in [\![1 \cdots t]\!]) \quad \xi_i = \mathbf{v_j}^\top \mathbf{X}$$

La covariance entre ξ_i et ξ_j est alors :

$$cov(\xi_i, \xi_j) = cov(\mathbf{v_i}^\top \mathbf{X}, \mathbf{v_j}^\top \mathbf{X}) = \mathbf{v_i}^\top \mathbf{\Sigma_X} \mathbf{v_j} = \lambda_j \mathbf{v_i}^\top \mathbf{v_j} = \lambda_j \delta_{ij}$$

où δ_{ij} est le symbole de Kronecker. On a ainsi pour tout i, $var(\xi_i) = \lambda_i$.

En pratique, on ne connaît pas $\boldsymbol{\mu_X}$ et $\boldsymbol{\Sigma_X}$, puisqu'on a uniquement accès à un ensemble de données $\mathbf{x_i}$ représentant un échantillon de la population.

On doit donc estimer ces paramètres. On suppose avoir m observations $\mathcal{S} = \{\mathbf{x}_1, \ldots, \mathbf{x}_m\}$ i.i.d de $\mathbf{X}$. On approche $\boldsymbol{\mu_X}$ par la moyenne arithmétique des observations $\bar{\mathbf{x}}$ et $\boldsymbol{\Sigma_X}$ par la matrice de covariance sur l'échantillon : si $\mathbf{x_{c,i}} = \mathbf{x_i} - \bar{\mathbf{x}}$ et $\mathbf{Z} = (\mathbf{x_{c,1}} \cdots \mathbf{x_{c,n}})$ de taille $d \times m$ alors $\hat{\boldsymbol{\Sigma}}_\mathbf{X} \approx m^{-1} \mathbf{Z}\mathbf{Z}^\top$.

Comme dans le cas général, la reconstruction optimale de $\mathbf{x}$ est donnée par :

$$\mathbf{x} = \bar{\mathbf{x}} + \left(\sum_{i=1}^{d} \mathbf{v_i}\mathbf{v_i}^\top \right) (\mathbf{x} - \bar{\mathbf{x}})$$

les $\mathbf{v_i}$ étant les vecteurs propres de $\hat{\boldsymbol{\Sigma}}_\mathbf{X}$ associés aux λ_i. Le score de $\mathbf{x}$ associé à la i^e composante principale est $\xi_i = \mathbf{v_i}^\top(\mathbf{x} - \bar{\mathbf{x}})$ et la variance de cette composante est estimée par λ_i.

2.1.2   Choix du nombre de composantes

En pratique, t est inconnu. On utilise plusieurs critères pour estimer la dimension de la variété linéaire (et donc le nombre de composantes principales à retenir) :

- Critères théoriques : on détermine ici si les valeurs propres sont significativement différentes entre elles à partir d'un certain rang : si la réponse est négative on conserve les premières valeurs propres. On fait l'hypothèse que les m individus proviennent d'un tirage aléatoire dans une population gaussienne où $\lambda_{t+1} = \cdots = \lambda_d$. Si l'hypothèse est vérifiée, la moyenne arithmétique α des $d - t$ dernières valeurs propres et leur moyenne géométrique γ sont peu différentes. On admet que :

$$c = \left(m - \frac{2d + 11}{6} \right)(d - t)ln\frac{\alpha}{\gamma}$$

  suit une loi du χ^2 de degré de liberté $\frac{(d-t+2)(d-t-1)}{2}$ et on rejette l'hypothèse d'égalité des $d - t$ valeurs propres si c est trop grand.

- Pourcentage d'inertie : le critère couramment utilisé est le pourcentage d'inertie totale expliquée Π, qui s'exprime sur les t premiers axes par :

$$\Pi = \sum_{i=1}^{t} \lambda_i / \sum_{i=1}^{d} \lambda_i$$

Un seuil, par exemple de 90% d'inertie totale expliquée, donne une valeur de t correspondante. Attention cependant, le pourcentage d'inertie doit faire intervenir le nombre de variables initiales.

- Mesures locales : le pourcentage d'inertie expliquée est un critère global qui doit être complété par d'autres considérations. Supposons que le plan P_{12} des deux premières composantes principales explique une part importante d'inertie et que, en projection sur ce plan, deux individus soient très proches. Cette proximité peut être illusoire si les deux individus se trouvent éloignés dans l'orthogonal de P_{12}. Pour prendre en compte ce phénomène, il faut envisager pour chaque individu la qualité de sa représentation, souvent exprimée par le cosinus de l'angle entre le plan principal et le vecteur représentant l'individu i. Si ce cosinus est grand, l'individu est voisin du plan, on peut alors examiner la position de sa projection sur le plan par rapport à d'autres points.

- Critères empiriques : lorsqu'on travaille sur des données centrées réduites, on retient les composantes principales correspondant à des valeurs propres supérieures à 1 (critère de Kaiser) : en effet les composantes principales étant des combinaisons linéaires des $\mathbf{v_i}$ de variance maximale $V(c) = \lambda$, seules les composantes de variance supérieure à celle des variables initiales présentent un intérêt.

2.1.3   Exemple d'application

La base de données MNIST [4] *(Mixed National Institute of Standards and Technology)* contient des images de chiffres manuscrits. C'est une base standard pour le test de nouveaux algorithmes de reconnaissance de ces chiffres. Elle est composée de 60 000 images d'apprentissage et 10 000 images de test. Les images sont en noir et blanc, normalisées centrées de 28 pixels de côté (figure 18.7a). Les vecteurs $\mathbf{x_i}$ sont donc les images, avec $d = 784$ et $m = 60\ 000$.

Une ACP a été effectuée et les données ont été projetées sur le plan des deux premières composantes principales (figure 18.7b).

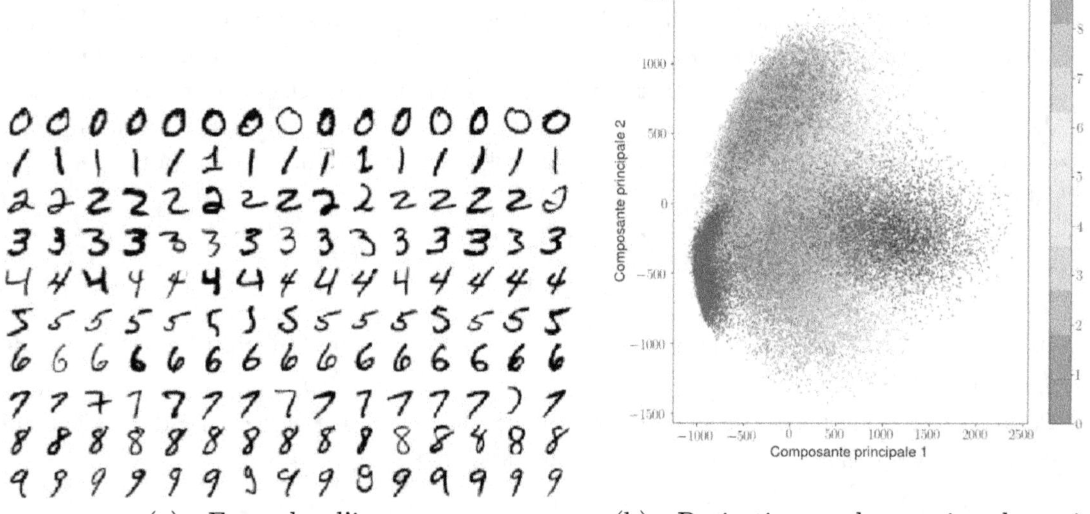

(a) - Exemples d'images   (b) - Projection sur le premier plan principal.

FIGURE 18.7 : *Exemples d'images tirées de la base MNIST et analyse du premier plan principal.*

---

4. http ://yann.lecun.com/exdb/mnist/

Si la séparation entre les différents chiffres n'est pas parfaite, on note cependant dans ce plan un regroupement net des projections des images d'un même chiffre (par exemple le regroupement à gauche des chiffres « 1 »).

Connaissant les composantes principales, et les coordonnées des $\mathbf{x_i}$ sur les vecteurs principaux, il est possible de reconstruire une image en ne prenant en compte que les t premières composantes : la figure 18.8 présente la recconstruction du chiffre 1 en utilisant $t=8$ composantes principales (qui, ici, expliquent seulement 40% de la variance des données).

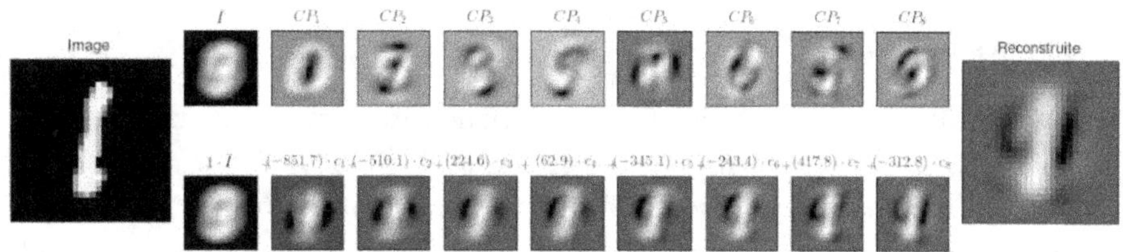

FIGURE 18.8 : *Illustration de l'ACP sur la reconstruction d'images. Sur la ligne du haut sont représentées les composantes principales, sur la ligne du bas la reconstruction successive de l'image.*

2.2   Analyse en composantes indépendantes (ACI)

L'analyse en composantes indépendantes (ACI) *(Independent Component Analysis ou ICA)* et la séparation de sources *(Blind Source Separation ou BSS)* concernent la recherche de signaux indépendants à partir de mesures qui en sont des combinaisons linéaires. Par exemple, dans le cas des sonars passifs qui tapissent les océans en certains lieux stratégiques, les microphones enregistrent des signaux qui sont des combinaisons provenant de plusieurs sources telles que bancs de crevettes, hélices de sous-marins, bateaux de pêche, etc. Chaque capteur mesure une combinaison différente puisque placé en un endroit distinct des autres. Le but est alors de séparer et d'identifier les différentes sources de sons.

On trouve ce problème à chaque fois qu'il existe un ensemble de signaux engendrés indépendamment (que l'on appelle *sources* ou encore *variables latentes*), $\mathbf{s} = [s_1, \ldots, s_n]^\top$, un milieu assurant un mélange linéaire $\mathbf{A}$ et un certain nombre d de mesures $\mathbf{x} = [x_1, \ldots, x_d]^\top$, avec $\mathbf{x} = \mathbf{A}\,\mathbf{s}$. Ainsi, chaque mesure x_j résulte d'une combinaison linéaire de signaux : $x_j = a_{j1}s_1 + \ldots + a_{jn}s_n$.

Le vecteur *source* $\mathbf{s} \in \mathbb{R}^n$ est supposé tiré d'une densité de distribution $\mathbf{p}(\mathbf{s})$, dont les coordonnées sont indépendantes, c'est-à-dire :

$$\mathbf{p}(s_1, \ldots, s_n) = \mathbf{p}_1(s_1)\mathbf{p}_2(s_2)\ldots\mathbf{p}_n(s_n) \tag{18.3}$$

où $\mathbf{p}_i(s_i)$ représente la densité marginale de s_i.

Les sources $\mathbf{s}$ ne sont pas observées directement et la forme des distributions de probabilités $\mathbf{p}_i(s_i)$ est inconnue. Seul le mélange $\mathbf{x} \in \mathbb{R}^d$ est observé.

La tâche de l'analyse en composantes indépendantes est alors de trouver la matrice de mélange $\mathbf{A}$, et donc les sources indépendantes $\mathbf{s}$, à partir de l'observation d'un ensemble de vecteurs $\mathbf{x}$. Pour ce faire, deux conditions d'identifiabilité doivent être vérifiées

- au plus une des sources suit une distribution normale. Ceci résulte de la nullité des moments et cumulants d'ordres supérieurs à deux pour une distribution gaussienne. L'indépendance revient alors à une simple décorrélation et l'hypothèse d'indépendance statistique ne permet pas de séparer les sources gaussiennes. Il est cependant possible de retrouver les autres sources non gaussiennes.

- le rang de A doit être égal au nombre de sources. Ceci impose d'observer au moins autant de signaux qu'il y a de sources à identifier.

Il faut noter que, dans ce modèle linéaire, les sources ne peuvent être identifiées qu'à une permutation et une normalisation près.

2.2.1 Principe des méthodes d'ACI

Les méthodes d'analyse en composantes indépendantes reposent sur un théorème central limite classique en théorie des probabilités, selon lequel *la distribution d'une somme de variables aléatoires indépendantes tend vers une distribution gaussienne*, sous certaines conditions.

Ainsi, supposons que le vecteur de données $\mathbf{x}$ ait une distribution vérifiant le modèle $\mathbf{x} = \mathbf{A}\,s$, c'est-à-dire soit un mélange de composantes indépendantes. Nous supposerons de plus, pour simplifier, que ces composantes sont toutes de même distribution. Nous allons maintenant voir comment estimer chaque composante indépendante s_i.

Soit une combinaison linéaire des mesures x_j, que nous noterons $y = \mathbf{w}^\top \mathbf{x} = \sum_i \mathbf{w}_i x_i$ où $\mathbf{x}$ est un vecteur de poids à déterminer. Si $\mathbf{w}$ était une des lignes de la matrice inverse de $\mathbf{A}$, cette combinaison linéaire serait en fait égale à l'une des composantes indépendantes recherchées s_i puisque $\mathbf{s} = \mathbf{A}^{-1}\mathbf{x}$. Dans l'ignorance de la matrice de mélange $\mathbf{A}$, il est cependant possible d'estimer les vecteurs $\mathbf{w}$.

En effet, on peut poser $y = \mathbf{w}^\top \mathbf{x} = \mathbf{w}^\top \mathbf{A}\mathbf{s} = \mathbf{z}^\top \mathbf{s}$. Donc y est une combinaison linéaire de s_i dont les poids sont donnés par z_i. En conséquence du théorème central limite cité plus haut, cette combinaison est davantage gaussienne que chacune de ces composantes, sauf dans le cas où y est en fait égale à l'une seulement des composantes. Il faut donc chercher à minimiser le caractère gaussien de $\mathbf{w}^\top \mathbf{x}$ en jouant sur le vecteur $\mathbf{w}$. Le paysage d'optimisation associé dans l'espace à n dimensions des vecteurs $\mathbf{w}$ présente $2n$ minima locaux, deux par composantes (correspondant à s_i et $-s_i$). La recherche de ces minima est grandement facilitée par le fait que les composantes sont décorrélées. On peut en effet contraindre la recherche à trouver des estimations décorrélées avec les précédentes. Il reste à préciser la mesure du caractère gaussien.

2.2.2 Mesures d'indépendance statistique

Pour simplifier, on supposera que les variables y sont centrées (de moyenne nulle) et de variance unité. Il est facile de normaliser y pour se trouver dans ce cas.

Plusieurs méthodes de mesure d'indépendance statistique ont été proposées.

- **Kurtosis.** La mesure la plus classique du caractère non gaussien d'une distribution est le moment d'ordre 4, encore appelé *kurtosis*. Pour une variable aléatoire y :

$$\mathrm{Kurt}(y) = \mathbb{E}\{y^4\} - 3(\mathbb{E}\{y^2\})^2$$

  Pour une variable de distribution gaussienne, $\mathbb{E}\{y^4\} = 3(\mathbb{E}\{y^2\})^2$, ce moment est nul. Le kurtosis, ou plutôt sa valeur absolue, est très utilisé dans l'analyse en composantes indépendantes, en raison de sa simplicité à la fois théorique et calculatoire. Malheureusement, le kurtosis est très sensible aux valeurs aberrantes et n'est donc pas robuste.

- **Néguentropie**. La *néguentropie* est une quantité d'information liée à l'entropie. L'entropie d'une variable aléatoire peut être interprétée comme une mesure de l'information apportée par cette variable. Plus la variable prend des valeurs d'allure aléatoire, imprévisible et non structurée, plus grande est son entropie. De fait, cette dernière est liée à la longueur de codage minimale des valeurs prises par la variable. Pour une variable discrète Y :

$$H(Y) = -\sum_i P(Y = a_i) \log P(Y = a_i)$$

où les a_i sont les valeurs possibles de Y. Dans le cas d'une variable continue $\mathbf{y}$ de densité $f(\mathbf{y})$, l'entropie (différentielle) est :

$$H(\mathbf{y}) = -\int f(\mathbf{y}) \log f(\mathbf{y}) \mathrm{d}\mathbf{y}$$

Un résultat fondamental de la théorie de l'information est qu'une variable gaussienne est d'entropie maximale parmi toutes les distributions de même variance. L'entropie peut donc être employée pour mesurer le caractère gaussien d'une distribution. En fait, la néguentropie J est utilisée car elle est nulle pour une variable gaussienne et positive pour les autres :

$$J(\mathbf{y}) = H(\mathbf{y}_{gauss}) - H(\mathbf{y})$$

où $\mathbf{y}_{gauss}$ est une variable aléatoire gaussienne de même matrice de covariance que $\mathbf{y}$. Si la néguentropie est un estimateur optimal du caractère gaussien du point de vue de la théorie statistique, elle est malheureusement difficile à calculer. C'est pourquoi on lui préfère souvent des approximations.

- **Information mutuelle**. L'information mutuelle entre n variables aléatoires $y_i, i = 1 \ldots n$ est définie comme :

$$I(y_1, \ldots, y_n) = \sum_{i=1}^{n} H(y_i) - H(\mathbf{y})$$

où $\mathbf{y}$ est le vecteur dont les composantes sont les y_i. L'information mutuelle est équivalente à la divergence de Kullback-Leibler : entre la densité jointe $f(\mathbf{y})$ et le produit de ses densités marginales, ce qui est une mesure naturelle d'indépendance. Cette quantité est positive, sauf dans le cas de variables indépendantes.

D'autres mesures d'indépendance ont été proposées, dont par exemple le principe *Infomax* utilisé dans des perceptrons multi-couches (chapitre 10). Pour davantage de détails sur ces mesures et sur l'analyse en composantes indépendantes en général, voir par exemple [HO00]. On se reportera aussi à [Sej18] qui décrit la genèse du principe *infomax* par Terrence Sejnowski, l'un de ses concepteurs.

2.2.3   Algorithmes et exemple d'application

Plusieurs algorithmes existent pour l'analyse en composantes indépendantes, dont FastICA réputé pour sa rapidité et disponible sous forme de bibliothèque Matlab. L'analyse en composantes indépendantes a été appliquée aux problèmes de séparation de sources (identification de m sources produisant par mélange linéaire un signal mesuré en m points) et d'extraction de composantes d'un signal.

—— Exemple   **Analyse d'images par ACI** ———————————————————

L'analyse d'images entre dans ce dernier cadre. L'idée est alors d'extraire un code, c'est-à-dire un catalogue, constitué d'« images de base », dans lequel toute image du domaine considéré (correspondant à une certaine famille de distributions de probabilités) peut être représentée fidèlement.

Étant données la complexité des calculs et la taille limitée souhaitée pour le catalogue d'images de base, les expériences réalisées ne travaillent pas directement sur les images, mais sur des « imagettes » (par exemple 8×8 ou 12×12). Les figures 18.9 et 18.10 montrent respectivement la décomposition linéaire d'une imagette 12×12 et une base d'imagettes obtenues par ICA à partir d'images en couleurs [5].

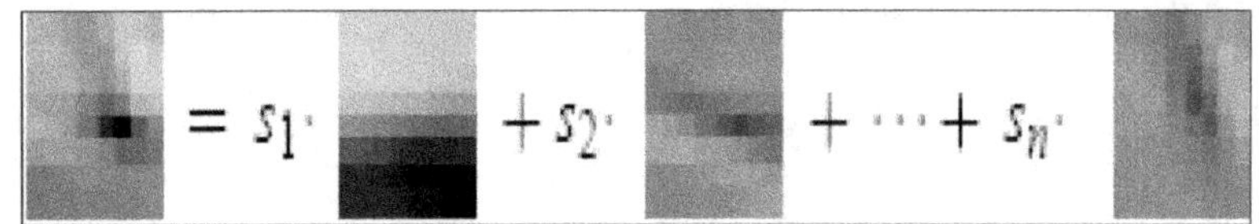

FIGURE 18.9 : *Principe de décomposition linéaire d'une imagette*

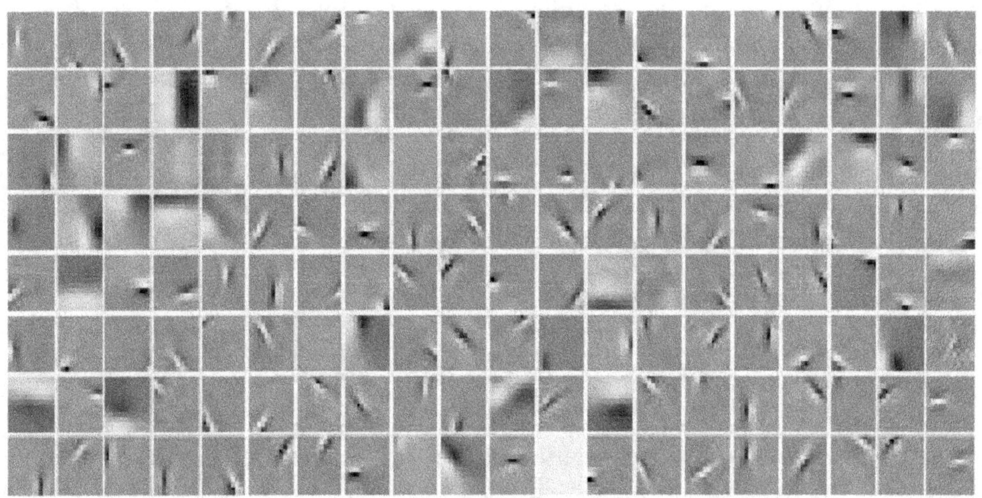

FIGURE 18.10 : *Base d'imagettes 12×12 de base obtenue par Patrick Hoyer et Aapo Hyvrïnen sur une base d'images en couleurs (signal RGB).*

Les résultats obtenus de cette manière sont intéressants, car ils sont en particulier confrontables avec les champs perceptifs des neurones tels qu'on peut essayer de les interpréter. D'un autre côté, la limitation au traitement d'imagettes oblitère peut-être des corrélations spatiales à plus grande échelle importantes pour le domaine. C'est pourquoi, en s'inspirant de l'analyse ICA mais en employant la technique récemment développée en fouille de données des FIS *(Frequent Item Sets)*, une attaque directe peut être essayée. C'est la méthode FISICA [Jou02, JCS$^+$03, CSM04] .

2.2.4   Lien avec la technique de « projection pursuit »

La technique appelée *projection pursuit* ou *poursuite de projections* vise à découvrir des projections linéaires intéressantes (c'est-à-dire révélant une structure) de données multidimen-

---

5. Transparents fournis par Patrick Hoyer et Aapo Hyvarïnen.

sionnelles sur des sous-espaces de petite dimension [FT74, Fri87]. Ces projections peuvent être utilisées pour découvrir des visualisations révélatrices des données, ou bien comme étape pour de l'estimation de densité ou la régression. Le concept d'axes intéressants sur lesquels projeter les données dépend naturellement des applications, mais il est en général admis que les axes sur lesquels les données ont une distribution gaussienne sont les moins intéressants.

L'algorithme de *poursuite de projection* cherche donc à identifier ceux sur lesquels les données se projettent en ayant une distribution la moins gaussienne possible. C'est ce que l'on fait dans l'analyse en composantes indépendantes, qui peut être considérée comme un cas particulier de *poursuite de projection*. La différence est notable avec l'analyse en composantes principales, qui vise à conserver au maximum l'information au sens des moindres carrés (figure 18.11).

La technique de *poursuite de projection* s'applique aussi lorsque le nombre des sources est inférieur à celui des mesures. De plus, la *poursuite de projection* ne fait pas d'hypothèse sur le modèle génératif des données, ce qui la rend moins sensible à des *a priori* erronés.

Pour une analyse de cette technique et des approches algorithmiques, nous reportons le lecteur en particulier à [JL95].

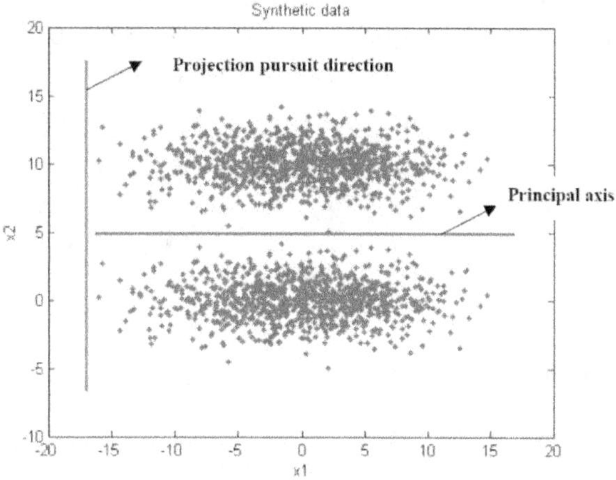

FIGURE 18.11 : ***Poursuite de projection.*** *Les données sont clairement séparées en deux groupes. L'analyse en composantes principales privilégie l'axe principal d'inertie, sur lequel la projection des deux groupes se confond. La poursuite de projection, en revanche, privilégie l'axe sur lequel la projection des données sépare au mieux les deux nuages de points.*

2.3   Analyse en composantes non négatives (NMF)

L'analyse en composantes non négatives *(NMF - non-negative matrix factorization)* impose que la décomposition des formes ou exemples s'opère par *addition* uniquement de primitives, c'est-à-dire dans l'expression des exemples, de dimension d, sous la forme :

$$\mathbf{x}_i = \Big[\sum_{a=1}^{r} \phi_{1a}w_ai, \sum_{a=1}^{r} \phi_{2a}w_ai, \ldots, \sum_{a=1}^{r} \phi_{da}w_{ai}\Big]^{\top}$$

dans laquelle les ϕ_{ja} sont des primitives de base, tous les coefficients w_{jk} doivent être positifs ou nuls.

Étant donnée une base d'exemples $\mathcal{S}$ exprimée sous la forme d'une matrice $[\mathcal{S}]$ de taille $d \times m$ (où d est la dimension de l'espace d'entrée $\mathcal{X}$ et m le nombre d'exemples d'apprentissage), il est possible de trouver une matrice $\boldsymbol{\Phi}$ de formes de base ϕ_{jk} et une matrice de codage $\mathbf{W}$ telles que :

$$[\mathcal{S}]_{ij} \approx (\boldsymbol{\Phi}\,\mathbf{W})_{ij} = \sum_{a=1}^{r} \phi_{ia}\, w_{aj}$$

Les matrices $\boldsymbol{\Phi}$ et $\mathbf{W}$ sont respectivement de dimensions $d \times r$ et $r \times m$. On choisit généralement r de telle manière que $(d+m)\,r < d\,m$. Chaque colonne de la matrice $\boldsymbol{\Phi}$ contient un vecteur de base et chaque colonne de la matrice $\mathbf{W}$ contient les poids permettant l'approximation de la colonne correspondante de $[\mathcal{S}]$ en utilisant la base spécifiée par $\boldsymbol{\Phi}$.

Dans l'analyse en composantes principales (ACP), chaque colonne de la matrice $\boldsymbol{\Phi}$ représente un vecteur propre et la matrice $\mathbf{W}$ représente les projections des exemples sur ces vecteurs propres. Contrairement à l'ACP, la factorisation non négative (NMF) contraint les poids à être positifs ou nuls. Cela conduit à des primitives de base qui représentent des formes locales dans l'espace $\mathcal{X}$ et dont la combinaison linéaire additive permet la description des exemples (figure 18.12).

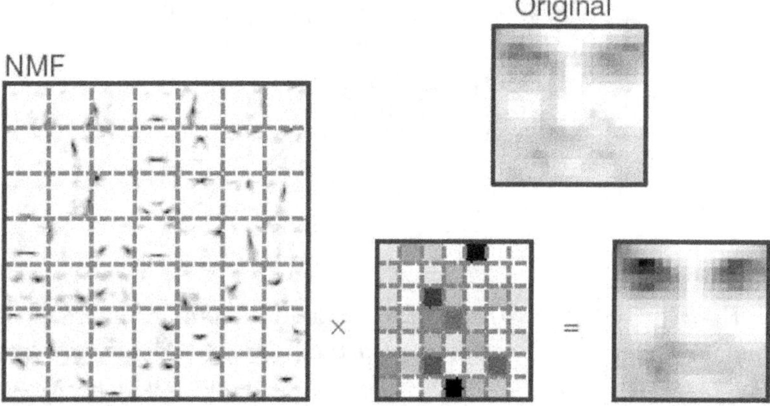

FIGURE 18.12 : *Un exemple de codage de visages en utilisant une factorisation non négative (tiré de [LS99]).*

Afin d'estimer les matrices de factorisation $\boldsymbol{\Phi}$ et $\mathbf{W}$, il faut définir une fonction objectif F. On utilise souvent :

$$F = \sum_{i=1}^{d}\sum_{j=1}^{m} \left[[\mathcal{S}]_{ij} \log(\boldsymbol{\Phi}\,\mathbf{W})_{ij} - (\boldsymbol{\Phi}\,\mathbf{W})_{ij} \right]$$

Cette fonction est liée à la vraisemblance d'engendrer les exemples de $\mathcal{S}$ à partir de la base de primitives $\boldsymbol{\Phi}$ et des codages spécifiés dans $\mathbf{W}$ (on suppose que chaque composante des exemples est obtenue par addition d'un bruit de Poisson au produit $(\boldsymbol{\Phi}\,\mathbf{W})_{ij}$). Une approche itérative permettant d'atteindre un maximum local de cette fonction est réalisée grâce aux règles suivantes :

$$\Phi_{ia} \leftarrow \Phi_{ia} \sum_{j} \frac{[\mathcal{S}]_{ij}}{(\mathbf{\Phi}\,\mathbf{W})_{ij}} \mathbf{W}_{aj}$$

$$\Phi_{ia} \leftarrow \frac{\Phi_{ia}}{\sum_{k} \Phi_{ka}}$$

$$\mathbf{W}_{aj} \leftarrow \mathbf{W}_{aj} \sum_{i} \Phi_{ia} \frac{[\mathcal{S}]_{ij}}{(\mathbf{\Phi}\,\mathbf{W})_{ij}}$$

Les matrices $\mathbf{\Phi}$ et $\mathbf{W}$ sont initialisées par des matrices positives aléatoires. La procédure converge [LS99, LS00] et produit généralement un codage parcimonieux (peu de coefficients h_{aj} non nuls). La factorisation non négative a été utilisée pour le codage de visages, mais aussi pour l'analyse de textes.

2.4   Analyses en variables latentes

L'analyse en variables latentes est un outil statistique pour décrire et modéliser la structure sous-jacente de données multivariées. Elle est utilisée lorsque l'on suppose que les données peuvent être expliquées par un petit nombre de facteurs non observables. Le principe sous-jacent est simple. Si une variable latente gouverne un certain nombre de variables observées, alors le conditionnement sur cette variable explicative rend les variables observées statistiquement indépendantes. Le problème de l'analyse en variables latentes est donc d'identifier un ensemble de variables explicatives satisfaisant cette condition pour un ensemble de variables observées.

2.4.1   Analyse sémantique latente (LSA)

L'analyse sémantique latente *(Latent Semantic Analysis ou LSA)* a été motivée à l'origine par des applications de recherche d'information *(information retrieval)* dans des bases de documents textuels à partir de requêtes également exprimées à l'aide de mots. Un des problèmes rencontrés dans ces applications est que les mots de la requête peuvent être totalement différents de ceux présents dans les documents, alors même que les concepts couverts sont proches. Par exemple, on aimerait qu'une requête portant sur la « découverte de connaissances » puisse ramener des documents dans lesquels il est question de « fouille de données ». L'idée est alors de passer par un espace intermédiaire dans lequel les termes exprimeraient davantage les distinctions sémantiques sous-jacentes aux documents (et aux requêtes). La projection des termes de la requête et de ceux des documents dans cet espace permettrait un meilleur rapprochement entre les concepts évoqués dans la requête et ceux évoqués par les documents.

Cette projection est calculée en décomposant la matrice N de termes-documents en valeurs singulières *(Singular Value Decomposition ou SVD)* : $\mathbf{N} = \mathbf{U}\,\mathbf{\Sigma}\,\mathbf{V}^{\top}$, où $\mathbf{U}$ et $\mathbf{V}$ sont des matrices orthogonales $\mathbf{U}^{\top}\mathbf{U} = \mathbf{V}^{\top}\mathbf{V} = \mathbf{I}$ et la matrice diagonale $\mathbf{\Sigma}$ contient les valeurs singulières de $\mathbf{N}$. L'approximation LSA de $\mathbf{N}$ est calculée en mettant à 0 toutes les valeurs singulières de $\mathbf{\Sigma}$ sauf celles de plus hautes valeurs. On obtient ainsi $\tilde{\mathbf{\Sigma}}$, qui est de rang K optimal au sens de la norme L_2 sur les matrices, et l'approximation $\tilde{\mathbf{N}} = \mathbf{U}\tilde{\mathbf{\Sigma}}\mathbf{V}^{\top} \approx \mathbf{U}\mathbf{\Sigma}\mathbf{V}^{\top} = \mathbf{N}$ (chapitre 13, section 5.3.1 et [LFL98] pour davantage de détails).

2.5   Propriétés des bases de primitives de représentation

Lorsque l'on utilise une base de primitives pour représenter des données, il est intéressant de considérer un certain nombre de propriétés afin de déterminer si cette base est adéquate pour l'application en vue.

- **Complétude**. La représentation à l'aide des primitives permet-elle de reconstruire complètement l'entrée ? On parle alors de représentation complète. Il faut noter que la notion de représentation sur-complète *(over-complete basis)* est distincte puisqu'elle désigne une représentation dans laquelle le nombre de primitives de base excède (de beaucoup) la dimension de l'espace d'entrée.

- **Parcimonie**. Un codage est parcimonieux *(sparse coding)* si chaque forme d'entrée est codée par un petit sous-ensemble des primitives de représentation. Il est fréquent que la parcimonie d'un codage soit liée à son caractère sur-complet.

- **Redondance**. Une représentation est redondante s'il est possible de reconstruire une forme d'entrée, même en l'absence de certaines parties du codage. Dans ce cas, le codage d'une forme d'entrée n'est pas unique. En général, la parcimonie d'un codage est associée à sa non-redondance.

Références

Les analyses en composantes ont fait l'objet d'un nombre grandissant de publications, de conférences et de tutoriels ces dernières années. On citera ici en particulier les deux excellents ouvrages [HKO01b, Sto04] principalement dédiés à l'analyse en composantes indépendantes, mais exposant des principes généraux importants et s'appliquant plus largement.

Finalement, on ne pourra que fortement conseiller la lecture d'un excellent ouvrage de vulgarisation portant sur le développement de l'analyse en ondelettes et qui, ce faisant, re-situe de manière très claire les fondements de l'analyse [Hub95].

3.   Méthodes de Manifold Learning

Les changements de représentation linéaires comme l'ACP ou l'ACI ne permettent pas toujours de trouver une représentation pertinente des données. La figure 18.13a présente un jeu de données classique (le *swissroll*), des points échantillonnés sur une variété de dimension 2 plongée dans $\mathbb{R}^3$. L'application d'une méthode linéaire (ACP par exemple, figure 18.13b) ne permet pas de retrouver la géométrie de la variété, les points étant simplement projetés sur un plan (la variété n'étant pas « dépliée»).

Les méthodes de *manifold learning* supposent que des points z_i sont tirés aléatoirement sur une variété $\mathcal{M}$ de dimension t, munie d'une métrique $d_{\mathcal{M}}$. Ces points sont envoyés par un plongement ψ, dans un espace $\mathcal{X}$ de dimension $d, d \gg t$, muni de la métrique euclidienne, résultant en les points d'observation x_i. L'objectif est alors de proposer des algorithmes permettant de retrouver $\mathcal{M}$ et d'expliciter ψ et les z_i, étant donnés soit les individus $x_i \in \mathcal{X}$, soit des informations de distances entre chaque paire de x_i.

Autrement dit, nous supposons que les variables mesurées sur les individus ne sont pas indépendantes, et qu'il est possible de représenter les x_i sur un espace de dimension réduit : une variété de dimension t.

Nous décrivons dans la suite quelques méthodes et nous renvoyons le lecteur à l'ouvrage [MF11]. pour une revue plus exhaustive.

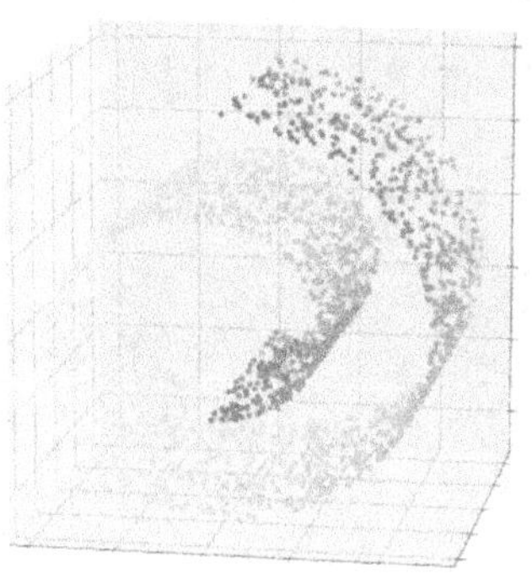
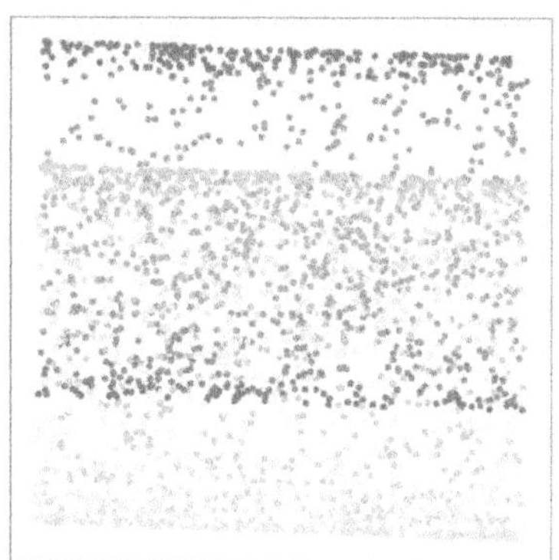

(a) - Swissroll

(b) - Projection des points sur le premier plan principal de l'ACP

FIGURE 18.13 : *Limite des changements de représentation linéaires.*

3.1   Positionnement multidimensionnel (MDS)

3.1.1   Position du problème

Le positionnement multidimensionnel *(multidimensional scaling, MDS)*[CC00] est un ensemble de méthodes dont l'objectif est d'identifier la variété linéaire $\mathcal{M}$ à partir de données de proximité (ou de dissimilarité) observées sur les individus $\mathbf{x_i}, i \in [\![1 \cdots m]\!]$. Ces proximités ne doivent pas nécessairement être des distances, mais peuvent être des associations (valeur absolue d'un coefficient de corrélation par exemple), ou toute autre mesure quantitative ou qualitative permettant de discriminer deux individus entre eux. La seule contrainte est une contrainte de monotonie sur cette mesure de proximité.

3.1.2   Notations

On note δ_{ij} la dissimilarité entre $\mathbf{x_i}$ et $\mathbf{x_j}$. Une matrice de proximité $\boldsymbol{\Delta}$ est une matrice symétrique, dont la partie triangulaire supérieure (ou inférieure) est formée des $\delta_{ij}, i \leq j$ (resp. $i \geq j$), avec la convention $\delta_{ii} = 0, i \in [\![1 \cdots m]\!]$.

On supposera de plus que l'inégalité triangulaire est satisfaite sur les éléments de $\boldsymbol{\Delta}$ (i.e $\delta_{ij} \leq \delta_{ik} + \delta_{kj}$) pour associer une métrique à $\boldsymbol{\Delta}$. Dans certaines applications, la contrainte de symétrie peut être relâchée.

Dans la suite, nous décrivons la méthode classique de positionnement multidimensionnel.

3.1.3   Algorithme classique

On suppose que $\mathbf{x_i} \in \mathbb{R}^d$ et que $\boldsymbol{\Delta}$ est définie par la métrique euclidienne.

$$(\forall i, j \in [\![1 \cdots m]\!]) \quad \delta_{ij} = \|\mathbf{x_i} - \mathbf{x_j}\|$$

On a alors $\delta_{ij}^2 = \|\mathbf{x_i} - \mathbf{x_j}\|^2 = \|\mathbf{x_i}\|^2 + \|\mathbf{x_j}\|^2 - 2\mathbf{x_i}^T\mathbf{x_j}$.

En notant $\delta_{i0}^2 = \|\mathbf{x_i}\|^2$ et en sommant sur i et j, on obtient :

$$\frac{1}{m} \sum_{i=1}^{m} \delta_{ij}^2 = \frac{1}{m} \sum_{i=1}^{m} (\delta_{i0}^2 + \delta_{j0}^2)$$

$$\frac{1}{m} \sum_{j=1}^{m} \delta_{ij}^2 = \delta_{i0}^2 + \frac{1}{m} \sum_{i=1}^{m} \delta_{i0}^2$$

$$\frac{1}{m^2} \sum_{i,j=1}^{m} \delta_{ij}^2 = \frac{2}{m} \sum_{i=1}^{m} (\delta_{i0}^2)$$

On pose alors :

$$a_{ij} = -\frac{1}{2} \delta_{ij}^2, \quad a_{i.} = \frac{1}{m} \sum_{j=1}^{m} a_{ij}$$

$$a_{.j} = \frac{1}{m} \sum_{i=1}^{m} a_{ij}, \quad a_{..} = \frac{1}{m^2} \sum_{i,j=1}^{m} a_{ij}$$

$$b_{ij} = \mathbf{x_i}^T \mathbf{x_j} = -\frac{1}{2} \left(\delta_{ij}^2 - \delta_{i0}^2 - \delta_{j0}^2 \right)$$

de sorte que :

$$b_{ij} = a_{ij} - a_{i.} - a_{.j} + a_{..}$$

ou, en notation matricielle, avec $\mathbf{A} = (a_{ij})$ et $\mathbf{B} = (b_{ij})$:

$$\mathbf{B} = \mathbf{HAH}$$

où $\mathbf{H} = \mathbf{I} - \frac{1}{m}\mathbf{J}$, $\mathbf{J}$ étant une matrice $m \times m$ de coefficients tous égaux à 1.

Le positionnement multidimensionnel vise à trouver des points $\mathbf{z_1} \cdots \mathbf{z_m} \in \mathbb{R}^t, t < d$, appelés coordonnées principales, qui représentent les $\mathbf{x_i} \in \mathbb{R}^d$, de sorte que les distances entre paires de points soient au mieux respectées. Notons que, si les dissimilarités sont définies comme des distances euclidiennes, alors la représentation MDS est équivalente à celle obtenue par l'ACP, les coordonnées principales étant identiques aux t premiers scores sur les composantes principales des $\mathbf{x}$.

Cependant, l'ACP ne peut être appliquée puisque les données d'entrée ne sont pas les individus, mais les δ_{ij}. La démarche est donc de former la matrice $\mathbf{A}$ à partir de $\boldsymbol{\Delta}$, puis $\mathbf{B} = \mathbf{HAH}$. Il s'agit ensuite de trouver $\mathbf{B}^* = (b_{ij}^*)$, de rang au plus t, qui minimise :

$$Tr\left[(\mathbf{B} - \mathbf{B}^*)^2\right] = \sum_{i,j=1}^{m} (b_{ij} - b_{ij}^*)^2$$

Si $Sp(\mathbf{B}) = \{\lambda_i\}_{1 \leq i \leq m}$ et $Sp(\mathbf{B}^*) = \{\lambda_i^*\}_{1 \leq i \leq m}$ alors ce minimum est donné par :

$$\sum_{i=1}^{m} (\lambda_i - \lambda_i^*)^2$$

avec $\lambda_i^* = max(\lambda_i, 0), 1 \leq i \leq t$ et 0 sinon.

En notant $\boldsymbol{\Lambda} = diag(\lambda_1 \cdots \lambda_m)$ et $\mathbf{V} = (\mathbf{v_1} \cdots \mathbf{v_m})$ la matrice des vecteurs propres de $\mathbf{B}$, alors $\mathbf{B} = \mathbf{V}\boldsymbol{\Lambda}\mathbf{V}^\top$.

Si $\mathbf{B}$ est semi-définie positive avec $Rg(\mathbf{B}) = t < m$, les t plus grandes valeurs propres sont positives et les $m - t$ autres nulles. En notant $\mathbf{\Lambda_1} = diag(\lambda_1 \cdots \lambda_t)$ et $\mathbf{V_1} = (\mathbf{v}_1 \cdots \mathbf{v}_t)$ alors :

$$\mathbf{B} = \mathbf{V}\mathbf{\Lambda}\mathbf{V}^\top = \mathbf{V_1}\mathbf{\Lambda_1}\mathbf{V_1}^\top = (\mathbf{V_1}\mathbf{\Lambda_1^{1/2}})(\mathbf{\Lambda_1^{1/2}}\mathbf{V_1}) = \mathbf{Y}\mathbf{Y}^\top$$

où :

$$\mathbf{Y} = \mathbf{V_1}\mathbf{\Lambda_1^{1/2}} = \left(\sqrt{\lambda_1}\mathbf{v}_1 \cdots \sqrt{\lambda_t}\mathbf{v}_t\right) = (\mathbf{z_1} \cdots \mathbf{z_m})^\top$$

Les coordonnées principales sont donc les colonnes de $\mathbf{Y}^\top$ dont les distances paire à paire $\|\mathbf{z_i} - \mathbf{z_j}\|$ sont égales aux distances δ_{ij}.

De même que pour l'ACP, la détermination de t reste empirique. Une méthode populaire consiste à tracer un graphe des valeurs propres de $\mathbf{B}$, ordonnées (de la plus grande à la plus petite) et à regarder à quel ordre ces valeurs se « stabilisent ».

3.2   Algorithme ISOMAP

3.2.1   Présentation

L'algorithme *Isometric Feature Mapping* (ISOMAP, [TdSL00]) suppose que $\mathcal{M}$ est un convexe de $\mathbb{R}^t$ et que le plongement ψ est une isométrie : pour chaque paire de points $\mathbf{z_i}, \mathbf{z_j} \in \mathcal{M}$, la distance géodésique entre $\mathbf{z_i}$ et $\mathbf{z_j}$ est égale à la distance euclidienne entre leurs coordonnées $\mathbf{x_i}, \mathbf{x_j}$ sur $\mathcal{X}$:

$$d_{\mathcal{M}}(\mathbf{z_i}, \mathbf{z_j}) = \|\mathbf{x_i} - \mathbf{x_j}\|$$

L'algorithme ISOMAP utilise ces deux hypothèses pour proposer une généralisation non linéaire de l'algorithme de positionnement multidimensionnel. La méthode tente de préserver les propriétés géométriques globales de la variété $\mathcal{M}$ sous-jacente en approchant toutes les distances géodésiques entre paires de points $\mathbf{z_i}$.

3.2.2   Algorithme

Plus précisément, ISOMAP fonctionne en trois étapes :

1. RECHERCHE DES PLUS PROCHES VOISINS : ISOMAP calcule tout d'abord toutes les paires de distances $\|\mathbf{x_i} - \mathbf{x_j}\|$, pour $i, j \in [\![1 \cdots m]\!]$. Une sélection des points voisins est ensuite effectuée, soit en ne retenant pour chaque point que K plus proches voisins, soit en retenant tous les points inclus dans une boule de rayon $\epsilon > 0$. K (ou ϵ) est un paramètre de l'algorithme.

2. CALCUL DU GRAPHE DE VOISINAGE : un graphe $\mathcal{G}(\mathcal{V}, \mathcal{E})$ est ensuite construit, dans lequel $\mathcal{V} = (\mathbf{x_1} \cdots \mathbf{x_m})$ et $\mathcal{E} = (e_{ij})$ est un ensemble d'arcs reliant les points voisins au sens de K (ou ϵ), pondérés par les poids $w_{ij} = \|\mathbf{x_i} - \mathbf{x_j}\|$. Si deux points ne sont pas voisins, aucun arc ne relie ces points et le poids est nul. Les distances géodésiques entre points $\mathbf{z_i}$ et $\mathbf{z_j}$ de $\mathcal{M}$ sont alors estimées par le calcul des plus courts chemins $d_{ij}^{\mathcal{G}}$ entre les paires de points correspondants $\mathbf{x_i}$ et $\mathbf{x_j}$ de $\mathcal{G}$.

3. PLONGEMENT SPECTRAL PAR MDS : l'application de l'algorithme de positionnement multidimensionnel à la matrice symétrique de taille m composée des plus courts chemins entre les points $\mathbf{x_i}$ permet de reconstruire les points dans un espace de dimension t, de sorte que les distances géodésiques sur $\mathcal{M}$ soient préservées au mieux :

- Si $\mathbf{S} = \left(\left(d_{ij}^{\mathcal{G}} \right)^2 \right)$, on calcule $\mathbf{A} = -\frac{1}{2}\mathbf{HSH}$, $\mathbf{H} = \mathbf{I} - \frac{1}{m}\mathbf{J}$, $\mathbf{J}$ étant une matrice $m \times m$ de coefficients tous égaux à 1. $\mathbf{A}$ est semi-définie positive de rang $t < m$

- Si $\hat{\mathbf{S}} = \left(\|\mathbf{z_i} - \mathbf{z_j}\|^2 \right)$, la minimisation de $\|\mathbf{A} - (-\frac{1}{2}\mathbf{H\hat{S}H})\|$ permet d'obtenir les vecteurs reconstruits $\hat{\mathbf{z_i}}$.

  La solution optimale est obtenue à l'aide des vecteurs propres $\mathbf{v}_1 \cdots \mathbf{v}_t$ correspondant aux t plus grandes valeurs propres $\lambda_1 > \cdots \lambda_t$ de $\mathbf{A}$.

- La i^e colonne de la matrice $\mathbf{Y} = \left(\sqrt{\lambda_1}\mathbf{v}_1 \cdots \sqrt{\lambda_t}\mathbf{v}_t \right)^T$ donne les coordonnées du i^e point dans $\mathbb{R}^t$.

3.2.3 Propriétés

ISOMAP fonctionne mal sur des variétés à trous, la contrainte de convexité étant violée. De plus, dans le cas de données bruitées (i.e. n'étant pas précisément sur la variété), l'influence de K (ou ϵ) joue beaucoup : si les valeurs des paramètres sont trop grandes (faux arcs dans $\mathcal{G}$) ou trop petites ($\mathcal{G}$ a trop peu d'arcs pour approcher de manière correcte les distances géodésiques), l'algorithme échoue.

Enfin, empiriquement, il a été montré que l'algorithme fonctionnait moins bien lorsque m est grand et on lui préférera l'algorithme Landmark ISOMAP dans ce cas.

3.2.4 Exemples d'application

La figure 18.14 présente 1500 points échantillonnés sur le *swissroll* et l'application de l'algorithme ISOMAP. La figure 18.15 illustre l'application de l'algorithme sur une base de m=2370 images de visages, de taille 62×47. L'espace de représentation initial est donc $\mathbb{R}^{2914}$ et ISO-MAP propose une représentation dans $\mathbb{R}^2$. Dans ce plan, les caractéristiques globales des images sont décrites : la luminosité de l'image (axe horizontal) et l'orientation générale du visage (axe vertical).

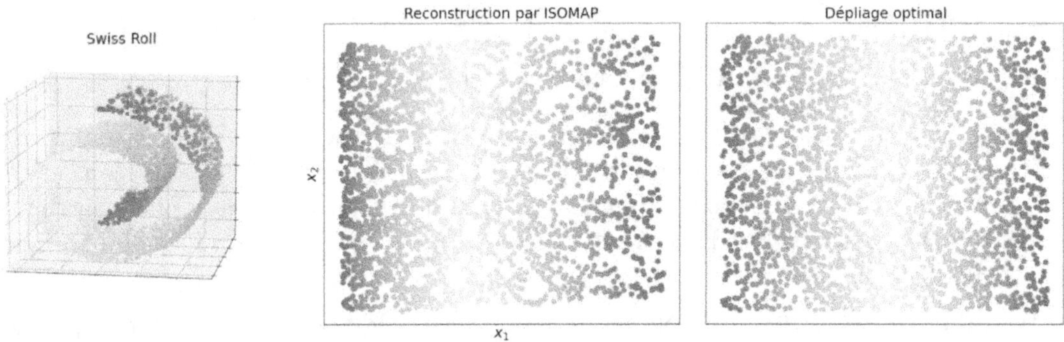

FIGURE 18.14 : *Exemple d'application de l'algorithme ISOMAP (K=10) sur le* swissroll.

3.3 Plongement localement linéaire

3.3.1 Principe

L'algorithme de plongement localement linéaire *(Local Linear Embedding, LLE)* [RS00] est similaire dans l'esprit à ISOMAP, mais agit d'un point de vue local puisqu'il tente de préserver les informations locales sur la variété plutôt que d'estimer les distances géodésiques.

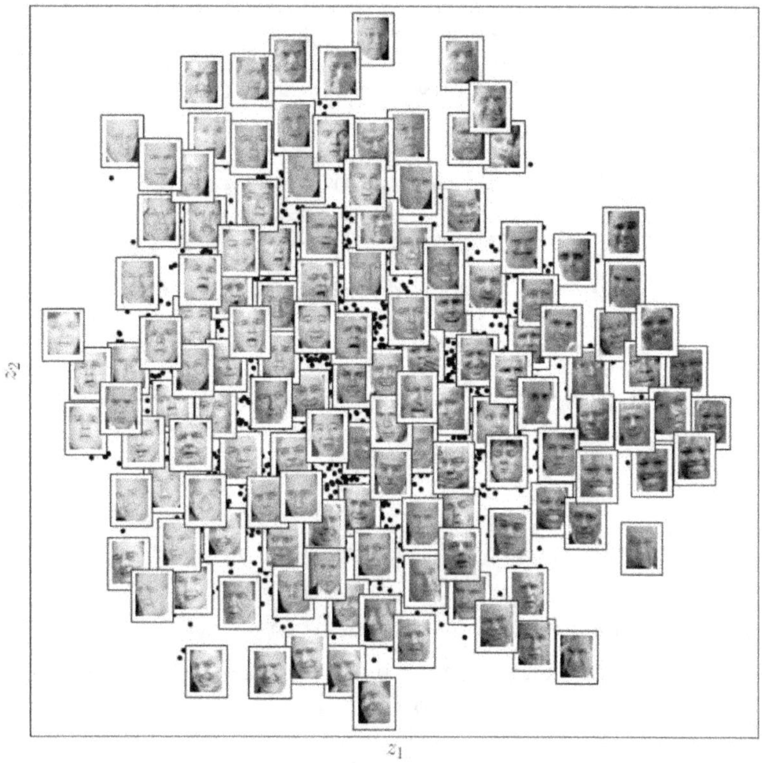

FIGURE 18.15 : *Projection d'images 62×47 de visages sur une variété de dimension 2.*

3.3.2 Algorithme

1. RECHERCHE DES PLUS PROCHES VOISINS : pour $K_i \ll d$, on note $N_i^{K_i}$ le voisinage de $\mathbf{x_i}$ composé de ses K_i plus proches voisins, calculés en utilisant la distance euclidienne. K_i est indicé par i car il peut être différent pour chaque point de donnée.

2. RECONSTRUCTION PAR MOINDRES CARRÉS CONTRAINTS : en faisant l'approximation d'ordre 1 que, localement, une variété est linéaire, on reconstruit $\mathbf{x_i}$ comme combinaison linéaire de ses K_i plus proches voisins :

$$\mathbf{x_i} = \sum_{j \in K_i} w_{ij}\mathbf{x_j} = \sum_{j=1}^{m} w_{ij}\mathbf{x_j}$$

On impose aux w_{ij} de sommer à 1 pour être invariant en translation et, si la somme est effectuée pour tous les points, alors $w_{ij} = 0$ si $\mathbf{x_j} \notin N_i^{K_i}$.

On note $\mathbf{W} = (w_{ij})$ et on cherche les pondérations $\hat{w}_{ij}$ résolvant le problème d'optimisation contraint :

$$\min_{\mathbf{W}} \quad \sum_{i=1}^{m} \|\mathbf{x_i} - \sum_{j=1}^{m} w_{ij}\mathbf{x_j}\|^2$$

$$s.c \quad (\forall i \in [\![1 \cdots m]\!]) \quad \sum_{j=1}^{m} w_{ij} = 1$$

$$(\forall i \in [\![1 \cdots m]\!]) \quad w_{ij} = 0 \text{ si } \mathbf{x_j} \notin N_i^{K_i}$$

Pour $i \in [\![1 \cdots m]\!]$, on note :

$$\left\| \sum_{j=1}^{m} w_{ij}(\mathbf{x_i} - \mathbf{x_j}) \right\|^2 = \mathbf{w_i}^\top \mathbf{G_i} \mathbf{w_i}$$

où $\mathbf{w_i} = (w_{i1} \cdots w_{im})^\top \in \mathbb{R}^m$ et $\mathbf{G_i}$ est la matrice de Gram associée à $\mathbf{x_i}$, de coefficients :

$$G_{jk} = (\mathbf{x_i} - \mathbf{x_j})^\top (\mathbf{x_i} - \mathbf{x_k}), j, k \in N_i^{K_i}$$

La relaxation lagrangienne du problème d'optimisation amène à minimiser :

$$\mathbf{w_i}^\top \mathbf{G_i} \mathbf{w_i} - \lambda(\mathbf{1_m}^\top \mathbf{w_i} - 1)$$

où λ est le multiplicateur de Lagrange associé à la contrainte de somme unité et $\mathbf{1_m}$ est le vecteur de $\mathbb{R}^m$ composé uniquement de 1. L'annulation de la dérivée partielle par rapport à $\mathbf{w_i}$ donne $\hat{\mathbf{w}}_\mathbf{i} = \frac{\lambda}{2} \mathbf{G_i}^{-1} \mathbf{1_m}$. En multipliant à gauche par $\mathbf{1_m}^\top$, on obtient finalement :

$$\hat{\mathbf{w}}_\mathbf{i} = \frac{\mathbf{G_i}^{-1} \mathbf{1_m}}{\mathbf{1_m}^\top \mathbf{G_i}^{-1} \mathbf{1_m}}$$

On forme alors $\hat{\mathbf{W}}$ la matrice dont les colonnes sont les $\hat{\mathbf{w}}_\mathbf{i}$.

3. PLONGEMENT SPECTRAL : on recherche enfin la matrice $\mathbf{Y}$ de taille $t \times m$ donnant les vecteurs $\mathbf{z_i}$ en résolvant le problème d'optimisation :

$$\min_{\mathbf{Y}} \quad \sum_{i=1}^{m} \left\| \mathbf{z_i} - \sum_{j=1}^{m} \hat{w}_{ij} \mathbf{z_j} \right\|^2$$

$$s.c \quad \mathbf{Y} \mathbf{1_m} = \sum_{i=1}^{m} \mathbf{z_i} = 0 \in \mathbb{R}^t$$

$$\frac{1}{m} \mathbf{Y} \mathbf{Y}^\top = \frac{1}{m} \sum_{i=1}^{m} \mathbf{z_i} \mathbf{z_i}^\top = \mathbf{I})$$

Les contraintes déterminent le positionnement (translation, rotation, échelle) des coordonnées $\mathbf{z_i}$.

La fonction objectif peut être réécrite :

$$Tr(\mathbf{Y} \mathbf{M} \mathbf{Y}^\top)$$

avec $\mathbf{M} = (\mathbf{I} - \hat{\mathbf{W}})^\top (\mathbf{I} - \hat{\mathbf{W}})$. Cette fonction a un minimum global unique donné par les vecteurs propres correspondant aux t+1 plus petites valeurs propres de $\mathbf{M}$, associées aux vecteurs propres $\mathbf{v}_m \cdots \mathbf{v}_{m-t}$. La plus petite d'entre elles est 0, correspondant à $\mathbf{v}_m = \frac{1}{\sqrt{m}} \mathbf{1_m}$. Puisque la somme des coefficients de chacun des autres vecteurs propres, qui sont orthogonaux à $\mathbf{v}_m$, est nulle, ignorer $\mathbf{v_m}$ et sa valeur propre associée contraindra les coordonnées $\mathbf{z_i}$ à être de somme nulle. La solution optimale est donc :

$$\mathbf{Y} = (\mathbf{v}_{m-1} \cdots \mathbf{v}_{m-t})$$

Contrairement à ISOMAP, LLE gère assez bien les variétés non convexes, puisque l'algorithme préserve les propriétés géométriques locales, plutôt que globales. En revanche, les variétés à trou sont également difficiles à traiter par cet algorithme. La figure 18.16 présente 1500 points échantillonnés sur le *swissroll* et l'application de l'algorithme LLE.

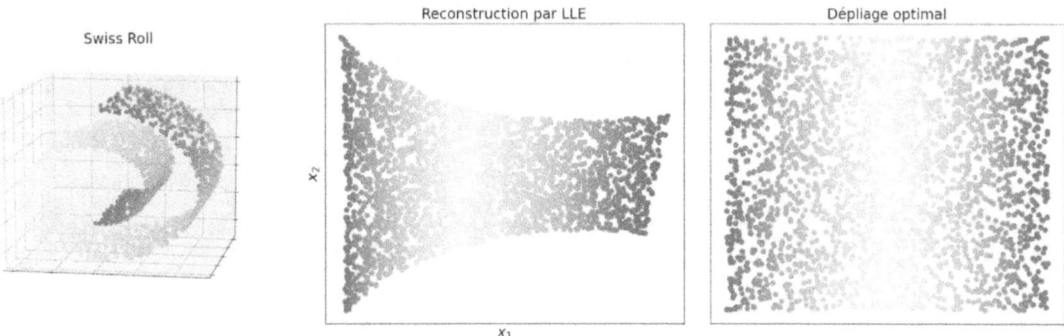

FIGURE 18.16 : *Exemple d'application de l'algorithme LLE (K_i=10) sur le* swissroll.

3.4   t-Distributed Stochastic Neighbor Embedding(tSNE)

t-Distributed Stochastic Neighbor Embedding (tSNE) [vdMH08] est un algorithme de réduction de dimension non linéaire permettant de visualiser les données de manière aisée avec $t = 2$ ou $t = 3$. Sa complexité, en temps et en espace, est en $O(m^2)$, ce qui rend la méthode originale très difficile à appliquer lorsque m est grand, mais des méthodes de réduction simples (ACP) peuvent être utilisées en amont pour pallier ce problème.

3.4.1   Algorithme

L'algorithme fonctionne en quatre étapes :

1. CALCUL DE PROBABILITÉS CONDITIONNELLES DANS $\mathcal{X}$: la première étape consiste à transformer les informations de distances entre les $\mathbf{x_i}$ en probabilités conditionnelles, exprimant une relation de similarité. La similarité entre $\mathbf{x_i}$ et $\mathbf{x_j}$ est la probabilité conditionnelle $P_{j|i}$ qui traduit le fait que $\mathbf{x_i}$ considérera $\mathbf{x_j}$ comme son voisin selon une densité de probabilités gaussienne centrée en $\mathbf{x_i}$ et de variance σ_i :

$$P_{j|i} = \frac{e^{-\frac{\|\mathbf{x_i}-\mathbf{x_j}\|^2}{2\sigma_i^2}}}{\sum_{k \neq i} e^{-\frac{\|\mathbf{x_i}-\mathbf{x_k}\|^2}{2\sigma_i^2}}}$$

2. CALCUL DE PROBABILITÉS CONDITIONNELLES DANS $\mathcal{M}$: de la même manière, on calcule :

$$Q_{j|i} = \frac{e^{-\|\mathbf{z_i}-\mathbf{z_j}\|^2}}{\sum_{k \neq i} e^{-\|\mathbf{z_i}-\mathbf{z_k}\|^2}}$$

En minimisant la différence entre les probabilités conditionnelles $P_{j|i}$ et $Q_{j|i}$, l'algorithme *Stochastic Neighbor Embedding (SNE)*, dont tSNE est l'extension, tente de préserver les similarités. Plus précisément, SNE minimise la somme des divergences de Kullback-Leibler par descente de gradient :

$$D_{KL}(P,Q) = \sum_{i \neq j} P_{j|i} log \left(\frac{P_{j|i}}{Q_{j|i}} \right)$$

3. OPTIMISATION DANS tSNE : à la différence de SNE, tSNE utilise d'autres définitions des probabilités conditionnelles dans $\mathcal{X}$ et $\mathcal{M}$. Plus précisément, les distributions conditionnelles sont définies par :

$$P_{ij} = \frac{P_{j|i} + P_{i|j}}{2m}$$

avec $P_{ii} = 0$ pour tout i et :

$$Q_{ij} = \frac{\left(1 + \|\mathbf{z_i} - \mathbf{z_j}\|^2\right)^{-1}}{\sum_{k \neq l} \left(1 + \|\mathbf{z_k} - \mathbf{z_l}\|^2\right)^{-1}}$$

la minimisation s'effectuant sur la divergence de Kullback Leibler. Cette fonction de coût étant non symétrique, l'optimisation favorise la modélisation des fortes valeurs de P_{ij} par des fortes valeurs de Q_{ij}.

4. DÉTERMINATION DE σ_i : bien entendu, la variance dépend du point d'observation. Chaque valeur de σ_i induit une distribution de probabilités P_i sur l'ensemble des points $\mathbf{x_i}$, dont l'entropie $H(P_i)$ croît avec σ_i.

L'algorithme tSNE effectue une recherche binaire d'une valeur de σ_i permettant à P_i d'atteindre une perplexité $Perp(P_i) = 2^{H(P_i)}$ fixée, avec $H(P_i) = -\sum_j P_{ij} log_2 P_{ij}$. La perplexité peut être interprétée comme une mesure du nombre moyen de voisins effectifs.

3.4.2 Illustration

La figure 18.17 présente une analyse de m=1800 images 8×8 des chiffres de 0 à 9. L'application de tSNE avec $t = 2$ permet de visualiser leur représentation dans le plan et d'apprécier qu'avec cette méthode, il est assez facile de séparer les différents chiffres manuscrits (figure 18.17b).

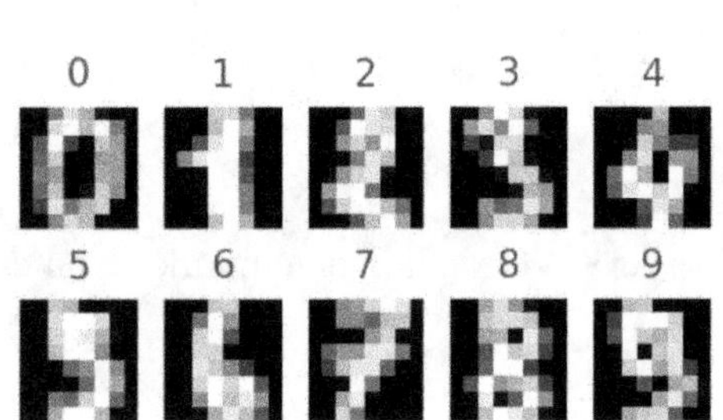

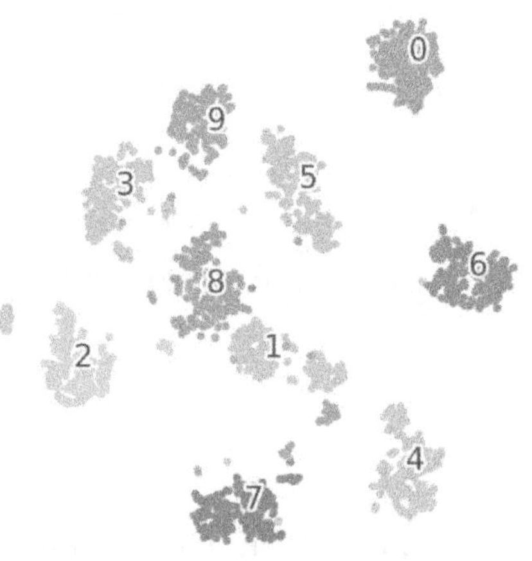

(a) - Exemple d'images de chiffres manuscrits   (b) - Réduction de dimension par tSNE, $t = 2$

FIGURE 18.17 : *Application de tSNE à l'analyse de chiffres manuscrits.*

4. L'acquisition comprimée (Compressive sensing)

Les signaux « vivent », pour beaucoup d'entre eux, dans des sous-espaces de dimension très inférieure à celle de l'espace ambiant dans lequel ils sont mesurés. Par exemple, les mimiques d'un visage sont contrôlés par 38 muscles faciaux, mais on mesurera typiquement des millions de pixels pour reconnaître une mimique. Cela revient à dire que, idéalement, une fois ces millions de mesures réalisées, on comprimera le signal pour ne retenir que les valeurs des 38 coefficients qui déterminent la mimique. C'est ce qui est réalisé dans l'acquisition de signal classique : la compression n'a lieu qu'une fois les mesures réalisées. Cela semble très peu efficace, d'où la question : *pourrait-on comprimer le signal dès sa mesure*, c'est-à-dire ne mesurer que ce qui est utile ? A priori, cela paraît relever du fantasme. Il faudrait en effet déjà connaître ce qui est utile pour pouvoir ne mesurer que cela. Pourtant, ce que l'on appelle « acquisition comprimée » *(compressed sensing* ou *compressive sensing)* réalise ce rêve, au moins pour certains types de signaux : les signaux parcimonieux.

Repartons du début. Dans de nombreux problèmes, on cherche à inférer des quantités qui nous intéressent à partir de données d'observation. Par exemple, en analyse du signal ou en traitement d'images, il est fréquent de vouloir reconstruire le signal à partir d'un ensemble de mesures. Quand le processus d'acquisition est linéaire, le problème revient à résoudre un système d'équations linéaires. Notons $\gamma \in \mathbb{R}^m$ les données observés et $\mathbf{x} \in \mathbb{R}^N$ le signal sous-jacent. On a alors :

$$\mathbf{A}\,\mathbf{x} \;=\; \gamma$$

La matrice $\mathbf{A} \in \mathbb{R}^{m \times N}$ modélise le processus d'acquisition. On cherche alors à retrouver le vecteur $\mathbf{x}$ en résolvant ce système et nos cours d'algèbre nous ont appris que le nombre d'équations m doit être au moins aussi grand que N pour qu'une solution unique puisse exister. Ce principe est lié, par exemple, à la théorie de l'échantillonnage de Shannon, qui stipule que le taux d'échantillonnage doit être égal à au moins deux dois la plus haute fréquence du signal pour que l'on puisse le reconstruire. C'est pourquoi il fut très surprenant de découvrir que, sous certaines conditions, il est possible de reconstruire le signal même avec un nombre de mesures m bien inférieur au nombre d'inconnues N, et qu'il existe des algorithmes efficaces pour réaliser cela. Comme nous l'avons dit, le secret pour ce que ce soit possible réside dans le fait que le signal est parcimonieux, c'est-à-dire qu'il peut s'exprimer comme une combinaison linéaire de composantes de base ne comprenant que très peu de coefficients non nuls. Ainsi, le codage JPEG utilise le fait que les images ont en général une représentation parcimonieuse dans la base des fonctions cosinus discrètes ou dans une base d'ondelettes.

Le problème, bien sûr, est que les composantes de la base, pour lesquelles les coefficients du signal à représenter sont non nuls, ne sont pas connus à l'avance. C'est pourquoi les approches classiques mesurent d'abord le signal avec une grande redondance avant d'effectuer une compression de l'information. Deux questions se posent donc :

1. Comment concevoir une matrice $\mathbf{A} \in \mathbb{R}^{m \times N}$ avec $m \ll N$ correspondant à un dispositif de mesure ne considérant (presque) que l'information utile ?

2. Comment ensuite reconstruire $\mathbf{x}$ à partir de γ et du système $\gamma = \mathbf{A}\,\mathbf{x}$?

Mathématiquement, le fait qu'un signal soit parcimonieux s'exprime par $\|\mathbf{x}\|_0 \leq k$ où $\|\cdot\|_0$ est la norme ℓ_0 qui compte le nombre de coefficients non nuls du vecteur $\mathbf{x}$, et où k est un entier petit. Précisément, un signal est « k-parcimonieux » dans une base Ψ s'il existe un vecteur $\boldsymbol{\theta} \in \mathbb{R}^N$

avec $k \ll N$ coefficients non nuls tel que $\mathbf{x} = \Psi\boldsymbol{\theta}$. Dans la suite, nous continuerons à noter $\mathbf{x}$ le signal que l'on cherche à reconstruire, même s'il s'agit de sa représentation parcimonieuse $\boldsymbol{\theta}$.

Trouver un vecteur parcimonieux satisfaisant l'équation de mesure $\boldsymbol{\gamma} = \mathbf{A}\,\mathbf{x}$ pourrait s'envisager en effectuant une recherche exhaustive dans l'espace de tous les ensembles de coefficients de taille k. C'est cependant en général impossible, et connu en fait pour être un problème NP-difficile. Le résultat surprenant de l'acquisition comprimée est que, si $\mathbf{x}$ (ou une représentation adaptée de $\mathbf{x}$) est k-parcimonieux, alors il peut être retrouvé à partir de $\boldsymbol{\gamma} = \mathbf{A}\,\mathbf{x}$ en utilisant un nombre m de mesures qui est de l'ordre de $k \log(N/k)$ sous certaines conditions sur la matrice $\mathbf{A}$. Ce nombre est proportionnel à k avec une dépendance seulement logarithmique sur la dimension N de l'espace d'entrée. Ainsi, supposons que $N \approx 10^6$ et $k = 10$, alors le nombre de mesures nécessaires est $m \approx 50$ au lieu de 10^6 si l'on n'avait pas recours à l'acquisition comprimée. Le gain est considérable.

Avant d'examiner les méthodes développées pour résoudre le problème de l'acquisition comprimée, il est utile d'étudier un petit exemple.

—— EXEMPLE   **Exemple élémentaire d'acquisition comprimée** ————————————————

Supposons que le signal étudié $\mathbf{x}$ soit défini dans $\mathbb{R}^2$ et qu'il soit parcimonieux, avec une seule composante non nulle, par exemple $\mathbf{x} = [0, 1]^\top$. Le vecteur $\mathbf{x}$ est inconnu. Nous le « mesurons » grâce à une seule mesure : un vecteur $\mathbf{a} \in \mathbb{R}^2$. Nous allons considérer trois possibilités : (1) $\mathbf{a} = [1/2, 1]^\top$, (2) $\mathbf{a} = [1, 1]^\top$ et (3) $\mathbf{a} = [2, 1]^\top$. Pour chacune de ces « mesures », nous obtenons $\gamma = \mathbf{a}\,\mathbf{x} = 1$.

L'ensemble des solutions possibles est défini par : $S = \left\{ [x_1, x_2]^\top \in \mathbb{R}^2 \mid a_1\,x_1 + a_2\,x_2 = 1 \right\}$.

Par exemple, avec la mesure (1), $S_1 = \left\{ [x_1, x_2]^\top \in \mathbb{R}^2 \mid \frac{1}{2}x_1 + x_2 = 1 \right\}$. Il existe donc une infinité de solutions pour ce problème sous-contraint. C'est ici que nous faisons jouer l'hypothèse de parcimonie de la solution. On va chercher une solution $\mathbf{x}$ de norme ℓ_1 minimale (nous verrons dans la suite pourquoi utiliser cette norme). Sous cette hypothèse, le vecteur $\mathbf{x} \in S_1$ de norme $||\mathbf{x}||_1$ minimale vaut $\mathbf{x} = [0, 1]^\top$ qui est la solution correcte.

Cependant, si nous utilisons la « mesure » (2), alors $S_2 = \left\{ [x_1, x_2]^\top \in \mathbb{R}^2 \mid x_1 + x_2 = 1 \right\}$ et il existe une infinité de solutions $\mathbf{x}$ de norme ℓ_1 minimale, dont deux sont parcimonieuses : $\mathbf{x} = [0, 1]^\top$ et $\mathbf{x} = [1, 0]^\top$, seule la première étant correcte.

Finalement, la « mesure » (3) donne l'ensemble $S_3 = \left\{ [x_1, x_2]^\top \in \mathbb{R}^2 \mid 2\,x_1 + x_2 = 1 \right\}$ avec une seule solution de norme ℓ_1 minimale : $\mathbf{x} = [1, 0]^\top$, qui est erronée.

Bien entendu, si notre hypothèse de départ sur la parcimonie de $\mathbf{x}$ est fausse, toute la procédure de recherche de $\mathbf{x}$ conduira à des résultats erronés.

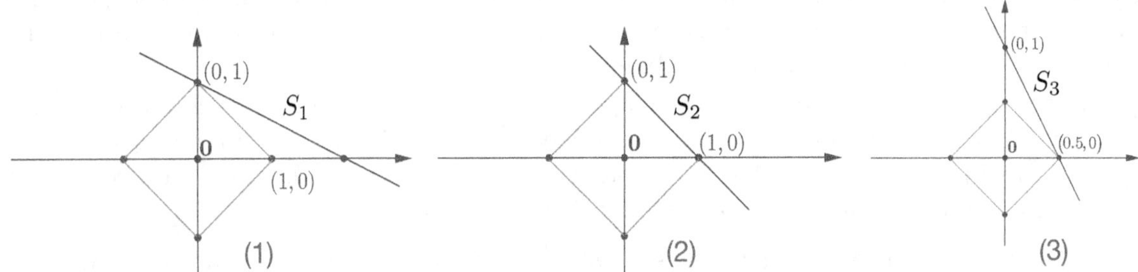

FIGURE 18.18 : *Trois « mesures » différentes pour identifier le signal cible* $\mathbf{x} = [0, 1]^\top$. *(1)* $\mathbf{a} = [1/2, 1]^\top$, *(2)* $\mathbf{a} = [1, 1]^\top$ *et (3)* $\mathbf{a} = [2, 1]^\top$. *Sous l'hypothèse de parcimonie, mesurée ici avec la norme* ℓ_1 *(figurée avec le carré rouge), seule la mesure (1) fournit le bon résultat.*

4.1   Le problème d'optimisation et le choix d'une norme

Le problème d'optimisation associé à l'acquisition comprimée peut être exprimé comme :

$$\widehat{\mathbf{x}} = \underset{\mathbf{x} \in \mathbb{R}^N}{\mathrm{Argmin}} \, ||\mathbf{x}||_0 \,, \quad \text{tel que :} \quad \boldsymbol{\gamma} = \mathbf{A}\,\mathbf{x} \tag{18.4}$$

où $\boldsymbol{\gamma}$ est le vecteur des mesures.

Malheureusement, résoudre cette équation est un problème NP-difficile. On cherche donc à remplacer ce problème par un autre, si possible convexe. Parmi les normes ℓ_p définies par $||\mathbf{x}||_p = \left(\sum_{i=1}^N x_i^p\right)^{1/p}$, la plus « proche » de ℓ_0 qui devient convexe (mais pas strictement) est la norme ℓ_1. Comme la norme ℓ_0, elle tend à privilégier les solutions parcimonieuses. Il faudra se demander si ce sont les mêmes solutions. (ous y reviendrons). Le problème à résoudre devient :

$$\boxed{\widehat{\mathbf{x}} = \underset{\mathbf{x} \in \mathbb{R}^N}{\mathrm{Argmin}} \, ||\mathbf{x}||_1 \,, \quad \text{tel que :} \quad \boldsymbol{\gamma} = \mathbf{A}\,\mathbf{x}} \tag{18.5}$$

Ce problème est connu sous le nom de « poursuite de base » *(basis pursuit)*.

On peut modifier le problème précédent pour tenir compte de la possibilité de mesures bruitées. Cela se fait généralement en introduisant la contrainte $||\boldsymbol{\gamma} - \mathbf{A}\mathbf{x}||_2^2 \leq \varepsilon$, où ε est une borne choisie sur l'importance attendue du niveau de bruit. La relaxation lagrangienne du problème résultant s'écrit :

$$\widehat{\mathbf{x}} = \underset{\mathbf{x} \in \mathbb{R}^N}{\mathrm{Argmin}} \, ||\mathbf{x}||_1 + \lambda \, ||\boldsymbol{\gamma} - \mathbf{A}\mathbf{x}||_2^2 \tag{18.6}$$

Ce problème porte le nom de « poursuite de base avec débruitage » *(basis pursuit denoising ou BPDN)*.

4.2   Comment concevoir des matrices de mesure A

La capacité à identifier $\mathbf{x}$ à partir d'un petit nombre de mesures $\boldsymbol{\gamma} = \mathbf{A}\,\mathbf{x}$ dépend de la matrice $\mathbf{A}$. Il est évident que l'on aimerait que les vecteurs de mesures (les colonnes de $\mathbf{A}$) soient aussi indépendants les uns des autres que possible afin d'obtenir des informations non redondantes sur le signal $\mathbf{x}$.

Nous souhaitons aussi que deux signaux k-parcimonieux distincts $\mathbf{x} \neq \mathbf{x}'$ produisent deux vecteurs de mesures $\boldsymbol{\gamma} \neq \boldsymbol{\gamma}'$. Cela peut être garanti si le *spark* de $\mathbf{A}$ satisfait $\mathrm{spark}(\mathbf{A}) \geq 2k+1$, où $\mathrm{spark}(\mathbf{A})$ est le plus petit nombre de colonnes de $\mathbf{A}$ qui sont linéairement dépendantes.

—— Exemple   **Spark d'une matrice** ————————————————————

Soit la matrice :

$$\mathbf{A} = \begin{bmatrix} 1 & 0 & 0 & 0 & 1 & 0 \\ 0 & 1 & 0 & 0 & 1 & 1 \\ 0 & 0 & 1 & 0 & 0 & 1 \\ 0 & 0 & 0 & 1 & 0 & 0 \end{bmatrix}$$

Cette matrice est de rang 4 et de spark égal à 3. En effet, chaque paire de colonnes est linéairement indépendante. En revanche, les première, deuxième et cinquième colonnes sont linéairement dépendantes. Il en est de même pour les colonnes 2, 3 et 6. Le nombre maximal de colonnes indépendantes est ici 4.

Comme $\mathrm{spark}(\mathbf{A}) \in [2, m+1]$, il s'en déduit qu'il faut un nombre de mesures $m \geq 2k$.

Malheureusement, le calcul du *spark* d'une matrice est de complexité combinatoire, car il faut tester tous les sous-ensembles de colonnes d'une certaine taille pour vérifier leur indépendance.

On peut avoir recours à une autre quantité plus aisément calculable, la *cohérence*, qui permet d'obtenir des garanties (sous-optimales) d'identification de $\mathbf{x}$.

La *cohérence* d'une matrice $\mathbf{A}$ est définie par :

$$\mu(\mathbf{A}) \;=\; \max_{1 \leq i \neq j \leq N} \frac{|a_i^\top a_j|}{\|a_i\|_2 \, \|a_j\|_2} \tag{18.7}$$

où a_i est la i-ème colonne de $\mathbf{A}$.

On remarquera la ressemblance de cette formule avec la mesure de corrélation entre variables aléatoires. Ce n'est pas une coïncidence. On cherche bien à ce que les colonnes de $\mathbf{A}$ soient aussi indépendantes que possibles. En effet, $\boldsymbol{\gamma}$ résulte de la combinaison des colonnes de $\mathbf{A}$, chacune pondérée par une composante du vecteur inconnu $\mathbf{x}$. De ce fait, des colonnes indépendantes garantissent que l'information associée à chaque composante est isolée, ce qui permet une reconstruction plus facile. On cherche donc des matrices $\mathbf{A}$ de cohérence aussi faible que possible.

Pour toute matrice $\mathbf{A}$, on a : $\mathrm{spark}(\mathbf{A}) \geq 1 + \frac{1}{\mu(\mathbf{A})}$. Par conséquent, si :

$$k \;<\; \frac{1}{2}\left(1 + \frac{1}{\mu(\mathbf{A})}\right) \tag{18.8}$$

alors, pour tout vecteur $\boldsymbol{\gamma} \in \mathbb{R}^m$, il existe au plus un signal k-parcimonieux $\mathbf{x} \in \mathbb{R}^N$ tel que $\boldsymbol{\gamma} = \mathbf{A}\mathbf{x}$.

De plus, un théorème très important assure que, dans ce cas, la solution du problème (18.4), avec la norme ℓ_0, est la même que celle du problème (18.5) avec la norme ℓ_1.

Pour assurer une identification stable lorsque la mesure est bruitée $\boldsymbol{\gamma} = \mathbf{A}\mathbf{x} + \varepsilon$, des conditions plus strictes sur $\mathbf{A}$ doivent être imposées. Une condition possible est la propriété d'isométrie restreinte *(restricted isometry property ou RIP)*. On dit qu'une matrice $\mathbf{A}$ possède la propriété $(2k, \delta)$-RIP pour $\delta_k \in [0, 1]$ si, pour tout vecteur k-parcimonieux $\mathbf{x}$:

$$(1 - \delta_k)\|\mathbf{x}\|_2^2 \;\leq\; \|\mathbf{A}\mathbf{x}\|_2^2 \;\leq\; (1 + \delta_k)\|\mathbf{x}\|_2^2$$

Quand cette propriété est vérifiée, elle implique que la norme euclidienne de $\mathbf{x}$ est approximativement préservée après projection sur les lignes de $\mathbf{A}$. Si la matrice $\mathbf{A}$ était orthogonale, alors on aurait $\delta_k = 0$. Comme $\mathbf{A}$ n'est pas carrée, cela n'est pas possible. Cependant, plus δ_k est proche de 0, plus tout sous-ensemble de colonnes de $\mathbf{A}$ est proche d'un système orthonormal. La matrice $\mathbf{A}$ préserve ainsi les distances entre vecteurs k-parcimonieux. Cela signifie que toutes les sous-matrices de $\mathbf{A}$ de taille $m \times k$ sont proches d'une isométrie et préservent donc les distances. De plus, si $\mathbf{A}$ vérifie la $(2k, \delta)$-RIP avec $0 < \delta_k < 1$, alors $\mathrm{spark}(\mathbf{A}) \geq 2k + 1$.

La propriété RIP fournit des garanties d'identification du signal bien plus fortes que celles qui sont fondées sur le spark ou sur la cohérence de $\mathbf{A}$.

Une autre propriété utilisée pour caractériser une matrice $\mathbf{A}$ est une condition sur son noyau (le sous-espace vectoriel des vecteurs $\mathbf{v}$ tels que $\mathbf{Av} = \mathbf{0}$). Le noyau de $\mathbf{A}$ ne doit pas contenir de vecteurs k-parcimonieux. Une matrice satisfaisant RIP satisfait aussi la condition sur le noyau.

Malheureusement, encore une fois, vérifier qu'une matrice satisfait RIP ou la condition sur le noyau est un problème combinatoire difficile. Cependant, un résultat important qui a vraiment « lancé » l'acquisition comprimée est que, pour certaines classes de matrices aléatoires, il est possible de prouver qu'elles vérifient la propriété RIP.

Ainsi :

- Les matrices aléatoires de taille $m \times N$ avec $m < N$, dont les éléments sont distribués indépendamment selon une distribution continue, vérifient $\mathrm{spark}(\mathbf{A}) = m + 1$ avec une probabilité élevée.

- Quand la distribution des éléments est de moyenne nulle et de variance finie, alors dans le régime asymptotique (quand m et N augmentent), la cohérence converge vers $\mu(\mathbf{A}) = 2\sqrt{\log N/m}$.

- Les matrices aléatoires construites à partir de distributions gaussiennes, Rademacher ou, plus généralement, une distribution sub-gaussienne, ont la propriété (k, δ)-RIP avec une probabilité élevée si $m = \mathcal{O}(k \log(N/k)/\delta^2)$.

- Il est montré qu'une matrice de Fourier partielle avec $m = \mathcal{O}(k \log^4 N/\delta^2)$ lignes, formée en tirant aléatoirement m lignes d'une matrice $N \times N$ de Fourier, satisfait la propriété RIP avec une probabilité élevée.

- Un résultat similaire existe pour les sous-matrices aléatoires d'une matrice orthogonale.

4.3 Algorithmes de reconstruction des vecteurs parcimonieux

Des algorithmes pour résoudre les problèmes 18.5 et 18.6 ont été développés. En dehors des algorithmes d'optimisation directe, il existe des méthodes itératives gloutonnes. Ces méthodes sélectionnent des colonnes de $\mathbf{A}$ en fonction de leur corrélation avec les mesures $\boldsymbol{\gamma}$. Par exemple, les algorithmes *matching-pursuit* et *orthogonal matching pursuit* cherchent les colonnes a_j qui sont les plus corrélées avec le résidu du signal, où :

$$j = \underset{i}{\mathrm{argmax}} \ \frac{|a_i^\top r|^2}{||a_i||_2^2}$$

Le résidu r est obtenu en soustrayant la contribution de l'estimation partielle de $\mathbf{x}$ au signal à $\boldsymbol{\gamma}$: $r = \boldsymbol{\gamma} - \mathbf{A}_S \mathbf{x}_S$ où S est l'estimation courante de l'ensemble support (l'ensemble des indices des composantes non nulles de $\mathbf{x}$). Le critère de convergence s'appuie sur la comparaison de $\boldsymbol{\gamma}$ et de $\mathbf{Ax}$ qui doit être exacte pour le problème 18.5 et approchée pour le problème 18.6. La différence entre les algorithmes *matching-pursuit* et *orthogonal matching pursuit* réside dans la manière de modifier les coefficients à chaque étape. Dans la seconde méthode, tous les éléments non nuls sont modifiés pour minimiser l'erreur résiduelle $||\boldsymbol{\gamma} - \mathbf{A}_S \mathbf{x}_S||_2^2$, tandis que pour *matching-pursuit*, seul l'élément associé avec la colonne considérée à cette étape est modifiée en $a_j^\top r/||a_j||_2^2$.

Une autre méthode populaire est le seuillage strict itératif *(iterative hard thresholding)*. Partant d'une estimation initiale $\widehat{\mathbf{x}}_0$, l'algorithme itère une descente de gradient suivie d'un feuillage strict :

$$\widehat{\mathbf{x}}_i = H_k(\widehat{\mathbf{x}}_{i-1}) + \mathbf{A}^\top (\boldsymbol{\gamma} - \mathbf{A}\widehat{\mathbf{x}}_{i-1})$$

où $H_k(\mathbf{v})$ retourne les k éléments du vecteur $\mathbf{v}$ de plus grande valeur absolue.

Les deux algorithmes *matching-pursuit* et *orthogonal matching pursuit* sont garantis d'identifier un vecteur k-parcimonieux à partir de mesures non bruitées si la matrice $\mathbf{A}$ vérifie la condition de cohérence 18.7. Il existe également des garanties fondées sur la cohérence lorsque les mesures sont bruitées. Des garanties plus fortes existent pour les matrices $\mathbf{A}$ vérifiant la propriété RIP. Ainsi, l'algorithme *orthogonal matching pursuit* reconstruit un vecteur k-parcimonieux à partir de mesures exactes si $\mathbf{A}$ vérifie la propriété $(k+1, \delta)$-RIP avec une valeur de δ suffisamment petite. Plus généralement, un vecteur parcimonieux $\mathbf{x}$ peut être reconstruit avec une petite erreur à partir de mesures bruitées par l'algorithme de seuillage strict itératif quand $\mathbf{A}$ vérifie la propriété (ck, δ)-RIP avec des valeurs appropriées de c et de δ. Ces garanties sont également valables quand $\mathbf{x}$ n'est pas parcimonieux, mais est compressible ($\mathbf{x}$ est très proche de sa meilleure représentation utilisant k composantes). L'erreur de reconstruction est alors proportionnelle à celle de la meilleure approximation k-parcimonieuse de $\mathbf{x}$ et à la norme du bruit. Comme des matrices aléatoires vérifiant la propriété RIP peuvent être construites du moment que $m = \mathcal{O}(k \log(N/k))$, il s'ensuit qu'avec une probabilité élevée, il suffit d'environ $m = k \log(N/k)$ mesures pour garantir l'identification de vecteurs parcimonieux dans le cadre non bruité et garantir une reconstruction avec une erreur faible dans le cadre bruité.

L'acquisition comprimée est utilisée en imagerie, l'une des illustrations les plus spectaculaires étant la caméra à pixel unique. Une autre application moins anecdotique est l'imagerie à résonance magnétique (IRM). L'intérêt potentiel est de limiter le nombre de mesures à effectuer et donc le temps d'acquisition, qui est assez long avec les technologies disponibles. On peut également imaginer des applications dans lesquelles il est important de limiter l'exposition à des rayonnements potentiellement nocifs.

Parmi les travaux actuels sur l'acquisition comprimée, citons ceux qui cherchent à en étendre le champ à des signaux ayant d'autres structures que la seule parcimonie, par exemple exhibant des régularités spéciales sur les composantes non nulles de leur représentation.

5. L'apprentissage de dictionnaire

Dans l'acquisition comprimée, le dictionnaire de composantes de base est souvent choisi comme une matrice aléatoire satisfaisant à certaines propriétés comme celle d'isométrie restreinte, par exemple des matrices subgaussiennes ou des matrices orthogonales partiellement bornées. Ou bien il peut être défini en se basant sur des connaissances expertes à propos des propriétés du signal étudié (ex. transformée de Fourier discrète sur-échantillonnée, *frames* de Gabor, ondelettes, curvelets, etc.). Le dictionnaire résultant est de fait non directement lié aux signaux observés. Or, il arrive que les données observées n'obéissent pas ou partiellement seulement aux attentes, ce qui aboutit à ce que le dictionnaire ne soit pas optimal.

C'est pourquoi, il a été imaginé d'apprendre des dictionnaires qui soient naturellement adaptés aux données étudiées : c'est ce que l'on appelle l'apprentissage de dictionnaire *(dictionary learning)*.

5.1 Le problème de l'apprentissage de dictionnaire

Supposons que nous disposions d'un échantillon d'apprentissage $\{\mathbf{x}_1, \mathbf{x}_2, \ldots, \mathbf{x}_n\}$ où chaque exemple $\mathbf{x}_i \in \mathbb{R}^N$. Donnons-nous également des entiers positifs m et k, m étant la taille du dictionnaire $\mathbf{D}$ que l'on veut apprendre et k étant le nombre de composantes non nulles avec lesquelles on veut pouvoir représenter tout vecteur d'entrée en utilisant le dictionnaire $\mathbf{D}$. Le vecteur des composantes permettant de représenter une entrée $\mathbf{x}_i$ sera noté $\gamma_i \in \mathbb{R}^m$. Nous voulons que $\mathbf{D}\gamma_i$ soit « proche » de $\mathbf{x}_i$ pour tous les exemples d'apprentissage.

Lorsque le dictionnaire forme une base, le problème $\mathbf{x} = \mathbf{D}\gamma$ a exactement une solution et, en conséquence, chaque signal est représenté par une combinaison linéaire unique des composantes (ou atomes) du dictionnaire. Lorsque le dictionnaire est sur-complet, le problème a plus d'une solution et il faut lui ajouter une contrainte pour le rendre bien posé, par exemple que la combinaison linéaire soit parcimonieuse (k petit).

En utilisant la norme ℓ_2 pour quantifier l'erreur d'approximation, nous voulons :

$$\operatorname*{Min}_{\mathbf{D},\gamma_1,\ldots,\gamma_n} \sum_{i=1}^{n} ||\mathbf{x}_i - \mathbf{D}\gamma_i||_2^2 \qquad \text{tel que :} \quad ||\gamma_i||_0 \leq k, \ \ \forall i \in \{1,\ldots,n\} \tag{18.9}$$

Ici, $\mathbf{D} = [\mathbf{d}_1,\ldots,\mathbf{d}_m] \in \mathbb{R}^{N \times m}$ est appelé le dictionnaire, chaque colonne $\mathbf{D}_i$ représentant un *atome*. Le vecteur $\gamma_i \in \mathbb{R}^m$, qui a au maximum k coefficients non nuls, permet de reconstruire le vecteur d'entrée $\mathbf{x}_i$ par combinaison linéaire des vecteurs du dictionnaire.

Afin de rendre le choix du dictionnaire $\mathbf{D}$ et des γ_i unique, on peut contraindre les colonnes de $\mathbf{D}$ à être de norme 1 : $||\mathbf{d}_i||_2 = 1$. La taille du dictionnaire est souvent choisie plus grande que n la dimension de l'espace d'entrée afin d'avoir une base surcomplète. En revanche, on souhaite $k \ll N$ pour avoir une représentation parcimonieuse des signaux.

—— EXEMPLE ———

> Une des applications typiques de l'apprentissage de dictionnaire concerne l'apprentissage en vision. On peut ainsi considérer des images représentées par $\sqrt{N} \times \sqrt{N}$ pixels ou bien par N imagettes *(patches)*. On souhaite alors apprendre un dictionnaire d'atomes de manière à ce que les exemples d'apprentissage, les images ou les imagettes, puissent être représentées aussi bien que possible par des combinaisons linéaires d'au plus k colonnes de $\mathbf{D}$. Par exemple, supposons que l'on extrait des imagettes 8×8 d'une image 512×512 et que l'on en fasse nos données. La dimension des exemples est $N = 64$ et l'on a potentiellement $(512\text{-}8) \times (512\text{-}8)$ imagettes différentes possibles comme données. Un choix typique de taille de dictionnaire est $4 \times 64 = 256$ avec $k = 10$ coefficients non nuls, c'est-à-dire que chaque imagette peut être représentée par une combinaison linaire de 10 imagettes (atomes) du dictionnaire une fois celui-ci appris.

———

Il est également possible de vouloir contrôler le compromis entre l'erreur d'approximation et le caractère parcimonieux de la représentation en introduisant un paramètre de régularisation λ. En notant $\mathbf{X} = [\mathbf{x}_1,\ldots,\mathbf{x}_n]$ et $\Gamma = [\gamma_1,\ldots,\gamma_n]$ les deux matrices représentant respectivement les exemples d'apprentissage et les coefficients de représentation, le problème d'apprentissage devient :

$$\operatorname*{Min}_{\mathbf{D},\gamma_1,\ldots,\gamma_n} \sum_{i=1}^{n} ||\mathbf{x}_i - \mathbf{D}\gamma_i||_2^2 + \lambda ||\gamma_i||_0 \tag{18.10}$$

Cependant, la norme ℓ_0 dans ce problème d'optimisation requiert une recherche exhaustive des coefficients non nuls pour chacun des γ_i, ce qui en fait un problème NP-difficile. C'est pourquoi la norme ℓ_1 est utilisée à la place de la norme ℓ_0, conduisant au problème d'optimisation :

$$\operatorname*{Min}_{\mathbf{D},\gamma_1,\ldots,\gamma_n} \sum_{i=1}^{n} ||\mathbf{x}_i - \mathbf{D}\gamma_i||_2^2 + \lambda ||\gamma_i||_1 \tag{18.11}$$

L'espoir est que la solution du problème 18.11 ne soit pas trop éloignée de celle du problème refeq-dict-learning-l0. Le problème à résoudre est convexe par rapport à chacune des variables $\mathbf{D}$ et $\boldsymbol{\Gamma}$; mais non convexe par rapport aux deux simultanément.

5.2 L'apprentissage de dictionnaire et l'acquisition comprimée

En apprentissage de dictionnaire, les données servent à apprendre à la fois le dictionnaire et les combinaisons parcimonieuses. Lorsque le dictionnaire $\mathbf{D}$ est fixé, le problème d'optimisation 18.11 concerne les coefficients $\boldsymbol{\gamma}_1, \ldots, \boldsymbol{\gamma}_n$ et l'on peut découpler l'optimisation de chacun des N termes, avec un même problème répété N fois :

$$\underset{\boldsymbol{\gamma}}{\mathrm{Min}} \; ||\mathbf{x} - \mathbf{D}\boldsymbol{\gamma}||_2^2 \; + \; \lambda \, ||\boldsymbol{\gamma}||_1 \tag{18.12}$$

où $\mathbf{x}$ remplace chaque $\mathbf{x}_i$.

Il a été démontré que, pour ce problème, la relaxation de la norme ℓ_0 dans la norme ℓ_1 conserve la solution parcimonieuse, du moment, au moins, que la matrice $\mathbf{D}$ satisfait la condition RIP. De plus, il existe, pour résoudre ce problème, des algorithmes efficaces comme l'OMP [TG07], la poursuite de base *(Basis Pursuit)* [CRT06] et CoSamp [NT09].

Il est intéressant de remarquer que l'apprentissage de dictionnaire et l'acquisition comprimée attaquent un problème similaire, 18.11 ou 18.12, selon des perspectives différentes. Dans l'acquisition comprimée, la matrice $\mathbf{D}$ est une matrice de mesures dans laquelle on cherche à sélectionner avec soin les *lignes* pour interagir linéairement avec le signal inconnu. On cherche donc à résoudre le problème 18.12 pour déterminer l'ensemble support et les coefficients du signal supposé parcimonieux.

En revanche, l'apprentissage de dictionnaire met l'accent sur les *colonnes* de la matrice $\mathbf{D}$ qui sont considérées comme des exemples prototypes dont des combinaisons linéaires permettent de reconstruire les exemples d'apprentissage.

5.3 Algorithmes pour l'apprentissage de dictionnaires

Une grande partie des nombreux algorithmes consacrés à l'apprentissage de dictionnaire cherchent à résoudre le problème 18.11 en adoptant une procédure itérative. Le principe est de fixer alternativement soit le dictionnaire $\mathbf{D}$ soit les coefficients $\boldsymbol{\gamma}_1, \ldots, \boldsymbol{\gamma}_n$, et d'adapter respectivement les coefficients ou le dictionnaire. La procédure est répétée jusqu'à convergence. Trois algorithmes sont très employés : K-SVD, l'analyse géométrique multi-résolution et l'apprentissage de dictionnaire en ligne. Deux articles de synthèse sont [RBE10, CN15].

L'apprentissage de dictionnaire a été utilisé pour la compression, le débruitage, le défloutage de signal et tout particulièrement d'images.

6. La représentation vectorielle de mots (word embedding)

L'idée de représenter les mots comme des vecteurs dans un espace continu de dimension relativement petite n'est pas nouvelle. En effet, l'approche symbolique qui considère les mots comme des atomes et leur associe des identifiants arbitraires (ex. à des mots comme « chat » et « chien » des symboles comme Id078 et Id0927) ne permet pas d'utiliser directement ces représentations pour effectuer des inférences ou pour traiter des requêtes du type *qu'est-ce que*

X est à la France, sachant que la même relation lie Rome à l'Italie ? En revanche, représenter les mots comme des vecteurs offre la possibilité d'utiliser les outils des espaces vectoriels pour répondre à des questions d'ordre sémantique. Par exemple, dans une telle représentation vectorielle, on peut s'attendre à ce que « chat » et « chien » soient représentés par des points proches de l'espace de représentation, et que le vecteur liant « Rome » à « Italie » soit presque égal au vecteur liant « Paris » à « France ». Notons que deux vecteurs « proches » peuvent faire un angle de 45°, mais cela est encore très significatif dans un espace à 300 dimensions (chapitre 16, section 2.9 sur les espaces de grande dimension).

Le principe sur lequel s'appuient les approches qui essaient d'extraire la sémantique des mots à partir de collections de textes est *l'hypothèse distributionnelle*, selon laquelle les mots apparaissant dans les mêmes contextes partagent des traits sémantiques.

Les méthodes utilisant ce principe peuvent se catégoriser en deux classes : les *méthodes à base de comptage* et les *méthodes prédictives*. Les premières (par exemple, l'analyse sémantique latente ou LSA) calculent, à partir de grands corpus de textes, des statistiques de co-occurence entre chaque mot et ceux formant son contexte, et codent ensuite ces statistiques dans un espace vectoriel de petite dimension grâce à des techniques de factorisation de matrices. Les approches prédictives, typiquement basées sur l'apprentissage de réseaux de neurones, cherchent à apprendre à prédire un mot à partir de son contexte, et représentent cette association grâce à une couche cachée et aux connexions avec la couche d'entrée et la couche de sortie.

En 2013 a été proposée une méthode d'apprentissage de représentation vectorielle de mots utilisant des réseaux de neurones à une couche cachée, cette couche servant à définir l'espace vectoriel dans lequel sont projetés les mots [MSC+13]. La méthode *Word2vec* est efficace pour apprendre des projections dans un espace vectoriel à partir de textes sans nécessité de prétraitement.

Word2vec a été présentée sous deux déclinaisons, l'une appelée modèle *Continuous Bag-of-Words* (CBOW), l'autre le modèle *Skip-Gram*. Ces deux techniques sont algorithmiquement proches, sauf que la première, CBOW, apprend à prédire un mot cible à partir de son contexte (les mots proches), alors que la seconde, *Skip-Gram*, apprend à prédire le contexte à partir du mot. La première tend à être meilleure pour des petits corpus alors que la seconde est généralement plus performante pour de grands corpus.

Nous n'entrons pas dans les détails des problèmes d'optimisation associés, ceux-ci peuvent se trouver dans l'article cité précédemment et dans les nombreux travaux s'y référant. La figure 18.19, tirée de [MSC+13], montre les relations vectorielles qui peuvent être apprises concernant les relations masculin-féminin, les temps de conjugaison et les relations entre pays et capitales.

Les approches de représentation vectorielle des mots par apprentissage dans des réseaux de neurones ont stimulé un renouvellement des travaux dans le domaine de l'analyse de textes. Les assistants personnels obéissant à la voix sont en majorité fondés sur ces nouvelles méthodes. Et si des limites sont à attendre des représentations vectorielles, donc linéaires à large échelle, elles restent très prometteuses à court terme.

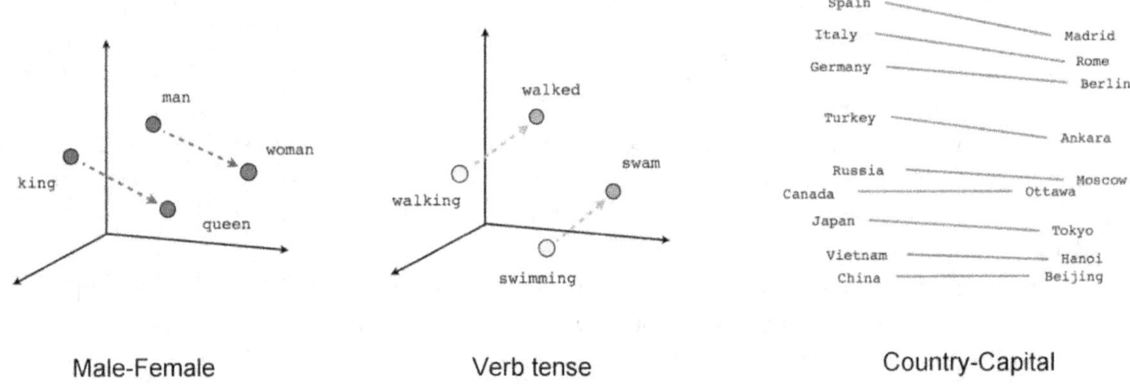

FIGURE 18.19 : *Exemple de représentations en 2 dimensions (obtenue avec une technique de réduction de dimension t-SNE) des relations entre les représentations vectorielles de mots.*

Résumé

- Souvent, il est intéressant de diminuer la dimension de l'espace d'entrée. Cela peut se faire par :
    — la sélection d'attributs pertinents ;
    — le changement des variables.

- Il existe trois grandes approches pour la sélection de variables :
    — les méthodes filtres ;
    — les méthodes symbioses *(wrapper)* ;
    — les méthodes intégrées *(embedded)*.

- Les *analyses en composantes* cherchent une nouvelle base dans laquelle décrire les données en conservant un maximum d'information et en assurant un certain type d'indépendance ou d'orthogonalité entre les composantes.

- L'*acquisition comprimée* réduit le nombre de mesures à effectuer pour identifier un signal sous l'hypothèse que celui-ci s'exprime de manière parcimonieuse (peu de composantes non nulles) dans au moins une représentation.

- L'*apprentissage de dictionnaire* vise à apprendre un dictionnaire de prototypes permettant d'exprimer les exemples à l'aide d'une combinaison linéaire parcimonieuse de ces prototypes.

- La *représentation vectorielle des mots* cherche à représenter les relations sémantiques entre les mots dans un espace vectoriel. Cette représentation est apprise à partir de corpus de textes en supposant que des mots partageant des contextes proches ont des traits sémantiques communs.

Chapitre 19

Thomas BAYES (1702-1761)

L'apprentissage bayésien et son approximation

Nous savons depuis le chapitre 3 que l'apprentissage bayésien consiste à partir d'hypothèses a priori *pour les réviser en fonction des données d'apprentissage. Cette opération est optimale au sens probabiliste : les hypothèses* a posteriori *obtenues de la sorte sont en effet les plus vraisemblables.*

D'un point de vue opérationnel, l'application de l'apprentissage bayésien nécessite donc, en principe, d'une part une connaissance a priori *sur la vraisemblance des hypothèses en concurrence, d'autre part aussi, celle de la probabilité des données d'apprentissage conditionnellement à ces hypothèses. Si ces valeurs sont connues, l'hypothèse la plus vraisemblable compte tenu des données pourra être sélectionnée. En pratique, ces valeurs ne sont pas connues exactement : elles doivent être estimées. Le but de ce chapitre est donc de présenter quelques méthodes permettant de réaliser ces estimations.*

Il existe une littérature très abondante sur le sujet, provenant des statistiques et de la reconnaissance des formes ; cette dernière discipline insiste sur le côté algorithmique de l'estimation. Nous nous plaçons également de ce côté. Nous présentons d'abord les bases de l'apprentissage bayésien, en particulier dans le cas de la classification, et nous décrivons rapidement les liens entre cette approche et d'autres concepts utiles pour l'apprentissage automatique comme la régression, la comparaison de distributions de probabilités et le principe MDL. Nous décrivons ensuite les méthodes paramétriques d'estimation, qui connaissent un regain de faveur en raison de leurs liens avec les fonctions noyaux, elles-mêmes liées aux séparateurs à vastes marges (chapitre 14) et aux réseaux connexionnistes (chapitre 10). Les méthodes non paramétriques, ou k plus proches voisins, sont ensuite présentées, avec une insistance sur l'aspect algorithmique. Pour finir, les méthodes semi-paramétriques sont abordées et le lien est établi avec d'autres méthodes d'apprentissage, comme les arbres de décision (chapitre 15).

Sommaire

1. L'apprentissage bayésien

1.1 Présentation

L'introduction générale à l'apprentissage bayésien a été donnée au chapitre 3. Rappelons que son but est de choisir l'hypothèse $h \in \mathcal{H}$ qui minimise *en moyenne* l'erreur commise vis-à-vis de la fonction cible f, après observation de l'ensemble d'apprentissage $\mathcal{S}$.

On possède un échantillon d'exemples supervisés :

$$\mathcal{S} = \langle (\mathbf{x}_1, y_1), \ldots, (\mathbf{x}_i, y_i)), \ldots, (\mathbf{x}_m, y_m) \rangle$$

On cherche à apprendre la meilleure hypothèse $h \in \mathcal{H}$ pour les expliquer, c'est-à-dire à trouver l'application de $\mathcal{X}$ dans $\mathcal{U}$ qui généralise en moyenne le mieux les couples de $\mathcal{S}$. On suppose ici que l'ensemble $\mathcal{X}$ des valeurs $\mathbf{x}_i$ est numérique. En revanche, les y_i sont des valeurs de supervision qui peuvent être de natures variées. Par exemple :

- Si $\mathcal{X} = \mathbb{R}^d$ et $y_i \in \{\omega_1, \ldots, \omega_C\}$, on veut apprendre une règle de classification.
- Si $\mathcal{X} = \mathbb{R}^d$ et $y_i \in [0, 1]$, on veut apprendre une fonction aléatoire.
- Si $\mathcal{X} = \mathbb{R}^d$ et $y_i \in \mathbb{R}$, on veut apprendre une fonction réelle de d variables réelles.

La règle bayésienne d'apprentissage, ou décision bayésienne, consiste à élire comme meilleure hypothèse dans $\mathcal{H}$ celle qui a la plus grande probabilité connaissant les données d'apprentissage. Il s'agit donc d'une méthode générale, dont nous allons allons d'abord décrire le principe avant de l'instancier sur quelques exemples. L'apprentissage d'une règle de classification sera particulièrement détaillé, compte tenu de son importance pratique.

Pour simplifier dans un premier temps, nous allons d'abord nous placer dans le cas où $\mathcal{H}$ est un ensemble fini, par exemple un ensemble de deux classes comme $\{oie, cygne\}$.

1.1.1 Le cas où $\mathcal{H}$ est fini

Commençons par ajouter provisoirement une nouvelle contrainte : supposons que l'on puisse définir une probabilité $\mathbf{P}(\mathcal{S})$ de voir apparaître l'échantillon d'apprentissage $\mathcal{S}$. Cela est facile à écrire si l'ensemble des échantillons possibles est lui aussi fini, mais c'est en général une hypothèse irréaliste. Peu importe, cette valeur disparaîtra rapidement des calculs.

Il est alors possible, puisque $\mathcal{H}$ est aussi fini, de définir la probabilité $\mathbf{P}(h)$ et la probabilité $\mathbf{P}(h \mid \mathcal{S})$ de h sachant $\mathcal{S}$, ceci pour tout élément de $\mathcal{H}$.

La politique bayésienne consiste par définition à chercher l'hypothèse h^* la plus probable connaissant les exemples. h^* est définie par :

$$\boxed{h^* = \underset{h \in \mathcal{H}}{\operatorname{ArgMax}}\ \mathbf{P}(h \mid \mathcal{S})} \qquad (19.1)$$

La formule de Bayes nous dit que :

$$\mathbf{P}(h, \mathcal{S}) = \mathbf{P}(h \mid \mathcal{S})\,\mathbf{P}(\mathcal{S}) = \mathbf{P}(\mathcal{S} \mid h)\,\mathbf{P}(h)$$

Définition 19.1 (Règle du maximum a posteriori : MAP)

L'hypothèse h^* choisie par l'apprentissage bayésien est telle que :

$$h^* = \underset{h \in \mathcal{H}}{\text{ArgMax}} \ \frac{\mathbf{P}(\mathcal{S} \mid h)\,\mathbf{P}(h)}{\mathbf{P}(\mathcal{S})} = \underset{h \in \mathcal{H}}{\text{ArgMax}} \ \mathbf{P}(\mathcal{S} \mid h)\,\mathbf{P}(h) \qquad (19.2)$$

La valeur $\mathbf{P}(h)$ est appelée probabilité a priori *de l'hypothèse h.*

Une fois les données d'apprentissage observées et la règle de Bayes appliquée, la probabilité de l'hypothèse h devient $\mathbf{P}(h \mid \mathcal{S})$: c'est la probabilité a posteriori *de h.*

La règle bayésienne d'apprentissage désigne donc dans $\mathcal{H}$ la règle de plus forte probabilité a posteriori. Elle s'appelle aussi la règle MAP *(maximum a posteriori).*

Quand on suppose que les exemples sont des tirages indépendants (i.i.d.), ce qui est une hypothèse naturelle (chapitre 3), on peut écrire :

$$\mathbf{P}(\mathcal{S} \mid h) = \mathbf{P}(h) \prod_{i=1}^{m} \mathbf{P}(\mathbf{z}_i \mid h)$$

Dans ce cas, la règle bayésienne d'apprentissage MAP consiste à choisir h^* comme :

$$h^* = \underset{h \in \mathcal{H}}{\text{ArgMax}} \ [\mathbf{P}(h) \prod_{i=1}^{m} \mathbf{P}(\mathbf{z}_i \mid h)]$$

ce qui peut aussi s'écrire :

$$h^* = \underset{h \in \mathcal{H}}{\text{ArgMax}} \ [\log(\mathbf{P}(h)) + \sum_{i=1}^{m} \log(\mathbf{P}(\mathbf{z}_i \mid h))]$$

Il est courant de se placer dans un cas simplifié, si c'est justifié :

Définition 19.2 (Le classifieur bayésien naïf ou naive bayesian classifier)

Si l'on suppose que les attributs de description $\{a_1, ..., a_d\}$ de l'espace d'entrée $\mathcal{X}$ sont indépendants les uns des autres, alors on peut décomposer $\mathbf{p}(\mathbf{x}|h)$ en $\mathbf{P}(a_1 = v_{1\mathbf{x}}|h) \ldots \mathbf{P}(a_d = v_{d\mathbf{x}}|f)$ soit $\prod_{i=1}^{d} \mathbf{P}(a_i = v_{i\mathbf{x}}|h)$. Le classifieur utilisant la règle du maximum a posteriori basé sur ces hypothèses est appelé classifieur bayésien naïf.

Il faut noter que les attributs de description sont rarement indépendants les uns des autres (par exemple le *poids* et la *taille*). Pourtant, le classifieur bayésien naïf donne souvent des résultats proches de ceux obtenus par les meilleures méthodes connues. Domingos et Pazzani, par exemple, étudient pourquoi [DP97].

Définition 19.3 (Règle du maximum de vraisemblance : MLE)

Si on suppose que toutes les hypothèses sont équiprobables dans $\mathcal{H}$, la règle MAP se simplifie et prend le nom de règle du maximum de vraisemblance (Maximum Likelihood Estimator *ou* MLE) :

$$h^* = \underset{h\in\mathcal{H}}{\mathrm{ArgMax}} \ \prod_{i=1}^{m} \mathbf{P}(\mathbf{z}_i \mid h) = \underset{h\in\mathcal{H}}{\mathrm{ArgMax}} \ \sum_{i=1}^{m} \log(\mathbf{P}(\mathbf{z}_i \mid h)) \tag{19.3}$$

Relâchons maintenant l'hypothèse peu crédible selon laquelle il est possible de définir une probabilité $\mathbf{P}(\mathcal{S})$, mais gardons un cadre probabiliste en supposant qu'il existe une *densité* de probabilités $\mathbf{p}(\mathcal{S})$ associée à chaque échantillon $\mathcal{S}$. On peut dans ce cas définir aussi $\mathbf{p}(\mathcal{S} \mid h)$, la densité conditionnelle de $\mathcal{S}$ connaissant l'hypothèse h.

Dans ce cas, la règle MAP s'écrit :

$$h^* = \underset{h\in\mathcal{H}}{\mathrm{ArgMax}} \ \mathbf{p}(\mathcal{S} \mid h)\,\mathbf{P}(h)$$

et la règle du maximum de vraisemblance :

$$h^* = \underset{h\in\mathcal{H}}{\mathrm{ArgMax}} \ \sum_{i=1}^{m} \log(\mathbf{p}(\mathbf{z}_i \mid h))$$

1.1.2   Le cas où $\mathcal{H}$ est infini

Dans ce cas, il n'est plus possible de définir une probabilité $\mathbf{P}(h)$. Néanmoins, on peut supposer qu'il existe une distribution de probabilités sur $\mathcal{H}$ et donc qu'une densité de probabilités $\mathbf{p}(h)$ peut être définie pout tout h. De même, il existe des densités conditionnelles $\mathbf{p}(h \mid \mathcal{S})$ et $\mathbf{p}(\mathcal{S} \mid h)$.

On cherche alors l'hypothèse h^* telle que :

$$h^* = \underset{h\in\mathcal{H}}{\mathrm{ArgMax}} \ \mathbf{p}(\mathcal{S} \mid h)\,\mathbf{p}(h)$$

soit, avec la règle MAP :

$$h^* = \underset{h\in\mathcal{H}}{\mathrm{ArgMax}} \ \Big[\log(\mathbf{p}(h)) + \sum_{i=1}^{m} \log(\mathbf{p}(\mathbf{z}_i \mid h))\Big]$$

1.2   Un petit retour en arrière

La règle bayésienne optimale a été présentée au chapitre 3 sous une forme légèrement différente, pour des raisons de cohérence des notations dans ce chapitre :

$$h^\star = \underset{h\in\mathcal{H}}{\mathrm{ArgMin}} \ l(h|f)\,\mathbf{p}_{\mathcal{F}}(f)\,\mathbf{p}_{\mathcal{X}}(\mathbf{x}|f)$$

avec :

- $\mathbf{p}_{\mathcal{F}}(f)$ est la densité de probabilités *a priori* de la fonction cible, c'est-à-dire que l'état réel du monde est f.

- $\mathbf{p}_{\mathcal{X}}(\mathbf{x}|f)$ est la probabilité de l'observation $\mathbf{x}$ connaissant la fonction cible f.

- $l(h|f)$ est le coût de choisir h au lieu de la vraie fonction f.

Ici, nous utilisons la fonction de perte la plus simple :

$$l(y_i, h(\mathbf{x}_i)) \begin{cases} 0 & \text{si } y_i = h(\mathbf{x}_i) \\ 1 & \text{si } y_i \neq h(\mathbf{x}_i) \end{cases} \tag{19.4}$$

1.3 L'apprentissage bayésien d'une règle de classification

La première application de l'apprentissage bayésien est la *reconnaissance statistique des formes* ou *l'apprentissage d'une règle de classification* : l'espace $\mathcal{X}$ est égal à $\mathbb{R}^d$ et on veut apprendre une application de $\mathbb{R}^d$ dans $\{\omega_1, \ldots, \omega_C\}$. On suppose qu'à chaque classe ω_i il est possible d'associer une probabilité *a priori* $\mathbf{P}(\omega_i)$ et que tout vecteur correspondant à un point de la classe ω_i peut être considéré comme le résultat d'un tirage aléatoire indépendant de densité $\mathbf{p}(\mathbf{x} \mid \omega_i)$.

Si on veut utiliser les données d'apprentissage pour attribuer avec la meilleure vraisemblance une classe à un point $\mathbf{x}$ quelconque, il faut calculer la probabilité *a posteriori* $\mathbf{P}(\omega_i \mid \mathbf{x})$ d'observer ce point conditionnellement à chaque classe ; ce calcul se fait, à partir des valeurs précédentes, par la règle de Bayes [1] :

$$\mathbf{P}(\omega_i \mid \mathbf{x}) = \frac{\mathbf{p}(\mathbf{x} \mid \omega_i)\, \mathbf{P}(\omega_i)}{\mathbf{p}(\mathbf{x})} \tag{19.5}$$

La décision par la règle du maximum *a posteriori* (MAP) s'écrit alors en cherchant la classe ω^* de plus grande probabilité *a posteriori* :

$$\omega^* = \underset{i=1,C}{\text{ArgMax}}\ \mathbf{p}(\mathbf{x} \mid \omega_i)\, \mathbf{P}(\omega_i) \tag{19.6}$$

Le problème de l'apprentissage d'une règle de classification serait donc résolu si l'on connaissait $\mathbf{P}(\omega_i)$ et $\mathbf{p}(\mathbf{x} \mid \omega_i)$. C'est là l'essence des méthodes génératives . Comme on le verra à la section 1.5, ce problème se ramène essentiellement à estimer chaque $\mathbf{p}(\mathbf{x} \mid \omega_i)$ à partir des échantillons d'apprentissage supervisés par la classe ω_i.

La séparation des classes peut aussi se formuler de manière géométrique, selon l'approche dite discriminante.

Définition 19.4

On appelle surface séparatrice Υ_{ij} *entre les deux classes* ω_i *et* ω_j *le lieu des points où les probabilités* a posteriori *d'appartenir à* ω_i *et à* ω_j *sont égales.*

$$\Upsilon_{ij}\ \textit{est définie par} : \mathbf{P}(\omega_i \mid \mathbf{x}) = \mathbf{P}(\omega_j \mid \mathbf{x})$$

1.4 La classification bayésienne est optimale en moyenne...

On a donc défini la *règle de classification bayésienne* h^* en attribuant au point $\mathbf{x}$ la classe ω^* qui a la plus forte probabilité conditionnellement à $\mathbf{x}$ parmi toutes les classes :

$$h^* \text{ attribue la classe } \omega^* = \underset{i \in \{1, \ldots, C\}}{\text{ArgMax}}\ [\mathbf{P}(\omega_i \mid \mathbf{x})] = \underset{i \in \{1, \ldots, C\}}{\text{ArgMax}}\ [\mathbf{p}(\mathbf{x} \mid \omega_i)\, \mathbf{P}(\omega_i)] \tag{19.7}$$

---

1. Cette formule mélange probabilités et densités de probabilités ; il est facile de vérifier sa validité en partant de sa forme originale $\mathbf{P}(\omega_i \mid x) = \frac{\mathbf{P}(x \in V \mid \omega_i)\mathbf{P}(\omega_i)}{\mathbf{P}(x \in V)}$. V est un volume fini de $\mathbb{R}^d$ et on a par définition : $\mathbf{P}(x \in V) = \int_V \mathbf{p}(x)dx$.

Cette règle est *optimale en moyenne* : parmi toutes les règles de classification possibles, elle est celle qui minimise la probabilité d'erreur, connaissant la probabilité *a priori* des classes ω_i.

Ce résultat nous est déjà connu : on a traité aux chapitres 2 et 3 de cette notion de probabilité d'erreur et on a vu que la règle de classification bayésienne minimise l'espérance (la moyenne statistique) de mauvaise classification de l'objet $\mathbf{x}$ quand il parcourt $\mathcal{X}$.

La valeur $R(h^*)$ est appelée *erreur bayésienne de classification* ; les algorithmes d'apprentissage de règles de classification visent donc souvent à l'approcher. Une démonstration directe de cette optimalité est donnée en annexe 6.

1.5   ... mais on ne peut que l'approcher

Le problème de l'apprentissage d'une règle de classification serait résolu, sous les hypothèses précédentes, si l'on possédait une connaissance exacte pour chaque classe de la probabilité *a priori* $\mathbf{P}(\omega_i)$ et de la densité conditionnelle $\mathbf{p}(\mathbf{x} \mid \omega_i)$. Cependant, on ne dispose en pratique que des données d'apprentissage $\mathcal{S} = \{(\mathbf{x}_1, y_1), \ldots, (\mathbf{x}_m, y_m)\}$.

Considérons l'une après l'autre les deux valeurs qui interviennent dans la formule :

$$h^* \text{ attribue la classe} \quad \omega^{\star} = \underset{i \in \{1, \ldots, C\}}{\text{ArgMax}} \left[\mathbf{p}(\mathbf{x} \mid \omega_i)\, \mathbf{P}(\omega_i)\right]$$

L'estimation de la probabilité *a priori* des classes

Pour estimer les valeurs $\mathbf{P}(\omega_i)$, les probabilités *a priori* des classes, on peut procéder de plusieurs manières.

1. Soit on dispose de connaissances *a priori* sur les données, extérieures à l'ensemble d'apprentissage $\mathcal{S}$. Dans ce cas, on doit les utiliser. Par exemple, si on cherche à reconnaître les lettres manuscrites, on doit se fier aux statistiques de leur apparition dans les textes [2], même si cette proportion n'est pas respectée dans $\mathcal{S}$.

2. Sinon, en l'absence d'information particulière, on peut les supposer égales entre elles et donc prendre l'estimateur : $\widehat{\mathbf{P}(\omega_i)} = \frac{1}{C}$.

3. On peut aussi (ce qui est fréquemment fait implicitement) supposer l'échantillon d'apprentissage représentatif et les estimer par les fréquences d'apparition de chaque classe dans cet ensemble [3] : $\widehat{\mathbf{P}(\omega_i)} = \frac{m_i}{m}$.

4. Il existe aussi un estimateur intermédiaire (formule de Laplace) :

$$\widehat{\mathbf{P}(\omega_i)} = \frac{m_i + M/C}{m + M}$$

où M est un nombre arbitraire. Cette formule est employée quand m est petit, donc quand les estimations m_i/m sont très imprécises. M représente une augmentation virtuelle du nombre d'exemples, pour lesquels on suppose les classes équiprobables.

Le second cas s'applique par exemple à la reconnaissance des chiffres manuscrits sur les chèques ; en revanche, pour les codes postaux, la troisième méthode est préférable si la base de données a été bien constituée (la proportion de chiffres 0 y est supérieure à celle des autres).

Si le troisième cas semble plus naturel, il peut aussi être trompeur : dans certains problèmes, les classes ne sont pas représentées de la même manière dans l'ensemble d'apprentissage et

---

2. 0.15 pour la lettre **e**, 0.08 pour la lettre **s**, etc.

3. Rappelons que le nombre d'exemples total est noté m, alors que m_i désigne le nombre d'exemples supervisés par la classe i.

dans les exemples qu'il faudra classer. Par exemple, un diagnostic médical peut s'apprendre à partir d'un ensemble d'apprentissage comportant un nombre équilibré d'exemples et de contre-exemples, alors que la maladie est rare. Il faudra alors corriger ce biais.

La question de la probabilité *a priori* des classes a été abordée à la section 3.1 du chapitre 2.

L'estimation des densités conditionnelles a priori

Il reste donc à estimer les densités $\mathbf{p}(\mathbf{x} \mid \omega_i)$. Dans un problème d'apprentissage de règle de classification, on dispose d'un échantillon d'exemples supervisés : le problème se ramène donc à estimer chaque $\mathbf{p}(\mathbf{x} \mid \omega_i)$ à partir des échantillons d'apprentissage supervisés par la classe ω_i.

Indépendamment pour chaque classe, on se trouve donc finalement à devoir estimer une densité de probabilités à partir d'un nombre fini d'observations. C'est un problème tout à fait classique en statistiques. Il faut introduire des hypothèses supplémentaires pour le résoudre (un biais, en termes d'apprentissage artificiel). On a l'habitude de distinguer (chapitre 3) :

- Les méthodes *paramétriques*, où l'on suppose que les $\mathbf{p}(\mathbf{x} \mid \omega_i)$ possèdent une certaine forme analytique ; en général, on fait l'hypothèse qu'elles sont des distributions gaussiennes. Dans ce cas, le problème se ramène à estimer la moyenne et la covariance de chaque distribution ; la probabilité d'appartenance d'un point $\mathbf{x}$ à une classe se calcule alors directement à partir des coordonnées de $\mathbf{x}$. Ce sera l'objet de la section 2.

- Les méthodes *non paramétriques* (section 3), pour lesquelles on estime localement les densités $\mathbf{p}(\mathbf{x} \mid \omega_i)$ au point $\mathbf{x}$ en observant l'ensemble d'apprentissage autour de ce point. Ces méthodes sont implémentées par la technique des *fenêtres de Parzen* (section 3.2) ou l'algorithme des *k-plus proches voisins* (section 3.3).

- Les méthodes semi-paramétriques (section 4), pour lesquelles nous ne connaissons pas non plus la forme analytique des distributions de probabilités. Nous supposons cependant que ces dernières appartiennent à des familles et que les « hyper-paramètres » qui les caractérisent à l'intérieur de cette famille peuvent être déterminés.

1.6 La règle bayésienne et la régression aux moindres carrés

Considérons maintenant le problème de la régression, c'est-à-dire de l'apprentissage d'une fonction $f : \mathcal{X} \longrightarrow \mathbb{R}$ à partir d'un ensemble d'exemples $\mathcal{S}$:

$$\mathcal{S} = \{(\mathbf{x}_1, y_1), \ldots, (\mathbf{x}_i, y_i), \ldots, (\mathbf{x}_m, y_m)\}$$

Nous sommes ici dans le cas où l'espace des hypothèses et celui des échantillons possibles sont tous deux infinis : nous emploierons donc des densités de probabilités.

Plaçons-nous d'autre part sous l'hypothèse que la partie supervision de chaque exemple s'écrit :

$$y_i = f(\mathbf{x}_i) + \mathbf{e}_i$$

où $\mathbf{e}_i$ est un tirage aléatoire d'une distribution gaussienne de moyenne nulle et de variance inconnue σ^2. En d'autres termes, on considère qu'il s'agit d'apprendre la fonction f à partir d'exemples bruités [4].

On cherche maintenant dans un ensemble de fonctions hypothèses $\mathcal{H}$ quelle est h^*, la plus probable d'être la fonction f. On sait que :

$$h^* = \underset{h \in \mathcal{H}}{\mathrm{ArgMax}} \ \ \mathbf{p}(h \mid \mathcal{S})\mathbf{p}(h)$$

---

4. Cette hypothèse est souvent réaliste et en particulier très employée dans le traitement du signal et des images.

Si on suppose toutes les fonctions équiprobables dans $\mathcal{H}$ et les exemples indépendants, on peut appliquer la règle du maximum de vraisemblance :

$$h^* = \underset{h \in \mathcal{H}}{\text{ArgMax}} \ \mathbf{p}(\mathcal{S} \mid h) \ = \ \underset{h \in \mathcal{H}}{\text{ArgMax}} \ \prod_{i=1}^{m} \mathbf{p}(\mathbf{z}_i \mid h)$$

La relation :

$$y_i = f(\mathbf{x}_i) + \mathbf{e}_i$$

contraint la valeur y_i à être le résultat d'un tirage aléatoire d'une distribution gaussienne de centre $f(\mathbf{x}_i)$ et de variance σ^2. Par conséquent, $\mathbf{p}(\mathbf{y}_i \mid h)$ est le résultat d'un tirage aléatoire d'une distribution gaussienne de centre $h(\mathbf{x}_i)$ et de variance σ^2. Ces contraintes sur la relation entre les $\mathbf{x}_i$ et les $\mathbf{y}_i$ étant ainsi formalisées, l'apprentissage par maximum de vraisemblance se transforme en :

$$h^* = \underset{h \in \mathcal{H}}{\text{ArgMax}} \ \frac{1}{\sqrt{2\pi}\sigma} e^{-\frac{1}{2\sigma^2}(\mathbf{u}_i - h(\mathbf{x}_i))^2}$$

d'où, en prenant le logarithme :

$$h^* = \underset{h \in \mathcal{H}}{\text{ArgMin}} \sum_{i=1}^{m} \frac{1}{2\sigma^2}(y_i - h(\mathbf{x}_i))^2 = \underset{h \in \mathcal{H}}{\text{ArgMin}} \sum_{i=1}^{m}(\mathbf{u}_i - h(\mathbf{x}_i))^2 \tag{19.8}$$

Par conséquent, l'hypothèse h^* la plus probable dans $\mathcal{H}$ est celle qui minimise la somme sur tous les exemples $\mathbf{x}_i$ du carré de la différence entre la valeur $h^*(\mathbf{x}_i)$ au point $\mathbf{x}_i$ et la valeur bruitée de la fonction $f(\mathbf{x}_i)$, donnée par $y_i = f(\mathbf{x}_i) + \mathbf{e}_i$.

h^* est donc la meilleure fonction à la fois au sens de la minimisation des moindres carrés et au sens de la règle du maximum de vraisemblance, quand on émet l'hypothèse que le bruit de mesure sur les exemples est gaussien.

Un exemple classique est celui de la régression linéaire dans un plan : la meilleure droite pour représenter un ensemble de points du plan (si l'on suppose ces points issus d'une même droite, mais déplacés par un bruit gaussien) se calcule comme celle qui minimise la somme des distances (selon y) des points à elle-même (figure 19.1).

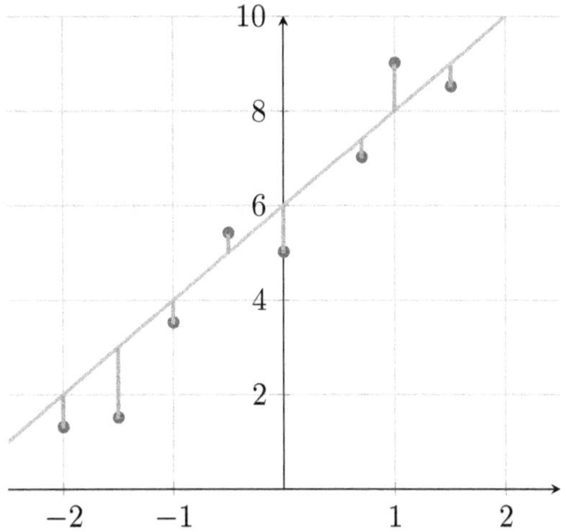

FIGURE 19.1 : *La meilleure droite pour représenter un ensemble de points.*

1.7 La règle bayésienne et la minimisation de l'entropie croisée

Plaçons-nous maintenant dans un autre cas d'apprentissage : celui d'une fonction aléatoire à deux valeurs $f : \mathbb{R} \longrightarrow \{0, 1\}$.

Les données d'apprentissage qui résument la connaissance sur f sont rassemblées dans l'ensemble $\mathcal{S} = \{(\mathbf{x}_1, y_1), \ldots, (\mathbf{x}_i, y_i), \ldots, (\mathbf{x}_m, y_m)\}$, avec $y_i = f(\mathbf{x}_i) = 0$ ou 1.

L'espace des hypothèses est un ensemble $\mathcal{H}$ dans lequel on cherche la meilleure fonction h^*, au sens bayésien, pour approcher f à partir de $\mathcal{S}$.

La probabilité que les données aient été engendrées par la distribution de probabilités h s'écrit, en supposant les données indépendantes entre elles :

$$\mathbf{P}(\mathcal{S} \mid h) = \prod_{i=1}^{m} \mathbf{P}(\mathbf{z}_i \mid h)$$

En utilisant la règle des probabilités conditionnelles :

$$\mathbf{P}(\mathbf{z}_i \mid h) = \mathbf{P}(\mathbf{x}_i, y_i \mid h) = \mathbf{P}(y_i \mid h, \mathbf{x}_i)\, \mathbf{P}(\mathbf{x}_i)$$

$$\mathbf{P}(\mathcal{S} \mid h) = \prod_{i=1}^{m} \mathbf{P}(y_i \mid h, \mathbf{x}_i)\, \mathbf{P}(\mathbf{x}_i)$$

En notant que $\mathbf{P}(y_i \mid h, \mathbf{x}_i)$ vaut $h(\mathbf{x}_i)$ si $y_i = 1$ et $1 - h(\mathbf{x}_i)$ si $y_i = 0$, on peut écrire :

$$\mathbf{P}(y_i \mid h, \mathbf{x}_i) = h(\mathbf{x}_i)^{y_i}\, (1 - h(\mathbf{x}_i))^{1-y_i}$$

D'où :

$$\mathbf{P}(\mathcal{S} \mid h) = \prod_{i=1}^{m} h(\mathbf{x}_i)^{y_i}\, (1 - h(\mathbf{x}_i))^{1-y_i}\, \mathbf{P}(\mathbf{x}_i)$$

La règle bayésienne d'apprentissage h^* s'écrit donc :

$$h^* = \underset{h \in \mathcal{H}}{\mathrm{ArgMax}}\ \mathbf{P}(\mathcal{S} \mid h) = \underset{h \in \mathcal{H}}{\mathrm{ArgMax}}\ \prod_{i=1}^{m} h(\mathbf{x}_i)^{y_i}\, (1 - h(\mathbf{x}_i))^{1-y_i}\, \mathbf{P}(\mathbf{x}_i) \qquad (19.9)$$

$\mathbf{P}(\mathbf{x}_i)$ peut être supposée indépendante de h : il est raisonnable de supposer que la probabilité d'observer telle ou telle donnée est indépendante de l'hypothèse que l'on fait. Par conséquent :

$$h^* = \underset{h \in \mathcal{H}}{\mathrm{ArgMax}}\ \prod_{i=1}^{m} h(\mathbf{x}_i)^{y_i}\, (1 - h(\mathbf{x}_i))^{1-y_i} \qquad (19.10)$$

D'où, en passant au logarithme :

$$h^* = \underset{h \in \mathcal{H}}{\mathrm{ArgMax}}\ \sum_{i=1}^{m} y_i\, \log[h(\mathbf{x}_i)) + (1 - y_i)\, (1 - h(\mathbf{x}_i)] \qquad (19.11)$$

Le terme de droite est l'opposé de l'*entropie croisée* entre la distribution des exemples sur $\{0, 1\}$ et la distribution h. Par conséquent, la meilleure fonction aléatoire au sens bayésien est celle qui maximise ce terme. Rappellons que l'entropie croisée a été utilisée pour l'apprentissage des arbres de décision : chaque choix pendant la phase de construction est donc localement optimal au sens bayésien (chapitre 15).

1.8 La règle bayésienne et la longueur minimale de description

Nous revenons sur une notion étudiée au chapitre 3, celle du principe de longueur minimale de description, ou MDLP. Cette notion sera encore abordée au chapitre 25. En effet, on peut interpréter la décision bayésienne comme un compromis optimal entre la qualité et la complexité de la solution. Pour cela, il faut raisonner en termes de codage. Rappelons le premier théorème de Shannon [CT91] :

Théorème 19.1

Soit un ensemble fini d'objets $\{O_1, \dots, O_n\}$, pouvant apparaître avec les probabilités $\mathbf{P}_1, \dots, \mathbf{P}_n$. Un code binaire assigne à chaque objet un message sous la forme d'une séquence de bits, de manière bi-univoque. Le code binaire optimal, c'est-à-dire celui qui minimise en moyenne la longueur du message transmis, nécessite $-\log_2 \mathbf{P}_i$ bits pour transmettre le message signifiant que l'objet O_i est apparu.

Nous supposons ici $\mathcal{H}$ de taille finie et nous notons Γ le code optimal correspondant à la distribution des hypothèses dans $\mathcal{H}$. La transmission de l'hypothèse h_i par le code Γ nécessite un nombre de bits que nous notons L_Γ et qui vaut :

$$L_\Gamma(h_i) = -\log_2 \mathbf{P}(h_i)$$

De même, si nous voulons transmettre les données $\mathcal{S}$ en supposant que l'émetteur et le récepteur connaissent tous les deux l'hypothèse h_i, il faut choisir un code optimal correspondant à la distribution conditionnelle des événements $\mathbf{P}(\mathcal{S} \mid h_i)$. Notons ce code Λ. La longueur du message est alors :

$$L_\Lambda(\mathcal{S} \mid h_i) = -\log_2 \mathbf{P}(\mathcal{S} \mid h_i)$$

Maintenant, pour transmettre à la fois les données et une hypothèse h_i, il nous faut donc au mieux :

$$L(h_i, \mathcal{S}) = L_\Gamma(h_i) + L_\Lambda(\mathcal{S} \mid h_i) = -\log_2 \mathbf{P}(h_i) - \log_2 \mathbf{P}(\mathcal{S} \mid h_i)$$

On appelle souvent $L(h_i, \mathcal{S})$ la *longueur de description* de la solution h_i. Elle reflète d'une certaine façon la qualité de h_i, puisqu'elle s'interprète comme le coût de transmettre à la fois une hypothèse et les données connaissant cette hypothèse. Pour expliquer ceci, prenons un exemple.

En revenant au cas général, l'hypothèse ayant la longueur de description minimale est donc en un certain sens la meilleure. Elle est caractérisée par :

$$h^\star = \underset{h \in \mathcal{H}}{\mathrm{ArgMin}} \left[-\log_2 \mathbf{P}(h) - \log_2 \mathbf{P}(\mathcal{S} \mid h) \right]$$

En changeant le signe et en prenant l'exponentielle, on constate que h^* est également la meilleure hypothèse bayésienne :

$$h^* = \underset{h \in \mathcal{H}}{\mathrm{ArgMax}} \ \mathbf{P}(\mathcal{S} \mid h) \, \mathbf{P}(h) \tag{19.12}$$

1.9 L'apprentissage bayésien non supervisé

Un autre aspect de l'apprentissage bayésien est sa capacité à être utilisé en apprentissage non supervisé, c'est-à-dire à segmenter des données en familles homogènes. Nous avons traité ce cas au chapitre 16.

2. Les méthodes paramétriques

L'une des approches classiques pour estimer des distributions de probabilités est de les représenter à l'aide de fonctions paramétrées. Il s'agit d'optimiser la valeur de ces paramètres pour que les fonctions s'adaptent aux données d'apprentissage. On peut alors appliquer la règle de décision bayésienne en remplaçant les probabilités vraies par leur estimation. Le chapitre 3 a déjà abordé ce sujet.

En classification, il s'agit donc d'estimer les grandeurs $\mathbf{P}(\omega_i)$ et $\mathbf{p}(\mathbf{x}|\omega_i)$ pour chaque classe ω_i. Nous avons déjà appris à estimer $\mathbf{P}(\omega_i)$, où m_i est le nombre de formes appartenant à la classe ω_i et m le nombre total de formes observées (section 1.5). Reste à estimer $\mathbf{p}(\mathbf{x}|\omega_i)$.

2.1 L'estimation par maximum de vraisemblance

Nous allons supposer que la fonction de densité de probabilités $\mathbf{p}(\mathbf{x}|\omega)$ dépend d'un ensemble de paramètres que nous notons $\theta = (\theta_1, \ldots, \theta_L)^\top$. L'ensemble des valeurs que peut prendre θ est noté $\boldsymbol{\Theta}$. Dans le cas d'un problème de classification, nous aurons une fonction par classe afin de représenter $\mathbf{p}(\mathbf{x}|\omega_i)$ pour chaque classe ω_i ou, plus précisément dans cette approche paramétrique, $\mathbf{p}(\mathbf{x}|\theta_i)$.

Nous disposons d'un échantillon de données $\mathcal{S} = \{\mathbf{x}_1, \ldots, \mathbf{x}_m\}$ de taille m dont nous extrayons le sous-ensemble de $\mathcal{S}^i$ de taille m_i relatif à une classe ω_i :

$$\mathcal{S}^i = \{\mathbf{x}_1, \ldots, \mathbf{x}_{m_i}\}$$

En supposant que ces données soient tirées indépendamment les unes des autres suivant la loi de distribution $\mathbf{p}(\mathbf{x}|\theta_i)$, la densité de probabilités de l'échantillon total s'écrit :

$$\mathcal{L}(\theta_i) \;=\; \mathbf{p}(\mathcal{S}^i|\theta_i) \;=\; \prod_{i=1}^{m_i} \mathbf{p}(\mathbf{x}_i|\theta_i)$$

où $\mathcal{L}(\theta_i)$ est la *vraisemblance* du vecteur de paramètres θ_i pour l'échantillon $\mathcal{S}^i$.

La méthode du maximum de vraisemblance consiste à prendre pour estimation $\hat{\theta}_i$ la valeur du vecteur de paramètres inconnu θ_i qui maximise la vraisemblance que les données aient été produites à partir de la distribution $\mathbf{p}(\mathbf{x}|\theta_i)$.

$$\boxed{\hat{\theta}_i \;=\; \underset{\theta_i \in \boldsymbol{\Theta}}{\mathrm{ArgMax}} \; \mathcal{L}(\theta_i)}$$

Il est plus facile de minimiser l'opposé du logarithme de cette expression, d'où :

$$\begin{aligned}
\hat{\theta}_i \;&=\; \underset{\theta_i \in \boldsymbol{\Theta}}{\mathrm{ArgMin}} \; \{-\log \mathcal{L}(\theta_i)\} \\
&=\; \underset{\theta_i \in \boldsymbol{\Theta}}{\mathrm{ArgMin}} \; \left\{-\sum_{i=1}^{m_i} \ln \mathbf{p}(\mathbf{x}_i|\theta_i)\right\}
\end{aligned} \tag{19.13}$$

Il est à noter que les estimateurs obtenus par la méthode du maximum de vraisemblance sont excellents [5]. Cependant, cela n'en garantit pas la qualité pour des échantillons de taille réduite.

---

5. En termes techniques, asymptotiquement sans biais et de variance minimale.

Pour la plupart des choix de fonctions de densité, l'optimum $\hat{\theta}_i$ devra être estimé en utilisant des procédures numériques itératives (chapitre 2). Pour certaines formes fonctionnelles, notamment pour le cas particulier des densités normales (gaussiennes), la solution optimale peut être déterminée de manière analytique, en cherchant la valeur de θ qui annule la dérivée de l'équation 19.13.

2.2 L'estimation des paramètres d'une distribution gaussienne

On suppose ici que chaque classe possède une distribution de probabilités de forme paramétrique. On traite en général uniquement le cas gaussien, c'est-à-dire que l'on suppose que la distribution de probabilités de chaque classe est une loi normale, entièrement définie par l'ensemble des paramètres $\theta = (\mu, Q)$ composé de son vecteur moyenne et de sa matrice de covariance.

Faire une telle hypothèse est un biais fort dont la validité peut éventuellement être contrôlée par un test statistique ; il faut garder à l'esprit que cette supposition est dépendante du choix de l'espace de représentation et ne possède aucune justification théorique *a priori*[6]. Toutefois, elle permet d'obtenir une solution analytique simple et un algorithme peu complexe d'apprentissage inductif dans $\mathbb{R}^d$.

Rappelons que la *moyenne* μ d'une densité de probabilités $\mathbf{p}$ dans $\mathbb{R}^d$ est un vecteur de dimension d et sa covariance une matrice $Q(d \times d)$. Si $\mathbb{E}[\mathbf{p}]$ dénote l'*espérance mathématique* de la variable aléatoire $\mathbf{p}$, on a :

$$\mu = \mathbb{E}[\mathbf{x}]$$
$$Q = \mathbb{E}[(\mathbf{x} - \mu)(\mathbf{x} - \mu)^{\top}]$$

Une distribution de probabilités gaussienne a pour caractéristique d'être entièrement définie par le paramètre θ composé de son vecteur moyenne et de sa matrice de covariance. En effet, en supposant donc la classe ω_i gaussienne[7], sa densité de probabilités s'écrit, dans un espace multidimensionnel :

$$\mathbf{p}(\mathbf{x} \mid \omega_i) = \mathcal{N}(\mu_i, Q_i) = \frac{\mid Q \mid^{-1/2}}{(2\pi)^{d/2}} \exp\left\{ -\frac{1}{2}(\mathbf{x} - \mu_i)^{\top} Q_i^{-1}(\mathbf{x} - \mu_i) \right\} \qquad (19.14)$$

Ce n'est qu'une généralisation de la définition en dimension $d = 1$, plus familière :

$$\mathbf{p}(\mathbf{x} \mid \omega_i) = \mathcal{N}(\mu_i, \sigma_i) = \frac{1}{\sqrt{2\pi}\sigma_i} \exp\left\{ -\frac{(x - \mu_i)^2}{2\sigma_i^2} \right\} \qquad (19.15)$$

Rappelons aussi (figure 19.2) que la surface d'équidensité d'une distribution gaussienne est une quadrique (à deux dimensions, c'est une ellipse).

Compte tenu des m_i points d'apprentissage $\mathcal{S}^i = \{\mathbf{x}_1, ..., \mathbf{x}_j, ..., \mathbf{x}_{m_i}\}$, relatifs à la classe w_i (supposée gaussienne), il est démontré que les meilleures estimations de sa moyenne μ_i et de sa matrice de covariance Q_i au sens du maximum de vraisemblance (c'est-à-dire celles qui maximisent la probabilité d'observer les données d'apprentissage) se calculent simplement par :

$$\widehat{\mu}_i = \frac{1}{m_i} \sum_{j=1}^{m_i} \mathbf{x}_j \qquad (19.16)$$

---

6. La loi des grands nombres est souvent invoquée à tort pour justifier ce biais.
7. Ou *normale*, d'où la notation classique $\mathcal{N}$.

$$\widehat{Q_i} = \frac{1}{m_i} \sum_{j=1}^{m_i} (\mathbf{x}_j - \widehat{\mu_i})(\mathbf{x}_j - \widehat{\mu_i})^\top \tag{19.17}$$

2.3 Le résultat de l'apprentissage

On peut facilement interpréter dans le cas gaussien la règle bayésienne de décision en termes de surfaces séparatrices ; en effet, le lieu des points où les probabilités d'appartenir aux deux classes ω_i et ω_j sont égales a pour équation :

$$\begin{aligned}
\mathbf{p}(\mathbf{x} \mid \omega_i) &= \frac{\mid Q_i \mid^{-1/2}}{2\pi^{d/2}} \exp\left\{ -1/2(\mathbf{x} - \mu_i)^\top Q_i^{-1}(\mathbf{x} - \mu_i) \right\} \\
&= \frac{\mid Q_j \mid^{-1/2}}{2\pi^{d/2}} \exp\left\{ -1/2(\mathbf{x} - \mu_j)^\top Q_j^{-1}(\mathbf{x} - \mu_j) \right\} = \mathbf{p}(\mathbf{x} \mid \omega_j)
\end{aligned}$$

Après simplification et passage au logarithme, on obtient une forme quadratique du type :

$$\mathbf{x}^\top \Phi \mathbf{x} + \mathbf{x}^\top \phi + \alpha = 0 \tag{19.18}$$

où la matrice Φ, le vecteur ϕ et la constante α ne dépendent que de μ_i, μ_j, Q_i et Q_j. On constate donc que faire une hypothèse gaussienne sur la répartition de chaque classe revient à supposer des surfaces de décision quadriques ; à deux dimensions, ce sont des coniques. La figure 19.2 montre un exemple de cette propriété.

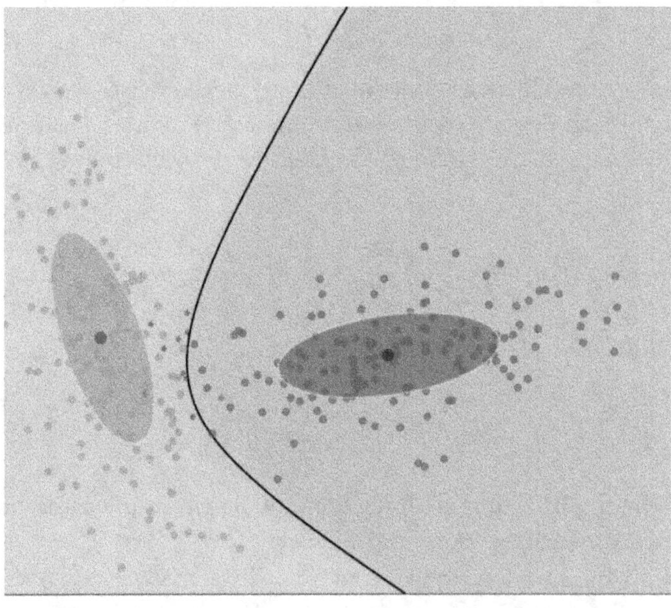

FIGURE 19.2 : *À deux dimensions, la surface séparatrice de deux classes gaussiennes bidimensionnelles est une conique (ici une branche d'hyperbole) et les surfaces d'équidensité d'une distribution gaussienne sont des ellipses. On a représenté pour chaque classe l'ellipse d'équidensité telle que la probabilité d'appartenir à la classe soit supérieure à 0.5 quand on est à l'intérieur de cette ellipse.*

—— EXEMPLE   **Un exemple à deux dimensions** ——————————————————————

Considérons l'ensemble d'apprentissage suivant, comportant huit exemples, quatre pour chacune des deux classes :

$$\mathcal{S} = \left\{ \left(\begin{pmatrix} 0 \\ 4 \end{pmatrix}, \omega_1\right), \left(\begin{pmatrix} 1 \\ 1 \end{pmatrix}, \omega_1\right), \left(\begin{pmatrix} 3 \\ 3 \end{pmatrix}, \omega_1\right), \left(\begin{pmatrix} 4 \\ 0 \end{pmatrix}, \omega_1\right), \left(\begin{pmatrix} 4 \\ 0 \end{pmatrix}, \omega_2\right), \left(\begin{pmatrix} 7 \\ 1 \end{pmatrix}, \omega_2\right), \left(\begin{pmatrix} 8 \\ 4 \end{pmatrix}, \omega_2\right), \left(\begin{pmatrix} 5 \\ 3 \end{pmatrix}, \omega_2\right) \right\}$$

La modélisation gaussienne de la classe ω_1 amène les paramètres suivants, en notant $\mathbf{x}_{1j}$ les vecteurs des exemples de cette classe :

$$\widehat{\mu_1} = \frac{1}{4}\Sigma_{j=1}^4 \mathbf{x}_{1j} = \frac{1}{4}\begin{pmatrix} 0+1+3+4 \\ 4+1+3+0 \end{pmatrix} \begin{pmatrix} 2 \\ 2 \end{pmatrix}$$

$$\widehat{Q_1} = \frac{1}{4}\sum_{j=1}^4 (\mathbf{x}_{1j} - \widehat{\mu_1})(\mathbf{x}_{1j} - \widehat{\mu_1})^\top$$

Pour $j = 1$, par exemple, le terme de cette somme vaut :

$$\begin{pmatrix} 0-2 \\ 4-2 \end{pmatrix}(0-2\ 4-2) = \begin{pmatrix} 4 & -4 \\ -4 & 4 \end{pmatrix}$$

On trouve au total :

$$\widehat{Q_1} = \frac{1}{4}\left(\begin{pmatrix} 4 & -4 \\ -4 & 4 \end{pmatrix} + \begin{pmatrix} 1 & 1 \\ 1 & 1 \end{pmatrix} + \begin{pmatrix} 1 & 1 \\ 1 & 1 \end{pmatrix} + \begin{pmatrix} 4 & -4 \\ -4 & 4 \end{pmatrix}\right) = \begin{pmatrix} 5/2 & -3/2 \\ -3/2 & 5/2 \end{pmatrix}$$

D'où : $\mid \widehat{Q_1} \mid = 4$ et : $\widehat{Q_1}^{-1} = \begin{pmatrix} 5/8 & 3/8 \\ 3/8 & 5/8 \end{pmatrix}$

De même, on trouve :

$$\widehat{\mu_2} = \begin{pmatrix} 6 \\ 2 \end{pmatrix}, \widehat{Q_2} = \begin{pmatrix} 5/2 & 3/2 \\ 3/2 & 5/2 \end{pmatrix}, \mid \widehat{Q_1} \mid = 4 \text{ et } \widehat{Q_2}^{-1} = \begin{pmatrix} 5/8 & -3/8 \\ -3/8 & 5/8 \end{pmatrix}$$

Puisque les deux classes ont une matrice de covariance de même déterminant, la surface discriminante entre ω_1 et ω_2 est simplement définie par l'équation :

$$(\mathbf{x} - \widehat{\mu_1})^\top \widehat{Q_1^{-1}} (\mathbf{x} - \widehat{\mu_1}) = (\mathbf{x} - \widehat{\mu_2})^\top \widehat{Q_2^{-1}} (\mathbf{x} - \widehat{\mu_2})$$

$$(x_1 - 2\ \ x_2 - 2) \begin{pmatrix} 5 & 3 \\ 3 & 5 \end{pmatrix} \begin{pmatrix} x_1 - 2 \\ x_2 - 2 \end{pmatrix} = (x_1 - 6\ \ x_2 - 2) \begin{pmatrix} 5 & -3 \\ -3 & 5 \end{pmatrix} \begin{pmatrix} x_1 - 6 \\ x_2 - 2 \end{pmatrix}$$

Après développement, on trouve la surface d'équation :

$$(x_1 - 4)(x_2 + 4/3) = 0$$

Autrement dit, cette surface séparatrice est une hyperbole dégénérée en deux droites qui partagent le plan en quatre zones, deux affectées à la classe ω_1 et deux à ω_2. Cet exemple est représenté sur la figure 19.3.

———

2.4 Une hypothèse simplificatrice : la classification naïve

Dans un espace de dimension d avec C classes, le nombre de paramètres évalués par les formules 19.16 et 19.17 est d pour chaque moyenne et $d(d+1)/2$ pour chaque matrice de covariance, qui est symétrique ; soit au total : $(d^2+3d)/2$ paramètres par classe et $C(d^2+3d)/2$ au total. Si le nombre m_i de points de la classe courante est faible, la précision de ces estimations est mauvaise. On peut donc être amené à faire des hypothèses plus simples ; par exemple, supposer que toutes

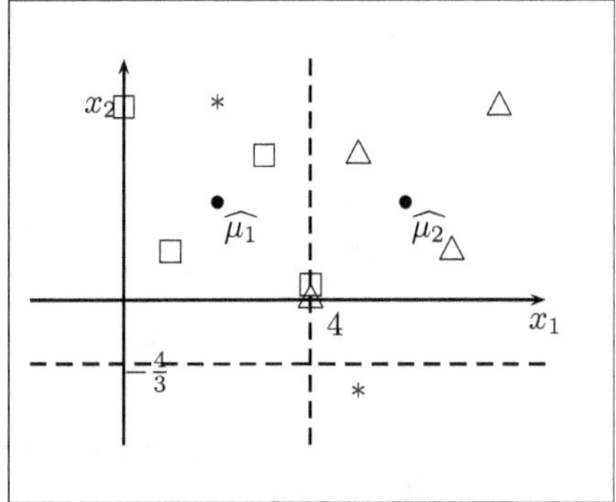

FIGURE 19.3 : *Deux classes supposées gaussiennes sont représentées chacune par quatre points d'apprentissage notés par □ et △. L'estimation des moyennes $\widehat{\mu_1}$ et $\widehat{\mu_2}$ est indiquée. La surface séparatrice entre les deux classes est l'hyperbole dégénérée composée des deux droites en pointillé. Par conséquent, les deux points * sont classés comme appartenant à la classe □.*

les classes ont la même matrice de covariance, ou que celle-ci est diagonale pour chaque classe. Ce dernier cas s'appelle la classification bayésienne *naïve*, que nous traitons maintenant.

Faire l'hypothèse que chaque classe possède une matrice de covariance diagonale revient à supposer que les attributs sont statistiquement décorrélés. Ceci n'étant en général pas vrai, on introduit là un certain biais, mais on réduit le nombre de paramètres à estimer à $2Cd$. Les séparatrices induites sont des quadriques de formes particulières (mais pas des hyperplans).

Dans cette simplification, la probabilité d'observer $\mathbf{x}^\top = (x_1, \ldots, x_d)$ pour un point de n'importe quelle classe ω_i est la probabilité d'observer x_1 pour cette classe, multipliée par celle d'observer x_2 pour cette classe, etc. Donc, par hypothèse :

$$\omega^\star = \underset{i \in \{1, \ldots, C\}}{\mathrm{ArgMax}} \; \mathbf{P}(\omega_i) \prod_{i=1}^{d} \mathbf{p}(x_i \mid \omega_i)$$

Le problème de trouver la classe :

$$\omega^* = \underset{i \in \{1, \ldots, C\}}{\mathrm{ArgMax}} \; [\mathbf{P}(\omega_i \mid \mathbf{x})]$$

se ramène donc ici à estimer pour chaque classe la valeur $\mathbf{p}(x_1, \ldots, x_d \mid \omega_i) \, \mathbf{P}(\omega_i)$ à partir des données d'apprentissage.

Dans les espaces de grande dimension, la méthode naïve présente un énorme avantage, qu'il est facile d'illustrer sur un exemple. Supposons que les valeurs de chaque attribut soient bornées, disons entre 0 et 1 pour fixer les idées. Une façon d'estimer $\mathbf{p}(x_1, \ldots, x_d \mid \omega_i)$ est de diviser l'espace utile $[0, 1]^d$ en hypercubes et de compter le nombre de points d'apprentissage appartenant à ω_i qui se trouvent dans chacun. Si chaque segment $[0, 1]$ est divisé en k parties égales, l'espace sera composé de k^d éléments de volumes hypercubiques. Si dans l'un d'entre eux on compte n_i points d'apprentissage (pour un total de m_i), la probabilité $\mathbf{p}(\mathbf{x} \mid \omega_i)$ sera estimée par la valeur n_i/m_i pour tout point $\mathbf{x}$ de cet élément de volume. Pour obtenir une bonne précision à cette estimation, les valeurs n_i doivent être suffisamment importantes. D'un autre côté, on aura une description de la classe ω_i d'autant plus exacte que k est grand ; mais, pour garder une précision d'estimation donnée quand on augmente k, le nombre de points d'apprentissage doit croître exponentiellement avec k. C'est ce que l'on appelle le *fléau de la dimensionnalité* ou encore la *malédiction de la dimensionnalité*.

Dans la méthode naïve, chaque estimation est réalisée indépendamment sur chaque axe. Pour garder une précision donnée quand on augmente k, le nombre de points d'apprentissage n'a besoin que d'augmenter linéairement avec k.

Cette méthode, malgré sa simplicité, est donc très employée dans des espaces de grande dimension. Par exemple, en classification de textes, les attributs sont souvent les mots de la langue et leur valeur est le nombre de fois qu'ils sont présents dans un texte. La dimensionnalité est par conséquent de l'ordre de dix mille... ce qui n'empêche pas les méthodes bayésiennes naïves de fournir des résultats de bonne qualité.

2.5   Les cas non gaussiens et multigaussiens

On a dit précédemment que le seul cas paramétrique que l'on traitait analytiquement était celui de la distribution gaussienne. Ce n'est pas tout à fait exact : on sait en particulier aussi résoudre le problème en modélisant les classes par des distributions uniformes sur des volumes finis, ou par des distributions exponentielles ; mais ces solutions ne possèdent pas beaucoup d'intérêt pratique.

Un autre cas plus intéressant est celui où l'on suppose que les classes possèdent une distribution de probabilités qui est la somme pondérée de M distributions gaussiennes. Il est traité dans la section 4.1 ainsi que dans la section 3 du chapitre 16 dans le cadre des méthodes d'apprentissage non supervisé.

2.6   L'analyse discriminante

Les méthodes décrites précédemment s'appuient sur l'estimation des densités de probabilités conditionnelles à chaque classe $\mathbf{p}(\mathbf{x}|\omega_i)$ et sur la mise en œuvre d'un principe de maximum de vraisemblance. Toujours dans les approches paramétriques, qui font des hypothèses sur la forme des densités de probabilités conditionnelles aux classes, on peut adopter un point de vue différent.

L'idée est de considérer le logarithme du rapport :

$$\log\left\{\frac{\mathbf{P}(\omega = \omega_k|\mathbf{X} = \mathbf{x})}{\mathbf{P}(\omega = \omega_l|\mathbf{X} = \mathbf{x})}\right\} \tag{19.19}$$

pour tous les couples de classes (ω_k, ω_l) et de retourner la classe pour laquelle ce logarithme est toujours positif.

La densité totale sur $\mathcal{X}$ est : $\mathbf{p}(\mathbf{x}) = \sum_{i=1}^{C} \mathbf{P}(\omega_i)\,\mathbf{p}(\mathbf{x}|\omega_i)$.

Pour chaque classe, on a :

$$\mathbf{P}(\omega = \omega_l|\mathbf{X} = \mathbf{x}) = \frac{\mathbf{P}(\omega_l)\,\mathbf{p}(\mathbf{x}|\omega_l)}{\sum_{i=1}^{C} \mathbf{P}(\omega_i)\,\mathbf{p}(\mathbf{x}|\omega_i)}$$

2.6.1   L'analyse discriminante linéaire

Dans le cas où l'on suppose que les distributions de toutes les classes sont des gaussiennes multivariées et égales, c'est-à-dire de même matrice de covariance $\boldsymbol{\Sigma}_k = \boldsymbol{\Sigma}$ $(\forall k)$, le critère de décision (19.19) se simplifie.

En notant : $\mathbf{p}(\mathbf{x}|\omega_k) = \frac{1}{(2\pi)^{d/2}|\Sigma_k|^{1/2}} \exp\{-\frac{1}{2}(\mathbf{x}-\mu_k)^\top \Sigma_k^{-1}(\mathbf{x}-\mu_k)\}$, on obtient :

$$\log\left\{\frac{\mathbf{P}(\omega=\omega_k|\mathbf{X}=\mathbf{x})}{\mathbf{P}(\omega=\omega_l|\mathbf{X}=\mathbf{x})}\right\} = \log\frac{\mathbf{p}(\mathbf{x}|\omega_k)}{\mathbf{p}(\mathbf{x}|\omega_l)} + \log\frac{\mathbf{P}(\omega_k)}{\mathbf{P}(\omega_l)}$$

$$= \log\frac{\mathbf{P}(\omega_k)}{\mathbf{P}(\omega_l)} - \frac{1}{2}(\mu_k-\mu_l)^\top\Sigma^{-1}(\mu_k-\mu_l) + \mathbf{x}^\top\Sigma^{-1}(\mu_k-\mu_l)$$

$$(19.20)$$

qui est une *équation linéaire* en $\mathbf{x}$. Cela signifie que, dans l'espace des entrées $\mathcal{X}$, les frontières de décision entre les classes ω_k sont des hyperplans, à l'instar des pavages de Voronoï.

On a ainsi pour chaque classe une fonction de décision :

$$\boxed{\delta_k(\mathbf{x}) = \mathbf{x}^\top\Sigma^{-1}\mu_k - \frac{1}{2}\mu_k^\top\Sigma^{-1}\mu_k + \log(\mathbf{P}(\omega_k))} \qquad (19.21)$$

et la classe décidée est : $\omega^\star = \text{ArgMax}_k\,\delta_k(\mathbf{x})$.

Il faut alors estimer les paramètres $\mathbf{P}(\omega_k)$, μ_k et Σ_k pour toutes les classes k, comme dans les techniques présentées précédemment.

2.6.2   L'analyse discriminante non linéaire

Si maintenant, on suppose que les matrices de covariance ne sont pas égales, alors on obtient des fonctions de décision :

$$\boxed{\delta_k(\mathbf{x}) = -\frac{1}{2}\log|\Sigma_k| - \frac{1}{2}(\mathbf{x}-\mu_k)^\top\Sigma^{-1}(\mathbf{x}-\mu_k) + \log(\mathbf{P}(\omega_k))} \qquad (19.22)$$

qui sont des *équations quadratiques* en $\mathbf{x}$.

Dans tous les cas, on rencontre le problème de l'estimation de très nombreux paramètres lorsque les données sont décrites en grande dimension. Pour plus de détails, voir [HTF09], 106-113.

2.7   La prédiction bayésienne de la distribution des paramètres

Au lieu de chercher à identifier une distribution sous-jacente aux données par estimation d'une fonction paramétrée, on peut résoudre directement le problème de la prédiction de la valeur y_i correspondant à l'observation $\mathbf{x}_i$. Pour cela, il existe une approche conceptuellement très intéressante et idéalement optimale, même si elle est difficile à mettre en pratique et nécessite de nombreuses approximations.

L'idée essentielle est la suivante. Au lieu de chercher la valeur optimale des paramètres[8] θ en maximisant leur vraisemblance sur les données, on décrit ces paramètres comme des distributions de probabilités. Celles-ci sont initialement fixées sous forme d'une distribution *a priori*, puis transformées en distribution *a posteriori* par l'utilisation du théorème de Bayes. Au lieu de chercher une valeur spécifique de θ, on cherche donc ici à trouver la distribution des valeurs s'adaptant le mieux aux données (figure 19.4). La prédiction pour l'événement $\mathbf{x}$ s'effectue alors en pondérant les valeurs prédites de θ par la probabilité *a posteriori* correspondante.

---

8. Dans le cas de l'hypothèse d'une distribution gaussienne, ces paramètres sont la moyenne μ et la matrice de covariance Q.

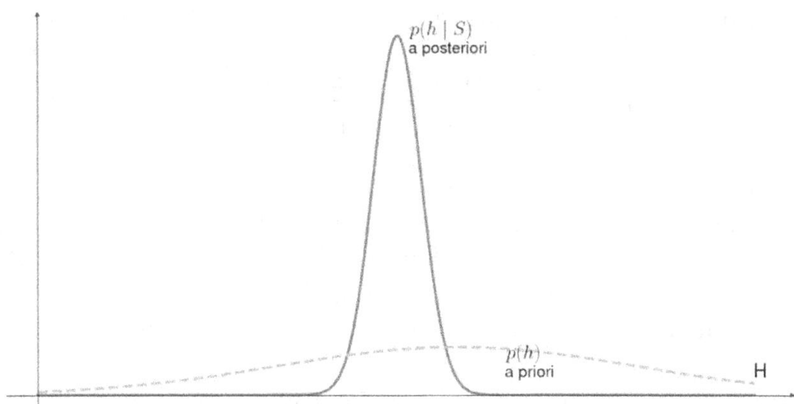

FIGURE 19.4 : *Illustration schématique de la méthode de prédiction bayésienne. Soit un paramètre θ caractérisant la dépendance fonctionnelle entre les entrées et les sorties. La distribution* a priori *représente notre connaissance initiale sur la distribution possible de θ qui est typiquement assez lâche. Une fois que les données d'apprentissage ont été prises en compte, la distribution* a posteriori *calculée par le théorème de Bayes est généralement beaucoup plus focalisée autour d'une ou plusieurs valeurs spécifiques qui sont les plus cohérentes avec les données. Il est alors possible d'utiliser cette distribution pour calculer une prédiction pour une observation nouvelle $\mathbf{x}_n$.*

Reprenons les notations précédentes, en remarquant que cette fois θ est un vecteur [9] aléatoire de densité de probabilités $\mathbf{p}(\theta)$ connue.

On cherche la densité du vecteur $\mathbf{x}$ étant donné l'échantillon $\mathcal{S}$:

$$\mathbf{p}(\mathbf{x}|\mathcal{S}) \;=\; \int \mathbf{p}(\mathbf{x},\theta|\mathcal{S})\, d(\theta)$$

La formule de Bayes permet d'écrire :

$$\mathbf{p}(\mathbf{x},\theta|\mathcal{S}) \;=\; \mathbf{p}(\mathbf{x}|\theta,\mathcal{S})\, \mathbf{p}(\theta|\mathcal{S})$$

Le premier facteur est indépendant de $\mathcal{S}$ puisque nous supposons que la valeur de la densité de $\mathbf{x}$ est entièrement fixée par la valeur du vecteur des paramètres θ.

Nous avons donc :

$$\mathbf{p}(\mathbf{x}|\mathcal{S}) \;=\; \int \mathbf{p}(\mathbf{x}|\theta)\, \mathbf{p}(\theta|\mathcal{S})\, d\theta \tag{19.23}$$

Ainsi, au lieu de chercher une valeur spécifique de θ, la méthode de prédiction bayésienne calcule une moyenne pondérée sur toutes les valeurs de θ.

Le facteur de pondération $\mathbf{p}(\theta|\mathcal{S})$, qui est la distribution *a posteriori* de θ, est déterminé en partant d'une distribution choisie *a priori* $\mathbf{p}(\theta)$ qui est ensuite mise à jour par utilisation de la règle de Bayes sur l'échantillon d'apprentissage $\mathcal{S}$. Comme les exemples de cette séquence sont supposés résulter d'un tirage aléatoire suivant une certaine distribution sous-jacente (tirage i.i.d.), on peut écrire :

$$\mathbf{p}(\mathcal{S}|\theta) \;=\; \prod_{i=1}^{m} \mathbf{p}(\mathbf{x}_i|\theta)$$

---

9. L'ensemble des paramètres est regroupé sous la forme d'un vecteur.

en utilisant à nouveau le théorème de Bayes :

$$\mathbf{p}(\theta|\mathcal{S}) \;=\; \frac{\mathbf{p}(\mathcal{S}|\theta)\,\mathbf{p}(\theta)}{\mathbf{p}(\mathcal{S})} \;=\; \frac{\mathbf{p}(\theta)}{\mathbf{p}(\mathcal{S})} \prod_{i=1}^{m} \mathbf{p}(\mathbf{x}_i|\theta) \tag{19.24}$$

où le facteur de normalisation $\mathbf{p}(\mathcal{S})$ est choisi pour que $\int \mathbf{p}(\theta|\mathcal{S})d\theta = 1$.

L'évaluation d'une intégrale comme celle de l'équation 19.23 n'est possible de manière analytique que pour une classe de fonctions de densité pour lesquelles la densité *a posteriori* $\mathbf{p}(\theta|\mathcal{S})$ a la même forme que la densité *a priori* $\mathbf{p}(\theta)$. On parle alors de *densités autoreproductibles* [DH73]. L'exemple le plus commun de telles densités est celui de la distribution normale (gaussienne).

Illustration avec une loi normale unidimensionnelle

Supposons que les observations $\mathbf{x}$ soient décrites par une mesure unidimensionnelle qui suit une loi normale de moyenne inconnue μ et de variance σ connue. Le paramètre θ est donc ici simplement égal à μ.

L'approche de la prédiction bayésienne nous dicte de chercher la densité de probabilités de la variable μ aléatoire en fonction des données d'apprentissage $\mathcal{S}$. Nous supposons que le paramètre μ suit également une loi normale de moyenne μ_0 et de variance σ_0. Pour exprimer notre ignorance *a priori* sur la valeur de μ, nous prenons une grande valeur pour la variance σ_0.

$$\mathbf{p}_0(\mu) \;=\; \frac{1}{(2\pi\sigma_0^2)^{\frac{1}{2}}} \exp\left\{-\frac{(\mu-\mu_0)^2}{2\sigma_0^2}\right\}$$

La donnée d'une séquence d'apprentissage $\mathcal{S}$ permet de réviser cette densité de probabilités en utilisant le théorème de Bayes suivant l'équation 19.24 :

$$\mathbf{p}(\mu|\mathcal{S}) \;=\; \frac{\mathbf{p}_0(\mu)}{\mathbf{p}(\mathcal{S})} \prod_{i=1}^{m} \mathbf{p}(\mathbf{x}_i|\mu)$$

En utilisant le fait que :

$$\mathbf{p}(\mathbf{x}|\mu) \;=\; \frac{1}{(2\pi\sigma^2)^{1/2}} \exp\left\{-\frac{(\mathbf{x}-\mu)^2}{2\sigma^2}\right\}$$

il est facile de montrer que la distribution *a posteriori* $\mathbf{p}(\mu|\mathcal{S})$ est également normale avec :

$$\begin{cases} \mu \;=\; \dfrac{m\sigma_0^2}{m\sigma_0^2+\sigma^2}\,\bar{\mathbf{x}} + \dfrac{\sigma^2}{m\sigma_0^2+\sigma^2}\,\mu_0 \\[2ex] \dfrac{1}{\sigma^2} \;=\; \dfrac{m}{\sigma^2} + \dfrac{1}{\sigma_0^2} \end{cases}$$

où $\bar{\mathbf{x}}$ est la moyenne : $\bar{\mathbf{x}} \;=\; \frac{1}{m}\sum_{i=1}^{m}\mathbf{x}_i$.

Ces équations montrent que, au fur et à mesure que le nombre m de données augmente, la moyenne μ de la distribution *a posteriori* approche la moyenne $\bar{\mathbf{x}}$ de l'échantillon d'apprentissage. De même, l'écart-type σ decroît vers zéro.

Ainsi, l'approche de la prédiction bayésienne calcule une moyenne pondérée sur toutes les valeurs de θ au lieu de choisir une valeur spécifique. Cependant, si la densité *a posteriori* $\mathbf{p}(\theta|\mathcal{S})$ présente un pic étroit centré sur une valeur $\hat{\theta}$, alors $\mathbf{p}(\theta|\mathcal{S}) \approx \mathbf{p}(h|\hat{\theta})$ et nous retrouvons le résultat donné par la méthode du maximum de vraisemblance. Cela arrive généralement pour les échantillons d'apprentissage de grande taille.

Bien que cela ne soit pas le sujet de ce chapitre, il est utile de noter dès à présent que le principe du maximum de vraisemblance et l'apprentissage bayésien ne se prêtent pas aux mêmes méthodes de calcul. Le premier se traite comme un problème d'optimisation : il faut chercher le minimum d'une fonction d'erreur. En revanche, dans le second, l'essentiel du calcul implique une intégration sur des espaces de grandes dimensions. Dans ce dernier cas, les méthodes classiques d'intégration ne conviennent pas et il faut se tourner vers des méthodes approchées, par exemple celles de Monte-Carlo (chapitre 2).

3. Les méthodes non paramétriques

Très généralement, on appelle *méthodes non paramétriques* celles permettant à la complexité de la solution (l'hypothèse ou la fonction de décision construite) d'augmenter avec le nombre de données. Elles incluent celles des plus proches voisins, les méthodes à noyaux (chapitre 14) et les réseaux connexionnistes (chapitres 10 et 11) dans la mesure où leur architecture peut évoluer automatiquement durant l'apprentissage.

3.1 Généralités : le problème de l'estimation locale d'une densité

Les méthodes non paramétriques traitent de l'estimation d'une densité de probabilités pour laquelle aucune régularité fonctionnelle n'est supposée *a priori*. Ces méthodes reposent cependant sur l'hypothèse fondamentale que les distributions ou fonctions recherchées sont localement régulières.

Soit une densité de probabilités inconnue $\mathbf{p}(\mathbf{x})$. La probabilité P pour qu'une forme $\mathbf{x}$ issue de cette distribution soit observée dans la région $\mathcal{R} \in \mathcal{X}$ est :

$$P = \int_{\mathcal{R}} \mathbf{p}(u)\, \mathrm{d}u$$

L'annexe 3 explique comment on obtient une bonne estimation de P à partir de la moyenne des points observés dans la région $\mathcal{R}$:

$$P \approx k/m. \tag{19.25}$$

Par ailleurs, en faisant l'hypothèse que la densité cherchée $\mathbf{p}(\mathbf{x})$ est continue et ne varie pas significativement dans la région $\mathcal{R}$, on peut faire l'approximation :

$$P = \int_{\mathcal{R}} \mathbf{p}(u)\, \mathrm{d}u \approx \mathbf{p}(\mathbf{x})\, V \tag{19.26}$$

où V est le volume de la région $\mathcal{R}$. De 19.25 et 19.26 on déduit :

$$\mathbf{p}(\mathbf{x}) \approx \frac{k/m}{V} \tag{19.27}$$

Application à l'apprentissage d'une règle de classification

Dans le cas où l'on cherche à apprendre une règle de classification, la méthode bayésienne consiste à estimer en un point $\mathbf{x}$ donné la densité de probabilités de chaque classe afin de choisir celle qui possède la valeur la plus grande.

Nous omettons dans ce qui suit l'indice correspondant au numéro de classe, puisque le problème est le même pour chaque classe. Comme ce n'est qu'après l'estimation séparée pour chaque classe qu'on les compare, on peut agir comme s'il n'y avait qu'une seule densité de probabilités à estimer.

Néanmoins, nous allons indexer les termes par m, la taille de l'échantillon : on verra que cette précision est nécessaire quand on étudie les propriétés de convergence.

On suppose donc être en possession de m points de $\mathbb{R}^d$ obtenus par tirages indépendants selon une densité qui caractérise la classe ω. Comment estimer $\mathbf{p}(\mathbf{x} \mid \omega)$ au point $\mathbf{x}$ à partir d'un ensemble d'apprentissage ? Le principe vient d'être expliqué : on définit autour de $\mathbf{x}$ une certaine région $\mathcal{R}_m$ (en pratique, une hypersphère ou un hypercube) et on compte le nombre k_m de points de l'échantillon d'apprentissage qui sont inclus dans ce volume (figure 19.5).

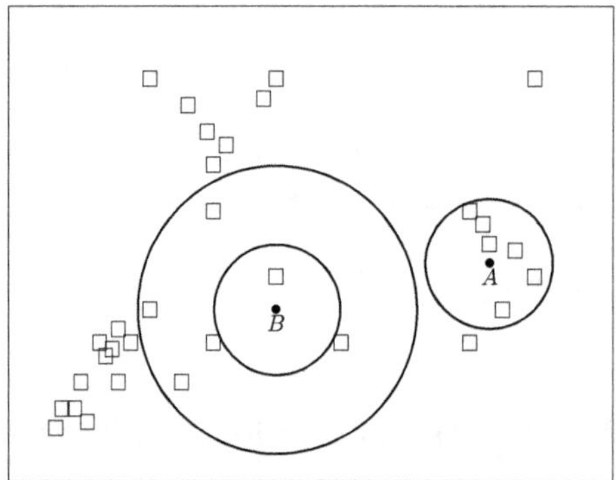

FIGURE 19.5 : *Les points □ sont des tirages indépendants selon une certaine distribution dans le plan $\mathbb{R}^2$, dont la densité est plus forte au point A qu'au point B. En effet, pour le même volume autour du point A et du point B, k_m vaut respectivement 6 et 1. Pour obtenir $k_m = 6$ autour du point B, il faut augmenter le volume.*

On a vu que l'estimateur de $\mathbf{p}(\mathbf{x} \mid \omega)$ pour un échantillon de taille m se définit par :

$$\widehat{\mathbf{p}_m}(\mathbf{x} \mid \omega) = \frac{k_m/m}{V_m} \tag{19.28}$$

où V_m est le volume de la région $\mathcal{R}_m$ considérée.

On peut démontrer (annexe 3) que, quand m augmente, cet estimateur converge vers la valeur cherchée $\mathbf{p}(\mathbf{x} \mid \omega)$, quand les conditions suivantes sont remplies :

$$\lim_{m \to \infty} V_m = 0$$

$$\lim_{m \to \infty} k_m = \infty$$

$$\lim_{m \to \infty} (k_m/m) = 0$$

Il y a en pratique deux solutions pour remplir ces conditions :

1. Soit définir V_m à partir d'une région $\mathcal{R}_0$ de forme et de volume V_0 fixés : par exemple un hypercube de côté unité, mais c'est loin d'être le seul cas possible. On prend alors :

$$V_m = V_0/f(m)$$

où f est une fonction croissante de m. Ceci conduit aux méthodes des fonctions noyaux, en particulier aux *fenêtres de Parzen*.

2. Soit fixer le nombre k_m, se donner une famille de volumes paramétrée par une variable (par exemple les hypersphères centrées en $\mathbf{x}$, de rayon variable) et ajuster cette variable pour que le volume contienne exactement k_m points de l'ensemble d'apprentissage. Cette technique d'estimation est connue sous le nom de méthode des *k-plus proches voisins*. Utilisée dans le problème de la classification, elle se traduit par un algorithme qui ne nécessite pas l'estimation explicite de la densité de chaque classe au point à classer, mais en permet plus simplement un choix direct.

3.2   Les fonctions noyaux et les fenêtres de Parzen

Rappelons quelques notions introduites dans le chapitre 14. Ici, cependant, les fonctions noyaux seront définies sur $\mathcal{X}$ au lieu de l'être sur $\mathcal{X} \times \mathcal{X}$, mais le sens général de mesure d'une similarité persiste. Une fonction noyau *(kernel)* κ est donc ici une fonction bornée sur $\mathcal{X}$ d'intégrale égale à 1. On suppose en général que κ présente un pic centré en 0. Par conséquent, $\kappa(\mathbf{x}_i - \mathbf{x}_j)$ détermine une mesure de proximité entre les points $\mathbf{x}_i$ et $\mathbf{x}_j$. On impose aussi en général que cette fonction soit symétrique : $\kappa(-\mathbf{x}) = -\kappa(\mathbf{x})$.

Dans cette perspective, l'estimation locale de la densité $\mathbf{p}(\mathbf{x})$ se calcule comme une somme pondérée des exemples $\mathbf{x}_j$ pondérée par leur distance à $\mathbf{x}$:

$$\widehat{\mathbf{p}}(\mathbf{x}) \;=\; \frac{1}{m} \sum_{j=1}^{m} \kappa(\mathbf{x} - \mathbf{x}_j) \tag{19.29}$$

ce qui est aussi une moyenne des fonctions noyaux centrées sur chaque exemple.

Pour une classe ω_k donnée, on a :

$$\widehat{\mathbf{P}}(\omega_k|\mathbf{x}) \;=\; \frac{\widehat{\mathbf{P}}(\omega_k)\,\widehat{p}(\mathbf{x}|\omega_k)}{\sum_{i=1}^{C}\widehat{\mathbf{P}}(\omega_i)\,\widehat{p}(\mathbf{x}|\omega_i)} \;=\; \frac{\frac{\widehat{\mathbf{P}}(\omega_k)}{m_k}\sum_{\mathbf{x}_i \in \omega_k}\kappa(\mathbf{x}-\mathbf{x}_i)}{\sum_{i=1}^{C}\frac{\widehat{\mathbf{P}}(\omega_i)}{m_i}\kappa(\mathbf{x}-\mathbf{x}_i)}$$

Si les probabilités des classes sont estimées par le rapport m_k/m où m_k est le nombre d'exemples de la classe ω_k et m le nombre total d'exemples, on en déduit :

$$\widehat{\mathbf{P}}(\omega_k|\mathbf{x}) \;=\; \frac{\sum_{\mathbf{x}_i \in \omega_k}\kappa(\mathbf{x}-\mathbf{x}_i)}{\sum_{i=1}^{m}\kappa(\mathbf{x}-\mathbf{x}_i)} \tag{19.30}$$

ce qui revient à prendre la proportion pondérée d'exemples autour de $\mathbf{x}$ de la classe ω_k.

Une difficulté de ces méthodes est le choix de la fonction κ. Une autre difficulté provient de leur médiocre capacité à être utilisées dans des espaces de représentation $\mathcal{X}$ de grande dimension. En effet, les estimations sont fondées sur la détermination d'un volume dans l'espace des données. Or, dans les espaces de grande dimension, un volume qui couvre suffisamment de données n'est plus valide pour une estimation locale, car son rayon tend à devenir grand par rapport à l'intervalle des valeurs possibles pour les données.

La section suivante explore ces méthodes d'estimation par voisinage dans $\mathcal{X}$. Les cas des fonctions noyaux définies comme des hypercubes ou des distributions gaussiennes y sont en particulier traités. La méthode qui en résulte porte le nom de *méthode des fenêtres de Parzen*.

3.2.1   Les fenêtres de Parzen : le cas élémentaire

Commençons en définissant la région élémentaire (le noyau) $\mathcal{R}_m$ comme un hypercube de coté h_m centré en $\mathbf{x}$. On a dans ce cas :

$$V_m = (h_m)^d$$

$$\widehat{\mathbf{p}_m}(\mathbf{x}) = \frac{1}{mV_m} \sum_{i=1}^{i=m} \frac{\phi(\mathbf{x} - \mathbf{x}_i)}{h_m}$$

où ϕ est la fonction caractéristique de l'hypercube unité :

$$\begin{cases} \phi(\mathbf{x}_i) = 1 & \text{si } \mathbf{x}_i \in [-h_m/2, +h_m/2] \\ \phi(\mathbf{x}_i) = 0 & \text{sinon} \end{cases}$$

Les conditions de convergence citées à la section 3.1 sont remplies par exemple en prenant, pour une valeur h_0 fixée :

$$h_m = \frac{h_0}{m}$$

La formule 19.28 définit par conséquent l'estimateur de $\mathbf{p}(\mathbf{x} \mid \omega)$. k_m est le nombre de points d'apprentissage de la classe ω inclus dans l'hypercube centré en $\mathbf{x}$ de côté h_m. En pratique, pour estimer $\mathbf{p}_m(\mathbf{x} \mid \omega)$, il ne reste qu'à fixer la valeur h_0 : on en déduit la valeur de h_m, puis celle de $\widehat{\mathbf{p}_m}(\mathbf{x} \mid \omega)$ par comparaison des coordonnées des points de l'ensemble d'apprentissage avec celles de $\mathbf{x}$.

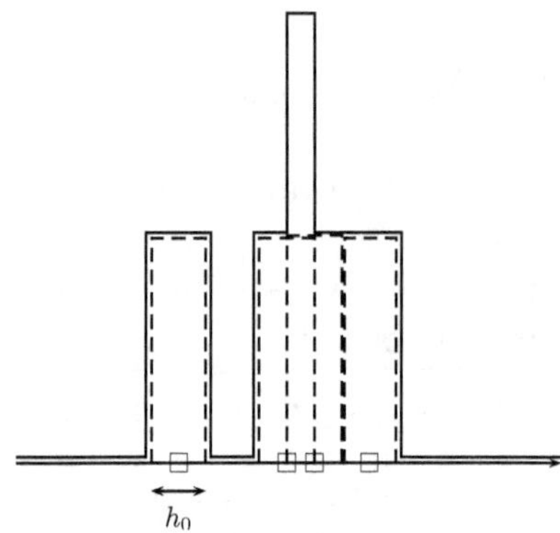

FIGURE 19.6 : *Estimation de densité par la méthode des fenêtres de Parzen. Il y a quatre points d'apprentissage, dans un espace à une dimension. Les hypercubes sont des segments de largeur h_0 centrés sur les points d'apprentissage. La densité (en trait plein) est calculée comme la somme des fenêtres centrées sur chaque point. Ici, cette fenêtre est étroite (h_0 est petit) : la densité résultante est peu lisse. La surface sous la courbe en trait plein est égale à 1.*

Le choix de h_0 influe sur le résultat de la façon suivante : si cette valeur est choisie petite, la probabilité estimée que le point $\mathbf{x}$ ait été engendré par le processus ω est nulle partout, sauf au voisinage immédiat des points de l'ensemble d'apprentissage ; on a donc dans ce cas modélisé $\mathbf{p}(\omega)$ comme un « peigne ». Si elle est choisie grande, $\mathbf{p}(\omega)$ est en revanche modélisée de manière « lisse » (figures 19.6 et 19.7).

3.2.2 Généralisation à des fonctions noyaux gaussiennes

La technique précédente a l'avantage de se réduire à un algorithme simple, mais présente l'inconvénient de la sensibilité du choix de la valeur h_0. D'autre part, dès que l'on s'éloigne des points d'apprentissage, la densité est estimée comme nulle. On peut remédier à ce problème en

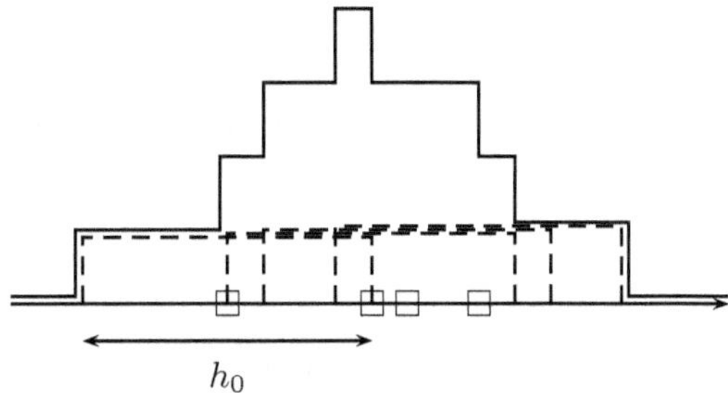

FIGURE 19.7 : *La même estimation pour h_0 plus grand : la densité est estimée de manière plus lisse.*

s'arrangeant pour que l'appartenance au volume élémentaire V_m autour du point $\mathbf{x}$ ne soit plus une fonction caractéristique (à valeur binaire) d'appartenance à un volume, mais une probabilité.

C'est ce qui a été présenté en introduction : la densité est estimée comme la somme de noyaux, qui sont donc des densités élémentaires centrées sur les points d'apprentissage. Souvent, ces noyaux sont des distributions gaussiennes (figure 19.8). Le résultat est plus ou moins lisse selon la valeur de la variance, mais il n'y a plus de point de l'espace où la densité soit estimée comme nulle.

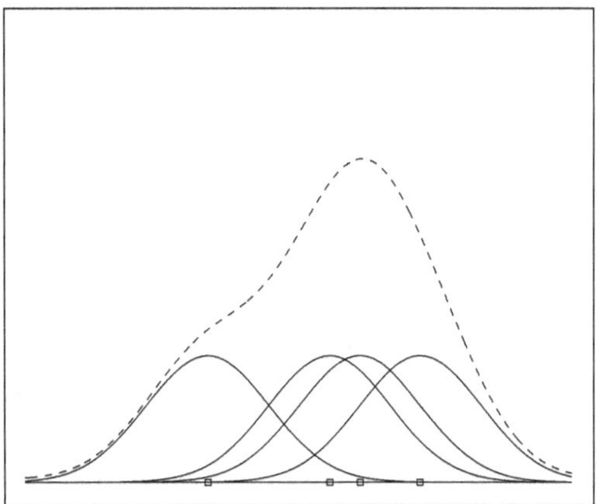

FIGURE 19.8 : *Fenêtres de Parzen : estimation avec un noyau gaussien.*

Sans entrer dans les détails, on peut voir intuitivement cette généralisation de la façon suivante : pour estimer la valeur $\mathbf{p}_m(\mathbf{x} \mid \omega)$, on additionne sur les m points de l'ensemble d'apprentissage des valeurs entre 0 et 1 qui sont fonction de la distance entre $\mathbf{x}$ et le point courant, avant de diviser cette somme par un coefficient normalisateur. Cette fonction n'est donc plus binaire comme dans le cas précédent, mais calculée de façon continue. On doit évidemment la choisir (ainsi que la normalisation finale) de façon que $\mathbf{p}_m(\mathbf{x} \mid \omega)$ soit effectivement une estimation de densité de probabilités. La figure 19.8 montre l'estimation réalisée à partir des mêmes points que dans les figures 19.7 et 19.6 pour des noyaux gaussiens.

3.2.3 Astuces de calcul

Reprenons l'équation qui donne l'estimation de la probabilité de la classe ω_p au point $\mathbf{x}$:

$$\hat{\mathbf{P}}(\omega_k|\mathbf{x}) \;=\; \frac{\sum_{\mathbf{x}_i \in \omega_k} \kappa(\mathbf{x} - \mathbf{x}_i)}{\sum_{i=1}^{m} \kappa(\mathbf{x} - \mathbf{x}_i)}$$

En décision bayésienne, il faut calculer $\hat{\mathbf{P}}(\omega_k|\mathbf{x})$ pour chaque classe et choisir d'attribuer au point $\mathbf{x}$ la classe pour laquelle cette probabilité conditionnelle est la plus forte.

Le dénominateur n'a pas besoin d'être calculé, puisqu'il est identique pour toutes les classes. En revanche, il semble qu'il faille, à chaque décision, calculer le numérateur pour chaque classe, ce qui oblige au total à m estimations de la fonction noyau au point $\mathbf{x}$.

On peut éviter tous ces calculs en utilisant une fonction noyau κ cette fois définie sur $\mathcal{X} \times \mathcal{X}$ et possédant une propriété supplémentaire : il faut qu'il existe une fonction Φ de $\mathbb{R}^d$ dans un espace vectoriel F_n de dimension n telle que :

$$\kappa(\mathbf{x}, \mathbf{y}) = \langle \Phi(\mathbf{x}), \Phi(\mathbf{y}) \rangle$$

où $\langle .,. \rangle$ désigne le produit scalaire dans F_n.

Pour chaque classe ω_k dont on possède m_k points d'apprentissage, le calcul du numérateur s'effectue alors ainsi, pour un noyau κ :

$$\begin{aligned}
\hat{\mathbf{P}}(\omega_k|\mathbf{x}) \;&=\; \frac{1}{m_k} \sum_{\mathbf{x}_i \in \omega_k} \kappa(\mathbf{x}, \mathbf{x}_i) \\
&=\; \frac{1}{m_k} \sum_{\mathbf{x}_i \in \omega_k} \langle \Phi(\mathbf{x}), \Phi(\mathbf{x}_i) \rangle \\
&=\; \frac{1}{m_k} \langle \Phi(\mathbf{x}), \sum_{\mathbf{x}_i \in \omega_k} \Phi(\mathbf{x}_i) \rangle
\end{aligned}$$

On peut précalculer une fois pour toutes $\sum_{\mathbf{x}_i \in \omega_k} \Phi(\mathbf{x}_i)$ à partir de l'ensemble d'apprentissage. La décision de classification d'un point $\mathbf{x}$ nécessite désormais seulement C produits scalaires en dimension n : c'est un calcul en temps constant, indépendant de la taille m de l'ensemble d'apprentissage.

Par exemple, pour $d = 2$, on peut définir le noyau κ_3 (*polynomial d'ordre 3*) en posant par définition [10] (chapitre 14) :

$$\kappa_3(\mathbf{x}, \mathbf{y}) = \mathbf{x} \cdot \mathbf{y}$$

On peut alors vérifier que la définition suivante de Φ_3 :

$$\Phi_3(\mathbf{x}) \;=\; (x_1^3 \,,\; \sqrt{3}\, x_1^2 x_2 \,,\; \sqrt{3}\, x_1 x_2^2 \,,\; x_2^3)^{\top}$$

vérifie bien :

$$\mathbf{x} \cdot \mathbf{y} = \langle \Phi_3(\mathbf{x}), \Phi_3(\mathbf{y}) \rangle$$

Utiliser le noyau κ_3 revient à transformer les données de manière non linéaire en les projetant de la dimension $d = 2$ à la dimension $n = 4$ par la fonction Φ_3. Il est assez facile de généraliser cette propriété : au noyau polynomial d'ordre p est associée une fonction Φ_p qui transforme les

---

10. Le produit scalaire dans $\mathbb{R}^2$ est noté classiquement $\mathbf{x} \cdot \mathbf{y}$.

données de la dimension d à la dimension $n = \binom{d+p-1}{p}$. La valeur n augmente rapidement : par exemple, pour un noyau polynomial d'ordre $p = 3$ et un espace de représentation initial de dimension $d = 6$, on projette dans un espace de dimension $n = 168$.

Si on veut utiliser une fonction noyau gaussienne, ce calcul ne peut plus se faire exactement. En effet, la fonction Φ correspondante est de dimension infinie [11]. On peut cependant l'approcher par une somme pondérée de noyaux polynomiaux, d'aussi près que l'on veut en augmentant p, le plus grand de leurs ordres (et donc n).

3.3 Les k-plus proches voisins (k-ppv)

L'un des problèmes avec les méthodes par fonctions noyaux provient de ce que leur taille est fixe. Si celle-ci est trop grande, l'approximation peut être trop « lissée » par rapport à la réalité. Si elle trop petite, l'estimation dans des régions de faible densité peut être nulle ou très approximative. Il faudrait donc que cette taille soit fonction de la position dans l'espace $\mathcal{X}$. C'est ce que réalise la méthode par plus proches voisins.

Dans celle-ci, le nombre k de points dans la région autour de $\mathbf{x}$ est fixé et on fait au contraire varier le volume V. On considère donc une hypersphère (en général, on utilise une distance euclidienne) centrée en $\mathbf{x}$ et on modifie son rayon jusqu'à ce qu'elle contienne k points. L'estimation de la densité est alors donnée par le rapport k/mV où m est le nombre total de points dans l'échantillon de données.

D'un certain côté, cela revient à choisir une fonction noyau simple, constante sur l'hypersphère contenant les k points et nulle ailleurs. Cela permet de passer directement à une règle de décision : on classe une forme inconnue $\mathbf{x}$ en prenant la classe qui est majoritaire dans les k points d'apprentissage les plus proches. Cette règle est appelée règle des k-plus proches voisins *(k-nearest-neighbour classification rule)*.

Dans le cas où $k = 1$, on a la *règle de classification du plus proche voisin*. Elle assigne à $\mathbf{x}$ simplement la même étiquette que le point d'apprentissage le plus proche. Dans ce cas, les frontières de décision dans l'espace $\mathcal{X}$ prennent la forme d'un pavage convexe (figure 19.11). Il est remarquable que cette règle extrêmement simple possède un comportement asymptotique excellent vis-à-vis du risque minimal de Bayes, comme on le verra à la section 3.3.2.

Il est conseillé de se reporter à [DH73] et [DK82] pour une étude approfondie des méthodes de plus proches voisins. Le lecteur francophone lira avec profit [CL96].

3.3.1 Le principe

La règle de décision par k-ppv est facile à illustrer, comme sur la figure 19.9.

On y a représenté un problème à deux classes : les points à classer sont notés $\bullet$ et les points alentour sont les données d'apprentissage, appartennant soit à la classe notée $\square$, soit à celle notée $\diamond$. On cherche, au sens de la métrique choisie pour le problème (sur ce dessin, euclidienne), les k-plus proches voisins des points $\mathbf{x}$; pour $k = 1$, dans les deux cas, c'est un des points notés $\square$. On affecte donc aux deux points $\bullet$ la classe $\square$. Pour $k = 3$, le voisinage du premier $\bullet$ compte deux $\diamond$ et un $\square$: c'est la classe $\diamond$ qui est majoritaire, et ce point est classé comme $\diamond$. Pour l'autre point, la décision pour $k = 3$ confirme l'appartenence à la classe $\square$.

La figure 19.10 représente la même opération pour un problème à trois classes. Pour $k = 1$, les points $\bullet$ sont classés comme $\square$; pour $k = 3$, la règle de décision produit une ambiguïté pour le premier point : on ne peut pas se décider entre les trois classes.

---

11. Intuitivement, parce que $e^x = \sum_{i=1}^{\infty} \frac{1}{i!} x^i$.

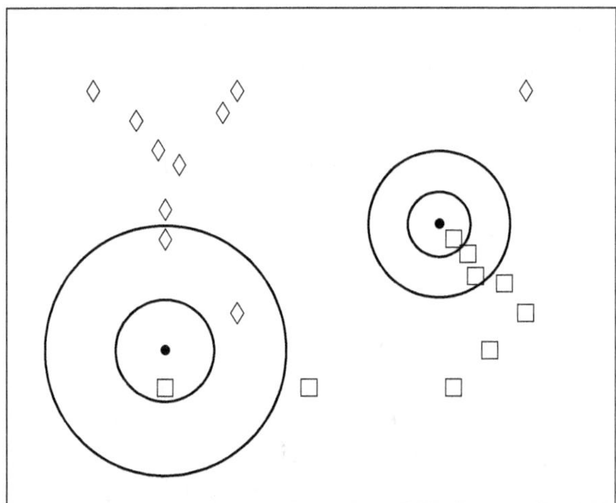

FIGURE 19.9 : *Décision par 1-ppv et 3-ppv dans un ensemble d'exemples appartenant à deux classes.*

Le déroulement de la méthode est donné dans l'algorithme 40.

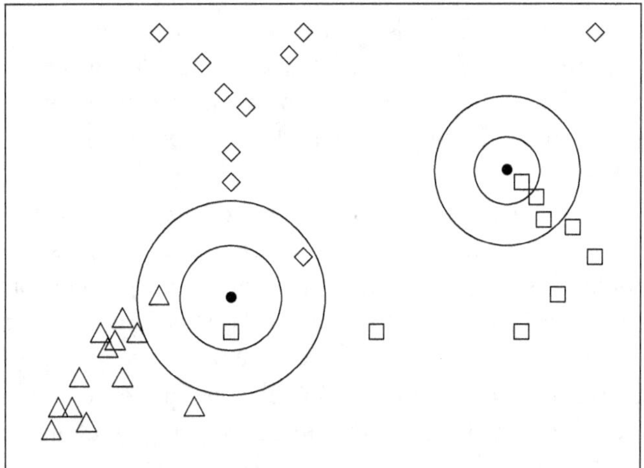

FIGURE 19.10 : *Décision par 1-ppv et 3-ppv dans un ensemble d'exemples appartenant à trois classes.*

3.3.2   La validité bayésienne

Quelle est la validité de cette règle en apparence naïve ? Elle est conforme aux règles de l'estimation bayésienne définies à la section 3.1, sous l'hypothèse que les probabilités *a priori* des classes sont bien estimées par leur proportion d'échantillons d'apprentissage.

La règle des k-ppv fait implicitement une estimation comparative de toutes les densités de probabilités des classes apparaissant dans le voisinage de $\mathbf{x}$ et choisit simplement la plus probable : elle approche donc la décision bayésienne.

Algorithme 40 :   Algorithme des k-plus proches voisins

début

> On cherche à classer le point $\mathbf{x}$
>
> **pour chaque** *exemple* $(\mathbf{y}, \omega)$ *de l'ensemble d'apprentissage* **faire**
> > | calculer la distance $D(y, \mathbf{x})$ entre y et $\mathbf{x}$
>
> **fin**
>
> Dans les k points les plus proches de $\mathbf{x}$
> > compter le nombre d'occurrences de chaque classe
>
> Attribuer à $\mathbf{x}$ la classe qui apparaît le plus souvent

fin

Pour s'en convaincre, il suffit de supposer que les m points de l'ensemble d'apprentissage comportent m_i points de la classe ω_i et que, sur les k-plus proches voisins de $\mathbf{x}$, il y a k_{m_i} points de cette classe. On a, d'après l'équation 19.28 :

$$\widehat{\mathbf{p}_m}(\mathbf{x} \mid \omega_i) = \frac{k_{m_i}/m_i}{V_m}$$

On formule maintenant l'hypothèse que m_i/m est un estimateur de $\mathbf{P}(\omega_i)$, la probabilité *a priori* de la classe de rang i. On peut donc noter : $m_i/m = \widehat{\mathbf{P}_m}(\omega_i)$.

On en déduit :

$$k_{m_i} = m\, V_m\, \widehat{\mathbf{p}_m}(\mathbf{x} \mid \omega_i)\, \widehat{\mathbf{P}_m}(\omega_i)$$

Par conséquent, la classe qui a le plus de points d'apprentissage dans les k_m (celle pour laquelle la valeur k_{m_i} est maximale) est aussi celle qui maximise la valeur $\mathbf{p}_m(\mathbf{x} \mid \omega_i)\, \widehat{\mathbf{P}_m}(\omega_i)$ qui est égale, par la règle de Bayes, à : $\widehat{\mathbf{P}_m}(\omega_i \mid \mathbf{x})\, \mathbf{p}(\mathbf{x})$. Cette classe est donc celle qui maximise la valeur $\widehat{\mathbf{P}_m}(\omega_i \mid \mathbf{x})$. Son choix approche par conséquent la règle de classification bayésienne.

Rappelons que tout ce calcul ne vaut que si m_i/m est un estimateur de $\mathbf{P}(\omega_i)$. Il faut donc n'appliquer la règle des k-ppv qu'après s'être assuré de la validité de cette hypothèse.

3.3.3   Quelques propriétés de convergence

Il est assez facile de démontrer que la probabilité d'erreur R_{k-ppv} de la règle des k-ppv converge vers le risque bayésien R_B quand m, le nombre total d'échantillons, croît vers l'infini et ceci pour tout k. Cette propriété est démontrée en annexe 5 pour $k = 1$.

On a de plus les propriétés suivantes, dans le cas de deux classes, toujours à la limite sur m :

$$R_B \leq R_{k-ppv} \leq R_{(k-1)-ppv} \cdots \leq R_{1-ppv} \leq 2R_B \tag{19.31}$$

avec :

$$R_{k-ppv} \leq R_B + R_{1-ppv}\sqrt{\frac{2}{\pi k}} \tag{19.32}$$

et pour un nombre quelconque C de classes :

$$R_{1-ppv} \leq R_B \left(2 - \frac{C}{C-1} R_B \right) \tag{19.33}$$

Ces formules valident donc l'intuition que l'augmentation de k améliore l'estimation réalisée ; en même temps, elles prouvent que la règle simple du plus proche voisin (1-ppv) est asymptotiquement efficace. On résume souvent plaisamment la formule 19.31 par l'expression : « la moitié de l'information sur la classification optimale d'un point inconnu est disponible dans son seul plus proche voisin ».

Toutefois, les formules précédentes ne sont valables que pour m assez grand, ce qui est une remarque pratique importante. Pour plus de détails, on peut se reporter à [Rip96] (pp.192-197).

3.3.4   Considérations pratiques

Bien sûr, dans la problématique de l'apprentissage, le nombre m est fini ; il faut alors trouver un compromis entre une valeur faible de k, qui semble moins favorable selon les formules précédentes, et une valeur exagérément grande [12]. Diverses considérations théoriques et expérimentales mènent à l'heuristique suivante : choisir k autour de $\sqrt{m/C}$ où m/C est le nombre moyen de points d'apprentissage par classe. On remarquera que d, la dimension de l'espace de représentation, n'apparaît pas dans cette formule.

Un autre problème pratique est : quelle décision prendre en cas d'égalité ? On peut augmenter k de 1 pour trancher le dilemme mais, s'il y a plus de deux classes, l'ambiguïté peut subsister. Une autre solution consiste à tirer au hasard la classe à attribuer au point ambigu ; son analyse montre qu'elle n'est pas mauvaise.

Enfin, un grand nombre d'auteurs ont proposé des variantes de la règle du k-ppv ; par exemple, au lieu de compter simplement les points de chaque classe parmi les k (ce que l'on peut traduire par les faire voter avec une voix chacun), on a pensé pondérer ces votes par la distance au point $\mathbf{x}$, qui est de toute façon calculée. On est dans ce cas dans des méthodes intermédiaires entre les k-plus proches voisins et les fenêtres de Parzen.

3.3.5   Les surfaces séparatrices de la règle de décision k-ppv

Il est courant d'appeler *zone de Voronoï* d'un exemple le lieu des points de $\mathbb{R}^d$ qui sont plus proches de cet exemple que de tout autre exemple.

Des considérations géométriques permettent de prouver que la zone de Voronoï d'un exemple est l'intersection de $m-1$ demi-espaces, définis par les hyperplans médiateurs entre cet exemple et tous les autres. La zone de Voronoï d'un exemple est donc un volume convexe (pour $d = 2$, c'est un polygone convexe) et la frontière entre deux zones de Voronoï est un « polygone » en dimension $d-1$.

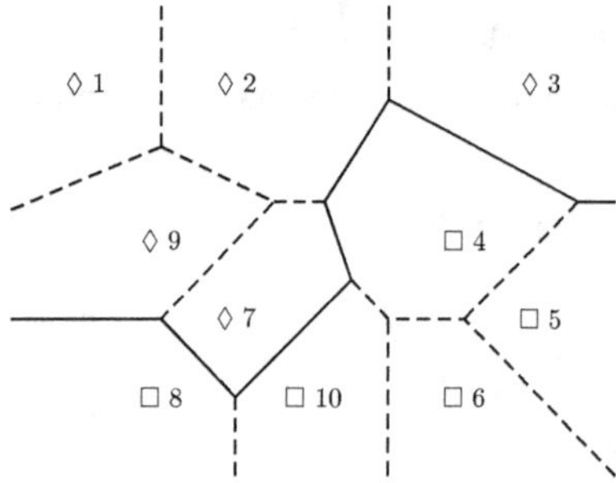

FIGURE 19.11 : *Un ensemble de points appartenant à deux classes et leurs zones de Voronoï. La séparatrice entre les deux classes par la règle de décision 1-ppv est en trait plein.*

---

12. Prendre $k = m$ mène au résultat suivant : un point sera toujours classé comme appartenant à la classe la plus nombreuse dans l'ensemble d'apprentissage.

Pour $k = 1$, la surface séparatrice entre deux classes est la surface séparatrice entre les deux volumes obtenus par l'union des surfaces de Voronoï des exemples de chaque classe (voir la figure 19.11). On peut montrer que pour $k > 1$, les séparatrices sont encore des hyperplans par morceaux.

3.3.6 Algorithmique avancée pour les k-ppv

L'algorithme de base de la décision par k-ppv consiste à calculer les m distances du point $\mathbf{x}$ à classer aux m points d'apprentissage, puis à identifier les k points les plus proches pour choisir la classe majoritaire parmi eux. C'est à chaque fois un calcul en $\mathcal{O}(m \times d)$ qu'il faut effectuer. Ceci est à comparer à la quantité de calculs que requiert une décision quand l'ensemble d'apprentissage a été « compilé » par apprentissage paramétrique, par exemple sous la forme de distributions gaussiennes explicites : au plus en $\mathcal{O}(Cd^2)$. En général, la comparaison n'est pas à l'avantage de la règle des k-ppv, en tout cas dès que l'on dispose d'un ensemble d'apprentissage un peu conséquent, comme il faut le souhaiter. C'est pourquoi une algorithmique particulière a été développée, visant soit à réduire l'ensemble d'apprentissage (méthodes de *nettoyage* et de *condensation*) sans changer le résultat des futures décisions par k-ppv, soit à l'organiser sous des structures de données permettant d'accélérer la décision (méthodes *rapides* de k-ppv). Nous donnons un exemple de ces dernières ci-après, qui fonctionne bien quand le nombre de dimensions de l'espace ne dépasse pas une ou deux dizaines ; c'est aussi le cas de la méthode des *k-d-trees* [Sam06], qui organise l'ensemble d'apprentissage en arbre pour accélérer la recherche. Dans le cas d'espaces de grande dimension, il vaut mieux se tourner vers les méthodes dites de hachage sensible au contexte *(locally sensitive hashing, LSH)*, qui sont alors les seules efficaces [AI06].

Parcours accéléré de l'ensemble d'apprentissage

Il existe des techniques pour réduire le temps nécessaire au classement dun point inconnu tout en préservant exactement l'ensemble d'apprentissage. Elles sont pour la plupart basées sur l'inégalité triangulaire de la distance euclidienne Δ. On suppose pour cette méthode que l'on a calculé par avance toutes les distances entre les points d'apprentissage.

L'idée est alors la suivante : soit $\mathbf{x}$ le point à classer, on est en train de parcourir l'ensemble des points d'apprentissage et le plus proche voisin de $\mathbf{x}$ est pour le moment un certain point d'apprentissage $\mathbf{y}$ à la distance $\Delta(\mathbf{x}, \mathbf{y}) = \delta$. Soit $\mathbf{z}$ le point suivant dans l'ensemble d'apprentissage. Si $\Delta(\mathbf{x}, \mathbf{z}) \leq \delta$, on réactualise δ et $\mathbf{y}$. Sinon, on peut affirmer que, parmi tous les points d'apprentissage restant à examiner, on doit définitivement éliminer deux catégories :

- ceux situés à l'intérieur de la boule de centre $\mathbf{z}$ et de rayon $\Delta(\mathbf{x}, \mathbf{z}) - \delta$;
- ceux qui sont à l'extérieur de la boule de centre $\mathbf{z}$ et de rayon $\Delta(\mathbf{x}, \mathbf{z}) + \delta$.

En effet, pour tout point $\mathbf{v}$, le triangle $(\mathbf{x}, \mathbf{v}, \mathbf{z})$ vérifie : $\Delta(\mathbf{x}, \mathbf{z}) \leq \Delta(\mathbf{x}, \mathbf{v}) + \Delta(\mathbf{v}, \mathbf{z})$. Si $\mathbf{v}$ est un point d'apprentissage restant appartenant à la première catégorie, on a : $\Delta(\mathbf{v}, \mathbf{z}) \leq \Delta(\mathbf{x}, \mathbf{z}) - \delta$ soit :

$$\Delta(\mathbf{v}, \mathbf{z}) + \delta \leq \Delta(\mathbf{x}, \mathbf{z})$$

Donc en combinant les deux inégalités :

$$\Delta(\mathbf{v}, \mathbf{z}) + \delta \leq \Delta(\mathbf{x}, \mathbf{v}) + \Delta(\mathbf{v}, \mathbf{z})$$

d'où :

$$\delta \leq \Delta(\mathbf{x}, \mathbf{v})$$

ce qui prouve que le point $\mathbf{v}$ ne peut pas être le plus proche voisin de $\mathbf{x}$.

Un raisonnement analogue mène à éliminer les points appartenant à la seconde catégorie (figure 19.12).

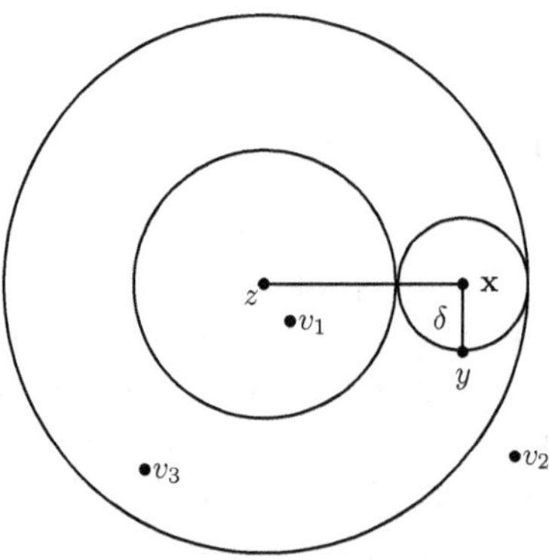

FIGURE 19.12 : *Méthode accélérée de recherche du plus proche voisin. Le ppv courant de $\mathbf{x}$ est $\mathbf{y}$, à la distance δ. Le point d'apprentissage suivant, $\mathbf{z}$, n'est pas à distance inférieure à δ de $\mathbf{x}$. Aucun point du type $\mathbf{v}_1$ ou $\mathbf{v}_2$ ne peut plus être le ppv de $\mathbf{x}$. En revanche, il faudra calculer la distance $\Delta(\mathbf{x}, \mathbf{v}_3)$.*

Algorithme 41 :   Recherche rapide du plus proche voisin

---

début

    On cherche le ppv de $\mathbf{x}$ dans $A = \{\mathbf{y}_1, \ldots, \mathbf{y}_m\}$

    Calculer toutes les distances $\Delta(\mathbf{y}_i, \mathbf{y}_j)$; $\delta \leftarrow +\infty$; $i \leftarrow 1$

    tant que $i < m$ **et** $\mathbf{y}_i$ *non* marqué **faire**

        Calculer $\Delta(\mathbf{x}, \mathbf{y}_i)$

        si $\Delta(\mathbf{x}, \mathbf{y}_i) < \delta$ **alors**

          | $\delta = \Delta(\mathbf{x}, \mathbf{y}_i)$; $ppv \leftarrow \mathbf{y}_i$

        sinon

          $j = i + 1$

          tant que $j \leq m$ **faire**

             si $\Delta(\mathbf{y}_i, \mathbf{y}_j) \leq \Delta(\mathbf{x}, \mathbf{y}_i) - \delta$ **ou** $\Delta(\mathbf{y}_i, \mathbf{y}_j) \geq \Delta(\mathbf{x}, \mathbf{y}_i) + \delta$ **alors**

             | marquer $\mathbf{y}_j$

             fin si

          fin tant que

        fin si

    fin tant que

fin

En utilisant ce principe brutalement, il faut pour commencer calculer $m(m-1)/2$ distances, ce qui prend évidemment du temps ; cependant, ce calcul n'est à mener qu'une seule fois, alors que la décision de classement d'un point inconnu est accélérée systématiquement.

On peut grandement améliorer cette technique. Une première manière est de sélectionner astucieusement le point suivant $\mathbf{z}$ dans l'ensemble d'apprentissage, au lieu de garder cet ensemble dans un ordre fixe (arbitraire). Cette combinaison sélection/élimination est connue comme l'algorithme AESA. Elle est plus efficace que la version élémentaire présentée, mais demande encore de mémoriser toutes les distances. Cette contrainte peut être levée en la combinant avec une organisation arborescente de l'ensemble d'apprentissage pour appliquer une technique de séparation évaluation *branch and bound*. On trouve en particulier dans [Vid94] une méthode sophistiquée (LAESA) dont la complexité est en pratique indépendante de m.

─── EXEMPLE ───

Plaçons-nous dans $\mathbb{R}^2$, avec l'ensemble d'apprentissage suivant (la classe des exemples n'a pas besoin d'être précisée ici) :

$$S = \left\{ \mathbf{y}_1 = \begin{pmatrix} 5 \\ 4 \end{pmatrix}, \mathbf{y}_2 = \begin{pmatrix} 0 \\ 0 \end{pmatrix}, \mathbf{y}_3 = \begin{pmatrix} 0 \\ 1 \end{pmatrix}, \mathbf{y}_4 = \begin{pmatrix} 0 \\ 8 \end{pmatrix}, \mathbf{y}_5 = \begin{pmatrix} 3 \\ 4 \end{pmatrix} \right\}$$

On calcule d'abord la demi-matrice des distances entre les exemples. Ici, on a tabulé le carré de ces distances :

	y_1	y_2	y_3	y_4	y_5
y_1	0	41	34	41	4
y_2		0	1	64	25
y_3			0	49	18
y_4				0	25
y_5					0

Soit le point $\mathbf{x} = \begin{pmatrix} 3 \\ 3 \end{pmatrix}$ dont on cherche le plus proche voisin dans A.

On calcule $\Delta(\mathbf{x}, \mathbf{y}_1) = \sqrt{5}$ et $\mathbf{y}_1$ devient le plus proche voisin courant, à la distance $\delta = \sqrt{5}$. Le lecteur est invité ici à tracer le cercle de centre $\mathbf{x}$ et de rayon δ ainsi que les deux cercles de centre $\mathbf{y}_2$, tangents intérieurement et extérieurement au premier cercle, puis à placer les quatre autres points de S sur cette figure.

On calcule ensuite $\Delta(\mathbf{x}, \mathbf{y}_2) = \sqrt{18}$ qui est strictement supérieur à δ. $\mathbf{y}_2$ n'est donc pas le nouveau ppv. Quels points de S peut-on d'ores et déjà éliminer *(marquer)* ?

$\mathbf{y}_3$? Oui, car $\Delta(\mathbf{y}_3, \mathbf{y}_2) \leq \Delta(\mathbf{x}, \mathbf{y}_2) - \delta$ (puisque $\sqrt{1} \leq \sqrt{18} - \sqrt{5}$).

$\mathbf{y}_4$? Oui, car $\Delta(\mathbf{y}_4, \mathbf{y}_2) \geq \Delta(\mathbf{x}, \mathbf{y}_2) - \delta$ (puisque $\sqrt{64} \geq \sqrt{18} + \sqrt{5}$).

$\mathbf{y}_5$? Non [13], car on n'a :

- ni $\Delta(\mathbf{y}_5, \mathbf{y}_2) \leq \Delta(\mathbf{x}, \mathbf{y}_2) - \delta$ (puisque $\sqrt{25} > \sqrt{18} - \sqrt{5}$).
- ni $\Delta(\mathbf{y}_5, \mathbf{y}_2) \geq \Delta(\mathbf{x}, \mathbf{y}_2) + \delta$ (puisque $\sqrt{25} < \sqrt{18} + \sqrt{5}$).

On passe au point d'apprentissage suivant non marqué, $\mathbf{y}_5$, et on a $\Delta(\mathbf{x}, \mathbf{y}_5) = 1 < \delta$. Donc $\mathbf{y}_5$ est le ppv de $\mathbf{x}$ dans S.

───

4. Les méthodes semi-paramétriques

Nous supposons dans cette section que, contrairement aux méthodes d'estimation paramétriques, nous ne connaissons pas *a priori* la forme analytique des distributions de probabilités. En revanche, nous supposons que ces distributions suivent des lois dont les « hyper paramètres » peuvent être déterminés de manière systématique.

---

13. Notons que s'il existait dans l'ensemble d'apprentissage le point $\mathbf{y}_6 = \begin{pmatrix} -5 \\ -4 \end{pmatrix}$, il ne serait pas éliminé non plus, bien que très éloigné de $\mathbf{x}$.

Il n'existe pas à notre connaissance de catalogue exhaustif des méthodes semi-paramétriques. Il risquerait fort de toute façon d'être rapidement obsolète. Nous avons choisi ici de présenter succinctement quatre méthodes pour leur intérêt dans les applications pratiques.

La méthode de *discrimination logistique*, souvent improprement appelée « régression logistique » a été présentée au chapitre sur les méthodes linéaires (chapitre 9) dans la section 1.5.

4.1 Les mélanges de distributions

Dans la section précédente, nous avons vu qu'une approche pour rendre plus souple le type de distributions qu'il est possible d'estimer, tout en conservant un moyen de contrôle sur l'espace d'hypothèses, est d'utiliser des fonctions de discrimination paramétrables, comme la fonction logistique. Une autre approche consiste à supposer que les distributions peuvent être décomposées en un produit de distributions plus simples. Dans les modèles de mélanges de distributions, une distribution complexe p est paramétrée comme une combinaison linéaire de distributions plus simples, souvent la distribution normale, sous la forme :

$$\mathbf{p}(\mathbf{x}) \;=\; \sum_{i=1}^{M} \lambda_i \, \mathbf{p}_i(\mathbf{x}) \tag{19.34}$$

où les $\lambda_i \geq 0$ sont appelés coefficients de mélange et satisfont à la condition : $\sum_i \lambda_i = 1$. Les distributions $\mathbf{p}_i$ sont appelées les *composantes de mélange* et ont leurs propres paramètres (moyenne, écart-type, etc.). Remarquons le lien avec les fonctions noyaux : ainsi, on peut avoir $\mathbf{p}_i = \kappa(\mathbf{x} - \mathbf{x}_i)$ où $\mathbf{x}_i$ est le centre du noyau et $M = m$. Il y a dans ce cas autant de composantes au mélange que de points d'apprentissage.

Quelques points sont à noter :

- Les mélanges de distributions ne prennent pas en compte directement l'étiquette des exemples. Ce sont des moyens d'exprimer des densités de probabilités. Leur estimation ressort donc des techniques d'apprentissage non supervisé (chapitre 16). Il est cependant possible de les utiliser pour des tâches de classification en estimant la distribution de probabilités pour chaque classe tour à tour :

$$\mathbf{p}(\mathbf{x}|\omega_k) \;=\; \sum_{i=1}^{M} \lambda_i \, \mathbf{p}_i(\mathbf{x}|\omega_k) \tag{19.35}$$

- Une propriété importante des mélanges de distributions est que, pour un large choix de fonctions de base, elles permettent d'approcher avec un degré arbitraire de précision n'importe quelle distribution continue, du moment que le mélange a un nombre suffisant de composantes et que les paramètres sont bien choisis [MB88a].

- Un choix usuel pour les distributions composantes ou fonctions de base est de prendre des fonctions gaussiennes représentant la probabilité conditionnelle d'observer $\mathbf{x}$ quand la classe est ω_k : $\mathbf{p}(\mathbf{x}|\omega_k)$. Les ouvrages comportant une section sur ces méthodes traitent pour la plupart de ce cas (par exemple [Bis95]).

- L'idée des approches semi-paramétriques est de faire varier systématiquement le nombre de paramètres du modèle en fonction de la difficulté du problème traité. Dans le cas des mélanges de distributions, ce principe se traduit par une procédure de choix du nombre M de fonctions de base utilisées dans le mélange. Malheureusement, il semble que ce choix soit un problème notoirement difficile [MB88a, FL94].

- Concernant l'apprentissage d'un mélange de distributions, il est possible d'interpréter les coefficients de mélange λ_i comme des probabilités *a priori* des composantes du mélange. Dans ce cas, pour un point $\mathbf{x}_l$ donné, il est possible d'utiliser le théorème de Bayes pour évaluer la probabilité *a posteriori* correspondante :

$$R_{li} \equiv \mathbf{p}(i|\mathbf{x}_l) = \frac{\lambda_i\,\mathbf{p}(\mathbf{x}_l|i)}{\sum_j \lambda_j\,\mathbf{p}(\mathbf{x}_l|j)} \tag{19.36}$$

La valeur de $\mathbf{p}(i|\mathbf{x}_l)$ peut être vue comme la responsabilité que la composante i assume pour « expliquer » la donnée $\mathbf{x}_l$ (d'où la notation R_{li}). En prenant le logarithme de cette expression, on obtient la vraisemblance :

$$\mathcal{L}(\{\pi_i, \mathbf{p}_i\}) = \sum_{l=1}^{m} \log\left\{\sum_{i=1}^{M} \pi_i\,\mathbf{p}(\mathbf{x}_l|i)\right\} \tag{19.37}$$

Malheureusement, la maximisation de cette vraisemblance est beaucoup plus complexe que pour une distribution à une seule composante, à cause de la somme dans le logarithme. Un algorithme élégant et puissant pour réaliser cette optimisation est l'algorithme *EM* (annexe 7).

4.2 Autres méthodes

Parmi les autres méthodes d'estimateurs semi-paramétriques, nous avons débà abordé les réseaux connexionnistes (chapitre 10, section 4.4) et les arbres de décision (chapitre 15, section 2). Rappelons que les premiers peuvent servir de mécanisme (sophistiqué) pour estimer une densité de probabilités, tandis que l'on peut considérer que les seconds réalisent une estimation à valeur constante dans chaque feuille de l'arbre.

Notes historiques et sources bibliographiques

Nous nous sommes contentés ici d'un survol. Plusieurs publications sont à recommander pour aller plus loin : [EH81, TSM85, RW84].

Parzen a proposé en 1962 [Par62] d'estimer les densités de probabilités par des superpositions de « fenêtres ». Un grand nombre de travaux de probabilistes et de statisticiens ont approfondi cette approche. Les applications en apprentissage ont connu un renouveau avec l'application à certains types de réseaux connexionnistes [Web99], fondés sur des fonctions dites « radiales de base » qui sont des fenêtres de Parzen de type particulier.

Les méthodes des k-plus proches voisins pour la reconnaissance des formes remontent aux années 1950, mais les algorithmes et les preuves de convergence sont un peu plus récents : Cover et Hart en ont posé les principes en 1967 [CH67]. Le livre de Kittler et Devijver [DK82] a apporté un grand nombre de résultats théoriques et pratiques supplémentaires. Les algorithmes rapides sont nombreux, comme on peut le voir en lisant la compilation de Dasarathy [Das90]. L'algorithme AESA et ses variantes, proviennent de Vidal, Oncina et de leurs équipes, en particulier [Vid94, MO98]. Le point sur les techniques pour aborder les espaces de grande dimension sont données dans [Sam06].

On lira aussi avec intérêt les articles recueillis par Aha [Aha97] où la technique « paresseuse » de la recherche de formes similaires dans un ensemble d'exemples est étendue à de nombreux domaines de l'apprentissage, y compris à des données symboliques.

Résumé

- L'apprentissage bayésien consiste à partir d'hypothèses *a priori* pour les réviser en fonction des données d'apprentissage.

- Cette opération est optimale au sens probabiliste : les hypothèses *a posteriori* obtenues de la sorte sont en effet les plus vraisemblables.

- L'apprentissage bayésien requiert, d'une part, une connaissance *a priori* sur la vraisemblance des hypothèses en concurrence et, d'autre part, celle de la probabilité des données d'apprentissage conditionnellement à ces hypothèses. Ces valeurs doivent être estimées à partir de l'ensemble d'apprentissage.

- Les méthodes d'estimation paramétrique font l'hypothèse que la distribution à estimer possède une certaine forme analytique et trouvent les meilleurs paramètres correspondants.

- Les méthodes d'estimation non paramétrique estiment une densité conditionnelle en un point en examinant comment l'ensemble d'apprentissage se comporte au voisinage de ce point.

- Les méthodes des k-plus proches voisins ont l'avantage de la simplicité. Une algorithmique efficace existe pour les rendre rapides.

Chapitre **20**

Judea PEARL (1936-)

L'apprentissage de réseaux bayésiens

On présente dans ce chapitre un cas particulier de modèles permettant d'exprimer des relations probabilistes entre des ensembles de faits. Ces dernières diffèrent des relations logiques en ce qu'elles n'autorisent pas un raisonnement implicatif, mais conditionnel. Deux faits peuvent en effet être en relation causale sans que l'un implique l'autre. Dans la base de données d'une compagnie d'assurances, il est par exemple possible que, pour une majorité des entrées dans une certaine ville, l'item « contravention de stationnement » soit vrai quand un autre item comme « le conducteur aime les légumes » l'est aussi. Il serait trop rapide et peu fructueux d'en conclure que le second fait implique statistiquement le premier, ou le contraire. Une analyse en probabilité conditionnelle des faits pourrait en effet révéler que les contraventions sont en majorité dressées le samedi, jour du marché. Il existe bien une « cause » commune (ou en tout cas une condition commune de forte probabilité), mais le formalisme logique n'est pas adapté à cette affaire. L'ensemble des faits et des probabilités conditionnelles d'un système de raisonnement de ce type peut s'organiser en graphe, sous certaines conditions d'indépendance probabiliste. On peut alors raisonner, c'est-à-dire calculer la probabilité conditionnelle de n'importe quel ensemble de faits connaissant n'importe quel autre ensemble. C'est une technique puissante pour exploiter utilement les bases de données. Nous sommes ici dans ce que nous avons appelé apprentissage prescriptif au chapitre 1. Cependant, un système de ce type ne peut être complètement utile que si un programme est capable d'extraire automatiquement les faits significatifs et le réseau de leurs relations conditionnelles. Une base de données comporte couramment des dizaines de milliers d'entrées ventilées sur des centaines de faits VRAI ou FAUX. Aucun expert ne peut extraire seul une structure de dépendance probabiliste d'une telle quantité de données. C'est ici qu'intervient l'apprentissage artificiel...

Sommaire

CE MATIN, il y a un cygne à bec jaune sur ma pelouse. Deux possibilités : soit il s'est échappé du zoo voisin, soit c'est un oiseau migrateur. Pour le savoir, je me dirige vers le poissonnier du coin et j'observe que le prix du saumon norvégien a augmenté. J'en déduis que le cygne est sauvage.

Ce genre de raisonnement possède deux caractéristiques un peu surprenantes. La première est que la décision prise n'est pas forcément la bonne : le cygne peut très bien s'être échappé du zoo et je peux aussi me tromper à propos du cours du saumon. Surtout, il n'y a pas d'implication (de relation de cause à effet) entre le fait d'avoir un cygne sur ma pelouse et celui d'avoir à payer le saumon plus cher. Cependant, constater le second change ma confiance dans l'origine du premier. Pourquoi ? S'il fait très froid dans le Nord de l'Europe, deux phénomènes en apparence indépendants ont une probabilité forte d'arriver : la migration jusqu'à nos latitudes d'une espèce qui est en général plus septentrionale et l'augmentation du cours du poisson récolté sur place, plus difficile à pêcher et à traiter.

On peut isoler quatre faits dans cet univers, associés à une probabilité d'être *VRAI* : il y a un cygne sur ma pelouse, le zoo est mal surveillé, le saumon a augmenté, l'hiver est froid dans le Nord. Les données de départ sont les suivantes : d'abord, il y a un cygne sur ma pelouse avec une très forte probabilité (je suis expert ornithologue et peu sujet à des hallucinations). Ensuite, le prix du saumon norvégien a augmenté, avec une bonne probabilité. D'autre part, je connais un certain nombre de relations comme :

- Les cygnes à bec jaune migrent parfois jusqu'ici quand il fait froid dans le Nord.

- Les animaux peuvent s'échapper du zoo si celui-ci a eu un problème technique.

- Le prix du saumon augmente quand les conditions de pêche sont mauvaises dans le Nord de l'Europe.

Je dois, pour chaque relation, donner la valeur de deux probabilités conditionnelles : celle que ce cygne sauvage soit sur ma pelouse sachant qu'il fait particulièrement froid dans le Nord et celle que ce cygne sauvage soit sur ma pelouse sachant qu'il ne fait pas particulièrement froid dans le Nord (la somme des deux ne vaut pas forcément 1). Et de même pour les deux autres relations.

Un cygne est sur ma pelouse soit parce qu'il s'est évadé du zoo, soit parce que c'est un migrateur. Les deux causes sont, disons, *a priori* plausibles au même degré. En revanche, observer l'augmentation du prix du saumon m'indique qu'il est probable qu'il y ait de mauvaises conditions de pêche en Norvège (dans mon ensemble de faits, c'est le seul qui puisse intervenir). Donc, l'hypothèse que le cygne est migrateur devient plus vraisemblable que celle de la défaillance technique au zoo.

Dit autrement : s'il fait très froid dans le Nord de l'Europe, deux phénomènes en apparence indépendants ont une probabilité forte d'arriver ensemble : la migration jusqu'à nos latitudes d'une espèce qui est nordique et l'augmentation du cours du poisson récolté dans la même région.

Supposons maintenant que j'observe un certain nombre de fois les quatre faits. Puis-je *apprendre* à raisonner ainsi en me trompant le moins possible dans la conclusion ? C'est en effet le sujet de ce chapitre que de montrer comment raisonner dans un réseau de probabilités conditionnelles et surtout comment apprendre à le construire à partir d'observations conjointes des faits de base.

1. Les modèles graphiques

Aussi bien pour le raisonnement, au cœur de la décision, que pour la reconnaissance de forme et l'apprentissage, l'incertitude joue un rôle fondamental. Il est donc nécessaire de savoir exprimer l'incertitude et d'en faire l'objet d'un calcul. C'est ce que permet le calcul des probabilités, en particulier le théorème de Bayes.

Dans ce cadre, un concept de base est celui de *variable aléatoire*, que nous noterons ici par une majuscule, par exemple X. Une variable aléatoire peut prendre une valeur parmi un ensemble fini ou infini de valeurs. La probabilité d'un événement est la fraction du nombre de fois où cet événement se produit sur le nombre total d'essais, dans la limite d'un nombre d'essais infini. On peut alors se poser des questions telles que : « quelle est la probabilité que la variable X prenne la valeur x_i et que la variable Y prenne la valeur y_j ? », que l'on notera $\mathbf{P}(X = x_i, Y = y_j)$, ou bien, « quelle est la probabilité que la variable X prenne la valeur x_k quand on sait que la variable Y a la valeur y_l ? », notée $\mathbf{P}(X = x_k | Y = y_l)$.

Supposons que la variable Y puisse prendre une valeur parmi L, nous aurons :

$$\mathbf{P}(X = x_i) = \sum_{j=1}^{L} \mathbf{P}(X = x_i, Y = y_j)$$

ce que l'on appelle la *règle de somme sur les probabilités marginales*.

De même, la probabilité conditionnelle $\mathbf{P}(X = x_k | Y = y_l)$ s'obtient par la *règle de produit des probabilités* :

$$\mathbf{P}(X = x_i, Y = y_j) \;=\; \mathbf{P}(Y = y_j | X = x_i) \cdot \mathbf{P}(X = x_i) \;=\; \mathbf{P}(X = x_i | Y = y_j) \cdot \mathbf{P}(Y = y_j)$$

De manière simplifiée, on écrira :

$$\mathbf{P}(X) = \sum_Y \mathbf{P}(X, Y) \qquad \text{Somme sur les probabilités marginales} \qquad (20.1)$$

$$\mathbf{P}(X, Y) = \mathbf{P}(Y|X)\,\mathbf{P}(X) \qquad\qquad\qquad \text{Règle de produit} \qquad (20.2)$$

Ces deux règles simples forment la base de tous les calculs utilisées dans ce chapitre. En particulier, le *théorème de Bayes de révision des probabilités* s'en déduit :

$$\mathbf{P}(Y|X) \;=\; \frac{\mathbf{P}(X|Y)\,\mathbf{P}(Y)}{\mathbf{P}(X)} \qquad\qquad (20.3)$$

Ce théorème dit que la probabilité *a posteriori* que l'événement Y prenne une certaine valeur, lorsque l'événement X a pris une certaine valeur, est fonction des probabilités *a priori* de X et de Y et de la probabilité conditionnelle de X sachant Y. Soit encore :

$$\text{Probabilité } a \text{ } posteriori \quad \propto \quad \text{Vraisemblance} \times \text{Probabilité } a \text{ } priori$$

On peut noter que, si deux variables X et Y sont indépendantes ($\mathbf{P}(X, Y) = \mathbf{P}(X)\,\mathbf{P}(Y)$), on a : $\mathbf{P}(Y|X) = \mathbf{P}(Y)$ et $\mathbf{P}(X|Y) = \mathbf{P}(X)$.

Ce qui a été dit précédemment pour des probabilités d'événements discrets se généralise aux densités de probabilités que nous notons par $\mathbf{p}$.

Ces règles de base permettent, en principe, de calculer n'importe quelle probabilité à partir du moment où les probabilités *a priori* et les probabilités conditionnelles nécessaires sont connues. Cependant, cela implique de connaître la distribution jointe sur l'ensemble des variables (ex. $\mathbf{P}(X_1, X_2, \ldots X_N)$ s'il y a N variables), ce qui nécessiterait la connaissance, le stockage et des calculs prenant en compte un nombre exponentiel de valeurs.

Heureusement, dans de nombreux cas, il existe des indépendances conditionnelles entre les variables, ce qui aide à réduire considérablement les tables de probabilités conditionnelles à connaître pour effectuer les calculs. Les *modèles graphiques* (*graphical models*) permettent de tirer parti de ces indépendances et d'exprimer les relations entre variables dans une représentation à base de graphes. Le principe général est d'exprimer la distribution jointe comme un produit de facteurs, où chaque facteur dépend d'un nombre réduit de variables aléatoires.

Ces représentations présentent trois avantages :

1. Elles fournissent un moyen simple de *visualiser* des connaissances incertaines probabilistes.

2. Il est ainsi possible de *déterminer les propriétés du modèle*, en particulier les indépendances conditionnelles. Dans certains cas, lorsque des précautions particulières ont été prises, il est possible d'interpréter les relations du graphe comme des liens de causalité.

3. Les *calculs associés aux inférences et à l'apprentissage* peuvent s'exprimer à l'aide d'opérations locales sur le graphe et de propagations dans le graphe, ce qui permet de simplifier et de contrôler les algorithmes et l'ensemble des opérations. Il est possible de raisonner à partir de connaissances incomplètes.

Un graphe est composé de nœuds et d'arêtes ou arcs les reliant. Dans un modèle graphique, les nœuds représentent les variables aléatoires et les arcs expriment des relations probabilistes entre variables.

Les modèles graphiques incluent :

- les *réseaux bayésiens*, fondés par Judea Pearl à partir de 1982 ;
- les *champs markoviens aléatoires Markov random fields)* ;
- les *graphes chaînés* ;
- les *graphes de facteurs.*

Ce chapitre est essentiellement consacré aux réseaux bayésiens. On décrira, d'une part, les méthodes d'inférence et, d'autre part, des approches permettant d'apprendre ces réseaux à partir de données.

2. Les réseaux d'inférence bayésiens

Les *réseaux d'inférence bayésiens* sont des modèles qui servent à représenter des situations de raisonnement probabiliste à partir de connaissances incertaines. Ils sont une représentation efficace pour les calculs d'une distribution de probabilités. Plus précisément, les réseaux bayésiens conjuguent deux aspects (figure 20.1) :

- Une **partie qualitative** exprimant des indépendances conditionnelles entre variables et, parfois, des liens de causalité. Cela se fait grâce à un graphe orienté acyclique[1] dont les nœuds correspondent à des variables aléatoires (dont nous supposerons qu'elles ne peuvent prendre qu'un ensemble fini de valeurs, souvent les seules valeurs Vrai et Faux).
- Une **partie quantitative** constituée des tables de probabilités conditionnelles de chaque variable étant donnés ses parents dans le graphe.

Prises ensemble, ces deux parties définissent une distribution de probabilités unique sous forme factorisée. Ainsi, si $\mathcal{V}$ est l'ensemble des N variables X_i impliquées dans la description d'un domaine, la loi jointe $\mathbf{P}(\mathcal{V})$ se décompose en un produit de lois conditionnelles locales :

$$\mathbf{P}(\mathcal{V}) = \prod_{i=1}^{N} \mathbf{P}(X_i | parents(X_i))$$

Par exemple, à la figure 20.1, en notant la variable binaire « Fumeur » par F :

$$\mathbf{P}(A, S, E, F, C, Se, T) =$$
$$\mathbf{P}(A) \cdot \mathbf{P}(S) \cdot \mathbf{P}(E|A) \cdot \mathbf{P}(F|A, S) \cdot \mathbf{P}(C|E, F) \cdot \mathbf{P}(Se|C) \cdot \mathbf{P}(T|C)$$

Cette factorisation prend en compte les indépendances conditionnelles exprimées dans le graphe. Ainsi, par exemple, *Serum Calcium* et *Tumeur des poumons* sont deux variables dépendantes, mais elles deviennent indépendantes si l'on connaît la valeur de la variable *Cancer*.

---

1. On dit souvent un *DAG*, de l'anglais *directed acyclic graph*.

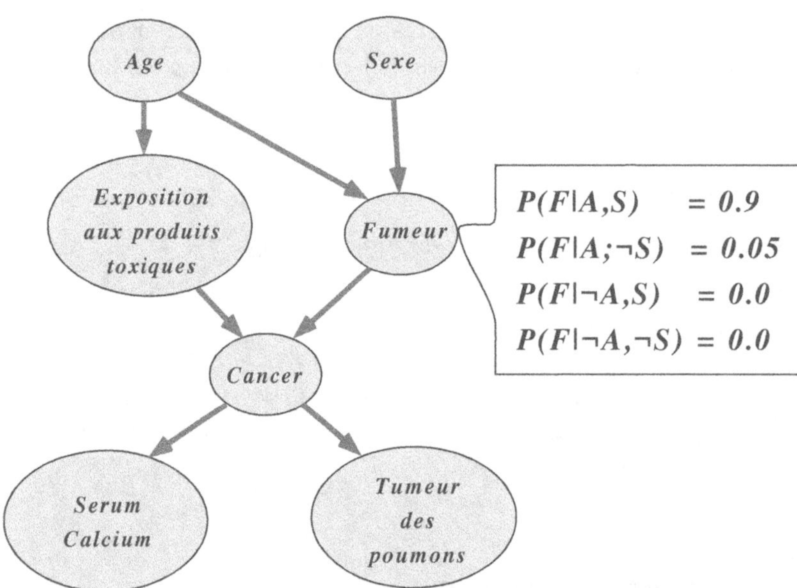

FIGURE 20.1 : *Les réseaux bayésiens sont une représentation compacte et efficace pour les calculs d'une distribution de probabilités grâce à l'exploitation des indépendances conditionnelles entre variables. À chaque nœud est associée une table de probabilités conditionnelles.*

Si l'on ne tenait pas compte de ces indépendances, il faudrait écrire la distribution jointe de probabilités comme :

$$\mathbf{P}(A, S, E, F, C, Se, T) = \mathbf{P}(A) \cdot \mathbf{P}(S|A) \cdot \mathbf{P}(E|A, S) \cdot \mathbf{P}(F|A, S, E) \cdot$$
$$\mathbf{P}(C|A, S, E, F) \cdot \mathbf{P}(Se|A, S, E, F, C) \cdot \mathbf{P}(T|A, S, E, F, C, Se)$$

Dans le cas présent où les variables sont binaires, à valeur *Vrai* ou *Faux*, la distribution de probabilités totale nécessite donc ici la connaissance de 16 paramètres au lieu de $2^{15} = 32\,768$ si on ne tenait pas compte des indépendances conditionnelles codées dans le graphe. Plus grand est le nombre de variables et plus l'économie est potentiellement considérable. Nous verrons également que les inférences et l'apprentissage en seront facilités d'autant.

Chaque fait est représenté graphiquement par un nœud et les relations directes entre nœuds sont des arcs orientés. L'exemple de l'introduction comporte donc quatre nœuds et trois arcs. Complètement défini, il représenterait de manière condensée toute l'information sur les dépendances entre les faits.

Nous allons d'abord définir un réseau d'inférence bayésien en y introduisant toutes les valeurs de probabilités nécessaires ; nous verrons ensuite comment un tel modèle permet de raisonner. Enfin, nous donnerons quelques techniques pour apprendre ces modèles à partir d'exemples.

2.1 Définitions et notations

Un *réseau d'inférence bayésien*, ou *réseau bayésien*, est un système de raisonnement probabiliste construit sur un graphe orienté sans cycle. Nous emploierons donc dans ce chapitre le vocabulaire classique de la théorie des graphes : par exemple, un nœud F sera dit *descendant* d'un nœud A s'il existe un *chemin* (une suite d'arcs, ici orientés) entre F et A. Les termes

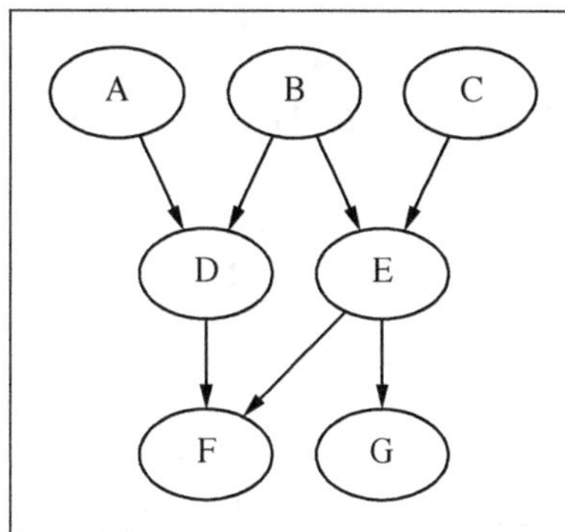

FIGURE 20.2 : *Un graphe orienté sans cycle. Les* parents *de F sont D et E. Les* ancêtres *de F sont D, E, A, B et C. Les* fils *de B sont D et E. Les* descendants *de B sont D, E, F et G. Les* non-descendants *de A sont B, C, E et G.*

de *parent, descendant direct* ou *fils, descendant, non-descendant* et *ancêtre* seront utilisés (des exemples sont donnés à la figure 20.2).

Chaque nœud d'un réseau bayésien porte une étiquette qui est un des attributs du problème. Ces attributs sont binaires, pouvant prendre (avec une certaine probabilité) la valeur *Vrai* ou *Faux*, ce qui signifie qu'une variable aléatoire est associée à chaque attribut. Comme à chaque nœud est associé un attribut, donc une variable aléatoire différente, nous pouvons confondre par la suite un nœud, un attribut et la variable aléatoire associée.

Nous notons la probabilité que la variable X soit $VRAI$ par $\mathbf{P}(X = VRAI)$, ou en raccourci $\mathbf{P}(X)$. On a : $\mathbf{P}(X = FAUX) = 1 - \mathbf{P}(X = VRAI)$, ce que nous notons : $\mathbf{P}(\neg X) = 1 - \mathbf{P}(X)$.

2.2   Condition de Markov sur les réseaux bayésiens

Les indépendances conditionnelles codées par le graphe sont calculables grâce à un critère formel de théorie des graphes que l'on appelle la *d-séparation*. Ce critère graphique permet le calcul des indépendances conditionnelles en temps polynomial en fonction du nombre de variables. Ainsi par exemple, un critère plus faible est celui de *condition de Markov* sur un réseau bayésien.

Définition 20.1 (Condition de Markov)

Dans un réseau bayésien, tout nœud est conditionnellement indépendant de ses non-descendants, connaissant ses parents.

En termes plus formels, notons $\mathcal{A}(X)$ n'importe quel ensemble de nœuds qui ne sont *pas* des descendants de X et $\mathcal{P}(X)$ l'ensemble des parents de X. Alors la propriété précédente s'écrit :

$$\mathbf{P}(X|\mathcal{A}(X), \mathcal{P}(X)) = \mathbf{P}(X|\mathcal{P}(X)) \tag{20.4}$$

Autrement dit, l'ensemble des valeurs $\mathbf{P}(X|\mathcal{P}(X))$, avec X parcourant l'ensemble des nœuds du graphe, suffit à déterminer complètement l'ensemble de toutes les probabilités conditionnelles d'un réseau bayésien.

Compte tenu de la structure particulière du graphe, on peut démontrer [Nea04] (pp.39-40) que la condition 20.4 peut se réécrire sous la forme suivante :

Théorème 20.1

Soit $\mathcal{V} = \{X_1, \ldots, X_N\}$ l'ensemble des nœuds du graphe. On a :

$$\mathbf{P}(X_1, \ldots, X_N) = \prod_{i=1}^{N} \mathbf{P}(X_i | \mathcal{P}(X_i)) \tag{20.5}$$

Ce théorème permet de réduire le problème, de la détermination d'un immense nombre de valeurs de probabilités à celle d'un nombre généralement beaucoup plus restreint.

—— EXEMPLE ————————————————————————————————————

Nous adaptons de [Nil98] l'exemple dont le graphe est donné à la figure 20.3.

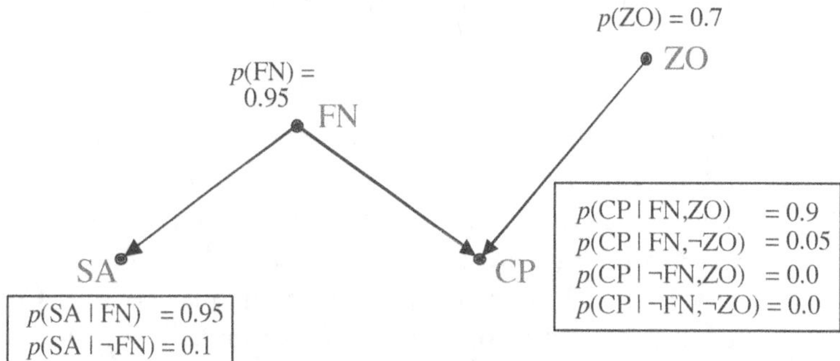

FIGURE 20.3 : *Le graphe du réseau bayésien qui exprime « Il y a un cygne à bec jaune sur ma pelouse ».*

Ce réseau reprend le problème de l'introduction, avec les notations suivantes :

- FN : il fait **F**roid en **N**orvège ;

- ZO : la cage des cygnes est ouverte au **ZO**o ;

- CP : il y a un **C**ygne sauvage sur ma **P**elouse ;

- SA : le prix du **S**aumon a **A**ugmenté ;

FN et ZO ont une influence directe sur CP puisque ce sont donc ses nœuds parents. De même, FN a une influence directe sur SA.

La spécification complète d'un réseau bayésien doit affecter à chaque variable toutes les probabilités conditionnelles significatives (celles de l'équation 20.5). Compte tenu des dépendances de notre exemple, il faut donc d'abord spécifier les valeurs $\mathbf{P}(FN)$ et $\mathbf{P}(ZO)$ qui sont non conditionnelles, puisque les nœuds correspondants sont tous les deux sans ancêtres. Notons que les variables FN et ZO sont indépendantes pour la même raison. Il nous faut, pour le nœud SA, donner $\mathbf{P}(SA \mid FN)$ et $\mathbf{P}(SA \mid \neg FN)$ et, pour le nœud CP, donner quatre valeurs : $\mathbf{P}(CP \mid FN, ZO)$, $\mathbf{P}(CP \mid FN, \neg ZO)$, $\mathbf{P}(CP \mid \neg FN, ZO)$ et $\mathbf{P}(CP \mid \neg FN, \neg ZO)$. Notre réseau sera donc complet si nous lui ajoutons par exemple le tableau suivant :

$\mathbf{P}(FN)$	0.95
$\mathbf{P}(ZO)$	0.7
$\mathbf{P}(SA \mid FN)$	0.95
$\mathbf{P}(SA \mid \neg FN)$	0.1
$\mathbf{P}(CP \mid FN, ZO)$	0.9
$\mathbf{P}(CP \mid FN, \neg ZO)$	0.05
$\mathbf{P}(CP \mid \neg FN, ZO)$	0
$\mathbf{P}(CP \mid \neg FN, \neg ZO)$	0

Ces valeurs sont données arbitrairement pour spécifier notre exemple. $\mathbf{P}(SA|FN) = 0.95$ signifie en particulier que nous posons qu'il y a 95 % de chances que le prix du saumon augmente s'il fait froid en Norvège et $\mathbf{P}(SA \mid \neg FN) = 0.1$ qu'il y a 10 % de chances qu'il augmente sans qu'il fasse particulièrement froid dans ce pays. Ces valeurs peuvent être obtenues par apprentissage, comme nous le verrons dans la section 4.

2.3   Définition formelle d'un réseau bayésien

Compte tenu de ce qui a été dit, nous pouvons maintenant donner une définition complète d'un réseau bayésien.

Définition 20.2 (Réseau bayésien)

Un réseau bayésien *est un couple* (G, Θ)*, avec :*

- *G est un graphe orienté sans cycle.*
- *Θ est une distribution de probabilités définies sur les variables du graphe.*
- *À chaque nœud de G est associée une variable aléatoire et une seule.*
- *Soit $\{X_1, \ldots, X_N\}$ l'ensemble de ces variables aléatoires. La propriété suivante découle de la structure de graphe sans cycle :*

$$\Theta = \mathbf{P}(X_1, \ldots, X_N) = \prod_{i=1}^{N} \mathbf{P}(X_i|\mathcal{P}(X_i)) \tag{20.6}$$

avec $\mathcal{P}(X_i)$ l'ensemble des variables associées aux parents du nœud associé à X_i.

Un réseau bayésien est donc complètement spécifié quand son graphe a été décrit et quand, pour chaque nœud de ce graphe, les probabilités conditionnelles de ce nœud connaissant chacun de ces parents sont données.

Par définition, un réseau bayésien satisfait la condition de Markov 20.4.

2.4   La d-séparation

Il est possible de généraliser la condition de Markov au calcul de l'indépendance de sous-ensembles de nœuds dans le graphe, ce qui permettra d'accélérer notoirement les calculs d'inférence. L'idée est d'identifier les indépendances conditionnelles entre sous-ensembles de variables $\mathcal{V}_1$ et $\mathcal{V}_2$, étant donné un autre sous-ensemble $\mathcal{V}_3$ uniquement sur des critères graphiques dans G, de telle manière que ces indépendances correspondent bien à *toutes* les indépendances conditionnelles existantes dans Θ.

Soit un ensemble de nœuds $\{X_1, X_2, \ldots, X_k\}$ dans G, où $k \geq 2$ et tel que (X_{i-1}, X_i) ou (X_i, X_{i-1}) soit un arc de G. Alors, l'ensemble des arcs (non orientés) connectant les k nœuds est appelée *chaîne* entre X_1 et X_k. Afin de préciser l'orientation des arcs entre variables, on utilise la notation $X_{i-1} \to X_i$ ou $X_{i-1} \leftarrow X_i$.

On a alors les propriétés élémentaires suivantes :

- Dans une chaîne $X \to Z \to Y$ (séquence simple), X et Y sont indépendantes conditionnellement à Z, car la connaissance de la valeur de Z rend inutile la connaissance de X (ou de Y) pour connaître la valeur de Y (ou de X).

- Dans une chaîne $X \rightarrow Z \leftarrow Y$ (appelée une V-structure), X et Y sont indépendantes, sauf si Z est connue.

- Dans une chaîne $X \leftarrow Z \rightarrow Y$ (Λ-structure), X et Y sont dépendantes sauf si Z est connue, car le fait de connaître la valeur de Z rend inutile la connaissance de X pour connaître celle de Y et vice versa.

On peut alors énoncer une propriété sur les chaînes en fonction d'un sous-ensemble de nœuds.

Définition 20.3 (Chaîne bloquée)

*Soient un graphe orienté acyclique $G = \{\mathcal{N}, \mathcal{A}\}$ constitué des nœuds $\mathcal{N}$ et des arcs $\mathcal{A}$, un sous-ensemble de nœuds $\mathcal{Z} \in \mathcal{N}$, X et Y deux nœuds dans $\mathcal{N} \setminus \mathcal{Z}$ et ρ une chaîne entre X et Y. Alors la chaîne ρ est **bloquée** par $\mathcal{Z}$ si l'une des conditions suivantes est vérifiée :*

1. *Il y a un nœud Z dans $\mathcal{Z}$ sur la chaîne ρ et les arcs incidents à Z sur ρ se rencontrent selon une séquence simple $(\ldots \rightarrow Z \rightarrow \ldots)$.*

2. *Il y a un nœud Z dans $\mathcal{Z}$ sur la chaîne ρ et les arcs incidents à Z sur ρ se rencontrent selon une Λ-structure $(\ldots \leftarrow Z \rightarrow \ldots)$.*

3. *Il y a un nœud Z dans $\mathcal{Z}$ sur la chaîne ρ et les arcs incidents à Z sur ρ se rencontrent selon une V-structure $(\ldots \rightarrow Z \leftarrow \ldots)$.*

*Il peut y avoir davantage qu'un seul nœud dans $\mathcal{Z}$ vérifiant ces propriétés. On dit qu'une chaîne est **active** si elle n'est pas bloquée par $\mathcal{Z}$.*

—— EXEMPLE **Blocage de chemin** ———————————————————————————————

Soit le graphe acyclique orienté de la figure 20.4. Nous avons les propriétés suivantes :

1. La chaîne $Y \leftarrow X \rightarrow Z \rightarrow S$, notée pour simplifier $[Y, X, Z, S]$ est bloquée par $\{X\}$ car les arcs incidents à X sur la chaîne se rencontrent selon une Λ-structure en X. Cette chaîne est également bloquée par $\{Z\}$ car les arcs incidents à Z se rencontrent selon une séquence simple.

2. La chaîne $[W, Y, R, Z, S]$ est bloquée par $\emptyset$ car $R \notin \emptyset$, $T \notin \emptyset$ et les arcs incidents à R sur la chaîne se rencontrent selon une V-structure.

3. La chaîne $[W, Y, R, S]$ est bloquée par $\{R\}$ car les arcs incidents à R sur le chemin se rencontrent selon une séquence simple.

4. La chaîne $[W, Y, R, Z, S]$ est *non* bloquée par $\{R\}$ car les arcs incidents en R sur le chemin se rencontrent selon une V-structure. De plus la chaîne est *non* bloquée par $\{T\}$ car T est un descendant de R.

Définition 20.4 (d-séparation de variables)

*Soient un graphe orienté acyclique $G = \{\mathcal{N}, \mathcal{A}\}$ constitué des nœuds $\mathcal{N}$ et des arcs $\mathcal{A}$, un sous-ensemble de nœuds $\mathcal{Z} \in \mathcal{N}$, X et Y deux nœuds dans $\mathcal{N} \setminus \mathcal{Z}$. Les nœuds X et Y sont **d-séparés** par $\mathcal{Z}$ dans G si toutes les chaînes entre X et Y sont bloquées par $\mathcal{Z}$.*

—— EXEMPLE **d-séparation** ————————————————————————————————————

Soit le graphe acyclique orienté de la figure 20.4. Nous avons les propriétés suivantes :

1. X et R sont d-séparées par $\{Y, Z\}$ car la chaîne $[X, Y, R]$ est bloquée en Y, et la chaîne $[X, Z, R]$ est bloquée en Z.

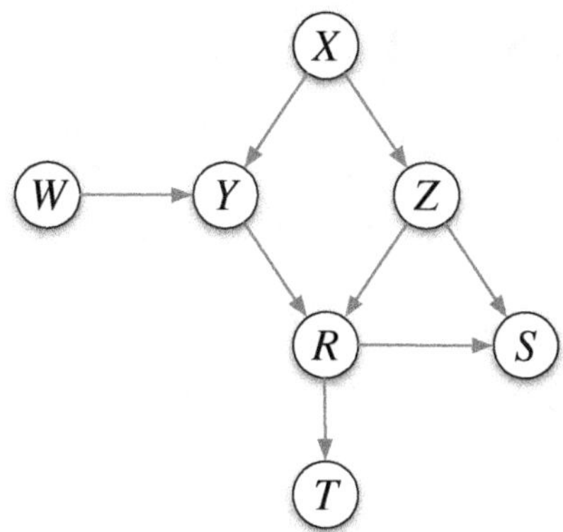

FIGURE 20.4 :   *Un graphe acyclique orienté pour illustrer le blocage de chemin (tiré de [Nea04]).*

2. X et T sont d-séparées par $\{Y, Z\}$ car la chaîne $[X, Y, R, T]$ est bloquée en Y, la chaîne $[X, Z, R, T]$ est bloquée en Z, et la chaîne $[X, Z, S, R, T]$ est bloquée en Z et en S.

3. W et T sont d-séparées par $\{R\}$ car les chaînes $[W, Y, R, T]$ et $[W, Y, X, Z, R, T]$ sont bloquées toutes les deux en R.

4. Y et Z sont d-séparées par $\{X\}$ car la chaîne $[Y, X, Z]$ est bloquée en X, la chaîne $[Y, R, Z]$ est bloquée en R, et la chaîne $[Y, R, S, Z$ est bloquée en S.

5. W et X sont d-séparées par $\emptyset$ car la chaîne $[W, Y, X]$ est bloquée en Y, la chaîne $[W, Y, R, Z, X]$ est bloquée en R, et la chaîne $[W, Y, R, S, Z, X]$ est bloquée en S.

6. W et X *ne sont pas* d-séparées par $\{Y\}$ car la chaîne $[W, Y, X]$ n'est pas bloquée en Y puisque $Y \in \{Y\}$ et qu'elle ne peut pas être bloquée ailleurs.

7. W et T *ne sont pas* d-séparées par $\{Y\}$ car même si la chaîne $[W, Y, R, T]$ est bloquée en Y, la chaîne $[W, Y, X, Z, R, T]$ n'est pas bloquée en Y puisque $Y \in \{Y\}$ et cette chaîne n'est bloquée nulle part ailleurs car aucun autre nœud n'est dans $\{Y\}$ et qu'il n'y a pas d'autres V-structure sur elle.

Définition 20.5 (d-séparation de sous-ensembles de variables)

*Soient un graphe orienté acyclique $G = \{\mathcal{N}, \mathcal{A}\}$ constitué des nœuds $\mathcal{N}$ et des arcs $\mathcal{A}$, un sous-ensemble de nœuds $\mathcal{Z} \in \mathcal{N}$, $\mathcal{X}$ et $\mathcal{Y}$ deux sous-ensembles de nœuds dans $\mathcal{N} \setminus \mathcal{Z}$. $\mathcal{X}$ et $\mathcal{Y}$ sont **d-séparés** par $\mathcal{Z}$ dans G si toutes les chaînes entre nœuds de $\mathcal{X}$ et nœuds de $\mathcal{Y}$ sont bloquées par $\mathcal{Z}$.*

Il est prouvé que le concept de d-séparation défini sur les graphes correspond bien au concept d'indépendance conditionnelle entre les variables d'une distribution de probabilités jointe (preuve dans [Nea04] pp.77-80).

Il existe des algorithmes efficaces pour déterminer les d-séparations.

2.5   L'équivalence de Markov

De nombreux graphes acycliques orientés ont les mêmes d-séparations. On dit qu'ils sont équivalents au sens de Markov.

Définition 20.6 (Équivalence de Markov)

*Soient deux graphes $G_1 = \{\mathcal{N}, \mathcal{A}_1\}$ et $G_2 = \{\mathcal{N}, \mathcal{A}_2\}$ ayant le même ensemble de nœuds $\mathcal{N}$. Les graphes G_1 et G_2 sont dits **équivalents au sens de Markov** si, pour tout triplet de sous-ensembles de nœuds disjoints $\mathcal{X}$, $\mathcal{Y}$ et $\mathcal{Z}$, $\mathcal{X}$ et $\mathcal{Y}$ sont d-séparés par $\mathcal{Z}$ dans G_1 si, et seulement si, $\mathcal{X}$ et $\mathcal{Y}$ sont d-séparés par $\mathcal{Z}$ dans G_2.*

—— EXEMPLE **Équivalence de Markov** ————————————————————————

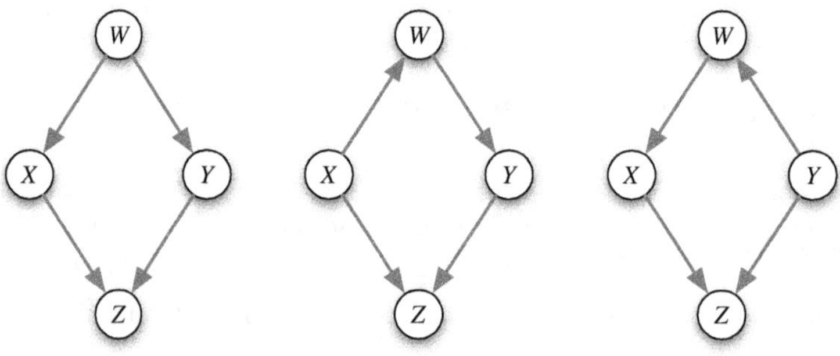

FIGURE 20.5 : *Trois graphes acycliques orientés équivalents au sens de Markov. Aucun autre graphe acyclique orienté n'est équivalent à eux.*

Théorème 20.2 (Équivalence de Markov)

Deux graphes acycliques orientés $\mathcal{G}_1$ et $\mathcal{G}_2$ sont équivalents au sens de Markov, si et seulement si ils partagent les mêmes liens (sans distinction d'orientation) et le même ensemble de V-structures.

Ce théorème, démontré pour la première fois par [PGV89], permet de développer des algorithmes polynomiaux pour déterminer si deux graphes sont équivalents au sens de Markov.

2.6 Couverture de Markov

Un réseau bayésien peut comporter de nombreux nœuds et les probabilités conditionnelles d'un nœud peuvent être influencées par la valeur d'un nœud distant dans le graphe. Cependant, généralement, l'instanciation d'un ensemble de nœuds proches peut isoler un nœud de l'effet de tous les autres.

Définition 20.7 (Couverture de Markov)

*Soient $\mathcal{N}$ un ensemble de variables aléatoires, Θ leur distribution de probabilités jointe et X une variable de $\mathcal{N}$. Alors, **une couverture de Markov** M de X est tout sous-ensemble de variables de $\mathcal{N}$ tel que X soit conditionnellement indépendante de toutes les autres variables étant donnée M.*

Un théorème permet d'identifier une telle couverture facilement.

Théorème 20.3 (Couverture de Markov)

Soit un réseau (G, Θ) satisfaisant la condition de Markov. Alors, pour chaque variable X, l'ensemble de tous les parents de X, enfants de X et parents des enfants de X constitue une couverture de Markov de X.

La notion de couverture de Markov n'est pas seulement utile dans le cadre des réseaux bayésiens, elle est également utilisée comme base de méthodes pour la sélection d'attributs, comme on l'a vu au chapitre 18, section 1.4.

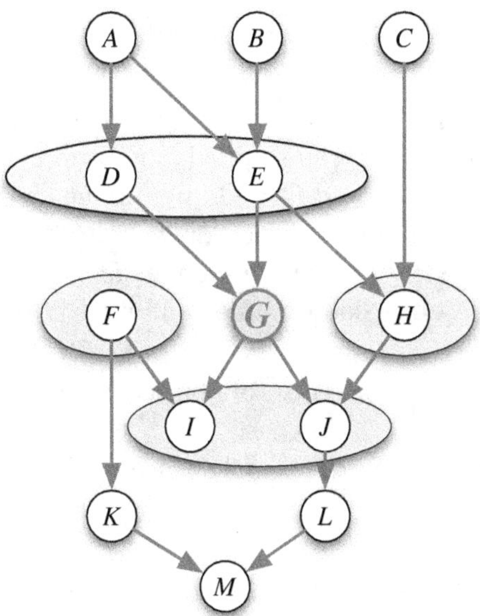

FIGURE 20.6 :   *La couverture de Markov du nœud G est constituée de ses parents $\{D, E\}$, de ses fils $\{I, J\}$ et des parents de ses fils $\{F, H\}$.*

3. Les inférences dans les réseaux bayésiens

Un réseau bayésien est donc un graphe de corrélation entre variables auquel est associée une représentation probabiliste sous-jacente. La correspondance qui existe entre la structure graphique et la structure probabiliste correspondante permet de ramener l'ensemble des problèmes d'inférence à des problèmes de théorie des graphes, qui restent cependant assez complexes.

Ainsi, une fois qu'un réseau bayésien a été construit pour rendre compte d'un domaine, on cherche souvent à l'utiliser pour déterminer des probabilités correspondant à certains événements, certaines questions, certaines dépendances. En général, ces probabilités ne sont pas stockées dans le réseau et il faut donc les calculer. Comme un réseau bayésien code la distribution de probabilités jointe pour l'ensemble des variables du domaine, il permet en principe de calculer n'importe quelle probabilité d'intérêt. Les règles du calcul probabiliste sont utilisées pour cela. Dans la pratique, on rencontre cependant deux difficultés : d'une part, les calculs ne sont vraiment possibles que pour des variables à valeur discrète et, d'autre part, il faut savoir tenir compte d'indépendances conditionnelles dans le réseau pour maîtriser la complexité des calculs. Plusieurs méthodes ont été mises au point pour cela.

3.1 Schémas d'inférence

Nous cherchons maintenant à calculer d'autres probabilités conditionnelles pour exprimer l'influence des variables les unes sur les autres. Par exemple :

- *Quelle est la probabilité pour qu'il y ait un cygne sur ma pelouse sachant que le zoo a laissé une cage ouverte ?*

- *Quelle est la probabilité que le zoo soit en état normal sachant qu'il ne fait pas particulièrement froid en Norvège ?*

- *Quelle est la probabilité que le zoo soit en état normal sachant que le saumon n'a pas augmenté et qu'il ne fait pas particulièrement froid en Norvège ?*

En termes formels, il s'agit de calculer les probabilités conditionnelles $\mathbf{P}(CP|ZO)$, $\mathbf{P}(\neg ZO|\neg CP)$ et $\mathbf{P}(\neg ZO \mid \neg FN, \neg CP)$. Le **premier cas** s'appelle une *inférence causale* ou *descendante* : en effet, le nœud ZO est un ancêtre du nœud CP. On peut donc considérer ZO comme une *cause*[2] de CP. Toutefois, cela ne veut pas dire qu'il n'y ait pas de dépendance inverse. Le **deuxième calcul** s'appelle une *inférence ascendante* ou un *diagnostic* : il s'agit de comprendre une variable par ses conséquences. Le **troisième cas** est une combinaison des deux premiers, appelée une *explication*.

D'une manière générale, le calcul de ces probabilités conditionnelles se base sur la **formule de Bayes** :

$$\mathbf{P}(X,Y) = \mathbf{P}(X|Y)\mathbf{P}(Y) = \mathbf{P}(Y|X)\mathbf{P}(X)$$

et sur la règle du *chaînage* des probabilités conditionnelles :

$$\mathbf{P}(X_1,\ldots,X_N) = \mathbf{P}(X_N|X_{N-1},\ldots,X_1)\mathbf{P}(X_{N-1} \mid X_{N-2},\ldots,X_1)\ldots\mathbf{P}(X_2|X_1)\mathbf{P}(X_1)$$

$$= \prod_{i=1}^{N}\mathbf{P}(X_i|X_{i-1},\ldots,X_1)$$

Par exemple, pour quatre variables :

$$\mathbf{P}(X_1,X_2,X_3,X_4) = \mathbf{P}(X_4|X_3,X_2,X_1)\mathbf{P}(X_3|X_2,X_1)\mathbf{P}(X_2|X_1)\mathbf{P}(X_1)$$

—— Exemple **Calcul d'inférence causale** ————————————————————

Pour calculer $\mathbf{P}(CP|ZO)$, il faut faire intervenir l'autre parent de CP :

$$\mathbf{P}(CP|ZO) = \mathbf{P}(CP,FN|ZO) + \mathbf{P}(CP,\neg FN|ZO)$$

puis « conditionner » ce parent par rapport à ZO :

$$\mathbf{P}(CP|ZO) = \mathbf{P}(CP|FN,ZO)\mathbf{P}(FN|ZO) + \mathbf{P}(CP|\neg FN,ZO)\mathbf{P}(\neg FN|ZO)$$

Nous savons, puisque FN n'a pas de parent, que $\mathbf{P}(FN|ZO) = \mathbf{P}(FN)$ et que de même $\mathbf{P}(\neg FN|ZO) = \mathbf{P}(\neg FN)$. D'où :

$$\mathbf{P}(CP|ZO) = \mathbf{P}(CP|FN,ZO)\mathbf{P}(FN) + \mathbf{P}(CP|\neg FN,ZO)\mathbf{P}(\neg FN)$$

$$= 0.9 \times 0.95 + 0. \times (1 - 0.95) = 0.855$$

La généralisation de ce calcul est assez facile ([Nil98] et [BN99]).

——

---

2. Le terme *cause* est à considérer avec prudence : il ne signifie pas ici implication logique.

—— EXEMPLE   **Calcul de diagnostic** ——————————————————————————————

Ici, il faut renverser l'ordre des variables en utilisant la règle de Bayes :

$$\mathbf{P}(\neg ZO|\neg M) = \frac{\mathbf{P}(\neg M|\neg ZO)\mathbf{P}(\neg ZO)}{\mathbf{P}(\neg M)}$$

Nous pouvons maintenant calculer $\mathbf{P}(\neg M, \neg ZO)$ par inférence causale :

$$
\begin{aligned}
\mathbf{P}(\neg CP, \neg ZO) &= \mathbf{P}(\neg CP, FN|\neg ZO) + P(\neg CP, \neg FN|\neg ZO) \\
&= \mathbf{P}(\neg CP|FN, \neg ZO)\mathbf{P}(FN, \neg ZO) \\
&\quad + \mathbf{P}(\neg CP|\neg FN, \neg ZO)\mathbf{P}(\neg FN, \neg ZO) \\
&= \mathbf{P}(\neg CP|FN, \neg ZO)\mathbf{P}(FN) + \mathbf{P}(\neg CP|\neg FN, \neg ZO)\mathbf{P}(\neg FN) \\
&= (1 - 0.05) \times 0.95 + (1.) \times 0.05 = 0.9525
\end{aligned}
$$

D'où :

$$\mathbf{P}(\neg ZO, \neg CP) = \frac{0.9525 \times P(\neg ZO)}{P(\neg CP)} = \frac{0.9525 \times 0.3}{P(\neg CP)} = \frac{0.28575}{P(\neg CP)} \tag{20.7}$$

Nous ne connaissons pas $P(\neg CP)$, mais nous contournons la difficulté en le traitant comme un facteur de normalisation en calculant, sans donner encore une fois le détail :

$$\mathbf{P}(ZO|\neg CP) = \frac{\mathbf{P}(\neg CP \mid ZO)\mathbf{P}(ZO)}{\mathbf{P}(\neg CP)} = \frac{0.0595 \times 0.7}{\mathbf{P}(\neg CP)} = \frac{0.03665}{\mathbf{P}(\neg CP)} \tag{20.8}$$

Comme $\mathbf{P}(\neg ZO|\neg M) + \mathbf{P}(ZO|\neg CP) = 1$, on déduit des équations 20.7 et 20.8 :

$$\mathbf{P}(\neg ZO|\neg M) = 0.88632$$

La généralisation de ce calcul à tout réseau bayésien est également facile.

———

—— EXEMPLE   **Calcul d'explication** ——————————————————————————————

Ici, le calcul se fait en employant à la fois la règle de Bayes et la règle de chaînage des probabilités conditionnelles.

$$
\begin{aligned}
\mathbf{P}(\neg ZO|\neg FN, \neg CP) &= \frac{\mathbf{P}(\neg CP, \neg FN,|\neg ZO)\mathbf{P}(ZO)}{\mathbf{P}(\neg FN, \neg CP)} && \text{Règle de Bayes} \\[2ex]
&= \frac{\mathbf{P}(\neg CP|\neg FN, \neg ZO)\mathbf{P}(\neg FN|\neg ZO)\mathbf{P}(\neg ZO)}{\mathbf{P}(\neg FN, \neg CP)} && \text{Définition} \\
&&& \text{des probabilités} \\
&&& \text{conditionnelles} \\[2ex]
&= \frac{\mathbf{P}(\neg CP|\neg FN, \neg ZO)\mathbf{P}(\neg FN)\mathbf{P}(\neg ZO)}{\mathbf{P}(\neg FN, \neg CP)} && FN \text{ et } ZO \\
&&& \text{indépendants}
\end{aligned}
$$

Tous les termes de cette expression sont définis par le réseau, sauf $\mathbf{P}(\neg FN, \neg CP)$, calculable par diagnostic. On trouve finalement $\mathbf{P}(\neg ZO|\neg FN, \neg CP) = 0.03$.

Cette valeur est inférieure à $\mathbf{P}(\neg ZO, \neg CP)$, ce qui signifie que savoir en plus que le prix du saumon n'a pas augmenté réduit la probabilité que le zoo soit en état normal sachant qu'il ne fait pas spécialement froid en Norvège.

La généralisation de ce calcul à tout réseau bayésien est encore possible, mais l'organisation des calculs demande évidemment un algorithme plus complexe.

Complexité des calculs

Comme on l'a entrevu, il est donc possible en organisant correctement les calculs de dériver (à partir de la structure et des probabilités données au départ) toutes les probabilités conditionnelles du type $\mathbf{P}(\mathcal{V}|\mathcal{W})$, où $\mathcal{V}$ et $\mathcal{W}$ sont des ensembles de nœuds.

Malheureusement, il a été démontré que ce calcul est NP-complet, c'est-à-dire qu'il n'existe vraisemblablement pas, si $\mathcal{V}$ et $\mathcal{W}$ sont quelconques, d'algorithme dont le temps de calcul soit polynomial en fonction du nombre total de nœuds du réseau. Il faut donc chercher à réduire ce temps de calcul en tenant compte le mieux possible de la structure, ce qui peut se faire de deux manières. La première consiste à trouver une relation entre la géométrie du graphe du réseau et l'*indépendance conditionnelle* de sous-ensembles de ses nœuds en étudiant la *d-séparation* des nœuds du graphe. La seconde consiste à contraindre la structure pour que les calculs se développent facilement (par exemple, dans les graphes particuliers que sont les *polyarbres*).

Encore n'avons-nous parlé là que de réseaux sans boucles. Dans le cas de réseaux à boucles, c'est-à-dire dans lesquels il peut exister plusieurs chemins entre deux nœuds, il faut avoir recours à d'autres techniques, principalement :

- Les **méthodes de conditionnement** dans lesquelles on cherche à étendre les propriétés d'indépendance conditionnelle dans le graphe en cherchant des sous-ensembles de variables séparant d'autres sous-ensembles de variables.

- Les **méthodes de regroupement** *(méthode des arbres de jonction)*. Elles consistent à se ramener à un réseau sans boucle en créant des nœuds plus complexes qui représentent plusieurs nœuds du graphe original. Nous ne parlerons pas davantage de ces méthodes ici (voir sur ce sujet par exemple [BN99]).

- Les **méthodes d'approximations utilisant des méthodes de Monte-Carlo** pour estimer les probabilités en chaque nœud connaissant la probabilité de certains nœuds.

La d-séparation exploitée au niveau local des nœuds d'un graphe dans la section 2 (équation 20.6) peut être généralisée au calcul de l'indépendance de sous-ensembles de nœuds dans le graphe.

Il existe plusieurs familles d'algorithmes exploitant les indépendances conditionnelles codées par les réseaux bayésiens.

On trouve des **algorithmes exacts**, dont :

- *Message passing* de Pearl (1988) pour les réseaux ayant une structure d'arbre.

- *Arbres de jonction (Junction tree)* de Jensen (1990).

- Algorithme de Shafer-Shenoy (1990).

Ces algorithmes sont malheureusement sujets à une explosion combinatoire pour les graphes fortement connectés. Des **méthodes approchées** ont donc été proposées s'appuyant sur :

- des techniques d'échantillonnage ;

- des méthodes variationnelles.

La figure 20.7 illustre le type de calcul, organisé comme propagation de probabilités, possible avec ces méthodes.

L'objet de cet ouvrage n'étant pas de décrire les méthodes d'inférence, nous renvoyons les lecteurs intéressés à l'abondante littérature sur ces techniques, dont l'ouvrage en français [NWL$^+$07].

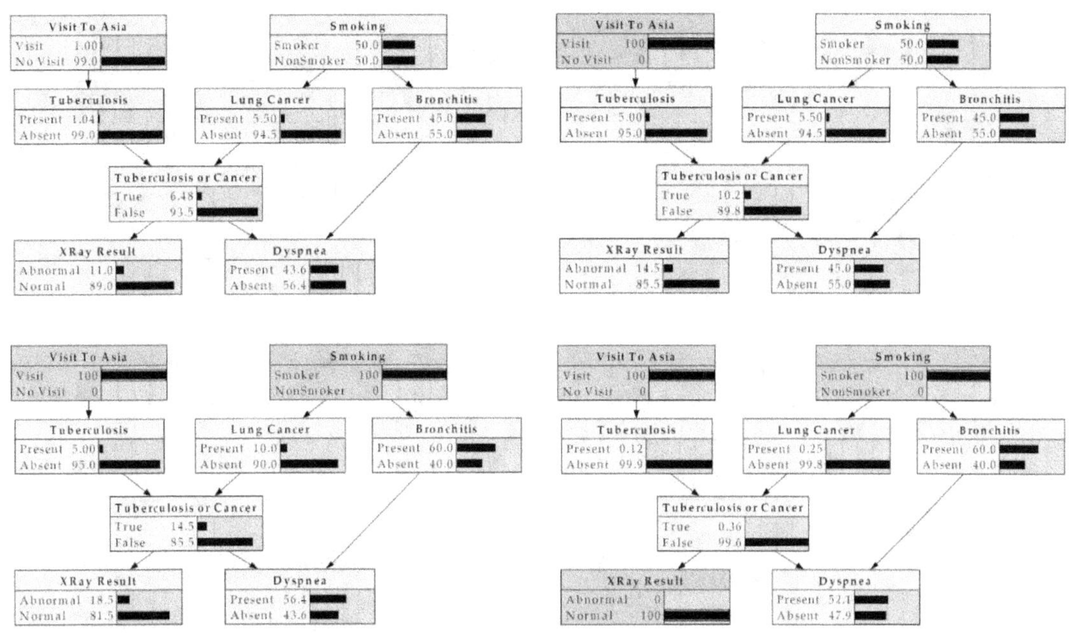

FIGURE 20.7 : *Exemples d'inférence dans un petit réseau bayésien. Les barres noires indiquent la probabilité de la valeur associée de la variable correspondant à un nœud. Dans chacune des figures, les nœuds grisés correspondent à des variables mesurées, appelées* **evidence** *en anglais, que nous appellerons « symptômes » (figures tirées d'un tutoriel de Philippe Leray à la conférence plate-forme AFIA-2009.)*

4.   L'apprentissage des réseaux bayésiens

Jusqu'au début des années quatre-vingt-dix, les réseaux bayésiens étaient construits à la main, par un expert du domaine. Il s'agissait cependant d'un travail laborieux et délicat. On a donc depuis cherché des techniques permettant d'apprendre ou d'affiner les paramètres d'un réseau bayésien dont la structure est donnée, ou bien même d'apprendre sa structure. L'apprentissage consiste à trouver un réseau bayésien modélisant les données connues en s'appuyant éventuellement sur des connaissances préalables (figure 20.8). Quatre grandes familles de problèmes sont rencontrées qui correspondent à des classes de méthodes d'apprentissage spécifiques. Nous examinons tour à tour ces différents types de problèmes.

4.1   Apprentissage des paramètres (avec structure connue)

Dans le cas où la structure du réseau est connue (grâce à un expert par exemple), le problème est d'*estimer les paramètres de ce réseau*, c'est-à-dire les tables de probabilités conditionnelles en chaque nœud. Il s'agit de trouver le réseau le « plus proche » de la loi de probabilité ayant engendré les données. Cette tâche est similaire à celle consistant à estimer un paramètre Θ permettant de modéliser les données $\mathcal{S} = (\mathbf{x}_1, \mathbf{x}_2, \ldots, \mathbf{x}_m)$ par une distribution $\mathbf{P}(\mathcal{S}|\Theta)$.

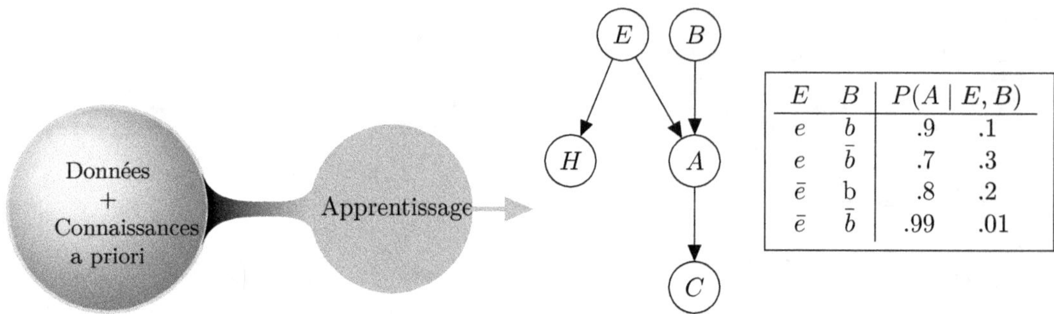

FIGURE 20.8 :   *Un réseau bayésien comprend à la fois une structure et des paramètres associés aux nœuds de cette structure (les probabilités conditionnelles). L'apprentissage consiste à estimer les paramètres et parfois aussi la structure.*

	Structure connue (estimation de paramètres)	*Structure inconnue*
Données complètes	**Estimation statistique** paramétrique (*maximum de vraisemblance* ou *maximum a posteriori*)	**Optimisation discrète sur les structures** (algorithmes de recherche discrète)
Données incomplètes	**Optimisation paramétrique** (EM, descente de gradient...)	**Combinaison de méthodes** (EM structurelle, mélange de modèles...)

4.1.1   ... et données complètes

En général, le choix du paramètre dépend du choix de la famille de distributions de probabilités : multinomiale, gaussienne, de Poisson, etc. Cependant, le principe est toujours de chercher la valeur du paramètre Θ maximisant la **fonction de vraisemblance** [3] :

$$\mathcal{L}(\Theta : \mathcal{S}) = \mathbf{P}(\mathcal{S}|\Theta) = \prod_{i=1}^{m} \mathbf{P}(z_i|\Theta)$$

Dans le cas d'un réseau bayésien, la vraisemblance s'écrit en prenant en compte les indépendances conditionnelles des nœuds n_j en fonction de leurs parents Pa_j. On aura ainsi pour m données $\mathbf{x}_i$, chacune étant décrite par d attributs $\mathbf{x}_i(j)$ (soit ici d nœuds du réseau) :

$$\mathcal{L}(\Theta : \mathcal{S}) = \prod_{i=1}^{m} \mathbf{P}(\mathbf{x}_i(1), \ldots, \mathbf{x}_i(d) : \Theta) = \prod_{i=1}^{m}\prod_{j=1}^{d} \mathbf{P}(\mathbf{x}_i(j)|Pa_j : \Theta_j)$$

$$= \prod_{j=1}^{d}\prod_{i=1}^{m} \mathbf{P}(\mathbf{x}_i(j)|Pa_j : \Theta_j) = \prod_{j=1}^{d} \mathcal{L}_j(\Theta_j : \mathcal{S})$$

---

3. Des détails sur le principe du maximum de vraisemblance figurent dans les chapitres 3 et 19.

La vraisemblance se décompose selon la structure du réseau. De ce fait, on a affaire maintenant à plusieurs problèmes indépendants d'estimation de vraisemblance : le problème est factorisé. Si les paramètres de chaque famille ne sont pas reliés, ils peuvent être estimés indépendamment les uns des autres.

Nous avons examiné précédemment le problème de l'estimation de la valeur la plus probable du paramètre Θ : il s'agit là de l'approche du *maximum de vraisemblance*. Nous pourrions aussi envisager ce problème comme celui de l'estimation de densité θ et non plus de sa valeur la plus probable. C'est l'approche de l'*estimation bayésienne*. Nous n'en donnons pas le détail dans le cas présent, mais le principe général est décrit dans le chapitre 25.

Dans tous les cas, il faut avoir recours à des fréquences calculées pour estimer les probabilités conditionnelles.

—— EXEMPLE **Estimation de probabilités conditionnelles par fréquences** ———————————

On suppose ici posséder la structure du réseau et chercher à estimer les probabilités conditionnelles nécessaires. Pour réaliser cette estimation, on dispose d'un certain nombre d'observations sur les variables, c'est-à-dire d'exemples de son comportement.

Reprenons l'exemple de la figure 20.3, en supposant disposer de la table suivante des observations :

SA	CP	FN	ZO	Nombre d'exemples
$VRAI$	$VRAI$	$VRAI$	$VRAI$	54
$VRAI$	$VRAI$	$VRAI$	$FAUX$	1
$VRAI$	$FAUX$	$VRAI$	$VRAI$	7
$VRAI$	$FAUX$	$VRAI$	$FAUX$	27
$FAUX$	$VRAI$	$VRAI$	$VRAI$	3
$FAUX$	$FAUX$	$VRAI$	$FAUX$	2
$FAUX$	$VRAI$	$FAUX$	$VRAI$	4
$FAUX$	$FAUX$	$FAUX$	$FAUX$	2
				100

Prenons le nœud CP du réseau, dont les parents sont FN et ZO. Nous cherchons à estimer les huit valeurs $\mathbf{P}(CP|FN, ZO)$, $\mathbf{P}(CP|\neg FN, ZO)$, ..., $\mathbf{P}(\neg CP|\neg FN, \neg ZO)$. Par exemple, $\mathbf{P}(CP|FN, \neg ZO)$ sera estimée en comptant dans la table le nombre d'exemples pour lesquels CP est $VRAI$, FN est $VRAI$ et ZO est $FAUX$, divisé par le nombre d'exemples pour lesquels FN est $VRAI$ et ZO est $FAUX$. Cette estimation s'écrit donc :
$\widehat{P}(CP|FN, \neg ZO) = \frac{1}{1+27+2} = 0.033$

On trouve ainsi, pour compléter :

$\widehat{P}(FN)$	$(54 + 1 + 7 + 27 + 3 + 2)/100$	$=$	0.94
$\widehat{P}(ZO)$	$(54 + 7 + 4 + 4)/100$	$=$	0.69
$\widehat{P}(SA \mid FN)$	$(54 + 1 + 7)/(54 + 1 + 7 + 27 + 3 + 2)$	$=$	0.66
$\widehat{P}(SA \mid \neg FN)$	$0/(4 + 2)$	$=$	0.0
$\widehat{P}(CP \mid FN, ZO)$	$54/(54 + 7 + 3)$	$=$	0.84
$\widehat{P}(CP \mid FN, \neg ZO)$	$1/(1 + 27 + 2)$	$=$	0.033
$\widehat{P}(CP|\neg FN, ZO)$	$0/4$	$=$	0.0
$\widehat{P}(CP|\neg FN, \neg ZO)$	$0/2$	$=$	0.0

4.1.2   ... et données incomplètes

La différence essentielle avec l'apprentissage de paramètres en présence de données complètes est que le problème de trouver les paramètres correspondant au maximum de vraisemblance est maintenant un problème d'optimisation non linéaire avec potentiellement de très nombreux optima locaux. Les méthodes en descente de gradient deviennent donc plus problématiques. On utilise généralement la méthode EM, décrite dans l'annexe 7 et la figure 20.9. Nous allons l'illustrer ici sur l'exemple vu précédemment.

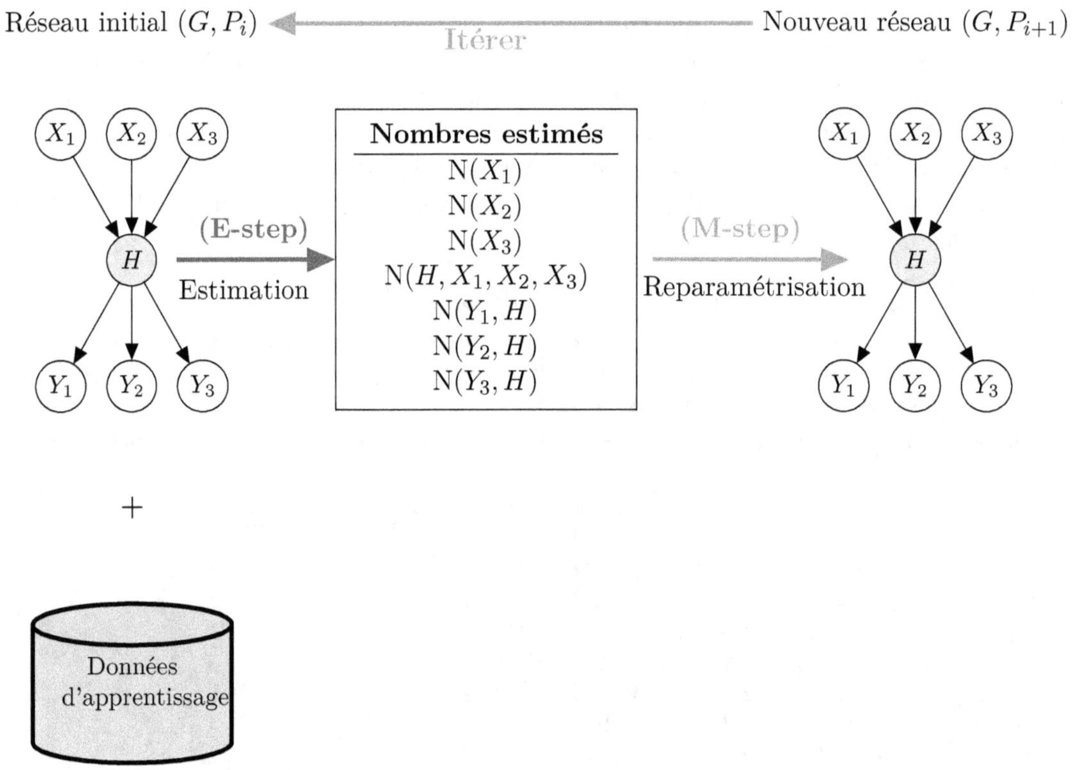

FIGURE 20.9 :   *Principe général de la méthode EM.*

—— EXEMPLE   **Méthode *EM* pour les réseaux bayésiens** ————————————

Reprenons l'exemple précédent en supposant que les informations que nous possédons sont incomplètes, c'est-à-dire que certaines instanciations des variables sont inconnues. Dans cet exemple, trois valeurs manquent : elles sont indiquées par « ? ».

SA	CP	FN	ZO	Nombre d'exemples
$VRAI$	$VRAI$	$VRAI$	$VRAI$	54
$VRAI$	$VRAI$	$VRAI$	$FAUX$	1
?	?	$VRAI$	$VRAI$	7
$VRAI$	$FAUX$	$VRAI$	$FAUX$	27
$FAUX$	$VRAI$	?	$VRAI$	3
$FAUX$	$FAUX$	$VRAI$	$FAUX$	2
$FAUX$	$VRAI$	$FAUX$	$VRAI$	4
$FAUX$	$FAUX$	$FAUX$	$FAUX$	2
				100

Est-il encore possible de réaliser une estimation rationnelle des probabilités conditionnelles caractéristiques ? La réponse (positive) est donnée par l'utilisation de l'algorithme EM (annexe 7). Cependant, il faut d'abord transformer un peu le problème.

Prenons les trois exemples pour lesquels il manque la valeur de B. Dans le tableau des données, en tenant compte de ce que $\mathbf{P}(\neg FN|\neg SA, CP, ZO) = 1 - \mathbf{P}(FN|\neg SA, CP, ZO)$, on peut les remplacer par les « exemples virtuels » suivants :

SA	CP	FN	ZO	Nombre d'exemples
$FAUX$	$VRAI$	$VRAI$	$VRAI$	$3 \times \mathbf{P}(\neg FN|\neg SA, CP, ZO)$
$FAUX$	$VRAI$	$VRAI$	$VRAI$	$3 \times (1 - \mathbf{P}(FN|\neg SA, CP, ZO))$
				100

Ceci appelle deux remarques : d'abord, le « nombre » de certains exemples n'est plus entier ; mais cela ne gêne pas les calculs. Ensuite, la valeur $\mathbf{P}(\neg FN|\neg SA, CP, ZO)$ est inconnue et pour la calculer par les techniques d'inférence, il faudrait connaître toutes les probabilités conditionnelles caractéristiques du réseau.

Cette seconde objection paraît insurmontable ; en réalité, l'algorithme EM est capable d'estimer itérativement la valeur cachée $\mathbf{P}(\neg FN \mid \neg SA, CP, ZO)$. La technique est la suivante. Supposons cette valeur connue ; on peut compléter l'ensemble d'apprentissage par des exemples virtuels. Cet ensemble étant maintenant complet, on peut appliquer les méthodes d'inférence pour estimer les probabilités conditionnelles caractéristiques du réseau... parmi lesquelles se trouve la valeur inconnue $\mathbf{P}(\neg FN|\neg SA, CP, ZO)$. Cette nouvelle valeur sert à fabriquer un nouvel ensemble d'apprentissage, ainsi de suite jusqu'à stabilisation de la valeur inconnue.

Le même raisonnement peut s'appliquer aux deux valeurs manquantes des sept exemples pour lesquels on a $FN = VRAI$ et $ZO = VRAI$. Ici, toutefois, il y a deux valeurs cachées[4] : $\mathbf{P}(SA, CP|FN, ZO)$ et $\mathbf{P}(SA, \neg CP \mid FN, ZO)$[5].

La raison de la convergence de l'algorithme EM est esquissée dans l'annexe 7, mais la preuve complète sur ce cas particulier des réseaux bayésiens est hors du champ de cet ouvrage. D'autres exemples sont également développés dans cette annexe. D'autres applications de cet algorithme à l'apprentissage se trouvent au chapitre 21, qui traite des *modèles de Markov cachés* et au chapitre 16, dont le sujet est la classification non supervisée.

4.2 Apprentissage de la structure avec données complètes

Il se peut que nous ne disposions pas de modèle des indépendances conditionnelles entre variables *a priori*. Il faut alors apprendre à la fois le réseau bayésien codant ces indépendances et les paramètres associés. Cela correspond à induire un Graphe Acyclique Orienté (DAG, ou *Directed Acyclic Graph*) satisfaisant les conditions de Markov sur la distribution de probabilités Θ engendrant les données.

L'apprentissage de la structure du réseau est intéressante à plusieurs titres :

- Cela peut conduire à une *meilleure généralisation* à partir des données. En effet, le réseau code des indépendances, ce qui signifie qu'il y a moins de paramètres à apprendre et donc un espace d'hypothèses plus contraint.

- Cela permet d'obtenir des propriétés structurales inaccessibles avec d'autres représentations non structurées. On peut ainsi mettre à jour des indépendances, mais aussi des relations de cause à effet entre variables.

Malheureusement, il faut tout de suite dire que le nombre de structures possibles à partir de n noeuds est super-exponentiel [Rob77] :

$$NS(n) = \begin{cases} 1 & n = 0 \text{ ou } 1 \\ \sum_{i=1}^{n} (-1)^{i+1} \binom{n}{i} 2^{i(n-1)} NS(n-i) & \text{si } n > 1 \end{cases} \tag{20.9}$$

qui est une formule récursive.

---

4. Pour un exemple ayant K valeurs inconnues, il y a 2^{K-1} valeurs cachées.

5. Il y a en réalité quatre probabilités conditionnelles inconnues, mais les deux autres, $\mathbf{P}(\neg SA, CP|FN, ZO)$ et $\mathbf{P}(\neg SA, \neg CP|FN, ZO)$ se déduisent des deux premières.

Ainsi, $NS(5) = 29281$ et $NS(10) = 4.2 \times 10^{28}$. Il est clair qu'une recherche exhaustive est exclue. Il faut donc avoir recours à des méthodes de recherche heuristique.

Il existe deux grandes familles d'approches pour apprendre la structure d'un réseau bayésien à partir de données :

1. **Les approches basées sur les contraintes**. Le principe est de tester les indépendances conditionnelles et de chercher une structure de réseau cohérente avec les dépendances et indépendances observées.

2. **Les approches utilisant une fonction de score**. Un score est associé à chaque réseau candidat, mesurant l'adéquation des (in)dépendances codées dans le réseau avec les données. On cherche alors un réseau maximisant ce score.

Ces deux familles d'approches sont bien fondées (du point de vue des statistiques), c'est-à-dire que, avec suffisamment de données, l'apprentissage converge vers une structure correcte dans les deux cas. Cependant, les premières sont sensibles aux erreurs dans les tests d'indépendance, tandis que, pour les secondes, la recherche d'une structure optimale est un problème NP-difficile.

4.2.1 Apprentissage par recherche directe des dépendances conditionnelles

L'idée générale de ces approches est de déterminer dans un premier temps un graphe non dirigé exprimant les dépendances entre variables détectées par des tests statistiques (ex. celui du χ^2). Cela permet d'obtenir un représentant de tous les graphes équivalents au sens de la relation d'équivalence de Markov (section 2.5).

En conséquence d'une telle équivalence, B_1 et B_2 partagent les mêmes V-stuctures et « arcs inférés ». Tous les graphes équivalents peuvent être représentés par un graphe partiellement orienté (squelette, V-structures et arcs inférés) appelé CPDAG *(Completed Partially Directed Acyclic Graph)*. Ce CPDAG est le représentant de la classe d'équivalence.

La construction du CPDAG est abordée différemment en fonction des algorithmes :

- par une approche montante : *ajout d'arêtes* (algorithmes de Pearl et Verma) ;

- par une approche descendante : *suppressions d'arêtes* (algorithmes SGS).

Dans un deuxième temps, ce CPDAG est transformé pour obtenir un graphe orienté, par propagation de contraintes sur les orientations des arcs, et incluant éventuellement des V-structures.

Les difficultés principales rencontrées concernent :

- la fiabilité du test d'indépendance conditionnelle quand les variables sont en grand nombre et les données en nombre limité ;

- l'explosion du nombre de tests à effectuer.

Ces difficultés conduisent à l'utilisation d'heuristiques pour y faire face et qui distinguent les différents algorithmes proposés.

Les approches utilisant une fonction de score étant les plus utilisées, nous nous concentrons sur celles-ci dans la suite.

4.2.2   Les fonctions de score

Le score naturel pour évaluer une structure est sa vraisemblance. Sans entrer dans les détails de sa dérivation, celle-ci peut s'écrire :

$$I(G : \mathcal{S}) = \log \mathcal{L}(G : \mathcal{S})$$

$$= m \sum_{j=1}^{d} \left(I(\mathbf{x}(j) : Pa^G(j)) - H(\mathbf{z}(j)) \right)$$

où $H(X)$, l'*entropie*, mesure combien X encode d'information et où $I(X;Y)$ est l'*information mutuelle* entre les variables X et Y, à savoir $I(X;Y) = H(X) - H(X|Y)$, et mesure l'information que chaque variable fournit sur l'autre variable ($I(X;Y) \geq 0$, $I(X;Y) = 0$ ssi X et Y sont indépendantes et $I(X;Y) = H(X)$ ssi X est totalement prédictible connaissant Y).

Cette formule est séduisante car elle correspond bien à une mesure intuitive de la qualité du réseau : elle favorise les structures dans lesquelles les variables sont maximalement dépendantes de leurs parents, ce qui est ce que l'on veut.

Malheureusement, ce score conduit à préférer les réseaux trop proches des données car il est toujours meilleur d'ajouter un arc (puisque $I(X;Y) \leq I(X;Y,Z)$). De ce fait, il y a risque de surapprentissage, c'est-à-dire que le réseau code des corrélations accidentelles dans les données, qui ne correspondent pas à des régularités vraies. C'est pourquoi il faut utiliser des techniques combattant ce phénomène, c'est-à-dire contrôlant l'induction (chapitres 2, 3, et 25).

- *Restriction de l'espace d'hypothèses.* Par exemple en limitant le nombre de parents possibles pour chaque nœud ou le nombre de paramètres dans les tables de probabilités conditionnelles.

- *Régularisation par utilisation du principe de description minimale (MDLP).* Ce principe est décrit plus précisément dans le chapitre 25, mais il consiste essentiellement à chercher un compromis entre l'adéquation aux données et la complexité du modèle choisi pour en rendre compte.

- *Estimation bayésienne* (chapitre 25). Il s'agit de calculer une moyenne sur toutes les valeurs de paramètres possibles.

- On peut aussi vérifier la qualité du réseau appris en utilisant une *technique de validation* par un ensemble test (chapitre 2).

- D'autres techniques de contrôle de l'espace d'hypothèses et de sélection de modèles existent (voir le chapitre 25). Elles sont moins utilisées pour l'apprentissage de réseaux bayésiens.

Le score le plus fréquemment utilisé est celui du *principe de description minimale (MDLP)*. Selon le $MDLP$, il faut choisir le réseau $\mathcal{B}$ tel que la somme de la longueur de description du réseau et celle des données encodées à l'aide de $\mathcal{B}$ soit minimale. Ce principe conduit à chercher un réseau juste assez complexe pour pouvoir raisonnablement décrire les données en l'utilisant. La description d'un réseau $\mathcal{B}$ implique celle du graphe G et celle de l'ensemble des distributions de probabilités conditionnelles associées Θ. D'où la formule à minimiser sur $\mathcal{B}$:

$$L(\mathcal{S}) = L(\mathcal{B}) + L(\mathcal{S}|\mathcal{B}) = L(G) + L(\Theta) + L(\mathcal{S}|\mathcal{B})$$

Pour **décrire le graphe** acyclique orienté G, il suffit de coder pour chaque variable X_j une description de ses parents $Pa(j)$. Pour cela, il faut coder le nombre k de parents et l'index de l'ensemble $Pa(j)$ dans l'énumération de tous les ensembles de taille k parmi n nœuds $\binom{n}{k}$. Comme

k peut être codé en utilisant $\log n$ bits et l'index par $\log \binom{n}{k}$ bits, la longueur de description de la structure est :

$$L(G) = \sum_j \left(\log n + \log \binom{n}{|Pa(j)|} \right)$$

où les logarithmes sont en base 2 pour obtenir une longueur en bits et où $\binom{n}{k}$ représente en notation américaine le nombre de combinaisons de n éléments pris k à k.

Pour **décrire** Θ, il faut coder les paramètres de chaque table de probabilités conditionnelles associées à chaque nœud. Pour la table associée à une variable X_j, il faut coder $\|Pa(j)\|(\|X_j\|-1)$ paramètres. La longueur de description de ces paramètres dépend du nombre de bits utilisés pour coder chacun. Le choix usuel est $1/2 \log m$ ([M.99], p.428). D'où :

$$L(X_j, Pa(j)) = \frac{1}{2} \|Pa(j)\| \left(\|X_j\| - 1 \right) \log m$$

Pour **décrire les données**, on utilise la mesure de probabilité $\mathbf{P}_\mathcal{B}$ définie par le réseau $\mathcal{B}$ pour construire un code de Huffman pour les exemples dans $\mathcal{S}$. Dans ce code, la longueur de chaque mot de code dépend de la probabilité affectée à cet exemple. Cette longueur de description est ainsi approchée par :

$$L(\mathcal{S}|\mathcal{B}) = -\sum_{i=1}^{m} \log \mathbf{P}_\mathcal{B}(\mathbf{x})$$

que l'on peut réécrire après calculs ([M.99], p.429) : $m \sum_j H(X_j|Pa(j))$

D'où l'expression finale de la longueur totale de description associée à un réseau $\mathcal{B}$ et des données $\mathcal{S}$:

$$L(\mathcal{S}) = \underbrace{\sum_j \left(\log n + \log \binom{n}{|Pa(j)|} \right)}_{L(G)} + \underbrace{\frac{1}{2} \|Pa(j)\| \left(\|X_j\| - 1 \right) \log m}_{L(\Theta)} + \underbrace{m \sum_j H(X_j|Pa(j))}_{L(\mathcal{S}|\mathcal{B})}$$

qui a l'avantage d'être décomposable et donc de se prêter à des méthodes de recherche locale, où l'on cherche à améliorer le score par des modifications de chaque nœud.

D'autres fonctions de score ont été proposées. À notre connaissance, elles reposent toutes sur l'utilisation de la fonction de vraisemblance $\log \mathcal{L}(S|\mathcal{B})$ ou encore $\log \mathcal{L}(\mathcal{S}|B, \Theta)$ et sur une mesure de la complexité du réseau bayésien inféré $\dim(\mathcal{B})$.

Par exemple, en *utilisant le critère AIC* (chapitre 25) :

$$S_{AIC} = \log \mathcal{L}(S|\Theta^{MV}, G) - \mathrm{Dim}(G)$$

où P^{MV} est la valeur des paramètres estimés par maximum de vraisemblance.

En *utilisant le critère BIC* (chapitre 25), on a :

$$S_{BIC} = \log \mathcal{L}(S|\Theta^{MV}, G) - \frac{1}{2}\mathrm{Dim}(G)\log(N)$$

4.2.3 L'apprentissage avec fonction de score

Une fois un score défini sur les réseaux, l'apprentissage consiste à trouver le réseau maximisant ce score. Malheureusement, les résultats actuels suggèrent qu'il s'agit là d'un problème NP-difficile. En effet, le nombre de graphes est plus qu'exponentiel en fonction du nombre (donné) de variables. Il faut donc avoir recours à des techniques d'exploration heuristiques. Nous ne discutons ici que de la plus simple : la *descente de gradient*.

La démarche consiste à démarrer avec un réseau (souvent le réseau vide) et à appliquer itérativement sur le réseau candidat courant l'opérateur (par exemple *ajout* ou *retrait* ou *inversion* d'arc) conduisant au meilleur accroissement du score. Cette procédure est répétée jusqu'à ce qu'un maximum (local) soit atteint. Les résultats expérimentaux montrent que cette technique est souvent très efficace malgré son caractère myope et glouton. L'un des problèmes est de vérifier que l'on conserve à chaque pas un graphe acyclique orienté. Le choix de la direction d'un arc est également un problème non trivial à résoudre.

D'autres techniques incluent la recherche tabou, le recuit simulé, etc. (chapitre 2).

4.3 Apprentissage de la structure avec données incomplètes

4.3.1 Le problème des données incomplètes

Il arrive fréquemment que les données réelles soient incomplètes, c'est-à-dire que *des variables utiles ne soient pas mesurées*. Cela peut se produire en raison de valeurs manquantes (par exemple, tous les patients rentrant à l'hôpital ne subissent pas les mêmes examens), mais aussi parce que des variables sont inobservables ou insoupçonnées comme c'est le cas lorsqu'un phénomène est mal connu et que des variables causales sous-jacentes sont ignorées. On parle alors de *variables latentes* ou de variables cachées.

Le problème est que l'absence de ces variables non seulement obscurcit la compréhension des dépendances propres au domaine, mais peut également conduire à apprendre trop de paramètres comme le montre la figure 20.10. La recherche de variables latentes est l'un des plus gros problèmes en apprentissage de réseaux bayésiens.

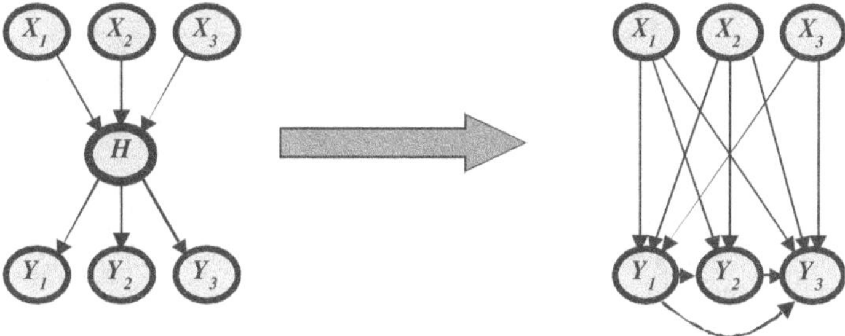

FIGURE 20.10 :   *L'absence d'une variable peut conduire à avoir à estimer 59 paramètres (à droite) au lieu de 17 (à gauche) (d'après un tutoriel de Nir Friedman).*

4.3.2 Techniques d'apprentissage

L'apprentissage de structure en présence de données incomplètes conjugue donc tous les problèmes examinés jusqu'ici. Pour le moment, il s'agit encore d'un domaine de recherche avec des méthodes en cours de conception et d'examen.

L'approche la plus simple est de combiner les méthodes utilisées pour l'apprentissage de paramètres et l'apprentissage de structure. L'idée est, pour chaque structure G, d'estimer les paramètres optimaux P en utilisant soit une technique de descente de gradient, soit une technique EM, puis d'associer un score à G. On examine alors les graphes obtenus à partir de G avec des opérateurs de changement de structure et on choisit celui ayant le meilleur score.

Le problème majeur de cette approche est son coût calculatoire très élevé. Elle n'est praticable que pour de très petits réseaux.

Une autre approche a été proposée utilisant une généralisation de la méthode *EM* : l'*EM-structurel* [Fri97]. L'idée est d'utiliser les paramètres trouvés pour les structures précédentes pour aider à évaluer de nouvelles structures portant sur le même ensemble de variables aléatoires.

Le principe général en est le suivant (figure 20.11) :

1. Effectuer une recherche dans l'espace des structures et des paramètres.

2. Utiliser des itérations comme dans *EM*, en employant la meilleure solution précédemment trouvée comme une base pour soit :

   - trouver les meilleurs paramètres (en fonction du score) : *EM* « paramétrique » ;

   - trouver la meilleure structure (en fonction du score) : *EM* « structurel ».

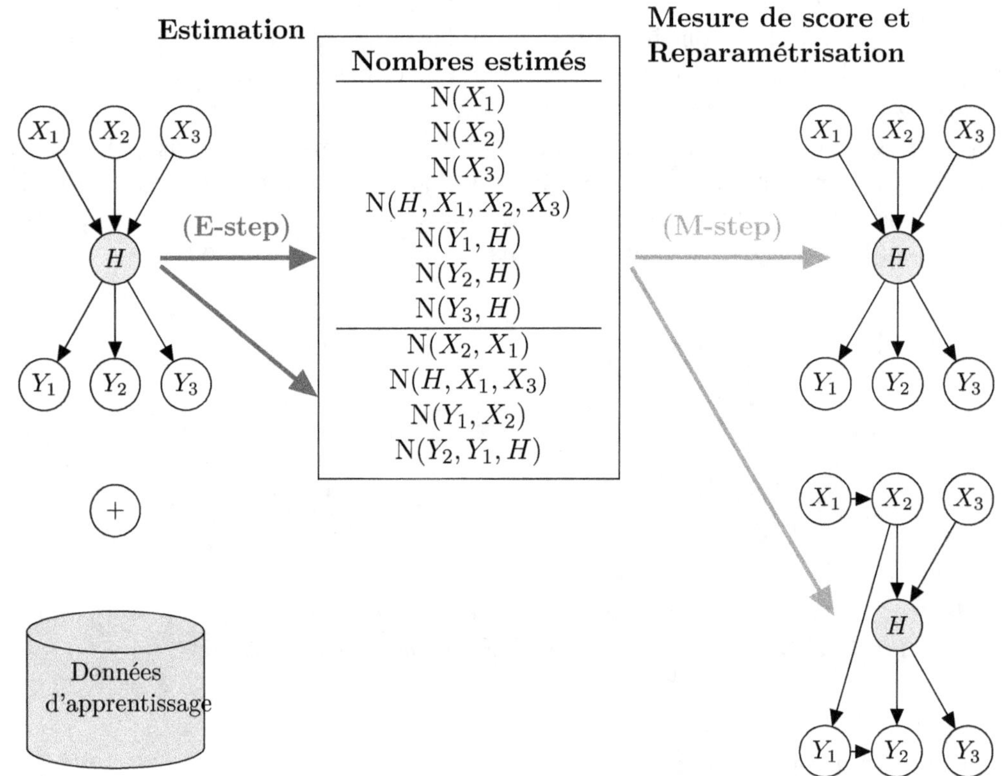

FIGURE 20.11 : *Principe général de la méthode EM-structurel (d'après un tutoriel de Nir Friedman).*

Des développements plus récents essaient d'échapper au problème des optima locaux dans lesquels EM-structurel peut rester piégé [EF05]. De même, des extensions de ces techniques existent pour apprendre des réseaux bayésiens dans lesquels les variables (dans les nœuds) peuvent prendre des valeurs continues [ENF07]. Il faut alors émettre des hypothèses fortes sur le type de distribution qui régit ces variables.

5. L'inférence de relations causales

Il faut être conscient qu'un réseau bayésien exprime des dépendances et indépendances conditionnelles, mais pas des relations de causalité. Par exemple, un lien $A \to B$ ne signifie pas qu'il existe un lien de causalité entre A et B et encore moins que A est une cause de B.

Il est vrai qu'un graphe construit par un expert reflète souvent des liens de causalité car c'est le mode de pensée privilégié par les humains. En revanche, un graphe appris à partir de données n'a aucune raison de respecter ou d'exprimer des causalités. Il faut bien distinguer la notion de corrélation de celle de causalité.

En inférence classique, on observe par exemple que $B = b$ et on veut calculer $\mathbf{P}(A|B = b)$. Il n'entre pas de notion de causalité dans ce calcul. Si la causalité n'est pas utile pour l'inférence, pourquoi alors chercher un réseau bayésien causal (dans lequel les arcs expriment des relations de causalité directe) ?

La raison en est que, dans de nombreuses situations, on cherche à modéliser un phénomène complexe pour **pouvoir agir** dessus. Ainsi, par exemple, on voudra modéliser un problème de santé publique afin de déterminer les facteurs sur lesquels agir pour réduire la mortalité ou bien des effets néfastes secondaires observés sur la population. On introduit alors la notion d'*action sur une variable* (voir [Pea09a]) que l'on notera $do(B = b)$ par exemple, pour reprendre l'illustration précédente.

Si A est la cause de B, on aura :

$$\mathbf{P}(A|do(B = b)) = \mathbf{P}(A)$$
$$\mathbf{P}(B|do(A = a)) = \mathbf{P}(B|A = a)$$

Le principe général des méthodes existantes est d'apprendre d'abord un graphe acyclique orienté à partir des données, ce graphe étant un représentant de la classe d'équivalence au sens de Markov. Ensuite, à partir de données d'expérimentation si c'est possible, on cherche à orienter les arcs du graphe pour refléter les causalités.

Pour cette seconde étape, on cherche comment la loi jointe change lorsque l'on manipule certaines variables ($do(M = m)$). Intuitivement, on oublie les « causes officielles » de M (ses parents dans le graphe) et on observe les effets que déclenche $M = m$ pour ses « enfants », des variables X_i.

$$\mathbf{P}(X_i(M = m)) = \left(\prod_{X_i \in \mathcal{N} \setminus \{M\}} \mathbf{P}(X_i|Pa((X_i))) \right)_{M=m} \tag{20.10}$$

Les grandes familles d'approches sont :

- **Fondées sur les contraintes**. Elles s'appuient sur des tests d'indépendance conditionnelles. Les techniques correspondantes incluent les algorithmes IC *(Inductive Causation)* (Pearl), PC (**P**eter Spirtes et **C**larck Glymour), TPDA *(Three-Phase Dependency Analysis)* (Cheng).

- **Fondées sur des scores**. L'exploration se fait dans la classe des graphes acycliques orientés, ou d'un espace de graphes, selon un certain critère à optimiser. On citera particulièrement l'algorithme GES *(Greedy Equivalence Search)* (Meek et Chickering).

- **Mixtes**. Elles utilisent à la fois des tests d'indépendance et des fonctions de score. C'est le cas de l'algorithme MMHC *(Max-Min Hill Climbing)* (Tsamardinos).

Ces approches supposent généralement que toutes les variables utiles sont présentes dans le graphe (propriété de *suffisance causale*). Si cette propriété n'est pas vérifiée, on se retrouve à devoir identifier ces variables en plus (section 4.3 sur l'apprentissage de structure à partir de données incomplètes).

Deux ouvrages de référence ont présenté les problèmes de la détermination de la causalité, ainsi que des concepts utiles et des algorithmes pour aborder ces problèmes [Pea09a, SGS01].

À côté du problème récurrent d'estimation de probabilités conditionnelles lorsque les échantillons d'apprentissage sont de petite taille, l'un des obstacles essentiels aux méthodes existantes est leur complexité calculatoire. C'est pourquoi il a été proposé d'avoir recours aux couvertures de Markov (section 2.6) pour réduire le nombre de variables à considérer à l'intérieur des algorithmes. L'expérience montre que cela permet de traiter des réseaux plus gros et d'améliorer l'apprentissage.

6. Applications

Les réseaux bayésiens possèdent plusieurs propriétés qui les rendent intéressants pour des applications.

- Ils s'adaptent sans problème aux bases de données incomplètes.

- Ils sont conçus pour rendre compte de relations causales.

- Ils permettent d'intégrer des connaissances du domaine et des données plus facilement que beaucoup d'autres techniques.

- Par leur parenté avec les approches d'induction bayésienne, ils sont mieux armés pour éviter les problèmes de surapprentissage (chapitre 2).

Si chacun de ces points peut être soumis à discussion, il n'en reste pas moins que les réseaux bayésiens sont des modèles très séduisants.

Peu utilisent les fonctions d'apprentissage. Cependant, il est certain que, compte tenu du nombre déjà grand d'applications, cet aspect ne peut qu'être appelé à se développer. Pour donner un ordre de grandeur, certains réseaux fonctionnent actuellement avec plusieurs milliers de nœuds[6].

- La compagnie AT&T a mis en place un réseau bayésien pour la détection des mauvais payeurs, à partir d'une base de données de plusieurs millions d'appels.

- La NASA utilise un système graphique pour suivre en temps réel les paramètres de contrôle des moteurs.

- La société Ricoh utilise ces réseaux pour le diagnostic de ses appareils de photocopie.

- L'investissement de Microsoft dans les réseaux bayésiens est important, tant en ce qui concerne le développement de logiciels que la recherche. Les applications visées sont : le diagnostic sur les réseaux, l'aide à l'utilisateur (le « trombone » d'Office en est en exemple), la validation de gros logiciels, etc.

- Et beaucoup d'applications dans le domaine de la santé, du militaire, etc.

---

6. Un réseau a été mis au point à Stanford pour modéliser le fonctionnement de la cellule. Il comporte vingt-deux millions de nœuds !

7.   Quelques logiciels

Sans être exhaustive, la liste suivante fournit une idée de logiciels disponibles pour apprendre des réseaux bayésiens.

- `Tetrad` www.phil.cmu.edu/projects/tetrad/ peut être téléchargé gratuitement. Il peut apprendre un Graphe Acyclique Orienté à partir d'une loi jointe de probabilités.

- `Belief Network Power Constructor` (approche basée sur des contraintes)

- `Bayesware`, téléchargeable sur www.bayesware.com/, peut apprendre la structure et les paramètres.

- `Bayes Net Toolbox`.

- `Probabilistic Net Library` téléchargeable sur http ://eng.itlab.unn.ru/ ?dir=139.

- `deal` écrit en R peut être téléchargé librement à partir du Comprehensive R Archive Network (CRAN) http ://cran.R-project.org/. Ce module permet de définir des lois de probabilités *a priori*, d'estimer les paramètres du réseau et d'apprendre une structure en utilisant une fonction de score pour des réseaux décrivant des variables mixtes : à la fois discrètes et continues.

Notes historiques et sources bibliographiques

Les réseaux bayésiens sont nés des travaux de Pearl [Pea88]. Les années 1990 ont vu le développement des théories et des réalisations, ces dernières en très grand nombre (voir ci-après). Les concepts les plus en amont regroupent les HMM, les réseaux bayésiens et les réseaux connexionnistes sous le terme général de « modèles graphiques ». Il est possible que cette vision très générale permette d'envisager des algorithmes d'apprentissage plus puissants, mais cette unification théorique ne semble pas avoir encore porté de fruits, sur le plan algorithmique du moins. Les réseaux bayésiens sont actuellement l'objet de gros projets de recherche et de développement. Ces outils sont encore loin d'avoir montré toutes leurs possibilités.

Le texte de ce chapitre a été en partie inspiré par l'ouvrage remarquable (et pas seulement sur ce sujet) de Nilsson [Nil98]. Le livre de Naïm, Wuillemin, Leray, Pourret et Becker [NWL$^+$07] est une introduction recommandable aux principes et aux applications de ces outils.

Résumé

- Les réseaux bayésiens sont des modèles permettant de décrire les relations de probabilités conditionnelles entre des faits. Cette représentation repose sur un graphe orienté sans cycle (DAG) dans lequel chaque nœud, c'est-à-dire chaque variable du monde modélisé, possède une table de probabilités conditionnelles et où chaque arc représente une dépendance directe entre les variables reliées. Ces réseaux représentent alors la distribution de probabilités jointes de l'ensemble des variables de manière compacte, en s'appuyant sur les relations d'indépendance conditionnelle.

- Moyennant une propriété locale d'indépendance, il est possible d'effectuer le calcul de la probabilité de tout groupe de faits connaissant tout autre groupe.

- L'apprentissage automatique des valeurs des probabilités conditionnelles peut se faire à partir d'un ensemble d'apprentissage, même incomplet, à condition que la structure du réseau soit donnée.

- Une tâche essentielle concerne l'apprentissage ou l'adaptation de la structure de ces modèles à partir de données. Ce problème NP-complet est typiquement traité comme un problème d'optimisation combinatoire avec utilisation de méthodes d'exploration heuristiques telles que des méthodes de gradient plus ou moins sophistiquées.

- Les nombreuses méthodes d'apprentissage de structure de réseaux bayésiens peuvent être catégorisées en deux grandes approches : les méthodes fondées sur une fonction de score avec recherche dans un espace de possibilités et les méthodes à base de contraintes.

- Les méthodes basées sur une fonction de score évaluent la qualité de chaque structure possible par rapport aux données d'apprentissage tout en contrôlant la complexité du modèle considéré, en utilisant typiquement des mesures telles que AIC, BIC, MDL. Ce type de procédure examine les modifications locales qui peuvent être apportées au réseau, les évalue généralement grâce à une fonction de score et applique la modification associée au meilleur gain et cela jusqu'à ce qu'un optimum local soit atteint.

- Les méthodes à base de contraintes essaient d'estimer des propriétés d'indépendance conditionnelle entre les variables dans les données. Ces méthodes sont efficaces et peuvent identifier des modèles causaux et des causes communes latentes sous certaines conditions, en particulier de disposer d'échantillons de taille suffisante.

- Même dans le cas de petits réseaux, l'apprentissage de structure est coûteux en raison du nombre exponentiel de modifications possibles à considérer et du coût de chaque évaluation. Le problème est encore plus difficile dans le cas de valeurs manquantes car le problème d'optimisation devient non linéaire. Cependant, le problème le plus formidable est celui de l'apprentissage de structure avec ajout possible de variables cachées ou latentes. De ce fait, les applications actuelles concernent encore surtout l'apprentissage des paramètres d'un réseau.

Andrei MARKOV (1856-1922)

Chapitre 21

L'apprentissage de modèles de Markov cachés

Quand les objets sur lesquels porte l'apprentissage sont des séquences d'événements, le concept extrait doit refléter à la fois la nature de ces événements et la manière dont ils s'enchaînent. Nous avons vu aux chapitres 2 et 3 des exemples d'objets de structure séquentielle. On a expliqué aussi au chapitre 5 des méthodes pour extraire des concepts sous forme de grammaires à partir d'exemples et de contre-exemples. Nous présentons dans ce chapitre un outil puissant pour induire un concept de nature statistique à partir seulement de séquences d'apprentissage appartenant à ce concept : les modèles de Markov cachés, ou HMM[1].

Par leur nature statistique, les HMM se situent facilement dans le cadre de la décision bayésienne, qui a été présentée au chapitre 3. En particulier, le principe du maximum de vraisemblance a posteriori (MAP) prescrit d'attribuer une séquence inconnue à la classe qui a la plus grande probabilité de l'avoir engendrée. L'apprentissage consiste donc dans ce cadre à apprendre, pour chaque classe de séquences, le HMM le plus vraisemblable. En pratique, le problème revient à apprendre indépendamment un HMM par classe, sans tenir compte des contre-exemples.

---

1. En anglais : *Hidden Markov Models.*

ONSIDÉRONS L'EXPRIENCE SUIVANTE : Vous êtes au téléphone avec un ami, c'est dimanche et il pleut. Il vous propose alors un jeu : « J'ai n pièces sur une table (au moins deux) et je vais réaliser T expériences identiques :

- je choisis au hasard l'une des n pièces ;
- je tire à pile ou face avec cette pièce.

À la fin des T expériences, je t'annonce le résultat, à savoir une séquence de T « Pile » (P) ou « Face » (F).

À toi d'essayer de deviner la séquence de pièces qui a amené à la séquence des T tirages et la configuration de mon jeu ».

En réfléchissant un peu, vous vous dites que les éléments importants de ce problème sont : le nombre de pièces que votre ami a utilisées, le fait que votre ami tire avec honnêteté (au hasard) l'une des pièces parmi les n disponibles et le fait que ces pièces sont, ou non, équilibrées.

Vous commencez par vous intéresser au cas de deux pièces. Vous envisagez alors deux possibilités :

1. Les deux pièces sont équilibrées. Donc pour chacune d'elles, la probabilité de tirer P ou F est égale à 0.5. Supposant votre ami honnête, la probabilité de tirer une pièce donnée à chaque expérience est également de 0.5. Pour résumer votre réflexion sous la forme d'un graphe, vous dessinez le schéma de la figure 21.1.

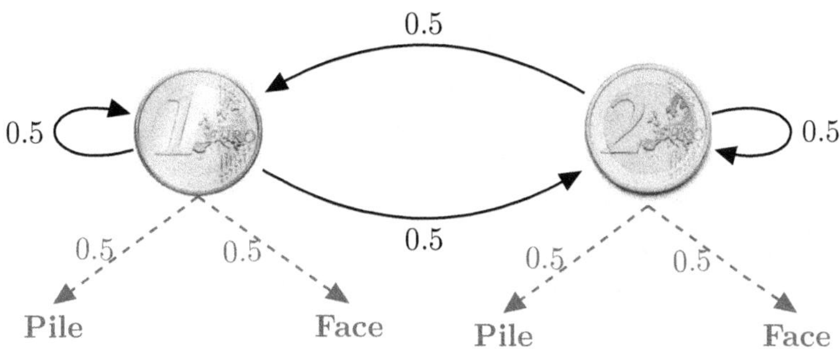

FIGURE 21.1 : *Jeu de pile ou face avec deux pièces équilibrées*

2. Les deux pièces ne sont pas forcément équilibrées et votre ami n'est pas forcément honnête. La probabilité de tirer les pièces n'est donc plus uniforme. Une illustration graphique vous amène au schéma de la figure 21.2. Dans ce schéma, vous avez noté a_{ij} la probabilité de tirer la pièce j juste après avoir tiré la pièce i et $b_i(X)$ la probabilité que la pièce i donne $X \in \{\mathtt{P}, \mathtt{F}\}$. Vous notez au passage que le premier cas est un cas particulier de cette configuration, avec $a_{11} = a_{22} = 0.5$ et $b_1(P) = b_2(P) = 0.5$.

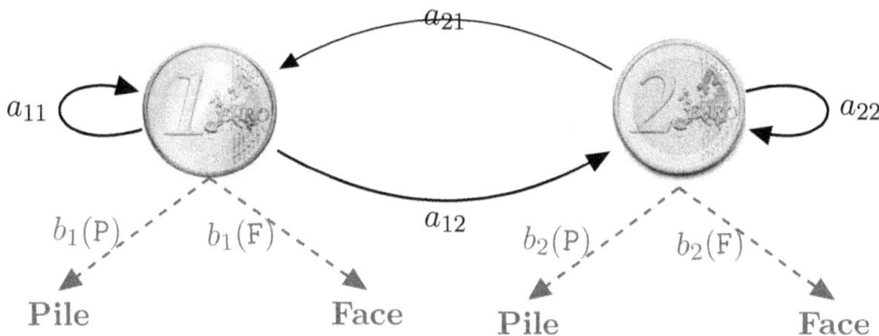

FIGURE 21.2 : *Jeu de pile ou face avec deux pièces non équilibrées*

Et si votre ami avait un nombre de pièces supérieur à deux ? Vous commencez par envisager le cas $n = 3$ pièces dans toute sa généralité (pièces équilibrées ou pas et ami honnête ou non). Par le même raisonnement, vous aboutissez au schéma de la figure 21.3.

Votre ami vous communique alors le résultat de ses T lancers, sous la forme d'une suite $\mathcal{T}$ de "P" et "F", par exemple $\mathcal{T} = $ "F F P F P P P F F P F P F". Étant donné votre analyse préliminaire, trois questions vous viennent immédiatement :

1. Quelle chance ai-je que $\mathcal{T}$ soit sortie, sous les hypothèses de l'équilibrage des pièces et de l'honnêteté de mon ami ?

2. Quelle est la séquence de pièces la plus probable ayant permis de générer $\mathcal{T}$, sous les hypothèses de l'équilibrage des pièces et de l'honnêteté de mon ami ?

3. Puis-je apprendre si mon ami est honnête et si les pièces qu'il a utilisées sont équilibrées ou non ?

Comme nous allons le voir, ce concept est un cas particulier de modèle de Markov caché (HMM). Dans un tel modèle, une séquence est donc considérée comme une suite temporelle gérée par ses états. À chaque instant, un nouvel événement de la séquence est analysé. La théorie des HMM décrit comment passer d'état en état à l'aide de probabilités de transition et comment chaque élément de la séquence peut être émis par un état du HMM, à l'aide de

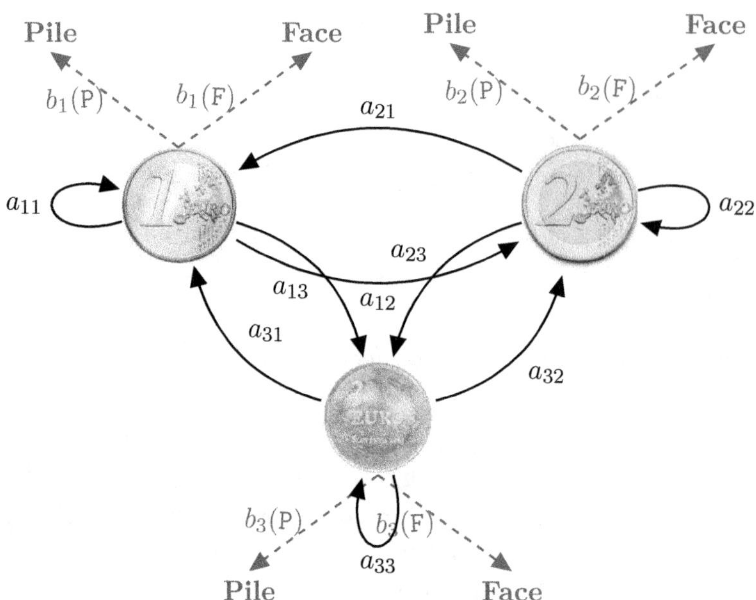

FIGURE 21.3 : *Cas général du jeu de pile ou face avec trois pièces*

probabilités d'observation par état. Il permet aussi de calculer la probabilité qu'une séquence donnée ait été émise par un HMM donné.

Les méthodes HMM sont robustes et fiables grâce à l'existence de bons algorithmes d'apprentissage ; de plus, la règle de décision est rapide à appliquer.

Notations utiles pour le chapitre

n	Le nombre d'états du modèle de Markov caché, ou HMM
$S = \{s_1, s_2, \ldots s_n\}$	Les états du HMM
M	La taille de l'alphabet des observations quand celles-ci sont de nature discrète
$V = \{v_1, v_2, \ldots, v_M\}$	L'alphabet des observations
A	La matrice des probabilités de transition entre les états
$a_{ij}, i, j \in [1, n]$	Un élément de A
B	La matrice des probabilités d'observation des symboles de V
$b_j(k), j \in [1, n], k \in [1, M]$	Un élément de B
π	Le vecteur des probabilités initiales du HMM
$\Lambda = (S,\ V,\ A,\ B,\ \pi)$	Un HMM
T	La longueur d'une séquence observée
$O = O_1 \ldots O_t \ldots O_T$	Une séquence observée avec $O_t \in V$
$O(i : j) = O_i \ldots O_j$	Une sous-séquence de O
$q_1 \ldots q_t \ldots q_T$ avec $q_t \in S$	La suite des états qui a émis une séquence
$\mathbf{P}(O \mid \Lambda)$	La probabilité que le HMM Λ ait émis la séquence O
$\mathcal{O} = O^1 \ldots O^m$	Un ensemble d'apprentissage composé de m séquences
$\mathbf{P}(\Lambda \mid \mathcal{O})$	La probabilité que l'ensemble de séquences $\mathcal{O}$ ait été émis par le HMM Λ.

1. Les modèles de Markov observables

Avant de décrire les HMM proprement dits, nous présentons un modèle probabiliste plus simple pour l'observation de séquences : les *modèles de Markov observables*.

D'une manière générale, un *processus* ou *modèle stochastique observable* est un processus aléatoire qui peut changer d'état s_i, $i = 1, \ldots, n$ au hasard, aux instants $t = 1, 2, \ldots, T$. Le résultat observé est la suite des états dans lesquels il est passé. On peut aussi dire de ce processus qu'il *émet* des séquences d'états $S = s_1, s_2, \ldots, s_T$. Chaque séquence est émise avec une probabilité[2] $\mathbf{P}(S) = \mathbf{P}(s_1, s_2, \ldots, s_T)$. Pour calculer $\mathbf{P}(S)$, il faut se donner la probabilité initiale $\mathbf{P}(s_1)$ et les probabilités d'être dans un état s_t, connaissant l'évolution antérieure.

Un processus stochastique est *markovien*[3] (ou *de Markov*) si son évolution est entièrement déterminée par une probabilité initiale et des probabilités de transitions entre états. Autrement dit, en notant $(q_t = s_i)$ le fait que l'état observé à l'instant t est s_i :

$$\forall t, \quad \mathbf{P}(q_t = s_i \mid q_{t-1} = s_j, q_{t-2} = s_k \ldots)\mathbf{P}(q_t = s_i \mid q_{t-1} = s_j)$$

d'où :

$$\mathbf{P}(q_1 \ldots q_T) = \mathbf{P}(q_1) \times \mathbf{P}(q_2 \mid q_1) \times \ldots \times \mathbf{P}(q_T \mid q_{T-1})$$

Nous supposons pour simplifier que les processus de Markov auxquels nous avons affaire sont *stationnaires*, c'est-à-dire que leurs probabilités de transition ne varient pas dans le temps. Cela autorise à définir une *matrice de probabilités de transition* $A = [a_{ij}]$ telle que :

$$a_{ij} = \mathbf{P}(q_t = s_j \mid q_{t-1} = s_i) \quad 1 \leq i \leq n, \quad 1 \leq j \leq n$$

avec :

$$\forall i, j \ \ a_{ij} \geq 0, \quad \forall i \ \sum_{j=1}^{n} a_{ij} = 1$$

Nous appellerons maintenant pour simplifier *modèle de Markov observable* un processus stochastique observable, markovien et stationnaire.

Dans un tel modèle, il y a un lien direct à tout instant entre l'état où se trouve le processus et l'observation réalisée à cet instant, comme l'illustre la figure 21.4. C'est ce qui caractérise pour nous[4] le fait que ce processus soit observable. Nous allons maintenant voir comment nous débarrasser de cette contrainte en présentant d'autres processus stochastiques : les modèles de Markov cachés. Ensuite, nous comparons leur puissance de modélisation sur un exemple.

2. Les modèles de Markov cachés (HMM)

2.1 Définition

Le modèle de Markov caché généralise le modèle de Markov observable car il produit une séquence en utilisant deux suites de variables aléatoires ; l'une cachée et l'autre observable.

---

2. Dans ce chapitre, nous étudions principalement des distributions de probabilités sur des ensembles finis.

3. Au sens strict : markovien *d'ordre 1*.

4. Si la même observation peut être affectée à plusieurs états, on peut améliorer la capacité de représentation des modèles observables. Nous ne discutons pas cette possibilité ici.

- La suite cachée correspond à la suite des états $q_1, q_2, \ldots, q_T$, notée $Q(1 : T)$, où les q_i prennent leur valeur parmi l'ensemble des n états du modèle $\{s_1, s_2, \ldots, s_n\}$.

- La suite observable est la *séquence des observations* $O_1, O_2, \ldots, O_T$, notée $O(1 : T)$, où les O_i sont des lettres d'un alphabet de M *symboles observables* $V = \{v_1, v_2, \ldots, v_M\}$.

Par conséquent, pour un HMM, un état n'est pas associé exclusivement à une lettre donnée qu'il émettrait à coup sûr : chaque lettre a désormais une certaine probabilité d'être émise par chaque état. En outre, ce ne sont pas les états qui sont observés, mais les lettres qu'ils émettent. Une conséquence importante est que l'on peut maintenant travailler avec des alphabets infinis. Une « lettre » est alors émise avec une certaine densité de probabilités, correspondant à une distribution propre à chaque état.

En pratique, on cherche à construire des HMM représentant des concepts dans l'espace de représentation des séquences. Nous prendrons ici pour simplifier des séquences construites sur un alphabet $V = \{v_1, v_2, \ldots, v_M\}$ de taille finie. Cependant, la remarque précédente doit être gardée à l'esprit : la taille de cet alphabet peut être infinie, ce qui signifie en pratique que chaque état peut émettre une variable continue ou un vecteur de $\mathbb{R}^d$.

2.2   Pourquoi faut-il des variables cachées ?

Pour faire écho à l'exemple introductif, donnons-nous une séquence d'observation $\mathcal{T}$ de T symboles P et F. Un modèle de Markov observable permettant de modéliser les séquences sur ces symboles est représenté dans la figure 21.4, où $p = \mathbf{P}(\mathtt{P})$.

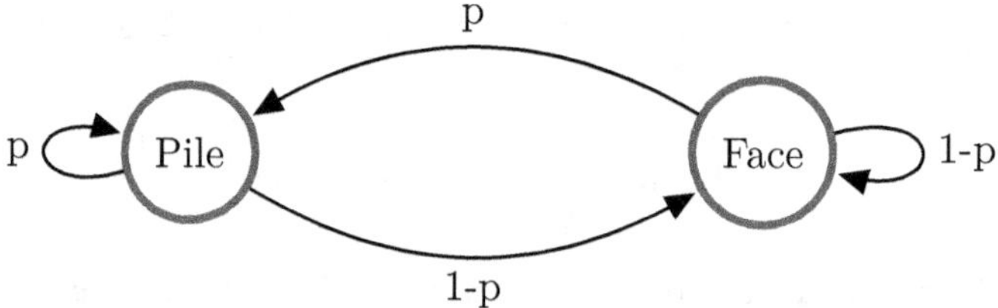

FIGURE 21.4 : *Le modèle de Markov observable qui modélise la suite des observations des Pile et Face.*

Il est composé de deux états, correspondant chacun directement à une observation possible : Pile (P) ou Face (F). Dans ce modèle, la suite d'états associée à une séquence observée est facile à déterminer : par exemple, la probabilité d'observer la séquence $\mathcal{T} =$ P P F P F P vaut :

$$p\,p\,(1 - p)\,p\,(1 - p)\,p = p^4\,(1 - p)^2$$

Elle est par conséquent indépendante de l'ordre du tirage des piles et des faces et ne tient compte que de leur nombre dans la séquence. Ce modèle n'exprime que les probabilités d'apparition *a priori* des observations.

La figure 21.2, par exemple, définit un modèle de Markov *caché* (HMM) à deux états pouvant modéliser les mêmes séquences d'observation. Sans entrer encore dans les détails, on voit qu'un HMM est d'abord caractérisé par une probabilité a_{ij} de passer d'un état à un autre, ensuite qu'à chaque état est associée une probabilité de générer P ou F. À chaque instant, il y a, non pas un, mais deux tirages aléatoires : le premier pour tirer une lettre de l'alphabet des observations, le second pour changer d'état. L'observation d'une séquence de P et de F n'est donc plus directement liée à une suite unique d'états. Dans les modèles présentés dans l'exemple introductif, n'importe quelle suite d'états peut en réalité engendrer n'importe quelle suite d'observations avec une certaine probabilité.

Cette différence peut apparaître inutilement subtile. En réalité, elle est très importante. Précisons l'exemple pour mesurer la différence de puissance de modélisation entre un modèle de Markov observable et un HMM. Rappelons que la probabilité pour le modèle de Markov observable d'engendrer une séquence de longueur $2n$ comportant autant de P que de F est exactement $p^n(1 - p)^n$, indépendamment de la répartition des P et des F dans cette séquence.

Dans le cas du modèle de la figure 21.2, si a_{11}, a_{22}, $b_1(P)$ et $b_2(P)$ sont fortes, alors la séquence P P F F aura une forte probabilité d'être générée, alors que la séquence F F P P aura une probabilité faible. Pourtant, ces deux phrases comportent le même nombre de P et de F. D'une manière générale, une phrase ayant plus de P dans sa première moitié aura une probabilité plus forte que sa symétrique d'être émise par ce modèle. Cet exemple peut convaincre que, si le HMM est plus complexe que le modèle observable, il a en retour la possibilité de représenter des concepts plus élaborés [5]. On verra le développement de cet exemple à la section 6.2.

Ajoutons enfin la remarque suivante : puisqu'on n'associe pas dans un HMM un état à une observation, il est possible de définir des observations appartenant à un alphabet infini.

2.3 Notations

Un HMM est noté $\Lambda = (S, V, A, B, \pi)$ et se définit par :

- Un ensemble de n états $S = \{s_1, s_2, \ldots s_n\}$. L'état où se trouve le HMM à l'instant t est noté q_t $(q_t \in S)$.

- Un ensemble de M symboles $V = \{v_1, v_2, \ldots, v_M\}$. $O_t \in V$ est le symbole observé à l'instant t.

- Une matrice A de *probabilités de transition* entre les états : a_{ij} représente la probabilité que le modèle évolue de l'état i vers l'état j :

$$a_{ij} = A(i, j) = \mathbf{P}(q_{t+1} = s_j \mid q_t = s_i) \ \forall i, j \in [1 \ldots n] \ \forall t \in [1 \ldots T]$$

  avec :

$$a_{ij} \geq 0 \ \forall i, j \quad \text{et} \quad \sum_{j=1}^{n} a_{ij} = 1$$

- Une matrice B de *probabilités d'observation* des symboles dans chacun des états du modèle : $b_j(k)$ représente la probabilité que l'on observe le symbole v_k alors que le modèle se trouve dans l'état j, soit :

$$b_j(k) = \mathbf{P}(O_t = v_k \mid q_t = s_j) \ 1 \leq j \leq n, \ 1 \leq k \leq M$$

  avec :

$$b_j(k) \geq 0 \ \forall j, k \quad \text{et} \quad \sum_{k=1}^{M} b_j(k) = 1$$

---

5. Pour être complètement exact, un modèle observable pourrait aussi représenter une telle dépendance. Avec deux états, on peut en réalité représenter quatre probabilités différentes pour chaque séquence de deux observations (P P, P F), etc. et donc traduire une dépendance d'un événement avec l'événement précédent. En associant cette remarque à celle formulée précédemment en note de bas de page, on voit que le pouvoir d'expression des modèles observables peut être augmenté si on les sophistique... mais seulement sur des alphabets finis.

- Un vecteur π de *probabilités initiales* : $\pi = \{\pi_i\}_{i=1,2,\ldots,n}$. Pour tout état i, π_i est la probabilité que l'état de départ du HMM soit l'état i :

$$\pi_i = \mathbf{P}(q_1 = s_i) \quad 1 \leq i \leq n$$

avec :

$$\pi_i \geq 0 \ \ \forall i \quad \text{et} \quad \sum_{i=1}^{n} \pi_i = 1$$

- Un ou plusieurs *états finaux*. Ici, nous supposons pour simplifier que le processus peut s'arrêter dans n'importe quel état, autrement dit que tout état est final.

2.4   Deux types de HMM

En pratique, on utilise deux types de modèles de Markov cachés, le modèle *ergodique* et le modèle *gauche-droite*.

Le modèle ergodique est sans contrainte : toutes les transitions d'un état vers un autre sont possibles. Les exemples présentés précédemment sont de ce type.

Le modèle gauche-droite contient des contraintes résultant de la mise à zéro de certaines valeurs a_{ij}. Dans le modèle le plus utilisé, celui de la figure 21.5, l'état i n'est relié par une transition de probabilité non nulle qu'à trois états : lui-même, les états $i+1$ et $i+2$. D'où le nom de *modèle gauche-droite*[6].

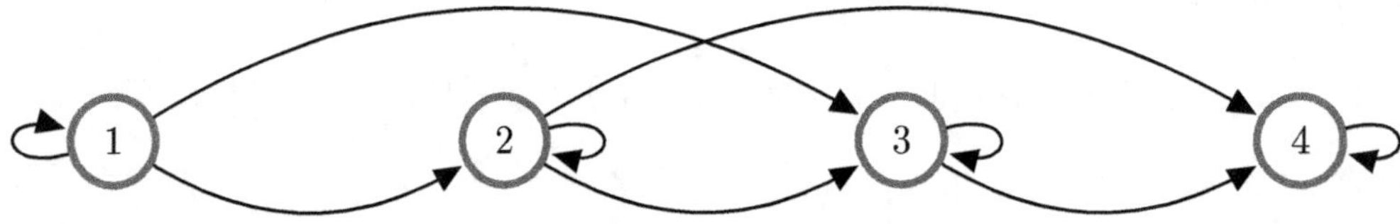

FIGURE 21.5 :   *Le HMM gauche-droite à quatre états.*

2.5   Comment un HMM engendre-t-il une séquence ?

Un HMM peut être vu comme un processus permettant d'engendrer une séquence ; inversement, on peut considérer une séquence comme une suite d'observations sur un HMM en fonctionnement. En se plaçant du premier point de vue, la génération d'une séquence peut se décrire par l'algorithme 42 : c'est une procédure itérative gérée par des tirages aléatoires.

Répétons ici qu'une séquence donnée peut en général être engendrée de plusieurs façons distinctes par un HMM.

---

6. Ou modèle de Bakis. Dans l'exemple d'introduction, le HMM présenté est encore plus simple.

Algorithme 42 : Génération d'une séquence par un HMM

---

début
    $t \leftarrow 1$
    Choisir l'état initial $q_1 = s_i$ avec la probabilité π_i
    tant que $t \leq T$ **faire**
        Choisir l'observation $o_t = v_k$ avec la probabilité $b_i(k)$
        Passer à l'état suivant $q_{t+1} = s_j$ avec la probabilité a_{ij}
        $t \leftarrow t+1$
    fin tant que
fin

---

3. Les HMM comme règles de classification de séquences

3.1 Les trois problèmes des HMM

Les définitions précédentes ne sont utilisables que si l'on sait calculer la probabilité qu'une séquence soit engendrée par un HMM et surtout si l'on sait apprendre un HMM à partir d'exemples. On doit donc chercher des algorithmes pour résoudre les problèmes suivants.

- *L'évaluation de la probabilité d'observer une séquence.* Étant donnée la séquence d'observations O et un HMM $\Lambda = (S, V, A, B, \pi)$, comment évaluer la probabilité d'observation $\mathbf{P}(O \mid \Lambda)$? La réponse à cette question est importante : dans un problème de classification, on attribuera à une séquence la classe que modélise le HMM le plus probable étant donnée la séquence.

- *La recherche du chemin le plus probable.* Étant donnés la suite d'observations O et un HMM Λ, comment trouver une suite d'états $Q = q_1, q_2, \ldots, q_T$ qui maximise la probabilité d'observation de la séquence ?

- *L'apprentissage.* Comment ajuster les paramètres (A, B, π) d'un HMM Λ pour maximiser :

$$\mathbf{P}(\mathcal{O} \mid \Lambda) = \prod_{O \in \mathcal{O}} \mathbf{P}(O \mid \Lambda)$$

à partir d'un ensemble $\mathcal{O}$ de séquences d'apprentissage ?

Notons que la résolution du second problème n'est pas indispensable à l'utilisation des HMM en décision bayésienne. On reviendra sur son utilité à la section 7.

3.2 Les HMM et la classification bayésienne

Le principe est d'apprendre un HMM par classe à partir des exemples de cette classe. L'apprentissage d'un HMM s'effectue à partir d'un modèle initial ; le HMM se modifie, mais en gardant jusqu'à sa convergence certaines caractéristiques du modèle initial (une certaine *architecture*) :

- Le nombre d'états reste inchangé.

- Une transition de probabilité nulle entre deux états du modèle initial garde toujours une valeur nulle.

Le mieux est de prendre pour chaque classe un modèle initial ayant la même architecture : par exemple un modèle ergodique ou un modèle de Bakis. Pour chaque classe, le modèle initial peut simplement être pris avec le même nombre d'états[7].

Après C apprentissages indépendants, on dispose donc de C HMM, que l'on peut noter $\Lambda_1, \cdots, \Lambda_C$

Étant donnée une séquence quelconque O, on a pour la classe de rang k :

$$\mathbf{P}(\Lambda_k \mid O) = \frac{\mathbf{P}(O \mid \Lambda_k).\mathbf{P}(\Lambda_k)}{\mathbf{P}(O)}$$

Le modèle qui doit être choisi par la règle bayésienne est celui qui maximise $\mathbf{P}(\Lambda_k \mid O)$ (règle MAP : maximum *a posteriori*) ou, si l'on suppose les classes équiprobables, celui qui maximise $\mathbf{P}(O \mid \Lambda_k)$ (maximum de vraisemblance), comme indiqué au chapitre 3.

On doit donc être capable de calculer cette dernière valeur pour tout i. Cela nécessite un algorithme capable d'évaluer la probabilité qu'une phrase soit émise par un HMM.

4. L'évaluation de la probabilité d'observation

4.1 L'évaluation directe

Remarquons d'abord que la probabilité de la suite d'observations O, étant donné le modèle Λ, est égale à la somme sur toutes les suites d'états possibles Q des probabilités conjointes de O et de Q :

$$\mathbf{P}(O \mid \Lambda) = \sum_Q \mathbf{P}(O, Q \mid \Lambda) = \sum_Q \mathbf{P}(O \mid Q, \Lambda)\mathbf{P}(Q \mid \Lambda)$$

Or, on a les relations :

$$\mathbf{P}(Q \mid \Lambda) = \pi_{q_1} a_{q_1 q_2} a_{q_2 q_3} \cdots a_{q_{T-1} q_T}$$

$$\mathbf{P}(O \mid Q, \Lambda) = b_{q_1}(O_1) b_{q_2}(O_2) \ldots b_{q_T}(O_T)$$

On déduit donc des formules précédentes, en réarrangeant les termes :

$$\mathbf{P}(O \mid \Lambda) = \sum_{Q=q_1, q_2, \ldots, q_T} \pi_{q_1} b_{q_1}(O_1) a_{q_1 q_2} b_{q_2}(O_2) \ldots a_{q_{T-1} q_T} b_{q_T}(O_T)$$

Cette formule directe nécessite d'énumérer toutes les suites d'états de longueur T, soit une complexité en $\Theta(2Tn^T)$. Ainsi, même pour des valeurs de T et n peu élevées, l'approche directe n'est clairement pas acceptable : avec $n = 5$ et $T = 100$ le calcul de $P(O \mid \Lambda)$ demande approximativement 10^{72} opérations.

Il existe heureusement une méthode plus rapide.

4.2 L'évaluation par les fonctions forward-backward

Dans cette approche [Bau72], on remarque que l'observation peut se faire en deux temps : d'abord, l'émission du début de l'observation $O(1 : t)$ en aboutissant à l'état q_i au temps t, puis

---

l'émission de la fin de l'observation $O(t+1:T)$ sachant que l'on part de q_i au temps t. Ceci posé, la probabilité de l'observation est donc égale à :

$$\mathbf{P}(O \mid \Lambda) = \sum_{i=1}^{n} \alpha_t(i)\beta_t(i)$$

où $\alpha_t(i)$ est la probabilité d'émettre le début $O(1:t)$ et d'aboutir à q_i à l'instant t, et $\beta_t(i)$ est la probabilité d'émettre la fin $O(t+1:T)$ sachant que l'on part de q_i à l'instant t. Le calcul de α s'effectue avec t croissant tandis que le calcul de β est réalisé avec t décroissant, d'où l'appellation *forward-backward*.

4.2.1   Le calcul de α

On a :

$$\alpha_t(i) = \mathbf{P}(O_1 O_2 \ldots O_t,\ q_t = s_i \mid \Lambda)$$

Le coefficient $\alpha_t(i)$ se calcule par l'algorithme 43, qui exprime que, pour émettre le début de l'observation $O(1:t+1)$ et aboutir à l'état s_j au temps $t+1$, on doit nécessairement être dans l'un des états s_i à l'instant t. Cette remarque permet d'exprimer $\alpha_{t+1}(j)$ en fonction des $\alpha_t(i)$ et d'utiliser un algorithme de programmation dynamique pour le calcul de tous les $\alpha_t(i)$ pour tout i, puis des $\alpha_{t+1}(i)$ pour tout i, etc.

Algorithme 43 :   Calcul de la fonction *forward* α

---

début
    pour $i = 1, n$ **faire** $\alpha_1(i) \leftarrow \pi_i b_i(O_1)$
    $t \leftarrow 1$
    tant que $t < T$ **faire**
        $j \leftarrow 1$
        tant que $j \leq n$ **faire**

$$\alpha_{t+1}(j) \leftarrow [\sum_{i=1}^{n} \alpha_t(i) a_{ij}] b_j(O_{t+1})$$

            $j \leftarrow j + 1$
        fin tant que
        $t \leftarrow t + 1$
    fin tant que

$$\mathbf{P}(O \mid \Lambda) \leftarrow \sum_{i=1}^{n} \alpha_T(i)$$

fin

Ce calcul a une complexité en $\Theta(n^2 T)$.

4.2.2   Le calcul de β

De manière analogue, $\beta_t(i)$ se calcule par l'algorithme 44.
Le calcul de β est lui aussi en $\Theta(n^2 T)$.

Algorithme 44 : Calcul de la fonction _backward_ β

---

début

    pour $i = 1, n$ **faire** $\beta_T(i) \leftarrow 1$

    $t \leftarrow T - 1$

    tant que $t \geq 1$ **faire**

        $i \leftarrow 1$

        tant que $i \leq n$ **faire**

$$\beta_t(i) \leftarrow \sum_{j=1}^{n} a_{ij} b_j(O_{t+1}) \beta_{t+1}(j)$$

           $i \leftarrow i + 1$

        fin tant que

        $t \leftarrow t - 1$

    fin tant que

$$\mathbf{P}(O \mid \Lambda) \leftarrow \sum_{i=1}^{n} \pi_i \beta_0(i)$$

fin

4.2.3 Le calcul de la probabilité d'observation

Finalement, la probabilité d'observer une séquence est obtenue en prenant les valeurs de α et de β à un instant t quelconque : $\mathbf{P}(O \mid \Lambda) = \sum_{i=1}^{n} \alpha_t(i) \beta_t(i)$. Cependant, on utilise le plus souvent les valeurs obtenues pour deux cas particuliers $(t = 0)$ ou $(t = T)$, ce qui donne :

$$\mathbf{P}(O \mid \Lambda) = \sum_{i=1}^{n} \alpha_T(i) = \sum_{i=1}^{n} \pi_i \beta_0(i)$$

Avec les mêmes valeurs que précédemment (n=5, T=100), les algorithmes _forward_ et _backward_ ne requièrent que 2500 opérations (au lieu de 10^{72}, rappelons-le, pour le calcul exhaustif).

—— EXEMPLE ————————————————————————————

Soit le modèle $\Lambda = (S,\ V,\ A,\ B,\ \pi)$ (figure 21.6) comprenant trois états 1, 2 et 3 chacun permettant d'observer un symbole de l'alphabet $V = \{a, b\}$.

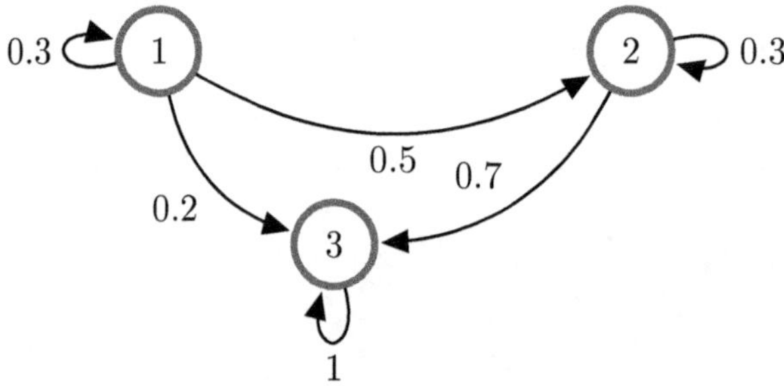

FIGURE 21.6 :   _Un exemple de HMM._

État	1	2	3
P(a)	1	0.5	0
P(b)	0	0.5	1

TABLE 21.1 :   *La matrice B de ce HMM.*

$$A = \begin{pmatrix} 0.3 & 0.5 & 0.2 \\ 0 & 0.3 & 0.7 \\ 0 & 0 & 1 \end{pmatrix} \quad B = \begin{pmatrix} 1 & 0 \\ 0.5 & 0.5 \\ 0 & 1 \end{pmatrix} \quad \pi = \begin{pmatrix} 0.6 \\ 0.4 \\ 0 \end{pmatrix}$$

La figure 21.7 illustre le calcul de α pour la suite d'observations : $a\ a\ b\ b$.

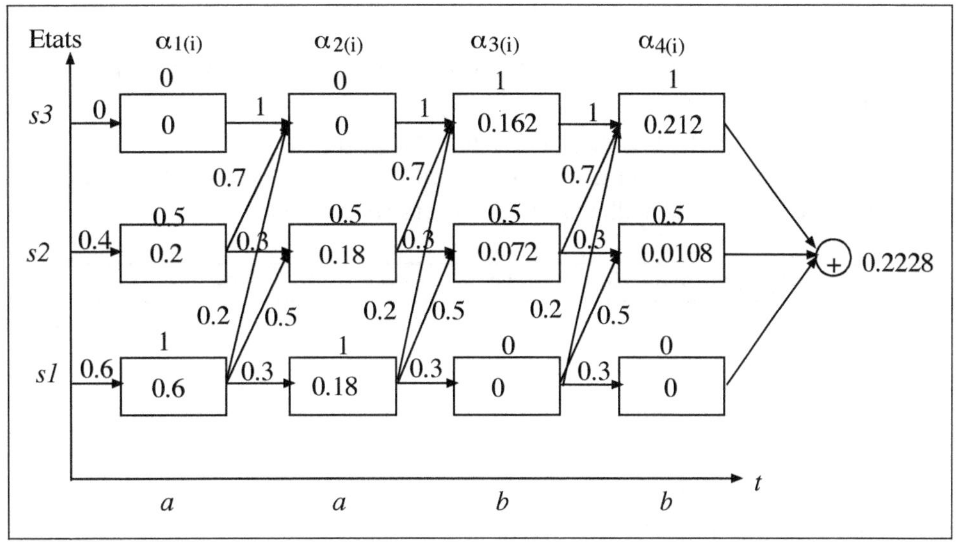

FIGURE 21.7 :   *Calcul de α pour la suite d'observations aabb.*

$$
\begin{aligned}
\alpha_1(1) \quad &= \pi_1 b_1(a) = 0.6 \times 1 = 0.6 \\
\alpha_1(2) \quad &= \pi_2 b_2(a) = 0.4 \times 0.5 = 0.2 \\
\alpha_1(3) \quad &= \pi_3 b_3(a) = 0 \times 0 = 0 \\
\alpha_2(1) \quad &= (\alpha_1(1)a_{11} + \alpha_1(2)a_{21} + \alpha_1(3)a_{31})b_1(a) \\
&= (0.6 \times 0.3 + 0.2 \times 0 + 0 \times 0) \times 1 \\
&= (0.18) \times 1 = 0.18 \\
\alpha_2(2) \quad &= (\alpha_1(1)a_{12} + \alpha_1(2)a_{22} + \alpha_1(3)a_{32})b_2(a) \\
&= (0.6 \times 0.5 + 0.2 \times 0.3 + 0 \times 0) \times 0.5 \\
&= (0.36) \times 0.5 = 0.18
\end{aligned}
$$

$$\ldots \qquad \qquad \ldots$$

$$\mathbf{P}(a\ a\ b\ b \mid \Lambda) \quad = \sum_{q_i} \alpha_4(i) = 0.2228$$

5. Le calcul du chemin optimal : l'algorithme de Viterbi

Il s'agit maintenant de déterminer le meilleur chemin correspondant à l'observation, c'est-à-dire de trouver dans le modèle Λ la *meilleure suite d'états* Q, qui maximise la quantité :

$$\mathbf{P}(Q, O \mid \Lambda)$$

Pour trouver $Q = (q_1, q_2, \ldots, q_T)$ pour une séquence d'observations $O = (O_1, O_2, \ldots, O_T)$, on définit la variable intermédiaire $\delta_t(i)$ comme la probabilité du meilleur chemin amenant à l'état s_i à l'instant t, en étant guidé par les t premières observations :

$$\delta_t(i) = \underset{q_1, \ldots, q_{t-1}}{Max} \, \mathbf{P}(q_1, q_2, \ldots, q_t = s_i, O_1, O_2, \ldots, O_t \mid \Lambda)$$

Par récurrence, on calcule :

$$\delta_{t+1}(j) = [\underset{i}{\text{Max}} \, \delta_t(i) \, a_{ij}] \, b_j(O_{t+1})$$

en gardant trace, lors du calcul, de la suite d'états qui donne le meilleur chemin amenant à l'état s_i à t dans un tableau ψ.

On utilise une variante de la programmation dynamique, l'*algorithme de Viterbi* (algorithme 45) pour formaliser cette récurrence. Il fournit en sortie la valeur $\mathbf{P}^*$ de la probabilité de l'émission de la séquence par la meilleure suite d'états $(q_1^*, \cdots, q_T^*)$.

Algorithme 45 : Algorithme de Viterbi

---

début
    pour $i = 1, n$ **faire**
        $\delta_1(i) \leftarrow \pi_i b_i(O_1)$
        $\psi_1(i) \leftarrow 0$
    fin pour
    $t \leftarrow 2$
    tant que $t \leq T - 1$ **faire**
        $j \leftarrow 1$
        tant que $j \leq n$ **faire**
            $\delta_t(j) \leftarrow \text{Max}_{1 \leq i \leq n} \, [\delta_{t-1}(i) \, a_{ij}] \, b_j(O_t)$
            $\psi_t(j) \leftarrow \text{ArgMax}_{1 \leq i \leq n} \, [\delta_{t-1}(i) \, a_{ij}]$
            $j \leftarrow j + 1$
        fin tant que
        $t \leftarrow t + 1$
    fin tant que
    $\mathbf{P}^* \leftarrow \text{Max}_{1 \leq i \leq n} \, [\delta_T(i)]$
    $q_T^* \leftarrow \text{ArgMax}_{1 \leq i \leq n} \, [\delta_T(i)]$
    $t \leftarrow T - 1$
    tant que $t \geq 1$ **faire**
        $q_t^* \leftarrow \psi_{t+1}(q_{t+1}^*)$
        $t \leftarrow t - 1$
    fin tant que
fin

La fonction *Argmax* permet de mémoriser l'indice i, entre 1 et n, avec lequel on atteint le maximum des quantités $(\delta_{t-1}(i) a_{ij})$. Le coût des opérations est également en $\Theta(n^2 T)$.

D'après [BB92].

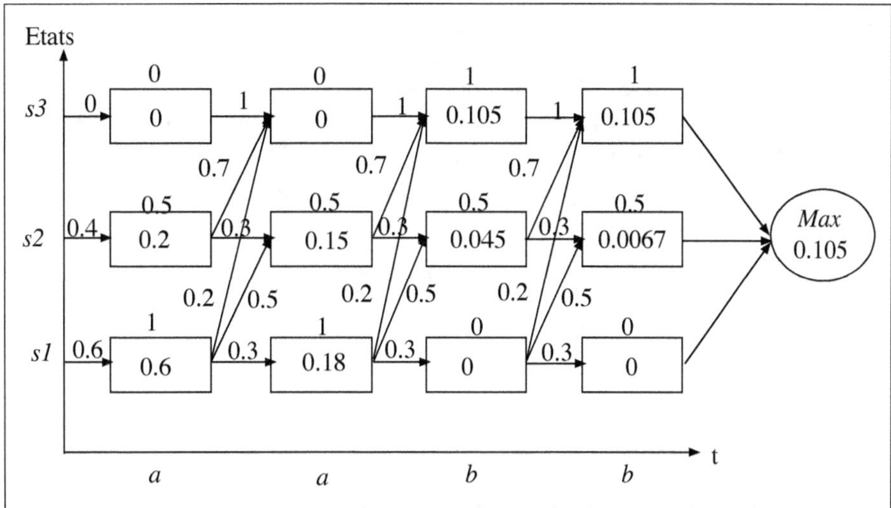

FIGURE 21.8 :   *Calcul de δ pour la suite d'observations aabb.*

À partir de la figure 21.8 qui illustre le calcul de δ, on peut calculer les quantités δ, ψ et q^* comme suit :

$$
\begin{aligned}
\delta_1(1) &= \pi_1 b_1(a) = 0.6 \times 1 = 0.6 \qquad && \psi_1(1) = 0, \\
\delta_1(2) &= \pi_2 b_2(a) = 0.4 \times 0.5 = 0.2 \qquad && \psi_1(2) = 0, \\
\delta_1(3) &= \pi_3 b_3(a) = 0 \times 0 = 0 \qquad && \psi_1(3) = 0, \\
\delta_2(1) &= max_{1 \le i \le n}(\delta_1(i)a_{i1})b_1(a)
\end{aligned}
$$

$$
= max \left\{ \begin{array}{c} \delta_1(1)a_{11} \\ \delta_1(2)a_{21} \\ \delta_1(3)a_{31} \end{array} \right\} \times b_1(a)
$$

$$
= max \left\{ \begin{array}{c} \dfrac{0.6 \times 0.3}{0} \\ 0 \end{array} \right\} \times 1 = 0.18 \quad \psi_2(1) = 1,
$$

...

Finalement :

$$
\begin{array}{llll}
\underline{\psi_1(1) = 0} & \psi_2(1) = 1 & \psi_3(1) = 1 & \psi_4(1) = 1 \\
\overline{\psi_1(2) = 0} & \psi_2(2) = 1 & \psi_3(2) = 1 & \psi_4(2) = 2 \\
\psi_1(3) = 0 & \overline{\psi_2(3) = 2} & \underline{\psi_3(3) = 2} & \underline{\psi_4(3) = 3,}
\end{array}
$$

$$
\begin{aligned}
q_4^* &= max \left(\begin{array}{c} \delta_4(1) \\ \delta_4(2) \\ \delta_4(3) \end{array} \right) = 3, \\
q_3^* &= \psi_4(3) \qquad\qquad = 3, \\
q_2^* &= \psi_3(3) \qquad\qquad = 2, \\
q_1^* &= \psi_2(2) \qquad\qquad = 1.
\end{aligned}
$$

On déduit donc de ce calcul que la *meilleure suite d'états*, celle qui engendre la phrase $a\,a\,b\,b$ avec la plus forte probabilité, est : *1 2 3 3*.

6. L'apprentissage

6.1 Principe

Supposons disposer d'un ensemble de séquences $\mathcal{O} = \{O^1, \cdots, O^m\}$, dont l'élément courant est noté O^k. Le but de l'apprentissage est de déterminer les paramètres d'un HMM d'architecture fixée $\Lambda = (S,\ V,\ A,\ B,\ \pi)$ qui maximisent la probabilité $\mathbf{P}(\mathcal{O} \mid \Lambda)$. Comme on suppose les séquences d'apprentissage tirées indépendamment, on cherche donc à maximiser :

$$\mathbf{P}(\mathcal{O} \mid \Lambda) = \prod_{k=1}^{m} \mathbf{P}(O^k \mid \Lambda)$$

L'idée est d'utiliser une procédure de réestimation qui affine le modèle petit à petit selon les étapes suivantes :

1. choisir un ensemble initial Λ_0 de paramètres ;

2. calculer Λ_1 à partir de Λ_0, puis Λ_2 à partir de Λ_1, etc.

3. répéter ce processus jusqu'à un critère de fin.

Pour chaque étape p d'apprentissage, on dispose de Λ_p et on cherche un Λ_{p+1} qui doit vérifier :

$$\mathbf{P}(\mathcal{O} \mid \Lambda_{p+1}) \geq \mathbf{P}(\mathcal{O} \mid \Lambda_p)$$

soit :

$$\prod_{k=1}^{m} \mathbf{P}(O^k \mid \Lambda_{p+1}) \ \geq \ \prod_{k=1}^{m} \mathbf{P}(O^k \mid \Lambda_p)$$

Λ_{p+1} doit donc améliorer la probabilité d'émettre les observations de l'ensemble d'apprentissage. La technique pour calculer Λ_{p+1} à partir de Λ_p consiste à utiliser l'algorithme EM. Pour cela, on effectue un comptage de l'utilisation des transitions A et des distributions B et π du modèle Λ_p quand il produit l'ensemble $\mathcal{O}$. Si cet ensemble est assez important, ces fréquences fournissent de bonnes approximations *a posteriori* des distributions de probabilités A,B et π et sont utilisables alors comme paramètres du modèle Λ_{p+1} pour l'itération suivante.

La méthode d'apprentissage EM consiste donc dans ce cas à regarder comment se comporte le modèle défini par Λ_p sur $\mathcal{O}$, à réestimer ses paramètres à partir des mesures prises sur $\mathcal{O}$, puis à recommencer cette réestimation jusqu'à obtenir une convergence. L'annexe 7 donne quelques détails sur cette méthode.

Dans les calculs qui suivent, on verra apparaître en indice supérieur la lettre k quand il faudra faire référence à la séquence d'apprentissage concernée. L'indice p, qui compte les passes d'apprentissage, sera omis : on partira d'un modèle noté simplement Λ et on calculera celui qui s'en déduit.

6.2 Les formules de réestimation

On définit $\xi_t^k(i, j)$ comme la probabilité, étant donnés une phrase O^k et un HMM Λ, que ce soit l'état s_i qui ait émis la lettre de rang t de O^k et l'état s_j qui ait émis celle de rang $t + 1$. Donc :

$$\xi_t^k(i, j) = \mathbf{P}(q_t = s_i,\ q_{t+1} = s_j\ \mid O^k, \Lambda)$$

Cela se récrit :

$$\xi_t^k(i,j) = \frac{\mathbf{P}(q_t = s_i,\ q_{t+1} = s_j,\ O^k \mid \Lambda)}{\mathbf{P}(O^k \mid \Lambda)}$$

Par définition des fonctions *forward-backward*, on en déduit :

$$\xi_t^k(i,j) = \frac{\alpha_t^k(i)a_{ij}b_j(O_{t+1}^k)\beta_{t+1}^k(j)}{\mathbf{P}(O^k \mid \Lambda)}$$

On définit aussi la quantité $\gamma_t^k(i)$ comme la probabilité que la lettre de rang t de la phrase O^k soit émise par l'état s_i :

$$\gamma_t^k(i) = \mathbf{P}(q_t = s_i \mid O^k, \Lambda)$$

Soit :

$$\gamma_t^k(i) = \sum_{j=1}^{n} \mathbf{P}(q_t = s_i,\ q_{t+1} = s_j \mid O^k, \Lambda) = \frac{\displaystyle\sum_{j=1}^{n}\mathbf{P}(q_t = s_i,\ q_{t+1} = s_j, O^k \mid \Lambda)}{\mathbf{P}(O^k \mid \Lambda)}$$

On a la relation :

$$\gamma_t^k(i) = \sum_{j=1}^{n} \xi_t(i,j) = \frac{\alpha_t^k(i)\beta_t^k(i)}{\mathbf{P}(O^k \mid \Lambda)}$$

Le nouveau modèle HMM se calcule à partir de l'ancien en réestimant π, A et B par comptage sur la base d'apprentissage. On mesure les fréquences :

$$\overline{a}_{ij} \;=\; \frac{\text{nombre de fois où la transition de } s_i \text{ à } s_j \text{ a été utilisée}}{\text{nombre de transitions effectuées à partir de } s_i}$$

$$\overline{b}_j(l) \;=\; \frac{\text{nombre de fois où le HMM s'est trouvé dans l'état } s_j \text{ en observant } v_l}{\text{nombre de fois où le HMM s'est trouvé dans l'état } s_j}$$

$$\overline{\pi}_i \;=\; \frac{\text{nombre de fois où le HMM s'est trouvé dans l'état } s_i \ldots}{\text{nombre de fois où le HMM} \ldots}$$

$$\frac{\ldots \text{ en émettant le premier symbole d'une phrase}}{\ldots \text{ a émis le premier symbole d'une phrase}}$$

Compte tenu de ces définitions :

$$\overline{\pi}_i = \frac{1}{m}\sum_{k=1}^{m}\gamma_1^k(i)$$

$$\overline{a}_{ij} = \frac{\displaystyle\sum_{k=1}^{m}\sum_{t=1}^{|O^k|-1}\xi_t^k(i,j)}{\displaystyle\sum_{k=1}^{m}\sum_{t=1}^{|O^k|-1}\gamma_t^k(i)}$$

$$\overline{b}_j(l) = \frac{\displaystyle\sum_{k=1}^{m} \sum_{\substack{t=1 \\ \text{avec } O_t^k = v_l}}^{|O^k|-1} \gamma_t^k(j)}{\displaystyle\sum_{k=1}^{m} \sum_{t=1}^{|O^k|-1} \gamma_t^k(j)}$$

Ces formules ont été établies par Baum [Bau72], comme une application de la procédure *EM* à l'apprentissage des paramètres HMM. La suite des modèles construits par l'algorithme de Baum-Welsh [RJ93] vérifie la relation cherchée :

$$\mathbf{P}(\mathcal{O} \mid \Lambda_{p+1}) \geq \mathbf{P}(\mathcal{O} \mid \Lambda_p)$$

—— Remarque ———————————————————————————————

- Le choix du modèle initial influe sur les résultats ; par exemple, si certaines valeurs de A et B sont égales à 0 au départ, elles le resteront jusqu'à la fin de l'apprentissage. Ceci permet en particulier de garder la structure dans les modèles gauche-droite.

- L'algorithme converge vers des valeurs de paramètres qui assurent un *maximum local* de $\mathbf{P}(O \mid \Lambda)$. Il est donc important, si l'on veut être aussi près que possible du minimum global, de bien choisir la structure et l'initialisation.

- Le nombre d'itérations est fixé empiriquement. L'expérience prouve que, si le point précédent a été correctement traité, la stabilisation des paramètres ne correspond pas à un surapprentissage : il n'y a donc en général pas besoin de contrôler la convergence par un ensemble de validation. Toutefois, cette possibilité est évidemment toujours à disposition.

Algorithme 46 : Algorithme de Baum-Welch

---

début
    Fixer des valeurs initiales (A, B, π)
    On définit le HMM de départ comme $\Lambda_0 = (S, V, A, B, \pi)$.
    $p \leftarrow 0$
    tant que *la convergence n'est pas réalisée* **faire**
        On possède le HMM Λ_p
        On calcule pour ce modèle, sur l'ensemble d'apprentissage, les valeurs :
            $\xi(i,j), \ \gamma_t(i) \quad 1 \leq i,j \leq n \quad 1 \leq t \leq T-1$
        On en déduit $\overline{\pi}, \ \overline{A}, \ \overline{B}$ en utilisant les formules de réestimation.
        Le HMM courant est désormais défini par $\Lambda_{p+1} = (\overline{\pi}, \ \overline{A}, \ \overline{B})$
        $p \leftarrow p+1$
    fin tant que
fin

En partant du HMM Λ_0 défini par les paramètres suivants :

$$A = \begin{pmatrix} 0.45 & 0.35 & 0.20 \\ 0.10 & 0.50 & 0.40 \\ 0.15 & 0.25 & 0.60 \end{pmatrix} \quad B = \begin{pmatrix} 1.0 & 0.0 \\ 0.5 & 0.5 \\ 0.0 & 1.0 \end{pmatrix} \quad \pi = \begin{pmatrix} 0.5 \\ 0.3 \\ 0.2 \end{pmatrix}$$

on peut calculer que, s'il émet sur l'alphabet à deux lettres $V = \{a, b\}$, on a :

$$\mathbf{P}(a\,b\,b\,a\,a \mid \Lambda_0) = 0.0278$$

Si on prend comme ensemble d'apprentissage cette seule phrase, l'application de l'algorithme de Baum-Welsh doit augmenter sa probabilité de reconnaissance.

Après une réestimation [8], on trouve le HMM Λ_1 :

$$A = \begin{pmatrix} 0.346 & 0.365 & 0.289 \\ 0.159 & 0.514 & 0.327 \\ 0.377 & 0.259 & 0.364 \end{pmatrix} \quad B = \begin{pmatrix} 1.0 & 0.0 \\ 0.631 & 0.369 \\ 0.0 & 1.0 \end{pmatrix} \quad \pi = \begin{pmatrix} 0.656 \\ 0.344 \\ 0.0 \end{pmatrix}$$

$$\mathbf{P}(a\,b\,b\,a\,a \mid \Lambda_1) = 0.0529$$

Après quinze itérations :

$$A = \begin{pmatrix} 0.0 & 0.0 & 1.0 \\ 0.212 & 0.788 & 0.0 \\ 0.0 & 0.515 & 0.485 \end{pmatrix} \quad B = \begin{pmatrix} 1.0 & 0.0 \\ 0.969 & 0.031 \\ 0.0 & 1.0 \end{pmatrix} \quad \pi = \begin{pmatrix} 1.0 \\ 0.0 \\ 0.0 \end{pmatrix}$$

$$\mathbf{P}(a\,b\,b\,a\,a \mid \Lambda_{15}) = 0.2474$$

Après cent cinquante itérations, la convergence est réalisée. La figure 21.9 et le tableau 21.2 décrivent le résultat, que l'on peut donner aussi sous la forme suivante :

$$A = \begin{pmatrix} 0.0 & 0.0 & 1.0 \\ 0.18 & 0.82 & 0.0 \\ 0.0 & 0.5 & 0.5 \end{pmatrix} \quad B = \begin{pmatrix} 1.0 & 0.0 \\ 1.0 & 0.0 \\ 0.0 & 1.0 \end{pmatrix} \quad \pi = \begin{pmatrix} 1.0 \\ 0.0 \\ 0.0 \end{pmatrix}$$

$$\mathbf{P}(a\,b\,b\,a\,a \mid \Lambda_{150}) = 0.2500$$

État	1	2	3
$\mathbf{P}(a)$	1	1	0
$\mathbf{P}(b)$	0	0	1

TABLE 21.2 :   *La matrice B de ce HMM.*

Il peut paraître curieux que ce HMM ne génère pas son unique phrase d'apprentissage avec la probabilité 1 et toutes les autres séquences avec la probabilité 0. Ceci vient du fait que le nombre des états est trop petit pour réaliser un apprentissage par cœur. En revanche, si l'on part d'un HMM initial à cinq états, il converge vers un HMM Λ défini par :

---

8. Les calculs sont très pénibles à faire à la main, même sur un exemple simple comme celui-ci.

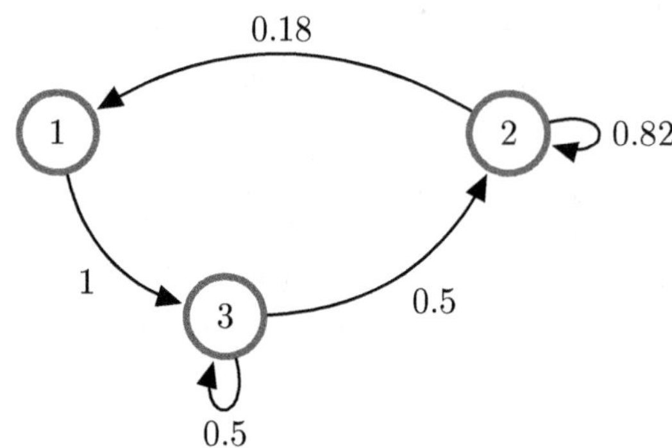

FIGURE 21.9 : *Le HMM entraîné sur une seule phrase, après convergence. Le seul état initial possible est l'état 1.*

$$A = \begin{pmatrix} 0.0 & 1.0 & 0.0 & 0.0 & 0.0 \\ 0.0 & 0.0 & 1.0 & 0.0 & 0.0 \\ 0.0 & 0.0 & 0.0 & 1.0 & 0.0 \\ 0.0 & 0.0 & 0.0 & 0.0 & 1.0 \\ 0.0 & 0.0 & 0.0 & 0.0 & 1.0 \end{pmatrix} \quad B = \begin{pmatrix} 1.0 & 0.0 \\ 0.0 & 1.0 \\ 0.0 & 1.0 \\ 1.0 & 0.0 \\ 1.0 & 0.0 \end{pmatrix} \quad \pi = \begin{pmatrix} 1.0 \\ 0.0 \\ 0.0 \\ 0.0 \\ 0.0 \end{pmatrix}$$

et l'on a :

$$\mathbf{P}(a\,b\,b\,a\,a \mid \Lambda) = 1.0$$

Ce HMM est en réalité une variante d'un modèle observable : à chaque état est associée l'émission certaine d'une lettre. La différence avec les modèles présentés en début de ce chapitre est que la même lettre peut être associée à plusieurs états : ici, par exemple, la lettre a aux états 1, 4 et 5.

— EXEMPLE —

Reprenons maintenant l'exemple de la section 2.2. Nous partons du HMM suivant, dont les paramètres ont été tirés aléatoirement :

$$A = \begin{pmatrix} 0.40 & 0.60 \\ 0.52 & 0.48 \end{pmatrix} \quad B = \begin{pmatrix} 0.49 & 0.51 \\ 0.40 & .60 \end{pmatrix} \quad \pi = \begin{pmatrix} 0.31 \\ 0.69 \end{pmatrix}$$

Nous lui faisons subir deux apprentissages sur deux ensembles de séquences : le premier est composé d'éléments ayant à peu près autant de a que de b, ces derniers étant situés en majorité dans la seconde partie ; l'autre ensemble d'apprentissage est composé de phrases de type symétrique.

$$\mathcal{O}_1 = \{aaabb, abaabbb, aaababb, aabab, ab\}$$

$$\mathcal{O}_2 = \{bbbaa, babbaa, bbbabaa, bbabba, bbaa\}$$

Après convergence, on obtient deux HMM différents donnés sur la figure 21.10.

Λ_1 est défini par :

$$A = \begin{pmatrix} 1.0 & 0.0 \\ 0.69 & 0.31 \end{pmatrix} \quad B = \begin{pmatrix} 0.36 & 0.64 \\ 1.0 & 0.0 \end{pmatrix} \quad \pi = \begin{pmatrix} 0.0 \\ 1.0 \end{pmatrix}$$

Son unique état de départ est l'état 2 qui émet a avec la probabilité 1. La probabilité d'émettre b par l'état 1 est de 0.64.

FIGURE 21.10 :   *Les HMM Λ_1 et Λ_2.*

Λ_2 est défini par :

$$A = \begin{pmatrix} 1.0 & 0.0 \\ 0.60 & 0.40 \end{pmatrix} \quad B = \begin{pmatrix} 0.65 & 0.34 \\ 0.0 & 1.0 \end{pmatrix} \quad \pi = \begin{pmatrix} 0.0 \\ 1.0 \end{pmatrix}$$

Son unique état de départ est l'état 2 qui émet b avec la probabilité 1. La probabilité d'émettre a par l'état 1 est de 0.65.

Les deux HMM appris sont donc assez semblables, quand on permute a et b. On remarque qu'ils ne font pas jouer un rôle symétrique à leurs états.

Sur deux phrases n'ayant pas participé à l'apprentissage, on obtient le résultat attendu :

$$\mathbf{P}(a\,a\,b\,a\,b\,b\,b \mid \Lambda_1) = 0.0437$$

$$\mathbf{P}(a\,a\,b\,a\,b\,b\,b \mid \Lambda_2) = 0.000$$

$$\mathbf{P}(b\,b\,a\,b\,a\,a\,a \mid \Lambda_1) = 0.000$$

$$\mathbf{P}(b\,b\,a\,b\,a\,a\,a \mid \Lambda_2) = 0.0434$$

7. Approfondissements

Comme on l'a dit plus haut, il est possible de définir des HMM produisant des séquences de valeurs continues et même des séquences de vecteurs de valeurs continues. Dans ce cas, elles ne sont évidemment plus construites sur un alphabet fini. Il faut alors remplacer la matrice B par un ensemble de distributions éventuellement multidimensionnelles de probabilités ; les calculs précédents restent valables, mais les formules, en particulier celles de la réestimation pour l'apprentissage doivent porter sur des paramètres caractéristiques des distributions de probabilités en question. Généralement, on suppose celles-ci gaussiennes, ou multigaussiennes.

C'est souvent le cas en reconnaissance de la parole : prenons l'exemple de la reconnaissance du vocabulaire des dix chiffres. L'échantillon d'apprentissage permet de créer dix ensembles d'exemples, chacun supervisé par un chiffre différent. Pour chaque chiffre, on va apprendre un HMM. En phase de reconnaissance, un son inconnu sera classé comme le chiffre associé au HMM qui peut l'émettre avec la plus forte probabilité. Qu'est-ce qu'une séquence représentant la prononciation d'un son ? Au départ, un signal échantillonné, soit huit ou seize mille valeurs réelles par seconde. Ce signal est transformé par des techniques de type transformation de Fourier pour en extraire ses caractéristiques fréquencielles. Au final, on dispose en général d'un codage de chaque centième de seconde de parole émise par un vecteur d'une dizaine de valeurs réelles. La prononciation d'un chiffre est donc une séquence dont la longueur est de l'ordre de quelques dizaines et dont chaque élément est un vecteur de $\mathbb{R}^{10}$.

Il est dès lors impossible de définir la matrice B puisque, dans chaque terme $b_j(k)$, k devrait parcourir tous les vecteurs différents représentant un centième de seconde de parole et donc prendre un nombre infini de valeurs. Le plus simple est d'effectuer une estimation paramétrique de la distribution des composantes du vecteur émis par chaque état, comme au chapitre 19. On supposera par exemple que ce sont des tirages aléatoires d'une gaussienne de dimension 10 : dans ce cas, pour chaque état, il faudra estimer la moyenne et la covariance de la densité de probabilités d'émission d'un vecteur de dimension 10. L'algorithme de Baum-Welsh s'adapte facilement à cette situation.

Des approfondissements et des alternatives ont été proposés : il est commun de supposer que les vecteurs émis sont des *sommes pondérées* de plusieurs distributions gaussiennes multi-dimensionnelles. L'algorithme EM permet encore de calculer les moyennes et les covariances de chacune, ainsi que les coefficients de pondération (chapitre 16). Il a été aussi proposé d'esti-mer les densités d'émission par la méthode non paramétrique des k plus proches voisins qui est présentée au chapitre 19 ou par des réseaux connexionnistes (chapitre 10).

8. Applications

Les HMM sont des outils d'apprentissage très efficaces pour la classification des séquences : ils ne réclament que peu de connaissances *a priori* et, à condition de disposer de suffisamment de données d'apprentissage, ils sont généralisent très bien. De nombreux raffinements leur ont été apportés, en particulier pour résoudre des problèmes aussi complexes que celui de la re-connaissance de la parole ou de l'écriture manuscrite. Ces outils sont également très employés dans les séquences biologiques, en particulier pour la prédiction des structures secondaires et tri-dimensionnelles des protéines. On les utilise aussi en fouille de données, pour la recherche approchée de séquences dans des textes ou dans des masses de données de bio-séquences.

Presque tous les systèmes de reconnaissance de la parole construits jusqu'à récemment l'ont été à base de HMM, parfois hybridés de réseaux connexionnistes. Ces derniers ont désormais pris le dessus. Dans la plupart des cas, les informations phonétiques, lexicales et syntaxiques sont « compilées » dans un HMM de plusieurs milliers d'états, dont chacun vise à posséder une signification linguistique ; l'apprentissage se fait sur des très grandes quantités de données. La reconnaissance est effectuée en récupérant la séquence d'états par l'algorithme de Viterbi. Puisque les états ont une signification linguistique, ce n'est pas tant la probabilité finale qui est intéressante que le chemin par lequel passe la meilleure façon d'engendrer le signal.

Notes historiques et sources bibliographiques

L'algorithme de Baum-Welsh [Bau72] est une application aux modèles de Markov de la technique générale EM d'estimation statistique de paramètres cachés. L'annexe 7 qui traite de cette technique est en partie reprise du document [Ros97]. L'utilisation en apprentissage vient de la communauté de la reconnaissance de la parole. Les premières références que l'on peut relier à cette technique datent des années 1970 [Jel76, Bak75]. L'utilisation en reconnaissance bayésienne pour des séquences, comme présentée dans ce chapitre, est surtout fondée sur les travaux de Rabiner et de son équipe, qui ont démarré vers 1983 [LRS83]. L'article [Rab89] est un exposé incontournable sur les HMM et leur application à la parole. Les ouvrages [Jel97] et surtout [RJ93, JM00] donnent un panorama de l'utilisation des HMM en reconnaissance de la parole.

Pour leurs applications au traitement des séquences biologiques et des images, des références intéressantes sont [DEKM98, BB01] et [BS97, MS01]. L'exemple 21.6 et les figures associées sont empruntés, avec l'aimable accord des auteurs, à [BB92]. Ce dernier ouvrage (entre autres mérites) présente une bonne introduction à ces techniques d'apprentissage et à leur application pour la reconnaissance de l'écriture manuscrite ; ce chapitre lui a fait quelques autres emprunts.

Résumé

- Les HMM sont des modèles probabilistes d'émission de séquences, discrètes ou continues (et dans ce cas, éventuellement vectorielles).

- En version de base, ils sont utilisés en classification bayésienne.

- L'algorithme *forward-backward* trouve la probabilité qu'un HMM ait émis une séquence.

- L'algorithme de *Viterbi* indique la suite des états du HMM qui a la plus forte probabilité d'avoir émis une séquence.

- L'algorithme de *Baum-Welch* permet d'ajuster les paramètres d'un HMM au maximum de vraisemblance à partir d'un ensemble de séquences d'apprentissage.

Sixième partie

L'apprentissage en environnement non stationnaire

Chapitre 22

Leslie Pack KAELBLING

L'apprentissage de réflexes par renforcement

L'apprentissage par adaptation progressive est omniprésent dans les systèmes naturels, y compris chez les plus simples organismes, et correspond à une large classe d'applications dans laquelle il n'est pas envisageable de fournir les informations détaillées nécessaires à l'apprentissage supervisé. Dans sa forme la plus élémentaire, cet apprentissage implique un agent situé dans le monde captant des informations sur ses états successifs, ceux-ci résultant éventuellement de ses propres actions. De temps en temps, un signal de renforcement positif ou négatif sanctionne la séquence de décisions prises par l'agent. La tâche de l'agent est de chercher une stratégie de conduite, appelée « politique », qui maximise l'espérance de renforcement dans les situations à venir. Cela passe généralement par une estimation des espérances de renforcement, soit en fonction des états, soit en fonction des actions de l'agent.

L'apprentissage par renforcement est difficile pour deux raisons principales. D'une part, le signal de renforcement fourni au système en retour de ses actions est très pauvre ; c'est généralement un simple scalaire et il n'apporte donc que peu d'informations sur le monde et sur les décisions à prendre. D'autre part, le délai qui sépare éventuellement le signal de renforcement des décisions qui y ont conduit rend ardue l'attribution de mérite ou de blâme à chacune des décisions prises dans le passé.

Malgré ces difficultés, l'apprentissage par renforcement a suscité de nombreux travaux depuis plus de cinquante ans en automatique et en apprentissage artificiel. La notion d'un système autonome interagissant directement avec l'environnement et tirant de cette expérience une connaissance du monde suffisante pour y « survivre » et prospérer est en effet très séduisante intellectuellement. De très nombreuses applications existent dans les domaines du contrôle de processus, de la navigation, de la conduite de robot, de l'apprentissage dans les jeux, de la planification financière, etc. Le succès impressionnant du système de jeu de go AlphaGo a récemment mis les projecteurs sur ce type d'apprentissage.

Sommaire

U N PROGRAMME, un robot, un agent virtuel peuvent-ils apprendre à se comporter dans un environnement inconnu, ou en tout cas dont ils ne perçoivent l'existence que de l'étroite fenêtre de leurs sensations et par des réponses à leurs actions qu'ils jugent agréables ou désagréables ? On sait qu'un chien peut être dressé par punition-récompense et que des animaux généralement jugés moins intelligents, comme les oies ou les corbeaux, sont capables de modifier durablement leur comportement en fonction d'essais et de réponses du monde extérieur. Mais ce type d'apprentissage, fondamental dans le monde animal, est-il modélisable et transposable pour des programmes ? Les techniques de l'apprentissage par renforcement visent à effectuer cette transposition.

On peut imaginer un robot arrivant sur une planète ou un astéroïde mal connus pour lequel il n'était pas envisageable de programmer à l'avance tous les comportements adéquats du robot. Le milieu inconnu fourmille de chausse-trappes (endroits dans lesquels le robot risque de se renverser ou de s'enliser), et d'opportunités (lieux exposés au soleil pour recharger les batteries, orientation idéale pour communiquer avec la Terre, ou endroits propices à des découvertes géologiques). L'objectif du robot est de maximiser ses gains, liés à la fois à sa survie dans ce monde inconnu et aux appréciations des scientifiques sur Terre anxieux de développer la connaissance des mondes extra-terrestres. Pour cela, le robot doit identifier les différents *états* du monde et de lui-même dans lesquels il peut se trouver, apprendre à associer des effets à ses *actions* pour chaque état possible et découvrir comment le *monde* associe une réponse aux états.

Le but ultime du robot est d'apprendre à se comporter dans son monde, donc comment choisir dans chaque état possible, ou probable, quelle action effectuer, ce que l'on appelle une *politique*. L'enjeu de l'apprentissage par renforcement est d'apprendre une politique maximisant un gain cumulé sur une certaine durée dans le monde.

Au-delà d'une motivation pour modéliser un apprentissage qui semble très répandu dans le monde vivant, l'apprentissage par renforcement a de très nombreuses applications potentielles. Par exemple, pour rester dans le domaine de *la robotique*, il est envisagé d'aider les personnes âgées ou dépendantes avec des robots qui s'adapteraient à chaque utilisateur et à leur évolution dans le temps. De même a-t-on besoin de robots capables de s'adapter à des environnements dangereux et mal connus, par exemple après un tremblement de terre ou un gros accident industriel. Dans le *domaine financier*, des algorithmes de *trading*, de gestion de portefeuille ou de *pricing* d'options utilisent des techniques d'apprentissage par renforcement. *L'énergie* est également un domaine d'application émergent avec des besoins en gestion de grilles de production et de consommation, l'optimisation adaptative de la maintenance des équipements, ou bien la régulation des marchés de la production et de la distribution de l'énergie. Les *systèmes de recommandation* que l'on trouve sur la Toile (recommandation de produits, optimisation du placement des publicités, etc.) recourent aussi à l'apprentissage par renforcement. Pour terminer ce catalogue non exhaustif, on citera les applications de type social : optimisation des placements de vélos en libre service en ville, gestion des « cités intelligentes », ou optimisation des services d'urgence.

Toutes ces applications nécessitent des algorithmes capables de maximiser un gain dans un milieu mal connu, donc avec impossibilité d'une programmation *a priori*, et éventuellement sujet à évolutions.

Notations utiles pour ce chapitre

$\mathcal{E}$	L'ensemble des états
$\mathcal{A}$	L'ensemble des actions
$\mathcal{R}$	L'ensemble des signaux de renforcement (souvent $\mathbb{R}$)
s	Un état
a	Une action
$\pi(s, a)$	La probabilité que l'action a soit choisie dans l'état s par la politique π
$Q(s, a)$	L'espérance de gain quand l'action a est prise dans l'état s
$V(s)$	L'espérance de gain dans l'état s
r_t	Le signal de renforcement reçu par l'agent à l'instant t
R_t	Le gain cumulé à partir de l'instant t
$E_\pi(\cdot)$	L'espérance en suivant la politique π
$0 \leq \gamma \leq 1$	Le taux de diminution des renforcements
$T : \mathcal{E} \times \mathcal{A} \to \mathcal{E}$	Une fonction de transition
$R : \mathcal{E} \times \mathcal{A} \to \mathcal{R}$	Une fonction de renforcement

1. Description du problème

Nous nous intéressons à un agent situé dans un certain environnement qu'il ne connaît pas, ou du moins qu'il ne connaît qu'imparfaitement. Au cours de ses interactions avec cet environnement, l'agent reçoit de temps en temps des signaux de récompense positifs ou négatifs. L'agent est programmé pour chercher à maximiser un gain cumulé de ces signaux sur une durée finie ou non. Comment doit-il s'y prendre ? Quelle politique de choix de ses actions doit-il adopter ?

Nous supposerons que les récompenses et punitions, pour lesquelles nous utiliserons désormais le terme de *signal de renforcement*, dépendent de l'état présent du système, ou de la transition entre deux états. Plus précisément, nous supposons qu'à chaque état, ou à chaque transition, correspond un signal de renforcement, éventuellement nul. Afin de maximiser une espérance de gain, l'agent doit donc chercher à atteindre les états, ou les transitions entre états, correspondant aux signaux les plus favorables (les récompenses), tout en évitant autant que possible les situations associées à des signaux négatifs. Pour cela, l'agent doit être capable d'identifier les états du monde, tout particulièrement l'état courant, et d'identifier les actions qui sont les plus à même de le conduire vers les états favorables. Dans l'apprentissage par renforcement, on suppose qu'initialement :

1. L'agent ne connaît pas ou connaît mal son environnement, ce qui signifie :

   - qu'il ne sait pas *a priori* quels sont les renforcements associés à chaque état ou à chaque transition entre états ;

   - qu'il ne connaît pas la topologie de l'espace des états, c'est-à-dire notamment quels sont les états accessibles à partir d'un état donné.

2. L'agent ne connaît pas ou connaît mal l'effet de ses actions dans un état donné, c'est-à-dire la fonction qui associe à chaque couple (état, action) un état résultant.

On voit que le défi qui se pose à l'agent est considérable. Il est supposé n'avoir qu'une connaissance très faible, voire nulle, du monde et de ses réactions, et les informations que peut fournir le monde sont très pauvres : des mesures sur les états, éventuellement imparfaites, et des signaux de renforcement réduits à des appréciations lapidaires (ex. « c'est bien », « c'est mal », ou « tu brûles », « tu refroidis ») parfois disponibles bien longtemps après qu'une action ait été responsable de l'état courant.

On comprend qu'un apprentissage fondé sur ce type d'interactions et de retour d'information très pauvre sur le monde demande qu'un nombre considérable d'interactions avec le monde ait été exercé par le système. Ainsi, des dizaines de millions de parties jouées par AlphaGo ont été nécessaires pour permettre à ce système de battre Lee Sedol, l'un des meilleurs joueurs mondiaux de go, en mars 2016. En contrepartie de cette relative inefficacité, et parce qu'il s'accomode de présupposés très faibles, il s'agit d'un apprentissage applicable dans une grande variété de situations. En fait, la seule hypothèse est que le monde est de nature stochastique (les actions peuvent avoir des effets non déterministes) et *stationnaire* (les probabilités de transition entre états et les signaux de renforcement restent stables au cours du temps).

Il est clair que l'apprentissage par renforcement se distingue nettement de l'apprentissage supervisé. L'agent ne reçoit plus passivement des exemples avec leur étiquette, mais il collecte activement des informations à travers ses interactions avec le monde. De ce fait, il n'est plus possible de considérer que le monde est régi par une distribution de probabilités générant les exemples. Le choix de la politique d'actions de l'agent détermine cette distribution, et de petites variations de politique peuvent causer de grandes différences dans la distribution des expériences rencontrées et des récompenses obtenues.

1.1   La modélisation d'un agent en action dans le monde

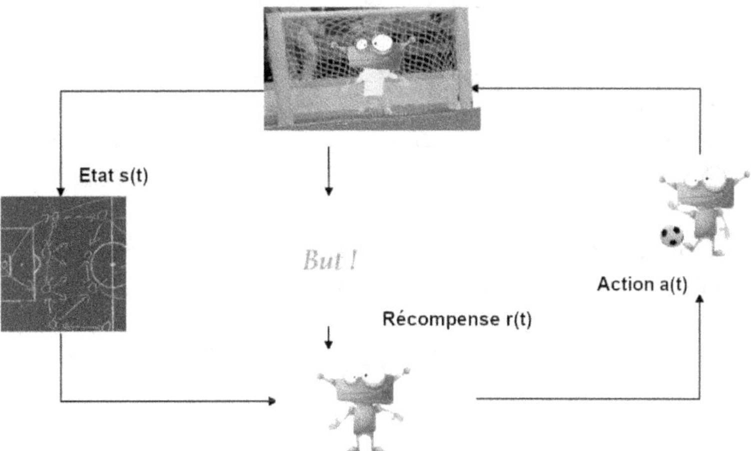

FIGURE 22.1 : *Le schéma abstrait d'un agent en interaction avec le monde suivant trois canaux : perception, renforcement immédiat et action instantanée.*

La théorie de l'apprentissage par renforcement s'appuie sur une modélisation des agents et des environnements qui est une idéalisation des situations réelles d'apprentissage, sans être triviale au point de trop s'éloigner de la réalité. Cette modélisation suppose que l'agent communique avec son environnement par trois canaux distincts :

- Un *canal perceptif* par lequel l'agent mesure l'état dans lequel il se trouve dans l'environnement. Ce canal correspond aux données fournies par un ensemble de capteurs, par exemple des caméras, des capteurs de proximité à ultrasons, des centrales inertielles, etc. Les informations fournies sont souvent partielles et parfois erronées. Nous notons $s(t)$ l'ensemble des informations passant par ce canal à l'instant t.

- Un canal spécifique aux *signaux de renforcement* renseignant l'agent sur la qualité de l'état courant. On suppose dans l'apprentissage par renforcement que ce canal ne transmet qu'un scalaire[1]. Nous notons $r(t)$ l'information transmise par ce canal. Ce signal n'est généralement pas disponible dans tous les états, mais seulement pour quelques états particuliers. Par exemple, c'est seulement à la fin d'une partie d'échecs que l'on dispose de la sanction : perte, gain ou nulle.

- Un canal qui transmet à l'environnement *l'action de l'agent*. Nous notons $a(t)$ l'information ainsi transmise de l'agent vers l'environnement. Généralement, ce signal déclenche une modification de l'état de l'environnement, comme quand un robot fait tourner ses roues ou quand un joueur d'échecs joue un coup. Ici aussi, la modification de l'état peut être non déterministe dans la mesure où l'agent n'a pas une connaissance parfaite de l'environnement.

Nous notons $\mathcal{E}$ l'*espace des états* dans lesquels peut se trouver l'agent, $\mathcal{R}$ l'*espace des signaux de renforcement*, c'est-à-dire un intervalle de la forme $[-a, +b]$ avec $a, b \in \mathbb{R}^+$, et $\mathcal{A}$ l'*espace des actions* disponibles pour l'agent. Dans ce cadre, nous posons donc qu'à chaque instant t, l'agent perçoit le monde comme étant dans l'état $s_t \in \mathcal{E}$. Il choisit alors d'effectuer l'action $a_t \in \mathcal{A}$ parmi les actions possibles dans l'état courant. À la suite de cette action prise dans cet état, il reçoit un signal de renforcement immédiat $r_t \in \mathcal{R}$.

L'agent peut donc être considéré comme réalisant une fonction de $\mathcal{E}$ dans $\mathcal{A}$: $s_t \mapsto a_t$. Suivant la terminologie en usage, nous appelons *politique* cette fonction de comportement et nous notons π_t la politique à l'instant t. Plus précisément, une politique est une fonction définie de $\mathcal{E} \times \mathcal{A}$ dans $\mathbb{R}$ qui associe, à chaque état s et chaque action a possible dans s, la probabilité $\pi(s, a)$ de choisir l'action a dans s. Si les probabilités sont uniformément nulles sauf pour une action, l'agent est déterministe.

L'environnement implémente une fonction de $\mathcal{E} \times \mathcal{A}$ dans $\mathcal{E} \times \mathcal{R}$: $(s_t, a_t) \mapsto (s_{t+1}, r_t)$, associant à un état et une action un nouvel état et un signal de renforcement. Pour des raisons de clarté, il est utile de la décomposer en deux fonctions. La première est une *fonction de transition entre états* notée T. Elle traduit la dynamique du monde et elle est définie de $\mathcal{E} \times \mathcal{A}$ dans $\mathcal{E}$: $(s_t, a_t) \mapsto s_{t+1}$. La seconde est une *fonction de renforcement immédiat* R de $\mathcal{E} \times \mathcal{A}$ dans $\mathcal{R}$: $(s_t, a_t) \mapsto r_t$. Chacune de ces fonctions est stochastique, soumise à des aléas imprévisibles, qu'on suppose issus d'une distribution stationnaire.

1.2 Les notions fondamentales

Dans cette section, nous allons formaliser les concepts introduits par la théorie actuelle de l'apprentissage par renforcement et décrire les problèmes et les grandes familles d'approches.

L'apprentissage par renforcement considère un apprenant plongé dans un environnement et devant essayer, par ses actions, de maximiser une mesure de gain dépendant des signaux de renforcement reçus tout au long de son existence dans le monde. L'une des premières questions consiste donc à spécifier cette mesure de gain.

---

1. Dans le cas des organismes naturels, un certain précâblage existe pour percevoir ce type de signal comme une douleur ou un plaisir plus ou moins fort.

1.2.1 Les mesures de gain

Précisons d'emblée qu'il n'y a pas de mesure de gain universelle valable pour tous les scénarios d'apprentissage. Chaque domaine d'application est susceptible de posséder une mesure adaptée. Ainsi, le joueur d'échecs est sans doute sensible au compte des pièces gagnées ou perdues en cours de partie, à certains critères tels que le contrôle du centre, mais ce qui l'intéresse avant tout est l'issue ultime de la partie : gain, perte ou nulle. En revanche, pour un fournisseur d'énergie électrique qui essaie de réguler sa production en fonction de la demande, laquelle dépend de la météorologie, de l'heure de la journée, de la situation économique, etc. il est important de mesurer les gains et les coûts tout au long du processus de production. La mesure doit donc être différente dans ce cas. En général, on s'intéresse à une mesure de gain cumulée dans le temps. Ainsi, que l'on ne tienne compte, comme aux échecs, que du gain ultime, ou bien que l'on moyenne les gains réalisés en cours d'action, ou encore que l'on tienne compte, comme en économie, de gains pondérés par des taux d'intérêt, toutes les options sont envisageables et dépendent de l'application concernée. Cependant, trois mesures ont été plus particulièrement distinguées dans les recherches sur l'apprentissage par renforcement (on suppose que l'on part de l'état s_0).

- *Gain cumulé avec horizon fini* :

$$R_T \;=\; r_0 + r_1 + r_2 + \ldots + r_{T-1} \,|s_0\; = \sum_{t=0}^{T-1} r_t \,|s_0 \tag{22.1}$$

- *Gain cumulé avec intérêt et horizon infini* :

$$R \;=\; r_0 + \gamma\, r_1 + \gamma^2\, r_2 + \ldots \;\; |s_0 = \sum_{t=0}^{\infty} \gamma^t\, r_t \,|s_0 \tag{22.2}$$

où γ joue le rôle d'un taux d'intérêt : $0 \leq \gamma \leq 1$.

- *Gain en moyenne* :

$$R_T \;=\; \frac{1}{T-1} \sum_{t=0}^{T-1} r_t \,|s_0 \tag{22.3}$$

Il faut noter que le choix de la mesure de gain a une grande influence sur celui de la meilleure politique par le système (figure 22.2). Il est donc essentiel de peser soigneusement sa définition avant de se lancer dans le processus d'apprentissage.

Par ailleurs, l'une des caractéristiques essentielles de ces critères de gains est qu'ils sont additifs. Cela permet d'appliquer le *principe d'optimalité de Bellman* [Bel57a] (« les sous-politiques d'une politique optimale sont elles-mêmes optimales »), qui est à la base des algorithmes de programmation dynamique permettant de résoudre efficacement les problèmes de décision markoviens [Bel57b].

1.3 Les processus décisionnels de Markov

L'apprentissage par renforcement implique un problème de *décision séquentielle*, ou de décisions répétées, *dans l'incertain*. En effet, chaque décision de l'agent a une influence potentielle sur les problèmes de décision subséquents. De ce fait, les entrées ne peuvent plus être considérées comme indépendantes et identiquement distribuées (i.i.d.), comme dans le cadre de l'apprentissage statistique. On retrouve ici les problèmes de planification connus depuis longtemps en

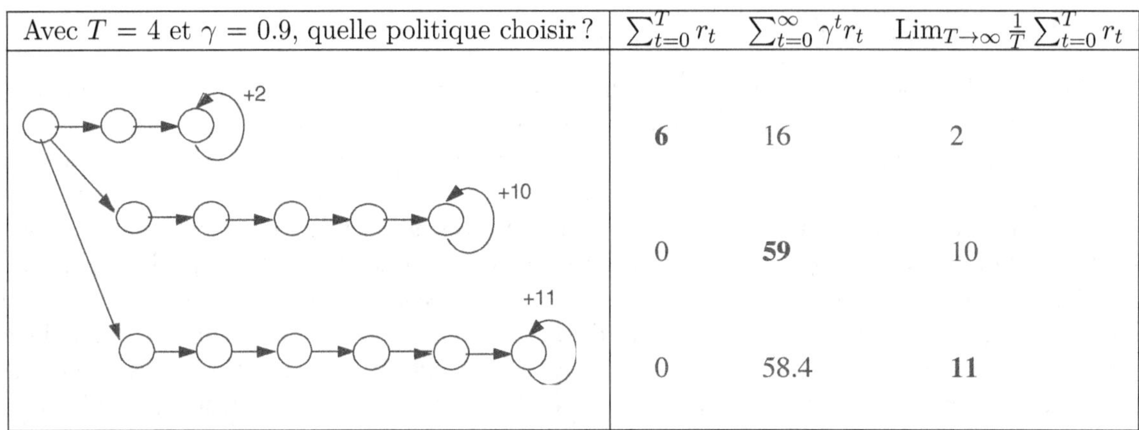

Avec $T = 4$ et $\gamma = 0.9$, quelle politique choisir ?	$\sum_{t=0}^{T} r_t$	$\sum_{t=0}^{\infty} \gamma^t r_t$	$\mathrm{Lim}_{T \to \infty} \frac{1}{T} \sum_{t=0}^{T} r_t$
	6	16	2
	0	**59**	10
	0	58.4	**11**

FIGURE 22.2 : *Dans cet exemple, le choix de la meilleure stratégie, parmi les trois possibles, dépend du critère de gain adopté. Avec $k = 4$ et $\gamma = 0.9$, quelle est la meilleure politique dans l'état initial ? Si l'on vise la première formule de gain, il faut choisir la première politique puisqu'elle conduit au meilleur gain. Pour la deuxième formule de gain, il faut opter pour la seconde politique. Et pour la troisième formule, il faut choisir la troisième politique (d'après un exemple dû à [KLM96]).*

intelligence artificielle et, particulièrement, les problèmes de recherche de chemins les plus courts dans un graphe. Par ailleurs, les conséquences des décisions possibles sont incertaines, soit que le monde soit insuffisamment connu (ou avec des agents étrangers), soit que le calcul parfait des conséquences soit trop coûteux, particulièrement dans des contextes de (quasi) temps réel.

Les problèmes de décision dans l'incertain font l'objet de nombreuses formalisations et méthodes de résolution. Les *processus décisionnels de Markov* (PDM) sont l'une de ces approches, la plus classique. Ils généralisent les méthodes de recherche de plus court chemin dans un environnement stochastique. Lorsque l'on suppose que l'on peut rendre compte des situations où se trouve l'agent par des *états*, des transitions entre ces états par des *actions* et que l'on peut associer à ces transitions d'états des *récompenses* ou *renforcements*, on peut alors formaliser un problème de décision markovien comme une recherche dans l'espace des chaînes de Markov visitant des états sous l'effet des actions et valuées par les renforcements. La solution d'un problème de décision markovien n'est pas une séquence de décisions, qui dépend d'aléas incontrôlables, mais une *politique* ou une stratégie qui spécifie l'action à prendre en chacun des états rencontrés pour maximiser l'espérance de gain.

1.4   Les problèmes et les grandes approches

Une fois le problème d'optimisation, plusieurs approches sont possibles pour le résoudre.

1. **Model-Based RL**. La première approche consiste à chercher à *apprendre directement un modèle de l'environnement* en estimant, d'une part, la *fonction de renforcement* immédiat R, définie de $\mathcal{E}$ dans $\mathcal{R}$, $s_t \mapsto r_t$, associée à chaque état ou à chaque couple (état, action) et, d'autre part, la *fonction de transition* T caractérisant la dynamique de l'environnement, définie de $\mathcal{E} \times \mathcal{A}$ dans $\mathcal{E}$: $(s_t, a_t) \mapsto s_{t+1}$. Le problème est alors celui d'un apprentissage supervisé s'appuyant sur les exemples glanés en cours d'expérience. L'inconvénient de cette approche est de ne pas tenir compte des interactions entre les états, d'où une perte d'information.

2. **Value-Based RL**. Une autre approche prend en compte ces interactions par l'introduction de *fonctions d'utilité*. Il s'agit de fonctions traduisant l'espérance de gain à partir d'un état- fonction notée $V(s)$ et définie sur $\mathcal{E}$- ou à partir d'un couple (*état, action*)- fonction notée $Q(s,a)$ et définie sur $\mathcal{E} \times \mathcal{Z}$. Ces fonctions estiment sur le long terme la qualité des états ou des couples (*état, action*). Elles sont donc à différencier des fonctions de renforcement immédiat. Dans ce cas, l'apprentissage consiste à agir dans le monde et à calculer, pour chaque *état* ou couple (*état, action*), l'espérance de gain associée. Un apprentissage de ces fonctions d'utilité peut tirer profit des interdépendances entre états.

3. **Policy-Based RL**. Finalement, il est possible d'envisager de *travailler directement dans l'espace des politiques* plutôt que de passer par l'intermédiaire de fonctions locales aux états. C'est par exemple ainsi qu'opère le mécanisme de sélection darwinienne dans la nature. Chaque agent correspond à une certaine politique et, en moyenne, les agents de performances médiocres sont éliminés au profit d'agents supérieurs. Il est également possible d'apprendre directement une politique qui est une fonction de la forme $\pi : \mathcal{S} \to \mathcal{A}$. C'est ainsi que le système AlphaGo, le premier à battre les meilleurs experts humains au jeu de go, apprend une politique implantée par un réseau de neurones profond (voir chapitre 11 et la section 10 de ce chapitre).

2. Si tout est connu : l'utilité de la fonction d'utilité

L'idée profonde sous-jacente à l'apprentissage par renforcement est de permettre à l'agent d'optimiser sa conduite sur le long terme (celle qui maximise son gain cumulé) sur la base de décisions locales ne nécessitant pas de recherche en avant. Il faut donc que l'information disponible localement, dans l'état où se trouve l'agent, reflète l'espérance de gain à long terme. Cette information locale, résumant les potentialités à long terme des actions possibles, est traduite par une valeur numérique appelée *utilité*. Plus généralement, on parle de *fonction d'utilité* pour désigner la fonction associant, à chaque *état* ou à chaque paire (*état, action*), sa valeur d'uti- lité. Nous étudierons deux fonctions d'utilité particulières : la première associe à chaque état s l'espérance de gain à partir de cet état si l'on suit la politique π :

$$V^{\pi}(s) \;=\; \mathbb{E}_{\pi}\{R_t | s_t = s\} \tag{22.4}$$

La seconde associe à chaque couple (*état, action*) (s,a) l'espérance de gain en partant de l'état s, en effectuant l'action a, puis en suivant la politique π :

$$Q^{\pi}(s,a) \;=\; \mathbb{E}_{\pi}\{R_t | s_t = s, a_t = a\} \tag{22.5}$$

Dans le cas d'un gain cumulé avec intérêt et horizon infini, les deux formules deviennent :

$$V^{\pi}(s) \;=\; \mathbb{E}_{\pi}\left\{\sum_{k=0}^{\infty} \gamma^k\, r_{t+k+1} \mid s_t = s\right\}$$

$$Q^{\pi}(s,a) \;=\; \mathbb{E}_{\pi}\left\{\sum_{k=0}^{\infty} \gamma^k\, r_{t+k+1} \mid s_t = s, a_t = a\right\}$$

3. L'apprentissage des fonctions d'utilité quand l'environnement est connu

Dans cette section, nous allons supposer que **l'agent a une connaissance de l'environnement** sous la forme des *probabilités de transition* $\mathcal{P}^a_{ss'}$ (de l'état s à l'état s' sous l'effet de l'action a) et des *renforcements* associés $\mathcal{R}^a_{ss'}$ (renforcement reçu en passant de l'état s à l'état s' sous l'effet de l'action a). L'agent sait ce qu'il peut attendre de l'environnement. En revanche, il ne connaît pas les fonctions d'utilité. Cela signifie qu'il a une connaissance locale de son environnement, mais qu'il n'a pas d'information sur l'impact à long terme des décisions qu'il pourrait prendre. Comment peut-il alors les apprendre ?

Nous allons avoir deux problèmes à résoudre. D'une part, une fonction d'utilité dépend de la politique suivie. Il nous faut donc voir comment apprendre ces fonctions dans le cadre d'une politique donnée. D'autre part, nous cherchons à obtenir, ou du moins à approcher, une politique optimale. Il nous faut donc voir comment passer de fonctions d'utilité associées à des politiques *a priori* sous-optimales à la détermination d'une politique optimale. Nous allons étudier ces deux problèmes l'un après l'autre.

3.1 L'évaluation d'une politique par propagation locale d'information

Dans un premier temps, nous cherchons à évaluer une politique π en déterminant les valeurs $V^\pi(s), \forall s \in \mathcal{E}$.

Intuitivement, une approche simple serait de placer l'agent en chaque état s et de lui faire suivre à partir de là la politique π, éventuellement de nombreuses fois pour moyenner sur toutes les trajectoires possibles si le monde est non déterministe. Il suffirait alors de calculer la moyenne des gains cumulés obtenus pour connaître une estimation de l'espérance de gain à partir de s. Nous allons développer la formule correspondante dans le cas du gain cumulé avec intérêt et horizon infini, mais ce qui importe est l'idée générale qui se transfère sans problème à d'autres formules de gain. Dans la suite, $\pi(s, a)$ dénote la probabilité de choisir l'action a dans l'état s quand la politique π est suivie par l'agent.

$$
\begin{aligned}
V^\pi(s) &= \mathbb{E}_\pi\left\{ R_t \mid s_t = s \right\} \\[2mm]
&= \mathbb{E}_\pi\left\{ \sum_{k=0}^\infty \gamma^k\, r_{t+k+1} \,\middle|\, s_t = s \right\} \\[2mm]
&= \mathbb{E}_\pi\left\{ r_{t+1} + \gamma \sum_{k=0}^\infty \gamma^k\, r_{t+k+2} \,\middle|\, s_t = s \right\} \\[2mm]
&= \sum_a \pi(s, a) \sum_{s'} \mathcal{P}^a_{ss'} \left[\mathcal{R}^a_{ss'} + \gamma\, \mathbb{E}_\pi\left\{ \sum_{k=0}^\infty \gamma^k\, r_{t+k+2} \,\middle|\, s_{t+1} = s' \right\} \right] \\[2mm]
&= \sum_a \pi(s, a) \sum_{s'} \mathcal{P}^a_{ss'} \left[\mathcal{R}^a_{ss'} + \gamma\, V^\pi(s') \right]
\end{aligned}
\tag{22.6}
$$

Si $r(s, a) = \sum_{s'} \mathcal{P}^a_{ss'} \mathcal{R}^a_{ss'}$ est l'espérance de récompense dans l'état s en utilisant l'action a et $p^\pi(s'|s_t) = \sum_a \pi(s, a)\, \mathcal{P}^a_{ss'}$ la probabilité d'arriver dans l'état s' en partant de s et en utilisant la politique π (qui peut être non déterministe), on peut ré-écrire l'équation 22.6 sous une forme souvent trouvée dans la littérature.

$$V^\pi(s) \;=\; r\big(s, \pi(s)\big) \;+\; \gamma \sum_{s'} p^\pi(s'|s_t)\, V^\pi(s') \tag{22.7}$$

Ce résultat est remarquable car il met en valeur le fait que l'on peut ramener un calcul de gain prenant en compte toute une trajectoire (ou un ensemble de trajectoires) à partir de s à un calcul de gain s'appuyant sur les estimations $V^\pi(s')$ des états s' accessibles à partir de l'état courant s. Il permet d'exploiter ainsi une dépendance ou corrélation entre les espérances de gain des états. L'utilité d'un état suivant la politique π est égale à une somme pondérée, suivant les probabilités de transition aux états successeurs, des utilités de ces états successeurs plus le signal de renforcement reçu lors de la transition de s à s'. C'est l'*équation de Bellman*[2] pour V^π.

On peut démontrer que la valeur $V^\pi(s)$ est l'unique solution de l'équation de Bellman. Par ailleurs, **l'équation de Bellman peut être utilisée dans une procédure d'approximation itérative** (algorithme 47) :

$$\begin{aligned} V_{k+1}(s) &= E_\pi\{r_{t+1} + \gamma V_k(s_{t+1}) \,|\, s_t = s\} \\ &= \sum_a \pi(s,a) \sum_{s'} \mathcal{P}^a_{ss'} \left[\mathcal{R}^a_{ss'} + \gamma V_k(s') \right] \end{aligned} \tag{22.8}$$

pour tout $s \in \mathcal{E}$. Il est clair que $V_k = V^\pi$ est un point fixe de cette règle itérative. Par ailleurs, il est possible de montrer que la séquence $\{V_k\}$ converge vers V^π lorsque $k \to \infty$ si $\gamma < 1$ ou si les gains sont calculés sur un horizon limité. Intuitivement, cette convergence se justifie par le fait que chaque mise à jour d'une valeur $V_k(s)$ s'appuie sur d'autres estimations $V_k(s')$, mais aussi sur le signal de renforcement observé r_{t+1}. Il y a donc bien un gain d'information sur l'environnement à chaque itération.

On peut remarquer que :

$$Q^\pi(s,a) \;=\; E_\pi\left\{R_t \,|\, s_t = s, a_t = a\right\} = \sum_{s'} \mathcal{P}^a_{ss'} \left[\mathcal{R}^a_{ss'} + \gamma V^\pi(s') \right] \tag{22.9}$$

Et l'on a donc, en utilisant l'équation 22.6 :

$$V^\pi(s) \;=\; \sum_a \pi(s,a)\, Q^\pi(s,a) \tag{22.10}$$

3.2   Politique optimale

Nous venons de définir l'espérance de gain, donc l'utilité, en fonction d'une politique donnée. Il se trouve que l'on peut définir une relation d'ordre partiel sur les politiques en fonction des valeurs d'utilité associées[3].

---

2. Cette équation fait intervenir le principe de Bellman, qui est à la base des méthodes de programmation dynamique. Ce principe a été appliqué par exemple au chapitre 21 dans l'algorithme de Viterbi.

3. Plus précisément, cette relation d'ordre existe dans le cas des *processus markoviens*, pour lesquels on suppose que la donnée d'un état suffit à résumer toute l'histoire antérieure du système (chapitre 21). En d'autres termes, les décisions peuvent alors être prises sans connaître l'histoire passée du système. Cette hypothèse est toujours citée dans la théorie de l'apprentissage par renforcement.

Algorithme 47 : Algorithme d'évaluation itérative d'une politique

Données : la politique π à évaluer
Résultat : $V \approx V^\pi$
début
   Initialisation : $V(s) = 0$, pour tout $s \in \mathcal{E}^+$　　(les états accessibles depuis s)
   répéter
      $\Delta \leftarrow 0$
      pour tous les $s \in \mathcal{E}$ faire
         $v \leftarrow V(s)$
         $V(s) \leftarrow \sum_a \pi(s,a) \sum_{s'} \mathcal{P}^a_{ss'} [\mathcal{R}^a_{ss'} + \gamma V(s')]$
         $\Delta \leftarrow max(\Delta, |v - V(s)|)$
      fin
   jusqu'à $\Delta < \theta$　　(un petit nombre réel positif)
fin

Définition 22.1 (Ordre sur les politiques)

Une politique π est dite supérieure à une autre politique π' si et seulement si l'espérance de gain suivant π est supérieure ou égale à l'espérance de gain suivant π' pour tous les états $s \in \mathcal{E}$. En d'autres termes, $\pi \geq \pi'$ ssi $V^\pi(s) \geq V^{\pi'}(s), \forall s \in \mathcal{E}$.

Cet ordre partiel permet de définir le concept de *politique optimale* :

Définition 22.2 (Politique optimale π^*)

Une politique optimale est une politique supérieure ou égale à toutes les autres. Dans le cas des processus markoviens, il en existe toujours une. On note π^* cette politique optimale, ou les politiques optimales s'il y en a plusieurs.

On a alors les fonctions d'utilité correspondantes :

$$V^*(s) = \max_\pi V^\pi(s), \qquad \forall s \in \mathcal{E}$$
$$Q^*(s,a) = \max_\pi Q^\pi(s,a), \qquad \forall s \in \mathcal{E} \text{ et } \forall a \in \mathcal{A}$$

$$(22.11)$$

En les utilisant, il devient facile d'obtenir un comportement optimal.

Supposons que l'agent dispose des valeurs $V^*(s)$, $\forall s \in \mathcal{E}$. Placé dans l'état s, l'agent n'a qu'à faire une recherche en avant à un pas pour déterminer l'action à prendre. Pour chaque action a disponible, il examine les états accessibles s' (il peut y en avoir plusieurs pour une même action si l'environnement est non déterministe, chacun avec une certaine probabilité d'obtention) et note pour chacun d'eux sa valeur $V^*(s')$. L'action a^* associée avec la meilleure espérance de gain est

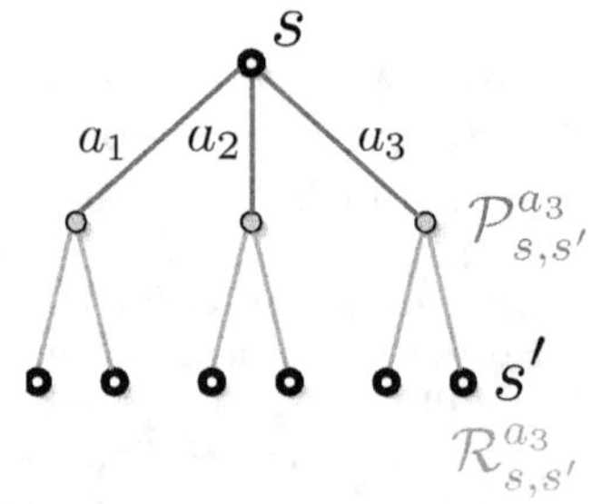

TABLE 22.1 : *Passage de s à s' en choisissant une action a (ici a_3).*

celle qu'il faut choisir :

$$a_t^* \in \underset{a \in \mathcal{A}}{\text{ArgMax}} \sum_{s'} \mathcal{P}_{ss'}^a \left[\mathcal{R}_{ss'}^a + \gamma V^*(s') \right] \quad (22.12)$$

Supposons maintenant que l'agent dispose des valeurs $Q^*(s, a), \forall s \in \mathcal{E}$ et $\forall a \in \mathcal{A}$. Dans ce cas, la détermination de la conduite optimale dans la situation courante s est encore plus simple, il suffit de choisir l'action a maximisant $Q^*(s, a)$:

$$\boxed{a_t^* \in \underset{a \in \mathcal{A}}{\text{ArgMax}} \; Q^*(s, a)} \quad (22.13)$$

Dans les deux cas, la décision peut donc être obtenue très facilement. Si l'on dispose des valeurs d'utilité $V^*(s)$, il faut effectuer une recherche en avant d'un pas, tandis que cela n'est même pas nécessaire dans le cas où l'on dispose des valeurs d'utilité $Q^*(s, a)$. Pourtant, **la différence entre les deux méthodes est plus profonde qu'il n'y paraît**. L'équation 22.12 nécessite en effet la connaissance de l'environnement sous la forme des probabilités de transition $\mathcal{P}_{ss'}^a$ et des renforcements associés $\mathcal{R}_{ss'}^a$ reçus lorsque l'agent passe de l'état s à l'état s' sous l'action a. Cette connaissance n'est pas nécessaire dans le cas de l'équation 22.13. Bien sûr, cette énorme simplification se paie par le fait qu'il faut maintenant travailler dans l'espace produit $\mathcal{E} \times \mathcal{A}$ au lieu de l'espace $\mathcal{E}$.

Introduisons la notion de *différence temporelle* $\delta_t = \{V(s_{t+1}) + \mathcal{R}_{s_t s_{t+1}}^{a_t}\} - V(s_t)$: la différence entre ce que je saurai dans un pas de temps et ce que j'estime à l'instant t. Si la fonction d'utilité optimale V^* est connue, alors en choisissant l'action a_t optimale à chaque instant (selon l'équation 22.12), on a $\mathbb{E}[\delta_t] = 0$, c'est-à-dire qu'en moyenne il n'y a pas de surprise dans les résultats obtenus. Nous reviendrons sur l'usage des différences temporelles pour dériver des algorithmes d'apprentissage.

3.3   Politique optimale et propagation locale d'information

La fonction de valeur optimale Q^* est définie pour tous les couples $(s, a) \in \mathcal{S} \times \mathcal{A}$ comme l'espérance de gain lorsque l'action a est choisie dans l'état s et que la politique optimale π^* est ensuite suivie :

$$Q^*(s, a) = r(s, a) + \gamma \sum_{s'} p^\pi(s'|s_t) V^*(s') \quad (22.14)$$

En remarquant que : $\forall s \in \mathcal{S}, \; V^*(s) = \max_{a \in \mathcal{A}} Q^*(s, a)$, nous avons :

$$V^*(s) = \max_{a \in \mathcal{A}} \left\{ r(s, a) + \gamma \sum_{s'} \pi^*(s', a) V^*(s') \right\} \quad (22.15)$$

qui est l'*équation de Bellman* pour la fonction de valeur optimale V^*. À la différence de l'équation de Bellman pour les fonctions de valeur associées à une politique π, elle est non linéaire en raison de l'opérateur *max*.

3.4   Un théorème conduisant à l'amélioration de politique

Nous avons vu comment il était possible en principe d'approcher l'espérance de gain en chaque état *pour une politique donnée*. Cela permet à l'agent de prendre des décisions sur la base d'informations locales. Cependant, l'agent cherche aussi à améliorer sa politique et, éventuellement, à trouver la politique optimale pour un environnement donné. Il existe un théorème qui arrange bien les choses car il relie les valeurs d'utilité locales $V^\pi(s)$ et les valeurs relatives de politiques entre elles. Il va donc être possible de s'appuyer sur les premières pour savoir dans quelle direction modifier les secondes afin de les améliorer. Nous ne saurions trop souligner l'importance de ce théorème, qui fonde la plupart des méthodes d'apprentissage par renforcement.

Théorème 22.1 (Relation d'ordre sur les politiques)

Soient π et π' deux politiques déterministes, telles que, pour tout état $s \in \mathcal{E}$:

$$Q^\pi(s, \pi'(s)) \geq V^\pi(s) \tag{22.16}$$

Alors la politique π' doit être au moins aussi bonne que la politique π, ce qui signifie que, pour tout état $s \in \mathcal{E}$:

$$V^{\pi'}(s) \geq V^\pi(s) \tag{22.17}$$

De plus, si l'inégalité large dans l'équation 22.16 est remplacée par une inégalité stricte, alors il en est de même dans l'équation 22.17.

Ce théorème indique donc que, si l'on trouve une modification π' de la politique π qui vérifie l'équation 22.17, alors on obtient une meilleure politique. Concrètement, cela peut se traduire par une procédure d'amélioration de politique. Prenons en effet une politique déterministe π et une autre politique déterministe π' identique à π, sauf pour un état s pour lequel $\pi'(s) = a \neq \pi(s)$. Alors, pour tous les états autres que s, l'équation 22.16 est vérifiée. Si de plus nous avons $Q^\pi(s, \pi'(s)) \geq V^\pi(s)$, alors la nouvelle politique π' est meilleure que π.

Il est facile d'étendre cette procédure pour améliorer une politique π sur tous les états s. Pour cela, il suffit de prendre une politique π' qui, pour chaque état s, sélectionne l'action qui semble la meilleure selon la fonction d'utilité $Q^\pi(s, a)$:

$$\begin{aligned}
\pi'(s) &= \underset{a \in \mathcal{A}}{\text{ArgMax}}\ Q^\pi(s, a) \\
&= \underset{a \in \mathcal{A}}{\text{ArgMax}}\ E\big\{ r + \gamma V^\pi(s') \big\} \\
&= \underset{a \in \mathcal{A}}{\text{ArgMax}}\ \sum_{s'} \mathcal{P}_{ss'}^a \big[\mathcal{R}_{ss'}^a + \gamma V^\pi(s') \big]
\end{aligned} \tag{22.18}$$

où r est le renforcement obtenu en passant de l'état s à l'état s' par l'action a.

Cette procédure de type gradient choisit donc, pour chaque état, l'action qui semble la meilleure à un pas en avant, selon la fonction d'utilité V^π associée à la politique π. Il est facile de montrer que, si la nouvelle politique π' choisie selon cette procédure n'est pas meilleure que la politique π, c'est que l'on a : $V^{\pi'} = V^\pi = V^*$, donc que l'on a atteint la politique optimale.

Tout ce qui précède a été obtenu pour le cas de politiques déterministes, mais peut être étendu sans problème au cas des politiques non déterministes. Voir par exemple dans [SB18].

3.5 Processus itératif d'amélioration de politique

La section précédente a montré comment passer d'une politique π décrite par sa fonction d'utilité V^π à une meilleure politique. Il est facile de voir comment on peut itérer ce processus.

L'idée est d'alterner les phases d'évaluation de politique (section 3.1) avec les phases d'amélioration de politique (section 3.4). Nous pouvons alors obtenir une séquence de politiques en amélioration monotone :

$$\pi_0 \xrightarrow{E} V^{\pi_0} \xrightarrow{A} \pi_1 \xrightarrow{E} V^{\pi_1} \xrightarrow{A} \pi_2 \xrightarrow{E} \ldots \xrightarrow{A} \pi^* \xrightarrow{E} V^*$$

où $\xrightarrow{E}$ dénote une phase d'*évaluation* et $\xrightarrow{A}$ une phase d'*amélioration*.

Cette procédure itérative converge en un nombre fini d'itérations vers la politique optimale si celle-ci est représentée par un processus markovien à nombre d'états fini, ce qui est le cas. Par ailleurs, la convergence observée empiriquement est souvent très rapide. Cependant, la phase d'évaluation de politique est très coûteuse puisqu'elle requiert de nombreux passages sur tous les états $s \in \mathcal{E}$ qui peuvent être très nombreux. Est-il toutefois possible de faire l'économie de la détermination précise des valeurs d'utilité relative à chaque politique π et π' que semble requérir le théorème 22.1 ?

Il est heureusement envisageable de ne pas attendre la convergence de la phase d'*évaluation de politique* avant de lancer une nouvelle phase d'*amélioration de politique*. De fait, on dispose de théorèmes démontrant qu'il y aura convergence ultime sur la politique optimale même si l'alternance entre évaluation et amélioration se fait sur des granularités beaucoup plus fines que le processus alternatif décrit plus haut. Par exemple, on peut alterner une seule itération du processus d'évaluation de politique entre chaque phase d'amélioration et, dans ce cas, on obtient l'***algorithme d'itération de valeur*** :

$$\boxed{\begin{aligned} V_{k+1}(s) &= \max_{a \in \mathcal{A}} E\big\{ r + \gamma V_k(s') \big\} \\ &= \max_{a \in \mathcal{A}} \sum_{s'} \mathcal{P}_{ss'}^a \big[\mathcal{R}_{ss'}^a + \gamma V_k(s') \big] \end{aligned}} \tag{22.19}$$

Cette équation de mise à jour, à réaliser pour tout $s \in \mathcal{E}$, est en fait une version itérative de l'équation de Bellman (22.6), qui suppose que cette règle itérative converge vers un point fixe correspondant à la fonction d'utilité optimale $V^*(s)$. On notera que l'équation 22.19 suppose connu le modèle du monde (c'est-à-dire les fonctions de transition $\mathcal{P}_{ss'}^a$ et de renforcement $\mathcal{R}_{ss'}^a$).

L'action choisie à chaque instant est alors l'action maximisant le gain indiqué par la fonction d'utilité $V_k(s)$ courante :

$$\pi(s) = \operatorname*{ArgMax}_{a \in \mathcal{A}} \sum_{s'} \mathcal{P}_{ss'}^a \big[\mathcal{R}_{ss'}^a + \gamma V_k(s') \big]$$

L'algorithme d'itération de valeur converge lorsque l'on entrelace chaque phase d'évaluation avec une phase d'amélioration. Cependant, on obtient généralement une meilleure vitesse de convergence lorsque plusieurs phases d'évaluation ont lieu entre chaque phase d'amélioration.

Tel quel, cet algorithme requiert néanmoins que tous les états soient visités à chaque phase. Dans la plupart des applications intéressantes, cela est irréaliste. Heureusement, il est possible d'utiliser une mise à jour asynchrone des évaluations, visitant certains états plusieurs fois tandis que d'autres ne le sont qu'une fois. La convergence requiert cependant qu'aucun état ne cesse d'être visité. Il s'agit là d'une condition de convergence universelle pour les règles de mise à jour par propagation locale des informations. Cette remarque ouvre la possibilité d'apprendre en ligne en cours d'expérience, en mettant à jour les valeurs d'utilité des états rencontrés.

4. Sans modèle du monde : la méthode de Monte-Carlo

Les méthodes précédentes supposent que l'environnement soit connu à travers des probabilités de transition d'états et de renforcement : $\mathcal{P}^a_{ss'}$ et $\mathcal{R}^a_{ss'}$. Si ce n'est pas le cas, **le principe général est d'estimer ces valeurs par un échantillonnage obtenu en ligne**, au cours des actions.

Les méthodes de Monte-Carlo supposent l'observation d'*épisodes* complets[4] et le calcul de gains moyens. Leur principe est d'estimer directement les valeurs d'utilité en calculant des moyennes de gain pour chaque état ou chaque paire (*état, action*) en fonction des expériences de l'agent.

Supposons que l'on cherche la valeur $V^\pi(s)$ pour l'état s et la politique π. Il suffit de considérer toutes les séquences d'états qui ont suivi l'état s et de calculer la moyenne des gains observés. On réalise alors empiriquement l'approximation de l'espérance : $V^\pi(s) = E_\pi\{R_t|s_t = s\}$. Sans entrer dans les détails, notons que cette méthode ne s'appuie plus sur la corrélation entre les états mise en évidence par l'équation de Bellman. Cette perte d'information nuit à la convergence du processus, mais permet en revanche de ne pas avoir à échantillonner uniformément tous les états et de s'apesantir sur les états les plus importants en ignorant les autres.

Afin d'améliorer la politique suivie, il est possible d'utiliser le même principe d'alternance de phase d'évaluation (selon la méthode précédente) et de phase d'amélioration. Cependant, comme l'environnement est inconnu, il n'est plus possible de travailler avec l'équation 22.19. Il faut avoir recours à une procédure itérative portant sur les fonctions d'utilité $Q^\pi(s, a)$. On aura donc :

$$\pi(s) \;=\; \underset{a\in\mathcal{A}}{\mathrm{ArgMax}}\; Q(s, a) \tag{22.20}$$

et une procédure d'amélioration itérative de politique :

$$\begin{aligned}
Q^{\pi_k}(s, \pi_{k+1}(s)) \;&=\; Q^{\pi_k}(s, \underset{a\in\mathcal{A}}{\mathrm{ArgMax}}\; Q^{\pi_k}(s, a)) \\
&=\; \max_{a\in\mathcal{A}} Q^{\pi_k}(s, a) \\
&\geq\; Q^{\pi_k}(s, \pi_k(s)) \;=\; V^{\pi_k}(s)
\end{aligned} \tag{22.21}$$

Pour plus de détails sur les conditions d'application de cette procédure, nous reportons le lecteur à [SB18].

5. Évaluation de politique par la méthode des différences temporelles

La méthode des différences temporelles *(temporal-difference learning)* combine des idées de la programmation dynamique et des méthodes de Monte-Carlo. Comme la première, elles prennent en compte les corrélations entre les états pour mettre à jour leur évaluation. Comme les secondes, elles n'ont pas besoin d'une connaissance *a priori* sur l'environnement. La méthode des différences temporelles s'appuie également sur une alternance de *phases d'évaluation* et de *phases d'amélioration*. Décrivons tour à tour les deux types de phases.

---

4. Des séquences d'états et d'actions s'arrêtant dans des états terminaux.

Nous avons vu que l'estimation de la valeur d'utilité selon la méthode de Monte-Carlo repose sur une approximation de la formule :

$$V^\pi(s) \;=\; E_\pi\{R_t \mid s_t = s\}$$

qui se traduit par une opération itérative de mise à jour :

$$\boxed{V(s) \;\leftarrow\; V(s) + \alpha\left[R_t - V(s)\right]}$$

où R_t est le gain mesuré après l'instant t en partant de l'état s et α est un paramètre constant. Cela se démontre par la série d'égalités suivante. On suppose que l'espérance définissant la valeur de $V^\pi(s)$ est estimée par moyennage sur $m+1$ épisodes observés après passage par l'état s :

$$
\begin{aligned}
V^\pi_{m+1}(s) \;&=\; \frac{1}{m+1} \sum_{i=1}^{m+1} R_i \\
&=\; \frac{1}{m+1}\left(R_{m+1} + \sum_{i=1}^{m} R_i\right) \\
&=\; \frac{1}{m+1}\left(R_{m+1} + m\,V^\pi_m(s) + V^\pi_m(s) - V^\pi_m(s)\right) \\
&=\; \frac{1}{m+1}\left(R_{m+1} + (m+1)\,V^\pi_m(s) - V^\pi_m(s)\right) \\
&=\; V^\pi_m(s) + \frac{1}{m+1}\left[R_{m+1} - V^\pi_m(s)\right]
\end{aligned}
$$

L'intérêt de cette méthode de mise à jour incrémentale est qu'elle ne nécessite que la mémorisation de $V^\pi_m(s)$ et m et un calcul simple après chaque observation d'un épisode. On peut généraliser cette procédure à la forme suivante :

$$NouvelleEstimation \;\leftarrow\; AncienneEstimation + \alpha\left[Cible - AncienneEstimation\right] \quad (22.22)$$

dans laquelle $\left[Cible - AncienneEstimation\right]$ est une *erreur* sur l'estimation courante qui est réduite en allant d'un pas vers la *Cible*. Cette cible indique donc la direction dans laquelle aller. Elle peut être sujette à des variations aléatoires. Le pas α peut être une constante ou une variable décroissant lentement, ce qui est souvent utilisé pour stabiliser la valeur estimée[5].

- La *méthode de la programmation dynamique* (équation 22.18) utilise la formule :

$$V^\pi(s) \;=\; E_\pi\{r + \gamma V^\pi(s')\}$$

où r est le renforcement obtenu en passant de l'état s à l'état s'.

- La *méthode des différences temporelles* est basée sur une mise à jour au coup par coup de cette estimation :

$$\boxed{V^\pi_{t+1}(s) \;\leftarrow\; V^\pi_t(s) + \alpha\left[r + \gamma V^\pi_t(s') - V^\pi_t(s)\right]} \quad (22.23)$$

On parle dans ce cas de *retour échantillonné (sample backup)* parce que la mise à jour s'effectue à partir d'observations individuelles obtenues durant l'action. Par contraste, les méthodes de

---

5. On peut démontrer que si α dépend de l'instant t et satisfait les conditions de *Robbins-Monroe* : $\sum_{t=0}^{\infty} \alpha(t) = \infty$ et $\sum_{t=0}^{\infty} \alpha^2(t) < \infty$, alors, presque certainement, $V^\pi(t)$ va tendre vers V^π ([Sze10], p.13).

retour complet (full backup) s'appuient sur une distribution complète des successeurs possibles. C'est le cas de l'équation d'estimation utilisée dans la programmation dynamique. La possibilité d'utiliser un retour échantillonné pour estimer incrémentalement les valeurs d'utilité est cruciale pour la faisabilité d'un apprentissage en ligne durant l'expérience de l'agent dans le monde. Cela conduit à l'algorithme 48.

Algorithme 48 : **Évaluation par la méthode des différences temporelles**

début
> Initialiser $V(s)$ arbitrairement et π à la politique à évaluer.
> **répéter**
>> **pour chaque** *épisode* **faire**
>>> Initialiser s
>>> **répéter**
>>>> **pour chaque** *étape de l'épisode* **faire**
>>>>> $a \leftarrow$ l'action donnée par π pour l'état s
>>>>> Exécuter l'action a ; recevoir le renforcement r ; et mesurer l'état suivant s'
>>>>> $V^{\pi}(s) \leftarrow V^{\pi}(s) + \alpha \left[r + \gamma V^{\pi}(s') - V^{\pi}(s) \right]$
>>>>> $s \leftarrow s'$
>>>> **fin**
>>> **jusqu'à** *s est terminal*
>> **fin**
> **jusqu'à** *critère d'arrêt* (convergence suffisante)

fin

Cet algorithme offre la possibilité de mettre à jour les valeurs d'utilité tout en agissant dans le monde et en tirant parti des observations ainsi réalisées. Il faut cependant, pour en assurer la convergence théorique, que tous les états soient visités infiniment souvent sur un temps infini. Les propriétés et conditions de cette convergence sont encore du domaine de la recherche (pour les détails, on peut se se reporter à [SB18]).

6. Amélioration de politique

Dans les deux sections précédentes, nous avons vu comment évaluer une politique dans le cas où l'agent ne connaît pas le modèle du monde : soit par la méthode de Monte-Carlo, soit par la méthode des différences temporelles. Il faut maintenant examiner comment améliorer la politique courante en vue d'atteindre sinon une politique optimale, du moins une bonne politique. Cela nécessite de résoudre le dilemme exploitation / exploration.

Supposons que vous déménagiez dans une ville inconnue. Vous avez l'habitude de manger régulièrement au restaurant et vous voudriez naturellement maximiser votre satisfaction lors de ces visites culinaires. Une approche peut être d'explorer tous les restaurants de la ville sans jamais en favoriser parmi eux. Dans ce cas, vous vous exposez également aux bonnes expériences qu'aux mauvaises. Une autre approche est de tester tous les restaurants, puis de ne manger que dans celui qui a paru le meilleur à l'issue du test initial. Vous exploitez les informations obtenues dans la première phase. Cependant, dans ce cas, vous pouvez vous tromper et favoriser un restaurant qui, une fois, par chance, a été bon et ainsi est apparu supérieur à tous les autres restaurants, mais ne l'est pas en réalité en moyenne. Intuitivement, une politique pour maximiser sa satisfaction doit se trouver entre les deux approches : *exploration pure* (sans exploitation des résultats mesurés) et *exploitation pure* (sur la base d'informations insuffisantes). Mais comment définir une stratégie optimale plus formellement ? Ce genre de problème d'optimisation est étudié particulièrement dans le cadre du problème des bandits à bras multiples *(multi-armed bandits)*. Nous y revenons dans la section 7.

6.1   L'amélioration de politique avec les différences temporelles

Comme pour les méthodes de programmation dynamique et de Monte-Carlo, il faut préciser comment passer de l'évaluation de la politique à son amélioration. Nous allons considérer deux approches typiques dont les principes sont de portée générale. La première est fondée sur une approche similaire à celles évoquées précédemment reposant sur une alternance de phases d'évaluation et de phases d'amélioration. La seconde court-circuite d'une certaine manière l'idée même de politique.

6.2   Sarsa : une méthode d'amélioration « sur politique »

L'idée de base de l'algorithme SARSA ([SB18] section 6.4) est la suivante : à chaque choix d'action dans l'état courant s_t, l'agent suit approximativement (nous verrons pourquoi et comment) la politique courante π. Après observation du nouvel état courant s' et du renforcement reçu r, il met à jour la valeur d'utilité de la situation rencontrée et est alors prêt à choisir l'action suivante. Il s'agit donc d'une méthode itérative alternant évaluation et amélioration. On qualifie ce genre d'approche de méthode *sur politique (on-policy)* car elle suppose que l'agent s'inspire à chaque instant de la politique courante π pour le choix de ses actions.

Afin de s'affranchir de la nécessité de connaître un modèle de l'environnement, l'approche SARSA estime la fonction d'utilité $Q^\pi(s, a)$ pour la politique courante et pour toutes les paires *(état, action)*. La méthode des différences temporelles conduit alors à la mise à jour suivante :

$$Q^\pi(s, a) \;\leftarrow\; Q^\pi(s, a) + \alpha \left[r + \gamma Q^\pi(s', a') - Q^\pi(s, a) \right] \tag{22.24}$$

Cette mise à jour est effectuée après chaque transition partant d'un état s non terminal. Si s' est un état terminal, alors $Q(s', a')$ est défini comme égal à zéro. Comme cette règle de mise à jour utilise les valeurs de s, a, r, s', a', elle a été baptisée algorithme SARSA.

L'amélioration de politique se fait alors grâce à la procédure suivante. À chaque choix d'action, l'agent utilise les valeurs estimées $Q^\pi(s, a)$ pour sélectionner l'action à exécuter. Pour négocier le compromis exploitation contre exploration, l'agent peut utiliser une procédure dite ε-*gloutonne* c'est-à-dire une méthode de gradient bruité : l'agent sélectionne en général l'action a associée à la meilleure valeur d'utilité $Q^\pi(s, a)$. De temps en temps cependant, avec une probabilité ε, il sélectionne aléatoirement une autre action, ce qui permet ainsi d'explorer les politiques possibles. Il peut aussi avoir recours à des méthodes plus sophistiquées d'optimisation du compromis exploration contre exploitation (section 7).

La procédure SARSA converge avec une probabilité de 1 vers une politique optimale si toutes les paires *(état, action)* sont visitées infiniment souvent sur une durée infinie et si le coefficient ε est bien réglé (par exemple, en posant $\varepsilon = \frac{1}{t}$).

Algorithme 49 : Algorithme Sarsa d'amélioration de politique

début
> Initialiser $Q(s,a)$ arbitrairement.
> **répéter**
>> **pour chaque** *épisode* **faire**
>>> Initialiser s
>>> Choisir l'action a par une procédure ε-gloutonne dérivée des valeurs de $Q^\pi(s,a)$
>>> **répéter**
>>>> **pour chaque** *étape de l'épisode* **faire**
>>>>> Exécuter l'action a ; recevoir le renforcement r ; et mesurer l'état suivant s'
>>>>> Choisir l'action a' à partir de s' en utilisant une procédure ε-gloutonne dérivée des valeurs de $Q^\pi(s,a)$
>>>>> $Q^\pi(s,a) \leftarrow Q^\pi(s,a) + \alpha \left[r + \gamma Q^\pi(s',a') - Q^\pi(s,a) \right]$
>>>>> $s \leftarrow s'$; $a \leftarrow a'$
>>>> **fin**
>>> **jusqu'à** s *est terminal*
>> **fin**
> **jusqu'à** *critère d'arrêt* (convergence suffisante)

fin

6.3 Le Q-learning : une méthode d'amélioration « hors politique »

L'algorithme du *Q-learning* [Wat89] utilise la dépendance explicite de la fonction d'utilité $Q(s,a)$ sur les actions, pour à la fois mettre à jour ces valeurs, donc converger vers la fonction optimale $Q^*(s,a)$, et aussi déterminer l'action à prendre dans la situation courante. Dans cette technique, la mise à jour des valeurs d'utilité se fait selon l'équation suivante :

$$Q(s,a) \leftarrow Q(s,a) + \alpha \left[r + \gamma \max_{a' \in \mathcal{A}} Q(s',a') - Q(s,a) \right] \tag{22.25}$$

tandis que l'action a sélectionnée dans l'état courant s est déterminée par une politique du genre ε-gloutonne assurant le compromis exploitation contre exploration. Il faut noter qu'il n'existe pas pour le moment de méthode générique pour résoudre ce compromis dans le cas du *Q-learning* et que la pratique est d'utiliser des règles *ad hoc* déterminées empiriquement pour chaque situation.

Comme pour toutes les procédures de mise à jour stochastiques dans des processus markoviens, la convergence vers la valeur optimale $Q^*(s,a)$ nécessite que chaque état soit visité infiniment souvent et que le paramètre α décroisse de manière appropriée.

Il est intéressant de noter que la convergence de la méthode est assurée quelle que soit la manière dont les actions sont sélectionnées à chaque instant, pourvu que tous les états soient visités infiniment souvent. C'est pourquoi on parle de méthode *hors politique (off-policy)*. En revanche, les vitesses de convergence observées sont souvent plus faibles que celles d'autres méthodes. Cela semble le prix à payer pour l'utilisation d'une méthode qui a révolutionné l'apprentissage par renforcement grâce à sa très grande aisance d'emploi et à la facilité d'établir des preuves sur son comportement.

6.4   TD(λ) : les méthodes de différences temporelles à plusieurs pas

Pour présenter les méthodes TD(λ), le mieux est de présenter d'abord le cas particulier TD(0). Cette méthode effectue ses mises à jour des valeurs d'utilité en ne regardant qu'un seul pas en avant. Même si cela suffit à garantir la convergence selon les conditions déjà soulignées, celle-ci peut être lente. Les méthodes TD(λ) la généralisent en effectuant des mises à jour selon un horizon plus lointain.

L'idée est la suivante : lorsque le renforcement r_{t+1} entre l'état courant s_t et le suivant s_{t+1} atteint avec l'action a_t a été mesuré, on peut mettre à jour la valeur $V(s_t)$ mais aussi, par ricochet, les valeurs des états antérieurement visités $V(s_{t-i})$. En général, on ne met pas à jour uniformément les valeurs des états visités dans le passé, mais on utilise une pondération diminuant l'effet de la mise à jour au fur et à mesure que l'on remonte dans la séquence des états.

La formule générale de mise à jour s'écrit :

$$\boxed{V(u) \;\leftarrow\; V(u) + \alpha \left[r_{t+1} + \gamma V(s_{t+1}) - V(s_t) \right] e(u)} \tag{22.26}$$

où u est n'importe quel état pour lequel $e(u) \neq 0$. La *trace d'éligibilité* $e(u)$ détermine ainsi les états sujets à mise à jour. Une expression habituelle de trace d'éligibilité est :

$$e(s) \;=\; \sum_{k=1}^{t} (\lambda\gamma)^{t-k}\, \delta_{s,s_k}, \text{ où } \delta_{s,s_k} \;=\; \begin{cases} 1 & \text{si } s = s_k \\ 0 & \text{sinon} \end{cases} \tag{22.27}$$

avec $0 \leq \lambda < 1$ pour assurer la convergence.

L'éligibilité d'un état s définit ainsi le degré auquel il doit être sensible à la mise à jour actuelle. Quand $\lambda = 0$, on retrouve la méthode TD(0). Quand $\lambda = 1$, on retrouve à peu près la méthode de Monte-Carlo, c'est-à-dire que l'on met à jour chaque état à raison du nombre de fois où il a été visité durant l'épisode servant de base à la mise à jour.

Il est aussi possible de modifier en ligne la trace d'éligibilité :

$$e(s) \;\leftarrow\; \begin{cases} \gamma\lambda e(s) + 1 & \text{si } s = \text{l'état courant} \\ \gamma\lambda e(s) & \text{sinon} \end{cases}$$

L'algorithme TD(λ) est évidemment nettement plus coûteux à mettre en œuvre que TD(0), mais il converge en général beaucoup plus rapidement pour des valeurs de λ assez grandes (mais toujours < 1). Plusieurs travaux ont été consacrés à l'analyse des traces d'éligibilité. Ces dernières peuvent être appliquées aux algorithmes de *Q-learning*, conduisant aux méthodes appelées *Q(λ)-learning*.

7.   La résolution du compromis exploration contre exploitation

Une modélisation simple du dilemme exploration contre exploitation est celle d'un joueur placé devant l'une de ces machines que l'on appelle[6] le « bandit à deux bras » (figure 22.3).

---

6. La machine à sous classique de casino est appelée en argot américain « bandit manchot » (*one-armed bandit*).

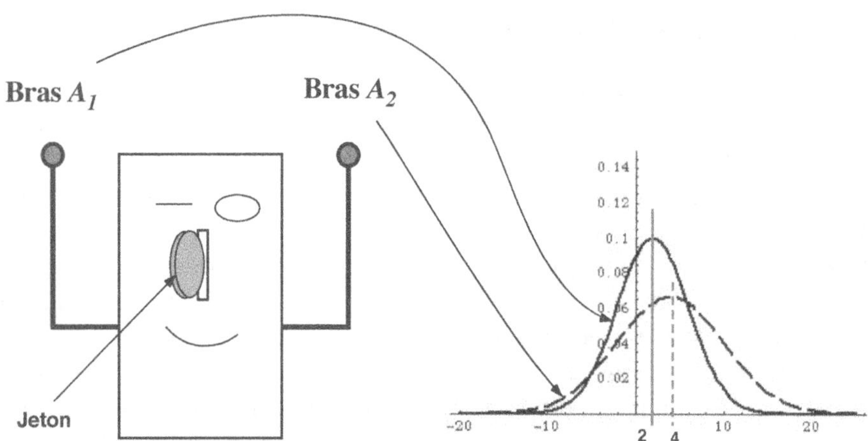

FIGURE 22.3 : *Une machine à sous appelée « bandit à deux bras ». Chacun des bras est associé à un gain aléatoire suivant une distribution normale. Par exemple, ici, le bras A_1 correspond à une loi de moyenne 2 et de variance 4, alors que le bras A_2 correspond à une loi de moyenne 4 et de variance 6. Il peut bien sûr arriver que, sur un tirage, le bras A_2 donne un résultat inférieur au résultat obtenu avec un tirage de A_1.*

Le principe est le suivant. Un joueur dispose de m jetons avec lesquels il peut jouer avec cette machine. Pour chaque jeton inséré dans la fente, le joueur peut tirer sur l'un ou l'autre des bras. Il reçoit alors un certain nombre de pièces correspondant à son gain. Les bras sont notés A_1 et A_2, ils ont une espérance de gain respective de μ_1 et μ_2 avec une variance respective de σ_1^2 et σ_2^2. Cela signifie que le gain associé à chaque bras est aléatoire, avec une certaine moyenne et un certain écart-type stationnaires. Les tirages aléatoires sont supposés indépendants. Le joueur ne connaît ni les moyennes ni les variances associées à chaque bras et doit donc les estimer en cours de jeu. Le joueur ne sait donc pas quel est le bras dont l'espérance de gain est la meilleure et il doit essayer de maximiser son gain avec ses m jetons. Quelle doit alors être sa stratégie de tirage des bras étant donnée son estimation courante des moyenne et variance de chaque bras ?

Une stratégie extrême est de tirer une fois chaque bras, de noter celui qui a donné le meilleur résultat, puis de jouer désormais systématiquement celui-ci. Cela correspond à une *stratégie d'exploitation pure* : ne plus explorer dès qu'on possède des éléments d'information minimaux. Bien sûr, il existe un risque que les deux tirages initiaux n'aient pas révélé le meilleur bras à cause de la variance des résultats et qu'en conséquence ce soit le plus mauvais bras qui ait été tiré systématiquement à partir de là. Plus généralement, on appelle stratégie d'exploitation toute stratégie qui choisit l'action dont l'estimation courante de gain est la plus élevée.

La stratégie extrême inverse consiste à tirer $\lfloor \frac{m-1}{2} \rfloor$ fois sur le bras gauche et $\lfloor \frac{m-1}{2} \rfloor$ fois sur le bras droit [7], puis à tirer le dernier ou les deux derniers coups sur le bras dont la moyenne observée est la meilleure. Cela correspond à une *exploration pure*, dans laquelle on alloue quasiment toutes les décisions à l'exploration de l'environnement avant de choisir la décision ultime. Celle-ci est alors prise avec une connaissance aussi grande que possible, mais au prix de n'avoir pas cherché à optimiser le gain durant la phase d'exploration.

La stratégie optimale correspond à la résolution d'un compromis entre exploitation et exploration. Sa résolution analytique [Hol75] montre que, dans le cas du bandit à deux bras, la meilleure stratégie consiste, au fur et à mesure de l'acquisition d'informations sur les probabilités de gain de chaque bras, à accroître exponentiellement le nombre de tirages du bras paraissant

---

7. La notation $\lfloor x \rfloor$ indique l'entier immédiatement inférieur à x.

le meilleur par rapport à l'autre (on peut trouver également une analyse simplifiée du bandit à deux bras dans [Mit96]).

L'apprentissage par renforcement implique également la résolution d'un conflit entre exploration et exploitation se traduisant par le problème de la sélection de l'action a_t à un instant donné t en fonction des évaluations associées à chaque action a_i possible.

7.1   Le problème des bandits multi-bras et l'algorithme UCB

Définition 22.3 (Problème des bandits à bras multiples)

Il se définit comme suit :

1. *Il existe un ensemble de K bras, chacun défini par une distribution de récompense ν_k (avec support dans $[0,1]$) de loi inconnue.*

2. *À chaque pas de temps t, l'agent doit choisir un bras k_t. Il reçoit alors une récompense $r_t \overset{i.i.d.}{\sim} \nu_{k_t}$.*

3. ***But** : trouver une politique de sélection des bras de manière à maximiser la somme des récompenses sur une durée donnée.*

Afin de définir la performance d'une politique de choix des arbres, on en compare le gain résultant à celui que l'on aurait obtenu si on avait connu *a priori* le meilleur bras.

Une stratégie d'allocation est un algorithme déterminant le bras à jouer à l'instant $t+1$ en se basant sur la séquence des bras déjà tirés et des renforcements observés. Soit $T_i(n)$ le nombre de fois où le bras i a été tiré durant les n premiers instants. Le *regret* associé à la stratégie est alors défini par :

$$\mu^* n - \mu_j \sum_{j=1}^{K} \mathbb{E}[T_j(n)] \qquad \text{où} \quad \mu^* \overset{\text{def}}{=} \max_{1 \le i \le K} \mu_i$$

Le *regret* est ainsi l'espérance de perte due au fait que la stratégie d'allocation ne joue pas systématiquement le meilleur bras.

Le but est alors de trouver une politique de choix des bras minimisant le regret.

Il s'agit d'un problème déjà ancien [Rob52], mais dont la solution générale n'est pas encore complètement connue.

Plusieurs méthodes ont été proposées. Les méthodes dites *non dirigées* reposent sur les évaluations des actions, alors que les méthodes dites *dirigées* utilisent en plus des heuristiques exploitant des informations acquises lors de l'apprentissage.

1. **Exemples de méthodes non dirigées**

   - Méthode ε-*greedy*. Choisir la meilleure action connue (selon la fonction d'utilité courante) avec une probabilité $1 - \varepsilon$, ou sélectionner une action uniformément dans $\mathcal{A}$ avec une probabilité $\varepsilon \in [0,1]$.

   - Méthode *softmax*. Choisir l'action a_t selon une distribution de Boltzmann :

$$p_t(a) = \frac{\exp\left(-\frac{Q_t(s,a)}{T_t}\right)}{\sum_{a'} \exp\left(-\frac{Q_t(s,a')}{T_t}\right)}$$

où T_t est la « température » à l'instant t et $\lim_{t \to \infty} T_t = 0$, et où $Q_t(s,a)$ est supposée être la fonction d'utilité associée à l'action a dans l'état s.

2. Exemples de méthodes dirigées

- *Méthode basée sur la récence.* La fonction d'utilité associée aux actions prend en compte un *bonus* favorisant les actions qui n'ont pas été choisies depuis longtemps. Par exemple, $\varepsilon\sqrt{\delta n_{s,a}}$ où $\delta n_{s,a}$ est le nombre d'itérations depuis la dernière fois que l'action a a été sélectionnée dans l'état s ($\varepsilon < 1$).

- *Méthode de l'estimation d'incertitude.* Le bonus est $\frac{c}{n_{s,a}}$, où c est une constante et $n_{s,a}$ est le nombre de fois où l'action a a été utilisée dans l'état s.

Ces différentes méthodes impliquent des paramètres arbitraires, qui doivent être choisis par l'utilisateur afin d'améliorer l'efficacité de l'apprentissage. Cela dépend de chaque problème. En revanche, nous verrons que la théorie indique que, si l'hypothèse de Markov est vérifiée et si tous les états sont parcourus un nombre infini de fois, alors les valeurs des fonctions d'utilité convergent vers leur valeur optimale. Toutes les méthodes présentées ici sont donc *a priori* correctes.

La sélection d'un bras : l'algorithme UCB

Lai et Robbins [LR85] ont proposé en 1985 une stratégie d'allocation selon laquelle le bras optimal est joué exponentiellement plus souvent que les autres. Ils ont montré que le regret obtenu à l'aide de cette stratégie est le meilleur possible.

L'algorithme UCB *(Upper Confidence Bounds)*, introduit en 2002 par Auer, Cesa-Bianchi et Fischer [ACBF02], choisit à chaque tour, parmi toutes les actions possibles, celle qui maximise la somme d'un terme d'exploitation (moyenne des gains obtenus en choisissant cette action) et d'un terme d'exploration (terme de variance d'autant plus élevé que cette action a été choisie peu souvent dans le passé). On parle de *stratégie optimiste dans l'incertain* car on accorde d'une certaine manière le bénéfice du doute à chaque action en les évaluant par leur moyenne observée augmentée de leur intervalle de confiance. Il est prouvé que, lorsque l'on joue un grand nombre de fois, la probabilité de choisir un autre bras que le bras optimal tend vers zéro avec une vitesse de convergence optimale (en $\ln n/n$ où n est le nombre de parties jouées). **L'algorithme UCB** (dans sa version la plus simple) est esquissé dans l'algorithme 50.

L'article [ACBF02] a relancé une grande activité de recherche sur le problème des bandits et sur son application à des problèmes d'apprentissage et à des problèmes de jeu en particulier.

Dans le contexte d'un jeu ou dans celui de l'apprentissage par renforcement dont l'espace d'état est un graphe, le choix d'un bras devient le choix d'un nœud à explorer. La valeur d'un nœud n_i est alors calculée selon :

$$val(n_i) = v_i + C\sqrt{\frac{\ln N^i}{N_i}} \tag{22.28}$$

où v_i est la valeur estimée du nœud n_i (typiquement une proportion de parties gagnées en partant de n_i), N_i est le nombre de fois où le nœud n_i a été visité, c'est-à-dire où des parties ont été jouées en partant de n_i, et N^i est le nombre de fois où son nœud père a été visité. C est un paramètre à régler.

7.2   L'algorithme Monte-Carlo Tree Search (MCTS)

UCB et les algorithmes de bandits en général apportent une solution au choix optimal des bras dans une sorte de jeu répété. Ce n'est pas exactement la même chose que de choisir les actions successives dans un arbre.

Algorithme 50 : Algorithme UCB

---

début

  Initialisation : Jouer chaque bras une fois

  répéter

    Jouer le bras j qui maximise $\bar{x}_j + \sqrt{\frac{2\ln n}{T_j(n)}}$ où $\bar{x}_j$ est le renforcement moyen obtenu en jouant le bras j, $T_j(n)$ le nombre de fois où le bras j a été joué et n le nombre total de tirages jusque là.

  jusqu'à *Fin du jeu*

fin

Le problème du contrôle optimal consiste à déterminer à chaque instant l'action qui maximise le gain à venir. Une approche, motivée en particulier par des applications sur les jeux, vise à résoudre le problème du contrôle optimal en effectuant une recherche arborescente dans un arbre dont la racine correspond à l'état courant du système et où les nœuds sont les états accessibles tandis que les arcs représentent les différentes actions possibles. Une branche de l'arbre relie le nœud racine à un nœud feuille et correspond à une séquence de coups des joueurs depuis une position initiale (la racine) jusqu'à une position finale. La valeur de cette branche est simplement la somme (éventuellement actualisée avec γ) des renforcements associés aux arcs traversés. On cherche naturellement à identifier la branche dont la valeur est la plus élevée afin de déterminer l'action à prendre à la racine (première action de la branche jugée optimale).

On résout généralement ce genre de problèmes en utilisant un algorithme de recherche dans l'arbre des actions possibles pour identifier une branche (séquence d'actions) optimisant le gain possible. Dans le cas d'un problème de maximisation de gain dans un jeu à deux joueurs, l'algorithme canonique est l'algorithme *Min-Max*. Le principe consiste à développer l'arbre des coups possibles jusqu'à une profondeur seuil qui dépend des ressources calculatoires disponibles. Les nœuds situés à cette profondeur sont alors évalués en utilisant une fonction d'évaluation. Par exemple, dans le jeu d'échecs, cette fonction peut prendre en compte les avantages matériels, les colonnes ouvertes, la protection des rois, etc. pour retourner une estimation de la valeur de la position pour le joueur qui doit décider.

Cette technique, dont *alpha-bêta* est une déclinaison permettant d'élaguer les branches dont on peut être certain que leur exploration n'apportera pas d'information pouvant changer le choix [RN10], a cependant deux inconvénients importants. D'abord, elle nécessite de disposer d'une fonction d'évaluation à la fois fiable et peu coûteuse en calculs si possible ; or, il n'est pas toujours évident de disposer d'une telle fonction. Par exemple au jeu de go, c'est, entre autres, l'absence d'une telle fonction qui a longtemps freiné les progrès des algorithmes. Ensuite, elle est inopérante dans les cas où le facteur de branchement – nombre d'actions possibles en chaque nœud – est grand (supérieur à quelques dizaines), car il devient impossible d'explorer l'arbre des possibilités au-delà de quelques coups en avant et donc d'identifier les gains et menaces potentiels. Au lieu d'explorer toutes les branches possibles à chaque nœud, il devient donc nécessaire d'avoir une stratégie de choix des branches à exploiter (si leur potentiel est déjà connu) ou à explorer (sinon). On se trouve à nouveau devant le *compromis exploration vs. exploitation*.

Une méthode radicale pour circonvenir l'absence d'une bonne fonction d'évaluation est d'évaluer un nœud en simulant N parties *(playouts)* à partir de ce nœud et en comptant la proportion de parties gagnées. C'est ce que l'on appelle la *méthode de Monte-Carlo pure pour la recherche dans les arbres de jeu (Pure Monte-Carlo Game Search)*. Cette méthode converge vers la méthode *Min-Max* sans limite de profondeur quand $N \rightarrow \infty$. Cependant, cette méthode est trop aveugle et peut être améliorée en optimisant le compromis exploration vs. exploitation.

L'algorithme *Monte-Carlo Tree Search (MCTS)* utilisant la sélection par UCB a été formalisé pour la première fois par Coulom et par Kocsis et Szepervari sous le nom d'algorithme UCT *(Upper Confidence bounds in Trees)* [KS06]. Il réalise une exploration d'un arbre de recherche biaisée vers les nœuds les plus prometteurs et, à valeur égale, les moins explorés. Il est particulièrement utilisé dans les algorithmes de jeu à deux adversaires.

On peut résumer la différence entre UCT et MCTS par : UCT = MCTS + UCB.

MCTS est organisé autour de quatre étapes se répétant :

1. Sélection

2. Expansion

3. Simulation

4. Rétro-propagation

Nous allons illustrer ces quatre étapes sur un petit exemple. Nous supposerons que l'arbre de jeu à l'instant courant est celui de la figure 22.4a. Chaque nœud correspond à un état du monde (ex. une situation de jeu) et il y est reporté le nombre de parties gagnées dans le passé en partant de ce nœud sur le nombre total de parties jouées en partant de ce nœud.

Sélection Dans cette étape, l'algorithme part du nœud racine et sélectionne récursivement le nœud le plus prometteur (voir plus loin l'algorithme de choix, par exemple UCB) jusqu'à ce qu'un nœud frontière n_f soit atteint.
Ici, il s'agit du nœud (1/1) (figure 22.4b).

Expansion Si n_f n'est pas un nœud terminal dont on peut déterminer la valeur, alors créer un ou plusieurs nœud(s) fils et en sélectionner un pour évaluation par simulation (figure 22.4c).

Simulation Une partie est simulée en utilisant la politique courante (éventuellement une politique de choix aléatoire de coups) pour développer l'arbre jusqu'à un nœud feuille. On peut aussi lancer N parties si l'on veut une estimation plus précise et si l'on dispose des ressources calculatrices pour les réaliser (figure 22.4d).

Rétro-propagation On met à jour les valeurs dans les nœuds en remontant dans l'arbre jusqu'au nœud racine (figure 22.4e).

Le déroulement de l'algorithme UCT, sur un autre arbre et avec des calculs est illustré sur la figure 22.5.

L'algorithme MCTS présente plusieurs avantages :

- C'est une procédure générale qui peut être appliquée à tout jeu dont le facteur de branchement et la profondeur sont finis. Il a été démontré [BT07] que l'algorithme *Monte-Carlo Tree Search* converge vers le jeu que déploierait l'algorithme *Min-Max*. Cependant, cette convergence est lente, ce qui n'est pas surprenant puisque l'algorithme doit apprendre à évaluer les positions, alors que *Min-Max* exploite une fonction d'évaluation fournie *a priori*.

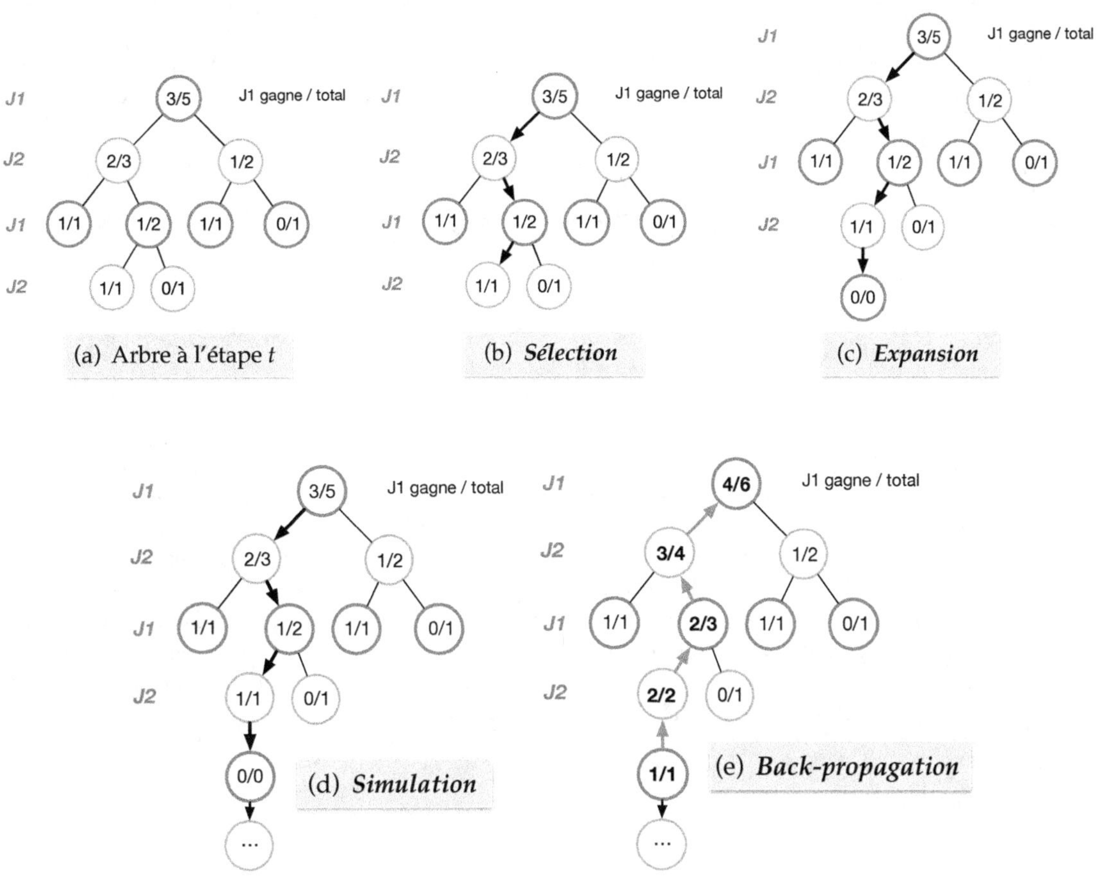

FIGURE 22.4 : *Les étapes d'une exploration MCTS.*

- Au moins dans sa version de base, elle ne nécessite pas de connaissances spécifiques au jeu qui est joué.

- L'algorithme est capable de renvoyer un coup à jouer à n'importe quel moment. On parle d'algorithme *anytime*.

Si l'algorithme générique MCTS est à la base de la plupart des progrès récents et spectaculaires, dans les jeux, il fait l'objet de très nombreux développements spécifiques pour en augmenter les performances. Ces développements sortant du cadre de cet ouvrage, nous n'en parlons pas davantage ici, mais il est facile de trouver des informations détaillées sur la Toile.

L'algorithme UCT pose certains problèmes théoriques. Ainsi, l'indépendance des gains d'un coup au suivant n'est pas assurée puisque les valeurs des trajectoires issues d'un nœud dépendent des coups joués ensuite. Or, cette indépendance est requise pour la convergence de l'algorithme UCB vers le choix optimal. Kocsis et Szepesvàri [KS06] ont cependant prouvé que les valeurs des nœuds calculées par UCT convergent vers la valeur optimale, c'est-à-dire la valeur *MinMax*. De plus, Munos et Szepesvàri ont établi que la vitesse de convergence de l'algorithme UCT dépend de la profondeur effective de l'arbre, c'est-à-dire du nombre de coups à partir duquel les estimations selon l'heuristique Monte-Carlo rejoignent la valeur *Min-Max* exacte. En pratique, cela signifie que la convergence sera assez rapide si les valeurs des nœuds sont corrélées à l'intérieur de l'arbre. En revanche, lorsque l'arbre ne présente pas de régularités, c'est-à-dire que le meilleur coup est caché dans une séquence qui semble peu prometteuse de prime abord, alors l'algorithme UCT

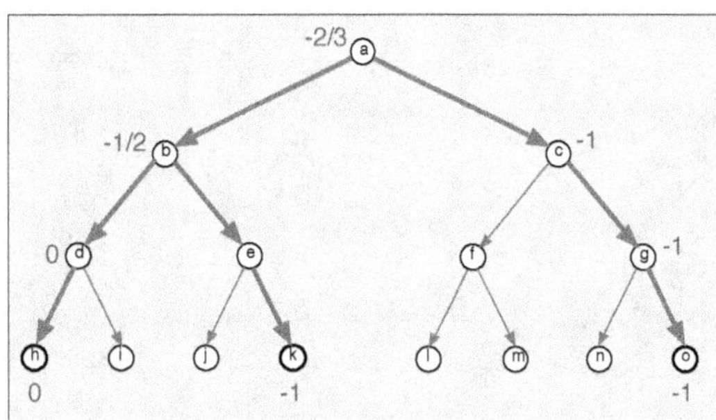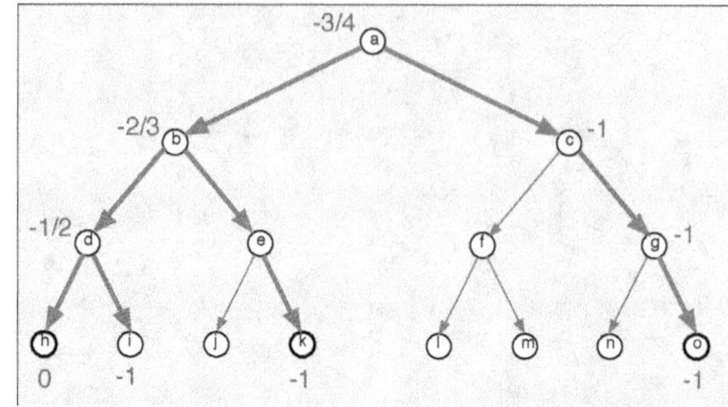

FIGURE 22.5 : *On suppose ici que l'arbre exploré à l'instant t est celui de gauche. Les feuilles h, k et o ont été atteintes. De ce fait, le nœud b est affecté d'une valeur UCB de $-1/2 + \sqrt{(2\ln 4)/2} \approx 0.677$. De même, on a $UCB(c) = -1 + \sqrt{2(\ln 4)/1} \approx 0.665$. Donc $UCB(b) > UCB(c)$ et b est par conséquent choisi pour exploration ultérieure.*
Comme $UCB(d) = 0 + \sqrt{2(\ln 4)/1} > UCB(e) = -1 + \sqrt{2(\ln 4)/1}$, le nœud d est choisi. Puisque la branche passant par i n'a pas encore été explorée, elle est sélectionnée. La valeur de la feuille correspondante (ici -1, obtenue éventuellement par la simulation d'un ensemble de parties aléatoires démarrant en i) est remontée pour mettre à jour les valeurs de ses nœuds ancêtres :
$$V(d) = (0-1)/2 = -1/2 \,; V(b) = [2(-1/2) - 1]/3 = -2/3 \,; V(a) = [3(-2/3) - 1]/4 = -3/4.$$
On voit sur ce petit exemple, que l'algorithme UCT a tendance, au début, à se comporter comme un algorithme d'exploration en largeur d'abord, puis à se concentrer petit à petit vers les branches ayant mené à des parties (simulées) gagnées. Globalement, les valeurs remontées convergent vers les valeurs MinMax des nœuds correspondants.

est *a priori* peu efficace.

8. La généralisation dans l'apprentissage par renforcement

8.1 Le problème

Jusqu'à présent, nous avons implicitement supposé que les états et les actions étaient énumérables et qu'il était possible de représenter les différentes fonctions (par exemple la fonction d'utilité V) par des tables de valeurs. Or, excepté pour des environnements très simples, cela implique des tailles de mémoire irréalistes. De plus, dans de nombreuses applications, l'espace des états, et parfois aussi celui des actions, est continu, rendant impossible l'usage direct de tables. Finalement, les algorithmes de mise à jour de tables font une utilisation assez peu efficace de l'information glanée en cours d'expérience dans la mesure où, alors qu'il est fréquent que des états similaires aient des valeurs d'utilité et des actions optimales attachées similaires, la modification d'une valeur dans la table n'entraîne pas la modification des valeurs de cases « proches ». Dans ces conditions, l'utilisation de tables semble peu opportune et il faut chercher une représentation des politiques à la fois plus compacte et permettant une utilisation plus efficace de l'information.

Une idée assez immédiate est d'avoir recours à des techniques de généralisation dans l'espace $\mathcal{E}$ des états et, éventuellement, dans l'espace $\mathcal{A}$ des actions. De cette manière, lorsqu'une situation impliquant un état et une action donnés est observée, l'information obtenue à cette occasion peut être transférée par généralisation aux états et actions similaires. Il devient alors envisageable d'appliquer l'ensemble des techniques d'induction supervisée à ce problème.

Les fonctions que l'on peut vouloir apprendre incluent :

- l'apprentissage direct d'une politique $\pi : \mathcal{E} \to \mathcal{A}$;
- l'apprentissage de la fonction d'utilité $V : \mathcal{E} \to \mathbb{R}$;
- l'apprentissage de la fonction d'utilité $Q : \mathcal{E} \times \mathcal{A} \to \mathbb{R}$;
- l'apprentissage de l'environnement :
  - la fonction de transition :
    - déterministe : $\mathcal{E} \times \mathcal{A} \to \mathcal{E}$;
    - ou non déterministe : $\mathcal{E} \times \mathcal{A} \times \mathcal{E} \to [0,1]$;
  - la fonction de renforcement : $\mathcal{E} \times \mathcal{E} \to \mathbb{R}$.

Certaines de ces fonctions, à savoir celles de transition et de récompense, sont du ressort direct de nombreuses méthodes classiques d'apprentissage supervisé, telles des méthodes connexionnistes (chapitre 10), l'induction d'arbres de décision (chapitre 15) ou des méthodes par k-plus proches voisins (chapitre 19). Il est en effet facile d'obtenir de nombreux exemples et la fonction cible est généralement fixe ou peu changeante (sauf si l'environnement est gravement perturbé). D'autres posent plus de problèmes, comme la fonction de politique, car il est plus coûteux d'obtenir des exemples à partir desquels apprendre. Dans tous les cas, il est souhaitable de disposer de méthodes d'apprentissage qui permettent la prise en compte incrémentale des exemples au fur et à mesure que l'exploration du monde les rend disponibles et qui ont la capacité de suivre une fonction cible changeante.

8.2   Généralisation par approximation de la fonction d'utilité

Nous supposons dans un premier temps que le problème de prédiction porte sur la fonction d'utilité V. L'idée est d'affiner une estimation de la fonction optimale V^* par des itérations successives d'une estimation V_t au temps t en fonction de l'expérience courante de l'agent dans le monde. On suppose ici que les fonctions estimées V_t ne sont plus des tables de valeurs mais font partie d'une classe de fonctions que l'on supposera paramétrée par un vecteur $\boldsymbol{\theta}_t$. L'une des nouveautés par rapport à un problème de régression classique est que l'apprentissage s'opère ici *en ligne* avec des exemples issus d'une distribution dépendant de l'action de l'agent et non d'une distribution d'exemples indépendamment et identiquement distribués (i.i.d.) comme c'est le cas général en induction.

Typiquement, l'estimation V_t peut être réalisée par un réseau connexionniste dont les poids sont réglés en cours d'apprentissage, ou par un arbre de décision. Dans ce dernier cas, le vecteur $\boldsymbol{\theta}_t$ décrit les branchements de l'arbre appris.

Les exemples servant à l'apprentissage dépendent des méthodes de prédiction de gain utilisées. Par exemple, il est courant de prendre l'estimation de gain calculée selon la méthode des différences temporelles : $s \mapsto r + \gamma V_t(s')$.

L'utilisation de méthodes de généralisation pose plusieurs questions :

1. L'application d'une méthode de généralisation dans l'espace des états signifie que l'observation d'une situation ou d'une séquence de situations particulière entraîne la modification de l'estimation de l'utilité, non seulement pour la situation concernée, mais aussi pour d'autres situations. Existe-t-il des garanties que cette méthode converge ? Et si oui, converge-t-elle vers la fonction d'utilité optimale, V^* dans le cas de la fonction d'utilité définie sur les états ?

2. Les méthodes itératives d'amélioration de politique entremêlant phases d'évaluation et phases d'amélioration peuvent-elles encore s'appliquer avec des garanties de convergence vers la politique optimale ?

3. Les techniques d'exploration ε-gloutonnes ou plus sophistiquées, comme vues dans la section 7, continuent-elles à être efficaces pour, d'une certaine manière, échantillonner l'espace des exemples ?

4. Quelle mesure d'erreur utiliser pour évaluer la performance de l'approximation de la fonction d'utilité ? Est-il encore approprié d'utiliser la mesure d'erreur quadratique qui est employée pour la régression ?

Répondre aux deux premières questions est d'autant moins facile que l'apprentissage par renforcement implique souvent non seulement un apprentissage de type incrémental capable de prendre en compte les exemples au fur et à mesure de leur arrivée, mais aussi un environnement qui peut évoluer au cours du temps. De plus, sans même avoir affaire à un environnement changeant, les exemples eux-mêmes évoluent du fait qu'ils correspondent souvent à des évaluations de gain qui sont adaptatives, comme c'est le cas pour la méthode des différences temporelles. Les problèmes de convergence et de vitesse de convergence sont donc encore plus aigus que pour l'induction classique.

De nombreux travaux ont été publiés concernant des expériences d'apprentissage par renforcement avec généralisation : Boyan et Moore [BM95] ont utilisé des méthodes de plus proches voisins dans une approche d'itération de valeur ; Lin [Lin91] a mis en œuvre un réseau connexionniste avec apprentissage par rétropropagation de gradient pour apprendre la fonction d'utilité $Q(s, a)$ dans le *Q-learning* ; Watkins [Wat89], toujours dans le cadre du *Q-learning*, a utilisé la technique de CMAC *(Cerebellar Model Articulatory Controller)* due à Albus [Alb75, Alb81] et a été suivi par de nombreux autres chercheurs ; Tesauro [Tes95] a utilisé un réseau connexionniste pour apprendre la fonction $V(s)$ dans le cas du jeu de backgammon ; Zhang et Dietterich [ZD95] ont utilisé un réseau connexionniste dans une technique de différence temporelle TD(λ) pour apprendre des stratégies d'ordonnancement de tâches pour des ateliers.

Dans l'ensemble, même si des résultats spectaculaires ont été rapportés, des interférences pernicieuses sont observées entre la mise à jour adaptative des valeurs d'utilité et l'apprentissage par généralisation. En effet, alors que, dans les environnements discrets avec maintien de tables de valeurs, il existe des garanties que toute opération qui met à jour la valeur d'utilité (selon les équations de Bellman) ne peut que réduire l'erreur entre la valeur courante estimée et la valeur optimale, de telles garanties n'existent plus dans le cas continu avec des techniques de généralisation. Il semble en particulier que les différences temporelles à plusieurs pas ne soient pas appropriées dans les méthodes de généralisation et qu'il faille réexaminer les méthodes d'évaluation locales de valeur d'utilité dérivées des équations de Bellman. Boyan et Moore, par exemple, ont les premiers attiré l'attention sur ce problème en 1995 [BM95], en donnant des exemples de fonctions d'utilité dont l'erreur croissait de manière arbitrairement grande par l'utilisation de techniques de généralisation. Certaines solutions *ad hoc* pour des classes de problèmes particulières ont été proposées, mais elles ne conduisent généralement qu'à des optima locaux. La question des conditions nécessaires et suffisantes pour la convergence dans le cas de l'utilisation de méthodes de généralisation de fonctions d'utilité reste donc ouverte.

Parmi les causes potentielles de problèmes figure le fait que, lors de l'apprentissage par renforcement, les exemples utilisés pour l'apprentissage résultent d'un échantillonnage qui reflète la politique courante, laquelle n'est pas la politique optimale cible. Il semble que les méthodes d'exploration classiques, telles que la méthode ε-gloutonne, ne soient pas adaptées à cette situation. Là encore, des recherches sont nécessaires pour mieux comprendre les interactions entre échantillonnage, apprentissage et amélioration de politique.

Finalement, la question de la mesure d'erreur à utiliser pour la généralisation a été soulevée. En effet, contrairement à la tâche de régression pour laquelle l'écart quadratique est approprié, l'apprentissage par renforcement vise moins à approcher correctement les fonctions d'utilité qu'à fournir la meilleure politique. Ce qui compte n'est pas l'écart à la fonction optimale d'utilité, mais le fait que l'estimation d'utilité conduise bien à ce que la meilleure politique soit choisie. Il s'agit donc de respecter l'ordre relatif des politiques afin que la meilleure, π^*, soit en tête. Nous verrons dans la section 8.3 que cela a conduit récemment à réexaminer l'ensemble du problème.

Étant donné toutes ces interrogations, les deux approches par estimation de fonction les plus employées actuellement reposent sur une technique de descente de gradient pour réduire l'écart quadratique entre les valeurs estimées à l'instant t et la cible courante, par exemple celle rapportée par la méthode de différences temporelles.

- La première approche consiste à utiliser un *réseau connexionniste* (généralement un perceptron multicouches) comme réalisation d'un vecteur de paramètre $\boldsymbol{\theta}_t$ en le modifiant par une technique de rétropropagation de gradient selon une formule telle que la suivante (ici pour la fonction d'utilité V) :

$$\boldsymbol{\theta}_{t+1} = \boldsymbol{\theta}_t \, \alpha \big[v_t - V_t(s_t) \big] \, \nabla_{\boldsymbol{\theta}_t} V_t(s_t) \tag{22.29}$$

  où v_t représente la cible, c'est-à-dire l'estimation courante de $V^\pi(s_t)$, et α est un pas d'apprentissage décroissant.

- La seconde approche consiste à utiliser une *combinaison linéaire de n fonctions de base* pour approcher la fonction cible. L'ensemble des fonctions de base $\Phi(s) = \{\phi_1(s), \ldots, \phi_n(s)\}$ est défini sur l'espace $\mathcal{E}$ des états. L'approximation de la fonction d'utilité correspond à la formule :

$$V_t(s) = {\boldsymbol{\theta}_t}^\top \Phi(s) = \sum_{i=1}^{n} \theta_t(i) \, \phi_i(s) \tag{22.30}$$

Dans ce cas, le gradient de la fonction V_t par rapport à $\boldsymbol{\theta}_t$ devient : $\nabla_{\boldsymbol{\theta}_t} V_t(s) = \Phi(s)$. Cette règle a l'avantage d'être simple et de conduire à un seul optimum. Comme de plus elle est assez efficace en termes de données et de calculs, elle a la faveur de nombreux chercheurs et praticiens.

Une approche duale consiste à apprendre non pas la combinaison de fonctions de base, mais ces fonctions de base elles-mêmes.

8.3 Méthodes directes d'apprentissage de politique

Les difficultés liées aux méthodes de généralisation pour approcher les fonctions d'utilité, concernant en particulier la convergence, non garantie, et la qualité de l'approximation, parfois très mauvaise, ont relancé l'idée d'opérer une recherche directe dans l'espace des politiques plutôt que de passer par l'apprentissage de fonctions d'utilité. Au lieu de chercher à minimiser un écart quadratique par rapport à la fonction d'utilité vraie, le principe consiste à exprimer les politiques comme des fonctions paramétrées, par un vecteur $\boldsymbol{\theta}$, et à chercher une valeur de $\boldsymbol{\theta}$ correspondant à une politique optimale, c'est-à-dire maximisant l'espérance de gain $E_\pi(R_t)$.

Pour ce faire, on passe généralement par une expression paramétrée par $\boldsymbol{\theta}$ de l'estimation de gain, notée $\eta(\boldsymbol{\theta})$, et on opère ensuite une descente de gradient pour trouver la valeur de $\boldsymbol{\theta}$ maximisant cette expression. Les difficultés de cette approche sont nombreuses. La première est d'évaluer précisément l'espérance de gain $\eta(\boldsymbol{\theta})$. La seconde consiste à trouver une paramétrisation pratique de la politique et donc du gain. Un réseau connexionniste multicouches est souvent utilisé à cet effet. La troisième concerne la possibilité d'utiliser une technique de descente de gradient sur $\eta(\boldsymbol{\theta})$. Cette fonction est rarement différentiable et il faut donc avoir recours à des astuces permettant de reformuler le problème. Finalement se pose l'éternel problème de la combinaison entre évaluation de l'espérance de gain et amélioration de la politique. L'approche par recherche directe de politique n'est donc pas évidente, mais elle connaît actuellement un vif intérêt [BM99, Bax00, GU00, Wil92b].

Nous donnons ici des éclairages ponctuels sur des pistes étudiées actuellement.

8.4 Les méthodes « actor-critic »

Les méthodes *actor-critic* séparent la partie fonctions d'évaluation et de prédiction *(critic)* de la partie politique ou choix de l'action *(actor)*. La partie *actor* associe une action à un état d'une manière probabiliste. La partie *critic* correspond à la fonction d'utilité conventionnelle qui associe le gain espéré aux états. Ainsi, elle résout un problème de prédiction, tandis que l'*actor* résout un problème de contrôle.

Lorsque *critic* et *actor* utilisent la même fonction d'utilité, pour prédire le gain et pour sélectionner la prochaine action, on retrouve les méthodes d'apprentissage par renforcement telles que *TD-learning*. Cependant, il est possible d'envisager que l'*actor* utilise un espace de politiques différent, ne reposant pas sur les critères utilisés par le module *critic*. Dans ce cas, celui-ci est utilisé pour fournir une évaluation de la qualité instantanée de la politique et, surtout, fournir des informations pour mettre en œuvre une méthode d'optimisation par gradient de la politique.

L'un des intérêts de ce découplage est de permettre l'utilisation d'un espace de politiques choisi pour ses qualités propres.

8.5 Apprentissage par renforcement bayésien

Dans l'apprentissage par renforcement bayésien, le but est de trouver une approche bien fondée au problème de l'exploration en représentant explicitement l'incertitude des renforcements, des modèles de transitions entre états et des fonctions de valeurs. Une distribution de probabilités est ainsi définie sur l'espace des modèles décisionnels de Markov (MDP), au lieu de ne maintenir qu'une seule estimation de vraisemblance maximale. Cette distribution est utilisée pour choisir l'action d'utilité attendue maximale.

La difficulté principale de cette approche est de définir une distribution *a priori* sur l'espace des MDP. Pour plus de détails, nous renvoyons le lecteur à un article fondateur sur ce sujet [WFRT00].

9. Le cas des environnements partiellement observables

Dans de nombreuses situations issues du monde réel, l'agent ne peut pas avoir une perception parfaite et complète de l'état du monde, mais doit faire face à de multiples incertitudes sur cet état. On dit alors que l'état est « partiellement observable ». Souvent, ces observations incomplètes se traduisent par une ambiguïté sur l'état réel du monde, dans la mesure où plusieurs états peuvent correspondre aux mêmes observations (le terme *aliasing* est fréquemment

employé en anglais, d'où le terme « situations d'alias perceptuel » parfois utilisé en français,
voir figure 22.6).

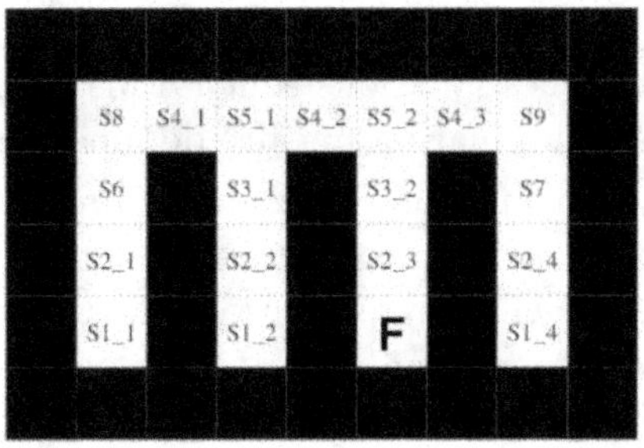

FIGURE 22.6 : *Un labyrinthe, dit de Lanzi, dans lequel un agent qui ne perçoit que les 8 cases
l'entourant ne peut distinguer que les états S6, S7, S8 et S9. En revanche, les états
S3_1 et S3_2 ne sont pas distinguables.*

Le modèle des processus markoviens est alors inapplicable tel quel. Une idée est d'essayer de
remédier au manque instantané d'information par la prise en compte d'une mémoire des événements passés. Des modèles à base de réseaux connexionnistes récurrents ont été expérimentés,
mais sans qu'ils soient concluants au-delà de problèmes simples. Une autre approche consiste à
prendre explicitement en compte l'incertitude sur les états. C'est ce que permettent les modèles
de Markov cachés ou POMDP *(Partially Observable Markov Decision Processes)*.

Dans ces modèles, on introduit un nouvel espace Ω, celui des *observations*, avec les proba-
bilités $O_t(o|s)$ associées d'observer o quand l'état est s, et b_o une distribution de probabilités
initiale sur les états. Afin de calculer et d'optimiser l'espérance de gain associée à une politique,
il faut relier les états, les renforcements (correspondant aux transitions entre états) et les probabilités de transition entre états aux observations, ou plutôt aux informations dont dispose
l'agent. En général, il n'est pas possible de trouver la politique optimale pour un POMDP en
utilisant uniquement l'observation courante o_t. Il faut extraire suffisamment d'information des
observations passées pour définir des informations dites suffisantes (au sens des statistiques) et
des états estimés et, ensuite, pouvoir définir une politique optimale. En pratique cependant, les
algorithmes existants sont limités à des espaces d'états très restreints et à des horizons temporels très limités. L'espace des états estimés croît en effet très vite et, plus encore, la fonction de
valeur à estimer, linéaire par morceaux, demande un nombre exponentiel de paramètres pour sa
représentation.

Parmi les pistes explorées pour dépasser ces limitations, on peut citer l'apprentissage directement dans l'espace des politiques, sans passer par des fonctions de valeur. On peut ainsi
explorer un espace de politiques paramétré en utilisant une descente de gradient. Une autre
approche récente se base sur la notion de *représentations par états prédictifs (PSR ou Predictive
State Representation)*. Ces représentations sont liées aux probabilités de réalisation de certaines
trajectoires dans le futur. Des algorithmes d'apprentissage sont en cours de développement pour
découvrir ces PSR (souvent associées à des états critiques de l'environnement : des portes, des
obstacles, etc) et pour apprendre leurs probabilités de réalisation [SLJ$^+$03, ABT07].

Pour de plus amples détails, nous reportons le lecteur à l'ouvrage récent en deux volumes
[SB08, BS08].

10. Apprentissage par renforcement profond

Dans la section 8, nous avons vu que, lorsque l'espace d'états et/ou l'espace d'actions étaient grands, il était préférable d'apprendre les fonctions V, Q, voire une politique π. Les pistes qui ont été citées pour l'estimation de ces fonctions sont l'utilisation d'un réseau de neurones type perceptron multicouches ou une combinaison linéaire de fonctions de base.

L'apprentissage par renforcement profond *(Deep Reinforcement Learning)* consiste à utiliser des réseaux profonds pour cette tâche. Le domaine, en pleine expansion, produit régulièrement de nouveaux algorithmes et de nouvelles architectures. Nous donnons ici des pistes sur quelques algorithmes classiques et renvoyons par exemple à [Li17] pour un panorama plus complet. Pour la plupart, les méthodes que nous décrivons dans la suite utilisent des réseaux convolutifs (chapitre 11).

10.1   Méthodes fondées sur les fonctions de valeur

La première question à se poser est simple, et concerne l'entraînement du réseau. Les règles de mise à jour des fonctions Q et V vues jusqu'à présent ne font apparaître ni fonction de perte ℓ ni vecteur de paramètres $\boldsymbol{\theta}$ définissant le réseau.
Pour définir la quantité à minimiser, on s'intéresse à la règle de mise à jour de l'algorithme de *Q-learning* :

$$Q(s,a) \;\leftarrow\; Q(s,a) \,+\, \alpha\left[r \,+\, \gamma \max_{a' \in \mathcal{A}} Q(s',a') \,-\, Q(s,a)\right]$$

La quantité entre crochets, indiquant comment mettre à jour $Q(s,a)$ en fonction de s' peut être réécrite pour ressembler à une fonction de perte quadratique associée à un réseau de neurones de paramètres $\boldsymbol{\theta}$:

$$\ell(\boldsymbol{\theta}) = \left(r \,+\, \gamma \max_{a' \in \mathcal{A}} Q(s',a',\boldsymbol{\theta}) \,-\, Q(s,a,\boldsymbol{\theta})\right)^2$$

10.1.1   Algorithme DQN et variantes

DQN *(Deep Q-Network)* [MKS$^+$15] est le premier algorithme d'apprentissage stable utilisant un réseau de neurones profond (convolutif en l'occurrence, voir chapitre 11). L'architecture de ce réseau est assez simple et est illustrée dans la figure 22.7, dans le cadre de son utilisation initiale sur des jeux Atari.

L'algorithme a obtenu des résultats impressionnants sur ces jeux. La méthode intègre deux composantes additionnelles à la fonction de perte, pour assurer un entraînement stable et robuste du réseau :

- l'utilisation des expériences passées de l'agent comme éléments d'apprentissage *(experience replay)* : les séquences d'observation (s, a, r, s') sont stockées dans une mémoire de rejeu D et tirées aléatoirement pour supprimer les corrélations entre données et lisser les changements de la distribution des données ;

- l'utilisation d'un réseau cible *(target network)* qui conserve ses propres paramètres et les met à jour régulièrement, pour réduire les corrélations entre les valeurs d'utilité Q et la cible $r + \gamma \max_{a' \in \mathcal{A}} Q(s',a')$

La fonction de perte utilisée à l'itération t pour la mise à jour des paramètres du réseau est

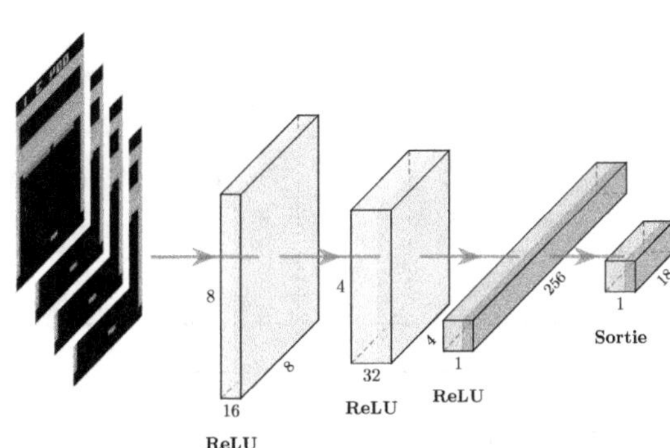

Figure 22.7 : *Architecture du Q-réseau de l'algorithme DQN. L'entrée, de taille 4×84×84, se compose des 4 dernières images du jeu. Deux couches convolutives à activation ReLU sont ajoutées avec respectivement 16 et 32 filtres. Deux couches complètement connectées viennent en bout de réseau. La première à 256 neurones, la seconde à 18 neurones, représentant les 18 positions du joystick. La récompense est quantifiée par le changement de score.*

alors :

$$\ell(\boldsymbol{\theta}_t) = \left(r + \gamma \max_{a' \in \mathcal{A}} Q(s', a', \boldsymbol{\theta}_t^-) - Q(s, a, \boldsymbol{\theta}_t) \right)^2$$

où $\boldsymbol{\theta}_t$ sont les paramètres du réseau approchant la fonction d'utilité et les $\boldsymbol{\theta}_t^-$ sont les paramètres du réseau cible à l'itération t.

L'algorithme 51 présente la méthode DQN, dans le cas de son utilisation dans un jeu (du type par exemple de l'un des 49 jeux ATARI 2600 utilisés dans [MKS$^+$15]) décrit seulement par son image. L'entrée à l'instant $t \in [\![1 \cdots T]\!]$ est notée x_t. Suivant [MKS$^+$15], une fonction de prétraitement ϕ peut être appliquée aux données, à la fois pour réduire leur dimension et pour gérer d'éventuels artefacts dans les images (présents par exemple dans les images Atari)

La mémoire de rejeu D contient potentiellement des trajectoires $(\phi_t, a_t, r_t, \phi_{t+1})$ qui correspondent à des situations similaires. De plus, parmi toutes les trajectoires stockées dans D, certaines sont sûrement plus informatives que les autres. Pour ces deux raisons, l'algorithme *Prioritized Experience Replay (PER)* [SQAS15] modifie DQN en introduisant un tirage aléatoire interpolant entre un tirage uniforme et une gestion stricte des priorisations.

La probabilité de tirer une transition t est définie par $P(t) = p_t^\alpha / \sum_k p_k^\alpha$, où p_t est la priorité de la transition et α est le degré de priorisation. La priorité est définie par :

$$p_t = |r_t + \gamma \max_{a' \in \mathcal{A}} Q(s_{t+1}, a') - Q(s_t, a_t)| + \epsilon$$

Dans l'algorithme 51, la mise à jour des poids du réseau s'effectue selon une formule du type :

$$\boldsymbol{\theta}_{t+1} = \boldsymbol{\theta}_t + \alpha\left(y_t - Q(s_t, a_t, \boldsymbol{\theta}_t)\right) \nabla_{\boldsymbol{\theta}_t} Q(s_t, a_t, \boldsymbol{\theta}_t), \quad y_t = r_{t+1} + \gamma \max_{a'} Q(s_{t+1}, a', \boldsymbol{\theta}_t)$$

Le *max* utilise alors les mêmes valeurs pour l'évaluation et la sélection d'une action, avec pour conséquence une probabilité plus importante de sélectionner des valeurs surestimées. Il est possible d'évaluer la politique gloutonne à partir du réseau Q de l'algorithme et d'estimer sa valeur en utilisant le réseau cible $\hat{Q}$: cela se fait simplement en remplaçant dans l'expression précédente y_t par :

$$y_t = r_{t+1} + \gamma \hat{Q}(s_{t+1}, \max_{a'} Q(s_{t+1}, a', \boldsymbol{\theta}_t), \boldsymbol{\theta}_t^-)$$

L'algorithme correspondant est appelé Double DQN (DDQN [vHGS16]).

Algorithme 51 : Algorithme DQN

---

début

    Entrées : L'image du jeu, sous la forme de tableaux de pixels ; le score, T, S

    Sorties : La valeur de la fonction d'utilité

    Initialiser la mémoire de rejeu D

    Initialiser Q avec des poids aléatoires $\boldsymbol{\theta}$

    Initialiser la cible $\hat{Q}$ avec des poids $\boldsymbol{\theta}^- = \boldsymbol{\theta}$

    pour chaque *épisode* **faire**

        Initialiser une séquence $s = \{x_1\}$, $\phi_1 = \phi(s_1)$

        pour $t=1$ *à* T **faire**

$$\text{Sélectionner une action } a_t : \begin{cases} \text{aléatoirement} & \text{avec probabilité } \epsilon \\ Arg\max_a Q(\phi(s_t), a, \boldsymbol{\theta}) & \text{sinon} \end{cases}$$

            Exécuter a_t dans un émulateur et observer r_t et x_{t+1}

            $s_{t+1} = s_t, a_t, x_{t+1}$

            $\phi_{t+1} = \phi(s_{t+1})$

            $D \leftarrow D \cup (\phi_t, a_t, r_t, \phi_{t+1})$

            `/* Experience replay`   `*/`

            Échantillonner un batch $(\phi_j, a_j, r_j, \phi_{j+1})$ de D

$$y_j : \begin{cases} r_j & \text{si l'épisode se termine en } j+1 \\ r_j + \gamma \max_{a'} \hat{Q}(\phi_{j+1}, a', \boldsymbol{\theta}^-) & \text{sinon} \end{cases}$$

            Effectuer une étape de descente de gradient par rapport à $\boldsymbol{\theta}$ sur $(y_j - Q(\phi_j, a_j, \boldsymbol{\theta}))^2$

            Mettre à jour les poids

            `/* Mise à jour du réseau cible`   `*/`

            Chaque S étapes faire $\boldsymbol{\theta}^- = \boldsymbol{\theta}$

        fin pour

    fin

fin

10.1.2   Apprentissage de plusieurs fonctions

Jusqu'à maintenant, les algorithmes se sont intéressés à la définition de la fonction d'utilité Q. Il est intéressant également de pouvoir approcher la fonction V, quantifiant l'espérance de gain dans un état donné. Les architectures de réseaux en duel *(Dueling Architecture Networks)* [WSH$^+$16] estiment Q, V et apprennent une fonction d'avantage :

$$A^{\pi}(s, a) = Q^{\pi}(s, a) - V^{\pi}(s)$$

qui quantifie à quel point sélectionner a dans l'état s est une « bonne idée ». Les estimations des fonctions sont effectuées en utilisant un même réseau, paramétré par $\boldsymbol{\theta}$: après une couche de convolution, deux flux (couches complètement connectées) sont combinés pour estimer Q, en utilisant :

$$Q(s, a, \boldsymbol{\theta}; \alpha, \beta) = V(s, \boldsymbol{\theta}; \beta) + \left(A(s, a, \boldsymbol{\theta}; \alpha) - \max_{a'} A(s, a', \boldsymbol{\theta}; \alpha) \right)$$

où α et β sont les paramètres des deux flux des couches complètement connectées. [WSH$^+$16] proposent de remplacer l'opérateur *max* par une moyenne, assurant une meilleure stabilité :

$$Q(s, a, \boldsymbol{\theta}; \alpha, \beta) = V(s, \boldsymbol{\theta}; \beta) + \left(A(s, a, \boldsymbol{\theta}; \alpha) - \frac{a}{|A|} A(s, a', \boldsymbol{\theta}; \alpha) \right)$$

Ces architectures, implémentées en utilisant les stratégies DDQN et PER, améliorent de manière significative les résultats obtenus en utilisant DDQN et PER seuls sur le jeu de données Atari 2600.

10.1.3   Combinaison d'approches

Dans les sections précédentes, à partir de l'algorithme DQN, différentes améliorations ont été apportées, qui concourent toutes à augmenter la performance du réseau correspondant. L'idée de l'approche Rainbow [HMvH$^+$17] est de combiner toutes ces améliorations pour former un super agent. L'algorithme utilise ainsi DDQN, PER, une architecture duelle et trois autres techniques (*Distributional Q-learning* et *Noisy DQN*, non abordées ici, et *A3C* détaillée dans la section 10.2.1). Les auteurs montrent que, après de nombreuses expériences et une recherche des meilleurs hyperparamètres, l'agent surpasse toutes les méthodes d'apprentissage par renforcement profond, tout en étant plus efficace en termes de nombre et gestion de données (figure 22.8).

Notons enfin que certains algorithmes exploitent les architectures multitâches des CPU pour faire tourner plusieurs agents en parallèle, les paramètres des réseaux profonds $\boldsymbol{\theta}$ étant partagés. Ces exécutions parallèles, en plus d'accélérer le traitement, décorrèlent les données (c'est donc une alternative viable à l'*experience replay*).

10.2   Méthodes fondées sur les politiques

Il est possible de représenter une politique π par un réseau de neurones paramétré par $\boldsymbol{\theta}$, et de la mettre à jour par une montée de gradient, aussi bien dans le cas déterministe que stochastique. La fonction objectif (à maximiser) est la récompense totale :

$$\ell(\boldsymbol{\theta}) = \mathbb{E}\left[\sum_{k>0} \gamma^k r_{k+1} \mid \pi_{\boldsymbol{\theta}} \right]$$

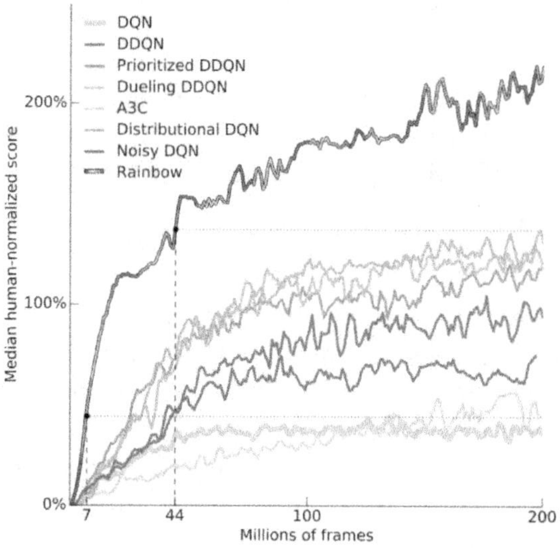

Figure 22.8 : *Performances médianes normalisées par rapport à un score humain sur 57 jeux Atari de rainbow et des 6 techniques qui le composent. Les courbes sont lissées par une fenêtre glissante de taille 5 (source : [HMvH⁺ 17])*

Dans le cas d'une politique stochastique $\pi(a|s,\boldsymbol{\theta})$, le gradient est donné par :

$$\frac{\partial \ell}{\partial \boldsymbol{\theta}}(\boldsymbol{\theta}) = \mathbb{E}\left[\frac{\partial log\pi(a|s,\boldsymbol{\theta})}{\partial \boldsymbol{\theta}} Q^{\pi}(s,a)\right]$$

Pour une politique déterministe $\pi(s)$, il vaut $\frac{\partial \ell}{\partial \boldsymbol{\theta}}(\boldsymbol{\theta}) = \mathbb{E}\left[\frac{\partial Q^{\pi}(s,a)}{\partial a}\frac{\partial a}{\partial \boldsymbol{\theta}}\right]$, si a est continue et Q différentiable.

10.2.1 Méthodes Actor-Critic

Les méthodes *Actor-Critic* estiment Q, représentée par un réseau de neurones profond de paramètre $\boldsymbol{\theta}$, $Q(s,a,\hat{\boldsymbol{\theta}}) \sim Q^{\pi}(s,a)$, et mettent à jour $\boldsymbol{\theta}$ par montée de gradient. Il est possible de rendre ces méthodes asynchrones : par exemple, à chaque étape t, la méthode A3C (précédemment citée [MBM⁺16a]) :

1. Estime $V(s,\boldsymbol{\mu}) \approx \mathbb{E}\left[\sum_{k\geq 0}\gamma^k r_{t+k+1} \mid s\right]$, V étant approché par un réseau de paramètres $\boldsymbol{\mu}$

2. Estime la Q- valeur par un échantillon de taille n : $q_t = \sum_{k=0}^{n-1}\gamma^k r_{t+k+1} + \gamma^n V(s_{t+n},\boldsymbol{\mu})$

3. Met à jour l'action : $\frac{\partial l}{\partial \boldsymbol{\theta}} = \frac{\partial log\pi(a_t|s_t\boldsymbol{\theta})}{\partial \boldsymbol{\theta}}(q_t - V(s_t,\boldsymbol{\mu}))$

4. Met à jour la prédiction en minimisant l'erreur quadratique $(q_t - V(s_t,\boldsymbol{\mu}))^2$.

10.2.2 Traitement des espaces d'actions de grande dimension

Dans un espace d'actions discret, une approche directe consiste à construire itérativement π :

$$\pi_{k+1}(s) = \arg\max_{a\in\mathcal{A}} Q^{\pi_k}(s,a)$$

Dans un espace d'actions de très grande dimension ou continu, avec des approximateurs de grande dimension comme des réseaux profonds, une politique d'amélioration gloutonne devient problématique, une optimisation globale à chaque étape étant nécessaire. L'algorithme *Deep*

Deterministic Policy Gradient (DDPG) [LHP$^+$16] est une version profonde de DPG, lui-même analogue en continu de DQN, et propose une alternative. Notons $\pi_\theta(s)$ une politique déterministe différentiable, issue d'un réseau de paramètre θ. L'idée de l'algorithme DDPG est de faire évoluer cette politique dans la direction du gradient de Q :

$$\nabla_\theta V^{\pi_\theta}(s_0) = \mathbb{E}_s \left[\nabla_\theta(\pi_\theta)\nabla_a(Q^{\pi_\theta}(s,a)) \,|_{a=\pi_\theta(s)} \right]$$

Cette équation supposant connaître le gradient par rapport à a, cela nécessite l'utilisation d'une méthode *actor-critic* (section 8.4), dans laquelle l'action et la prédiction sont des réseaux profonds. L'action utilise les gradients pour ajuster les paramètres θ et la prédiction, paramétrée par ce vecteur, estime la fonction de valeur pour la politique courante.

10.3 Méthodes fondées sur des modèles

Ici, un modèle de l'environnement est explicitement donné (par exemple dans le jeu de Go, pour lequel toutes les règles sont a priori connues, voir section 11.2), ou appris par expérience. Pour apprendre le modèle, les approximateurs dans des environnements de grande dimension apportent des avantages conséquents.

Lorsqu'un modèle de l'environnement est disponible, l'algorithme interagit avec celui-ci pour recommander une action. Dans le cas d'un espace d'actions $\mathcal{A}$ discret, la recherche est généralement effectuée en générant des trajectoires (par exemple algorithme MCTS). Si $\mathcal{A}$ est continu, l'optimisation de trajectoires est effectuée en utilisant des contrôleurs (par exemple algorithme PILCO).

10.4 La triade mortelle

L'apprentissage par renforcement profond fonctionne bien, mais les algorithmes de base, dont DQN, doivent être couplés à de nombreuses techniques additionnelles qui permettent, entre autres, d'assurer un entraînement stable et robuste.

Les sources possibles d'instabilité dans ce type d'approches sont connues sous le nom de triade mortelle *(Deadly Triad)* : la combinaison des approximateurs, l'évaluation hors politique (apprendre sur des trajectoires différentes de celles qui sont suivies) et le *bootstraping* (lorsque les estimations de la fonction sont apprises par rapport à d'autres estimations provenant de la même fonction).

Cette triade peut causer des divergences dans l'estimation de la fonction. Dit simplement, un réseau qui s'utilise lui-même pour s'évaluer et s'améliorer présente une forte tendance à apprendre n'importe quoi.

11. Exemples d'application

Il n'est pas question de fournir un panorama complet des domaines d'application pour les méthodes d'apprentissage par renforcement. Nous présentons rapidement quelques exemples pour lesquels il est facile de trouver davantage de détails dans la littérature scientifique.

11.1   Le TD-Gammon

Bien que l'apprentissage par renforcement ne se prête pas naturellement au domaine du jeu car l'environnement, commandé par l'adversaire, n'est pas stationnaire, il y a eu de nombreuses tentatives de systèmes d'apprentissage pour des jeux divers. La plus ancienne application réussie est celle du jeu de dames américain[8] due à Samuel en 1959 [Sam59]. Le programme apprenait une fonction d'évaluation $V(s)$ représentée par une fonction linéaire d'un certain nombre de facteurs déterminés par Samuel. Il employait un mécanisme d'apprentissage similaire à celui de l'algorithme d'itération de valeur, des différences temporelles et du *Q-learning*.

Un autre succès plus récent est celui de Tesauro dans le domaine du backgammon [Tes92, Tes94, Tes95]. Ce jeu comporte environ 10^{20} états, ce qui rend impossible une méthode basée sur une table d'états. Il faut donc utiliser une méthode de généralisation dans l'espace des états. Tesauro a employé un perceptron multicouches (chapitre 10) à une couche cachée avec apprentissage par rétropropagation de gradient, pour réaliser un système d'estimation de la fonction de valeur :

$$\textit{Position sur le jeu} \quad \longrightarrow \quad \textit{Probabilité de victoire pour le joueur courant}$$

Une première version de base de l'algorithme appelé TD-GAMMON ne comportait aucune connaissance spécifique du domaine, tandis que les versions ultérieures (TD 1.0, TD 2.0, TD 2.1) utilisaient des connaissances propres à certaines positions de jeu. Pour toutes ces versions, l'apprentissage fut réalisé par simulation de jeu de l'ordinateur contre lui-même. Remarquablement, aucune stratégie d'exploration n'était utilisée et l'algorithme choisissait toujours le coup apparemment le meilleur. Cela ne pose pas de problème au backgammon car les situations de jeu obtenues dépendent en partie d'un tirage aux dés, ce qui suffit à garantir que tous les états seront visités. De plus, il s'agit d'un jeu dans lequel les parties terminent en un temps fini, ce qui assure que des renforcements sont reçus assez fréquemment. Les résultats obtenus par les différentes versions de TD-GAMMON sont résumés dans le tableau suivant :

	Parties jouées en apprentissage	Cellules sur la couche cachée	Résultats
Version de base			Médiocre
TD 1.0	300 000	80	Battu de 13 points en 51 matches
TD 2.0	800 000	40	Battu de 7 points en 38 matches
TD 2.1	1 500 000	80	Battu d'un point en 40 matches

TD-GAMMON se place parmi les meilleurs joueurs mondiaux.

11.2   Le jeu de go

Le go est un jeu d'origine chinoise. Deux adversaires placent à tour de rôle des pions blancs ou noirs sur les intersections d'un tableau appelé *go-ban* de dimension normale 19×19, mais qui se joue aussi sur des plateaux de dimensions plus réduites (9×9 ou 13×13). Il s'agit d'un

---

8. Contrairement au jeu de dames joué en Europe continentale, celui d'Amérique du Nord *(checkers)* se joue sur un damier de 8×8 cases. De plus, certaines règles de prise sont différentes.

jeu à information complète car il n'y a pas de hasard et chaque joueur connaît à chaque instant toutes les possibilités de jeu. Le vainqueur est celui qui réussit à délimiter un territoire plus vaste que celui de son adversaire (figure 22.9).

Ce jeu est l'un des derniers grands jeux (avec le pocker par exemple) pour lesquels les experts humains sont longtemps restés très supérieurs à la machine. En ce qui concerne le go, deux raisons au moins peuvent être invoquées. D'une part, il est difficile de trouver une fonction d'évaluation d'un *go-ban* satisfaisante, qui reflète assez fidèlement la force d'une position. D'autre part, le facteur de branchement du jeu, de l'ordre de 200 en milieu de partie, excède celui de jeux comme les échecs (de l'ordre de 30 environ) et ne se prête pas facilement à des approches traditionnelles comme l'algorithme alpha-bêta, qui suppose une exploration complète (même si des élagages sont recherchés) de l'arbre de jeu jusqu'à une profondeur seuil.

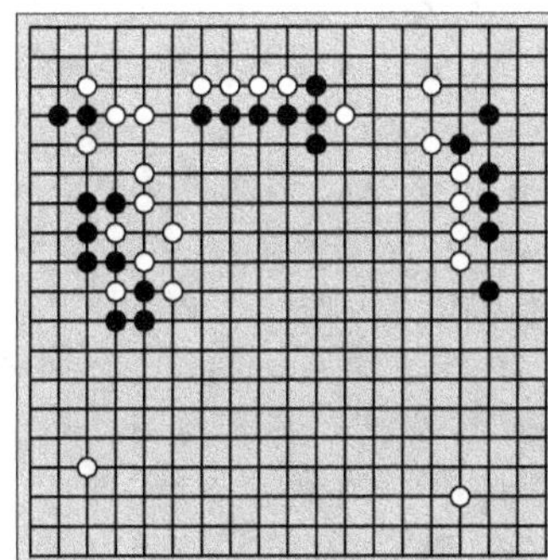 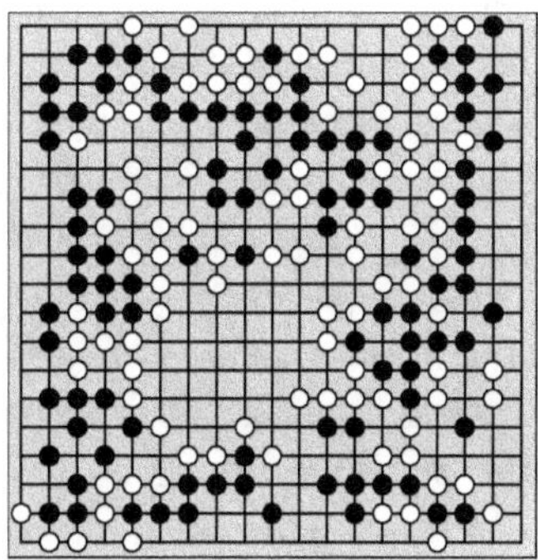

FIGURE 22.9 : *Exemples de positions au jeu de go : à gauche après 50 coups et à droite après 200 coups. Dans la figure de droite, on peut voir que les blancs sont en train d'obtenir le contrôle du centre et du haut, tandis que les noirs sont en train d'obtenir le contrôle des côtés gauche et droit.*

À ces deux obstacles, l'approche UCT permet de donner une réponse. La première idée est de remplacer l'élusive fonction d'évaluation de position par une exploration par échantillonnage de Monte-Carlo de parties possibles jusqu'à leur conclusion. Ainsi, chaque partie jouée fournit un résultat sûr (perte ou gain). C'est la moyenne de gain de ces parties qui joue alors le rôle de fonction d'évaluation. La deuxième idée est que, au lieu d'une exploration complètement aléatoire, l'approche UCT (section 7.1) concentre les explorations vers les régions les plus prometteuses de l'arbre de jeu. Finalement, un avantage de cette technique est d'être intrinsèquement *any-time*, c'est-à-dire de pouvoir fournir une réponse à n'importe quel instant, cette réponse s'affinant avec le temps imparti.

Les systèmes de jeu de go les plus performants actuels utilisent la technique UCT. C'est le cas de MoGo [GS07], qui a remporté le 26 mars 2008 la première victoire homologuée, non-*blitz*, opposant une machine à un maître humain. C'est aussi le cas d'AlphaGo, qui a successivement battu Fan Hui, le meilleur joueur européen de go à l'automne 2015 par 5 parties gagnées à 0, puis Lee Sedol, l'un des plus forts joueurs mondiaux, par 4 parties gagnées sur 5, en mars 2016, et enfin Ke Jie, le joueur le plus fort du classement en 2017, vaincu 3 parties à 0 en mai 2017. AlphaGo est un algorithme d'apprentissage par renforcement profond.

Le système AlphaGo a été décrit dans [SHM+16] et la description et les figures dans la suite sont basées sur cette publication. L'idée générale est d'apprendre à la fois des réseaux de neurones pour la fonction d'évaluation des positions et pour la politique de choix des actions, le tout en utilisant une exploration de l'arbre des possibilités selon la méthode MCTS.

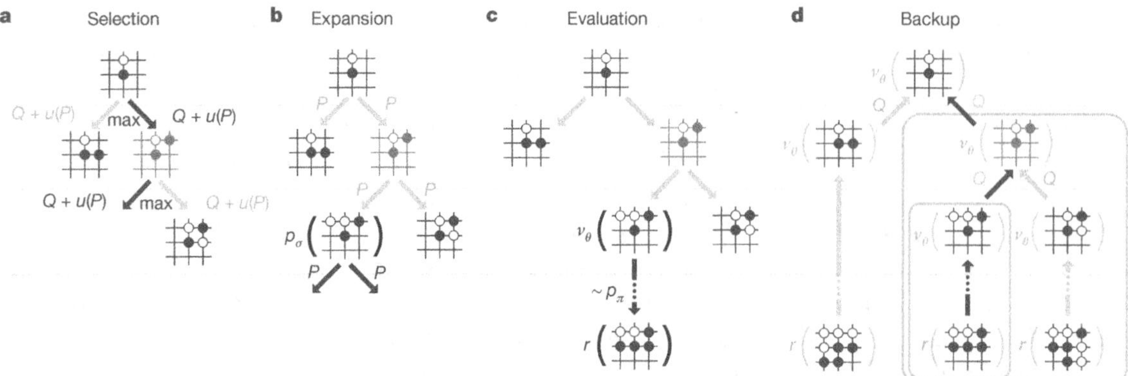

FIGURE 22.10 : *L'exploration d'arbre de jeu par la méthode de Monte-Carlo dans AlphaGo. (a) Chaque simulation descend dans l'arbre des possibilités en sélectionnant le coup associé à la valeur maximale de $Q(s,a)$ ajoutée à un terme $u\big(P(s,a)\big)$ favorisant les coups peu joués jusque là. (b) Le nœud frontière s_L atteint est développé si ce n'est pas un nœud terminal. Les probabilités associées à chaque coup possible depuis s_L sont calculées en utilisant le réseau de neurones p_σ et elles sont stockées comme probabilités a priori pour chaque action a. (c) Le nœud frontière s_L est évalué de deux manières : en utilisant le réseau de neurones ν_θ et en simulant une partie utilisant la politique rapide p_π jusqu'à la fin de partie et en calculant le vainqueur. (d) Les valeurs $Q(s,a)$ sont mises à jour en combinant les résultats des deux valeurs retournées par les deux méthodes utilisées en (c). (tiré de [SHM$^+$16]).*

Les actions sont sélectionnées par une recherche en avant. À chaque arc (s,a) du graphe sont associées la valeur $Q(s,a)$, le nombre de passages par cet arc $N(s,a)$ et la probabilité courante $P(s,a)$ (voir son calcul plus loin).

L'arbre est exploré en partant de la racine courante en simulant une partie complète. À chaque étape t de chaque simulation, une action a_t est sélectionnée à partir de l'état s_t :

$$a_t \;=\; \underset{a}{\mathrm{Argmax}}\big(Q(s_t,a) + u(s_t,a)\big)$$

de manière à maximiser l'estimation $Q(s_t,a)$ et le terme favorisant l'exploration :

$$u(s,a) \;\propto\; \frac{P(s,a)}{1 + N(s,a)}$$

Conformément à la technique MCTS, quand un nœud s_L est atteint sur la frontière de recherche, à l'étape L, ce nœud peut être développé (étape d'expansion, figure 22.10b). La position s_L est évaluée par un réseau de neurones profond p_σ (description plus loin) qui estime une probabilité $P(s_L,a) = p_\sigma(a|s_l)$ pour chaque action a possible depuis l'état s_L.

Par ailleurs, le nœud s_L est évalué en utilisant deux estimateurs différents : l'un calculé par le réseau de neurones profond $\nu_\theta(s_L)$ (description plus loin) et l'autre grâce à la simulation d'une partie complète en utilisant la politique calculée par le réseau de neurones profond p_π (description plus loin). Ces évaluations sont combinées linéairement en utilisant un paramètre λ :

$$V(s_L) \;=\; (1-\lambda)\nu_\theta(s_L) + \lambda z_L$$

où z_L est la valeur de la partie : $+1$ si le joueur de la racine gagne, -1 sinon.

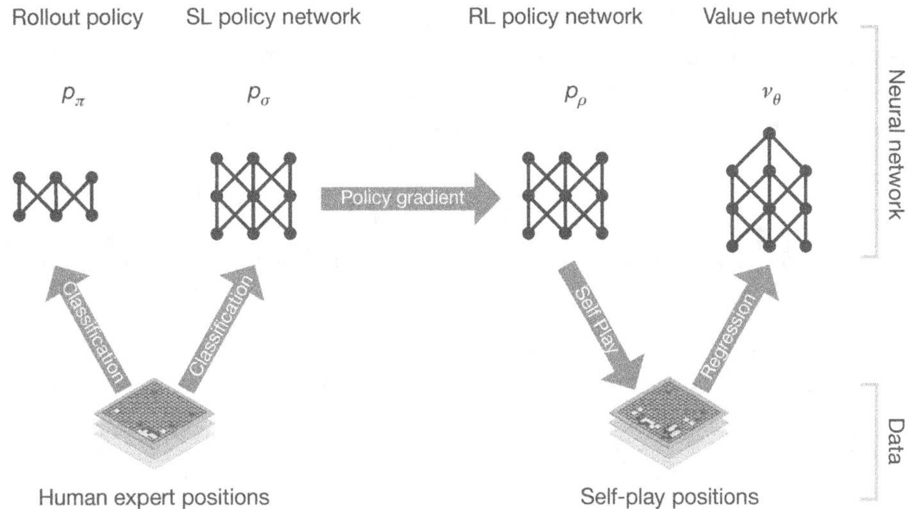

FIGURE 22.11 : *Un réseau de neurones rapide p_π et un réseau p_σ sont entraînés pour prédire les actions jouées par les humains à partir de données issues de parties jouées par des humains. Un réseau de neurones p_ρ améliore la politique apprise p_σ grâce à un apprentissage par renforcement dans des parties où la machine joue contre elle-même. Finalement, un réseau ν_θ apprend à prédire la valeur finale d'une partie jouée en partant de s et en suivant pour les deux joueurs la meilleure politique connue par la machine : p_ρ (tiré de [SHM$^+$16]).*

À la fin de chaque simulation, les valeurs $Q(s,a)$ et les nombres de passages pour chaque arc traversé dans la simulation sont mis à jour. À la fin, chaque arc fait la somme de tous les passages par lui-même et calcule aussi sa valeur moyenne :

$$N(s,a) \; = \; \sum_{i=1}^{n} 1(s,a,i)$$

$$Q(s,a) \; = \; \frac{1}{N(s,a)} \sum_{i=1}^{n} 1(s,a,i) V(s_L^i)$$

où s_L^i est le nœud frontière dans la simulation i et $1(s,a,i)$ indique si l'arc (s,a) a été traversé lors de la simulation i.

Les réseaux de neurones p_σ, p_π et ν_θ (ce dernier utilisant un réseau p_ρ pour l'apprentissage) sont entraînés de la manière suivante (figure 22.11) :

- Le réseau p_σ *(policy network)* cherche à prédire l'action a à faire connaissant l'état s. Pour cela, il est entraîné en apprentissage supervisé sur 30 millions de positions et d'actions (s_i, a_i) choisies aléatoirement et issues de 160 000 parties jouées par des humains et stockées dans le serveur KGS. Dans ce jeu de données, les positions s sont décrites par un jeu de 48 descripteurs, dont le statut de chaque intersection sur le go-ban : couleur de la pierre, libertés (les points adjacents libres d'une chaîne de pierres), captures, nombre de coups depuis que la pierre a été jouée, avec de plus un attribut résultant du calcul de l'issue d'une recherche d'échelles. De plus, un ensemble de symétries du jeu est calculé dynamiquement en cours de jeu. L'entrée du réseau est ainsi de dimension $19 \times 19 \times 48$.

Le réseau est constitué de 13 couches alternant des couches convolutionnelles et des couches de rectification non linéaire. La couche finale, un *softmax*, calcule $P(a|s)$ une distribution de probabilités sur tous les mouvements légaux. Le réseau est entraîné par une technique de gradient stochastique maximisant la vraisemblance de l'action a jouée par l'expert humain dans l'état s :

$$\Delta\sigma \; \propto \; \frac{\partial \log p_\sigma(a|s)}{\partial\sigma}$$

Le réseau ainsi entraîné était capable, en 2016, de prédire l'action jouée par l'humain dans environ 57% des cas d'un jeu de données test.

- Le réseau p_σ cherche à prédire l'action a jouée par l'humain dans la position s, mais il ne cherche pas à prédire l'action optimale a, qui elle tient compte de l'issue de la partie. C'est pourquoi un réseau similaire p_ρ est entraîné pour améliorer la politique par renforcement. Les poids du réseau p_ρ sont initialisés à ceux du réseau appris p_σ, puis l'apprentissage se fait en faisant jouer la politique courante p_ρ contre l'une des itérations précédentes de p_σ choisies aléatoirement afin d'éviter un sur-apprentissage par rapport à une politique donnée. La sortie à prédire est notée z_t et, vaut $+1$ si le joueur jouant à l'étape t gagne et -1 sinon. Les poids du réseau sont mis à jour par une technique de gradient stochastique dans la direction maximisant l'issue attendue :

$$\Delta\rho \; \propto \; \frac{\partial \log p_\rho(a_t|s_t)}{\partial\rho} \, z_t$$

Le réseau ainsi appris gagnait en 2016 environ 80 % des parties contre le réseau p_σ.

- Un *réseau de politique* $p_\pi(a|s)$, qui est un réseau linéaire *softmax* utilisant des attributs de description simplifiés, entraîné sur le même jeu de données parvient à une bonne prédiction de l'action a dans environ 24 % des cas, mais en étant environ 1 500 fois plus rapide que le réseau p_σ.

- Le réseau *value function* $\nu_\theta(s)$ est destiné à prédire l'issue d'une partie commençant dans l'état s avec utilisation de la politique la plus forte possible, donc ici p_ρ, par les deux joueurs. L'architecture du réseau est similaire à celle du réseau p_ρ, mais produit en sortie une valeur réelle. Le réseau est entraîné sur des paires (s, z) en utilisant une technique de gradient stochastique pour minimiser l'écart quadratique moyen entre la valeur prédite $v_\theta(s)$ et la valeur réelle z :

$$\Delta\theta \; \propto \; \frac{\partial \nu_\theta(s)}{\partial\theta} \left(z - \nu_\theta(s) \right)$$

Afin d'éviter un sur-apprentissage dû au fait que des positions successives dans une partie sont corrélées, le jeu de données d'apprentissage était issu de 30 millions de positions issues de 30 millions de parties jouées par la machine contre elle-même. La précision de prédiction sur la valeur du jeu ainsi obtenue était toujours supérieure à celle obtenue par une technique de Monte-Carlo utilisant la politique du réseau p_π.

Il est intéressant de noter que, si des systèmes comme AlphaGo deviennent extraordinairement performants pour résoudre certains problèmes difficiles de prise de décision, ils sont malheureusement actuellement incapables d'expliquer leurs décisions de manière compréhensible pour un expert humain. Ainsi, AlphaGo devient un oracle dont il faut ensuite essayer de comprendre les décisions. Cela permet de faire progresser la théorie du jeu, par examen des parties jouées par le système, mais beaucoup moins vite que s'il était capable d'expliquer les raisons de ces décisions.

11.3   Applications au contrôle et à la robotique

Les applications de l'apprentissage par renforcement sont de plus en plus nombreuses. Sans chercher à être exhaustifs, nous citons ici des travaux remarquables dans le domaine du contrôle et de la robotique, l'article [KBP13] permettant de dresser un panorama assez complet.

Le contrôle et la robotique se prêtent bien à l'apprentissage par renforcement car il s'agit d'applications souvent difficiles à programmer complètement, dans lesquelles l'information n'est disponible que lors du fonctionnement de manière incrémentale et dans un environnement parfois changeant. Parmi les applications les plus spectaculaires, on compte le robot jongleur de Schaal et Atkeson [SA94]. Ce robot comporte deux bras commandés par un système à trois degrés de liberté. Il prend une décision d'action toutes les 200 ms et doit tenter de maintenir en l'air une sorte de pendule inversé. Citons également les robots de Boston Dynamics [KN09] qui reproduisent des mouvements assez complexes (saut, course).

Une autre application concerne des robots mobiles devant pousser des boîtes d'un endroit à un autre dans des pièces [MC91]. Ce problème se caractérise par de grandes incertitudes sur l'effet des actions. L'approche utilisée employait une décomposition hiérarchique des tâches en sous-tâches. Une application similaire [Mat94] impliquait quatre robots mobiles devant rassembler des disques. Outre l'immense espace d'états impliqués, la tâche se caractérise par des problèmes de contrôle distribué, de communication et, éventuellement, par le partage des connaissances apprises.

L'apprentissage par renforcement a été également employé avec succès dans une tâche de contrôle de plusieurs ascenseurs dans un immeuble de dix étages. L'objectif est de minimiser la moyenne du temps d'attente des utilisateurs. L'approche utilisée avec du *Q-learning* et un estimateur dans l'espace des états à l'aide d'un réseau connexionniste a donné d'excellents résultats comparés à l'état de l'art.

Citons pour finir une application en sport, où une équipe de robots *(Brainstormers RoboCup Team)* [RGH09] utilise des perceptrons multicouches pour apprendre des sous-tâches associées au jeu de football (défense, interception, tir, *dribble*, conduite de balle...) et coopérer pour former une équipe

12.   Bilan et perspectives

L'apprentissage par renforcement s'intéresse au problème général se posant à un agent devant apprendre à choisir ses actions dans le but d'accroître son espérance de gain à long terme. La structure de son environnement étant généralement supposée inconnue, l'agent doit apprendre à partir de ses interactions avec le monde.

Dans les approches fondées sur les fonctions d'utilité, l'agent cherche à apprendre l'utilité de chaque *état* ou de chaque paire *(état, action)*. Il sélectionne alors l'action associée à l'utilité maximale. Si la fonction d'utilité estimée est exacte, cette approche conduit à la politique optimale sous des conditions très générales [SB18][BT96]. Cependant, pour la plupart des problèmes du monde réel, il est impossible de représenter exactement les fonctions d'utilité, en particulier avec des tables de valeurs. L'agent doit alors chercher une bonne approximation de la fonction d'utilité au sein d'une classe restreinte de fonctions (par exemple sous la forme d'un réseau connexionniste ou d'une classe de fonctions noyaux). Cette approche a permis l'obtention de succès remarquables dans l'apprentissage de jeux (jeu de dames [Sam59], backgammon

[Tes92, Tes94], jeu d'échecs [BTW00]), dans l'ordonnancement de tâches [ZD95] et dans l'allocation dynamique de canaux de communication [SB97]).

La combinaison entre évaluation et apprentissage par généralisation pose de sérieux problèmes non encore résolus. C'est pourquoi la recherche directe dans l'espace des politiques est une option qui retient l'attention des chercheurs. Il faut signaler également les efforts visant à rendre moins empiriques les méthodes d'exploration utilisées pour échantillonner les situations [Str00].

Prolongeant l'apprentissage hors politique, certains travaux actuels se penchent sur l'apprentissage lorsque l'expérience porte sur un environnement qui diffère de l'environnement cible. C'est le cas par exemple de l'apprentissage de la bicyclette, qui se fait avec des stabilisateurs pour lequel les contraintes sont différentes [Ran00]. Ce sera le cas éventuellement de robots d'exploration planétaire.

Par ailleurs, une question essentielle porte sur l'intégration de l'apprentissage par renforcement, qui est de fait un apprentissage de réflexes, avec l'activité de planification qui implique un raisonnement de nature beaucoup plus stratégique.

Notes historiques et sources bibliographiques

L'apprentissage par renforcement a une longue histoire et plusieurs origines. L'une d'entre elles concerne les théories *behavioristes* de l'apprentissage par essais et erreurs, association et punitions-récompenses. Une autre réside dans les théories du contrôle optimal et des approches par programmation dynamique, en particulier dues à Bellman. Une autre est directement liée aux efforts en intelligence artificielle pour simuler des souris cybernétiques, apprendre à jouer au tic-tac-toe ou aux dames, ou encore modéliser certains apprentissages au niveau neuronal.

L'idée d'utiliser une fonction associant à chaque couple *(état, action)* une estimation de sa valeur remonte à Shannon [Sha50] en 1950 qui la proposa en 1950 dans le cadre du jeu d'échecs. L'un des premiers articles influents en intelligence artificielle est celui de Minsky en 1961 [Min61], dans lequel il introduisit le problème du *credit assignment problem* central en apprentissage par renforcement. Michie, un disciple de Turing, explora lui aussi plusieurs méthodes d'apprentissage par renforcement dont le système BOXES [MC68] qui, dans le cadre du pendule inversé, associe une action à chaque « boîte » dans l'espace des états. Klopf, dans les années 1970, fut l'un de ceux qui insistèrent sur la différence entre apprentissage supervisé et apprentissage par renforcement. Il introduisit les premiers éléments de l'idée d'apprentissage par différence temporelle, idée qui fut reprise et développée par Barto et Sutton dans les années 1980 et 1990. Watkins en 1989 [Wat89] réunit les approches de la théorie du contrôle et de l'apprentissage par différence temporelle dans le *Q-learning*, qui eut un grand impact sur le domaine et aida à la propagation des idées d'apprentissage par renforcement dans des cercles plus larges d'utilisateurs et de théoriciens, aidé en cela par le succès de Tesauro sur le back-gammon.

Deux directions majeures de recherche depuis le début des années 2000 concernent, d'une part, l'étude des bandits multi-bras avec en particulier l'éclairage apporté sur le compromis exploration-exploitation et, d'autre part, l'apprentissage par renforcement profond.

Le compromis exploitation contre exploration est connu depuis longtemps et a été modélisé par le scénario du bandit à deux bras, notamment par [Bel61], qui en a fait une analyse extensive dans le contexte de la théorie de la décision et du contrôle adaptatif. Holland [Hol75] l'a étudié également dans le cadre de l'analyse des algorithmes génétiques, afin de montrer que ceux-ci réalisent spontanément une allocation optimale entre exploration et exploitation. [BF85] est un ouvrage de référence sur le sujet de la commande optimale.

L'*apprentissage par renforcement profond* est l'étude des algorithmes d'apprentissage par renforcement utilisant des réseaux de neurones (profonds) comme approximateurs de fonctions de valeur ou de politique. L'idée de combiner l'apprentissage par renforcement avec des réseaux de neurones n'est pas nouvelle puisque, par exemple, le système TD-Gammon de Tesauro développé au début des années 1990 utilisait un réseau de neurones comme approximateur de la fonction de valeur [Tes94, Tes95]. Quasi simultanément, Lin, dans sa thèse en 1993 [Lin93], explorait la combinaison d'algorithmes de renforcement avec des réseaux de neurones pour des applications en robotique.

Cependant, ces travaux sont restés sans suite notable pendant deux décennies car les propriétés des algorithmes d'apprentissage par renforcement utilisant des approximateurs non linéaires restaient obscures. Pour la plupart, ces travaux concernaient des problèmes jouets avec des approximateurs linéaires ou de type tabulaire (sans généralisation).

Le succès étonnant des nouvelles architectures de réseaux de neurones au début des années 2010, spécialement dans les domaines de la vision et de la reconnaissance de la parole, ont rapidement stimulé un regain d'intérêt dans le domaine de l'apprentissage par renforcement. En particulier, les résultats obtenus par Mnih et ses collègues [MKS+13] sur l'apprentissage de jeux vidéos Atari, avec comme seule entrée les images pixelisées des écrans, ont eu un retentissement considérable. L'extraordinaire succès du système AlphaGo, battant l'un des meilleurs joueurs mondiaux de go en mars 2016, a achevé de convaincre les chercheurs du potentiel de l'apprentissage par renforcement profond [SHM+16]. À l'automne 2017, le nouveau système AlphaGo Zero a montré qu'il pouvait être profitable pour la machine d'apprendre sans s'appuyer sur des connaissances expertes, ni en simulant des parties jouées par des champions humains. AlphaGo Zero a ainsi battu les versions précédentes de AlphaGo au go, mais aussi le meilleur programme de jeu d'échecs, à chaque fois en se basant sur des parties jouées contre lui-même [SSS+17]. Il reste à confirmer que des systèmes analogues peuvent être utiles pour effectuer une recherche intelligente dans des espaces de possibilités gigantesques, requis par exemple pour explorer le monde des protéines.

Parallèlement, Levine et ses collègues [LFDA16] ont montré comment un robot pouvait apprendre des comportements complexes à partir d'images et de quelques mesures et Mnih et ses collègues [MBM+16b] obtenaient des performances remarquables en utilisant des méthodes d'optimisation directe de politique par gradient *(policy gradient)* sur tout un ensemble de tâches variées. [SLH+14, HWS+15, LHP+15] dans différents travaux ont exploré plusieurs méthodes d'optimisation directe de politique par gradient dans des contextes avec des espaces d'action continus. Le *Q-learning* a été également décliné en *deep Q-learning* [MKS+13, OBPR16, HGS16].

Le livre de Barto et Sutton [SB18] est un ouvrage irremplaçable pour l'étude de l'apprentissage par renforcement et pour les sources historiques et bibliographiques le concernant. Un ouvrage en français en deux tomes émanant de la communauté PDMIA (Processus Décisionnels Markoviens et Intelligence Artificielle) est [SB08, BS08].

Résumé

L'apprentissage par renforcement concerne l'apprentissage par un agent autonome d'une politique optimale, c'est-à-dire de l'action la mieux adaptée à chaque situation envisageable pour le système décisionnel considéré. La structure de son environnement étant généralement supposée inconnue, l'agent doit apprendre à partir de ses interactions avec le monde. En particulier, aucun professeur ne lui dit quelle action est la meilleure à prendre dans une situation donnée et seul un signal de renforcement assez pauvre (un scalaire) l'informe de temps en temps de sa performance liée à ses décisions passées.

Classiquement, l'apprentissage par renforcement est basé sur une fonction d'utilité. Divers algorithmes et structures de représentations de l'environnement ont été proposés pour apprendre cette fonction d'utilité dans le cadre formel des processus décisionnels markoviens (PDM).

Dans ces approches, l'agent cherche à apprendre l'utilité de chaque *état* ou de chaque paire *(état, action)*. Il sélectionne alors l'action associée à l'utilité maximale. Si la fonction d'utilité estimée est exacte, cette approche conduit à la politique optimale sous des conditions très générales [SB18][BT96]. Cependant, pour la plupart des problèmes du monde réel, il est impossible de représenter exactement les fonctions d'utilité, notamment avec des tables de valeurs. L'agent doit alors en chercher une bonne approximation au sein d'une classe restreinte de fonctions (par exemple sous la forme d'un réseau connexionniste ou d'une classe de fonctions noyaux). La difficulté est de trouver une représentation compacte assurant la convergence des méthodes d'apprentissage pour les PDM. C'est pourquoi de nouvelles approches d'apprentissage plus direct de la politique sont aussi explorées.

Chapitre 23

Marvin MINSKY (1927-2016)

Nouveaux scénarios : apprentissages actif, en ligne et par transfert

Une grande partie de la théorie de l'induction suppose que l'environnement dans lequel l'apprenant va devoir prendre ses décisions est identique à celui dans lequel il a appris. Cette supposition est à la base de l'étude des liens entre risque empirique et risque réel. C'est aussi ce qui fonde les algorithmes d'apprentissage qui cherchent à minimiser le risque empirique ou une variante avec une fonction de perte subrogée ou un risque empirique régularisé.

En revanche, que faire quand l'environnement change entre l'apprentissage et le test ou quand il change en cours d'apprentissage ? Ce chapitre étudie cette question dans plusieurs scénarios : l'apprentissage actif, *dans lequel l'apprenant choisit les exemples d'apprentissage et donc biaise leur distribution,* l'apprentissage en ligne, *où l'on abandonne toute supposition sur la stabilité de la fonction cible, et* l'apprentissage par transfert, *dans lequel on peut même vouloir étudier comment ré-utiliser le résultat d'un apprentissage dans un domaine ou pour une tâche différente.*

Les critères inductifs doivent alors être modifiés et l'obtention de garanties sur les résultats de l'apprentissage demande le développement de nouvelles approches théoriques.

Sommaire

DANS CE CHAPITRE, nous nous intéressons aux scénarios dans lesquels l'environnement peut changer entre l'apprentissage et le test ou en cours d'apprentissage. Les grands principes inductifs présentés dans les chapitres 1 et 3 (minimisation du risque empirique régularisé, du maximum de vraisemblance, de longueur de description minimale) perdent leur fondement, qui est que les exemples sont tirés indépendamment selon une distribution stationnaire. De ce fait, de nouveaux principes inductifs doivent être imaginés et utilisés et les garanties sur les résultats de l'apprentissage ne peuvent plus s'appuyer sur des théorèmes de concentration de la mesure, qui sont à la base de la théorie statistique de l'apprentissage.

Les applications demandant des apprentissages au long cours *(long-life learning)* se multiplient et il est important de développer les techniques et les théories adaptées.

1. L'apprentissage actif

Excepté pour le cas de l'apprentissage par renforcement, cet ouvrage a essentiellement rendu compte de protocoles d'apprentissage dans lesquels l'apprenant est passif, recevant les données, supposées tirées aléatoirement, que veut bien lui fournir la nature ou l'expert. La différence est notable avec les agents cognitifs naturels qui agissent sur le monde et sont en partie responsables du flot de données leur parvenant. Ne passe-t-on pas ainsi à côté d'une source d'information, l'expérimentation, qui pourrait modifier la puissance de l'apprentissage et peut-être rendre compte de la différence entre les exigences des théorèmes d'apprenabilité et l'efficacité souvent constatée des apprentissages effectifs ?

Il se pourrait, d'une part, qu'il existe des concepts apprenables *seulement* dans un protocole actif et non dans le protocole passif ; cela signifierait que le caractère passif de l'apprentissage impliquerait une limite d'ordre fondamental sur le transfert d'information en apprentissage. Il se pourrait, d'autre part, que les concepts apprenables dans le protocole passif s'apprennent *plus vite* (requérant moins d'exemples et/ou moins de ressources calculatoires) en utilisant une stratégie d'apprentissage actif.

Quatre questions fondamentales se posent ainsi à propos de l'apprentissage actif :

1. Est-il possible d'*apprendre des régularités non apprenables par un apprentissage passif* ?

2. *Peut-on apprendre plus rapidement,* c'est-à-dire avec moins d'exemples, des régularités apprenables par un apprentissage passif ?

3. *Comment procéder pour sélectionner* au mieux les exemples d'apprentissage ?

4. *Comment évaluer l'apprentissage* alors que les données ne sont plus distribuées aléatoirement et identiquement ? Cette question a naturellement un impact sur le critère inductif à utiliser dans l'apprentissage actif.

La réponse à la *première question* est négative. La possibilité de poser des questions ou de réaliser des expériences ne permet pas d'apprendre des concepts cibles qui ne seraient pas apprenables par l'apprentissage passif.

En revanche, en réponse partielle à la *seconde question,* il est facile d'exhiber un exemple dans lequel l'apprentissage actif est nettement plus efficace que l'apprentissage passif.

—— Example **Différence d'échantillonnage entre apprentissages passif et actif** ————

On suppose que les données sont disposées sur la droite des réels suivant une distribution $\mathbf{p}_\mathcal{X}$ et que l'espace des hypothèses est constitué des fonctions seuils $\mathcal{H} = \{h_w\}$:

$$h_w(x) = 1 \text{ si } x \geq w \text{ et } 0 \text{ autrement.}$$

$$h_w(x) = \begin{cases} 1 & \text{if } x \geq w \\ 0 & \text{if } x < w \end{cases}$$

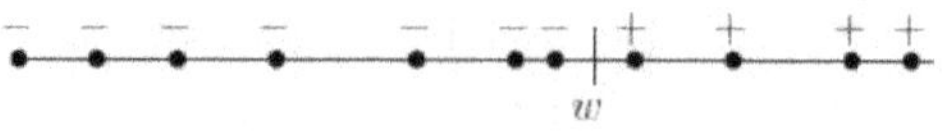

FIGURE 23.1 : *Apprentissage d'un concept seuil sur la droite.*

La théorie statistique de l'apprentissage prédit que si la fonction cible appartient à $\mathcal{H}$, alors il suffit de tirer un échantillon aléatoire de données, suivant la distribution $\mathbf{p}_\mathcal{X}$, de taille $\mathcal{O}(1/\varepsilon)$ pour obtenir une hypothèse de taux d'erreur d'au plus ε (suivant $\mathbf{p}_{\mathcal{X}\mathcal{Y}}$).

Supposons maintenant que m points non étiquetés soient tirés suivant la distribution $\mathbf{p}_\mathcal{X}$. Sur la droite des réels, leurs étiquettes inconnues forment une séquence de '0' suivie d'une séquence de '1'. Le but est de trouver un point w pour lequel se produit la transition entre les deux séquences. Une simple recherche binaire trouve un tel point en demandant l'étiquette de seulement $\mathcal{O}(\log m)$ exemples. L'apprentissage actif peut donc fournir un avantage exponentiel sur le nombre d'étiquettes nécessaires. On notera cependant que cette efficacité s'appuie sur une connaissance *a priori* du type de concept cible.

Dans le cas général, néanmoins, la supériorité de l'apprentissage actif n'est pas garantie. Les travaux de recherche, tant expérimentaux que théoriques, essaient de cerner les conditions sous lesquelles cette supériorité existe et son importance. Nous y reviendrons dans la section 1.3.

1.1 Protocoles d'apprentissage actif

Les scénarios d'apprentissage actif se distinguent suivant que :

1. L'apprenant est libre de ses « questions » à la nature. On parle de ***requêtes constructives*** car l'apprenant construit lui-même ses questions ou, plus largement, ses expériences.

2. L'apprenant est contraint de choisir les exemples d'apprentissage dans un ensemble prédéterminé d'exemples. Ce scénario, appelé ***apprentissage actif par sélection*** se subdivise lui-même en deux sous-scénarios :

   - celui dans lequel il pré-existe un ensemble d'exemples non étiquetés dans lequel l'apprenant peut sélectionner ceux pour lesquels il désire connaître l'étiquette *(pool-based active learning)* ;

   - celui dans lequel les exemples non étiquetés arrivent en séquence ou flux (ou flot) et l'apprenant doit décider pour chaque nouvel exemple s'il en demande l'étiquette ou non *(stream-based active learning)*.

Dans le premier scénario, l'apprenant peut demander l'étiquette de n'importe quel exemple possible dans l'espace d'entrée $\mathcal{X}$. Ainsi, dans le cas de l'apprentissage des mouvements envisageables d'un robot, il est possible pour l'apprenant de demander quelles sont les coordonnées de la main du robot, étant donnée n'importe quelle valeur des commandes de chaque degré de liberté du bras mécanique [CGJ96]. Ce type de scénario peut cependant être délicat lorsque l'étiqueteur est un expert humain. En effet, il se peut que la requête ainsi construite ne soit pas étiquetable. Par exemple, un système d'apprentissage pour la reconnaissance de chiffres manuscrits pourrait trouver qu'un exemple particulièrement intéressant est celui correspondant à un mélange de '4' et de '8'. Malheureusement, l'exemple ne pourra pas être étiqueté et une requête aura été dépensée pour rien [BK92]. En revanche, [KWJ+04] décrit une application récente prometteuse dans laquelle un *robot scientist* décide lui-même quelles expériences biologiques réaliser. Il peut s'agir par exemple d'un mélange de solutions chimiques constituant un milieu nutritif et d'un mutant de levure. Une étiquette correspond alors à savoir si le milieu est très favorable à la croissance de la levure ou non. Les essais de ce scénario, qui utilise une méthode de programmation logique inductive (chapitre 6) pour l'apprentissage, montre un gain très significatif par rapport à un scénario expérimental naïf. Nous ne nous intéresserons cependant pas davantage à ce scénario dans la suite de cette section, même s'il est très intéressant, car il est moins traité pour le moment, en partie pour des raisons théoriques [1].

Un autre facteur important dans la définition du scénario d'apprentissage concerne le *type de questions que l'apprenant peut poser* à la nature. Les théoriciens de l'apprentissage ont principalement étudié les protocoles suivants :

- Le **protocole de requêtes binaires arbitraires** *(arbitrary binary queries)* : l'apprenant peut poser des questions arbitraires binaires (oui / non) sur les concepts et sur la distribution sous-jacente des exemples. Plus précisément, l'apprenant peut soumettre une requête qui est un sous-ensemble de $\mathcal{F} \times \mathbf{p}_\mathcal{X}$ et demander à l'oracle si le concept cible f et la distribution appartiennent à ce sous-ensemble. Ainsi, par ses questions, l'apprenant peut éliminer une partie des concepts cibles et des distributions possibles [KMT93].

- Le **protocole de requêtes d'appartenance** *(membership query)* : l'apprenant peut choisir n'importe quel exemple dans $\mathcal{X}$ et demander à l'oracle s'il appartient ou non au concept cible. Il s'agit donc d'un protocole d'apprentissage actif constructif. La question fondamentale est alors de calculer le nombre minimal de questions nécessaires pour identifier la meilleure hypothèse [Ang88b].

- Le **protocole de requêtes d'équivalence** *(equivalence query)* : « Ce concept est-il équivalent au concept cible ? ». L'apprenant peut proposer une hypothèse h et l'oracle, soit l'informe que l'hypothèse est logiquement équivalente à la fonction cible, soit lui fournit un contre-exemple infirmant l'hypothèse [Ang88b].

- Le **protocole de requêtes statistiques** *(statistical query model)* : l'apprenant ne peut avoir accès directement aux exemples étiquetés, mais peut poser des questions sur les statistiques des exemples étiquetés (par exemple 3/4 des 52 exemples sont positifs). Ce modèle est particulièrement utile dans le cas de données dont l'étiquette peut être erronée (bruit de classification) [KV94a].

1.2   Méthodes et algorithmes de sélection des exemples

Les algorithmes existants d'apprentissage actif opèrent tous selon le même schéma. Que ce soit parmi un ensemble d'exemples non étiquetés $(\mathcal{S}_{ns})$ (approche *pool-based*) ou face à chaque nouvel exemple d'un flux (approche *stream-based*), ils évaluent l'information que peut apporter l'exemple courant et décident s'ils le retiennent pour requête de son étiquette ou pas. L'algorithme générique est l'algorithme 52.

Les méthodes diffèrent par la définition de la fonction `Utile`. De nombreuses approches de nature heuristique ont été proposées. On peut grossièrement distinguer :

- Les approches qui *considèrent l'hypothèse courante h_t* entretenue par l'apprenant et qui s'appuient sur certaines mesures prenant en compte cette hypothèse et les données pour choisir la prochaine donnée à examiner : $h_t \times \mathcal{S}_{ns} \rightarrow \mathbf{x}_{t+1}$.

---

1. Dans ce cadre en effet, par contraste avec l'apprentissage actif par sélection, on ne peut plus rien dire sur la distribution sous-jacente $\mathbf{p}_\mathcal{X}$.

Algorithme 52 : Algorithme générique d'échantillonnage actif

Notations :

- h : une hypothèse prédictive munie d'un algorithme d'apprentissage
- $\mathcal{S}_s$ et $\mathcal{S}_{ns}$: des ensembles d'exemples étiquetés (supervisés) et non étiquetés
- n : le nombre d'exemples d'apprentissage souhaité
- $\mathcal{S}_s$: échantillon d'apprentissage courant (avec $|\mathcal{S}_s| < n$)
- Une fonction **Utile** : $\mathcal{X} \times \mathcal{H} \to \mathbb{R}$ qui estime l'utilité d'un exemple $\mathbf{x}$ pour l'apprentissage d'une hypothèse

tant que $|\mathcal{S}_s| < n$ **faire**

(A) Apprendre : explorer $\mathcal{H}$ grâce à $\mathcal{S}_s$ (et éventuellement $\mathcal{S}_{ns}$)

(B) Rechercher l'exemple $\boldsymbol{q} = \arg \max\limits_{u \in \mathcal{S}_{ns}} \mathbf{Utile}(u, \mathcal{H})$

(C) Retirer $\boldsymbol{q}$ de $\mathcal{S}_{ns}$ et demander son étiquette $f(q)$ à l'oracle

(D) Ajouter $(\boldsymbol{q}, f(\boldsymbol{q}))$ à $\mathcal{S}_s$

fin tant que

- Les approches qui *prennent en compte l'ensemble des hypothèses candidates* (par exemple l'espace des versions) et cherchent à en réduire le « volume » : $\mathcal{H}_t \times \mathcal{S}_{ns} \to \mathbf{x}_{t+1}$

1.2.1 Méthodes considérant l'hypothèse courante : $h_t \times \mathcal{S}_{ns} \to \mathbf{x}_{t+1}$

Les méthodes qui considèrent l'hypothèse courante h_t pour évaluer le mérite des exemples non étiquetés s'appuient généralement sur une mesure de l'incertitude de l'hypothèse par rapport à ces exemples potentiels. L'idée intuitive sous-jacente est d'examiner en priorité les exemples pour lesquels l'hypothèse est la plus incertaine sur l'étiquette à leur attribuer.

Échantillonnage par mesure d'incertitude

L'une des techniques d'apprentissage actif les plus employées consiste à sélectionner l'exemple pour lequel l'hypothèse courante est la plus incertaine. Cette approche proposée par [LG94] se traduit facilement dans le cas où l'hypothèse associe un degré de certitude à l'étiquette calculée comme dans les modèles probabilistes. On testera alors en priorité les exemples pour lesquels le degré de probabilité est le plus proche de 0.5 ou bien ceux pour lesquels l'*incertitude* est la plus grande :

$$\mathbf{x}^{\star}_{\mathrm{INC}} = \arg \max_{\mathbf{x} \in \mathcal{S}_{ns}} \left\{ \frac{1}{\arg \max\limits_{y \in \mathcal{Y}} \hat{p}(y|\boldsymbol{x})} \right\}$$

Une méthode plus générale utilise l'*entropie* des étiquettes possibles comme mesure d'incertitude :

$$\mathbf{x}^{\star}_{\mathrm{ENT}} = \arg \max_{\mathbf{x} \in \mathcal{S}_{ns}} \left\{ - \sum_i \mathbf{P}(y_i|\mathbf{x}; h) \, \log \mathbf{P}(y_i|\mathbf{x}; h) \right\}$$

Les deux mesures sont équivalentes dans le cas de la classification binaire.

Une troisième approche apparentée consiste à utiliser la *proximité des exemples avec la frontière de décision* comme estimation de l'incertitude de leur classification.

Échantillonnage par réduction de la variance ou par information de Fisher

Une méthode liée à la précédente pour le cas de la régression a été proposée dans [CGJ96]. L'idée est de minimiser l'erreur en généralisation. En s'appuyant sur la décomposition de l'erreur par [GBD92] qui fait ressortir le *bruit*, le *biais* et la *variance* (chapitre 3, section 3.3), les auteurs proposent de réduire le seul terme contrôlable avec les exemples, qui est la variance.

Pour cela, la distribution des sorties de l'hypothèse courante h_t est estimée quand l'exemple candidat est étiqueté et ajouté à l'ensemble d'apprentissage $\mathcal{S}_s$. L'exemple sélectionné est alors celui qui réduit au maximum la variance future. L'article [CGJ96] décrit cette approche dans le cas de perceptrons multicouches. Elle est assez coûteuse en calculs.

Une approche analogue pour la classification, basée sur l'information de Fisher, a été proposée dans [ZO00].

L'*information de Fisher*(1890-1962) est une mesure de la quantité d'informations qu'une variable observable X apporte sur un paramètre inconnu θ dont la fonction de vraisemblance dépend. Formellement, l'information de Fisher est la variance du score, soit encore le second moment du *score*, c'est-à-dire la dérivée de la log-vraisemblance par rapport à θ. On a donc :

$$\mathcal{I}(\theta) \;=\; \mathbb{E}\left\{ \left[\frac{\partial}{\partial\theta}\log f(\mathbf{x};\theta)\right]^{2}\Big|\theta\right\}$$

L'information de Fisher peut aussi s'écrire :

$$\mathcal{I}(\theta) \;=\; -\int_{\mathbf{x}} \mathbf{p}(\mathbf{x}) \int_{y} \mathbf{p}(y|\mathbf{x};\theta)\, \frac{\partial^{2}}{\partial\theta^{2}}\log\mathbf{p}(y|\mathbf{x};\theta)$$

et peut donc s'interpréter comme l'incertitude sur la distribution $\mathbf{p}(\mathbf{x})$ par rapport aux paramètres de l'hypothèse considérée. Pour des hypothèses à plusieurs paramètres, l'information de Fisher prend la forme d'une matrice de covariance. On sélectionne alors l'exemple candidat qui minimise le ratio de l'information de Fisher :

$$\boxed{\mathbf{x}^{\star}_{\text{FIS}} = \arg\min_{\mathbf{x}\in\mathcal{S}_{ns}}\; tr\big(\mathcal{I}_{\mathbf{x}}(\theta)^{-1}\mathcal{I}_{\mathcal{S}_{ns}}(\theta)\big)}$$

où $\mathcal{I}_{\mathbf{x}}(\theta)$ est la matrice d'information de Fisher pour un exemple candidat non étiqueté $\mathbf{x} \in \mathcal{S}_{ns}$ et $\mathcal{I}_{\mathcal{S}_{ns}}$ est la matrice analogue intégrée sur l'ensemble des exemples non étiquetés. La fonction $tr(\cdot)$ est la somme des termes diagonaux de la matrice. L'équation correspond donc au produit de la matrice inverse de $\mathcal{I}_{\mathbf{x}}(\theta)$ et de $\mathcal{I}_{\mathcal{S}_{ns}}$.

L'intérêt du ratio de l'information de Fisher est que $\mathcal{I}_{\mathbf{x}}(\theta)$ n'indique pas seulement à quel point l'hypothèse courante est incertaine à propos de l'étiquette de l'exemple $\mathbf{x}$ (i.e. la magnitude des éléments diagonaux de la matrice), mais qu'on peut aussi en tirer une information sur les paramètres de l'hypothèse qui sont le plus liés à cette incertitude. De même, la matrice $\mathcal{I}_{\mathcal{S}_{ns}}$ fournit la même information à propos de l'ensemble des exemples non étiquetés.

En minimisant le ratio de Fisher, on tend à sélectionner les exemples associés à une variance de l'hypothèse la plus proche possible de la variance induite par l'ensemble des exemples non étiquetés $\mathcal{S}_{ns}$. L'article [ZO00] fournit une justification théorique plus détaillée.

Les méthodes par réduction de variance ou par minimisation du ratio de Fisher sont très apparentées dans leur objectif : la minimisation d'une variance. Elles sont malheureusement aussi toutes les deux *coûteuses en termes de calcul* car elles requièrent l'inversion de matrices dont la taille K est le nombre de paramètres du modèle dont sont issues les hypothèses. Le coût général de ces stratégies de sélection active des exemples est de complexité en $\mathcal{O}(|\mathcal{S}_{ns}|\, K^{3})$. C'est pourquoi des méthodes approchées ont été développées.

Échantillonnage par estimation de réduction de l'erreur

Plutôt que de chercher à réduire indirectement l'erreur en généralisation en minimisant le terme de variance, des méthodes directes ont été explorées. L'idée est alors d'estimer l'erreur de généralisation qui résulterait de la prise en compte d'un nouvel exemple d'apprentissage $\mathbf{x} \in \mathcal{S}_{ns}$ qui serait étiqueté et de sélectionner l'exemple conduisant à l'erreur estimée la plus faible.

Ainsi, les auteurs de [RM01] ont été les premiers à proposer une telle stratégie pour de la classification de texte en utilisant un classifieur bayésien naïf. Ceux de [ZLG03] ont combiné cette approche avec de l'apprentissage semi-supervisé et ont ainsi obtenu des gains très significatifs par rapport à un échantillonnage aléatoire ou basé sur l'incertitude (voir précédemment).

Malheureusement, cette approche est aussi *la plus coûteuse*. Non seulement elle requiert que soit estimée la future erreur de généralisation sur $\mathcal{S}_{ns}$ pour chaque exemple possible, mais une nouvelle hypothèse doit être calculée pour chaque étiquette possible de chaque exemple et, pour l'estimation de l'erreur en généralisation, il doit être fait de même pour tous les exemples de $\mathcal{S}_{ns}$. Heureusement, pour quelques classes de modèles (espaces d'hypothèses $\mathcal{H}$), les calculs peuvent être rapides.

Échantillonnage par maximisation de l'espérance de changement d'hypothèse

Une technique possible d'apprentissage actif consiste à sélectionner l'exemple qui conduirait au plus grand changement d'hypothèse si on connaissait son étiquette. Afin de mesurer cette variation de l'hypothèse courante, une technique est de mesurer le gradient qui résulterait de la prise en compte de cet exemple. Les expériences réalisées ont montré qu'un gain pouvait ainsi être obtenu sur le nombre d'exemples à prendre pour l'apprentissage, mais la technique est cependant coûteuse en termes de calcul.

Il est à noter que l'approche par mesure d'incertitude peut avoir tendance à sélectionner des exemples aberrants *(outliers)*, ce qui n'est pas le cas des approches par réduction de variance ou par réduction de l'erreur. Ce n'est pas non plus le cas des approches qui considèrent l'ensemble des hypothèses candidates que nous examinons maintenant.

1.2.2 Méthodes considérant l'ensemble des hypothèses candidates : $\mathcal{H}_t \times \mathcal{S}_{ns} \rightarrow \mathbf{x}_{t+1}$

Plutôt que de ne s'appuyer que sur l'hypothèse courante considérée par l'apprenant, une autre méthode d'apprentissage actif consiste à examiner directement l'objectif de l'apprentissage, qui est de réduire au plus vite le nombre d'hypothèses susceptibles de rendre compte du monde. C'est ce que le joueur de Mastermind, par exemple, essaie de faire en proposant des exemples et en en demandant l'étiquette par l'oracle[2].

Nous avons vu au chapitre 4 que l'*espace des versions* est l'ensemble des hypothèses de $\mathcal{H}$ qui sont cohérentes avec les données d'apprentissage, c'est-à-dire dont le risque empirique est nul. Une approche pour l'apprentissage actif est donc de sélectionner les exemples d'apprentissage qui conduisent à la plus grande réduction possible de cet espace des versions. C'est ce que Mitchell avait déjà évoqué lorsqu'il avait défini l'espace des versions et l'algorithme d'élimination des candidats (chapitre 4). Idéalement, avait-il souligné, dans le cas de l'apprentissage de concept (où il n'y a que deux classes), il faudrait choisir les exemples qui permettent d'éliminer la moitié de l'espace des versions une fois que leur étiquette est connue. Cependant, il ne donnait pas de méthode pour déterminer ces exemples maximalement discriminants.

---

2. La notion d'étiquette est cependant plus complexe dans le cas du Mastermind puisqu'elle est composée et prend en compte la couleur et la position des pions de la combinaison testée par le joueur.

Échantillonnage par mesure de réduction de l'espace des versions

Cohn, Atlas et Ladner ont proposé en 1994, [CAL94], le concept de *région d'incertitude* dans $\mathcal{X}$ pour désigner l'ensemble des exemples pour lesquels les hypothèses de l'espace des versions courant ne sont pas d'accord sur leur étiquette. Il est clair qu'en choisissant l'un de ces exemples et en demandant son étiquette, on est certain d'éliminer des hypothèses de l'espace des versions, à savoir toutes celles qui n'avaient pas prédit l'étiquette révélée par la requête.

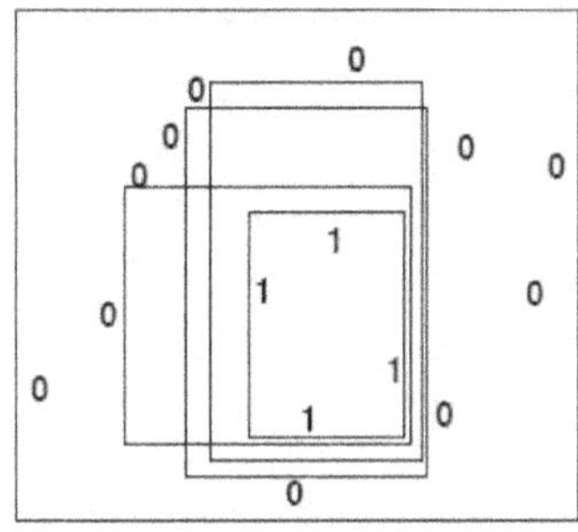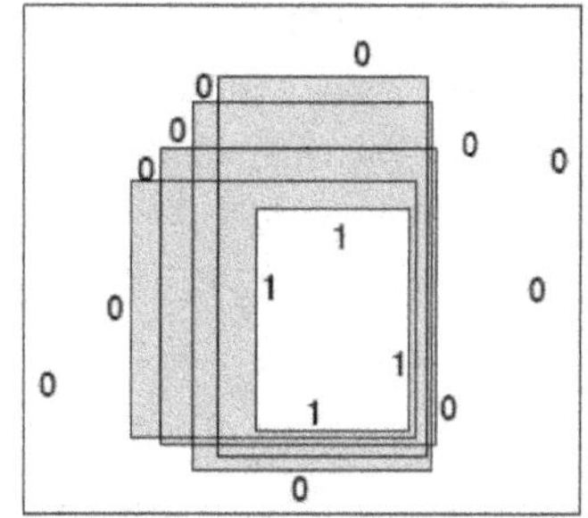

FIGURE 23.2 : *On suppose que l'espace des concepts consiste en les rectangles définis sur l'espace des exemples. À gauche sont représentés quelques exemples positifs (étiquetés '1') et quelques exemples négatifs (étiquetés '0'), ainsi que certains concepts candidats cohérents avec ces données. À droite est représentée la région d'incertitude associée, c'est-à-dire l'ensemble des points de $\mathcal{X}$ pour lesquels les concepts candidats ne sont pas tous d'accord sur leur étiquette (tiré de [CAL94]).*

La région d'incertitude est recalculée après chaque requête, jusqu'à ce que le budget en nombre de requêtes ait été atteint ou jusqu'à ce que l'espace des versions ait été suffisamment réduit. Ce protocole est compatible avec l'approche constructive des exemples comme avec l'approche sélective. Le principal obstacle à sa mise en œuvre vient de la difficulté de calculer la région d'incertitude qui peut rapidement être prohibitive quand l'espace des hypothèses est complexe. Ainsi, la figure 23.2 montre que, même dans le cas simple de concepts définis comme des hyperrectangles de $\mathcal{X}$, la représentation de la région d'incertitude peut impliquer un grand nombre de paramètres (les coins des hyperrectangles maximaux et minimaux cohérents avec les données d'apprentissage vues jusque-là). [CAL94] montre comment implémenter cette technique dans le cas du perceptron multicouches.

Échantillonnage par mesure de désaccord au sein d'un comité

Une autre approche [SOS92] visant à réduire l'espace des versions consiste à échantillonner des hypothèses dans l'espace versions, afin d'obtenir un *comité d'hypothèses* dont on espère qu'il est représentatif, et de faire ensuite voter ce comité pour déterminer l'étiquette des exemples candidats. Les exemples pour lesquels le comité est le plus en désaccord sont alors sélectionnés.

Cependant, cette approche, très séduisante sur le plan théorique, pose des problèmes pratiques et calculatoires. Il faut en effet être capable d'échantillonner des hypothèses dans l'espace des versions qui soient représentatives de toutes ses régions. Il faut de plus définir et calculer une mesure de désaccord entre les hypothèses du comité.

Plusieurs méthodes ont été proposées pour l'échantillonnage des hypothèses (voir [Set09] pour des références). De même, pour des mesures de désaccord, deux grandes approches existent.

La première utilise une *mesure d'entropie sur le vote* :

$$\mathbf{x}_{\mathsf{VE}}^{\star} = \arg\max_{\mathbf{x}}\left\{ -\sum_{i} \frac{V(y_i)}{C} \log \frac{V(y_i)}{C} \right\} \tag{23.1}$$

où C est le nombre d'hypothèses dans le comité, y_i décrit toutes les étiquettes possibles de $\mathbf{x}_i$ et $V(y_i)$ est le nombre de votes correspondant à une étiquette possible y_i.

Une deuxième mesure est définie par une *divergence de Kullback-Leibler* entre les distributions des étiquettes prédites, pour les exemples non étiquetés, par une hypothèse donnée $\mathbf{p}_{h_c}$, d'une part, et par l'ensemble du comité $\mathbf{p}_C$, d'autre part.

$$\mathbf{x}_{\mathsf{KL}}^{\star} = \arg\max_{\mathbf{x}} \frac{1}{C} \sum_{c=1}^{C} KL(\mathbf{p}_{h_c}\|\mathbf{p}_C) \tag{23.2}$$

L'exemple jugé le plus informatif est celui qui maximise le désaccord entre une hypothèse du comité et le consensus général.

La méthode de sélection par comité *(query-by-committee)* a été analysée par Freund et ses collègues [FSST97]. Dans le cas où les données sont supposées placées uniformément sur la surface d'une sphère unité dans $\mathbb{R}^d$ centrée à l'origine et où le concept cible est supposé être un hyperplan passant par l'origine, il a été montré qu'il était possible d'apprendre une hypothèse d'erreur de généralisation de ε après avoir observé $\mathcal{O}(\frac{d}{\varepsilon}\log\frac{1}{\varepsilon})$ dans un flux de données et avoir demandé $\mathcal{O}(d\log\frac{1}{\varepsilon})$ étiquettes, ce qui constitue un gain exponentiel par rapport à l'échantillonnage aléatoire normalement requis de $\mathcal{O}(\frac{d}{\varepsilon})$ exemples. Il peut être montré qu'il s'agit là d'un résultat optimal : il suffit de calculer le nombre de disques sphériques de rayon ε qui peuvent être répartis sur une sphère unité dans $\mathbb{R}^d$. Ce résultat remarquable doit cependant être tempéré par la difficulté de mise en œuvre de la méthode.

Tong et Koller [TK00] ont proposé une méthode adaptée pour l'apprentissage actif de SVM (chapitre 14), dans laquelle plusieurs critères géométriques sont utilisés pour estimer le « volume » de l'espace des versions et pour choisir l'exemple conduisant à sa plus grande diminution.

Les méthodes cherchant à diminuer le plus rapidement l'espace des versions sont fondées sur l'hypothèse que le concept cible se trouve dans l'espace des versions, c'est-à-dire en particulier que les données ne sont pas bruitées. Il est possible de relâcher ces contraintes, mais cela pose des problèmes. Cependant, malgré ses difficultés pratiques, ce point de vue sur l'apprentissage actif est celui qui conduit aux analyses théoriques actuelles car il se prête aux approches de type PAC (chapitres 3 et 25).

Position par rapport aux « plans d'expériences »

En statistique, les plans d'expérience sont des organisations séquentielles de tests, ou des tests séquentiels, destinés à examiner la dépendance d'une variable de sortie par rapport à des facteurs externes (par exemple, la dépendance du risque cardiovasculaire à la prise d'aspirine) et dont le déroulement dépend des résultats courants du test. À la différence de l'apprentissage actif, le système ne choisit pas lui-même les expériences à réaliser, mais se contente de déterminer quand une série de tests est suffisamment concluante par rapport à une question. On citera en particulier à cet égard le test séquentiel de Wald.

1.3 Analyse théorique

Une question fondamentale est de savoir si l'apprentissage actif est efficace, c'est-à-dire s'il permet d'apprendre plus rapidement (avec la même précision) que l'apprentissage passif. De fait, la question devrait même être plus précise. Il ne s'agit en effet pas seulement de compter le *nombre d'exemples d'apprentissage requis* dans chacun des scénarios : actif ou passif. Idéalement, il faudrait aussi *tenir compte du coût calculatoire* qu'implique une méthode d'apprentissage actif pour sélectionner les exemples les plus informatifs.

Empiriquement, de nombreuses études indiquent que l'apprentissage actif peut réduire notablement le nombre d'exemples d'apprentissage. Cependant, certaines expériences montrent *a contrario* que ce n'est pas nécessairement le cas. De plus, il faut se méfier du biais de publication, qui pousse à publier surtout les résultats positifs.

Que dit alors l'analyse théorique ? On aimerait qu'elle nous permette de calculer des bornes sur le nombre de requêtes nécessaires pour apprendre approximativement et presque certainement les concepts cibles (cadre de l'apprentissage PAC). Cependant, une première difficulté est que la théorie classique de l'apprentissage s'appuie sur le fait que la distribution des exemples d'apprentissage est supposée la même que la distribution des exemples de test, ceux sur lesquels la vraie valeur de l'apprentissage sera mesurée. De plus, il est supposé que les exemples sont indépendants les uns des autres, ce qui est essentiel pour invoquer les théorèmes de type central limite qui sont au cœur de tous les calculs de bornes. Or, ces deux suppositions sur le tirage des données se trouvent invalidées dans l'apprentissage actif. Comment alors procéder ?

Les premiers travaux théoriques se sont placés dans le cadre de l'apprentissage par requêtes constructives (voir [Ang03] pour une revue). Plusieurs travaux récents ont exploré l'apprentissage actif sélectif dans lequel l'apprenant dispose d'une information sur la vraie distribution des exemples grâce à l'ensemble des exemples non étiquetés $\mathcal{S}_{ns}$. Les résultats obtenus dépendent d'hypothèses *a priori* sur les données ou sur l'espace des hypothèses $\mathcal{H}$:

- Espace $\mathcal{H}$ de taille finie ou non (dans ce dernier cas, on tient compte de la dimension de Vapnik-Chervonenkis $d_{\mathcal{H}}$, voir chapitre 25).

- Cas *réalisable* (la fonction cible f appartient à $\mathcal{H}$) ou *agnostique* (f peut ne pas appartenir à $\mathcal{H}$).

- Distribution des exemples uniforme ou pas dans $\mathcal{X}$.

- La tâche concerne l'apprentissage de concept, de classification multi-classe ou la régression.

Pour la plupart, les études portent sur un cadre particulier défini par un choix des possibilités décrites ci-dessus et sur un type particulier d'apprentissage (ex. apprentissage de perceptron linéaire).

L'un des résultats les plus généraux obtenus [BHW08] montre que l'apprentissage actif surpasse l'apprentissage passif (en termes d'économie en nombre d'exemples requis pour apprendre) pour presque toutes les classes de concepts de $d_{\mathcal{H}}$ finie, avec un gain exponentiel : $\mathcal{O}\big(\frac{1}{\log(1/\varepsilon)}\big)$ au lieu de $\mathcal{O}\big(\frac{1}{\varepsilon}\big)$. Il existe cependant toujours des cas très particuliers pour lesquels le gain est nul.

Il faut noter que les méthodes et, surtout, les analyses théoriques diffèrent beaucoup entre l'apprentissage pour la classification et l'apprentissage pour la régression.

Par ailleurs, les méthodes et analyses supposent que le concept cible est fixe et la distribution des exemples stationnaire. Lorsque ce n'est pas le cas, on entre dans le cadre de l'apprentissage en ligne pour lequel des méthodes spécifiques d'apprentissage actif restent à imaginer.

terons de présenter comment fonctionne un algorithme doté de capacités d'apprentissage. Pour la réflexion, bien sûr nécessaire, sur l'impact possible des machines intelligentes, nous conseillons les ouvrages suivants, certains prédisant des intelligences artificielles super-intelligentes prochainement, d'autres plus circonspects [AB16, ADHO20, Bos14, Des19, Dev17, Fer16, Gan17, Jul19, LC19, Lee20, Mal17, O'N18, Rus19, Teg17].

Nous allons maintenant rentrer plus en détail dans ce qu'est la révolution numérique, cette combinaison de la science des données et de l'intelligence artificielle.

1. La révolution numérique

La révolution numérique en cours présente trois aspects concomitants :

1. une *production de données* en croissance exponentielle, que certains qualifient d'avalanche de données, les fameuses *big data* (pour donner une idée, environ $2 \cdot 10^{12}$ photos sont prises par an, soit presque une par jour et par personne) ;

2. la disponibilité partout et tout le temps de *ressources de calcul*, depuis les objets connectés et smartphones jusquaux gros *clusters* de calcul et au *cloud computing* ;

3. la mise au point et la diffusion de *nouveaux algorithmes* de science des données, d'intelligence artificielle, de modélisation, de visualisation, etc.

Il nest pas de semaine sans quune innovation liée à ces nouvelles données, aux nouveaux moyens de calcul disponibles et nouveaux algorithmes, ne soit annoncée haut et fort dans la presse.

C'est ainsi par exemple que la revue *Sciences et Avenir* présente dans son numéro de mars 2020 un algorithme d'apprentissage profond permettant de générer des modélisations de protéines du virus de la COVID'19. Citons également le journal *Le Monde* (08/01/20) qui rapporte que, grâce à des algorithmes d'apprentissage automatique, il est dorénavant possible de jouer sur un ordinateur en utilisant un dispositif de commande par ondes cérébrales, ou encore le magazine *Le Point* (05/08/19) qui détaille un algorithme d'apprentissage permettant de détecter de manière plus fiable la signature d'un trouble du rythme cardiaque responsable d'AVC dans des électrocardiogrammes. Il n'est pas un domaine aujourd'hui, de la médecine à la vidéo-surveillance, des sciences sociales à la génomique, ou encore de l'agriculture à la physique des particules, qui ne soit fortement affecté par cette révolution numérique.

L'omniprésence de ces technologies a de quoi effrayer. Une grande partie de l'incroyable production de données actuelle est stockée et accessible, ce qui ouvre des possibilités complètement nouvelles d'analyse. . . et ne va pas sans provoquer un légitime débat entre droit à l'oubli et droit à l'histoire. Cependant, la mise à disposition des codes des algorithmes et la traçabilité accrue et plus transparente des données autorise aujourd'hui le citoyen informé à prendre plus confiance dans cette révolution numérique.

1.1 Les big data

Il est clair que les technologies et les approches classiques de gestion et de traitement de données ne sont plus à même de faire face aux *big data*. Il est ainsi devenu classique de mettre en avant au moins quatre problèmes avec les défis qui les accompagnent :

2.2   Terminologie et types d'apprentissage en ligne

La terminologie caractérisant l'apprentissage en ligne n'est pas figée. Nous adopterons la suivante.

Flux de données

Il y a *flux de données* lorsque celles-ci arrivent naturellement en séquence. Il peut y avoir des flux de données émanant d'un phénomène stationnaire, ou bien d'un phénomène non stationnaire.

Apprentissage batch

L'apprentissage *batch* a lieu lorsque toutes les données d'apprentissage sont disponibles et sont toutes considérées pour produire l'hypothèse finale h ou ce qui permet de faire des prédictions.

Apprentissage en ligne

L'apprentissage *en ligne* est défini par le scénario décrit à la section 2.1. Il peut s'appliquer aussi bien en environnement stationnaire qu'en environnement non stationnaire.

Souvent, on impose à l'apprentissage d'être **en temps constant**. En effet, si ce n'était pas le cas, l'apprenant pourrait stocker tous les exemples passés et les analyser tous à chaque instant avant de produire sa prédiction. Pour souligner cette contrainte de non stockage des données, on parle parfois d'*apprentissage à la volée (learning on the fly)*.

Apprentissage *anytime*

L'apprentissage *anytime* se réfère à une contrainte posée sur le système : qu'il soit *capable de produire une hypothèse ou de faire une prédiction à n'importe quel moment*, sans qu'il soit nécessaire d'attendre que tous les traitements aient été effectués pour aboutir à une hypothèse finale. Souvent, les hypothèses « prématurées » seront de moins bonne qualité que l'hypothèse qui pourrait être produite finalement, mais au moins seront-elles utilisables. Évidemment, on attend d'un apprentissage *anytime* que les hypothèses produites s'améliorent, en termes de performance de prédiction, avec le temps laissé au système.

Apprentissage incrémental

La définition de l'apprentissage incrémental n'est pas fixée clairement. Nous dirons ici qu'il s'agit d'un apprentissage en ligne en environnement stationnaire, dans lequel les exemples successifs permettent de construire incrémentalement l'hypothèse finale. L'apprentissage incrémental suppose souvent une séquence bien choisie d'exemples afin d'aider l'apprenant à construire une hypothèse complexe, ou bien à la construire plus rapidement que si les données étaient tirées aléatoirement.

Curriculum learning (apprentissage tutor)

C'est un apprentissage en ligne dans lequel les exemples présentés à l'apprenant sont sélectionnés par un professeur, ainsi que l'ordre de présentation. En général, cet apprentissage est conçu comme prenant place dans un environnement stationnaire, mais avec l'idée que le critère inductif induit une fonction non convexe sur l'espace $\mathcal{H}$ des hypothèses et qu'il peut donc être intéressant de guider le système dans son exploration de $\mathcal{H}$.

Environnement changeant ou non stationnaire

Si l'environnement change au cours du temps, alors l'apprentissage doit être adaptatif. L'environnement peut être formalisé à l'aide de la distribution sur les exemples $\mathbf{p}_{\mathcal{X}\mathcal{Y}}$, qui peut être décomposée en $\mathbf{p}_{\mathcal{X}}\,\mathbf{p}_{\mathcal{Y}|\mathcal{X}}$, une composante décrivant la distribution des descriptions et l'autre la dépendance entre la sortie et l'entrée. De ce fait, on distingue souvent les variations qui peuvent affecter l'une, l'autre ou les deux composantes :

(a) **Co-variate shift** Lorsque $\mathbf{p}_{\mathcal{X}}$ varie, ce que les statisticiens appellent la distribution des variables *explicatives*, mais pas $\mathbf{p}_{\mathcal{Y}|\mathcal{X}}$, on parle de *déplacement covarié (covariate shift)*. Comme nous l'avons vu à la section 1, l'apprentissage actif conduit naturellement au déplacement co-varié.

(b) **Dérive de concept** Lorsque la dépendance fonctionnelle entre l'espace d'entrée et l'espace de sortie varie, $\mathbf{p}_{\mathcal{Y}|\mathcal{X}}$, on parle de *dérive de concept (concept drift)* ou de *dérive conditionnelle*.

Long-life learning (apprentissage à horizon infini)

On parle de *long-life learning (continuous learning)* quand il n'est pas envisagé de terme à l'apprentissage du système. En particulier, l'apprentissage au long cours suppose très naturellement que l'environnement et les tâches auquel le système aura à faire face évolueront dans le temps.

—— REMARQUE   **Différence entre flux de données et série temporelle** ——————

Si, à première vue, un flux de données et une série temporelle semblent similaires, tous les deux indexés par le temps, leur nature est différente. Une **série temporelle** suppose une structure interne liée au temps et le traitement de séries temporelles suppose de caractériser cette structure, éventuellement pour faire des prédictions pour l'avenir, mais parfois seulement pour les décrire. Certaines applications impliquent d'ailleurs l'analyse de collections de séries temporelles. En revanche, un **flux de données** ne présuppose pas de structure liée au temps. Les données peuvent très bien être indépendantes et identiquement distribuées. Ce n'est que si l'environnement change qu'une structure temporelle peut apparaître. Il est possible qu'alors une analyse en série temporelle devienne pertinente.

2.3   L'évaluation dans l'apprentissage en ligne et le choix d'un critère inductif

L'induction nécessite qu'il y ait un lien entre le passé, ce qui a été observé, et le futur, ce sur quoi nous allons être testés.

Dans le *cadre classique de l'induction supervisée* en milieu stationnaire, il est supposé que les exemples passés et futurs sont tirés d'une même distribution. De plus, les exemples sont supposés tirés aléatoirement. Tous les exemples sont donc jugés comme de valeurs égales et il n'y a évidemment pas d'information à tirer d'un ordre de présentation des exemples puisque ceux-ci sont supposés tirés indépendamment et identiquement. *De ce fait, les critères inductifs sont additifs et commutatifs.* Par exemple, le principe de minimisation du risque empirique dicte d'évaluer les hypothèses à partir d'une formule du type risque empirique régularisé (pour exprimer les attentes sur le monde) :

$$R_{\text{Reg}}(h) \ = \ \frac{1}{m} \sum_{i=1}^{m} \ell(h(\mathbf{x}_i, y_i)) \ + \ \text{Capacité}(\mathcal{H})$$

et l'on cherche une hypothèse minimisant ce critère.

De même, l'apprentissage bayésien, fondé sur la formule de Bayes de révision des probabilités conditionnelles, est profondément commutatif et donc a-historique.

Dans le *cadre de l'apprentissage en ligne*, spécialement si l'environnement n'est plus supposé stationnaire, il devient délicat d'utiliser un critère de performance ne tenant pas compte de l'histoire du système ou de celle de son environnement. Par exemple, à un instant donné, on pourrait vouloir ne pas accorder la même importance aux données passées depuis longtemps et à celles récemment obtenues.

De fait, les systèmes d'apprentissage en ligne **n'utilisent pas** de critère inductif tenant compte explicitement des erreurs de prédiction sur les données passées. Ce n'est pas comme cela qu'est choisie l'hypothèse courante h_t.

> Pour chaque environnement étudié et sa dynamique supposée, et pour chaque système proposé, est définie une fonction d'adaptation particulière $\mathcal{A}_{\mathrm{adapt}} : h_t \times (\mathbf{x}_t, y_t) \mapsto h_{t+1}$. Et ce n'est pas sur le choix de l'hypothèse courante h_t que porte le critère inductif, mais sur la fonction $\mathcal{A}_{\mathrm{adapt}}$ elle-même.

Au lieu de se donner un espace $\mathcal{H}$ d'hypothèses possibles, parmi lesquelles on cherche à identifier celle qui minimise le critère inductif, par exemple :

$$\hat{h} \;=\; \arg\min_{h \in \mathcal{H}} R_{\mathrm{Reg}}(h) \;=\; \frac{1}{m} \sum_{i=1}^{m} \ell(h(\mathbf{x}_i, y_i)) \;+\; \mathrm{Capacité}(\mathcal{H})$$

si l'on utilise le critère du minimum du risque empirique (régularisé), on va **optimiser la règle d'adaptation $\mathcal{A}_{\mathrm{adapt}}$ elle-même**, celle-ci étant prise au sein d'un espace $\mathcal{A}$ de fonctions d'adaptation possibles.

Si, par exemple, l'apprenant est implémenté en utilisant un réseau de neurones, l'adaptation du système, donc la fonction $\mathcal{A}_{\mathrm{adapt}}$, sera réglée, grâce aux hyperparamètres, pour minimiser un critère de performance.

Celui-ci est très généralement basé sur l'*évaluation préquentielle (prequential evaluation)*. Elle prend acte du scénario de l'apprentissage en ligne dans lequel chaque exemple successif $(\mathbf{x}_t, y_t)$ sert d'abord à évaluer la performance de l'apprenant puis à l'apprentissage. Elle compte donc le nombre d'erreurs de prédiction, soit depuis le début de l'apprentissage (dans le cas d'un environnement stationnaire) soit sur une fenêtre glissante prenant en compte les exemples récents.

Ce critère de performance est utilisé dans une sorte de méta-apprentissage dans lequel on règle les hyperparamètres du système apprenant pour l'optimiser :

$$\boxed{\; \mathcal{A}^{*}_{\mathrm{adapt}} \;=\; \arg\min_{\mathcal{A}_{\mathrm{adapt}} \in \mathcal{A}} \left\{ \frac{1}{T} \sum_{t=1}^{T} \ell\big(h_t(\mathbf{x}_t), y_t\big) \right\} \;}$$

en supposant que le système est testé sur T exemples et que chaque hypothèse h_t est obtenue par : $\mathcal{A}_{\mathrm{adapt}}(h_{t-1}, (\mathbf{x}_{t-1}, y_{t-1}))$.

Évidemment, cela suppose que les hyperparamètres sont appris sur une ou des séquence(s) d'apprentissage supposée(s) représentative(s) du flux de données sur lequel le système sera testé.

2.4   L'apprentissage en ligne contre toute séquence

La théorie la plus extrême de l'apprentissage en ligne est radicale en ce qu'elle veut pouvoir dire quelque chose sur ce qui est possible quand on ne fait aucune hypothèse sur la dynamique de l'environnement. Celui-ci peut même être piloté par un adversaire qui observe le comportement de l'apprenant et essaie de maximiser son erreur préquentielle, c'est-à-dire le cumul des erreurs de prédiction sur la séquence. On parle de scénario « contre toute séquence » ou *adversarial*. Un exemple d'un tel environnement adverse est celui des producteurs de pourriels, qui observent les dispositifs anti-pourriels et apprennent à les tromper.

On peut légitimement se demander si, dans ce cas, il est encore possible de dire quelque chose. Déjà, il faut pouvoir comparer des apprenants entre eux, c'est-à-dire des fonctions $\mathcal{A}_{\text{adapt}}$. Or cette fois-ci, il faut pouvoir les comparer quelle que soit la séquence rencontrée. Il ne peut plus y avoir de notion d'espérance sur les environnements possibles. Alors comment faire ?

La notion de « regret »

L'idée proposée est la suivante. On considère $\mathcal{E}$ un ensemble (ou comité) d'« experts » qui sont des fonctions $f_{E,t} : \mathbf{x} \mapsto y$ *a priori* quelconques pouvant évoluer avec le temps t. Dans l'analyse, on suppose ce comité de taille finie : N. On mesure alors la performance d'une règle d'adaptation $\mathcal{A}_{\text{adapt}}$ (non nécessairement prise dans le comité d'experts) sur une séquence donnée $\mathcal{S}$ par la différence entre son erreur cumulée sur $\mathcal{S}$ et l'erreur obtenue par la meilleure règle (le meilleur expert) f_E^* déterminé **après** la fin de la séquence. On définit ainsi la notion de *regret*. D'abord par rapport à un expert :

$$
R_{E,T} = \sum_{t=1}^{T}\left[\ell\big(h_t(\mathbf{x}_t), y_t\big) - \ell\big(f_{E,t}(\mathbf{x}_t), y_t\big)\right] = \widehat{L_T} - L_{E,T}
$$

Le regret par rapport au meilleur expert *a posteriori* E^* est :

$$
\widehat{L_T} - \operatorname*{Min}_{E \in \mathcal{E}} L_{E,T}
$$

Le but est d'avoir un regret aussi petit que possible pour toute séquence possible, soit, en divisant par la longueur de la séquence :

$$
\frac{1}{T}\left(\widehat{L_T} - \operatorname*{Min}_{E \in \mathcal{E}} L_{E,T}\right) \xrightarrow{T \to \infty} 0
$$

On cherche donc à faire aussi bien que le meilleur expert si on avait connu celui-ci dès le début de la séquence. Cependant, est-ce même envisageable ?

2.4.1 Des algorithmes simples

—— EXEMPLE ——————————————————————————————

Considérons un exemple dans lequel le comité est composé de 6 experts E_1 à E_6. Les exemples $(\mathbf{x}_t, y_t)$ arrivent un par un. Pour chaque instant, on ne rapporte que la performance en prédiction de chaque expert : 1 s'il s'est trompé, 0 sinon. Dans cette étude, il n'est pas nécessaire de savoir quel est l'espace des exemples, ni celui des sorties, ni de connaître le détail de chaque exemple présenté.

La figure 23.4 montre, pour les 6 premiers instants d'une séquence, les performances de chacun des 6 experts. On voit que l'expert 1 est le pire, se trompant sur tous les exemples, alors que l'expert 3 ne fait qu'une erreur de prédiction et est le meilleur sur cette séquence.

____

Stratégie consistant à choisir *a priori* un expert et à ne plus en changer ensuite

Il est aisé de se convaincre que cette stratégie peut conduire à un regret infini, ou à un regret moyen de 1, le pire.

Dans l'exemple précédent, ce serait le cas si on choisissait l'expert 1.

	Expert_1	Expert_2	Expert_3	Expert_4	Expert_5	Expert_6
t_1	1	0	0	1	0	1
t_2	1	1	1	0	0	0
t_3	1	0	0	0	1	1
t_4	1	0	0	1	1	1
t_5	1	1	0	1	1	1
t_6	1	0	0	0	1	0

FIGURE 23.4 : *Performances en prédiction de 6 experts sur les 6 premiers exemples d'une séquence d'apprentissage.*

Algorithme glouton déterministe

Dans cet algorithme, on considère les experts dans l'ordre de E_1 à E_N et on choisit le premier ayant la meilleure performance jusque là.

—— EXEMPLE ——

Dans notre exemple, après $t = 1$, on voit que les experts E_1, E_4 et E_6 se sont trompés, tandis que E_2, E_3 et E_5 ont fait une bonne prédiction (figure 23.5). On choisit le premier d'entre eux, donc E_2.

	Expert_1	Expert_2	Expert_3	Expert_4	Expert_5	Expert_6
t_1	(1)	[0]	[0]	1	[0]	1
t_2						
t_3						
t_4						
t_5						
t_6						

FIGURE 23.5 : *Performances en prédiction des 6 experts sur le premier exemple de la séquence. À chaque étape, un carré bleu indique l'expert choisi. Un cercle rouge entoure le gain de l'expert choisi pour la décision à cette étape. Ici, l'expert 1 était choisi pour décider à la première étape. Il s'est trompé, d'où le '1' entouré d'un cercle. On prend donc le premier meilleur expert pour l'étape suivante, ici l'expert 2, entouré d'un carré.*

On observe alors le 2e exemple et l'expert E_2 se trompe. L'expert E_5 est le meilleur après les deux premiers exemples, avec 0 erreur. On le choisit donc (figure 23.6).

L'exemple 3 est présenté et E_5 se trompe. Après les 3 premiers exemples, les experts E_2, E_3, E_4 et E_5 sont à égalité, on choisit donc l'expert E_2 pour faire la prochaine prédiction (figure 23.7).

Quelle peut être la performance de cet algorithme glouton déterministe ? Elle est parfois excellente. Cependant, dans le pire cas, elle est désastreuse. L'adversaire, connaissant la

	Expert_1	Expert_2	Expert_3	Expert_4	Expert_5	Expert_6
t_1	(1)	0	0	1	0	1
t_2	1	(1)	1	0	0	0
t_3						
t_4						
t_5						
t_6						

FIGURE 23.6 : *Performances en prédiction des 6 experts sur les 2 premiers exemples de la séquence.*

	Expert_1	Expert_2	Expert_3	Expert_4	Expert_5	Expert_6
t_1	(1)	0	0	1	0	1
t_2	1	(1)	1	0	0	0
t_3	1	0	0	0	(1)	1
t_4						
t_5						
t_6						

FIGURE 23.7 : *Performances en prédiction des 6 experts sur les 3 premiers exemples de la séquence.*

préférence de l'algorithme le conduisant à considérer les experts dans l'ordre E_1 à E_6 en cas d'égalité, peut arranger les exemples de manière à rendre très mauvaise la performance (figure 23.8).

	Expert_1	Expert_2	Expert_3	Expert_4	Expert_5	Expert_6
J_1	(1)	0	0	0	0	0
J_2	0	(1)	0	0	0	0
J_3	0	0	(1)	0	0	0
J_4	0	0	0	(1)	0	0
J_5	0	0	0	0	(1)	0
J_6	0	0	0	0	0	(1)

FIGURE 23.8 : *Pire cas pour un algorithme glouton déterministe.*

On peut montrer que le regret est borné : $L_{GD} \leq NL^* + N - 1$ où L^* est la perte du meilleur expert *a posteriori*.

Algorithme glouton aléatoire

Afin d'empêcher l'adversaire de profiter de la connaissance du biais sur l'ordre des experts, on peut procéder de la même façon, mais en choisissant aléatoirement le meilleur expert courant au lieu de le prendre selon une stratégie prédéterminée.

Dans ce cas, on peut montrer que le regret est $L_{GA} \leq (\ln N + 1)L^* + \ln N$, ce qui est bien meilleur que la borne sur L_{GD}.

2.4.2   Apprentissage de concept en ligne : le cas « réalisable »

On s'intéresse ici à une fonction cible $f_{\text{cible}} : \mathcal{X} \rightarrow \{0, 1\}$, c'est-à-dire une fonction binaire (apprentissage de concept). Et l'on suppose que cette fonction cible fait partie du comité d'experts considéré : $f_{\text{cible}} \in \mathcal{E}$. C'est ce que l'on appelle le *cas réalisable*, car il est possible de trouver la fonction cible dans les fonctions considérées pour apprendre.

Quelle stratégie d'apprentissage peut-on utiliser ?

Le principe est simple. À l'étape 0 (initialisation), on attribue un poids $w_{i,0} = 1$ à tous les experts $E_i \in \mathcal{E}$. Puis, à chaque étape t :

1. Prédire la classe majoritaire en faisant voter tous les experts : soit $h_t(\mathbf{x}_t)$.

2. Comparer la prédiction $h_t(\mathbf{x}_t)$ avec la réponse vraie y_t.

3. Affecter $w_{i,t+1} = 0$ à tous les experts ayant fait une erreur de prédiction à l'étape t.

Il est clair que l'on peut éliminer tous les experts ayant fait une erreur puisqu'on est sûr que le comité contient la fonction cible qui, elle, ne fait pas d'erreur. De plus, comme on utilise un vote majoritaire, à chaque fois que ce vote conduit à une erreur de prédiction, les experts restants à cette étape sont en majorité éliminés. Il est donc facile de borner le nombre d'erreurs de cet algorithme :

$$L_{CR} \leq \lfloor \log_2 N \rfloor$$

En effet, initialement, la somme des poids $W(0) = \sum_{i=1}^{N} w_i = N$ et, à chaque erreur de prédiction sur la séquence d'exemples, on a $W_{t+1} \leq W_t/2$.

Mais que se passe-t-il si la fonction cible ne fait pas partie du comité d'experts ? Cela peut arriver si par exemple les données ou leurs étiquettes sont bruitées.

2.4.3   Apprentissage de concept en ligne : le cas « non réalisable »

On peut adapter la stratégie du cas réalisable au cas non réalisable : $f_{\text{cible}} \notin \mathcal{E}$.

À nouveau, on initialise les poids des experts à 1 : $w_{i,0} = 1$. Et, à chaque étape, on utilise le vote majoritaire sur les décisions des experts pour prédire la classe : $h_t(\mathbf{x}_t)$. Toutefois, la modification des poids à chaque étape est différente. On ne met plus à 0 le poids des experts ayant fait une erreur de prédiction, mais on le diminue, en le multipliant par $\beta \in [0, 1[$, tandis que l'on laisse inchangé le poids des experts ayant fait la bonne prédiction.

$$w_{i,t+1} = \left\{ \begin{array}{ll} w_{i,t} & \text{si} \quad y_t = h_{i,t}(\mathbf{x}_t) \\ \beta\, w_{i,t} & \text{si} \quad y_t \neq h_{i,t}(\mathbf{x}_t) \end{array} \right.$$

De ce fait, à chaque fois qu'une erreur de prédiction a lieu, c'est que le poids des experts fautifs était majoritaire. Tous ces experts ont alors leur poids multiplié par β. On peut donc assurer que, m étant le nombre d'erreurs commises jusque là :

$$W_m \leq W_{m_1}/2 + \beta\, W_{m-1}/2$$
$$\leq W_0 \frac{(1 + \beta)^t}{2^m}$$

Or, on sait que $W_t \geq \beta^{m^*}$ qui est le poids du meilleur expert dans le comité à l'instant t, qui lui n'a fait jusqu'à présent que $m^* \leq m$ erreurs de prédiction. D'où :

$$\beta^{m^*} \leq W_0(1 + \beta)^m/2^m$$

En utilisant cette équation avec le fait que $W_0 = N$, on obtient :

$$\boxed{L_{CNR} = m \leq \left\lfloor \frac{\log_2 N + m^* \log_2(1/\beta)}{\log_2 \frac{2}{1+\beta}} \right\rfloor}$$

En effet :

$$\begin{aligned}
m^* \log_2 \beta &\leq \log_2\left(N(1+\beta)^m\right) - \log_2 2^m \\
&\leq \log_2 N + m \log_2(1+\beta) - m \log_2 2 \\
&\leq \log_2 N + m\left(\log_2(1+\beta) - 1\right)
\end{aligned}$$

d'où, en multipliant d'abord par -1 :

$$\begin{aligned}
-m^* \log_2 \beta &\geq -\log_2 N + m\left(1 - \log_2(1+\beta)\right) \\
m &\leq \frac{\log_2 N - m^* \log_2 \beta}{\log_2 2 - \log_2(1+\beta)}
\end{aligned}$$

Plusieurs choses sont remarquables dans cette inégalité. D'abord, on est capable de borner le nombre d'erreurs de prédiction face à n'importe quelle séquence possible ! Ce n'était pas évident. Comment, en effet, espérer garantir une performance face à un environnement qui peut chercher à systématiquement mettre en défaut l'apprenant ?

La deuxième chose remarquable est que cette borne est fonction de l'erreur m^* du meilleur expert *a posteriori*. Si cet expert est mauvais, c'est-à-dire que m^* est grand, alors L_{CNR} peut être grand aussi. Cela rappelle l'*erreur d'approximation* dans le compromis biais-variance (chapitre 3, section 3.3). Ici, le rapport entre m et m^* est linéaire, fonction du paramètre β utilisé par l'apprenant. On peut essayer de diminuer ce biais d'approximation en augmentant le nombre d'experts N et on voit que cela n'est pas très coûteux puisque la dépendance est logarithmique par rapport à N. Ainsi, multiplier par 1 000 le nombre d'experts augmentera le numérateur de la borne de $\log_2 1\,000 \approx 10$. Il est cependant difficile de savoir quel sera le gain résultant sur m^*.

2.4.4 Pour aller plus loin sur l'apprentissage en ligne

Malgré sa simplicité, l'algorithme présenté précédemment possède les ingrédients essentiels des algorithmes d'apprentissage en ligne, à savoir (1) utiliser un comité d'experts et (2) les pondérer en fonction de leur performance passée.

Une grande famille d'approches est celle des algorithmes à « **poids multipliés** » *(multiplicative weight algorithms)* ou aussi à « majorité pondérée » *(weighted majority)*. Ils modifient les poids des experts en les multipliant par un terme qui est souvent une exponentielle du coût de l'erreur commise en prédiction :

$$w_{i,t} = w_{i,t-1}\, e^{\eta \ell(h_{i,t}(\mathbf{x}_t), y_t)}$$

où η est un pas d'apprentissage à régler.

L'étude de ces algorithmes a débuté avec la thèse de Nick Littlestone [Lit88], qui a également proposé un algorithme d'apprentissage de séparateur linéaire en utilisant des poids multiplicatifs :

l'algorithme Winnow, très intéressant en particulier lorsque la dimension de l'espace d'entrée est grande et que de nombreux descripteurs sont non pertinents.

Littlestone a défini une dimension caractérisant la meilleure borne d'erreur cumulée en apprentissage en ligne, une dimension jouant un rôle analogue à celle de Vapnik-Chervonenkis pour l'apprentissage supervisé avec tirage i.i.d. en environnement stationnaire. Les lecteurs intéressés gagneront à lire le chapitre sur l'apprentissage en ligne de [SSBD14] et le livre sur le même sujet [CBL06].

2.4.5   Le perceptron comme un apprenant en ligne

Le perceptron est un algorithme souvent présenté comme un ancêtre des réseaux connexionnistes, capable d'apprendre une séparatrice linéaire de l'espace des entrées ; on insiste donc sur les notions de neurones, de poids des connexions et d'algorithme d'apprentissage de ces poids selon une procédure qui s'apparente à la descente de gradient. Cependant, il est tout aussi pertinent de considérer le perceptron comme un algorithme d'apprentissage en ligne.

En effet, cet algorithme prend en compte les exemples d'apprentissage les uns après les autres et adapte ses poids après chaque erreur de prédiction. Par contraste avec les algorithmes à poids multipliés, *la règle d'apprentissage du perceptron est additive* : au vecteur de poids courant est ajouté un terme en cas d'erreur de prédiction :

$$\mathbf{w}_{t+1} \ = \ \mathbf{w}_t \ - \ \eta \, y_t \, \mathbf{x}_t$$

Un théorème important borne le nombre d'erreurs que peut faire le perceptron s'il existe une séparatrice linéaire des exemples d'apprentissage.

Théorème 23.1 (Borne sur le nombre d'erreurs du perceptron)

Soit une séquence d'apprentissage $\mathcal{S} = (\mathbf{x}_1, y_1), \ldots, (\mathbf{x}_T, y_T)$ *de longueur* T *et soit* $R = \max_t \|\mathbf{x}_t\|$, *le rayon maximal dans lequel « vivent » les données d'apprentissage. Soit* n *le nombre d'erreurs de prédiction commises par le perceptron et* $f_t(\mathbf{w}) = 1$ *si le perceptron de vecteur poids* $\mathbf{w}$ *fait une erreur sur l'entrée* $\mathbf{x}_t$ *à* t, *0 sinon.*

Alors, pour tout vecteur de poids $\mathbf{w}$ *:*

$$n \ \leq \ \sum_{t=1}^{T} f_t(\mathbf{w}) \ + \ R \, \|\mathbf{w}\| \sqrt{\sum_{t=1}^{T} f_t(\mathbf{w}) \ + \ R^2 \, \|\mathbf{w}\|^2}$$

En particulier, s'il existe un vecteur de poids $\mathbf{w}^*$ *tel que* $y_t(\mathbf{x}_t^\top \mathbf{w}^*) \geq 1$ *pour tous les exemples* $\mathbf{x}_t$ *de la séquence* $\mathcal{S}$, *alors :*

$$n \ \leq \ R^2 \, \|\mathbf{w}^*\|^2$$

Ce théorème signifie que, s'il existe une séparatrice linéaire des exemples d'apprentissage avec une *marge* suffisante, plus grande ou égale à $\gamma = 1/\|\mathbf{w}^*\|$ (distance entre l'exemple $\mathbf{x}$ et la séparatrice de vecteur $\mathbf{w}^*$), alors le nombre d'erreurs est borné par R/γ^2. La démonstration du théorème peut être trouvée dans [SSBD14], p. 261.

Évidemment, cela ne signifie pas que l'erreur en généralisation va être bornée. Pour garantir cela, il faut faire des hypothèses supplémentaires sur le monde, par exemple qu'il est stationnaire et que les exemples sont tirés aléatoirement selon la distribution le caractérisant.

2.5   L'apprentissage en ligne avec hypothèses sur les changements d'environnement

La théorie de l'apprentissage en ligne, dont nous avons présenté quelques principes et résultats, est trop exigeante car elle s'applique contre toute séquence, alors que, dans la plupart des cas, il est possible de limiter la « dynamique de l'environnement », par exemple en supposant que le concept cible ne peut pas évoluer arbitrairement d'un instant à l'autre, mais doit respecter des bornes sur les changements possibles.

Ces hypothèses sur les variations possibles de l'environnement permettent de proposer des algorithmes adaptés dont la performance devrait être meilleure que celle d'algorithmes d'apprentissage en ligne généraux. Cependant, il faut bien reconnaître que l'on manque souvent de garanties théoriques pour ces approches de nature heuristique.

En adoptant une vision de l'environnement de l'apprentissage caractérisée par une distribution de probabilités jointe $\mathbf{p}_{\mathcal{X}\mathcal{Y}} = \mathbf{p}_{\mathcal{X}}\,\mathbf{p}_{\mathcal{Y}|\mathcal{X}}$, on distingue souvent deux types de variations de l'environnement :

1. Le « déplacement covarié » *(co-variate shift)* dans lequel $\mathbf{p}_{\mathcal{X}}$ varie, mais pas la distribution conditionnelle.

2. La « dérive de concept » *(concept drift)* dans laquelle c'est la distribution conditionnelle $\mathbf{p}_{\mathcal{Y}|\mathcal{X}}$ qui varie, mais pas $\mathbf{p}_{\mathcal{X}}$.

2.5.1   Déplacement covarié (Covariate shift) : $\mathbf{p}_{\mathcal{X}}$ varie

Pour diverses raisons, les données utilisées en apprentissage peuvent différer de celles qui seront rencontrées en phase de généralisation. Même si les dépendances qui lient les entrées aux sorties pour un phénomène étudié restent stationnaires, c'est-à-dire que les étiquettes des exemples restent constantes (en supposant une dépendance déterministe), la distribution des entrées peut changer au cours du temps et donc être différente entre les phases d'apprentissage et de généralisation. On parle alors de *déplacement covarié*.

Par exemple, même si les caractéristiques de certaines maladies sont fixes (ex. gastro-entérites), leur prévalence peut varier en cours d'année selon les saisons. De même, l'échantillon d'apprentissage peut être biaisé pour faciliter l'apprentissage, par exemple en rééquilibrant des classes de fréquences très différentes, ou bien en adoptant un protocole d'apprentissage actif. Dans tous ces cas, l'échantillon d'apprentissage ne peut plus être considéré comme résultant d'un tirage indépendant et identiquement distribué selon une vraie distribution $\mathbf{p}_{\mathcal{X}}$ également représentative de la distribution en généralisation. Il en résulte que le risque empirique classique n'est plus un substitut valable du risque réel.

Soit $\mathbf{p}_{\mathcal{X}}$ la distribution de l'échantillon d'apprentissage et $\mathbf{p}_{\mathcal{X}'}$ la distribution en généralisation. La performance en généralisation dépend *a priori* de :

1. la performance de l'hypothèse apprise mesurée par rapport à $\mathbf{p}_{\mathcal{X}}$;

2. la similarité entre les distributions $\mathbf{p}_{\mathcal{X}}$ et $\mathbf{p}_{\mathcal{X}'}$.

Une solution qui a été proposée pour récupérer la consistance de l'apprentissage (voir chapitre 25) est de pondérer les exemples d'apprentissage par leur *importance*, c'est-à-dire le rapport entre la densité en généralisation et la celle en apprentissage : $\mathbf{p}_{\mathcal{X}'}/\mathbf{p}_{\mathcal{X}}$. On obtient alors le principe inductif de *minimisation du risque empirique pondéré par l'importance (importance weighted ERM)* [SKM07] :

$$\hat{h}^{\star} = \arg\min_{h \in \mathcal{H}} \left[\frac{1}{m} \sum_{i=1}^{m} \frac{\mathbf{p}_{\mathcal{X}'}(\mathbf{x})}{\mathbf{p}_{\mathcal{X}}(\mathbf{x})}\, \ell(h(\mathbf{x}_i), y_i) \right] \tag{23.3}$$

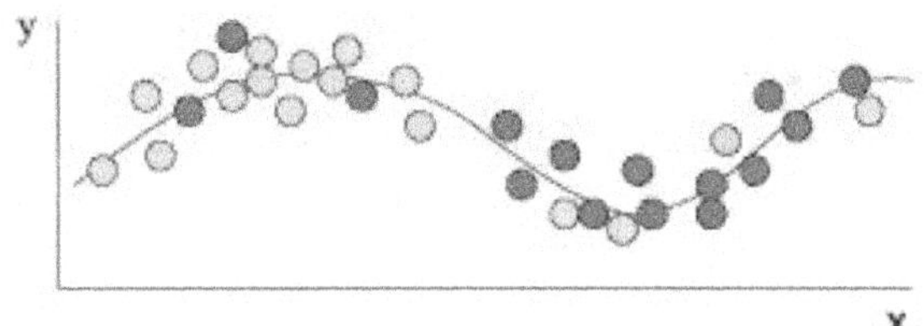

FIGURE 23.9 : *Dans un monde dans lequel les dépendances cibles* $\mathbf{p}(y|\mathbf{x})$ *sont stationnaires, il peut arriver que l'échantillon d'apprentissage n'ait pas la même distribution dans l'espace des entrées* $\mathbf{p}_{\mathcal{X}}$ *que l'échantillon de test caractérisé par une distribution* $\mathbf{p}_{\mathcal{X}'}$ *(respectivement correspondant à des points en gris clair et en gris foncé). Dans cette figure, l'espace des entrées est l'axe des x, tandis que celui des sorties est l'axe des y. (emprunté de [QCSSL09]).*

En dehors de considérations sur la stabilité de ce critère qui impose certaines modifications, ce nouveau critère inductif nécessite l'estimation de l'*importance* $\mathbf{p}_{\mathcal{X}'}/\mathbf{p}_{\mathcal{X}}$. Cependant, l'approche naïve consistant à estimer d'abord les densités en apprentissage et en test, puis à calculer leur rapport est de fait généralement irréalisable puisque l'estimation de densité est notoirement difficile, spécialement dans le cas d'espace d'entrée de grande dimension. C'est pourquoi des approches plus récentes cherchent à court-circuiter ces estimations de densité pour calculer plus directement l'importance (voir par exemple [MSH^{+}07]).

Cependant, il est important de réaliser que ces approches, aussi attrayantes qu'elles paraissent, ne s'accompagnent d'aucunes garanties quant à leur performance. De fait, il a été montré par Ben-David[3] que les approches actuelles peuvent échouer totalement et que nous manquons pour le moment de concepts nous permettant de mesurer et de caractériser l'adaptation de domaine, à la fois dans le cadre du déplacement co-varié, qui est restreint, et dans un cadre plus large qui inclut la dérive de concept.

2.5.2 Dérive de concept : $\mathbf{p}_{\mathcal{Y}|\mathcal{X}}$ varie

Une des raisons de l'intérêt croissant pour l'étude de l'apprentissage en milieu non stationnaire est le développement de sources de données arrivant en flux sur de longues périodes de temps. C'est le cas par exemple lorsque l'on cherche à suivre les changements de goûts ou d'habitudes de clients, de même que pour les systèmes de recherche d'informations ou de recommandations qui doivent s'adapter aux variations d'intérêts, parfois brusques, des utilisateurs. Le système apprenant doit donc être capable de réviser continûment son modèle du monde.

Ici encore, nous nous plaçons principalement dans le cadre de l'apprentissage supervisé. Le problème d'apprentissage peut alors être défini comme suit. On suppose que les données arrivent séquentiellement une par une ou en petits lots. Dans chacun de ces lots, les données sont identiquement et indépendamment distribuées selon une distribution « locale » $\mathbf{p}_{\mathcal{X}\mathcal{Y}}(t)$. On dit qu'il y a *dérive de concept (concept drift)* lorsque la distribution $\mathbf{p}_{\mathcal{Y}|\mathcal{X}}$ varie avec le temps t. Le but de l'apprenant est de prédire l'étiquette de chaque nouvel exemple dans le flot de données et de minimiser sa perte cumulée, c'est-à-dire, souvent, le nombre total d'erreurs de prédiction.

Afin de pouvoir analyser l'apprentissage dans ce cadre, il faut ajouter des présupposés sur le processus sous-jacent de génération des données. On suppose généralement que ce processus

---

3. Dans le workshop *Learning from non-IID Data : Theory, Algorithms and Practice* à ECML-PKDD-2009, qui peut être visionné à http ://videolectures.net/ecmlpkdd09_ben_david_ttu/.

évolue continûment ou, du moins, que les données courantes ressemblent davantage aux données récentes qu'à de plus anciennes. Cette sorte de *cohérence temporelle* a plusieurs expressions formelles qui traduisent que les données récentes sont plus informatives que les plus anciennes. Il est fréquent de distinguer quatre types de variations de l'environnement (figure 23.10).

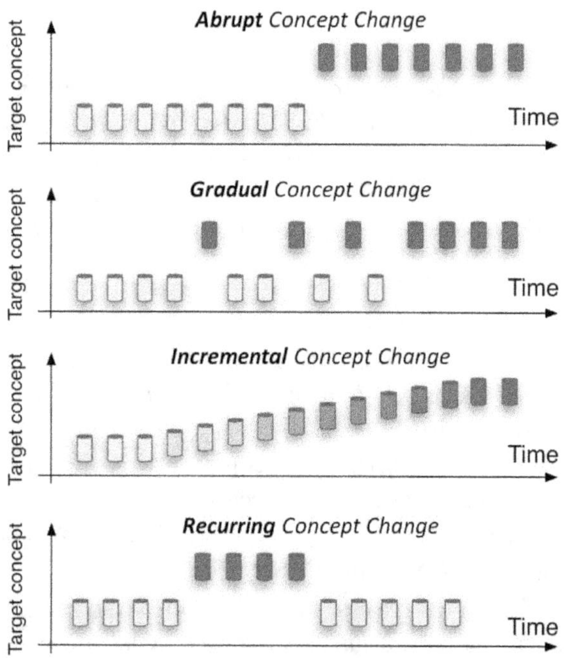

FIGURE 23.10 : *Quatre types de variations d'environnement souvent distingués.*

D'un point de vue algorithmique, il existe deux grandes approches tirant parti de ce présupposé et visant, d'une part, à maintenir constantes les ressources calculatoires nécessaires pour traiter chaque nouvel exemple et, d'autre part, à s'adapter aux variations de l'environnement. La première maintient une *fenêtre temporelle*, de taille fixe ou variable, des données observées le plus récemment et au-delà de laquelle les données sont oubliées. La seconde *pondère les données* en fonction de leur âge et de leur utilité estimée pour la tâche de prédiction. Cependant, si l'environnement est supposé de type récurrent avec des variations périodiques (par exemple, les goûts des consommateurs évoluent en fonction de la saison), alors il peut être intéressant de conserver une mémoire d'évènements anciens mais pertinents pour la période courante. Le problème est évidemment de savoir apprendre ce type de dépendances cycliques.

Quelle que soit l'approche adoptée, un compromis doit être résolu entre la tentation d'être très réactif aux changements de l'environnement, ce qui implique d'être prêt à oublier rapidement les données même peu anciennes, et celle d'être robuste aux variations accidentelles et également d'estimer le plus précisément possible les régularités sous-jacentes, ce qui implique au contraire de conserver le plus possible de données. C'est le *dilemme stabilité-plasticité*. Pour la plupart, les travaux portant sur la dérive de concept cherchent à optimiser ce compromis, souvent par des heuristiques, en **contrôlant la mémoire du passé**. L'une des questions clés est de savoir déterminer quand un changement d'environnement est en train de survenir. Il faut en effet savoir distinguer des variations qui peuvent être dues à des fluctuations naturelles mais non significatives de l'environnement de changements réels.

Parmi les méthodes proposées, on citera :

- Celles qui évaluent le nombre moyen d'erreurs sur des fenêtres glissantes. Lorsque les variations constatées dépassent un certain seuil, on admet qu'un changement a lieu. C'est l'approche par exemple du système ADWINN [Bif09].

- Celles qui surveillent le nombre d'erreurs : si celui-ci s'accroît plus vite qu'attendu, un changement d'environnement est suspecté. Voir le système DDM [GMCR04].

- Celles qui surveillent la durée moyenne entre les erreurs. Si elle diminue plus qu'attendu, un changement d'environnement est suspecté. Voir le système EDDM [BGdCÁF$^+$06].

Une approche heuristique utilisant un comité d'experts et une pondération/sélection pour s'adapter aux variations de l'environnement est étudiée dans [JCT13b]. L'un de ses intérêts est aussi d'être capable de réutiliser rapidement des experts qui étaient performants dans le passé en cas de changements récurrents de l'environnement.

Il faut noter qu'une stratégie possible consiste à apprendre directement les variations qui caractérisent l'environnement plutôt que de chercher à adapter, toujours avec retard, un modèle courant. Cela modifie profondément la question du contrôle de la mémoire et pose d'intéressants problèmes pour modifier en conséquence le critère inductif. Une approche heuristique est étudiée dans [JCT13a, Jab13] (voir également [Cor09b] pour plus d'informations sur les approches en dérive de concept et en apprentissage en ligne en général).

[SKS07] introduit un cadre d'apprentissage des variations appelé *tracking*. L'approche est simple et les exemples illustratifs également, mais le concept est plus profond qu'il n'y paraît. L'idée sous-jacente est que, si l'on sait à l'avance que les tests à venir ne seront pas distribués indépendamment sur l'ensemble de l'espace $\mathcal{X}$ mais seront « proches » des points d'apprentissage les plus récents, alors il peut être rentable de faire comme si on se trouvait dans une tâche d'apprentissage en ligne et de ne pas chercher à apprendre une fonction de décision valable pour l'ensemble de $\mathcal{X}$. On peut alors en effet apprendre une fonction valable localement seulement, mais prise dans un espace d'hypothèses contraint et donc en utilisant peu d'exemples d'apprentissage (figure 23.11).

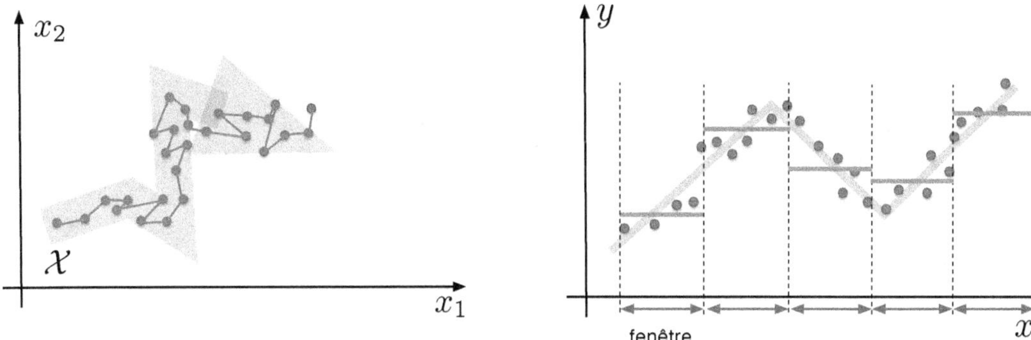

FIGURE 23.11 : *Le tracking suppose une sorte de cohérence temporelle (à gauche). Sous cette hypothèse (à droite), au lieu d'apprendre une hypothèse (ici, une fonction linéaire par morceaux) valide sur l'ensemble des entrées possibles que l'on suppose ici l'axe des x, il peut être plus intéressant d'apprendre une fonction locale simple (une fonction constante), ce qui nécessite moins de données.*

2.6　Les contraintes calculatoires de l'apprentissage en ligne

Ces dernières années ont vu l'émergence dans tous les domaines de bases de données énormes et en croissance rapide (ex. santé, biologie, télécommunications, physique des particules, Web). Pour les exploiter, des méthodes de recherche de régularité, de détection de rupture ou de suivi de tendance sont nécessaires *(large-scale learning)*, avec des coûts en calcul et en mémoire faibles. Idéalement, ces coûts doivent être de l'ordre de $\mathcal{O}(m)$, c'est-à-dire linéaires avec le nombre d'exemples m. De fait, afin de rendre possible un apprentissage en ligne, il faut que le coût soit constant avec chaque nouvel exemple. Il s'agit là d'une contrainte très forte sur l'apprentissage.

2.6.1　Méthodes de gradient stochastique

Les méthodes de gradient stochastique mettent à jour incrémentalement l'hypothèse courante en minimisant une approximation stochastique du gradient ne tenant compte que de l'exemple d'apprentissage courant. Bien que ces méthodes requièrent davantage d'itérations pour converger que les méthodes déterministes traditionnelles *(batch)*, chaque itération est en elle-même plus simple, ne retraitant pas l'ensemble des données d'apprentissage.

Lorsque les données sont abondantes, redondantes ou issues de flux de données potentiellement non stationnaires, les méthodes de gradient stochastique sont plus efficaces que celles d'optimisation classiques. En effet, bien que les méthodes hors ligne *(batch)* convergent plus rapidement vers un bon minimum du risque empirique que le gradient stochastique, celui-ci est beaucoup moins coûteux en calculs. Cela signifie que, avec les mêmes ressources, il peut traiter un échantillon d'apprentissage plus important et donc optimiser un risque empirique mieux informé. Les études [BB08, BL05] ont ainsi montré que des méthodes de gradient stochastique permettent d'examiner de l'ordre de $\mathcal{O}(m \log \log m)$ exemples quand une méthode hors ligne peut en traiter m. Par exemple, si $m = 10\,000$, le gradient stochastique peut traiter $22\,000$ exemples. Même si l'optimisation en ligne est de moins bonne précision, elle s'appuie sur un risque nettement mieux informé, ce qui la rend finalement plus performante.

> Un algorithme *hors ligne* ou en *batch* minimise le risque empirique $R_m(h)$ selon :
>
> $$h_{k+1} \;=\; h_k - \gamma_k\,\nabla_h R_m(h_k) \;=\; h_k - \gamma_k\,\frac{1}{m}\sum_{i=1}^{m}\nabla_h \ell\big(h_k(\mathbf{x}_i), y_i\big) \qquad (23.4)$$
>
> où $\nabla_h\,expr$ dénote le gradient de *expr* en fonction de h et où γ_k, le taux d'apprentissage, est > 0. Des études ont montré que $(h_k - \hat{h})^2$ converge en e^{-k}, où k dénote le k^e passage de l'échantillon d'apprentissage.
>
> En revanche, une procédure de *gradient stochastique en ligne* met à jour l'hypothèse courante sur la base d'un exemple unique $(\mathbf{x}_t, y_t)$, tiré généralement aléatoirement à chaque itération.
>
> $$h_{t+1} \;=\; h_t - \gamma_t\,\nabla_h \ell\big(h_t(\mathbf{x}_t), y_t\big) \qquad (23.5)$$
>
> La convergence est rapide jusque vers la zone d'un bon optimum, mais lente après, en raison des fluctuations introduites par la considération de chaque exemple.

Pour l'essentiel, les travaux de recherche dans ce domaine portent sur le contrôle du pas d'apprentissage ou pas de gradient durant l'apprentissage.

2.6.2 Vers une analyse théorique de l'apprentissage à grande échelle

Afin de rendre compte du compromis *complexité calculatoire - précision* des algorithmes d'apprentissage, Bottou et Bousquet [BB08] ont proposé d'étendre la formule classique exprimant le compromis biais-variance. L'erreur totale ε_T résulterait ainsi de trois termes :

$$
\begin{aligned}
\varepsilon_T = \quad & \mathbb{E}\big[R_{\text{Réel}}(h^\star) - R_{\text{Réel}}(f)\big] && \text{(erreur d'approximation)} \\
+ \quad & \mathbb{E}\big[R_{\text{Réel}}(\hat{h}) - R_{\text{Réel}}(h^\star)\big] && \text{(erreur d'estimation)} \\
+ \quad & \mathbb{E}\big[R_{\text{Réel}}(\hat{h}_{\text{opt}}) - R_{\text{Réel}}(\hat{h})\big] && \text{(erreur d'optimisation)}
\end{aligned}
\tag{23.6}
$$

où f est la fonction cible, $h^\star$ est l'hypothèse optimale dans $\mathcal{H}$, $\hat{h}$ est l'hypothèse minimisant le risque empirique et $\hat{h}_{\text{opt}}$ est l'hypothèse trouvée en tenant compte des ressources allouées à l'optimisation du risque empirique.

Si l'erreur d'optimisation est plus élevée dans le cas du gradient stochastique en ligne, en revanche l'erreur d'estimation serait plus faible car s'appuyant sur un risque empirique mieux informé avec les mêmes ressources calculatoires. Plus généralement, Bousquet et Bottou définissent le régime de l'apprentissage à grande échelle *(large-scale learning)* comme étant celui où le terme d'erreur d'optimisation (donc les contraintes calculatoires) prend le pas sur les deux autres termes.

Ce type d'analyse prenant en compte les ressources calculatoires est certainement à développer. Elle est aussi à rapprocher des travaux sur l'apprentissage sous contrainte de budget.

2.7 Apprentissage en ligne et apprentissage par transfert

La section suivante porte sur l'apprentissage d'une tâche en cherchant à profiter de ce qui a été appris à propos d'une autre tâche : l'apprentissage par transfert. D'un certain côté, l'apprentissage en ligne est un scénario mettant en jeu des transferts entre chaque étape d'apprentissage, des sortes de transferts infinitésimaux. La question est effectivement, à chaque nouvel exemple dont il faut prédire l'étiquette, que peut-on ré-utiliser de l'hypothèse précédente ?

Une différence notable entre apprentissage en ligne et apprentissage par transfert est que, concernant ce dernier, dans les études actuelles, on ne considère pas une histoire de tâches d'apprentissage dans le transfert, mais seulement une tâche dite « source » et une tâche « cible ». À l'avenir cependant, lorsque l'apprentissage au long cours *(long-life learning)* sera vraiment un objet d'étude, il est probable que les deux perspectives (apprentissage en ligne et apprentissage par transfert) devront être unifiées et le transfert mis dans une perspective de l'histoire du système apprenant.

3. Apprentissage à partir de flux de données

Ces dernières années, les progrès en matière de technologie ont permis la mesure automatique de données produites en continu dans des expériences ou des observations scientifiques (accélérateurs de particules, observations satellitaires), dans les réseaux de capteurs comportant des milliers de nœuds, ou bien liées aux quantités de méta-données disponibles sur le trafic dans les réseaux de communication ou de distribution d'énergie et dans les grilles de calcul. Ces développements apportent de grandes quantités de données qui croissent à un rythme lui-même en augmentation. On parle de *flux de données (data streams)*. Formellement, un flux de données est une séquence ordonnée de *points* $\langle \mathbf{x}_1, \mathbf{x}_2, \ldots, \mathbf{x}_m \rangle$ qui sont observés dans cet ordre et qui ne peuvent l'être qu'une seule fois, ou un petit nombre de fois.

Ces données doivent être traitées et analysées pour des raisons diverses : contrôle de système, découverte de régularités ou de tendances dans les données ou détection de situations alarmantes. Cependant, la quantité massive de données généralement en jeu ne permet pas d'en envisager un stockage préalable. Il faut au contraire opérer en utilisant des ressources de calcul et de mémoire sub-linéaires par rapport à la taille des entrées[4], en cherchant malgré tout à garantir la qualité des résultats obtenus. De plus, seuls des accès mémoire linéaires sont possibles, les accès aléatoires aux données étant trop coûteux. Ces contraintes d'espace mémoire et de coût en calculs rendent nécessaire la conception de nouvelles techniques d'analyse des données, en particulier la capacité de « résumer » les données afin de laisser suffisamment d'espace mémoire pour traiter celles à venir.

Les applications et algorithmes liés à l'apprentissage en présence de flux sont en plein développement et il n'est pas possible d'en décrire le paysage, même approximativement, dans cet ouvrage. Nous nous concentrons donc sur quelques questions typiques qui mettent en évidence les difficultés nouvelles et des techniques de résolution propres à ce nouveau domaine d'applications. Il est ainsi évident que l'échantillonnage et des comptages divers sont des opérations fondamentales pour l'apprentissage. Par ailleurs, les tâches de découverte de règles d'association, de détection de rupture de tendance et de classification non supervisée (clustering) sont particulièrement présentes dans les applications.

3.1   Échantillonnage et comptage

Une opération fondamentale en apprentissage concerne la constitution d'un échantillonnage de données représentatif, par exemple un tirage aléatoire et uniforme dans l'univers des données. Cela est facile lorsque l'ensemble des données est fini, par exemple lorsqu'il s'agit de tirer 100 éléments parmi 1 000, mais comment opérer lorsque le flux de données croît continuellement ? Supposons que l'on tire 100 éléments parmi les 1 000 premiers du flux, que faire lorsqu'un million d'éléments arrivent en plus ? Conserver les mêmes 100 éléments au risque de ne plus du tout être représentatif du flux de données ? Plusieurs solutions ont été proposées pour conserver un échantillon uniforme à partir d'un flux de données.

3.1.1   Algorithme du reservoir sampling

L'idée sous-jacente à l'algorithme du *reservoir sampling* [Vit85] remonte aux années 1980 et même sans doute avant.

Supposons que l'on doive constituer un échantillon de m éléments tirés uniformément dans un flux de données dont la taille instantanée est n, alors l'algorithme est le suivant. Tant que $n \leq m$, tirer tous les éléments du flux. Par la suite, lorsque $n > m$, tirer aléatoirement le i-ème élément du flux avec une probabilité de $1/i$ et, s'il est retenu, remplacer au hasard un élément de l'échantillon précédent. Lorsque $m = 1$, il est facile de montrer que le i-ème élément du flux a une probabilité d'être retenu de $1/n$. En effet, elle est égale à la probabilité que le i-ème élément soit tiré multipliée par celle que i survive jusqu'à la fin.

$$\frac{1}{i} \times \frac{i}{i+1} \times \frac{i+1}{i+2} \times \ldots \times \frac{n-2}{n-1} \times \frac{n-1}{n} = \frac{1}{n}$$

---

4.   Idéalement en complexité poly-logarithmique, c'est-à-dire en $\mathcal{O}((\log m \log n)^c)$, avec m le nombre d'éléments, n le nombre de types d'éléments et c une constante.

Le cas de $m \neq 1$ s'obtient par m répétitions indépendantes de cet algorithme.

Dans le contexte d'applications mettant en jeu plusieurs capteurs (ex. nœuds d'un réseau, machines d'une grille de calcul), l'inconvénient de cet algorithme est qu'il est difficile à paralléliser et à appliquer sur plusieurs flux simultanément. D'où l'invention d'un autre algorithme.

3.1.2   Algorithme du min-wise sampling

Pour chaque élément dans un des flux, tirer aléatoirement un nombre compris dans $[0, 1]$. Retenir les m éléments qui ont les plus petits nombres associés. Il est clair que chaque élément a la même probabilité d'être associé à l'un des m plus petits nombres. La distribution qui résulte de ce tirage est donc uniforme [NGSA04].

3.1.3   Calcul d'entropie sur les flux

L'entropie empirique d'une séquence S de caractères s'obtient en déterminant la fréquence empirique f_i de chaque caractère i et en calculant $H(S) = \sum_{i=1}^{k} \frac{f_i}{n} \log_2 \frac{f_i}{n}$, où k est le nombre de caractères différents et n la longueur de la séquence.

On utilise souvent une telle estimation d'entropie pour détecter les anomalies dans les flux de données.

Quand le nombre de types de caractères m est très grand, il faut utiliser une autre approche. Une méthode consiste à choisir aléatoirement une position i dans le flux, puis à compter le nombre r d'occurrences du caractère a_i dans la suite des n caractères du flux. La quantité $X = r \log_2 \frac{n}{r} - (r-1) \log_2 \frac{n}{r-1}$ est alors un estimateur non biaisé de $H(S) : E[X] = H(S)$ dont la variance est $\mathrm{Var}[X] = \mathcal{O}(\log^2 n)$. La qualité de l'estimation peut être améliorée en répétant plusieurs fois la procédure et en prenant la moyenne des résultats. En invoquant les bornes de Chebyshev, on montre que le nombre de répétitions nécessaires pour garantir une erreur bornée par ε/H^2 dans plus de 75 % des cas est $\mathrm{Var}[X]/\mathbb{E}^2[X]$, ce qui dans le cas de l'estimation de l'entropie signifie $\log^2 n/H^2(S)$. Il existe donc un problème potentiel pour le cas d'une entropie très faible.

Heureusement, l'analyse du cas d'une entropie faible montre qu'elle doit résulter d'un flux dans lequel un caractère est très largement prépondérant. Il suffit alors de l'enlever du flux pour pouvoir obtenir une estimation plus précise de $H(S)$ [CCM07].

3.1.4   Calcul de résumés sur les flux

Tous les problèmes d'estimation ne peuvent pas être résolus à l'aide d'échantillonnages. Par exemple, le calcul du nombre d'éléments distincts dans un flux requiert l'examen de tous ses éléments. On appelle *résumé (sketch)*, une structure de données compacte qui résume le flux par rapport à une requête. Puisque l'algorithme de traitement *voit* tous les éléments du flux même s'il ne les retient pas, on peut calculer des résumés, éventuellement de manière approchée seulement.

3.2   Recherche de règles d'association dans un flux de données

Un problème classique en fouille de données est celui de la recherche de *règles d'association*. Rappelons qu'il s'agit de chercher des règles de la forme $X \rightarrow y$ (un ensemble X d'items associé à un item y) dans une collection de transactions t_i, chacune d'entre elles étant un sous-ensemble d'items possibles, par exemple un ensemble de produits achetés dans un supermarché. Le *support* d'une règle est défini comme la fraction des transactions contenant tous les items de la règle :

$$\frac{|\{i|X \cup \{y\} \subseteq t_i\}|}{|t_i|}$$

La *confiance* d'une règle est définie comme le rapport du nombre de transactions contenant tous les membres de la règle sur le nombre de transactions contenant les items prémisses de la règle :

$$\frac{|\{i|X \cup \{y\} \subseteq t_i\}|}{|t_i|X \subseteq t_i|}$$

En général, l'objectif consiste à trouver (toutes) les règles de support et de confiance excédant des seuils spécifiques, d'où le terme de recherche de *Frequent Items Sets (FIS)*. Comme le nombre de telles règles est exponentiel par rapport au nombre d'items possibles, des stratégies de recherche spécialement conçues doivent être utilisées. Le problème est rendu encore plus difficile lorsque les transactions sont observées dans un flux et que les ressources en calcul et en mémoire sont limitées.

Le problème d'identifier les 1-*itemsets* fréquents (ensembles de taille 1) est déjà ardu lorsque l'ensemble des items possibles est très grand. Plusieurs approches ont été proposées. À des fins d'illustration, nous n'en évoquons qu'une ici : l'algorithme *Space-Saving* [MAA05]. Cet algorithme peut fournir un ensemble de 1-*itemsets* fréquents avec une erreur de moins de ε en utilisant une mémoire de taille $\mathcal{O}(\frac{1}{\varepsilon})$. Le principe consiste à maintenir un ensemble de $k = 1/\varepsilon$ items avec leur nombre d'occurrences associé. Pour chaque item, s'il a déjà été rencontré, son compteur est incrémenté de un, sinon l'algorithme remplace l'item associé au compteur le plus petit en prenant pour nombre d'occurrences la valeur de ce compteur plus un.

Une méthode pour trouver les ensembles d'items fréquents est décrite dans [MM02]. Pour chaque nouvelle transaction observée, l'ensemble de tous les sous-ensembles d'items est produit et stocké dans une structure compacte basée sur les tris. Lorsque l'espace mémoire est rempli, un algorithme d'élagage est utilisé afin de retirer les *itemsets* les moins fréquents. L'algorithme calcule l'erreur commise sur les nombres associés à chaque *itemset*. Cette technique est efficace, mais il n'existe pas, pour le moment, de borne d'erreur en pire cas sur l'espace mémoire requis pour atteindre une précision donnée.

Les recherches sur ces questions sont en plein essor et concernent aussi la recherche d'*itemsets* dans les séquences ordonnées et la recherche de formes séquentielles dans les flux de transactions.

3.3 Détection de ruptures

Un problème important dans le traitement des flux de données est de détecter les changements dans la distribution sous-jacente du processus engendrant les données. Une approche consiste à utiliser la divergence de Kullback-Leibler (ou entropie croisée)pour mesurer la distance entre distributions. L'avantage de cette méthode est qu'elle est bien fondée et qu'elle ne requiert pas de s'appuyer sur des modèles paramétrés des distributions.

L'idée est de comparer les distributions correspondant à une fenêtre temporelle de référence et à la fenêtre courante, toutes deux comprenant n points. Pour éviter de faire une hypothèse sur la distribution sous-jacente, la méthode décrite dans [DKVY06] propose de partitionner l'espace des entrées en sous-régions de poids (nombre d'éléments) à peu près égaux. Il est alors possible de calculer la probabilité discrète pour la fenêtre de référence $p(i)$ et pour la fenêtre courante $q(i)$. La distance de Kullbak-Leibler est alors calculée par :

$$KL(p||q) = \sum_i p(i) \log_2 \frac{p(i)}{q(i)}$$

Afin de déterminer si la distance observée est statistiquement significative, une méthode de *bootstrapping* [Efr82] peut être utilisée. Ici, elle consiste à engendrer deux fenêtres virtuelles en tirant aléatoirement les points des fenêtres de référence et courante et à calculer la divergence de Kullback-Leibler résultante. Si la distance mesurée pour les vraies fenêtres dépasse la distance calculée pour des couples de fenêtres virtuelles engendrées aléatoirement plus d'un certain nombre de fois qui peut être calculé pour un certain intervalle de confiance, alors on conclut que la distribution sous-jacente a changé dans le flux.

Comme il est possible de calculer la divergence de Kullback-Leibler de manière incrémentale, l'ensemble de la procédure peut être implanté de manière efficace. D'autres approches utilisant des histogrammes ou des méthodes à noyaux sont également étudiées actuellement.

3.4 Classification non supervisée

Lorsque les données sont très mal connues, en particulier lorsqu'il n'est pas encore question de leur attribuer des étiquettes, une des premières approches pour en cerner les caractéristiques est d'en chercher une description par classification non supervisée ou clustering. Grossièrement, cela consiste à trouver une partition (généralement disjointe) des données telle que, suivant une mesure de similarité à définir, des objets similaires soient rassemblés dans une même partie (ou groupe) et que les parties soient aussi dissimilaires que possible (chapitre 16).

À l'exception de quelques méthodes incrémentales, les algorithmes classiques de classification non supervisée calculent la partition en s'appuyant sur la base entière des données. Cependant, *les flux de données ne peuvent être appréhendés de cette manière*. En effet, d'une part, le volume des données ne permet pas de les traiter toutes ensemble, d'autre part, un flux devant se considérer comme un processus non fini, évoluant avec le temps, la structure sous-jacente en termes de regroupements peut elle-même évoluer. Les algorithmes de classification non supervisée sur les flux de données doivent donc permettre de calculer une partition en fonction d'un certain empan temporel (par exemple, *clusters* sur une semaine, un mois, une année), ainsi que d'adapter la partition calculée en fonction des évolutions temporelles.

La classification non supervisée présente un défi dans le cas des flux de données, car il faut trouver une manière adaptée de représenter les données de manière économique, tout en préservant la capacité à représenter fidèlement la structure des données et sa possible évolution.

Plusieurs approches ont été proposées depuis la fin des années 1990. La plupart reposent sur le calcul et le maintien de points représentatifs, les k-moyennes, qui sont les « centres » des *clusters* [Gon85]. Le problème est alors de choisir le nombre adéquat de centres et de savoir éventuellement le faire évoluer en fonction des variations de la distribution des données au cours du temps. De plus, cette méthode ne permet pas facilement de répondre à des requêtes portant sur des périodes de temps d'ampleurs différentes (quels étaient les *clusters* sur le dernier mois ou la dernière année ?). D'autres méthodes, telles que *CluStream* [AHWY03], défendent l'idée d'une hiérarchie de représentations. Les données sont d'abord résumées par des micro-*clusters* en nombre limité, mais cependant plus important que le nombre naturel de *clusters*. Ces micro-*clusters* s'adaptent ainsi à la micro-structure des données et maintiennent une information sur leur évolution temporelle. Ils permettent ensuite, lors d'une requête, de calculer les macro-*clusters* d'intérêt pour l'utilisateur.

Quelle que soit l'approche, il faut idéalement pouvoir quantifier le degré d'approximation garanti en fonction de la taille mémoire autorisée (nombre de centres, écarts-types ou seuils, statistiques temporelles, etc.) et de la dynamique du signal. C'est ce que s'efforcent de faire les auteurs des méthodes proposées dans la littérature scientifique.

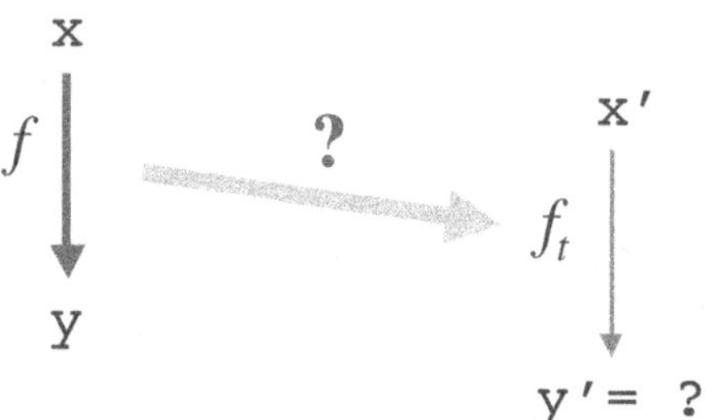

FIGURE 23.12 : *Schématiquement, l'analogie consiste à trouver la réponse à une question $\mathbf{x}'$ connaissant un couple $(\mathbf{x}, f(\mathbf{x}))$ (ou plus précisément $(\mathbf{x}, \mathbf{y})$, sans généralement connaître f). La fonction f_t produisant la réponse en $\mathbf{x}'$ peut être différente de f en $\mathbf{x}$.*

4. Changement de repère et raisonnement par analogie

L'induction suppose connu un échantillon $\mathcal{S} = \langle(\mathbf{x}_i, f(\mathbf{x}_i))\rangle_{i=1..m}$ à partir duquel on induit une fonction h aussi proche de f que possible permettant la prédiction d'une réponse en tout point de l'espace $\mathcal{X}$. Le *raisonnement par analogie* suppose beaucoup moins : de la connaissance d'un couple $(\mathbf{x}, f(\mathbf{x}))$, il cherche à prédire la réponse en un point $\mathbf{x}' \neq \mathbf{x}$ (voir figure 23.12). Évidemment, en l'absence de davantage de données, cela n'est possible que si l'on connaît des propriétés utiles sur l'espace $\mathcal{X} \times \mathcal{F}$.

Dans sa version la plus fruste, le raisonnement par analogie opère comme la méthode par plus proches voisins : lorsqu'il est difficile, voire impossible, de trouver une solution pour le problème $\mathbf{x} \in \mathcal{X}$, il peut être intéressant d'emprunter la solution connue d'un problème $\mathbf{x}'$ « proche » de $\mathbf{x}$. Toute la question devient alors de caractériser la notion de proximité. Lorsque, de plus, le problème $\mathbf{x}'$ dont on s'inspire n'appartient pas au même domaine de connaissance, on parlera souvent de similarité. Cette notion est dépendante de la tâche : deux situations peuvent être soit très similaires, soit très différentes en fonction du contexte. Un caillou et mon smartphone peuvent tous les deux servir de presse-papiers pour empêcher des feuilles de s'envoler pendant que je rédige cet ouvrage la fenêtre ouverte. Pour cette tâche, ils sont similaires. Je me garderai cependant bien d'utiliser l'un et l'autre indifféremment lorsque je veux téléphoner à mon coauteur ou faire des ricochets sur la rivière toute proche.

Nous avons vu au chapitre 16 comment se traduit la notion de proximité dans un espace décrit par des attributs numériques. Vapnik [Vap95] parle de *transduction* lorsque l'on cherche à prédire la valeur en un point $\mathbf{x}'$ connu à l'avance à partir d'un échantillon d'exemples $\mathcal{S} = \langle(\mathbf{x}_i, y_i)\rangle_{1 \leq i \leq m}$. Selon lui, il n'est alors pas nécessaire de passer par l'induction d'une fonction h définie sur tout l'espace d'entrée $\mathcal{X}$. Il peut y avoir pour chaque situation, ou point $\mathbf{x}$, une fonction définie localement, qu'il faut « déformer » (minimalement) pour pouvoir l'appliquer en un autre point [5]. Lorsqu'une ou des théorie(s) de domaine permet(tent) de redécrire les situations, la notion de similarité doit faire intervenir des propriétés des redescriptions possibles et des théories qu'elles mettent en jeu. On parle alors vraiment d'analogies.

Celles-ci présentent certaines particularités notables :

- Si l'analogie entre deux situations fait souvent intervenir la recherche de « points communs » entre elles, elle n'est cependant pas équivalente à un processus de généralisation.

---

5. Les mathématiciens seront tentés d'y reconnaître la notion de covariance sur des variétés différentielles.

On peut plutôt l'envisager comme la recherche du canal de transmission le plus économique entre une description de situation et une autre [Cor96]. Cette recherche met en avant des primitives ou des structures de description potentiellement intéressantes parmi toutes les primitives et structures envisageables. En ceci, elle aide déjà à la solution d'un problème donné par la focalisation sur les descriptions pertinentes.

- Contrairement à une distance, la notion de proximité mise en jeu dans l'analogie n'est pas symétrique et, corollairement, ce qui est transporté d'une situation à l'autre n'est pas forcément la même chose dans un sens et dans l'autre.

Des modèles de raisonnement par analogie dans lesquels la complexité de Kolmogorov (chapitre 26, section 11) est utilisée comme base de calcul de la distance entre *source* et *cible* ont été proposés [Cor96, MDC17] et ont montré leur efficacité en particulier dans des tâches de prédiction de déclinaisons grammaticales par passage d'une langue à une autre [MAGDC20].

Les modèles de raisonnement par analogie ont surtout été étudiés dans le cadre de recherches sur la cognition humaine. D'autres types de raisonnements permettant le transfert de connaissances entre domaines ont été également abordés, par exemple le *blending* [FT98, FT08] ou l'*effet tunnel cognitif* [CTC00]. Il reste encore beaucoup à faire pour comprendre pleinement ces types de raisonnements mêlant divers types de représentations, de connaissances et d'inférences. Nous recommandons à ce sujet la lecture des ouvrages de Hofstadter, dont [Hof95] et surtout [HS13].

5. Apprentissage et transfert

Dans les organismes naturels, l'apprentissage se construit toujours sur d'autres apprentissages. Cela se traduit par des effets parfois bénéfiques, parfois néfastes, mais on ne peut étudier un apprentissage isolément du passé du système apprenant. On parle de transfert (aussi *priming effect*, en sciences cognitives) lorsqu'un apprentissage en influence un autre. C'est le cas, par exemple, quand quelqu'un apprend à jouer aux échecs après avoir appris à jouer aux dames, ou apprend le piano après avoir appris la flûte, ou encore lorsque l'on apprend une seconde langue. Comme l'a dit Russell dans un cours sur l'intelligence artificielle, l'apprentissage cumulatif ou l'apprentissage par transfert est peut-être le problème fondamental que doit résoudre l'apprentissage artificiel. C'est pourtant un sujet encore peu étudié par comparaison avec l'apprentissage isolé ou en une fois *(one-shot learning)* et il y avait encore peu d'articles jusque récemment [Car97b, Sch94, TM95], mais cela change rapidement.

Dans le cadre de l'induction supervisée classique, on cherche à apprendre une bonne fonction de décision h de l'espace d'entrée $\mathcal{X}$ vers l'espace de sortie $\mathcal{Y}$ en utilisant un échantillon d'apprentissage $S = \{(\mathbf{x}_i, y_i)\}_{1 \leq i \leq m}$. La base de l'inférence inductive est de supposer que les données d'apprentissage et les futures questions tests sont gouvernées par la même distribution $\mathbf{P}_{\mathcal{X}\mathcal{Y}}$. Cependant, il arrive souvent que les distributions d'apprentissage et de test soient différentes. Le problème inductif correspondant est appelé *adaptation de domaine*. Un pas supplémentaire est pris lorsque l'on veut profiter du résultat d'un apprentissage sur une tâche pour faciliter l'apprentissage d'une autre tâche, ne partageant pas le même espace d'entrée $\mathcal{X}$, voire pas le même espace de sortie $\mathcal{Y}$ non plus. Par exemple, un système qui a appris à reconnaître des champs de pavots dans des images satellitaires pourrait peut-être être adapté avec profit à la reconnaissance de cellules cancéreuses dans des images de biopsie. Ou pas. C'est ce que l'on appelle l'*apprentissage par transfert*.

Formellement, en apprentissage par transfert on distingue un *domaine source* $\mathcal{D}_\mathcal{S}$ défini comme le produit d'un espace d'entrée et d'un espace de sortie : $\mathcal{X}_\mathcal{S} \times \mathcal{Y}_\mathcal{S}$. L'information source peut provenir soit de l'échantillon de données source $S_\mathcal{S} = \{(\mathbf{x}_i^\mathcal{S}, y_i^\mathcal{S})\}_{1 \leq i \leq m}$, soit de la fonction de décision source $h_\mathcal{S} : \mathcal{X}_\mathcal{S} \to \mathcal{Y}_\mathcal{S}$, avec ou pas en plus l'échantillon source. Si seule la fonction source est fournie, on est dans le cadre de l'apprentissage par transfert d'hypothèse *(hypothesis transfer learning)*.

De manière similaire, le domaine cible, noté $\mathcal{D}_\mathcal{T}$ *(target domain)*, est défini comme le produit d'un espace d'entrée et d'un espace de sortie : $\mathcal{X}_\mathcal{T} \times \mathcal{Y}_\mathcal{T}$. En général, on fait appel à l'apprentissage par transfert parce que les données d'apprentissage dans le domaine cible sont insuffisantes pour apprendre dans de bonnes conditions une hypothèse cible performante $H_\mathcal{T} : \mathcal{X}_\mathcal{T} \to \mathcal{Y}_\mathcal{T}$. Il existe des scénarios dans lesquels on suppose que seules des données cibles non étiquetées sont disponibles : $S_\mathcal{T} = \{\mathbf{x}_i^\mathcal{T}\}_{1 \leq i \leq m}$.

Deux questions se posent alors :

1. *Est-ce que la connaissance de l'hypothèse source* (et des données d'apprentissage sources si elles sont disponibles) *peut aider à apprendre* une bonne fonction de décision dans le domaine cible ? On voudrait au moins que l'hypothèse apprise par transfert soit meilleure que l'hypothèse apprise à partir du seul échantillon de données cibles.

2. Si oui, *comment* réaliser cet apprentissage par transfert ?

Ces deux questions en amènent immédiatement **deux autres** :

1. Comment *mesurer le degré de relation (relatedness)* entre deux problèmes d'apprentissage ?

2. *Comment et quoi transférer* entre les problèmes ?

Ces deux questions sont encore compliquées par le fait qu'elles ne sont pas indépendantes. La mesure de la ressemblance dépend de ce qui peut être transféré et ce qui peut être transféré dépend de la mesure de ressemblance.

L'apprentissage par transfert est un sujet d'étude très à la mode. L'une des raisons est que l'apprentissage de réseaux de neurones profonds semble s'y prêter très bien . Dans ce contexte, le transfert est opéré généralement par le transfert des couches basses d'un réseau de neurones appris sur une tâche à un réseau de neurones dédié à une autre tâche (voir section 6.3 du chapitre 17). Typiquement, dans les tâches d'analyse de scènes, dans lesquelles les réseaux de neurones profonds excellent, on a constaté que ce type de transfert aide considérablement l'apprentissage dans le domaine cible. Cela est dû au fait que les couches basses apprennent à reconnaître des descripteurs des scènes visuelles qui sont utiles pour tout type de scènes visuelles. Ainsi, ce qui a été appris pour reconnaître des types de paysages peut être utilement transféré à un problème de reconnaissance de visages, ou même de reconnaissance de vêtements dans des applications liées à la mode.

[PY10b], par exemple, fournit un panorama des recherches en apprentissage par transfert, en proposant une terminologie et en décrivant un ensemble d'applications.

En apprentissage par transfert (dans le cas supervisé), la question centrale est : *comment utiliser l'information source disponible pour aider à apprendre une (meilleure) fonction de décision dans le domaine cible ?*

L'une des analyses pionnières dans ce domaine est due à Ben-David et ses collègues dans le contexte de l'adaptation de domaine (même espace d'entrée pour la source et la cible) [BDBC$^+$07, BDBC$^+$10]. Une idée centrale est qu'un espace de représentation commun devrait être découvert dans lequel les projections des données sources $\{(\mathbf{x}_i^\mathcal{S})\}_{1 \leq i \leq m}$ et des données cibles $\{(\mathbf{x}_i^\mathcal{T})\}_{1 \leq i \leq m}$ devraient être aussi indistinguables que possible. En dehors des justifications théoriques de cette idée, l'intuition est que, si les deux domaines deviennent indistinguables, une fonction de décision apprise sur les données sources devrait aussi être bonne sur les données cibles et donc sur les données cibles tests. Ben-David et d'autres chercheurs montrent que l'erreur commise par la fonction de décision sur le domaine cible (i.e. la distribution cible) peut être bornée par :

$$\mathrm{err}_{\mathbf{P}^{\mathcal{T}}_{\mathcal{X}\mathcal{Y}}}(h) \ \leq \ \mathrm{err}_{\mathbf{P}^{\mathcal{S}}_{\mathcal{X}\mathcal{Y}}}(h) + \frac{1}{2}d_{\mathcal{H}}(\mathcal{D}_{\mathcal{S}}, \mathcal{D}_{\mathcal{T}}) + \nu$$

où $\mathrm{err}_{\mathbf{P}_{\mathcal{X}\mathcal{Y}}}$ est l'espérance d'erreur de la fonction h sur la distribution $\mathbf{P}_{\mathcal{X}\mathcal{Y}}$, le deuxième terme est la divergence des deux domaines mesurée en fonction des hypothèses de l'espace d'hypothèses $\mathcal{H}$ (voir [BDBC$^+$10] et [MMR09a] pour une autre mesure de divergence) et, finalement, $\nu = \mathrm{Argmin}_{h\in\mathcal{H}}\big[\mathrm{err}_{\mathbf{P}^{\mathcal{S}}_{\mathcal{X}\mathcal{Y}}}(h) + \mathrm{err}_{\mathbf{P}^{\mathcal{T}}_{\mathcal{X}\mathcal{Y}}}(h)\big]$ est l'erreur commise par la meilleure hypothèse sur les domaines source et cible simultanément. Le dernier terme est étrange car il demande de déterminer une hypothèse qui soit bonne à la fois sur les données sources et sur les données cibles, ce qui semble interdire des transferts où les deux distributions sont très différentes.

Cependant, cette idée que le transfert devrait impliquer une projection des domaines source et cible vers un même espace de représentation est à la base de nombreuses méthodes proposées dans la littérature [BBS07, JZ07, MMR09a, SNK$^+$08]. Par exemple, les méthodes de *changement d'espace de représentation (Feature-based methods)* cherchent explicitement un nouvel espace de représentation dans lequel projeter les données sources et cibles de telle manière que leurs distributions deviennent indistinguables. Les méthodes proposées cherchent des descripteurs permettant de définir le nouvel espace de description.

L'apprentissage par transfert quand les espaces d'entrée sont les mêmes $\mathcal{X}_{\mathcal{S}} = \mathcal{X}_{\mathcal{T}}$ et les espaces de sortie aussi : $\mathcal{Y}_{\mathcal{S}} = \mathcal{Y}_{\mathcal{T}}$ et que seules des données cibles non étiquetées sont disponibles est appelée *adaptation de domaine non supervisée*). [MHA11, GHLM16] ont proposé des algorithmes pour apprendre des classifieurs linéaires et ont obtenu des bornes en généralisation en utilisant une analyse PAC-bayésienne. De même, [GSSG12] ont mis en avant l'idée d'utiliser des fonctions noyaux de flot géodésique pour apprendre des transformations continues non linéaires entre les sous-espaces caractérisant le problème source, d'un côté, et le problème cible, de l'autre.

Trois familles de méthodes particulièrement ont été utilisées récemment pour réaliser l'appariement, d'une certaine manière, des domaines sources et cibles :

- Les méthodes de *re-pondération des exemples (reweighting/instance-based methods)* qui modifient les poids des données sources pour mieux correspondre à la distribution cible (inconnue). Pour cela, les poids des exemples sources proches d'exemples cibles sont augmentés.

- Les méthodes d'*ajustement itératif (adjustment / itérative methods)* qui modifient les poids des exemples sources itérativement de telle manière que la fonction de décision source deviennent progressivement meilleure sur les données cibles disponibles. Cette méthode est en particulier utilisée avec des fonctions de décision linéaires.

- Des méthodes de *transport optimal* qui cherchent à identifier une transformation $\mathbf{T}$ entre les distributions source et cible par minimisation d'une distance de Wasserstein entre distributions. L'avantage est que cette formulation est beaucoup plus générale que celle consistant à trouver un sous-espace commun entre les domaines source et cibles. Des progrès récents ont permis d'accélérer le calcul d'un transport optimal entre échantillons de données. Il faut cependant définir un terme de régularisation fonction de la tâche considérée et des connaissances préalables éventuelles [CFTR17].

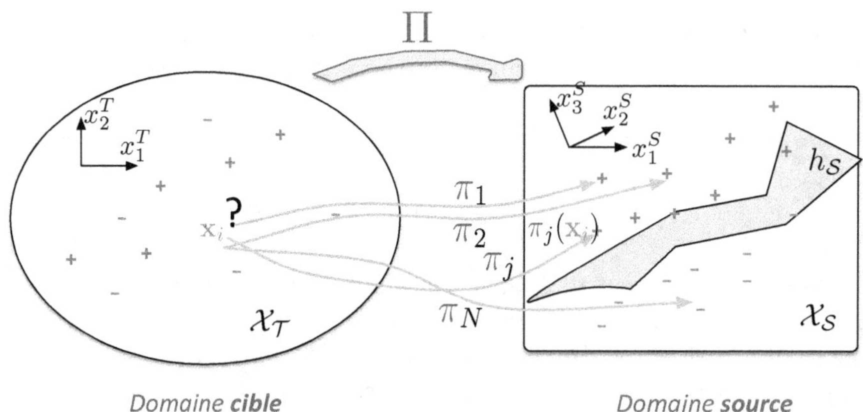

FIGURE 23.13 : *Dans l'approche* TransBoost, *la prédiction de l'étiquette d'un point cible* $\mathbf{x}_i$ *s'obtient par le calcul de* N *projections* $\pi_j(\mathbf{x}_i)$ *dans le domaine source, et une combinaison pondérée des étiquettes de ces points par l'hypothèse source* h_S *selon l'équation :* $H_T\mathbf{x}_i)) = signe\left\{\sum_{n=1}^{N} \alpha_n\, h_S\big(\pi_n(\mathbf{x}_i)\big)\right\}$.

Un autre scénario est celui dans lequel il existe *plusieurs sources pour un seul domaine cible*. Par exemple, [MMR09b] suppose que, pour chaque source $i \in \{1, \ldots, k\}$, la distribution source D_i est connue, de même que l'hypothèse source h_i d'erreur supposée bornée par ε sur D_i. Ils font de plus l'hypothèse que la distribution cible est un mélange de k distributions sources. Le problème d'adaptation est alors de trouver une combinaison des hypothèses h_i. Ils montrent que, sous ces hypothèses, on peut obtenir des garanties sur la perte de l'hypothèse cible formée comme une combinaison des hypothèses sources. Cependant, ils ne montrent pas comment apprendre les paramètres de la combinaison.

Dans le scénario de l'*apprentissage par transfert d'hypothèse*, un échantillon (limité) de données cibles étiquetées et l'hypothèse source sont fournis à l'apprenant, qui doit alors produire une hypothèse cible :

$$A^{\mathrm{htl}} \;:\; (\mathcal{X}_T \times \mathcal{Y}_T)^m \,\times\, \mathcal{H}^S \,\rightarrow\, \mathcal{H}^T \subseteq \mathcal{Y}^{\mathcal{X}}$$

Dans une étude, les auteurs de [KO13] veulent identifier l'impact de la qualité de l'hypothèse source sur les performances de l'hypothèse cible. Cependant, leur analyse est limitée sur plusieurs points. D'abord, elle se restreint à la régression linéaire avec un algorithme de minimisation des moindres carrés régularisés. Ensuite, leur cadre théorique demande qu'en fait $\mathcal{X}^T = \mathcal{X}^S$ et $\mathcal{Y}^T = \mathcal{Y}^S$, ce qui en fait une approche de l'adaptation de domaine et non d'apprentissage par transfert. Finalement, leur algorithme d'apprentissage cherche à trouver un vecteur poids $\mathbf{w}^T$ aussi proche que possible du vecteur poids source $\mathbf{w}^S$ tout en s'adaptant au mieux aux données d'apprentissage cibles. On en revient à l'idée d'une hypothèse bonne à la fois sur les données sources et cibles.

Récemment, les auteurs de [CMO20] ont proposé un autre point de vue sur un apprentissage par transfert, dans lequel les espaces d'entrée source $\mathcal{X}_S$ et cible $\mathcal{X}_T$ sont différents, mais les espaces de sortie $\mathcal{Y}_S$ et $\mathcal{Y}_T$ sont les mêmes, et dans lequel on ne suppose fournie que l'hypothèse source (cadre de l'apprentissage par transfert d'hypothèse). Dans cette approche, l'apprentissage par transfert revient à apprendre un ensemble de N « traducteurs » ou projections faibles π_n entre le domaine cible et le domaine source, de telle manière que l'on puisse traduire une question cible $\mathbf{x}^T$ en N questions (points) de l'espace source pour lesquelles l'hypothèse source connue fournit autant de réponses, celles-ci étant alors pondérées pour donner la réponse finale $H_{\mathcal{T}}(\mathbf{x}^{\mathcal{T}})$. L'algorithme proposé, appelé `TransBoost`, fait appel à une procédure de *boosting* pour apprendre les projecteurs faibles (figure 23.13).

$$H_{\mathcal{T}}(\mathbf{x}^{\mathcal{T}}) = \mathrm{signe}\left\{ \sum_{n=1}^{N} \alpha_n \, h_{\mathcal{S}}\big(\pi_n(\mathbf{x}^{\mathcal{T}})\big) \right\}$$

Les expériences réalisées montrent les bonnes performances obtenues par cette stratégie, en particulier sur des problèmes de classification de séries temporelles. Une analyse théorique fournit des bornes en généralisation sur le domaine cible.

Il est intéressant de noter que cette approche est **duale** de l'approche généralement employée avec les réseaux de neurones. Dans ceux-ci, ce sont les descripteurs appris sur une tâche (les premières couches) qui sont transférés pour une autre tâche et la fonction de décision de haut niveau est apprise sur les données cibles. Dans `TransBoost`, on suppose au contraire que la fonction de décision est la même dans les tâches source et cible, mais qu'il faut apprendre à traduire les descripteurs pour pouvoir l'appliquer dans le domaine cible.

Résumé

Des problèmes nouveaux en apprentissage nécessitent de sortir du cadre strict de l'induction supervisée dans lequel les données d'apprentissage et de test sont supposées provenir d'une même distribution de probabilités :

- L'apprentissage actif est un scénario dans lequel l'apprenant a l'initiative du choix des exemples d'apprentissage afin d'en diminuer le nombre car ils sont parfois coûteux à obtenir. Deux questions se posent alors : comment sélectionner les exemples les plus « informatifs » et comment garantir des performances en généralisation quand l'erreur en apprentissage est maintenant obtenue sur une distribution différente de la distribution test.

- Dans l'apprentissage en ligne, les données arrivent séquentiellement et apprentissage et décision sont réalisés alternativement. Le critère inductif doit être différent de ceux adaptés pour un environnement stationnaire et l'analyse théorique utilise d'autres outils.

- L'apprentissage à partir de flux de données introduit des contraintes de calcul et de mémoire permettant une réponse en temps constant et un espace mémoire de taille fixe.

- L'apprentissage par transfert étudie comment utiliser des informations sur un domaine source pour faciliter l'apprentissage dans un domaine cible quand les données d'apprentissage cibles sont insuffisantes. Ce domaine d'étude, important pour réaliser des apprentissages en environnement non stationnaire et à tâches successives, nécessite le développement d'une nouvelle analyse théorique. De nombreuses méthodes sont proposées sans qu'un cadre général n'ait encore émergé.

Septième partie

Aspects pratiques et suppléments

Chapitre 24

Frank WILCOXON (1892-1965)

L'évaluation de la qualité d'un apprentissage

Nous avons vu au chapitre 2 comment préparer les données en vue d'un projet d'apprentissage, puis au cours des chapitres suivants, comment développer la théorie et la pratique des algorithmes d'apprentissage proprement dits. Il reste une question d'importance à traiter : celle de l'évaluation des résultats. Ce chapitre montrera, pour reprendre le vocabulaire du chapitre 2, comment estimer le risque réel d'une hypothèse d'apprentissage et comment décider si une hypothèse est meilleure qu'une autre. Il abordera ensuite quelques problèmes opérationnels qui peuvent se poser à l'ingénieur en données.

A PRÈS AVOIR préparé les données, puis essayé divers algorithmes d'apprentissage, l'ingénieur en données se retrouve inévitablement confronté à l'évaluation de son travail. Comment mesurer la performance d'un algorithme ? Comment comparer deux algorithmes ? Ces points sont étudiés dans les deux premières sections. La troisième section s'intéresse à quelques problèmes pratiques relatifs aux données et la quatrième présente un certain nombre de logiciels disponibles librement. La dernière section propose une introduction aux différents types de formations pour s'initier ou approfondir ses connaissances en science des données et à l'apprentissage artificiel.

1. L'évaluation de l'apprentissage

Plutôt que de parler de l'apprentissage, nous devrions parler d'apprentissages au pluriel. Le problème de l'évaluation est donc également multiforme. Dans ce chapitre, nous nous concentrerons sur l'apprentissage inductif supervisé à partir d'un échantillon.

La question est alors : étant donné un algorithme qui retourne des décisions ou bien une hypothèse permettant de calculer une décision pour n'importe quelle entrée de $\mathcal{X}$, comment évaluer la performance de cette règle de décision au sens large ?

Suffit-il par exemple de faire confiance au principe MRE et de se fonder sur la performance mesurée sur l'échantillon d'apprentissage ? Surtout pas, du moins sans précautions. En effet, non seulement la performance en apprentissage, ce que nous avons appelé *risque empirique* dans le chapitre 3, est intrinsèquement optimiste, mais en outre son comportement n'est pas forcément un bon indicateur de la vraie performance (le *risque réel*). Un phénomène classique, déjà présenté au chapitre 1, est schématisé sur la figure 24.1 : le risque empirique diminue au fur et à mesure que le système prend en compte davantage d'informations (soit par un accroissement du nombre d'exemples présentés, soit par une répétition des exemples d'apprentissage) tandis que le risque réel, d'abord décroissant, se met à augmenter après un certain stade. Ce phénomène est appelé *surapprentissage* ou *suradaptation* ou encore *surajustement (over-fitting)*.

Le risque empirique ne peut donc à lui seul servir de base à l'estimation de la performance de l'apprentissage réalisé. Comment doit-on alors procéder ?

1.1 L'évaluation a priori : critères théoriques

Une solution consiste à appliquer les résultats théoriques décrits dans les chapitres 3 et 25 qui fournissent des bornes en probabilité sur le risque réel en fonction du risque empirique. Ces bornes prennent la forme générale :

$$R_{\text{Réel}}(h) \; = \; R_{\text{Emp}}(h) + \Phi(\mathcal{H}, m)$$

où Φ est une fonction de la richesse de l'espace d'hypothèses $\mathcal{H}$ et m est la taille de l'échantillon d'apprentissage $\mathcal{S}$.

Si on peut obtenir ainsi des bornes asymptotiquement serrées en théorie, elles sont déterminées sous des hypothèses de « pire cas », c'est-à-dire en étant prêt à affronter toute distribution des données et tout concept cible. En pratique, les bornes calculées de cette manière sont généralement trop lâches et ne permettent pas d'estimer précisément la performance réelle. C'est pourquoi, sauf cas particuliers favorables, l'estimation de la performance en apprentissage s'opère généralement par des mesures empiriques.

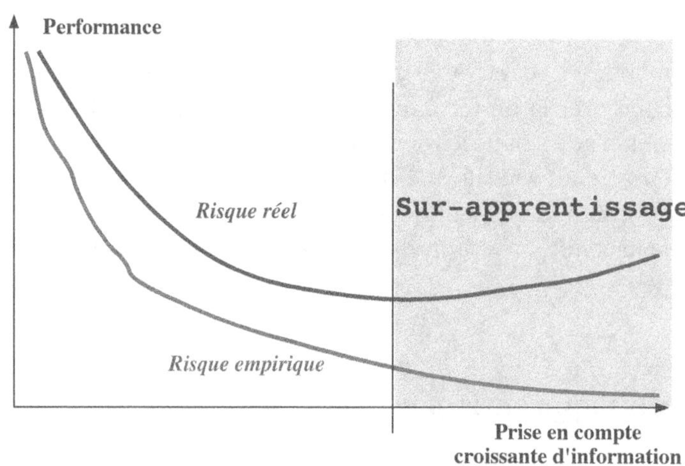

FIGURE 24.1 : Phénomène de sur-apprentissage. *Tandis que le risque empirique continue de diminuer au fur et à mesure de la prise en compte d'informations, le risque réel qui diminuait également dans un premier temps, commence à réaugmenter après un certain stade. Il n'y a alors plus de corrélation entre les deux risques.*

1.2   L'évaluation empirique a posteriori : généralités

Quel que soit le principe inductif utilisé pour apprendre une règle de décision, l'algorithme qui cherche cette règle doit pouvoir l'évaluer, en regard du principe inductif, au sein d'un ensemble de possibilités. Ainsi, un algorithme qui s'appuie sur le principe MRE sélectionne une règle qui minimise le risque empirique. Tout algorithme utilise *in fine* une mesure de performance dont une composante est la fidélité aux données d'apprentissage. Cependant, tant la théorie, esquissée dans les chapitres 1 et 3 et développée dans le chapitre 25, que la pratique, montrent qu'il ne faut pas utiliser la performance directement et uniquement mesurée sur l'échantillon de données ayant servi à l'apprentissage pour estimer la vraie performance, c'est-à-dire le risque réel pour ce qui concerne l'apprentissage supervisé.

1.3   L'estimation du risque réel d'une hypothèse

Comme nous l'avons vu, le risque réel est souvent considéré comme le critère de performance le plus important d'un système d'apprentissage. Il est donc essentiel de pouvoir l'estimer le plus précisément possible, ce qui, en général, requiert l'utilisation des exemples d'apprentissage disponibles puisqu'ils sont supposés être notre (unique) source d'information sur la distribution vraie des données. Le problème souvent rencontré est que l'échantillon d'apprentissage est de taille limitée, pour ne pas dire réduite. Cela limite la précision des estimations possibles, mais, surtout, nécessite d'opérer des arbitrages entre la part de l'échantillon utilisée pour l'apprentissage et celle qui sert à l'estimation.

L'approche la plus simple consiste à utiliser toutes les données d'apprentissage, à la fois pour l'apprentissage et pour l'estimation de la performance. C'est ce que l'on appelle la *méthode de resubstitution*. Cette méthode est optimiste et conduit facilement à du sur-apprentissage.

C'est pour éviter ce biais que l'on opère une distinction en général entre les données utilisées pour l'apprentissage et celles utilisées pour le test. Il existe différentes méthodes pour opérer cette distinction, exposées dans la suite de cette section.

1.3.1   L'utilisation d'un échantillon de test

La méthode la plus simple pour estimer la qualité objective d'une hypothèse h est de couper l'ensemble des exemples en deux sous-ensembles indépendants : le premier, noté $\mathcal{L}$, est utilisé pour l'apprentissage de h et le second, noté $\mathcal{T}$, sert à mesurer sa qualité. Ce second ensemble est appelé *échantillon (ou ensemble d'exemples) de test*. On a $\mathcal{S} = \mathcal{L} \cup \mathcal{T}$ et $\mathcal{L} \cap \mathcal{T} = \emptyset$. Comme nous allons le voir, la mesure des erreurs commises par h sur l'ensemble de test $\mathcal{T}$ est une estimation du risque réel d'erreur de h. Cette estimation se note :

$$\widehat{R}_{\text{Réel}}(h)$$

Examinons d'abord le cas particulier de l'apprentissage d'une règle de classification.

Le cas de la classification

Donnons tout d'abord la définition d'une matrice de confusion (C est ici le nombre de classes) :

Définition 24.1 (Matrice de confusion)

La matrice de confusion $M(i,j)$ d'une règle de classification h est une matrice $C \times C$ dont l'élément générique donne le nombre d'exemples de l'ensemble de test $\mathcal{T}$ de la classe i qui ont été classés par h dans la classe j.

Dans le cas d'une classification binaire, la matrice de confusion est donc de la forme :

Classe réelle / *Classe estimée*	+ (P)	− (N)
+	**Vrais positifs** (VP)	Faux positifs (FP)
−	Faux négatifs (FN)	**Vrais négatifs** (VN)

Si toutes les erreurs sont considérées comme également graves, la somme des termes non diagonaux de M, divisée par la taille t de l'ensemble de test, est une estimation $\widehat{R}_{\text{Réel}}(h)$ sur $\mathcal{T}$ du risque réel de h.

$$\widehat{R}_{\text{Réel}}(h) = \frac{\Sigma_{i \neq j} M(i,j)}{t}$$

En notant t_{err} le nombre d'objets mal classés de l'ensemble de test, on a donc :

$$\widehat{R}_{\text{Réel}}(h) = \frac{t_{err}}{t}$$

Le point de vue de la statistique

En statistique, un problème central est celui d'estimer si les mesures effectuées doivent s'expliquer par une hypothèse d'intérêt (notée conventionnellement H_1), par exemple tel antibiotique est efficace, ou si elles peuvent s'expliquer par une *hypothèse nulle* (H_0), par exemple ne mettant pas en jeu l'effet des antibiotiques.

On obtient alors une matrice de confusion entre les hypothèses H_0 et H_1. Un test d'hypothèse revient alors à prendre une décision entre H_0 et H_1. Deux types d'erreurs sont alors distingués :

- L'*erreur de première espèce*, qui consiste à rejeter H_0 alors qu'elle est vraie. On note α la probabilité de cette erreur.

- L'*erreur de seconde espèce*, qui consiste à accepter H_0 alors que H_1 est vraie. On note β la probabilité de cette erreur. La probabilité complémentaire, $1 - \beta$, est appelée *puissance du test*.

L'intervalle de confiance de l'estimation

Quelle confiance peut-on accorder à l'estimation $\widehat{R}_{\text{Réel}}(h)$? Peut-on la traduire numériquement ? La réponse à ces deux questions est donnée de manière simple par des considérations statistiques classiques. Si les échantillons aléatoires d'apprentissage et de test sont indépendants, alors la précision de l'estimation ne dépend que du nombre t d'exemples de l'ensemble de test et de la valeur de $\widehat{R}_{\text{Réel}}(h)$.

Il est démontré à l'annexe 2 qu'une approximation suffisante dans le cas où t est assez grand (au-delà de la centaine) donne l'*intervalle de confiance* de $\widehat{R}_{\text{Réel}}(h)$ à x % par la formule :

$$\left[\quad \frac{t_{err}}{t} \quad \pm \quad \zeta(x) \sqrt{\frac{\frac{t_{err}}{t}\left(1 - \frac{t_{err}}{t}\right)}{t}} \quad \right]$$

La fonction $\zeta(x)$ a en particulier les valeurs suivantes :

x	50 %	68 %	80 %	90 %	95 %	98 %	99 %
$\zeta(x)$	0.67	1.00	1.28	1.64	1.96	2.33	2.58

—— EXEMPLE   **Calcul d'intervalle de confiance** ——————————————————

Par exemple, pour $t = 300$ et $t_{err} = 15$, on a $\widehat{R}_{\text{Réel}}(h) = 0.2$ et l'intervalle de confiance à 95 % de $\widehat{R}_{\text{Réel}}(h)$ vaut :

$$\left[0.2 \pm 1.96 \sqrt{\frac{0.2(1 - 0.2)}{300}} \right] \approx [0.25, 0.15]$$

Cela signifie que la probabilité que $R_{\text{Réel}}(h)$ soit dans cet intervalle est supérieure à 95 %.
Si on avait obtenu la même proportion d'erreur sur un échantillon de test de taille 1000, cet intervalle aurait été réduit environ de moitié : $[0.225, 0.175]$.

———

L'estimation du taux d'erreur réel par une mesure sur un échantillon de test $\mathcal{T}$ indépendant de l'échantillon d'apprentissage $\mathcal{L}$ fournit une estimation non biaisée de $R_{\text{Réel}}(h)$ avec un intervalle de confiance contrôlable, ne dépendant que de la taille t de l'échantillon de test. Plus celle-ci est grande, plus l'intervalle de confiance est réduit et, par conséquent, plus le taux d'erreur empirique donne une indication du taux d'erreur réel.

Notons qu'il est absolument **indispensable d'accompagner les courbes d'apprentissage** relatives à un algorithme et un problème d'apprentissage **des intervalles de confiance correspondants**.

1.3.2   L'estimation par validation croisée

Lorsque la taille de l'échantillon de données étiquetées est faible, il faut faire face à un dilemme. Si l'échantillon retenu pour l'apprentissage est trop petit, le système peut ne pas atteindre le niveau de performance qui aurait été possible avec toutes données. Il faudrait donc garder un maximum d'exemples pour l'apprentissage. D'un autre côté, si l'échantillon de test est trop réduit, il devient impossible d'estimer précisément la performance du système. S'il est parfois possible d'utiliser des techniques d'augmentation de données pour résoudre ce problème (section 6, chapitre 17), nous donnons ici un autre moyen de sortir de ce dilemme.

L'idée de la *validation croisée* à N plis *(N-fold cross-validation)* consiste à :

1. Diviser les données d'apprentissage $\mathcal{S}$ en N sous-échantillons de tailles égales.

2. Retenir l'un de ces échantillons, disons de numéro i, pour le test et apprendre sur les $N-1$ autres.

3. Mesurer le taux d'erreur empirique $\widehat{R}^i_{\text{Réel}}(h)$ sur l'échantillon i.

4. Recommencer N fois en faisant varier l'échantillon i de 1 à N.

L'erreur estimée finale est donnée par la moyenne des erreurs mesurées :

$$\widehat{R}_{\text{Réel}}(h) \;=\; \frac{1}{N} \sum_{i=1}^{N} \widehat{R}^i_{\text{Réel}}(h)$$

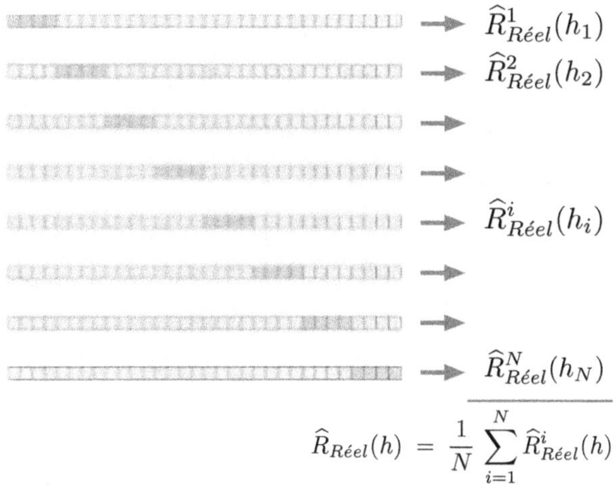

FIGURE 24.2 : *Validation croisée.*

On peut montrer que cette procédure (figure 24.2) fournit une estimation non biaisée du taux d'erreur réel. Il est courant de prendre pour N des valeurs comprises entre 5 et 10. De cette manière, on peut utiliser une grande partie des exemples pour l'apprentissage tout en obtenant une mesure précise du taux d'erreur réel. En contrepartie, il faut réaliser la procédure d'apprentissage N fois.

La question se pose cependant de savoir **quelle hypothèse apprise on doit finalement utiliser**. Il est en effet probable que chaque hypothèse apprise dépende de l'échantillon i utilisé pour l'apprentissage et que l'on obtienne donc N hypothèses différentes.

Deux approches sont alors souvent utilisées. L'idée générale est que la procédure de validation croisée sert seulement à estimer la performance que l'on peut atteindre en utilisant l'espace d'hypothèse $\mathcal{H}$ dans lequel ont été prises les différentes hypothèses.

1. La **première** consiste à réapprendre une hypothèse finale en utilisant cette fois la totalité de l'échantillon d'apprentissage. On suppose que l'on obtient ainsi l'hypothèse la meilleure possible étant données toutes les informations disponibles, tout en ayant une estimation de la performance à en attendre.

2. La **deuxième** approche consiste à utiliser les N hypothèses h_i apprises et à les faire voter.

Notons d'emblée que, si les hypothèses apprises sont très différentes les unes des autres (en supposant que l'on puisse mesurer cette différence), c'est qu'il faut peut-être y voir une indication de l'inadéquation de l'espace des hypothèses $\mathcal{H}$. Cela semble en effet montrer une grande variance (en général associée à une grande dimension de Vapnik-Chervonenkis) et donc le risque d'un apprentissage sans valeur (chapitre 3, section 3.3).

1.3.3 L'estimation par la méthode du leave-one-out

Lorsque les données disponibles sont très peu nombreuses, il est possible de pousser à l'extrême la méthode de validation croisée en prenant pour N le nombre total d'exemples disponibles. Dans ce cas, on ne retient à chaque fois qu'un seul exemple pour le test et on répète l'apprentissage N fois pour tous les autres exemples d'apprentissage (voir figure 24.3).

L'estimation par la méthode du *leave-one-out* est (presque) non biaisée. Si elle conduit aussi généralement à une moindre variance sur les hypothèses produites que la validation croisée (laissant de côté plus qu'un seul exemple pour le test), la variance sur l'estimation de l'erreur, ou du risque réel, est en revanche plus élevée. De plus, elle tend à sous-estimer l'erreur si les données ne sont pas vraiment identiquement et indépendamment distribuées. Par ailleurs, si elle est simple à mettre en œuvre, elle est coûteuse en calculs [GE03].

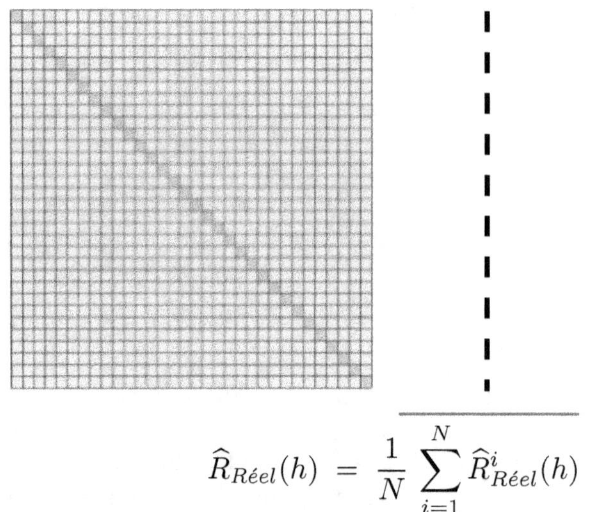

$$\widehat{R}_{R\acute{e}el}(h) \;=\; \frac{1}{N}\sum_{i=1}^{N}\widehat{R}^{i}_{R\acute{e}el}(h)$$

FIGURE 24.3 : *Estimation de la performance par méthode du leave-one-out.*

1.3.4 Quelques variantes de la méthode de validation croisée : bootstrap, jackknife

Ces techniques diffèrent des précédentes en ce qu'elles utilisent des tirages *avec remise* dans l'ensemble des exemples. Le procédé est le suivant : on tire aléatoirement un exemple, pour le placer dans un ensemble appelé *bootstrap*[1]. Le procédé est répété n fois et l'apprentissage est alors effectué sur l'ensemble *bootstrap*. Un test est mené sur les exemples absents de cet ensemble, donnant une première valeur P_1 des erreurs du classifieur. Un autre test est réalisé sur l'ensemble complet des exemples, donnant la valeur P_2. L'ensemble de l'opération est répété K fois. Une certaine combinaison linéaire de la moyenne $\overline{P_1}$ des valeurs P_1 et de la moyenne $\overline{P_2}$ des valeurs P_2 obtenues donne la valeur $\widehat{R}_{R\acute{e}el}(h)$. La théorie [HTF02] propose la formule :

$$\widehat{R}_{R\acute{e}el}(h) = 0.636 \times \overline{P_1} + 0.368 \times \overline{P_2}$$

---

1. On sait que le Baron de Münchhausen savait s'élever dans les airs en tirant sur ses bottes. La méthode du même nom donne des résultats tout aussi étonnants (quoique ici justifiés théoriquement et pratiquement).

en se basant sur le fait que l'espérance de la proportion des éléments non répétés dans l'ensemble de test est égale à 0.368. Pour de petits échantillons, la méthode *bootstrap* fournit une estimation remarquablement précise de $R_{\text{Réel}}(h)$. En contrepartie, elle demande une grande valeur de K (plusieurs centaines), c'est-à-dire un nombre élevé d'apprentissages de la règle de classification.

Il existe enfin une autre méthode proche plus complexe d'estimation, appelée *jackknife*[2], qui vise à réduire le biais du taux d'erreur en resubstitution, lorsque des données sont utilisées à la fois pour l'apprentissage et pour le test. Le lecteur intéressé consultera avec profit [Rip96] pp.72-73 ou à [Web99]. Ce sont également de bonnes références pour le problème de l'estimation de performance en général.

1.4   Divers indices composites de performances

La seule mesure du taux d'erreur peut ne pas être pertinente pour une tâche d'apprentissage donnée.

Supposons que nous considérions une tâche de discrimination entre deux classes et que, après apprentissage, on observe sur un ensemble de test constitué de 105 exemples positifs et 60 exemples négatifs, les performances suivantes :

SVM :

Estimé \\ *Réel*	+	−
+	94	37
−	11	23

Bayésien naïf :

Estimé \\ *Réel*	+	−
+	72	29
−	33	31

Apparemment, le système SVM (voir chapitre 14) est plus performant sur cette tâche, puisque son taux d'erreur est de : $\frac{11+37}{165} = 0.29$ au lieu de $\frac{29+33}{165} = 0.375$ pour le classifieur bayésien naïf (chapitre 3). Pourtant, ce critère d'erreur n'est peut-être pas celui qui nous intéresse en priorité.

Par exemple, on peut observer que la classification obtenue ici avec le SVM est biaisée vers la classe majoritaire puisque $94 + 37 = 131$ exemples sont classés +, au lieu de seulement $72 + 29 = 101$ pour le classifieur naïf, qui respecte donc beaucoup mieux les proportions des deux classes. De plus, il se peut que ce qui nous intéresse soit en fait, pour cette tâche, le taux de « vrais négatifs ». Dans ce cas, il faut choisir la classification retournée par le classifieur bayésien naïf avec 31 « vrais négatifs » au lieu de 23 seulement avec le SVM.

Afin d'aider à mesurer la performance pertinente en fonction des grandes tâches d'apprentissage, plusieurs indices composites calculés à partir de la matrice de confusion ont été utilisés. Ils incluent :

- le *taux de bonne prédiction (accuracy)* : précision $= \frac{VP+VN}{P+N}$
- le *taux de vrais positifs* : taux_VP $= \frac{VP}{P}$ (aussi appelé *sensibilité (sensitivity)* en recherche médicale par exemple)
- le *taux de vrais négatifs* : taux_VN $= \frac{VN}{N}$ (aussi appelé *spécificité (specificity)* en recherche médicale par exemple)
- le *rappel (recall)* : $\frac{VP}{P}$
- le *précision (precision)* : $\frac{VP}{VP+FP}$

---

2. Ou « couteau suisse » : un outil multifonction bien pratique.

- la *F_mesure*, qui est une moyenne harmonique du rappel et de la précision ($\beta > 0$) :

$$\frac{(1 + \beta^2) \cdot rappel \cdot précision}{\beta^2 \cdot rappel + précision}$$

- la *F1_mesure*, qui est souvent confondue avec la *F_mesure* :

$$\frac{2 \cdot rappel \cdot précision}{rappel + précision}$$

Classe estimée \ *Classe réelle*	+ (P)	− (N)
+	**Vrais positifs** (VP)	Faux positifs (FP)
−	Faux négatifs (FN)	**Vrais négatifs** (VN)

Le *rappel* et la *précision* sont deux mesures populaires en recherche d'information *(information retrieval)* car elles correspondent à deux souhaits importants. On cherche en effet à extraire le maximum des documents effectivement pertinents *(rappel)* tout en maximisant la proportion de documents pertinents dans les documents classés positivement *(précision)*. Souvent, ces deux souhaits sont contradictoires. Il est d'usage de représenter par une courbe, dite courbe *PR*, le compromis entre le rappel et la précision pour différentes valeurs de seuil. Une aire importante sous la courbe implique de fortes valeurs de la précision et du rappel. Si le classifieur testé attribue en priorité les scores élevés aux positifs, la précision est initialement élevée lorsque le nombre d'exemples classés positifs par le modèle est faible. Le rappel est en revanche mécaniquement mauvais. En introduisant des exemples positifs avec des scores de plus en plus faibles, la précision se dégrade, alors que dans le même temps le rappel s'améliore.

1.5 Le réglage des algorithmes par un ensemble de validation

Lorsque l'on cherche à résoudre un problème d'apprentissage, on veut se décider pour la meilleure méthode, ce qui implique :

- le choix du *principe inductif* ;

- le choix d'une *mesure de performance*, qui implique souvent celui d'une fonction de coût ;

- le choix d'un *algorithme d'apprentissage* ;

- le choix de l'*espace d'hypothèses*, qui dépend en partie de celui de l'algorithme ;

- le *réglage de tous les paramètres* contrôlant le fonctionnement de l'algorithme.

Généralement, l'opérateur essaie plusieurs méthodes sur le problème d'apprentissage afin de déterminer celle qui semble la plus appropriée à la classe de problèmes concernée. Comment doit-il procéder ?

1.5.1 Échantillons d'apprentissage, de validation et de test

Nous avons vu à la section section 1.3 comment estimer l'erreur empirique par un échantillon de test, différent de celui d'apprentissage. Mais il faut souvent aussi opérer un réglage de la méthode d'apprentissage (ou de ses méta-paramètres). On utilise pour cela un troisième ensemble d'exemples, appelé l'ensemble de validation , indépendant des deux premiers.

On s'arrange donc pour diviser les données en trois, l'échantillon d'apprentissage, celui de validation qui sert à régler l'algorithme et pour finir l'échantillon de test, qui ne doit pas servir à ce réglage, sous peine de suradapter l'algorithme et de donner des estimations optimistes de sa qualité (figure 24.4).

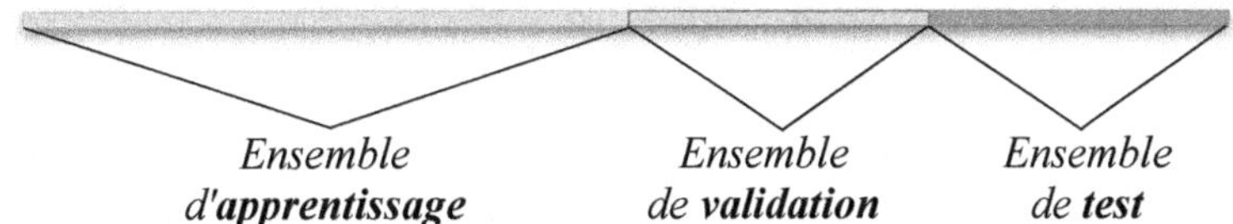

FIGURE 24.4 : *Échantillons utilisés pour l'apprentissage et son évaluation.*

Malheureusement, dans de nombreuses applications, le nombre d'exemples, c'est-à-dire d'observations pour lesquelles un expert a fourni une étiquette, est limité. Le plus souvent, chaque nouvel exemple est coûteux à obtenir et il ne peut donc être question d'augmenter à volonté les échantillons d'apprentissage, de validation et de test.

Il arrive ainsi que l'on doive utiliser une procédure plus complexe de double validation croisée imbriquée, dans laquelle les exemples sont tirés indépendamment plusieurs fois pour constituer les trois ensembles, exactement comme la validation croisée ou le *leave-one-out* permettent de dépasser la nécessité de l'indépendance du couple échantillon d'apprentissage, échantillon de test.

1.5.2 Estimation de risque : la courbe ROC

Jusqu'ici, nous avons essentiellement décrit des méthodes d'évaluation des performances ne prenant en compte qu'un nombre : l'estimation du risque réel. Cependant, dans un contexte de prise de décision, il peut être utile d'être plus fin dans l'évaluation des performances et de prendre en compte non seulement un taux d'erreur, mais aussi les taux de « faux positifs » et de « faux négatifs » (disponibles à partir de la matrice de confusion, section 1.4). Souvent, en effet, le coût de mauvaise classification n'est pas symétrique et l'on peut préférer avoir un taux d'erreur un peu moins bon si cela permet de réduire le type d'erreur le plus coûteux (par exemple, il vaut mieux retirer à tort l'appendice – faux positif –, plutôt que de ne pas détecter une appendicite – faux négatif –). La courbe *ROC* (de l'anglais *Receiver Operating Characteristic*) permet de régler ce compromis [3] (contrairement aux courbes Précision/Rappel, la courbe ROC utilise les « faux positifs »).

Supposons que la fonction de décision s'appuie sur une fonction h à valeur réelle définie sur l'espace des entrées $\mathcal{X}$. On peut alors établir un graphique pour chaque classe donnant la probabilité d'appartenir à cette classe en fonction de la valeur de sortie de la fonction h que l'on appelle ici critère de décision (figure 24.5).

---

3. Ces courbes ont été utilisées pour la première fois lors de la deuxième guerre mondiale quand, dans l'usage des radars, on a voulu quantifier leur capacité à distinguer des interférences de nature aléatoire du signal indiquant réellement la présence d'aéronefs.

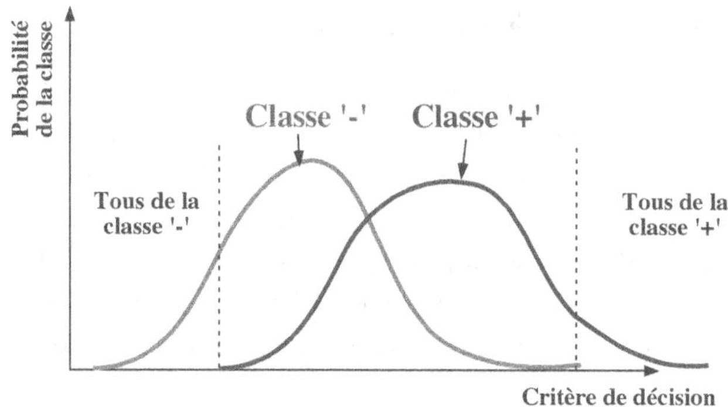

FIGURE 24.5 : *Courbes de probabilité correspondant aux classes '+' et '−'.*

Comme on le voit sur la figure 24.6, pour chaque seuil de décision, on peut calculer la proportion de « vrais positifs » (fraction des exemples de la classe + étiquetés comme + à partir du seuil de décision) et de « faux positifs ».

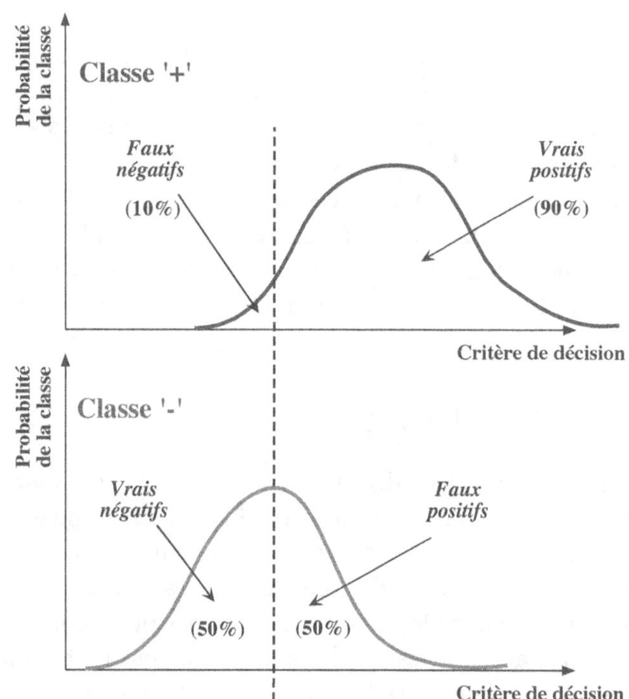

FIGURE 24.6 : *Seuil décidant pour chaque classe des « vrais positifs », « faux négatifs », « faux positifs » et « vrais négatifs ».*

On peut alors construire la courbe ROC : pour chaque seuil, on reporte la proportion de « vrais positifs » en fonction de celle des « faux positifs ». Il est clair qu'idéalement, si la fonction de décision permettait de séparer complètement les deux courbes de probabilités correspondant aux deux classes (apprentissage parfait), on pourrait obtenir 100 % de vrais positifs pour 100 % de faux positifs pour un seuil donné passant entre les deux courbes. En revanche, si les deux courbes de probabilités se superposent parfaitement (aucune discrimination), alors, pour chaque seuil de décision, il y a autant de « vrais positifs » que de « faux positifs ». La courbe ROC est alors la droite correspondant à la fonction identité. Le test a 50 % de chances de conduire au bon diagnostic. Plus la courbe s'incurve vers le haut, plus le test est pertinent (le rapport des « vrais positifs » sur les « faux positifs » augmente). La pertinence est mesurée par l'aire sous la courbe *(Area Under the Curve - AUC)* ; elle augmente avec sa courbure (figure 24.7).

Lorsque l'on a trouvé un système de classification suffisamment bon, il reste à choisir le seuil pour un diagnostic classe '+' / classe '−'. Ce choix doit fournir une proportion de vrais positifs élevée sans entraîner une proportion inacceptable de faux positifs. Chaque point de la courbe représente un seuil particulier, allant du plus sévère (limitant le nombre de faux positifs au prix de nombreux exemples de la classe '+' non diagnostiqués – forte proportion de faux négatifs, c'est-à-dire faible proportion de vrais positifs) –, aux plus laxistes – augmentant le nombre de vrais positifs au prix de nombreux faux positifs – (figure 24.7). Le seuil optimal pour une application donnée dépend de facteurs tels que les coûts relatifs des faux positifs et faux négatifs, comme de celui de la prévalence de la classe '+'. Par exemple, un opérateur (de téléphonie ou de chaîne cablée) cherche à détecter des problèmes de résiliation : quels sont les abonnés susceptibles de le quitter ?[4]. Ces abonnés fuyants sont peu nombreux, mais très coûteux. On cherchera donc à en détecter le maximum afin de tenter de les retenir, quitte à détecter aussi quelques faux. On utilisera alors un seuil « laxiste ».

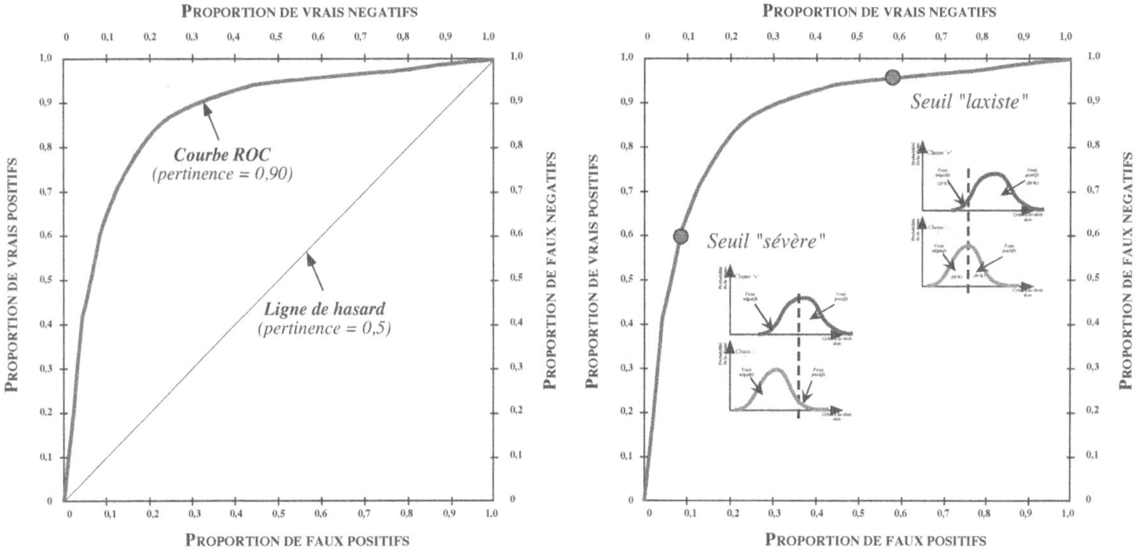

FIGURE 24.7 : *Une courbe ROC à gauche. Deux seuils sur cette courbe à droite.*

On peut comparer plusieurs systèmes d'apprentissage à l'aide de leurs courbes ROC. Si, pour une tâche donnée, un système a une courbe uniformément supérieure à celle de l'autre système, alors on peut conclure qu'il a un meilleur pouvoir discriminant. En revanche, il peut arriver que les courbes ROC correspondant aux deux systèmes se chevauchent (courbe 24.8). Dans ce cas, chaque système est supérieur à l'autre pour un intervalle de valeurs du critère de décision et le choix doit s'opérer sur la base des coûts relatifs des « faux positifs » et des « faux négatifs ».

1.6   D'autres critères d'appréciation

En plus des critères numériques, il existe un certain nombre de qualités qui permettent de distinguer une hypothèse parmi d'autres.

---

4. On les appelle les *churners* (de *churn* : baratte) dans le jargon du métier. On parle aussi d'attrition.

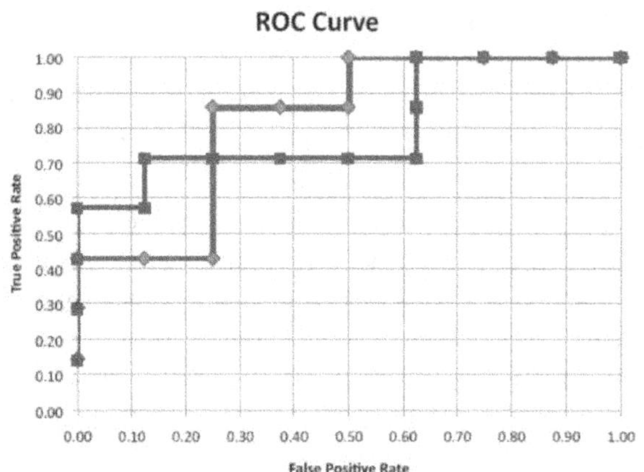

FIGURE 24.8 : *Courbes ROC correspondant à deux systèmes qui se croisent.*

L'intelligibilité des résultats d'apprentissage

Dans le cas où l'hypothèse apprise est une grammaire ou un ensemble de règles logiques, par exemple, elle peut être munie d'une sémantique directement interprétable dans le langage de l'ingénieur ou de l'expert. Il est important dans ce cas qu'elle soit compréhensible. Cette faculté d'intelligibilité a déjà été évoquée dans le premier chapitre de ce livre : nous y avons fait remarquer que la discipline de l'extraction de connaissances dans les données faisait grand cas de cette intelligibilité et que, parfois, l'apprentissage d'un petit nombre de règles compréhensibles valait mieux qu'un fouillis de règles sophistiquées, même avec une performance objective supérieure.

La simplicité des hypothèses produites

Ce critère est relié au précédent. Il relève d'un argument rhétorique classique, le *rasoir d'Occam*, qui affirme qu'il ne sert à rien de multiplier les « entités » inutiles [5], autrement dit qu'une explication simple vaut mieux qu'une explication compliquée. Ce principe a été rationnalisé par certains chercheurs dans le domaine de la théorie de l'apprentissage [LV97].

2. La comparaison des méthodes d'apprentissage

On peut toujours utiliser différents algorithmes d'apprentissage sur une même tâche. Comment interpréter la différence de performance mesurée empiriquement entre deux algorithmes ? Plus concrètement, est-ce qu'un algorithme dont la performance en taux d'erreur de classification binaire vaut 0.17 est meilleur qu'un autre dont la performance mesurée est de 0.20 ?

La réponse n'est pas évidente, car la performance mesurée dépend à la fois des caractéristiques des tests empiriques effectués et des échantillons de tests utilisés. Départager deux systèmes sur une seule mesure est donc problématique. La même question se pose d'ailleurs pour deux hypothèses produites par le même algorithme à partir de conditions initiales différentes.

---

5. *Frustra fit per plura, quod fieri potest per pauciora*, classiquement traduit par : *Il est inutile de faire avec beaucoup ce qui peut être fait avec peu.* Ou *Essentia non sunt multiplicanda praeter necessitatem*, c'est-à-dire *Les « entités » ne doivent pas être multipliées inutilement.* Guillaume d'Occam (1288-1348).

Toute une littérature porte sur ce problème et nous n'en esquissons que les grandes lignes dans ce qui suit. On ne saurait être trop attentif à ces questions lorsque l'on teste effectivement des systèmes, sous peine d'affirmer à peu près n'importe quoi.

Notons que le problème de décider si un algorithme ou une hypothèse est meilleur(e) qu'un(e) autre se place naturellement dans le *cadre du test d'hypothèses en statistique*, que nous avons déjà évoqué dans la section 1.3.1. Il n'est donc pas surprenant que les techniques de comparaison viennent pour la plupart du monde des statistiques.

Le principe général est de caractériser la distribution de probabilités sur les différences possibles de performance sous l'hypothèse qu'il n'y a pas en fait de différence entre les méthodes (hypothèse nulle : H_0). On compare alors la différence observée par rapport à cette courbe et on détermine si la probabilité que cette différence ait été observée sous H_0 est suffisamment petite pour que l'on décide qu'il y a bien en fait une différence entre les algorithmes ou entre les hypothèses comparés.

Lors de la comparaison entre deux algorithmes, ou deux hypothèses produites par le même algorithme à partir de conditions initiales différentes, il faut distinguer le cas où l'on se base sur des échantillons de test identiques ou différents. Nous allons traiter rapidement les deux cas.

2.1 La comparaison de deux algorithmes à partir d'un même jeu de données

2.1.1 La comparaison de deux algorithmes sur un même ensemble de test

Si les ensembles de test sur lesquels sont évalués les deux algorithmes sont les mêmes, alors les intervalles de confiance peuvent être beaucoup plus serrés que si on les évalue sur des ensembles différents dans la mesure où l'on élimine la variance due à la différence entre les échantillons.

Soient donc deux hypothèses de classification h_1 et h_2. Notons :

$$
\begin{aligned}
n_{00} &= \text{nombre d'exemples de tests mal classés par } h_1 \text{ et } h_2, \\
n_{01} &= \text{nombre d'exemples de tests mal classés par } h_1, \text{ mais pas par } h_2, \\
n_{10} &= \text{nombre d'exemples de tests mal classés par } h_2, \text{ mais pas par } h_1, \\
n_{11} &= \text{nombre d'exemples de tests correctement classés par } h_1 \text{ et } h_2.
\end{aligned}
$$

Posons comme hypothèse nulle que les deux classifieurs ont le même taux d'erreur en généralisation. Nous nous attendons alors à observer que $n_{01} = n_{10} = \frac{n_{01}+n_{10}}{2}$.

On peut alors avoir recours au test du χ^2 qui consiste à examiner l'écart quadratique entre la valeur attendue d'une variable aléatoire et la moyenne observée puis à diviser cet écart par la valeur attendue.

$$
\frac{\left(n_{01} - \frac{n_{01}+n_{10}}{2}\right)^2}{\frac{n_{01}+n_{10}}{2}} + \frac{\left(n_{10} - \frac{n_{01}+n_{10}}{2}\right)^2}{\frac{n_{01}+n_{10}}{2}} = \frac{(n_{01} + n_{10})^2}{n_{01} + n_{10}}
$$

qui suit une loi du χ^2 à un degré de liberté.

Le *test de McNemar* est un test du χ^2 corrigé à un degré de liberté :

$$
\frac{(|n_{01} - n_{10}| - 1)^2}{n_{01} + n_{10}} \sim \chi_1^2 \tag{24.1}
$$

Il accepte l'hypothèse nulle, pas de différence entre les performances des deux classifieurs, au niveau α si cette valeur est inférieure ou égale à $\chi_{\alpha,1}^2 \cdot \chi_{0.05,1}^2 = 3.84$.

2.1.2 Validation croisée à N plis avec t tests couplés

L'idée de ce test est d'utiliser un mécanisme de validation croisée pour obtenir N couples d'ensembles d'apprentissage et de test : $(\mathcal{S}_i, \mathcal{T}_i)_{i=1,\ldots,N}$. Les fréquences d'erreur observées pour les deux classifieurs sur l'ensemble de test $\mathcal{T}_i$ sont notées : p_i^1 et p_i^2 respectivement.

Si les deux classifieurs ont des performances équivalentes, on s'attend à ce que les variables p_i^1 et p_i^2 aient mêmes moyennes, ou encore que la différence de leurs moyennes soit nulle.

Soit $p_i = p_i^1 - p_i^2$ cette différence. Étant donné que l'on suppose que les variables p_i^1 et p_i^2 suivent approximativement des lois normales, leur différence p_i suit aussi, approximativement, une loi normale de moyenne μ.

On définira donc l'hypothèse nulle H_0, correspondant à l'absence de différence entre les deux classifieurs, comme : $\mu = 0$.

Soient la moyenne et la moyenne des écarts quadratiques :

$$m = \frac{\sum_{i=1}^{N} p_i}{N} \quad \text{et} \quad S^2 = \frac{\sum_{i=1}^{N} (p_i - m)^2}{N - 1}$$

Sous l'hypothèse nulle, nous avons une statistique suivant une distribution t à $N - 1$ degrés de liberté :

$$\frac{\sqrt{N}(m - 0)}{S} = \frac{\sqrt{N} \cdot m}{S} \sim t_{N-1} \tag{24.2}$$

Le test accepte l'hypothèse nulle, pas de différence entre les performances des deux classifieurs, au niveau α si cette valeur est dans l'intervalle $[-t_{\alpha/2, N-1}, t_{\alpha/2, N-1}]$. On a par exemple $t_{0.025, 9} = 2.26$ et $t_{0.025, 29} = 2.05$.

Notons que, même si ce test fait l'hypothèse que les deux variables p_i^1 et p_i^2 suivent des lois normales, il est robuste aux écarts avec cette hypothèse, d'où son utilisation très courante.

2.1.3 Les 5×2 cv t tests couplés

Dans son article de 1998, [Die98], Dietterich remarque que l'inconvénient de la validation croisée à N plis avec tests couplés quand N est grand est qu'il y a un fort recoupement des ensembles d'apprentissage, ce qui peut conduire à une sous-estimation de la variance.

Le test qu'il propose utilise cinq réplications d'une validation croisée à deux plis. À chaque réplication, le jeu de données est divisé en deux parties égales. On note $p_i^{(j)}$ la différence entre les taux d'erreur des deux classifieurs pour le pli $j \in \{1, 2\}$ et la réplication $i \in \{1, \ldots, 5\}$. Pour chaque réplication i, la moyenne des taux d'erreur est $\bar{p}_i = (p_i^{(1)} + p_i^{(2)})/2$ et la variance estimée est $s_i^2 = (p_i^{(1)} - \bar{p}_i)^2 + (p_i^{(2)} - \bar{p}_i)^2$.

Soit l'hypothèse nulle H_0 selon laquelle les deux algorithmes ont la même performance. La différence $p_i^{(j)}$ de deux variables identiquement distribuées, en ignorant ici qu'elles ne sont pas indépendantes, peut être considérée comme suivant une loi normale de moyenne 0 et de variance inconnue σ^2. Dans ce cas, le rapport s_i^2/σ^2 suit une distribution χ^2 à un degré de liberté et leur somme suit une distribution du χ^2 à cinq degrés de liberté :

$$M = \frac{\sum_{i=1}^{5} s_i^2}{\sigma^2} \sim \chi_5^2 \quad \text{et} \quad t = \frac{p_1^{(1)}}{\sqrt{M/5}} = \frac{p_1^{(1)}}{\sqrt{\sum_{i=1}^{5} s_i^5/5}} \sim t_5 \tag{24.3}$$

ce qui donne une t-statistique à 5 degrés de liberté.

Le test 5×2 cv t tests couplés accepte l'hypothèse nulle, pas de différence entre les performances des deux classifieurs, au niveau α si cette valeur est dans l'intervalle $[-t_{\alpha/2,5}, t_{\alpha/2,5}]$, $t_{0.025,5} = 2.57$.

On peut aussi utiliser ce test pour décider si un algorithme est supérieur à un autre, pour une tâche donnée, dans une version à un côté *(one-sided)*. Ainsi, on décidera que l'algorithme 1 est inférieur à l'algorithme 2 en comparant les hypothèses : $H_0 : \mu \leq 0$ et $H_1 : \mu > 0$.

On calcule les mêmes statistiques que précédemment (équation 24.3) et l'hypothèse nulle est acceptée si la valeur calculée est inférieure à : $t_{\alpha,5} \cdot t_{0.05,5} = 2.02$.

Alpaydin, [Alp99], a amélioré ce test pour le rendre plus robuste et plus performant.

2.2 La comparaison de deux algorithmes à partir de jeux de données différents

Il existe une différence fondamentale entre les tests effectués à partir d'un jeu de données unique et ceux portant sur plusieurs jeux de données. Les premiers impliquent généralement l'estimation de la performance moyenne et de sa variance sur des étapes répétées d'apprentissage et de test avec des tirages aléatoires à partir du jeu de données. Puisque ces ensembles, d'apprentissage comme de test, ne sont pas indépendants, un grand soin doit être apporté afin d'éviter des estimations biaisées.

Il est cependant fréquent que l'on veuille comparer des algorithmes sur des jeux de données différents. Dans ce cas, la variance des résultats est en partie attribuable à la différence des jeux de données. Demsar dans une étude très intéressante, [Dem06], avertit que le t-test n'est plus une méthode appropriée et recommande le test de rangs signés de Wilcoxon.

2.2.1 Le test de rangs signés de Wilcoxon

De nombreux tests statistiques s'appuient sur des *a priori* sur la forme de la distribution des mesures effectuées. Par exemple, le t-test étudié suppose que les mesures suivent une loi normale. Il peut cependant arriver que nous nous sentions inconfortables à l'idée d'émettre de telles suppositions. Dans ce cas, il faut avoir recours aux *tests non paramétriques*. Les tests basés sur la comparaison des rangs en font partie.

L'idée est ici de remplacer les valeurs numériques des taux d'erreur observés sur les classifieurs comparés et les jeux de test par les rangs des performances mesurées. Si les classifieurs sont de performance comparable, on devrait obtenir des rangs à peu près bien mélangés. En revanche, si un classifieur est significativement supérieur à un autre, alors les rangs correspondant aux taux d'erreur qu'il obtient sur les jeux de données devraient être biaisés vers les premiers rangs, c'est-à-dire les taux d'erreur les plus faibles. De même, si un classifieur a une variance de ses résultats supérieure à celle de l'autre, il devrait obtenir à la fois plutôt des rangs élevés et des rangs bas. Il existe des tests statistiques spécifiques sur les rangs moyens ou sur la distribution des rangs permettant de calculer le degré auquel on peut croire, ou non, à la supériorité d'un algorithme sur l'autre.

Les tests de rangs signés *(signed rank tests)* s'appuient sur un autre type de classement. Ici, on classe l'écart entre les performances des deux classifieurs testés sur les différents échantillons de test et, pour chaque écart $|R_{\mathrm{Emp}}(A) - R_{\mathrm{Emp}}(B)|$ (noté $|\tau_A - \tau_B|$ sur la figure 24.9), on retient l'algorithme gagnant. Ainsi, si l'algorithme A est le gagnant pour le plus grand écart, alors il a gagné pour le rang 1 et ainsi de suite.

S'il n'y avait pas de différence significative de performance entre les deux algorithmes, on devrait obtenir des rangs moyens à peu près égaux pour les deux algorithmes. Soit N le nombre de jeux de tests, G_A (resp. G_B) la somme des rangs sur lesquels l'algorithme A (resp. B) a gagné

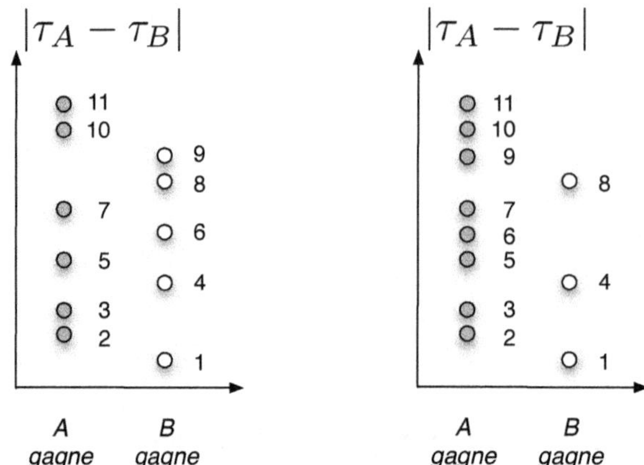

FIGURE 24.9 : *Pour 11 jeux de données, on note (à gauche) que l'algorithme A a gagné sur les rangs 2, 3, 5, 7, 10 et 11 et l'algorithme B sur les rangs 1, 4, 6, 8 et 9. On a donc $G_A = 38$ et $G_B = 28$. À droite, on obtient $G_A = 53$ et $G_B = 13$. La valeur critique pour 11 jeux de test est 10. Donc, on ne peut pas conclure à gauche : $|G_A - G_B| < 10$ alors que l'on peut décider que A est meilleur que B à droite $(G_A - G_B = 40)$.*

et $T = \min(G_A, G_B)$. Pour $N \geq 25$, la statistique :

$$z = \frac{T - \frac{1}{4}N(N+1)}{\sqrt{\frac{1}{24}N(N+1)(2N+1)}}$$

est distribuée à peu près selon une loi normale. Avec $\alpha = 0.05$, l'hypothèse nulle (les deux algorithmes ont des performances équivalentes) peut être rejetée si $z < -1.96$.

2.3   La comparaison de multiples algorithmes

Lorsque l'on compare entre eux plus de deux algorithmes, on se retrouve dans la situation de tests multiples, ce qui demande un soin particulier, comme devraient le savoir les praticiens de l'apprentissage, conscients du problème du lien entre mesure du risque empirique sur l'apparente meilleure hypothèse et son risque réel. Pourtant, de nombreuses publications et études sont entachées d'erreurs méthodologiques.

Le problème est d'éviter de commettre au moins une erreur de type 1, consistant à rejeter l'hypothèse H_0 (ex. l'algorithme n'est pas meilleur que les autres) alors qu'elle est vraie (de fait, il n'y a pas de supériorité significative).

Les statistiques offrent des procédures appropriées pour tester la signification de la différence entre moyennes multiples. Les deux plus connues sont le test ANOVA *(ANalysis Of VAriance)* et le test non paramétrique de Friedman.

2.3.1   L'analyse de la variance : ANOVA

L'analyse ANOVA divise la variabilité totale entre les résultats observés pour les différents algorithmes en des variabilités entre les algorithmes, entre les jeux de données, et résiduelle (erreur). Si celle entre algorithmes est estimée comme significativement plus grande que la variabilité résiduelle, alors l'hypothèse nulle peut être rejetée et on peut conclure qu'il y a une différence entre les algorithmes. Nous renvoyons le lecteur à tout ouvrage général sur les tests statistiques pour plus de détails.

La limite principale du test ANOVA est qu'il suppose que les échantillons de données sont issus d'une distribution normale, ce qui n'a aucune raison d'être dans le cas de mesures de taux d'erreur. C'est pourquoi on préfère le test de Friedman.

2.3.2   Le test de Friedman

On classe les K algorithmes pour chaque jeu de test séparément. Le meilleur algorithme obtient le rang 1, le deuxième le rang 2, etc. En cas d'égalité, le rang moyen est affecté aux algorithmes égaux. Soit r_i^j le rang du j-ème algorithme sur le jeu de données i parmi N. Le test de Friedman compare les rangs moyens $R_j = \frac{1}{N} \sum_i r_i^j$ des algorithmes.

Sous l'hypothèse nulle selon laquelle tous les algorithmes sont équivalents, les rangs de chaque algorithme devraient obéir à la statistique de Friedman :

$$\chi_F^2 \;=\; \frac{12\,N}{K(K+1)} \left[\sum_j R_j^2 - \frac{K(K+1)^2}{4} \right]$$

avec $K-1$ degrés de liberté, quand N et K sont suffisamment grands ($N > 10$ et $K > 5$).

Iman et Davenport, [ID80], ont montré que cette statistique était trop prudente et ont calculé une statistique plus précise :

$$F_F \;=\; \frac{(N_1)\chi_F^2}{N(K-1) - \chi_F^2}$$

distribuée selon la F-distribution avec $K-1$ et $(K-1)(N-1)$ degrés de liberté.

2.3.3   Le test de Cochran

Si on note G_i le nombre d'exemples de $\mathcal{S}$ correctement classés par $h_i, i \in [\![1 \cdots K]\!]$, K_i le nombre de modèles ayant correctement classé le i^e exemple de $\mathcal{S}$ et $T = \sum_{i=1}^{M} G_i$, alors sous l'hypothèse que les performances des K classifieurs ne diffèrent pas significativement, on a :

$$Q = (K-1)\frac{K \sum_{i=1}^{K} G_i^2 - T^2}{KT - \sum_i K_i^2}$$

qui suit approximativement une loi du χ^2 à $K-1$ degrés de liberté.

2.4   Discussion

Les procédures de comparaison discutées ne prennent en compte que les taux d'erreurs. Il est clair que si deux classifieurs ont la même performance, mais si l'un est plus complexe que l'autre, il vaut mieux retenir le plus simple des deux.

Par ailleurs, peu d'études prennent en compte des coûts de mauvaise classification dissymétriques. Il y a là un champ de recherche qui reste à explorer.

3. Autres problèmes pratiques

3.1 Classes très déséquilibrées

Il existe de nombreuses applications pour lesquelles les classes d'objets sont déséquilibrées *(imbalanced data sets)*. Par exemple, dans le cas de l'identification de pollutions maritimes à partir d'images satellites, la fraction d'images montrant un bateau en train de dégazer en mer est heureusement très faible par rapport à l'ensemble des images récoltées, de l'ordre de moins de une pour dix mille [KHM98]. De même, dans des applications de détection de bioactivité, au sein de toutes les molécules documentées dans les chimiothèques, très peu sont bioactives par rapport à une cible pharmacologique. En conséquence, si l'on entraînait sans précaution un système sur les données brutes, le système obtiendrait un score excellent en se contentant de prédire indistinctement la classe majoritaire.

Cette prédiction serait correcte, et le déséquilibre des classes sans importance, si le système était ensuite appelé à travailler dans les mêmes conditions, par exemple si les images satellites sont parcourues aléatoirement pour une surveillance en continu. Cependant, supposons qu'une information de pollution parvienne au centre de surveillance : les images satellites examinées seront celles des bateaux dans la zone concernée. Ce n'est plus un bateau sur dix mille qu'il faut identifier, mais un sur dix. L'apprentissage doit donc être fait à partir d'un ensemble d'images où il y a dix bateaux innocents pour un seul coupable.

Prenons un autre exemple : la lecture automatique des numéros des anciennes plaques minéralogiques à partir des photos flash des bornes radars. Pour simplifier, intéressons-nous seulement à l'identification du dernier chiffre, en supposant le véhicule français (5 pour un véhicule du Doubs, 3 pour un de la Gironde, etc.). Admettons que, pour chaque chiffre, il y a autant de véhicules qui circulent en France (ce n'est sans doute pas vrai, mais si on avait les chiffres précis, on pourrait en tenir compte). On a donc un problème de classification : à partir de l'image du dernier chiffre, lui attribuer une classe entre 0 et 9. L'ensemble d'apprentissage peut se constituer avec un nombre identique d'images supervisées par la même classe, puisque ce que nous appelons au chapitre 19 la *probabilité a priori* des classes vaut un dizième pour chacune. Les classes sont donc parfaitement équilibrées en phase d'apprentissage et de test.

Toutefois, quand le radar est installé à la sortie de Besançon, il prendra une proportion plus importante de photos de plaques se terminant par 5, mais il n'en tiendra pas compte (à tort) dans sa décision et il aura tendance à verbaliser à tort trop de plaques ne se terminant pas par 5. C'est un problème du même type que le précédent : la décision est biaisée par rapport à l'apprentissage, car les probabilités a *priori* des classes ont changé entre les deux phases.

Si on connaît les probabilités a *priori* des classes en exploitation et si elles sont différentes de celles de l'ensemble d'apprentissage, il est nécessaire de rééquilibrer ce dernier. Pour ce faire, on dispose des approches suivantes (on suppose pour simplifier qu'il n'y a que deux classes) :

- **Ré-équilibrage des classes**. Cela peut être effectué soit en retirant des exemples de la classe majoritaire (par exemple par un tirage aléatoire), soit en augmentant artificiellement la classe minoritaire. La première solution a l'inconvénient d'éliminer des données qui peuvent être porteuses d'une information utile, spécialement lorsque la taille de l'échantillon d'apprentissage est petite par rapport à la dimension de l'espace des entrées. Il est donc intéressant de considérer la seconde solution, qui se décline en plusieurs options :

    — *Création d'exemples virtuels*. Une technique intéressante est de créer des exemples virtuels proches des exemples par un procédé de bruitage, par exemple par une génération de distribution gaussienne autour des exemples. En contrôlant la variance de cette distribution, on provoque de fait une sorte de lissage ou de régularisation des hypothèses produites (qui ont ainsi tendance à moins épouser les exemples des classes minoritaires). La section 6.1 du chapitre 17 aborde ce principe d'*augmentation de données*.

— *Augmentation du poids des exemples.* Lorsque l'algorithme d'apprentissage prend en compte le poids des exemples (dans certains cas de réseaux connexionnistes ou dans les approches bayésiennes par exemple), il est envisageable d'augmenter le poids des exemples des classes minoritaires de manière à rééquilibrer le poids global des classes.

- **Modification de la fonction de performance**. Sans changer l'échantillon d'apprentissage, il est possible de modifier le critère de performance que le système cherche à optimiser.

Deux approches en particulier sont utilisées :

— *Modification de la matrice de coûts.* Une possibilité est de pénaliser beaucoup la mauvaise classification des exemples des classes minoritaires par rapport à la mauvaise classification des exemples des classes majoritaires (section 3.2).

— *Modification du critère de performance.* Dans un esprit proche de la solution précédente, il est possible de modifier la formule du taux d'erreur pour tenir compte des fréquences respectives des différentes classes.

— Utilisation d'une technique de *déplacement co-varié (covariate-shift)* qui modifie le critère empirique pour biaiser l'apprentissage vers la région de $\mathcal{X}$ dans laquelle devraient en majorité se trouver les exemples à venir [QCSSL09].

Il faut remarquer que cette modification de la fonction de performance produit un résultat qui n'est pas facile à relier avec exactitude au changement de la valeur des probabilités *a priori* des classes entre l'apprentissage et la décision. Aucune de ces techniques n'est de plus uniformément supérieure aux autres. Il faut donc en examiner les avantages et inconvénients pour chaque application, en testant l'hypothèse apprise en situation de fonctionnement, si possible. La littérature sur ce problème est abondante [Dom99, DH00, Elk01, JS02, KHM98, SLD02].

3.2   Matrice de coûts non symétrique

Un autre cas de dissymétrie entre les classes se produit quand une mauvaise classification n'a pas les mêmes effets ou le même coût selon la classe sur laquelle elle porte. Un exemple simple est le dépistage primaire d'une maladie : il vaut mieux du point de vue de la santé publique réaliser un test « pessimiste », qui envoie vers des examens complémentaires une proportion importante de patients sains que ne pas faire d'examen complémentaire sur des patients vraiment malades. En conséquence, le coût de mauvaise décision n'est pas le même pour les deux classes. Ce cas peut se traiter en se déplaçant sur la courbe *ROC*, comme expliqué dans la section 1.5.2. La théorie bayésienne de la décision (chapitre 19) peut intégrer explicitement des coûts de décision non symétriques. Il faut noter que, dans la plupart des méthodes d'apprentissage de concept, le choix de coûts d'erreur égaux est implicitement fait.

3.3 Données bruitées

Les données peuvent être bruitées de plusieurs manières. Le *bruit de mesure* modifie la valeur réelle des attributs sans changer la classe. Il est souvent dû à des erreurs de saisie ou des imprécisions pendant la capture des données. Il n'y a pas grand-chose à faire pour le réduire. Le *bruit de classe* est une erreur de l'expert, qui se trompe (soit par mégarde, soit par incompétence) dans l'attribution d'une étiquette.

Il est parfois possible de détecter et d'éliminer les erreurs dues au bruit de classe quand une donnée de la classe ω_1 est loin (au sens d'une certaine distance) des autres données de la même classe et entourée de données de la classe ω_2. Les techniques d'édition que l'on a vues avec les méthodes des plus proches voisins, au chapitre 19, sont conçues pour détecter ces données mal étiquetées et pour enlever ces points isolés *(outliers)* que l'on peut supposer victimes d'un bruit de classe. En revanche, le problème est très délicat à régler dans le cas général, puisque rien n'assure que deux classes doivent être bien séparées. Le véritable problème se situe dans les zones de confusion entre classes, où une méthode d'édition donne un résultat aléatoire.

Dans certains cas, on peut émettre des hypothèses sur la probabilité $\mathbf{P}_{ij}$ qu'une donnée de vraie classe ω_i soit étiquetée par la classe ω_j et en tirer profit dans l'exploitation des données. Ces travaux restent pour le moment du domaine de la recherche [Mag07].

3.4 Espace d'entrée de très grande dimension

Lorsque les données sont décrites à l'aide de très nombreux descripteurs, comme c'est le cas en analyse d'images, en génomique ou en recherche d'information sur le Web, un problème important est que les algorithmes de recherche de régularités dans des espaces de grande dimension ne peuvent plus distinguer facilement les « vraies » régularités des coïncidences fortuites. Par exemple, dans le cas de la classification à l'aide de données issues de puces à ADN, il existe statistiquement presque toujours au moins un gène (parmi des milliers) dont la mesure de l'activité permet de classer parfaitement les quelques dizaines d'exemples d'apprentissage, sans que ce gène soit véritablement lié au phénomène biologique étudié. Cela est dû au fait que la *capacité* d'un espace d'hypothèses prenant en compte de très nombreux attributs est très grande et qu'il est alors nécessaire de disposer soit d'un échantillon d'apprentissage de taille suffisante (c'est-à-dire énorme), soit de connaissances *a priori* permettant de limiter effectivement cette capacité. Une approche souvent utilisée dans ce cas est de réduire la dimension de l'espace d'entrée en recourant à des méthodes telles que celles décrites dans le chapitre 18.

3.5 Très gros volumes de données en grande dimension

Alors qu'un nombre limité de données décrites dans un espace de grande dimension pose le problème de la découverte fiable de structures parmi elles, disposer d'un nombre important de données en grande dimension pose de surcroît des problèmes calculatoires.

Prenons le cas par exemple d'un site de e-commerce disposant d'un catalogue de $d = 10^5$ articles, que nous nommerons *items*, et devant satisfaire une moyenne de $N = 10^6$ transactions par semaine. L'analyse des données correspondantes pose des défis à la fois calculatoires et statistiques. Par exemple, le simple calcul d'une matrice de corrélation par paires requiert $\mathcal{O}(Nd^2)$ opérations et une taille mémoire de l'ordre de $\mathcal{O}(d^2)$, soit 10^{16} et 10^{10} respectivement, des ordres de grandeur clairement trop importants pour être considérés à la légère.

Heureusement, ce genre de données est fréquemment du type *clairsemé (sparse)*, c'est-à-dire que chaque transaction, par exemple, n'implique typiquement qu'une dizaine d'items. Cela signifie que seulement $10/50\,000$ ou encore $0,02\,\%$ des éléments de la matrice de transactions $N \times d$ sont non nuls.

Il est donc intéressant d'essayer de tirer parti de cette propriété. C'est ce qui est fait couramment en *fouille de données (data mining)* avec la recherche des sous-ensembles I d'items (appelés *itemsets* en anglais, mais aussi, fréquemment, en français) présents dans la matrice de transactions. Les *itemsets* fréquents peuvent aussi être considérés comme des contraintes sur l'ensemble de tous les modèles probabilistes d'un certain ordre pour les données.

Il existe plusieurs variantes d'algorithmes efficaces pour chercher les *itemsets fréquents*, c'està-dire dont la fréquence f_I est supérieure à un certain seuil, dans des matrices clairsemées. Nous renvoyons au chapitre 7.

—— REMARQUE ——————————————————————————————————————

Le traitement des gigantesques bases de données ou quantités de données (au-dessus du teraoctets ou tera-bytes – tera pour 10^{12}) reste encore essentiellement du ressort de la recherche. Outre des progrès impératifs sur l'efficacité des algorithmes [6] et sur la répartition de leur exécution sur des grilles de calcul, la solution de ce problème passe par le développement de techniques d'échantillonnage sans biais, de calculs d'estimations statistiques à la volée et d'algorithmes d'apprentissage incrémental.

3.6   Exemples non indépendants (non i.i.d.)

Parce que l'analyse théorique de l'apprentissage repose essentiellement sur des méthodes statistiques et que le lampadaire de la statistique éclaire essentiellement le terrain dans lequel les événements ou données sont supposés indépendants et identiquement distribués, on a longtemps eu recours à et abusé de l'hypothèse i.i.d.

Cependant, il est courant que les données ne vérifient pas cette propriété. Les patients qui viennent voir un médecin ne sont pas nécessairement indépendants les uns des autres, ce qui revient à dire que la connaissance de patients déjà vus peut fournir des informations sur celui à venir. De même, un système d'apprentissage utilisant une caméra disposée dans une rue de Paris pour apprendre à reconnaître les types de véhicules pourra être victime d'effets de séquence si les prises de vues sont rapprochées, par exemple lorsqu'un cortège officiel passe.

Les données non indépendantes posent des problèmes intéressants. D'une part, elles apportent moins d'information sur les régularités sous-jacentes $\mathbf{p}_{\mathcal{X} \times \mathcal{Y}}$ puisqu'elles sont en partie redondantes. D'autre part, les dépendances entre exemples peuvent indiquer des tendances temporelles intéressantes à détecter et à identifier. On peut également les exploiter comme dans le *tracking* qui consiste à apprendre une dépendance locale $\mathbf{p}_{\mathcal{X}_t \times \mathcal{Y}}$ sur un sous-espace $\mathcal{X}_t$ à chaque instant et à prédire à peu près $\mathcal{X}_{t+1}$. Ainsi, il est possible d'apprendre des modèles plus simples, car locaux, et d'obtenir une performance générale aussi bonne, voire meilleure qu'un apprentissage sur l'ensemble des données, avec un apprentissage en ligne beaucoup moins coûteux [SKS07] (chapitre 23, section 2.5.2).

Il existe plusieurs analyses théoriques pour rendre compte des performances à attendre dans ce type de situation. Pour le moment, elles reposent sur l'idée de détecter une granularité suffisante dans les données pour que les « grumeaux » correspondants puissent être considérés indépendants. Les bornes sur l'erreur en généralisation deviennent alors nettement moins bonnes que sous l'hypothèse d'indépendance. Ces études peuvent certainement être améliorées.

---

6. Il est de plus en plus souvent dit qu'un « bon » algorithme d'apprentissage sur m données doit être en complexité au plus $\mathcal{O}(m)$.

3.7 Apprentissage multi-objectif (multi-tâche)

L'apprentissage est fondamentalement une activité à plusieurs objectifs. Par exemple, on veut à la fois identifier une bonne règle de décision, qui ne soit pas trop coûteuse à évaluer, qui soit éventuellement facile à interpréter et qui s'articule aisément avec les connaissances antérieures. Pourtant, la plupart du temps, soit un seul objectif est explicitement retenu, comme la performance en généralisation, soit les différents objectifs sont agrégés dans un seul nombre. Cela est essentiellement dû au fait qu'une grande partie des algorithmes classiques ne peuvent optimiser qu'un critère de performance scalaire.

Des expériences ont cependant été décrites dans lesquelles le fait de poursuivre simultanément plusieurs buts pouvait améliorer la performance sur certains des sous-buts, avec les mêmes données d'apprentissage. Par exemple, un réseau de neurones, auquel était demandé de prédire la classe de formes en entrée, voyait ses performances augmentées pour cette tâche si on lui demandait simultanément de prédire aussi la couleur des formes : la couleur était demandée en sortie au lieu d'être fournie en entrée pour le réseau à un seul objectif. De ce fait, le réseau ne bénéficiait pas de davantage d'information en cours d'apprentissage, mais on l'obligeait à établir des relations entre classe et couleur, ce qui, dans ce cas, avantageait l'apprentissage. Ces phénomènes observés de manière empiriques restent à analyser en profondeur.

Des progrès ont été réalisés sur l'optimisation multi-critère grâce au concept de *front de Pareto*. Ces progrès sont liés en partie à l'utilisation de techniques évolutionnaires et de méthodes d'optimisation stochastiques [YS08].

3.8 Apprentissage multi-étiquette

On parle d'apprentissage multi-étiquette quand la tâche d'apprentissage est la prédiction d'une ou de plusieurs étiquette(s) pour chaque entrée et que les données d'apprentissage sont souvent étiquetées avec plusieurs valeurs. L'ensemble d'apprentissage prend alors la forme :
$\mathcal{S} = \{(\mathbf{x}_1, Y_1), \ldots, (\mathbf{x}_m, Y_m)\}$ où les Y_i sont des ensembles de valeurs prises dans l'espace de sortie : $Y_i \in \mathcal{Y}$.

Par exemple, dans le contexte du tri, on peut vouloir pour une entrée donnée que le système renvoie une liste d'entrées à classer avant et une liste d'entrées à classer après. Il peut aussi s'agir d'associer des étiquettes ou *tags* à des documents sur Internet, ou de catégoriser des phrases, des courriels ou des molécules dans des classes non mutuellement exclusives.

Ce genre de tâche, qui n'est étudié que depuis peu de temps, requiert des métriques d'évaluation particulières, ainsi que des algorithmes dédiés. Voir par exemple l'article de synthèse [GV15].

Résumé

Ce chapitre s'est focalisé sur la mise en pratique de la science des données. On y a insisté sur la **démarche** à suivre et les questions qui se posent lors d'un projet de fouille de données. Dans fouille de données, il y a « données », terme qui laisse entendre que c'est donné. Ça ne l'est pas. Même si leur récolte échappe au projet, il faut **toujours beaucoup réfléchir aux données**. La plupart du temps, des prétraitements sont nécessaires, ainsi que des changements de représentation.

À l'autre bout de la chaîne, il faut prendre un soin particulier pour **évaluer les résultats** d'un apprentissage et pour comparer des hypothèses et des méthodes.

Enfin, tout projet présente des **problèmes spécifiques** (classes très déséquilibrées, données bruitées...) devant lesquels il importe de ne pas être démuni. Il est clair que c'est seulement par une compréhension profonde de la science des données et des concepts sous-jacents que des projets complexes peuvent aboutir à des réussites.

Chapitre 25

Joseph-Louis LAGRANGE (1736-1813)

Analyse de l'induction : approfondissements et ouvertures

Le chapitre 3 a exposé les notions et les principes de base permettant d'aborder les méthodes développées en apprentissage artificiel et présentées dans cet ouvrage. Certaines d'entre elles cependant se réfèrent à une analyse théorique plus poussée, s'appuyant en particulier sur les travaux de Vapnik. Ceux-ci sont présentés ici, ainsi que les approches relevant de principes de contrôle de l'espace d'hypothèses : principe de minimisation du risque structurel, théorie de l'estimation bayésienne, théorie de la régularisation, principe de compression de l'information. Le lecteur trouvera ainsi un complément d'informations utiles pour aller plus loin dans l'étude de ces méthodes.

Sommaire

1. Généralisation de l'analyse du principe MRE

Le chapitre 3 a présenté les grands principes inductifs : minimisation du risque empirique, décision bayésienne, compression de l'information, ainsi que les approches dérivées de sélection de modèles qui prennent en compte l'espace d'hypothèses. Ces principes, intuitivement raisonnables, offrent-ils des garanties de performance ? Pour ce qui est du principe de minimisation du risque empirique *(Empirical Risk Minimization : ERM)*, l'étude théorique rapportée dans le chapitre 3 avait montré l'intérêt d'une « analyse dans le pire cas », valable quelle que soit la distribution des exemples et pour n'importe quelle fonction cible. Cette analyse *PAC* (apprentissage Probablement Approximativement Correct), menée dans le cas d'espaces de fonctions indicatrices de cardinal fini et pour des fonctions de perte comptant le nombre d'erreurs de classification, a conduit à l'utilisation d'une convergence uniforme, s'appuyant sur la preuve que, pour toutes les hypothèses de l'espace $\mathcal{H}$, il y a convergence du risque empirique mesuré sur l'échantillon d'apprentissage et du risque réel. Est-il possible de généraliser cette étude ? C'est ce que des travaux, dus en grande partie à Vapnik, ont réalisé. Il est important de les connaître car ils ont débouché sur des concepts de pouvoir heuristique puissant (ex. la dimension de Vapnik-Chervonenkis, annexe 10) et sur de nouveaux algorithmes généraux et performants, par exemple les séparateurs à vastes marges et leurs dérivés (chapitre 14).

Nous abordons successivement le cas d'espaces d'hypothèses indicatrices de cardinal infini, puis celui d'espaces de fonctions quelconques avec des fonctions de perte également quelconques.

1.1   Le cas où $\mathcal{H}$ est infini

Le chapitre 3 a montré que l'analyse de la consistance du principe de minimisation du risque empirique dans le cas d'un espace d'hypothèses fini ($|\mathcal{H}| < \infty$) faisait intervenir le cardinal de $\mathcal{H}$. Ainsi, le risque réel associé à une hypothèse (et donc en particulier à l'hypothèse minimisant le risque empirique : $h_{\mathcal{S}}^{\star}$) est borné, en probabilité, par le risque empirique de cette hypothèse plus un terme qui est fonction de la richesse de $\mathcal{H}$, que l'on nomme souvent *capacité* de $\mathcal{H}$:

$$\forall h \in \mathcal{H}, \forall \delta \leq 1 : \quad P^m \left[R_{\text{Réel}}(h) \leq R_{\text{Emp}}(h) + \underbrace{g(\log |\mathcal{H}|, \delta, m)}_{\text{Terme exprimant la richesse de } \mathcal{H}} \right] > 1 - \delta \quad (25.1)$$

Comment obtenir une preuve dans le cas d'un espace $\mathcal{H}$ de taille infinie ? Nous allons voir que le principe général est de *réduire l'infini au cas fini par une sorte de discrétisation*.

Il est intéressant de revenir à l'essence du problème de la prédiction à partir d'un échantillon de données d'apprentissage. Idéalement, l'espace des fonctions hypothèses considérées coïnciderait avec les régularités pouvant régir le monde. Il ne resterait plus qu'à obtenir quelques observations sur le monde pour déterminer la bonne régularité. Une faible variation de l'échantillon d'apprentissage ne devrait pas changer fondamentalement l'hypothèse faite sur le monde. Le cas inverse est celui dans lequel de nombreuses hypothèses s'accordent bien aux données d'apprentissage mais ne produisent pas du tout les mêmes prédictions sur le reste des points de $\mathcal{X}$ (voir figure 25.1). En un sens, étant donné l'espace de fonctions $\mathcal{H}$, la donnée des points d'apprentissage ne fournit aucune information sur la valeur des autres points, non vus, de $\mathcal{X}$. Toute prédiction est alors éminemment fragile et il n'est plus possible de garantir une quelconque cohérence entre la performance en apprentissage et celle en généralisation. C'est l'écart maximal possible entre ces deux performances que cherche à borner la théorie statistique de l'apprentissage.

Il faudrait donc pouvoir évaluer la variabilité des prédictions des hypothèses qui s'accordent bien aux données d'apprentissage. C'est ce que cherchent à faire les différentes mesures de *capacité* de l'espace $\mathcal{H}$. Dans une perspective un peu différente, les approches par *régularisation* cherchent à limiter la possibilité de grande variabilité des prédictions possibles.

Différentes mesures ont été proposées pour estimer la capacité d'adaptation de $\mathcal{H}$ en fonction d'un échantillon de données. Nous citons rapidement ici quelques grandes familles d'approches, renvoyant le lecteur à l'abondante littérature sur ce sujet [AB96, BvLR04, Her02, MS03, STC04, SC08, Vap95, Vid03].

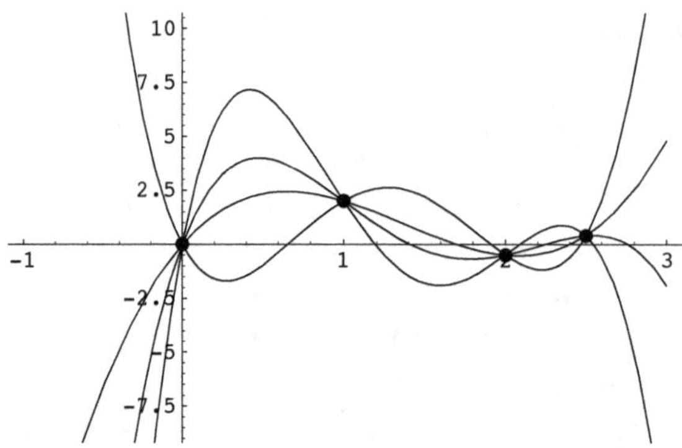

FIGURE 25.1 : *Par plusieurs points on peut faire passer une infinité de polynômes (ici, seuls quatre ont été tracés). Lequel doit-on choisir pour interpoler à des données inconnues ?*

1.2   Mesurer la capacité grâce à un échantillon virtuel

Vapnik et Chervonenkis ont proposé de ramener le cas d'un espace d'hypothèses infini au cas fini en introduisant un échantillon virtuel (ou échantillon « fantôme ») sur lequel on mesure la variabilité des étiquettes qui peuvent être produites par l'ensemble des hypothèses de $\mathcal{H}$. Cela ne s'applique directement qu'au cas de la classification, spécialement de la classification binaire dans laquelle les étiquettes ne peuvent prendre que les valeurs -1 ou +1.

L'idée est que, même si $\mathcal{H}$ contient un nombre infini d'hypothèses, le nombre d'étiquetages différents que peuvent induire les hypothèses de $\mathcal{H}$ est fini. Par exemple, sur un échantillon de m points, il n'y a que 2^m étiquetages binaires possibles. Il s'agit alors de vérifier que la croissance du nombre d'étiquetages, appelé *coefficient de pulvérisation (shattering coefficient)* et noté $\mathcal{N}(\mathcal{H}, m)$, ne reste pas exponentielle lorsque la taille m de l'échantillon virtuel croît. En effet, intuitivement, en se rapportant au cas où $|\mathcal{H}|$ est fini, on voit que le terme équivalent à $\log |\mathcal{H}|$ dans les équations 3.31 ou 3.35 croîtrait sans limite, ne permettant pas de borner l'écart entre risque empirique et risque réel.

Théorème 25.1

*Une **condition nécessaire et suffisante** pour que le principe MRE soit consistant pour l'espace d'hypothèses $\mathcal{H}$ est que :*

$$\frac{\log\{\mathcal{N}(\mathcal{H}, m)\}}{m} \xrightarrow[m \to \infty]{} 0 \tag{25.2}$$

Dans ce cas en effet, la probabilité suivante tend vers 0 :

$$P^m\left(\sup_{h \in \mathcal{H}} |R_{\mathrm{Réel}}(h) - R_{\mathrm{Emp}}(h)| > \varepsilon\right) \ \leq\ 2\mathcal{N}(\mathcal{H}, 2m)\exp\left(-m\,\varepsilon^2/4\right) \tag{25.3}$$

Et en utilisant cette inégalité pour borner, en probabilité, le risque réel, on obtient, avec une probabilité d'au moins $1 - \delta$ et pour n'importe quelle fonction $h \in \mathcal{H}$:

$$R_{\mathrm{Réel}}(h) \ \leq\ R_{\mathrm{Emp}}(h) + \sqrt{\frac{4}{m}\left(\log\{2\mathcal{N}(\mathcal{H}, 2m)\} - \log\{\delta\}\right)} \tag{25.4}$$

Il suffit pour cela d'égaler le terme de droite de l'équation 25.3 avec $\delta > 0$.

La dimension de Vapnik-Chervonenkis

L'un des inconvénients du coefficient de pulvérisation est qu'il est très difficile à évaluer. La dimension de Vapnik-Chervonenkis caractérise par un seul nombre le comportement de la croissance du coefficient de pulvérisation. Dans le cas de la classification binaire, elle est égale à la taille du plus grand échantillon de points $\{\mathbf{x}_i\}_{i=1\ldots d_{\mathrm{VC}}}$ tel que l'on puisse trouver une hypothèse $h \in \mathcal{H}$ pouvant s'accorder à chaque étiquetage possible de ces d_{VC} points (c'est-à-dire que $\mathcal{H}$ permet de réaliser les $2^{d_{\mathrm{VC}}}$ étiquetages possibles). Si $d_{\mathrm{VC}} = \infty$, alors l'induction devient impossible, c'est-à-dire qu'il ne peut plus y avoir de garantie sur la performance en généralisation.

Théorème 25.2

*Une **condition nécessaire et suffisante** pour que le principe MRE soit consistant pour l'espace d'hypothèses $\mathcal{H}$ est que $d_{\mathrm{VC}}(\mathcal{H}) < \infty$.*

Nous renvoyons à la section 10 des annexes pour le détail de l'analyse de Vapnik.

Une propriété importante du coefficient de pulvérisation et de la dimension de Vapnik-Chervonenkis est qu'ils ne dépendent pas de la distribution sous-jacente des données $\mathbf{p}_{\mathcal{X}\mathcal{Y}}$, ni de la dimension de $\mathcal{X}$. Ils ne dépendent que de la classe d'hypothèses $\mathcal{H}$. C'est à la fois une force, par la généralité du résultat, et une faiblesse car les bornes obtenues sont très larges, valables dans le pire des cas. Une connaissance plus précise de la distribution des données permettrait d'obtenir des bornes plus serrées et, souvent, plus réalistes.

La complexité de Rademacher

Soit $\sigma_1, \sigma_2, \ldots$ une collection de variables aléatoires indépendantes prenant leur valeur dans $\{-1, +1\}$ avec une probabilité de 0.5. On parle de *variables de Rademacher*.

Définition 25.1 (Complexité de Rademacher)

La complexité de Rademacher *d'une classe de fonctions indicatrices $\mathcal{H}$ est définie par :*

$$\mathcal{R}(\mathcal{H}) \;=\; \mathbb{E}\left[\sup_{h \in \mathcal{H}} \frac{1}{m} \sum_{i=1}^{m} \sigma_i \, h(\mathbf{x}_i)\right] \tag{25.5}$$

L'expression de la complexité de Rademacher peut paraître compliquée, mais son interprétation est en fait simple et intuitive. La somme $\sum_{i=1}^{m} \sigma_i \, h(\mathbf{x}_i)$ mesure la corrélation entre les variables σ_i et les étiquettes $h(\mathbf{x}_i)$. Plus la corrélation est élevée, plus cette somme prend une grande valeur. Le sup correspond à l'idée que l'on recherche la fonction h dans $\mathcal{H}$ qui est la mieux corrélée aux variables σ_i. Finalement, on prend l'espérance de cette corrélation maximale sur l'ensemble des valeurs possibles des variables σ_i et des points $\mathbf{x}_i$. Cela signifie que l'on cherche à quel point on peut trouver une hypothèse de $\mathcal{H}$ qui s'accorde aux σ_i quelles que soient leurs valeurs et quels que soient les points dans $\mathcal{X}$. Si la complexité de Rademacher est élevée, cela signifie que l'espace des hypothèses $\mathcal{H}$ est prêt à s'adapter à tout étiquetage de n'importe quelle collection de points $\mathbf{x}_i$.

On souhaite naturellement contrôler cette capacité. De fait, on a un théorème bornant en probabilité le risque empirique pour n'importe quelle hypothèse $h \in \mathcal{H}$.

Théorème 25.3

Pour tout $\delta > 0$, on a avec une probabilité d'au moins $1 - \delta$:

$$\forall h \in \mathcal{H} : \quad R_{\text{Réel}}(h) \leq R_{\text{Emp}}(h) + 2\mathcal{R}(\mathcal{H}) + \sqrt{\frac{\log(1/\delta)}{2m}} \tag{25.6}$$

On a également :

$$\forall h \in \mathcal{H} : \quad R_{\text{Réel}}(h) \leq R_{\text{Emp}}(h) + 2\mathcal{R}(\mathcal{H}) + \sqrt{\frac{2\log(2/\delta)}{m}} \tag{25.7}$$

La borne de l'équation 25.7 est particulièrement intéressante car elle utilise une estimation empirique $\mathcal{R}_{\text{Emp}}(\mathcal{H})$ de la complexité de Rademacher, mesurée sur un échantillon d'apprentissage. Elle est donc assez facilement calculable et, de plus, elle introduit ainsi une information sur la distribution $\mathbf{p}_{\mathcal{X}}$ des données.

La complexité de Rademacher et, encore plus, la complexité empirique, mieux informée, fournissent des bornes beaucoup plus serrées que les mesures de capacité classiques vues précédemment.

L'astuce de la symétrisation

Notre but n'est pas, dans ce chapitre, d'entrer dans les détails techniques des démonstrations utilisées pour prouver des convergences uniformes et obtenir des bornes de généralisation. Il peut cependant être éclairant de connaître les grandes idées utilisées dans ces preuves. La symétrisation est l'une d'elles.

Vapnik et Chervonenkis ont eu recours à un échantillon virtuel pour réduire le calcul de la capacité d'espaces d'hypothèses infinis à un calcul fini. La symétrisation va plus loin.

D'une part, elle relie la déviation de la moyenne empirique (le risque empirique) à l'espérance (le risque réel) à la *déviation de deux moyennes empiriques* sur deux échantillons indépendants et de même taille. D'autre part, elle relie cette dernière déviation à la probabilité d'obtenir une complexité de Rademacher élevée par permutation des exemples entre les échantillons.

Le principe est toujours de borner la queue d'une distribution correspondant à la probabilité qu'une hypothèse apparemment bonne sur les données (et donc susceptible d'être sélectionnée par un algorithme guidé par la minimisation du risque empirique) soit de fait « mauvaise », c'est-à-dire encourant un risque réel supérieur au risque empirique plus une certaine déviation. Cette idée est sous-jacente à la plupart des analyses décrites dans ce chapitre.

Les détails à propos de cette technique de preuve sont donnés dans de nombreux ouvrages et publications, par exemple dans [HW02, Her02, SS02].

1.3   Le cas d'un espace de fonctions réelles

Lorsque $\mathcal{H}$ est un espace de fonctions indicatrices (prenant leurs valeurs dans $\{-1, 1\}$), $|\mathcal{H}_{|\mathcal{S}}|$, l'espace des fonctions hypothèses réduites à l'espace de départ $\mathcal{S}$, est fini pour tout ensemble fini de points $\mathcal{S}$. Lorsque $\mathcal{H}$ est un espace de fonctions définies sur $\mathbb{R}$, même pour $\mathcal{S}$ fini, $|\mathcal{H}_{|\mathcal{S}}|$ peut être infini. Cependant, nous avons seulement besoin de pouvoir assurer que l'ensemble $|\mathcal{H}_{|\mathcal{S}}|$ ne contienne pas trop d'éléments qui *prennent des valeurs trop différentes*. Au lieu de la cardinalité de $|\mathcal{H}_{|\mathcal{S}}|$, on utilise alors la notion de couverture pour mesurer cette diversité.

Les nombres de couverture

Les *nombres de couverture (covering numbers)* jouent le rôle du coefficient de pulvérisation dans le cas de la régression pour lequel h prend ses valeurs dans $\mathbb{R}$ et non dans $\{-1, 1\}$. L'idée est d'estimer la taille $\mathcal{N}$ d'un échantillon de fonctions « représentatives » permettant d'approcher un nombre infini de fonctions hypothèses.

En effet, en notant $\mathcal{H}_{|\mathcal{S}}$ les fonctions hypothèses réduites à l'espace de départ $\mathcal{S}$, la fonction de croissance $\Pi(\mathcal{H})$ correspond à :

$$\Pi(\mathcal{H}) \;=\; \max_{\mathcal{S}_m}\{|\mathcal{H}_{|\mathcal{S}_m}| \;:\; \mathcal{S}_m \subseteq \mathcal{X}\} \tag{25.8}$$

L'ϵ-*couverture* d'un ensemble S dans X est un ensemble de points de X tels que l'union de toutes les ϵ-boules autour de ces points contiennent S.

Il faut d'abord définir une métrique entre fonctions. Ici, cette métrique est aléatoire car elle dépend de l'échantillon de points sur laquelle on « projette » ces fonctions. Couramment, les métriques utilisées sont :

$$d_m(f, f') \;=\; \frac{1}{m}|\{f(\mathbf{x}_i) \neq f'(\mathbf{x}_i) \;:\; i \in [\![1 \dots, m]\!]|\| \tag{25.9}$$

ou bien :

$$d_m^{\infty}(f, f') \;=\; \max_{1 \leq i \leq m} |f(\mathbf{x}_i) - f'(\mathbf{x}_i)| \tag{25.10}$$

qui correspond à la norme ℓ_{∞}.

Il faut bien noter que c'est une distance *entre vecteurs*, ici le vecteur de points induits par l'échantillon $\mathcal{S}_m$.

On dit alors qu'un ensemble de fonctions $f_1, f_2, \dots, f_N$ couvre l'espace de fonctions $\mathcal{H}$ avec un rayon de ε si :

$$\mathcal{H} \subset \bigcup_{i=1}^{N} B(f_i, \varepsilon) \tag{25.11}$$

où $B(f_i, \varepsilon)$ est la boule de rayon ε autour de la fonction f_i. Cela signifie que, pour toute fonction $h \in \mathcal{H}$, il existe une fonction f_i de la couverture telle que : $d_m(h, f_i) \leq \varepsilon$.

On peut alors définir le nombre de couverture empirique $\mathcal{N}(\mathcal{H}, \varepsilon, \mathcal{S}_m)$:

Définition 25.2 (Nombre de couverture empirique)

Le nombre de couverture empirique $\mathcal{N}(\mathcal{H}, \varepsilon, \mathcal{S}_m)$, défini pour un rayon ε, pour un échantillon de taille m et pour une distance d_m, est la taille minimale d'un ensemble de fonctions permettant de couvrir $\mathcal{H}$ à l'échelle ε.

Le nombre de couverture découle de la notion précédente en éliminant la dépendance sur un échantillon de points particuliers, c'est-à-dire en prenant le supremum sur tous les échantillons possibles de taille m. On peut alors définir le nombre de couverture $\mathcal{N}^{\infty}(\mathcal{H}, \varepsilon, m)$:

Définition 25.3 (Nombre de couverture)

Le nombre de couverture $\mathcal{N}^{\infty}(\mathcal{H}, \varepsilon, m)$ défini pour un rayon ε et pour une distance d_m est :

$$\mathcal{N}^{\infty}(\mathcal{H}, \varepsilon, m) \;=\; \sup_{\mathcal{S}_m} \mathcal{N}(\mathcal{H}, \varepsilon, \mathcal{S}_m) \tag{25.12}$$

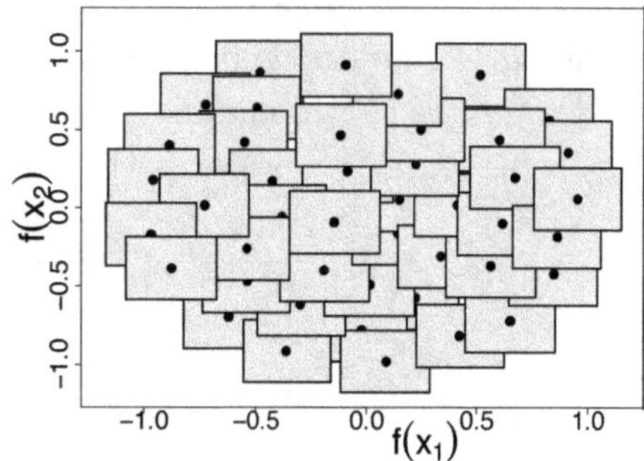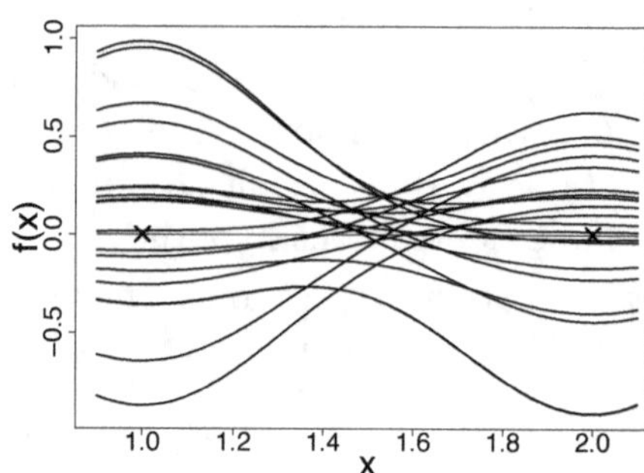

FIGURE 25.2 : *À droite : 20 fonctions à valeurs réelles sur $\mathbb{R}$ et deux points d'apprentissage x_1 et x_2 (croix). À gauche : une couverture (pas la plus petite) de l'espace $\mathcal{F}$ des fonctions. Dans le cas présent où $m = 2$ (deux points d'apprentissage), chaque fonction $f \in \mathcal{F}$ est caractérisée par deux nombres, $f(x_1)$ et $f(x_2)$, et peut donc être représentée par un point du plan. Chaque point noir correspond à une fonction $\hat{f}$ de la couverture $\mathcal{F}_\gamma((x_1, x_2))$ et les carrés grisés de côté $2\,\gamma$ correspondent aux fonctions couvertes (figure aimablement fournie par Ralf Herbrich, tiré de son livre [Her02], p.142).*

On notera que, contrairement au concept de coefficient de pulvérisation ou de dimension de Vapnik-Chervonenkis, cette mesure de capacité de $\mathcal{H}$ est dépendante d'une échelle, notée ici ε. Le nombre de couverture mesure la richesse de la classe de fonctions $\mathcal{H}$ à l'échelle ε.

Un résultat typique de convergence uniforme utilisant la mesure du nombre de couverture a la forme :

$$P^m\Big(\sup_{h\in\mathcal{H}} |R_{\text{Réel}}(h) - R_{\text{Emp}}(h)| > \varepsilon\Big) \leq c_1(m)\,\mathcal{N}^{\infty}(\mathcal{H}, \varepsilon, m)\,\exp(-\varepsilon^{\beta} m / c_2) \qquad (25.13)$$

où $c_1(m)$, c_2 et β dépendent des caractéristiques de la tâche d'apprentissage.

À l'instar du coefficient de pulvérisation, le nombre de couverture est très difficile à évaluer. De la même manière qu'avec la dimension de Vapnik-Chervonenkis, on cherche donc à avoir recours à un nombre permettant de caractériser le comportement du nombre de couverture lorsque la taille m de l'échantillon d'apprentissage croît. Plusieurs quantités ont été proposées, telle que la *pseudo-dimension* due à Pollard, la *dimension de Vapnik-Chervonenkis pour les fonctions réelles* ou sa généralisation dépendante de l'échelle : la *fat-shattering dimension*. Nous renvoyons le lecteur intéressé à [AB96] ou à [Her02], entre autres nombreuses publications, pour avoir plus de détails sur ces mesures.

2.   Principes inductifs contrôlant l'espace des hypothèses

L'analyse a montré que le critère de minimisation du risque empirique ne peut être employé sans précaution ; il est nécessaire de contrôler l'espace des hypothèses considéré par le système apprenant. Sous l'influence des statisticiens, on parle souvent de *sélection automatique de modèle*.

Le mot « modèle » est particulièrement polysémique en apprentissage artificiel. Il peut désigner en effet :

1. *L'espace des fonctions hypothèses* considéré par l'algorithme d'apprentissage à un moment donné.

2. *Une famille d'algorithmes d'apprentissage* paramétrée par un ou plusieurs hyper-paramètres.

3. *Le résultat de l'apprentissage* (la fonction apprise) qui est effectivement un modèle du monde.

Le problème de la sélection de modèle concerne le choix de l'espace d'hypothèses minimisant l'erreur totale, c'est-à-dire l'erreur d'approximation plus l'erreur d'estimation. Cette optimisation peut s'opérer « à la main », ou bien de manière automatique, grâce à des critères ou des techniques particulières. C'est de cela qu'il est question dans cette section.

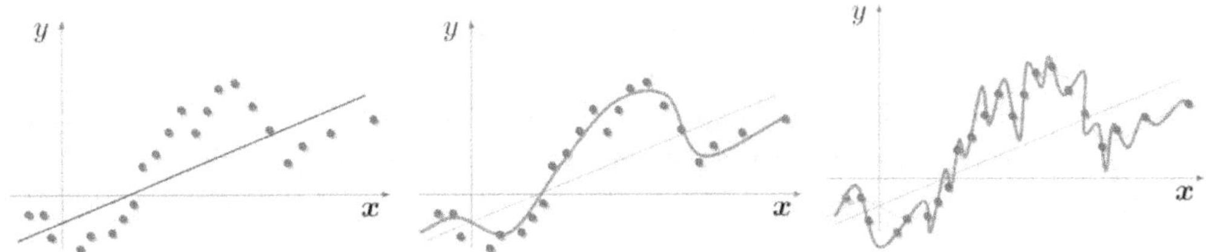

FIGURE 25.3 : *Trois hypothèses rendant compte d'une série de points (x_i, y_i). La première hypothèse est choisie dans l'espace des droites du plan, la deuxième dans un espace de fonctions plus riche (ex. des polynômes de degré 5 au plus) et la troisième dans un espace encore plus riche.*

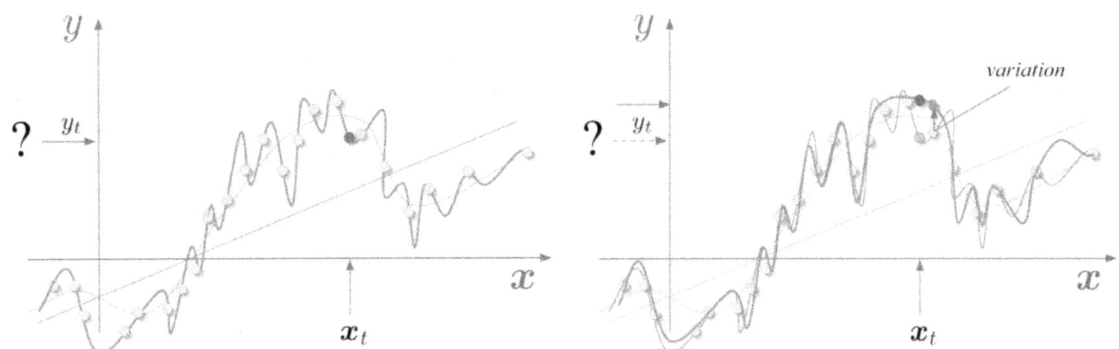

FIGURE 25.4 : *Le problème de l'induction vise, in fine, à pouvoir faire des prédictions pour des valeurs x_t non vues en apprentissage. Si l'hypothèse retenue après apprentissage est issue d'un espace de fonctions trop riche, elle dépend trop de l'échantillon d'apprentissage et cela peut conduire à de grandes variations dans les prédictions.*

La figure 25.3, à propos d'une tâche de régression, montre comment des hypothèses différentes vont être trouvées en fonction de la richesse de l'espace des fonctions $\mathcal{H}$ considéré. Plus cet espace est riche et plus faible sera l'erreur empirique de la meilleure hypothèse. Malheureusement, la prédiction de la valeur y pour un exemple $\mathbf{x}$ non vu en apprentissage va devenir de plus en plus dépendante de l'échantillon d'apprentissage (figure 25.4). L'erreur d'approximation décroît au détriment de l'erreur d'estimation qui augmente. La question de la sélection de modèle consiste à choisir le bon espace $\mathcal{H}$ ou bien la meilleure régularité pour l'hypothèse sélectionnée $\hat{h}$.

Nous commençons par décrire des mesures de pénalité proposées pour corriger le degré d'adaptation aux données par la capacité de l'espace des hypothèses. Ces mesures peuvent être utilisées dans une procédure de sélection manuelle. D'autres procédures réalisent un ajustement automatique de l'espace des hypothèses.

Finalement, il faut souligner qu'une approche très employée pour opérer le choix de l'espace des hypothèses est celle de la *validation croisée* ou celle du *bootstrap*. Ces approches sont décrites dans le chapitre 24.

2.1 Mesures de pénalité liées aux espaces d'hypothèses considérés

En statistique, le problème de la sélection de modèle est connu depuis longtemps, au moins de manière empirique. Dans les années 70, la question de la correction du biais introduit par le principe du maximum de vraisemblance a été posée explicitement et divers *critères d'information* ont été proposés pour pénaliser le sur-apprentissage possible avec les modèles plus complexes. On peut les distinguer en fonction des présupposés sur lesquels ils se fondent. Deux approches, en particulier, ont été développées. La première, incluant le critère AIC, est fondée sur la distance de Kullback-Leibler entre la densité vraie et la densité estimée ; la seconde, incluant le critère BIC, s'appuie sur l'analyse bayésienne.

2.1.1 Le critère AIC (An Information Criterion dû à Akaike)

Kullback (1907-1994) et Leibler (1914-2003), deux cryptanalystes américains, ont publié en 1951 [KL51] un article devenu célèbre montrant comment mesurer une information liée au concept de statistique suffisante de Fisher. L'information dite de Kullback-Leibler est une quantité fondamentale en science avec des racines remontant au concept d'entropie de Boltzmann (1844-1906).

Soit f la densité de probabilités vraie ; f n'est pas paramétrée puisqu'il ne s'agit pas d'un modèle mais de la réalité. Soit h le modèle utilisé pour approcher cette densité. L'information de Kullback-Leibler $I_{KL}(f, h)$, ou $d_{KL}(f, h)$ pour *divergence de Kullback-Leibler* , est définie comme la perte d'information lorsque l'on utilise h au lieu de f. Pour les fonctions continues, elle est définie comme :

$$d_{KL}(f, h) = \int_{\mathcal{X}} f(\mathbf{x}) \log\left(\frac{f(\mathbf{x})}{h_\theta(\mathbf{x})}\right) d\mathbf{x} \qquad (25.14)$$

où l'on a souligné la dépendance de h sur un vecteur de paramètres θ. Il est à noter que cette mesure n'est pas symétrique (malgré le nom de distance de Kullback-Leibler qui lui est parfois donnée). Il s'agit bien d'une perte d'information qui est donc « dirigée » de la densité estimée à la densité vraie.

Selon cette mesure, la meilleure hypothèse est celle qui perd le moins d'information par rapport aux autres hypothèses dans l'espace considéré. Il faut donc minimiser $d_{KL}(f, h)$ par rapport à h indexé par θ.

Le problème de la sélection de modèle (c'est-à-dire d'espace d'hypothèses) est cependant différent. D'une part, on ne connaît pas la densité vraie f ; d'autre part, on ne connaît pas la valeur de h (plus précisément $h_\theta^\star$, la meilleure hypothèse dans l'espace indexé par θ), puisque celle-ci doit être estimée en fonction des données. On est donc amené à comparer des modèles (espaces d'hypothèses) sur la base d'estimations de la meilleure hypothèse dans chacun de ces modèles, estimations qui conduisent à des incertitudes. On doit par conséquent minimiser une espérance d'information de Kullback-Leibler, plutôt qu'une information de Kullback-Leibler connue.

On peut ré-écrire l'equation 25.14 en :

$$d_{\mathrm{KL}}(f,h) = \int_{\mathcal{X}} f(\mathbf{x}) \log(f(\mathbf{x}))\, d\mathbf{x} - \int_{\mathcal{X}} f(\mathbf{x}) \log h_\theta(\mathbf{x})\, d\mathbf{x}$$
$$= C - \mathbb{E}_f[\log(h_\theta(\mathbf{x}))]$$

(25.15)

Ainsi, c'est seulement l'espérance d'information relative $\mathbb{E}_f[\log(h_\theta(\mathbf{x}))]$ qui doit être évaluée pour chaque modèle.

Akaike [Aka73, Aka74, Aka81, Aka83, Aka85] a montré qu'il fallait estimer :

$$\mathbb{E}_y \mathbb{E}_\mathbf{x}[\log(h_{\hat{\theta}(\mathcal{S})}(\mathbf{x}))]$$

(25.16)

où l'espérance interne est juste $\mathbb{E}_f[\log(h_\theta(\mathbf{x}))]$ avec θ remplacée par son estimation par maximum de vraisemblance à partir des données $\mathcal{S}$.

En étudiant cette équation, Akaike a trouvé une relation entre l'information de Kullback-Leibler et la théorie de la vraisemblance. Ainsi, la log-vraisemblance maximale conduit à une estimation biaisée de $\mathbb{E}_y \mathbb{E}_\mathbf{x}[\log(h_{\hat{\theta}(\mathcal{S})}(\mathbf{x}))]$, mais ce biais est de l'ordre de K, le nombre de paramètres à estimer dans le modèle utilisé. Cette observation fondamentale permet d'obtenir un estimateur presque non biaisé de $\mathbb{E}_y \mathbb{E}_\mathbf{x}[\log(h_{\hat{\theta}(\mathcal{S})}(\mathbf{x}))]$ pour des échantillons grands, qui est : $\log(\mathcal{L}(\hat{\theta}|\mathcal{S})) - K$.

Il est ainsi possible d'unifier l'évaluation de la qualité de l'estimation (ici par maximum de vraisemblance ou par minimisation du risque empirique) et la sélection de modèle.

Définition 25.4 (Critère d'information de Akaike, AIC)

$$AIC = -2\log(\mathcal{L}(\hat{\theta}|\mathcal{S})) + 2\,K$$

(25.17)

Les coefficients 2 sont présents pour des raisons historiques.

En pratique, le critère d'information de Akaike doit être utilisé pour trier les modèles possibles à partir des données $\mathcal{S}$ disponibles. On retient le modèle le meilleur selon ce classement. Il ne faut cependant pas oublier que l'estimation de la meilleure hypothèse dans une classe d'hypothèses (un modèle) est incertaine et, en toute rigueur, il faudrait tenir compte de la variance associée dans la sélection de modèle.

Si les modèles considérés n'incluent pas la vraie densité f, le critère AIC tend à choisir des modèles de plus en plus complexes avec la taille de l'échantillon d'apprentissage $\mathcal{S}$ et donc à favoriser le sur-apprentissage. Cette observation a conduit à des pénalisations de second ordre (voir par exemple [BA04] et les références citées pour plus de détails).

2.1.2   Le critère BIC (Bayesian Information Criterion)

Le critère BIC [Sch78] peut être dérivé d'une analyse bayésienne. Soit un échantillon de données $\mathcal{S}$ et un ensemble de modèles $\{\mathcal{H}_i\}$ dont les paramètres associés sont les $\boldsymbol{\theta}_i$. Selon la formulation bayésienne, on compare les modèles via la probabilité *a posteriori* $\mathbf{P}(\mathcal{H}|\mathcal{S})$ du modèle $\mathcal{H}$, ce qui requiert la connaissance de la distribution *a priori* $\mathbf{P}_\mathcal{H}$ sur les modèles. On a alors :

$$\mathbf{P}(\mathcal{H}|\mathcal{S}) \propto \mathbf{p}(\mathcal{S}|\mathcal{H})\, \mathbf{P}_\mathcal{H} \quad \text{avec :} \quad \mathbf{p}(\mathcal{S}|\mathcal{H}) = \int \mathbf{p}(\mathcal{S}|\mathcal{H}, \theta)\, \mathbf{p}(\theta)\, d\theta$$

où θ est la valeur possible du vecteur de paramètres associé à une hypothèse du modèle $\mathcal{H}$. Nous utilisons ici la terminologie des statistiques, car le critère BIC vient de ce domaine, mais le praticien de l'apprentissage artificiel peut aussi penser à θ comme à une hypothèse $h \in \mathcal{H}$ paramétrée par θ. Chaque espace d'hypothèses $\{\mathcal{H}_i\}$ ou modèle implique un vecteur de paramètre associé $\boldsymbol{\theta}_i$.

La comparaison des modèles $\mathcal{H}_i$ et $\mathcal{H}_j$ peut se faire par le calcul du rapport $\mathbf{p}(\mathcal{S}|\mathcal{H}_i)/\mathbf{p}(\mathcal{S}|\mathcal{H}_j)$ aussi appelé *facteur de Bayes*.

En supposant que $\mathbf{p}(\theta|\mathcal{S})$ suit approximativement une loi normale de moyenne $\bar{\theta}$ et de matrice de covariance Σ, on peut estimer $\bar{\theta}$ par maximum de vraisemblance θ_{MAP} et Σ par $\mathbf{A}$ l'inverse du Hessien de $-\log \mathbf{p}(\theta_{\mathrm{MAP}}|\mathcal{S})$ (puisque c'est la matrice de covariance pour une densité normale). On a alors :

$$\log \mathbf{p}(\mathcal{S}) \simeq \log \mathbf{p}(\mathcal{S}|\theta_{\mathrm{MAP}}) + \underbrace{\log \mathbf{p}(\theta_{\mathrm{MAP}}) + \frac{m}{2}\log(2\pi) - \frac{1}{2}\log|\mathbf{A}|}_{\text{facteur d'Occam}} \tag{25.18}$$

En supposant que la loi normale sur les paramètres est large (densité de probabilités *a priori* diffuse) et que la matrice hessienne est de rang complet, alors l'équation 25.18 peut se simplifier en :

$$\log \mathbf{p}(\mathcal{S}) \simeq \log \mathbf{p}(\mathcal{S}|\theta_{\mathrm{MAP}}) - \frac{1}{2}K \log m \tag{25.19}$$

où K est le nombre de paramètres de θ et m la taille de l'échantillon d'apprentissage $\mathcal{S}$.

Il est apparent que ce critère BIC pénalise davantage la complexité des modèles que le critère AIC.

Le critère BIC suppose que le vrai modèle (ce qui est une abstraction) appartient aux modèles considérés. Lorsque l'échantillon de données est relativement réduit, l'utilisation du critère BIC conduit à du sous-apprentissage.

2.1.3 Le principe de minimisation de la longueur de description (MDLP)

Un principe inductif intuitif consiste à préférer, parmi les hypothèses capables d'expliquer les données d'apprentissage, celle qui est la plus simple, c'est-à-dire dont l'expression est la plus économique. Cela correspond au principe du rasoir d'Occam (page 834). Il repose sur deux idées fondamentales : la première selon laquelle apprendre quelque chose à partir de données signifie identifier des régularités sous-jacentes, la seconde que l'identification de régularités permet de comprimer l'expression des données. On en conclut donc que, plus il est possible de comprimer l'expression de données (sans perdre d'information), mieux on connaît ces dernières. Une troisième idée relève de l'induction, à savoir que, lorsque l'on sait quelque chose à propos d'un échantillon de données, il est possible d'utiliser cette connaissance pour prédire de futures données. Ainsi, la compression et la prédiction, c'est-à-dire l'induction, semblent intrinsèquement liées.

—— EXEMPLE **Induction d'automate** ————————————————————————————

Supposons que nous étudiions un phénomène caractérisé par des séquences d'observations, chacune avec une étiquette '+' ou '−' fournie par un oracle. Nous décidons d'en rendre compte à l'aide d'un automate déterministe à états finis (chapitre 5). La simplicité (ou plutôt sa complexité) d'un automate sera mesurée par son nombre d'états.

Les séquences suivantes sont positives, ce qui correspond au fait qu'elles sont reconnues par l'automate recherché : 0, 000, 00000, 000000000 ; les séquences suivantes sont négatives, donc rejetées par l'automate : ϵ, 00, 0000, 000000.

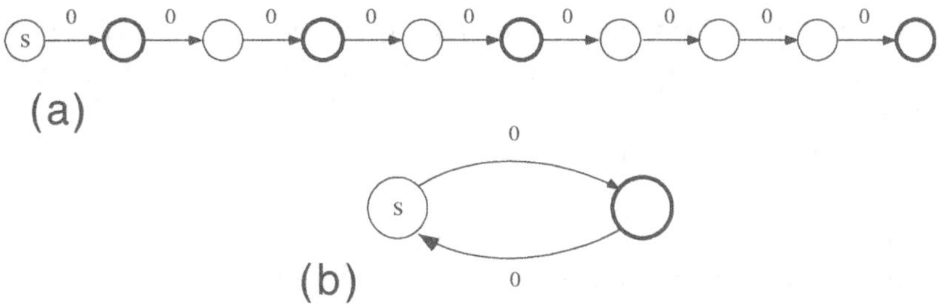

FIGURE 25.5 : *En (a) l'automate trivialement cohérent avec les données. En (b) l'automate le plus simple cohérent avec les données.*

Il existe une infinité d'automates cohérents avec ces séquences. La figure 25.5(a) montre l'automate trivial qui code simplement ces séquences. La figure 25.5(b) montre l'automate le plus simple permettant de rendre compte de ces données. Lequel des deux devons-nous préférer pour prédire l'étiquette de nouvelles séquences d'observations ? Notre intuition nous souffle que le second est meilleur. Avons-nous raison ?

Nous avons vu au chapitre 3 que le principe de minimisation de description (MDLP) se traduit par :

Définition 25.1 (Principe de longueur minimale de description, MDLP)

La meilleure théorie, ou hypothèse, ou le meilleur modèle, rendant compte d'un échantillon d'apprentissage minimise la somme de deux quantités :

1. *la longueur, mesurée en bits, de la description de la théorie ;*

2. *la longueur, mesurée en bits, de la description des données lorsqu'elles sont décrites à l'aide de la théorie.*

Formellement, cela signifie que, selon ce principe, l'hypothèse optimale $h^\star$ vérifie :

$$h^\star \;=\; \arg\min_{h \in \mathcal{H}}\big\{K(h) + K(\mathcal{S}_m|h)\big\} \tag{25.20}$$

où $K(h)$ mesure la longueur de description de h et $K(\mathcal{S}_m|h)$ mesure la longueur de description des données $\mathcal{S}_m$ en utilisant l'hypothèse h (la théorie) pour les coder.

2.1.4 Conclusion partielle

Doit-on conclure des résultats qui précèdent qu'il vaut toujours mieux choisir une hypothèse succincte pour rendre compte de données ? La réponse est non. Plusieurs études se voulant provocatrices ont d'ailleurs montré qu'une hypothèse succincte pouvait se révéler moins performante qu'une hypothèse aussi bonne sur les données d'apprentissage, mais plus complexe. De fait, la préférence pour la simplicité des hypothèses s'assimile à un biais *a priori*, qui peut, ou non, être approprié. Pourquoi alors est-ce un biais naturel chez les êtres humains et que l'on trouve souvent satisfaisant ?

La réponse à cette question comporte au moins deux volets. Le premier est que, à côté du pouvoir prédictif d'une hypothèse ou d'une théorie, nous recherchons souvent son caractère explicatif et donc compréhensible. Une hypothèse s'accordant parfaitement aux données, mais compliquée, est souvent moins satisfaisante qu'une hypothèse moins parfaite mais intelligible. À partir du moment où l'on parle d'intelligibilité, il faudrait aussi faire intervenir le reste des connaissances préalables dans lesquelles s'inscrit la nouvelle connaissance apprise. Les théorèmes de compression ne disent évidemment rien sur cet aspect des choses.

Le deuxième volet nous ramène au sens profond des théorèmes de pertinence du principe *ERM*. Pourquoi en effet une hypothèse simple serait-elle meilleure en prédiction qu'une hypothèse plus complexe s'accordant aussi bien aux données ? Rien dans les théorèmes de Vapnik ne permet de l'expliquer. Rien, sauf que la classe des hypothèses simples à exprimer dans un langage, dans tout langage, est forcément restreinte, quel que soit le langage utilisé. Si donc l'on trouve une hypothèse « simple » qui s'accorde bien aux données d'apprentissage, c'est que, dans un espace $\mathcal{H}$ limité, on a trouvé une bonne hypothèse au sens du risque empirique. Les théorèmes de Vapnik, qui prennent en compte la richesse de l'espace des hypothèses, affirment alors que la probabilité est grande que cette hypothèse se comporte bien à l'avenir. La simplicité d'une hypothèse est relative au langage utilisé pour l'exprimer, mais ce qui compte vraiment c'est la richesse de la classe des hypothèses à laquelle elle appartient. Si par chance on trouve une bonne hypothèse dans une classe restreinte, alors l'espoir est grand qu'elle soit bonne en général. C'est ce que Pearl avait déjà remarqué dans un article de 1978 [Pea78] injustement oublié et qui préemptait bien des travaux ultérieurs sur ce sujet.

2.2   La théorie de la régularisation

Nous avons vu que l'analyse du problème de l'induction montre que le principe naïf de minimisation du risque empirique (*ERM*) est insuffisant et qu'il faut l'amender pour tenir compte de la « capacité » de l'espace d'hypothèses $\mathcal{H}$ à décrire des fonctions quelconques. La théorie de la régularisation prescrit le même remède mais en partant d'un souci différent.

D'abord, il faut noter que l'induction d'une fonction f à partir d'un échantillon $\mathcal{S}$ de données en nombre limité peut être vue comme un *problème inverse*. Le problème direct correspondrait à chercher l'image inconnue y_i d'une valeur $\mathbf{x}_i$ par une fonction f connue. C'est généralement un problème simple. Le problème inverse consiste à chercher une fonction f inconnue qui rende compte des couples de valeurs $\mathcal{S} = \{\mathbf{z}_1 = (\mathbf{x}_1, y_1), ..., \mathbf{z}_m = (\mathbf{x}_m, y_m)\}$. Il s'agit, selon les mathématiciens, d'un *problème mal posé*. Rappelons qu'un problème bien posé (au sens de Hadamard) présente les propriétés suivantes :

1. *Existence* : pour toute fonction cible f ayant engendré les données, il existe une fonction h dans l'espace $\mathcal{H}$ de fonctions considéré solution du problème inverse.

2. *Unicité* : la solution h est unique.

3. *Continuité* : la solution h dépend continûment de f.

L'induction est un problème mal posé dans la mesure où la solution obtenue par minimisation du risque empirique n'est en général pas unique. Par exemple, il existe une infinité de polynômes (de degré suffisamment grand) passant par un nombre fixe de points et annulant donc le risque empirique (mesuré par exemple par un écart quadratique) (voir figure 25.1). Il peut également être mal posé dans le cas où les données sont bruitées ou engendrées par un mécanisme si complexe que la classe $\mathcal{H}$ des hypothèses ne permet pas de trouver une fonction rendant parfaitement compte des données (non existence).

La théorie de la régularisation, initiée par Tikhonov et Arsenin (1977) et développée en particulier par Poggio et Girosi [GJP95] dans le cadre de l'apprentissage, consiste à transformer le problème de l'induction en un problème bien posé (et si possible facile à résoudre effectivement) en utilisant des connaissances *a priori* pour contraindre l'espace des hypothèses.

2.2.1   Le principe général

La théorie de la régularisation suggère de transformer le problème mal posé de la recherche d'une hypothèse h rendant compte des données d'apprentissage $\mathcal{S}$ en un problème de recherche d'une hypothèse h soumise à des contraintes additionnelles, c'est-à-dire :

1. minimisant le risque empirique $R_{\text{Emp}}(h)$;

2. et soumise à une contrainte $\Phi(f) \leq \mu$ où Φ est une fonctionnelle incorporant des connaissances *a priori* sur la solution recherchée et μ est un paramètre.

Sous des conditions assez larges sur Φ, il est possible de montrer que la solution au problème de minimisation ci-dessus existe, est unique et dépend continûment des données.

La question est alors de savoir : *quelle forme de connaissance* a priori, *traduite par la fonctionnelle* Φ, *faut-il imposer ?*

Intuitivement, l'idée est encore une fois de contraindre l'espace des hypothèses en pénalisant la classe des hypothèses si complexes qu'elles peuvent s'accorder à n'importe quel échantillon de données de taille m. Deux approches sont utilisées :

1. L'*approche paramétrique* dans laquelle on cherche à contraindre le nombre de paramètres des hypothèses. Par exemple, on cherchera des réseaux connexionnistes à petit nombre de connexions.

2. L'*approche non paramétrique* qui caractérise la complexité d'une fonction hypothèse h par une mesure de sa dynamique dans le domaine fréquentiel. On parle alors de la régularité de la fonction (le terme anglais utilisé est *smoothness*). En un sens, il s'agit de préférer les fonctions les plus « lisses » parmi toutes celles qui rendent compte des données (par exemple, dans le cas des polynômes, on favorisera les polynômes de degré plus faible).

2.2.2   La méthode des multiplicateurs de Lagrange

La minimisation des problèmes sous contrainte du type :

$$\begin{cases} \text{minimiser une fonctionnelle} : F(h) \\ \text{sous la contrainte} : G(h) \leq \mu \end{cases} \tag{25.21}$$

se résout en faisant appel à la méthode des multiplicateurs de Lagrange.

On construit d'abord le problème d'optimisation sous-contraint :

$$R_{\text{Reg}}(h) \;=\; F(h) \,+\, \lambda\, G(h) \tag{25.22}$$

où λ est un paramètre portant le nom de multiplicateur de Lagrange. Le point selle de cette fonctionnelle fournit alors la solution du problème d'optimisation. La fonctionnelle doit être minimisée en fonction de h et maximisée en fonction de λ.

La solution canonique du problème d'optimisation ci-dessus passe par deux étapes :

1. Pour chaque valeur de $\lambda > 0$, trouver le minimum $m(\lambda)$ du problème sous-contraint (25.22)

2. Trouver la valeur $\lambda = \hat{\lambda}$ pour laquelle : $G(m(\lambda)) = \mu$.
   Le minimum du problème contraint est : $m(\hat{\lambda})$.

2.2.3   Le réglage du poids de la pénalisation

Cependant, on applique généralement la théorie de la régularisation différemment. On choisit une fonctionnelle de pénalisation $G(h)$ correspondant à des connaissances *a priori* sur les hypothèses souhaitables et compatible avec les techniques efficaces d'optimisation. On cherche alors une hypothèse h minimisant :

$$R_{\text{Reg}}(h) \;=\; R_{\text{Emp}}(h) \;+\; \lambda\, G(h) \tag{25.23}$$

λ agit comme un paramètre de contrôle permettant de régler le compromis entre la fidélité aux données d'apprentissage mesurée par le premier terme de l'équation et la régularité de la solution h mesurée par le second terme. Cela définit un nouveau principe inductif : **choisir une hypothèse h minimisant le risque pénalisé.**

Normalement, tant la fonctionnelle de pénalisation G que le paramètre λ devraient traduire des connaissances *a priori*, c'est-à-dire *externes* aux données d'apprentissage. Cependant, en général, il est difficile d'avoir suffisamment d'information *a priori* sur la bonne classe d'hypothèses et l'on ajuste donc également en partie le terme de pénalisation, ce qui permet de corriger une mauvaise estimation *a priori* mais constitue aussi une erreur en termes d'induction. On risque en effet à nouveau un phénomène de surapprentissage. Le plus souvent, la fonctionnelle G est choisie *a priori*, tandis que le paramètre λ est ajusté en fonction des données d'apprentissage.

Une procédure classique consiste à sélectionner plusieurs classes d'hypothèses (ou plusieurs valeurs du paramètre de contrôle λ) et à réaliser l'apprentissage dans chacune des classes. On sélectionne alors la classe (ou la valeur de λ) qui minimise le risque mesuré sur l'échantillon de test. Il faut cependant être conscient que le risque mesuré sur l'échantillon de test est nécessairement optimiste, puisque cet échantillon est juge et partie, ayant servi à la fois à estimer les performances des classes de modèles et à en sélectionner une. Pour obtenir une estimation non biaisée du risque réel, il faut donc avoir recours à un échantillon de données n'ayant servi ni à l'apprentissage, ni au test. Ce troisième type d'échantillon est appelé *échantillon de validation*.

2.2.4 Applications de la méthode de régularisation

Le principe de régularisation a été employé pour justifier, souvent *a posteriori*, des méthodes visant à contrôler l'application du principe de minimisation du risque empirique dont la tendance au surapprentissage était connue des praticiens. Nous évoquons rapidement ici certaines de ces méthodes renvoyant le lecteur à des ouvrages spécialisés pour plus de détails [Bis95].

- *Pénalisation des poids dans un réseau connexionniste.* Il est possible de pénaliser les poids d'un réseau de neurones, soit pour imposer que nombre d'entre eux soient nuls (réseau épars), soit pour limiter leur valeur en amplitude *(weight decay)*. Dans le premier cas, le terme de régularisation est de la forme :

$$\lambda \sum_{\text{connexions } j} |w_j| = \lambda \, \|\mathbf{w}\|_1^2$$

  et dans le second :

$$\lambda \sum_{\text{connexions } j} w_j^2 = \lambda \, \|\mathbf{w}\|_2^2$$

- *Règle d'arrêt avant terme (early stopping rule).* Cette méthode est appropriée dans le cadre de l'apprentissage par optimisation itérative du risque telle qu'elle s'effectue dans les réseaux connexionnistes et profonds. Elle consiste à stopper le processus d'optimisation avant qu'il y ait convergence vers l'optimum local. La justification invoquée est que le nombre effectif de degrés de liberté du réseau s'accroîtrait au fur et à mesure de l'apprentissage. En le stoppant avant terme, on éviterait l'obtention d'un modèle trop complexe et le phénomène de sur-apprentissage (apprentissage par cœur de l'ensemble d'entraînement).

- *Apprentissage avec bruit.* Son principe est de bruiter les données d'apprentissage durant l'apprentissage (éventuellement en les bruitant différemment à chaque passe). Intuitivement, il s'agit de rendre plus difficile l'obtention d'un modèle suffisamment complexe pour s'accorder aux données d'apprentissage. On espère ainsi que l'apprentissage aboutira à un modèle rendant compte des régularités profondes plutôt que des détails. [Bis95] (pp.346-349) montre que l'on peut effectivement exhiber une procédure de régularisation équivalente, ce qui justifie l'approche.

2.3 L'analyse bayésienne et le point de vue de la régularisation

On peut définir pour chaque modèle, c'est-à-dire pour chaque classe d'hypothèses $\mathcal{H}_i$, sa densité de probabilités *a priori* $\mathbf{p}_{\mathcal{H}_i}(\cdot)$ définie sur l'ensemble $\mathcal{S}$ des échantillons d'apprentissage possibles. Les classes d'hypothèses les plus spécifiques (souvent caractérisées par peu de paramètres ou par des paramètres à domaine de validité limité) sont associées à des densités de probabilités nulles ou quasi nulles sur une grande partie de l'espace des échantillons, mais sont en revanche bien adaptées pour des régions étroites de cet espace. Par contraste, les modèles très versatiles peuvent représenter une large région de l'espace des échantillons. Lorsque l'on normalise ces densités de probabilités, on obtient ainsi une figure telle que la 25.6, dans laquelle la classe d'hypothèses $\mathcal{H}_3$ est supposée plus spécifique et donc moins riche en possibilité de description, donc moins complexe, que les classes $\mathcal{H}_2$ (de complexité intermédiaire) ou $\mathcal{H}_1$ de plus grande complexité.

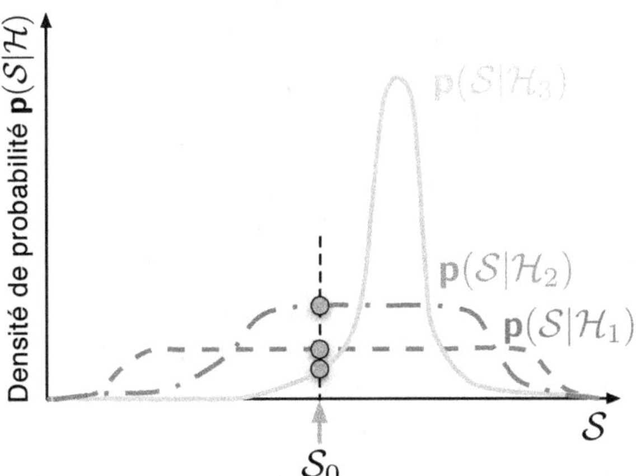

FIGURE 25.6 : *Sélection de modèle par l'approche bayésienne. On considère trois classes de modèles $\mathcal{H}_1$, $\mathcal{H}_2$ et $\mathcal{H}_3$. Pour chacune, on a représenté la probabilité a posteriori des jeux de données $\mathcal{S}$ possibles. Pour un jeu de données particulier $\mathcal{S}_0$, on détermine alors sa probabilité a posteriori pour les trois modèles. Ici, c'est le modèle de complexité intermédiaire qui l'emporte.*

La probabilité des hypothèses après observation de l'échantillon d'apprentissage $\mathcal{S}$ est donnée par la formule :

$$\mathbf{p}(h_j|\mathcal{S}) \;=\; \frac{\mathbf{p}(\mathcal{S}|h_j)\,\mathbf{p}_{\mathcal{H}_i}(h_j)}{\mathbf{p}(\mathcal{S})} \tag{25.24}$$

dans laquelle on souligne l'appartenance d'une hypothèse h_j à une classes d'hypothèses $\mathcal{H}_i$.

Pour un échantillon de données particulier, disons $\mathcal{S}_0$, on peut ainsi calculer la probabilité *a posteriori* de chaque classe d'hypothèses. Dans le cas de la figure 25.6 et pour le jeu de données $\mathcal{S}_0$, c'est la classe d'hypothèses $\mathcal{H}_2$ qui fournit l'hypothèse la plus probable *a posteriori*. Sans qu'il soit facile de le démontrer, en moyenne sur les échantillons d'apprentissage $\mathcal{S}$, ce sont les classes d'hypothèses de pouvoir explicatif intermédiaire qui sont les meilleures ; celles qui sont très simples ayant par nature un domaine de validité étroit et celles qui sont complexes étant en général dominées par des classes moins généralistes.

L'approche bayésienne conduit ainsi naturellement à prendre en compte une certaine forme de complexité des classes d'hypothèses et est donc une forme de principe d'induction avec régularisation.

2.4 La minimisation du risque structurel (SRM)

Au terme de l'étude sur la cohérence du principe de minimisation du risque empirique, c'est-à-dire du lien entre le risque empirique minimal, le risque réel associé et le risque réel optimal, Vapnik et ses collègues ont obtenu des bornes, valables pour toute fonction cible et pour toute distribution des exemples, sous la forme générale (pour le cas du problème de classification) :

$$R_{\text{Réel}}(h_{\mathcal{S}}^{\star d}) \leq R_{\text{Emp}}(h_{\mathcal{S}}^{\star d}) + \Phi(\frac{m}{d_{\mathcal{H}_d}}) \tag{25.25}$$

où $d_{\mathcal{H}_d}$, la dimension de Vapnik-Chervonenkis, mesure la capacité de l'espace d'hypothèses $\mathcal{H}_d$. $h_{\mathcal{S}}^{\star d}$ est l'hypothèse de risque empirique minimal dans l'espace $\mathcal{H}_d$ et Φ est une fonction de la taille de l'échantillon d'apprentissage m et de la dimension de Vapnik-Chervonenkis qui mesure un intervalle de confiance. On a une équation générale similaire pour le cas de la régression :

$$R_{\text{Réel}}(h_{\mathcal{S}}^{\star d}) \leq \frac{R_{\text{Emp}}(h_{\mathcal{S}}^{\star d})}{\Phi'(\frac{m}{d_{\mathcal{H}_d}})} \tag{25.26}$$

Sur cette base, Vapnik propose un nouveau principe inductif baptisé *principe de minimisation du risque structurel (Structural Risk Minimization : SRM)* reposant sur deux idées (figure 25.7).

1. La capacité d'une classe d'hypothèses $\mathcal{H}$ va être mesurée par sa dimension de Vapnik-Chervonenkis $d_{\mathcal{H}}$. Il est alors possible de définir une *structure* sur les classes d'hypothèses [1] consistant en une séquence enchâssée $\mathcal{H}_d : \mathcal{H}_1 \subseteq \mathcal{H}_2 \subseteq \ldots \subseteq \mathcal{H}_d \subseteq \ldots$ telle que chaque classe $\mathcal{H}_d$ soit de dimension $d_{\mathcal{H}_d}$ finie avec : $d_{\mathcal{H}_1} \leq d_{\mathcal{H}_2} \leq \ldots \leq d_{\mathcal{H}_d} \leq \ldots$

2. Le choix, par *ERM*, de la meilleure hypothèse $h_{\mathcal{S}}^{\star d}$, et donc du meilleur espace d'hypothèses, se fait en sélectionnant l'espace $\mathcal{H}_{d^*}$ qui offre la meilleure garantie de risque (selon les équations 25.25 et 25.26, soit plus précisément les équations 26.35 et 26.37). Sous l'hypothèse que l'intervalle de confiance donné par ces équations est serré, on peut espérer ainsi obtenir une bonne approximation du risque réel associé aux hypothèses choisies et donc pouvoir sélectionner la meilleure d'entre elles en connaissance de cause.

Discussion

De nombreuses variantes et implémentations de l'idée générale exposée précédemment ont été proposées et testées ([BBM96], [KMNR95] pour une excellente étude comparative de plusieurs méthodes de sélection de modèles, [LZ96, Mei97, MM96, STBWA96, STBWA98, YB98]). Le

---

1. Plus précisément sur les classes de fonctions de perte associées. Pour ne pas surcharger les concepts généraux, nous n'en tenons pas compte ici. Bien sûr, dans la pratique, il faudra faire attention à ce point [Vap98].

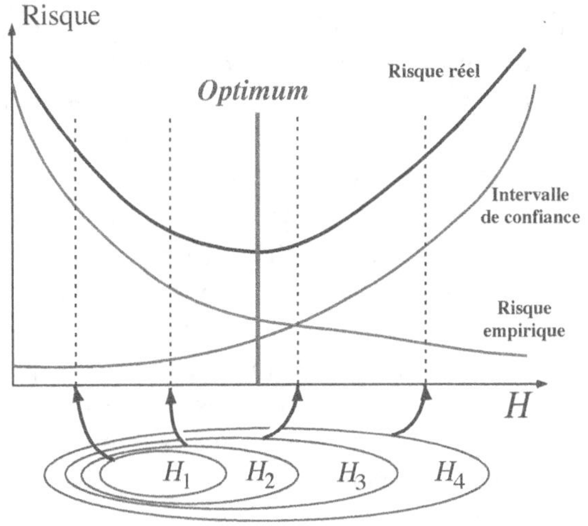

FIGURE 25.7 : *Le principe SRM.*

principe *SRM* et l'idée essentielle de pénalisation ou de régularisation peuvent être appliqués à de nombreuses classes de modèles (ex. fonctions polynomiales de degré variable, perceptrons multicouches, fonctions trigonométriques, fonctions de Fourier, etc.) ainsi qu'à des procédures d'apprentissage elles-mêmes (ex. le choix des conditions initiales d'un réseau de neurones, le choix du critère d'arrêt, etc. ; une bonne revue se trouve dans [CM98] pp.115-119). Cela met en évidence deux points importants pour la mise en pratique de l'approche *SRM*. Premièrement, le choix de la classe de modèles n'est pas spécifié par le principe *SRM* et fait partie des choix résultant de connaissances *a priori* sur le domaine ou de biais subjectifs de l'expérimentateur. Deuxièmement, si la procédure d'apprentissage elle-même peut présenter des aspects qui introduisent des facteurs de régularisation, il n'est plus possible de ne considérer que la seule régularisation introduite par la dimension de Vapnik-Chervonenkis. Cela complique alors considérablement l'estimation du bon facteur de régularisation et explique les approches cherchant à déterminer celui-ci de manière empirique en fonction des conditions particulières d'apprentissage.

Par ailleurs, il existe des critères théoriques sur les structures de classes d'hypothèses ($\mathcal{H}_1 \subseteq \mathcal{H}_2 \subseteq \ldots \subseteq \mathcal{H}_d \subseteq \ldots$) dictant comment régler la séquence $d_{\mathcal{H}_1} \leq d_{\mathcal{H}_2} \leq \ldots \leq d_{\mathcal{H}_d} \leq \ldots$ pour que la convergence vers une bonne approximation de la fonction cible f soit rapide en fonction de l'indice $d_{\mathcal{H}_d}$. Ce réglage dépend de la taille de l'échantillon d'apprentissage. L'idée principale est que, au fur et à mesure qu'augmente la dimension $d_{\mathcal{H}_d}$ de l'espace d'hypothèses, il faut aussi augmenter la « régularité » (souvent mesurée par le degré de dérivabilité) des fonctions hypothèses. La conséquence est que, si la fonction cible n'est pas très « régulière », il n'est pas possible de garantir une convergence rapide des espaces d'hypothèses $\mathcal{H}_d$ vers la fonction cible. Vapnik (dans [Vap95] pp.97-100) propose alors une idée intéressante d'approximation locale, en certains voisinages d'intérêts de la fonction cible pour garantir une convergence rapide de la capacité d'approximation. Il s'agit là d'une idée très séduisante et qui mérite des travaux complémentaires.

2.5 La marge comme mesure de capacité et outil de régularisation

Le concept de marge est devenu un principe unificateur dans l'analyse de nombreuses techniques de classification binaire comme les séparateurs à vastes marges, mais aussi le *boosting* et les réseaux de neurones. En effet, la marge, ou niveau de confiance, est un outil central pour estimer la performance à venir d'un classifieur, plutôt que l'erreur empirique. C'est en faisant appel à cette notion qu'une explication de la résistance du *boosting* au sur-apprentissage a été avancée [SFBL98]. Ainsi, alors même que l'erreur empirique est annulée, l'augmentation du nombre d'étapes de *boosting* accroît la marge entre les exemples des deux classes, ce qui resserre le lien entre risque empirique, ici devenu nul, et risque réel (chapitre 15).

Plus formellement, ce concept est issu d'une longue démarche. Comme nous l'avons vu, le problème est d'établir un lien entre le risque empirique, mesuré sur l'ensemble d'apprentissage (supposé i.i.d.), et le risque réel ou espérance de risque. Pour cela, il faut faire intervenir des caractéristiques de l'espace des hypothèses envisagées. La dimension de Vapnik-Chervonenkis, comme mesure du pouvoir discriminant d'un ensemble d'hypothèses, permet un tel lien. Cependant, il est assez grossier car il s'applique à des fonctions binaires et ne prend pas en compte la sensibilité des fonctions sous-jacentes. Par exemple, une fonction de décision binaire peut être obtenue par seuillage d'une fonction à valeur réelle : $T_\theta(h)$ qui prend la valeur 1 si h prend une valeur de sortie $\geq \theta$ et 0 ou -1 sinon. C'est pourquoi Vapnik en 1979 a introduit la marge comme facteur caractérisant la sensibilité des fonctions sous-jacentes, obtenant ainsi de nouvelles bornes liant les risques empirique et réel. Cette analyse supposait néanmoins que tous les points, y compris les points tests, soient du bon côté de la marge, ce qui rendait les résultats irréalistes.

Ceci a alors motivé l'introduction d'une analyse des fonctions à valeurs réelles sensibles à une granularité d'intérêt *(scale sensitive)*, à savoir la *fat-shattering dimension* et les nombres de couverture. Cette nouvelle analyse plus précise conduit, dans le cas des fonctions de classification binaire, à la prise en compte de la marge dans les bornes obtenues.

Ainsi, pour des fonctions $h \in \mathcal{H}$ à valeur réelle et définies sur une boule de $\mathcal{X}$ de rayon R, il existe une constante c telle que, pour toute distribution de probabilités sur $\mathcal{X}$, toute marge ρ et pour toute fonction h de marge au moins ρ sur un tirage de m exemples d'apprentissage, on a avec une probabilité supérieure à $1 - \delta$:

$$R_{\text{Réel}}(h) \; = \; \frac{c}{m}\left(\frac{R^2}{\rho^2}\log^2\!\left(\frac{m}{\rho}\right) + \log\!\left(\frac{1}{\delta}\right)\right)$$

La leçon générale à retenir est qu'il faut essayer d'avoir une erreur empirique faible tout en maintenant la marge la plus grande possible. Dans le cas des fonctions de décision linéaire, comme les séparateurs à vastes marges (chapitre 14), il faut chercher à maximiser la marge tout en ayant le moins d'exemples d'apprentissage qui ne soient pas du bon côté de la marge.

3. Prise en compte de l'algorithme d'apprentissage dans la théorie

L'étude du principe inductif par minimisation du risque empirique conduite dans les sections précédentes mettait entièrement l'accent sur l'espace des hypothèses $\mathcal{H}$ utilisé. L'idée était de mener une étude en convergence uniforme, c'est-à-dire de borner la distance entre $R_{\text{Réel}}(h)$ et $R_{\text{Emp}}(h)$ pour toute hypothèse $h \in \mathcal{H}$ simultanément. En revanche, l'algorithme d'apprentissage n'était pas vraiment pris en compte. Il était supposé capable de trouver miraculeusement la meilleure hypothèse $\hat{h}_S \in \mathcal{H}$ selon le critère inductif choisi en fonction de l'échantillon S fourni.

Plusieurs analyses prennent en compte *le comportement de l'algorithme d'apprentissage sur les données disponibles* pour calculer la distance entre $R_{\text{Réel}}(h)$ et $R_{\text{Emp}}(h)$, sans faire appel à une caractérisation de l'espace des hypothèses $\mathcal{H}$.

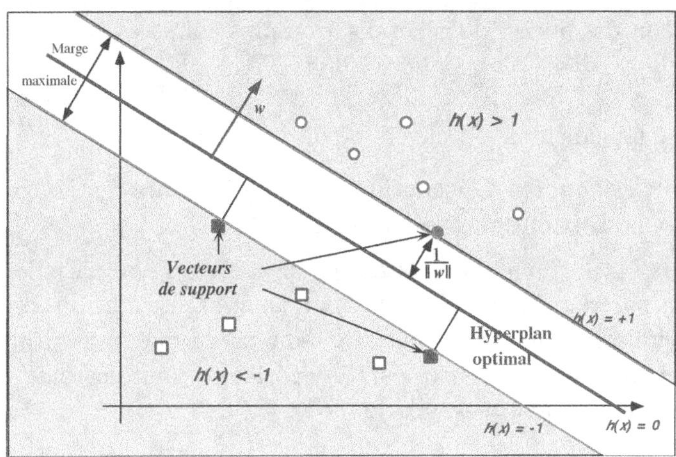

FIGURE 25.8 : *Séparatrice linéaire de marge maximale entre les points d'apprentissage de deux classes.*

Parmi ces approches figurent :

- l'analyse par compression de l'échantillon d'apprentissage ;

- le cadre de la fonction de félicité *(luckiness framework)* ;

- l'analyse par stabilité du risque empirique.

Par ailleurs, d'autres propriétés de l'algorithme d'apprentissage ont été considérées. Par exemple :

- la complexité calculatoire de l'apprentissage dans la première approche PAC ;

- le fait que l'algorithme d'apprentissage ne parvient pas nécessairement à identifier la meilleure hypothèse $\hat{h}_\mathcal{S}$ selon le critère inductif, ce qui introduit donc un terme d'erreur supplémentaire ;

- la variation du taux de couverture des hypothèses dans l'apprentissage de concept et l'impact de phénomène de transition de phase sur l'apprentissage quand celui-ci est guidé par le gradient du taux de couverture.

Cette section décrit rapidement ces cadres d'analyse. Pour la plupart, ils sont l'objet de recherches actives.

3.1   Sélection de modèle à partir des données (the luckiness framework)

L'étude de l'induction par minimisation du risque empirique s'est concentrée sur une analyse de la convergence uniforme du risque empirique vers le risque réel pour un espace d'hypothèses $\mathcal{H}$. Les bornes de généralisation obtenues expriment la probabilité que l'hypothèse minimisant le risque empirique ait un risque réel proche de ce risque empirique, ce qui, en vertu de la convergence uniforme, permet de supposer qu'elle n'est pas loin de minimiser le risque réel. L'intérêt de cette analyse est qu'elle *s'applique à tout algorithme d'apprentissage* et à *toute distribution possible des données*. L'inconvénient est qu'elle conduit à des bornes très larges, généralement très éloignées des comportements de convergence observés expérimentalement. Au prix éventuel de quelques hypothèses supplémentaires sur le monde et sur l'algorithme d'apprentissage, on aimerait pouvoir obtenir des bornes de généralisation plus adaptées aux situations effectivement rencontrées.

Ces informations supplémentaires peuvent se décliner en :

- Informations *sur les données*. L'échantillon de données d'apprentissage fournit en effet des informations sur la distribution effective $\mathbf{p}_{\mathcal{X}\mathcal{Y}}$.

- Informations sur *l'algorithme d'apprentissage*. En effet, d'une part l'algorithme d'apprentissage peut ne pas implémenter exactement la minimisation du risque empirique, soit parce que l'optimisation n'est pas parfaite, soit parce que l'algorithme cherche le minimum d'un risque régularisé. D'autre part, l'algorithme peut chercher des régularités dans le monde plus ou moins adaptées aux données.

L'une des motivations pour chercher un nouveau cadre d'analyse a été la mise au point des Séparateurs à Vastes Marges *(Support Vector Machines)* (chapitre 14). Ces méthodes exhibent en effet souvent de très bonnes performances en généralisation alors même que la dimension de Vapnik-Chervonenkis de l'espace des hypothèses associé est très grande, voire infinie. Vapnik [Vap98] avait cru pouvoir justifier ces très bonnes performances par la mise en œuvre automatique d'une minimisation du risque structurel (SRM). En effet, les fonctions séparatrices des données de plus grande marge ont une dimension de Vapnik-Chervonenkis inférieure à des fonctions séparant les données avec une marge plus faible. Cependant, le SRM n'est applicable que dans la mesure où la stratification des espaces d'hypothèses est déterminée *a priori*, indépendamment des données. Or, la notion de marge est entièrement dépendante d'un échantillon de données fixé. La minimisation du risque structurel ne peut donc pas être invoquée. Comment alors expliquer le bon fonctionnement des SVM ?

Plusieurs stratégies ont été proposées pour mieux rendre compte des performances effectives des algorithmes d'apprentissage. Parmi elles, la *compression* de Littlestone et Warmuth [LW86], le concept de *stabilité algorithmique* de Bousquet et Elisseeff [BE02] et le *cadre de la fonction de félicité (luckiness framework)*, dû à Shawe-Taylor et al. [STBWA98] puis étendu au *cadre de la fonction de félicité algorithmique* par Herbrich et Williamson [HW02]. Nous décrivons succinctement le cadre de la fonction de félicité algorithmique dans la suite.

L'idée est, comme pour la minimisation du risque structurel, de stratifier l'espace des hypothèses en sous-espaces de capacité croissante, mesurée par un nombre de couverture. Dans le nouveau cadre, la stratification est cependant définie *a posteriori*, après observation de données d'apprentissage, et en tenant compte des hypothèses qui peuvent être considérées par l'algorithme d'apprentissage utilisé $\mathcal{A}$. L'espoir est que nous serons chanceux et que la fonction cible apparaîtra parmi les premiers espaces d'hypothèses de la stratification.

Définition 25.5 (Fonction de félicité algorithmique)

Une fonction de félicité L *associe un réel à un couple (algorithme d'apprentissage, échantillon de données)* : $\mathcal{A} \times \mathcal{S} \rightarrow \mathbb{R}$.

Plus grande est la valeur de la fonction de félicité, plus élevée est la probabilité que l'algorithme $\mathcal{A}$ se comporte bien sur la distribution de données dont, par un tirage i.i.d., est issu l'échantillon $\mathcal{S}$.

Le principe de l'analyse est d'ordonner, sur le critère de la fonction de félicité, les hypothèses qui peuvent être apprises à partir de l'échantillon d'apprentissage. Il est alors possible de comparer le nombre de projections des hypothèses apprenables sur les donnés d'apprentissage au nombre maximum d'étiquetages possibles (voir les nombres de couverture plus haut). Comme, pour l'analyse basée sur la dimension de Vapnik-Chervonenkis, si ce nombre est inférieur au nombre maximal, il existe une forte probabilité que ce que l'algorithme $\mathcal{A}$ a appris à partir de l'échantillon d'apprentissage $\mathcal{S}$ soit, de fait, une bonne hypothèse. Les détails de la démonstration, très technique, peuvent être trouvés en particulier dans [HW02, MP03].

Si la fonction de félicité choisie est « correcte », les bornes calculées sont valides et sont beaucoup plus étroites que celles obtenues par l'analyse classique indépendante des données. Cette fonction de félicité (qui inclut des contraintes telles que la régularité des hypothèses produites ou bien l'ampleur des marges séparatrices pour les classifieurs linéaires) n'est cependant pas facile à déterminer en pratique. Sa définition est en fait plus ou moins équivalente à la détermination d'une bonne distribution *a priori* dans les méthodes bayésiennes, qui est notoirement un problème difficile.

Pour les bayésiens, l'idée est de définir *a priori* une distribution de probabilités sur l'espace des hypothèses $\mathcal{H}$ en favorisant les hypothèses dont on « parie » qu'elles auront une erreur faible. On peut alors obtenir des bornes d'erreur plus précises si ces hypothèses sont effectivement les meilleures sur les données, au prix d'avoir des bornes moins précises sinon.

3.2   Analyse par la capacité à comprimer l'échantillon d'apprentissage

L'idée de base de ce type d'analyse est de regarder quelle proportion d'exemples, tirés d'un échantillon d'apprentissage $\mathcal{S}$ de taille m lui-même issu d'un tirage i.i.d., aurait permis à l'algorithme d'apprentissage considéré d'obtenir la même hypothèse finale. Éventuellement, l'ordre des exemples pourra être pris en compte s'il s'agit d'un apprentissage en ligne.

Ainsi, par exemple, l'algorithme du perceptron (voir chapitre 9) n'utilise que les exemples qui permettent d'adapter ses coefficients. Les autres exemples sont inutiles et ne changent pas le résultat de l'apprentissage. De même, les séparateurs à vastes marges n'utilisent que les exemples critiques, ou encore exemples supports, pour déterminer la séparatrice entre les deux classes d'exemples (figure 25.8 et chapitre 14). Dans les deux cas, l'algorithme d'apprentissage aurait pu n'observer que $m' \leq m$ exemples d'apprentissage pour calculer son hypothèse finale.

Intuitivement, cela signifie que l'algorithme d'apprentissage avait un biais *a priori* bien « aligné » avec les données d'apprentissage et correspondant à une classe d'hypothèses restreinte. Il n'est pas étonnant alors que le risque empirique mesuré soit représentatif du risque réel.

Une analyse assez simple (par exemple [Her02], pp.176-182) conduit à des bornes du type :

$$R_{\text{Réel}}(h) \ \leq \ \frac{m}{m-m'}\, R_{\text{Emp}}(h) \ + \ \sqrt{\frac{\ln\left(\binom{m}{m'}m'!\right) + 2\ln(m) + \ln(\frac{1}{\delta})}{2(m-m')}} \tag{25.27}$$

On notera que cette borne est d'autant plus serrée que m' est petit. En fait, les bornes obtenues deviennent meilleures que celles dues à une analyse en convergence uniforme lorsque $m' < m/2$.

Une remarque plus essentielle est que cette borne ne prend pas en compte l'espace $\mathcal{H}$, par exemple sa taille $|\mathcal{H}|$ ou sa dimension de Vapnik-Cervonenkis $d_{\mathcal{H}}$. En un certain sens, le raisonnement est similaire à celui de l'analyse par la fonction de *félicité*, mais est beaucoup plus simple et ne nécessite pas la mise en œuvre d'une convergence uniforme sur l'espace des versions $V_{\mathcal{H}}(\mathcal{S})$ (l'ensemble des hypothèses de risque empirique nul) impliquant des difficultés techniques telles que l'introduction d'une régularité probable.

3.3 Les analyses par stabilité du risque empirique

À côté des analyses mettant en jeu des convergences uniformes sur $\mathcal{H}$, de celles estimant la complexité de l'espace de recherche (par exemple à l'aide du nombre de couverture) et de celles utilisant des informations *a posteriori*, comme l'analyse de la félicité ou celle de la compression, une autre approche s'appuie sur la propriété de stabilité des algorithmes d'apprentissage.

L'idée sous-jacente est toujours celle du théorème de la limite centrale et de ses dérivées puissantes appelées « inégalités de concentration », selon laquelle *une variable aléatoire dépendant, de manière « douce », de nombreuses variables indépendantes, mais pas trop de chacune d'elles, est essentiellement constante (et, très probablement, proche de son espérance)*. Déclinée dans le contexte de l'apprentissage et du principe de minimisation du risque empirique, la variable aléatoire d'intérêt correspond à la différence entre le risque empirique de l'hypothèse $\hat{h}$ retournée par l'algorithme d'apprentissage et son risque réel. Il peut être montré que, si l'écart entre les deux risques est à peu près constant, alors il est nul.

Plus précisément, un algorithme est *uniformément β stable* si l'omission d'un seul exemple de l'échantillon d'apprentissage ne change pas la perte de l'hypothèse apprise sur n'importe quel point de $\mathcal{X} \times \mathcal{Y} : \ell(\hat{h}_{\mathcal{S}}(\mathbf{x}), y)$ de plus que β et cela quel que soit l'échantillon d'apprentissage $\mathcal{S}$. En notant β_m le terme β considéré comme une fonction de la taille de l'échantillon d'apprentissage, on dira qu'un algorithme d'apprentissage est *stable* si la valeur de β_m décroît en $1/m$. Cela signifie qu'aucun exemple ne peut avoir une influence supérieure aux autres.

L'apprentissage par plus proches voisins, qui consiste à conserver en mémoire les exemples d'apprentissage et à décider de l'étiquette de nouveaux exemples sur la base de celle de leurs plus proches voisins, est typiquement un algorithme stable. Il s'agit cependant d'une condition assez forte qui exclut notamment que des exemples aberrants *(outliers)* puissent jouer un rôle supérieur à celui des autres exemples.

Les algorithmes stables ont la propriété que le risque empirique de l'hypothèse apprise est très proche du risque *leave-one-out* (chapitre 24), qui est un estimateur non biaisé du risque réel. On peut interpréter ceci comme le fait que les algorithmes stables n'explorent pas l'ensemble de toutes les fonctions possibles de $\mathcal{H}$, mais seulement un sous-espace, ce qui revient à une sorte de régularisation. Pour être stable, ces algorithmes compensent les erreurs inévitables commises sur certains points d'apprentissage par une plus grande régularité des hypothèses apprises.

En conséquence, les bornes de généralisation ne mentionnent plus des caractéristiques de l'espace $\mathcal{H}$, mais le degré de stabilité de l'algorithme considéré. Les détails de cette élégante analyse peuvent se trouver en particulier dans [BE02] et dans [Her02].

Cependant l'existence d'un algorithme stable ne signifie pas qu'il s'agit d'un bon algorithme d'apprentissage, mais seulement que le risque empirique de l'hypothèse retournée est représentatif de son risque réel. À la limite, un algorithme renvoyant la même fonction constante quel que soit l'échantillon d'apprentissage est maximalement stable ; il est aussi maximalement stupide.

L'analyse de l'influence d'un exemple d'apprentissage sur la stabilité de l'apprentissage n'est qu'un exemple du type d'analyse plus général consistant à étudier comment l'hypothèse produite par un algorithme change en fonction de perturbations des paramètres en jeu.

3.4 Sélection de modèle et complexité calculatoire

Dans tout ce qui précède sur l'analyse de l'induction, nous n'avons pris en compte que l'expressivité des espaces d'hypothèses considérés. Or, dans les travaux pionniers de Valiant (1949-...) [Val84, PV88], à partir de 1984, celui-ci prenait également en compte la difficulté calculatoire à trouver une bonne hypothèse dans un espace donné. Notons que cette notion de complexité calculatoire peut avoir un impact sur la sélection de modèle comme il a été montré récemment.

C'est ainsi que par exemple [BDEL03] ont montré que des échantillons de données d'apprentissage peuvent être très difficiles à apprendre en explorant un espace d'hypothèses $\mathcal{H}_1$ (ex. hyperrectangles) alors qu'ils sont très faciles à apprendre en explorant un autre espace $\mathcal{H}_2$ (ex. boules). Plus précisément, alors qu'il est très coûteux de trouver une hypothèse proche de la meilleure possible dans $\mathcal{H}_1$, cela peut être très facile dans $\mathcal{H}_2$. Dans ce cas, le choix de l'espace des hypothèses ne doit pas seulement considérer ses caractéristiques intrinsèques, en particulier sa capacité, quelle qu'en soit la mesure, mais doit aussi tenir compte de la difficulté du problème d'optimisation dans cet espace, étant donnés les données et l'algorithme d'apprentissage.

3.5   Erreur induite par les imperfections de l'algorithme de recherche dans $\mathcal{H}$

L'analyse classique des algorithmes d'apprentissage par minimisation du risque empirique fait intervenir les facteurs suivants : la fonction optimale de Bayes $f(\mathbf{x}) = \mathrm{Argmin}_y \, \mathbb{E}[\ell(\hat{y}, y)|\mathbf{x}]$, la fonction optimale $h^\star \in \mathcal{H}$ et la fonction de $\mathcal{H}$ minimisant le risque empirique $\hat{h}_S$.

L'*erreur de biais* est due au fait que, généralement, $h^\star \neq f$ à cause du choix de $\mathcal{H}$ qui souvent n'inclut pas f. L'*erreur d'approximation* vient de ce que la fonction $\hat{h}_S$ minimisant le risque empirique est une variable aléatoire dépendant du tirage de l'échantillon d'apprentissage S et n'a pas de raison de coïncider avec $h^\star$.

Cependant, cette analyse suppose que l'algorithme identifie $\hat{h}_S$ miraculeusement. De fait, la recherche de $\hat{h}_S$ implique une exploration de $\mathcal{H}$ qui peut être coûteuse. Si les contraintes de temps ne permettent pas d'identifier $\hat{h}_S$, alors l'algorithme retourne une hypothèse $\tilde{h}_S$ qui peut être différente de $\hat{h}_S$. La différence $\mathbb{E}_S[R_{\mathrm{Réel}}(\hat{h}_S) - R_{\mathrm{Réel}}(\tilde{h}_S)]$, où l'espérance est prise sur choix aléatoire de l'échantillon d'apprentissage S, est appelée *erreur d'optimisation*. On voit encore une fois que les propriétés de l'algorithme d'apprentissage interviennent dans sa performance.

Une idée avancée par Bottou et Bousquet, [BB08], est qu'il est intéressant de prendre en compte cette erreur d'optimisation pour distinguer deux régimes possibles d'apprentissage :

- Le régime *petite échelle* dans lequel l'apprentissage est principalement contraint par le nombre d'exemples d'apprentissage disponibles. Dans ce cas, le temps de calcul n'étant pas le facteur limitant, on peut ignorer l'erreur d'optimisation.

- Le régime *grande échelle*, caractéristique par exemple de l'apprentissage en ligne à partir de flux de données, dans lequel le facteur limitant à chaque instant est le coût calculatoire. Dans ce cas, il peut être plus judicieux de ne pas dépenser trop de ressources à diminuer l'erreur d'optimisation au détriment de la prise en compte d'exemples d'apprentissage. En effet, l'analyse de cas particuliers, tels que les algorithmes de descente de gradient, montre que l'on gagne davantage à prendre en compte l'information supplémentaire apportée par des exemples nouveaux qu'à trop essayer de réduire l'erreur d'optimisation.

Ce type d'analyse est encore préliminaire mais mérite d'être développée.

3.6   Induction guidée par gradient et phénomènes de transition de phase

Les analyses décrites précédemment prennent en compte des propriétés générales sur l'espace des hypothèses $\mathcal{H}$ ou sur l'exploration de sous-espaces de $\mathcal{H}$. Il est possible, tout en restant très général, d'aller plus loin et de prendre en compte des caractéristiques plus précises des algorithmes d'apprentissage.

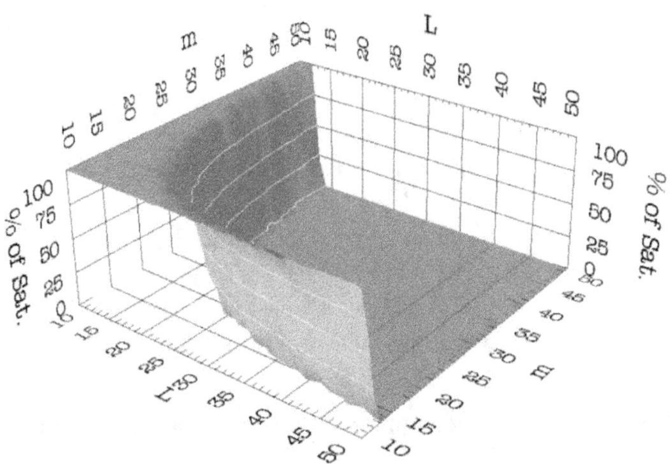

FIGURE 25.9 : *Taux de couverture des exemples par des hypothèses dans le cas de la programmation logique inductive, ici en fonction de deux paramètres :* m, *le nombre de* symboles de prédicats *dans h, et* L, *le nombre total de* constantes *dans l'exemple. On voit que le taux de couverture passe brutalement de 1 à 0.*

Par exemple, dans le cas de l'apprentissage de concept, les algorithmes opèrent en grande majorité par essais et erreurs en étant guidés par le gradient d'une fonction du risque empirique. Plus précisément, ces algorithmes cherchent des hypothèses qui étiquettent comme positifs (presque) tous les exemples d'apprentissage positifs et comme négatifs (presque tous) les exemples d'apprentissage négatifs. En un certain sens, ces algorithmes cherchent des hypothèses qui satisfont aux contraintes imposées par les exemples d'apprentissage. On peut donc les considérer comme des algorithmes de satisfaction de contraintes. Pour chaque couple (hypothèse, échantillon $\mathcal{S}$), l'algorithme cherche si l'hypothèse est cohérente avec les exemples de $\mathcal{S}$. Et tant que l'algorithme n'a pas trouvé une hypothèse satisfaisante, il continue d'explorer $\mathcal{H}$.

Dans le cas de l'apprentissage de concept, ce processus opère généralement par modification de l'hypothèse candidate en la généralisant ou en la spécialisant (voir chapitre 4) grâce à des opérateurs spécialisés. Les opérateurs permettant d'obtenir de meilleures hypothèses que l'hypothèse candidate sont utilisés et ainsi de suite.

Malheureusement, depuis le début des années 1990, l'étude des problèmes de satisfaction de contraintes a montré que de nombreux problèmes sont sujets à une transition de phase, c'est-à-dire que, en moyenne sur des problèmes tirés aléatoirement selon certains paramètres, les problèmes sont soit toujours satisfiables, soit quasiment jamais satisfiables. Dans le cadre de l'apprentissage de concept, des études empiriques stimulées par ces travaux, ont montré que ce phénomène de transition de phase se manifeste également pour des cadres d'apprentissage usuels, par exemple l'apprentissage d'hypothèses formulées en logique du premier ordre (chapitre 6) ou l'apprentissage de grammaires (chapitre 5). En pratique, cela signifie que, dans ces apprentissages, les hypothèses considérées par les algorithmes, soit étiquettent comme positifs (presque) tous les exemples, soit les étiquettent comme négatifs. De ce fait, un algorithme explorant l'espace des hypothèses ne peut plus être guidé par gradient puisque toutes les hypothèses considérées autour d'une hypothèse candidate ont le même risque empirique.

Ce phénomène qui explique un certain nombre d'échecs en apprentissage devrait être mieux compris par l'utilisation d'idées et de méthodes de la physique statistique qui ont porté leurs fruits dans le domaine des problèmes d'optimisation et de satisfaction de contraintes [GSC10].

4.   Autres types d'analyses

4.1   Analyse de la physique statistique

L'analyse de Vapnik de l'induction par minimisation du risque empirique (ERM) à partir d'un échantillon aléatoire de m exemples conduit à des courbes d'erreur en généralisation bornées par $O(d_{\mathcal{H}}/m)$ (dans le cas de la discrimination et d'une fonction cible appartenant à l'espace d'hypothèses $\mathcal{H}$ de dimension de Vapnik-Chervonenkis $d_{\mathcal{H}}$) ou par $O(\sqrt{d_{\mathcal{H}}/m})$ (dans le cas de la discrimination et d'une fonction cible n'appartenant pas à $\mathcal{H}$). Rappelons que ces bornes, obtenues dans le cadre d'une analyse dans le pire cas, sont universelles : elles sont valables pour tout espace $\mathcal{H}$ d'hypothèses, pour toute distribution de données et pour toute fonction cible. Par ailleurs, il a été montré que ces bornes sont essentiellement les meilleures possibles dans le pire cas, dans le sens où, pour tout espace $\mathcal{H}$, il existe une distribution de données sur $\mathcal{X}$ pour laquelle la borne inférieure sur l'erreur de généralisation est égale à la borne supérieure donnée ci-dessus. Dès lors, on pourrait croire que le comportement réel en généralisation des algorithmes d'induction est décrit soit par la forme fonctionnelle $d_{\mathcal{H}}/m$ soit par $\sqrt{d_{\mathcal{H}}/m}$. Il se trouve que l'on peut observer toute une variété de comportements ne correspondant pas à ces formes fonctionnelles. Ainsi, bien souvent, des erreurs en généralisation (risques réels) faibles sont obtenues pour des échantillons d'apprentissage beaucoup plus faibles que ceux prédits par la théorie (parfois même pour des échantillons de taille $< d_{\mathcal{H}}$, c'est-à-dire pour lesquels aucune borne en généralisation n'est valide en théorie). On observe également parfois des courbes d'apprentissage présentant de brutales transitions (figure 25.10) réminiscentes des phénomènes de transitions de phase en physique.

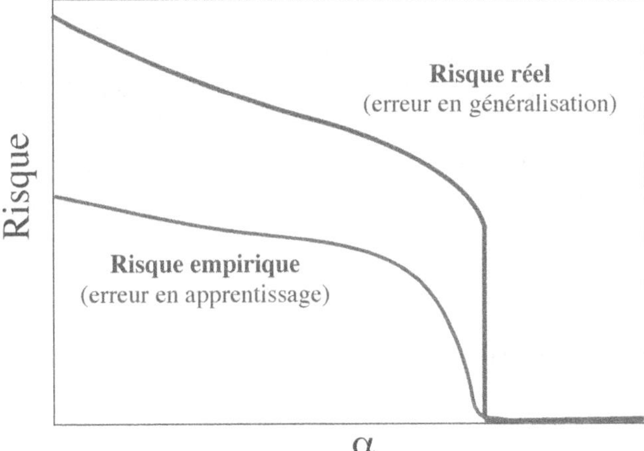

FIGURE 25.10 : *Un exemple de courbe d'apprentissage présentant une transition brutale vers une erreur en généralisation nulle. On étudie donc les caractéristiques de l'espérance de risque en fonction du rapport $\alpha = m/N$, m étant le nombre d'exemples dans l'échantillon d'apprentissage et N le nombre de degrés de liberté gouvernant $\mathcal{H}$ (typiquement, le nombre de connexions dans un réseau de neurones, sans qu'il soit établi que cela constitue des degrés de liberté indépendants).*

Plusieurs explications de ces phénomènes ont été proposées. Par exemple :

- L'algorithme d'apprentissage n'accéderait effectivement qu'à un sous-espace de l'espace des hypothèses $\mathcal{H}$, dont la dimension de Vapnik-Chervonenkis serait inférieure à $d_{\mathcal{H}}$. Il faudrait donc prendre en compte la dimension de Vapnik-Chervonenkis du sous-espace réellement exploré. Il y a là d'ailleurs une direction de recherche intéressante visant à prendre en compte la stratégie d'exploration de l'algorithme.

- La distribution des données serait en général beaucoup plus favorable que la distribution la pire possible. Cela a motivé des travaux dédiés à l'étude de distributions particulières. Surtout, c'est là l'une des sources de l'excitation autour des séparateurs à vastes marges (voir chapitre 14 et plus généralement des méthodes à base de fonctions noyaux).

Afin d'analyser ces phénomènes dont il semble difficile de rendre compte par l'approche de Vapnik, certains théoriciens ont eu recours à des méthodes issues de la physique statistique. L'idée essentielle est de considérer l'espace $\mathcal{H}$ des hypothèses comme un ensemble d'états possibles d'un système (physique) soumis à la contrainte d'une séquence d'apprentissage donnée. À chaque état (hypothèse) peut être associée une énergie (risque empirique). On cherche alors quelles sont les caractéristiques de cet espace d'états et, en particulier, pour chaque état possible, la probabilité de s'y retrouver après une exploration stochastique guidée par l'énergie. Ainsi, au lieu d'étudier le risque réel associé à la pire hypothèse minimisant le risque empirique, comme dans l'approche en pire cas, on étudie l'espérance du risque réel dans un espace d'hypothèses sous une distribution de probabilités reflétant la performance en apprentissage de chaque hypothèse. Il s'agit donc bien d'une analyse du principe inductif ERM, mais d'une *analyse en cas moyen* sur l'ensemble de l'espace d'hypothèses en supposant donnés un échantillon d'apprentissage $\mathcal{S}$ et une densité de probabilités *a priori* sur $\mathcal{H}$.

L'étude de l'espérance de risque réel :

$$\mathbb{E}_{\mathcal{H}}(R_{R\acute{e}el}(h)) \;=\; \int_{h \in \mathcal{H}} R_{R\acute{e}el}(h)\, p(h|\mathcal{S})\, dh \tag{25.28}$$

conduit à examiner la distribution de Gibbs sur l'espace des hypothèses et son évolution en fonction de l'échantillon d'apprentissage $\mathcal{S}$. Cette grandeur dépend de l'échantillon d'apprentissage $\mathcal{S}_m$ (ce que les physiciens associent à un « désordre gelé » pour indiquer que le système a évolué sous la contrainte fixée posée par $\mathcal{S}_m$). Il est intéressant de chercher à s'affranchir de cette dépendance en étudiant l'espérance du risque réel moyennée sur tous les échantillons d'apprentissage :

$$\mathbb{E}_{\mathcal{S}_m}[\mathbb{E}_{\mathcal{H}}(R_{R\acute{e}el}(h))] \;=\; -\frac{\partial}{\partial \beta}\, \mathbb{E}_{\mathcal{S}_m} \ln\left[Z_m(\beta)\right]\} \tag{25.29}$$

Le problème est que le calcul de cette grandeur est en général très difficile. Il n'est résolu que pour des cas particuliers par l'emploi de méthodes encore mal maîtrisées. Deux idées sont essentielles pour aborder ce calcul :

1. Ce qui est important, c'est une sorte de capacité associée à chaque degré de liberté de l'espace d'hypothèses. On étudie donc les caractéristiques de l'espérance de risque en fonction du rapport $\alpha = m/N$, m étant le nombre d'exemples dans l'échantillon d'apprentissage et N le nombre de degrés de liberté gouvernant $\mathcal{H}$ (typiquement, le nombre de connexions dans un réseau de neurones, sans qu'il soit établi que cela constitue des degrés de liberté indépendants). Lorsque l'on fait tendre $m \to \infty$ en gardant α constant, on parle alors de *limite thermodynamique*. Les courbes d'apprentissage sont établies en examinant l'espérance de risque en fonction du rapport α.

2. On espère que, comme en physique des verres de spin, les propriétés macroscopiques des systèmes d'apprentissage (par exemple leur risque réel) présentent des propriétés d'*auto-moyennage*. Cela signifie que, lorsque les contraintes (l'échantillon d'apprentissage) sont

engendrées par une même distribution, les propriétés macroscopiques qui en découlent sont les mêmes et ne dépendent donc pas de la réalisation particulière d'un échantillon d'apprentissage. À la limite de $N \to \infty$, tous les échantillons d'apprentissage sont équivalents et l'on peut alors obtenir facilement des propriétés génériques des systèmes d'apprentissage.

Du fait de la difficulté technique des méthodes de calcul mises en jeu et de leurs domaines de validité souvent restreints quand ils ne sont pas incertains, les résultats obtenus sont parcellaires. Nous n'entrerons pas ici dans leur détail.

L'approche de la physique statistique qui cherche à étudier des propriétés typiques du principe ERM plutôt que des bornes de confiance est potentiellement très intéressante, d'autant plus qu'on peut également obtenir par ce biais des informations sur la dynamique de l'apprentissage et non seulement sur ses propriétés asymptotiques. C'est pourquoi nous croyons utile de l'évoquer dans cet ouvrage.

Cependant, cette approche qui repose sur la mise à jour de propriétés d'automoyennage dans les systèmes d'apprentissage, pose des problèmes redoutables et implique la mise en œuvre de techniques difficiles et dont les domaines de validité sont encore imprécisément connus. Cela explique sans doute le petit nombre de publications la concernant. Sans être exhaustifs, nous pouvons citer en particulier [Gar88, HKS94, HKST96, LTS89, OH91, SST92, WRB93].

4.2 Apprentissage et analyse des systèmes dynamiques

Un apprenant est un système caractérisé par un certain état qui évolue en fonction de cet état et des entrées dues à l'environnement. On peut donc le caractériser comme un système dynamique. Lorsque l'apprenant est soumis à une séquence d'entrées, il suit une trajectoire le faisant passer d'un état d'origine e_0 à un état final e_f. On peut alors chercher ce qui caractérise ces trajectoires. La physique des systèmes dynamiques nous apprend que la trajectoire suivie par un système rend extrémale une quantité que l'on appelle *action* et qui est l'intégrale le long de la trajectoire d'une quantité appelée Lagrangien (à ne pas confondre avec les multiplicateurs de Lagrange). Si l'on connaît le Lagrangien d'un système, on peut calculer sa trajectoire pour toute séquence d'apprentissage.

Ce qui est intéressant, c'est que cette approche relie la notion d'information avec celle d'apprentissage. En effet, considérons maintenant un apprenant tel que, étant donné un état initial e_0, quel que soit l'ordre dans lequel est présenté un échantillon d'apprentissage, il parvienne au même état final e_f. En d'autres termes, l'apprenant est insensible à l'ordre de présentation des données. Cela correspond à un invariant sur la trajectoire qui est lié à un invariant de l'action et du Lagrangien. Cette invariance implique des relations spécifiques entre information et prise en compte de cette information par l'apprenant. Notamment, le système ne peut oublier n'importe comment l'information qui lui a été fournie. On peut ainsi établir un lien entre information, système d'apprentissage et oubli. Après tout, il est curieux que la notion d'oubli n'apparaisse qu'ici dans un livre sur l'apprentissage. Apprentissage - oubli / oubli - apprentissage, l'un est-il pourtant dissociable de l'autre ?

Il y a encore tellement de choses à apprendre sur l'apprentissage !

4.3 Discussion sur l'analyse classique : variantes et perspectives

Voici donc le terme d'un ouvrage volumineux que beaucoup de spécialistes trouveront trop court, tant il y a de choses qui n'ont pas été exposées. La science de l'apprentissage artificiel a en effet été fructueuse. Un cadre théorique s'est vigoureusement développé, solidement enraciné dans les théories statistiques de lois de convergence, la théorie bayésienne et la théorie de la complexité algorithmique. De nombreux algorithmes et techniques d'apprentissage ont été mis au point, que les praticiens de multiples domaines sont avides d'employer (génomique, fouille de données en entreprise, études de marché). La communauté des chercheurs et des praticiens de l'apprentissage artificiel est active et reconnue institutionnellement : avec des postes dans les universités et les laboratoires, des conférences et des revues spécialisées. Pourtant cette science, si vive, si féconde, répond-elle à toutes les interrogations sur l'apprentissage ?

Lorsque l'on prend du recul, on peut être surpris par l'image de l'apprentissage qu'elle dessine. On s'y intéresse en effet à des agents isolés, recevant passivement des données produites de manière aléatoire par une Nature indifférente. Ces agents ne cherchent pas vraiment à comprendre le monde où ils se trouvent, mais tentent « seulement » d'être bons en moyenne (voir la figure 25.11). D'ailleurs, ils n'évoluent pas. Une seule dose de données ingurgitée d'un seul coup, et c'en est fini pour toujours. La science de l'apprentissage est une science du statique et non du dynamique ! Ce n'est pas plus une science de l'information ou de la connaissance : l'expression des connaissances préalables est très pauvre, se résumant essentiellement à des *a priori* sur les fonctions cibles possibles et à l'algorithme utilisé ; les connaissances produites consistent le plus souvent en des procédures de décision, parfois complètement opaques comme dans les réseaux connexionnistes. Il ne s'agit évidemment pas ici de dénoncer les recherches menées en apprentissage artificiel, mais il est clair que le paradigme actuel, par ailleurs si puissant, est notoirement limité. Il y a encore des révolutions scientifiques à mener pour les esprits audacieux. Sans décrire ces révolutions à venir, il est intéressant de voir que certaines directions de recherche actuelles tendent à élargir le cadre dominant.

Sans tout bouleverser, que peut-on remettre en cause dans le cadre classique ?

1. **Le critère de performance**. La plupart du temps, ce critère cherche à définir l'écart entre l'état de la Nature, la fonction cible par exemple, et son estimation par l'agent apprenant. Cet écart, qui fonde toutes les approches relevant de la théorie de l'approximation, a deux aspects. D'une part, une mesure de distance ponctuelle, par exemple une distance quadratique entre un point prévu et un point fourni par l'oracle. D'autre part, une densité de distribution sur l'espace $\mathcal{X} \times \mathcal{Y}$ des points. À partir de là, l'écart prend la forme d'une espérance : l'intégrale des distances ponctuelles pondérées par la distribution.

   Il faut noter que ce critère n'est pas tourné vers l'identification ou la compréhension de la fonction cible. Il vise en effet à l'efficacité, mais pas à la précision, comme l'illustre la figure 25.11. Intuitivement, il serait en effet intéressant de dédier des ressources de l'apprenant (par exemple des questions à poser, ou bien des paramètres : centres de fonctions noyaux, etc.) à l'approximation dans les régions de forte dynamique, mais le critère de performance en espérance conduit à consacrer les ressources aux régions de fortes densités.

   D'autres critères de performance peuvent être intéressants. Par exemple, la performance d'un système d'apprentissage, l'écart précédemment défini, peut éventuellement varier en fonction d'autres paramètres, comme le taux de faux positifs admis, ou la confiance du système dans sa prédiction. Ce n'est alors plus un nombre, comme le taux d'erreur, qui caractérise un système, mais une courbe, voire une surface. On parle alors d'optimisation multicritère et la comparaison entre systèmes d'apprentissage doit faire intervenir l'ensemble des paramètres.

   On peut aussi vouloir prendre en compte la *complexité calculatoire* d'un apprentissage afin de traduire qu'il doit s'effectuer dans un temps raisonnable, compatible avec les exigences de fonctionnement dans le monde. C'est ce que tente de capturer un versant du modèle d'apprentissage PAC (voir chapitre 3) qui pose qu'un apprentissage n'est possible que s'il

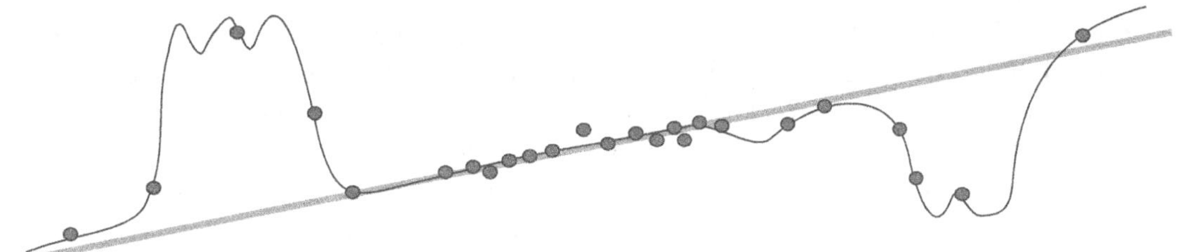

FIGURE 25.11 : *Le critère de performance habituel, mesurant une espérance, privilégie l'approximation dans les régions de forte densité de données et non dans les régions de forte dynamique. De ce fait, la fonction identifiée par minimisation du risque empirique, ici une droite, peut être très différente de la fonction cible.*

est de complexité au plus polynomiale en un certain nombre de paramètres[2]. Pour le moment, cette caractérisation formelle des apprentissages réalisables a surtout permis de montrer que certains apprentissages étaient non apprenables dans ce cadre. L'accumulation de ces résultats négatifs a lassé même les théoriciens, d'autant plus qu'ils se fondent sur des bornes souvent grossières que la réalité des applications pratiques semble ignorer. Les théorèmes sur les vitesses de convergence dans l'analyse de Vapnik ont remplacé ce type d'investigations.

Cependant, ces critères de performances privilégient le point de vue des systèmes d'apprentissage « à un coup », *batch-learning*, dans lesquels la performance n'est mesurée qu'après l'apprentissage. C'est évidemment très restrictif. Pour la plupart, les organismes naturels, les organisations sociales et les institutions, mais aussi certains systèmes artificiels, ne peuvent survivre que s'ils apprennent en permanence et que leur performance est correcte tout au long de leur existence, et pas seulement à la fin. Il est donc important de définir des mesures de performances qui puissent s'appliquer tout au long de la trajectoire des états suivie par l'apprenant.

Finalement, il faudra bien un jour envisager des mesures de performances plus sophistiquées, prenant en compte à la fois l'intelligibilité des connaissances produites par l'apprenant, mais aussi la manière dont elles peuvent s'inscrire dans ses connaissances antérieures, dans celles de la collectivité, humaine ou non, et s'interféconder avec elles. Ce jour-là, l'apprentissage artificiel pourra renouer un dialogue fécond avec d'autres sciences de l'apprentissage, comme la psychologie ou la didactique. Il reste pour cela du chemin à parcourir.

2. **Le protocole d'apprentissage**. Il règle le protocole des interactions entre l'apprenant et son environnement, celui-ci incluant éventuellement un oracle ou professeur dans le cas de l'apprentissage supervisé. Nous avons largement examiné les protocoles d'apprentissage supervisé, non supervisé et par renforcement. Ils n'épuisent cependant pas l'ensemble des possibilités et d'autres types sont envisagés comme l'apprentissage incrémental ou en ligne *(on-line learning)*, l'apprentissage actif ou les apprentissages collaboratifs.

---

2. Plus formellement, on dit qu'une classe de concepts $\mathcal{F}$ définie sur un espace d'exemples $\mathcal{X}$ est apprenable avec un espace d'hypothèses $\mathcal{H}$ par un apprenant $\mathcal{A}$ ssi pour tout $f \in \mathcal{F}$, toute distribution $\mathcal{D}_{\mathcal{X}}$ sur $\mathcal{X}$, un taux d'erreur ε tel que $0 < \varepsilon < 1/2$ et un taux de confiance δ tel que $0 < \delta < 1/2$ et à partir d'un échantillon d'apprentissage de taille m, l'apprenant $\mathcal{A}$ produit avec une probabilité au moins $(1 - \delta)$ une hypothèse $h \in \mathcal{H}$ telle que $R_{Réel} \leq \varepsilon$ (où le risque est calculé par un taux d'erreur) en un temps polynomial en $1/\varepsilon$, $1/\delta$, m et $taille(f)$.

3. **Le type d'analyse théorique**. Les études théoriques prennent en majorité comme base l'hypothèse de données tirées aléatoirement et indépendamment suivant une distribution fixe (tirage i.i.d.). C'est en effet le seul cadre dans lequel on sache établir des théorèmes de convergence uniforme sur des fonctions de distribution. Malheureusement, ou heureusement, l'environnement d'un agent obéit rarement à cette hypothèse. L'agent modifie les distributions de données par son action, la tâche d'apprentissage évolue, la Nature elle-même change. On retombe là sur le problème de la définition d'autres protocoles d'apprentissage et d'autres critères de performance. L'approche théorique de l'apprentissage va devoir regarder ailleurs que dans la théorie statistique.

Notes historiques et bibliographiques

L'historique de l'analyse de l'apprentissage par Vapnik a déjà été abordée dans les chapitres 3 et 14. Nous nous intéressons donc ici aux autres sujets de ce chapitre.

L'idée que l'induction pouvait être vue comme l'approximation d'une fonction multivariable régulière à partir de données n'est pas nouvelle. Sa formalisation est cependant apparue progressivement et c'est vraiment Girosi et Poggio qui se sont faits les champions de ce point de vue en essayant de montrer que toutes les autres approches théoriques peuvent s'y ramener [GJP95]. Ils ont notamment étudié les propriétés d'un certain nombre de critères de pénalisation ainsi que des modèles dans lesquels les variables d'entrées sont d'abord prétraitées par des fonctions de base, dont les fonctions à base radiale. Le cours de Girosi au MIT est à cet égard intéressant à consulter.

La théorie de l'estimation bayésienne est bien présentée dans [DHS01, Bis06],[Bis95, CL96] avec des détails historiques dans la première référence. La difficulté de sa mise en œuvre lui fait préférer des versions simplifiées (chapitres 3 et 19).

Les liens entre induction et économie d'expression d'un modèle sont très anciens comme le montre le principe du rasoir d'Occam. C'est Solomonoff (1926-2009) [Sol64] qui le premier en 1963 exposa une théorie de l'induction basée sur l'idée d'utiliser d'une probabilité *a priori* liée à la complexité de Kolmogorov. Le principe de longueur de description minimale (*MDLP*) a été introduit indépendamment par Wallace et Boulton [WB85] d'une part et par Rissanen [Ris78] d'autre part. De nombreux travaux de nature plutôt empirique ont cherché à en tester le champ d'application. Par ailleurs, les débats théoriques actuels portent sur les liens entre le MDLP et la théorie bayésienne : celui-ci est-il premier par rapport à celle-ci ? (voir les passionnants débats sur ce sujet à NIPS-2001).

Résumé

L'analyse de l'induction supervisée nécessite d'établir le lien entre le risque empirique et le risque réel. Plusieurs étapes et directions d'analyse ont été développées au cours des années. Elles font toutes ressortir les nécessaires limites de l'espace des hypothèses considéré et, éventuellement, de l'algorithme d'apprentissage.

À la suite des premiers travaux de Vapnik sur des espaces finis de fonctions (voir chapitre 3), des analyses ont porté sur des espaces de cardinal infini et, particulièrement, sur des fonctions à valeur réelle. Ces études mettent en œuvre des théorèmes de concentration de la mesure.

Généralement, toutes les approches de l'induction mettent en exergue une « régularisation » du principe inductif en pénalisant la considération d'hypothèses à forte dynamique.

Ces analyses ont conduit au développement de nouveaux principes inductifs adaptatifs, dont le *structural risk minimisation* et la maximisation de la marge.

Des analyses récentes cherchent à prendre en compte également la méthode d'exploration de l'espace des hypothèses conduite par l'algorithme d'apprentissage.

L'avenir est également à des études s'appliquant à des données qui ne soient plus identiquement et indépendamment distribuées, comme dans l'analyse classique.

Chapitre 26

Karl PEARSON (1857-1936)

Annexes techniques

Sommaire

1. Exemples de fonctions de perte en induction

Bien que les problèmes d'apprentissage liés à la classification, la régression ou l'estimation de densité soient apparemment très différents, impliquant des espaces d'entrée et de sortie de nature diverse, ils peuvent cependant être analysés à l'intérieur du même cadre qu'un problème d'optimisation du risque réel. Il suffit pour cela d'introduire des fonctions de perte adaptées à chaque cas. Cette annexe présente certaines d'entre elles.

1.1   La reconnaissance de formes ou classification

On appelle problème de *discrimination*, ou d'*apprentissage de concept* un problème d'apprentissage de règle de classification pour lequel l'espace de sortie est binaire : $\mathcal{Y} = \{0,1\}$. Il y a donc seulement deux classes possibles : l'une vérifiant le concept à apprendre et l'autre définissant son opposé. L'espace de sortie de la machine $\mathcal{Y}$ n'a donc besoin de prendre que deux valeurs et l'espace $\mathcal{H}$ des fonctions hypothèses est alors celui des *fonctions indicatrices*, prenant leur valeur dans $\{0,1\}$. Il est alors courant de prendre une fonction de perte qui mesure l'erreur de classification pour chaque forme présentée à l'apprenant :

$$l(y_i, h(\mathbf{x}_i)) = \left\{ \begin{array}{ll} 0 & \text{si } y_i = h(\mathbf{x}_i) \\ 1 & \text{si } y_i \neq h(\mathbf{x}_i) \end{array} \right. \tag{26.1}$$

Avec cette fonction de perte, le risque :

$$R_{R\acute{e}el}(h) = \int_{\mathcal{Z}=\mathcal{X}\times\mathcal{Y}} l(y, h(\mathbf{x})) dF(\mathbf{x}, y)$$

mesure la *probabilité de mauvaise classification (mis-classification)*. Le problème de discrimination est donc celui de l'apprentissage d'une fonction indicatrice minimisant la probabilité d'erreur lorsque la distribution des formes $F(x, y)$ est inconnue et que seul est fourni un échantillon de données. Il est important de noter que ce type de fonction de perte n'est pas forcément celui qui doit être employé pour tous les problèmes de classification. Pour reprendre l'exemple du diagnostic de l'appendicite, il est beaucoup plus coûteux socialement et financièrement de passer à côté d'une appendicite que d'en diagnostiquer une à tort. Il faut donc dans ce cas définir une fonction de perte qui rende compte de cette asymétrie. De même les problèmes de classification impliquant plus que deux classes appellent d'autres fonctions de perte.

1.2   La régression

La régression consiste à estimer une fonction f à valeurs réelles, connaissant un échantillon fini de couples $(\mathbf{x}, y = f(\mathbf{x}))$ ou $(\mathbf{x}, y = f(\mathbf{x} + bruit))$ (voir figure 26.1).

La fonction f à estimer peut donc être considérée comme la somme d'une fonction déterministe et d'un signal d'erreur aléatoire de moyenne nulle (et le plus souvent considéré comme une gaussienne).

$$y = f(\mathbf{x}) + \epsilon \tag{26.2}$$

On peut aussi décrire ce phénomène en considérant que la fonction déterministe est la moyenne de la probabilité conditionnelle sur l'espace de sortie $\mathcal{Y}$.

$$f(\mathbf{x}) = \int y\, p(y|\mathbf{x})\, dy \tag{26.3}$$

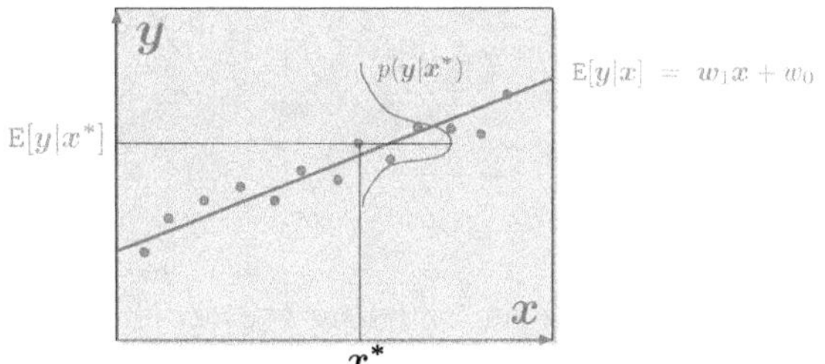

FIGURE 26.1 :   *La régression linéaire en supposant un bruit gaussien de moyenne nulle.*

L'espace des fonctions hypothèses $\mathcal{H}$ de l'apprenant peut ou non inclure l'espace des fonctions cibles $\mathcal{F}$. Une fonction de perte usuelle pour la régression est la fontion erreur quadratique (L_2) :

$$L(y_i, h(\mathbf{x}_i)) = (y_i - h(\mathbf{x}_i))^2 \tag{26.4}$$

L'apprentissage consiste alors à trouver la fonction $h \in \mathcal{H}$ minimisant la fonctionnelle de risque :

$$R_{R\acute{e}el}(h) = \int_{\mathcal{Z}=\mathcal{X}\times\mathcal{Y}} (y - h(\mathbf{x}))^2 dF(\mathbf{x}, y) \tag{26.5}$$

sur la seule base de l'échantillon d'apprentissage. Cette fonctionnelle, le *risque réel*, mesure la précision des prédictions de l'apprenant.

—— REMARQUE ——

Sous l'hypothèse que le signal d'erreur est une gaussienne centrée en 0, ce risque peut aussi être écrit en fonction de la capacité de l'apprenant à approcher la fonction cible $f(x)$ (et non la sortie y), comme le montre le calcul suivant :

$$R_{R\acute{e}el}(h) = \int (y - f(\mathbf{x}) + f(\mathbf{x}) - h(\mathbf{x}))^2 \, p(\mathbf{x}, y) \, d\mathbf{x}dy$$

$$= \int (y - f(\mathbf{x}))^2 \, d\mathbf{x}dy + \int (h(\mathbf{x}) - f(\mathbf{x}))^2 \, p(\mathbf{x}) \, d\mathbf{x} \tag{26.6}$$

$$+ 2 \int (y - f(\mathbf{x}))(f(\mathbf{x}) - h(\mathbf{x})) \, p(\mathbf{x}, y) \, d\mathbf{x}dy$$

Sous l'hypothèse que le bruit est de moyenne nulle, le dernier terme dans la somme ci-dessus s'écrit :

$$\int (y - f(\mathbf{x}))(f(\mathbf{x}) - h(\mathbf{x})) \, \mathbf{p}(\mathbf{x}, y) \, d\mathbf{x}dy = \int (\epsilon(f(\mathbf{x}) - h(\mathbf{x})) \, \mathbf{p}(y|\mathbf{x}) \, \mathbf{p}(\mathbf{x}) \, d\mathbf{x}dy$$

$$= \int (f(\mathbf{x}) - h(\mathbf{x})) \left[\int \epsilon \mathbf{p}(y|\mathbf{x})dy \right] \mathbf{p}(\mathbf{x}) \, d\mathbf{x}$$

$$= \int (f(\mathbf{x}) - h(\mathbf{x}))E - \epsilon(\epsilon|\mathbf{x}) \, \mathbf{p}(\mathbf{x}) \, d\mathbf{x} \quad = \quad 0 \tag{26.7}$$

Le risque peut donc être réécrit comme :

$$R_{R\acute{e}el}(h) = \int (y - f(\mathbf{x}))^2 \, \mathbf{p}(\mathbf{x}, \mathbf{y}) \, d\mathbf{x}dy + \int (h(\mathbf{x}) - f(\mathbf{x}))^2 \, \mathbf{p}(\mathbf{x}) \, d\mathbf{x} \tag{26.8}$$

Le premier terme ne dépend pas de la fonction d'approximation h et peut être écrit en fonction de la variance sur le bruit :

$$\int (y - f(\mathbf{x}))^2 \mathbf{p}(\mathbf{x}, y) \, d\mathbf{x}dy = \int \epsilon^2 \mathbf{p}(y|\mathbf{x}) \, \mathbf{p}(\mathbf{x}) \, d\mathbf{x}dy$$

$$= \int \left[\int \epsilon^2 \mathbf{p}(y|\mathbf{x})dy \right] \mathbf{p}(\mathbf{x}) \, d\mathbf{x} \tag{26.9}$$

$$= \int E_\epsilon(\epsilon^2|\mathbf{x}) \, \mathbf{p}(\mathbf{x}) \, d\mathbf{x}$$

En substituant 26.9 dans 26.8, on obtient :

$$R_{R\acute{e}el}(h) = \int E_\epsilon(\epsilon^2|\mathbf{x}) \, \mathbf{p}(\mathbf{x}) \, d\mathbf{x} + \int (h(\mathbf{x}) - f(\mathbf{x}))^2 \, \mathbf{p}(\mathbf{x}) \, d\mathbf{x} \tag{26.10}$$

Le risque pour le problème de régression (sous l'hypothèse de fonction de perte L_2 et de bruit de moyenne nulle) a donc une contribution exprimant la variance du bruit et une autre exprimant la précision de la fonction d'approximation. Comme la variance du bruit est indépendante de la fonction d'approximation, la minimisation du second terme de 26.10 est équivalent à la minimisation du risque 26.5. Ainsi, chercher à obtenir le risque de prédiction optimal est équivalent à la recherche de l'approximation la plus précise de la fonction cible inconnue f.

1.3   L'estimation de densité

Un autre problème inductif important consiste à estimer une densité de probabilités dans l'espace d'entrée $\mathcal{X}$ à partir d'un échantillon de données $\{\mathbf{x}_i\}_{1 \leq i \leq m}$. Dans ce cas, il n'y a pas nécessité de considérer un espace de sortie, et la sortie $h(\mathbf{x})$ de l'apprenant représente une densité sur $\mathcal{X}$. La fonction de perte usuelle dans ce cas est la fonction :

$$l(h(\mathbf{x})) = -\ln h(\mathbf{x}) \tag{26.11}$$

donnant la fonctionnelle de risque :

$$R_{R\acute{e}el}(h) = \int -\ln h(\mathbf{x}) \, \mathbf{p}(\mathbf{x}) d\mathbf{x} \tag{26.12}$$

Il est établi que la densité optimale $h^\star$ minimise cette fonctionnelle de risque. Par ailleurs, si la densité cible $f \notin \mathcal{H}$, alors on peut montrer que la solution h minimisant l'espérance de risque ou risque réel est caractérisable : c'est celle dont la *divergence de Kullback-Leibler* avec la vraie densité f est la plus faible (définition de la divergence de Kullback-Leibler chapitre 18, section 1.4).

2.   Le calcul de l'intervalle de confiance pour l'estimation de la probabilité d'une règle de classification

Étant donnés un taux d'erreur réel $R_{R\acute{e}el}(h)$ et un échantillon de test de taille t, le nombre d'erreurs t_{err} mesuré sur un échantillon $\mathcal{T}$ distribué de manière i.i.d. (suivant la même distribution que l'échantillon d'apprentissage $\mathcal{S}$) suit une loi binomiale :

$$\begin{aligned}
P(t_{err}|R_{R\acute{e}el}(h), t) &= \mathcal{B}(t_{err}|R_{R\acute{e}el}(h), t) \\
&\triangleq \frac{t_{err}! \, (t - t_{err})!}{t!} R_{R\acute{e}el}(h)^{t_{err}} (1 - R_{R\acute{e}el}(h))^{(t - t_{err})}
\end{aligned}$$

Cette expression donne la probabilité que t_{err} observations dans un échantillon de test de taille t soient mal classées, étant donné que le taux d'erreur réel est $R_{R\acute{e}el}(h)$. En utilisant le théorème de Bayes, nous pouvons « retourner » cette équation pour obtenir ce qui nous intéresse, c'est-à-dire une estimation du taux d'erreur réel connaissant le nombre d'erreurs mesuré sur $\mathcal{T}$:

$$P(R_{R\acute{e}el}(h)|t_{err}, t) = \frac{P(t_{err}|R_{R\acute{e}el}(h), t)}{\int P(t_{err}|R_{R\acute{e}el}(h), t)}$$

En supposant que $P(R_{R\acute{e}el}(h), t)$ ne varie pas avec $R_{R\acute{e}el}(h)$ et que $P(t_{err}|R_{R\acute{e}el}(h), t)$ suit une distribution binomiale, nous avons une distribution bêta pour $R_{R\acute{e}el}(h)$:

$$\begin{aligned}
P(R_{R\acute{e}el}(h)|t_{err}, t) &= B_e(R_{R\acute{e}el}(h))|t_{err} + 1, t - t_{err} + 1) \\
&\triangleq \frac{R_{R\acute{e}el}(h)^{t_{err}} (1 - R_{R\acute{e}el}(h))^{(t - t_{err})}}{\int R_{R\acute{e}el}(h)^{t_{err}} (1 - R_{R\acute{e}el}(h))^{(t - t_{err})} dR_{R\acute{e}el}(h)}
\end{aligned}$$

où $B_e(x|\alpha, \beta) = [\Gamma(\alpha+\beta)/(\Gamma(\alpha)\Gamma(\beta))] \, x^{\alpha-1} (1-x)^{\beta-1}$. Cette densité de probabilités *a posteriori* fournit toute l'information qui peut être tirée de l'erreur mesurée $\widehat{R}_{R\acute{e}el}(h)$. On utilise cependant généralement un résumé de cette information sous la forme d'intervalles de confiance autour d'une valeur estimée.

Si les échantillons d'apprentissage et de test aléatoires sont indépendants, alors la précision de l'estimation ne dépend que du nombre t d'exemples de l'ensemble de test et de la valeur de $\widehat{R}_{Réel}(h)$. Une approximation suffisante dans le cas où t est assez grand (au-delà de la centaine) donne l'*intervalle de confiance* de $\widehat{R}_{Réel}(h)$ à $x\%$ par la formule :

$$\left[\quad \frac{t_{err}}{t} \quad \pm \quad \zeta(x) \sqrt{\frac{\frac{t_{err}}{t}\left(1 - \frac{t_{err}}{t}\right)}{t}} \quad \right]$$

La fonction $\zeta(x)$ a en particulier les valeurs suivantes :

x	50 %	68 %	80 %	90 %	95 %	98 %	99 %
$\zeta(x)$	0.67	1.00	1.28	1.64	1.96	2.33	2.58

3. Estimation d'une densité de probabilités en un point

Soit une distribution de probabilités de densité $\mathbf{p}(\mathbf{x})$ dans $\mathbb{R}^d$. La probabilité P qu'un vecteur tiré selon cette distribution se trouve à l'intérieur d'une région fermée $\mathcal{R}$ vaut :

$$P = \int_{\mathcal{R}} \mathbf{p}(\mathbf{x})d\mathbf{x} \tag{26.13}$$

Soit $\{\mathbf{x}_1, \mathbf{x}_2, ..., \mathbf{x}_m\}$ un ensemble de m points tirés indépendamment selon $\mathbf{p}$. La probabilité que k_m d'entre eux se trouvent à l'intérieur de la région $\mathcal{R}$ est donnée par :

$$\binom{m}{k_m} P^{k_m}(1 - P)^{k_m}$$

Soit k_m/m la variable aléatoire qui mesure la proportion du nombre de points situés dans la région $\mathcal{R}$. Cette variable aléatoire dépend de la loi binomiale donnée précédemment. Sa moyenne et sa variance sont connues :

$$E(k_m/m) = P \tag{26.14}$$

$$E(k_m/m - P)^2 = \frac{P(1 - P)}{m}$$

Par la loi des grands nombres, nous savons que :

$$k_m/m \quad \text{converge vers} \quad P \quad \text{quand} \quad m \quad \text{augmente} \tag{26.15}$$

k_m/m est un bon estimateur de P, dans la mesure où il est non biaisé et où sa variance diminue rapidement avec l'augmentation de m.

D'autre part, en supposant que $\mathbf{p}$ est continue dans la région $\mathcal{R}$ et que cette région est assez petite autour du point $\mathbf{x}$ pour que $\mathbf{p}$ n'y varie presque pas, on a, en notant V le volume de la région $\mathcal{R}$:

$$P = \int_{R} \mathbf{p}(\mathbf{x})d\mathbf{x} \approx \mathbf{p}(\mathbf{x}) \int_{R} d\mathbf{x} = \mathbf{p}(\mathbf{x})V \tag{26.16}$$

Les équations précédentes (26.15 et 26.16) mènent, pour m assez grand, à :

$$\mathbf{p}(\mathbf{x}) \approx \frac{P}{V} \approx \frac{k_m/m}{V}$$

En pratique, pour assurer la convergence quand m augmente, on fait dépendre la région $\mathcal{R}$ du nombre de points m : on la note maintenant $\mathcal{R}_m$ et son volume V_m. On a donc l'estimation suivante :

$$\mathbf{p}(\mathbf{x}) \approx \frac{k_m/m}{V_m}$$

Pour que cette estimation converge vers $\mathbf{p}(\mathbf{x})$ quand m augmente, il faut :

- assurer que l'approximation de l'équation 26.16 reste valide :

$$\lim_{m \to \infty} V_m = 0$$

- assurer que celle de l'équation 26.15 le reste aussi :

$$\lim_{m \to \infty} k_m = \infty$$

- enfin, assurer que $p(\mathbf{x})$ reste à une valeur finie :

$$\lim_{m \to \infty} \frac{k_m}{m} = 0$$

4. L'estimation des paramètres d'une distribution gaussienne.

On se place ici, pour éviter des formules fastidieuses, dans un espace monodimensionnel. Une distribution gaussienne dépend alors seulement de deux paramètres scalaires : sa moyenne μ et sa variance σ. La variable x est aussi un scalaire, c'est pourquoi elle n'est pas notée ici comme un vecteur $\mathbf{x}$. Elle s'écrit :

$$\mathcal{N}(x, \mu, \sigma) = (\frac{1}{\sqrt{2\pi}\sigma})exp((-1/2)(\frac{x-\mu}{\sigma})^2)$$

ou :

$$Log(\mathcal{N}(x, \mu, \sigma)) = -Log(\sigma) - Log(2\pi) - \frac{(x-\mu)^2}{2\sigma^2}$$

L'estimateur au maximum de vraisemblance suppose que tous les échantillons d'apprentissage $\mathcal{S} = \{x_1, x_2, ..., x_m\}$ sont tirés indépendamment. On cherche donc dans l'ensemble des distributions gaussiennes de paramètres σ et μ celle qui maximise le produit de ses valeurs sur les points d'apprentissage. Ceci est équivalent à trouver les paramètres pour lesquels l'expression :

$$T(\mu, \sigma, m) = \sum_{k=1}^{m} Log(\mathcal{N}(x_k, \mu, \sigma))$$

est maximale. On est donc amené à chercher les valeurs μ et σ telles que :

$$\frac{\partial}{\partial \mu} T(m, \sigma, m) = 0$$

$$\frac{\partial}{\partial \sigma} T(\mu, \sigma, m) = 0$$

d'où :

$$\sum_{k=1}^{m} \frac{x_k - \mu}{\sigma^2} = 0$$

$$-m/\sigma + \sum_{k=1}^{m} \frac{x_k - \mu}{\sigma^2} = 0$$

Finalement, la solution au problème de l'estimation au maximum de vraisemblance est donnée par les valeurs suivantes :

$$\widehat{\mu} = \frac{1}{m} \sum_{k=1}^{m} x_k$$

et :

$$\widehat{\sigma} = \frac{1}{m} \sum_{k=1}^{m} (x_k - \widehat{\mu})$$

En revenant au cas général multiclasse en dimension d, il faut estimer au maximum de vraisemblance pour chaque classe de numéro i un *vecteur moyenne* μ_i et une *matrice de covariance* Q_i ; on retrouverait, en développant des calculs analogues, les formules :

$$\widehat{\mu}_i = \frac{1}{m_i} \sum_{k=1}^{m_i} x_k$$

et :

$$\widehat{Q_i} = \frac{1}{m_i} \sum_{k=1}^{m_i} (x_k - \widehat{\mu}_i)(x_k - \widehat{\mu}_i)^T$$

5. Pourquoi et comment la règle du PPV converge-t-elle ?

5.1 Pourquoi ?

Soit $\mathcal{S} = \{\mathbf{x}_1, \mathbf{x}_2, ..., \mathbf{x}_m\}$ l'échantillon d'apprentissage, $\mathbf{x}$ le point dont on cherche la classe par la règle du plus proche voisin et $\mathbf{x}_0$ le point de X le plus proche de $\mathbf{x}$. Notons $B(\mathbf{x}, \rho)$ la sphère de rayon ρ centrée en $\mathbf{x}$. La probabilité qu'un point de $\mathcal{S}$ se trouve dans $B(\mathbf{x}, \rho)$ vaut :

$$\mathbf{P}(\rho) = \int_{B(\mathbf{x}, \rho)} \mathbf{p}(\mathbf{x}) d\mathbf{x}$$

La probabilité qu'aucun point de l'ensemble d'apprentissage $\mathcal{S}$ ne se trouve dans $B(\mathbf{x}, \rho)$ est égale à $(1 - \mathbf{P}(\rho))^m$ qui tend vers zéro quand m augmente. Par conséquent, $\mathbf{x}_0$ tend en probabilité vers $\mathbf{x}$, ce qui assure la convergence désirée.

5.2   Comment ?

L'erreur moyenne réalisée par la règle du 1-ppv peut se calculer en remarquant qu'en attribuant à $\mathbf{x}$ la classe de $\mathbf{x}_0$, on commet l'erreur :

$$err_{ppv} = \mathbf{P}[\omega(\mathbf{x}) \neq \omega(\mathbf{x}_0)] = \sum_{i=1}^{C} \mathbf{P}[\mathbf{x} \in \omega_i, \mathbf{x}_0 \notin \omega_i] = \sum_{i=1}^{C} \mathbf{P}(\omega_i \mid \mathbf{x})[1 - \mathbf{P}(\omega_i \mid \mathbf{x}_0)]$$

Quand la taille m de l'ensemble d'apprentissage augmente, on a vu que $\mathbf{x}_0$ tend en probabilité vers $\mathbf{x}$, ce qui implique que $\mathbf{P}(\omega_i \mid \mathbf{x}_0)$ tend vers $\mathbf{P}(\omega_i \mid \mathbf{x})$. Par conséquent :

$$\lim_{m \to \infty} err_{ppv} = \int_{\mathbb{R}^d} \sum_{i=1}^{C} \mathbf{P}(\omega_i \mid \mathbf{x})[1 - \mathbf{P}(\omega_i \mid \mathbf{x})]\mathbf{p}(\mathbf{x})d\mathbf{x}$$

Prenons le cas à deux classes ($C = 2$). Soit $\omega_1(\mathbf{x})$ la classe que donnerait la décision bayésienne et $\omega_2(\mathbf{x})$ l'autre. L'erreur bayésienne vaut :

$$err^* = err(\omega_1) = \int_{\mathbb{R}^d} \mathbf{p}(\omega_2(\mathbf{x}) \mid \mathbf{x})\mathbf{p}(\mathbf{x})d\mathbf{x}$$

L'erreur par la décision du 1-ppv, en vertu du calcul précédent, vaut pour $C = 2$:

$$err_{ppv} = \mathbf{P}(\omega_1 \mid \mathbf{x})[1 - \mathbf{P}(\omega_1 \mid \mathbf{x})] + \mathbf{P}(\omega_2 \mid \mathbf{x})[1 - \mathbf{P}(\omega_2 \mid \mathbf{x})]$$

d'où :

$$err_{ppv} = 2\mathbf{P}(\omega_2(\mathbf{x}) \mid \mathbf{x})[1 - \mathbf{P}(\omega_2(\mathbf{x}) \mid \mathbf{x})] \leq 2\mathbf{P}(\omega_2(\mathbf{x}) \mid \mathbf{x})$$

D'où la formule dans le cas de deux classes :

$$\lim_{m \to \infty} err_{ppv} \leq 2err^*$$

6.   Pourquoi la règle de décision bayésienne est-elle optimale ?

Appelons h^* la règle de décision bayésienne, celle qui affecte au point $\mathbf{x}$ la classe :

$$\omega^*(\mathbf{x}) = \underset{\omega_i}{\mathrm{ArgMax}}(\mathbf{P}(\omega_i \mid \mathbf{x}))$$

Soit h_0 la règle idéale de décision, affectant $\mathbf{x}$ à sa vraie classe $h_0(\mathbf{x})$ et soit h une règle de décision quelconque affectant $\mathbf{x}$ à la classe $h(\mathbf{x})$. On cherche à montrer que l'erreur moyenne $err(h^*)$ commise par h^* est inférieure ou égale à $err(h)$, commise par h, soit :

$$\int_{\mathbb{R}^d} \mathbf{P}(h^*(\mathbf{x}) \neq h_0(\mathbf{x}))\,\mathbf{p}(\mathbf{x})\,d\mathbf{x} \leq \int_{\mathbb{R}^d} \mathbf{P}(h(\mathbf{x}) \neq h_0(\mathbf{x}))\,\mathbf{p}(\mathbf{x})\,d\mathbf{x}$$

Or, pour toute règle h :

$$\mathbf{P}(h(\mathbf{x}) \neq h_0(\mathbf{x})) = 1 - \mathbf{P}(h(\mathbf{x}) \mid \mathbf{x})$$

donc :

$$err(h) = 1 - \int_{\mathbb{R}^d} \mathbf{P}(h(\mathbf{x}) \mid \mathbf{x})\,\mathbf{p}(\mathbf{x})\,d\mathbf{x}$$

De la définition de la règle h^*, on déduit immédiatement :

$$\forall \mathbf{x} \in \mathbb{R}^d, \quad \mathbf{P}(h^*(\mathbf{x}) \mid \mathbf{x}) \geq \mathbf{P}(h(\mathbf{x}) \mid \mathbf{x})$$

Par conséquent, la valeur :

$$err(h) - err(h^*) = 1 - \int_{\mathbb{R}^d} \left(\mathbf{P}(h(\mathbf{x}) \mid \mathbf{x}) - \mathbf{P}(h(\mathbf{x}) \mid \mathbf{x}) \right) \mathbf{p}(\mathbf{x}) \, d\mathbf{x}$$

est toujours positive ou nulle, ce qui établit la relation cherchée.

7. Apprentissage par estimation-maximisation

L'algorithme *estimation-maximisation* (*EM*) est une procédure générale pour apprendre la valeur de paramètres cachés de certains processus probabilistes. C'est en particulier en l'utilisant que les paramètres des HMM peuvent être appris (chapitre 21). En outre, cette procédure est aussi utile dans l'apprentissage des réseaux bayésiens (chapitre 19), dans la classification non supervisée (chapitre 16) et dans l'apprentissage semi-supervisé (chapitre 17). Nous allons la présenter ici sur un exemple simple, puis revenir sur son application à l'apprentissage des HMM et au mélange de distributions gaussiennes.

7.1 Un exemple

Nous disposons de deux pièces de monnaie truquées A et B, avec des probabilités respectives $\mathbf{P}_A$ et $\mathbf{P}_B$ de tomber sur *Pile* et $1 - \mathbf{P}_A$ et $1 - \mathbf{P}_B$ de tomber sur *Face*. Nous connaissons les valeurs $\mathbf{P}_A$ et $\mathbf{P}_B$. Nous demandons à un huissier de procéder en secret aux opérations suivantes :

- tirer un nombre μ au hasard entre 0 et 1 ;
- répéter N fois les manipulations suivantes :

    — choisir la pièce A avec la probabilité μ ou la pièce B avec la probabilité $(1 - \mu)$;

    — lancer la pièce choisie ;

    — enregistrer le résultat du lancer : *Pile* ou *Face*.

Une fois l'affaire terminée, l'huissier nous communique la séquence des N valeurs *Pile* ou *Face* qu'il a notées. Notre problème est alors le suivant : estimer la valeur du paramètre caché μ à partir de la suite $\mathcal{O} = (O_1, \ldots, O_N)$ de ces observations. Chaque observation O_i vaut donc *Pile* ou *Face*. Si nous connaissions quelle pièce a été utilisée à chaque lancer, nous pourrions estimer μ par la valeur :

$$\frac{N_A}{N} = \frac{\text{Nombre de lancers de la pièce } A}{N}$$

Mais ce n'est pas le cas : nous ne connaissons que le résultat des tirages. Nous pouvons cependant calculer μ par une technique itérative, *l'algorithme EM*[1].

---

1. *E* pour estimation (ou en anglais *Expectation*), *M* pour maximisation.

7.2   Application de l'algorithme EM à l'exemple

Initialisation

Donner une valeur arbitraire μ_0 strictement comprise entre 0 et 1.

Étape t

- ***Estimation***

  On utilise les observations $\mathcal{O}$ pour calculer une estimation de N_A.

  On note :

  — μ_t l'estimation courante (à l'étape t) de μ ;

  — $\mathbf{P}_A(O_i)$ la probabilité de l'évènement O_i sachant que la pièce A était utilisée ;

  — $\mathbf{P}_B(O_i)$ la probabilité de l'évènement O_i sachant que la pièce B était utilisée ;

  — $E_t(A \mid \mathcal{O})$ l'estimation courante du nombre N_A de tirages de la pièce A ;

  Cette dernière valeur peut se calculer en fonction des trois précédentes par l'expression :

$$E_t(A \mid \mathcal{O}) = \sum_{i=1}^{N} \frac{\mu_t\, \mathbf{P}_A(O_i)}{\mu_t\, \mathbf{P}_A(O_i) + (1 - \mu_t)\, \mathbf{P}_B(O_i)}$$

  Les valeurs $\mathbf{P}_A(O_i)$ et $\mathbf{P}_B(O_i)$ sont inconnues. Leur estimation est le cœur de l'algorithme.

- ***Maximisation***

  On calcule une nouvelle estimation de μ :

$$\mu_{t+1} = \frac{E_t(A \mid \mathcal{O})}{N}$$

Test d'arrêt

$$\mu_{t+1} \approx \mu_t$$

Pour résoudre le problème, il faut donc déterminer les valeurs $\mathbf{P}_A(O_i)$ et $\mathbf{P}_B(O_i)$. On utilise pour cela la notion de *statistique suffisante*.

7.3   Statistique suffisante

Pour notre exemple, l'ordre dans lequel les O_i sont apparus dans l'ensemble $\mathcal{O}$ des observations n'a pas d'importance : le nombre P d'observations *Pile* dans $\mathcal{O}$ suffit. On dit qu'il s'agit d'une *statistique suffisante* pour estimer le paramètre caché μ. Cette observation permet de calculer explicitement $E_t(A \mid \mathcal{O})$ de la façon suivante. On décompose d'abord la formule précédente sur les tirages ayant donné *Pile* et ceux ayant donné *Face*, en nombres respectifs P et F. C'est-à-dire que $\mathbf{P}_A(O_i)$ devient soit $\mathbf{P}_A(Pile)$, soit $\mathbf{P}_A(Face)$.

$$\begin{aligned} E_t(A \mid \mathcal{O}) \;=\;& \sum_{i=1}^{P} \frac{\mu_t\, \mathbf{P}_A(Pile)}{\mu_t\, \mathbf{P}_A(Pile) + (1 - \mu_t)\, \mathbf{P}_B(Pile)} \\[2mm] &+ \sum_{i=1}^{F} \frac{\mu_t\, \mathbf{P}_A(Face)}{\mu_t\, \mathbf{P}_A(Face) + (1 - \mu_t)\, \mathbf{P}_B(Face)} \end{aligned}$$

En remarquant que $\mathbf{P}_A(Pile) = \mathbf{P}_A$ et $\mathbf{P}_A(Face) = 1 - \mathbf{P}_A$ et en utilisant le fait que les tirages sont indépendants :

$$
\begin{aligned}
E_t(A \mid \mathcal{O}) &= \sum_{i=1}^{P} \frac{\mu_t\, \mathbf{P}_A}{\mu_t\, \mathbf{P}_A + (1 - \mu_t)\, \mathbf{P}_B} + \sum_{i=1}^{F} \frac{\mu_t\, (1 - \mathbf{P}_A)}{\mu_t\, \mathbf{P}_A + (1 - \mu_t)\, \mathbf{P}_B} \\
&= P \frac{\mu_t\, \mathbf{P}_A}{\mu_t\, \mathbf{P}_A + (1 - \mu_t)\, \mathbf{P}_B} + F \frac{\mu_t\, (1 - \mathbf{P}_A)}{\mu_t\, \mathbf{P}_A + (1 - \mu_t)\, \mathbf{P}_B}
\end{aligned}
$$

On a donc maintenant une formule pour calculer $E_t(A \mid \mathcal{O})$ en fonction de μ_t et de valeurs connues.

7.4 Plus généralement

Algorithme 53 : Algorithme EM

---

début

    Définir une statistique suffisante pour estimer l'ensemble Λ des paramètres cachés ;

    Initialiser Λ ;

    $t \leftarrow 1$;

    tant que $\Lambda_t \neq \Lambda_{t+1}$ **faire**

        `/* Estimation`   `*/`

        Utiliser les observations pour calculer la statistique suffisante de Λ_t ;

        `/* Maximisation`   `*/`

        Calculer Λ_{t+1} comme une estimation au maximum de vraisemblance de Λ à partir des résultats de l'étape t d'estimation ;

    fin tant que

    $t \leftarrow t + 1$

fin

On démontre que l'algorithme *EM* décrit dans l'algorithme 53 fait croître la vraisemblance de Λ_p vis-à-vis des données. Par conséquent, il converge vers un optimum local.

7.5 Retour sur l'exemple

Prenons $\mathbf{P}_A = 0.2$ et $\mathbf{P}_B = 0.6$. L'huissier effectue $N = 100$ tirages et fournit une série $\mathcal{O}$ d'observations comportant $P = 50$ *Pile* et $F = 50$ *Face*. Quelle est la valeur de μ que produit l'algorithme *EM* ? La récurrence de base est la suivante, en regroupant les deux phases en une seule :

$$
\mu_{t+1} = \frac{1}{P + F}\left(P \frac{\mu_t \mathbf{P}_A}{\mu_t \mathbf{P}_A + (1 - \mu_t)\mathbf{P}_B} + F \frac{\mu_t(1 - \mathbf{P}_A)}{\mu_t(1 - \mathbf{P}_A) + (1 - \mu_t)(1 - \mathbf{P}_B)}\right)
$$

D'où, pour deux initialisations de μ :

μ_0	0.800	0.100
μ_1	0.730	0.109
μ_2	0.659	0.118
μ_3	0.593	0.127
μ_4	0.536	0.135
μ_5	0.488	0.144
μ_{10}	0.351	0.183
μ_{20}	0.273	0.228
μ_{30}	0.256	0.243
μ_{40}	0.252	0.248
μ_{50}	0.250	0.249
μ_{60}	0.250	0.250

Ce résultat est conforme à l'intuition : il faut que l'huissier ait tiré en moyenne 4 fois plus souvent la pièce B que la pièce A pour avoir rétabli l'équilibre entre le nombre de *Pile* et celui de *Face*. Il se trouve que, pour cet exemple très simple, on peut en réalité estimer directement μ car la proportion de *Pile* est en effet une estimation de :

$$\mu\, \mathbf{P}_A + (1 - \mu\, \mathbf{P}_B)$$

Dans notre application numérique :

$$1/2 = \mu\, 0.2 + (1 - \mu)\, 0.6$$

d'où :

$$\mu = 0.25$$

7.6   L'apprentissage des paramètres des Hmm

Les formules de réestimation des paramètres de modèles de Markov cachés donnés au chapitre 21, bien que beaucoup plus compliquées en apparence, ne sont pas fondamentalement différentes de celles présentées précédemment.

Prenons le cas de la réestimation d'une probabilité de transition, donnée par la formule[2] :

$$\overline{a}_{ij} = \frac{\displaystyle\sum_{k=1}^{N} \sum_{t=1}^{|O^k|-1} \xi_t^k(i,j)}{\displaystyle\sum_{k=1}^{N} \sum_{t=1}^{|O^k|-1} \gamma_t^k(i)}$$

avec :

- $\xi_t^k(i,j)$ la probabilité, étant donnés une phrase O^k et un Hmm Λ, que ce soit l'état s_i qui ait émis la lettre de rang t de O^k et l'état s_j qui ait émis celle de rang $t+1$;
- $\gamma_t^k(i)$ la probabilité que la lettre de rang t de la phrase O^k ait été émise par l'état s_j.

---

2. On se reportera au chapitre 21 pour le détail des notations.

$\overline{a}_{ij}$, la valeur réestimée de a_{ij}, est une composante du paramètre caché $\Lambda = (A, \ B, \ \pi)$ qui définit le HMM cherché. Elle est calculée par un comptage sur la base d'apprentissage $\mathcal{O}$; ce comptage calcule une statistique suffisante pour estimer la probabilité qu'est réellement a_{ij}. En effet, $\overline{a}_{ij}$ compte la proportion des transitions empruntées entre s_i et s_j parmi toutes celles qui quittent s_i, dans l'émission de chaque phrase O^k de $\mathcal{O}$. La normalisation assure que, sur leur ensemble, les $\overline{a}_{ij}$ somment à 1.

De la sorte, l'algorithme EM réestime tous les paramètres cachés du HMM cherché. Comme les formules de réestimation sont conformes aux hypothèses, la convergence vers un optimum (éventuellement local) est assurée.

7.7 L'apprentissage des paramètres de distributions multigaussiennes

On dispose d'une collection $\mathcal{S} = \{\mathbf{x}_1, ..., \mathbf{x}_m\}$ d'exemples, qui sont des vecteurs de $\mathbb{R}^d$. On fait l'hypothèse que ces vecteurs sont des tirages aléatoires d'un *mélange* de k distributions gaussiennes $\mathcal{N}_1, \ldots, \mathcal{N}_k$. On cherche à estimer les paramètres de chaque distribution, ainsi que la façon dont elles sont mélangées.

Le tirage d'un exemple pourrait se décrire ainsi : d'abord, choisir aléatoirement une des k distributions. Ensuite, tirer l'exemple selon cette distribution. Par conséquent, pour définir le mélange, il suffit de se donner les k valeurs qui sont les probabilités que l'une des k distributions soit tirée.

Un exemple $\mathbf{x}_i$ doit donc se décrire de manière plus complète par :

$$y_i = (\mathbf{x}_i, \mathbf{z}_{i1}, ..., \mathbf{z}_{ik})$$

où :

- $\mathbf{x}_i$ est le vecteur observé ;
- pour $j = 1, k$, $\mathbf{z}_{ij}$ vaut 1 si $\mathbf{x}_i$ a été généré par $\mathcal{N}_i$. Les valeurs $\mathbf{z}_{ij}$ sont cachées à l'observateur.

Pour simplifier, nous prenons $d = 1$. Nous supposons aussi que les k distributions, de moyennes μ_1, ..., μ_k, ont la même variance σ. La méthode se généralise sans trop de difficultés à d quelconque et à des matrices de covariances différentes pour chaque gaussienne. L'algorithme EM s'applique comme décrit dans l'algorithme 54. Il a pour résultat le vecteur $h = (\mu_1, ..., \mu_k)$ et les estimations des valeurs z_{i1}, z_{ik}. Ces dernières quantités sont donc les probabilités avec lesquelles on tire les gaussiennes $\mathcal{N}_j$, pour $j = 1, k$.

8. Méthodes de descente en optimisation

Soit $f : \mathcal{X} \to \mathbb{R}$. On cherche une valeur $\mathbf{x}^*$ telle que :

$$f(\mathbf{x}^*) = \min_{\mathbf{x} \in \mathcal{X}} f(\mathbf{x})$$

8.1 Méthodes de descente

Dans la suite, on suppose que f est différentiable en $\mathbf{x} \in \mathcal{X}$, de gradient $\nabla f(\mathbf{x})$ en ce point.

Algorithme 54 : Mélange de k gaussiennes

---

début

    Initialiser aléatoirement $h = (\mu_1, ..., \mu_k)$

    tant que *le processus n'a pas convergé* **faire**

        `/* Estimation                                                           */`

        Calculer les estimations $E(z_{i1})$ de z_{i1}, ..., $E(z_{ik})$ de z_{ik} en supposant que l'hypothèse courante sur h est la bonne :

        `/* Estimation                                                           */`

        pour $j = 1, k$ **faire**

$$E(z_{ij}) \leftarrow \frac{\mathbf{p}(x = \mathbf{x}_i \mid \mu = \mu_j)}{\sum_{n=1}^{k} \mathbf{p}(x = \mathbf{x}_i \mid \mu = \mu_n)}$$

        Donc :

$$E(z_{ij}) \leftarrow \frac{e^{-\frac{1}{2\sigma^2}(\mathbf{x}_i - \mu_j)^2}}{\sum_{n=1}^{k} e^{-\frac{1}{2\sigma^2}(\mathbf{x}_i - \mu_n)^2}}$$

        fin pour

        `/* Maximisation                                                         */`

        Calculer une nouvelle estimation de $h = (\mu_1, ..., \mu_k)$ en supposant que z_{ij} est égale à $E(z_{ij})$

        pour $j = 1, k$ **faire**

$$\mu_j \leftarrow \frac{\sum_{i=1}^{N} E(z_{ij})\mathbf{x}_i}{\sum_{i=1}^{N} E(z_{ij})}$$

        fin pour

    fin tant que

fin

Définition 26.1 (Direction de descente)

Un vecteur $\mathbf{d}$ *de* $\mathbb{R}^n$ *est une direction de descente pour la fonction* f *au point* $\mathbf{x}$ *si :*

$$\nabla f(\mathbf{x})^T \mathbf{d} < 0.$$

Soit $\mathbf{d}$ une direction de descente et t un réel positif. On suppose t suffisamment petit pour que l'approximation du premier ordre suivante soit valable :

$$f(\mathbf{x} + t\mathbf{d}) \approx f(\mathbf{x}) + t\nabla f(\mathbf{x})^T \mathbf{d}.$$

Donc on a $f(\mathbf{x} + t\mathbf{d}) - f(\mathbf{x}) = t\nabla f(\mathbf{x})^T \mathbf{d} < 0$, c'est-à-dire $f(\mathbf{x} + t\mathbf{d}) < f(\mathbf{x})$.

Les méthodes de descente sont des méthodes itératives pour la minimisation des fonctions différentiables sur $\mathbb{R}^n$ dans lesquelles une direction de descente est choisie à chaque itération à partir des informations généralement locales. On minimise alors la fonction dans cette direction (minimisation unidirectionnelle ou recherche linéaire). Le schéma général est donné dans l'algorithme 55. Le vecteur $\mathbf{d}_k$ désigne la direction de la descente et le réel positif η_k désigne le pas de la descente *(learning rate)*.

Par la suite, on posera $\mathbf{g}_k = \nabla f(\mathbf{x}_k)$.

Algorithme 55 : Algorithme de descente : schéma général

---

début

    Choisir $\mathbf{x}_0$

    $k \leftarrow 0$

    tant que *non stop* **faire**

        Choisir une direction de descente $\mathbf{d}_k$.

        si *aucun* $\mathbf{d}_k$ *n'existe* **alors**

          | stop

        fin si

        sinon

          | $\mathbf{x}_{k+1} = \mathbf{x}_k + \eta_k \mathbf{d}_k$, avec $\eta_k > 0$ tel que $f(\mathbf{x}_{k+1}) \leq f(\mathbf{x}_k + t\mathbf{d}_k)$, $\forall t \in (0, \delta)$.

        fin si

    fin tant que

fin

Le pas de descente peut être choisi de différentes manières, dont une optimale : à l'itération k, un pas optimal est un pas η_k qui minimise la fonction :

$$\theta(t) = f(\mathbf{x}_k + t\mathbf{d}_k)$$

Propriété 26.1

Dans la recherche linéaire, si η_k minimise exactement la fonction $\theta(t) = f(\mathbf{x}_k + t\mathbf{d}_k)$, le nouveau gradient $\mathbf{g}_{k+1}$ au point $\mathbf{x}_{k+1} = \mathbf{x}_k + \eta_k \mathbf{d}_k$ est orthogonal à la direction $\mathbf{d}_k$ (figure 26.2).

Démonstration Si η_k minimise la fonction $\theta(t)$, alors $\theta'(\eta_k) = 0$. Or, les règles de calcul de la dérivée θ' (chaînage) donnent :

$$\theta'(t) = \nabla f(\mathbf{x}_k + t\mathbf{d}_k)^T \mathbf{d}_k.$$

En particulier on a :

$$\begin{aligned}
\theta'(0) &= \mathbf{g}_k^T \mathbf{d}_k \\
\theta'(\eta_k) &= \mathbf{g}_{k+1}^T \mathbf{d}_k.
\end{aligned}$$

La direction de la plus grande pente est le vecteur $\mathbf{d}$ normé qui minimise $\nabla f(\mathbf{x})^T \mathbf{d}$. C'est donc la direction opposée au gradient :

$$\mathbf{d}_k = \frac{-\mathbf{g}_k}{\|\mathbf{g}_k\|}.$$

En pratique, on utilise aussi la version non normée, *i.e.* $\mathbf{d}_k = -\mathbf{g}_k$.

8.2 Descente de gradient

La méthode du gradient (ou de plus grande pente) choisit la direction de plus grande descente à chaque itération :

$$\mathbf{x}_{k+1} = \mathbf{x}_k - \eta_k \mathbf{g}_k$$

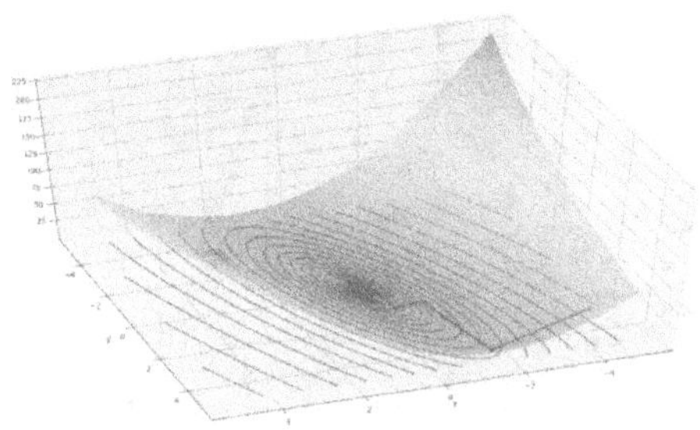

Fonction $f(x, y)$ fortement convexe   Descente de gradient et courbes de niveau de f

FIGURE 26.2 : *Descente de gradient avec pas optimal : les directions successives sont orthogonales.*

Il est clair que la direction de plus grande pente peut être arbitrairement mauvaise en ce qui concerne la direction du minimum, le cas des fonctions quadratiques étant particulièrement instructif.

8.2.1 Choix de $\mathbf{x}_0$

Idéalement, $\mathbf{x}_0$ devrait être choisi proche du minimum mais, dans la plupart des cas, ce choix est impossible. Une bonne initialisation reste cependant très importante. Une stratégie classique consiste à itérer l'algorithme 55 plusieurs fois, avec des initialisations différentes, et à conserver le meilleur résultat.

8.2.2 Learning rate

Selon Goodfellow et al. [GBC16], « The learning rate is perhaps the most important hyperparameter. If you have time to tune only one hyper parameter, tune the learning rate ». Cet hyperparamètre η contrôle la capacité effective du modèle. Classiquement, on schématise trois régimes de fonctionnement du modèle en fonction de η (figures 26.3 et 26.4) :

- Si η est constant et trop petit, la descente s'effectue très lentement (figure 26.3-a).
- Si η est constant et trop grand, la descente est erratique, et oscille (figure 26.3-b).
- Un η adaptatif, fonction de l'itération, est la meilleure solution (figure 26.3-c).

Définir un bon taux d'apprentissage dépend de plusieurs facteurs : le modèle, l'algorithme d'optimisation, la taille des mini batchs et l'observation empirique des descentes.

Dans le cas où η varie au cours des itérations, on peut montrer que $\sum_{k>0} \eta_k = +\infty$ et que $\sum_{k>0} \eta_k^2 < \infty$. Intuitivement, la première condition assure que la descente explorera suffisamment d'espace, la seconde assure la convergence.

Analysons maintenant le cas η constant. On note dans la suite $\mathbf{x}^* = \arg\min_{\mathbf{x}\in\mathcal{X}} f(\mathbf{x})$.

Propriété 26.2

Supposons f convexe et lipschitzienne de rapport L. Si le pas de descente est tel que $\eta \leq \frac{1}{L}$ alors après T itérations $|f(\mathbf{x}_T) - f(\mathbf{x}^*)| \leq \frac{\|\mathbf{x}_0 - \mathbf{x}^*\|^2}{2\eta T}$

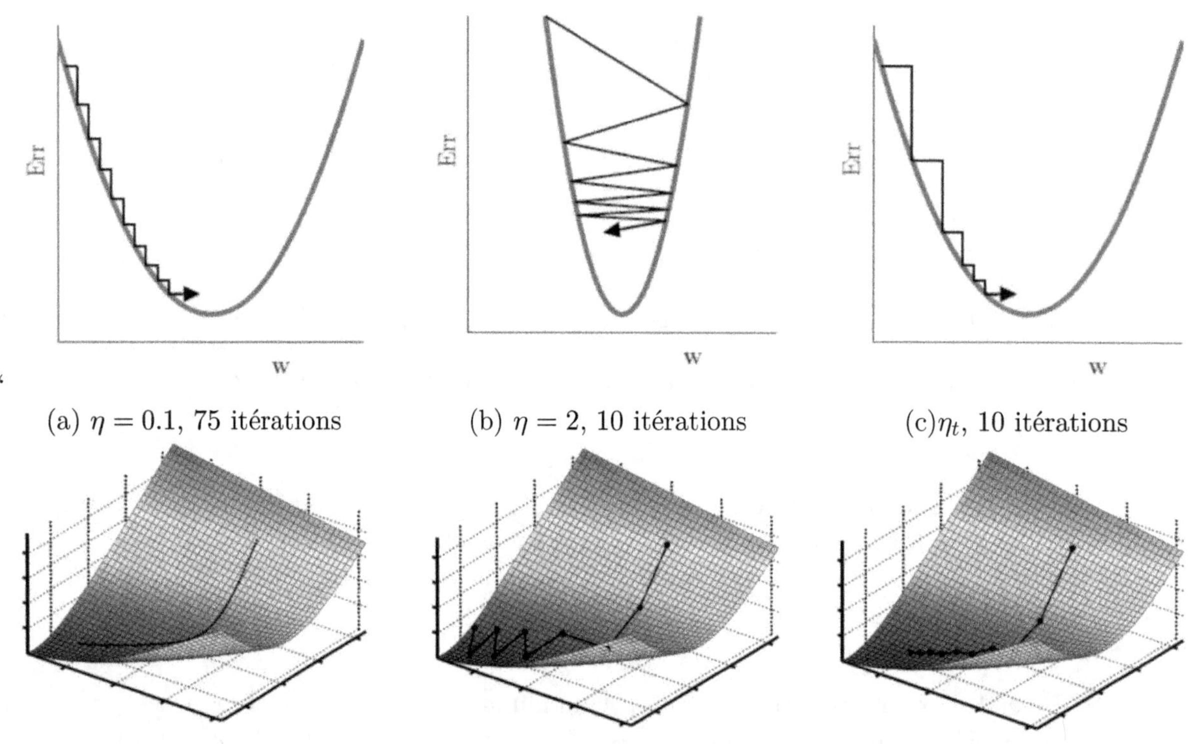

FIGURE 26.3 : *Comportement de la descente de gradient en fonction de η.*

Le taux de convergence est donc en $O(\frac{1}{T})$, et pour que $f(\mathbf{x}_T)$ s'approche de $f(\mathbf{x}^*)$ à moins de ϵ il faut $\lfloor 1/\epsilon \rfloor$ itérations.

Dans le cas où f n'est pas convexe, cette analyse de convergence n'est pas applicable.

8.2.3   Critère d'arrêt

8.2.3.1   Early Stopping   En apprentissage, on utilise souvent la technique d'*early stopping* pour éviter le sur-apprentissage. Si $\mathbf{x}$ est le vecteur de paramètres à optimiser et i un point de donnée d'une distribution $p(i)$, alors on minimise usuellement $f(\mathbf{x}) = \mathbb{E}_{p(i)}[f_i(\mathbf{x})]$ où f_i est la partie de la fonction au voisinage de i. Si les n points d'apprentissage sont i.i.d et regroupés dans un ensemble $\mathcal{S}$, alors on optimise plus simplement :

$$\hat{f}(\mathbf{x}) = \frac{\sum_{i \in \mathcal{S}} f_i(\mathbf{x})}{|\mathcal{S}|}$$

Par exemple, en régression linéaire, on minimise $f(\mathbf{x}) = \mathbb{E}_{A,b}\|\mathbf{A}\mathbf{x} - \mathbf{b}\|^2$, où $\mathbf{A}$ décrit le modèle linéaire, $b \in \mathbb{R}^n$ est le vecteur des mesures et $\mathbf{x} \in \mathbb{R}^p$ représente les variables à optimiser. $f_i(\mathbf{x})$ est donc simplement $(\mathbf{A}_i^\top \cdot \mathbf{x} - b_i)^2$, où $\mathbf{A}_i$ est la i-ième ligne de $\mathbf{A}$.

En optimisant sur tout $\mathcal{S}$, on risque de sur-apprendre les données d'apprentissage, et donc d'avoir une faible capacité de généralisation. Une solution possible est de séparer $\mathcal{S}$ en deux sous-ensembles (un ensemble d'apprentissage et un de validation), d'apprendre sur le premier et de stopper l'optimisation (arrêt à M^*, figure 26.5) lorsque la fonction objectif augmente sur le second.

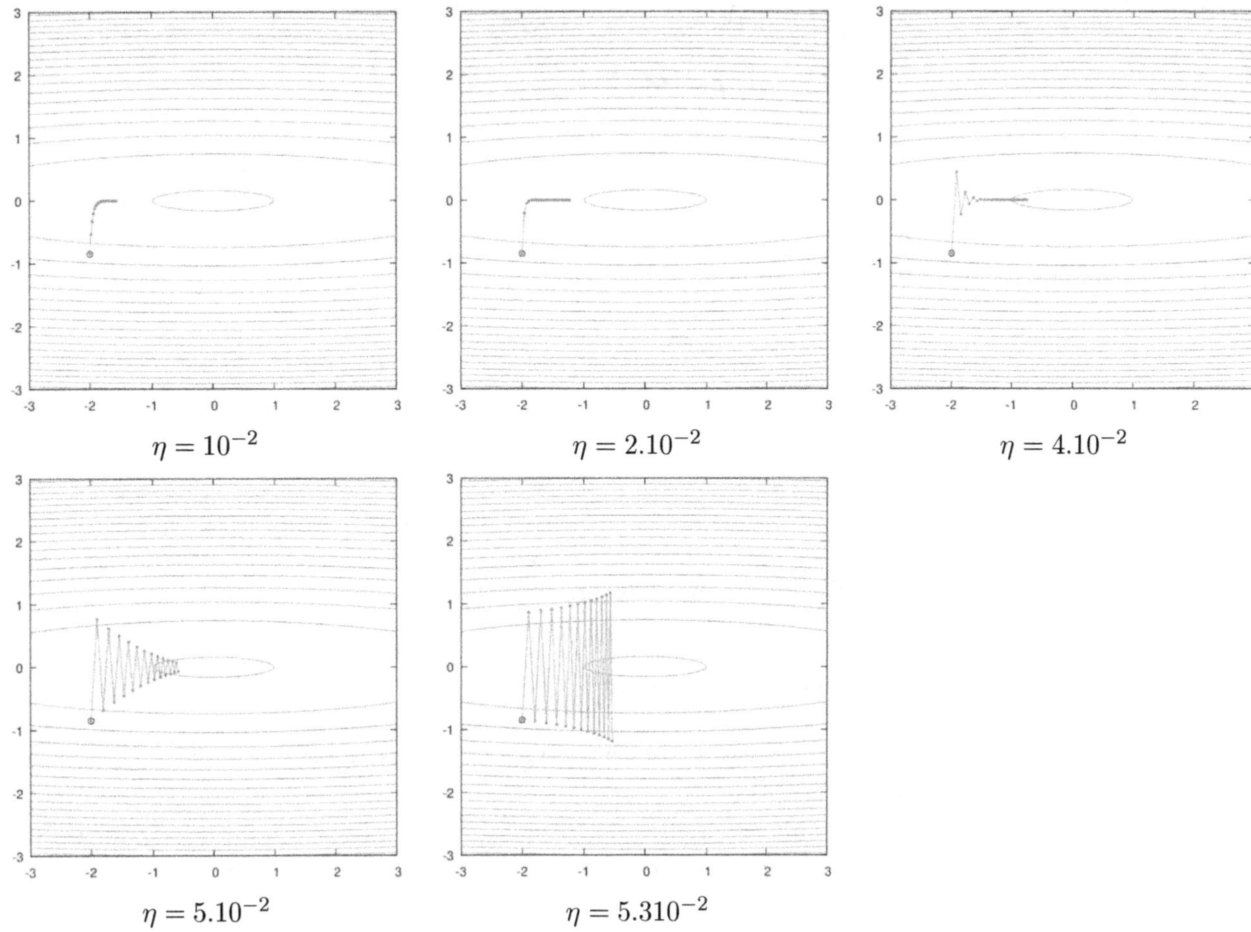

FIGURE 26.4 : *Effet du taux d'apprentissage* (learning rate) *sur la descente de gradient sur une fonction fortement convexe.*

La taille de l'ensemble de validation est sujette à un compromis : trop grande l'ensemble d'apprentissage devient trop petit ; et trop faible l'erreur en validation n'est plus significative.

8.2.3.2   Utilisation des bornes de convergence   Lorsque le *early stopping* n'est pas nécessaire, on peut utiliser les bornes de convergence, de la forme :

$$K \geq K_f \left(f(\mathbf{x}_0) - f(\mathbf{x}^*) \right) g \left(\tfrac{1}{\varepsilon} \right),$$

pour estimer le nombre d'itérations K nécessaires. K_f peut être estimé à partir des propriétés de f, g est une fonction qui dépend également de f, ε contrôle l'erreur tolérée et $f(\mathbf{x}^*)$ est le vrai minimum, qui peut être estimé par dualité.

8.2.3.3   Autres stratégies   D'autres stratégies peuvent être mises en œuvre. Citons par exemple, dans le cas d'un problème de classification par réseaux de neurones, celle qui consiste à enlever la non-linéarité de la couche de sortie (en la remplaçant par l'identité) : le problème de classifcation est transformé en un problème de régression pour la phase d'entraînement, ce qui permet d'éviter les régions plates de la fonction à optimiser (qui peuvent survenir par exemple lorsque la non-linéarité est introduite par la fonction *tanh*, pour de grandes valeurs de son argument).

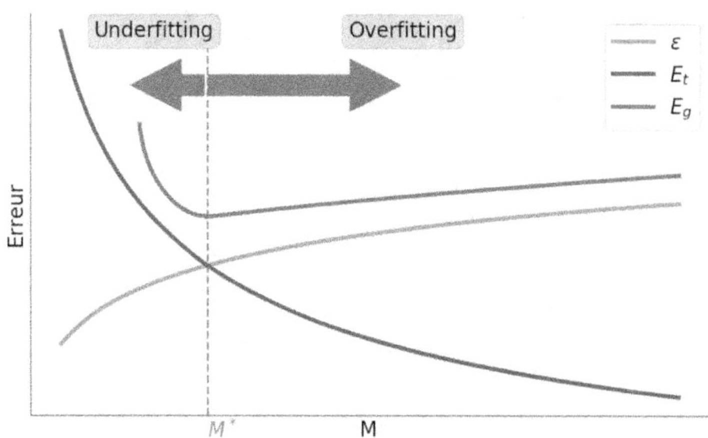

FIGURE 26.5 : Early stopping. *La courbe descendante (respectivement* montante*) représente la valeur de la fonction objectif sur l'ensemble d'apprentissage (resp.* validation*) . La courbe supérieure représente la complexité du modèle appris. La ligne pointillée indique l'itération où l'optimisation doit être stoppée.*

8.2.4 Quelques autres aspects à considérer

- Suivant f et $\mathbf{x}_0$, les itérations peuvent ne jamais stopper. Par exemple dans $\mathbb{R}$, si $f(x) = e^x$, $\frac{d}{dx}e^x \neq 0$ pour tout x fini.

- f peut avoir des minima asymptotiques, et un minimum global loin de ces valeurs. Suivant $\mathbf{x}_0$, la descente peut converger lentement vers ces minima, sans explorer d'autres portions de l'espace.

8.3 Autres méthodes de descente

8.3.1 Momentum

La descente de gradient peut avoir des problèmes de convergence dans certains cas, notamment lorsque la fonction f est fortement convexe. La méthode oscille alors autour d'un minimum. L'objectif principal de la méthode momentum [Qia99] est d'accélérer la convergence de la descente stochastique, en rajoutant un vecteur de vélocité à la mise à jour :

$$\mathbf{v}_{k+1} = \mu\mathbf{v}_k - t_k\nabla f(\mathbf{x}_k) \text{ et } \mathbf{x}_{k+1} = \mathbf{x}_k + \mathbf{v}_{k+1}$$

La vélocité s'accumulant à chaque itération, un hyperparamètre μ permet de l'amortir lorsqu'une surface plate est atteinte.
Lorsque $\mu = 0$, on retrouve la descente de gradient et lorsque $\mu > 0$:

- La méthode permet de "traverser" des barrières locales.
- La descente s'accélère si le gradient varie peu : $(\mathbf{v} = \mu\mathbf{v} - t_k\nabla f) \Rightarrow \mathbf{v} = \frac{t_k}{1-\mu}\nabla f$.
- Les oscillations sont amorties dans les vallées étroites.

La figure 26.6 montre la différence entre gradient et gradient avec moment, pour un *learning rate* constant η.

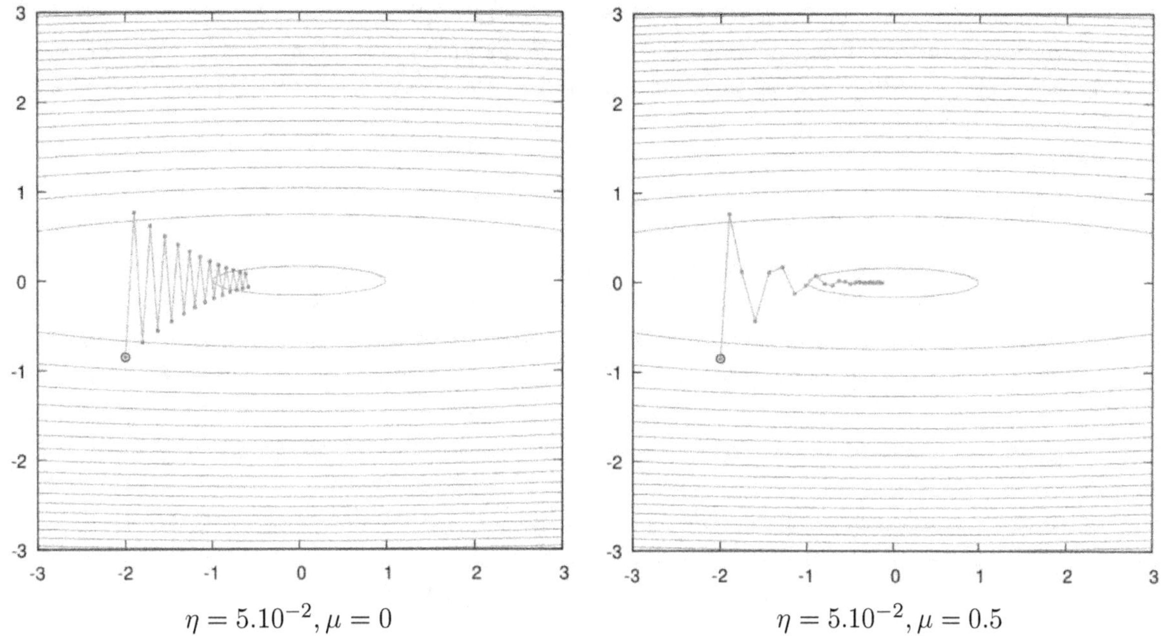

FIGURE 26.6 : *Effet de l'introduction de la vélocité sur la descente de gradient. Cas d'une fonction fortement convexe.*

8.3.2 Accélération de Nesterov

Nesterov [Nes83] propose une modification de la méthode du momentum permettant une meilleure convergence théorique pour l'optimisation des fonctions convexes. L'accélération de Nesterov fait d'abord un pas de calcul pour obtenir une approximation du paramètre mis à jour, noté $\tilde{\mathbf{x}}_{k+1}$, et corrige ensuite ce pas en calculant le gradient à cet emplacement.

Formellement :

$$\tilde{\mathbf{x}}_{k+1} = \mathbf{x}_k + \mu \mathbf{v}_k \ , \ \ \mathbf{v}_{k+1} = \mu \mathbf{v}_k - t_k \nabla f(\tilde{\mathbf{x}}_{k+1}) \quad \text{et} \quad \mathbf{x}_{k+1} = \mathbf{x}_k + \mathbf{v}_{k+1}$$

8.3.3 Adagrad

Adagrad [DHS11] adapte le taux d'apprentissage aux paramètres et plus particulièrement à leur caractère épars. Des mises à jour plus (respectivement moins) importantes sont effectuées pour les paramètres peu (resp. très) fréquents.
Plus formellement, le pas est décrit pour chaque composante i de $\mathbf{x}_{k+1}$ par :

$$(\mathbf{x}_{k+1})_i = (\mathbf{x}_k)_i - \alpha \frac{(\nabla f(\mathbf{x}_k))_i}{\sqrt{\sum_{j=1}^{k} ((\nabla f(\mathbf{x}_j))_i)^2 + \epsilon}}$$

avec $\alpha > 0$ et $\epsilon > 0$ petit. En notant G_k la matrice diagonale dont l'élément i est la somme des carrés des gradients par rapport à la i^e variable jusqu'à l'instant k, il est possible de vectoriser l'opération précédente en procédant à une multiplication terme à terme matrice-vecteur $\odot$ entre G_k et $\nabla f(x_k)$:

$$\mathbf{x}_{k+1} = \mathbf{x}_k - \frac{\alpha}{\sqrt{G_k + \epsilon}} \odot \nabla f(\mathbf{x}_k)$$

Adagrad évite ainsi de mettre à jour à la main le taux d'apprentissage. Son inconvénient est l'accumulation des carrés au dénominateur, la somme augmentant continuellement au cours des itérations. Le taux d'apprentissage peut alors devenir proche de 0, et l'algorithme ne progresse plus pour k suffisamment grand.

8.3.4 Adadelta

Adadelta [Zei12] est une extension d'Adagrad résolvant la décroissance continue du taux d'apprentissage. Plutôt que d'accumuler les carrés des gradients des itérations précédentes, seule une fenêtre de taille w fixée est considérée pour la somme. Plutôt que de stocker w gradients, la somme des carrés est récursivement définie comme une moyenne décroissante des gradients passés :

$$\mathbb{E}(\nabla f^2)_k = \gamma \mathbb{E}(\nabla f^2)_{k-1} + (1 - \gamma)\nabla f_k^2$$

et la mise à jour s'effectue par :

$$\mathbf{x}_{k+1} = \mathbf{x}_k - \frac{\alpha}{\sqrt{\mathbb{E}(\nabla f^2)_k + \epsilon}}\nabla f(\mathbf{x}_k)$$

Cet algorithme est très proche de l'algorithme RMSProp *(Root Mean Square error PROP)*, version non publiée d'une méthode d'optimisation proposée dans un cours en ligne de G Hinton [3].

8.3.5 Adam

Adam [KB14] *(Adaptive Moment Estimation)* adopte un principe similaire à celui d'Adagrad : il adapte automatiquement le taux d'apprentissage pour chaque paramètre. Pour chaque k, Adam calcule m_k, l'estimation du premier moment (moyenne) et v_k l'estimation du second moment (variance non centrée) du gradient à l'étape k :

$$\forall i \quad (m_{k+1})_i = \beta_1(m_k)_i + (1 - \beta_1)(\nabla f(x_k))_i$$

$$\forall i \quad (v_{k+1})_i = \beta_2(v_k)_i + (1 - \beta_2)(\nabla f(x_k))_i^2$$

et la mise à jour s'effectue par :

$$\forall i \quad (\mathbf{x}_{k+1})_i = (\mathbf{x}_k)_i - \eta\frac{\sqrt{1 - \beta_2}}{1 - \beta_1}\frac{(m_k)_i}{\sqrt{(v_k)_i} + \epsilon}$$

La figure 26.7 illustre ce propos sur une fonction fortement convexe.

8.3.6 Adamax

La mise à jour du gradient dans la méthode Adam s'effectue via v_k et est donc inversement proportionnelle à la norme L_2 des gradients passés. Adamax [KB14] propose de généraliser cette approche pour la norme L_∞.

---

3. https ://www.coursera.org/learn/neural-networks/home/welcome

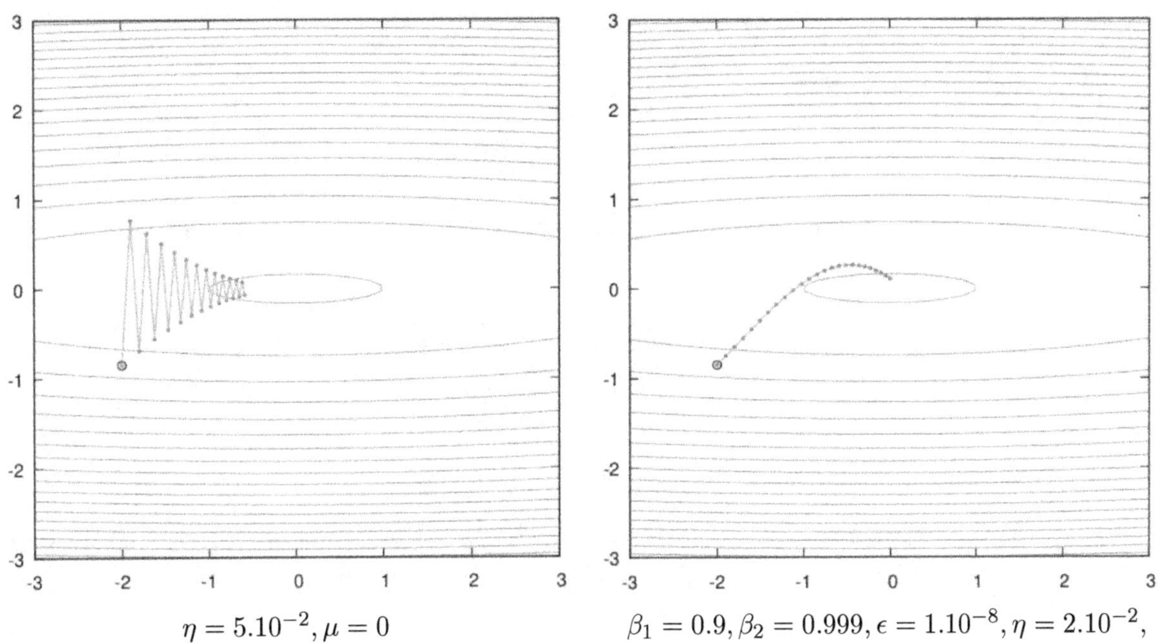

$\eta = 5.10^{-2}, \mu = 0$ $\beta_1 = 0.9, \beta_2 = 0.999, \epsilon = 1.10^{-8}, \eta = 2.10^{-2},$

FIGURE 26.7 : *Comparaison entre gradient stochastique et Adam dans le cas d'une fonction fortement convexe.*

8.3.7   FTRL

La méthode FTRL *(Follow-the-Regularized-Leader)* [McM11] propose la règle de mise à jour :

$$x_{k+1} = \arg\min_{\mathbf{x}} \left(\sum_{i=1}^{k} \nabla f(\mathbf{x}_i)^T x + \frac{1}{2} \sum_{i=1}^{k} \sigma_i \|\mathbf{x}\|_2^2 \right)$$

où σ_i est défini en terme de *learning rate*, tel que $\displaystyle\sum_{i=1}^{k} \sigma_i = \frac{1}{\eta_k}$

8.4   Comparaison

La figure 26.8 présente la descente de quelques algorithmes sur une fonction avec puits :

$$f(x,y) = -sin(x^2)cos(3y^2)e^{-x^2y^2} - e^{-(x+y)^2}$$

8.5   Sur quoi descendre ?

On distingue généralement trois variantes de la descente de gradient, suivant le sous-ensemble de $\mathcal{S}$ sur lequel est calculé le gradient.

8.5.1   Descente sur $\mathcal{S}$

Le gradient de f est calculé sur tout $\mathcal{S}$. La mise à jour de $\mathbf{x}_k$ peut donc être lente, voire impossible à réaliser si $\mathcal{S}$ ne tient pas en mémoire. Cette descente assure une convergence vers le minimum global de f, lorsque la fonction est convexe, et vers un minimum local dans les autres cas.

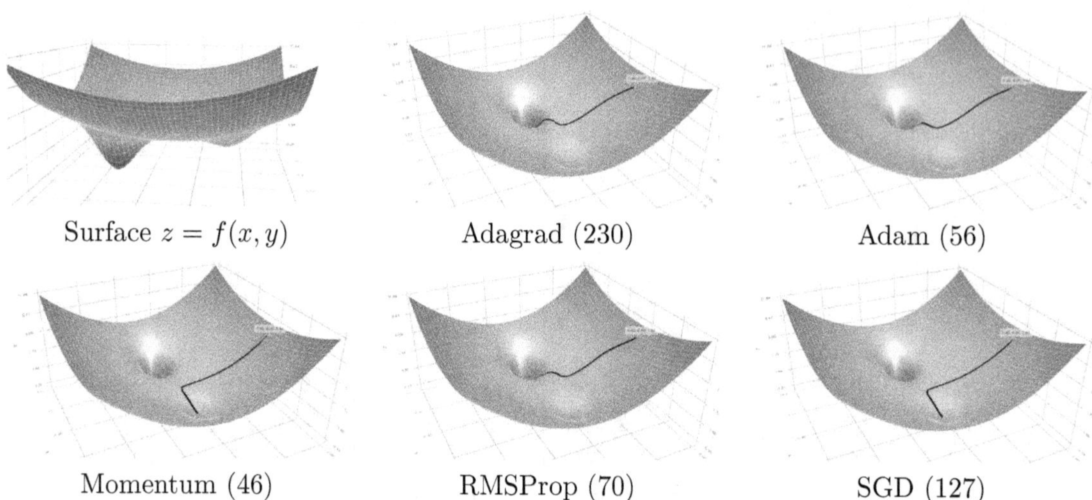

FIGURE 26.8 : *Comparaison de quelques méthodes de descente sur la fonction $z = -2exp(-((x-1)^2 + y^2)/.2) - 6exp(-((x+1)^2 + y^2)/.2) + x^2 + y^2$ à deux minima (un local et un global), à partir du point $\mathbf{x_0} = (0.4\ 6.8\ 1.84)^T$. Les paramètres des méthodes sont optimisés. Le nombre d'itérations de la méthode est indiqué entre parenthèses*

8.5.2 Descente stochastique

La descente de gradient stochastique (SGD) met à jour $\mathbf{x}_k$ sur présentation de chaque exemple de $\mathcal{S}$. La descente sur présentation de $\mathcal{S}$ complet effectue en effet des calculs redondants pour des grandes bases d'apprentissage, car elle recalcule des gradients d'exemples similaires avant mise à jour. Au contraire, SGD calcule un gradient et une mise à jour par exemple, et est donc plus rapide (par itération). La mise à jour fréquente avec une variance élevée implique une fluctuation importante de la fonction objectif au cours des itérations. Ces fluctuations permettent d'explorer d'autres régions de l'espace des paramètres, mais retardent la convergence. Cependant, si η_k décroît lentement, il a été montré que SGD avait une convergence proche de la descente sur $\mathcal{S}$.

Deux règles sont classiquement utilisées pour le choix d'un exemple :

- tirage aléatoire avec ou sans remise ;
- choix cyclique sur la base d'apprentissage $\mathcal{S}$ (descente de gradient incrémentale).

Le tirage aléatoire est en pratique plus utilisé et donne un estimateur non biaisé du gradient. Cependant, des mêmes exemples (ou des exemples proches) peuvent être tirés plusieurs fois consécutivement (ou quasi), ce qui peut entraîner des itérations non nécessaires.

8.5.3 Descente par minibatchs

La descente par minibatch effectue un calcul de gradient et une mise à jour de $\mathbf{x}_k$ sur présentation d'un batch de $r < |\mathcal{S}|$ exemples de $\mathcal{S}$. Cela permet :

- d'avoir encore un estimateur non biaisé du gradient ;
- de réduire la variance de la mise à jour de $\mathbf{x}_k$, rendant la convergence plus stable (la variance est réduite d'un facteur $1/r$ par rapport à un gradient stochastique) ;
- de permettre l'utilisation de techniques matricielles optimisées pour la mise à jour.

Le choix de r varie suivant $|\mathcal{S}|$ et l'application. Plusieurs facteurs sont à considérer :

- r grand fournit une estimation du gradient plus précise, au prix d'un temps de calcul plus long.

- r faible peut régulariser l'apprentissage (en raison d'un bruit que peu d'exemples introduisent dans le processus). Dans ce cas, il faut η faible pour maintenir la stabilité en raison de la grande variance dans l'estimation du gradient.

- La valeur minimale de r doit être dictée par l'architecture matérielle utilisée (nombre de cœurs, GPU, taille mémoire).

Il est indispensable que les batchs soient choisis aléatoirement car prétendre vouloir calculer un estimateur non biaisé du gradient implique que les tirages soient indépendants. Souvent, les exemples consécutifs d'une base d'apprentissage sont corrélés (séries temporelles par exemple). Il est donc indispensable de mélanger les données avant constitution de l'ensemble d'apprentissage.

9. La rétropropagation du gradient de l'erreur

Nous montrons ici comment établir les formules de la section 4.2 qui dictent le changement de poids d'un réseau de neurones entraîné par la règle de la rétropropagation de l'erreur.

9.1 Notations

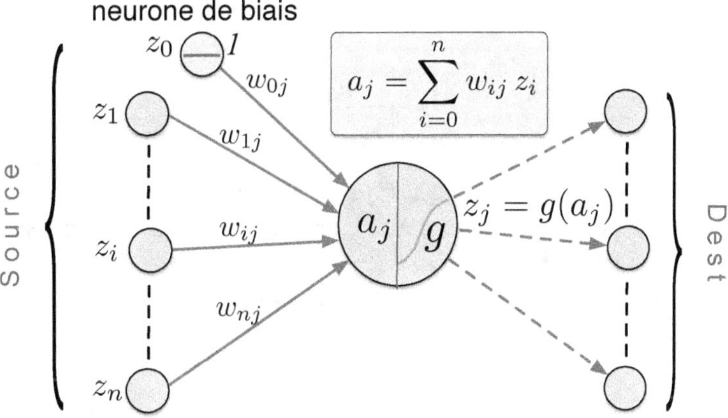

FIGURE 26.9 : *Dissection d'un réseau multicouches. Pour l'entrée fournie par les neurones sources de la couche précédente (et du neurone de biais), le neurone j prend l'état a_j et produit la sortie z_j qui est propagée sur les neurones de dest(j).*

Nous notons a_j l'état d'activation du neurone j à la présentation du vecteur d'entrée $\mathbf{x}$. De la même façon, nous notons y_j la sortie du neurone j, w_{ij} le poids de la connexion entre les neurones i et j. Sur la couche de sortie, pour le neurone k, on peut comparer la valeur u_k désirée et la valeur y_k produite.

Nous notons $source(j)$ l'ensemble des neurones connectés au neurone j et $dest(j)$ l'ensemble des neurones auxquels j se connecte.

9.2 Fonctionnement du système

Rappelons tout d'abord les équations de base régissant le fonctionnement du réseau. La règle de propagation est la suivante, pour un neurone j quelconque :

$$a_j = \sum_{i \in source(j)} w_{ij} \cdot y_i \tag{26.17}$$

La fonction d'activation ou de transfert g permet de calculer y_j en fonction de a_j :

$$y_j = g(a_j) \tag{26.18}$$

Cette fonction g doit être continue, croissante, bornée et dérivable.

—— EXEMPLE   **La fonction d'activation sigmoïde** ————————————————————

On utilise souvent une *fonction sigmoïde* définie par (λ est un réel positif) :

$$g(u) = \frac{1}{1 + e^{-\lambda u}} \tag{26.19}$$

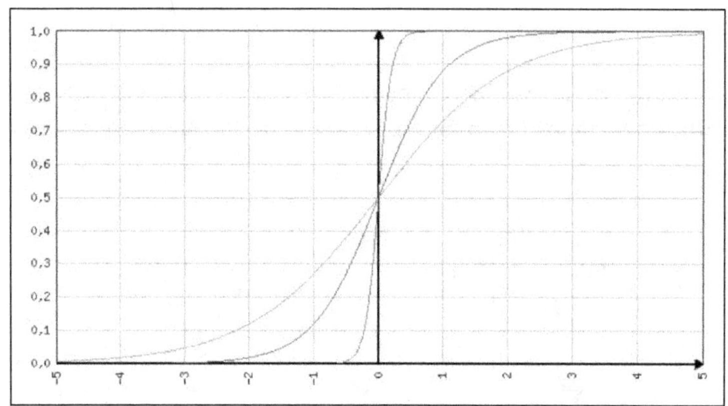

FIGURE 26.10 : *La fonction* sigmoïde *d'équation* $y_i = f(a_i) = \frac{1}{1+e^{-\lambda a_i}}$. *Cette fonction est paramétrée par sa pente à l'origine* λ. *Pour* λ *très grand, on retrouve la fonction seuil. Pour* λ *très petit, cette fonction est pratiquement linéaire dans une vaste région autour de l'origine. Les sigmoïdes de cette figure correspondent à* $\lambda = 1, 2, 10$ *pour* $a_i \in [-5, 5]$.

Cette fonction répond à l'équation différentielle $g' = \lambda g(1 - g)$ En effet :

$$g(u) = \frac{1}{1 + e^{-\lambda u}}$$

et :

$$g'(u) = \frac{-(-\lambda e^{-\lambda u})}{(1 + e^{-\lambda u})^2} = \lambda \frac{1}{1 + e^{-\lambda u}} \left(1 - \frac{1}{1 + e^{-\lambda u}}\right) = \lambda g(u)(1 - g(u))$$

On peut remarquer que, quand λ est très grand, g se rapproche de la fonction signe ; quand λ est très petit, mais non nul, g est quasi linéaire autour de l'origine et de valeurs bornées entre 0 et 1.

On considèrera ici pour simplifier la fonction sigmoïde de paramètre λ égal à 1. Prendre λ quelconque introduirait simplement un coefficient de proportionnalité dans les calculs qui suivent.

9.3   Calcul du gradient

Le principe de l'apprentissage par descente de gradient est de modifier graduellement les poids des connexions du réseau de sorte à minimiser un coût qui peut être (annexe 8) :

1. le risque empirique calculé sur les exemples d'apprentissage : $R_{\mathrm{Emp}}(h) = \frac{1}{m} \sum_{i=1}^{m} \ell(h(\mathbf{x}_i, y_i))$

2. le risque empirique calculé seulement sur l'exemple $\mathbf{x}_i$ courant : $\ell(h(\mathbf{x}_i, y_i))$

3. le risque empirique calculé sur un sous-ensemble d'exemples d'apprentissage souvent appelé « *batch* » ou « minibatch », dont la taille $m' \ll m$ est couramment d'une centaine d'exemples : $R_{\mathrm{Emp}}(h) = \frac{1}{m'} \sum_{i=1}^{m'} \ell(h(\mathbf{x}_i, y_i))$

Dans le premier cas, on parle de *descente de gradient total*, car le gradient est calculé sur la somme des coûts pour tous les exemples d'apprentissage ; dans le deuxième cas, on parle de *descente de gradient stochastique* car le gradient fluctue maintenant en fonction de l'exemple d'apprentissage présenté, et, dans le troisième cas, on parle de *descente de gradient par minibatch*.

Conformément à la tradition dans les réseaux connexionnistes, nous noterons E la fonction de coût utilisée[4]. Nous cherchons donc à calculer le gradient de E par rapport aux poids du réseau w_{ij} entre chaque paire de neurones connectés avec une connexion allant du neurone i au neurone j, c'est-à-dire les valeurs :

$$\frac{\partial E}{\partial w_{ij}}$$

Comme E dépend de w_{ij} seulement par l'intermédiaire de a_j, la formule des dérivations partielles chaînées permet d'écrire[5] :

$$\boxed{\frac{\partial E}{\partial w_{ij}} = \frac{\partial E}{\partial a_j} \cdot \frac{\partial a_j}{\partial w_{ij}} = \delta_j \cdot z_i} \tag{26.20}$$

Nous noterons dans la suite pour chaque neurone j, la quantité δ_j qui peut être assimilée à la « responsabilité » du neurone j dans le coût :

$$\boxed{\delta_j = \frac{\partial E}{\partial a_j}} \tag{26.21}$$

9.3.1   Le cas des neurones de sortie

Lorsque j est un neurone de sortie, produisant la composante j du vecteur de sortie $\mathbf{y}$:

$$\delta_j = \frac{\partial E}{\partial a_j} = \frac{\partial E}{\partial y_j} \cdot \frac{\partial y_j}{\partial a_j}$$

—— EXEMPLE   **Coût quadratique et fonction d'activation linéaire sur la couche de sortie –**

Si la fonction d'activation de la couche de sortie est supposée linéaire : $y_i = \lambda a_i$, alors on a :

$$\frac{\partial y_j}{\partial a_j} = \lambda$$

---

4. Tradition qui vient du fait que les premiers travaux sur les réseaux de neurones artificiels ont été influencés par des physiciens qui considèrent la fonction de coût comme une énergie, d'où la lettre E.

5. Toutes les dérivées sont notées comme partielles, par abus de langage.

Et :

$$\frac{\partial E}{\partial y_j} = u_j - y_j$$

d'où :

$$\delta_j = \lambda \cdot (u_j - y_i)$$

et finalement :

$$\frac{\partial E}{\partial w_{ij}} = \lambda \cdot (u_j - y_i) \cdot z_i$$

—— EXEMPLE   **Coût quadratique et fonction d'activation sigmoïde sur la couche de sortie**

Si la fonction d'activation de la couche de sortie est supposée sigmoïde : $g(u) = \frac{1}{1+e^{-\lambda u}}$, alors on a :

$$\frac{\partial y_j}{\partial a_j} = y_j \cdot (1 - y_j)$$

Et :

$$\frac{\partial E}{\partial y_j} = u_j - y_j$$

d'où :

$$\delta_j = y_j \cdot (1 - y_j) \cdot (u_j - y_i)$$

et finalement :

$$\frac{\partial E}{\partial w_{ij}} = y_j \cdot (1 - y_j) \cdot (u_j - y_i) \cdot z_i$$

9.3.2   Le cas des neurones cachés

Lorsque j est un neurone caché, on calcule δ_j par *rétropropagation*. La remarque fondamentale est que la contribution de chaque neurone formel j sur la sortie est propagée vers la sortie à travers les éléments de la couche $dest(j)$.

Comme E dépend de w_{ij} seulement par l'intermédiaire de a_j, la formule des dérivations partielles chaînées permet d'écrire :

$$\frac{\partial E}{\partial w_{ij}} = \frac{\partial E}{\partial a_j} \cdot \frac{\partial a_j}{\partial w_{ij}} = \delta_j \cdot y_i$$

Comme E dépend de tous les états a_k, pour $k \in dest(j)$ et comme chaque a_k dépend (en ce qui concerne les variables qui nous intéressent) seulement de y_j (et donc seulement de a_j), on peut aussi écrire :

$$\frac{\partial E}{\partial w_{ij}} = \sum_{k \in dest(j)} \frac{\partial E}{\partial a_k} \cdot \frac{\partial a_k}{\partial a_j} \cdot \frac{\partial a_j}{\partial w_{ij}}$$

En sortant le terme non dépendant de k de la somme dans la seconde expression de $\frac{\partial E}{\partial w_{ij}}$, en égalant les deux expressions et en utilisant la définition de δ_j et de δ_k, on obtient :

$$\delta_j = \sum_{k \in dest(j)} \delta_k \cdot \frac{\partial a_k}{\partial a_j}$$

Cela peut s'interpréter par le fait que la « responsabilité » δ_j de la cellule j dans l'erreur est propagée à ses successeurs δ_k avec un poids w_{jk}.

On peut maintenant terminer les calculs :

$$\delta_j \;=\; \sum_{k \in dest(j)} \delta_k \cdot \frac{\partial a_k}{\partial a_j}$$

$$=\; \sum_{k \in dest(j)} \delta_k \cdot \frac{\partial a_k}{\partial z_j} \cdot \frac{\partial z_j}{\partial a_j}$$

$$=\; \left(\sum_{k \in dest(j)} \delta_k \cdot w_{jk} \right) \cdot \frac{\partial z_j}{\partial a_j}$$

—— EXEMPLE   **Fonction d'activation sigmoïde** ————————————————————
On a :

$$\frac{\partial z_j}{\partial a_j} \;=\; z_j \cdot (1 - z_j)$$

D'où :

$$\delta_j \;=\; z_j \cdot (1 - z_j) \cdot \sum_{k \in dest(j)} \delta_k \cdot w_{jk}$$

et finalement :

$$\frac{\partial E}{\partial w_{ij}} = z_i \cdot z_j \cdot (1 - z_j) \cdot \sum_{k \in dest(j)} \delta_k \cdot w_{jk}$$

9.3.3   Conclusion

Finalement, pour modifier w_{ij}, il faut lui ajouter une quantité dans la direction opposée au gradient :

$$\boxed{\; \Delta w_{ij} = -\eta \, \frac{\partial E}{\partial w_{ij}} = -\eta \cdot z_i \cdot \delta_j \;} \qquad (26.22)$$

où η, compris entre 0 et 1, est le pas de déplacement, aussi appelé le taux d'apprentissage et où le calcul de δ_j se fait itérativement en partant de la couche de sortie vers la couche d'entrée, d'où le terme *rétro-propagation de gradient*, ce calcul dépendant des choix de la fonction de coût et des fonctions d'activation sur les différentes couches.

10.   L'analyse de l'induction de Vapnik

10.1   Cas où $|\mathcal{H}| = \infty$ et $\mathcal{F} \subseteq \mathcal{H}$

Dans le cas où le nombre d'hypothèses est fini, on comprend que l'on puisse borner la probabilité que l'on trouve parmi elles une hypothèse apparemment correcte sur l'échantillon d'apprentissage et pourtant médiocre en général. Lorsque la classe d'hypothèses contient un nombre infini d'éléments, il semble que l'on ne puisse pas dire grand-chose. Pourtant, intuitivement, on sent qu'il doit pouvoir exister des classes d'hypothèses de cardinal infini mais d'expressivité limitée, pour lesquelles la performance sur l'échantillon d'apprentissage peut servir d'indicateur de la performance réelle. Nous allons voir dans cette section une caractérisation possible de cette diversité qui peut servir à établir le lien entre risque empirique et risque réel.

L'idée générale est la même que pour le cas où $\mathcal{H}$ est de cardinalité finie (section 3.4 du chapitre 3). Il s'agit d'essayer de borner la probabilité d'avoir une hypothèse apparemment bonne, c'est-à-dire ici de risque empirique nul (hypothèse consistante) sur l'échantillon d'apprentissage, qui soit en fait de risque réel $> \varepsilon$:

$$P_{\mathcal{D}_{\mathcal{Z}}}\{\mathcal{S} : \exists\ h \in \mathcal{H} : R_{\mathrm{Emp}}(h) = 0\ \ \&\ \ R_{\mathrm{Réel}}(h) > \varepsilon\} \tag{26.23}$$

Une idée essentielle consiste à chercher une *mesure effective* de la variabilité de $\mathcal{H}$ en la mettant à l'épreuve sur un ensemble de points tests tirés aléatoirement. Le risque réel sera alors évalué en utilisant un autre échantillon que celui d'apprentissage, qui sera lui aussi issu d'un tirage i.i.d. (formes tirées aléatoirement dans $\mathcal{X}$ suivant une même distribution). Nous le nommerons naturellement *échantillon de test*, noté $\mathcal{T}$. L'avantage est que l'on pourra alors *compter* les différents étiquetages de ces points que permet l'espace des fonctions hypothèses $\mathcal{H}$ et, à partir de là, caractériser la variabilité effective de $\mathcal{H}$.

On voudrait donc remplacer l'étude de l'expression 26.23 par celle de :

$$P_{\mathcal{D}_{\mathcal{Z}}}\{\mathcal{S} : \exists\ h \in \mathcal{H} : R_{\mathrm{Emp}}^{\mathcal{S}}(h) = 0\ \ \&\ \ R_{\mathrm{Emp}}^{\mathcal{T}}(h) = 0 > \varepsilon\} \tag{26.24}$$

où nous notons $R_{\mathrm{Emp}}^{\mathcal{S}}(h)$ (resp. $R_{\mathrm{Emp}}^{\mathcal{T}}(h)$) le risque empirique de l'hypothèse h mesuré sur l'échantillon $\mathcal{S}$ (resp. $\mathcal{T}$).

Une application des inégalités de Chernoff[6] avec $m > 2/\varepsilon$, permet de borner l'expression 26.23 par une probabilité relative à l'expression 26.24. Plus précisément, si on note $\mathcal{ST}$ l'échantillon constitué de la concaténation de $\mathcal{S}$ et de $\mathcal{T}$, et $R_{\mathrm{Emp}}^{\mathcal{ST}}(h)$ le risque empirique de h mesuré sur $\mathcal{ST}$, on peut obtenir la borne :

$$P_{\mathcal{D}_{\mathcal{X}}}\{\mathcal{S} : \exists\ h \in \mathcal{H} : R_{\mathrm{Emp}}^{\mathcal{S}}(h) = 0\ \ \text{et}\ \ R_{\mathrm{Réel}}(h) > \varepsilon\}$$
$$\leq\ \ 2P_{\mathcal{D}_{\mathcal{X}}}\{\mathcal{ST} : \exists h \in \mathcal{H} : R_{\mathrm{Emp}}^{\mathcal{S}}(h) = 0\ \ \text{et}\ \ R_{\mathrm{Emp}}^{\mathcal{ST}}(h) > \frac{\varepsilon}{2}\} \tag{26.25}$$

Répétons que cette nouvelle borne représente un progrès considérable dans la solution du problème initial. En effet, nous sommes maintenant ramenés à un comptage sur les étiquettes possibles de $2m$ points par les fonctions de $\mathcal{H}$, au lieu d'avoir à considérer l'ensemble infini des fonctions de $\mathcal{H}$.

Soit un échantillon i.i.d. suivant $\mathcal{D}_{\mathcal{X}}$ de $2m$ points, dont $l \geq \varepsilon m/2$ sont mal étiquetés par l'hypothèse h. Le nombre de cas possibles pour lesquels aucune de ces erreurs n'intervient dans les m premiers points est : $\mathrm{C}_m^l / \mathrm{C}_{2m}^l$. Or $\mathrm{C}_m^l / \mathrm{C}_{2m}^l \leq 1/2^l$, puisque :

$$\frac{\mathrm{C}_m^l}{\mathrm{C}_{2m}^l} = \prod_{i=0}^{i=l-1} \frac{m-i}{2m-i} \leq \prod_{i=0}^{i=l-1} \left(\frac{1}{2}\right) = \frac{1}{2^l}$$

La probabilité que cela arrive pour n'importe quel échantillon de taille $2m$ et pour n'importe quelle hypothèse est bornée par le nombre d'étiquetages différents de $2m$ points par des fonctions de $\mathcal{H}$. En d'autres termes, on évalue maintenant la richesse de l'espace d'hypothèses par le nombre

---

6. Pour les détails de la démonstration assez longue dont les développements dépassent le cadre de notre ouvrage, il est suggéré de se reporter à [AB92] pp.90-94 ou à [KV94a] pp.59-61, ou encore à [AB96] pp.42-50. [DGL96] offre aussi au chapitre 12 une exposition très complète de la question.

de *dichotomies* différentes qu'il peut induire au maximum sur un échantillon aléatoire de $2m$ points. On appelle ce nombre la *fonction de croissance* de $\mathcal{H}$: $G_{\mathcal{H}}(2m)$.

$$P_{\mathcal{D}_{\mathcal{X}}}\{\mathcal{S} : \exists\ h \in \mathcal{H} : R_{\text{Emp}}^{\mathcal{S}}(h) = 0 \quad \text{et} \quad R_{\text{Réel}}(h) > \varepsilon\} \leq 2\ G_{\mathcal{H}}(2m)2^{-\varepsilon m/2} \tag{26.26}$$

Cette équation est très importante. Elle nous montre que la probabilité qu'il existe une mauvaise hypothèse (pour laquelle le risque empirique nul est trompeur) est bornée par un produit de deux termes, dont l'un est une exponentielle décroissante en m.

Il nous faut donc étudier le second terme : la fonction de croissance. En effet, l'inégalité ci-dessus n'est **utile que si la fonction de croissance croît à un rythme sub-exponentiel** pour laquelle la borne tend vers zéro rapidement.

10.2   Fonction de croissance et dimension de Vapnik-Chervonenkis

Définition 26.2 (Fonction de croissance)

*La **fonction de croissance** $G_{\mathcal{H}}(m)$ définit le nombre maximal de dichotomies qui peuvent être induites par l'espace des fonctions indicatrices $\mathcal{H}$ sur un échantillon de taille m sur $\mathcal{X}$.*

Il est important de noter que cette définition invoque l'échantillon le plus grand pour lequel il est possible de réaliser toutes les dichotomies (et non pas n'importe quel échantillon tiré aléatoirement).

Cette fonction est indépendante de toute distribution de probabilités sur $\mathcal{X}$ et ne dépend que de l'espace $\mathcal{H}$. Pour m points, le nombre maximal possible de dichotomies, c'est-à-dire d'étiquetages possibles, est de 2^m. Nous avons donc : $G_{\mathcal{H}}(m) \leq 2^m$.

On dit d'un ensemble de points $\{\boldsymbol{x}_1, \ldots, \boldsymbol{x}_m\}$ pour lequel $\mathcal{H}$ permet d'induire les 2^m dichotomies possibles qu'il est *pulvérisé (shattered set)*. Dans ce cas, $G_{\mathcal{H}}(m) = 2^m$, c'est-à-dire que $\mathcal{H}$ permet de réaliser n'importe quelle fonction indicatrice de ces m points.

—— EXEMPLE   **Séparatrices linéaires dans le plan** ———————————————

La figure 26.11 illustre un espace d'entrée $\mathcal{X}$ de dimension 2 avec ici 4 points : $\boldsymbol{x}_1, \boldsymbol{x}_2, \boldsymbol{x}_3, \boldsymbol{x}_4$. Les bornes des fonctions h_1 et h_2 sont indiquées par des ellipses. D'après cette figure, les fonctions h_1 et h_2 induisent respectivement les dichotomies :

$$\mathcal{D}_1 = \{\mathcal{S}_- = \{\boldsymbol{x}_3\}, \mathcal{S}_+ = \{\boldsymbol{x}_1, \boldsymbol{x}_2, \boldsymbol{x}_4\}\} \quad \text{et} \quad \mathcal{D}_2 = \{\mathcal{S}_- = \{\boldsymbol{x}_1, \boldsymbol{x}_2\}, \mathcal{S}_+ = \{\boldsymbol{x}_3, \boldsymbol{x}_4\}\}$$

L'ensemble des dichotomies possibles de l'ensemble $\mathcal{S}$ de ces 4 points est : $|\Delta_{\mathcal{S}}| = 2^4 = 16$.

Pour la classe $\mathcal{H}$ des concepts définis par les séparatrices linéaires, il est aisé de voir que tout ensemble de trois points non colinéaires peut être pulvérisé. La figure 26.12a montre l'une des huit dichotomies possibles de trois points du plan. Le lecteur pourra facilement vérifier que les sept autres dichotomies sont également réalisables par une hypothèse de $\mathcal{H}$. Nous avons donc : $G_{\mathcal{H}}(3) = 2^3$.

Nous montrons qu'il est impossible de pulvériser un ensemble de quatre points quelconques par des séparatrices linéaires en considérant les deux cas génériques (l'un où tous les points sont sur l'enveloppe convexe, l'autre où seuls trois points définissent l'enveloppe convexe) (figure 26.12b et c) pour lesquels il n'existe pas de séparatrice linéaire permettant d'induire les dichotomies correspondantes. Nous avons donc : $G_{\mathcal{H}}(4) \leq 2^4$.

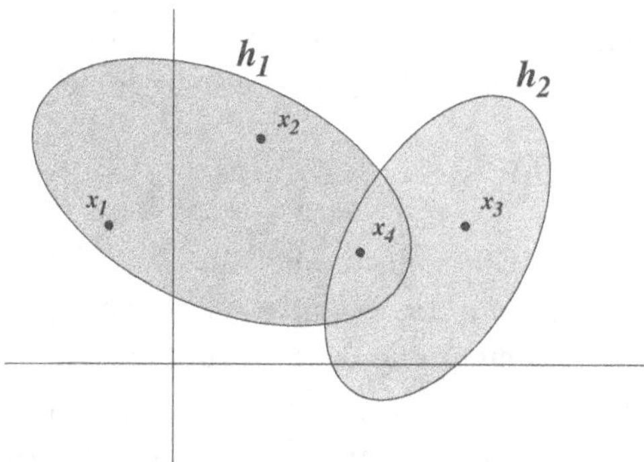

FIGURE 26.11 : *Un espace d'entrée $\mathcal{X}$ de dimension 2 avec les dichotomies induites par deux fonctions h_1 et h_2.*

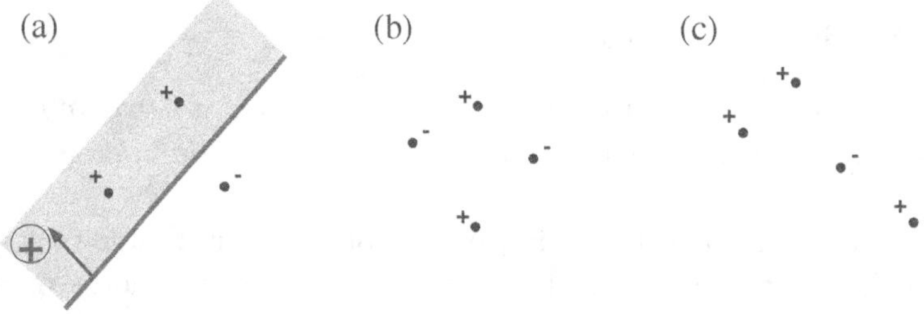

FIGURE 26.12 : *(a) Une dichotomie et une réalisation par une séparatrice linéaire. (b) et (c) Dichotomies irréalisables par des séparatrices linéaires.*

—— EXEMPLE   **Rectangles parallèles aux axes dans le plan** ——————————————

Il est également possible de réaliser toutes les dichotomies possibles de trois points du plan par des rectangles parallèles aux axes. Seul le cas dégénéré où le point négatif est exactement au milieu des points positifs rend impossible cette dichotomie (figure 26.13a pour un exemple). Par ailleurs, il existe un échantillon de quatre points pour lesquels il est possible de réaliser tous les étiquetages possibles à l'aide de rectangles parallèles aux axes (figure 26.13a, nous laissons au lecteur le soin de le vérifier pour les quinze autres étiquetages). Cependant, il n'est pas possible de former toutes les dichotomies de quatre points quelconques, comme l'illustre la figure 26.13b. L'existence d'un seul échantillon de quatre points pouvant être pulvérisé suffit à borner la fonction de croissance par le bas $G_{\mathcal{H}}(4) = 2^4$. Si nous considérons maintenant n'importe quel échantillon de cinq points, l'un de ces points n'est nécessairement ni en position extrême gauche, ni en position extrême droite, ni en position extrême haute, ni en position extrême basse (figure 26.13d). Si nous étiquetons ce point non extrémal par un $-$ et les quatre autres par $+$, alors il est impossible de trouver un rectangle permettant de couvrir ces 4 points sans couvrir le cinquième. D'où $G_{\mathcal{H}}(5) = 2^4$.

Définition 26.1

*On appelle **dimension de Vapnik-Chervonenkis** (ou dimension entière) d'un espace de fonctions binaires $\mathcal{H}$ que l'on note $d_{VC}(\mathcal{H})$ le cardinal du plus grand ensemble de points de l'espace d'entrée $\mathcal{X}$ qu'il est possible de pulvériser. S'il n'y a pas de maximum, par convention $d_{VC}(\mathcal{H}) = \infty$.*

En d'autres termes, la dimension de Vapnik-Chervonenkis d'un ensemble de fonctions de

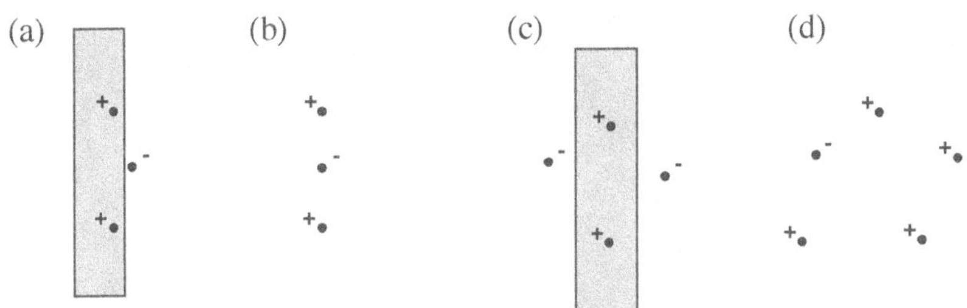

FIGURE 26.13 : *(a) Exemple de trois points dont la dichotomie est réalisable par au moins un rectangle. (b) Exemple de trois points ne pouvant être distingués grâce à un rectangle. Mais il s'agit du seul cas, correspondant à une version dégénéré du cas général à trois points (a). (c) Une dichotomie de quatre points et une réalisation par un rectangle parallèle aux axes. (d) Une dichotomie irréalisable.*

discrimination est le nombre maximal d'exemples d'apprentissage dont il est possible d'apprendre n'importe quel étiquetage. Cela signifie qu'il existe un ensemble de points au moins dont le cardinal est égal à $d_{VC}(\mathcal{H})$ et sur lequel la « souplesse » de $\mathcal{H}$ est totale.

La dimension de Vapnik-Chervonenkis est donc par définition liée à la fonction de croissance par la relation :

$$d_{VC}(\mathcal{H}) = \max\left\{m \in \mathbb{N} \ : \ G_{\mathcal{H}}(m) = 2^m\right\} \tag{26.27}$$

—— EXEMPLE **Séparatrices linéaires dans le plan** ————————————————

D'après l'exemple 10.2, la dimension de Vapnik-Chervonenkis pour les fonctions séparatrices linéaires du plan est égale à 3.

Le lecteur pourra démontrer que la dimension de Vapnik-Chervonenkis des séparatrices linéaires sur $\mathbb{R}^d$ est égale à $d + 1$.

Il nous reste à voir en quoi la dimension de Vapnik-Chervonenkis est plus précisément reliée à la fonction de croissance, pour nous permettre de trouver les conditions de croissance subexponentielle de cette dernière, lesquelles, rappellons-le, sont nécessaires pour garantir l'utilité du principe inductif *ERM*.

10.3   Le lemme de Sauer : un lemme sauveur

Nous avons vu que la fonction de croissance $G_{\mathcal{H}}(m)$ est bornée par 2^m. Cependant, est-ce que toute valeur est possible en dessous de cette limite (figure 26.14) ? Le lemme démontré indépendamment par Sauer (1972), Shelah (1972) et Vapnik et Chervonenkis (1971) montre que ce n'est pas le cas si la dimension de Vapnik-Chervonenkis est finie.

Théorème 26.1 (Lemme de Sauer)

Soient $\mathcal{H}$ un espace de fonctions hypothèses indicatrices sur l'espace d'entrée $\mathcal{X}$, $d_{\mathcal{H}}$ sa dimension de Vapnik-Chervonenkis, $d_{\mathcal{H}} = d_{VC}(\mathcal{H})$, et m points quelconques dans $\mathcal{X}$. Alors :

$$G_{\mathcal{H}}(m) \ \leq \ \sum_{i=0}^{d_{\mathcal{H}}} C_m^i \ \leq \ \left(\frac{em}{d_{\mathcal{H}}}\right)^{d_{\mathcal{H}}} \ \in \ \mathcal{O}(m^{d_{\mathcal{H}}}) \tag{26.28}$$

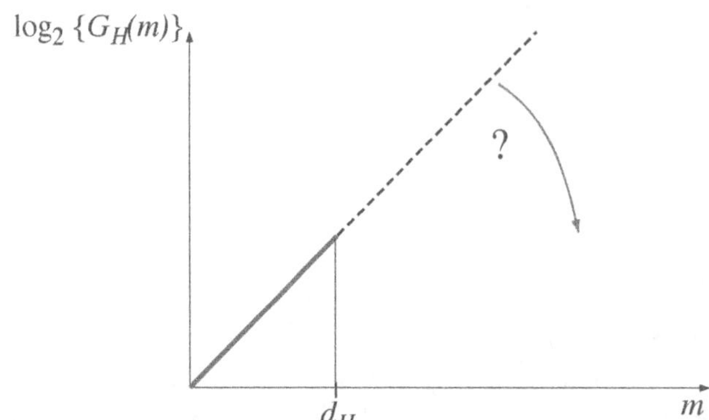

FIGURE 26.14 : *Le comportement de la fonction de croissance. Nous avons tracé le logarithme en base 2 de la fonction de croissance en fonction du nombre de points dans l'espace d'entrée $\mathcal{X}$. Jusqu'à $d_{\mathcal{H}}$, la dimension de Vapnik-Chervonenkis de $\mathcal{H}$, $G_{\mathcal{H}}(m) = 2^m$, d'où le tracé linéaire. Pour des valeurs de $m \geq d_{\mathcal{H}}$, quelle est l'enveloppe maximale des dichotomies possibles de m points dans $\mathcal{X}$ par des fonctions de $\mathcal{H}$?*

Il existe plusieurs démonstrations du lemme de Sauer[7]. On peut par exemple consulter [AB97] pp. 80-81, [AB96] pp. 39-41, [MRT18] pp. 45-47 ou [SSBD14] pp. 49-50.

Le comportement de la fonction de croissance $G_{\mathcal{H}}(m)$ est donc contrôlé par la dimension de Vapnik-Chervonenkis $d_{\mathcal{H}}$. De manière *a priori* surprenante, pour $m > d_{\mathcal{H}}$, il n'y a donc pas de fonction de croissance possible au-dessus de la borne polynomiale $(em/d_{\mathcal{H}})^{d_{\mathcal{H}}}$. Par exemple, il n'est pas possible d'avoir une fonction de croissance en $\sqrt{m}$. **La dimension de Vapnik-Chervonenkis correspond à une borne fondamentale de la capacité d'expression d'un ensemble de fonctions hypothèses.**

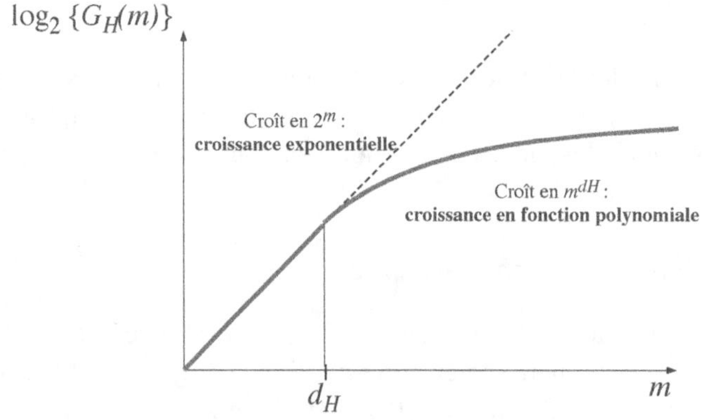

FIGURE 26.15 : *Le comportement de la fonction de croissance d'après le lemme de Sauer. On a tracé ici le logarithme en base 2 de la fonction de croissance.*

---

7. Lors d'une conférence dédiée à la théorie de l'apprentissage à Dagstuhl (Allemagne) en 1994, un concours eu lieu entre les conférenciers dans la cave du chateau un soir pour trouver le plus grand nombre de démonstrations de ce lemme. La bière et le vin aidant, il en fut trouvé sept différentes ce soir-là, à la joie générale des présents, dont l'un des auteurs de cet ouvrage (AC).

La figure 26.15 illustre le comportement de la fonction de croissance d'après le lemme de Sauer. Il est intéressant d'en prendre le logarithme Népérien :

$$\ln\left\{G_{\mathcal{H}}(m)\right\} \;=\; \ln\left(\frac{em}{d_{\mathcal{H}}}\right)^{d_{\mathcal{H}}} \;=\; d_{\mathcal{H}}\left(1 + \ln\frac{m}{d_{\mathcal{H}}}\right) \tag{26.29}$$

En reprenant l'équation 26.26, nous arrivons à l'équation fondamentale :

$$P_{\mathcal{D}_{\mathcal{X}}}\{\mathcal{S}: \exists\ h \in \mathcal{H}: R_{\text{Emp}}^{\mathcal{S}}(h) = 0 \ \ \&\ \ R_{\text{Réel}}(h) > \varepsilon\} \leq 2\ G_{\mathcal{H}}(2m)2^{-\varepsilon m/2}$$

$$\leq 2\ \left(\frac{2em}{d_{\mathcal{H}}}\right)^{d_{\mathcal{H}}} 2^{-\varepsilon m/2} \tag{26.30}$$

Cette équation montre que, si la dimension de Vapnik-Chervonenkis $d_{\mathcal{H}}$ est finie, alors la convergence du risque empirique vers le risque réel est exponentiellement rapide, d'après le terme en $2^{-\varepsilon m/2}$, et ceci uniformément pour n'importe quelle fonction $h \in \mathcal{H}$.

À partir de cette équation, on peut aussi calculer la taille minimale d'un échantillon d'apprentissage pour que la probabilité dénotée par l'équation 26.30 soit inférieure à δ :

$$m = \mathcal{O}\left(\frac{1}{\varepsilon}\ln\frac{1}{\delta} + \frac{d_{\mathcal{H}}}{\varepsilon}\ln\frac{1}{\varepsilon}\right) \tag{26.31}$$

—— Exemple **Application numérique** ————————————————————————————

Soit $d_{\mathcal{H}} = 3$, la dimension de Vapnik-Chervonenkis de l'espace d'hypothèses (il s'agit par exemple de l'espace des séparatrices linéaires du plan, telles qu'un perceptron pourrait les réaliser). On veut une erreur d'approximation limitée à $\varepsilon = 1\ \%$ pour un seuil de confiance de 95 % ($\delta = 5\ \%$). Alors, il faut avoir un échantillon d'apprentissage de taille $m \geq 2425$.

———

Voyons maintenant comment traduire l'équation 26.30 en une borne d'erreur pour toute hypothèse h consistante.

Théorème 26.2 (Théorème PAC pour les espaces infinis de fonctions indicatrices)

Soit $\mathcal{H}$ un espace de fonctions indicatrices de dimension de Vapnik-Chervonenkis $d_{\mathcal{H}}$. Pour toute distribution de probabilités $\mathcal{D}$ sur $\mathcal{Z} = \mathcal{X} \times \{-1, 1\}$, avec une probabilité $1 - \delta$ sur les échantillons $\mathcal{S}$ de m exemples tirés aléatoirement sur $\mathcal{Z}$, toute hypothèse $h \in \mathcal{H}$ cohérente avec l'échantillon $\mathcal{S}$ est d'erreur réelle bornée par :

$$R_{\text{Réel}}(h) \leq \frac{2}{m}\left(d_{\mathcal{H}}\ln\frac{2em}{d_{\mathcal{H}}} + \ln\frac{2}{\delta}\right) \tag{26.32}$$

pourvu que $d_{\mathcal{H}} \leq m$ et $m > 2/\varepsilon$.

Ce théorème montre que la taille de l'échantillon d'apprentissage requise pour assurer (en probabilité) une bonne généralisation est une **fonction linéaire de la dimension de Vapnik-Chervonenkis de l'espace d'hypothèses** quand on choisit une hypothèse cohérente et ceci face à toute distribution des exemples.

10.4   L'analyse de Vapnik et Chervonenkis pour des fonctions quelconques

L'analyse précédente est limitée sur un certain nombre de points puisqu'elle ne s'applique :

- qu'à des fonctions indicatrices, donc à des applications d'apprentissage de fonctions de discrimination (apprentissage de concepts) ;

- qu'à des fonctions de perte comptant le nombre d'erreurs de classification (fonction de perte pour la discrimination) ;

- qu'au cas où l'espace d'hypothèses $\mathcal{H}$ contient l'espace de fonctions cibles $\mathcal{F}$, ce qui permet d'assurer l'existence d'au moins une hypothèse cohérente avec l'échantillon d'apprentissage.

Les travaux de Vapnik et Chervonenkis, menés avec opiniâtreté sur une longue période (environ de 1968 à 1998), ont permis de lever ces limitations et de fournir une approche générale du problème de l'induction pour des espaces infinis de fonctions hypothèses quelconques (ou presque) utilisant des fonctions de perte quelconques (ou presque), y compris dans le cas où les espaces $\mathcal{H}$ et $\mathcal{F}$ ne coïncident pas. Cette analyse sert actuellement de cadre de référence pour toute la théorie de l'apprentissage.

Nous en donnons un rapide aperçu dans ce qui suit, reportant le lecteur intéressé aux nombreuses publications concernant ce sujet, en particulier à [Vap95] pour un petit livre d'un abord facile résumant l'approche et à [Vap98] pour une description détaillée. Le lecteur motivé pourra également se reporter avec profit à [AB96] qui donne de nombreuses preuves. [DGL96] est également une référence intéressante, qui ne traite toutefois que des problèmes de classification binaire.

10.4.1   Le théorème fondamental de la théorie de l'apprentissage selon Vapnik

Rappelons que, selon Vapnik, le problème central de l'induction est de chercher quelle relation existe entre une hypothèse sélectionnée selon le principe inductif *ERM*, qui minimise le risque empirique, et l'hypothèse optimisant le risque réel. Il s'agit en particulier d'étudier les conditions de pertinence du principe *ERM* correspondant aux équations 3.25 et 3.21. Vapnik et Chervonenkis [Vap82, VC91] ont montré le théorème suivant.

Théorème 26.3 (Théorème fondamental de pertinence de l'ERM, Vapnik)

Pour des fonctions de perte bornées, le principe de minimisation du risque empirique (ERM) est pertinent si et seulement si le risque empirique converge uniformément vers le risque réel au sens suivant :

$$\lim_{m \to \infty} P\left[\sup_{\hat{h}_{\mathcal{S}} \in \mathcal{H}} |R_{R\acute{e}el}(\hat{h}_{\mathcal{S}}) - R_{Emp}(\hat{h}_{\mathcal{S}})| > \varepsilon \right] = 0, \quad \forall \varepsilon > 0 \qquad (26.33)$$

À nouveau, insistons sur ce point : ce théorème[8] signifie quelque chose de très profond et de très important : la pertinence du principe de minimisation du risque empirique est déterminée par la *pire* des fonctions hypothèses de $\mathcal{H}$, c'est-à-dire celle dont l'écart entre le risque empirique mesuré et le risque réel est le plus grand. C'est là l'essence des convergences uniformes. Nous nous trouvons ici dans une théorie qui spécifie des garanties de généralisation face à n'importe quelle distribution des exemples tirés dans l'échantillon d'apprentissage (d'où la convergence en

---

8.   Pour une preuve partielle, se reporter par exemple à [Hay99] p.93.

probabilité et le seuil de confiance δ) et face à la pire des fonctions hypothèses possibles, au sens où, choisie selon le principe inductif *ERM*, elle se révèlerait de fait la moins bonne.

Un théorème de convergence uniforme nécessite une propriété sur l'ensemble $\mathcal{H}$ des fonctions hypothèses. Pour assurer la pertinence du principe *ERM* par l'équation 26.33, il faut donc se donner une *mesure de diversité* sur $\mathcal{H}$. L'une de ces mesures de diversité ou de richesse de l'espace d'hypothèses est évidemment la *dimension de Vapnik-Chervonenkis*. C'est elle qui a permis à Vapnik et Chervonenkis d'énoncer une loi des grands nombres pour les espaces fonctionnels.

Théorème 26.4 (Conditions nécessaires et suffisantes pour la pertinence de l'ERM)

L'équation suivante fournit une condition nécessaire et suffisante pour la pertinence du principe ERM, *ainsi qu'une garantie de convergence rapide, indépendamment de la distribution de probabilités sur les échantillons* $\mathcal{S}$.

$$\lim_{m \to \infty} \frac{\ln G_{\mathcal{H}}(m)}{m} = 0 \qquad (26.34)$$

Nous retrouvons ici la nécessité, soulignée dans l'analyse *PAC*, que la fonction de croissance croisse moins vite qu'une fonction exponentielle de la taille m de l'échantillon.

10.4.2   Bornes utiles sur la capacité de généralisation

En reprenant la figure 26.16, les questions centrales dans l'analyse du principe inductif *ERM* et de sa consistance sont :

1. Quel est le risque réel associé à l'hypothèse $\hat{h}_{\mathcal{S}}$ qui minimise le risque empirique et quelle est la relation liant $R_{\text{Réel}}(\hat{h}_{\mathcal{S}})$ et $R_{\text{Emp}}(\hat{h}_{\mathcal{S}})$?

2. Quelle est la proximité entre le risque réel $R_{\text{Réel}}(\hat{h}_{\mathcal{S}})$ associé à l'hypothèse $\hat{h}_{\mathcal{S}}$ sélectionnée par le principe inductif *ERM* et le risque réel optimal $R_{\text{Réel}}(h^{\star})$?

Les réponses à ces questions peuvent être obtenues par le calcul de bornes de taux de convergence découlant de l'analyse théorique conduite par Vapnik et Chervonenkis. Ces bornes sont fonctions de la taille m de l'échantillon d'apprentissage, des propriétés de l'espace de fonctions hypothèses $\mathcal{H}$ et de celles des fonctions de perte $l(u_i, h(x_i))$. Nous nous limitons ici à la présentation de résultats concernant les fonctions de perte positives bornées (correspondant aux problèmes de classification). Des bornes pour d'autres fonctions de perte sont discutées notamment dans [Vap95] et [Vap98].

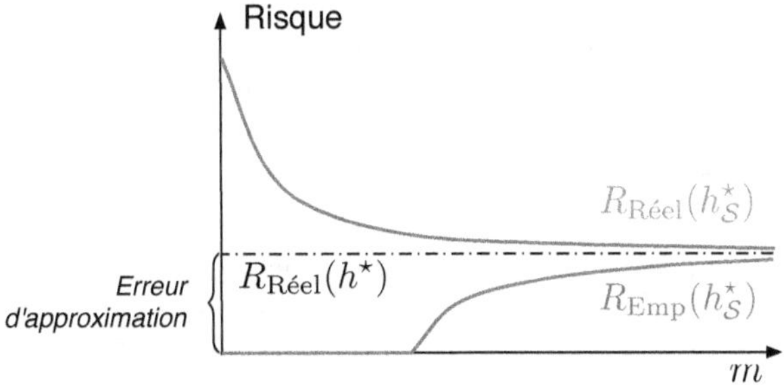

FIGURE 26.16 : *Reprise de la figure 3.7.*

Les fonctions de perte positives bornées. On suppose que la fonction de perte $l(u_i, h(x_i))$ est bornée par B quelle que soit la fonction hypothèse h, les exemples x_i et les réponses désirées u_i.

Alors, les réponses aux questions précédentes sont fournies par les bornes ci-après :

1. L'inégalité suivante est vérifiée avec une probabilité $\geq 1 - \delta$ simultanément pour toutes les fonctions de $\mathcal{H}$ et en particulier la fonction $\hat{h}_{\mathcal{S}}$ minimisant le risque empirique (condition de convergence uniforme) :

$$R_{\text{Réel}}(h) \leq R_{\text{Emp}}(h) + \frac{B\epsilon}{2}\left(1 + \sqrt{1 + \frac{4R_{\text{Emp}}(h)}{B\epsilon}}\right) \tag{26.35}$$

où :

$$\epsilon = 4\ \frac{G_{\mathcal{H}}(2m) - \ln \delta/4}{m}\ = 4\ \frac{d_{\mathcal{H}}[\ln \frac{2m}{d_{\mathcal{H}}} + 1] - \ln \delta/4}{m}$$

2. L'inégalité suivante est valide avec une probabilité $\geq 1 - 2\delta$ pour la fonction $\hat{h}_{\mathcal{S}}$ qui minimise le risque empirique :

$$R_{\text{Réel}}(\hat{h}_{\mathcal{S}}) - R_{\text{Réel}}(h^{\star}) \leq B\ \sqrt{\frac{-\ln \delta}{2m}} + \frac{B\epsilon}{2}\left(1 + \sqrt{1 + \frac{4}{\epsilon}}\right) \tag{26.36}$$

Il faut noter que la fonction de perte classique en classification prenant ses valeurs dans $\{0, 1\}$, la borne B est égale à 1 dans ce cas. Par ailleurs, dans le cas de l'analyse *PAC* où le risque empirique optimal est nul, on obtient pour l'équation 26.35, l'expression suivante :

$$R_{\text{Réel}}(h) \leq R_{\text{Emp}}(h) + 2\ \frac{d_{\mathcal{H}}[\ln \frac{2m}{d_{\mathcal{H}}} + 1] - \ln \delta/4}{m} \tag{26.37}$$

Il ressort de ces inégalités le **message important** que, si la dimension de Vapnik-Chervonenkis de l'espace d'hypothèses est finie, alors l'erreur d'estimation entre $R_{\text{Réel}}(\hat{h}_{\mathcal{S}})$ et $R_{\text{Réel}}(h^{\star})$ converge vers zéro au rythme de $O(\sqrt{\frac{d_{\mathcal{H}} \ln m}{m}})$ dans le cas général et de $O(\frac{d_{\mathcal{H}} \ln m}{m})$ dans le cas où $\mathcal{H}$ comprend la fonction cible $f^{\star}$ et ceci *pour toute distribution* sur $\mathcal{X} \times \mathcal{U}$.

La beauté de ce résultat et sa puissance proviennent de sa nature « pour toute distribution » et du fait que les propriétés de la classe $\mathcal{H}$ des fonctions hypothèses sont reflétées à travers un seul paramètre : sa dimension de Vapnik-Chervonenkis.

Il est important de souligner que, d'après [Vap95] en p.81, ces bornes ne peuvent pas être significativement améliorées. Ce sont des bornes supérieures assez serrées dans la mesure où les bornes inférieures connues sont du même ordre de grandeur (de l'ordre de $\sqrt{d_{\mathcal{H}}/m}$ au lieu de $\sqrt{(d_{\mathcal{H}}/m) \ln (d_{\mathcal{H}}/m)}$) et donc ces bornes supérieures sont optimales à un facteur logarithmique près ; elles sont par conséquent d'importance pratique aussi bien que théorique.

—— Remarque ——————————————————————————————————

Afin d'appliquer les bornes de la théorie à des problèmes pratiques, il faut pouvoir estimer de manière précise la dimension de Vapnik-Chervonenkis de l'espace d'hypothèses concerné. Malheureusement, son estimation analytique n'est possible que pour des classes de fonctions simples.

Il faut donc souvent avoir recours à des *estimations heuristiques de* $d_{\mathcal{H}}$, par exemple en observant le risque empirique sur des échantillons de données indépendants et de tailles différentes, comme le propose Vapnik dans [VLC94]. Le problème de l'évaluation empirique de la dimension de Vapnik-Chervonenkis est un sujet de recherche important.

Cette section a essentiellement pour but d'initier le lecteur à un certain nombre de questions fondamentales sur l'induction. Nous avons à cet effet laissé sous silence certaines subtilités. C'est ainsi que, par exemple, nous avons supposé que la tâche de classification binaire était réalisée par un apprenant implémentant des fonctions indicatrices.

Lorsque, pour cette même tâche, l'apprenant implémente des fonctions à valeur réelle, alors de nouvelles analyses plus fines du principe *ERM* peuvent être conduites. Ce sont en particulier les analyses portant sur les *classifieurs à large marge (large margin classifiers)*. Une réalisation concerne les machines à vastes marges décrites dans le chapitre 14.

10.5   Discussion

Finalement, le principe inductif de minimisation du risque empirique (*ERM*) est-il légitime ? Les analyses théoriques (*PAC* pour les fonctions indicatrices et de Vapnik et Chervonenkis pour les fonctions quelconques) montrent que cela dépend de la taille de l'échantillon d'apprentissage et, plus précisément, du rapport $m/d_{\mathcal{H}}$ qui prend en compte la dimension de Vapnik-Chervonenkis de l'espace des fonctions hypothèses $\mathcal{H}$. Si en effet nous considérons les inégalités 26.35 et 26.37, nous voyons apparaître deux cas :

- $m/d_{\mathcal{H}}$ **est grand**. Dans ce cas, ϵ est petit et le second terme des inégalités 26.35 et 26.37 devient petit. Le risque réel est alors proche du risque empirique et, dans ce cas, une valeur faible du risque empirique garantit (en probabilité) une valeur faible du risque réel.

  Le principe *ERM* est alors justifié.

- $m/d_{\mathcal{H}}$ **est petit**. Dans ce cas, une faible valeur du risque empirique ne garantit rien sur la valeur du risque réel. Pour minimiser le risque réel, il faut aussi minimiser le terme de droite des inégalités 26.35 et 26.37 en prenant en compte les deux termes simultanément. Or, le premier terme dépend d'une fonction spécifique dans $\mathcal{H}$, tandis que le second dépend de l'ensemble des fonctions $\mathcal{H}$ par l'intermédiaire de sa dimension de Vapnik-Chervonenkis. Pour minimiser le terme de droite de ces inégalités, il faut donc maintenant faire de $d_{\mathcal{H}}$ un paramètre de contrôle. Nous voyons cette idée à l'œuvre dans un nouveau principe inductif proposé par Vapnik : le *principe de minimisation du risque structurel (SRM : Structural Risk Minimization)*, voir la section 2.4.

11.   L'induction par compression d'information

11.1   La théorie de l'induction selon Solomonoff

Dans un article visionnaire, Solomonoff en 1964 [Sol64] a proposé une formalisation du problème de l'induction. Selon lui, tout problème d'inférence inductive peut être considéré comme un problème d'extrapolation d'une séquence de symboles binaires. Soit l'espace $\mathcal{S}$ des séquences infinies de symboles binaires et une distribution *a priori* μ sur $\mathcal{S}$, avec $\mu(\boldsymbol{x})$ dénotant la probabilité d'une séquence commençant avec $\boldsymbol{x}$. Alors, étant donnée une séquence observée $\boldsymbol{x}$, le problème inductif est de prédire le prochain symbole dans la séquence. Cela peut se faire soit par prédiction directe du prochain symbole, soit par identification d'une règle sous-jacente à la séquence permettant de prédire le prochain symbole. On peut exprimer la probabilité que la séquence x se poursuive par le symbole a sachant que la séquence initiale est x par :

$$\mu(a|x) \;=\; \frac{\mu(xa)}{\mu(x)} \tag{26.38}$$

La tâche centrale de l'inférence inductive est alors de trouver une approximation de μ permettant d'estimer la probabilité conditionnelle qu'un segment x soit suivi d'un segment y. Ceci est dans le cas général impossible. Il faut donc trouver des moyens d'approcher μ de manière raisonnable.

11.2 La complexité de Kolmogorov

La complexité algorithmique, souvent appelée complexité de Kolmogorov du nom de l'un de ses inventeurs, cherche à mesurer la complexité intrinsèque d'une chaîne de bits.

Définition 26.2 (Complexité algorithmique)

La complexité algorithmique *d'une chaîne de bits* x *est définie comme la longueur (mesurée en bits) du plus court programme qui, sans données supplémentaires, permet à une machine de Turing universelle* $\mathcal{U}$ *d'écrire la chaîne* x *et de s'arrêter.*

Formellement, cela s'écrit :

$$K(x) \;=\; \underset{l(p)}{\mathrm{Min}}[\mathcal{U}(p) = x] \tag{26.39}$$

où $l(p)$ *est la longueur, mesurée en bits, du programme* p.

La complexité algorithmique est une mesure de l'incompressibilité de x. Considérons par exemple une chaîne x constituée uniquement de n 1. Cette chaîne est intuitivement très simple. Et de fait, il est facile d'écrire un programme pour la produire. Ce programme est essentiellement une boucle qui sera exécutée n fois. Le programme est donc de longueur proportionnelle à $\log_2 n$ soit en $O(\log_2 n)$. Nous noterons cette complexité de Kolmogorov par $K(x) = \log_2 n$. Un autre exemple est celui de l'expression du nombre transcendantal π, dont la séquence binaire : 11.00100100001111110110101010001... apparemment aléatoire est en fait simple : la taille du plus petit programme capable de produire cette séquence est petite et constante, indépendante du nombre de bits produits. On a donc $K(\pi) = 1$. En revanche, une séquence réellement aléatoire ne peut pas être produite par un programme plus court que la séquence elle-même. Dans ce cas, on a donc : $K(x) = |x|$.

Sans faire justice de toutes les implications et subtilités de la théorie de la complexité algorithmique (nous renvoyons pour cela le lecteur à la « somme » de Li et Vitanyi [LV97]), il suffit pour nous de savoir qu'elle est liée profondément à une mesure de probabilité universelle. En effet, on peut associer à chaque programme p, c'est-à-dire chaîne de bits, sa probabilité de production par un tirage aléatoire de bits avec probabilité $1/2$. Cette probabilité est : $Pr(p) = 2^{-l(p)}$, où $l(p)$ est la longueur de la chaîne de bits correspondant à p. Cela signifie qu'un programme court est plus probable qu'un programme long. Si un programme court produit une séquence longue, celle-ci ne peut être aléatoire puisqu'elle a une description simple. On est ainsi amené à définir la probabilité universelle d'une chaîne x par :

$$P_{\mathcal{U}}(x) \;=\; \sum_{p:\mathcal{U}(p)=x} 2^{-l(p)} \tag{26.40}$$

C'est la probabilité qu'un programme p tiré aléatoirement suivant une distribution de probabilités $1/2$ produise la suite x par la machine de Turing universelle $\mathcal{U}$. Cette probabilité, sans être exactement indépendante de la machine employée, en dépend relativement peu. Par ailleurs, il est clair qu'elle est dominée par la probabilité $2^{-K(x)}$ du plus court programme pouvant produire la séquence x. Malheureusement, sa taille $K(x)$ est non calculable effectivement. En effet, le seul moyen de le trouver serait d'essayer tous les programmes possibles ; or l'exécution de certains d'entre eux risque de ne jamais se terminer. Il semble ainsi que nous soyons ramenés au problème précédent : nous ne pouvions définir une mesure de probabilité universelle μ et nous ne pouvons pas plus définir la complexité algorithmique d'une chaîne de bits qui nous aurait permis de calculer μ. Cependant, ce lien très profond entre mesure de probabilité et complexité algorithmique a fourni le terreau sur lequel ont été développés plusieurs procédés inductifs de nature plus heuristique.

11.3   Le principe de longueur de description minimale (MDLP)

Le principe de longueur minimale de description *(Minimum Description Length principle* ou *MDLP)* peut s'expliquer par une analogie avec la théorie de l'information et la transmission de message entre un émetteur et un récepteur.

Supposons qu'un agent, appelé émetteur, veuille transmettre des données à un autre agent, appelé récepteur, de la manière la plus économique, c'est-à-dire en limitant autant que possible le nombre de bits transmis sur le canal qui les relie (une ligne téléphonique par exemple). Intuitivement, une manière de faire consisterait à d'abord transmettre une description générale des données (ex. « je viens de voir passer deux oiseaux style corbeau ») puis à transmettre ce qui dans les données ne correspond pas au modèle, c'est-à-dire les exceptions (ex. « sauf que l'un avait le bec jaune et l'autre le bout des ailes rouges »). Il existe bien sûr un compromis entre la complexité du modèle transmis et ce qu'il faut indiquer comme exception. Si le modèle transmis est très général (ex. « j'ai vu des objets volants »), il faudra fournir beaucoup d'informations pour décrire exactement les données à partir de ce modèle. Inversement, si le modèle est très précis (ex. « j'ai vu un oiseau, de la taille d'un corbeau environ, au plumage noir et au bec jaune, et un autre oiseau... »), il sera coûteux à transmettre, ne factorisant pas les généralités présentes dans les données. Le meilleur compromis consiste à trouver un modèle tel que la somme de sa description et de celle des irrégularités par rapport à ce modèle soit aussi petite que possible. C'est l'essence du principe de longueur de description minimale.

Définition 26.3 (Principe de longueur minimale de description MDLP)

La meilleure théorie, ou hypothèse, ou le meilleur modèle, rendant compte d'un échantillon d'apprentissage minimise la somme de :

1. *la longueur, mesurée en bits, de la* description de la théorie ;

2. *la longueur, mesurée en bits, de la* description des données *lorsqu'elles sont décrites à l'aide de la théorie.*

Formellement, cela signifie que l'hypothèse optimale $h^\star$ vérifie :

$$h^\star \;=\; \arg\min_{h \in \mathcal{H}} L(h) + L(\boldsymbol{x}|h) \tag{26.41}$$

où $L(h)$ mesure la longueur de description de h et $L(\boldsymbol{x}|h)$ mesure la longueur de description des données $\boldsymbol{x}$ en utilisant l'hypothèse h pour les coder.

Avec ce principe, on retrouve l'idée essentielle des principes inductifs contrôlant la complexité des hypothèses, à savoir qu'il faut faire place à un compromis entre la complexité de l'espace d'hypothèses mis en œuvre pour rendre compte des données et la fidélité aux données elles-mêmes. Un modèle des données trop précis peut ne pas avoir de bonnes performances en généralisation, de même qu'un modèle trop général.

Il est facile de voir que le principe de longueur minimale de description est lié à la règle de Bayes. En effet, d'après cette règle :

$$Pr(h|\boldsymbol{x}) \;=\; \frac{Pr(\boldsymbol{x}|h)\,Pr(h)}{Pr(\boldsymbol{x})}$$

Soit, en prenant l'opposé du logarithme de chaque côté de l'équation :

$$-\log Pr(h|\boldsymbol{x}) \;=\; -\log Pr(\boldsymbol{x}|h) \;-\; \log Pr(h) \;+\; \log Pr(\boldsymbol{x})$$

En tenant compte du fait que le facteur $Pr(\boldsymbol{x})$ est indépendant de l'hypothèse mise en œuvre pour rendre compte des données, maximiser $Pr(h|\boldsymbol{x})$, comme le préconise le principe du maximum de vraisemblance, revient à minimiser le terme de droite de l'équation précédente, soit :

$$-\log Pr(\boldsymbol{x}|h) \;-\; \log Pr(h)$$

Idéalement, la mesure de probabilité à utiliser serait la mesure universelle μ et donc celle de la complexité algorithmique K. C'est-à-dire qu'il faudrait prendre $Pr(\boldsymbol{y})$ comme étant égal à $2^{-K(\boldsymbol{y})}$ pour une séquence arbitraire $\boldsymbol{y}$. On choisirait alors l'hypothèse h minimisant :

$$K(\boldsymbol{x}|h) \;+\; K(h)$$

À défaut de pouvoir utiliser la mesure de probabilité μ ou la mesure de complexité algorithmique K, le principe de longueur minimale de description préconise de définir un *codebook* raisonnable permettant la description de l'univers considéré, puis de s'en servir pour coder les hypothèses et les données. La mesure de complexité, ou de longueur de description, s'effectue alors en référence au code ainsi défini, chaque élément de ce code étant associé à un coût fixé par l'utilisateur. On retrouve alors l'équation 26.41 relative au *MDLP*.

—— EXEMPLE **Régression par des polynômes** ——————————————————————

On suppose que l'on a un échantillon de données $\mathcal{S} = \{(x_1, y_1), (x_2, y_2), \ldots, (x_m, y_m)\}$, dans lequel les formes x_i et les étiquettes y_i sont des nombres réels. On cherche à prédire la valeur y pour une forme x donnée. Pour cela, on fait l'hypothèse que l'on peut rendre compte des données avec un polynôme. En général, plus le degré du polynôme est élevé, plus l'adéquation aux données est étroite (au sens par exemple des moindres carrés). À la limite, pour tout ensemble de m points (x_i, y_i), il est possible de trouver un polynôme de degré $m - 1$ passant exactement par les m points. Toutefois, ce polynôme n'aura en général aucun pouvoir prédictif. Supposons que l'on cherche une hypothèse sous la forme d'un polynôme p_k de degré k. Pour décrire un tel polynôme, il faut $k + 1$ coefficients que nous supposerons décrits avec une précision de d bits. Une hypothèse, c'est-à-dire un polynôme, sera alors décrite par : $k\,d + \mathcal{O}(\log k\,d)$ bits. Le deuxième terme de la somme provient de considérations techniques sur le fait que le programme à fournir à la machine de Turing doit être autodélimitant.

Il faut maintenant examiner le coût de description des données (x_i, y_i) à l'aide d'un polynôme. En général, on agit comme si le polynôme correspondait au vrai modèle sous-jacent aux données et que celles-ci étaient distribuées suivant une loi gaussienne autour de la valeur prédite par le polynôme : $y_i \;=\; p_k(x_i) + \varepsilon$ avec ε une variable centrée en $p_k(x)$ et de variance constante. Dans ce cas, la probabilité d'observer la valeur y_i au lieu de $p_k(x_i)$ est de l'ordre de $e^{-(p_k(x_i) - y_i)^2}$. À l'aide de la mesure de probabilité universelle, cette grandeur est codée sur $s(p_k(x_i) - y_i)^2$ bits, où s est une constante de normalisation.

Comme l'erreur commise par l'hypothèse p_k au sens des moindres carrés est :

$$\text{erreur}(p_k) \; = \; \sum_{i=1}^{m} (p_k(x_i) - y_i)^2$$

on trouve, en négligeant le terme $\mathcal{O}(\log k\, d)$ que le coût d'expression des données $\mathcal{S}$ à l'aide du polynôme p_k est de :

$$k\, d \; + \; s \cdot \text{erreur}(p_k)$$

La meilleure hypothèse est, selon le principe de minimisation de longueur de description *(MDLP)*, le polynôme p_k qui minimise cette expression.

Le principe *MDLP* a été appliqué dans de nombreux autres contextes. Nous citerons par exemple le choix d'arbres de décision (chapitre 15) pour lequel Quinlan et Rivest [QR89] ont proposé une mesure de coût des arbres prenant en compte les nœuds et les branchements possibles, ainsi que les exceptions. Dans un contexte différent de celui de l'induction, [Cor96] propose d'utiliser une version du *MDLP* pour rendre compte du raisonnement par analogie, considéré comme une forme de transmission économique d'information. Si le *MDLP* a permis d'obtenir des résultats dans plusieurs applications, il n'en reste pas moins une technique largement empirique, dans laquelle on a remplacé la nécessité de fournir des probabilités *a priori*, comme dans l'approche bayésienne, par celle de concevoir un *codebook* avec ses coûts associés. Pour le moment, on ne connaît pas de technique fondée rigoureusement pour résoudre ce problème. Par ailleurs, la recherche de la description la plus courte est connue comme étant un problème NP-complet dans de nombreux formalismes. Il est donc nécessaire d'avoir recours à des techniques heuristiques de recherche d'hypothèses.

11.4   Analyse : compression et pouvoir inductif

Si intuitivement il semble satisfaisant de penser qu'un modèle « simple » des données est plus susceptible qu'un modèle complexe de décrire les régularités sous-jacentes, et donc de permettre des prédictions, cela ne suffit pas à garantir le lien entre compression des informations et pouvoir inductif. Sans entrer dans les détails de ce lien ici, nous mentionnerons deux études se rapportant à cette question.

11.4.1   Un théorème de Vapnik

Dans son livre de 1995 [Vap95] en pp.102-105, Vapnik donne une preuve justifiant le principe de longueur minimale de description pour la tâche de classification. Il montre que le coefficient de compression obtenu, c'est-à-dire le rapport $r(h)$ entre la taille de description comprimée des données et la taille de leur description brute, est lié à la probabilité d'erreur de classification sur des données futures. La preuve, sans être difficile, dépasse le cadre du présent ouvrage, et nous n'en donnons que le résultat. Elle repose sur un argument de convergence uniforme appliqué au *codebook* utilisable pour décrire l'espace des fonctions de classification.

Théorème 26.5 (MDLP et probabilité d'erreur en classification, Vapnik,1995)

Si, en utilisant un codebook *structuré, on trouve une hypothèse h permettant de comprimer l'expression de la chaîne de bits* $y_1, y_2, \ldots, y_m$ *des étiquettes des formes d'apprentissage* $\boldsymbol{x}_1, \boldsymbol{x}_2, \ldots, \boldsymbol{x}_m$ *d'un facteur* $R(h)$, *alors, avec probabilité au moins* $1 - \eta$, *la probabilité d'erreur de classification par l'hypothèse h est bornée par :*

$$R_{R\acute{e}el}(h) \;<\; 2\left(r(h)\ln 2 \,-\, \frac{\ln \eta}{m}\right)$$

Ce théorème est intéressant dans la mesure où, par contraste avec les théorèmes de pertinence de l'*ERM*, il ne fait pas intervenir directement de propriétés statistiques des données, ni de risque empirique (nombre d'erreurs de classification en apprentissage). Malheureusement, ce théorème ne dit pas comment construire un bon *codebook*. Nous en avons vu une raison en analysant le *No-Free-Lunch theorem* (chapitre 3, section 6.1).

11.4.2 Les algorithmes d'Occam en apprentissage PAC

Le lien entre compression d'information et généralisation a été également étudié dans le cadre de l'apprentissage de fonctions indicatrices, c'est-à-dire de concepts. Dans ce cadre, en supposant que les exemples $\boldsymbol{x}$ soient définis sur $\{0,1\}^d$ ou sur $\mathbb{R}^d$, que l'échantillon d'apprentissage $\mathcal{S}$ comporte m exemples étiquetés suivant une fonction cible $f : ((\boldsymbol{x}_1, f(\boldsymbol{x}_1)), (\boldsymbol{x}_2, f(\boldsymbol{x}_2)), \ldots, (\boldsymbol{x}_m, f(\boldsymbol{x}_m)))$, alors un algorithme d'Occam, prenant $\mathcal{S}$ en entrée, produit une hypothèse $h \in \mathcal{H}$ cohérente avec $\mathcal{S}$ et qui est succincte au sens où taille(h) est une fonction croissant suffisamment lentement en fonction de d, taille(f) et m. Plus précisément :

Définition 26.4 (Algorithme d'Occam)

Soient deux constantes $\alpha \geq 0$ *et* $0 \leq \beta < 1$. *On dit qu'un algorithme d'apprentissage est un algorithme d'Occam si, à partir d'un échantillon d'apprentissage étiqueté par un concept cible* f, *il produit une hypothèse h vérifiant :*

   1. *h est cohérente avec* $\mathcal{S}$
   2. *taille(h)* $\leq (d \cdot taille(f))^\alpha \, m^\beta$

Il est clair que, si $m \gg d$, alors les m bits correspondant aux étiquettes de $\boldsymbol{x}_1, \boldsymbol{x}_2, \ldots, \boldsymbol{x}_m$ sont effectivement comprimés en une chaîne d'au plus m^β bits. Sinon, il faut bien exprimer que l'hypothèse la plus courte peut dépendre au moins linéairement de taille(f).

Il existe alors un théorème prouvant qu'un tel algorithme, si on lui fournit un échantillon de taille :

$$m \;\geq\; a\left(\frac{1}{\epsilon}\log\frac{1}{\delta} \,+\, \left(\frac{(d \cdot \text{taille}(f))^\alpha}{\epsilon}\right)^{\frac{1}{1-\beta}}\right)$$

où a est une constante > 0, produit une hypothèse h de probabilité d'erreur de classification en généralisation $\leq \epsilon$ avec une probabilité $1 - \delta$ où $\delta \leq 1$.

Un lien est donc établi là aussi entre compression et induction, même si la portée de ce théorème est limitée par le fait qu'il ne s'applique que pour des espaces d'hypothèses $\mathcal{H}$ de cardinal fini. Pour plus de détails, on se reportera par exemple à [KV94a].

12.   Outils logiciels disponibles

Le traitement et l'analyse de données, dans un contexte où ces dernières deviennent « massives », nécessitent que les algorithmes puissent être mis en place et développés rapidement et aisément par des *data scientists* et qu'ils puissent traiter efficacement des volumes importants.

Pour cela, il faut à la fois des langages et/ou outils « intuitifs » pour le *data scientist*, avec des possibilités de prototypage rapide, et des procédures prédéfinies très optimisées pour la manipulation de données, pour des calculs en algèbre linéaire (produit scalaire, projections, calculs de distances, ...) et pour l'optimisation. Heureusement, ces prérequis sont maintenant satisfaits par tout un ensemble d'outils, de *packages* et d'environnements grâce à l'initiative de communautés de développeurs très actives et à certaines entreprises (comme Google et Amazon). Il existe donc un ensemble de possibilités performantes et d'accès libre.

En dehors de langages spécifiques (comme Lua) ou d'environnements (comme Torch), il existe essentiellement deux grandes familles de logiciels pour la science des données : celle qui est basée sur le langage Python et celle qui l'est sur le langage R. La première tend à être privilégiée par les spécialistes de l'apprentissage artificiel *(machine learning)*, la seconde par la communauté des statisticiens, principalement pour des raisons de traditions propres à ces deux communautés.

Python est un langage informatique général mettant en avant une syntaxe simple favorisant l'écriture rapide de scripts. R est un langage spécifiquement développé pour des traitements statistiques et des visualisations aisées de caractéristiques des jeux de données (vectoriels). Python est en train de devenir le principal langage de développement dans les entreprises, mais R, initialement réservé à des usages académiques, commence à être employé dans les entreprises et connaît aussi un intérêt croissant rapidement. Ces deux langages bénéficient de communautés de développeurs dédiées et très actives, ainsi que de sites et documentations très utiles pour l'accompagnement des utilisateurs.

R est plutôt utilisé pour des applications *stand-alone*, tandis que Python se trouve employé souvent dans des systèmes informatiques intégrés. Python facilite l'intégration de codes écrits dans d'autres langages, ce qui permet de remédier à sa lenteur propre. Les deux langages s'accompagnent de nombreuses bibliothèques qui offrent des outils très puissants.

Il est souvent dit que R se prête mal à la parallélisation des calculs et, généralement, au déploiement sur des architectures distribuées, mais Python n'est pas spécialement mieux loti sur cet aspect et des progrès sont à attendre des deux côtés.

Pour le moment, aucun des deux langages (avec leurs *packages* et environnements) ne se détache. Sauf si une application demande des types de traitements très particuliers pour lesquels R ou Python est clairement supérieur, le choix est souvent affaire de tradition et de formation des membres de l'équipe concernée.

Dans la suite, nous présentons brièvement quelques langages, *packages* et outils pour la science des données, sans objectif d'exhaustivité.

12.1   Dans l'écosystème Python

Python s'accompagne de nombreuses bibliothèques. Nous citons ici celles qui sont souvent employées pour le traitement et l'analyse de données.

pandas   *(Python Data Analysis Library)* est une bibliothèque d'outils versatiles et performants pour la définition de structures de données et la manipulation de données.

matplotlib   est la bibliothèque la plus populaire pour la production de graphiques et de visualisations 2D de données.

IPython   est un environnement de développement de programmes Python interactif très utilisé. Il offre en particulier un outil de type *notebook* (comme Mathematica) très pratique pour le développement et l'expérimentation.

SciPy   est un ensemble de *packages* dédiés à des applications scientifiques, par exemple : pour l'intégration de fonctions, l'algèbre linéaire, l'optimisation, le traitement du signal, etc.

Scikit-Learn   est une bibliothèque écrite en Python, utilisant NumPy, SciPy et matplotlib, qui offre tout un ensemble de fonctions de traitement de données et d'algorithmes d'apprentissage artificiel. Il est facile de l'utiliser et les algorithmes ont été conçus et écrits pour que l'exécution soit performante. Sa communauté d'utilisateurs croît très rapidement et elle devient un standard de fait.

TensorFlow   est une bibliothèque orientée vers la manipulation et le calcul rapide sur des « tenseurs ». Elle offre en particulier des primitives de construction et d'apprentissage pour les réseaux de neurones profonds. TensorFlow est la seconde génération d'une bibliothèque initialement développée au sein de Google, qui a été rendue ouverte en fin 2015 sous licence Apache *open source*. TensorFlow peut tourner sous les grands systèmes d'exploitation et sur des architectures à multiples CPU *(Central Processing Units)* et GPU *(Graphical Processing Units)* (dans ce cas avec des extensions optionnelles CUDA). TensorFlow a des API pour Python, C++, Java et quelques autres langages.

PyTorch   est une bibliothèque *open source* permettant aux développeurs de créer des modèles d'apprentissage artificiel et plus particulièrement de *deep learning*. Elle peut s'exécuter sur des architectures multi CPU et multi GPU.

Theano   est une bibliothèque (utilisant NumPy) développée comme support des algorithmes d'apprentissage artificiel, particulièrement des réseaux de neurones profonds. Elle peut s'exécuter sur des architectures multi CPU et multi GPU.

Keras   est une bibliothèque écrite pour faciliter les expérimentations avec des réseaux de neurones profonds. Elle favorise la construction des réseaux de neurones et l'écriture d'algorithmes d'apprentissage en utilisant une syntaxe de « haut niveau » concise et compréhensible. Elle peut utiliser TensorFlow et Theano en particulier. Cependant, le contrôle précis des algorithmes et le développement de variations est plus difficile qu'en utilisant ces deux dernières. Il faut davantage l'envisager comme une interface que comme un langage dans lequel tout spécifier.

12.2   Boîtes à outils pour l'apprentissage artificiel

Des environnements spécifiquement dédiés à la science des données ont été développés au cours des années, souvent dans le but initial d'offrir des outils commodes pour organiser des travaux pratiques et des projets dans un cadre pédagogique.

Orange   (https ://orange.biolab.si) offre des fonctionnalités variées de visualisation et d'apprentissage artificiel. Il a la particularité d'être fondé sur le concept de programmation graphique. L'utilisateur place des *widgets* correspondant à des traitements spécifiques sur un schéma (ou *workflow*) et les relie par des liens qui transmettent l'information entre eux (figure 26.17). Orange est une sur-couche de Python. Il est régulièrement mis à jour pour offrir de nouvelles fonctionnalités, dont certaines spécifiques à des domaines applicatifs particuliers : fouille de textes, bioinformatique, etc.

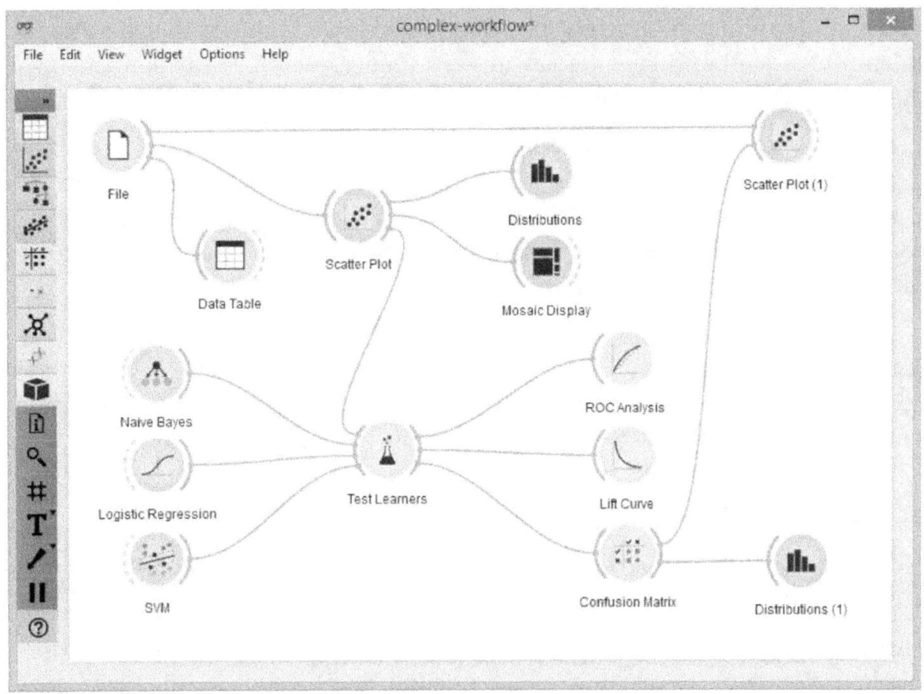

FIGURE 26.17 : *Exemple de workflow sur Orange (tiré de Wikipedia).*

Weka   *Waikato Environment for Knowledge Analysis* (http ://www.cs.waikato.ac.nz/ml/weka/) est un ensemble d'outils de science des données écrits en Java et utilisant un formalisme commun. Il offre des outils d'expérimentation pratiques, mais manque d'intégration des modules entre eux et avec des systèmes extérieurs. Par ailleurs, les implémentations sont difficiles d'accès et sujettes à caution pour certaines d'entre elles.

On peut dire qu'il est désormais devenu très facile de « jouer » à la science des données. De nombreuses bases de données sont disponibles et un grand nombre de logiciels et *packages* sont en *open source*. Il reste à posséder l'expertise nécessaire pour en tirer un bon parti et ne pas s'abuser trop facilement et croire avoir découvert une lanterne là où il y avait une vessie. Pour cela, il est important d'avoir suivi une bonne formation.

13.   Un mot sur les formations

Il n'est pas exagéré de dire qu'une révolution numérique est en cours, due à la concomitance de (1) la **numérisation** de toutes les mesures, données et informations [9], (2) **l'émergence des réseaux et d'Internet** et donc des échanges faciles et généralisés et, enfin, (3) la **disponibilité de capacités de calcul partout** : dans les *smartphones*, les ordinateurs, les « objets intelligents », le *cloud*.

---

9. Un phénomène massif d'une rapidité extrême est intervenu ces dernières années : alors que 2% des données étaient stockées sous format numérique en 1982, 98% le sont maintenant. Parallèlement, la croissance des données produites est d'ordre exponentiel. Il est ainsi estimé que les données numérisées produites par l'humanité en 2013 égalent toutes les données produites avant 2010.

Naturellement, le terme « données » recouvre des choses de qualités et de valeurs très différentes ; il n'empêche que l'existence de cet univers numérique en expansion très rapide change très profondément la manière de faire de la science et l'ensemble des processus de décision.

Pratiquement tous les secteurs d'activité sont bousculés par la révolution numérique en cours et chacun pressent que l'immense gisement (et geyser) de données recèle, pour qui sait les découvrir, des régularités, des motifs, des corrélations, des relations, qui peuvent aider à une nouvelle compréhension du monde (physique, sociologique, biologique...), à la mise au point et la diffusion de nouveaux services et à l'optimisation de nombreux processus dans les entreprises et dans la société en général.

L'extrême rapidité et l'ampleur de cette révolution demandent que les citoyens se familiarisent à vitesse accélérée avec les nouvelles possibilités et perspectives, sans fantasme mais sans placidité, pour juger et décider en pleine conscience de leur avenir, alors que, dans le même temps, les entreprises, les administrations, les établissements scientifiques, doivent élargir leur champ de compétences aux nouveaux concepts, méthodes et outils des *big data*.

Les défis pour tirer pleinement parti de la révolution numérique sont d'ordre techniques, **mais ils sont surtout humains**.

Les défis technologiques sont liés aux quatre « V » évoqués dans l'introduction : Volume, Vélocité, Variété, Véracité. De ces quatre V, les deux premiers sont les plus exigeants en termes d'infrastructures. Il faut des capacités de stockage, d'interrogation et de visualisation des données performantes. De même, il faut être capable de traiter de gros volumes de données, ce qui peut impliquer de manière routinière du *swapping* en mémoire centrale, le recours à des clusters de calcul ou à du *cloud computing*. Certaines applications sur des flux de données demandent un traitement « à la volée » qui impose ses propres contraintes, en particulier sur les systèmes de requêtes et sur les traitements possibles.

Cependant, ce sont les défis en termes de compétences qui sont prééminents et vont conditionner l'avenir des *Big data*. La connaissance des nouveaux outils de stockage et de traitement des données est nécessaire, mais c'est surtout la compréhension des problèmes liés à l'exploitation de données multi-sources, très hétérogènes dans leurs formats et leur fiabilité, et la maîtrise des techniques d'intégration de données et de ré-expression qui vont être déterminantes. De même, explorer massivement les corrélations potentielles et les signaux faibles demande des experts qui savent utiliser les méthodes adéquates, mais aussi, de manière tout aussi cruciale, sont conscients des risques de découverte de régularités fortuites sans signification réelle et savent comment s'en prémunir. La recherche de « causalités » au milieu des corrélations est encore un problème de recherche, mais devra également faire partie bientôt des compétences à maîtriser pour être un expert du « Big data », ce que l'on appelle maintenant souvent un « data scientist ». Pour finir, ces spécialistes devront aussi être informés de tous les aspects juridiques et éthiques, ainsi que des problèmes de sécurité, liés à l'exploitation de données massives comprenant souvent des données individuelles, voire intimes.

Les estimations sur les besoins en spécialistes de ce type sont faramineuses, se chiffrant par exemple à plus de 100 000 en France dans les 6 prochaines années et à plus d'un million aux États-Unis. Même si ces chiffres sont peut-être surestimés, ils donnent une idée de l'urgence de former des ingénieurs en nombre très significatif sur ces métiers, ainsi sans doute que d'organiser une formation continue adaptée. Des questions se posent telles que : Quelles devraient être les compétences minimales d'un ingénieur sur les *Big data* ? Que faut-il prévoir dans la formation de base ? Et que doit être une formation spécialisée ? À quel type de public peut-elle sadresser ? Que peut-on attendre dune formation de trois mois, six mois ou un an ? Combien de docteurs en sciences des données va-t-il falloir former pour irriguer les institutions publiques, les organismes de recherche et les entreprises privées sous peine dêtre dépossédé de notre souveraineté sur la compréhension et la maîtrise du monde ? Des initiatives multiples, variées et désordonnées se mettent en place pour répondre à ce défi de formation.

Brièvement, voici un panorama de types de formations et des niveaux d'expertise que l'on peut attendre des étudiants les ayant validées.

- *Formations de quelques dizaines d'heures* (formation continue ou formation initiale).
  De nombreuses formations de ce type se sont créées ces dernières années, de qualités très diverses. Elles initient les étudiants à des techniques classiques d'apprentissage artificiel et à des outils logiciels existant pour les utiliser. Des manipulations sur des jeux de données préparés sont réalisées. Les étudiants en sortent avec une première idée des approches et techniques de la science des données. Encadrés par des experts, ils peuvent contribuer à un projet, mais sont cependant incapables d'en diriger un, ni d'apprécier la difficulté à résoudre un problème de science des données. Ils ne sont pas assez compétents non plus pour savoir s'orienter dans l'état de l'art et imaginer de nouvelles solutions.
  Les cours disponibles en ligne (MOOC) sont en grande partie de ce niveau.

- *Formations de Masters spécialisés et d'options ou spécialités d'Écoles d'ingénieurs avec stage de 5 à 6 mois en science des données.*
  On parle ici de formations incluant des centaines d'heures de cours sur un large spectre de connaissances centrées sur les sciences des données, enseignées à des étudiants ayant un bagage scientifique et théorique élevé (bac+4). Des projets sont réalisés en cours de formation et le stage apporte une connaissance d'un gros projet mené en équipe avec des aspects de conduite de projet, de réflexion sur la manière de résoudre le problème posé, une prise de connaissance et de positionnement par rapport à l'état de l'art, une réalisation avec évaluation critique et des présentations devant des auditoires de gens du métier et des spécialistes de science des données.

- *Doctorat en science des données.*
  Le doctorat dure environ 3 ans en France (4 en Belgique, parfois 5 à 6 ans aux États-Unis). Un travail de thèse suppose une participation active à la définition du problème à résoudre et à la manière de l'attaquer. Il suppose une contribution significative à l'état de l'art, tant du point de vue de la méthode mise en jeu que des résultats obtenus sur la question étudiée. Un bon doctorat en science des données associe généralement des aspects conceptuels et des aspects expérimentaux. À l'issue de son doctorat, l'étudiant sait appréhender un problème, apprécier l'état de l'art pertinent, imaginer une solution, l'implémenter et la tester, et sait argumenter avec les partenaires naturels du projet ainsi que présenter et défendre son travail. Le doctorant a également appris à travailler en équipe avec des interlocuteurs variés, parfois hors du laboratoire ou de l'entreprise, parfois avec des partenaires étrangers. Il a participé à des conférences et des séminaires spécialisés.
  Il faut noter que le doctorat est reconnu internationalement comme le diplôme de référence assurant la maîtrise d'un domaine de connaissances.

Pour finir, il n'est pas inutile d'évoquer **un risque** que de nombreux formateurs redoutent, tant en France qu'à l'étranger. La demande actuelle en formation sur les sciences des données est telle que l'on forme et que l'on diplôme trop et trop vite. On ne peut décemment prétendre former autant d'étudiants de manière uniformément satisfaisante malgré tous les efforts et toute l'énergie déployés par les enseignants.

Comme, parallèlement, l'expérience de la science des données est encore très limitée dans le monde professionnel et qu'il est extrêmement facile de mettre à jour de manière fallacieuse des informations à partir de données, il y aura inévitablement des échecs. Ceux-ci seront d'autant plus retentissants que l'on mythifie de manière déraisonnable ce que peut apporter la science des données et que l'on prête de plus aux algorithmes une objectivité qu'ils n'ont pas. Ils produisent des résultats qui reflètent les biais qui ont été introduits en entrée.

La science des données demande beaucoup de soin, d'humilité, de rigueur. Espérons que tous les acteurs en seront conscients.

Bibliographie

Les indispensables

[Bis06] C. Bishop. *Pattern recognition and machine learning.* Springer, 2006.

[DHS01] R. Duda, P. Hart, and D. Stork. *Pattern classification.* Wiley, 2001.

[dlH10] C. de la Higuera. *Grammatical Inference.* Cambridge University Press, 2010.

[Fla12] P. Flach. *Machine learning : the art and science of algorithms that make sense of data.* Cambridge University Press, 2012.

[GBC16] I. Goodfellow, Y. Bengio, and A. Courville. *Deep Learning.* MIT Press, 2016.

[Hay08] S. Haykin. *Neural Networks and Machine Learning.* Prentice Hall, 2008.

[HTF02] S. Hastie, T. Tibshirani, and J. Friedman. *The Elements of Statistical Learning.* Springer Verlag, 2002.

[Mit97] T. Mitchell. *Machine Learning.* McGraw-Hill, Boston, 1997.

[MPP14] Pierre Marquis, Odile Papini, and Henri Prade. *Panorama de l'intelligence artificielle, ses bases méthodologiques, ses développements*, volume 1. Eds. Cepaduès, April 2014. 1340 p.

[MRT18] Mehryar Mohri, Afshin Rostamizadeh, and Ameet Talwalkar. *Foundations of machine learning.* MIT press, 2018.

[Mur12] Kevin P Murphy. *Machine learning : a probabilistic perspective.* MIT press, 2012.

[RN10] S. Russel and P. Norvig. *Artificial Intelligence : a modern approach (3rd Edition).* Prentice-Hall, 2010.

[SB18] R. Sutton and A. Barto. *Reinforcement Learning : an introduction (second edition).* MIT Press, 2018.

[Vap98] V. Vapnik. *Statistical learning theory.* Wiley-InterScience, 1998.

Bibliographie

[AB92]   M. Anthony and N. Biggs. *Computational Learning Theory.* Cambridge University Press, 1992.

[AB96]   M. Anthony and P. Bartlett. *Neural network learning : theoretical foundations.* Cambridge University Press, 1996.

[AB97]   MHG Anthony and Norman Biggs. *Computational learning theory*, volume 30. Cambridge University Press, 1997.

[AB16]   L. Alexandre and J-M. Bernier. *Les robots font-ils l'amour ? Le transhumanisme en 12 questions.* Dunod, 2016.

[Abb90]   Andrew Abbott. Conceptions of time and events in social science methods : Causal and narrative approaches. *Historical Methods : A Journal of Quantitative and Interdisciplinary History*, 23(4) :140–150, 1990.

[ABB17]   D. Angluin and L. Becerra-Bonache. A model of language learning with semantics and meaning-preserving corrections. *Artificial Intelligence*, 242 :23–51, 2017.

[ABDL10]   Margareta Ackerman, Shai Ben-David, and David Loker. Towards property-based classification of clustering paradigms. In *Advances in Neural Information Processing Systems*, pages 10–18, 2010.

[ABR64]   M. Aizerman, E. Braverman, and L. Rozonoèr. Theoretical foundations of the potential function method in pattern recognition learning. *Automation and Remote Control*, 25 :821–837, 1964.

[ABT07]   D. Aberdeen, O. Buffet, and O. Thomas. Policy-Gradient for PSRs and POMDPs. In Marina Meila and Xiaotong Shen, editors, *11th Int. Conf. on Artificial Intelligence and Statistics (AISTATS)*, volume 2, pages 3–10, San Juan, Puerto Rico, 2007. JMLR.

[ACBF02]   P. Auer, N. Cesa-Bianchi, and P. Fisher. Finite-time analysis of the multiarmed bandit problem. *Machine Learning*, 47 :235–256, 2002.

[ACH05]   S. Agarwal, C. Cortes, and R. Herbrich, editors. *Proc. of the NIPS 2005 Workshop on "Learning to rank".* 2005.

[AD91]   H. Almuallim and T.G. Dietterich. Learning with many irrelevant features. In *Proceedings of the Ninth National Conference on Artificial Intelligence (AAAI-91)*, volume 2, pages 547–552, Anaheim, California, 1991. AAAI Press.

[AD94]   H. Almuallim and T. Dietterich. Learning boolean concepts in the presence of many irrelevant features. *Artificial Intelligence*, 69 :279–305, 1994.

[ADHO20]   N. Ayache, Alain Damasio, Yuval Noah Harari, and Cathy O'Neil. *Nouvelle enquête sur lintelligence artificielle : Médecine, santé, technologies : ce qui va changer dans nos vies.* Flammarion, collection « Champs actuel », 2020.

[AG13]   M-R. Amini and E. Gaussier. *Recherche d'information : applications, modèles et algorithmes.* Editions Eyrolles, 2013.

[Aha97]   D. Aha, editor. *Lazy learning.* Kluwer, 1997.

[AHWY03]   C. Aggarwal, J. Han, J. Wang, and P. Yu. A framework for clustering evolving data streams. In *Proc. of VLDB 2003*, pages 81–92, Berlin, Germany, 2003.

[AI06]   A. Andony and P. Indyk. Near optimal hashing algorithms for approximate neirest neighbors in high dimensions. *Proceedings of the Annual Symposium on Foundations of Computer Science*, 2006.

[AI15]   Susan Athey and Guido Imbens. Machine learning for estimating heterogeneous causal effects. Research papers, Stanford University, Graduate School of Business, 2015.

[Aka73]   H. Akaike. Information theory and an extension of the maximum likelihood principle. In *Proc. 2nd International Symposium on Information Theory*, pages 267–281, Akademiai Kiado, Budapest, 1973.

[Aka74]   H. Akaike. A new look at the statistical model identification. *IEEE Trans. Automat. Contrl.*, 19(6) :716–723, 1974.

[Aka81]   H. Akaike. Likelihood of a model and information criteria. *Journal of Econometrics*, 1(16) :3–14, 1981.

[Aka83]   H. Akaike. Information measures and model selection. In *Proc. 44th Session of the International Statistical Institute*, volume 1, pages 277–291, 1983.

[Aka85]   H. Akaike. Prediction and entropy. In A. Atkinson and E. Fienberg, editors, *A Celebration of Statistics*, pages 1–24. Springer-Verlag, 1985.

[AKT+14]   F. Aarts, H. Kuppens, J. Tretmans, F. Vaandrager, and S. Verwer. Improving active mealy machine learning for protocol conformance testing. *Machine Learning Journal*, 96(1–2) :189–224, 2014.

[Alb75]   J. Albus. A new approach to manipulator control : Cerebellar model articulation controller (CMAC). *Journal of Dynamic Systems, Measurement and Control*, 97 :220–227, 1975.

[Alb78]   A. Albert. *Quelques apports nouveaux à l'analyse discriminante.* PhD thesis, Faculté des sciences, Université de Liège, 1978.

[Alb81]   J. Albus. *Brains, Behavior and Robotics.* BYTE Books, McGraw-Hill, 1981.

[Alp99]   E. Alpaydin. Combined 5 x 2 cv f test for comparing supervised classification learning algorithms. *Neural Computation*, 11 :1885–1892, 1999.

[Ama68]   S. Amarel. *On representation of problems of reasoning about actions*, volume 3, pages 131–171. Edingburgh University Press, 1968. Reprinted in Webber, B. and Nilsson, N. (eds.), "Readings in artificial intelligence", Tioga, 1981, pp.2-22.

[AMS+95]   R. Agrawal, H. Mannila, R. Srikant, H. Toivonen, and A. Verkamo. *Fast discovery of association rules*, page 307328. AAAI/MIT Press, 1995.

[And82]   J. Anderson. Logistic discrimination. In *Handbook of statistics, Vol.2, Classification, pattern recognition and reduction of dimensionality*, chapter 7, pages 169–191. North-Holland, 1982.

[Ang78]   D. Angluin. On the complexity of minimum inference of regular sets. *Information and Control*, 29(3) :741–765, 1978.

[Ang82]   D. Angluin. Inference of reversible languages. *Communications of the ACM*, 29 :741–765, 1982.

[Ang88a]   D. Angluin. Learning regular sets from queries and counterexamples. *Information and Control*, 39 :337–350, 1988.

[Ang88b]   D. Angluin. Queries and concept learning. *Machine Learning journal*, 2 :319–342, 1988.

[Ang03]   D. Angluin. Queries revisited. *Theoretical Computer Science*, 313(2) :175–194, 2003.

[AO01]   Cláudia M Antunes and Arlindo L Oliveira. Temporal data mining : An overview. In *KDD workshop on temporal data mining*, volume 1, page 13, 2001.

[AP94]   A. Aamodt and E. Plaza. Case-based reasoning : Foundational issues, methodological variations, and system approaches. *Artificial Intelligence Communications*, 7(1) :39–52, 1994.

[AP17a]   S. Abiteboul and V. Peugeot. *Quallons-nous faire de nos données numériques ?* Le Pommier, 2017.

[AP17b]   S. Abiteboul and V. Peugeot. *Terra Data Qu'allons-nous faire des données numériques ?* Le Pommier, 2017.

[AS94]   R. Agrawal and R. Srikant. Fast algorithms for mining association rules. In *Very Large Data Bases (VLDB-94)*, pages 487–499, Santiage, Chile, 1994.

[AS95]   R. Agrawal and R. Srikant. Mining sequential patterns. In *Data Engineering, 1995. Proceedings of the Eleventh International Conference on*, pages 3–14. IEEE, 1995.

[ASS00]   E. Allwein, R. Schapire, and Y. Singer. Reducing multiclass to binary : A unifying approach for margin classifiers. *Journal of Artificial Intelligence Research*, 1 :113–141, 2000.

[AU72]   A. Aho and J. Ullman. *The theory of Parsing, Translation and Compiling, Vol 1 : Parsing*. Prentice-Hall, 1972.

[Aub87]   J.-P. Aubin. *Analyse fonctionnelle appliquée (t.1 et t.2)*. PUF, 1987.

[AV07]   David Arthur and Sergei Vassilvitskii. K-means++ : the advantages of careful seeding. In *In Proceedings of the 18th Annual ACM-SIAM Symposium on Discrete Algorithms*, 2007.

[BA97]   L. Brelow and D. Aha. Simplifying decision trees : a survey. *The Knowledge Engineering Review*, 12(1) :1–40, 1997.

[BA04]   K. Burnham and D. Anderson. Multimodel inference. Understanding AIC and BIC in model selection. *Sociological Methods and Research*, 33(2) :261–304, 2004.

[Bak75]   J. Baker. Stochastic modeling for automatic speech understanding. In R. Reddy, editor, *Speech Recognition*, pages 512–542. Academic Press, New York, 1975.

[Bar17]   Peter L Bartlett. The impact of the nonlinearity on the vc-dimension of a deep network. *Preprint*, 2017.

[Bau72]   L. Baum. An inequality and associated maximization technique in statistical estimation for probabilistic functions of Markov processes. *Inequalities*, 3 :1–8, 1972.

[Bau89]   E. Baum. A proposal for more powerful learning algorithms. *Neural Computation*, 1 :201–207, 1989.

[Bax00]   J. Baxter. Reinforcement learning in POMDP's via direct gradient ascent. In *17th International Conference on Machine Learning (ICML'2000)*, pages 41–48. Morgan Kaufmann, 2000.

[BB92]   A. Belaïd and Y. Belaïd. *Reconnaissance des formes*. InterEditions, 1992.

[BB01]   P. Baldi and S. Brunak. *Bioinformatics : the machine learning approach*. MIT Press, 2001.

[BB08]   L. Bottou and O. Bousquet. The tradeoffs of large scale learning. In J.C. Platt, D. Koller, Y. Singer, and S. Roweis, editors, *Neural Information Processing Systems (NIPS-07)*, volume 20, pages 161–168. NIPS Foundation (http ://books.nips.cc), 2008.

[BB09]   M.-F. Balcan and A. Blum. A discriminative model for semi-supervised learning. *ACM Journal*, 2009.

[BB13]   M. Botincan and D. Babic. Sigma* : symbolic learning of input-output specifications. In *The 40th Annual ACM SIGPLAN-SIGACT Symposium on Principles of Programming Languages, POPL '13*, pages 443–456. ACM, 2013.

[BBM96]   A. Barron, L. Birgé, and P. Massart. Risk bounds for model selection via penalization. *Probability Theory Related Fields*, 1996.

[BBS07]   S. Bickel, M. Brückner, and T. Scheffer. Discriminative learning for differing training and test distributions. In *Proceedings of the 24th international conference on Machine learning*, pages 81–88. ACM, 2007.

[BC07]   Y. Bengio and Y. Le Cun. Scaling learning algorithms towards AI. In L. Bottou, O. Chapelle, D. DeCoste, and J. Weston, editors, *Large-Scale Kernel Machines*. MIT Press, 2007.

[BCC⁺17]   Mohammad Taha Bahadori, Krzysztof Chalupka, Edward Choi, Robert Chen, Walter F Stewart, and Jimeng Sun. Neural causal regularization under the independence of mechanisms assumption. *arXiv preprint arXiv :1702.02604*, 2017.

[BCDS16]   N. Beldiceanu, M. Carlsson, R. Douence, and H. Simonis. Using finite transducers for describing and synthesising structural time-series constraints. *Constraints*, 21(1) :22–40, 2016.

[BD00]   H.-H. Bock and E. Diday. *Analysis of Symbolic Data. Exploratory methods for extracting statistical information from complex data*. Springer Verlag, 2000.

[BD11]   Y. Bengio and O. Delalleau. On the expressive power of deep architectures. In *Proceedings of the 22Nd International Conference on Algorithmic Learning Theory*, ALT'11, pages 18–36. Springer-Verlag, 2011.

[BDBC⁺07]   S. Ben-David, J. Blitzer, K. Crammer, F. Pereira, and al. Analysis of representations for domain adaptation. *Advances in neural information processing systems*, 19 :137, 2007.

[BDBC+10]   S. Ben-David, J. Blitzer, K. Crammer, A. Kulesza, F. Pereira, and J. Vaughan. A theory of learning from different domains. *Machine learning*, 79(1) :151–175, 2010.

[BDEL03]   S. Ben-David, N. Eiron, and P. Long. On the difficulty of approximately maximizing agreements. *Journal of Computer and System Sciences*, 66 :496–514, 2003.

[BE02]   O. Bousquet and A. Elisseeff. Stability and generalization. *Journal of Machine Learning Research*, 2 :499–526, 2002.

[BEHW89]   A. Blumer, A. Ehrenfeucht, D. Haussler, and M. Warmuth. Learnability and the Vapnik-Chervonenkis dimension. *Journal of the Association of Computer Machinery*, 36 :929–965, 1989.

[Bel57a]   R. Bellman. *Dynamic Programming*. University Press, Princeton, 1957.

[Bel57b]   R. Bellman. A markov decision process. *Journal of Mathematical Mechanics*, 6 :679–684, 1957.

[Bel61]   R. Bellman. *Adaptive Control Processes : A guided tour*. Princeton University Press, 1961.

[Ber00]   M. Bernard. *Induction de programmes logiques*. Laboratoire EURISE, Université de St-Etienne, 2000.

[BF85]   D. Berry and B. Fristedt. *Bandit problems : sequential allocation of experiments*. Chapman and Hall, London, UK, 1985.

[BFOS84]   L. Breiman, J. Friedman, R. Olshen, and C. Stone. *Classification and Regression Trees*. Wadsworth Inc., 1984.

[BGdCÁF+06]   M. Baena-García, J. del Campo-Ávila, R. Fidalgo, A. Bifet, R. Gavaldà, and R. Morales-Bueno. Early drift detection method. In *4th International Workshop on Knowledge Discovery from Data Streams*, volume 6, page 7786, 2006.

[BGJ+05]   T. Berg, O. Grinchtein, B. Jonsson, M. Leucker, H. Raffelt, and B. Steffen. On the correspondence between conformance testing and regular inference. In *Proceedings of Fundamental Approaches to Software Engineering, 8th International Conference, FASE 2005*, volume 3442 of *LNCS*, pages 175–189. Springer-Verlag, 2005.

[BGLC+94]   Jane Bromley, Isabelle Guyon, Yann Le Cun, Eduard Säckinger, and Roopak Shah. Signature verification using a "siamese" time delay neural network. In J. D. Cowan, G. Tesauro, and J. Alspector, editors, *Advances in Neural Information Processing Systems 6*, pages 737–744. Morgan-Kaufmann, 1994.

[BGV92]   B. Boser, I. Guyon, and V. Vapnik. A training algorithm for optimal margin classifiers. In David Haussler, editor, *Proc. of the annual Conference on Computational Learning Theory (COLT-92)*, pages 144–152, Pittsburgh, PA, 1992. ACM Press.

[BHK98]   J. Breese, D. Heckerman, and C. Kadie. Empirical analysis of predictive algorithms for collaborative filtering. In *14th Conference on Uncertainty in Artificial Intelligence*, pages 43–52, Madison (WI), 1998. Morgan Kaufman.

[BHS+07]   G. Bakir, T. Hofmann, B. Schölkopf, A. Smola, B. Taskar, and S. V. N. Vishwanathan, editors. *Predicting Structured Data*. MIT Press, 2007.

[BHW08]   M.-F. Balcan, S. Hanneke, and J. Wortman. The true sample complexity of active learning. In *Computational Learning Theory (COLT-08)*, 2008.

[Bif09]   A. Bifet. Adaptive learning and mining for data streams and frequent patterns. *ACM SIGKDD Explorations Newsletter*, 11(1) :55–56, 2009.

[Bir67]   B Birkhof. *Lattice Theory*. American Mathematical Society, 1967.

[Bis95]   C. Bishop. *Neural networks for pattern recognition*. Oxford University Press, 1995.

[BK92]   E. Baum and L. Kevin. Query learning can work poorly when a human oracle is used. In *Int. Joint Conf. in Neural Networks*, Beijing, China, 1992.

[BK07]   R. Bell and Y. Koren. Scalable collaborative filtering with jointly derived neighborhood interpolation weights. In *Data Mining, 2007. ICDM 2007. Seventh IEEE International Conference on*, pages 43–52. IEEE, 2007.

[BKS04]   P. Beame, H. Kautz, and A. Sabharwal. Towards understanding and harnessing the potential of clause learning. *Journal of Artificial Intelligence Research*, 22 :319–351, 2004.

[BL97]   A. Blum and P. Langley. Selection of relevant features and examples in machine learning. *Artificial Intelligence journal*, 97(2) :245–271, 1997.

[BL00]   J. Borges and M. Levene. Data mining of user navigation patterns. In B. Masand and M. Spiliopoulou, editors, *Web Usage Mining and User Profiling*, number 1836 in Lncs, pages 92–111. Springer-Verlag, 2000.

[BL05]   L. Bottou and Y. Le Cun. On-line learning for very large datasets. *Applied Stochastic Models in Business and Industry*, 21(2) :137–151, 2005.

[BM94]   B. Bouchon-Meunier. *La logique floue*. Presses Universitaires de France (coll. « Que sais-je ? », 1994.

[BM95]   J. Boyan and A. Moore. Generalization in reinforcement learning : Safely approximating the value function. In *Advances in Neural Information Processing Systems*, chapter 7. MIT Press, 1995.

[BM98]   A. Blum and T. Mitchell. Combining labeled and unlabeled data with co-training. In *Proc. of the 11th Annual Conf. on Computational Learning Theory, COLT'98*, pages 92–100. Morgan Kaufmann, 1998.

[BM99]   L. Baird and A. Moore. *Gradient descent for general reinforcement learning*, volume 11, pages 968–974. MIT Press, 1999.

[BMM99]   Peter L Bartlett, Vitaly Maiorov, and Ron Meir. Almost linear vc dimension bounds for piecewise polynomial networks. In *Advances in neural information processing systems*, pages 190–196, 1999.

[BN99]   A. Becker and P. Naïm. *Les réseaux bayésiens : modèles graphiques de la connaissance*. Eyrolles, 1999.

[BNST06]   G. J. Bex, F. Neven, T. Schwentick, and K. Tuyls. Inference of concise Dtds from Xml data. In *Proceedings of the 32nd international conference on Very large data bases*, pages 115 – 126, 2006.

[Boc85]   Hans-Hermann Bock. On some significance tests in cluster analysis. *Journal of classification*, 2(1) :77–108, 1985.

[Bos14]   N. Bostrom. *Superintelligence : Paths, dangers, strategies*. OUP Oxford, 2014.

[Bot14]   L. Bottou. From machine learning to machine reasoning. *Machine learning*, 94(2) :133–149, 2014.

[BQC11]   B. Balle, A. Quattoni, and X. Carreras. A spectral learning algorithm for finite state transducers. In *ECML/PKDD (1)*, volume 6911 of Lncs, pages 156–171. Springer-Verlag, 2011.

[Bre08]   U. Brefeld. *Semi-supervised structured prediction models*. PhD thesis, Humboldt-Universität zu Berlin, Mathematisch-Naturwissenschaftliche Fakultät II, 2008.

[Bri59]   L. Brillouin. *La science et la théorie de l'information*. Masson, 1959.

[BS97]   A. Belaïd and G. Saon. Utilisation des processus markoviens en reconnaissance de l'écriture. *Revue Traitement du Signal*, 14,2 :161–177, 1997.

[BS08]   O. Buffet and O. Sigaud, editors. *Processus décisionnels de Markov en intelligence artificielle (volume 2)*. Hermes-Lavoisier, 2008.

[BSR$^+$05] Ch. Burges, T. Shaked, E. Renshaw, A. Lazier, M. Deeds, N. Hamilton, and G. Hullender. Learning to rank using gradient descent. In *ICML '05 : Proceedings of the 22nd international conference on Machine learning*, pages 89–96, New York, NY, USA, 2005. ACM Press.

[BT96]   D. Bertsekas and J. Tsitsiklis. *Neuro-dynamic programming*. Athena Scientific, 1996.

[BT07]   B. Bouzy and CIG07 Tutorial. Old-fashioned computer go vs monte-carlo go. In *IEEE Symposium on Computational Intelligence in Games (CIG)*, 2007.

[BTW00]   J. Baxter, A. Tridgell, and L. Weaver. Learning to play chess using temporal-differences. *Machine Learning Journal*, 40 (3) :243–263, 2000.

[BU92]   C. Brodley and P. Utgoff. Multivariate decision trees. Technical report, COINS, Departement of Computer Science, University of Massachussets., Amherst, USA, December 1992.

[Buc06]   B. Buchanan. What do we know about knowledge ? *AI magazine*, 27(4) :35, 2006.

[Bun88]   W. Buntine. Generalized subsumption and its application to induction and redundancy. *Artificial Intelligence*, 36 :149–176, 1988.

[BvLR04]   O. Bousquet, U. von Luxburg, and G. Rätsch, editors. *Advanced Lectures on Machine Learning (ML Summer School 2003)*, volume LNAI-3176. Springer-Verlag, 2004.

[CAL94]   D. Cohn, L. Atlas, and R. Ladner. Improving generalization with active learning. *Machine Learning Journal*, 15(2) :201–221, 1994.

[Car97a]   R. Carrasco. Accurate computation of the relative entropy beetween stochastics regulars grammars. http ://www.dlsi.ua.es/ carrasco/rcc.html, 1997.

[Car97b]   R. Caruana. Multitask learning. *Machine Learning*, 28(1) :41–75, 1997.

[CAV08]   P. Cruz-Alcázar and E. Vidal. Two grammatical inference applications in music processing. *Applied Artificial Intelligence*, 22(1–2) :53–76, 2008.

[CBL06]   N. Cesa-Bianchi and G. Lugosi. *Prediction, learning and games*. Cambridge University Press, 2006.

[CBSS10]   C. Y. Cho, D. Babic, E. C. R. Shin, and D. Song. Inference and analysis of formal models of botnet command and control protocols. In *Proceedings of the 17th ACM Conference on Computer and Communications Security, CCS 2010*, pages 426–439. ACM, 2010.

[CC00]   Trevor F. Cox and M.A.A. Cox. *Multidimensional Scaling, Second Edition.* Chapman and Hall/CRC, 2 edition, 2000.

[CCM07]   A. Chakrabarti, G. Cormode, and A. McGregor. A near-optimal algorithm for computing the entropy of a stream. In *SODA-07*, 2007.

[CDH+16]   X. Chen, Y. Duan, R. Houthooft, J. Schulman, I. Sutskever, and P. Abbeel. Infogan : Interpretable representation learning by information maximizing generative adversarial nets. *CoRR*, abs/1606.03657, 2016.

[CDM20]   Andrew Cropper, Sebastijan Dumančić, and Stephen H Muggleton. Turning 30 : New ideas in inductive logic programming. *arXiv preprint arXiv :2002.11002*, 2020.

[Cel89]   G. Celeux. *Classification automatique des données.* Dunod, 1989.

[CEP16]   Krzysztof Chalupka, Frederick Eberhardt, and Pietro Perona. Estimating causal direction and confounding of two discrete variables. *arXiv preprint arXiv :1611.01504*, 2016.

[CFK+12]   J. Chandlee, J. Fu, K. Karydis, C. Koirala, J. Heinz, and H. G. Tanner. Integrating grammatical inference into robotic planning. In J. Heinz, C. de la Higuera, and T. Oates, editors, *Proceedings of the Eleventh International Conference on Grammatical Inference, University of Maryland, College Park, United States*, volume 21, pages 69–83. JMLR.org, 2012.

[CFM05]   A. Cornuéjols, C. Froidevaux, and J. Mary. Comparing and combining feature estimation methods for the analysis of microarray data. In *JOBIM-05 : Journées Ouvertes Biologie Informatique Mathématiques*, Lyon, France, 2005.

[CFTR17]   N. Courty, R. Flamary, D. Tuia, and A. Rakotomamonjy. Optimal transport for domain adaptation. *IEEE Transactions on Pattern Analysis and Machine Intelligence*, 39(9) :1853–1865, 2017.

[CG16]   Tianqi Chen and Carlos Guestrin. Xgboost. *Proceedings of the 22nd ACM SIGKDD International Conference on Knowledge Discovery and Data Mining - KDD 16*, 2016.

[CGCB14]   J. Chung, C. Gülçehre, K. Cho, and Y. Bengio. Empirical evaluation of gated recurrent neural networks on sequence modeling. *CoRR*, abs/1412.3555, 2014.

[CGJ96]   D. Cohn, Z. Ghaharamani, and M. Jordan. Active learning with statistical models. *Journal of Artificial Intelligence Research*, 4 :129–145, 1996.

[CGLN07]   J. Carme, R. Gilleron, A. Lemay, and J. Niehren. Interactive learning of node selecting tree transducer. *Machine Learning Journal*, 66(1) :33–67, 2007.

[CGN14]   F. Coste, G. Garet, and J. Nicolas. A bottom-up efficient algorithm learning substitutable languages from positive examples. In *Proceedings of the Twelfth International Conference on Grammatical Inference, ICGI 2014*, JMLR Proceedings, pages 49–63, 2014.

[CH67]   T. Cover and P. Hart. Nearest neighbour pattern classification. *IEEE Transactions on Information Theory*, 13(1), 1967.

[Che01]   Y. Chevaleyre. *Apprentissage de règles à partir de données multi-instances.* PhD thesis, Laboratoire d'informatique de Paris 6, 2001.

[CK05]   F. Coste and G. Kerbellec. A similar fragments merging approach to learn automata on proteins. In *ECML*, volume 3720 of *Lecture Notes in Computer Science*, pages 522–529. Springer, 2005.

[CL96]   G. Caraux and Y. Lechevallier. Règles de décision de Bayes et méthodes statistiques de discrimination. *Revue d'Intelligence Artificielle*, 10(2-3) :219–283, 1996.

[Cla01a]   A. Clark. Learning morphology with pair hidden Markov models. In *ACL (Companion Volume)*, pages 55–60. CNRS, Toulouse, France, 2001.

[Cla01b]   A. Clark. Partially supervised learning of morphology with stochastic transducers. In *Proceedings of the Sixth Natural Language Processing Pacific Rim Symposium*, pages 341–348, 2001.

[CM98]   V. Cherkassky and F. Mulier. *Learning from data. Concepts, theory and methods.* Wiley Interscience, 1998.

[CM99]   J. Chodorowski and L. Miclet. Apprentissage et évaluation de modèles de langage par des techniques de correction d'erreurs. In *Actes de la 6e conférence annuelle sur le Traitement Automatique des Langues Naturelles*, pages 253–262, 1999.

[CMO20]   Antoine Cornuéjols, Pierre-Alexandre Murena, and Raphaël Olivier. Transfer learning by learning projections from target to source. In *International Symposium on Intelligent Data Analysis*, pages 119–131. Springer, 2020.

[CN15]   G. Chen and D. Needell. Compressed sensing and dictionary learning. *Preprint*, 106, 2015.

[CO94]   R. Carrasco and J. Oncina. Learning stochastic regular grammars by means of a state merging method. *ICGI'94*, Lecture Notes in Artificial Intelligence 862 :139–152, 1994. Subseries of Lectures Notes in Computer Science.

[Cor96]   A. Cornuéjols. Analogie, principe d'économie et complexité algorithmique. In *Journées Francophones d'Apprentissage (JFA-96)*, pages 233–247, 1996.

[Cor09a]   Thomas H Cormen. *Introduction to algorithms.* MIT press, 2009.

[Cor09b]   A. Cornuéjols. On-line learning : Where are we so far ? In Michael May, editor, *Ubiquitous Knowledge Discovery*. Springer-Verlag, LNCS-6202, 2009.

[Cor15]   Benjamin Cornwell. *Social sequence analysis : Methods and applications*, volume 37. Cambridge University Press, 2015.

[Cov65]   Thomas M. Cover. Geometrical and statistical properties of systems of linear inequalities with applications in pattern recognition. *Electronic Computers, IEEE Transactions on*, EC-14(3) :326–334, 1965.

[CPC16]   A. Canziani, A. Paszke, and E. Culurciello. An analysis of deep neural network models for practical applications. *CoRR*, abs/1605.07678, 2016.

[CPQC12]   Vítor Santos Costa, David Page, Maleeha Qazi, and James Cussens. Clp (bn) : Constraint logic programming for probabilistic knowledge. *arXiv preprint arXiv :1212.2519*, 2012.

[CPSK07]   K. J. Cios, W. Pedrycz, R. W. Swiniarski, and L. Kurgan. *Data mining. A knowledge discovery approach.* Springer, 2007.

[CRJ03]   R. C. Carrasco and J. R. Rico-Juan. A similarity between probabilistic tree languages : application to XML document families. *Pattern Recognition*, 36(9) :2197–2199, 2003.

[CRT06]   E. Candes, J. Romberg, and T. Tao. Stable signal recovery from incomplete and inaccurate measurements. *Communications on pure and applied mathematics*, 59(8) :1207–1223, 2006.

[CS02]   K. Crammer and Y. Singer. Pranking with ranking. In *NIPS 14*, 2002.

[CS08]   A. Cornuéjols and M. Sebag. A note on phase transitions and computational pitfalls of learning from sequences. *Journal of Intelligent Information Systems*, 31(2) :177–189, 2008.

[CSM04]   A. Cornuéjols, M. Sebag, and J. Mary. Classification d'images à l'aide d'un codage par motifs fréquents. In *Workshop sur la fouille d'images (RFIA-04)*, Toulouse (France), 2004.

[CST00]   N. Cristianini and J. Shawe-Taylor. *Support vector machines and other kernel-based learning methods*. Cambridge University Press, 2000.

[CT91]   T. Cover and A. Thomas. *Elements of Information Theory*. Wiley, 1991.

[CTC00]   A. Cornuéjols, A. Tiberghien, and G. Collet. A new mechanism for transfer between conceptual domains in scientific discovery and education. *Foundations of Science*, 5(2) :129–155, 2000.

[CV04]   F. Casacuberta and E. Vidal. Machine translation with inferred stochastic finite-state transducers. *Computational Linguistics*, 30(2) :205–225, 2004.

[CVR87]   Francisco Casacuberta, Enrique Vidal, and Hector Rulot. On the metric properties of dynamic time warping. *IEEE Transactions on Acoustics, Speech, and Signal Processing*, 35(11) :1631–1633, 1987.

[CW08]   E. Candès and M. Wakin. An introduction to compressive sampling. *IEEE Signal Processing Magazine*, 21(March, 2008) :21–30, 2008.

[CWGB18]   Antoine Cornuéjols, Cédric Wemmert, Pierre Gançarski, and Younès Bennani. Collaborative clustering : Why, when, what and how. *Information Fusion*, 39 :81–95, 2018.

[Cyb89]   G. Cybenko. Approximation by superposition of sigmoidal functions. *Mathematics of Control, Signal and Systems*, 2 :303–314, 1989.

[Das90]   B. Dasarathy, editor. *Nearest neighbor (NN) norms : NN Pattern Classification Techniques*. IEEE Computer Society Press, 1990.

[DB93]   L. De Raedt and M. Bruynooghe. A theory of clausal discovery. In *Proceedings of the 13th International Joint Conference on Artificial Intelligence*. Morgan Kaufmann, 1993.

[DB95]   T. Dietterich and G. Bakiri. Solving multiclass learning problems via error-correcting output codes. *Journal of Artificial Intelligence Research*, 2 :263–286, 1995.

[DD97]   L. De Raedt and L. Dehaspe. Clausal Discovery. *Machine Learning*, 26 :99–146, 1997.

[DDE05]   P. Dupont, F. Denis, and Y. Esposito. Links between probabilistic automata and hidden markov models : probability distributions, learning models and induction algorithms. *Pattern Recognition*, 38(9) :1349–1371, 2005. Special Issue on Grammatical Inference Techniques and Applications.

[De 92]   L. De Raedt. *Interactive Theory Revision : an Inductive Logic Programming Approach*. Academic Press, 1992.

[DEKM98]   R. Durbin, S. Eddy, A. Krogh, and G. Mitchison. *Biological Sequence Analysis. Probabilistic Models of Proteins and Nucleic Acids*. Cambridge University Press, 1998.

[Dem06]   J. Demsar. Statistical comparisons of classifiers over multiple data sets. *Journal of Machine Learning Research*, 7 :1–30, 2006.

[Des19]   Jean-Louis Dessalles. *Des intelligences très artificielles*. Odile Jacob, 2019.

[Dev17]   L. Devillers. *Des robots et des hommes*. Plon, 2017.

[DF97]   T. Dietterich and N. Flann. Explanation-based learning and reinforcement learning : a unified view. *Machine Learning journal*, 28 :169–210, 1997.

[DGL96]   L. Devroye, L. Györfi, and G. Lugosi. *A probabilistic theory of pattern recognition*. Springer Verlag, 1996.

[DH73]   R. Duda and P. Hart. *Pattern Classification and Scene Analysis*. Wiley, 1973.

[DH00]   C. Drummond and R. Holte. Explicitly representing expected cost : An alternative to ROC representation. In *Sixth ACM SIGKDD International Conference on Knowledge Discovery and Data Mining (KDD-00)*, pages 198–207, 2000.

[DH03]   William E Donath and Alan J Hoffman. Lower bounds for the partitioning of graphs. In *Selected Papers Of Alan J Hoffman : With Commentary*, pages 437–442. World Scientific, 2003.

[DHS11]   John Duchi, Elad Hazan, and Yoram Singer. Adaptive subgradient methods for online learning and stochastic optimization. *J. Mach. Learn. Res.*, 12 :2121–2159, July 2011.

[Die98]   T. Dietterich. Approximate statistical tests for comparing supervised classification learning algorithms. *Neural Computation*, 10 :1895–1923, 1998.

[DK82]   P. Devijver and J. Kittler. *Pattern Recognition : a statistical approach*. Prentice-Hall, 1982.

[DKBM00]   E. Diday, Y. Kodratoff, P. Brito, and M. Moulet, editors. *Induction symbolique numérique à partir de données*. Cepadues, 2000.

[DKVY06]   T. Dasu, S. Krishnan, S. Venkatasubramanian, and K. Yi. An information-theoretic approach to detecting. changes in multi-dimensional data streams. In *Proceedings of the 38th Symposium on the Interface of Statistics, Computing Science, and Applications (Interface '06)*, 2006.

[DL00]   M. Dash and H. Liu. Feature selection for clustering. In *Proc. of the 4th Pacific-Asia Conference on Knowledge Discovery and Data Mining, Current Issues and New Applications*, volume Lecture Notes In Computer Science ; Vol. 1805, pages 110–121, 2000.

[DL03]   M. Dash and H. Liu. Consistency-based search in feature selection. *Artificial Intelligence journal*, 151 :155–176, 2003.

[dlHPT04]   C. de la Higuera, F. Piat, and F. Tantini. Learning stochastic finite automata for musical style recognition. In G. Paliouras and Y. Sakakibara, editors, *Grammatical Inference : Algorithms and Applications, Proceedings of ICGI '04*, volume 3264 of *LNAI*, pages 345–346. Springer-Verlag, 2004.

[dlHTV+05a]   C. de la Higuera, F. Thollard, E. Vidal, F. Casacuberta, and R. Carrasco. Probabilistic finite-state machines - part i. *IEEE Transactions on Pattern Analysis and Machine Intelligence*, 2005.

[dlHTV+05b]   C. de la Higuera, F. Thollard, E. Vidal, F. Casacuberta, and R. Carrasco. Probabilistic finite-state machines - part ii. *IEEE Transactions on Pattern Analysis and Machine Intelligence*, 2005.

[DLK⁺16] Pedro Domingos, Daniel Lowd, Stanley Kok, Aniruddh Nath, Hoifung Poon, Matthew Richardson, and Parag Singla. Unifying logical and statistical ai. In *2016 31st Annual ACM/IEEE Symposium on Logic in Computer Science (LICS)*, pages 1–11. IEEE, 2016.

[DLLP97] T. Dietterich, R. Lathrop, and T. Lozano-Pérez. Solving the multi-instance problem with axis-parallel rectangles. *Artificial Intelligence journal*, 89 :31–71, 1997.

[DMS⁺02] G. Dreyfus, J. Martinez, M. Samuelides, M. Gordon, F. Badran, S. Thiria, and L. Hérault. *Réseaux de neurones*. Eyrolles, 2002.

[DMS⁺08] G. Dreyfus, J.-M. Martinez, M. Samuelides, M. Gordon, F. Badran, and S. Thiria, editors. *Apprentissage statistique*. Eyrolles, 2008.

[DN09] W. Dyrka and J.C. Nebel. A stochastic context free grammar based framework for analysis of protein sequences. *BMC Bioinformatics*, 10(1) :323, 2009.

[Dod03] Y. Dodge. *Premier pas en statistique*. Springer-Verlag, 2003.

[Dom99] P. Domingos. Metacost : A general method for making classifiers cost sensitive. In *Fifth International Conference on Knowledge Discovery and Data Mining (KDD-99)*, pages 155–164, 1999.

[Don06] D. Donohoe. Compressed sensing. *IEEE Transactions on Information Theory*, 52(4) :1289–1306, 2006.

[DP97] P. Domingos and M. Pazzani. On the optimality of the simple bayesian classifier under zero-one loss. *Machine Learning journal*, 29 :103–130, 1997.

[Dre90] Stuart E Dreyfus. Artificial neural networks, back propagation, and the kelley-bryson gradient procedure. *Journal of guidance, control, and dynamics*, 13(5) :926–928, 1990.

[DRFKM08] Luc De Raedt, Paolo Frasconi, Kristian Kersting, and Stephen Muggleton. *Probabilistic Inductive Logic Programming-Theory and Applications, volume 4911 of Lecture Notes in Computer Science*. Springer, 2008.

[DRK08] Luc De Raedt and Kristian Kersting. Probabilistic inductive logic programming. In *Probabilistic Inductive Logic Programming*, pages 1–27. Springer, 2008.

[DRKT07] Luc De Raedt, Angelika Kimmig, and Hannu Toivonen. Problog : A probabilistic prolog and its application in link discovery. In *IJCAI*, volume 7, pages 2462–2467. Hyderabad, 2007.

[Dup94] J-P. Dupuy. *Aux origines des sciences cognitives*. Éditions de la Découverte, 1994.

[DVD96] L. Dehaspe, W. Van Laer, and L. De Raedt. Claudien : The discovery engine user's guide 3.0. Technical Report CW 239, K.U. Leuven, September 1996.

[Dye82] M. Dyer. In-depth understanding. a computer model of integrated processing for narrative comprehension. Technical report, YALE UNIV NEW HAVEN CT DEPT OF COMPUTER SCIENCE, 1982.

[Dze93] S. Dzeroski. Handling imperfect data in Inductive Logic Programming. In *Proceedings of Fourth Scandinavian Conference on Artificial Intelligence*, pages 111–125. IOS Press, 1993.

[EF05] G. Elidan and N. Friedman. Learning hidden variable networks : The information bottleneck approach. *Journal of Machine Learning Research (JMLR)*, 6 :81–127, 2005.

[Efr82]   B. Efron. *The Jaccknife, the Bootstrap and other resampling plans.* SIAM, 1982.

[EG18]   Richard Evans and Edward Grefenstette. Learning explanatory rules from noisy data. *Journal of Artificial Intelligence Research,* 61 :1–64, 2018.

[EH81]   B. Everitt and D. Hand. *Finite mixture distributions.* Chapman and Hall, 1981.

[EHJT04]   B. Efron, T. Hastie, I. Johnstone, and R. Tibshirani. Least angle regression. *Annals of Statistics,* 32 :407–499, 2004.

[Elk01]   C. Elkan. The foundations of cost-sensitive learning. In *Seventeenth International Joint Conference on Artificial Intelligence (IJCAI-01),* 2001.

[Elk03]   Charles Elkan. Using the triangle inequality to accelerate k-means. In *Proceedings of the Twentieth International Conference on International Conference on Machine Learning,* ICML'03, pages 147–153. AAAI Press, 2003.

[EMH19]   Thomas Elsken, Jan Hendrik Metzen, and Frank Hutter. Neural architecture search : A survey. *J. Mach. Learn. Res.,* 20 :55 :1–55 :21, 2019.

[EMS97]   F. Esposito, D. Malerba, and G. Semeraro. A comparative analysis of methods for pruning decision trees. *IEEE Trans. on Patterni Analysis and Machine Intelligence,* 19(5) :476–493, 1997.

[ENF07]   G. Elidan, I. Nachman, and N. Friedman. "Ideal Parent" Structure Learning for Continuous Variable Networks. *Journal of Machine Learning Research (JMLR),* 8(1799-1833), 2007.

[Fer16]   L. Ferry. *La révolution transhumaniste.* Plon, 2016.

[FHT98]   J. Friedman, T. Hastie, and R. Tibshirani. Additive logistic regression : a statistical view of boosting. `http://www-stat.stanford.edu/~jhf/#reports`, 1998.

[Fie73]   Miroslav Fiedler. Algebraic connectivity of graphs. *Czechoslovak mathematical journal,* 23(2) :298–305, 1973.

[FL94]   W. Furman and B. Lindsay. Testing for the number of components in a mixture of normal distributions using moment estimators. *Computational Statistics and Data Analysis,* 17 :473–492, 1994.

[FL01]   Peter A Flach and Nicolas Lachiche. Confirmation-guided discovery of first-order rules with tertius. *Machine learning,* 42(1-2) :61–95, 2001.

[FLSS04]   Y. Freund, R. Lyer, R. Schapire, and Y. Singer. An efficient boosting algorithm for combining preferences. *Journal of Machine Learning Research,* 4(6) :933–969, 2004.

[FN71]   R. Fikes and N. Nilsson. Strips : A new approach to the application of theorem proving to problem solving. *Artificial Intelligence journal,* 2 :189–208, 1971.

[FN72]   R. Fikes and N. Nilsson. Learning and executing generalized robot plans. *Artificial Intelligence journal,* 3 :251–288, 1972.

[FPSS96]   U. Fayyad, G. Piatetsky-Shapiro, and P. Smyth. From data mining to knowledge discovery in databases. *AI magazine,* 17(3) :37, 1996.

[FPSSU96]   U. Fayyad, G. Piatetsky-Shapiro, G. Smyth, and R. Uthurasamy. *Advances in knowledge discovery and data mining.* MIT Press, 1996.

[Fre99]   Y. Freund. An adaptive version of the boost by majority algorithm. In *Proc. of the 12th Annual Conf. on Computational Learning Theory, COLT'99,* pages 102–113. Morgan Kaufmann, 1999.

[Fri87]   J. Friedman. Exploratory projection pursuit. *J. of the American Statistical Association*, 82(347) :249–266, 1987.

[Fri97]   N. Friedman. Learning belief networks in the presence of missing values and hidden variables. In *Fourteenth Inter. Conf. on Machine Learning (ICML97)*, Nashville, Tenessee, 1997.

[Fri00]   Jerome H. Friedman. Greedy function approximation : A gradient boosting machine. *Annals of Statistics*, 29 :1189–1232, 2000.

[FS97]   Y. Freund and R. Shapire. A decision-theoretic generalization of on-line learning and an application to boosting. *Journal of Computer and Systems Sciences*, 55(1) :325–332, 1997.

[FS99]   Y. Freund and R. Shapire. A short introduction to boosting. *Journal of Japanese Society for Artificial Intelligence*, 14(5) :771–780, 1999.

[FSST97]   Y. Freund, H. S. Seung, E. Shamir, and N. Tishby. Selective sampling using the query by committee algorithm. *Machine Learning Journal*, 28 :133–168, 1997.

[FT74]   J. Friedman and J. Tukey. A projection pursuit algorithm for explanatory data analysis. *IEEE Trans. on Computers*, 23(9) :881–890, 1974.

[FT98]   G. Fauconnier and M. Turner. Conceptual integration networks. *Cognitive Science*, 22(2) :133–187, 1998.

[FT08]   Gilles Fauconnier and Mark Turner. *The way we think : Conceptual blending and the mind's hidden complexities*. Basic Books, 2008.

[Fu74]   K. Fu. *Syntactic Methods in Pattern Recognition*. Academic Press, 1974.

[Gan93]   J-G. Ganascia. Tdis : an algebraic formalization. In *International Joint Conference on Artificial Intelligence (IJCAI-93)*, pages 1008–1013, 1993.

[Gan17]   J-G. Ganascia. *Le Mythe de la Singularité. Faut-il craindre l'intelligence artificielle ?* Le Seuil, 2017.

[Gar88]   E. Gardner. The space of interactions in neural network models. *Journal of Physics*, A21 :257–270, 1988.

[GB10]   Xavier Glorot and Yoshua Bengio. Understanding the difficulty of training deep feedforward neural networks. In *In Proceedings of the International Conference on Artificial Intelligence and Statistics (AISTATS'10). Society for Artificial Intelligence and Statistics*, 2010.

[GBB11]   X. Glorot, A. Bordes, and Y. Bengio. Deep sparse rectifier neural networks. In Geoffrey J. Gordon, David B. Dunson, and Miroslav Dudík, editors, *AISTATS*, volume 15 of *JMLR Proceedings*, pages 315–323. JMLR.org, 2011.

[GBD92]   S. Geman, E. Bienenstock, and R. Doursat. Neural networks and the bias/variance dilemma. *Neural Computation*, 4(1) :1–58, 1992.

[GDDM14]   R. Girshick, J. Donahue, T. Darrell, and J. Malik. Rich feature hierarchies for accurate object detection and semantic segmentation. In *2014 IEEE Conference on Computer Vision and Pattern Recognition (CVPR)*, volume 00, pages 580–587, June 2014.

[GE03]   I. Guyon and A. Elisseeff. An introduction to variable and feature selection. *Journal of Machine Learning Research*, 3 :1157–1182, 2003.

[GEB15]   L.A. Gatys, A.S. Ecker, and M. Bethge. A neural algorithm of artistic style. *CoRR*, abs/1508.06576, 2015.

[Gér17]   A. Géron. Hands-on machine learning with scikit-learn and tensorflow : concepts, tools, and techniques to build intelligent systems, 2017.

[Ger18]   Sean Gerrish. *How smart machines think.* MIT Press, 2018.

[GH06]   Liqiang Geng and Howard J Hamilton. Interestingness measures for data mining : A survey. *ACM Computing Surveys (CSUR)*, 38(3) :9–es, 2006.

[GHLM16]   P. Germain, A. Habrard, F. Laviolette, and E. Morvant. A new pac-bayesian perspective on domain adaptation. In *Proceedings of the 33rd International Conference on Machine Learning (ICML 2016), New York, NY, United States*, 2016.

[Gin38]   C.W. Gini. *Variabilita e mutabilita, contributo allo studio delle distribuzioni e relazioni statische.* Technical report, Studi Economici-Giuridici, Universita di Cagliari, 1938.

[GJP95]   F. Girosi, M. Jones, and T. Poggio. Regularization theory and neural networks architectures. *Neural Computation*, 7 :219–269, 1995.

[GMCR04]   J. Gama, P. Medas, G. Castillo, and P. Rodrigues. Learning with drift detection. In *Brazilian Symposium on Artificial Intelligence*, pages 286–295. Springer, 2004.

[GN88]   M. Genesereth and N. Nilsson. *Logical Foundations of Artificial Intelligence.* Morgan Kaufmann, 1988.

[GNOT92]   D. Goldberg, D. Nichols, B. Oki, and D. Terry. Using collaborative filtering to weave an information tapestry. *Communications of the ACM*, 35(12) :61–70, 1992.

[Gol67]   E. Gold. Language identification in the limit. *Information and Control*, 10 :447–474, 1967.

[Gol78]   M. Gold. Complexity of automaton identification from given data. *Information and Control*, 37 :302–320, 1978.

[Gol96]   R. Golden. *Mathematical methods for neural network analysis and design.* MIT Press, 1996.

[Gon85]   T. Gonzales. Clustering to minimize the maximum intercluster distance. *Theoretical Computer Science*, 38 :293–306, 1985.

[GPAM⁺14]   I. Goodfellow, J. Pouget-Abadie, M. Mirza, B. Xu, D. Warde-Farley, S. Ozair, A. Courville, and Y. Bengio. Generative adversarial nets. In Z. Ghahramani, M. Welling, C. Cortes, N. D. Lawrence, and K. Q. Weinberger, editors, *Advances in Neural Information Processing Systems 27*, pages 2672–2680. Curran Associates, Inc., 2014.

[Gra13]   A. Graves. Generating sequences with recurrent neural networks. *CoRR*, abs/1308.0850, 2013.

[GS00]   A. Giordana and L. Saitta. Phase transitions in relational learning. *Machine Learning journal*, 41 :217–251, 2000.

[GS07]   S. Gelly and D. Silver. Combining online and offline knowledge in uct. In *24th international conference on Machine learning*, pages 273–280, Corvalis, Oregon, 2007. ACM.

[GSC10]   A. Giordana, L. Saitta, and A. Cornuéjols. *Phase Transitions in Machine Learning.* Cambridge University Press, 2010.

[GSSG12]   B. Gong, Y. Shi, F. Sha, and K. Grauman. Geodesic flow kernel for unsupervised domain adaptation. In *Computer Vision and Pattern Recognition (CVPR), 2012 IEEE Conference on*, pages 2066–2073. IEEE, 2012.

[GT07]   L. Getoor and B. Taskar, editors. *An introduction to statistical relational learning*. MIT Press, 2007.

[GU00]   G. Grudic and L. Ungar. Localizing policy gradient estimates to action transitions. In *17th International Conference on Machine Learning (ICML '00)*, pages 343–350. Morgan Kaufmann, 2000.

[GV15]   Eva Gibaja and Sebastián Ventura. A tutorial on multilabel learning. *ACM Comput. Surv.*, 47(3) :52 :1–52 :38, 2015.

[GWD14]   A. Graves, G. Wayne, and I. Danihelka. Neural turing machines. *CoRR*, abs/1410.5401, 2014.

[Hal00]   M. Hall. Correlation-based feature selection for discrete and numeric class machine learning. In *Seventh International Conf. on Machine Learning (ICML-00)*, pages 359–366, 2000.

[Hau88]   D. Haussler. Quantifying inductive bias : AI learning algorithms and Valiant learning framework. *Artificial Intelligence Journal*, 36 :177–221, 1988.

[Hau92]   D. Haussler. Decision theoretic generalization of the PAC model for neural net and other learning applications. *Information and Computation*, 100 :78–150, 1992.

[Hau99]   D. Haussler. Convolution kernels on discrete structures. Technical Report UCSC-CRL-99-10, Computer Science dept., Univ. of California at Santa-Cruz, 1999.

[Hay99]   S. Haykin. *Neural networks : A comprehensive foundation*. Prentice Hall, 1999.

[HB88]   F. Van Harmelen and A. Bundy. Explanation-based generalization = partial evaluation. *Artificial Intelligence journal*, 36 :401–412, 1988.

[HCMF08]   T. Hesterberg, N. H. Choi, L. Meier, and C. Fraley. Least angle and l1 penalized regression : A review. *Statistical Survey Volume*, 2 :61–93, 2008.

[HdlHvZ15]   J. Heinz, C. de la Higuera, and M. van Zaanen. *Grammatical Inference for Computational Linguistics*. Synthesis Lectures on Human Language Technologies. Morgan & Claypool Publishers, 2015.

[Heb49]   D. Hebb. *The Organization of Behavior*. Willey, 1949.

[Her02]   R. Herbrich. *Learning kernel classifiers. Theory and algorithms*. MIT Press, 2002.

[HGDG17]   K. He, G. Gkioxari, P. Dollár, and R. B. Girshick. Mask R-CNN. *CoRR*, abs/1703.06870, 2017.

[HGO00]   R. Herbrich, T. Graepel, and K. Obermayer. Large margin rank boundaries for ordinal regression. In Alexander Smola, Peter Bartlett, Bernhard Schölkopf, and Dale Schuurmans, editors, *Advances in learge margin classifiers*, pages 115–132. MIT Press, 200.

[HGS16]   H. Van Hasselt, A. Guez, and D. Silver. Deep reinforcement learning with double q-learning. In *AAAI*, pages 2094–2100, 2016.

[Hin89]   G. Hinton. Connectionist learning procedures. *Artificial Intelligence*, 40, 1989.

[Hin09]   Geoffrey Hinton. Deep belief networks. *Scholarpedia*, 4 :5947, 01 2009.

[Hir90]   H. Hirsh. *Incremental Version-Space merging : a general framework for concept learning.* Kluwer, 1990.

[Hir92]   H. Hirsh. Polynomial-time learning with version spaces. In *National Conference on Artificial Intelligence*, pages 117–122, 1992.

[HK01]   J. Han and M. Kamber. *Data Mining : Concepts and Techniques.* Morgan-Kaufmann, 2001.

[HK06]   J. Han and M. Kamber. *Data Mining : Concepts and Techniques (2nd Edition.* Morgan-Kaufmann, 2006.

[HKK05]   Julia Handl, Joshua Knowles, and Douglas B Kell. Computational cluster validation in post-genomic data analysis. *Bioinformatics*, 21(15) :3201–3212, 2005.

[HKO01a]   A. Hyvarinen, J. Karhunen, and E. Oja. *Independent Component Analysis.* John Wiley and Sons, 2001.

[HKO01b]   A. Hyvarinen, J. Karhunen, and E. Oja. *Independent component analysis (Adaptive and learning systems for signal processing, communications and control series).* John Wiley and Sons, 2001.

[HKP91]   J. Hertz, A. Kroght, and R. Palmer. *Introduction to the Theory of Neural Computation.* Addison-Wesley, 1991.

[HKR02]   J. Herlocker, J. Konstan, and J. Riedl. An empirical analysis of design choices in neighborhood-based collaborative filtering algorithms". *Information Retrieval*, 5 :287–310, 2002.

[HKS94]   D. Haussler, M. Kearns, and R. Shapire. Bounds on the sample complexity of bayesian learning using information theory and the VC dimension. *Machine Learning Journal*, 14 :83–113, 1994.

[HKST96]   D. Haussler, M. Kearns, H.S. Seung, and N. Tishby. Rigorous learning curve bounds from statistical mechanics. *Machine Learning Journal*, 25 :195–236, 1996.

[HKTR04]   J. Herlocker, J. Konstan, L. Terveen, and J. Riedl. Evaluating collaborative filtering recommender systems. *ACM Trans. on Information Systems*, 22(1) :5–53, 2004.

[HLM17]   Nick Harvey, Christopher Liaw, and Abbas Mehrabian. Nearly-tight vc-dimension bounds for piecewise linear neural networks. In *Conference on Learning Theory*, pages 1064–1068, 2017.

[HMS01]   D. Hand, H. Mannila, and P. Smyth. *Principles of data mining.* MIT Press, 2001.

[HMvH+17]   M Hessel, J Modayil, H van Hasselt, T Schaul, G Ostrovski, W Dabney, D Horgan, B Piot, M Gheshlaghi Azar, and D Silver. Rainbow : Combining improvements in deep reinforcement learning. *CoRR*, abs/1710.02298, 2017.

[HO00]   A. Hyvarinen and E. Oja. Independent component analysis : Algorithms and applications. *Neural Networks*, 13 :411–430, 2000.

[Hof95]   D. Hofstadter. *Fluid concepts and creative analogies. Computer models of the fundamental mechanisms of thought.* Basic Books, 1995.

[Hol75]   J. Holland. *Adaptation in natural and artificial systems.* University of Michigan Press, 1975. Reprinted in 1992 by MIT Press.

[Hop82]   J. Hopfield. Neural networks and physical systems with emergent collective computational abilities. *Proceedings of the National Academy of Sciences, USA*, 81 :6871–6875, 1982. Owned.

[Hor91]   K. Hornik. Approximation capabilities of multilayer feedforward networks. *Neural Netw.*, 4(2) :251–257, March 1991.

[Hot33]   H. Hotelling. Analysis of a complex of statistical variables into principal components. *J. Educ. Psych.*, 24, 1933.

[HPY00]   J. Han, J. Pei, and Y. Yin. Mining frequent patterns without candidate generation. In *ACM sigmod record*, volume 29, pages 1–12. ACM, 2000.

[HRTZ04]   T. Hastie, S. Rosset, R. Tibshirani, and J. Zhu. The entire regularization path for the support vector machine. *Journal of Machine Learning Research*, 5 :1391–1415, 2004.

[HS90]   L. Hansen and P. Salamon. Neural network ensembles. *IEEE Transactions on PAMI*, 12 :993–1001, 1990.

[HS97]   S. Hochreiter and J. Schmidhuber. Long short-term memory. *Neural Comput.*, 9(8) :1735–1780, November 1997.

[HS13]   Douglas Hofstadter and Emmanuel Sander. *L'Analogie, cœur de la pensée*. Odile Jacob, 2013.

[HS16]   J. Heinz and J. Sempere, editors. *Topics in Grammatical Inference*. Springer-Verlag, 2016.

[HSM10]   F. Howar, B. Steffen, and M. Merten. From zulu to rers - lessons learned in the zulu challenge. In *4th International Symposium on Leveraging Applications, ISoLA 2010*, volume 6415 of *LNCS*, pages 687–704. Springer-Verlag, 2010.

[HSX04]   Y. Huang, S. Shekhar, and H. Xiong. Discovering colocation patterns from spatial data sets : a general approach. *IEEE Transactions on Knowledge and Data Engineering*, 16(12) :1472–1485, 2004.

[HT06]   G. Hinton and S. Osinderoand Y-W. Teh. A fast learning algorithm for deep belief nets. *Neural Comput.*, 18(7) :1527–1554, July 2006.

[HTF09]   T. Hastie, R. Tibshirani, and J. Friedman. *The Elements of Statistical Learning*. Springer, 2009.

[Hub95]   B. Hubbard. *Ondes et ondelettes. La saga d'un outil mathématique*. Pour la Science. Diffusion Belin., 1995.

[HW02]   R. Herbrich and R. Williamson. Algorithmic luckiness. *Journal of Machine Learning Research*, 2 :1–37, 2002.

[HWS+15]   N. Heess, G. Wayne, D. Silver, T. Lillicrap, T. Erez, and Y. Tassa. Learning continuous control policies by stochastic value gradients. In *Advances in Neural Information Processing Systems*, pages 2944–2952, 2015.

[Hyv99]   A. Hyvarinen. Survey on independent component analysis. *Neural Computing Surveys*, 2 :94–128, 1999.

[HZRS15]   Kaiming He, Xiangyu Zhang, Shaoqing Ren, and Jian Sun. Delving deep into rectifiers : Surpassing human-level performance on imagenet classification. In *ICCV*, pages 1026–1034. IEEE Computer Society, 2015.

[ID80]   R. L. Iman and J. M. Davenport. Approximations of the critical region of the friedman statistic. *Communications in Statistics*, pages 571–595, 1980.

[IHS14]   M. Isberner, F. Howar, and B. Steffen. Learning register automata : from languages to program structures. *Machine Learning Journal*, 96(1–2) :65–98, 2014.

[IMA⁺16]   F.N. Iandola, M.W. Moskewicz, K. Ashraf, S. Han, W.J. Dally, and K. Keutzer. Squeezenet : Alexnet-level accuracy with 50x fewer parameters and <1mb model size. *CoRR*, abs/1602.07360, 2016.

[Imb15]   Guido W Imbens. Matching methods in practice : Three examples. *Journal of Human Resources*, 50(2) :373–419, 2015.

[IR15]   Guido W Imbens and Donald B Rubin. *Causal inference in statistics, social, and biomedical sciences*. Cambridge University Press, 2015.

[IS14]   M. Isberner and B. Steffen. An abstract framework for counterexample analysis in active automata learning. In *Proceedings of the Twelfth International Conference on Grammatical Inference, ICGI 2014*, JMLR Proceedings, pages 79–93, 2014.

[IWM00]   A. Inokuchi, T. Washio, and H. Motoda. An apriori-based algorithm for mining frequent substructures from graph data. *Principles of Data Mining and Knowledge Discovery*, pages 13–23, 2000.

[Jab13]   G. Jaber. *An approach for online learning in the presence of concept changes*. PhD thesis, Université Paris Sud-Paris XI, 2013.

[Jai10]   Anil K Jain. Data clustering : 50 years beyond k-means. *Pattern recognition letters*, 31(8) :651–666, 2010.

[Jam89]   M. Jambu. *Exploration informatique et statistique des données*. Dunod, 1989.

[JCEH14]   A. Jardine, J. Chandlee, R. Eyraud, and J. Heinz. Very efficient learning of structured classes of subsequential functions from positive data. In *Proceedings of the Twelfth International Conference on Grammatical Inference, ICGI 2014*, JMLR Proceedings, pages 94–108, 2014.

[JCS⁺03]   S. Jouteau, A. Cornuéjols, M. Sebag, P. Tarroux, and J.-S. Liénard. Nouveaux résultats en classification à l'aide d'un codage par motifs fréquents. *Revue d'Intelligence Artificielle (Proc. of the EGC-03 Conf.)*, 17(1-3) :521–532, 2003.

[JCST01]   T. Joachims, N. Cristianini, and J. Shawe-Taylor. Composite kernels for hypertext categorization. In *Int. Conf. on Machine Learning(ICML-06)*, pages 250–257, 2001.

[JCT13a]   G. Jaber, A. Cornuéjols, and P. Tarroux. Anticipative and dynamic adaptation to concept changes. *Real-World Challenges for Data Stream Mining*, page 22, 2013.

[JCT13b]   G. Jaber, A. Cornuéjols, and P. Tarroux. Online learning : Searching for the best forgetting strategy under concept drift. In *International Conference on Neural Information Processing*, pages 400–408. Springer, 2013.

[JD88]   A. Jain and R. Dubes. *Algorithms for Clustering Data*. Prentice-Hall, 1988.

[Jel76]   F. Jelinek. Continuous speech recognition by statistical methods. *Proceedings of the IEEE*, 64 :532–556, 1976. No. 4.

[Jel97]   F. Jelinek. *Statistical Methods for Speech Recognition*, volume 112 of *Mathematics in Science and Engineering*. The MIT Press, 1997.

[JHYY09]   T. Joachims, T. Hofmann, Y. Yue, and C.-N. Yu. Predicting structured objects with Support Vector Machines. *Communications of the ACM*, 52(11) :97–104, 2009.

[JJ00]   T. Jebara and T. Jaakkola. Feature selection and dualities in maximum entropy discrimination. In *16th Conference on Uncertainity In Artificial Intelligence*, pages 291–300, 2000.

[JKP94]   G. John, R. Kohavi, and K. Pfleger. Irrelevant feature and the subset selection problem. In Haym Hirsh and William Cohen, editors, *Eleventh International Conf. on Machine Learning (ICML-94)*, pages 121–129, Rutgers, NB, 1994. Morgan Kauffmann.

[JL95]   L. Jimenez and D. Landgrebe. High dimensional feature reduction via projection pursuit. Technical Report TR-ECE 96-5, Purdue University, School of Electrical and Computer Engineering, 1995.

[JM00]   D. Jurafsky and J. Martin. *Speech and language processing*. Prentice-Hall, 2000.

[Joa99]   T. Joachims. Making large-scale SVM learning practical. In Bernhard Schölkopf, Christopher Burges, and Alexander Smola, editors, *Advances in Kernel Methods - Support Vector Learning*, pages 169–184. MIT Press, 1999.

[Jou02]   S. Jouteau. *Reconnaissance de scènes naturelles*. Master's thesis, Paris-6, 2002.

[JP98]   H. Juillé and J.B. Pollack. A stochastic search approach to grammar induction. In *Grammatical Inference*, number 1433 in Lecture Notes in Artificial Intelligence, pages 126–137. Springer-Verlag, 1998.

[JRTZ16]   D. Jannach, P. Resnick, A. Tuzhilin, and M. Zanker. Recommender systems--- : beyond matrix completion. *Communications of the ACM*, 59(11) :94–102, 2016.

[JS02]   N. Japkowicz and S. Stephen. The class imbalance problem : A systematic study. *Intelligent Data Analysis Journal*, 6(5), 2002.

[Jul19]   Luc Julia. *L'intelligence artificielle n'existe pas*. First, 2019.

[JW98]   R. Johnson and D. Wichern. *Applied Multivariate Statistical Analysis*. Prentice Hall, 1998.

[JZ07]   J. Jiang and C. Zhai. Instance weighting for domain adaptation in nlp. In *ACL*, volume 7, pages 264–271, 2007.

[Kah11]   D. Kahneman. Thinking, fast and slow. *Farrar, Straus and*, 2011.

[KB14]   Diederik P. Kingma and Jimmy Ba. Adam : A method for stochastic optimization. *CoRR*, abs/1412.6980, 2014.

[KBP13]   J Kober, J. A Bagnell, and J Peters. Reinforcement learning in robotics : A survey. *The International Journal of Robotics Research*, 32(11) :1238–1274, August 2013.

[KCC87]   S. Kedar-Cabelli and T. Mc Carty. Explanation-based generalization as resolution theorem proving. In *Proc. of the 4th Int. Worshop on Machine Learning, IWML-87*, pages 383–389. Morgan Kaufmann, 1987.

[KDR01]   Kristian Kersting and Luc De Raedt. Towards combining inductive logic programming with bayesian networks. In *International Conference on Inductive Logic Programming*, pages 118–131. Springer, 2001.

[KHM98]   M. Kubat, R. Holte, and S. Matwin. Machine learning for the detection of oil spills in satellite radar images. *Machine Learning*, 30 :195–215, 1998.

[KIKS09]   H. Kashima, T. Idé, T. Kato, and M. Sugiyama. Recent advances and trends in large-scale kernel methods. *IEICE Transactions on Information and Systems*, E92-D(7) :1338–1353, 2009.

[KJ97]   R. Kohavi and G. John. Wrappers for feature subset selection. *Artificial Intelligence journal*, pages 273–324, 1997.

[KK01]   M. Kuramochi and G. Karypis. Frequent subgraph discovery. In *Data Mining, 2001. ICDM 2001, Proceedings IEEE International Conference on*, pages 313–320. IEEE, 2001.

[KL51]   S. Kullback and R. Leibler. On information and sufficiency. *Annals of Mathematical Statistics*, 22 :79–86, 1951.

[KL83]   Joseph B Kruskal and Mark Liberman. The symmetric time-warping problem : from continuous to discrete. *Time warps, string edits and macromolecules : The theory and practice of sequence comparison*, pages 125–161, 1983.

[KL02]   R-I. Kondor and J. Lafferty. Diffusion kernels on graphs and other discrete structures. In *In Proceedings of the ICML*, pages 315–322, 2002.

[KLM96]   L. Kaelbling, M. Littman, and A. Moore. Reinforcement learning : A survey. *Journal of Artificial Intelligence Research*, 4 :237–285, 1996.

[KMC00]   K. Kerr, M. Martin, and G. Churchill. Analysis of variance for gene expression microarray data. *J. of Comp. Biol.*, 7(6) :818–837, 2000.

[KMF$^+$17]   Guolin Ke, Qi Meng, Thomas Finley, Taifeng Wang, Wei Chen, Weidong Ma, Qiwei Ye, and Tie-Yan Liu. Lightgbm : A highly efficient gradient boosting decision tree. In I. Guyon, U. V. Luxburg, S. Bengio, H. Wallach, R. Fergus, S. Vishwanathan, and R. Garnett, editors, *Advances in Neural Information Processing Systems 30*, pages 3146–3154. Curran Associates, Inc., 2017.

[KMNR95]   M. Kearns, Y. Mansour, A. Ng, and D. Ron. An experimental and theoretical comparison of model selection methods. In *Proceedings of the 8th Annual ACM Workshop on Computational Learning Theory.*, pages 21–30. Morgan Kaufmann, 1995.

[KMT93]   D. Kulkarni, S. Mitter, and J. Tsitsiklis. Active learning using arbitrary binary valued queries. *Machine Learning*, 11 :23–35, 1993.

[KN09]   Z J. Kolter and Y. A Ng. Policy search via the signed derivative. *Robotics : Science and Systems*, 2009.

[KO13]   I. Kuzborskij and F. Orabona. Stability and hypothesis transfer learning. In *ICML (3)*, pages 942–950, 2013.

[KP08]   G. Korfiatis and G. Paliouras. Modeling web navigation using grammatical inference. *Applied Artificial Intelligence*, 22(1–2) :116–138, 2008.

[KR92]   K. Kira and L. Rendell. A practical approach to feature selection. In *Int. Conf. on Machine Learning (ICML-92)*, pages 249–256. Morgan Kaufmann, 1992.

[Kru83]   Joseph B Kruskal. An overview of sequence comparison : Time warps, string edits, and macromolecules. *SIAM review*, 25(2) :201–237, 1983.

[KS96]   D. Koller and M. Sahami. Toward optimal feature selection. In *International Conference on Machine Learning (ICML'96)*, pages 284–292, Bari, Italy, 1996. Morgan Kaufmann.

[KS06]   L. Kocsis and C. Szepesvári. Bandit based monte-carlo planning. In *ECML*, volume 6, pages 282–293. Springer, 2006.

[KSH12]   A. Krizhevsky, I. Sutskever, and G. Hinton. Imagenet classification with deep convolutional neural networks. In *Advances in Neural Information Processing Systems*, page 2012, 2012.

[KTI03]   H. Kashima, K. Tsuda, and A. Inokuchi. Marginalized kernels between labeled graphs. In *Int. Conf. on Machine Learning (ICML-03)*, pages 321–328, Washington, USA, 2003.

[KV94a]   M. Kearns and U. Vazirani. *An introduction to computational learning theory.* MIT Press, 1994.

[KV94b]   M. J. Kearns and U. Vazirani. *An Introduction to Computational Learning Theory.* MIT press, 1994.

[KW70]   G. Kimeldorf and G. Wahba. A correspondence between bayesian estimation on stochastic processes and smoothing by splines. *Annals of Mathematical Statistics*, 41 :495–502, 1970.

[KW92]   J. Kietz and S. Wrobel. Controlling the complexity of learning in logic through syntactic and task-oriented models. In S. Muggleton, editor, *Inductive Logic Programming*. Academic Press, 1992.

[KW13]   D. Kingma and M. Welling. Auto-encoding variational bayes. *CoRR*, abs/1312.6114, 2013.

[KWJ+04]   R. King, K. Whelan, F. Jones, P. Reiser, C. Bryant, S. Muggleton, D. Kell, and S. Oliver. Functional genomic hypothesis generation and experimentation by a robot scientist. *Nature*, 427(6971) :247–252, 2004.

[LC19]   Yann Le Cun. *Quand la machine apprend : la révolution des neurones artificiels et de l'apprentissage profond.* Odile Jacob, 2019.

[LCB06]   G. Loosli, S. Canu, and L. Bottou. Svm et apprentissage des très grandes bases de données. *CAp : Conférence d'apprentissage*, 2006.

[LCBD+90]   Y. Le Cun, B. Boser, J. Denker, R. Howard, W. Habbard, L. Jackel, and D. Henderson. Handwritten digit recognition with a back-propagation network. In D. Touretzky, editor, *Advances in Neural Information Processing Systems 2*, pages 396–404. Morgan Kaufmann Publishers Inc., San Francisco, CA, USA, 1990.

[LCY13]   M. Lin, Q. Chen, and S. Yan. Network in network. *CoRR*, abs/1312.4400, 2013.

[Leb95]   L. Lebart. *Statistique exploratoire multidimensionnelle.* Dunod, 1995.

[Lee20]   Edward Ashford Lee. *The Coevolution : The Entwined Futures of Humans and Machines.* Mit Press, 2020.

[Lem09]   Daniel Lemire. Faster retrieval with a two-pass dynamic-time-warping lower bound. *Pattern recognition*, 42(9) :2169–2180, 2009.

[Len78]   D. Lenat. The ubiquity of discovery. *Artificial Intelligence journal*, 9 :257–285, 1978.

[Ler81]   I-C. Lerman. *Classification et analyse ordinale des données.* Dunod, 1981.

[Les06]   Laurent Lesnard. Optimal matching and social sciences. 2006.

[Les10]   Laurent Lesnard. Setting cost in optimal matching to uncover contemporaneous socio-temporal patterns. *Sociological Methods & Research*, 38(3) :389–419, 2010.

[Lev66]   Vladimir I Levenshtein. Binary codes capable of correcting deletions, insertions and reversals. In *Soviet physics doklady*, volume 10, page 707, 1966.

[LFDA16]   S. Levine, C. Finn, T. Darrell, and P. Abbeel. End-to-end training of deep visuomotor policies. *Journal of Machine Learning Research*, 17(39) :1–40, 2016.

[LFL98]   T. Landauer, P. Foltz, and D. Laham. Introduction to latent semantic analysis. *Discourse Processes*, 25 :259–284, 1998.

[LG94]   D. Lewis and W. Gale. A sequential algorithm for training text classifiers. In *International ACM-SIGIR Conf. on Research and Development in Information Retrieval*, pages 3–12, 1994. Cité dans [Roy and McCallum, ICML-01].

[LHP$^+$15] T. Lillicrap, JJ. Hunt, A. Pritzel, N. Heess, T. Erez, Y. Tassa, D. Silver, and D. Wierstra. Continuous control with deep reinforcement learning. *arXiv preprint arXiv :1509.02971*, 2015.

[LHP$^+$16] T P. Lillicrap, J J. Hunt, A Pritzel, N Heess, T Erez, Y Tassa, D Silver, and D Wierstra. Continuous control with deep reinforcement learning. In Yoshua Bengio and Yann Le Cun, editors, *ICLR*, 2016.

[Li17]   Y Li. Deep reinforcement learning : An overview. *CoRR*, abs/1701.07274, 2017.

[Lin91]   L. Lin. Programming robots using reinforcement learning and teaching. In *Proceedings of the Ninth National Conference on Artificial Intelligence (AAAI'91)*, 1991.

[Lin93]   J-L. Lin. Reinforcement learning for robots using neural networks. Technical report, Carnegie-Mellon Univ Pittsburgh PA School of Computer Science, 1993.

[Lit88]   N. Littlestone. Learning quickly when irrelevant attributes abound : A new linearthreshold algorithm. *Machine Learning*, 2(4) :285–318, 1988.

[LJ09]   M. Lukoševičius and H. Jaeger. Reservoir computing approaches to recurrent neural network training. *Computer Science Review*, 3 :127–149, 2009.

[Loo06]   G. Loosli. *Méthodes à noyaux pour l'apprentissage de contexte. Vers un fonctionnement autonome des méthodes à noyaux*. PhD thesis, INSA, Rouen, 2006.

[LP97]   K. Lang and B. Pearlmutter. Abbadingo one competition, 1997. http ://abbadingo.cs.unm.edu/.

[LPNC$^+$16] David Lopez-Paz, Robert Nishihara, Soumith Chintala, Bernhard Schölkopf, and Léon Bottou. Discovering causal signals in images. *arXiv preprint arXiv :1605.08179*, 2016.

[LPP98]   K. J. Lang, B. A. Pearlmutter, and R. A. Price. Results of the abbadingo one DFA learning competition and a new evidence-driven state merging algorithm. *Lecture Notes in Computer Science*, 1433 :1–12, 1998.

[LR85]   T. Lai and H. Robbins. Asymptotically efficient adaptive allocation rules. *Advances in Applied Mathematics*, 6 :4–22, 1985.

[LRN86]   J. Laird, P. Rosenbloom, and A. Newell. Chunking in Soar : the anatomy of a general learning mechanism. *Machine Learning journal*, 1 :11–46, 1986. Reprinted in Buchanan, B and Wilkins, D. (eds.), Readings in knowledge acquisition and learning, pp.518-535, Morgan Kaufmann, 1993.

[LRS83]   S. Levinson, R. Rabiner, and M. Sondhi. An introduction to the application of the theory of probabilistic functions of a Markov process to automatic speech recognition. *Bell system Technical Journal*, 62 :1035–1074, 1983.

[LS98]   M. Liquière and J. Sallantin. Structural machine learning with galois lattice and graphs. In J. Shavlik, editor, *15th International Conference on Machine Learning (ICML-98)*, pages 305–313. Morgan Kaufmann, 1998.

[LS99]   D. Lee and H. S. Seung. Learning the parts of objects by non-negative matrix factorization. *Nature*, 401 :788–791, 1999.

[LS00]   D. Lee and H. S. Seung. Algorithms for non-negative matrix factorization. In *NIPS-2000*, 2000.

[LT04]   S. Lallich and O. Teytaud. Evaluation et validation de l'intérêt des règles d'association. *Revue des Nouvelles Technologies de l'Information (RNTI)*, 2(Actes EGC-2003) :193–218, 2004.

[LTH+16]   C. Ledig, L. Theis, F. Huszar, J. Caballero, A.P. Aitken, A. Tejani, J. Totz, Z. Wang, and W. Shi. Photo-realistic single image super-resolution using a generative adversarial network. *CoRR*, abs/1609.04802, 2016.

[LTP07]   S. Lallich, O. Teytaud, and E. Prudhomme. Association rules interestingness : measure and validation. In Guillet F. J. and Hamilton H., editors, *Quality Measures in Data Mining*, volume 43 of *Studies in Computational Intelligence*, pages 251–275. Springer-Verlag, 2007.

[LTS89]   E. Levin, N. Tishby, and S. Solla. A statistical approach to learning and generalization in layered neural networks. In *Workshop on Computational Learning Theory (COLT'89)*, pages 245–260. Morgan Kaufmann, 1989.

[LV97]   M. Li and P. Vitànyi. *Introduction to Kolmogorov complexity and its applications (2nd edition)*. Springer-Verlag, 1997.

[LV07]   J. Lee and M. Verleysen. *Nonlinear dimensionality reduction*. Springer, 2007.

[LW86]   N. Littlestone and M. Warmuth. Relating data compression and learnability. Technical report, University of California, Santa Cruz, 1986.

[LW94]   N. Littlestone and M. Warmuth. The weighted majority algorithm. *Information and Computation*, 108 :212–261, 1994.

[LZ96]   G. Lugosi and K. Zeger. Concept learning using complexity regularization. *IEEE Transactions on Information Theory*, 42 :48–54, 1996.

[M+96]   Stephen Muggleton et al. Stochastic logic programs. *Advances in inductive logic programming*, 32 :254–264, 1996.

[M.99]   Jordan M., editor. *Learning in graphical models*. MIT Press, 1999.

[MAA05]   A. Metwally, D. Agrawal, and A. El Abbadi. Efficient computation of frequent and top-k elements in data streams. In *ICDT-2005*, pages 398–412, 2005.

[Mag07]   C. Magnan. *Apprentissage à partir de données diversement étiquetées pour l'étude du rôle de l'environnement local dans les interactions entre acides aminés.* Thèse de doctorat, Université de Provence - Aix-Marseille 1, 2007.

[MAGDC20]   Pierre-Alexandre Murena, Marie Al-Ghossein, Jean-Louis Dessalles, and Antoine Cornuéjols. Solving analogies on words based on minimal complexity transformations. In *International Joint Conference on Artificial Intelligence (IJCAI-2020)*, 2020.

[Mal17]   C. Malabou. *Métamorphoses de l'intelligence*. Presses Universitaires de France, 2017.

[Mat94]   M. Mataric. Rewards functions for accelarating learning. In *Proc. of the 11th International Conference on Machine Learning, IWML-91*. Morgan Kaufmann, 1994.

[MB88a] G. McLachlan and K. Basford. *Mixture models : Inference and application to clustering*. M. Dekker, 1988.

[MB88b] S. Muggleton and W. Buntine. Machine invention of first-order predicates by inverting resolution. In Kaufmann, editor, *Proceedings of the Fifth International Conference on Machine Learning*, pages 339–352, 1988.

[MB96] S. Matwin and F. Bergadano. Inductive Logic Programming. In *proceedings of ECAI'96*, Budapest, Hungary, 1996.

[MBD08] L. Miclet, S. Bayoud, and A. Delhay. Analogical dissimilarity : definition, algorithms and two experiments in machine learning. *Journal of Artificial Intelligence Research*, 32 :793824, 2008.

[MBM$^+$16a] V Mnih, A.P Badia, M Mirza, A Graves, T Lillicrap, T Harley, D Silver, and K Kavukcuoglu. Asynchronous methods for deep reinforcement learning. In *International Conference on Machine Learning*, pages 1928–1937, 2016.

[MBM$^+$16b] V. Mnih, A.P. Badia, M. Mirza, A. Graves, T. Lillicrap, T. Harley, D. Silver, and K. Kavukcuoglu. Asynchronous methods for deep reinforcement learning. In *International Conference on Machine Learning*, pages 1928–1937, 2016.

[MC68] D. Michie and R. Chambers. *An experiment in adaptive control*, volume 2, pages 137–152. Edingburgh University Press, 1968.

[MC91] S. Mahadevan and J. Connell. Automatic programming of behavior-based robots using reinforcement learning. In *Proc. of the 9th National Conference on Artificial Intelligence, IWML-91*, 1991.

[MC95] R. Mooney and M. Califf. Induction of first-order decision lists : Results on learning the paste tense of english verbs. *Journal of Artificial Intelligence Research*, 3 :1–24, 1995.

[MCDS17] S. Meftah, A. Cornuéjols, J. Dibie, and M. Sicard. Data collection and analysis of usages from connected objects : Some lessons. In *International Conference on Industrial, Engineering and Other Applications of Applied Intelligent Systems*, pages 251–258. Springer, 2017.

[McM11] H. Brendan McMahan. Follow-the-regularized-leader and mirror descent : Equivalence theorems and l1 regularization. In *Proceedings of the 14th International Conference on Artificial Intelligence and Statistics (AISTATS)*, 2011.

[MD94] S. Muggleton and L. De Raedt. Inductive Logic Programming : Theory and Methods. *Journal of Logic Programming*, 19-20 :629–679, 1994.

[MDC17] Pierre-Alexandre Murena, Jean-Louis Dessalles, and Antoine Cornuéjols. A complexity based approach for solving hofstadter's analogies. In *ICCBR (Workshops)*, pages 53–62, 2017.

[MdG94] L. Miclet and C. de Gentile. Inférence grammaticale à partir d'exemples et de contre-exemples : deux algorithmes optimaux : (BIG et RIG) et une version heuristique (BRIG). *Journées Acquisition, Validation, Apprentissage*, pages F1–F13, 1994. Strasbourg France.

[MDK$^+$18] Robin Manhaeve, Sebastijan Dumancic, Angelika Kimmig, Thomas Demeester, and Luc De Raedt. Deepproblog : Neural probabilistic logic programming. In *Advances in Neural Information Processing Systems*, pages 3749–3759, 2018.

[MDRP+12]   Stephen Muggleton, Luc De Raedt, David Poole, Ivan Bratko, Peter Flach, Katsumi Inoue, and Ashwin Srinivasan. Ilp turns 20. *Machine learning*, 86(1) :3–23, 2012.

[Mei97]   R. Meir. Performance bounds for nonlinear time series. In *Proceedings 10th Annual ACM Workshop on Computational Learning Theory*, pages 122–129, 1997.

[Men03]   S. Mendelson. A few notes on statistical learning theory. In Shahar Mendelson and Alexander Smola, editors, *Advanced lectures on machine learning*, volume LNAI-2600, pages 1–40. Springer, 2003.

[MF90]   S. Muggleton and C. Feng. Efficient induction of logic programs. In *Proceedings of the First Conference on Algorithmic Learning Theory*, Tokyo, 1990.

[MF11]   Y. Ma and Y. Fu. *Manifold Learning Theory and Applications*. Taylor & Francis, 2011.

[MHA11]   E. Morvant, A. Habrard, and S. Ayache. On the usefulness of similarity based projection spaces for transfer learning. In *International Workshop on Similarity-Based Pattern Recognition*, pages 1–16. Springer, 2011.

[Mic80]   L. Miclet. Regular inference with a tail-clustering method. *IEEE Transactions on SMC*, SMC-10 :737–743, 1980.

[Mic88]   Donald Michie. Machine learning in the next five years. In *Proceedings of the 3rd European Conference on European Working Session on Learning*, pages 107–122. Pitman Publishing, Inc., 1988.

[Min61]   M. Minsky. Steps toward artificial intelligence. *Proceedings of the Institute of Radio Engineers*, 49 :406–450, 1961.

[Min88]   S. Minton. *Learning search control knowledge : An explanation-based approach*. Kluwer Academic Publishers, 1988.

[Min89]   J. Mingers. An empirical comparison of pruning methods for decision tree induction. *Machine Learning*, 4 :227–243, 1989.

[Min90]   S. Minton. Quantitative results concerning the utility of explanation-based learning. *Artificial Intelligence journal*, 42 :363–392, 1990. Reprinted in Shavlik, J. and Dietterich, T. (eds.), Readings in Machine Learning, Morgan Kaufmann, 1990, pp.96-107.

[Mit82]   T. Mitchell. Generalization as search. *Artificial Intelligence*, 18 :203–226, 1982.

[Mit96]   M. Mitchell. *An introduction to genetic algorithms*. MIT Press, 1996.

[MKKC86]   T. Mitchell, R. Keller, and S. Kedar-Cabelli. Explanation-based generalization : a unifying view. *Machine Learning journal*, 1 :45–80, 1986.

[MKS94]   S. Murphy, S. Kasif, and S. Saltzberg. A system for inducing oblique decision trees. *Journal of Artificial Intelligence Research*, 2 :1–32, 1994.

[MKS+13]   V. Mnih, K. Kavukcuoglu, D. Silver, A. Graves, I. Antonoglou, D. Wierstra, and M. Riedmiller. Playing atari with deep reinforcement learning. *arXiv preprint arXiv :1312.5602*, 2013.

[MKS+15]   V Mnih, K Kavukcuoglu, D Silver, A A. Rusu, J Veness, M G. Bellemare, A Graves, M Riedmiller, A K. Fidjeland, G Ostrovski, S Petersen, C Beattie, A Sadik, I Antonoglou, H King, D Kumaran, D Wierstra, S Legg, and D Hassabis. Human-level control through deep reinforcement learning. *Nature*, 518(7540) :529–533, February 2015.

[MM96]   D. Modha and E. Masrym. Minimum complexity regression estimation with weakly dependant observations. *IEEE Transactions on Information Theory*, 1996.

[MM02]   G. S. Manku and R. Motwani. Approximate frequency counts over data streams. In *Proc. of the 28th VLDB Conference*, 2002.

[MMR09a]   Y. Mansour, M. Mohri, and A. Rostamizadeh. Domain adaptation : Learning bounds and algorithms. *arXiv preprint arXiv :0902.3430*, 2009.

[MMR09b]   Y. Mansour, M. Mohri, and A. Rostamizadeh. Domain adaptation with multiple sources. In *Advances in neural information processing systems*, pages 1041–1048, 2009.

[MO98]   L. Micó and J. Oncina. Comparison of fast nearest neighbour classifiers for handwritten character recognition. *Pattern Recognition Letters*, 19(3-4) :351–356, 1998.

[MO14]   M. Mirza and S. Osindero. Conditional generative adversarial nets. *CoRR*, abs/1411.1784, 2014.

[Mod93]   M. Modrzejewski. Feature selection using rough sets theory. In *Proc. of the European Conference on Machine Learning (ECML-93)*, pages 213–226. Springer Verlag (LNAI 667, 1993.

[MP43]   W. McCulloch and W. Pitts. A logical calculus of ideas imminent in nervous activity. *Bulletin of Mathemetical Biophysics*, 5, 1943.

[MP69]   M. Minsky and S. Papert. *Perceptrons*. MIT Press, 1969.

[MP03]   S. Mendelson and P. Philips. Random subclass bounds. In Bernhard Schölkopf and Manfred Warmuth, editors, *Learning theory and kernel machines (COLT/Kernel 2003)*, pages 329–343. Springer, 2003.

[MPdO08]   A. L. Martins, H. S. Pinto, and A. L. de Oliveira. Using grammatical inference techniques to learn ontologies that describe the structure of domain instances. *Applied Artificial Intelligence*, 22(1–2) :139–167, 2008.

[MR03]   R. Meir and G. Rätsch. *An Introduction to Boosting and Leveraging*, pages 119–184. Number LNAI 2600 in Lecture Notes in Computer Science. Springer, January 2003.

[MS83]   R. Michalski and R. Stepp. Automated construction of classifications : conceptuel clustering versus numerical taxonomy. *IEEE Transactions on PAMI*, 5 :396–409, 1983.

[MS90]   Marcel Mongeau and David Sankoff. Comparison of musical sequences. *Computers and the Humanities*, 24(3) :161–175, 1990.

[MS01]   J.-F. Mari and R. Schott. *Probabilistic and Statistical Methods in Computer Science*. Kluwer, 2001.

[MS03]   S. Mendelson and A. Smola, editors. *Advanced Lectures on Machine Learning (Machine Learning Summer School 2002)*, volume LNAI-2600. Springer-Verlag, 2003.

[MSC$^+$13] T. Mikolov, I. Sutskever, K. Chen, G. Corrado, and J. Dean. Distributed representations of words and phrases and their compositionality. In *Advances in neural information processing systems*, pages 3111–3119, 2013.

[MSH+07]   S. Masashi, N. Shinichi, K. Hisashi, P. Von Buenau, and M. Kawanabe. Direct importance estimation with model selection and its application to covariate shift adaptation. In John C. Platt, Daphne Koller, Yoram Singer, and Sam T. Roweis, editors, *NIPS*. MIT Press, 2007.

[MSZ+18]   Stephen H Muggleton, Ute Schmid, Christina Zeller, Alireza Tamaddoni-Nezhad, and Tarek Besold. Ultra-strong machine learning : comprehensibility of programs learned with ilp. *Machine Learning*, 107(7) :1119–1140, 2018.

[MTV94]   H. Mannila, H. Toivonen, and A. Verkamo. Efficient algorithms for discovering association rules. In *Knowledge Discovery in Databases (KDD-94)*, pages 181–192, Menlo Park, CA, 1994. AAAI Press.

[Mug87]   S. Muggleton. Duce, an oracle based approach to constructive induction. In *Proceedings of the International Joint Conference on Artificial Intelligence*, pages 287–292. Morgan Kaufmann, 1987.

[Mug95]   S. Muggleton. Inverse entailment and progol. *New Generation Computing*, 13(3-4) :243–286, 1995.

[MV95]   L. Martin and C. Vrain. MULT_ICN : an empirical multiple predicate learner. In *Proceedings of International Workshop on Inductive Logic Programming*, 1995.

[Nea04]   R. Neapolitan. *Learning bayesian networks*. Prentice Hall, 2004.

[Nes83]   Yurii Nesterov. A method of solving a convex programming problem with convergence rate O(1/sqr(k)). *Soviet Mathematics Doklady*, 27 :372–376, 1983.

[New90]   A. Newell. *Unified theories of cognition*. Harvard University Press, 1990.

[Ng98]   A. Ng. On feature selection : Learning with exponentially many irrelevant features as training examples. In *Int. Conf. on Machine Learning (ICML-98)*, 1998.

[NGSA04]   S. Nath, P. Gibbons, S. Seshan, and Z. Anderson. Synopsis diffusion for robust aggregation in sensor networks. *ACM Sensys*, 2004.

[NH10]   V. Nair and G. Hinton. Rectified linear units improve restricted boltzmann machines. In Johannes Fürnkranz and Thorsten Joachims, editors, *ICML*, pages 807–814. Omnipress, 2010.

[Nic93]   J. Nicolas, editor. *Support de cours de l'Ecole CNRS sur l'Apprentissage Automatique*, 1993. St Raphaël, 26-27 Mars 1993. Contributions de : O. Gascuel, L. Miclet, J. Nicolas, J. Quinqueton, C. Rouveirol et C. Vrain. Disponible à l'IRISA auprès de J. Nicolas.

[Nil98]   N. Nilsson. *Artificial Intelligence : a new synthesis*. Morgan-Kaufmann, 1998.

[Nil09]   N. Nilsson. *The quest for artificial intelligence*. Cambridge University Press, 2009.

[NKB+20]   Preetum Nakkiran, Gal Kaplun, Yamini Bansal, Tristan Yang, Boaz Barak, and Ilya Sutskever. Deep double descent : Where bigger models and more data hurt. In *8th International Conference on Learning Representations, ICLR 2020, Addis Ababa, Ethiopia, April 26-30, 2020*. OpenReview.net, 2020.

[NN97]   P. Njiwoua and E. Mephu Nguifo. Iglue : An instance-based learning system over lattice theory. In *Proceedings of the ICTAI'97*, pages 75–76, 1997.

[NS93]   A. Nerode and R. Shore. *Logic for Applications*. Springer-Verlag, 1993.

[NT09]   D. Needell and J. Tropp. Cosamp : Iterative signal recovery from incomplete and inaccurate samples. *Applied and Computational Harmonic Analysis*, 26(3) :301–321, 2009.

[NW70]   Saul B Needleman and Christian D Wunsch. A general method applicable to the search for similarities in the amino acid sequence of two proteins. *Journal of molecular biology*, 48(3) :443–453, 1970.

[NWL+07]   P. Näm, P.-H. Wuillemin, P. Leray, O. Pourret, and A. Becker. *Réseaux Bayésiens (3ème éd.)*. Eyrolles, 2007.

[OBPR16]   I. Osband, C. Blundell, A. Pritzel, and B. Van Roy. Deep exploration via bootstrapped dqn. In *Advances in Neural Information Processing Systems*, pages 4026–4034, 2016.

[OG92]   J. Oncina and P. García. Inferring regular languages in polynomial updated time. In *Pattern Recognition and Image Analysis : Selected papers from the IVth Spanish Symposium*, pages 49–61. World Scientific, 1992.

[OH91]   M. Opper and D. Haussler. Calculation of the learning curve of bayes optimal classification algorithm for learning a perceptron with noise. In *Workshop on Computational Learning Theory (COLT'91)*, pages 75–87. Morgan Kaufmann, 1991.

[O'N18]   Cathy O'Neil. *Algorithmes : la bombe à retardement*. Les Arènes, 2018.

[Orp92]   P. Orponen. Neural networks and complexity theory. Technical report, Department of Computer Science, University of Helsinki., Helsinki, Finland, 1992.

[Par62]   E. Parzen. On estimation of a probability density function and mode. *Annals of Mathematical Statistics*, 33(3), 1962.

[PC02]   S. Parthasarathy and M. Coatney. Efficient discovery of common substructures in macromolecules. In *Data Mining, 2002. ICDM 2003. Proceedings. 2002 IEEE International Conference on*, pages 362–369. IEEE, 2002.

[PCS05]   N. Pernot, A. Cornuéjols, and M. Sebag. Phase transitions within grammatical inference. In *Int. Joint Conf. on Artificial Intelligence (IJCAI-05)*, 2005.

[Pea78]   J. Pearl. On the connection between the complexity and credibility of inferred models. *Int. J. Gen. Syst.*, 4 :255–264, 1978.

[Pea88]   J. Pearl. *Probabilistic reasoning in intelligent systems*. Morgan-Kaufmann, 1988.

[Pea93]   J. Pearl. Graphical models, causality and intervention. *Statistical Science*, 8(3) :266–269, 1993.

[Pea98]   J. Pearl. Graphical models for probabilistic and causal reasoning. In *Quantified representation of uncertainty and imprecision*, pages 367–389. Springer, 1998.

[Pea09a]   J. Pearl. *Causality. Models, reasoning and inference (2nd Ed.)*. Cambridge University Press, 2009.

[Pea09b]   Judea Pearl. Causal inference in statistics : An overview. *Statist. Surv.*, 3 :96–146, 2009.

[Pea09c]   Judea Pearl. *Causality*. Cambridge university press, 2009.

[Pet12]   François Petitjean. *Dynamic time warping : apports théoriques pour l'analyse de données temporelles : application à la classification de séries temporelles d'images satellites*. PhD thesis, Strasbourg, 2012.

[PGV89]   J. Pearl, D. Geiger, and T. Verma. The logic of influence diagrams. In R. M. Oliver and J. Q. Smith, editors, *Influence Diagrams, Belief Nets and Decision Analysis*, pages 67–87. John Wiley and Sons, Ltd., 1989.

[PGV+18]   Liudmila Prokhorenkova, Gleb Gusev, Aleksandr Vorobev, Anna Veronika Do-rogush, and Andrey Gulin. Catboost : unbiased boosting with categorical fea-tures. In S. Bengio, H. Wallach, H. Larochelle, K. Grauman, N. Cesa-Bianchi, and R. Garnett, editors, *Advances in Neural Information Processing Systems 31*, pages 6638–6648. Curran Associates, Inc., 2018.

[PH98]   P. Pudil and J. Hovovicova. Novel methods for subset selection with respect to problem knowledge. *IEEE Intelligent Systems and their Applications*, 13(2) :66–74, 1998.

[PIG12]   François Petitjean, Jordi Inglada, and Pierre Gançarski. Satellite image time series analysis under time warping. *IEEE transactions on geoscience and remote sensing*, 50(8) :3081–3095, 2012.

[Pit89]   L. Pitt. Inductive Inference, DFA's and Computational Complexity. In K. P. Jantke, editor, *Workshop on analogical and inductive inference, AII89*, number 397 in Lecture Notes in Artificial Intelligence, pages 18–44. Springer-Verlag, 1989.

[PK92]   M. Pazzani and D. Kibler. The utility of knowledge in inductive learning. *Machine Learning*, 9(1) :56–94, 1992.

[Pla99]   J. Platt. Fast training of support vector machines using sequential minimalop-timisation. In Bernhard Schölkopf, Christopher Burges, and Alexander Smola, editors, *Advance in Kernel Methods. Support Vector Learning*, pages 185–208. MIT Press, 1999.

[PLC08]   P. Peris, D. López, and M. Campos. IgTM : An algorithm to predict transmem-brane domains and topology in proteins. *BMC Bioinformatics*, 9, 2008.

[Plo70]   G. Plotkin. A note on induction generalization. *Machine Intelligence*, 5, 1970.

[Plo71a]   G. Plotkin. *Automatic methods of inductive inference*. PhD thesis, Edinburgh University, 1971.

[Plo71b]   G. Plotkin. A further note on induction generalization. *Machine Intelligence*, 6 :101–124, 1971.

[PLT04]   E. Prudhomme, S. Lallich, and O. Teytaud. Contrôle du risque multiple en sélection de règles d'association. In *EGC-2004*, 2004.

[PMB09]   H. Paugam-Moisy and S. Bohte. Computing with spiking neuron networks. In J. Kok and T. Heskes, editors, *Handbook of Natural Computing*, pages xxx–xxx+40. Springer Verlag, 2009.

[Poo00]   David Poole. Abducing through negation as failure : Stable models within the independent choice logic. *The Journal of Logic Programming*, 44(1-3) :5–35, 2000.

[PSF91]   G. Piatetsky-Shapiro and W. Frawley. *Knowledge Discovery in Databases*. AAAI/MIT Press, 1991.

[PV88]   L. Pitt and L. Valiant. Computational limitations on learning from examples. *Communications of the ACM*, 35(4) :965–984, 1988.

[PY10a]   S. Pan and Q. Yang. A survey on transfer learning. *IEEE Trans. on Knowl. and Data Eng.*, 22(10) :1345–1359, October 2010.

[PY10b]   S. Pan and Q. Yang. A survey on transfer learning. *IEEE Transactions on knowledge and data engineering*, 22(10) :1345–1359, 2010.

[QC95]   J. Quinlan and R. Cameron-Jones. Induction of logic programs : Foil and related systems. *New Generation Computing*, 13(3-4) :287–312, 1995.

[QCSSL09]   J. Quinonero-Candela, M. Sugiyama, A. Schwaighofer, and N. Lawrence, editors. *Dataset shift in machine learning*. MIT Press, 2009.

[Qia99]   Ning Qian. On the momentum term in gradient descent learning algorithms. *Neural Netw.*, 12(1) :145–151, January 1999.

[QR89]   J. Quinlan and R. Rivest. Inferring decision trees using the minimum description length principle. *Information and Computation*, 80 :227–248, 1989.

[Qui82]   JR Quinlan. Semi-autonomous acquisition of pattern-based knowledge. *Introductory readings in expert systems*, 12, 1982.

[Qui90]   J. Quinlan. Learning logical definitions from relations. *Machine Learning*, 5 :239–266, 1990.

[Qui93]   J. Quinlan. C4.5 : *Programs for Machine Learning*. Morgan Kaufmann, 1993.

[Rab89]   L. Rabiner. A tutorial on hidden Markov models and selected applications in speech recognition. *Proceedings of the IEEE*, 37, No 2, 1989.

[Rae08]   L. De Raedt. *Logical and relational learning*. Springer, 2008.

[Ran71]   William M Rand. Objective criteria for the evaluation of clustering methods. *Journal of the American Statistical association*, 66(336) :846–850, 1971.

[Ran00]   J. Randlov. Shaping in reinforcement learning by changing the physics of the problem. In *17th International Conference on Machine Learning (ICML'2000)*, pages 767–774. Morgan Kaufmann, 2000.

[RBE10]   R. Rubinstein, A. Bruckstein, and M. Elad. Dictionaries for sparse representation modeling. *Proceedings of the IEEE*, 98(6) :1045–1057, 2010.

[RFKT08]   L. De Raedt, P. Frasconi, K. Kersting, and H. Toivonen, editors. *Probabilistic inductive logic programming - Theory and applications*. LNAI-4911. Springer, 2008.

[RGH09]   M. Riedmiller, T. Gabel, and R. et al Hafner. Reinforcement learning for robot soccer. *Auton Robot*, 27 :5573, 2009.

[RHW86]   D. Rumelhart, G. Hinton, and R. Williams. Learning internal representations by error propagation. In *Parallel Distributed Processing : Explorations in the Microstructure of Cognition*, volume 1 : Foundations. Bradford Book, MIT Press, 1986.

[Rip96]   B. Ripley. *Pattern recognition and neural networks*. Cambridge University Press, 1996.

[Ris78]   J. Rissanen. Modeling by the shortest data description. *Automatica*, 14 :465–471, 1978.

[RJ93]   L. Rabiner and F. Juang. *Fundamentals of Speech Recognition*. Prentice-Hall, 1993.

[RLPB08]   H. R. Landau, M. J. Paez, and C. Bordeianu. *A survey of computational physics. Introductory computational science*. Princeton University Press, 2008.

[RM01]   N. Roy and A. McCallum. Toward optimal active learning through sampling estimation of error reduction. In *Int. Conf. on Machine Learning (ICML-01)*, pages 441–448, 2001.

[Rob52]   H. Robbins. Some aspects of the sequential design of experiments. *Bulletin of the American Mathematical Society*, 58(5) :527–535, 1952.

[Rob65]   J. Robinson. A machine-oriented logic based on the resolution principle. *Journal of the ACM*, 12(1) :23–41, 1965.

[Rob77]   R. W. Robinson. Counting unlabeled acyclic digraphs. In C.H.C. Little, editor, *Combinatorial Mathematics*, volume 622 of *Lectures Notes in Mathematics*. Springer-Verlag, 1977.

[Rob97]   S. Roberts. *An Introduction to Progol*. Oxford University, January 1997.

[Ros58]   F. Rosenblatt. The perceptron : A probabilistic model for information storage and organization in the brain. *Psychological review*, 65(6) :386, 1958.

[Ros62]   F. Rosenblatt. *Principles of neurodynamics : Perceptrons and the theory of brain mechanisms*. Spartan. Washington, DC, 1962.

[Ros97]   R. Rosenfeld. The EM algorithm. Technical report, Computer Science Department, Carnegie-Mellon University, Pittsburg, February 1997.

[RPV89]   H. Rulot, N. Prieto, and E. Vidal. Learning accurate finite-state structural models of words : the ECGI algorithm. In *ICASSP'89*, volume 1, pages 643–646, 1989.

[RR83]   Paul R Rosenbaum and Donald B Rubin. The central role of the propensity score in observational studies for causal effects. *Biometrika*, 70(1) :41–55, 1983.

[RS89]   C. Riesbeck and R. Schank. *Inside Case-based Reasoning*. Lawrence Erlbaum Associates, 1989.

[RS00]   Sam T. Roweis and Lawrence K. Saul. Nonlinear dimensionality reduction by locally linear embedding. *SCIENCE*, 290 :2323–2326, 2000.

[RS07]   B. Roark and R. Sproat. *Computational Approaches to Syntax and Morphology*. Oxford University Press, 2007.

[RSG16]   Marco Tulio Ribeiro, Sameer Singh, and Carlos Guestrin. " why should i trust you ?" explaining the predictions of any classifier. In *Proceedings of the 22nd ACM SIGKDD international conference on knowledge discovery and data mining*, pages 1135–1144, 2016.

[RSK03]   M. Robnik-Sikonja and I. Kononenko. Theoretical and empirical analysis of relieff and rrelieff. *Machine Learning Journal*, 53 :23, 2003.

[RSM07]   H. Raffelt, B. Steffen, and T. Margaria. Dynamic testing via automata learning. In *Haifa Verification Conference*, volume 4899 of *LNCS*, pages 136–152. Springer-Verlag, 2007.

[Rub05]   Donald B Rubin. Causal inference using potential outcomes : Design, modeling, decisions. *Journal of the American Statistical Association*, 100(469) :322–331, 2005.

[Rus19]   Stuart Russell. *Human compatible : Artificial intelligence and the problem of control*. Penguin, 2019.

[RV88]   H. Rulot and E. Vidal. An efficient algorithm for the inference of circuit-free automata. In G. Ferratè, T. Pavlidis, A. Sanfeliu, and H. Bunke, editors, *Advances in Structural and Syntactic Pattern Recognition*, pages 173–184. NATO ASI, Springer-Verlag, 1988.

[RW84]   R. Redner and H. Walker. Mixture densities, maximum likelihood and the em algorithm. *SIAM Review*, 26 :195–239, 1984.

[RW13]   M. M. Richter and R. O. Weber. *Case-based reasoning, a textbook.* Springer, 2013.

[SA77]   R. Schank and R. Abelson. *Scripts, plans, goals and understanding : An inquiry into human knowledge structures.* Lawrence Erlbaum Associates, 1977.

[SA94]   S. Schaal and C. Atkeson. Robot juggling : an implementation of memory-based learning. *Control Systems Magazine*, 18, 1994.

[SA96]   R. Srikant and R. Agrawal. Mining sequential patterns : Generalizations and performance improvements. *Advances in Database TechnologyEDBT'96*, pages 1–17, 1996.

[SAH+19]   Julian Schrittwieser, Ioannis Antonoglou, Thomas Hubert, Karen Simonyan, Laurent Sifre, Simon Schmitt, Arthur Guez, Edward Lockhart, Demis Hassabis, Thore Graepel, et al. Mastering atari, go, chess and shogi by planning with a learned model. *arXiv preprint arXiv :1911.08265*, 2019.

[Sak03]   J. Sakarovitch. *Éléments de théorie des automates.* Vuibert, 2003.

[Sak05]   Y. Sakakibara. Grammatical inference in bioinformatics. *IEEE Trans. Pattern Anal. Mach. Intell.*, 27(7) :1051–1062, 2005.

[Sam59]   A. Samuel. Some studies in machine learning using the game of checkers. *IBM Journal of Research and Development*, 3 :210–229, 1959.

[Sam93]   C. Sammut. The Origine of Inductive Logic Programming : a Prehistoric Tale. In *Proceedings of the 3th International Workshop on Inductive Logic Programming*, pages 127–148, Bled, Slovenia, April 1993.

[Sam06]   H. Samet. *Foundations of multidimensional and metric data structures.* Morgan Kaufmann, 2006.

[Sap90]   G. Saporta. *Probabilités, analyse des données et statistiques.* Technip, 1990.

[SB97]   S. Singh and D. Bertsekas. Reinforcement learning for dynamical channel allocation in cellular telephone systems. In *Advances in Neural Information Processing Systems : Proceedings of the 1996 Conference*, pages 974–980. MIT Press, 1997.

[SB08]   O. Sigaud and O. Buffet, editors. *Processus décisionnels de Markov en intelligence artificielle (volume 1).* Hermes-Lavoisier, 2008.

[SB16]   Diego F Silva and Gustavo EAPA Batista. Speeding up all-pairwise dynamic time warping matrix calculation. In *Proceedings of the 2016 SIAM International Conference on Data Mining*, pages 837–845. SIAM, 2016.

[SBB+16]   Adam Santoro, Sergey Bartunov, Matthew Botvinick, Daan Wierstra, and Timothy Lillicrap. Meta-learning with memory-augmented neural networks. In Maria Florina Balcan and Kilian Q. Weinberger, editors, *Proceedings of The 33rd International Conference on Machine Learning*, volume 48 of *Proceedings of Machine Learning Research*, pages 1842–1850, New York, New York, USA, 20–22 Jun 2016. PMLR.

[SBE99]   B. Schölkopf, C. Burges, and A. Smola (Eds). *Advances in kernel methods. Support vector learning.* MIT Press, 1999.

[SC78]   Hiroaki Sakoe and Seibi Chiba. Dynamic programming algorithm optimization for spoken word recognition. *IEEE transactions on acoustics, speech, and signal processing*, 26(1) :43–49, 1978.

[SC08]   I. Steinwart and A. Christmann. *Support Vector Machines*. Springer, 2008.

[SCD$^+$17]   Ramprasaath R. Selvaraju, Michael Cogswell, Abhishek Das, Ramakrishna Vedantam, Devi Parikh, and Dhruv Batra. Grad-cam : Visual explanations from deep networks via gradient-based localization. In *ICCV*, pages 618–626. IEEE Computer Society, 2017.

[Sch78]   G. Schwartz. Estimating the dimension of a model. *Annals of Statistics*, 6 :461–464, 1978.

[Sch90]   R. Schapire. The strength of weak learnability. *Machine Learning journal*, 5(2) :197–227, 1990.

[Sch92]   R. Schalkoff. *Pattern Recognition*. Wiley, 1992.

[Sch94]   J. Schmidhuber. On learning how to learn lerning strategies. Technical Report FKI-198-94, Fakultat fur Informatik, 1994.

[Sch97]   B. Schölkopf. *Support vector learning*. PhD thesis, University of Berlin, 1997. Available from http ://www.kyb.tuebingen.mpg.de/ bs.

[Seb94a]   M. Sebag. A constraint-based induction algorithm. In W. Cohen and H. Hirsh, editors, *Proceedings of ICML-94*. Morgan Kaufmann, 1994.

[Seb94b]   M. Sebag. Using constraints to build version spaces. In *Proceedings of the 1994 European Conference on Machine Learning*, 1994.

[Sej18]   Terrence J Sejnowski. *The Deep Learning Revolution*. MIT Press, 2018.

[Sel74]   Peter H Sellers. On the theory and computation of evolutionary distances. *SIAM Journal on Applied Mathematics*, 26(4) :787–793, 1974.

[Set09]   B. Settles. Active learning literature survey. Technical Report Computer Sciences Technical Report 1648, University of Wisconsin-Madison, January 9, 2009 2009.

[SFBL98]   R. Shapire, Y. Freund, P. Bartlett, and W. S. Lee. Boosting the margin : A new explanation for the effectiveness of voting methods. *The Annals of Statistics*, 26(5) :1651–1686, 1998.

[SGS01]   P. Spirtes, C. Glymour, and R. Scheines. *Causation, Prediction and Search (2nd Ed.)*. MIT Press, 2001.

[SH09]   R Salakhutdinov and G Hinton. Deep boltzmann machines. In David van Dyk and Max Welling, editors, *Proceedings of the Twelth International Conference on Artificial Intelligence and Statistics*, volume 5 of *Proceedings of Machine Learning Research*, pages 448–455, Hilton Clearwater Beach Resort, Clearwater Beach, Florida USA, 16–18 Apr 2009. PMLR.

[Sha50]   C. Shannon. Programming a computer for playing chess. *Philosophical Magazine*, 41 :256–275, 1950.

[Sha83]   E. Shapiro. *Algorithmic program debugging*. MIT Press, 1983.

[SHM$^+$16]   D. Silver, A. Huang, C. Maddison, A. Guez, L. Sifre, G. Van Den Driessche, J. Schrittwieser, I. Antonoglou, V. Panneershelvam, M. Lanctot, and al. Mastering the game of go with deep neural networks and tree search. *Nature*, 529(7587) :484–489, 2016.

[Sho77]   Edward H Shortliffe. Mycin : A knowledge-based computer program applied to infectious diseases. In *Proceedings of the Annual Symposium on Computer Application in Medical Care*, page 66. American Medical Informatics Association, 1977.

[SHSW01]   B. Schölkopf, R. Herbrich, A. Smola, and R. Williamson. A generalized representer theorem. In *COLT-2001*. Springer, 2001.

[Sim85]   J.-C. Simon. *La reconnaissance des formes par algorithmes*. Masson, 1985.

[SIV16]   C. Szegedy, S. Ioffe, and V. Vanhoucke. Inception-v4, inception-resnet and the impact of residual connections on learning. *CoRR*, abs/1602.07261, 2016.

[SK99]   Panu Somervuo and Teuvo Kohonen. Self-organizing maps and learning vector quantization for feature sequences. *Neural Processing Letters*, 10(2) :151–159, 1999.

[SKKR01]   B. Sarwar, G. Karypis, J. Konstan, and J. Reidl. Item-based collaborative filtering recommendation algorithms. In *Proceedings of the tenth International Conference on World Wide Web*, pages 202–208, 2001.

[SKM07]   M. Sugiyama, M. Kraudelat, and K.-R. Müller. Covariate shift adaptation by importance weighted cross validation. *Journal of Machine Learning Research*, 8 :985–1005, 2007.

[SKS07]   R. Sutton, A. Koop, and D. Silver. On the role of tracking in stationary environments. In *Proceedings of the 24th international conference on Machine learning*, pages 871–878, Corvalis, Oregon, 2007. ACM.

[SKZ05]   Taisuke Sato, Yoshitaka Kameya, and Neng-Fa Zhou. Generative modeling with failure in prism. In *IJCAI*, pages 847–852, 2005.

[SL91]   S. Rasoul Safavian and D. Landgrebe. A survey of decision tree classifier methodology. *IEEE Transactions on SMC*, 21(3), 1991.

[SLD02]   M. Saerens, P. Latinne, and C. Decaestecker. Adjusting the outputs of a classifier to new a priori probabilities : A simple procedure. *Neural Computation*, 14(1) :21–41, 2002.

[SLH$^+$14]   D. Silver, G. Lever, N. Heess, T. Degris, D. Wierstra, and M. Riedmiller. Deterministic policy gradient algorithms. In *Proceedings of the 31st International Conference on Machine Learning (ICML-14)*, pages 387–395, 2014.

[SLJ$^+$03]   S. Singh, M. Littman, N. Jong, D. Pardoe, and P. Stone. Learning predictive state representations. In *20th International Conference on Machine Learning (ICML-2003*, pages 712–719, 2003.

[SLJ$^+$14]   C. Szegedy, W. Liu, Y. Jia, P. Sermanet, S.E. Reed, D. Anguelov, D. Erhan, V. Vanhoucke, and A. Rabinovich. Going deeper with convolutions. *CoRR*, abs/1409.4842, 2014.

[SLJ$^+$15]   C. Szegedy, W. Liu, Y. Jia, P. Sermanet, S. Reed, D. Anguelov, D. Erhan, V. Vanhoucke, and A. Rabinovich. Going deeper with convolutions. In *The IEEE Conference on Computer Vision and Pattern Recognition (CVPR)*, June 2015.

[SNK$^+$08]   M. Sugiyama, S. Nakajima, H. Kashima, P. Buenau, and M. Kawanabe. Direct importance estimation with model selection and its application to covariate shift adaptation. In *Advances in neural information processing systems*, pages 1433–1440, 2008.

[Sol64]   R. Solomonoff. A formal theory of inductive inference, part 1 and part 2. *Information and Control*, 7 :1–22, 224–254, 1964.

[SOS92]   H. S. Seung, M. Opper, and H. Sompolinsky. Query by committee. In *COLT'92*, pages 287–294, Pittsburgh, PA, USA, 1992. ACM Press.

[SP97]   M. Schuster and K.K. Paliwal. Bidirectional recurrent neural networks. *Trans. Sig. Proc.*, 45(11) :2673–2681, November 1997.

[SQAS15]   Tom Schaul, John Quan, Ioannis Antonoglou, and David Silver. Prioritized experience replay, 2015.

[SR90]   B. Smith and P. Rosenbloom. Incremental non-backtracking focussing : A polynomially-bounded generalization algorithm for version space. In *National Conference on Artificial Intelligence (AAAI'90)*, pages 848–853, 1990.

[SR16]   Matthias Studer and Gilbert Ritschard. What matters in differences between life trajectories : a comparative review of sequence dissimilarity measures. *Journal of the Royal Statistical Society : Series A (Statistics in Society)*, 179(2) :481–511, 2016.

[SRSS06]   S. Sonnenburg, G. Rätsch, C. Schäfer, and B. Schölkopf. Large scale multiple kernel learning. *Journal of Machine Learning Research*, 7(Jul) :1531–1565, 2006.

[SS98a]   R. Schapire and Y. Singer. Improved boosting algorithms using confidence-rated predictions. In *Eleventh Annual Conference On Computationnal Learning Theory (COLT)*, 1998.

[SS98b]   A. Smola and B. Schölkopf. On a kernel-based method for pattern recognition, regression, approximation and operator inversion. *Algorithmica*, 22 :211–231, 1998.

[SS02]   B. Schölkopf and A. Smola. *Learning with kernels. Support vector machines, regularization, optimization, and beyond.* MIT Press, 2002.

[SS15]   S.Ioffe and C. Szegedy. Batch normalization : Accelerating deep network training by reducing internal covariate shift. In Francis R. Bach and David M. Blei, editors, *ICML*, volume 37 of *JMLR Workshop and Conference Proceedings*, pages 448–456. JMLR.org, 2015.

[SSBD14]   S. Shalev-Shwartz and S. Ben-David. *Understanding machine learning : From theory to algorithms.* Cambridge university press, 2014.

[SSS+17]   D. Silver, J. Schrittwieser, K. Simonyan, I. Antonoglou, A. Huang, A. Guez, T. Hubert, L. Baker, M. Lai, A. Bolton, and al. Mastering the game of go without human knowledge. *Nature*, 550(7676) :354, 2017.

[SST92]   S. Seung, H. Sompolinsky, and N. Tishby. Statistical mechanics of learning from examples. *Physcal Review (A)*, 45 :6056–6091, 1992.

[SSTSW99] B. Schölkopf, J. Shawe-Taylor, A. Smola, and R. Williamson. Kernel-dependent support vector error bounds. In *Ninth International Conference on Artificial Neural Networks, 1999 (ICANN 99).*, pages 103–108, Edinburgh, UK, 1999.

[Sta96]   P. Stadler. Landscape and their correlation functions. *Journal of Mathematical Chemistry*, 20 :1–45, 1996.

[STBWA96] J. Shawe-Taylor, P. Bartlett, R. Williamson, and M. Anthony. A framework for structural risk minimization. *Proceedings of the 9th Annual ACM Workshop on Computational Learning Theory*, pages 68–76, 1996.

[STBWA98] J. Shawe-Taylor, P. Bartlett, R. Williamson, and M. Anthony. Structural risk minimization over data-dependent hierarchies. *IEEE Transactions on Information Theory*, 44 :1926–1940, 1998.

[STC04]   J. Shawe-Taylor and N. Cristianini. *Kernel methods for pattern analysis.* Cambridge University Press, 2004.

[Sto77]   C. J. Stone. Consistent nonparametric regression. *Ann. Statist.*, 5(4) :595–620, 1977.

[Sto04]   J. Stone. *Independent component analysis. A tutorial introduction.* MIT Press, 2004.

[Str00]   M. Strens. A bayesian framework for reinforcement learning. In *17th International Conference on Machine Learning (ICML'2000)*, pages 943–950. Morgan Kaufmann, 2000.

[Stu10]   Elizabeth A. Stuart. Matching methods for causal inference : A review and a look forward. *Statist. Sci.*, 25(1) :1–21, 02 2010.

[STV04]   B. Schölkopf, K. Tsuda, and J.-P. Vert, editors. *Kernels Methods in Computational Biology.* MIT Press, 2004.

[SVI$^+$15]   C. Szegedy, V. Vanhoucke, S. Ioffe, J. Shlens, and Z. Wojna. Rethinking the inception architecture for computer vision. *CoRR*, abs/1512.00567, 2015.

[SW98]   C. Shannon and W. Weaver. *The mathematical theory of communication.* University of Illinois press, 1998.

[SZ13]   Lorenza Saitta and Jean-Daniel Zucker. *Abstraction in artificial intelligence and complex systems*, volume 456. Springer, 2013.

[SZ14]   K. Simonyan and A. Zisserman. Very deep convolutional networks for large-scale image recognition. *CoRR*, abs/1409.1556, 2014.

[Sze10]   C. Szepesvári. Algorithms for reinforcement learning. *Synthesis lectures on artificial intelligence and machine learning*, 4(1) :1–103, 2010.

[Tau94]   B. Tausend. Representing biases for Inductive Logic Programming. In *proceedings of ECML'94*, pages 427–430, 1994.

[TB73]   B. Trakhtenbrot and Ya. Barzdin. *Finite Automata : Behavior and Synthesis.* North Holland Pub. Comp., Amsterdam, 1973.

[TC11]   M. I. Torres and F. Casacuberta. Stochastic k-tss bi-languages for machine translation. In *FSMNLP*, ACL Anthology, pages 98–106. Association for Computational Linguistics, 2011.

[TD00]   F. Thollard and P. Dupont. Inférence grammaticale probabiliste utilisant la divergence de kullback-leibler et un principe de minimalité. In *CAP2000, Conférence d'apprentissage*, pages 259–275. Hermès, 2000.

[TdSL00]   Joshua B. Tenenbaum, Vin de Silva, and John C. Langford. A global geometric framework for nonlinear dimensionality reduction. *Science*, 290(5500) :2319, 2000.

[Teg17]   M. Tegmark. *Life 3.0 : Being Human in the Age of Artificial Intelligence.* Allen Lane, 2017.

[Tes92]   G. Tesauro. Practical issues in temporal difference learning. *Machine Learning Journal*, 8 :257–278, 1992.

[Tes94]   G. Tesauro. Td-gammon, a self-teaching backgammon program, achieves master-level play. *Neural Computation*, 6 :215–219, 1994.

[Tes95]   G. Tesauro. Temporal difference learning and td-gammon. *Communications of the ACM*, 38(3) :58–67, 1995.

[TG07]   J. Tropp and A. Gilbert. Signal recovery from random measurements via orthogonal matching pursuit. *IEEE Transactions on information theory*, 53(12) :4655–4666, 2007.

[TK00]   S. Tong and D. Koller. Active learning for parameter estimation in bayesian networks. In *Advances in Neural Information Processing Systems (NIPS-00)*, volume 13, pages 647–653, 2000.

[TL01]   O. Teytaud and S. Lallich. Bornes uniformes en extraction de règles. In Gilles Bisson, editor, *Conférence d'Apprentissage (CAP-01)*, pages 133–148, Grenoble, 2001. PUG.

[TM95]   S. Thrun and T. Mitchell. Learning one more thing. In *Proceedings of the Fourteenth International Joint Conference on Artificial Intelligence (IJCAI)*, volume 2, pages 1217–1223. Morgan Kaufmann, 1995.

[TPW16]   Y. Taigman, A. Polyak, and L. Wolf. Unsupervised cross-domain image generation. *CoRR*, abs/1611.02200, 2016.

[TSM85]   D. Titterington, A. Smith, and U. Makov. *Statistical analysis of finite mixture distributions*. John Wiley and Sons, 1985.

[Tur50]   A. Turing. Computing machinery and intelligence. *Mind*, 59(236) :433–460, 1950.

[Tur92]   A. Turing. Intelligent machinery. In D. Ince, editor, *Collected works of Alan Turing : Mechanical Intelligence*. Elsevier, 1992.

[Utg89]   P. Utgoff. Incremental induction of decision trees. *Machine Learning*, 4(2), 1989.

[Vaa17]   F. Vaandrager. Model learning. *Communications of the ACM*, 60(2) :86–95, 2017.

[Val84]   L. Valiant. A theory of the learnable. *Communications of the ACM*, 27(11) :1134–1142, 1984.

[Vap82]   V. Vapnik. *Estimation of dependences based on empirical data*. Springer-Verlag, 1982.

[Vap95]   V. Vapnik. *The nature of statistical learning theory*. Springer-Verlag, 1995.

[VC71]   V. Vapnik and A. Chervonenkis. On the uniorm convergence of relative frequencies of events to their probabilities. *Theory of Probability and its Applications*, 16(2) :264–280, 1971.

[VC91]   V. Vapnik and A. Chervonenkis. The necessary and sufficient conditions for the consistency of the method of empirical risk minimization. *Pattern Recognition and Image Analysis*, 1 :284–305, 1991.

[VD02]   R. Vilalta and Y. Drissi. A perspective view and a survey of meta-learning. *Artificial Intelligence Review*, 18 :77–95, 2002.

[vdMH08]   L.J.P van der Maaten and G.E. Hinton. Visualizing high-dimensional data using t-sne. *Journal of Machine Learning Research*, 9 : 2579-2605, Nov 2008.

[vHGS16]   Hado van Hasselt, Arthur Guez, and David Silver. Deep reinforcement learning with double q-learning. In *Proceedings of the Thirtieth AAAI Conference on Artificial Intelligence*, page 20942100, 2016.

[Vid94]   E. Vidal. New formulation and improvements of the nearest-neighbour approximation and eliminating search algorithm (AESA). *Pattern Recognition Letters*, pages 1–7, January 1994.

[Vid97]   M. Vidyasagar. *A theory of learning and generalization.* Springer-Verlag, 1997.

[Vid03]   M. Vidyasagar. *Learning and Generalization. With applications to neural networks. (2nd ed.).* Springer-Verlag, 2003.

[Vit85]   J. S. Vitter. Random sampling with a reservoir. *ACM Trans. on Mathematical Software*, 11(1) :37–57, 1985.

[VL07]   Ulrike Von Luxburg. A tutorial on spectral clustering. *Statistics and computing*, 17(4) :395–416, 2007.

[vLBS04]   U. von Luxburg, O. Bousquet, and B. Schölkopf. A compression approach to support vector model selection. *Journal of Machine Learning Research*, 5 :293–323, 2004.

[VLC94]   V. Vapnik, E. Levin, and Y. Le Cun. Measuring the VC-dimension of a learning machine. *Neural Computation*, 6 :851–876, 1994.

[VPT16]   C. Vondrick, H. Pirsiavash, and A. Torralba. Generating videos with scene dynamics. *CoRR*, abs/1609.02612, 2016.

[VTBE14]   O. Vinyals, A. Toshev, S. Bengio, and D. Erhan. Show and tell : A neural image caption generator. *CoRR*, abs/1411.4555, 2014.

[Wal77]   R. Waldinger. Achieving several goals simultaneously. In *Machine Intelligence 8.* Ellis Horwood Ltd, 1977.

[Wat85]   S. Watanabe. *Pattern recognition : human and mechanical.* Wiley, 1985.

[Wat89]   C. Watkins. *Learning from delayed rewards.* PhD thesis, King's College, Cambridge, UK, 1989.

[WB85]   C. Wallace and D. Boulton. An information measure for classification. *Computing Journal*, 11 :185–195, 1985.

[Web99]   A. Webb. *Statistical pattern recognition.* Arnold, 1999.

[Wer84]   P. Werbos. *The Roots of Backpropagation.* Wiley, 1984.

[WF99]   I. Witten and E. Frank. *Data Mining : Practical Machine Learning Tools and Techniques.* Morgan Kaufmann, 1999.

[WFRT00]   A. Wilson, A. Fern, S. Ray, and P. Tadepalli. A bayesian framework for reinforcement learning. In *International Conference on Machine Learning (ICML-00)*, pages 1015–1022. ACM, 2000.

[WH60]   B. Widrow and M. Hoff. Adaptive switching circuits. Technical report, STANFORD UNIV CA STANFORD ELECTRONICS LABS, 1960.

[Wid94]   B. Widrow. 30 years of adaptive neural networks : Perceptron, madaline and backpropagation. *Proceedings of the IEEE*, 78(9), 1994.

[Wie48]   N. Wiener. *Cybernetics : Control and communication in the animal and the machine.* Wiley New York, 1948.

[Wil92a]   R. Wille. Concept lattices and conceptual knowledge systems. *Computers Mathematical application*, 23 :493–515, 1992.

[Wil92b]   R. Williams. Simple statistical gradient-following algorithms for connectionist reinforcement learning. *Machine Learning Journal*, 8 :229–256, 1992.

[Wil05]   G. Wilson. *Data Crunching : Solve Everyday Problems Using Java, Python, and more.* Pragmatic Bookshelf, 2005.

[Win70]   P. Winston. *Learning structural descriptions from examples*. PhD thesis, MIT, 1970. MIT Technical Report AI-TR-231.

[Win75]   P. Winston. Learning Structural Descriptions from Examples. In *The psychology of Computer Vision*. McGraw-Hill, 1975.

[WK91]   S. Weiss and C. Kulikowski. *Computer Systems That Learn*. Morgan Kaufmann, 1991.

[Wol92a]   D. Wolpert. On the connection between in-sample testing and generalization error. *Complex Systems*, 6 :47–94, 1992.

[Wol92b]   D. Wolpert. Stacked generalization. *Neural Networks*, 5(2) :341–259, 1992.

[Wol95]   D. Wolpert, editor. *The mathematics of generalization*. Addison Wesley, 1995.

[Wol97]   D. Wolpert. No free lunch theorem for optimization. *IEEE Transactions on evolutionary computation*, 1 (1) :467–82, 1997.

[WRB93]   T. Watkin, A. Rau, and M. Biehl. The statistical mechanics of learning a rule. *Review of Modern Physics*, 65 :499–556, 1993.

[WRX17]   H. Wang, B. Raj, and E.P. Xing. On the origin of deep learning. *CoRR*, abs/1702.07800, 2017.

[WSH+16]   Z Wang, T Schaul, M Hessel, H Hasselt, M Lanctot, and N Freitas. Dueling network architectures for deep reinforcement learning. In Maria Florina Balcan and Kilian Q. Weinberger, editors, *Proceedings of The 33rd International Conference on Machine Learning*, volume 48 of *Proceedings of Machine Learning Research*, pages 1995–2003, New York, New York, USA, 20–22 Jun 2016. PMLR.

[WSS01]   R. Williamson, A. Smola, and B. Schölkopf. Generalization bounds for regularization networks and support vector machines via entropy numbers of compact operators. *IEEE Transactions on Information Theory*, 2001.

[WU14]   W. Wieczorek and O. Unold. Induction of directed acyclic word graph in a bioinformatics task. In *Proceedings of the Twelfth International Conference on Grammatical Inference, ICGI 2014*, JMLR Proceedings, pages 207–217, 2014.

[WY19]   Yaqing Wang and Quanming Yao. Few-shot learning : A survey. *CoRR*, abs/1904.05046, 2019.

[XJK01]   E. Xing, M. Jordan, and R. Karp. Feature selection for high-dimensional genomic microarray data. In *Int. Conf. on Machine Learning (ICML-01)*, 2001.

[YB98]   Y. Yang and A. Barron. An asymptotic property of model selection criteria. *IEEE Transactions on Information Theory*, 1998.

[YCN+15]   Jason Yosinski, Jeff Clune, Anh Mai Nguyen, Thomas J. Fuchs, and Hod Lipson. Understanding neural networks through deep visualization. *CoRR*, abs/1506.06579, 2015.

[YH02]   X. Yan and J. Han. gspan : Graph-based substructure pattern mining. In *Data Mining, 2002. ICDM 2003. Proceedings. 2002 IEEE International Conference on*, pages 721–724. IEEE, 2002.

[YK09]   Lexiang Ye and Eamonn Keogh. Time series shapelets : a new primitive for data mining. In *Proceedings of the 15th ACM SIGKDD international conference on Knowledge discovery and data mining*, pages 947–956. ACM, 2009.

[YKP+16]   D. Yoo, N. Kim, S. Park, A.S. Paek, and I. Kweon. Pixel-level domain transfer. *CoRR*, abs/1603.07442, 2016.

[YL03]   L. Yu and H. Liu. Feature selection for high dimensional data : a fast correlation based filter solution. In *12th Int. Conf. on Machine Learning (ICML-03)*, pages 856–863, Washington, DC., 2003.

[YL04a]   L. Yu and H. Liu. Efficient feature selection via analysis of relevance and redundancy. *Journal of Machine Learning Research*, 5 :1205–1224, 2004.

[YL04b]   L. Yu and H. Liu. Redundancy based feature selection for microarray data. In *Proc. of the 10th ACM SIGKDD Conf. on Knowledge Discovery and Data Mining*, pages 737–742, 2004.

[YS08]   J. Yaochu and B. Sendhoff. Pareto-based multiobjective machine learning : An overview and case studies. *IEEE Transactions on Systems, Man, and Cybernetics, Part C : Applications and Reviews*, 38(3) :397–415, 2008.

[Zak02]   M.J. Zaki. Efficiently mining frequent trees in a forest. In *Proceedings of the eighth ACM SIGKDD international conference on Knowledge discovery and data mining*, pages 71–80. ACM, 2002.

[ZBH$^+$16]   Chiyuan Zhang, Samy Bengio, Moritz Hardt, Benjamin Recht, and Oriol Vinyals. Understanding deep learning requires rethinking generalization. *arXiv preprint arXiv :1611.03530*, 2016.

[ZD95]   W. Zhang and T. Dietterich. A reinforcement learning approach to job-shop scheduling. In *International Joint Conference on Artificial Intelligence*, pages 1114–1120. Morgan Kaufmann, 1995.

[Zei12]   Matthew D. Zeiler. Adadelta : An adaptive learning rate method. *CoRR*, abs/1212.5701, 2012.

[ZF14]   M D. Zeiler and R Fergus. Visualizing and understanding convolutional networks. In *Computer Vision – ECCV 2014*, pages 818–833. Springer International Publishing, 2014.

[Zhu08]   X. Zhu. Semi-supervised learning literature survey. Technical Report TR-1530, University of Wisconsin Madison, Computer Science Dept., 2008.

[ZLG03]   X. Zhu, J. Lafferty, and Z. Ghaharamani. Combining active learning and semi-supervised learning using gaussian fields and harmonic functions. In *Proceedings of the ICML Workshop on the Continuum from Labeled to Unlabeled Data*, pages 58–65, 2003.

[ZO00]   T. Zhang and F. Oles. A probability analysis on the value of unlabeled data for classification problems. In *Proceedings of the International Conference on Machine Learning (ICML)*, pages 1191–1198. Morgan Kaufmann, 2000.

[ZPD06]   T. Zhang, A. Popescul, and B. Dom. Linear prediction models with graph regularization for web-page categorization. In *Proceedings of the 12th ACM SIGKDD international conference on Knowledge discovery and data mining*, pages 821–826, Philadelphia, PA, USA, 2006.

[ZPIE17]   Jun-Yan Zhu, Taesung Park, Phillip Isola, and Alexei A. Efros. Unpaired image-to-image translation using cycle-consistent adversarial networks. In *IEEE International Conference on Computer Vision, ICCV 2017, Venice, Italy, October 22-29, 2017*, pages 2242–2251. IEEE Computer Society, 2017.

[ZR00]   D. A. Zighed and R. Rakotomalala. *Graphes d'induction : apprentissage et data mining*. Hermès, 2000.

[ZRZH06]   J. Zhu, S. Rosset, H. Zou, and T. Hastie. Multiclass adaboost. http://www-stat.stanford.edu/~hastie/Papers/samme.pdf, 2006.

[Zuc01]   J.-D. Zucker. Changements de représentation, abstractions et apprentissages. Dossier d'habilitation à diriger des recherches (HDR). Technical report, LIP6, Université de Paris-6, France, 2001.

[Zur90]   W. Zurek. *Complexity, entropy, and the physics of information.* Addison-Wesley, 1990.

[ZXL$^+$16]   H. Zhang, T. Xu, H. Li, S. Zhang, X. Huang, X. Wang, and D.N. Metaxas. Stackgan : Text to photo-realistic image synthesis with stacked generative adversarial networks. *CoRR*, abs/1612.03242, 2016.

[ZYST19]   S. Zhang, L. Yao, A. Sun, and Y. Tai. Deep learning based recommender system : A survey and new perspectives. *ACM Xomputing Surveys*, 52, 2019.

Index

astuce de la représentation unique, 127, 183
attribut
    arborescent, 122
    binaire, 57, 122
    catégoriel, 58
    nominal, 58, 122
    nominal hiérarchique, 58
    nominal totalement ordonné, 59
    numérique, 122
    ordinal, 58
    séquenciel nominal, 59
    séquenciel numérique, 59
auto-apprentissage, 575
autoencodeurs, 352, 371
autoréférence (dans un index), *voir* autoréférence

B

back-door (critère), 260
backward elimination, 604
bag of words, 467
bagging, 531
bandit
    à deux bras, 753
    multi-bras, 755, 756
    problème des, 753
basis pursuit, 633
batch learning, 78, 793, 806, 877
Baum-Welch (algorithme de), 724, 729
bayésienne (approche), 100
Bayes
    classifieur naïf de, 644
    formule de, 643
    règle de, 102
biais, 94
    d'apprentissage, 76
    de recherche, 77, 200
    de représentation, 21, 77
    déclaratif, 77
    sémantique, 202
    syntaxique, 201
BIC, *voir* critère
big data, 6–10
blending, 813
Boltzmann

machine de, 381–384
machine profonde, 388–390
machine restreinte, 384–387
boosting, 521–529
bootstrap, 524, 811, 828
bruit
    de classe, 842
    de classification, 64
    de description, 64
    de mesure, 842

C

capacité (d'un espace d'hypothèses), 849
cartes auto-organisatrices, 549–551, 611
cascading, 532
causalité, 16
    apprentissage de, 256–263, 703–704
chaînes de Markov, 32
chaînes de Markov cachées, *voir* HMM
chemin de régularisation, 296
classifieur naïf de Bayes, 644
clause, 189
    but, 190
    définie, 189
    de Horn, 189
    unitaire, 190
clustering, 15, 404, 456, 537–570, 579, 808, 811
    collaboratif, 543
    évaluation, 565–569
co-apprentissage, 580–582
codes correcteurs, 499–504
    décodage par marges, 502
    décodeur de Hamming, 502
cold start (problème du), 426
collaboration (pour l'apprentissage), 493
comité d'experts, 522
comparaison
    d'algorithmes, 835–839
    de méthodes d'apprentissage, 834
complétude propriété de, 18
complexité algorithmique, *voir* complexité de Kolmogorov
complexité calculatoire dans l'apprentissage PAC, 876
complexité de Kolmogorov, 920–921

Dépôt légal : février 2021
Achevé d'imprimer en Allemagne par BoD